Tenfelde · Sozialgeschichte der Bergarbeiterschaft

W0226860

Klaus Tenfelde

Sozialgeschichte der Bergarbeiterschaft an der Ruhr im 19. Jahrhundert

Verlag Neue Gesellschaft GmbH
Bonn

CIP-Kurztitelaufnahme der Deutschen Bibliothek

Tenfelde, Klaus:
Sozialgeschichte der Bergarbeiterschaft an der Ruhr im 19. [neun-zehnten] Jahrhundert/Klaus Tenfelde. – 2. durchges. Aufl. – Bonn: Verlag Neue Gesellschaft, 1981.
    1. Aufl. als: Schriftenreihe des Forschungsinstituts der Friedrich-Ebert-Stiftung; Bd. 125
    ISBN 3-87831-344-6

2., durchgesehene Auflage 1981

Die 1. Auflage erschien unter gleichem Titel
in der Schriftenreihe des Forschungsinstituts der
Friedrich-Ebert-Stiftung, Band 125,
im Verlag Neue Gesellschaft, Bonn 1977

© 1977 und 1981 bei Verlag Neue Gesellschaft GmbH
Godesberger Allee 143, D-5300 Bonn 2
Alle Rechte vorbehalten
Nachdruck - auch auszugsweise - nur mit Genehmigung
des Verlags
Umschlagfoto: Bergbauarchiv, Bergbau-Museum Bochum
Druck: Druckerei Plump, Rheinbreitbach
Printed in Germany 1981

Vorwort

Von zwei Seiten hat die hiermit vorgelegte, in den Jahren 1973 bis 1975 entstandene Studie über die Sozialgeschichte der Ruhrbergarbeiterschaft im 19. Jahrhundert ihren Erfahrungshintergrund, ihre Argumentationsweise, ihre praktischen und methodischen Anregungen empfangen: Die Kenntnis der Bergarbeit „von der Pike an", als Lehrling und Bergknappe auf mehreren, nördlich Essens gelegenen Gruben schuf einen breiten Verständnishintergrund, in dem es an den Sorgen des täglichen Broterwerbs so wenig fehlte wie an den vielfältigen Begegnungen von Arbeitsplatz und Arbeitswelt. Es bedurfte freilich weiterer verschlungener Berufserfahrungen und der Anregungen eines historisch-soziologischen Studiums, damit der Rückblick systematischen Charakter erhielt. Auf dieser zweiten Ebene der Fragestellungen und Problemgruppierungen halfen die Anregungen, der fortwährende Rat und die Liberalität meines Lehrers, Prof. Dr. Gerhard A. Ritter, an erster Stelle mit, aus Fragen und Erfahrungen Ergebnisse zu formulieren.

Gegenüber der ursprünglichen Fassung dieser Studie, die im Wintersemester 1975/76 von der Philosophischen Fakultät der Westfälischen Wilhelms-Universität Münster als Dissertation angenommen wurde, ist die hiermit vorgelegte Druckfassung um einige Teile, darunter insbesondere Dokumente des Anhangs, gekürzt worden; einige Nachträge wurden eingebracht und Einleitung sowie Schlußteil einer Überarbeitung unterzogen. Unter den interessierten und engagierten Lesern, die das Manuskript bis in die Schlußphase mit kritischem Rat begleiteten und aus deren eigenen Forschungen ich zahlreiche Anregungen gewann, danke ich vor allem den Herren Professoren Hans-Jürgen Puhle und Gustav Schmidt und dem Kolloquium G. A. Ritters in Münster, Jürgen Kocka und Hans-Ulrich Wehler und deren Bielefelder Kolloquium, Hans Mommsen und Richard H. Tilly. Von den zahlreichen Institutionen und ihren Vertretern, denen ich Dank für uneigennützige Hilfestellung schulde, seien die Universitätsbibliothek und das Staatsarchiv Münster, das Hauptstaatsarchiv Düsseldorf, das Staatsarchiv Koblenz, das Geheime Staatsarchiv Berlin-Dahlem und das Bundesarchiv Koblenz, das Landesoberbergamt Dortmund und die Bergbaubücherei Essen, die Hamburger Bibliothek für Sozialgeschichte und Arbeiterbewegung, das Archiv der sozialen Demokratie, Bonn, und das Dortmunder Institut für Zeitungsforschung, die Diözesanarchive in Münster und Paderborn, das Dortmunder Wirtschaftsarchiv, schließlich eine Reihe von Stadt- und Pfarrarchiven im Revier genannt. Freundschaftlichen Rat auf der Grundlage eigener Forschungen zur Bergarbeiterbewegung erhielt ich von Herrn Hans-O. Hemmer. Ohne das großzügige Entgegenkommen der Friedrich-Ebert-Stiftung und des Leiters ihres Forschungsinstituts, Herrn Dr. H. Heidermann, hätte die erhebliche Zeit für Archivarbeit, Quellensammlung und Literaturstudium neben der Arbeit an einem Projekt der Stiftung nicht erübrigt werden können. Für Zuschüsse zu den Kosten für die Drucklegung danke ich der Universität Münster und der Stiftung Mitbestimmung.

Nach langen Überlegungen ist in der Textgestaltung dieser Untersuchung grundsätzlich zur Authentizität des Quellenzitats in Orthographie und Interpunktion zurückgekehrt worden, weil das Studium der Unterschichten, ihrer Denk- und Verhaltensformen im Industrialisierungsjahrhundert lehrt, daß die sprachliche Besonderheit, auch wohl Unzulänglichkeit des Ausdrucks, ein wegen seiner Plastizität und Unmittelbarkeit unverzichtbarer, ohne vermittelnde Interpretation aus sich selbst sprechender Teil der Quelle ist. Den Einstieg in den bergbaulichen und bergmännischen Sprachhorizont soll auch ein vorangestelltes Verzeichnis einiger Fachausdrücke aus dem Ruhrbergbau erleichtern. In der Zitierweise wurden eingängige Kürzel für Fundorte, Institutionen und Buchtitel verwendet, möglichst ohne hierin einem Namen- und Zahlenschematismus zu verfallen. So ist mit Ausnahme ganz zentraler Abhandlungen für das jeweils erste Zitat eines Titels in einem Kapitel eine ausführlichere Form gewählt worden; Archivalien des innerbehördlichen Schriftverkehrs und entsprechende Quellen werden mit Denkschrift-, ggfls. Aktentitel, als einzelne Stücke durch Absender/Empfänger und Datum unter möglichst genauer Angabe des Fundorts (Blattzahl) zitiert. Am Rande oder nebensächlich herangezogene Quellen und Untersuchungen erscheinen unter vollständigem Zitat in den Anmerkungen, nicht aber im Quellen- und Literaturverzeichnis.

München, im April 1976 Klaus Tenfelde

Vorwort zur zweiten Auflage

Die erste Auflage dieses Buches hat eine erfreuliche Resonanz erfahren und war in kurzer Zeit vergriffen. Dem Anerbieten des Verlags, eine möglichst preiswerte Neuausgabe herzustellen, bin ich gern nachgekommen. Für diese Neuausgabe habe ich das Buch durchgesehen und Druckfehler sowie einige kleinere Irrtümer, soweit sie mir bisher bekannt geworden waren, verbessert. Im Interesse eines günstigen Verkaufspreises wurde auf eine Einarbeitung der inzwischen erschienenen Literatur verzichtet; das ursprüngliche Buchformat wurde für die Erfordernisse der Studienausgabe leicht verkleinert.

München, im März 1981 Klaus Tenfelde

Inhaltsverzeichnis

Abkürzungsverzeichnis

ADAV	Allgemeiner Deutscher Arbeiterverein
ALR	Allgemeines Landrecht
ASG	Archiv für Sozialgeschichte
ASSP	Archiv für Sozialwissenschaft und Sozialpolitik
BA, BÄ	Bergamt, Bergämter
BAB	Bergamt Bochum
BAE	Bergamt Essen
BAEW	HStD, Bestand Bergamt Essen-Werden
Bl.	Blatt, Blätter
BO	Bergordnung, Bergordnungen
BzG	Beiträge zur Geschichte der deutschen Arbeiterbewegung
Chr.-Soz. Bl.	Christlich-Soziale Blätter
Dortmunder Beiträge	Beiträge zur Geschichte Dortmunds und der Grafschaft Mark
EHR	Economic History Review
Essener Beiträge	Beiträge zur Geschichte von Stadt und Stift Essen
FM	Finanzminister, Finanzministerium
FS	Festschrift, Festgabe
GWU	Geschichte in Wissenschaft und Unterricht
HK	Handelskammer, Handelskammern
HM	Handelsminister, Handelsministerium bzw. Minister, Ministerium für öffentliche Arbeiten
Hs., hs.	Handschrift, handschriftlich
HStD	Hauptstaatsarchiv Düsseldorf
HZ	Historische Zeitschrift
IM	Innenminister, Innenministerium
IRSH	International Review of Social History
IWK	Internationale Wissenschaftliche Korrespondenz zur Geschichte der deutschen Arbeiterbewegung
Jb., Jbb.	Jahrbuch, Jahrbücher

JCEA	Journal of Central European Affairs
JEH	Journal of Economic History
JM	Justizminister, Justizministerium; Geheimes Staatsarchiv Berlin-Dahlem, Bestand Justizministerium
JMH	Journal of Modern History
JNS	Jahrbücher für Nationalökonomie und Statistik
JSH	Journal of Social History
LR	Landrat, Landräte
LRB	Landrat Bochum; StAM, Bestand Landratsamt Bochum
LRB VIII	StaB, Bestand Landratsamt Bochum
LRD	Landrat Dortmund; StAM, Bestand Landratsamt Dortmund
LRDB	Landrat Duisburg; HStD, Bestand Landratsamt Duisburg
LRE	Landrat Essen; HStD, Bestand Landratsamt Essen
LT	Landtag
MBAB	StAM, Bestand Märkisches Bergamt Bochum
MEW	Marx-Engels-Werke
Ms.	Manuskript
ND	Neudruck
NF	Neue Folge
NV	Nationalversammlung
OBA, OBÄ	Oberbergamt, Oberbergämter; StAM, Bestand Oberbergamt Dortmund
OP	Oberpräsident, Oberpräsidenten, Oberpräsidium
OPK	Oberpräsident (-präsidium) Koblenz; StAK, Bestand Oberpräsidium Rheinprovinz
OPM	Oberpräsident (-präsidium) Münster; StAM, Bestand Oberpräsidium Westfalen
Pfa	Pfarrarchiv
Präs	Präsidialbüro
RA	Regierung Arnsberg; StAM, Bestand Regierung Arnsberg
RD	Regierung Düsseldorf; HStD, Bestand Regierung Düsseldorf
RM	Regierung Münster; StAM, Bestand Regierung Münster
RPA	Regierungspräsident (-präsidium) Arnsberg
RPD	Regierungspräsident (-präsidium) Düsseldorf
RPM	Regierungspräsident (-präsidium) Münster
SD	Sonderdruck
Sgr.	Silbergroschen (30 Sgr. = 1 Tlr. = 360 Pfg.)
Sta	Stadtarchiv
StaB	Stadtarchiv Bochum
StaD	Stadtarchiv Dortmund
StaDuisb	Stadtarchiv Duisburg
StaE	Stadtarchiv Essen
StaHatt	Stadtarchiv Hattingen

StaMH	Stadtarchiv Mülheim
StaWatt	Stadtarchiv Wattenscheid
StA	Staatsarchiv
StAK	Staatsarchiv Koblenz
StAM	Staatsarchiv Münster
Tlr.	Taler (1 Tlr. = 30 Sgr., entspricht 3 Mark)
TLBA	StAM, Bestand Tecklenburgisch-Lingensches BA
Tradition	Tradition, Zeitschrift für Firmengeschichte und Unternehmer-biographie
UB	Universitätsbibliothek
Ver.	Vereinigte (bei Zechennamen)
VO	Verordnung, Verordnungen
VSWG	Vierteljahresschrift für Sozial- und Wirtschaftsgeschichte
WAZ	Westfälische Arbeiter-Zeitung
Wittener Jb.	Jahrbuch des Vereins für Orts- und Heimatkunde in der Grafschaft Mark
WOBA	Westfälisches Oberbergamt; StAM, Bestand Westfälisches Oberbergamt
ZBHSW	Zeitschrift für das Berg-, Hütten- und Salinenwesen
ZBR	Zeitschrift für Bergrecht
ZfG	Zeitschrift für Geschichtswissenschaft
Zg., Zgg.	Zeitung, Zeitungen
Zs., Zss.	Zeitschrift, Zeitschriften

Verzeichnis einiger bergmännischer Fachausdrücke

(Für detaillierte Informationen vgl. Heinrich Veith, Deutsches Bergwörterbuch. 1871. ND Wiesbaden 1968)

Abbau, abbauen	eigentliche Tätigkeit der Kohlengewinnung im Streb oder Pfeiler
Abbaustrecke	als Kopf- oder Fußstrecke im Flöz gewöhnlich mit dem Streb fortschreitende Strecke zur Kohlenförderung und Materialanfuhr
Abhauen	abwärts gerichtete Durchfahrung eines Flözes zur Einleitung regelmäßigen Abbaus im Streb; aufwärts als Aufhauen
Abkehr, Abkehr nehmen	Kündigung, kündigen
Abteufung, abteufen	Niederbringen eines Schachts
Alter Mann	abgebauter Hohlraum im Streb, durch Versatz aufgefüllt oder zu Bruch gehend
Anknebeln	Ankoppeln von Wagen zu Zügen
Anlegen, Anlegung	Aufnahme in ein Arbeitsverhältnis durch eine Grube
Anschlag, Anschläger	am Schacht Ort der Abfertigung des Fördergefäßes durch „Anschlagen", d. h. Signalgebung an den Fördermaschinisten durch den Anschläger
Aufbereitung	über Tage: Vorbereitung des Förderguts für den Absatz durch Verkleinerung, Wäsche und Brikettierung
Ausbau	Sicherung von Hohlräumen gegen Steinfall
Ausbeute	Gewinn eines Bergbauunternehmens
Ausgehendes	Heraustreten der Kohlenflöze an die Oberfläche (im Südruhrgebiet)
Ausrichtung	Grubenausbau (Schächte und Strecken) bis in die unmittelbare Abbaunähe; s. Vorrichtung
Bergamt	in ironischer Wendung neben der Behördenbezeichnung auch Kurzwort für Gesprächspausen, insbes. vor Aufnahme der Arbeit unter Tage
Berge	Steine, unverwertbare Förderung
Bergeband, Bergemittel	häufig in Kohlenflözen verlaufende Gesteinsschicht
Berghauptmann	ranghöchster Beamter, Leiter eines Oberbergamts
Bergzehnt	wichtigste Steuerabgabe des Bergbaus

Besetzen	Laden von Bohrlöchern mit Sprengstoff
Blindschacht	Schacht, der nicht die Tagesoberfläche erreicht
Bremsberg	einfallende Förderstrecke, in der die schiefe Ebene zur Förderungserleichterung genutzt wird
Bremser	Arbeiter im Bremsberg, Schlepper
Bruchbau	gezieltes Zubruchgehen der durch den Abbau entstandenen Hohlräume
Erbstollen	im älteren Stollenbergbau zur Entwässerung und Bewetterung mehrerer Gruben aufgefahrene Strecke
Fäustel	bergmännischer Hammer
Fahren, An- u. Ausfahren, Befahren	Gehen, Erreichen des Arbeitsplatzes durch Schacht und Strecke
Fahrte	bergmännische Leiter
Fahrtrumm	zum Fahren eingerichteter Teil von Schächten
Feiern, Feierschicht	Fernbleiben von der Arbeit; bei Feierschichten angeordnet wegen Absatzmangel
Flöz	kohleführende Schicht im (Neben-) Gestein
Freikux	s. Kux; anteiliger Gewinn von Staat, Grundeigentümer oder anderen von der Förderung
Freischicht	für gemeinnützige Zwecke zu verfahrende Schicht
Füllkohlen	vgl. S. 276
Füllort	unter Tage: Ort der Auffüllung und Entleerung der Fördergefäße am Schacht
Gedinge	bergmänn. Leistungslohn (s. S. 101 f.)
Geleucht	bergmänn. Lampe
Geschworener	als Reviervorsteher unterste bergbehördliche Instanz
Gewerke	bergbaulicher Unternehmer
Gewerkschaft	Eigentumsform eines Baufeldes bzw. einer oder mehrerer Gruben; anteilig in 128 (ältere Form) oder 100, 1000, 10 000 Kuxe (s. ebd.) geteilt; Kennzeichen: Ausbeuteanspruch bei Gewinn und Zubußepflicht bei Verlust
Gezähe	bergmänn. Werkzeug
Hängebank	über Tage: Ort der Auffüllung und Entleerung der Fördergefäße am Schacht
Hangendes	beim Strebbau oberes abzustützendes Gestein
Halde	Ablagerung unverwertbaren Förderguts außerhalb der Grube

Haspel	bergbauliche Zugmaschine durch Menschen-, Pferde-, später Maschinenkraft; unter und über Tage
Hunt	an der Ruhr weniger gebräuchlicher Ausdruck für Förderwagen
Kameradschaft	Belegschaft eines Betriebspunkts, bes. Ortskameradschaft
Kappe, Kappholz	waagerecht nach oben das Gebirge abstützender Ausbauteil
Kaue, Waschkaue	Raum zum Umziehen und Reinigen
Keilhaue	einer Spitzhacke ähnliches bergmänn. Werkzeug
Klauben	Herauslesen der Berge aus dem Fördergut
Knappe	literarische Berufsbezeichnung für alle bergmänn. Grade, erst später nur für den gelernten Bergmann (vgl. S. 93, Anm. 37)
Knappschaftsältester	Wahlvertreter der Bergleute in der Knappschaft, mit Verwaltungs- und Kontrollfunktionen
Kokerei	von Grube und Aufbereitungsanlagen organisatorisch, anfangs häufiger auch örtlich getrennter Betrieb zur Kohlenverkokung, seit den 1880er Jahren mit Nebenproduktengewinnung
Korb	Fördergefäß im Schacht
Kux	bergbauliche Eigentumsform mit Immobiliarqualität (s. o. Gewerkschaft), anfangs unbegrenzt, später bedingt teilbar
Lampenstube	über Tage: Aufbewahrungsort des Geleuchts
Landabsatz	Kohlenabsatz durch Fuhrwerke; auch: Verladestelle auf der Grube für den Landabsatz
Leder	lederner Gesäßschutz für sitzendes und rutschendes Arbeiten; allgemeines Berufssymbol
Liegendes	nach unten flözbegrenzende Gesteinsschicht, im Gegensatz zum Hangenden
Luftschacht	nur zur Bewetterung vorgesehener Schacht
Lutte	Sonderbewetterung durch Röhren an vom Wetterzug abgelegenen Betriebspunkten
Markenkontrolle	über Tage: Ankunfts- und Abgangskontrolle der Arbeiter
Markscheider, markscheiden	beamteter Grubenvermesser, vermessen und begrenzen
Mulde	jeweils tiefste Stelle in der Faltung des flözführenden Gebirges

17

Mundloch	zum Tal geneigte Austrittsöffnung bei Stollenzechen
Mutung	Rechtsform der Aneignung eines Grubenfeldes zur Erschürfung von Flözen; Beleihung erst nach Augenscheinnahme
Oberberghauptmannschaft	oberste Bergbehörde als Ministerialabteilung im Finanz-, später Handelsministerium
Ort, vor Ort	bergbaulicher Betriebspunkt vor Kohle oder Gestein
Ortsältester	Verantwortlicher einer Kameradschaft
Pfeiler	abzubauende Kohle oder Gestein; auch Ausbau- und Abbaumethode
Pinge, Pütt	Grube im Oberflächenabbau
Querschlag	als Haupt- oder Abteilungsquerschlag quer zur Gebirgsfaltung geführte, daher alle anstehenden Flöze und Gesteinsschichten durchfahrende Strecke
Rauben	Entfernen alter Ausbauten zum gezielten Gebirgsbruch (vgl. S. 223 Anm. 9)
Revier	Zusammenfassung mehrerer Betriebspunkte unter Leitung eines Steigers
Richtstrecke	in ungefährer West-Ost-Richtung mit der Gebirgsfaltung stets im Gestein aufgefahrene Strecke
Sattel	jeweils höchster Punkt in der Faltung des flözführenden Gebirges
Scheideraum	Raum und Anlage zur Trennung der Berge vom Fördergut
Schießen	bergmänn. Sprengen
Schlagwetter	explosionsgefährdetes Gasgemisch durch Ausströmungen der Kohlelagerungen
Schlechten	durch Lagerungsverhältnisse entstandene Rißerscheinungen im Flöz, die beim Abbau genutzt werden
Schlitzen, Schrämen	Herstellung schlitzförmiger Hohlräume in der anstehenden Kohle, um möglichst große Kohlebrocken zu gewinnen (eigentliche bergmännische Arbeitsverrichtung mit der Keilhaue)
seiger	senkrecht
Seilfahrt	Ein- und Ausbeförderung von Personen im Schacht unter bes. Sicherheitsvorkehrungen
Senken	Streckenreparatur durch Abräumen der aufgequollenen liegenden Gesteinsschichten

Sohle	Ebene der Streckenführung jeweils im am Schacht gemessenen Abstand von ca. 100 m (anfangs weniger); auf größeren Gruben werden bis um 10 Sohlen aufgefahren
Stempel	Ausbauform zum Abstützen der Strecke und (im Streb) des Hangenden
Störung	als Überschiebung oder Verwerfung abbauhinderliche Unregelmäßigkeit in der Gebirgsfaltung
Stoß, Kohlenstoß	anstehende Kohle, auch beide (abzustützenden) Seiten in Strecken
Streb, Strebbau	flözfolgender Kohlenabbau, in dem die entstehenden Hohlräume gestützt und nach Verlassen verfüllt werden oder zu Bruch gehen
Teufe, teufen	Tiefe; Niederbringen eines Schachts
Tiefbau	im Gegensatz zur Stollenzeche anfänglich Bezeichnung für schachterschlossene Grubenbauten
tonnlägig	dem Gebirgsverlauf bei der Schachtabteufung folgend, also schräg abwärts führend
Tradde	Abgabe an den Grundeigentümer
Unternehmer	im bergbaulichen Sprachbereich nur zur Bezeichnung besonderer Firmen, die bergmännische Spezialarbeiten (Schachtabteufen, Aufhauen u. ä.) im Subkontrakt mit eigenen Arbeitern ausführen
Unterwerksbauten	Abbau unterhalb der Talsohle, d. h. ohne Möglichkeiten einer natürlichen Wasserabfuhr
Verlesen	vor Einführung der Markenkontrolle übliche Belegschaftszählung zu Schichtbeginn aus Sicherheitsgründen
Versatz	Auffüllung der im Abbau entstandenen Hohlräme durch Berge
Vorrichtung	in Fortsetzung der Ausrichtung das Auffahren solcher Teile des Grubenbaus, die unmittelbar dem Abbau dienen: Abbaustrecken und Streb
Wäsche	maschinelle Trennung der Berge aus der Kohle durch Auswaschung
Wagennullen	vgl. S. 276
Wetter, Bewetterung	Luft bzw. geregelte Luftzufuhr durch Luftschächte, Wettertüren, Lutten u. ä.; seit den 1880er Jahren auch durch Einführung von maschineller Ventilation
Zubuße	Pflicht des Gewerken zur anteiligen Verlustübernahme, wenn Verluste erwirtschaftet wurden

Einleitung

In ihren Grundlinien sind die bis heute gültigen Arbeits- und Lebensbedingungen der industriellen Welt durch die wirtschaftlichen, gesellschaftlichen und politischen Umwälzungen des 19. Jahrhunderts, durch Industrialisierung und Modernisierung ausgebildet worden. Keine der zahllosen Stationen gesellschaftlicher Entwicklung, am wenigsten die an widersprüchlichen Erscheinungen so reiche Frühindustrialisierungsphase, läßt sich losgelöst von den Veränderungen der Wirtschaftsweise, den technisch-organisatorischen Innovationen, von gesellschaftlichen und politischen Voraussetzungen und Folgen denken und darstellen; die methodisch unerläßliche Isolierung von Teilbereichen darf, auch weil das Ende der Vereinzelung zu den gründlichsten Erfahrungen des Industriezeitalters gehört hat, niemals auf die vielfache Einbettung in gesamtgesellschaftliche Entwicklungen mit dem Ziel möglichst beweiskräftiger und präziser Erklärungen verzichten. Die Gesellschaftsgeschichte des Industriezeitalters[1] begreift ihren Gegenstand daher nicht aus autonomen Teilbereichen konstituiert, denen je verschiedene Interessen und Ideologien, selbst Wissenschaften korrespondierten, sondern postuliert einen beschreib- und analysierbaren gesellschaftlichen Systemzusammenhang, innerhalb dessen Einzelne und Gruppen, Tatsachen und Ereignisse in einer wie immer logisch strukturierten Verbindung stehen.

Im Blick auf die Geschichte der modernen Arbeiterbewegungen verlangt diese Sichtweise auf die Gesamtgeschichte, die seit der Wende zum 19. Jahrhundert besonders fruchtbare Fragestellungen erlaubt, die sozioökonomischen Bedingungen für die Entstehung großer Gruppen und Schichten gleichermaßen interessenverbundener Abhängiger unter Einbezug vor allem jener Faktoren zu untersuchen, die den Wandel der Verhaltensweisen, der kollektiven Haltungen und Handlungen initiierten. Die Frühgeschichte der Arbeiterbewegung läßt sich nur unter fortwährendem systematischen Rückgriff auf industrialisierungsgeschichtliche Entwicklungen, nicht auf dem Niveau globaler Einleitungen über Grundzüge der Industrialisierung verstehen. Sie erfordert darüber hinaus das Studium korrespondierender gesellschaftlicher Schichten und Strömungen, insbesondere der Formierung und Politik der Unternehmerschaft in ihrem zeitweise beherrschenden Einfluß auf die Gestaltung der Arbeits- und Lebensbedingungen. Schließlich darf sich die Geschichtsschreibung der Arbeiterbewegung, will sie dem Postulat der gesamtgesellschaftlichen Einbettung genügen, nicht auf die Betrachtung einzelner organisatorischer oder ideologischer Konstellationen beschränken. Weder läßt sich die Geschichte der Sozialdemokratie isoliert von der Gewerkschaftsentwicklung betrachten, noch entspricht die Konzentration auf die schließlich geschichtsmächtigste ideologisch-programmatische Er-

---

1 Vgl. *Eric J. Hobsbawm*, Von der Sozialgeschichte zur Geschichte der Gesellschaft. In: *Hans-Ulrich Wehler* (Hg.), Geschichte und Soziologie. Köln 1972, S. 331—353; *Jürgen Kocka*, Sozialgeschichte — Strukturgeschichte — Gesellschaftsgeschichte. In: ASG 15 (1975) S. 1—42.

scheinungsform, die Sozialdemokratie, der wirklichen Vielfalt der Alternativen in den verschiedenen Phasen der kollektiven Interessenfindung. Welchen Einfluß die sozialen Folgeerscheinungen der Industrialisierung und in ihnen die starke Position der Unternehmerschaft, auf der anderen Seite die nichtsozialdemokratischen programmatischen Alternativen auf den Prozeß der Interessenfindung nehmen konnten, zeigt eindrucksvoll die Entstehung und Entwicklung der Bergarbeiterschaft an der Ruhr; ihre gegen erhebliche Opfer und Widerstände erfochtene organisatorische Konstituierung ist ein besonders typisches, wegen der wirtschaftlichen Bedeutung des Bergbaus gewichtiges, freilich in hohem Maße Sonderformen verpflichtetes Beispiel. Die außerordentliche Expansion des Steinkohlenbergbaus von den vorindustriellen Anfängen der Pütts und Stollenzechen an den Ufern der Ruhr bis zu den montanindustriellen Großbetrieben an Emscher und Lippe zum Ende des 19. Jahrhunderts setzt die Grenzmarken und inneren Phasen für die Formierung der Bergarbeiterschaft. So ergibt sich die äußere Periodisierung der vorliegenden Untersuchung aus der Restitution der preußischen Herrschaft im Ruhrbergbau 1815 und der damit eingeleiteten, kontinuierlichen Wachstumsperiode bis hin zu den rhythmischen Wachstumsbewegungen der unbehinderten kapitalistischen Bergbauproduktion, wie sie sich in den 1870er und 1880er Jahren voll ausgestaltet hatte. Die Konjunkturen und Krisen seit der Jahrhundertmitte, die infolge der Bergrechts- und Produktionsentwicklung als bedeutsamste Zäsur im Gesamtablauf zu gelten hat, stützen zugleich als zuverlässige, auch im Blick auf die proletarische Interessenformulierung tragfähige Zeitabschnitte die innere Phasensetzung dieser Untersuchung, die darin auf den großen Bergarbeiterstreik vom Mai 1889 als einen vorläufigen Höhepunkt, in dem die Strukturmerkmale des modernen Bergbauproletariats deutlich ausgeprägt sind, zustrebt[2]. Der Weg der Bergarbeiterschaft aus ständisch-halbbäuerlichen Lebens- und Verhaltensformen soll über die „Entfesselung" der bergbaulichen Sozialverfassung seit der Jahrhundertmitte hin zur Reorientierung der Verhaltensmuster, zur selbständigen Interessenartikulation und stabilen Organisation nachgezeichnet werden. Der soeben formulierten Sichtweise entsprechend, ist der Blick auf die Gesamtheit bergmännischer Existenz, auf ihre Bedingungen und Erscheinungen gerichtet. Dies bedarf, sollen die Formeln vom Systemzusammenhang der gesellschaftlichen Erscheinungen und Entwicklungen unter dem Einfluß der Industrialisierung ernstgenommen werden, einer kurzen Darlegung des begrifflichen und methodischen Instrumentariums, dessen sich diese Studie durchgängig bedienen will.

In älteren Untersuchungen wurde zur Erörterung proletarischer Lebens- und Arbeitsverhältnisse häufig, dem Gedanken der „freien Übereinkunft" verpflichtet, mit dem Arbeitsvertrag das Arbeits- und Rechtsverhältnis in den Mittelpunkt gestellt und seine Ausgestaltung nachgeordnet (Arbeitszeit, Löhne, Arbeiterschutz)[3]. Aber bereits *Fr. Engels* hat seine „Lage der arbeitenden Klasse in England"[4] 1844 mit einer gewerblichen Systematik proletarischer Arbeitergruppen eingeleitet und in der Schilderung einzelner Arbeitszweige und der Familien- und Umweltbedingungen eine Reihe der hier aufzugreifenden Strukturelemente vorweggenommen. Auch *Marx* stellte in dem 1880 durch die

---

2 Mit dem Streik von 1889 setzt die Untersuchung der organisierten Bergarbeiterbewegung von *M. J. Koch*, 1954, ein. Zur inneren Periodisierung s. bes. *W. Fischer*, Konjunkturen und Krisen im Ruhrgebiet seit 1840, 1972; zur Zäsur der Jahrhundertmitte u. a. *H. G. Steinberg*, Grundzüge der Entwicklung des Ruhrgebiets, 1966, S. 151; *F. Ramjoué*, Die Bedeutung der Schwerindustrie für die Entwicklung des Ruhrgebiets, 1933, S. 151.

3 Vgl. zum Bergbau: *L. Pieper*, Die Lage der Bergarbeiter im Ruhrrevier, 1903; *M. Metzner*, Die soziale Fürsorge im Bergbau, 1911.

4 MEW 2, S. 225—506.

Zeitschrift „La Revue Socialiste" verteilten „Fragebogen für Arbeiter"[5] den Betrieb nach Rechtsform, Belegschaftsstruktur, Charakter und Gestaltung der Produktion, Arbeitsplatz und Arbeiterschutz in den Vordergrund, um erst nach Fragen der Arbeitszeit, der Kinderarbeit und des Strafwesens auf die rechtliche Gestaltung der Arbeitsverhältnisse einzugehen. Auf die Lohn- und Lohnzahlungsformen folgte die Erörterung der materiellen Haushaltsführung in marktabhängiger Gegenüberstellung von Einkommen und Lebenshaltungskosten; den Schluß bildeten Reformansätze seitens des Staats und der Arbeitgeber sowie Vertretungsorgane der Arbeiter, Streiks und andere Kämpfe.

Auch neuere Untersuchungen über gesellschaftsgeschichtliche Abläufe, Strukturen und Prozesse, Institutionen und Verhaltensweisen[6] bedienen sich gern „aufgrund einer stillschweigenden Übereinkunft"[7], die freilich, in welcher Weise immer, dem Vorbild von *Marx* und *Engels* verpflichtet erscheint, eines Arbeitsmodells, wonach der Untersuchung der Produktivkräfte und ihrer Organisation, der geographisch-standortstrukturellen Gegebenheiten und Verkehrsverhältnisse, der Bevölkerungs- und Verwaltungsgliederung, die eigentliche Darstellung und Analyse der sozialen Gruppen, Schichten, Klassen und Institutionen folgt, die ihrerseits in die Erklärung von Kultur und Ideen, also in Überbauphänomene einerseits, in die Analyse von Protestformen, Arbeitskämpfen, Massenaktionen andererseits mündet. Dieses Fortschreiten von schwerstgewichtigen über bereits teilvermittelte oder weniger wichtige Einflußbündel zur Darstellung von Folgeereignissen und -strukturen ist allerdings nicht beliebig, andererseits die unterliegende Logik nicht in allen Implikationen verbindlich.

Solcher Gedankenführung verpflichtet, soll für die Ziele dieser Untersuchung in dem Begriff der *Struktur der Bergarbeiterschaft* die Gesamtheit gruppen- und verhaltenskonstitutiver Merkmale zusammengefaßt werden. Zu deren Erfassung bedarf es der vorauszustellenden (und begleitenden) Untersuchung makroökonomischer Strukturen und Prozesse, soweit diese bergbaurelevant sind, sowie der Darstellung der bergbaulichen Produktivkräfte im Rahmen der Wirtschaftslandschaft und ihrer Bevölkerung. Im einzelnen bedeutet dies etwa den Nachweis über Herkunft und Verwendung frühindustrieller Kapitalresourcen und die Behandlung der Konsolidation der Unternehmerinteressen in informellen Gruppen, Vereinen, Verbänden und Kartellen, ferner die ausführliche Darstellung des Charakters der bergbaubehördlichen Leitungs- bzw. Kontrollfunktionen und des Wandels in der Interessenorientierung der Fachbehörden.

Den so erfaßten, eher exogenen Elementen der Struktur der Bergarbeiterschaft ist die Untersuchung endogener Verhaltensursachen und -bedingungen: die systematische Erfassung des Betriebs (der Zeche), des Arbeitsplatzes und seiner Organisation, nachzuordnen und einzubetten[8]. Die Hauptgegenstände solcher Darstellung bilden der Produktionsprozeß und seine organisatorische Bewältigung (Arbeitsteilung); die Betriebsformen und

---

5 MEW 19, S. 230—237 u. Anm. 150. Vgl. zum Fragebogen: *Dario Lanzardo*, Der Marxsche „Fragebogen für Arbeiter". In: Spätkapitalismus und Klassenkampf. Eine Auswahl aus den Quaderni Rossi. Frankfurt a. M. 1972, S. 87—104.

6 Vgl. *P.-Chr. Ludz*, Soziologie und Sozialgeschichte: Aspekte und Probleme. In: *ders.* (Hg.), Soziologie und Sozialgeschichte, 1972, S. 13.

7 *Hobsbawm*, Von der Sozialgeschichte zur Geschichte der Gesellschaft, S. 340.

8 In vielem vorbildlich: *G. H. Hardach*, Der soziale Status des Arbeiters in der Frühindustrialisierung, 1969; vgl. auch *Martin Schaffner*, Die Basler Arbeiterbevölkerung im 19. Jh. Basel 1972; *Antje Kraus*, Die Unterschichten Hamburgs in der ersten Hälfte des 19. Jhs. Entstehung, Struktur und Lebensverhältnisse. Stuttgart 1965. Dagegen gerät die ansonsten reichhaltige Dokumentation von *Peter Kühn* (Hg.), Materialien zu einer Geschichte der Mannheimer Unterschichten in der Zeit von 1835—1862 (1871). Bern/Frankfurt a. M. 1974, zur beliebigen Materialhäufung ohne erkennbar ordnende Kategorien.

-größen; die Belegschaften nach Herkunft, Qualifikationsmerkmalen und informellen Gruppenbildungen; der Charakter des innerbetrieblichen Entscheidungsprozesses, die Interessenlage des mittleren technischen Führungspersonals und überhaupt die betrieblichen Herrschafts- und Disziplinierungsbeziehungen. Ferner lassen sich die rechtlich-materiellen Bedingungen des Arbeitsverhältnisses: Vertrag und Arbeitsordnung; Arbeitszeit; Kinder-, Frauen- und Sonntagsarbeit; Lohn- und Entlohnungsformen u. a. m. den betriebsverbundenen Strukturelementen zuordnen. Arbeitsplatzhygiene, Arbeiterschutz gegen Unfälle und Krankheiten, soziale Sicherung, Knappschaft, betriebliche, kommunale und staatliche Sozialpolitik leiten über in den großen Bereich verhaltensrelevanter nichtbetrieblicher Strukturelemente, von denen hier Bildung und Erziehung, Familienstruktur (Generationen, Heirats- und Fortpflanzungsverhalten), Wohnorientierung (Nachbarschaft, Kolonie, industriekommunale Umwelt, Urbanität) und kirchengemeindliche Zugliederung erwähnt seien. Im Kern der außerbetrieblichen Strukturelemente steht jedoch der Haushalt der Arbeiterfamilie, das Lohn- und Preisniveau, stehen die Konsumgewohnheiten, die Besitzverhältnisse und Möglichkeiten landwirtschaftlicher Bedarfsdeckung.

In den umfangreichen und in vielem verdienstvollen Studien *Jürgen Kuczynskis* über die „Geschichte der Lage der Arbeiter" ist diese Ordnung der Strukturelemente zwischen den beiden Polen Betrieb und Haushalt verlorengegangen. In seiner eigenen Aufarbeitung der *Marxschen* Strukturelemente reiht *Kuczynski*[9] ohne jede Zuordnung einzelne Kategorien, die deshalb zur beschreibenden, konkreten Illustration jenes zum Kern der Theorie der Lage der Arbeiter beförderten Verelendungspostulats geraten und jeden analytischen Wert verlieren. Hier wie andernorts obliegt *Kuczynski* der Versuchung, Strukturanalyse durch Beispiele zu ersetzen[10] und so das Postulierte zu veranschaulichen, anstatt zu verifizieren. Der Mangel sinnhafter Zuordnung und Verknüpfung einzelner Elemente macht ihre Aufzählung allenfalls der Ergänzung[11], nicht jedoch der Kritik zugänglich.

Gegenüber solcher Kumulation von Strukturelementen sind diese hier zu verschiedenen Zeitpunkten in einem jeweils verschiedenen Bezugsfeld, einer *Lage der Arbeiterschaft* gedacht. Die Lage der Arbeiterschaft bezeichnet die unmittelbar verhaltensrelevante Disposition der Strukturelemente im Systemzusammenhang[12]. Deren Gewichtung untereinander, ihre erklärende Verknüpfung und die Bestimmung des Charakters der Verknüpfung aus der Sicht der subjektiven Verhaltensentscheidungen, der zeitgenössischen Verhaltenserwartungen und des historischen Urteils bilden ein Grundanliegen dieser

---

9 Vgl. *J. Kuczynski*, Die Theorie der Lage der Arbeiter, 1968, S. 57 f. Zur Kritik an *Kuczynski* vgl. die Rezensionen ASG 14 (1974) S. 471—542.

10 So *R. Engelsing*, Das Einkommen der Dienstboten in Deutschland zwischen dem 16. und 20. Jh., 1973, S. 11.

11 Z. B. *Uwe Krombach*, Zur Lage der arbeitenden Bevölkerung im Ruhrgebiet. Frankfurt a. M. 1974, S. 9—17.

12 Vgl. bes. die anregenden Ausführungen von *H. Zwahr*, Zur Konstituierung des Proletariats als Klasse, 1971, S. 510 u. ö.; *Dean C. Tipps*, Modernization Theory and the Comparative Study of Societies: A Critical Perspective. In: Comp. Studies in Society and History 15 (1973) S. 199—226, hier S. 202, 214 f.; *Neil J. Smelser*, Theorie des kollektiven Verhaltens. Köln 1972, S. 35. Die Aufsatzsammlung von *Walter R. Heinz/Peter Schöber*, Theorien kollektiven Verhaltens. Beiträge zur Analyse sozialer Protestaktionen und Bewegungen. 2 Bde. Darmstadt/Neuwied 1973, enthält nicht einen einzigen Beitrag aus historischer Blickrichtung. Zu der auch hier im Lagebegriff intendierten Vereinigung struktureller und dynamischer Ansätze vgl. die fast beiläufigen Bemerkungen von *R. Engelsing*, Einkommen der Dienstboten, S. 11—13.

Untersuchung. Die prozessuale Verbindung verschiedener Lagen schafft dabei ein zusätzliches Strukturmoment im Sinne von Verbesserung oder Verschlechterung und qualitativer Veränderung; eine verkürzende Betrachtungsweise jedoch, die etwa die Entstehung von Arbeiterbewegung und Protest als einen Reflex auf die Verschlechterung der Lebensbedingungen begreifen würde, könnte die Formen und Inhalte proletarischer Interessenartikulation nur mißverstehen helfen.

Das hier vorgetragene begriffliche Instrumentarium soll nun in doppelter Beziehung die historische Wirklichkeit von Arbeiterschaft im Bergbau aufhellen helfen: Zunächst lassen sich die umwälzenden Modernisierungseinflüsse als Folgeerscheinungen der bergbaulichen Industrialisierung an einzelnen Strukturelementen darstellen und in deren Gesamtheit zu einem, soweit möglich, schlüssigen Bedingungsgefüge verknüpfen. Zum anderen sind Ebenen gefunden, auf denen die Formen, Ziele und Resultate proletarischen Handelns und Verhaltens aufruhen und in sinnhaftem Zusammenhang erfaßt werden können. Die beiden darin angesprochenen Untersuchungsräume: die Probleme sozialen Wandels und seiner Wirkungen auf die proletarische Verhaltensdisposition, schließlich das Verhalten selbst in seiner psychologischen, sozialen und politischen Dimension, dem sozialen Konflikt, bezeichnen zugleich entscheidende Verknüpfungsinstanzen zwischen den expansiven und innovatorischen Entwicklungsschüben der Industrialisierung auf der einen, der kollektiven Interessenfindung und -vertretung auf der anderen Seite.

Hierbei soll *sozialer Wandel* als Dynamisierung der Strukturelemente, als deren Konstitution und Ablösung, Umformung, Gewichtung und erneuerte Inbezugsetzung verstanden werden. Dynamisierend wirkten etwa die Umschichtungen in der industriellen Beschäftigtenstruktur, die Wanderungen und vertikale Mobilität, die Mobilisierung von Kapital und Führungspersonal, regionale Verschiebungen und Veränderungen in den Konsumgewohnheiten, Maßnahmen staatlicher Wirtschaftslenkung und -organisation, vor allem aber die Wandlungen der Produktionsstruktur infolge technisch-organisatorischer Neuerungen und Verschiebungen der Güterdistribution[13]. Ein weiteres Bündel von Wirkkräften kann in der Eigendynamik des kapitalistischen Produktionsprozesses, sichtbar ausgedrückt in Konjunkturen und Krisen und über die Arbeitsmärkte von erheblichem Einfluß auf Lebenshaltung und Wohnung, zusammengefaßt werden. Die Darstellung dieser wesentlich das Strukturgefüge der Bergarbeiterschaft zu jeweils neuen Lagen verändernden Prozesse ist immer wieder auf Vorher/Nachher-Setzungen[14] angewiesen; man „muß bei den Strukturen der älteren bäuerlich-aristokratischen Welt [ansetzen], wenn man die Schnelligkeit, die Verzögerungen, die Phasenverschiebungen der

13 Vgl. *W. G. Hoffmann*, Zur Dynamik der „industriellen Gesellschaft". Wirtschaftssoziologische Bemerkungen. In: *ders.* (Hg.), Beiträge zur Soziologie der industriellen Gesellschaft, 1952, S. 7—15; Ergänzungen und Schwerpunkte von mir. Das Fehlen tragfähiger, für die historische Analyse brauchbarer Explikationen sozialen Wandels wird an der Edition von *Wolfgang Zapf* (Hg.), Theorien des Sozialen Wandels. Köln/Berlin ²1970, deutlich.
14 Vgl. *H. Schissler*, Theorien des sozialen Wandels (Sammelrezension). In: Neue Politische Literatur 19 (1974) S. 186 f.; *Tipps*, Modernization Theory, S. 204. — Gegenüber einem an sich auf gesamtgesellschaftliche Phänomene zielenden Begriff sozialen Wandels (z. B. *E. K. Francis*, Prolegomena to a Theory of Social Change. In: Kyklos 14 (1961) S. 213—233, 214) wird hier seine Eingrenzung auf vernünftig isolierbare (hierzu unten) gesellschaftliche Subsysteme vorgezogen, ohne die meist beschleunigende, seltener retardierende Wirkung des gesamtgesellschaftlichen gleichzeitigen oder ungleichzeitigen Wandels übersehen zu wollen. Vgl. etwa *W. E. Moore*, Strukturwandel der Gesellschaft. München 1967, S. 81—117 („Wandlungen kleineren Formats"); s. auch die von *Hans Rosenberg*, Probleme der deutschen Sozialgeschichte. Frankfurt a. M. 1969, S. 142, gemachten Unterscheidungen; und *O. Neuloh*, Sozialer Wandel und Industrialisierung im 19. Jh., 1971, S. 65—80.

‚Modernisierung' erkennen und erklären will"[15]. Von großer Hilfe für die Darstellung komplexer historischer Wirklichkeiten[16] sind hierbei modellhafte Problemverdichtungen, wie sie in den Begriffen der Klassenbildung, der Trennung von Staat und Gesellschaft und des Zerfalls des „Ganzen Hauses" verschiedentlich in die Forschung eingegangen sind und auch hier herangezogen werden.

Eine Fülle von nach Ausgleich und Entladung drängenden Konfliktpotentialen entstehen einerseits aus dem arbeitsteiligen Charakter industrieller Produktion überhaupt, zum anderen aus ihrer besonderen liberalkapitalistischen Organisation und den in beiden Ursachenbündeln begründeten betrieblichen, gesellschaftlichen und politischen Herrschaftsverhältnissen, schließlich aus den Anpassungserfordernissen der gesellschaftlichen Modernisierung[17]. Ohne damit der vorindustriellen Agrargesellschaft etwa konfliktfreie Stabilität unterstellen zu wollen, gewinnen die *industriegesellschaftlichen Konfliktlagen* doch seit den frühen Phasen der Industrialisierung in neuen Konfliktherden eine neue Qualität, Form und Intensität. Arbeitsteilungs- und Entfremdungsvorgänge, enttäuschte Herrschafts- oder Gewinnerwartungen und soziale Ungleichheit, normative Widersprüche, aber auch landschaftliche, konfessionelle, nachbarliche Spannungen erfahren mit der Fixierung der Subsistenzbedingungen auf die kapitalistische Produktion Veränderung und verändernde Verschärfung, die nicht zuletzt auf die desorientierende Konfrontation mit unausweichlichen Verhaltenszwängen zurückzuführen ist: Wandel allein bedeutet Konflikt, wie Konflikt Wandel herbeiführt und forciert. Daß die überkommenen Formen der Konfliktregelung unter den Bedingungen industrieller Produktion ihre Aufgaben nicht länger zu erfüllen vermochten, dafür bildet die Bergarbeiterschaft ein besonders erhellendes Beispiel. Von ausschlaggebender Bedeutung für den Durchbruch zu Arbeitskampf und kollektiver Interessenvertretung erscheint dabei die Existenz und Reifung kommunikativer Beziehungen der gleichermaßen Abhängigen, erscheinen gemeinsame Erfahrungen und Lernprozesse, übrigens auf allen Seiten: bei Arbeitern, Kapitaleignern, Staat und anderen Minderbeteiligten[18].

Das Studium von Struktur, Lage und Verhalten der Ruhrbergarbeiterschaft kann sich auf eine im Vergleich zur Geschichte der Arbeiterschaften anderer Gewerbe und Regionen gerade für den frühen Zeitraum gute Quellenlage stützen. Die besonderen Rechts- und Verwaltungstraditionen des preußischen Bergbaudirigismus haben eine Fülle aussagekräftigen Materials gerade auch aus der Übergangszeit der Bergrechtsreform und der

---

15 *Rudolf Vierhaus* (Hg.), Der Adel vor der Revolution. Zur sozialen und politischen Funktion des Adels im vorrevolutionären Europa. Göttingen 1971, S. 7.
16 Über die zunehmende „Unanschaulichkeit der gesellschaftlichen Wirklichkeit jener Zeit" s. *G. A. Ritter/J. Kocka* (Hg.), Deutsche Sozialgeschichte Bd. II, 1974, S. 3.
17 Vgl. *Ralf Dahrendorf*, Gesellschaft und Freiheit. Zur soziologischen Analyse der Gegenwart. München 1965, mit der Einschränkung, daß, entgegen einer Begründung der Konfliktursachen allein in den gesellschaftlichen Herrschaftsverhältnissen (S. 214 u. ö.), hier der Interessenkonflikt im Arbeitskampf in primär ökonomischen Widersprüchen, die allerdings gewöhnlich den Charakter von Herrschaftsbeziehungen annehmen, verankert werden soll. Vgl. ferner *ders.*, Die Funktionen sozialer Konflikte. In: *ders.*, Pfade aus Utopia. Arbeiten zur Theorie und Methode der Soziologie. München ³1974, S. 263—277.
18 Über den „mutual learning process" vgl. *Lawrence Schofer*, Modernization, Bureaucratization, and the Study of Labor History: Lessons from Upper Silesia, 1865—1914. In: *H.-U. Wehler* (Hg.), Sozialgeschichte heute, 1974, S. 467—478, 472; in dieser Hinsicht anregend: *Michael Vester*, Die Entstehung des Proletariats als Lernprozeß. Die Entstehung antikapitalistischer Theorie und Praxis in England 1792—1848. Frankfurt a. M. 1970, S. 25—29.

Liberalisierung der betrieblichen Arbeitsverhältnisse überliefert[19], und der Argwohn der im Verlauf der Bergrechtsreform in ihren eigenen Lebenserwartungen enttäuschten Bergbeamten gegenüber der neuen Unternehmermacht hat sich auf der anderen Seite, wie es im übrigen der preußischen Verwaltungstradition allgemein entsprach, in fürsorglichem Wohlwollen für die Bergarbeiterschaft niedergeschlagen. Das durch die regionalen Bergbehörden überkommene Material läßt sich, insbesondere seit den Anfängen der kämpferischen Interessenvertretung und der Ausbreitung der Sozialdemokratie in der Industrieregion, durch die ebenfalls reich überlieferten Archivalien der kommunalen und regionalen Verwaltungsbehörden, der Landratsämter, Regierungspräsidien und Provinzialverwaltungen ergänzen, und es entspricht der engen kommunalen Einbindung der Arbeiterschaft, daß weitere wichtige Informationen aus Stadt- und Pfarrarchiven erhältlich sind.

Die vergleichsweise ergiebige Quellenlage zur Geschichte von Bergbau und Bergarbeiterschaft im Revier hat sich die Forschung längst zunutze gemacht. Während ältere, in der Regel durch historisch engagierte Nationalökonomen vorangetriebene Untersuchungen den Problemen des gewerblichen Wachstums, der Betriebsgeschichte und Betriebsverflechtung, zum Teil auch der Unternehmer- und Technikgeschichte galten[20], ist die Sozialverfassung des Bergbaus erst in jüngerer Zeit durch die Studien von *H. D. Krampe*[21], *H. G. Kirchhoff*[22] und *G. Adelmann*[23] unter jeweils verschiedenen Gesichtspunkten ausführlich untersucht worden. Die Frühgeschichte der Bergarbeiterbewegung bis zu ihrer endgültigen, dauerhaften Organisierung blieb in diesen und verstreuten anderen Studien stets mehr oder weniger ausgeklammert, so daß die Kenntnis bisher auf die durchaus materialreichen, sich freilich fast ausschließlich auf die zeitgenössische Presse, auf Statuten, Programme und mündliche Berichte stützenden und zudem in konkurrierender Absicht von aktiven Führern der Bergarbeiterbewegung verfaßten, großen Werke zur Geschichte der Bergarbeiter von *Heinrich Imbusch*[24] und *Otto Hue*[25] angewiesen blieb. Erst in jüngerer Zeit ist im Zusammenhang mit dem Aufschwung der allgemeinen Geschichtsschreibung der Arbeiterbewegung und infolge mancher Anregungen, die von der Ge-

---

19 Unentbehrlich ist die breit angelegte, über die Bergbaugeschichte gerade hinsichtlich betrieblicher und sozialer Fragen gut informierende Materialsammlung von *G. Adelmann*: Quellensammlung zur Geschichte der sozialen Betriebsverfassung. Ruhrindustrie, 2 Bde. und Registerbd. 1960—1968 (künftig zit.: *Adelmann*, Quellensammlung I/II).

20 Vgl. die Forschungen von *W. Däbritz, B. Kuske, L. Beutin* u. a.; in jüngerer Zeit etwa *W. Fischer*, Herz des Reviers. 125 Jahre Wirtschaftsgeschichte des Industrie- und HK-Bezirks Essen, 1965; im engeren Sinne wirtschaftsgeschichtlich: *P. Wiel*, Wirtschaftsgeschichte des Ruhrgebietes, 1970; makroökonomisch orientiert und für die historische Feldforschung wenig brauchbar: *L. Poth*, Die Stellung des Steinkohlenbergbaus im Industrialisierungsprozeß, 1971. Methodisch anregend und beispielhaft für Erfolge, die ein genaues Studium des überkommenen statistischen Materials trotz scheinbarer Erschöpfung durch die ältere Forschung gewähren kann, ist *C.-L. Holtfrerich*, Quantitative Wirtschaftsgeschichte des Ruhrkohlenbergbaus, 1973.

21 Der Staatseinfluß auf den Ruhrkohlenbergbau in der Zeit von 1800 bis 1865, 1961.

22 Die staatliche Sozialpolitik im Ruhrbergbau 1871—1914, 1958.

23 Die soziale Betriebsverfassung des Ruhrbergbaus vom Anfang des 19. Jahrhunderts bis zum Ersten Weltkrieg, 1962.

24 Arbeitsverhältnis und Arbeiterorganisationen im deutschen Bergbau, [1908] (künftig zit.: *Imbusch*, Arbeitsverhältnis).

25 Die Bergarbeiter. Historische Darstellung der Bergarbeiter-Verhältnisse, 2 Bde. 1910—1913 (künftig zit.: *Hue* I/II).

schichte des Bergarbeiterverbands im Ruhrgebiet nach 1889 von *M. J. Koch*[26] ausgingen, das Interesse auch an der Frühgeschichte der Bergarbeiter wieder aufgelebt[27].

Mag so das Feld der Bergbaugeschichte an der Ruhr im engeren Sinn auch von der Seite der sozialen Verhältnisse recht gut und jedenfalls weit besser als in anderen deutschen Bergrevieren bestellt sein, so daß sich die Frühgeschichte der Bergarbeiterbewegung, freilich unter Einbezug weiteren Materials, insoweit sicher aufstützen kann, so liegt andererseits die im Sinne der eingangs formulierten Prämissen heranzuziehende, allgemeine Sozialgeschichte des Industriegebiets sehr im argen[28]. Naturgemäß findet sich eine Fülle verstreuten Materials in den erwähnten wirtschafts- und bergbaugeschichtlichen Untersuchungen; aber schon die provinzielle landesgeschichtliche Literatur neigt bis in die jüngste Zeit nur zu häufig zur Ausmalung von Bildern unberührter vor- und frühindustrieller Vergangenheit oder konzentriert Industriegeschichte auf die Gestalten ihrer Gründer, deren monumentale Werke oder die Geschichte einzelner Industriegemeinden. Sei es aus institutionellem Egoismus, sei es infolge forschender Spezialisierung ist die sachlich-methodische Verankerung gezielter gesellschaftsgeschichtlicher Forschung, die sich zunächst der Sammlung und Sichtung einer Fülle bereitliegenden Quellenmaterials zu widmen hätte, für das Ruhrgebiet bisher nur zeitweise in Teilbereichen gelungen[29]. Dagegen läßt sich die zumeist ältere städtegeschichtliche Forschung[30], die sich gewöhn-

---

26 Die Bergarbeiterbewegung im Ruhrgebiet zur Zeit Wilhelms II. (1889—1914), 1954. Für die Frühzeit wenig ertragreich sind: *W. Neumann*, Die Gewerkschaften im Ruhrgebiet, 1951; *E. Schrumpf*, Gewerkschaftsbildung und -politik im Bergbau, 1958.

27 Vgl. *E. Schmidt*, Erster Massenstreik der Bergleute. Essen 1872, 1972; *H.-O. Hemmer*, Die Bergarbeiterbewegung im Ruhrgebiet unter dem Sozialistengesetz, 1974; sowie die weiteren Beiträge in dem Sammelband von *J. Reulecke* (Hg.), Arbeiterbewegung an Rhein und Ruhr, 1974; zusammenfassend: *W. Köllmann*, Die Geschichte der Bergarbeiterschaft, 1968; s. auch die Quellensammlung von *Köllmann/Gladen* über den Streik von 1889, 1969.

28 Vgl. schon *I. Lange-Kothe* in einer Bemerkung 1952: Bergleute an der Ruhr, S. 16; der Ansicht, für eine Sozialgeschichte der Bergarbeiterschaft fehle es an Unterlagen, kann freilich nicht zugestimmt werden. Von den schon 1954 anläßlich einer Tagung in Dortmund etwa von *W. Conze* geäußerten Anregungen (vgl. Die geschichtliche Erforschung des rhein.-westf. Industriegebiets; als Manuskript vervielfältigt; z. B. S. 19—23) scheinen, von der Quellensammlung von *G. Adelmann* (s. Anm. 19) abgesehen, nur unternehmergeschichtliche Fragen aufgegriffen zu sein (vgl. die Referate von *Mertes* und *Däbritz*, ebd. S. 6—12). Vgl. ferner *W. Däbritz*, Das Ruhrgebiet in der Literatur, 1952; *W. Herrmann*, Unternehmungs- und Unternehmergeschichte in Westdeutschland, 1962; *W. Brepohl*, Zum Thema Westfälische Sozialgeschichte, 1955.

29 Die Erkenntnis, daß Industrialisierungsgeschichte in Deutschland zunächst Landesgeschichte ist (vgl. *Erich Maschke*, Industrialisierungsgeschichte und Landesgeschichte. In: Bl. f. dt. Landesgeschichte 103 [1967] S. 71—84; *Wolfgang Zorn*, Landesgeschichte und Sozial- und Wirtschaftsgeschichte. In: VSWG 57 [1970] S. 363—368, hier S. 366), wurde im Ruhrgebiet bisher institutionell nicht realisiert. Vielmehr hat es den Anschein, als ob das konkurrierende, jeweils bis zur ehemaligen Provinzgrenze vordringende Bemühen der provinzialgeschichtlichen Forschungsinstitute der durch die z. T. fortdauernde Verwaltungsgliederung in der Tat komplizierten Quellenlage allzu verpflichtet bliebe. Es kommt hinzu, daß die Pflege landesgeschichtlicher Eigenart Fragen nach den verändernden Strukturen und Prozessen, darunter etwa auch jene nach der volkskundlichen Innovation im Industrialisierungsgeschehen, leicht zu verdecken neigt. Vgl. zur neueren Landesgeschichte noch *Carl August Lückerath*, Erkenntnisleitendes oder zweckrationales Interesse an der Landesgeschichte. In: Zs. des Bergischen Geschichtsvereins 85 (1970—1972) S. 10—22.

30 Ein Beispiel für die ältere Stadtgeschichtsschreibung ist, mit außergewöhnlichem Materialreichtum, *Fr. Darpe*, Geschichte der Stadt Bochum, 1888—1894. Zur neueren Städtegeschichte vgl. nach der vorbildlichen Untersuchung von *Wolfgang Köllmann*, Sozialgeschichte der Stadt

lich auf die kommunalen Verwaltungsberichte, Ratsprotokolle u. ä. stützt, für Bevölkerungs- und Wanderungsprobleme, Kommunalverwaltung und Wohnungsbau, aber auch über lokale Wirtschaftsbetriebe und selbst das Vereinswesen heranziehen. Hier zugängliche Informationen zur Herausbildung industriegemeindlicher Urbanität können, in kritischer Aufnahme der industrieräumlichen Forschung der historischen Geographie[31] — ihr stehen Verdienste um die Erforschung der sozialräumlichen Gliederung des Ruhrgebiets in historischer Perspektive zu —, in der Erörterung der kommunalen Umwelt und Infrastruktur verarbeitet werden. In Fragen ländlicher Lebensformen oder nachbarschaftlichen Brauchtums kann die ältere Volkskunde zu Rate gezogen werden, während den Ergebnissen jener neueren „Industrievolkskunde" *Wilhelm Brepohls* einige Skepsis entgegenzubringen ist. Die aprioristische Wertung organischen Volkstums, die Problemverkürzung (unternehmungslustige Rheinländer gegenüber Westfalen „mit mehr Werksgesinnung"), schließlich Kernpostulate wie jenes über das „Stammesgefüge" und seine Veränderungen (die sogenannte biologische Verostdeutschung, kulturelle Verwestdeutschung)[32] mahnen zur Vorsicht, soweit Interessenlagen und resultierende Konfliktpoten-

Barmen im 19. Jahrhundert. Tübingen 1960, z. B. *S. Quandt*, Sozialgeschichte der Stadt Langenberg, 1971. Für das Ruhrgebiet s. die grundsätzlichen Erwägungen von *H. Croon*, Städtewandlung und Städtebildung, 1960; ferner die Einleitung von *G. Oestreich*, in: *H. Croon et al.*, Kommunale Selbstverwaltung im Zeitalter der Industrialisierung. Stuttgart 1971. Nach *Croon* formuliert *O. Hauser*, Grundzüge aus der Geschichte des Ruhrgebiets, 1967, S. 455 f.

31 Vgl. *H. G. Steinberg*, Sozialräumliche Entwicklung und Gliederung des Ruhrgebietes, 1967, und weitere Studien desselben Verf. — Seit den 1930er, vermehrt in den 1950er Jahren sind eine Fülle wirtschafts- und sozialgeographischer Studien über Städte und Landschaften im Ruhrgebiet, z. T. konkurrierend (z. B. *Palseur* und *Schumacher* über Bochum), entstanden, die gewöhnlich von den natürlichen Grundlagen über die gewerbliche Struktur, Verkehrs- und Handelsverhältnisse u. a. bis Bevölkerung und Siedlungsbild fortschreiten und darin wertvolle Informationen für den Sozialhistoriker versammeln; vgl. besonders *G. Niemeier*, Landschaftsbild des heutigen Ruhrreviers, 1942; *F. Meier*, Änderung der Bodennutzung und des Grundeigentums im Ruhrgebiet, 1961; *I. Vogel*, Bottrop, 1959; *D. Düsterloh*, Kulturgeographie des Niederbergisch-Märkischen Hügellandes, 1967, und *W. Scholten*, Rheinhausen, 1969; *G. Mertins*, Kulturlandschaftliche Entwicklung im westl. Ruhrgebiet, 1964. Zur methodischen Grundlegung s. z. B. *Fr. Huttenlocher*, Sozialgeographische Räume. In: Studium Generale 10 (1957) S. 589—601; *Wolfgang Hartke*, Gedanken über die Bestimmung von Räumen gleichen sozialgeographischen Verhaltens. In: Erdkunde 13 (1959) S. 426—436.

32 Zusammenfassung der Thesen *Brepohls:* Vom Industrievolk an der Ruhr, 1957, hier S. 14, 24, 56—61; die Programmatik dieser Forschung ist formuliert in dem Aufsatz über Die Volkskunde der Industriellen Gesellschaft, 1952. Aufschlußreich zur Genesis dieser Fragestellungen ist *Brepohls* Beitrag von 1937: Das Ruhrvolk und die Volkstumsforschung, vgl. bes. S. 370 f.; vgl. ferner *ders.*, Verwandlung westfälischer Lebensformen im Ruhrgebiet, 1965, mit der Kernthese des konservativen, kaum durch die Industrialisierung geprägten Arbeiters, S. 90. Eine Bibliographie der Schriften *W. Brepohls* findet sich (von *H.-J. Teuteberg*) in Soziale Welt 9 (1958) S. 195—201, ergänzt durch *J. Lingnau*, Industrievolk: Begriff und Wirklichkeit der unterbürgerlichen Schicht, 1969, vgl. S. 114—118. Der Begriff des Industrievolks ist u. E. bereits durch den Bildband von *Josef Winschuh*, Industrievolk an der Ruhr. Aus der Werkstatt von Kohle und Eisen. Oldenburg i. O. (Stalling) 1935, diskreditiert; vgl. etwa die Kernfrage S. 7, „wie die Welt der Industrie der großen völkischen Forderung gerecht wird, Volkskraft zu stärken und Volkstum zu bewahren". — Deutlich hiervon abzugrenzen sind die Forschungen zur Kultur und Volkskunde des Bergbaus; vgl. programmatisch *G. Heilfurth*, Das Montanwesen als Wegbereiter im sozialen und kulturellen Aufbau der Industriegesellschaft, 1972 (allerdings S. 13 mit einer negativen Einschätzung von Lohnkämpfen); in dieser Hinsicht sehr klar und gedankenreich formuliert: *Fr. Sieber*, Die bergmännische Lebenswelt als Forschungsgegenstand der Volkskunde, 1959.

tiale als erfahrungsprägende Strukturelemente übersehen, vernachlässigt oder mit negativer Wertung versehen werden.

Eine kritische Rechtsgeschichtsschreibung, die sich in sozialwissenschaftlicher Begriffsbildung dem sozialordnenden, anpassungs- und konfliktfördernden Charakter privat- und öffentlich-rechtlicher Normen widmete und im Wirkungszusammenhang soziokulturellen Wandels den Gesamtbereich des Zivil- und Strafrechts, des Familien-, Gewerbe-, Arbeits- und Steuerrechts[33] abschritte, hat sich als makrogesellschaftliche Forschung bisher nicht etablieren können. Die preußische Bergrechtsreform 1851–1865 hat unter solchen Aspekten, obwohl nachgerade exemplarisch für den industriegesellschaftlichen Wandel der Rechtsnatur einer Sozialordnung, zusammenfassend bisher keinen Bearbeiter gefunden[34]. Ihre sozialen Wandel sowohl auslösenden als auch forcierenden oder abschließenden Wirkungen können daher nur im Rückgriff auf das Urmaterial behandelt werden.

Selektionskriterien für die in ihrer Breite hier nur angedeutete Ruhrgebietsliteratur, zugleich methodische Ansatzpunkte für eine Sozialgeschichte der Industrielandschaft in Ergänzung zu den oben vorgetragenen Überlegungen zu Struktur, Lage und Verhalten der Arbeiterschaft, lassen sich aus der Beschränkung auf einen regional-gewerbespezifischen Untersuchungsansatz gewinnen, der insbesondere geeignet erscheint, die Verbindungen und Erklärzusammenhänge zwischen industriell-regionalem Wachstum und sozialem Wandel, von traditionalen zu industriegesellschaftlichen Kommunikations- und Aktionsmustern herauszustellen und zu präzisieren. Die doppelt begründete Isolierbarkeit ermöglicht die Formulierung gesamtgesellschaftlich nicht mehr aufzuspürender oder abzugrenzender Zusammenhänge und häufig die Bestimmung ihrer Qualität und Intensität[35].

1. Das Erfordernis „räumlich begrenzte[r] Forschungen für die geschichtliche Erkenntnis gesellschaftlicher Entwicklungen"[36] ist in letzter Zeit mehrfach betont worden; vorrangig wirtschaftsgeschichtliche Fragestellungen nach der Nivellierung vorindustrieller

---

33 Vgl. *R. Braun*, Probleme sozio-kulturellen Wandels im 19. Jh., 1973, S. 13; Denkanstöße vermittelt *Peter Landau*, Rechtsgeschichte und Soziologie. In: VSWG 61 (1974) S. 145—164. Vorläufig ein Einzelfall, der jedoch die Chancen und Dimensionen einer „Rechts- und Sozialgeschichte" eindrucksvoll erhellt, ist die Studie von *H. Dörner*, Industrialisierung und Familienrecht — Die Auswirkungen des sozialen Wandels, 1974.

34 Vgl. jedoch die Aufsätze von *W. Fischer*, in: *ders.*, Wirtschaft und Gesellschaft im Zeitalter der Industrialisierung, 1972, S. 139—178, 496—500.

35 Mit der wichtigsten für den deutschsprachigen Raum vorliegenden Untersuchung sozialen Wandels in räumlich-gewerblicher Abgrenzung, *R. Brauns* Studien über die Textilindustrie im Zürcher Oberland (Industrialisierung und Volksleben, 1960; bes. Sozialer und kultureller Wandel in einem ländlichen Industriegebiet, 1965, s. Kap. IV, VI; S. 14), hat diese Studie wiederum die Sichtweise auf die Gesamtheit der gesellschaftlichen „Emanzipations-, Entflechtungs- und Reintegrationsprozesse" gemein, will jedoch die Verknüpfungsebenen hervorheben und nuanciert nach Verhaltensformen und -mustern befragen und ordnen; s. o. S. 21 f. Diesem Ziel ist der Blick auf soziokulturelle Wandlungsprozesse in „Volksleben und Volkskultur", „Volksbildung" u. ä. nachgeordnet, ohne indes die politische Relevanz der „cultural patterns" übersehen zu wollen.

36 *H. Croon*, in: Duisburger Forschungen 8 (1965) S. 305; vgl. auch *D. Dowe*, in: ASG 11 (1971) S. 604, 606; zuletzt: *Wolfgang Köllmann*, Zur Bedeutung der Regionalgeschichte im Rahmen struktur- und sozialgeschichtlicher Konzeptionen. In: ASG 15 (1975) S. 43—50, 45: „Nur am Ort lassen sich Voraussetzungen, Ansätze und Verlaufsformen strukturwandelnder Prozesse aufspüren und einwirkende Faktoren in ihrer Gewichtung und Tragweite erkennen".

und Differenzierung hochindustrieller Wirtschaftsräume[37], aber auch Fragen der Klassenbildung[38] wurden auf den Wert regionaler exemplarischer Ansätze verwiesen. In der Tat lassen sich Charakter und Wirkungsweise einer Reihe langfristig wirkender und verhaltensprägender Strukturmerkmale wie die ethnische Gestalt einer Bevölkerung, ihre konfessionellen Präferenzen, die Verwaltungstraditionen und besonders der Charakter der vorindustriellen Agrarlandschaft nur auf regionaler Ebene einleuchtend untersuchen. Protest- und Arbeitskampfursachen, -formen und -ergebnisse sowie die frühen labilen proletarischen Organisationen gewinnen schärfere Konturen. Schließlich erhält auch die konjunkturgeschichtliche Betrachtung durch die Analyse lokal/regionaler Arbeitsmärkte wertvolle Ergänzungen, die mit größerer Genauigkeit in die Fixierung der Lebenshaltung umsetzbar sind.

2. Die gewerbespezifische Untersuchung (in wirtschaftsräumlicher Begrenzung)[39] ermöglicht präzise Aussagen über den Betrieb als Ort der Arbeitskraftverwertung, seine besondere Organisation und die Struktur des Arbeitsprozesses. Wegen des Sondercharakters bergbaulicher Produktion, insbesondere ihrer Standortgebundenheit, schließlich wegen der eigenartigen bergbaulichen Traditionen und Institutionen verlangt die Beschreibung des Arbeitsplatzes vorrangige Aufmerksamkeit. Indem der Betrieb als Ort der Arbeitskraftverwertung zum neuen Herd sozialer Konflikte geriet, bietet die betriebs- und gewerbenahe Darstellung vermehrte Chancen zum Verständnis der kollektiven bergmännischen Verhaltens- und Aktionsmuster.

Als dem sozialhistorischen Ansatz eigene Arbeitsweisen sollen weiter hervorgehoben werden:

3. Die Geschichte von Arbeiterschaft und Arbeiterbewegung im Revier soll, anstatt einer führungs-, programm- und ideologiegeschichtlichen Darstellung von der Spitze her, alle Möglichkeiten quantitativer Quellen nutzen, „um systematisch und nicht nur impressionistisch an die (Massen-) Basis der Arbeiterbewegung heranzukommen"[40] und sich darin der erhöhten Nachweiskraft solcher Quellen zu bedienen. Hier eröffnet sich der Gesamtbereich regionaler, lokaler, bergbaustatistischer, gewerbestruktureller und demographischer Daten als potentielles Quellenreservoir[41]. Den Umständen entsprechend, muß sich die Analyse dieses Materials gelegentlich auf dessen ordnende Ausbreitung beschränken, wo weitere Aufbereitung möglich und nützlich gewesen wäre.

4. Die Konturen des Erkenntnisgegenstandes verschärfen sich insgesamt und in ihren Detailprozessen und -inhalten durch vergleichende Blicke auf funktionale und prozes-

---

37 Vgl. *D. Petzina*, Materialien zum sozialen und wirtschaftlichen Strukturwandel in Deutschland seit dem Ende des 19. Jhs. In: Vierteljahreshefte f. Zeitgeschichte 17 (1969) S. 309.

38 Vgl. *Zwahr*, Konstituierung des Proletariats, S. 502 Anm. 5.

39 So muß die Strukturuntersuchung der gewerblichen Arbeiterschaften etwa in den Studien von *H. Blumberg* (Die dt. Textilindustrie in der industriellen Revolution, Berlin [O] 1965) oder *A. Schröter/W. Becker* (Die dt. Maschinenbauindustrie in der industriellen Revolution. Berlin [O] 1962) z. B. hinsichtlich der Lohn- und Preisdifferenzierung notwendig in allgemeinen Aussagen verbleiben.

40 *Robert Wheeler*, Quantitative Methoden und die Geschichte der Arbeiterbewegung. In: IWK 10 (1974) S. 40—51.

41 Aus den genannten Gründen sind in dieser Untersuchung erstmals in systematischer Absicht nicht nur die Tabellenwerke der preußischen und Reichsstatistik, sondern auch die älteren statistisch-topographischen Landesbeschreibungen und insbes. die Stadt- und Kreiskommunalstatistiken des Industriegebiets herangezogen worden.

suale Äquivalente[42], wiewohl dieser Ansatz hier eine nur sehr untergeordnete Rolle schon aus arbeitsökonomischen, aber auch aus Gründen spielen muß, die in den Chancen einer eigenständigen Methodik komparativer Untersuchungen von Sonderfällen, als die die Bergarbeiterschaften aller Länder betrachtet werden können, liegen. Dies gilt etwa für das Desiderat einer vergleichenden Geschichte der Bergarbeiterschaften im „verbandspolitischen Zeitalter"[43], aber auch für die vergleichende Erarbeitung des Typischen einzelner Phasen im Lernprozeß bis zur kontinuierlichen kollektiven Aktion[44] und die Ergebnisse der komparativen Frühindustrialisierungsforschung.

5. Gegenüber anderen vergleichbaren Studien gewinnt die Untersuchung der Ruhrbergarbeiterschaft einen gewerbespezifischen Aspekt der Kritik aus der Frage nach der kurz- und langfristigen Rationalität der im Bergbau eindeutig als in anderen Sektoren identifizierbaren Entscheidungen für die „Entfesselung" der Produktion durch die Herbeiführung der unternehmerischen Verfügungsgewalt über den Besitz an Produktionsmitteln und die Folgemaßnahmen. Es stellt sich die Frage, ob aufgrund der Verwaltungstradition des Bergregals im Direktionsprinzip ein zweckrationaler, innovationsfreudiger und, in Grenzen freilich, profitorientierter Staatsbergbau alternativ auch in späteren Industrialisierungsphasen, etwa als staatlicher Rohstoffvorbehalt oder in anderen Formen, denkbar gewesen wäre, und welche Folgen dies für die Struktur und Organisation der Arbeiterschaft gehabt hätte. Die unternehmerische Emanzipation im Bergbau wurde dagegen bewußt zu einem Zeitpunkt konzediert, als ihre depravierenden Folgen anhand vergleichbarer Entwicklungen bekannt und erwartbar waren; der Kontrast der entfesselten Bergbaugesellschaft zur ständischen Rechts- und Sozialordnung unter dem Direktionsprinzip hat deshalb schon zeitgenössisch Kritiker vor allem von konservativer Seite gefunden. In dieser Konstellation wird sich zeigen lassen, daß die Verteilung privater Gewinne und sozialer Kosten der Bergrechtsreform und der bergbaulichen Industrialisierung Ausdruck eines seit der Revolution bloßgelegten obrigkeitlichen Legitimationsdefizits war, das durch das Opfer von Arbeiterschaftsinteressen zugunsten der Versicherung der Unternehmerschaft als Stütze des Staats aufgefüllt wurde.

---

42 *H.-U. Wehler*, Soziologie und Geschichte aus der Sicht des Sozialhistorikers. In: *Ludz* (Hg.), Soziologie und Geschichte, S. 59—80, S. 73.

43 Der von *H. Mommsen* mehrfach vertretene komparative Ansatz zielt sichtlich auf verbands- und organisationssoziologische Fragestellungen im internationalen Vergleich; vgl. z. B. die Einleitung des Hg. *H. Mommsen*, Sozialdemokratie zwischen Klassenbewegung und Volkspartei. Frankfurt a. M. 1974, S. 13; s. auch die programmatischen Bemerkungen *Mommsens* im Ausstellungskatalog: Bergarbeiter, Bochum 1969, Einführung.

44 Vgl. bisher nur die Aufsätze von *G. V. Rimlinger*, International Differences in the Strike Propensity of Coal Miners, 1959; Die Legitimierung des Protestes. Eine vergleichende Untersuchung der Bergarbeiterbewegung in England und Deutschland, 1967. Vergleichende Forschung des Bergbaus und der Bergarbeiterbewegungen ist bisher nur von angloamerikanischer Seite, wo das Studium der Bergarbeiter einen Schwerpunkt der allgemeinen Historiographie der Arbeiterbewegung bildet, betrieben worden; von westdeutscher Seite fehlen hierfür, während die in der DDR gelegenen Bergbaugebiete bereits einige Darstellungen gefunden haben, noch alle Voraussetzungen.

Kapitel I
Die Wirtschaftslandschaft und ihre Bevölkerung

1. Zur räumlichen Entwicklung des Ruhrgebiets im 19. Jahrhundert

Die spätere Industrielandschaft des Ruhrsteinkohlenbeckens begann sich, zunächst auf ein engeres Ruhrufergebiet beschränkt, als isolierbarer Wirtschaftsraum erst gegen Ende des 18. Jahrhunderts herauszubilden. Gegenüber den fünf traditionellen Wirtschaftslandschaften Rheinland-Westfalens[1] — dem Aachener Raum und der nördlichen Eifel, dem niederrheinischen und dem Minden-Ravensbergischen Textilgebiet, dem Bergischen Land, schließlich der südlichen Grafschaft Mark und dem kölnischen Sauerland — gehört das Ruhrgebiet der Spätzeit der industriellen Revolution an und entstand, auch hinsichtlich seiner absatzräumlichen Verflechtung, „geradezu als nördliche Anwachszone an die Industriezone des Berglandes"[2]:

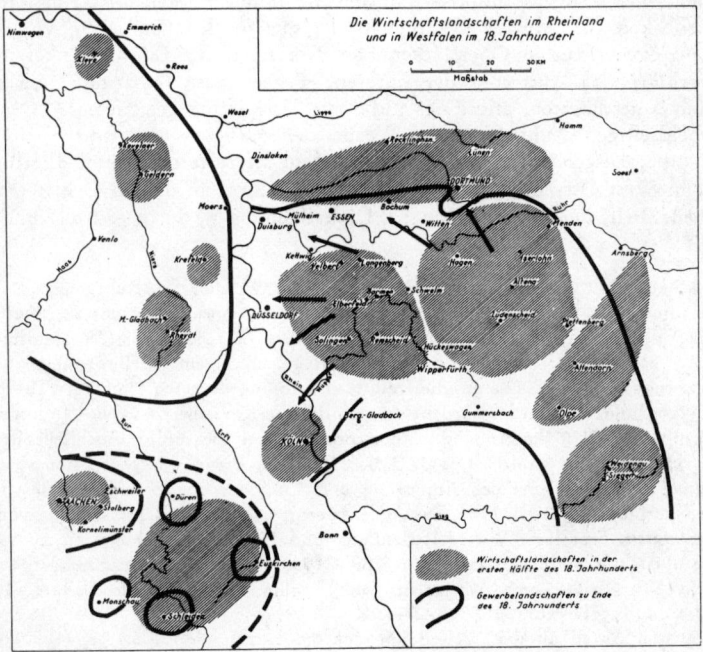

Die Wirtschaftslandschaften im Rheinland und in Westfalen im 18. Jahrhundert

---

1 Vgl. *H. Croon*, Wirtschaftliche Führungsschichten in Rheinland und Westfalen, 1973, S. 311; *E. Otremba*, Die Stellung des Ruhrgebiets im Weltwirtschaftsraum, 1966, S. 185.
2 *G. Niemeier*, Das Landschaftsbild des heutigen Ruhrreviers vor Beginn der großindustriellen

Während der Erzbergbau im Siegerland und die nordwärts angesiedelte eisenverarbeitende Industrie trotz schlechten Abschneidens im internationalen Vergleich[3] im Vormärz noch zu den bedeutendsten industriellen Zentren Deutschlands gezählt werden müssen[4], zeichnen sich im Ruhrraum die späteren vertikalen Verflechtungen von Kohle- und Eisenkombinaten erst seit den vierziger Jahren mit bei Sterkrade allerdings älteren Ansätzen zur Erzverhüttung und Gußstahlverfertigung in Bochum und Hörde ab. Der wachsende, Holzkohle als Brennstoff ablösende Kohlebedarf der Siegerländischen Eisenindustrie und der Kleineisenfertigung im Hagener Raum hat die Verbindung zur frühen Zechenlandschaft an der Ruhr seit der Wende zum 19. Jahrhundert spürbar belebt und schließlich 1850 zur endgültigen Verlagerung der produktionsintensiven Industrie und zu ihrer großbetrieblichen Ausdehnung nördlich der Ruhr geführt. Während bisher die Kohle unter großem Aufwand zu den Hämmern und Schmieden der eisenverarbeitenden Industrie befördert worden war, zog es nunmehr, begünstigt durch Raseneisenerz- und Blackbandfunde dicht bei den Kohlenlagerstätten, die Eisenindustrie zur Kohle. Diese Grundbeziehung von Kohle und Erz hat die Abgrenzung und innere Gliederung des Reviers, wie es uns als schwerindustrieller Wirtschaftsraum ausgeprägt seit dem frühen 20. Jahrhundert entgegentritt, ausgelöst und bestimmt.

Das steinkohlenflözführende Gebirge des jüngeren Karbon endet entlang einer südlichen Linie, die etwa in Höhe von Rheinhausen den Rhein kreuzt und nach einer Ausbuchtung bei Sprockhövel-Haßlinghausen-Volmarstein in nordöstlicher Richtung auf Hamm führt. Nach Norden erstrecken sich die flözführenden Schichten einfallend durch das Vest Recklinghausen bis in das südliche Münsterland und erreichen dort eine Tiefe, die die Wirtschaftlichkeit des Abbaus in Frage stellt; nur in der Umgebung von Ibbenbüren treten die Flöze erneut in Oberflächennähe. Der nördliche Einfallswinkel des Kohlengebirges erklärt das Austreten der unteren, wegen ihrer Gasarmut zum Hausbrand („Anthrazit") geschätzten, allerdings nicht zur Verkokung geeigneten Magerkohlenpartien im beidseitigen Ruhrufergebiet. Wegen der geringen technischen Schwierigkeiten ging hier am „Ausgehenden" der Kohlenbergbau seit alters her um; allerdings ist das allgemein in West-Ost-Richtung gefaltete Kohlengebirge in diesem Gebiet traditionellen Oberflächenabbaus durch Verwerfungen, Überschiebungen, durch „Sättel" und „Mulden"

Entwicklung, 1942, S. 96; s. auch *H. Croon*, Vom Werden des Ruhrgebiets, 1967, S. 181: „Rand- und Anwachszone". Die Karte oben S. 33 ist entnommen aus *F. Schulte*, Die Entwicklung der gewerblichen Wirtschaft in Rheinland-Westfalen im 18. Jahrhundert, 1959 (Faltblatt nach S. 16). Pfeile und Schraffuren geben allgemeine Bewegungs- und Ausdehnungsrichtungen bzw. -räume an, die freilich in dem angedeuteten Umfang z.T. erst zum Ende des 19. Jahrhunderts erreicht wurden; vgl. ähnlich die Karte bei *O. Quelle*, Industriegeographie der Rheinlande, 1926 (im Anhang). Monographien über die südlich anschließenden Industrieräume sind durchaus zahlreich; vgl. z.B. *Hermann Ringel*, Bergische Wirtschaft zwischen 1790 und 1860. Probleme der Anpassung und Eingliederung einer frühindustriellen Landschaft. Neustadt a. d. Aisch 1966. Zusammenfassend s. neben der Untersuchung von *F. Schulte*: *M. Barkhausen*, Staatliche Wirtschaftslenkung und freies Unternehmertum im westdeutschen und im nord- und südniederländischen Raum, 1958; forschungsprogrammatisch auch *P. Schöller*, Die Wirtschaftsräume Westfalens vor Beginn des Industriezeitalters, 1963; ferner *N. J. G. Pounds*, The Ruhr, 1968, S. 27—55.

3 Der deutsche Anteil an der Welteisenproduktion betrug (1840) 5,1 %, (1850) 4,32 % und (1860) 7,47 %. Errechnet nach *J. Kuczynski*, Darstellung der Lage der Arbeiter in Dtld. Bd. I 2, 1962, S. 14; s. auch den Vergleich mit der englischen Produktion bei *T. C. Banfield*, Industry of the Rhine, Bd. II, 1848, ND 1969, S. 116.

4 Vgl. *H. Kruse*, Das Siegerland unter preußischer Herrschaft 1815—1915, 1915, S. 69—114.

vielfach außerordentlich gestört und erschwert die Kohlengewinnung[5]. Faltung des Kohlengebirges und Flözverhältnisse bestimmen auch noch im nördlichen Revier in hohem Maße die Standortwahl der Anlagen.

Von den alten Baufeldern des Ruhrufergebiets ausgehend, hat sich die bergbaugeprägte Industrielandschaft im Verlauf des 19. Jahrhunderts schubhaft mit deutlich abgrenzbaren Phasen nach Norden ausgedehnt. Nachdem die bis zum Ende der 1830er Jahre aus überwiegend technischen Gründen ausdehnungshinderliche südliche Mergelüberlagerung des Steinkohlengebirges in waagerechter Linie auf der Höhe von Essen—Bochum—südlich Dortmund auf breiter Front einmal überschritten war, wurde die Nordwanderung des Kohlenbergbaus, seit 1847/48 auch verkehrstechnisch erleichtert, zum entscheidenden strukturverändernden, raumbildenden Faktor in der Ausformung der Wirtschaftslandschaft.

Stationen der Nordwanderung[6]:

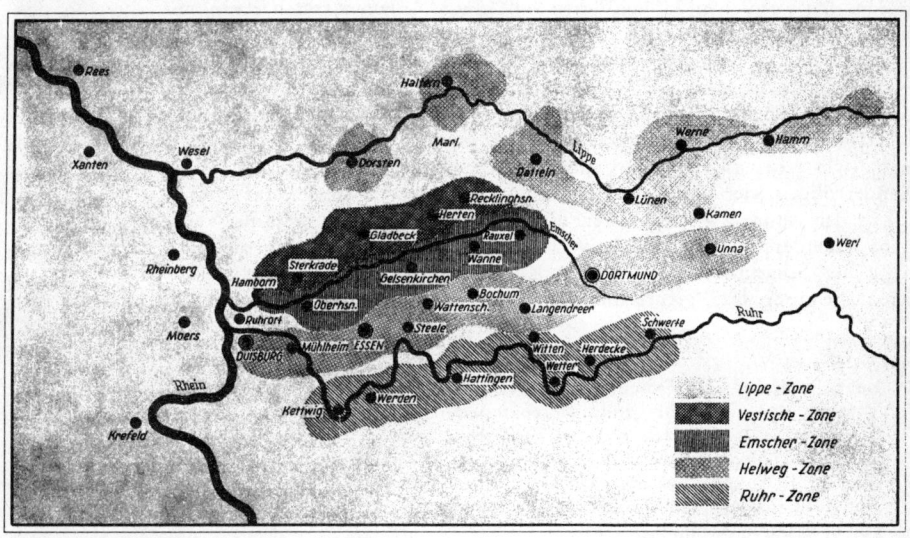

Zonengliederung des Ruhrgebietes (Wilhelm Brepohl).

---

5 Zur Geologie des Ruhrkohlenbeckens s. *Paul Kukuk,* Geologie des niederrhein.-westf. Steinkohlengebietes. Berlin 1938 (Text- und Tabellenbd.); *Carl Hahne/Paul Kukuk,* Die Geologie des Niederrhein.-Westf. Steinkohlengebietes (Ruhrrevier) in kurzgefaßter verständlicher Form. Herne 1963; *C. Hahne,* Geologie, Morphogenese, Pedologie und Geohydrologie im mittleren Ruhrgebiet, in: Bochum u. d. mittlere Ruhrgebiet, 1965, S. 9—22 m. Abb.; Oberflächenbeschreibungen des Reviers z. B. bei *O. v. Mülmann,* Statistik des Reg.-Bez. Düsseldorf, Bd. 1, 1864, S. 4—310; *W. Müller-Wille,* Westfalen, 1952, S. 276—281.

6 Überblickskarte nach *C. Herbermann* (Hg.), Links der Lippe, rechts der Ruhr, 1969, S. 128; dieser Karte liegt die Zonengliederungskarte von *W. Brepohl,* Industrievolk im Wandel, 1957, S. 385, zugrunde; vgl. ferner die Karte der Nordwanderung anhand der Feldergrenzen (1850, 1900, 1927, 1964) bei *H. Hobrecker,* Bergbau im mittleren Ruhrgebiet, 1965, S. 25; zur Mergellinie s. die auf S. 59 wiedergegebene Karte. Die zonale Wanderung ist bereits zeitgenössisch erkannt worden; vgl. den Vortrag des Bergassessors *v. Rohr,* Glückauf 45/11. 11. 66. *Klostermann,* Skizze des Märkischen Knappschaftsvereins, 1878, S. 5, unterscheidet bereits

Obwohl die Fortsetzung des Steinkohlengebirges unter den Mergelschichten nach Norden längst bekannt war, bedurfte der immense technische Aufwand des Abbaus unter der Mergeldecke schon aus Rentabilitätsgründen großbetrieblicher Förderungsstufen, für die ausgebaute Verkehrsnetze, weitere Absatzmärkte und erhöhte Kapitalzufuhr erst noch zu sichern waren. Der südlichen Mergelüberlagerung kommt so erhebliche, schon im Vormärz wirksame infra- und betriebsstrukturelle Bedeutung zu. Bis zur Jahrhundertmitte bildet der Raum des zutagetretenden flözführenden Karbons mit einer Fläche[7] von 532,42 km² noch den Kernraum des Kohlenabbaus; das „engere Ruhrgebiet" als Bergbaugebiet dürfte sich damit, soweit wichtige Abbaufelder bei Essen (Graf Beust u. a.), aber auch schon bei Bochum und Dortmund die Mergelgrenze überschritten hatten und bis zur Linie des alten Hellwegs vorgedrungen waren, auf einer Fläche von ca. 600 km² erstreckt haben[8]. Diese Hellwegzone wird in den Aufschwungjahren nach 1850 völlig erschlossen und für die Kohlenförderung z. T. bis in die 1860er Jahre hinein vorgerichtet. Nach einer Unterbrechung der Wanderung 1858—1869 setzt in den Boomjahren nach der Reichsgründung eine neue Erschließungsphase im Emschergebiet, gelegentlich bis in den vestischen Höhenrücken ein; diese Anlagen treten dann vor allem in den 1880er Jahren in Förderung.

Anfangs sind es also die geologischen Lagerungsverhältnisse und die vorhandenen technischen Möglichkeiten, auch wohl die ordnenden staatlichen Eingriffe, die die Geschwindigkeit der Nordausdehnung bestimmen. In späteren Entwicklungsphasen tritt die jeweilige Nachfragesituation in den Vordergrund, und auch die Verkehrsverhältnisse haben nach wie vor die Standortwahl der Bergbaubetriebe nachhaltig beeinflußt[9]. Eine Sonderrolle in der zonalen Wanderung des Bergbaus spielte das westliche Revier, vor allem der Raum zwischen Essen und Duisburg. Mochten hier die Verkehrsverhältnisse auch besonders zur Ansiedlung verlocken, so erwiesen sich doch die technischen Hindernisse der Schachtabteufung und sonstigen Vorrichtungen als so stark, daß die Bergbauausdehnung hier gleichsam verharrte[10] und, mit der Ausnahme Oberhausens, erst

Ruhr-, Hellweg- und Emschergebiet. Das genaue Studium der Nordwanderung ist nach dem Vorgang von *O. Quelle* (Industriegeographie, S. 33—55) *W. Brepohl* zu verdanken; vgl. Industrievolk im Wandel, S. 1—28. Von der Untersuchung von *Ernst Hegels,* Wanderungen von Steinkohlenbergbau und Eisenindustrie im niederrhein.-westf. Industriegebiet. Diss. Münster 1925, steht nur noch ein allzu allgemeiner Auszug zur Verfügung; vgl. *F. Bierhaus,* Die Ausbreitungs- und Wanderungsbewegungen des Steinkohelnbergbaus, Diss. 1952, S. VII; vgl. auch unten Anm. 49.

7 Nach *Runge,* Steinkohlenbecken, 1892, Tafel im Anhang; s. ferner die Karte unten S. 59.

8 Vgl. *H. Spethmann,* Ruhrgebiet im Wechselspiel, 1933/38, Bd. II, S. 275. Der Unterschied zwischen verliehenen und erschlossenen Feldern ist in dieser Zeit noch nicht sehr groß. Erst durch HM-Verfügung 2. 11. 53 konnten Felder auch nach dem Augenschein von Bohrlöchern verliehen werden, s. *C.-L. Holtfrerich,* Wirtschaftsgeschichte des Ruhrkohlenbergbaus, 1973, S. 30. Allzu ungenau sind die Flächenangaben bei *A. Heinrichsbauer,* Ruhrbergbau in Vergangenheit, Gegenwart und Zukunft, 1948, S. 19, wonach das eigentl. Fördergebiet noch 1860 „keine 100 km²" umfaßt haben soll; richtiger *Niemeier,* Landschaftsbild des heutigen Ruhrreviers, S. 95.

9 Vgl. *A. Schmitz,* Der Einfluß der Nordwanderung des Ruhrkohlenbergbaus auf die industrielle Standortstruktur, Diss. 1966, S. 14; *Bierhaus,* Ausbreitungs- und Wanderungsbewegungen, S. 19.

10 Vgl. über den Duisburger Bergbau: Statistik des Krs. Duisburg, 1864, S. 56—60; Glückauf 49/9. 12. 66: es sei noch „bei ziemlich mißlungenen Versuchen geblieben"; *K. K. Bork,* Die sozialen Wandlungen der Stadt Duisburg, 1965, S. 60. Zum Bergbau auf der linken Rheinseite s. *W. Scholten,* Rheinhausen, 1969, S. 33 f.

in den 1880er Jahren, z. T. erst nach 1890 fortschritt. Aber auch im Bergbauraum nordwestlich Essens, in Oberhausen, Sterkrade, Hamborn, sind die Zonengliederungen im Aufbau des Ruhrgebiets so gut wie nicht mehr erkennbar; hier gehen die sehr alten Mülheim-Broicher Abbaufelder in die Aufschließung der 1850er Jahre bis zu den großen Unternehmungen *A. Thyssens* im Hamborner Gebiet (Deutscher Kaiser) vor der Jahrhundertwende fast bruchlos über[11].

Die phasenhafte Nordwanderung des Bergbaus drückt sich deutlich in einem Produktionsvergleich nach grob abgegrenzten Abbaugebieten aus. Hierbei umfaßt das Gebiet Süd I die Gruben südlich der Ruhr; Süd II: zwischen Ruhr und Mergellinie; Mitte: Mergellinie bis zur Emscher; Nord: nördlich der Emscher; West: linksrheinisch. Nach den Berechnungen von *F. Bierhaus* betrug dann in Prozent (der Gesamtproduktion)[12]

		Süd I	Süd II	Mitte	Nord	West
die Zahl der fördernden Zechen	1860	38,04	37,65	23,92	—	0,39
	1874	38,46	28,21	30,34	1,28	1,71
	1913	10,73	17,52	41,24	25,99	4,52
die Förderung	1860	17,69	29,94	52,36	—	0,01
	1874	7,14	25,05	63,78	1,02	3,01
	1913	2,03	10,16	47,68	32,19	7,94
die Belegschaft	1860	15,82	30,10	53,86	—	0,22
	1874	8,88	27,89	57,89	1,22	4,12
	1913	1,97	10,80	46,78	32,73	7,72

Um 1890, dem zweiten hier hervorzuhebenden Zeitpunkt, ist eine Fläche von insgesamt 1185,26 km² unter Tage bebaut worden; das vom Steinkohlenbergbau bestrichene Gebiet hat sich mithin seit der Jahrhundertmitte bis 1890 annähernd verdoppelt[13]. Zu diesem Zeitpunkt war das Ruhrgebiet endlich zu einem einheitlichen Wirtschafts-, d. h. auch: Verbrauchsgebiet[14], zusammengewachsen. Ältere innerräumliche Grenzmarken, etwa jene die Anlage der Stollenmundlöcher zum Abbau aus Wasserhaltungs-

11 Die oben wiedergegebene Zonenkarte vermittelt insoweit ein mißverständliches Bild, als *Brepohl* den alten Ruhruferbergbau bei Kettwig enden läßt und Mülheim zur Hellwegzone rechnet; er selbst räumt den Sonderfall Duisburg ein, vgl. z. B. Das Ruhrvolk, 1952, S. 451. Die Zonengliederung im rhein. Teil bezweifelt auch *H. Croon*, Städtebildung und Städtewandlung im Ruhrgebiet, 1960, S. 488 Anm. 7.

12 *Bierhaus*, Ausbreitungs- und Wanderungsbewegungen, S. 41—57, 61, 73.

13 *Runge*, Steinkohlenbecken, Anhang Tafel I und S. 5. Übertrieben daher z. B. *E. Jüngst*, Festschrift z. Feier d. 50jährigen Bestehens d. Vereins f. d. bergbaul. Interessen, 1908, S. 16, wonach das Förderungsgebiet 1858—1883 von kaum 10 auf über 25 Quadratmeilen wuchs; auch nach *Heinrichsbauer*, Ruhrbergbau, S. 19, hätte sich das Förderungsgebiet 1860 bis 1885 mehr als vervierfacht. In der jüngeren Forschung wird ein für die histor. Analyse wenig brauchbarer Großraum des Ruhrgebiets zugrundegelegt; vgl. etwa *W. Däbritz*, Ruhrgebiet in der Literatur, 1952, S. 437, wo ein (engeres) Ruhrgebiet von 4600 km² von einem Rhein.-Westf. Industriegebiet von 28 200 km² unterschieden wird; s. auch *Brepohl*, Ruhrvolk, S. 447, u. *P. Wiel*, Wirtschaftsgeschichte, 1970, passim, wo überwiegend nach den Grenzen des Siedlungsverbands Ruhrkohlenbezirk (vgl. Karte S. 16) verfahren wird. In anderen Publikationen wird bereits das Ruhrtal nicht mehr dem Ruhrgebiet zugerechnet (Vgl. *D. Düsterloh*, Kulturgeographie des Niederbergisch-Märkischen Hügellandes, 1967, S. 15).

14 Vgl. bes. *H. Croon*, Versorgung der Großstädte des Ruhrgebietes, 1965, S. 139.

und Gefällegründen mitentscheidende Wasserscheide zwischen Ruhr und Emscher, waren unter dem nivellierenden Einfluß der Verkehrsentwicklung längst bedeutungslos geworden. Auch die raumbildende Kraft der älteren politischen Gliederung war den Anforderungen der raschen Ausbreitung und Kapazitätsausweitung in neuen landschaftsformenden Zusammenhängen gewichen[15]. Neuere raumunterscheidende Merkmale waren etwa entlang den nunmehr erschlossenen Kohlenqualitäten entstanden: Während im Südruhrgebiet fast nur Magerkohle gefördert wurde, gliederten sich die Zechen der Hellweglinie, wo verkokbare Fett- und Eßkohlen gehoben wurden, eigene Kokereien an und begannen, die Förderung für den Verbrauch durch Separation und Kohlenwäsche, seit den 1880er Jahren auch durch Brikettierung aufzubereiten. Weiteste Absatzmöglichkeiten eröffnete die überwiegend im Emscherraum geförderte, gasreiche Industriekohle der Gas- und Gasflammkohlenschichten, die eine breite Skala von Verbrauchern erreichte[16].

Neben der entwicklungsräumlichen Süd-Nord-Entfaltung des Bergbaus wird die im Vormärz noch überall spürbare West-Ost-Differenzierung der Industrielandschaft gern übersehen[17]. Die mitten durch das Revier verlaufende Provinzgrenze zwischen Rheinland und Westfalen markierte ein deutliches Industrialisierungsgefälle im Revier mit einem erheblichen Vorsprung des westlichen Gebietsteils, in dem sich sowohl Standortvorteile als auch und vor allem die Folgen der vorindustriellen territorialen Zugehörigkeiten niederschlugen. Noch 1848/49 beeinflußte die Provinzgrenze durch unterschiedlich geltendes Recht das Wirtschaftsleben in hohem Maß. So galt in der Mark als altpreußischem Besitz das Allgemeine Landrecht, während die Staatsregierung in den 1815 hinzugewonnenen Landesteilen nur zögernd und schrittweise die Vereinheitlichung einleitete[18]. Ein aufmerksamer Beobachter wie der Engländer *Thomas C. Banfield*[19] bemerkte anläßlich seiner Bereisung des Oberhausener Raums, die Provinzen hätten Gesetze,

„differing as widely as the arbitrary and clumsy legislation of an agricultural district in the middle ages may be supposed to do from the Code Napoleon".

So erwies sich auch die Verschiedenheit des Bergrechts hier gewerbehemmend, dort -fördernd. Der Mülheimer Bergbau, bis 1815 infolge der Zugehörigkeit zur Unterherr-

---

15 Den landschaftsformenden Charakter der Industrie hebt am Beispiel der „gleichsam negativ idealtypischen Industrielandschaft" des Ruhrgebiets seit Mitte des 19. Jhs. neuerdings *Albrecht Timm*, Technolog. Kriterien b. d. Entwicklung v. Industrielandschaften. In: Bl. f. dt. Landesgeschichte 108 (1972) S. 135—142, S. 141, heraus.

16 Diese Abgrenzungsmöglichkeit wird betont von *H. Knübel*, Die räumliche Gliederung des Ruhrgebiets, 1965, S. 184; vgl. auch *Helmrich*, Das Ruhrgebiet, S. 72 f. Das Verhältnis der Kohlensorten betrug 1887 nach *Runge*, Steinkohlenbecken, S. 66: Magerkohlen 14,38 %; Eß- bzw. Flammkohlen 28,30 %; Fettkohlen 29,11 %; Gaskohlen 18,39 %; Gasflammkohlen 9,82 %.

17 Hierauf hat bes. *H. Croon*, Werden des Ruhrgebiets, S. 167 f., 188 f., in eher städtegeschichtlicher Sicht hingewiesen; vgl. auch *ders.*, Bürgertum und Verwaltung in den Städten des Ruhrgebiets, 1964, S. 24, 37; *H. Spethmann*, Anfänge der ruhrländischen Koksindustrie, 1947, S. 58, 80 f., betont den technologischen Vorsprung des westl. Reviers in der Koksfabrikation; weitere Hinweise bei *O. Berger*, Mülheim a. d. Ruhr, 1932, S. 20—34; *L. Puppke*, Sozialpol. u. soziale Anschauungen frühindustrieller Unternehmer in Rhld.-Westf., 1966, S. 17.

18 Die frz. Besetzung hatte Spuren hinterlassen: Neuerungen von „wahrhaft revolutionärer Wirkung" wie die Aufhebung der Ständeschranken, Vereinheitlichung der Rechtsprechung, gleiche Besteuerung und Gewerbefreiheit (*O. Hauser*, Eingliederung der Rheinlande in Preußen, 1968/69, S. 18) kollidierten naturgemäß mit preußischem Rechtsempfinden.

19 Industry of the Rhine, Bd. II, S. 42.

schaft Broich im Geltungsbereich der Jülich-Bergischen Bergordnung[20], hatte bisher kaum administrative Eingriffe zu fürchten gehabt; ein bloßes Aufsichtsrecht der Behörde beließ den Gewerken „sowohl in der Betriebsführung wie auch in den Arbeiterfragen vollkommen freie Hand"[21]. Diese im Ruhrraum beispiellose privatkapitalistische Betriebsführung konnte bis zur Änderung der Rechtsverhältnisse am Bergregal 1824 verteidigt werden[22] und bestand in mancher Hinsicht auch darüber hinaus fort. Zudem forcierte hier die absehbare Erschöpfung oberflächennaher Baufelder die Bereitschaft zu technologischen Wagnissen[23], die um so leichter eingegangen werden konnten, als die Mülheimer Gewerken in Jahrzehnten gewinnträchtiger Engagements in der Rhein- und Ruhrschiffahrt erhebliches Kapital angesammelt hatten. Es waren mit *Franz Haniel* und *Mathias Stinnes* Mülheimer Gewerken, die sich nach 1832 mit Erfolg an das Abteufen von Schächten durch die Mergeldecke wagten[24]. Das Essener Bergregal war schon 1802 an Preußen gefallen[25], doch kollidierte die straffe bergamtliche Führung auch hier mit der unternehmerischen Initiative der Mülheimer Gewerken[26], die sich längst großer Mutungen im Borbecker Raum versichert hatten. Hinsichtlich der Verflechtung der Besitzverhältnisse, der Ausstrahlung technischer Erfahrungen und der Tendenz zur vertikalen Verflechtung von Kohle und Eisen stehen alle frühen Tiefbauschächte dieses westlichen Raums in einem „inneren genetischen Zusammenhang"[27]. Mit Ausnahme von Zeche Präsident bei Bochum wurde keiner der zehn Mergelschächte, die 1832 bis 1840 abgeteuft wurden, auf westfälischem Gebiet angelegt — ein Umstand, der den Industrialisierungsvorsprung des westlichen Reviers besonders verdeutlicht. Noch 1864 beschäftigten die zwei größten Betriebe im Essen-Mülheimer Raum jeweils über 1000 Bergleute; die beiden größten im Regierungsbezirk Arnsberg kaum 500[28]. Die Produktionsziffern unterstützen diese Feststellung. Es förderten (absolut/in Prozent)[29]:

---

20 Vgl. *Adelmann*, Quellensammlung, Bd. I, S. 2f.; *K. Keller*, Bergrecht in Mülheim, 1968, S. 10—17.

21 *Berger*, Mülheim, S. 33; vgl. *M. Bär*, Behördenverfassung der Rheinprovinz seit 1815, 1919, S. 448—452; ausführlich auch *W. v. Velsen*, Beiträge zur Gesch. d. niederrhein.-westf. Bergbaus, 1940, S. 117 ff., 134 f.

22 Zeche Wiesche hat noch in den 30er Jahren die bergamtliche Befahrung verweigert; volle Verwaltung durch das OBA hat erst 1840 eingesetzt. Vgl. *I. Barleben*, Mülheim, 1959, S. 218—220. Zur besonderen sorgfältigen Instruierung durch das OBA im Mülheimer Raum s. d. Steiger- u. Schichtmeisterinstruktionen 1844/45, in: OBA 1882; für eine zurückhaltende Taktik in Lohnangelegenheiten s. BAEW 169 Bl. 73—75 OBA/BAE 2. 2. 31.

23 Vgl. den Bericht d. Bergmeisters *J. D. Engels* von 1803 (bei *H.-O. Swientek*, Dortmunder Bergbau 1803, 1963, S. 95—104), der den verfallenen Zustand der nur 8 Stollenzechen südlich Dortmunds vom vorzüglichen Förderbetrieb westlicher Zechen abhebt; dagegen haben frz. Ingenieure 1807 dem preuß. Bergbaudirigismus hohes Lob gezollt: s. *A. K. Hömberg*, Wirtschaftsgeschichte Westfalens, 1968, S. 141 f.; *v. Velsen*, Beiträge, S. 130.

24 Vgl. *H. Spethmann*, Die ersten Mergelzechen im Ruhrgebiet, 1947; *ders.*, Franz Haniel, 1956. Über ältere Versuche s. *J. Raub*, in: Der Anschnitt 17 (1965) H. 1, S. 30—36.

25 Vgl. *H. Spethmann*, Der Essen-Werdensche Bergbau beim Übergang auf Preußen, 1956, S. 59 ff.

26 Vgl. *H. Spethmann*, Der Kampf der Zeche Schölerpad um einen Tiefbau unter dem Direktionsprinzip, 1955, S. 23—54.

27 *Spethmann*, Mergelzechen, S. 9.

28 Nach *N. Hocker*, Großindustrie, 1867, S. 219—222. Nach einer vormärzlichen Aufstellung OBA 1812 Bl. 50 ff. betrug die Anzahl der Arbeiter pro Werk im Revier Essen 201 gegenüber 137 in Bochum und nur 13 im Revier Sprockhövel.

29 Errechnet nach *W. Fischer*, Herz des Reviers. 125 Jahre Wirtschaftsgeschichte des Industrie- und Handelskammerbezirks Essen—Mülheim—Oberhausen, 1965, S. 30; vgl. *v. Velsen*, Beiträge, S. 139. — 1843 förderten in der Gft. Mark 28 Tiefbauschächte mit 42, in Essen/Mül-

Zechen	1840	1845	1850	1860
im Raum Essen	363 334 t	529 023 t	783 710 t	
	/36,7 %	/41 8 %	/52,3 %	zusammen
in Broich-Hardenberg	104 849 t	115 509 t	101 606 t	2 185 217 t
	/10,6 %	/9,1 %	/6,1 %	/50,1 %
im Oberbergamtsbezirk	990 352 t	1 265 239 t	1 665 662 t	4 365 834 t
	/100 %	/100 %	/100 %	/100 %
Prozentualer Anteil des Raumes Mülheim-Essen	47,3 %	50,9 %	53,2 %	50,1 %

Um die Jahrhundertmitte betrug die Förderung des beträchtlich kleineren westlichen Teils mehr als die Hälfte der Gesamtförderung. Wenn überhaupt im vormärzlichen Ruhrbergbau, ist es in diesem engeren Gebiet zu Industrialisierungserscheinungen gekommen; in den Kreisen Dortmund und Bochum[30] verlief das Leben bis in die 1850er Jahre noch ganz in den gewohnten ländlich-dörflichen Bahnen. Erst der Eisenbahnbau hat die Entwicklungschancen auch des östlichen Reviers gehoben und so das Industrialisierungsgefälle im Revier im Konjunkturaufschwung nach der Jahrhundertmitte nivelliert.

Ein solcher nivellierender Einfluß ging auch von der im Zeitablauf gegensätzliche Richtungen aufweisenden Disposition der Kohle zum Erz aus. Anfänglich hatte das im Ruhrraum mancherorts aufgefundene Raseneisenerz eine eigene Erzverhüttung provoziert — im rheinischen Teil mit der späteren Gutehoffnungshütte bei Sterkrade, im westfälischen Ruhrgebiet etwa mit den Mutungen *Harkorts* und anderer[31]. Schon 1835 wurde auf der Zeche Friederika bei Bochum ein erstes Kohleneisensteinflöz durchfahren; weitere Funde vor allem in den 1850er Jahren ließen große Hoffnungen auf eine vermeintlich ausreichende Erzbasis im Ruhrrevier aufkommen. So trugen die dicht an den Erzfundorten aufgebauten Hüttengründungen im östlichen Revier entscheidend dazu bei, den Standortvorteil und technologischen Vorsprung der rheinischen Konkurrenz auszugleichen. 1852 errichtete der Hörder Bergwerksverein die erste märkische Hochofenanlage; bald darauf trat die Aplerbecker Hütte in Produktion, und im mittleren südlichen Revier verhütteten die Henrichshütte bei Hattingen und die Haßlinghauser Hütte die jeweils im Einzugsbereich geförderten Erze. Aber auch im westlichen Revier folgten weitere Hüttengründungen.

Neben den Strukturverwandlungen im Verlauf der industriellen Expansion hat, wie

---

heim dagegen nur 20 Tiefbauschächte mit 54 Dampfmaschinen, vgl. *Spethmann*, Ruhrgebiet, Bd. I, S. 196.

30 Vgl. die handwerklich-agrarische Zusammensetzung der Bevölkerung nach einer v. *St. Reekers* veröff. Tabelle: Beiträge z. statist. Darstellung der gewerbl. Wirtschaft in der Reichsstadt Dortmund um 1800, 1971, S. 163 (Tabelle für 1848/49); vgl. auch *dies., dass.* (Teil 6: Gft. Limburg u. Reichsstadt Dortmund), 1971, S. 106. Zu Bochum s. *H. Croon*, Die Einwirkung der Industrialisierung auf die gesellschaftl. Schichtung der Bevölkerung, 1955, S. 305.

31 Vgl. *Karl Hartung*, Fr. Harkort u. d. Erzbergbau in Castrop. In: Kultur und Heimat 8 (1956) S. 138—142; weiter zum Erzbergbau im Revier: *H. G. Steinberg*, Entwicklung des Ruhrgebiets, 1967, S. 18; *ders.*, Sozialgeschichte des Reviers, 1967, S. 245; *Hocker*, Großindustrie, S. 257—274; *W. Grevel*, Anfänge der Eisenindustrie in Essen, 1881; *Fr. Steltmann*, Kohleneisensteinbergbau im Raum Aplerbeck, 1953; *Kurt van Wickeren*, Der Erzbergbau im Ruhrrevier. In: Der Anschnitt 9 (1957) H. 5, S. 25—30; *H. Eversberg*, Entstehung der Schwerindustrie um Hattingen, 1955, S. 13—539.

schon am Beispiel der Provinzgrenze angedeutet, die politische Verwaltungszugehörig-keit[32] eine fortdauernde wirtschafts- und sozialordnende, raumgliedernde Funktion besessen. Auf dem Wiener Kongreß war Preußen, seit 1609 im Besitz der protestantischen Grafschaft Mark, das Gebiet der freien Reichsstadt und Grafschaft Dortmund sowie aus dem Erzbistum Köln die Grafschaft Broich als Teil der Rheinprovinz zugesprochen worden. Die Abtei Essen-Werden hatte 1803 ihre Selbständigkeit verloren und war auf Preußen übergegangen; das katholische Vest Recklinghausen gelangte 1803 aus dem Besitz des Erzstiftes Köln in jenen der Arenberger Herzöge und wurde 1815 zusammen mit der Grafschaft Mark und Dortmund der Provinz Westfalen, verwaltungstechnisch durch die Regierungsbezirke Münster und Arnsberg, zugegliedert. Das Gebiet Essens und die Städte Mülheim, Duisburg und Ruhrort wurden als Kreis Duisburg[33] im Regierungsbezirk Düsseldorf der Rheinprovinz, 1822 aus den Provinzen Jülich–Cleve–Berg und Koblenz gebildet, zusammengefaßt.

Damit bestand das engere Ruhrgebiet seit 1815 aus dem zur Rheinprovinz gehörigen östlichen Teil des Kreises Duisburg im Regierungsbezirk Düsseldorf und aus den Kreisen Bochum und Dortmund des Regierungsbezirks Arnsberg in der Provinz Westfalen. Während der französischen Besetzung gehörte dieser Raum zum Großherzogtum Berg. Die alten Kreise Dortmund und Bochum haben, neben dem 1857 aus Duisburg wieder abgetrennten Kreis Essen, während des Gesamtzeitraums den Kern des Ruhrgebiets als Stadt- und Landkreise gebildet. Zwar wirkte sich das Wachstum der Bergbaugebiete aus dem Ruhrtal nach Norden, Nordwesten und -osten im Verein mit der sprunghaften Bevölkerungsentwicklung während des Industrialisierungsjahrhunderts in etlichen Änderungen und Anpassungen verwaltungspolitischer, bergbaubehördlicher, auch konfessioneller Grenzen und Räume aus, und besonders die räumlichen Konturen der Industriekommunen im Zeitablauf spiegeln den fortdauernden Anpassungsdruck an die durch bergbaulich-industrielles Wachstum geschaffenen standortlichen Bedingungen. Etwa trug man mit der Trennung der wichtigeren Kreisstädte aus dem Kreisverband – in Essen 1873, Duisburg 1874, Dortmund 1875, Bochum 1876, in den 1880er Jahren noch Hagen[34] – und ihrer Konstitution als Stadtkreise den deutlich gewordenen Anforderungen industriestädtischer Urbanität, vielleicht auch sicherheitspolizeilichen Erwägungen Rechnung. Aber nicht nur sind die regionalen Zuständigkeiten der staatlichen Mittelinstanzen, der Regierungen in Arnsberg, Münster und Düsseldorf, bis in die jüngste Zeit hinein und nicht zuletzt infolge innerbehördlicher Beharrungskraft nahezu unverändert geblieben. Auch die Grenzen der kommunalen Verwaltungsbezirke haben, von manchen Verschiebungen auf der Ebene der Ämter und Bürgermeistereien abgesehen, vor 1887, dem Jahr der Neugliederung der Kreisebene, keine wesentlichen Änderungen erfahren.

Mit der längst fälligen Neugliederung der Ruhrkreise von 1887 wurde der große Land-

32 Zum Folgenden s. Bär, Behördenverfassung; Bühler/Kerstiens (Hg.), Die Behördenorganisation des Ruhrgebiets. Essen 1926, S. 19 f.; M. Knaut, Geschichte der Verwaltungorganisation unter bes. Berücksichtigung Preußens, 1961; U. Klausa, Die Verwaltung der Provinz, 1965; H. G. Steinberg, Zur Verwaltungsgesch. d. Reviers, 1969; H. Croon, Die verwaltungsmäßige Gliederung des mittl. Ruhrgebiets, 1965.

33 Essen war 1816—1822 Kreisstadt u. wurde dann mit Dinslaken im Krs. Duisburg vereint.

34 Gewöhnlich schied in Preußen eine Stadt bei 25 000 Einwohnern aus dem Kreisverband; diese Grenze wurde f. Westfalen auf 30 000, für das Rhld. auf 40 000 gesetzt, um die Existenz kommunaler Verwaltungsorgane zu sichern; vgl. H. Croon, Städtewandlung u. Städtebildung, S. 497, sowie Albert Lassek, Die Bildung des Stadtkreises Bochum. In: Jb. d. Vereinigung f. Heimatkunde Bochum 1 (1951) S. 33—35.

kreis Dortmund halbiert, und der südlich entstandene Kreis Hörde gab einen Teil an den neuen Kreis Hagen ab, in dem Kohlenbergbau nur am nordöstlichen Rand, daneben noch einiger Eisenstein- und Buntmetallbergbau umging[35]. Wichtigstes Ergebnis der Neugliederung war jedoch die Aufteilung des Landkreises Bochum in die Kreise Hattingen, Gelsenkirchen und einen verkleinerten Landkreis Bochum, während im westlichen Revier, wo aus dem Kreis Duisburg schon 1873 ein eigener Kreis Mülheim gelöst worden war, hieraus ein allerdings nur bis 1909 bestehender Kreis Ruhrort gebildet wurde. Der seit 1848 von dem Landrat *von Reitzenstein* verwaltete Kreis Recklinghausen, der immerhin bereits 12 685 Bergleute erfaßte, blieb in seinen alten Grenzen erhalten[36]. Auch im Kreis Hamm und für Hamm selbst, wo die bergbauliche Industrialisierung wegen des hohen Deckgebirges erst nach dem Ausbau der Eisenindustrie Einzug hielt[37], wurde eine Verwaltungsreform 1887 noch nicht für erforderlich gehalten.

Gegenüber der hier vorgetragenen, industrieräumlichen und verwaltungsgeschichtlichen Gliederung der Wirtschaftslandschaft an Ruhr und Emscher verdient die in einem engeren Sinn sozialräumliche Gliederung des Reviers mehr Aufmerksamkeit, als ihr bisher gewidmet worden ist[38]. Hier sieht sich die Forschung noch weitgehend in den Anfängen allgemeiner Behauptungen, etwa jener von der königstreuen Gesinnung der Markaner, von der Ansässigkeit des Bergmanns im Ruhrtal, von westfälischer Beharrung und rheinischer Fortschrittlichkeit, anstatt in kleinräumiger Feldforschung Kriterien für abgrenzbare Sozialräume zu finden. Besonders fruchtbar erscheint der Vorschlag, die Fragestellung auf Räume „bestimmten Verhaltens von sozialen Gruppen" zuzuspitzen, also „die sozialräumliche Kammerung in Gebiete verschiedenen Verhaltens gegenüber den Einflüssen des Industriezeitalters, die Relativierung der Wertgewichte, die auf den einzelnen Gefügeteilen der Landschaft liegen"[39], aufzuzeigen und sich hierzu etwa der Methode der Kartierung von Indices sozialen Verhaltens zu bedienen. Eine solcher Programmatik verpflichtete Untersuchung hätte im vergleichenden Zugriff Räume verschiedenen sozialen Verhaltens nach ethnisch-konfessionellen, demographischen und erwerbsstrukturellen Determinanten kleinräumig zu untersuchen und müßte auch die südlichen und nördlichen Randgebiete des Reviers als Versorgungs- und Zulieferungsgebiete und als Arbeitskräftereservoirs einbeziehen[40]. Wichtige Unterscheidungsmerkmale

---

35 Vgl. *R. v. Hymmen*, Gesch.-statist. Beschreibung d. früheren Krs. Hagen, 1889, S. 87; betriebene Gruben z. B. Glückauf 64/12. 8. 1882. — Allg. z. Neugliederung s. *H. G. Steinberg*, Verwaltungsgeschichte, S. 199—201; eine Karte der Kreisgrenzen 1818 und 1887 b. *Herbermann* (Hg.), Links der Lippe, S. 190; f. 1871, 1890, 1910 auch b. *Wiel*, Wirtschaftsgesch., S. 6.

36 Vgl. *St. Chmielecki*, Bevölkerungsentwicklung in Recklinghausen, Diss. 1911, S. 18.

37 Vgl. *A. Kortmann*, Die Wirtschaftsgeschichte der Stadt Hamm, 1944, S. 7—9, 127, 151—161.

38 Bei einem allzu weiten Zeitraum, um genauere Fragen zu stellen, liegt der Schwerpunkt der Studien von *H. G. Steinberg* doch auf der Zeit nach der Jahrhundertwende; es ergeben sich jedoch zahlreiche wichtige Einzelbeobachtungen, vgl. etwa Entwicklung des Ruhrgebiets, 1967, S. 12.

39 *Wolfgang Hartke*, Gedanken über die Bestimmung von Räumen gleichen sozialgeographischen Verhaltens. In: Erdkunde 13 (1959) S. 426—436, hier S. 432.

40 Vgl. *W. Hüttenhain*, Entstehung u. Entwicklung d. rhein.-westf. Industriebezirks, Diss. 1923, S. 4; *W. Hinz*, Veränderung der Sozialstruktur b. Übergang z. industriellen Daseinsform, 1961, S. 66; *J. Mühle*, Studien z. sozialen u. wirtschaftl. Lage der Bevölkerung Bottrops um 1800, 1954, S. 73; ferner die Überblicke v. *B. Kuske*, Grundzüge der Entwicklung des dt. Industrieraumes, 1941; Grundgedanken rhein.-westf. Wirtschaftsentwicklung, 1951; Grundlinien westf. Wirtschaftsgeschichte, 1955. Spezialuntersuchungen von Landstrichen im Rand- und Übergangsbereich sind recht zahlreich; vgl. etwa *Heinrich Lowinski*, Städtebildung in industriellen Entwicklungsräumen (Marl). Diss. Münster 1964.

der Nord-Süd-Richtung resultieren aus den vor- und frühindustriellen Gegensätzen von bergisch-kleinräumiger und flächiger Siedlungsstruktur, von hoher Bevölkerungsdichte in den Gewerbegebieten des Südens und relativer Bevölkerungsarmut in den vom Anerbenrecht geprägten Agrargebieten Westfalens, von textil- und kleineisenindustriellen Erwerbsräumen u.a.m. — Bedingungen und Voraussetzungen für soziale Verhaltensweisen in Familie, Gemeinde, Tal und Landschaft, die von der Nordexpansion des Bergbaus unter dem Eindruck der ungeheuren Zuwanderungszahlen verändert, überlagert oder zerstört worden sind oder, wie das Ruhrufergebiet und die südlichen Abbauräume, nach dem Auszug des Bergbaus Landschaften besonderer Prägung hinterlassen haben[41]. Eines der Ergebnisse solcher Verfahrensweisen müßte, ergänzt durch detaillierte Studien des Belegschaftsverhaltens an einzelnen Beispielen, eine Streikgeographie des Ruhrgebiets sein, für die also ein wichtiger Teil der Voraussetzungen erst noch zu erarbeiten wäre. Die Verhaltens- und Kampfformen der Ruhrbergarbeiterschaft lassen sich in regionalbelegschaftlicher Unterscheidung z. B. anläßlich der großen Streiks von 1889, 1905 und 1912, aber auch, und vielleicht deutlicher, in den zahlreichen kleineren, bisher nur unzureichend erforschten Protest- und Ausstandsaktionen vor und zwischen den spektakulären Massenkämpfen in spezifischen Unterschieden darstellen. In dieser Hinsicht erlaubt das Quellenmaterial vor 1889 nur Hypothesen[42].

2. Bevölkerung

Es ist hier nicht der Platz, den weitverzweigten Komplex der sich mit natürlichem Bevölkerungswachstum und Wanderungswellen verbindenden demographischen Bedingungen und Folgeerscheinungen der Industrialisierung im Ruhrrevier auch nur andeutend zu diskutieren; die Forschung schickt sich nach dem Vorgang von G. Ipsen und G. Mackenroth eben erst in den Untersuchungen Wolfgang Köllmanns[43] an, im Zusammenhang der Bevölkerungsgeschichte und des Wandels der Bevölkerungsweisen auch die umfassenden, vor-, früh- und hochindustriellen Wanderungen zu erfassen. Demographische Konsequenzen wie Veränderungen der Mortalität, der Alters- und Geschlechtsstruktur der ortsanwesenden Bevölkerung über Generationen hinweg oder auch die Frage der Potenzierung des Wachstums durch überwiegend heiratsfähige Zuwanderer — diese und verwandte Problembereiche sollen hier ausgeklammert oder nur berührt werden[44].

---

41 Bes. *P. Freisewinkel*, Veränderungen der Sozialstruktur der Siedlungsgemeinschaften d. Hattinger Hügellandes, 1966, S. 114; *H. Münz*, Lage der Bergarbeiter im Ruhrrevier, 1909, S. 128 f.

42 Nach dem Kriterium von Ansässigkeit bzw. Fluktuation sind unterschiedliche Verhaltensformen bereits von *K. Beumer* in Kritik an *K. Oldenbergs* Studie zum Streik 1889 gesehen worden; vgl. Verhandlungen der am 26. u. 27. 9. 1890 in Frankfurt a. M. abgehaltenen Generalversammlung des Vereins für Socialpolitik. Leipzig 1890, S. 215; s. ferner unten S. 514.

43 Vgl. vor allem die Aufsatzsammlung: Bevölkerung in der industriellen Revolution. Studien zur Bevölkerungsgeschichte Deutschlands. Göttingen 1974 (im folgenden nach Aufsatztitel zitiert).

44 Neben den grundlegenden Studien *Köllmanns* (hier bes.: Die Bevölkerung Rhld.-Westfalens in der Hochindustrialisierungsperiode, S. 229 f., sowie in der Einleitung zu *ders./Peter Marschalck* [Hg.], Bevölkerungsgeschichte, 1972, S. 9—17) und der im Rahmen des deutschbelgisch-französischen Kohlenbeckens vergleichenden Studie von *E. A. Wrigley*, Industrial Growth and Population Change, 1962, verdient Aufmerksamkeit: *Karin Weimann*, Bevölkerungsentwicklung und Frühindustrialisierung in Berlin 1800—1850. In: *O. Büsch* (Hg.), Unter-

Vielmehr geht es darum, in definierten Räumen bei, soweit möglich, innerräumlichen Differenzierungen ein ungefähres Bild der Bevölkerungsentwicklung mit zwei Schwerpunkten: um die Jahrhundertmitte und zum Ende des Untersuchungszeitraums, 1890, zu gewinnen, um einen der Maßstäbe der gewerbestrukturellen und wirtschaftskonjunkturellen Entwicklung zu isolieren, wobei Wanderungsfragen hier nur summarisch, an anderer Stelle im Blick auf die Strukturelemente der Bergarbeiterschaft behandelt werden. Mit dieser einschränkenden Zielsetzung sollen Daten des allgemeinen Bevölkerungswachstums und der Dichte, der Städtebildung und konfessionellen Gliederung vorgestellt werden.

Zur Darstellung des Bevölkerungswachstums empfiehlt sich die Beschränkung auf ein „engeres Ruhrgebiet" als Bergbaugebiet in den Verwaltungsgrenzen der Kreise Duisburg bzw. Duisburg und Essen, Bochum und Dortmund. Mit der Einschränkung, daß der Bergbau im Raum Duisburg selbst, aber auch in einigen Landstrichen der nördlichen Kreisgebiete Bochums und Dortmunds erst in späteren Jahrzehnten heimisch wurde, entspricht das Gebiet dieser „Kernkreise" recht genau der bergbaulichen Wachstumsregion; wegen seiner abnehmenden, im ganzen geringen Bedeutung wird der noch im nördlichen Kreis Hagen umgehende Bergbau hierin vernachlässigt. Die Bevölkerungsentwicklung der Kernkreise betrug[45]:

Kreis	1816/18	1848/49	1861	1875	1890
Duisburg	59 365	111 307	98 475	144 342	(237 772)
Essen	(23 584)	(45 827)	77 685	163 507	(241 709)
Bochum	29 588	55 828	83 639	204 122	(353 128)
Dortmund	30 408	54 212	86 358	167 224	(251 900)
Summe	119 361	221 347	346 157	679 195	1 084 509

suchungen z. Gesch. d. frühen Industrialisierung vornehmlich im Wirtschaftsraum Berlin/ Brandenburg. Berlin 1971, S. 150—190; ferner *Ingrid Thienel*, Städtewachstum im Industrialisierungsprozeß des 19. Jhs. Das Berliner Bsp. Berlin 1973, S. 1—21; wichtig auch *K. Obermann*, der als Vertreter der marxist. histor. Demographie ebenfalls nachdrücklich an die neuere frz. Demographie anknüpft: Die Arbeitermigrationen in Deutschland 1815—1867, 1972, hier S. 135—139.

45 Für den westfäl. Gebietsteil nach den Tabellen von *St. Reekers/J. Schulz*, Die Bevölkerung in den Gemeinden Westfalens 1818—1950, 1952 (alte und neue Gebietsstände), vgl. die Quellenangaben bei *St. Reekers*, Westfalens Bevölkerung 1818—1955, 1956, S. 374—381. Für den rheinischen Teil s. gelegentliche Zusammenfassungen: *v. Mülmann*, Statistik Bd. II, S. 180 f.; auch *H. Grewe*, Essen, Diss. [1949], S. 5—10, 136. Für 1849 informiert am genauesten (Gesamtgebiet): Tabellen und amtliche Nachrichten über den Preußischen Staat f. d. Jahr 1849, Bde. I und II, 1851, Bd. I S. 226 f.; für 1861 s. Preußische Statistik Bd. 5, 1864, S. 257—271; ab 1871 s. Die Entwicklung der kreisfreien Städte, Landkreise und Gemeinden des Landes Nordrhein-Westfalen, 1956, S. 7—18, 24—26, 29—38; für 1875 noch Preußische Statistik Bd. 40, 1878, S. 73. Die eingeklammerten Zahlen sind entweder zurückgerechnet (im Falle Essens, daher nicht in der Summe enthalten) oder erfassen (für 1890) einen zu diesem Zeitpunkt nicht mehr als eigenen Verwaltungsbezirk ausgewiesenen Raum. — Vgl. bes. *W. Horst*, Zusammenhänge zwischen Bevölkerungsbewegung und Industrieentwicklung im niederrhein.-westf. Industriegebiet, Diss. 1937, S. 15—55; leider ohne Ausschöpfung der statistischen Möglichkeiten und auf das Städtewachstum konzentriert: *H. Croon*, Zur Geschichte des Ruhrgebiets und seiner Bevölkerung, 1966/67. Zum Zahlenvergleich s. *Steinberg*, Sozialräumliche Entwicklung, Einleitung, mit Angaben für 1843 und später; *Wiel*, Wirtschaftsgeschichte, S. 12 f. („engeres Ruhrgebiet"); vgl. auch das Schaubild bei *I. Lange-Kothe*, Hundert Jahre Bergarbeiterwohnungsbau, 1950, S. 10. — Als Beispiel für die Zugrundele-

Das Bevölkerungswachstum im Kern-Ruhrgebiet betrug demnach in den Jahren 1816/18 bis 1849: 85,4 % bzw. jährlich durchschnittlich ungefähr 2,8 %; im Zeitraum 1849 bis 1861: 56,4 % bzw. 4,7 % jährlich; im Zeitraum 1861 bis 1875: 96,2 % bzw. 6,8 % jährlich; im Zeitraum 1875 bis 1890: 54 % bzw. 3,6 % jährlich. Die Vermehrung der Bevölkerung in den Grenzen des Deutschen Reichs von 1871 betrug dagegen in den Jahren 1816—1845: 38,7 %; 1845—1875: 24,1 %; 1875—1895: 31,8 %[46].

Der Anteil der bergmännischen Bevölkerung an der ortsanwesenden Bevölkerung hat im Gebiet der ehemaligen Hauptkreise zum Ende des Jahres 1893[47] 427 481 Menschen, d. i. 50,5 %, betragen, und zwar im

	Bergleute	Bergleute und Angehörige	Bevölkerung 1890	%-Anteil der bergm. Bev.
Stkrs. Dortmund	2 328	8 985	89 663	10,02
Ldkrs. Dortmund	17 500	63 268	77 834	81,29
Krs. Hörde	9 072	35 589	84 403	42,17
Stkrs. Bochum	2 069	7 342	47 601	15,42
Ldkrs. Bochum	22 681	79 002	116 420	67,86
Krs. Gelsenkirchen	29 656	103 797	127 344	81,51
Krs. Hattingen	8 212	29 943	61 763	48,48
Stkrs. Essen	3 175	10 882	78 706	13,83
Ldkrs. Essen	24 583	88 673	163 003	54,40
Krs. Mülheim	7 128	25 807	98 342	26,24
Krs. Ruhrort	2 700	10 584	80 145	13,21
Stkrs. Duisburg	6	33	59 285	0,06
Summe	129 110	463 905	1 084 509	42,78
Daneben wohnten im				
Krs. Recklinghausen	18 005	57 803	93 593	61,76
Krs. Hamm	4 671	18 327	64 338	28,49
Ldkrs. Hagen	1 638	6 377	27 491	23,20

In weiteren Kreisen wohnten noch 999 Arbeiter, so daß die Gesamtbelegschaft von 154 417 Bergleuten — die Zahl enthält auch Erzbergleute — zu 83,61 % noch dem alten

gung eines historisch wenig brauchbaren, ruhrindustriellen Großraums für die Bevölkerungsstatistik s. F. Ramjoué, Bedeutung der Schwerindustrie f. d. Entwicklung des Ruhrgebiets, 1933, S. 13, 108 (Grenzen: Ruhr, Rhein, Lippe u. östl. Krs. Hamm).
46 Nach Erich Keyser, Bevölkerungsgeschichte Deutschlands. Leipzig 3. Aufl. 1943, S. 511. — Berechnungen zum Dichtebild der Ruhrbevölkerung s. bei Fink, Verschiebungen der Volksdichte im rhein. Industriegebiet 1815—1905, 1922, S. 108—111; E. Knirim, Verschiebungen der Volksdichte im westf. Ruhrgebiet 1818—1925, 1930, S. 56—71. Auch in diesen Publikationen weichen die Erhebungsjahre voneinander ab. Weitere Informationen s. in Die Gft. Mark Bd. II, 1909, S. 374 f; H. Uekötter, Bevölkerungsbewegung in Westf. u. Lippe, 1941, S. 25—27; F. Walter, Bevölkerungsentwicklung im westf. Industriegebiet 1880—1910, 1930, S. 70 f.
47 Nach O. Taeglichsbeck, Belegschaft der Bergwerke und Salinen im Oberbergamtsbezirk Dortmund, 2 Bde. 1895/96, Bd. II S. 44—67; vgl. neben anderen M. Sauerbrei, Sachsen und Thüringer im Ruhrgebiet, 1950, S. 40; Horst, Bevölkerungsbewegung, S. 46. Wegen der erheblichen Belegschaftssteigerung zwischen 1890 und 1893, den Zählungsdaten, um 14,6 % liegen alle Prozentangaben zu hoch, geben aber doch relativ ein zutreffendes Bild. Statt der leicht abweichenden Zahlen b. Taeglichsbeck sind für die ortsanwesende Bevölkerung die oben benutzten Angaben aufgenommen worden.

Kerngebiet des Reviers entstammte. Der hierin nicht enthaltene Kreis Recklinghausen, in dem die Grubenbelegschaften erst in den 1880er Jahren sprunghaft zugenommen hatten, war 1893 den alten Kernkreisen an bergbaulicher Prägung allerdings bereits vorausgeeilt.

Die Entwicklung der städtischen Bevölkerungszahlen im Revier legt nahe, zwischen einer Zone von Städten frühindustriellen Wachstums im Ruhrufergebiet, einer Zone des Industrialisierungswachstums in den Hellwegstädten, schließlich einer hochindustriellen Wachstumszone in den Emscherstädten zu unterscheiden. Im folgenden Schaubild[48] sollen für die erstgenannte Zone Hattingen und Mülheim, für die zweite Essen und Dortmund, für die Emscherzone Recklinghausen stehen:

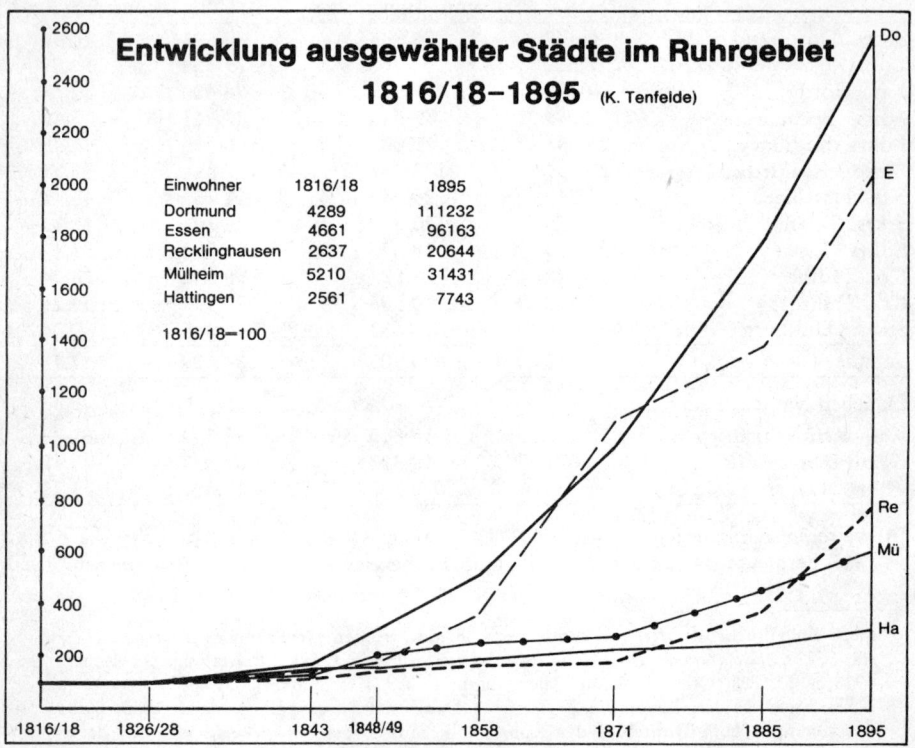

Entwicklung ausgewählter Städte im Ruhrgebiet 1816/18–1895 (K. Tenfelde)

Einwohner	1816/18	1895
Dortmund	4289	111232
Essen	4661	96163
Recklinghausen	2637	20644
Mülheim	5210	31431
Hattingen	2561	7743

1816/18 = 100

Schon vor der Jahrhundertmitte ist das Bevölkerungswachstum in Essen und Dortmund, aber auch in Bochum, durch die Ansiedlung von Großbetrieben der Eisenindustrie gefördert worden. Während die drei Städte jedoch erst nach 1850 mit einer Zunahme 1848

---

48 Quellen: *Croon*, Städtewandlung und Städtebildung, S. 501; vor allem für 1848/49 ergänzt aus anderen Quellen. Für das westf. Ruhrgebiet genaue Angaben (auch f. die Gemeinden) b. *Reekers/Schulz*, Bevölkerung; f. d. rhein. Teil verstreute Angaben bes. in den Essener Stadtgeschichten u. Monographien über Essen; s. auch *Wiel*, Wirtschaftsgeschichte, S. 31—65, und *Horst*, Bevölkerungsbewegung, S. 22.

bis 1858 um annähernd 100 %, 80,7 % und 110,2 % in eine Phase stärksten Wachstums traten, scheint dies in Mülheim mit nur 23,2 % bereits erschöpft; schon 1834 bis 1848 hatte sich Essen mit 58,2 % Zunahme gegenüber 44 % in Mülheim entschieden stärker ausdehnen können. Der Bergbau in der Umgebung der Stadt war, da die vorkommenden Magerkohlen-Lagerstätten bereits durch Wiesche, Rosenblumendelle und Sellerbeck bebaut wurden, nur noch bedingt expansionsfähig. Der Ruhrhandel hatte seine Blütezeit erreicht und begann, sich nach Duisburg-Ruhrort zu verlagern; allein die in Mülheim schon früh ansässige Eisenverhüttung vermochte sich in der Folgezeit kräftig auszudehnen. Mülheims nach 1850 verlangsamtes Wachstum ist ein weiteres Beispiel für die Nivellierung des vormärzlichen Industrialisierungsgefälles. Dem westfälischen Teil mit seinem Mittel- und Eisenbahnknotenpunkt Dortmund kamen nunmehr vergleichbare verkehrstechnische Bedingungen zugute. Dortmund und Essen, das, verglichen mit Mülheim, über reichhaltige Kohlevorkommen verfügte, bildeten nach 1850 die Zentren des Ruhrgebiets.

Bis zum Ende des Jahrhunderts zeigt Hattingen, mit dem sich Witten, Werden, Herdecke und andere Ruhruferorte vergleichen lassen, ein recht gleichmäßiges, von Wanderungen wenig beeinflußtes Wachstum; erst in der Hochindustrialisierungsperiode vor dem Ersten Weltkrieg können diese Orte infolge der Entwicklung des öffentlichen Nahverkehrs und der vermehrten Bedeutung der Zulieferungs- und Weiterverarbeitungsstandorte wieder erheblich zunehmen. Deutlich in gleichsam natürlichen Dimensionen, jedenfalls aber ohne Wanderungsgewinne, entwickelte sich Recklinghausen, und ähnlich die gesamte Nordzone des Reviers[49] bis tief in die 1870er Jahre. Erst danach setzt der Anlauf zu einem hier noch immenseren, fast allein von der Zuwanderung aus den preußischen Ostprovinzen getragenen Wachstum ein, dessen Höhepunkt erst nach der Jahrhundertwende liegt.

Dortmund ist im Industrialisierungsjahrhundert kontinuierlich und rapide gewachsen, übrigens in ganz parallelen, nur verdoppelten Dimensionen gegenüber Bochum. Im Vergleich mit Essen ist bemerkenswert, daß hier in den 1860er Jahren ein deutlicher Wachstumsschwerpunkt lag, während schon die Expansion der frühen 1870er Jahre Essen weniger berührte; seine Bevölkerung stagnierte bis in die Mitte der 1880er Jahre. Essen verdoppelte seine Bevölkerung schon in den 50er Jahren und nahm 1860/1870 von 18 499 auf 43 314 Einwohner zu. In diesem zehnjährigen Zeitraum expandierte Krupp von 1785 auf 7172 Beschäftigte. Das auch für Ruhrgebietsverhältnisse, sieht man von den neugebildeten Industriekommunen einmal ab, beispiellose Wachstum vollzog sich auf Kosten eines ebenso beispiellosen Wohnungselends, das auch im Streik von 1872 eine Rolle spielte.

Der Urbanisierungsprozeß im Ruhrgebiet hat, wie das vorgetragene Bild bereits andeutet, erst nach der Revolution 1848/49 eingesetzt und ist von den Zentralorten der Hellweglinie getragen worden. Hattingen etwa, ohne Aussicht auf fernere bergbauliche Entwicklung, allerdings mit einer beachtlichen Textilindustrie im Vormärz, verdoppelte seine Bevölkerung 1818—1848, benötigte aber zu einer zweiten Verdoppelung bei niedrigem Anfangsniveau 50 Jahre und bewahrte seinen in Siedlungs- und Erwerbsstruktur kleinstädtischen Charakter über die Jahrhundertwende hinaus. Ähnliche Konturen behielten die Nachbarstädte in der Ruhrlinie — vielleicht mit der Ausnahme von Witten, das für Jahrzehnte seine recht günstige Verkehrslage nutzen konnte. Ein auf den

---

49 Bereits *K. Olbricht*, Die Städte des rhein.-westf. Industriebezirks, 1911, hat in einem interessanten frühen Versuch das Städtewachstum zonal gegliedert und signifikante Wachstumsunterschiede festgestellt; vgl. ebd. S. 8, Tabelle.

ersten Blick überraschendes Ergebnis läßt sich dagegen aus der Betrachtung der ländlich-dörflichen Siedlungen gewinnen: Noch im Vormärz sind z. B. das ländliche Wetter und die Orte Berge, Asbeck, Grundschöttel, Silschede, Osborn, Wengern und Bommern im Amt Volmarstein mindestens im gleichen Umfang, wenn nicht teilweise stärker als die späteren Großstädte gewachsen, haben jedoch am Aufschwung nach der Revolution in weitaus geringerem Maß mit noch 12,3 % (Amt Volmarstein 1848—1858) teilgehabt. Offenbar ging der Bevölkerungszuwachs im Vormärz annähernd gleichmäßig zu Lasten von Stadt und Land und wurde, wo er ländlichen Ursprungs war, auch ländlich aufgefangen. Um ein genaueres Bild zu erhalten, sind im folgenden die Bevölkerungszahlen 1818 = 100 gesetzt (Essen: 1816)[50]:

	1835/1843	1848/49	1855/1858	1871
Stadt Essen	120	—	189,4	278,8	—	1 101,9
Krs. Essen	134,5	—	193,7	251,3	—	599,1
Stadt Bochum	—	202,5	230	—	416	1005
Krs. Bochum	—	179,2	196	—	266	522
Stadt Dortmund	—	178	245	—	515	1 035
Krs. Dortmund	—	154,8	178,2	—	271,6	452
Städte	166,7		221,5	402,3		1 047,3
Kreise	156,2		189,3	263		524,4

In allen Kreisen nahm die Bevölkerung erst nach 1850 in den Städten unvergleichlich stärker als auf dem Lande zu — ein sicheres Indiz für die Datierung der Urbanisierung[51]. Auch kleinräumig bestätigt sich dieses Bild wenigstens gleichmäßigen, oft sogar zugunsten der ländlichen Gemeinden verlaufenden Wachstums im Vormärz und einer Wachstumsdifferenzierung in der ersten Gründerperiode, vermehrt in den 1860er Jahren: Seither übersteigt das Wachstum der Zentralorte erheblich jenes der Landgemeinden, unter denen diesem Wachstum nur einige typisch schnellwuchernde Industriekommunen gleichkommen — so Borbeck und Altenessen im Kreis Essen, Weitmar, Hamme, Werne u. a. im Kreis Bochum. Setzt man 1816 = 100, so ergibt sich im Kreis Essen[52]:

	1835	1849	1852	1855	1871	abs. 1871
Essen Stadt	120	189	227	279	1 103	51 313
Altenessen	125	161	180	227	725	21 781
Steele	133	178	189	208	335	11 899
Borbeck	144	243	277	375	745	27 335
Kettwig	138	172	176	177	228	8 938
Werden	146	213	221	241	285	13 601
Summe	135	194	213	252	573	135 067
Summe nur Land	138	195	210	245	441	83 554

50 Vgl. die Tabelle b. W. Nettmann, Siedlungs- und Wirtschaftsentwicklung im Amte Volmarstein, 1965, S. 73, sowie die oben Anm. 45 u. 48 genannten Quellen.
51 Vgl. K. Obermann, Die Arbeitermigrationen in Deutschland, S. 162; W. Köllmann, Der Prozeß der Verstädterung in Deutschland, 1969/1974, bietet keine Datierung der Urbanisierung.
52 Errechnet aus den Zahlen bei R. Ehrenberg, Krupp-Studien III, 1909, S. 12. Für Bochum, das schon im Vormärz ein gegenüber seinen „Vororten" leicht verstärktes Wachstum aufwies, ergeben die Zahlen bei H. Croon, Sozial- und Siedlungsgeschichte der Stadt Bochum, 1965,

Neben der soeben festgestellten Wachstumsdifferenzierung seit den 1850er Jahren wird hier die annähernde Stagnation überwiegend textilindustrieller Orte wie Kettwig und Werden bis in die 1870er Jahre deutlich, während die Bergbauorte Borbeck und Alten-essen fast im Tempo des städtischen Wachstums mithielten. So bestimmten die stadtferne Lage der Kohlengewinnungspunkte sowie das zeitlich spätere Aufkommen der Hütten- und Eisenindustrie, deren Belegschaften von Beginn an Wohnplätze in den Weichbildern der Städte bevorzugten, schließlich auch die Entwicklung der Klein- und Mittelbetriebe des tertiären Sektors im Gefolge der Montanindustrie, die Differenzierung des Bevölke-rungswachstums in Stadt und Land. Das Wachstum der Landgemeinden blieb bergbau-verbunden, nahm in den 1880er Jahren in der Entwicklung zu Industriekommunen großstädtische Dimensionen an und zeigte stets einen deutlichen Zusammenhang zwischen der Höhe der Wachstumsraten und dem Anteil der Ortsgebürtigen[53], während die Bevölkerungsverluste in den Depressionsjahren meistens zu Lasten der Zentralorte ge-gangen waren. Mit der Nahverkehrserschließung der großstädtischen Ballungsräume seit den 1880er Jahren wurden schließlich aus den Industriekommunen Vororte.

Ohne hier zu erörtern, inwieweit sich das Städte- und Bevölkerungswachstum der Kern-kreise im 19. Jahrhundert aus Wanderungsgewinnen zusammensetzte — die vorliegenden Berechnungsversuche stützen sich entweder auf wirtschaftsräumlich nicht verifizierbare, allzu große statistische Einheiten[54] oder sind aufgrund lokaler Meldestatistiken erstellt[55], so daß die Verallgemeinerung Schwierigkeiten bereitet —, sollen die Informationen über das ruhrgesellschaftliche Bevölkerungswachstum doch durch einige bevölkerungs-strukturelle Angaben ergänzt werden. Naturgemäß hatte die Wanderung den größten Einfluß auf die Alters- und Geschlechtsstruktur, die Geburtlichkeit und Mortalität der ortsanwesenden Bevölkerung. Bereits die Geschlechtsverteilung signalisiert Einsetzen und Höhepunkte der Wanderung. So verzeichnete Essen bis über 1840 hinaus einen recht starken Frauenüberschuß, der seit der Mitte der 40er Jahre bis hin zu einem Verhältnis von 67 Frauen je 100 Männer im Jahre 1864 abnahm. Seither bis zur Jahrhundertwende stieg der Frauenanteil, abgesehen von vorübergehendem Rückgang in Jahren der Hoch-konjunktur, stetig bis auf über 90 an; während der 80er Jahre wurde sogar vorüber-gehend ein annähernder Ausgleich erreicht. Ein vergleichbar großes Frauendefizit wie in Essen 1864 ist auch in den später expandierenden Industriekommunen wie Gelsen-kirchen und Hamborn nicht erreicht worden. Es kamen auf 100 Männer Frauen[56]:

S. 109, ein ähnliches Bild; für Dortmund lassen sich entspr. Berechnungen auf der Grund-lage von *Reekers/Schulz*, Bevölkerung, anstellen.

53 Vgl. die Tabelle der Anzahl Einheimischer in Gemeinden über 2000 Einwohner bei *Horst*, Bevölkerungsbewegung, S. 39.

54 Vgl. etwa *W. Köllmann*, Bevölkerung und Arbeitskräftepotential 1815—1865, S. 64 f., 70 f.; *ders.*, Bevölkerung Rheinland-Westfalens in der Hochindustrialisierungsperiode, S. 232, 244.

55 Bes. die Tabellen b. *H. Hudde*, Wirtschafts- und Bevölkerungsentwicklung der Stadt Essen, Diss. 1922, Teil II; *St. Chmielecki*, Bevölkerungsentwicklung in Recklinghausen 1875—1910, S. 10 f. u. ö.); die Informationen hierzu in den kommunalen Verwaltungsberichten sind ge-wöhnlich außerordentlich detailliert (einz. Hinweise zur Wanderung unten S. 230 ff.).

56 Zusammengestellt aus Die Grafschaft Mark Bd. II, S. 384 f., u. *Hudde*, Essen, S. 107 (T. II), hier auch die übrigen Angaben ü. Essen. Landkreise ohne Stadtkreise seit deren Gründung; 1887 neuer Gebietsstand. Vgl. *Horst*, Bevölkerungsbewegung, S. 36.

	1840	1867	1871	1875	1880	1885	1890	1905
Stadt Bochum			72	85	90	94	89	91
Ldkrs. Bochum	91	82	80	81	87	85	84	87
Stadt Dortmund			83	88	96	95	95	94
Ldkrs. Dortmund	100	86	85	88	91	95	86	88
Ldkrs. Hagen	92	90	91	92	96	95	91	90
Stadt Essen	102	83	82	90	9.7	97	94	93
Westfalen	—	99	97	96	97	96	96	95
Preußen	100	103	103	103	104	104	104	103

Ähnlich wie der Frauenmangel, ist die Überrepräsentation der mittleren arbeitsfähigen Altersgruppen im Bevölkerungskörper charakteristisch für einen hohen Wanderungsanteil. Beide Phänomene, die Überstärke der Altersgruppen bis zu 40 Jahren und die Frauendefizite in eben diesen Jahrgängen, zeigt ein Bevölkerungsbild aus Essen für das Jahr 1861[57]. Hier kamen auf 100 männliche

weibliche Personen	Alter	d.i. Anzahl
85	bis zu 5 Jahren	6016
95	von 5— 7 Jahren	1687
94	7—14	5178
82	14—16	1278
72	16—19	1822
81	19—24	3285
69	24—30	4034
69	30—40	4462
77	40—50	2892
86	50—60	1969
103	60—70	1160
129	70—80	486
118	80—90	107

Unter dem hohen Anteil von Personen mittleren Alters dürften vor allem jene Zuwanderer der Gründerzeit in den 1850er Jahren zu finden sein, die, inzwischen ansässig geworden, zugleich zu der hohen Geburtlichkeit, zur Überrepräsentation der Kindesjahrgänge beitrugen. Die höhere Mortalität der Männer spiegelt sich erst in den Altersjahrgängen. Dagegen trieb die schubhafte Verstärkung der mittleren Jahrgänge, da sie die hohe Fruchtbarkeit der überwiegenden Bergarbeiterbevölkerung[58] am Ort noch vermehrte, die Geborenenziffer regelrecht hoch.

57 Nach Statistik d. Krs. Essen 1859—1861, S. 49. Für weitere Angaben s. Statistik d. Ldkrs. Essen 1883, S. 56 f.; v. Mülmann, Statistik Bd. II, S. 180 f.; M. Wahl, Statistik der Geburts- und Sterblichkeitsverhältnisse der Stadt Essen 1868—1879, 1882, S. 303 f.; auch Chmielecki, Bevölkerungsentwicklung in Recklinghausen, S. 37, 44; Die Grafschaft Mark Bd. II, S. 380—383.
58 S. H. Pyszka, Bergarbeiterbevölkerung und Fruchtbarkeit, 1911, S. 9—17, bes. S. 9: Die „Geburtenziffer" der preuß. Bevölkerung betrug 1882: 38,7; 1895: 37,3 je 1000 Einw., in der Berufsgruppe der Berg- u. Hüttenarbeiter hingegen 45,2 bzw. 51,5. Ausführliche Tabellen für Rheinland und Westfalen bringt G. v. Hirschfeld, Geschichte und Statistik der Fruchtbarkeit, 1874, S. 62—75, 113—122.

Ähnlich wie Alters- und Geschlechtsstruktur spiegelt das Verhältnis der Konfessionen in den Kreisen des Industriebezirks im Zeitablauf die Zuwanderungswellen, ihre Herkunfts- und bevorzugten Zuzugsorte. Gewöhnlich gilt hierbei, daß, je intensiver und tiefgreifender sich der Industrialisierungsprozeß örtlich durchsetzt, desto größer die Zunahme der ursprünglichen Minderheitskonfession ist[59]. Von 100 Einwohnern waren in einigen Städten des Ruhrgebiets evangelisch[60]:

Jahr	Essen		Dortmund		Recklinghausen	
1825	42		80			
1830	41		77	(1832)		
1835	40		76	(1834)		
1840	37		75		2	
1845	38		73	(1846)	4	(1846)
1850	36	(1849)	71	(1849)		
1855			66		5	
1860	36	(1861)	65	(1861)	7	(1861)
1865			62	(1864)	8	(1867)
1870	32	(1871)	56	(1871)		
1875	35					
1880	36				11	
1885	37				13	
1890	41		53		19	

Während Recklinghausen zum Ende des Jahrhunderts noch am Beginn des konfessionellen Nivellierungsvorgangs stand — auch war hier der Anteil katholischer Polen unter den Zuwanderern sehr hoch —, erlebte vor allem Dortmund seit den 1820er Jahren einen ganz grundlegenden Wandel der Konfessionsverhältnisse, der u. a. auch von erheblichen gemeindeorganisatorischen Anpassungen an die Bevölkerungsentwicklung begleitet war[61].
Insgesamt ist das ursprüngliche konfessionelle Verteilungsmuster im Revier sowohl 1848/49 als auch noch 1890 gut erkennbar[62]. Außerordentlich hoch war der katholische Bevölkerungsteil nur im Vest Recklinghausen als ehemaligem Besitz des Erzbistums Köln — jetzt zur Diözese Münster gehörig —; auch Essen und Werden hielten eine

59 Vgl. *I. Klaus*, Konfessionsverteilung und wirtschaftsgeographische Struktur in der nördl. Rheinprovinz, 1958, S. 48 f.
60 Nach *Hudde*, Essen. T. II Tabelle 22; *Grewe*, Essen, S. 84, 340—344; *A. Dorider*, Recklinghausen, 1955, S. 265 f.; Bericht ü. d. Verwaltung d. Stadt Dortmund 1871, S. 4; *H. Hellgrewe*, Dortmund als Industrie- und Arbeitsstadt, 1951, S. 67 f.; vgl. noch *F. Mogs*, Sozialgesch. Entwicklung der Stadt Oberhausen, Diss. 1956, S. 148—151; Bericht ü. d. Stand u. d. Verwaltung in Gelsenkirchen 1887/88, S. 4. Der Anteil der Juden lag meist zwischen 1 und 2 %.
61 Vgl. z. B. *W. Fox*, Die reformierte Gemeinde in Dortmund 1786—1892, 1962; *E. Poensgen*, Aus d. Gesch. d. ev. Gemeinde Bochum [1924], S. 73—81, 93, über einz. „Auspfarrungen". Ein neuerer, m. W. bisher vereinzelter Versuch, Gemeindegeschichte in den gesellschaftsgeschichtlichen Kontext des Industriezeitalters einzubetten, ist, freilich mit einigen Schwächen, *W. Lackmann*, 100 Jahre St.-Clemens-Pfarrei Dortmund-Hombruch-Barop, 1964.
62 Vgl. Tabellen u. amtl. Nachrichten, Bd. I S. 214 f., 226 f.; Die Grafschaft Mark, Bd. II, S. 400—403; *Chmielecki*, Bevölkerungsentwicklung in Recklinghausen, S. 39. Zur Diözesangliederung s. *Mülmann*, Statistik, Bd. II S. 832—847; zum Dekanat Essen auch Statistik d. Krs. Essen 1859—1861, S. 328—338.

starke katholische Mehrheit, während Mülheim 1848 zu 75 % evangelisch war; ähnlich Kettwig und auch die übrigen Landgemeinden des ehemaligen Stiftsgebiets, das kirchenpolitisch von Köln aus verwaltet wurde. Unter der Kirchenaufsicht der Paderborner Erzdiözese standen die Katholiken im mittleren und östlichen Revier, wo die evangelische Kirche 1848/49 mit 74,3 (Kreis Dortmund) und 68 % (Kreis Bochum) ein klares Übergewicht hielt. Auch 1890 war der Anteil des evangelischen Bevölkerungsteils in der Stadt Dortmund mit 53,3 %, im Landkreis mit 57,3 %, im Kreis Hörde mit fast 70 %, im Landkreis Bochum mit 63,2 %, im Kreis Hattingen mit 64,2 % deutlich stärker; eine Ausnahme bildete, wie schon 1848, das überwiegend katholische Bochum (41,6 %); daneben war nur noch im neuentstandenen Kreis Gelsenkirchen der katholische Volksteil (53,6 %) leicht stärker. Die pfarrgemeindliche und seelsorgerische Versorgung des katholischen Bevölkerungsteils war übrigens, wie auch andernorts, im Revier weit besser oder verfügte doch über die besseren Voraussetzungen: Zum Ende der 1850er Jahre hatte ein evangelischer Geistlicher in den Kreisen Dortmund 1709, Bochum 1880, Hagen 2558 Menschen zu betreuen; die entsprechenden Zahlen für die katholische Bevölkerung lauten 1109, 1257 und 996[63].

Auch innerhalb der Bergarbeiterschaft bestätigt die konfessionelle Struktur, jedenfalls 1893, das soeben dargestellte Verteilungsmuster. Der Anteil der evangelischen Bergleute betrug Ende 1893 in den Belegschaften der Bergreviere[64]:

Witten	81,8 %	Süd-Dortmund	71,6 %
Süd-Bochum	64,0 %	Ost-Dortmund	63,8 %
Hattingen	53,6 %	West-Dortmund	50,2 %
Nord-Bochum	49,1 %	Wattenscheid	47,7 %
Oberhausen	45,3 %	Gelsenkirchen	44,1 %
Ost-Essen	43,6 %	Herne	36,7 %
Recklinghausen	30,7 %	Süd-Essen	30,0 %
West-Essen	25,6 %	Werden	23,6 %

Insgesamt war das konfessionelle Verhältnis der Bergleute im Oberbergamtsbezirk mit 47,91 % Protestanten fast ausgeglichen, während früher — eine ältere Aufstellung ist nicht überliefert — der evangelische Anteil ein leichtes Übergewicht gehabt haben dürfte. Bei ausgeglichenen Verhältnissen entstanden konfessionelle Reibereien jedenfalls nicht als Minoritätskonflikte; vielmehr war es die preußisch-staatskirchliche Arroganz der evangelischen Markaner auf der einen, die gewohnte Formenpflege, die großdeutsche Ausrichtung und mancher ultramontane Klerikalismus auf der anderen Seite, woher die jeweiligen Fehlurteile über die Gegenseite bezogen wurden. So standen sich „landläufige Abneigung" gegen alles Preußische[65] und gelegentliche Frankophilie bei den rheinischen katholischen Neupreußen, betonter Konservatismus und Staatskirchentum mit einer starken pietistischen Grundströmung bei den Markanern gegenüber. Erst die Zuwanderung hat, z. T. unabhängig von ihrer konfessionellen Struktur, diese älteren Gegensätze wo nicht aufgehoben, so doch verdeckt und verändert. Der zweite wesentliche Grund für das „Abklingen der Kirchenzucht" und die Minderung konfessioneller Gegensätze liegt

---

63 Errechnet nach Statist. Nachrichten f. d. Regierungs-Bez. Arnsberg, 1859, S. 50, 60.
64 Nach *Taeglichsbeck*, Belegschaft T. I, S. VIII f., 6—19.
65 *E. Pülke*, Geschichte d. polit. Parteien im Krs. Recklinghausen, 1934, S. 25; vgl. *W. Schulte*, Volk und Staat, 1954, S. 146; Bsp.: Concordia 9/1848: „Vive la, vive la république, wär'n wir doch mit Preußen quitt" (zit. n. *Pülke*, S. 51, vgl. ebd. Anm. 23). Weitere Bsp. b. *C. Meyer*, Stoppenberg, [1914], S. 145—147; *Mogs*, Oberhausen, S. 59.

ohne Zweifel in der Säkularisierung und Dechiffrierung der vorindustriellen Lebens- und Formenwelt[66] durch die gesellschaftliche Wirklichkeit der modernen Industrie — ein gleichwohl diskontinuierlich, eher schubhaft verlaufender Prozeß, durch lokale und regionale, aber auch politische Einflüsse (Kulturkampf) verzögert oder forciert.

3. Gewerbestruktur

Eine notwendig verkürzende, die statistischen Möglichkeiten nicht in vollem Umfang nützende Betrachtung der gewerbestrukturellen Entwicklung im Revier soll hier vor allem dazu dienen, die montanindustriellen Grundzüge des Wirtschaftsraums maßstäblich auszubreiten. Jedes nähere Studium der Arbeiterschaft an der Ruhr wird von solchen Grundbedingungen im Raum ausgehen müssen, um die Dimensionen der gesellschaftlichen Umschichtung wenigstens in einem groben Raster zu verschiedenen Zeitpunkten im Auge zu behalten; schließlich soll über das bisher Gesagte hinaus geklärt werden, in welchem Umfang von einer bergbaulichen Prägung des Wirtschaftsraumes gesprochen werden kann und welche Gestalt die ruhrindustrielle Erwerbsstruktur unter dem Einfluß des Bergbaus in Handwerk, Landwirtschaft und Handel angenommen hat.

Nach dem vorliegenden Quellenmaterial ist eine Darstellung der Erwerbsstruktur erstmals (in ausreichender regionaler Eingrenzung) 1848, in Umrissen um 1858 und 1861, genauer 1875 und endlich in wünschenswerter begrifflicher Schärfe und Zuverlässigkeit des Materials ab 1882/1895/1907 möglich. Zeitgenössische erwerbsstrukturelle Erhebungen im „vorstatistischen" Zeitalter, d. h. bis etwa zur Jahrhundertmitte[67], erfassen meist nicht die Gesamtregion, datieren zu schwer synchronisierbaren Zeitpunkten und entbehren gewöhnlich ausreichender Qualität[68]; andererseits sind hier die Möglichkeiten genaueren Studiums, wie jüngst Forschungen zur Erfassung der gewerblichen Wirtschaft Westfalens um 1800 von St. Reekers gezeigt haben, noch nicht erschöpft[69]. Insbesondere auf der Grundlage lokalen Quellenmaterials: Urmaterial regionaler Erhebungen, Steuerlisten, Adreßbücher und — später — Wählerlisten, lassen sich genauere Fragestellungen mit dem Ziel auch allgemeinerer Aussagen formulieren[70]. Der lokalgeschichtliche Ansatz

66 Vgl. *W. Brepohl*, Industrievolk im Wandel, S. 63—67, 185—190, *ders.*, Aufbau des Ruhrvolks, 1948, S. 34—38.

67 Vgl. *Louis Henry*, Die Kirchenbücher als demograph. Quellen. In: *Köllmann/Marschalck* (Hg.), Bevölkerungsgeschichte, S. 220.

68 Z. B. *G. v. Viebahn*, Statistik u. Topographie des Reg.-Bez. Düsseldorf, T. 1 1836, S. 154—187.

69 Verdienstvoll ist die Edition von *G. Adelmann* (Hg.), Der gewerblich-industrielle Zustand der Rheinprovinz im Jahre 1836. Amtliche Übersichten, 1967. Vgl. ferner *P. Schöller*, Die Wirtschaftsräume Westfalens zu Beginn des Industriezeitalters, 1963; sowie die hierauf veröff. Forschungen von *St. Reekers*, in: Westf. Forsch. Jgg. 17 (1964) — 23 (1971), Dortmunder Beitr. 67 (1971). Einen anderen Zeitpunkt und andere Darstellungsmethoden wählen die Studien von *W. Zorn*, Die Struktur der rhein. Wirtschaft in der Neuzeit, 1963; Die wirtschaftl. Struktur der Rheinprovinz um 1820, 1967; zusammen mit *W. Krings*, Nachtrag zur histor. Wirtschaftskarte um 1820. Die Güterbewegung in der Rheinprovinz, 1971; *H. Hahn/ W. Zorn*, Histor. Wirtschaftskarte der Rheinlande um 1820, 1973. Für die Erhebungsdaten 1837 und 1843 erlaubt die zeitgenöss. statist. Literatur (*J. G. Hoffmann*, *W. Dieterici*) Zusammenstellungen der Westprovinzen; vgl. *W. Köllmann*, Rhld. u. Westf. an der Schwelle des Industriezeitalters, 1974, S. 226.

70 Vgl. etwa *W. Nettmann*, Witten um die Wende z. 19. Jahrhundert, 1961, S. 92; *E. Denzel*, Wetter, 1952, S. 220—222, 125—146; *Angelika Tewes*, Die Entwicklung der Siedlungs- u.

erlaubt für die Jahrzehnte bis zur Reichsgründung und darüber hinaus, bei zunehmend reicher fließendem, die überregionalen Gewerbezählungen ergänzenden Material, genaue Feststellungen über die Umstrukturierung der dörflich-agrarischen Erwerbsverhältnisse und den Problemzusammenhang von „Landwirtschaft und Industrie"[71], über die Entwicklung handwerklicher Betriebszweige unter dem Einfluß der Industrialisierung[72] und über die Beziehungen von Erwerbsstruktur und Sozialschichtung der Bevölkerung in räumlicher Begrenzung[73].

Im Jahre 1849 zählte der Bergbau im Ruhrrevier 12 084 Beschäftigte, davon etwa 4 400 im Raum Essen-Mülheim, und übertraf damit bei weitem die Anzahl der Arbeiter in der Textilindustrie (5 060), die in der südlichen Randzone des Reviers noch stark vertreten war, in der Roheisenherstellung (2 120), insbesondere durch die spätere Gutehoffnungshütte bei Sterkrade und durch die Hermannshütte bei Hörde, schließlich die Belegschaften der metallverarbeitenden Werkstätten (1 806), die etwa *Harkort* in Wetter oder *Krupp* in Essen betrieben[74]. Gegenüber dieser Industriearbeiterschaft im engeren Sinne, in der allerdings noch das betriebliche Führungspersonal eingeschlossen ist, war die Anzahl der im Landbau Erwerbstätigen (43 574) noch überaus hoch, während zur Handwerkerschaft unter Einschluß der Arbeiter in Mühlen, Brauereien u. ä. 17 730 Beschäftigte einschließlich der Selbständigen zu zählen sind. Eine wichtige Position in der Gewerbestruktur der hier stets unterstellten Kernkreise Duisburg, Bochum und Dortmund nahm um die Jahrhundertmitte noch die oft bereits in den Industriebetrieben, aber auch im

Sozialstruktur des Essener Stadtteils Werden u. ihre Bedeutung f. d. heutige Siedlungsbild. Bochum (Examensarbeit masch., StaE) 1972, S. 22—27.

71 Die Untersuchungen hierzu sind zahlreich; vgl. f. einz. Regionen: *J. Altkemper,* Landwirtschaft der Krs. Recklinghausen u. Gelsenkirchen unter dem Einflusse der Industrialisierung, Diss. 1905; *W. Avereck,* Die Landwirtschaft unter dem Einflusse v. Bergbau u. Industrie im rhein. Ruhrkohlengebiete, 1913; *H. Glander,* Untersuchungen ü. d. wirtschaftl. Entwicklg. d. Landwirtschaft d. Krs. Recklinghausen, Diss. 1956; *W. Heinrichs,* Die Entwicklung d. landwirtschaftl. Betriebsverhältnisse in dem westl. Teil des Hellweggebietes unter dem Einfluß der Großindustrie, Diss. 1938; *G. Linneweber,* Die Landwirtschaft in den Kreisen Dortmund und Hörde unter dem Einflusse der Industrie, 1909.

72 Vgl. *A. Schmidt-Breilmann,* Einfluß der Industrialisierung auf das Handwerk (Recklinghausen), 1953; *A. Noll,* Sozioökon. Strukturwandel des Handwerks in der zweiten Phase der Industrialisierung (Reg.-Bez. Arnsberg, Münster), Diss. 1969, z. Forschungslage S. 1—16, zusammenfassend *ders.,* Wirtschaftl. u. soziale Entwicklung d. Handwerks in der zweiten Phase der Industrialisierung, 1971. Wenig ergiebig ist *Maria Kummer,* Entwicklung u. gegenwärtige Lage des Gelsenkirchener Handwerks. Diss. Münster. Gelsenkirchen o. J. [1921].

3 Vgl. vor allem nach Essener Einzugslisten und Adreßbüchern *Grewe,* Essen, S. 168—310, 673—738 u. ö.; überwiegend nach denselben Quellen *E. Ch. McCreary,* Essen 1860—1914. A Case Study of the Impact of Industrialization on German Community Life, Diss. 1963, S. 8, 25, 271, mit einem wenig aussagekräftigen „class-structure"-Schema. Über Dortmund s. bes. *St. Reekers,* Darstellung der gewerbl. Wirtschaft in der Reichsstadt Dortmund, 1971, S. 84—92, 106; *K. Wörle,* Eine Statistik von Dortmund. Handbuch, 1869, S. 93—96; *A. Stock,* Handel u. Verkehr im Dortmunder Raum, Diss. 1949, Anhang (Tabellen).

74 Daten zur bergbaulichen Entwicklung vgl. stets im Anhang S. 602 f.; die Industriebetriebe nach Tabellen und amtl. Nachrichten Bd. VI A (Fabrikations-Anstalten und Fabrikunternehmungen aller Art f. d. Jahr 1849), Erläuterungen dazu Bd. VI B, beide 1855. Für das rheinisch-westfälische Industriegebiet sind die Tabellen jüngst von *W. Köllmann* genutzt worden, ohne jedoch bis auf Kreisebene Vergleiche anzustellen: Wirtschaft und Gesellschaft Rheinland-Westfalens zu Beginn des Industriezeitalters, 1974, S. 19—23; vgl. ferner *St. Reekers,* Darstellung der gewerblichen Wirtschaft Westfalens T. 5, 1968.

Handels- und Transportgewerbe und gelegentlich im Handwerk beschäftigte Tagelöhnerschaft (13 671) ein; das meist ländliche Gesinde umfaßte noch 17 749 Personen[75]. Die nach dem Vorbild der Erhebung von 1849 seither im dreijährigen Turnus bis 1861 regelmäßig vorgenommenen Gewerbezählungen sind leider nicht in vergleichbarer Detailliertheit und gelegentlich nur unvollständig veröffentlicht worden[76]. Erst nach der Gewerbezählung vom 1. Dezember 1875[77] läßt sich wieder ein recht genaues Bild der ruhrindustriellen Gewerbestruktur auf der Ebene der Kernkreise zeichnen; bei zwar unterschiedlichen Kategorien und veränderten Zählmodi sind die Ergebnisse von 1875 durchaus mit jenen der Berufszählungen von 1882 und 1895 vergleichbar[78]. In diesen Zählungen sind, anders als in früheren Jahren, auch die bergbaulichen Betriebe miterfaßt worden, für die die Bergbehörden freilich noch eine besondere Montanstatistik führten. Die Herstellung von Relativzahlen erhöht die Vergleichbarkeit der Zählungen erheblich, und der Vorteil der kleinen Gebietseinheiten schlägt sich in großer industrieräumlicher Präzision nieder — andere Erörterungen der ruhrindustriellen Gewerbestruktur haben sich demgegenüber bisher auf jeweils eine binnenräumliche Gebietseinheit, eine Stadt oder einen Kreis beschränkt[79] oder das Revier statistisch aus den übergeordneten Verwaltungseinheiten der Regierungsbezirke, gelegentlich sogar der Provinzen umgriffen[80].

75 Vgl. Tabellen und amtliche Nachrichten ... Bd. V: Die Gewerbetabelle, enthaltend: Die mechanischen Künstler und Handwerker ..., 1854, S. 596—617, 640—661.
76 Vgl. Tabellen und amtliche Nachrichten f. d. Jahr 1855, 1858, S. 284—293; f. d. Jahr 1858, 1860, S. 568—597. In beiden Veröffentlichungen wird die Gewerbestruktur nur nach Regierungsbezirken, in den gesonderten, unvollständigen Betriebstabellen nur nach Betrieben über 50 Beschäftigte erfaßt. Vgl. ferner Statistische Nachrichten f. d. Reg.-Bez. Arnsberg f. d. Jahr 1858—59, S. 70; L. Jacobi, Das Berg-, Hütten- und Gewerbewesen des Reg.-Bez. Arnsberg, 1857, S. 291—299, 308—331. Zur Gewerbestatistik der HK s. z. B. G. Wiebe, Die HK zu Bochum, 1906, S. 8—11, 20 f. Für die Zählungen von 1861 vgl. Preuß. Statistik 5 (1864) S. 90 f., 104 f., 126—129, 138 f.; ferner Jb. f. d. amtl. Statistik d. Preuß. Staats 2 (1867) S. 262 f.; zusammenfassend s. Engel, Die dt. Industrie 1875 u. 1861, 1880, S. 204—214. Veröffentlichungen auf Kreisebene s. f. das westl. Revier: O. v. Mülmann, Statistik d. Reg.-Bez. Düsseldorf, Bd. I S. 164—173, II S. 480—486, 621—623 u ö., sehr detailliert: Statistik d. Krs. Essen 1859—1861, S. 150—208; Statistik d. Krs. Duisburg 1859—1861, S. 62—67.
77 Vgl. die Tabellen im Anhang S. 604—607 mit Quellenangaben ebd. Veröffentlichungen dieser Werte auf Kreisebene s. in Statistik d. Krs. Bochum, 1878, S. 122—131; R. v. Hymmen, Geschichtl.-statistische Beschreibung d. früheren Krs. Hagen, 1889, S. 87—95; Statistik d. Landkrs. Essen 1875—1880, S. 196—218. Zur Vergleichbarkeit mit 1861 s. Preuß. Statistik 40 (1878) S. 76—97. Leider nicht brauchbar ist die Tabelle der Betriebsstätten, Preuß. Statistik 41 (1880) S. 365—529, da hier nur die jeweils überdurchschnittlich repräsentierten Gewerbe berücksichtigt sind. Eine Statistik der nichtbergbaulichen Gewerbe gibt für den RD 1874 noch E. Beyer, Die Fabrikindustrie des Regierungsbez. Düsseldorf, 1876, S. 17—30.
78 Quellenangaben im Anhang S. 605. Zur Vergleichbarkeit der Zählungen 1882/1895 vgl. Statistik d. Dt. Reichs NF Bd. 109 (1897) Vorwort S. V; eine Konkordanz der Berufsarten findet sich in Bd. 111. Gegenüber der an sich genaueren Gewerbe- hat hier die Berufszählung vorgezogen werden müssen, da nur in ihr die kleineren Verwaltungsbezirke wiedergegeben werden.
79 Vgl. z. B. K. Hartl, Entwicklung d. Krs. Recklinghausen, 1909, S. 111—126; H. Spelberg, Der Einfluß der industriellen Entwicklung auf die Landwirtschaft d. rhein.-westf. Industriegebiets (Krs. Bochum u. Gelsenkirchen) Diss. (ohne Seitenzählung, Auszug) 1923; H. Hellgrewe, Dortmund als Industrie- und Arbeitsstadt, 1951, S. 69—81; sowie die vielfach noch genaueren, auch die „nichtoffiziellen" Zähljahre berücksichtigenden Kreis- und Kommunalstatistiken, z. B. Bericht ü. d. Verwaltung v. Duisburg f. 1888/89, S. 13 f., 1889/90 S. 11 f. (nach der Klassensteuerrolle 1882—1890); ferner noch P. Schlotter, Die ländl. Arbeiterfrage in West-

Anhand des Zahlenmaterials fällt zunächst auf, daß die landwirtschaftlich Erwerbstätigen zwar relativ ihre starke Stellung im Erwerbsleben einbüßten, daß aber die landwirtschaftliche Erwerbstätigkeit absolut hat zunehmen können. Diese Feststellung korrespondiert mit einer im Industrialisierungsverlauf annähernd gleichbleibenden oder doch nur geringfügig rückläufigen Entwicklung der landwirtschaftlichen Nutzfläche im Revier — auch in seinen Kernkreisen. Mitverantwortlich hierfür war zunächst die Bevorzugung der Ödflächen bei den Ansiedlungsplänen der Industrie. Der Aufkauf landwirtschaftlicher Erwerbsflächen durch die großen Werke[81] konnte allerdings zum Teil durch Urbarmachung bisher unbestellten Landes kompensiert werden; im Kreis Recklinghausen nahm sogar die Waldfläche durch umfangreiche Aufforstungen im 19. Jahrhundert wieder zu[82]. Bis 1870 erfreute sich die Landwirtschaft allgemein steigender Preise, und bis zur Jahrhundertmitte dürften die landwirtschaftlichen Erzeugnisse der Kernkreise den örtlichen Bedarf durchaus noch gedeckt haben, während sich in der Versorgung des Ruhrgebiets durch die nahen münsterländischen Agrargebiete erst nach der Wende zum 20. Jahrhundert auch die Konkurrenz der marktfernen Landwirtschaft bemerkbar machte[83].

Weitaus stärker beeinflußte der Übergang zur modernen Industrie allerdings die allgemeinen Anbau- und Wirtschaftsverhältnisse und den landwirtschaftlichen Arbeitsmarkt, die Besitzverhältnisse und, damit zusammenhängend, die Betriebsgrößen. In der Abnahme der Weide- zugunsten der Haus- und Obstgartenfläche und in der Tendenz zur Parzellierung, zur Pachtlandbebauung, zum landwirtschaftlichen Klein- und Kleinstbetrieb bei spürbar ansteigenden Ernteerträgen drückt sich eine tiefgreifende Umschichtung zur industrieabhängigen landwirtschaftlichen Erwerbsstruktur aus. Die Tendenz zum Pachtbetrieb ist vor allem durch die umfangreichen Bodenkäufe der Großschachtanlagen verstärkt worden, die sich so langfristig Expansionsraum für den künftigen Anlagenbau sichern und insbesondere zu erwartenden Bergschäden und deren Regulierung vorbeugen wollten. — Die Anzahl der Kleinbetriebe in der Größenklasse bis 1 ha hat sich im Kreis Recklinghausen 1882—1895 auf 10 518 etwa verdoppelt, während sich die übrigen Größenklassen nicht wesentlich veränderten. Vergleichbare, nur früher einsetzende Entwicklungen zeigen auch die Kernkreise im Revier[84]. An dieser Entwicklung hatte die Bergarbeiterschaft einen besonderen, wenn auch kaum in Zahlen meß-

falen, 1907, S. 170—177 (Landwirtschaft 1882/1895); f. d. Kreise der Gft. Mark s. detailliert Die Grafschaft Mark Bd. II, S. 404 f.

80 Vgl. bes. O. Brandt/O. Most (Hg.), Heimat- und Wirtschaftskunde f. Rheinland u. Westfalen, 1914, Bd. I S. 126—134, Bd. II S. 76—81; Versuche zur Eingrenzung kleinerer Räume finden sich bei Wiel, Wirtschaftsgeschichte, S. 88—91; Ramjoué, Schwerindustrie, S. 117 f. — Die Interpretation im folgenden kann nicht entfernt die Möglichkeiten wahrnehmen, die das reichlich vorhandene Zahlenmaterial anbietet. Vielmehr will dessen zusammenfassende Wiedergabe im Verein mit weiterführenden bibliographischen Hinweisen über die hier beabsichtigte Darlegung der Grundzüge sektoraler Entwicklungen hinaus auch das Erfordernis genauerer Studien insbesondere nichtbergbaulicher Erwerbsbereiche hervorheben.

81 Über das zumeist wenig erfreuliche Schicksal der aufgekauften Bauern s. A. Breilmann, Die sozialen Umschichtungen der Industrialisierung im Emschergebiet, 1949, S. 20 f.

82 Vgl. Glander, Landwirtschaft, S. 82; Heinrichs, Betriebsverhältnisse, S. 119; Linneweber, Landwirtschaft, S. 61—64.

83 Vgl. Heinrichs, Betriebsverhältnisse, S. 47, 119.

84 Vgl. Hinz, Sozialstruktur, S. 80; Glander, Landwirtschaft, S. 87; W. Hudde, Grundstückspolitik der Städte Gelsenkirchen, Buer und Horst, Diss. 1929, S. 121; Altkemper, Landwirtschaft, S. 74—77.

baren Anteil. Hier lebte der ländliche Ursprung der Zugewanderten in dem Bemühen um den eigenen Garten, um teilweise ausgedehnte Kleinviehhaltung fort, und mancher Berginvalide fand im Alter zurück zu einer landwirtschaftlichen Tätigkeit[85] — ganz abgesehen von der aus den Ursprüngen des Ruhrbergbaus überlieferten Einheit von Bergmannsberuf und landwirtschaftlichem Erwerb.

Gegenüber der aus der Sicht der Erwerbstätigenzahl stagnierenden Landwirtschaft haben die handwerklichen Gewerbe im Ruhrrevier eine erhebliche Umschichtung und auch zahlenmäßige Ausdehnung erfahren[86]. Die Zeche und die Montanindustrie standen im Mittelpunkt dieser Entwicklung — einmal, indem sie durch ihren ungeheuren Arbeitskräftebedarf im konjunkturellen Rhythmus eine ganz parallele Ausdehnung der Versorgungshandwerke und Dienstleistungsgewerbe[87] erforderlich machten; zum anderen, indem die großen schwerindustriellen Betriebe einer Reihe wichtiger spezialisierter Zuliefererhandwerke so sehr wie, vor allem in der Aufbauphase, der traditionellen Gewerbe (Maurer, Zimmerer, Tischler, Schmiede u. a.) bedurften. Große Attraktion übte die gesicherte Position des angestellten, gutbezahlten Zechenhandwerkers aus, durch den sich die Verwaltungen vom örtlichen Handwerk freizumachen versuchten. Andere Handwerke, vor allem der metallverarbeitenden Industrie, fanden neue Tätigkeitsfelder und Ausdehnungsmöglichkeiten auch im Zuge der technischen Entwicklung, die im übrigen die Verschiebung mancher Produktionszweige zum Reparaturgewerbe verursachte. Dagegen hat die Textilindustrie, neben dem westlichen Revier im Ruhrraum nur noch, allerdings stark rückläufig, im Kreis Hagen ansässig und um die Jahrhundertmitte noch von einiger Bedeutung, seit den 1870er Jahren keine Rolle mehr gespielt.

Wie allgemein im Deutschen Reich in den hier diskutierten Jahrzehnten[88], deutet sich auch im Ruhrgebiet die überproportionale Ausdehnung des Verkehrs- und Dienstleistungsgewerbes an. Dies dürfte das wesentlichste Ergebnis des gewerbestrukturellen Vergleichs 1875—1895 sein: Bei relativ abnehmender Bedeutung des Bergbaus für die Erwerbsstruktur der Kernkreise insgesamt wuchsen die weiterverarbeitenden Industrien, vor allem das Baugewerbe und die Berufe des tertiären Sektors stark. Bergbau und Hüttenindustrie — erwerbsstatistisch lassen sich diese beiden Säulen des industriellen Ausbaus im Revier erst 1895 trennen[89] — waren die Keimzellen des Wachstums, dem zu einem Zeitpunkt, als die bergbauliche Erschließung in den Kreis Recklinghausen fortschritt und dort einen neuen Wachstumsherd schuf, in den Kernkreisen die Weiterverarbeitungs-, Zulieferungs- und Versorgungsgewerbe folgten[90]. Während Bergbau und Hüttenindustrie noch zu Beginn der 1870er Jahre weit über die Hälfte aller in den Kernkreisen des Reviers Erwerbstätigen gestellt hatten[91], nahm dieser Anteil bis 1895 erheblich ab auf etwa $^2/_5$, während die relative Bedeutung des Bergbaus in der Erwerbs-

---

85 Bes. *Avereck*, Landwirtschaft, S. 66; *Glander*, Landwirtschaft, S. 91.

86 Vgl. bes. *A. Schmidt-Breilmann*, Der Einfluß der Industrialisierung auf das Handwerk, S. 20 f.

87 Es versorgten in Essen (n. *Grewe*, Essen, S. 549) ein Bäcker, ein Metzger, ein Schumacher 1868: 519, 782, 279; 1886: 482, 356, 216; 1890: 347, 319, 232, 1900: 482, 352, 322 Einwohner. Ähnliche Angaben b. *Nettmann*, Witten, S. 92 (1825—1835); *Thron*, Recklinghausen, S. 114 f.; s. auch *Noll*, Strukturwandel, S. 70—74.

88 Vgl. die nach *W. G. Hoffmann*, Das Wachstum der deutschen Wirtschaft seit der Mitte des 19. Jahrhunderts, 1965, zusammengestellten Strukturdaten bei *G. A. Ritter/K. Tenfelde*, Der Durchbruch der Freien Gewerkschaften Deutschlands zur Massenbewegung, 1975, S. 72.

89 Eine genauere Untersuchung könnte sich der z. T. auch kreisweise verfügbaren behördlichen Bergbaustatistik bedienen.

90 Über das Konzept von Bergbau und Eisenindustrie als Führungssektoren der Industrialisierung im Revier vgl. *Holtfrerich*, Wirtschaftsgeschichte, S. 10—54, 155—168.

struktur auf Reichsebene sogar noch leicht zunehmen konnte. Der industrielle Kernraum im Revier begann sich, soeben erst vom Bergbau überrollt, erneut umzuschichten und das Gewicht, neben der hier verharrenden Hüttenindustrie, auf die Folgebetriebe der Rohstoffherstellung zu verschieben. Die Bevölkerungsexplosion des Kernreviers wurde daher auch, aber in relativ geringerem Maß, 1875—1895 vom bereits teilgesättigten Bergbau absorbiert, der freilich noch immer die Überzahl der Zuwanderer aufnahm. Hieraus läßt sich, bei relativ längerer Anwesenheit im Revier und von Beginn an hohem Ansässigenanteil unter der Bergarbeiterschaft in den Kernkreisen, vorgreifend auf einen höheren Reifegrad der Industriearbeiterschaft, auf Bekanntschaft mit den Verhältnissen und Vertrautheit miteinander schließen. Endlich boten sich mit der Differenzierung des gewerbestrukturellen Bildes im Kernrevier und mit deren Hauptergebnis, den vermehrten beruflichen Alternativen, auch Chancen sozialen Aufstiegs, so daß, einhergehend mit dem Statusverlust des Bergmannsberufs vor allem in der Krise der 1870er Jahre, der Bergbau immer mehr zum bloßen Eingangsberuf der ersten Zuwanderergeneration wurde, während die Kinder der Bergleute nach handwerklichen Berufen strebten[92].

---

91 1865 ist die Anzahl der nichtbergbaulichen Arbeiter jener der Bergleute „mindestens gleich geschätzt" worden; vgl. OBA 1788, Bl. 19 (Gutachten des OBA 15. 5. 65 z. Koalitionsrecht). *Dege*, Ruhrgebiet, S. 28, schätzt das Verhältnis des Bergmanns zu anderen Berufen in der Gründerzeit der Emscherzone auf 1:0,4; heute (1972) dagegen auf 1:0,8. Vgl. für Essen, das freilich wegen der Krupp-Expansion einen Sonderfall darstellt, *Grewe*, Essen, S. 170, 301—310, 498, 826, 830. Demnach betrug in Essen bei einer (1859—1900) absoluten Zunahme um 112 %, der Anteil des Bergbaus an den Erwerbstätigen 1859: 26,1 %; 1870: 15,7 %; 1880: 8,3 %; 1891: 7,7 %; 1900: 6,7 %.

92 Vgl. *Schmidt-Breilmann*, Handwerk, S. 60 f.

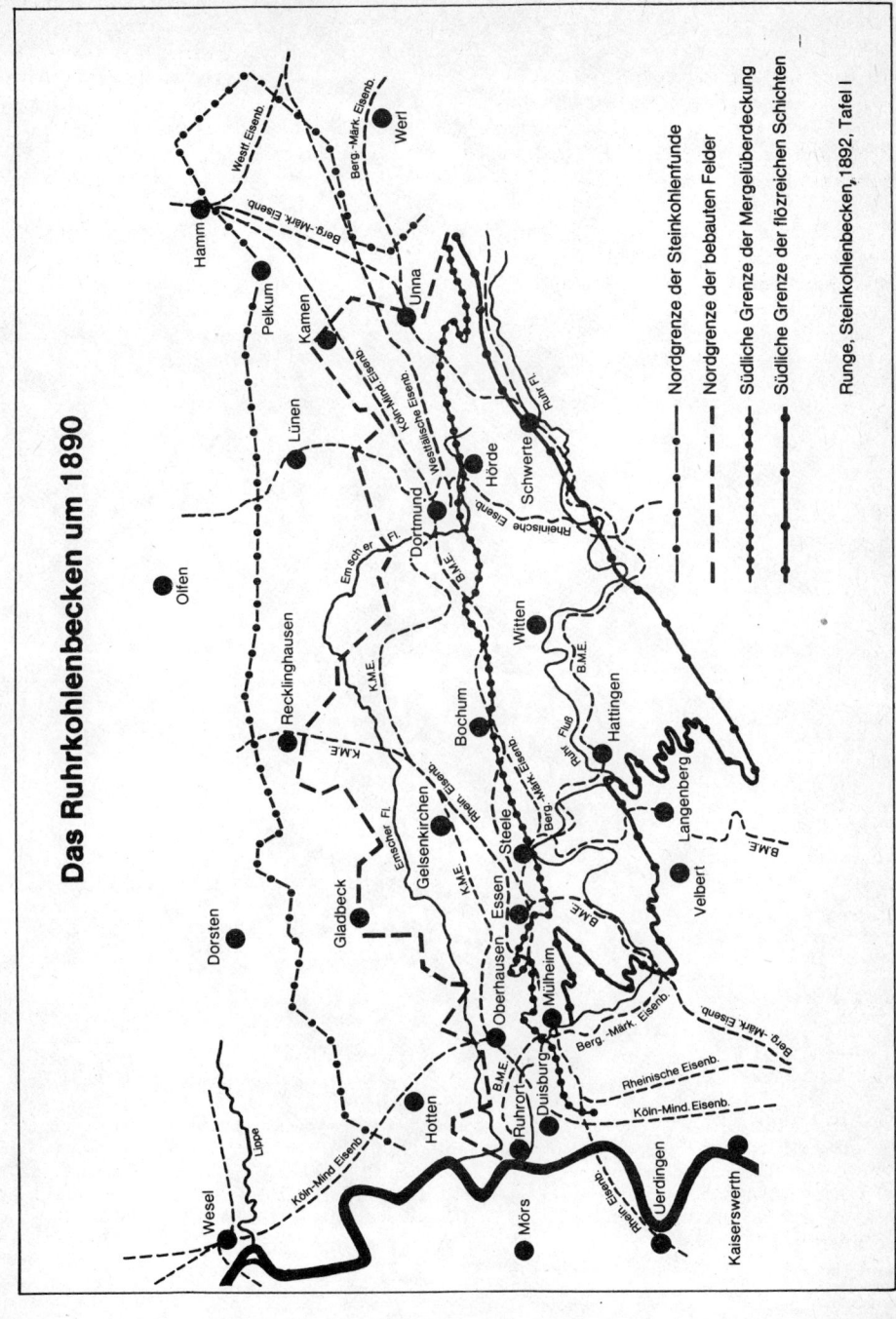

Das Ruhrkohlenbecken um 1890

Nordgrenze der Steinkohlenfunde
Nordgrenze der bebauten Felder
Südliche Grenze der Mergelüberdeckung
Südliche Grenze der flözreichen Schichten

Runge, Steinkohlenbecken, 1892, Tafel I

1. Teil: Bergbau und Bergarbeiterschaft
unter dem Direktionsprinzip

Kapitel II
Bergrecht, Bergbehörde und Entwicklung des Bergbaus im Vormärz

Nach dem gemeinen Bergrecht gehörte das Rechtsinstitut des Bergregals im Ruhrgebiet, wo der Bergbau nachweislich seit dem hohen Mittelalter betrieben wurde, zu den *regalia minora*, den „fiskalischen Nutzungsrechten"[1] am Bodenregal. Die positivrechtliche Kodifikation der Bergregalität erfolgte im wesentlichen durch die teilweise gegenseitig abhängigen Bergordnungen des 16. und 17. Jahrhunderts. Die Landesherren, seit der Goldenen Bulle von 1356 auch zunehmend Nutznießer der Regalität, kleideten ihre Ansprüche in ein System bergrechtlicher Schutz- und Strafbestimmungen, vermochten jedoch nicht, die allerorten eingerissene Nachlässigkeit im Abbaubetrieb, darunter den unkontrollierten Raubbau, auf Dauer zu verhindern. In Preußen haben das bestehende Knäuel von nebeneinander geltenden bergrechtlichen Kautelen, der Mangel an einer langfristig orientierten Abbauführung und das betriebstechnische Durcheinander in Absatzkontrolle, Grubenrechnungswesen und Arbeitsverhältnissen nach zahllosen Bereisungen von Bergbausachverständigen 1737 zu einer vorläufigen Kodifikation des Bergrechts geführt, die in die „Revidirte Bergordnung für das Herzogthum Cleve, Fürstenthum Meurs und für die Grafschaft Mark" vom 29. 4. 1766 einging. Diese Bergordnung blieb bis zum Erlaß des Berggesetzes von 1865 in Kraft. Daneben galten teilweise in den neuangegliederten Landesteilen die Jülich-Bergische Bergordnung vom 21. 3. 1719 und subsidiär oder in voller Rechtskraft, so in der ehemaligen Reichsstadt Dortmund, das Allgemeine Landrecht und das gemeine Bergrecht[2].
Die Bergordnung von 1766 vollzog den durch die Erfahrungen unkontrollierten Raub-

---

1 Vgl. *H. D. Krampe*, Der Staatseinfluß auf den Ruhrkohlenbergbau, 1961, S. 9; zum Folgenden s. ebd. S. 9—31; ferner *A. Meister*, Handel, Gewerbe, Industrie und Bergwesen bis zum Beginn des 19. Jhs., in: Die Grafschaft Mark Bd. I, 1909, S. 399—462; s. S. 438—454; *Gerhard Boldt*, Bergrecht, in: Staatslexikon (Görres-Gesellschaft) Bd. I, Freiburg 1957, Spp. 1068— 1073; Artikel „Bergbau", „Bergverwaltung", „Bergwerke", in: *Bitter*, Handwörterbuch der preußischen Verwaltung, hg. *Bill Drews/Franz Hoffmann*, Bd. I Berlin/Leipzig 1921, S. 228—241. Zur Geschichte des Bergregals s. u. a.: *H. Achenbach*, Das gemeine dt. Bergrecht, 1871, S. 102—108, 114 f.; u. bes. *A. Arndt*, Zur Geschichte und Theorie des Bergregals u. d. Bergbaufreiheit, ²1916. Zusammenfassend s. *G. C. Schmelzeisen*, Grundgedanken des jüngeren Bergrechts, 1955. Zur älteren Geschichte des Ruhrtalbergbaus vgl. z. B. *N. Hocker*, Die Großindustrie Rheinlands und Westfalens, 1867, S. 214—254; *O. v. Mülmann*, Statistik des Regierungs-Bezirkes Düsseldorf, 1864—1867, Bd. II, 2 S. 418—433; zusammenfassend z. B. *D. Düsterloh*, Beiträge zur Kulturgeographie des Niederbergisch-Märk. Hügellandes, 1967, S. 111—120; *H.-A. Metzelder*, Der Wittener Steinkohlenbergbau im Umbruch zur Großindustrie 1830—1860, Diss. 1964, S. 11—70.
2 Die Bergordnungen sind gesammelt bei *H. Brassert* (Hg.), Berg-Ordnungen der preußischen Lande, 1858; vgl. auch *G. Adelmann*, Quellensammlung Bd. I, S. 1—12, leider ohne die wichtigen Bestimmungen im Allgemeinen Landrecht, s. d. Ausgabe hg. v. *Hans Hattenhauer*, Frankfurt/Berlin 1970, 16. Titel, 4. Abschnitt, S. 605—619. Zur Zersplitterung der älteren Berggesetzgebung s. *H. Imbusch*, Arbeitsverhältnis und Arbeiterorganisationen im dt. Bergbau [1908], S. 18—20, die einz. BO S. 20—24; eine Übersichtskarte über die Geltungsbereiche

baus erzwungenen Schritt zur völligen Bevormundung der Bergbaubeteiligten. Der Gesetzgeber übernahm nach dem „Direktionsprinzip"[3], das bei seiner Einführung auf erhebliche Widerstände seitens der Gewerken stieß[4], die gänzliche Leitung des Abbaus. Den Gewerken verblieb allein das Bergwerkseigentum in der Rechtsform der nach 128 Kuxen geteilten Gewerkschaft älteren Rechts[5] sowie das Risiko seines Einsatzes in Ausbeute oder Zubuße. Von der Mutung über die Belehnung, die Schürf- und Abteufarbeiten bis zur Kontrolle des Abbaubetriebes und Steuereintreibung übernahm der Staat durch die Bergbehörden die direkte Leitung der Gruben einschließlich der Arbeiterverhältnisse.

1. Die bergamtliche Direktion

Die staatliche Direktion gliederte sich in Ministerialbehörde, Oberbergamt als Mittelbehörde, Bergamt und Revierbeamte. Dem seit 1792 zunächst in Wetter, ab 1816 in Dortmund angesiedelten, kollegial geleiteten „Oberbergamt für die Westphälischen Provinzen" unterstanden, ebenfalls nach dem Prinzip der Kollegialität[6] verwaltet, das Märkische Bergamt zu Bochum und das Essen-Werdensche Bergamt. Den Bergämtern wurden Geschworene als verantwortliche Vorstände der einzelnen Reviere unterstellt; ihnen gab man als technische Leiter die Obersteiger zur Seite. Das Grubenrechnungswesen und die Steueraufsicht nahmen die Oberschichtmeister wahr. Diesen königlichen, der Bergbehörde allein verantwortlichen Revierbeamten standen mit Steigern und Schichtmeistern die gewerkschaftlichen Grubenbeamten gegenüber, die, zwar nach Wahl der Gewerken eingestellt, wiederum der Behörde verantwortlich blieben. Das Bergrevier, in seinen Grenzen stets den Bedürfnissen des Abbaus und der rationellen Aufsichtsführung und Dienstanleitung angepaßt[7], bildete die verwaltungsorganisatorische Grundeinheit des preußischen Bergwesens. Durch den personalintensiven und dadurch recht teuren Verwaltungsaufbau in drei Instanzen — Revierbeamte, Bergämter und Ober-

der verschiedenen Bergrechte im Ruhrgebiet s. in: Die Entwickelung des Niederrhein.-westf. Steinkohlen-Bergbaues Bd. X, Tafel II, vgl. ebd. S. 8—15. Über das Bergrecht des ALR s. ausführlich *H. Brassert* (Hg.), Das Bergrecht des ALR, 1861, bes. S. 22—38, zum Geltungsbereich S. 5—22.

3 „So sollen künftighin unter des Berg-Amtes Direction alle Zechen betrieben ... werden", lautet der zentrale Satz der BO 1766, Caput XXIX, § 2; s. *Adelmann*, Quellensammlung Bd. I, S. 10; vgl. *Spethmann*, Haniel, 1956, S. 159. Vorausgehende BO bei *A. Meister* (Hg.), Gft. Mark Bd. II, S. 169—174, 175—184, 211—225.

4 Vgl. *A. Meister*, Handel . ., Gft. Mark Bd. I, S. 447, 460.

5 Vgl. *Bitter*, Handwörterbuch, S. 233 f.; ALR IV, 16, §§ 131, 133. Diese dem Bergbau eigentümliche Gesellschaftsform bestand nach 1865 neben der 100-, 1000- oder 10 000teiligen Gewerkschaft neueren Rechts fort. Ihre Kennzeichen sind Zubußepflicht im Verlustfall bzw. Ausbeuteanspruch bei Gewinn und Beleihung. Ihr Organ ist der Repräsentant oder Grubenvorstand. Im Mülheimer Bereich bestand das Bergwerkseigentum aus sog. „Oertgen", vgl. *P. Keller*, Bergrecht und Berggerichtsbarkeit in Mülheim, 1968. Zur Rechtsform der Gewerkschaft vgl. Entwickelung des Niederrhein.-Westf. Steinkohlen-Bergbaues Bd. X, S. 245—255, 282—295; *A. Arndt*, Bergbau und Bergbaupolitik, 1894, S. 258—269; *R. Stoßberg*, Die Gewerkschaft als Unternehmungsform im Ruhrbergbau, Diss. 1925, passim; näheres unten S. 198 f.

6 Vgl. *R. Koselleck*, Staat und Gesellschaft in Preußen 1815—1848, 1962, S. 66 f.; zusammenfassend *A. Arndt*, Bergbau und Bergbaupolitik, S. 188—193.

7 Zeugnisse hierüber in MBAB 10, OBA 411.

bergamt — im Abbaugebiet selbst[8] vollzog die bergbauliche Fachbürokratie in einem umfangreichen Verordnungs- und Überwachungswesen das obrigkeitliche Direktionsgebot bis in die Details des Abbauvorgangs, der Arbeitsfunktionen und des bergbauverbundenen sozialen Umfelds[9].

Die Unabhängigkeit und Unparteilichkeit des aufgeklärten Fachbeamtentums, auf dessen loyale Exekutive sich die preußische Obrigkeit in der Bergverwaltung mehr als auf die partizipatorische Mitwirkung des Staatsbürgers stützte[10], hat den Kern des behördlichen Leitungsmechanismus gebildet. In der Frage der wissenschaftlichen oder praktischen Eignung des Nachwuchses für das königliche Fachbeamtentum wurde bis zur Jahrhundertmitte zumeist nach dem Kriterium der technisch-fachlichen Erfahrung entschieden[11]; aber so sehr wie die Probleme der Qualifikation blieben jene der Unabhängigkeit des Beamtenkörpers von ökonomischen Interessen Anliegen der staatlichen Bergbauleitung. Noch *Friedrich II.* bekundete, als 1784 der unübersehbare Bergwerksbesitz seiner Beamten bekannt wurde, sein königliches Befremden über solch eigennütziges Verhalten, und das Generaldirektorium verhängte fühlbare Strafen[12]. Als das Direktionsprinzip nach den Jahren der französischen Besetzung im Ruhrgebiet zur vollen Blüte gelangt war, setzte sich das Bemühen, das Fachbeamtentum frei von bergbaulichen Interessen zu halten, fort und wurde verschärft. Auf der Rechtsgrundlage einer Kabinettsordre von 1806 wurde 1817 auch den Frauen und Kindern von Bergbeamten der Besitz von Bergwerksanteilen untersagt, und gelegentlich ist deren Veräußerung, wo sie durch Eheschließungen, Erbfälle o. ä. auf Beamte übergingen, erzwungen oder doch eine Interessenkollision durch Versetzung der betreffenden Beamten in andere Bergbaubezirke verhindert worden[13]. Anfang der 1830er Jahre wurde sogar der Bergwerksbesitz der gewerkschaftlichen Grubenbeamten einer behördlichen Genehmigungspflicht unterstellt — diese Bestimmung war besonders schmerzhaft für Gewerken, die selbst als Steiger oder Schichtmeister ihre Gruben leiten wollten; und es wurden, wenn auch

8 Vgl. über Personalfragen — Rangverhältnisse und Einkommen — OBA 384, OBA 388, MBAB 8, ferner die noch im OBA Dortmund aufbewahrten Personalakten auch aus dem frühen 19. Jahrhundert. Über die Stellenbesetzung unterrichtet regelmäßig das Handbuch f. d. Kgl. Preuß. Hof u. Staat; z. B. f. d. Jahr 1848, Berlin o. J., S. 493 f. — Um 1815/1820 bezog der OBA-Direktor *Bölling* ein Gehalt von 2000 Tlr.; ein Oberbergrat erhielt 1600 Tlr. und 200 Tlr. Pferdegeld; die Bergamtsdirektoren 1000 bis 1200 Tlr., die Bergmeister und jüngsten Bergräte 800—900 Tlr. und 100 Tlr. Pferdegeld, die Reviergeschworenen 460 Tlr. und 100 Tlr., die Markscheider 300 Tlr. und 100 Tlr. und Sporteln.

9 Verordnungen und Instruktionen sind gesammelt in OBA 1882, OBA 288 (vol. II 1815—1826), OBA 299 (vol. III 1826—1845), MBAB 301 (Stand: Juni 1852). Über die jährlichen Generalbefahrungen der Gruben vgl. OBA 283; weitere Befahrungsprotokolle (bes. *Graf Beust* 1842) s. in OBA 1924, OBA 1925.

10 Vgl. *W. Fischer,* Government Activity and Industrialization in Germany 1815—1870, 1972, S. 453.

11 Vgl. verschiedene Bewerbungen um Aufnahme in die Beamtenlaufbahn in MBAB 17. In den Entscheidungsgründen wird stets hervorgehoben, es sei „auf die Söhne der Gft. Mark, und besonders des Märkischen Bergmannsstandes, vorzugsweise Rücksicht zu nehmen", und eine vorhergehende praktische Ausbildung in der Grube sei unabdingbar. Eine wissenschaftliche Prüfung für Bergbeamte wurde bereits 1815 geplant; seit 1839 galten die „Allgemeinen Bestimmungen über die Qualifikation Derjenigen, welche sich zu den technischen Beamtenstellen bei dem Berg-, Hütten- und Salinenwesen ausbilden wollen . . .", vom 27. 3. 39. Vgl. ebd. und MBAB 16 Bl. 1—12; sowie unten S. 184 ff.

12 Nach WOBA 19, bes. Bl. 34, 136, Verfügungen des Generaldirektoriums 1784, 1787.

13 Vgl. JM 11077 Bl. 97 FM *v. Bülow*/JM *v. Kircheisen* 20. 3. 1817; MBAB 20 Bl. 82—85 u. ö. mit Verzeichnissen über den Kuxenbesitz von Bergbeamten. Die Verpflichtung, „keinen Vortheil, keine Leidenschaften oder andere Nebenrücksichten" zu verfolgen, wurde in die Eides-

folgenlos, Überlegungen angestellt, ob selbst den Bergleuten nicht über ihr Lohninteresse hinaus eine Beteiligung an den Einkünften des Bergwerksbetriebs durch Verbot des Kuxenbesitzes zu untersagen sei[14]. Das argwöhnische Insistieren der Oberbehörde auf den Verzicht an Kuxenbesitz zeigt indessen, daß immer wieder Übertretungsfälle bekannt wurden. Auf der Ebene der Revierbeamten und Bergämter ist denn auch eine deutliche Zurückhaltung bei der Angabe eigenen Bergwerksbesitzes, der Recherchierung bekanntgewordener Fälle und ihrer Bestrafung festzustellen[15]. Die vermehrte Gründung von Aktiengesellschaften in den 1850er Jahren hat übrigens das Problem durch die Anonymität des Aktienbesitzes gelöst.

Die Unabhängigkeit der behördlichen Bergbauleitung von den bergbaulichen Gewinninteressen war in der Tat die entscheidende Bedingung für das Funktionieren und die Glaubhaftigkeit des Direktionsprinzips. Hierzu gehörte auch die relativ, nämlich nach Maßgabe kleinstädtisch-honoratiorenhafter Haushaltsführung, günstige oder doch auskömmliche Wirtschaftslage der Bergbeamten bis hinunter zu den Revierbeamten, die immerhin noch etwa das Vierfache des Bergmannslohns bezogen[16]. Die Frage endlich, ob das in der Unabhängigkeit der Beamtenschaft gleichsam auf den Nenner gebrachte System der staatlichen Bergbauleitung funktionstüchtig, ob es „harmonisch" und „sozial" gewesen ist, kann hier vorläufig nur angedeutet werden[17]. Es war dies weniger eine Frage des Verhältnisses zwischen Beamten und Gewerkschaften, Beamten und Bergleuten, als vielmehr ein Problem von Pflicht und Gehorsam auf der einen, Recht und Sicherheit auf der anderen Seite — gleichermaßen für Gewerken und Arbeiterschaft. Wer immer in diesem ständisch-korporativen Systemzusammenhang liberalere Gedanken der Gewinnmaximierung, Expansion und Freizügigkeit einbrachte, dem war der konservative Widerstand der Systemträger mit einer Reihe guter Gründe gewiß. Die lange Genesis der Bergrechtsreform gab ebenso wie manches unerquickliche Vorkommnis, mancher Ärger zwischen Beamten und Gewerken im Vormärz ein beredtes Zeugnis für die strukturabhängigen Widersprüche zwischen beiden Positionen.

formel der kgl. Beamten aufgenommen; in den 30er Jahren mußten bei der Bestallung als Bergassessor die Verwandten mit Bergwerksbesitz bezeichnet werden. Vgl. OBA Dortmund, Personalakten W 148 *(Wiesner)*. Das Verbot des Kuxenbesitzes ist noch 1855 durch einen Obertribunalsentscheid bekräftigt worden; vgl. *H. Brassert* (Hg.), Berg-Ordnungen der preuß. Lande, S. 864 Anm.

14 Vgl. MBAB 20 Bl. 230 OBA/BAB 18. 7. 33. Seit 1856 durften Grubenbeamte wieder uneingeschränkt Bergbaubesitz erwerben; vgl. ebd. Bl. 135.

15 Schon 1784/1786 erfolgte die bergamtliche Berichterstattung erst nach einer Strafverfügung; das Bochumer Berggericht behauptete 1818, die beiden Kabinettsordres vom 20. 1. 1806/2. 11. 1808, die in Abänderung von Bestimmungen des ALR den kgl. Beamten Kuxenbesitz verboten (s. Amtsblatt RA 30/13. 5. 1817), seien „in hiesiger Gegend nie bekannt geworden"; nach WOBA 19 und JM 11077 Bl. 120.

16 Vgl. die Angaben oben Anm. 8. *Fr. Zunkel*, Beamtenschaft und Unternehmertum beim Aufbau der Ruhrindustrie 1849—1880, 1964, S. 271 f., trennt nicht deutlich genug zwischen gewerkschaftlichen Gruben- und kgl. Beamten, wenn er meint, die Beamtenschaft hätte sich angesichts ihrer geringen Einkünfte zu Nebeneinnahmen durch Winkelläden o. ä. gezwungen gesehen. Dies gilt nur für Grubenbeamte: Steiger und Schichtmeister, die wenig mehr als die Hauer verdienten und manchmal aus ihrer Machtstellung auch außerhalb der Betriebe Gewinne zu erzielen erhofften; vgl. für eine Fülle von Beispielen MBAB 21. Auf der anderen Seite waren vor allem in der Phase der ersten Expansion honorierte Beratungen und auch Abwerbungen qualifizierter kgl. Bergbeamter an der Tagesordnung; vgl. *Fr. Zunkel*, Der rhein.-westf. Unternehmer 1834—1879, 1962, S. 27.

17 Zur Diskussion s. *Fr. Zunkel*, Die Rolle der Bergbaubürokratie beim industriellen Ausbau des Ruhrgebiets 1815—1848, 1974, S. 143 Anm. 5.

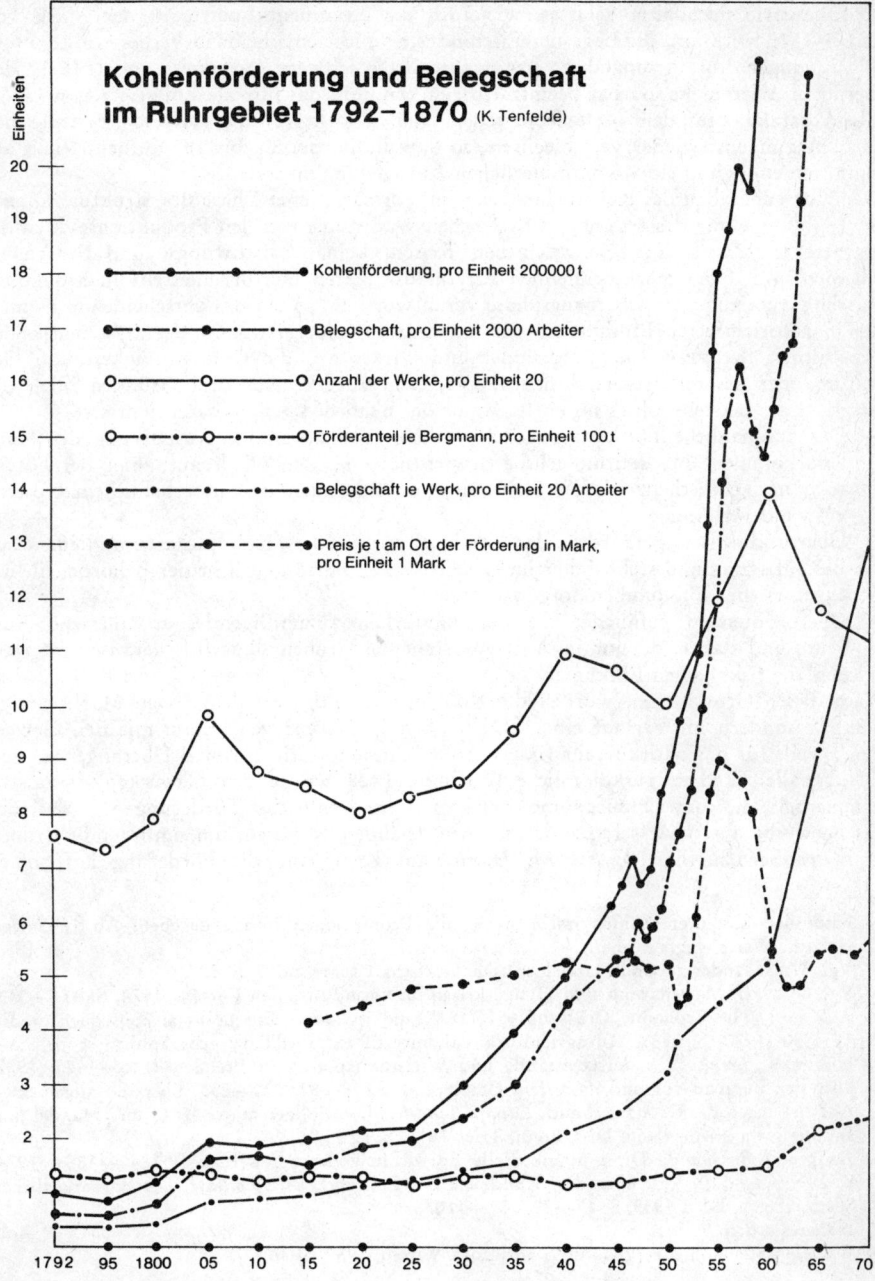

Kohlenförderung und Belegschaft im Ruhrgebiet 1792–1870 (K. Tenfelde)

Einheiten

Kohlenförderung, pro Einheit 200000 t

Belegschaft, pro Einheit 2000 Arbeiter

Anzahl der Werke, pro Einheit 20

Förderanteil je Bergmann, pro Einheit 100 t

Belegschaft je Werk, pro Einheit 20 Arbeiter

Preis je t am Ort der Förderung in Mark, pro Einheit 1 Mark

Das Schaubild[18] zeigt die langdauernde Stagnation des Ruhrbergbaus zu Beginn des 19. Jahrhunderts. Der Krieg von 1806 und die Befreiungskriege haben auf der Rohstoffindustrie nachhaltig gelastet, wie auch die Kontinentalsperre, in der Mark von 1810—1813 wirksam, die Lage der Eisenindustrie nicht entscheidend verbessern konnte[19]. Nach einigen Aufschwungjahren hat, während die schwere Agrarkrise von 1816/17 den Bergbaubetrieb nicht spürbar beeinträchtigen konnte[20], das liberale Zollgesetz von 1818[21] die Absatzlage auf dem westeuropäischen Kohlenmarkt für die rheinisch-westfälischen Gebiete zunächst wieder verschlechtert, so daß die Förderung bis 1823 erneut leicht absank, um endlich in einen kontinuierlichen Aufschwung zu treten.

Der Kohlenbergbau des Ruhrreviers zeigt im Vormärz, jener Phase des Strukturwandels, der „Abkoppelung des gesamtwirtschaftlichen Wachstums von den Produktionszyklen des Agrarsektors"[22], noch keine zyklischen Krisen, keine Aufschwungs- und Stockungsspannen und deren marktordnenden Rhythmus. Waren hierfür einerseits makroökonomische Grundzüge der Übergangsphase verantwortlich, so lag das entscheidende Hemmnis marktorientierter Produktion und Investition andererseits in der Systematik der preußischen Bergverwaltung begründet und wirkte auf die Geschwindigkeit und Gestaltung der gesamtwirtschaftlichen Entwicklung zurück. Aus drei Gründen blieb die bergbauliche Betriebspolitik unter der Ägide der Behörde streng absatzorientiert:
— Der bergbauliche Förderungsbetrieb verlangt zur optimalen Ausnutzung der Kohlevorkommen eine kontinuierliche Bewirtschaftung. Die Wiederaufnahme der Förderung nach zwischenzeitlicher Stillegung von Schächten ist mit erheblichem Kostenaufwand verbunden.
— Überproduktion gefährdet den Rechtsanspruch der Knappschaftsmitglieder auf Beschäftigung und steht daher im Gegensatz zur Fürsorgepflicht der Behörde, für ein angemessenes Einkommen Sorge zu tragen[23].
— Überproduktion gefährdet die den Gewerken zuzubilligende, angemessene Ausbeute und daher, da nur in Ausbeute stehende Gruben steuerlich veranschlagt werden, die fiskalischen Einkünfte.

Nach diesen Grundsätzen wurden die Kohlenpreise nicht auf dem freien Markt ausgehandelt, sondern im Verlauf einer alljährlichen Konferenz gemeinsam mit den Gewerken jeweils für das nächste Jahr fixiert. Solche Absatzpolitik vermied Überangebote und sicherte allen Zechen auskömmliche Gewinne. 1828 wurde den Gewerken der Zeche Timmerbeil die Betriebsaufnahme nur gestattet, wenn die Förderung im Wittener Eisengewerbe absetzbar sei; Landabsatz wurde ihnen verboten, um umliegende Gruben nicht zu benachteiligen[24]. Als *Fr. Haniel* auf Kronprinz die Förderung aufnehmen

---

18 Nach den absoluten Zahlen im Anhang; die Proportionen sind angegeben. Ab 1845 sind jährliche Werte eingezeichnet.
19 Vgl. *Wiebe*, Industrie und Handel, in: Die Grafschaft Mark Bd. I, S. 545.
20 Vgl. *W. Abel*, Massenarmut und Hungerkrisen im vorindustriellen Europa, 1974, S. 314—343; *J. D. Post*, The Economic Crisis of 1816/1817 and its social and political consequences. In: JEH 30 (1970) S. 248: „An agricultural calamity of extraordinary geographical scope".
21 Hierzu *W. Treue*, Wirtschaftszustände und Wirtschaftspolitik in Preußen 1815—1825, 1937, über den Bergbau vor und nach dem Gesetz ebd. S. 78—87, 229—233; über die allgemeinen Auswirkungen des Gesetzes s. auch *Eduard Lindner*, Das Zollgesetz von 1818 und Handel und Industrie am Niederrhein. Diss. Bonn, Trier 1911, S. 72 f., 91.
22 *R. Spree/J. Bergmann*, Die konjunkturelle Entwicklung der dt. Wirtschaft 1840—1864, 1974, S. 289, 306—310. Vgl. über die Grundzüge des Zeitraums *A. Spiethoff*, Die wirtschaftlichen Wechsellagen, Bd. I 1955, S. 17—22, 107—110.
23 Näheres s. u. S. 90 f.
24 *Wilhelm*, Steinkohlenbergbau im Stadtbezirk Witten, 1939, S. 46.

wollte, versah er seinen diesbezüglichen Antrag mit dem nachdrücklichen Hinweis auf den hohen Fettkohlenbedarf in seinen Stahlwerken[25]. Der innovationshemmende Einfluß solcher Absatzpolitik wurde vornehmlich in der häufig jahrelangen Weigerung der Bergbehörden zur Anlage von Tiefbauschächten sichtbar: Den Gewerken von Schölerpad bei Essen wurde erst nach Jahren an gerichtlichen Auseinandersetzungen und ministeriellen Eingaben die Inbetriebnahme des Schachtes gestattet, wobei der Hinweis, die benachbarte Grube Sälzer und Neuack werde Einbußen erleiden, die wichtigste Rolle spielte[26]. Auf der anderen Seite haben sich die Behörden, nicht zuletzt im fiskalischen Steuerinteresse am Bergbau, um Absatzförderung bemüht[27]. Wege hierzu waren einmal die Erschließung neuer Absatzmärkte durch Maßnahmen wie Unterstützung des Brandkohlenabsatzes[28] und des Ausbaus der Verkehrslinien, zum anderen die Begünstigung der kohleverarbeitenden Industrien, vor allem der Erzverhüttung, die vorläufig ebenfalls noch der bergbehördlichen Aufsicht unterstellt war, sowie der Eisenindustrie und Metallverarbeitung, u. a. durch Schutzzölle auf Roheiseneinfuhren. Gerade die Expansion der kohleverarbeitenden Industrien hat die Steigerung der jährlichen Förderungsrate im Vormärz bis 1848 auf das Fünffache ermöglicht. Allerdings war die Erzförderung und -verhüttung seit Beginn des Jahrhunderts in eine Strukturkrise geraten. Beispielsweise versorgte sich die frühe aufstrebende Schwerindustrie im Bereich des engeren Ruhrgebiets bei Sterkrade und Hörde mit dem um 50 % billigeren englischen Roheisen, dessen Einfuhr in das Zollvereinsgebiet in den Jahren 1837—1843 von 8 000 auf 1 333 000 t gesteigert wurde; der deutsche Roheisenbedarf wurde zu dieser Zeit zu nur 15 % aus heimischer Erzeugung gedeckt[29]. Die junge Schwerindustrie des Ruhrgebiets und die Eisenerzeugung im Siegerland gerieten daher in einen „wirtschaftspolitischen Gegensatz"[30], der sich in Protesten erzfördernder Gewerken gegen bergamtliche Bevormundung[31], später im Eintreten *Harkorts* für den Erzbergbau vor dem 4. Westfälischen Provinziallandtag[32], während der Revolution in Denkschriften und Petitionen artikulierte[33]. Der endlich 1844 der englischen Einfuhr auferlegte Schutzzoll hat dann insoweit die eigenständige Entwicklung moderner Verkokungs- und Hüttenanlagen im Ruhrraum gefördert und zur Verlagerung des industriellen Schwerpunkts aus dem Siegerland beigetragen, als sich die Ruhrunternehmer vor die Wahl gestellt sahen, das teuere, mit veralteten Produktionsmitteln verhüttete Siegener Roheisen zu verarbeiten oder im großen Rahmen eine eigene Verhüttungsindustrie aufzubauen.

Diese Verlagerung der Eisenindustrie aus dem bergisch-märkischen Raum, ihre verbesserten Absatzchancen auf dem Binnenmarkt, vor allem auch der hohe Stahl- und Kohlebedarf des Eisenbahnbaus ließen die seit 1825 etwa gleichbleibenden Wachstumsraten des Bergbaus zum Ende der 1840er Jahre sprunghaft zunehmen. Die Revolutionsjahre bilde-

---

25 *H. Spethmann,* Mergelzechen, 1947, S. 25 f.
26 Exemplarisch hierzu *H. Spethmann,* Der Kampf der Zeche Schölerpad um einen Tiefbau unter dem Direktionsprinzip, 1955.
27 Vgl. *Spethmann,* Mergelzechen, S. 141; *ders.,* Fr. Haniel, S. 200; *Wiebe,* in: Die Gft. Mark Bd. I, S. 553.
28 Vgl. schon *Friedrichs II.* „Verordnung über das Bergwesen" v. 20. 10. 1755, in: Die Gft. Mark Bd. II, S. 211—225; ferner Drastische Maßnahmen z. Einführung des Steinkohlenbrands. In: Der Anschnitt 7 (1955) H. 5, S. 19 f.
29 Vgl. *H. Kruse,* Das Siegerland unter preußischer Herrschaft, 1915, S. 94 ff.; *A. K. Hömberg,* Wirtschaftsgeschichte Westfalens, 1968, S. 147.
30 *Kruse,* Siegerland, S. 96.
31 Vgl. ebd. S. 83.
32 Vgl. *L. Berger,* Harkort, 1902, S. 153 f.
33 Vgl. *W. Schulte,* Volk u. Staat, 1954, S. 133, 264 f., 509, 663 f.

ten hierin nur einen vorübergehenden Einschnitt, der mehr noch durch die Verdoppelung der Förderungsziffern in den Jahren 1852—1858 als solcher zum Ausdruck kommt[34]. Die Jahre seit etwa 1830 erscheinen gleichsam als Präludium der Gründerperiode nach 1853. Mit einer außergewöhnlich starken Zunahme von 1846 auf 1847 schien sich der Aufschwung bereits anzudeuten, als die Finanzkrise des Frühjahrs 1848 hereinbrach. Von ihr konnte sich der Bergbau schon 1850 erholen. Es liegt daher nahe, eine Phase kontinuierlichen Wachstums 1830—1847 von den Krisenjahren bis 1849 und dem Aufschwung 1850—1857 zu unterscheiden[35].

Wie bereits das Beispiel der eisenindustriellen Entwicklung zeigt, entzogen sich die wesentlichen Determinanten der Absatzlage längst dem bergamtlichen Zugriff. Dies gilt auch für den bedeutsamen Produktionsimpuls, den der Kohlenbergbau, bereits im 18. Jahrhundert in enger Verbindung mit holländischen Absatzmärkten[36], 1830 durch die Trennung Belgiens von Holland erhielt[37]. Die Niederlande bewilligten eine Prämie in Höhe des Einfuhrzolls auf Kohleneinfuhren, und der zollfreie Import wirkte sich sofort in hohen Kohlenbestellungen aus. Obwohl holländische Frachtschiffe durch den Erlaß des Schiffszolls gegenüber der deutschen Konkurrenz begünstigt wurden[38], hat auch der Mülheim-Ruhrorter Kohlenhandel in hohem Maße von dem Ausfuhrboom profitiert. Das dort angesammelte Kapital kam wiederum der bergbaulichen Investitionstätigkeit zugute, und so datieren die ersten bedeutenden, technisch risikoreichen Innovationen von Gewerkenseite in den 1830er Jahren. In ihrer Konsequenz lag ab 1840 der bis etwa 1890 anhaltende Übergang zum bergbaulichen Großbetrieb[39]. 1850 förderten die fünf Anlagen im Essen-Borbecker Raum: Hagenbeck, Victoria Mathias, Graf Beust, Sälzer und Neuack und Carolus Magnus mit zusammen 1721 Bergleuten 202 473 t, d. h. 2,5 % aller Schachtanlagen des engeren Ruhrgebiets förderten mit 13,5 %

34 So in Übereinstimmung mit der übrigen Literatur (*Sombart, Sartorius von Woltershausen, Pohle* u. a.) *Knut Borchardt,* Zur Frage des Kapitalmangels in der ersten Hälfte des 19. Jahrhunderts in Deutschland. In: JNS 173 (1961) S. 401—421, S. 401 Anm. 1. Vgl. dagegen *R. Stadelmann,* Soziale und politische Geschichte der Revolution von 1848, ²1970, S. 21.

35 Vgl. *W. Fischer,* Konjunkturen und Krisen im Ruhrgebiet seit 1840 und die wirtschaftspolitische Willensbildung der Unternehmer, 1972, der im Hinblick auf die gesamtwirtschaftliche Entwicklung im Ruhrgebiet periodisiert: 1837—1847 (Aufschwung); 1847—1849 (Krise); 1850—1856 (Aufschwung); 1857—1859 (Krise) etc.; vgl. ferner *L. Puppke,* Sozialpolitik frühindustrieller Unternehmer, 1966, S. 11 (in Polemik gegen die DDR-Literatur). Im Anschluß an *Gerschenkron, Rostow* u. a. unterscheidet *H.-U. Wehler,* Theorieprobleme der modernen dt. Wirtschaftsgeschichte, 1970, S. 87 f., etwas unscharf die Phase 1834/1851, den „Spätmerkantilismus, staatliche Gewerbepolitik und Frühindustrialisierung" vom „take-off" „zur Industrienation mit permanenter Entwicklung" bis 1873. *W. Brepohl,* Perioden in der Geschichte des Industrievolks an der Ruhr, 1963, S. 112—124, kommt aufgrund von noch zu kritisierenden Wanderungswellen auf eine Periode 1840—1870.

36 Nach *B. Kuske,* Wirtschaftsgesch. Westfalens in Leistung und Verflechtung, 1949, S. 116, gingen 1787/1788 14 % der märkischen (!) Förderung nach Holland. S. *D. Düsterloh,* Kulturgeographie des Niederbergisch-Märkischen Hügellandes, 1967, S. 155.

37 Vgl. RD 2136 Bl. 65 Auszug vom Zeitungsbericht LR Duisburg, Okt. 1830; *R. v. Carnall,* Bergwerke in Preußen, 1850, S. 56; *B. Kuske,* Die dt. Westgrenze in ihren wirtschaftsgeschichtlichen Zusammenhängen, 1940, S. 417; *Spethmann,* Mergelzechen, S. 11.

38 Vgl. RD 2136 Bl. 34 f., 90 f.; Eingaben der Rheinschiffer an den Prinzen von Preußen 7. 9. 1831, 24. 3. 1832.

39 Vgl. *G. Adelmann,* Die soziale Betriebsverfassung des Ruhrbergbaus vom Anfang des 19. Jhs. b. z. ersten Weltkrieg, 1962, S. 64.

aller Beschäftigten etwa 15,4 % der Gesamtproduktion[40]. Diese Berechnung zeigt zugleich, daß in der Ausbauphase der Großbetriebe deren Arbeitsleistung je Mann und Jahr schon erheblich über jener kleinerer Stollenzechen lag; sie betrug im Durchschnitt der genannten Zechen 174,6 t gegenüber 154 t im Ruhrdurchschnitt, jedoch blieben Kleinbetriebe in den Jahrzehnten des Übergangs durchaus konkurrenzfähig.

Der Absatz nach Holland blieb nicht das einzige förderungsstimulierende Moment; er ist sogar seit Ende der 1830er Jahre, als sich Belgien und Holland wirtschaftlich wieder einander näherten, rückläufig geworden. Auf dem niederländischen Markt konnten die belgischen vor den deutschen Kohlenanbietern den Standortvorteil nutzen, so daß sich eine Gruppe rheinischer Gewerken 1843/44 mit Erfolg um Unterstützung durch Ausfuhrprämien bemühte[41]. Der Nachteil auf dem holländischen Markt wurde durch die übrige, mit der Rheinschiffahrtsakte von 1831 und durch die Zollvereinsgründung 1834 denkbar angeregte Kohlenschiffahrt auf dem Rhein allerdings mehr als kompensiert.

Daß die Regelung des bergbaulichen Absatzes durch die geschilderten Einflüsse de facto längst dem bergamtlichen Zugriff entglitten war, ist von den Gewerken in einer stillschweigenden Übereinstimmung zur Kenntnis genommen worden.

Auch innerhalb der Behörde mehrten sich die kritischen Stimmen zu den überkommenen Verfahrensformen. Die jährliche Kohlepreisregulierung wurde nun zur möglichst niedrigen, wenig marktkonformen Fixierung der Taxen aus steuerlichen Gründen genutzt; ihre Kohlen verkauften vor allem die rheinischen Gewerken freilich zu oft ganz anderen Preisen, und sie fanden sich, um hierin Übereinstimmung zu erzielen und vor allem das Preisdiktat des Mülheim-Ruhrorter Kohlenhandels abzuwenden, 1838 sogar zu einer „Essen-Werdenschen Steinkohlenhandlung", Aktiengesellschaft, zusammen[42]. Andererseits eröffnete gerade die traditionelle Verbindung von Kohlenhandel und Kuxenbesitz mit ihrer doppelten Gewinnchance genug Wege, die behördliche Preisregulierung zu unterlaufen.

Auch in ihrer alten Politik der Förderung des Absatzes durch Ausbau der Verkehrswege ist den Bergbeamten endlich um die Jahrhundertmitte mit der Eröffnung der ersten Eisenbahnverbindungen das Heft aus der Hand genommen worden[43]. Wichtigster

---

40 Errechnet nach den Werten bei *W. Fischer*, Herz des Reviers, 1965, S. 31. Der Einbezug weiterer Großanlagen wie Sellerbeck bei Mülheim, Schölerpad in Essen, Präsident bei Bochum u. Ver. Trappe bei Silschede würde die Proportionen noch mehr verschieben.

41 Vgl. OBA 1924, Bereisungsprotokoll des *Grafen Beust*, BAE 25. 7. 1844 (Bl. 111, 123 f.); OBA 1925; OBA 1926 mit einer Statistik der verschifften Rheinkohlen u. einem Promemoria über eine Ausfuhrprämie, *M. Stinnes*/Geh. Bergrat *v. Oeynhausen* 19. 7. 1843. Auch *V. Vincke*, selbst am Kohlenbergbau interessiert, hat die Ausfuhrprämie befürwortet. Versuche, Ausfuhrerleichterungen zu erzielen, sind von den Ruhrorter Kohlenhändlern bereits 1815/16, erneut 1828/29 (Schutzzoll gegen Maaskohlen) unternommen worden; vgl. RD 2136.

42 Vgl. *L. Müller*, Über die gesetzliche Notwendigkeit u. d. Vorteile des gemeinsamen Kohlenverkaufs, 1838, S. 3, 17; Nachtrag 1840; Entwickelung des Niederrhein.-Westf. Steinkohlen-Bergbaues, Bd. XI, S. 139 Anm. *F. Zunkel*, Rolle der Bergbaubürokratie, S. 141, übersieht, daß sich dieser Zusammenschluß gegen die preisgewaltigen Ausfuhrhändler, nicht gegen die bergamtliche Preisregulierung richtete, diese vielmehr, wie *L. Müller* deutlich macht, ausdrücklich stützte: „Aller Vorteil ist auf Seiten der Händler, aller Nachteil auf Seiten der Gewerken und des Staates . . ." *De facto* unterhöhlte natürlich die behördliche Preisaufsicht auch, wer mit ihr gegen Marktbeherrschung argumentierte. — Eine Kritik der Preisgestaltung im Ruhrbergbau vor 1850 s. zuletzt bei *Holtfrerich*, Wirtschaftsgeschichte, S. 27—29.

43 Zentrale archival. Quellen zum frühindustriellen Verkehrswesen finden sich MBAB 277—289 (Kohlen- und Eisenbahnen); MBAB 274—276, 295 (Straßen); MBAB 290—292 bzw. OBA 561—596 (Flüsse, Kanalprojekte).

Transportweg der Kohle war im Vormärz die Ruhr gewesen. Ihre Schiffbarmachung, schon vom *Freiherrn vom Stein* auf die Wünsche der Gewerken nach besseren Absatzwegen tatkräftig unterstützt[44] und bis zum Ende des 18. Jahrhunderts vollendet[45], hat sich vor allem während der Absatzbelebung der dreißiger Jahre vorteilhaft ausgewirkt. Zunächst genossen die Mülheimer Zechen den Vorteil der niedrigsten Frachtraten und konnten 1813—1850 ihre Förderung versechsfachen[46], doch wirkte sich bald die begrenzte Verwertbarkeit der Mülheimer Kohlen gegenüber den besseren Fettkohlen des östlichen Reviers nachteilig aus[47]. Nachdem in Mülheim 1841 ein leistungsfähiges Hafenstichbecken angelegt und der Fluß während der vierziger Jahre durch Regulierungsarbeiten gezähmt worden war, galt die Ruhr mit einem Transportvolumen von 700 000 t (1842) als der meistbefahrene Fluß Europas. Der Höhepunkt wurde erst 1860 mit 940 000 t überschritten; danach ging es auch mit der Blüte der 1845 gegründeten Ruhr-Schleppschiffahrts-Gesellschaft rapide zurück[48]. Zwar waren die jeweils unterhalb der Schleusen erhobenen, progressiv gestaffelten Frachttarife[49] bis 1849 mehrfach verbilligt und zur Mitte nivelliert worden, dennoch konnte die Ruhr nach dem Aufschwung der fünfziger Jahre nicht mehr annähernd das erforderliche Transportvolumen bereitstellen.

Den schwierigen Landabsatz hat das Oberbergamt durch Zuweisung bestimmter Absatzgebiete und Verbesserung der oft miserablen Landstraßen zu verbilligen gesucht[50]. Den Einfluß der Verkehrslage auf die Hammerwerke des Hagener Raums, die nur auf dem Landweg mit Kohle versorgt werden konnten, bemerkte der aufmerksame Engländer *Banfield*[51]:

"The transition to larger machinery is observable within a certain distance to the river Ruhr being the limit to which coal can be conveyed by land-carriage".

So hatte der Straßenbau nach den Bedürfnissen des Kohlenabsatzes schon früh eingesetzt, und zwar ganz überwiegend in Südorientierung der Absatzwege[52]: Um 1800

---

44 Bericht an *Heinitz* Frühjahr 1780, in: Briefe und amtliche Schriften (=· Neue Stein-Ausgabe), Bd. 1, 1957, Nr 86; ebd. Nr. 125: „Votum ü. d. Ruhrorter Kohlenmagazin" Febr. 1784; zur Tätigkeit als Oberbergrat in Wetter ebd. Nr. 120, 127 u. *Alfred Hartlieb v. Wallthor*, Stein und Kunth in ihrer Bedeutung für die Entwicklung der Wirtschaft Westfalens. In: Dortmunder Beiträge 66 (1970) S. 45—81.

45 Vgl. *Walter Kliche*, Die Schiffahrt der Ruhr u. Lippe im 18. Jh. Diss. Göttingen 1904; Entwickelung des Niederrheinisch-Westf. Steinkohlen-Bergbaues Bd. X, S. 64—73.

46 Nach O. *Berger*, Mülheim, Diss. 1932, S. 21.

47 Der Mangel an Fettkohlen im eigenen Gebiet war ein wesentlicher Grund für das Engagement von Mülheimer Gewerken im Essener Raum.

48 *Fischer*, Herz des Reviers, S. 143 f; vgl. *Berger*, Mülheim, S. 21—24.

49 Tabellen der Tarife bei *Berger*, Mülheim, S. 131; *Banfield*, Industry of the Rhine, Bd. II 1848, S. 47, 53 f.; *Krampe*, Staatseinfluß, S. 206, 207 (Lippe); *Spethmann*, Ruhrgebiet Bd. I, S. 208—213.

50 Wiederum *Frhr. v. Stein*, Neue Stein-Ausgabe Bd. I, Nr. 102, Bericht vom 6. 3. 1786; vgl. *H.-O. Frenz*, Die Tätigkeit des Frhr. v. Stein in Wetter, 1954, S. 23—26; *M. D. Jankowski*, Law, Economic Policy, and Private Enterprise 1766—1865, 1973, S. 692—699.

51 Bd. II, S. 66.

52 Dieser Nachweis gelingt *Düsterloh*, Kulturgeographie, S. 166—170: „Das ganze Bergbaugebiet südlich der Ruhr [hat] sein ‚Gesicht' dem Bergisch-Märkischen zugewandt..." Vgl. auch *K. Schwerter*, Kohlenwege in der Gft. Mark, 1952, S. 59—61; Straßenkarte im Anhang von *Metzelder*, Wittener Steinkohlenbergbau, S. 89—99; allg. zum Straßenwesen die Einleitung von *A. Meister* zur 5. Aufl. v. *Louis Berger*, Der alte Hartkort, Leipzig 1926; *G. v. Viebahn*, Statistik des Reg.-Bez. Düsseldorf, Teil 1, 1836, S. 188—195; *B. Kuske*, Wirtschaftsgeschichte

konnte die Chaussee Dortmund-Witten-Bommern-Bergisches Land für den Wagenverkehr geöffnet, später ein Weg von Wetter über Grundschöttel nach Gevelsberg und 1831 die Straße von Witten über Haßlinghausen in das Wuppertal, die lange als die befahrenste Landstraße Preußens galt, freigegeben werden. Bochum war schon um 1790 mit Witten und Steele verbunden worden; bis 1842 wurde die Verbindung südlich nach Hattingen, nordwestlich nach Recklinghausen über Herne verlängert. Wie die ältere „Gahlener Kohlenstraße", haben manche Unterbauten der Wege den schwerbeladenen Kohlenfuhrwerken nicht standhalten können, so daß gerade im Oberruhrgebiet der uralte Beruf des Kohlentreibers sein Auskommen behielt. Diese immer im Bewußtsein der Landschaft verbliebenen, bergbauverbundenen „Originale" besorgten, sprichwörtlich für ihren rauhen Umgangston bekannt, „unter unzähligen Flüchen und Genuß unerhörter Mengen von Schnaps"[53] den unwegsamen Transport zu den oft einsam gelegenen Hammer- und Schmiedestätten. Im westlichen Revier blieb der Straßenbau wegen des wichtigen Ruhrwasserwegs, der die billige Verschiffung rheinauf- und -abwärts gestattete, von geringerer Bedeutung. Mit dem Überschreiten der Mergellinie trat zudem der prospektive Eisenbahnbau verstärkt in die Planung der Absatzwege.

Der Gedanke der Anlage eigener Kohlenbahnen ist schon früh, anfangs in der primitiven Form einfacher Holzlaufstege — so der 1787 angelegte „Rauendahler Kohlenweg" —, später durch Schmalspur-Pferdebahnen in die Wirklichkeit umgesetzt worden. Eine Fülle dieser Kohlenbahnen hat im Vormärz vor allem das Oberruhrgebiet durchkreuzt und Verbindungen einzelner, oft mehrerer Zechen mit eigens erbauten Kohleverladestellen an der Ruhr unter Ausnutzung des Gefälles zu Tal geschaffen[54]. Die von *Fr. Harkort* seit 1829 besorgte „Harkortsche Kohlenbahn", die südlich der Ruhr die Enneper Straße mit den Schlebuscher Zechen verband und in Erweiterung 1832 die Gruben Trappe und St. Peter und Paul erschloß, erlangte bis zur endgültigen Stillegung 1960 große Berühmtheit in der Geschichte des südöstlichen Ruhrbergbaus[55]. Im Mülheimer Raum war die Sellerbecker Kohlenbahn lange Zeit der wichtigste Beförderungsweg.

Die wichtigsten überregionalen Schienenwege sind im Ruhrgebiet in den Jahren 1848/49 vollendet worden[56]. Aus dem Zusammenbruch der 1837 konzessionierten

---

Westfalens, 1949, S. 158—174; genaue örtliche Untersuchungen bei *A. Stock*, Handel und Verkehr im Dortmunder Raum, Diss. 1949, S. 24—59 u. ö.; *W. Nettmann*, Grundzüge der Siedlungs- u. Wirtschaftsentwicklung im Amte Volmarstein seit dem ausgehenden Mittelalter, 1965, S. 72; *H. Croon*, Studien zur Sozial- und Siedlungsgeschichte der Stadt Bochum, 1965, S. 86.

53 *A. Meister*, Einleitung zu *L. Berger*, Harkort, S. XLV f.; vgl. *U. Heithoff*, Zur Geschichte des Steinkohlenbergbaus im Raum Silschede, 1964, S. 45 ff. 1826 klagte der Solinger LR *v. Hauer* (OPK 2257, S. 5 f., 1. 10. 1826) über die „Exzesse..., welche die Führer der Kohlentreiber-Pferde und der Kohlenkarren sich zumal auf den an Nebenwegen liegenden Orten erlauben, indem sie Zaum verderben, Felder vertreten, und allerlei polizeilichen Unfug treiben, wie es von solchen ursprünglich wenig gebildeten und frühe an ein unstätes, umherziehendes fast heimatloses Leben gewöhnte Leute nicht wohl anders zu erwarten ist".

54 Karte der Bahnen in diesem Raum bei *H. Hobrecker*, Bergbau im mittleren Ruhrgebiet, 1965, S. 27; vgl. *Nettmann*, Grundzüge, S. 72.

55 Vgl. *W. Köllmann*, Friedrich Harkort, Bd. I 1793—1838, 1964, S. 93 ff.; *G. Kratzsch*, Fr. Harkort, ein märkischer Liberaler, 1969/70, S. 63—77; *U. Heithoff*, Silschede, S. 50—57, m. Karte z. Trassenverlauf S. 50; ferner *Spethmann*, Ruhrgebiet Bd. I, S. 226—229.

56 Hierzu besonders *F. W. R. Kind*, Entwicklung und Ausdehnung der Eisenbahngesellschaften im niederrhein.-westf. Kohlengebiet, 1908, S. 18—160; *H. Ditt/P. Schöller*, Entwicklung des Eisenbahnnetzes in Nordwestdeutschland, 1955, S. 151—160. Vgl. ferner *Harkorts* frühen

Rhein-Weser-Eisenbahn-Aktiengesellschaft konstituierte sich 1843 die Köln-Mindener-Eisenbahngesellschaft, die den Bau 1844 und 1845 in verschiedenen Streckenabschnitten begann. Im Mai 1847 wurde die Trasse Hamm-Deutz freigegeben, und am 15. Oktober 1847 konnte die Gesamtstrecke eröffnet werden. Im Dezember 1847 wurde, nach einer langen Vorgeschichte als Pferdebahn seit 1831 und manchen Hindernissen gegen die geplante Einführung des Dampfbetriebes[57], die Prinz-Wilhelms-Bahn von Vohwinkel nach Steele ihrer Bestimmung übergeben; 1848 folgte die kurze Strecke von Oberhausen nach Ruhrort[58]. Daneben erlangte die 1849 fertiggestellte Bergisch-Märkische Bahn von Düsseldorf über Elberfeld, Hagen und Witten nach Dortmund große Bedeutung für die Kohlenversorgungsprobleme der siegerländischen und bergischen Eisenindustrie. Nunmehr waren die überregionalen Absatzmärkte für die wichtigsten Bergbaugebiete erschlossen[59]:

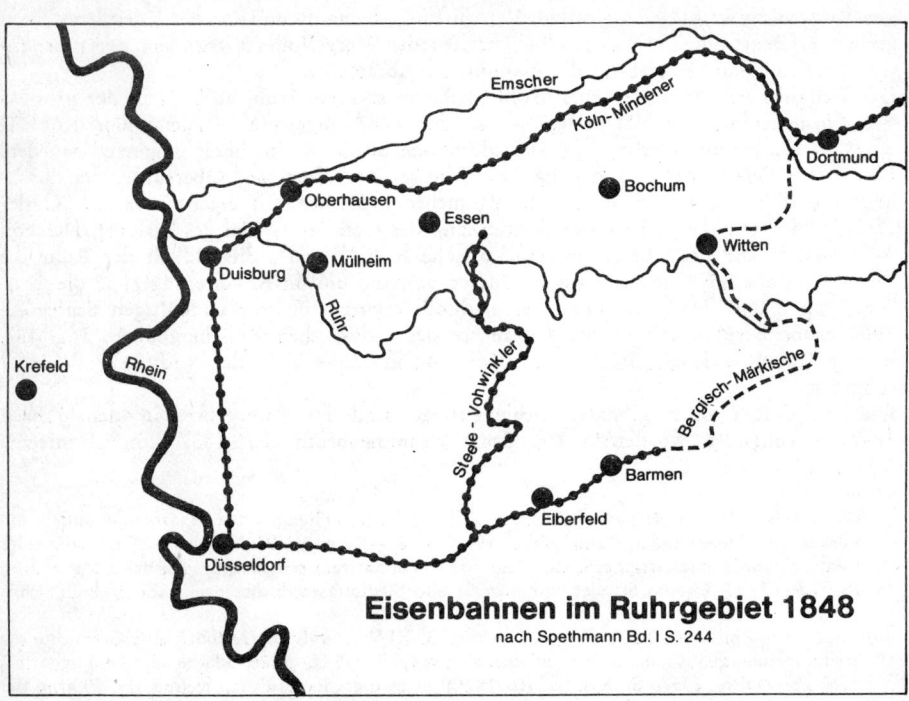

Eisenbahnen im Ruhrgebiet 1848
nach Spethmann Bd. I S. 244

Da insbesondere die transportintensiven Industrien an einem eigenen Bahnanschluß interessiert waren und sich in der Tat in der Folgezeit vorzüglich entlang der Bahnlinien

Artikel „Eisenbahnen/Railroads" (1825): *Berger*, Harkort, S. 160—214, *Köllmann*, Harkort Bd. I, S. 90—110.

57 Vgl. ausführlich *E. Wallmichrath*, Ein Personenkreis beim Bau der ersten dt. Eisenbahn, 1966/67.

58 Vgl. *Fr. Darpe*, Geschichte der Stadt Bochum, 1888—1894, S. 511—520.

59 Karte nach *Spethmann*, Ruhrgebiet Bd. I, S. 244.

ansiedelten, hat es an Einflußversuchen auf die Trassenführung seitens der Gewerken und Magistrate nicht gefehlt[60]. Die bestehenden Eisenbahnen erreichten schon während der Revolution ein beachtliches Transportvolumen[61]:

	Köln-Mindener Ztn.	Berg.-Märkische Ztn.	Steele-Vohwinkler Ztn.
1849	2 579 414	836 119	1 291 629
1850	3 246 770	1 616 402	1 714 086
1851	5 052 663	1 558 452	1 566 072

In kürzester Zeit wirkten sich die Vorteile des billigeren Transportmittels aus. 1850 erfolgte der Ruhrkohlenversand bereits zu 24,9 % durch die Eisenbahn gegenüber 29,6 % mit der Ruhrschiffahrt und immerhin noch 45,5 % im Landabsatz[62]. Auch als Kommunikationsmittel hat die Eisenbahn schon während der Revolution einige Bedeutung gehabt; noch im Jahre 1848 wurden 1 451 798 Personen befördert[63]. Die Eisenbahn wurde so zum wichtigsten Mittel des Zusammenwachsens der engeren und mittleren Wirtschaftsräume zu einem geschlossenen Wirtschafts- und Sozialraum; ohne sie bliebe der starke Aufschwung in der ersten Gründerperiode des Ruhrbergbaus nach 1850 unverständlich. Langfristig gesehen, kann die schrittweise Vervollständigung des Eisenbahnnetzes während der Revolution als die revolutionärste Entwicklung dieser Jahre bezeichnet werden, hat sie doch neben der Schaffung industrieller Expansionsmöglichkeiten das Kommunikationsbedürfnis breiter Bevölkerungsschichten geweckt und getragen und die Voraussetzungen der späteren Massenmobilität geschaffen.

Diese Entwicklung entzog freilich, wie auch die vormärzliche Absatzausweitung, den bergbaulichen Leitungsbehörden tendenziell ihre Einflußmöglichkeiten. Ihre Wirksamkeit war längst in entwicklungshinderliche Markt- und Produktionskontrolle umgeschlagen. Dies läßt sich nicht zuletzt anhand der bergbautechnischen Entwicklung zeigen[64]. An den z. T. großartigen technischen Fortschritten, die in der Frühzeit des Direktionsprinzips, dessen Ansehen sie zu begründen halfen, der Bildung und dem Sachverstand der Fachbeamtenschaft zu verdanken waren[65], kann kein Zweifel sein. Aber

---

60 Vgl. *Spethmann*, Haniel, S. 210—237; *N. Hocker*, Großindustrie, 1867, S. 208—211; *F. Draeger*, Die ersten Eisenbahnen der Stadt Essen, 1917, S. 186—191.

61 Nach *M. Reuss*, Mittheilungen aus der Geschichte des Königl. OBA zu Dortmund u. des niederrhein.-westfäl. Bergbaues, 1892. Gegenüber abweichenden Angaben bei *Hocker*, Großindustrie, S. 201, und *Mülmann*, Statistik, Bd. II, 2 S. 429, erscheint *Reuss* am zuverlässigsten, da er die behördlichen Akten benutzte.

62 Nach *Wilhelm*, Geschichte des Steinkohlenbergbaues, S. 23. Eine Berechnung von Schiffsfrachtkosten für Kohle auf der Ruhr s. in Entwickelung des Niederrhein.-Westf. Steinkohlen-Bergbaues Bd. X, S. 106, für die spätere Entwicklung s. unten S. 199.

63 Nach *Hocker*, Großindustrie, S. 201.

64 Eine internationale Bibliographie zum bergtechnischen Schrifttum seit dem hohen Mittelalter hat *M. Koch*, Geschichte u. Entwicklung des bergmännischen Schrifttums, Diss. 1960, S. 221—268, gesammelt. Über den Stand der Technik zum Ende des 18. Jhs. informiert ein von *Heinrich Winkelmann* paraphrasierter Befahrungsbericht (OBA 449): Die Ruhrzechen in dem Generalbefahrungsprotokoll des Reichsfrhr. vom und zum Stein. In: Der Anschnitt 9 (1957) H. 5, S. 3—10. Archivalische Quellen zur Technikgeschichte sind in den OBA-Akten reichlich überliefert.

65 Vgl. über die umfangreichen, auch nach der Bergrechtsreform fortgesetzten Bohrversuche z. B. *G. v. Dolffs*, Über zwischen Unna und Werl in den Jahren 1804—1806 vorgenommene Bohrversuche. In: Archiv für Bergbau und Hüttenwesen 20 (1831) S. 217—226; *R. Grunow*,

es ist doch unverkennbar, daß der marktorientierte, expansive, massenproduktive und betriebstechnische Anteil technischer und organisatorischer Innovation von seiten des kapitalkräftigen, engagierten Unternehmertums vor allem des Rheinlands stammte oder angeregt wurde[66]. Um nur an die Bergbautechnik zu denken, muß als überzeugendste unternehmerische Leistung die bereits erwähnte Mergeldurchstoßung durch *Haniel* und *Stinnes* im Verlauf der 1830er Jahre gelten. Hier gelang es endlich, die Wasserhaltungsprobleme und Fragen langwegiger Schachtförderung durch neue Schachtbautechniken und durch überzeugenden Einsatz der noch auf behördliches Betreiben seit Anfang des Jahrhunderts im Revier eingeführten Dampfkraft zu lösen. Auf die Verbesserung der Verkehrswege und Risikoverminderung bei der Grubenfelderschließung durch neue Abteuf- und Schachtbauverfahren[67] konzentrierte sich der Einsatz unternehmerischer Kräfte zunächst. Erst später wandte man sich, als wegen der hohen Ausgangsinvestitionen große Grubenfelder unter Tage erschlossen wurden, auch einer Verminderung der anderen Aus- und Vorrichtungskosten zu und verbesserte die Streckenförderung. Um die Mitte des 19. Jahrunderts verbanden sich noch reichliche Probleme mit der effektiveren Nutzung von Dampfkraft[68], und erst die Fortschritte der frühen Maschinen- und Werkzeugindustrie in Konstruktion und Präzision haben die Ablösung der veralteten, energiefressenden und wenig leistungsstarken Dampfmaschinen des Vormärz ermöglicht. Immerhin verfügte hierin der Ruhrbergbau bereits 1850 bei 123 Dampfmaschinen mit einer Durchschnittsleistung von 71 PS je Aggregat über einen Vorsprung zum übrigen Bergbau Preußens (1849: 41 PS) wie überhaupt zu der industriellen Dampfkraftverwertung (1849: 34 PS)[69].

Daß die Produktionsorganisation des Direktionsprinzips den Bedürfnissen expansiver Entwicklung, darunter vor allem der technisch-organisatorischen Bewältigung hoher Fördermengen, nicht länger gewachsen war, ließe sich neben Absatz, Verkehr und Technologie an einer Reihe weiterer Probleme der bergbaulichen Industrialisierung zeigen — etwa an den Grundformen der Betriebsorganisation und -führung oder an den Fragen des Kapitalbedarfs. Das Direktionsprinzip allein aus diesen Gründen, wie es einer

Tradition des preuß. Staatsbergbaus, 1964, S. 84. Zum Einfluß der engl. Bergbautechnik im 18. Jh. vgl. *Werner Kroker,* Wege zur Verbreitung technologischer Kenntnisse zw. England u. Deutschland in der zweiten Hälfte des 18. Jhs. Berlin 1971, S. 116 f., 153—158.

66 In diesem Sinne ist die These von der technischen Rückständigkeit des Bergbaus unter dem Direktionsprinzip (z. B. *Volkmar Muthesius,* Ruhrkohle 1893—1943. Essen 1943, S. 12) zu differenzieren. Hierzu auch *M. D. Jankowski,* Prussian Policy and the Development of the Ruhr Mining Region, 1766—1865, Diss. 1969, S. 130—134 u. ö.

67 Beschreibungen neuer Abteufverfahren bei *Spethmann,* Mergelzechen, S. 14—19 (Schacht Franz), 79—87 (Präsident); zusammenfassend vgl. die Darstellung in Entwickelung des Niederrhein.-Westf. Steinkohlen-Bergbaues Bd. III, S. 18 f., S. 84—538; *F. Schunder,* Tradition und Fortschritt. 100 Jahre Gemeinschaftsarbeit im Ruhrbergbau, 1959, S. 73—108.

68 Vgl. *W. H. Fischer,* Entwicklung des Ruhrtalbergbaus, 1925, S. 126—129; zum frühen Dampfmaschinenbau bes. *I. Lange-Kothe,* J. Dinnendahl, 1962, S. 33—41, *I. Lange,* Einführung der Dampfmaschine im ehemaligen Krs. Duisburg, 1970, S. 72—90, mit weiterführenden Studien zur Frühgeschichte des Dampfmaschinenbaus; *H. Fischer/H. Weiher,* Anfänge des Dampfmaschinenbetriebes im Ruhrbergbau, 1951; Gesamtdarstellung für Dtld.: *G. S. Sonnenberg,* Hundert Jahre Sicherheit. Beiträge zur techn. und administrativen Entwicklung des Dampfkesselwesens in Deutschland 1810—1910. Düsseldorf 1968, S. 65—82. Archival. Quellen z. Dampfmaschinen-Statistik s. OBA 131—138, zum Verordnungswesen MBAB 301.

69 Nach Tabellen und amtlichen Nachrichten f. 1849, Bd. VI B, S. 1192—1230; *K. Bergmann,* Entwicklung des Ruhrkohlenbergbaues, 1937, S. 39—41; vgl. auch *J Kuczynski,* Lage der Arbeiter Bd II, 1962, S. 17.

Tradition liberaler Wirtschaftsgeschichtsschreibung entsprach[70], abschätzig zu beurteilen, übersähe freilich oder vernachlässigte die tiefe Durchdringung und Formung der ständisch-korporativen „Berggemeinde" von Arbeitern und Gewerken, die der staatliche Dirigismus vollbrachte. Was dem einen als Bevormundung gelten mochte, war für die anderen der Vorteil des mit aller obrigkeitlichen Autorität materiell und ideell abgesicherten, gehobenen sozialen Status. Während das Direktionsprinzip in seiner sozialordnenden Funktion erst im Vormärz, in den 1830er und 40er Jahren seinen Höhepunkt erreichte[71], war der Zenit seiner wirtschaftsregelnden Machtfülle spätestens mit den Anfängen großbetrieblicher Produktion überschritten, wenn auch zahlreiche zeitgenössische Stimmen noch um die Jahrhundertmitte die Bedeutung, ja, Notwendigkeit der älteren Bergbauverwaltung nicht bezweifelten[72]. Schließlich sollte die allein dem behördlichen Dirigismus zu dankende Ausbildung einer hochqualifizierten Arbeiterschaft, die den Kern des ruhrindustriellen Arbeitskräftepotentials bis in die Phase der Hochindustrialisierung gebildet hat, nicht übersehen werden[73].

Die These von der innovationshemmenden, bevormundenden Funktion des Direktionsprinzips ist bis zu der Meinung getrieben worden, man werde „das Tempo der Liberalisierung und das Tempo der schwerindustriellen Entwicklung synchron betrachten dürfen"[74]. Werden in solcher Überspitzung schon die sozialordnenden Implikationen vernachlässigt, so eignet sie sich noch viel weniger, die Motive, Formen und Bedingungen des wirtschaftlichen und wirtschaftsrechtlichen Wandels bloßzulegen, verdeckt sie doch bereits die Grundfrage, ob Expansion, Marktfreiheit und Freizügigkeit auch unter einer modifizierten bergamtlichen Direktion denkbar gewesen wären und ob eine solche Alternative die Lasten des Wandels gleichmäßiger hätte verteilen können. Die preußisch-konservativen Vorzeichen solcher organisatorischen Bewältigung der Übergangsphase hätten einmal mehr das preußische Beispiel der Vereinbarkeit von Konservatismus und Kapitalismus[75] bestätigt — freilich unter gemilderten sozialen Begleitumständen.

---

70 Vgl. etwa *R. Stoßberg*, Die Gewerkschaft als Unternehmungsform im Ruhrbergbau, Diss. 1925, S. 50; bes. *A. M. Prym*, Staatswirtschaft u. Privatunternehmung in der Geschichte des Ruhrkohlenbergbaus, 1950, S. 15—23 u. ö. Auch *Fr. Zunkel* scheint dieser Verengung allein auf entwicklungshemmende, nicht auf sozialordnende, sozialpolitische Wirkungen des Direktionsprinzips nicht zu entgehen; vgl. Die Rolle der Bergbaubürokratie, passim, bes. Anm. 5. Es kann, dies sei hier vorweggenommen, kaum Zweifel an einer gegenüber der liberalkapitalistischen Phase spannungs- und widerspruchsfreieren, wenn man so will: harmonischeren, Funktion des bergbaulichen Sozialkörpers unter der obrigkeitlichen Verwaltung geben; niemand wird deshalb das Verhältnis zwischen Gewerken und Behörden verharmlosen wollen.

71 Vgl. als Beispiel für andere Reviere *Karl Lärmer*, Vom Arbeitszwang zur Zwangsarbeit. Die Arbeitsordnungen im Mansfelder Kupferschieferbergbau von 1763 bis 1945. Berlin (O) 1961, S. 105.

72 Vgl. bes. *Fischer*, Entwicklg. des Ruhrtalbergbaus, S. 74, 146.

73 Hierauf hat schon *A. Huyssen*, allerdings ein konservativer Bergbeamter mit nicht unterdrückter Skepsis gegenüber der Rolle des Unternehmertums, 1864 hingewiesen: Verhältnisse des preuß. Bergwesens, 1864, S. 15.

74 *E. Otremba*, Die Stellung des Ruhrgebietes im Weltwirtschaftsraum, 1966, S. 186. Vgl. auch *O. Hauser*, Grundzüge aus der Geschichte des Ruhrgebiets, 1967, S. 452 f. Es findet sich auch die bemerkenswerte Meinung, die Einführung des Direktionsprinzips an der Ruhr sei „ein **Beispiel** dafür, daß es Sozialisierung durchaus ohne Beseitigung des Privateigentums geben kann" (*P. H. Mertes*, in: 100 Jahre Industrie- u. Handelskammer Dortmund, 1963, S. 9).

75 Vgl. z. B. *R. Tilly*, Financial Institutions and Industrialization in the Rhineland, 1815—1870, 1966, S. 138. Über den Konservatismus des preuß. Montanwesens s. *E. Wächtler*, Fortschritt und Tradition im dt. Bergbau 1807—1848, 1970, S. 43; für den gesamtwirtschaftlichen Zu-

3. Zur Konsolidierung der Unternehmerinteressen bis 1848/49

Wenn auch auswärtige Kapitalzufuhr in den Bergbau, wie etwa die Geschichte des Kölner Bergwerksvereins zeigt, in geringem Umfang schon vor der Revolution eingesetzt hat[76], rekrutierte sich die Unternehmerschaft im vormärzlichen Ruhrbergbau doch weitgehend aus der örtlichen Honoratiorenschicht. Neben die zwei Hauptgruppen, die bäuerlichen Grundbesitzer im märkischen Revier und die Kohlenhändler und -schiffer auf der rheinischen Seite[77], traten noch Pfarrer, höhere Lehrer, Beamte, Kaufleute und, bei kleineren Stollenzechen, Bergleute[78], die zusammen die Gewerkschaften bildeten. Zwar hat es Emporkömmlinge gegeben, doch vollzog sich „in der Regel ... der Aufstieg in einem mehrere Generationen umfassenden Vorgang"[79]. Die Vorfahren der *Brüninghaus, Funcke, Elbers, Ebbinghaus, Harkort, Winkhaus* in der Grafschaft Mark, der *Waldthausen* und *Krupp* in Essen, der *Haniel* und *Stinnes* in Mülheim waren zumeist lange ansässige, allseits bekannte Honoratioren. Zuerst den Gewerken des westlichen Reviers, „rheinisch" orientiert, öffnete die zentrale Lage an den Ruhr- und Rheinhäfen den Blick in entferntere Wirtschaftsräume, ins Ausland und damit auf die Fesseln des deutschen Gewerbelebens.

Hinzu kam, daß das Direktionsprinzip in seiner preußischen Form erst nach der Wende zum 19. Jahrhundert, als Essen und Werden an Preußen fielen, im Mülheimer Gebiet sogar erst nach 1815 drohte, die Dispositionsfreiheit der Gewerken westlich der Provinzgrenze einzuschränken, und daß die hohe Bergbaubesteuerung nur widerwillig akzeptiert wurde. Schließlich hatte selbst *Stein* die auf 10 Prozent vom Bruttoertrag ausschließlich Nebenabgaben bezifferte Steuerbelastung („Bergzehnt") für „ansehnlich" gehalten[80]. In Frankreich dagegen führten Bestrebungen zur Entpersonalisierung des Bergregals zum Erlaß des Berggesetzes vom 25. 4. 1810, das in den linksrheinischen Gebieten mit seiner nur fünfprozentigen Steuerbelastung auch unter preußischer Herrschaft Geltung behielt. Diese Rechtsungleichheit mußte als „sehr drückend" empfunden werden, wie selbst *O. Hue* den Gewerken konzediert[81].

---

sammenhang s. W. *Fischer*, Das Verhältnis von Staat und Wirtschaft in Dtld. am Beginn der Industrialisierung, 1972.

76 Vgl. *W. Däbritz*, Essener Credit-Anstalt, 1922, S. 24—26, 32—39; für Dortmund s. *P. H. Mertes*, Dortmunder Wirtschaft, 1942, S. 9; ferner *L. Kluitmann*, Der gewerbliche Geld- und Kapitalverkehr im Ruhrgebiet im 19. Jahrhundert, 1931, S. 7—14 (Zechen); 14—21 (Eisengewerbe). — Ähnlich urteilt für den Bergbau der Rheinprovinz *W. Zorn*, Die Struktur der rheinischen Wirtschaft in der Neuzeit, 1963, S. 47: „weitgehende Selbstfinanzierung". Das erste Beispiel der Kapitalzufuhr von außen ist offenbar die 1838 gegründete „Gesellschaft der Hardenbergischen Kohlenbergwerke"; vgl. *W. v. Velsen*, Beiträge zur Geschichte des niederrhein.-westfälischen Bergbaues, 1940, S. 115.

77 Vgl. bes. *I. Barleben*, Mülheim, 1959, S. 211f.

78 Hierzu unten S. 115. Beispielhaft für eine breite Streuung der Gewerken war z. B. Zeche Langenbrahm bis in das 20. Jh.; vgl. Zeche Langenbrahm 1772—1922, 1922, S. 62—68. Im Gutachten von *v. Derschau* zum Berggesetzentwurf heißt es 21. 6. 1837 (OBA 360 Bl. 1—54): „Kohlenkaufleute, Schiffsbesitzer, Grundeigenthümer, vom Kottenbesitzer bis zum reichen Notabeln, Fabrikanten, niedere und hohe Beamte, Bergleute, Schiffer und Fuhrleute bilden in verschiedener Combination die Elemente der Gewerkschaften ..."

79 *L. Beutin*, Die märkische Unternehmerschaft in der frühindustriellen Zeit, 1957, S. 66; vgl. auch *ders.*, Geschichte der südwestfälischen Industrie- und Handelskammer zu Hagen und ihrer Wirtschaftslandschaft, 1956, S. 41—45, 55—57; *Fr. Zunkel*, Der rheinisch-westfälische Unternehmer, bes. S. 17, 19, 25, 29.

80 Neue Stein-Ausgabe Bd. 1, Nr. 136, S. 187.

81 *Hue* II S. 17.

Die erste massive Auflehnung rheinischer Gewerken gegen den preußischen Dirigismus datiert bereits 1803 mit der Besitzergreifung von Essen-Werden. Die bergamtliche Administration mußte hier zum Zwangsverkauf von Haldenbeständen greifen, um die Abgaben einzutreiben; es kam zu Tätlichkeiten auch mit Bergleuten, die sich auf die Seite der Gewerken stellten, und zeitweise wurde erwogen, Militärhilfe gegen solche „noch immer zunehmende Widersetzlichkeit" der Essener Gewerken herbeizurufen, wohingegen man in Berlin anempfahl, die „Durchsetzung der Sache mit Ernst und Nachdruck, sonst aber mit möglichstem Glimpfe" zu betreiben[82]. Es gab Arreststrafen gegen Grubenbeamte und Löschungen aus der Knappschaftsrolle, und Einziehung von Bergleuten in die Weselsche Garnison ist mindestens angedroht worden. Die nationale Begeisterung der Befreiungskriege hat zwar manche antipreußischen Aversionen in den neuen Gebieten der Monarchie umfangen und verdeckt; die Essener, Mülheimer und Ruhrorter Gewerken hielten jedoch deutlich an ihrer eigenen Ansicht von der Nützlichkeit des Direktionsprinzips fest. Man beugte sich — im Mülheimer Fall wurde bereits darauf hingewiesen — nur widerwillig den behördlichen Anordnungen und tat alles, sich ein Restmaß von Verfügbarkeit über das Bergwerkseigentum zu erhalten. Etwa sah sich das Oberbergamt 1819 veranlaßt — „wenn auch nicht zu unserm Befremden, doch zu unserer größten Unzufriedenheit"[83] —, den Gewerken *Franz Dinnendahl* ob gewisser Eigenmächtigkeiten und eigener Ansichten nachdrücklich schriftlich zu tadeln; andere Gewerken taten ihren Widerwillen dadurch kund, daß sie die Ernennung von bevollmächtigten Deputierten jeder Gewerkschaft, die die maßgeblichen betriebsplanerischen Verhandlungen mit den Behörden zu führen hatten, ablehnten oder verzögerten[84]. Auch die märkischen Gewerken, seit Jahrzehnten mit dem Direktionsprinzip vertraut, zeigten sich unzufrieden insbesondere mit der behördlichen Entscheidungsfreiheit über das Grubenpersonal. Es ist stets schwer zu verstehen gewesen, daß den Revierbeamten völlige Dispositionsbefugnis über die Belegschaften bis zu den Führungskräften zustand, allein abgesehen von dem Umstand, daß die Gewerken die Löhne und Gehälter zu entrichten hatten; durch Eingaben und Beschwerden ist daher seit 1823 — im rheinischen Teil schon früher — wiederholt und mit einigem Erfolg Einfluß auf die Einstellung wenigstens der Grubenbeamten errungen worden, wobei wohl eine Rolle gespielt hat, daß sich die Machtvollkommenheit mancher Revierbeamten in Willkür niedergeschlagen hatte[85]. Auch das Verhältnis der Gewerken zu dem die Dortmunder Behörde 1830—1836 leitenden Berghauptmann *Toussaint von Charpentier*, einem Schwager *Novalis'*, muß voller gegenseitiger Vorwürfe, Verdächtigungen und selbst Denunziationen gewesen sein, so daß anscheinend selbst der Oberbehörde die Zustände kaum noch tragbar erschienen[86]. Als allerdings

---

82 Die wichtigsten Quellen finden sich in WOBA 46 (der Anfang der Akte ist leider zerstört). Zitate: WOBA Essen/Bergwerksdepartement 31. 7. 1805; Bergwerksdepartement/WOBA 12. 11. 1805. Vgl. auch *J. Brand*, Geschichte der ehemaligen Stifter Essen und Werden, 1971, passim, unter Benutzung vor allem der Düsseldorfer Akten.

83 OBA 288 Bl. 75 OBA/*Franz Dinnendahl* 3. 7. 1819 (Entw.). *Dinnendahl* hatte die Einreichung monatlicher Schichtenzettel als unnötige Mehrbelastung empfunden und seinen untergebenen Betriebsführer angewiesen, gegenüber der behördlichen Anordnung Widerstand zu leisten.

84 Vgl. OBA 352 IM/OBA 31. 5. 1820; OBA 16 Bl. 74—77, 113—115 u. ö.: Instruktionen für die Deputierten der Zechen Clarenberg und Ver. Bickefeld sowie Hundsnocken, 1837.

85 Vgl. zum Verhältnis von Behörden und Gewerken auch die Ausführungen zur Genesis der Bergrechtsreform, unten S. 164 ff.

86 Vgl. das Schreiben des Gewerken und Justizkommissars in Hamm, *Heintzmann*/OPM *v. Vincke* 3. 12. 1834 (OPM 2835 I): „Ew. Exzellenz haben auch gewiß nicht minder als wir es erkannt, wie ein fremder, bei uns nicht einheimisch gewordener Beamte nichts unversucht

1831 einmal versucht wurde, Einfluß auf die Besetzung einer Assessorenstelle in Bochum zu nehmen, bedeutete man aus Berlin postwendend den Antragstellern *C. Berger, L. v. Elverfeldt* und *Frielinghaus*, daß „auf ihre persönlichen Interessen nur dann Rücksicht zu nehmen ist, wenn dadurch jenes allgemeine Interesse nicht benachtheiligt oder minder befördert würde, dies aber zu beurtheilen mir (dem Innenminister, K. T.) allein gebühret"[87].

Im Blick auf den gemeinsamen Gegner, auf die ungetrübte bergamtliche Machtfülle und das eigene Unvermögen, über das investierte Kapital zu verfügen — nach dem älteren Bergrecht konnten Kuxe nicht beliebig gehandelt werden —, sind die Gewerken seit Beginn der 1830er Jahre zunächst jeweils in den Bergamtsbezirken unter immerhin geduldeter, für die Zeit außergewöhnlicher Gründung eigener Vereine näher zusammengerückt[88]. Neben den inzwischen bekanntgewordenen Plänen zur Bergrechtsreformierung werden hierbei auch andere Aspekte der Interessenwahrung, darunter Bergschadens- und Wasserentschädigungsangelegenheiten[89] gegen betroffene Grundbesitzer, eine Rolle gespielt haben. Die Gewerken bedienten sich zunehmend geübter Rechtsbeistände wie des Bochumer Anwalts *Heintzmann* und fanden auch in ihren Eingaben über den obrigkeitsschuldigen Gehorsamston bald hinaus, wie etwa *Franz Haniel*, der 1837 betonte, er habe „es meinem Interesse durchaus angemessen gefunden, meine eigenen Angelegenheiten *persönlich* zu leiten, woran mich zu hindern, das königliche Berg-Amt sehr bemüht ist"; *Haniel* verbat sich, „auf eine so feindselige Weise noch länger verfolgt" zu werden[90].

Ersten öffentlichen Ausdruck fand der gewerkschaftliche Widerstand in einem Antrag *Fr. Harkorts* im Westfälischen Provinziallandtag am 4. 12. 1833, dem eine literarische Fehde des Oberbergamtsdirektors *Bölling* mit *Harkort* im „Hermann" und „Westfäli-

---

gelassen hat, um das sonst bestandene Vertrauen der Gewerken gegen die Beamten und unter sich und selbst der Beamten untereinander völlig zu vernichten. Wie eine unglaubliche, nichts achtende Schmähsucht und Verletzung erschlichenen Vertrauens, wie Leidenschaft und Rache schon gewirkt haben und fort und fort wirken, kann Ew. Exzellenz nicht entgangen sein..." *Vincke* selbst hielt die Verwaltung *Charpentiers* in einem Schreiben an den Kronprinzen (ebd. 24. 2. 35, Entw., der Name *Charpentiers* im Entw. von der Hand *Vinckes* gestrichen und durch „in den letzten Jahren", also ebenfalls unmißverständlich, ersetzt) für „höchst verderblich". *Charpentier* (1779—1847) wurde 1836 unter nicht zu klärenden Umständen an das OBA Brieg zurückversetzt. Über ihn s. ohne Erwähnung der Dortmunder Vorfälle *Alfons Perlick*, Biograph. Studien zur schlesischen Heimatforschung, Teil II. Dortmund 1962, S. 162—164. — Beispiele von Spannungen zw. Revierbeamten und Gewerken: OBA 418 Bl. 18—32 Eingabe märkischer Gewerken zur Steigerinstruktion 14. 9. 1823; MBAB 10 Bl. 15 f., 60 f. *Carl Berger et al.* ersuchen um bestimmte Besetzung von Revierbeamtenstellen 1. 1. 1829, 31. 12. 1832; OBA 361 Bl. 1 f. Gewerken Zeche Wohlfahrt (*v. Romberg, Heintzmann, v. Elverfeldt*)/OBA 19. 6. 1834; JM 11078 Bl. 35 *Chr. Flashoff, 25. 5. 1834.*

87 OBA Dortmund, Personalakte *Wiesner* W 148, Anhang v. 14. 2. 1832 (Abschr.), IM/*C. Berger et al.*, 23. 2. 1831 (Abschr.).

88 Vgl. BAEW 169 Bl. 90 f. OBA/„An die Märkischen Gewerken" 24. 7. 1833 auf „wiederholte Gegenvorstellung" wegen des Verfahrens bei Lohnrückständen. Der Essener Verein der Gewerken wurde „durch notariellen Akt" am 17. 5. 1836 gebildet; s. *A. v. Waldthausen*, Sälzer und Neuak, 1902, S. 89.

89 Vgl. JM 11079 Bl. 1—22 Justizkommissar *Röder*, Hattingen, „im Interesse der Hauptgewerken der Gft. Mark" 30. 3. 1840 wegen Entschädigung bei der Veränderung der Vorflutverhältnisse durch den Bergbau.

90 OBA 16 Bl. 88 f. *Fr. Haniel*/OBA 22. 11. 1837, gegen das BAB wegen betrieblicher Dispositionen.

schen Anzeiger" vorausgegangen war, die übrigens noch *C. Berger* aus Witten auf der Seite *Böllings* gesehen hatte. *Harkort* wünschte[91]:
— Selbständige Unternehmensführung durch die Gewerken;
— Beschränkung der bergamtlichen Aufsichtspflicht auf Arbeitsverhältnisse und Mineralreichtum;
— Belastung durch 5 Prozent vom Reinertrag.

Der im Landtag erfolgreich debattierte Antrag wurde im Landtagsabschied mit Ankündigung einer vorbereiteten Revision der Berggesetze beschieden.

Annähernd gleichzeitig richteten märkische und Mülheimer Gewerken eine Eingabe an das Außenministerium, die im Zuge der Differenzen zwischen Holland und Belgien den Kohlenabsatz rheinabwärts sicherstellen sollte. Kaum minder engagiert, hatte *Fr. Haniel* sich 1835 mit einer Denkschrift des Oberpräsidenten *von Vincke* vom 29. 11. 1834 bezüglich der Bergwerksabgaben beschäftigt. Schon am 19. Dezember 1834 hatten sich die Gewerken des Essener und Bochumer Bergamtsbezirks zu einer gemeinsamen Petition an den Kronprinzen zusammengefunden, in der man sich bitter über das Verhalten der Behörden, über ständige Eingriffe in vermeintliche Rechte und über andere Mißhelligkeiten beklagte[92]. Bis 1836 ist es dann zu einer Reihe vertraulicher Absprachen unter den Gewerken gekommen, die am 17. Mai 1836 zu einer erneuten Bevollmächtigung „der Hauptgewerken in der Grafschaft Mark und Essen und Werden" führten, die gewerkschaftlichen Interessen zu vertreten. In einer großen Eingabe vom 20. Oktober 1836 an das Oberbergamt[93] trug man im Grundsätzlichen die Ziele vor: Schluß mit der „Bevormundung des gewerkschaftlichen Eigenthums" und Vereinfachung, Ermäßigung der Abgaben. Da man mit „einzelne[n] Grundsätze[n]" der bestehenden Verwaltung nicht genau genug bekannt" sei, wurde über eine Reihe von Gegenständen „hochgeneigt Belehrung" erbeten, und vor allem hierin rührten die Gewerken an die Sakrilegien des Direktionsprinzips:
— Ob die Revierbeamten zu Personalentscheidungen befugt seien?
— Ob die Gewerken nicht in der Knappschaft mitzubestimmen hätten?
— Ob die Beschäftigung von Bergleuten gegen den Willen, aber auf Kosten der Gewerken erlaubt sei?
— Ob die Gewerken „die Gedinge mit den Bergleuten vertragsmäßig festzustellen" befugt seien?
— Ob die Kohlepreisregulierung verbindlich sei?

Schließlich wurde genaue Auskunft über die finanzielle Lage der Knappschaft und überhaupt über die Betriebsverhältnisse aller Gruben, vor allem über Ausbeute und Zubuße erbeten.

Daß die gewerkschaftlichen Emanzipationsbestrebungen Ende 1836 in dieser Eingabe einen ersten Höhepunkt erreichten, dürfte nicht zuletzt mit dem Stand der Bergrechts-

---

91 Vgl. Der Sprecher, oder Rheinisch-Westphäl. Anzeiger 12/11. 2. 1832 (in: OPM 2835 I); hierzu *Berger*, Harkort, S. 153 f.; teilweise korrigiert durch *Köllmann*, Harkort, S. 172 f., 179, 180. *Harkort* war schon im 3. Landtag als Sachverständiger in technischen und sozialpolitischen Fragen aufgetreten; seine Vota bedeuteten „Proteste des gewerblichen gegen das bäuerliche Westfalen".
92 Vgl. *Spethmann*, Haniel, S. 200 f. *Vincke* verlangte überraschend Erhöhung der linksrheinischen Abgaben. Die Petition vom 19. 12. 1834 s. in OPM 2835 I (Abschr.); s. ferner o. Anm. 86.
93 OBA 61 Bl. 11—13; unterzeichnet u. a. von *Chr. Flashoff*, dem Essener Apotheker und Gewerken, *Heintzmann*, *v. Elverfeldt* und *C. Berger* als märkischen Gewerken. Vgl. *P. H. Mertes*, in: 100 Jahre Industrie- und Handelskammer Dortmund, S. 12; *Fr. Zunkel*, Rolle der Bergbaubürokratie, S. 142.

reform zusammenhängen. Anfang 1836 war endlich ein revidierter Entwurf im Staatsministerium zur Beratung gekommen, und daß es in Berlin voranging, während die Regionalbehörden nur zögernd mitarbeiteten, konnte auch den Gewerken nicht verborgen bleiben. Die Bitte um Einsichtnahme in die Finanzverhältnisse der Knappschaften und in die bergamtlichen Betriebsakten ist von den Gewerken mehrfach bis 1838, und zwar in zunehmend schärferem Ton, zur Vorbereitung einer Eingabe an das Finanzministerium um „Aufhebung der bestehenden, drückenden höchst schädlichen Bevormundung der Gewerkschaften"[94] wiederholt worden. Während die Bergbehörden nur zögernd und schrittweise die verlangte Einsicht gewährten, verwendeten sie andererseits viel Zeit darauf, die tatsächliche Legitimation der „Hauptgewerken" anhand des Anteils des durch sie repräsentierten Kuxenbesitzes am gesamten Bergwerksbesitz im Bezirk zu prüfen und so neben dem Willen der Wortführer eine abweichende Meinung der Gewerkenmehrheit zu konstruieren — ein Verfahren, das Jahrzehnte später, etwa in den Streiks 1872 und 1889, von den Gewerken gegen die Streikkomitees der Arbeiter analog geübt wurde, um dem Standpunkt des Nichtverhandelns quasi-rechtlichen Nachdruck zu verleihen. 1836/37 kam es gegen solche bergamtliche Ignoranz, während sich die Geister am Direktionsprinzip zu scheiden begannen, an der Ruhr sogar zur Bildung eines „Förderungsverbands" der Gewerken, dessen Wirken das Essener Bergamt, unter Führung von *Heinrich Heintzmann* stets liberaler eingestellt[95], 1837 beifällig würdigte[96].

Entscheidend für das Verhältnis von Behörde und Gewerken, die seit den 30er Jahren mit einer Fülle von Eingaben, Beschwerdeschriften und Meinungsäußerungen[97] nicht müde wurden, die Gesetzgebung und einzelne Verwaltungsakte in ihrem Sinne zu beeinflussen, ist in den Folgejahren die Rückzugsposition vor allem der regionalen Fachbehörden geworden, die in Berlin im *Grafen Beust* einen starken Rückhalt behielten. Die Reformentwürfe der 1830er Jahre, in denen die staatliche Direktion nicht aufrechterhalten wurde, berührten die eigensten Interessen der Beamten in der Provinz, die nicht zu Unrecht mit der alten Rechtsordnung ihre Existenzgrundlage entschwinden sahen. So rückte in diesen Jahren in den bergamtlichen Gutachten das unschöne Argument von der mangelnden Intelligenz der Gewerken neben die Beschwörung der alten Obrigkeit und ihrer mutmaßlichen Interessenunabhängigkeit[98].

In dieser Situation trug die Anfang der 1840er Jahre von dem Abgeordneten *Oechelhäuser* im Westfälischen Provinziallandtag eingebrachte Forderung nach besonderen Gewerken-

---

94 OBA 361 Bl. 53—55 Gewerken/OBA 30. 11. 1838 (Abschr.); vgl. zum folgenden ebd. Bl. 57—62 u. ö.

95 Vgl. *F. Meckenstock*, Geschichte der Planung im Steinkohlenbergbau des Ruhrgebiets, Diss. 1951, S. 21; Bsp. u. a. unten S. 140 f.

96 Vgl. *Spethmann*, Haniel, S. 269, und bes. *Fr. Zunkel*, Rolle der Bergbaubürokratie, S. 142.

97 Vgl. OBA 16, OBA 361.

98 Vgl. aus den zahlreichen Beispielen das Gutachten von *v. Derschau* (OBA 360 Bl. 1—54, 21. 6. 1837): „Unter den Gewerken sind viele oberflächlich, einige wenige gründlich unterrichtet; viel haben einen mittleren Grad von Bildung, welcher leicht zu einer oberflächlichen Kenntnisnahme verleitet, und noch zahlreicher ist in dieser ohnehin wohlhabenden Gegend der Stand derjenigen, welche als Grundbesitzer oder ein kleines Gewerbe treibend im sonst müßigen Gewerkenstande Befriedigung entweder für ihre Eitelkeit oder für ihren Hang zum geschäftslosen Leben finden, weil sie doch nicht leicht ganz verderben können". — *Fr. Zunkel*, Rolle der Bergbaubürokratie, S. 135 f., der die behördliche „Haltung der Überlegenheit und des Besserwissens" zu Recht aus der älteren Verwaltungsposition begründet, übersieht den hier hervorgehobenen Aspekt des behördlichen Überlebensinteresses. Vgl. auch *Fr. Zunkel*, Beamtenschaft und Unternehmertum beim Aufbau der Ruhrindustrie 1849—1880, 1964, S. 265 f.

kammern für den rheinisch-westfälischen Bergbau[99], analog zu den bestehenden Handelskammern, in doppelter Hinsicht zur Entspannung des Verhältnisses von Gewerken und Beamten bei: Für die einen mochte sich hierauf die Forderung nach Eigenständigkeit, Interessenwahrung und Anerkennung konzentrieren, während die anderen sich nichts zu vergeben meinten, wenn man den Gewerken eine halboffizielle Vertretung zubilligte. Während *v. Vincke* nachdrücklich für eine gemeinsame Gewerkenkammer des gesamten Oberbergamtsbezirks plädierte, machte der Oberbergamtsleiter *v. Mielecki* nach dem Grundsatz, durch Teilung zu herrschen, die unterschiedlichen Verhältnisse beider Bergamtsbezirke für die Notwendigkeit geltend, getrennte Einrichtungen für die märkischen und die Essener Gewerken, unter denen das neue Vorhaben weniger Anklang fand, zu schaffen[100]. In Berlin begegnete man der Frage der Gewerkenkammern durchaus mit Sympathie, und die gutachtlichen Vorarbeiten gediehen bis zu einem fertigen Statutenentwurf für eine Bochumer Gewerkenkammer, als sich die Arnsberger Regierung mit geschickten Argumenten gegen diese Einrichtung aussprach. Dennoch ist der Gedanke nicht eingeschlafen, und mit einer Immediateingabe Ende 1847 gelang es diesmal, sogar Ruhrorter Gewerken für den Plan zu gewinnen[101]. Aber bald darauf bot sich mit den revolutionären Ereignissen im März 1848 eine völlig neue Situation.

Noch im April 1848 hat ein förmlicher Petitionssturm der märkischen und rheinischen Gewerken für ihre längst verfochtenen Ziele eingesetzt. Am 28. April formulierten Dortmunder Gewerken in aller Prägnanz noch einmal die Kernziele: Abschaffung jeder Bevormundung, Regulierung des Abgabenwesens, und sie hofften — darin lag eine versteckte Drohung —,

> „daß ihnen zur Beseitigung der besonders in dieser bedrängten Zeit tief gefühlten Übelstände baldmöglichst Gelegenheit gegeben werde, ihre Interessen und Wünsche durch die von ihnen, ohne Zuziehung von Bergbeamten gewählten Männer ihres Vertrauens aus ihrer Mitte der Regierung vortragen zu können", und: „Wir sehen uns genöthigt, zu erklären, daß wir ohne diese schleunige Abhilfe nicht mehr im Stande sind unseren zahlreichen Berg-Arbeitern noch Verdienst zu geben" [102].

Mit solchen Worten wurde, um den eigenen Interessen zu raschen Fortschritten zu verhelfen, eine völlig unbegründete Angst vor einer Arbeiterschaft geschürt, die man sich, unbeschäftigt, nur umherstreunend vorstellen mochte. Bereitwillig schloß sich etwa der Bochumer Landrat *v. d. Recke-Volmarstein* dieser Argumentation an[103] und forderte

---

99 Diese Vorgänge sind erstmals von *H. Wöckener,* Die Entwicklung der wirtschaftlichen Berichterstattung im Ruhrgebiet im 19. Jh., Diss. 1936, S. 118—126, dargestellt worden; vgl. ferner *P. H. Mertes,* Dortmunder Wirtschaft, 1942, S. 59—71; *ders.,* in: 100 Jahre Industrie- und Handelskammer Dortmund, S. 9—16. Wichtigste Quellen in JM 11083, OBA 385, OPK 3254, OPM 2817, MBAB 36.

100 Vgl. OPM 2817 Bl. 9—15, Schriftwechsel zw. OPM u. OBA April/Mai 1844.

101 Vgl. OPM 2817 Bl. 20 f. *C. Berger et al.,* 9. 11. 1847. Die Eingabe ging über FM *v. Düesberg* an OPM und ist anscheinend durch die Ereignisse 1848 überrollt worden. Der Gedanke der Gewerkenkammer ging allerdings auch in den Revolutionsmonaten nicht verloren; vgl. OBA 385 Gutachten *v. d. Bercken*/OBA 27. 7. 48. Der 1848 entstandene Berggesetzentwurf sah Gewerkenkammern vor, s. auch unten S. 212 f.

102 OBA 361 Justizrat *Zimmermann et al.*/HM 28. 4. 48 (Abschr.), auch in JM 11081 Bl. 88—90.

103 RA I 19 LRB/Staatsminister *v. Flottwell* 22. 3. 48 (Abschr.). — Die Sorge der Unternehmerschaft vor Unruhen und sozialrevolutionären Gruppen betont auch *H. Croon,* Die wirtschaftlichen Führungsschichten 1790—1850, 1973, S. 332. Vgl. z. Unternehmerverhalten in der Revolution *F. Zunkel,* Der rhein.-westf. Unternehmer, S. 170—182; s. ferner unten S. 136 f.

wegen der drohenden Arbeitslosigkeit Ende März 1848 sofortige Abgabenermäßigung: Man könne zwar „aus Menschenliebe das Betriebskapital aufbringen", nicht aber auch noch die Abgaben! Hier müsse der Fiskus ebenfalls „ein Opfer bringen . . . der Billigkeit gemäß". Andernfalls sei nichts gewisser, als daß die Bergleute, „sobald als die Bergarbeit aufhört, sogleich nach dem Beispiele in anderen Gegenden zum Raubbau und Plündern übergehen und ungeheures Unglück anrichten werden"; übrigens gehe schon das Gerücht, Arbeitslose planten, „die Knappschaftskasse zu plündern" — kurz, es drohe „Aufstand, Raub und Verwüstung".

Hier wurde deutlich mit der Drohung im Hintergrund, man werde kurzerhand den Dingen ihren Lauf lassen, was das Chaos unweigerlich herbeiführen müsse, für die gewerkschaftlichen Interessen argumentiert. Die Situation war denkbar günstig, liberale Forderungen mit dem Wink durchzusetzen, dann tatkräftig an der Eindämmung der noch viel größeren Gefahr der entfesselten Arbeitermassen mitzuwirken. So setzte auf seiten der Gewerken ein fieberhaftes Bemühen um Herstellung eines einheitlichen Meinungsbildes ein, übrigens ausgehend aus dem Siegener Bergamtsbezirk, wo sich Ende April ebenfalls ein Gewerkenkomitee bildete, das die Verbindung mit den Ruhrgewerken suchte[104]. Währenddessen wies das Dortmunder Oberbergamt die Eingabe vom April empört zurück und verbat sich darin enthaltene Unterstellungen, etwa jene nicht ungerechtfertigte Behauptung, die Bergbeamten wollten „in ihrem Sonderinteresse nichts von ihrer Bevormundung der Gewerken . . . nachlassen"[105].

Daß die Abschaffung des Direktionsprinzips nicht in einem Zuge bewältigt werden konnte, war leicht einzusehen; daher konzentrierten sich die Reformbestrebungen zunächst auf das Abgabenwesen, dessen Neugliederung und Ermäßigung um so dringlicher vorgetragen werden konnte, als eine geringere steuerliche Belastung tatsächlich die Marktlage der Kohle verbessern mußte. In einer großen Eingabe an das Finanzministerium tat sich das am 24. Juni gebildete Komitee eines „Gewerken-Vereins der Grafschaft Mark" mit Essener und Siegener Gewerken zusammen und erbat — nicht ohne den Hinweis, damit „geneigtest die Lage der ärmeren Klassen" zu verbessern — die Gleichstellung mit den linksrheinischen Zechen in der steuerlichen Belastung[106]. Als sich nun *Harkort* diesen Gewerkenantrag zu eigen gemacht hatte und die Beratung in der preußischen Nationalversammlung anstand, wurde aus Essen von dem dort inzwischen entstandenen „Gewerken-Verein" in aller Eile der modifizierte Kommissionsentwurf kritisiert[107] — man hatte schnell den Wert einer starken parlamentarischen Vertretung und die Chancen realisiert, daraus das Beste für die eigenen Ziele zu machen. Gerade *Franz Haniel* scheint mit den März-Ereignissen die sich hier bietenden Möglichkeiten erkannt zu haben[108]. Er hatte sich zunächst einige Zeit in Frankfurt aufgehalten und gehörte dann neben den Westfalen *Hambloch, Harkort, Ostermann, Stachelscheidt, Forstmann* und *Ullrich* zur Kommission für das Berg- und Hüttenwesen in der Berliner Nationalversammlung, die den Antrag über das Abgabenwesen erfolgreich vorbereitet

---

104 Vgl. OBA 361 Auszug aus Nr. 124 Köln. Zg.

105 JM 11081 Bl. 91—94 OBA/HM 15. 5. 48 (Abschr.).

106 OBA 385 Bl. 3—5 Justizkommissar *Bohnstedt et al.*/HM 27. 6. 48 (Abschr.); in veränderter Druckfassung ebd. Bl. 43.

107 OBA 385 Petition an die Nationalversammlung 11. 8. 48; vgl. auch Märkischer Sprecher 10/2. 8. 48.

108 Vgl. *Spethmann*, Haniel, S. 201 f., 269. *Haniel* verfaßte im Anschluß an die Denkschrift über „Aufmunterung und Hebung des Bergbaus" von 1845 im Frühjahr 1848 eine eigene große Denkschrift zur steuerlichen Belastung. Vgl. auch seine durch den Justizkommissar *Heintzmann* vertretene Klage wegen Zehntzahlung: MBAB 330 Bl. 1—4, 11. 7. 48.

hatte — dies war eines der bedeutsamsten Etappenziele auf dem Weg zur Befreiung vom Direktionsprinzip[109].

Während der Revolution haben sich viele Unternehmer an führender Stelle an der politischen Bewegung im Ruhrgebiet beteiligt. Dem „Konstitutionellen Klub" in Dortmund gehörten neben dem Geheimen Bergrat *Brassert* und dem Bergamtsaspiranten gleichen Namens die Gewerken *Overbeck, v. Hövel* und *Frielinghaus* sowie *Dr. Müser,* einer der Begründer der Harpener Bergwerksgesellschaft, an; den Bochumer „Demokratischen Volksverein" leitete der Assessor *Humperdinck;* im Wittener „Demokratischen Klub" waren der Berggeschworene *Huyssen,* Oberschichtmeister *Kaeseler,* die Brüder *Müllensiefen* und der Gewerke *L. Berger,* Schwiegersohn *Harkorts* und dessen Biograph, Mitglieder[110]. Den Essener „Politischen Klub" leitete der Berggerichtsrat *Schneider.*

Ein Ausdruck dieses gewerkschaftlichen Interesses wurde die Wahl des Abgeordneten *Karl Schorn* in die Paulskirche als Ersatz für den zurückgetretenen *Grimm. Schorn*[111], Jurist von durchschnittlichen Gaben, war während der Revolution Mitglied des Berggerichts am Bergamt Essen unter dessen Chef Bergrat *Heintzmann,* Mitglied des „Politischen Klubs" unter *Schneider* und Adjutant des Bürgerwehrobristen Justizrat *Kehl,* Abgeordneter in Berlin. Offenbar schon Anfang Juni 1848 konstituierte sich im Essener „Berliner Hof" der bereits erwähnte „Berggewerken-Verein zu Essen"[112], dem die „bedeutendsten damaligen Wirtschaftsführer", nämlich *Franz Haniel* und sein Sohn *Hugo* aus Ruhrort, *Math. Stinnes, Freiherr von Schell, Neustein* aus Werden, *Voß* aus Steele und die Essener *Ernst* und *Fritz Waldthausen* beitraten[113]. Dieser Kreis delegierte den Justizkommissar *Bohnstedt* zur Kommission für Bergbau nach Berlin, wo er zwar nicht zugelassen wurde, aber Wünsche der Gewerken vortragen durfte und bewerkstelligte insbesondere die Wahl des kaum interessenverdächtigen, im Rufe des unparteiischen Richteramts stehenden *Schorn* nach Frankfurt. Dessen dortige Tätigkeit, nach eigenem Bekenntnis „gewissermaßen ein Epigone"[114], bestand in der Hauptsache in der Übergabe von Petitionen aus seinem Wahlkreis[115]. Als „stillschweigende Aufgabe" erblickte er die Vertretung „der Interessen meines Wahlkreises und unter diesen namentlich dessen materielle Seiten, die vorzugsweise in der Beförderung des heimischen Bergbaus lie-

---

109 Vgl. Stenographische Berichte über die Verhandlungen der zur Vereinbarung der preuß. Staatsverfassung berufenen Versammlung. Bd. 3 Berlin 1863, S. 1462 ff. (Antrag *Harkort/ Hambloch*), S. 1831—1887 (Debatte); Aufstellung über Bergwerkssteuern S. 1837. Hervorgehoben zu werden verdienen die Reden *Ostermanns* S. 1831—1839, Staatsministers *v. Milde,* S. 1840—1845, u. bes. *Ullrichs,* S. 1851, zur Lage der Bergleute. Zum ganzen s. *Schulte,* Volk und Staat, S. 265, 663 Anm. 23.

110 Vgl. *Hue* II S. 16 Anm. 4; *J. Köster,* Die Iserlohner Revolution und die Unruhen in der Grafschaft Mark, Mai 1849, 1899. *Kaeseler* (bei *Hue: Kneseler*) gehörte an führender Stelle einer deutschkatholischen Gemeinde in Witten an.

111 Zum Folgenden s. bes. *Karl Schorn,* Lebenserinnerungen, 2 Bde. 1898, Bd. I S. 331—346, Bd. II S. 19—21; vgl. zu diesen Vorgängen bisher nur *F. Meisenburg,* Die Stadt Essen in den Revolutionskämpfen 1848—49, 1940, S. 257.

112 Vgl. *Meisenburg,* Essen, S. 226. Nach *A. v. Waldthausen,* Sälzer und Neuak, S. 89, bestand der Verein „mit dem ausgesprochenen Zweck, durch seine Beiträge die Kosten aufzubringen, welche namentlich für Reisen nach Berlin entstanden ..."

113 Nach *Schorn,* Lebenserinnerungen, Bd. I S. 336.

114 Ebd. Bd. II S. 19.

115 *Meisenburg* nennt nur 2 der insgesamt 7 von *Schorn* übergebenen Essener Petitionen: vgl. Stenographischer Bericht (Frankfurt), die Petitionsnummern 7931, 8665, 8734, 8736, 8975, 9025, 9089. Es handelt sich mit einer Ausnahme (Wahlgesetz) um Adressen zur Durchführung der Reichsverfassung.

gen"[116]. Dazu beantragte er am 16. Dezember 1848 die Beratung des von dem märkischen Abgeordneten *Höfken* schon am 27. Mai eingebrachten Antrags auf Einrichtung eines Ausschusses über die Grundzüge der deutschen Bergwerksverfassung im Volkswirtschaftlichen Ausschuß und stellte am 21. Januar 1849 im Plenum einen „Antrag auf Einführung eines allgemeinen deutschen Berggesetzes"[117]. Im übrigen trat er nicht in Erscheinung.

Die Gewerken haben mit ihren Bemühungen während der Revolution zwar, außer der Abgabenermäßigung, keinen weiteren Gesetzgebungserfolg, wohl aber die Beschleunigung der in der Tat längst fälligen Revision der seit den 1820er Jahren in interministerieller Beratung befindlichen Berggesetze erreichen können. Die an sich im Herbst 1850 vorgesehene Beratung der Reformentwürfe mußte dann bis 1851 verschoben werden; seither traten die Berggesetze schrittweise in Kraft. Indem diese keine Wettbewerbsregulierungen trafen, kamen sie zentralen Gewerkenwünschen entgegen und begünstigten die erfolgreichen Kartellierungsbestrebungen des Dortmunder „Vereins für die bergbaulichen Interessen", dessen organisierte Vorläufer längst vor der Revolution in den 1830er Jahren aufgefunden wurden.

---

116 *Schorn*, Lebenserinnerungen, Bd. II S. 20.
117 Vgl. Stenographischer Bericht (Frankfurt) Bd. VI, S. 4192 f., 4940 ff.; dazu *Meisenburg*, Essen, S. 231 f.; *Schorn*, Lebenserinnerungen, Bd. II S. 20. Der Antrag *Höfken* findet sich z. B. in Bochumer Kreisblatt 25/17. 6. 1848 S. 251 f. (in OBA 385).

Kapitel III
Die Rechtslage der ständischen Bergarbeiterschaft

1. Disziplinierung und Privilegierung: Der Bergmann als Untertan

Das Interesse der Regalherrn an den Einkünften blühender Bergbaubetriebe hat schon im späten Mittelalter zur Herausbildung und Förderung eines tüchtigen Arbeiterstandes durch Gewährung von Freiheiten und Rechten geführt. So wurden die Bergleute durch persönliche Freiheit, Freizügigkeit, Befreiung von allen Diensten und Steuern mit Ausnahme der Reichssteuer, durch freie Benutzung von Wasser, Weide und Weg sowie durch eine eigene Berggerichtsbarkeit ausgezeichnet[1]. Damit griff die Neuordnung des Bergwesens unter *Friedrich II.* hinsichtlich der „solchen Leuten füglich zu accomodirenden Bergfreiheiten"[2] auf ältere Wurzeln zurück. Ihr sozialpolitisches Resultat, das „General-Privilegium der Bergleute" vom 16. Mai 1767[3], gewährte im Zusammenhang mit einer gleichzeitig erlassenen Instruktion zur Errichtung einer Knappschaftskasse die Befreiung von der Leibeigenschaft, Freizügigkeit, Befreiung von den üblichen, oft drückenden Gemeindelasten, „Freiheit von den accise und Tobacks-Fabrikationsgeldern"[4] und von allen Einquartierungen, die sog. Bergfreiheit und separate Gerichtsbarkeit in Bergstreitigkeiten, vor allem aber die Befreiung vom Wehrdienst. Während der Bergmann vor Einführung stehender Heere als freier Mann zum Kriegsdienst und zum Tragen von Waffen berechtigt gewesen war, erfreute er sich nun einschließlich seiner Nachkommen der völligen Exemtion.

Es war eine der Folgen der Besetzung, daß das unter der vorübergehenden Geltung der französischen Bergwerksverfassung aufgehobene Privilegierungssystem auch nach 1815 nicht wiederhergestellt wurde, obwohl die Betriebsführung wieder unter die Herrschaft des Direktionsprinzips gelangte. Allerdings bestanden verschiedene Rechte weiter, darunter vor allem die erst 1849 aufgehobene eigene Gerichtsbarkeit. Die Berggerichte waren durch Kabinettsordre von 1816 ins Leben gerufen worden und sprachen Recht als *fora specialia causae* in streitigen und unstreitigen Zivilsachen; sie hatten bei bergbaulichen Unfällen die Untersuchungen einzuleiten und wurden bei „Dienstvergehen der bei

---

1 Vgl. *H. Imbusch*, Arbeitsverhältnis und Arbeiterorganisation im dt. Bergbau, [1908], S. 124 f.; ferner die Einleitung von *G. Boldt,* Das Recht des Bergmanns, 1948.

2 Verordnung „Über das Bergwesen", 20. 10. 1755, in Die Gft. Mark Bd. II, S. 211—225, S. 220.

3 Gedruckt in: Der Anschnitt 7 (1955) Nr. 5, S. 7 f.; weitere Drucknachweise s. *Adelmann,* Quellensammlung Bd. I, S. 13. Das Privilegium hat im Essen-Mülheimer Bereich nie Geltung gehabt, wenngleich die Knappschaft hier nach 1815 hinsichtlich der Restprivilegien gleichgestellt wurde. Das Rechtsbewußtsein dieser Bergleute hat daher nie den Grad jenes der märkischen erreicht; vgl. *O. Berger,* Mülheim, Diss. 1932, S. 94; sowie bes. *K. Keller,* Bergrecht und Berggerichtsbarkeit in Mülheim, 1968, S. 69—75.

4 N. d. erneuten Bestätigung von 1801, zit. n. *W. Bülow,* Das Knappschaftswesen im Ruhrkohlenbezirk, Diss. 1909, S. 35.

der Verwaltung des Berg-Regals und bei dem Bergbau angestellten landesherrlichen und gewerkschaftlichen Beamten und Arbeiter"[5], also disziplinarisch auch gegen dienstpflichtverletzende Bergleute wirksam. Neben dieser Sondergerichtsbarkeit dürften vor allem die Bestimmungen der Bergfreiheit, d. i. des Rechts, auf fremdem Boden gegen geringe Entschädigung an den Grundeigentümer (Tradde) ein Flöz zu erschürfen, wegen der beruflichen Disposition und angesichts anfangs geringer Anlaufkosten auch dem Bergmann zugute gekommen sein.

Die Exemtion vom Militärdienst wurde zwar, obwohl sich in den Behörden Bemühungen zur Restitution der alten bergmännischen Freistellung vom Wehrdienst bemerkbar machten[6], nicht wiederholt, doch billigte der König durch Kabinettsordre vom 5. Mai 1815[7] den Bergleuten Werbefreiheit im Frieden zu, falls sie sich zur Bildung eines freiwilligen „Mineur- und Pionier-Corps" bereitfänden, zu dem allein sie im Kriegsfall einzuberufen seien. Bei Bildung einer solchen Formation sollten Landwehreinberufungen entfallen und bereits einberufene Bergleute auf Antrag vom Dienst befreit werden, was auch in vielen Fällen geschah. Das Bergamt Bochum erließ einen „Aufruf an die Märkische Knappschaft"[8] und verwies ausdrücklich auf die unter französischer Zeit verlorenen Freiheiten: „Sollten wir nichts thun uns sie wieder zu erkämpfen?" Zum Beitritt wurde durch „Vorzugsrechte auf die ersten Gruben-Beamten Stellen im Revier" gelockt, und:

> „Der Mineur-Dienst ist übrigens kein gefährlicher Dienst; allein, wenn das auch: wo ist ein Bergmann der Gefahren scheut? — Wenn das Vaterland in Gefahr steht von Unholden bedroht zu werden; wenn es unsern vielgeliebten und das preußische Haupt [sic] betrifft; wenn es der Aufrechterhaltung unserer uralten Bergfreiheit und unserer Rechte gilt: dann bleibt kein braver Bergmann zurück!"

Rhetorisch durchaus geschickt, werden hier im Begriff der Gefahr Vaterland und Bergbauberuf identifiziert und patriotisch in der Schlußformel mit dem Bergarbeitergruß verbunden: „Es lebe der König! Glückauf!" Dem Bergmann wurde so die Bedrohung des Staates durch äußere Feinde in einem konkreten Bezugsrahmen der allseits gegenwärtigen Gefährdung von Leben und Gesundheit im Beruf begreiflich gemacht. Und so haben sich die jungen Bergleute gleich reihenweise zur Verfügung gestellt[9]; bereitwillig wurden im gesamten märkischen Revier am 6. und 8. Mai 1815 zwei Freischichten zugunsten eines Fonds zur Bestreitung der Kosten verfahren[10].

5 Reglement für das in Siegen zu errichtende Berggericht, Amtsblatt RA 37/9. 9. 1837; diese Kompetenzen sind durch Kabinettsordre 12. 10. 1837 für alle Berggerichte verbindlich erklärt worden; vgl. JM 11121 Bl. 27—35, weitere Quellen s. OBA 827—848. Die Bergbehörden haben die Auflösung der Sondergerichtsbarkeit zu verzögern versucht; vgl. OBA 916, ferner MBAB 707 Bl. 1, Zirkularverfügung 2. 4. 1849.
6 Detailliert geschildert bei *E. Wächtler*, Fortschritt und Tradition im dt. Bergbau, 1970, S. 43—50.
7 Abschr. in MBAB 32 Bl. 102; vgl. ebd. Bl. 3, Verfügung des OBA v. 15. 4. 1815; vgl. *Hue* II S. 339.
8 MBAB 32 Bl. 8 f. (Abschr. undatiert, ca. Mai 1815). Die Aushebung zum Pionierdienst sollte — dies sicherte den Behörden wichtigen Einfluß — nur „durch die competenten Bergwerksbehörden" erfolgen; vgl. Amtsblatt RA 2/11. 1. 1817. Die Verfügung galt jedoch nur bis 1819; noch 1817 wurde auch die Einberufung zum Pionierdienst auf die „ständigen" Bergleute begrenzt.
9 Vgl. die „Stammrollen" der militärpflichtigen Bergleute ebd. Bl. 193 ff.
10 Man bemühte sich zugleich um die Aufstellung einer eigenen Landsturmabteilung für Bergleute; vgl. dazu MBAB 33. Außerdem wurden jährlich 20—30 Bergleute für die Garde-Pionier-Abteilungen ausgehoben, s. OBA 810. Das Recht des Mineur- und Pionierdiensts ist erst mit der Militärverfassung des Deutschen Reichs aufgehoben worden, vgl. *G. M. Kletke*, Handbuch des Bergwerks-, Hütten- und Salinenwesens, 1873, S. 64.

Das Beispiel zeigt eindringlich die staatsloyale Disposition der Bergarbeiterschaft im Zusammenhang ihrer ständischen Privilegierung. Der Staat vergab bestimmte Rechte nur unter der Bedingung unbedingter Treue und Pflichterfüllung. Die Bergarbeiterschaft als „der bessere und gebildetere Teil der niederen Volksklasse" genoß einen höheren Grad an Staatsunmittelbarkeit, weshalb es im übrigen durchaus zu Reibereien mit der außerständischen und gewerbefreien Arbeitsbevölkerung kam[11]. Der ständischen Privilegierung entsprach auf der anderen Seite die mehr in den innerbetrieblichen Produktionsvorgang verlagerte Disziplinierung, wie sie am deutlichsten im bei Eintritt in die Knappschaft abzuleistenden Treueschwur in Erscheinung tritt.

Diesen Zusammenhang von bergmännischen Rechten und Pflichten stellt das nicht zufällig zugleich mit dem Privilegium erlassene „Reglement für die Bergleuthe in dem Herzogthum Cleve, Fürstenthum Meurs und der Grafschaft Marck"[12] her. Danach erforderte es

> „die Ordnung und Nothwendigkeit also, daß alle und jede Bergarbeiter, sowohl in als auf der Erde ... sich in das Knappschaftsregister gehörig einschreiben lassen und schwören dabey einen leiblichen Eid zu GOTT dem Allmächtigen, Sr. Königl. Majest. in Preußen, unserm allergdsten Herrn getreu, hold und gewärtig zu seyn, auch demjenigen, was das ihnen vorgesetzte Bergamt ihnen befihlet, zu gehorsamen"[13].

Im folgenden bestimmte das Reglement bis ins einzelne das Verhalten inner- und außerhalb des Betriebs. Arbeitszeitregelung, Förderung, Maßnahmen bei Unglücksfällen wurden mit dem Nachdruck der Strafandrohung versehen[14], den die Bergämter später in einen detaillierten Strafkatalog kleideten. Von der Unpünktlichkeit und dem Feiern des Blauen Montags[15] bis zur Fahrlässigkeit im Grubenausbau konnten die Revierbeamten Vergehen mit bis zu drei Schichtlöhnen bestrafen[16]; als schärfste Disziplinarmaßnahme mußte die zwangsweise Ablegung eines Bergmanns, die mit der Löschung aus dem Knappschaftsregister und dem Verlust aller entsprechenden Rechte einherging, vom Bergamt selbst verkündet werden, wie dies jedenfalls in Fällen krimineller Vergehen geschah. Neben der strafprozessualen stand die Disziplinarmaßnahme; solche Doppelbestrafung, seit jeher Kennzeichen der Beamtenschaft, rechtfertigt vollauf die Bezeich-

---

11 Aus polnischen Archiven — die Einführung des Privilegiums 1767 entsprach schlesischem Vorbild — nach *R. Koselleck,* Preußen zwischen Reform und Revolution, 1967, S. 124; vgl. auch *Winkelmann,* Vom Kohlengräber zum Bergmann, 1955, S. 3—6.

12 Gedruckt: *W. Bülow,* Knappschaftswesen, S. 86—88; *Adelmann,* Quellensammlung Bd. I, S. 13—16.

13 Ebd., Präambel u. Abschn. I. Dem Reglement waren eine „Formula Juramenti" und ein „Tenor Attestati Inscriptionis bey der Knappschafts-Casse" beigegeben; vgl. ferner das „Reglement für die Bergleute in dem Herzogthum Cleve, Fürstenthum Moers und der Grafschaft Mark" vom 30. 4. 1781, Faksimile s. Abb. 2 nach S. 320.

14 Ein Strafkatalog wurde als Anlage zur Knappschaftsordnung v. 14. 12. 1824 vom OBA am 29. 12. 1824 erlassen und in Essen 1824 gedruckt; bei *Adelmann,* Quellensammlung Bd. I, S. 40—42. Dieser Katalog ist 1845 ergänzt worden, s. OBA 1882 Bl. 150 f.

15 Nach *Karl Koehne,* Studien zur Geschichte d. Blauen Montags, in: Zs. f. Sozialwiss. NF 11 (1920) I S. 268—287, II S. 394—414, wurde im Bergbau selbst nach 1918 der Blaue Montag noch gelegentlich gefeiert. Aus den Akten war kein eindeutiger Hinweis zu gewinnen, doch verbirgt sich der Blaue Montag sicher hinter der häufigen Beanstandung des „willkührlichen Feyerns" (z. B. OBA 1385, diese Umschreibung auch andernorts: Publikandum des Rats v. Berlin 2. 11. 1837, *Koehne* S. 412), dessen Zunahme 1830 ausdrücklich vermerkt wurde (OBA 299 Bl. 45 OBA/beide BÄ 23. 10. 1830, Entw.; Bl. 46—48): Zu solchen Fällen trügen „meistens Faulheit, Unwohlbefinden und Müdigkeit nach vorheriger Schlemmerei und Hang zu einem ungeregelten Verhalten bei einzelnen unverheiratheten Arbeitern" bei.

16 Z. B. war nach Abschn. IX des Reglements 1767 die Trinkgeldernahme bei der außerordentlich hohen Strafe von 10 Tlr. verboten.

nung der Bergarbeiterschaft als „Staatsangestellte"[17]. Indem der Bergmann seiner Rechte verlustig erklärt wurde, sank er zum Lohnarbeiter ab und konnte fortan bestenfalls als Tagelöhner auf einer Grube angelegt werden[18]. Zur Abschreckung pflegten die Bergämter, Löschungen aus dem Knappschaftsregister infolge fahrlässigen Verhaltens durch „Warnung" im gesamten Revier bekanntzumachen[19].

Die Disziplinargewalt sprengte jedoch die Grenzen innerbetrieblicher Regulierung. Schon das Reglement von 1767 hatte jeden Bergmann verpflichtet, „einen guten, ehrbaren Lebens-Wandel" zu führen, „wie es einem ehrlichen Bergmann eignet und gebühret", sich also „sittsam ruhig und friedlich, ohne Schelten, Schmähen, Fluchen, Gotteslästern, Balgen und Schlagen" zu betragen. Die Verschuldung von Bergleuten während der vierziger Jahre wurde Gegenstand behördlichen Schriftverkehrs[20], und als der Bochumer Landrat 1841 einen Presseaufruf veröffentlichte, wonach angeblich „mehrere der sich hier aufhaltenden fremden Bergarbeiter ... mit hiesigen Frauenspersonen im Concubinate leben", reagierten die Beamten so empfindlich, daß der gräfliche Landrat sich zur Rücknahme veranlaßt sah[21].

Natürlich waren „Tumult" und „Aufstand" strengstens untersagt, wie auch schon die älteren Bergordnungen Bestimmungen „zur Unterdrückung von Unruhen und Streiks"[22] enthielten. Zeitweise wurde sogar die Beibringung von „Unverdächtigkeits-Attesten" örtlicher Polizeibehörden gefordert, „damit keine verdächtigen Subjecte unter den Bergleuten aufgehalten werden können"[23] — die hohen Sporteln ließen dies nicht zur Dauereinrichtung werden.

Die geeignete Einrichtung zur Überwachung und Steuerung der obrigkeitlichen Rechte und Pflichten schufen die Behörden in den Knappschaften, in denen neben der sozialen Sicherung der Bergleute die besondere Pflege der bergmännischen Gemeinschaft wahrgenommen wurde.

2. Knappschaften und bergmännische Gemeinschaft

Mit Bruderläden und Vereinen zur Unterstützung verunglückter Kameraden unter der Obhut des Landesherrn reichen auch die Wurzeln des Knappschaftswesens in die Frühzeit des Bergbaus zurück. Für die Entstehung der Knappschaften dürfte vornehmlich die Eigenart des bergmännischen Berufs verantwortlich sein: die ständig gegenwärtige Ge-

---

17 So z. B. *G. Adelmann*, Studien zur sozialen Betriebsverfassung des Ruhrbergbaus, 1960, S. 5.

18 Urteilsabschriften bei strafprozessualen Maßnahmen gingen an die BÄ; vgl. OBA 828: Häufigste Vergehen waren Veruntreuung betriebseigener Gelder durch Schichtmeister und Steiger und Kohlendiebstähle. Kohlenstehlende Bergleute wurden „gänzlich gelöscht", s. OBA 926; vgl. OBA 1784 Bl. 137—139; ebd. Bl. 56: Der Verlust des Rechts zum Tragen der Nationalkokarde verbot die Einschreibung in das Knappschaftsregister. Noch Anfang 1850 ließ sich das OBA durch die Staatsanwaltschaft in Hamm zusichern, daß Strafurteile gegen Bergleute mitgeteilt würden; vgl. auch Amtsblatt RA 29/20. 7. 1822.

19 Ein Beispiel in MBAB 306, 8. 8. 1843; vgl. OBA 926.

20 Vgl. OBA 1784 Bl. 113, OBA 1386 Bl. 258, 280 (OBA/BAE, BAB u. BA Ibbenbüren 27. 4. 1842, unter falscher Datierung bei *Adelmann*, Quellensammlung Bd. I, S. 86 f.); vgl. *H. D. Krampe*, Der Staatseinfluß auf den Ruhrkohlenbergbau, 1961, S. 152 f.

21 Vgl. OBA 828. LR *v. d. Recke-Volmarstein* zog auch während der Revolution den Unwillen der Bergbehörden auf sich; vgl. OPM 704 Bl. 36.

22 Vgl. *Boldt*, Recht des Bergmanns, S. 23.

23 OBA 1784 Bl. 22, BAE/OBA 4. 6. 1817.

fahr der Arbeitsverrichtungen, die isolierte Lage der Gewinnungsstätten und der Charakter des Arbeitsplatzes, schließlich die Gemeinsamkeit der Arbeitserfahrung in den frühen Belegschaftsbildungen. Diese ehemals genossenschaftlichen Organisationen erhielten im Zuge der preußischen Neuordnung den Charakter einer modernen Sozialversicherung. Zugleich mit dem Privilegium wurde eine „Instruktion zur Errichtung und Führung der Knappschafts-Casse für die Bergleute im Herzogthum Cleve, Fürstenthum Moers und Grafschaft Marck"[24] erlassen, mit der der Staat den Gedanken der Förderung und ständischen Abgrenzung in dem primär versicherungsrechtlichen System der Hilfeleistungen fortsetzte.

Anfangs geriet die märkische Knappschaftskasse in Verschuldung, da viele ältere Bergleute aufgenommen werden mußten. Unter den vielen Eingriffen der Bergbehörde kommt wiederum besonderes Verdienst dem 24jährigen *Stein* als Bergamtsdirektor in Wetter zu, „Ordnung und System in das Chaos beim Knappschaftswesen gebracht ... zu haben"[25]. Seither wurde die Kasse seitens der Bergleute durch das „Büchsengeld" in Höhe von 1/60 des Lohns bzw. 1 Stüber pro Reichstaler, die Anfahrtschichtgelder (ein Schichtlohn bei erster Anfahrt) und durch eine monatlich zu leistende Freischicht getragen. Die Gewerken zahlten $1/2$ Stüber Abgabe für jeden Taler Verkaufserlös, d. h. $1/120$ der Einkünfte. Ab 1842 wurde die Beitragszahlung der Bergleute auf $1/20$ ihres Bruttoarbeitslohns vereinfacht[26]. Hinzu kamen regelmäßig Gebühreneinnahmen bei Ausstellung von Bescheinigungen, Beförderungen, Disziplinarstrafen. Dafür gewährte die Kasse freie Kur und Arznei durch besondere Bergchirurgen für die Dauer der Krankheit, während acht Wochen Krankengeld — bei längeren Erkrankungen 5 weitere Wochen zur Hälfte des Satzes —, eine Invalidenrente, eine Witwenpension in Höhe von $2/3$ der Invalidenrente, ein Kinder- bzw. Waisengeld bis zum zwölften Lebensjahr sowie ein Begräbnisgeld. 1803 wurden diese Regelungen durch Gründung einer weiteren Kasse auf das Essen-Werdener Gebiet übertragen, während die Mülheimer Bergleute, deren Gewerkschaften „bisher die Annahme und Entlassung der Bergarbeiter ohne Concurrenz der Behörde nur *nachgesehen* worden, keineswegs aber, gesetzlich eingeräumt gewesen"[27] war, 1842 in den Genuß einer eigenen Kasse kamen. Gegen den erheblichen Widerstand der Gewerken von Wiesche und Sellerbeck durchgesetzt, bedeutete dieser mit Rückhalt in der Oberberghauptmannschaft in Berlin in der Person des *Grafen Beust* erfochtene Sieg eine erhebliche Stärkung der alten behördlich geleiteten Sozialverfassung zu einem Zeitpunkt, als die ursprünglichen liberalen Reformentwürfe der 1830er Jahre wieder vom Tisch waren.

Zu den Leistungen der Knappschaft gehörte insbesondere eine nach den Verhältnissen der Zeit hochqualifizierte Ärzteschaft. Der auch als Dichter bekanntgewordene Bochumer Knappschaftsarzt *Kortum* entwarf bereits 1798 eigens einen Katalog typischer bergmännischer Verletzungen und Krankheiten, etwa infolge äußerer Einwirkungen, schlechter Luft und schnellen Temperaturwechsels, Unreinlichkeit, Ansteckung, aber auch Trun-

---

24 Gedruckt bei *Bülow*, Knappschaftswesen, S. 84—86; vgl. *Adelmann*, Quellensammlung Bd. I, S. 7, 13; zur Vorgeschichte s. *Bülow*, a.a.O. S. 21—34. Zur Frühgeschichte der Knappschaften vgl. *H. J. Teuteberg*, Geschichte der industriellen Mitbestimmung, 1961, S. 131—153.

25 *Bülow*, Knappschaftswesen, S. 38.

26 Genaue Aufstellungen: *Bülow*, Knappschaftswesen, S. 44—48; *H. Thielmann*, Geschichte der Knappschaftsversicherung, 1960, S. 34; vgl. ferner *Krampe*, Staatseinfluß, S. 157.

27 JM 11079 Bl. 99—105, Schriftwechsel FM/JM über eine neue Knappschaft, Bl. 111 Abschr. Kabinettsordre v. 26. 10. 1842 (Hervorhebung in der Abschr.); Reglement von 1843 in OBA 1882 Bl. 266—271. 1844 bemerkten die Behörden befriedigt, daß sich „die unter manchen Widersprüchen und Protestationen der Gewerken" gegründete Knappschaft Mülheim „als zweckmäßig bewährt" habe: OBA 1924 Bereisungsprotokoll 25. 7. 1844.

kenheit und Unmäßigkeit[28]. 1825 wurden die ärztlichen Verhältnisse durch eine „Dienstanweisung für die Bergärzte und Bergwundärzte der Märkischen und Essen-Werdenschen Knappschaften"[29] nach amtlichem Ritus detailliert geregelt, und schon 1840 wurden nur noch staatlich geprüfte (approbierte) Bergärzte zugelassen, womit offenbar die ältere Qualifikation der Wundärzte (für äußere Verletzungen) aufgegeben wurde[30]. Den bestallten Knappschaftsärzten galt in einer Zeit des Überflusses an Ärzten aller denkbaren Vorbildung mancher neidische Blick von Kollegen auf das begehrte Amt mit seinem sicheren Einkommen. Etwa hatte jeder der sechs Bergärzte im Bergamtsbezirk Essen 1844 über 400 Bergleute ärztlich zu betreuen und erhielt dafür ein jährliches Pauschalhonorar vom 20 Sgr. pro Person neben den sonstigen Einkünften seiner Praxis[31].

Schon durch *Stein* war eine Abstufung der versicherungstechnischen Abgaben und Leistungen durch Einteilung der Bergleute in Kategorien geschaffen worden. Danach konnten Steiger und Schichtmeister, Unterschichtmeister und Kohlenmesser, Hauer, Schlepper und Kohlenschieber, Haspelknechte, nach ihren Beiträgen gestaffelte Leistungen beanspruchen. Die infolge mancher Mängel im Knappschaftswesen am 14. Dezember 1824 erlassene „Knappschaftsordnung für die Bergleute in den Bezirken des Märkischen und Essen-Werdenschen Bergamts"[32] regelte diese Abstufungen bei Aufrechterhaltung der Beiträge und Leistungen im wesentlichen neu: Die Rangstufen wurden jetzt zur Klasseneinteilung von Vollmitgliedern der Knappschaft, von in die Revierlisten eingeschriebenen Bergleuten und von Bergtagelöhnern vereinfacht, wobei letztere als „unständige" Bergleute durch Verfügung 1842[33] weitere Knappschaftsrechte erhielten. Durch ein an Art und Dauer bergmännischer Arbeitsverrichtungen ausgerichtetes Beförderungssystem wurde der Aufstieg von der unständischen über die 2. zur 1. Klasse der Vollmitgliedschaft geregelt. Vollmitglieder genossen, und dies ist das hervorstechende Merkmal der Klasseneinteilung, praktische Unkündbarkeit: Die Bergbehörde, die die An- und Ablegung von Bergleuten auf den einzelnen Gruben zu überwachen hatte, bestimmte, daß in Fällen von Absatzmangel zuerst Bergtagelöhner, dann Bergleute 2. Klasse, zuletzt unverheiratete der 1. Klasse abgelegt, „endlich im schlimmsten Falle von den übrigbleibenden nicht volle Schichten verfahren" werden sollten[34]. Auch in Jahren vermehrten Arbeitskräftebedarfs wurde die Konjunkturlage zuerst, um die Stabilität des Knappschaftskörpers zu wahren, durch Verstärkung der Tagelöhnergruppe aufgefangen. Der natürliche Abgang aus der 1. Klasse wurde regelmäßig jährlich durch Bergleute mit inzwischen „bewährter Qualifikation"[35] ersetzt.

28 *Johann Karl Arnold Kortum,* Gesundheitsbüchlein für Bergleute. Dortmund (H. Blothe) 1798, 60 S. (UB Münster). Vgl. *Karl Deicke,* Der Jobsiadendichter Carl Arnold Kortum. Sein Leben und seine Schriften. Mülheim 1910; *Karl Brinkmann,* Damals gab es noch keine Knappschaftsärzte. In: Der Anschnitt 6 (1954) Nr. 5, S. 11—13; *ders.,* Bochum, 1968, S. 151—153.
29 Vom 8. 1. 1825, Abschr. in OPM 2814.
30 Vgl. *H. Grewe,* Essen, Diss. [1949], S. 73.
31 Vgl. OPM 2814, 11. 3. 1843; OBA 1924 Bl. 105.
32 Gedruckt bei *Adelmann,* Quellensammlung Bd. I, S. 30—44.
33 „Reglement für die Einschreibung von Bergleuten II. Klasse und deren Aufrücken in die I. Klasse . . .", voller Text bei *Bülow,* Knappschaftswesen, S. 47. Quellen zur Reform von 1842 s. OBA 1924.
34 „Revierbeamten-Instruktion" v. 28. 10. 1839, § 56, auszugsweise bei *Adelmann,* Quellensammlung Bd. I, S. 44—47.
35 OBA 1924 u. 1925, Bereisungsprotokolle Oberberghauptmann *Graf Beust* 1844, 1846. Maschinenwärter und Schürer sind anscheinend anfangs nicht als Bergleute „vom Leder" betrachtet worden; 1833 ordnete das Oberbergamt ihre Vereidigung an (OBA 418 Bl. 36).

Beiträge und Leistungen blieben in der ständischen Zeit im wesentlichen auf dem Stand von 1824 erhalten oder wurden geringfügig nach Maßgabe der Kassenlage verbessert. Die Knappschaftskasse hat bis zur Revolution, von manchen Mindereinnahmen abgesehen, ein erstaunliches Vermögen angesammelt, so daß in der Finanzkrise vom Frühjahr 1848 nach ministerieller Genehmigung die Gewerken aus Knappschaftsgeldern Kredite entnehmen konnten[36].

Die Knappschaft ist im Vormärz das wichtigste Instrument staatlichen Einflusses auf die Gesamtheit der bergmännischen Lebensverhältnisse gewesen. Sie war, wie bereits die Doppeldeutigkeit ihrer Benennung — Versicherungsorgan und Gesamtheit der Bergarbeiter — verrät[37], niemals allein Versicherungsinstitut, sondern immer auch ein Organ zur Pflege der bergmännischen Moral und Gemeinschaft, die die Behörden nach Kräften zu beeinflussen suchten. Sie bestimmten in der Knappschaftsordnung von 1824, ganz im Einklang mit dem älteren Reglement:

> „Das Bestreben eines Bergmanns muß dahin gerichtet sein, seinen ausgezeichneten Beruf treu zu erfüllen, und durch Sittlichkeit, Ordnung, Rechtschaffenheit und durch Gehorsam gegen seine Vorgesetzten sich und seinem Stande Ehre zu erwerben, und das Vertrauen seiner Vorgesetzten zu erlangen"[38].

Auszeichnung und Verpflichtung sind die Leitlinien, unter denen die Behörden über ihre unteren Organe und deren Instruierung das Knappschaftsinstitut durch eine Fülle solcher Maßnahmen auszufüllen verstanden, die das bergmännische Leben gerade auch außerhalb der rigoros verlangten beruflichen Pflichterfüllung ordnend zu beeinflussen vermochten. Die Billigung solcher moralischer Grundsätze seitens der Bergleute wurde insbesondere durch die besondere Organisation der Knappschaftsführung erreicht: Zusammen mit dem Reviergeschworenen verwalteten die Knappschaftsältesten das Versicherungsinstitut. Schon 1785 war der Vertreter der Gewerken in der Knappschaftsführung entfallen, während gleichzeitig ein Gesuch auf Mitwirkung in der Knappschaft von Hörder Bergleuten von *Stein* genehmigt wurde. Zur Selbstverwaltung wählten nunmehr jeweils 20 Knappschaftsvollmitglieder und uneingeschriebene, noch nicht durch den Eid verpflichtete und geringere Beiträge entrichtende Bergleute einen Deputierten. Unter dem Vorsitz des Reviergeschworenen schlug die Deputiertenversammlung für jedes Amt eines Knappschaftsältesten drei Kandidaten auf zwei Jahre vor, von denen das Bergamt einen erwählte, der sein Amt ehrenhalber zu versehen hatte[39].

---

36 Vgl. unten S. 136 f.; für Kassenbilanzen s. z. B. *M. Reuß*, Mittheilungen aus der Geschichte des Oberbergamts Dortmund, 1892, S. 95—104.

37 Diese aus den Akten immer wieder erkennbare Doppeldeutigkeit ist ebenso wie die Verstärkung des behördlichen Einflusses vor der Revolution in der neueren Literatur übersehen worden; z. B. verzichtet *Krampe*, Staatseinfluß, S. 154—163, in einer sonst vorzüglichen Darstellung auf die Diskussion der ständisch-gemeinschaftsbildenden Seite. Vgl. dagegen schon *Bülow*, Knappschaftswesen, S. 51—55; auch *M. J. Koch*, Bergarbeiterbewegung, 1954, hat S. 14 darauf hingewiesen, daß die Knappschaft „nicht nur materiellen Interessen" diente, vielmehr eine „enge Gemeinschaft" war. — „Knappe" ist etymologisch mit „Knabe" identisch und bezeichnet mittelhochdeutsch einen Jüngling oder Junggesellen, bes., wenn er noch nicht Ritter ist (also ein Mitglied gehobener Stände); auch einen Knecht oder Gesellen; vgl. *M. Lexers* Mittelhochdeutsches Taschenwörterbuch, Stuttgart [32]1966, S. 111. Noch heute heißt der Bergmann nach dreijähriger Lehrzeit „Knappe".

38 Knappschaftsordnung 1824, § 1.

39 Vgl. Neue Stein-Ausgabe Bd. I, 1957, Nr. 160, „Bericht des märkischen Bergamts" v. 29. 5. 1785; hierzu *W. Schulte*, Volk und Staat, 1954, S. 22, 52, 368 Anm. 9 (interpretiert den Knappschaftsältesten als Bsp. eines altwestfälischen Selbstverwaltungswillens); zum Wahl-

Mit dieser Form begrenzter Selbstbestimmung verfügten die Bergleute immerhin über beschränkte Einflußmöglichkeiten, vor allem aber über ein Organ zur Artikulation ihrer Wünsche, dessen Anregungen in der Tat, wie noch zu zeigen ist, von den Behörden aufgenommen wurden. Das System sozialer Hilfeleistungen wurde transparent und eröffnete damit eine Chance zur Identifikation des Bergmanns mit den für ihn geschaffenen Einrichtungen. Gerade seine später spürbare Empfindlichkeit gegenüber Veränderungen in der Knappschaftsverfassung und sein Interesse an institutionellen Verbesserungen signalisieren waches Engagement, wie es sich in der Revolution artikulieren sollte.

Die gemeinsame, aufeinander abgestimmte Tätigkeit von Reviergeschworenen und Knappschaftsältesten sprengte den „herkömmlichen" versicherungstechnischen Rahmen bei weitem. Dabei ist der außerbetriebliche, daseinsordnende Einfluß der Knappschaften seit Restitution der preußischen Bergbaubürokratie mit einem Höhepunkt in den 1830er Jahren anhaltend verstärkt worden. 1833 wurde durch Kabinettsordre verfügt, daß sich fortan heiratswillige Bergleute „zum Zeichen ihrer Abhängigkeit und Subordination", wie es rückblickend 1862 hieß[40], des behördlichen Heiratskonsenses durch einen knappschaftlichen Trauschein, für den Gebühren erhoben wurden, zu vergewissern hätten; allen Geistlichen wurde bei Strafe die Trauung ohne Vorlage eines solchen Trauscheins untersagt. — Zu den wichtigsten Maßnahmen der untersten Behördeninstanz im Verein mit den Knappschaftsältesten zählte die Verbesserung des Ausbildungsstandes, die sich schon *Friedrich II.* durch das Verbot der Beschäftigung kerbstockführender Grubenbeamter[41], *Stein* durch die Gestaltung von Aufstiegsmöglichkeiten zwischen den Kategorien der Bergarbeiter[42] angelegen sein ließen. Das Schulwesen lag im Vormärz in der Grafschaft Mark wie andernorts sehr im argen. Von 100 schulpflichtigen Kindern besuchten 1838 im Rheinland 80, in Westfalen 83 die Schule[43]; auf einen der mit durchschnittlich 75 Taler Jahreseinkommen ärmlich lebenden Lehrer entfielen bis 300 Schüler, und seminargebildete Lehrer waren eine Seltenheit. Trotz staatlicher Gegenmaßnahmen blieb das Privat- und Winkelschulwesen verbreitet, während andererseits die Verwaltungsbehörden alles taten, um den öffentlichen Bildungshunger, der sich

---

modus s. *Bülow,* Knappschaftswesen, S. 43 F.; *Hue* I S. 418 f. Seit 1809 wurden den Knappschaftsältesten Vergütungen gezahlt (um 1840: 40 Tlr. jährlich). Vgl. ferner unten S. 285 Anm. 285.

40 Knappschaftsvorstand Essen/OBA 31. 1. 1862, in: OBA 1601; ebd. Kabinettsordre v. 29. 5. 1833.

41 Des Schreibens unkundige Schichtmeister pflegten, die Mengen geförderter Kohlen durch Einkerben von Holzstöcken zu zählen. Vgl. die „Specification der Kohlenzechen und Schichtmeister" v. 6. 3. 1755, gedruckt in: Die Gft. Mark Bd. II, S. 175—184.

42 Vgl. die Denkschrift *Steins* v. 27. 7. 1784, Neue Stein-Ausgabe Bd. I, S. 183—188.

43 Vgl. bes. *K. E. Jeismann,* Tendenzen zur Verbesserung des Schulwesens in der Grafschaft Mark 1798—1848, 1969/70, S. 78—97; im allgemeinen Zusammenhang *ders.,* Das Erziehungswesen in seiner Bedeutung für die Entwicklung des modernen Staates und der bürgerlichen Gesellschaft. In: Westf. Forsch. 24 (1972) S. 64—76; vgl. *L. Beutin,* Die märkische Unternehmerschaft, 1957, S. 67; *Martin Sellmann,* Zur Geschichte des Hagener Schulwesens von den ersten Anfängen bis zum 19. Jh. In: Jb. f. westfäl. Kirchengesch. 67 (1974) S. 9—54. Aus der älteren Literatur s. noch *G. v. Viebahn,* Statistik des Reg.-Bez. Düsseldorf, Teil 1, 1836, S. 267—274; *Stenger,* Das Schulwesen in der Gft. Mark von 1609—1909, in: Die Gft. Mark Bd. I, S. 263—296; über *Harkort* bes. *G. Kratzsch,* Fr. Harkort, ein märkischer Liberaler, 1969/1970, S. 75. Eine Fülle von Informationen (bis etwa 1850) bringt *P. Freisewinkel,* Betrachtungen über das Schulwesen im Hattinger Raum, 1962, passim.

etwa in der vermehrten Eröffnung von Leihbibliotheken äußerte, in die rechten Bahnen notfalls mit restriktiven Maßnahmen zu leiten[44]. Demgegenüber bemühten sich die Bergbehörden auf mehreren Ebenen erfolgreich um die Hebung des bergmännischen Bildungsniveaus. Einerseits wurden durch den Aufbau eines Bergschulwesens Anstrengungen für die geregelte Fachausbildung des mittleren Führungspersonals, der Steigergrade, unternommen[45]. Aber auch um das allgemeine Schulwesen sorgten sich die Bergbehörden, und wiederum bot sich das Instrument der Knappschaftskasse an, das Schulgeld zunächst für die Kinder der armen Berginvaliden und Bergmannswitwen, mit der Knappschaftsordnung 1824 für die Kinder aller eingeschriebenen Bergleute zu übernehmen. Für den Bochumer Bereich 1835 aufgehoben, bestand diese Regelung im Essen-Mülheimer Gebiet bis in die 1860er Jahre fort. Währenddessen hat der Schulbesuch durch Vermehrung der Volksschulen und Kontrollen seitens der Knappschaftsältesten entscheidend verbessert werden können. Schon 1840 war es kaum noch möglich, in die Knappschaft aufgenommen zu werden, wenn man des Lesens und Schreibens unkundig war, und an der „vergleichsweise hervorragenden Bildung und Intelligenz der zur deutschen Bergarbeit herangezogenen Arbeiter"[46] bestand zeitgenössisch kein Zweifel. Selbst die Erziehung der Bergmannstöchter suchte man zu beeinflussen: Angeregt durch erfolgreiche Versuche im Bergamtsbezirk Saarbrücken, kam es 1846 in Schuir und Bredeney zur Gründung von hauswirtschaftlichen „Mädchen-Industrieschulen". Auf mehrmalige Mahnungen des Oberbergamts auch im Bochumer Bereich unternommene Versuche scheiterten jedoch aus finanziellen Gründen, und die um 25 Näh- und Strickschulklassen, die in den 1850er Jahren im Essener Raum bestanden, haben anscheinend in kirchlicher oder kommunaler Trägerschaft gelehrt und dienten wohl mehr der Erziehung vor allem mittelständischer Bürgertöchter[47].

Der bergamtlich gepflegte Brauch, allmorgendlich die Schicht mit einem gemeinsamen Gebet oder Gesang zu eröffnen, gehörte zu den regelmäßigen Gepflogenheiten des Erz-, später auch des Ruhrkohlenbergbaus und hat sich in manchen Gegenden bis nach dem Zweiten Weltkrieg erhalten. Nicht nur erzieherische Absichten wurden damit verfolgt; vielmehr konnte das Morgengebet mit dem aus Sicherheitsgründen notwendigen „Verlesen" der Namen aller einfahrenden Bergleute, einer bergpolizeilichen Vorschrift, verbunden werden; dem Hang zur Unpünktlichkeit wurde so begegnet[48]. Aber vor

---

44 Über Leihbibliotheken im Krs. Bochum vor 1850 vgl. LRB VIII 361.

45 Vgl. *E. Schmitz*, Die deutschen Bergschulen, Diss. 1932, S. 2—59; *F. Schunder,* Lehre und Forschung im Dienste des Ruhrbergbaus, 1964, S. 52—93; über die Bochumer Bergschule auch *F. Darpe,* Bochum, 1888—1894, S. 541.

46 *Hiltrop,* Über die Reorganisation der Knappschaftsvereine, 1869, S. 222; vgl. *H. Hilbert,* Grubenbelegschaft des Ruhrkohlengebietes, Diss. 1955, S. 2; *Bülow,* Knappschaftswesen, S. 52 Anm. 3. Über die Zahl verfügbarer Schulen wurden Erhebungen angestellt: MBAB 30.

47 Vgl. MBAB 30, BAEW 108 Bl. 13. Über das Industrieschulwesen s. *Focko Eulen,* Vom Gewerbefleiß zur Industrie. Ein Beitrag zur Wirtschaftsgeschichte des 18. Jhs. Berlin 1967, S. 28—60; Zur Geschichte der Arbeitserziehung in Deutschland. Teil I: Von den Anfängen bis 1900. Berlin (O) 1970, S. 62—77 (mit weiterer Literatur); *Ursula Aumüller,* Industrieschule und ursprüngliche Akkumulation in Dtld. In: *Klaus L. Hartmann et al.* (Hg.), Schule und Staat im 18. und 19. Jahrhundert. Zur Sozialgeschichte der Schule in Deutschland. Frankfurt/M. 1974, S. 9—145; bes. *Peter Lundgreen,* Schulbildung und Frühindustrialisierung in Berlin/Preußen. Berlin 1971, S. 568 f.

48 Vgl. die „Instruction für die Abhaltung des Verlesens" (vom 6. 11. 1839), Druckexemplar in OBA 1882 Bl. 269 f.; Das Schichtgebet im Ruhrbergbau. In: Der Anschnitt 7 (1955) Nr. 5, S. 23.

allem die Berufsgefahren, die Häufigkeit tödlicher Unfälle[49], haben diesen von den Behörden geförderten Brauch auch für die Bergleute zur anerkannten Regel werden lassen, die allerdings aus Mangel an geeigneten Räumen häufig entfiel[50]. Die Bergämter traten untereinander in Verbindung, um passende Gebetbücher zu beschaffen und zu verbreiten; Knappschaftsälteste wurden beauftragt, solche Schriften „unter die Bergleute cursiren"[51] zu lassen. Als Kuriosum mag die Beschwerde eines älteren Bergmanns vermerkt werden, der die versprochenen 20 Stüber für das tägliche Vorbeten nicht erhalten hatte[52]; andernorts wurden regelrechte „Bergprediger" bestellt[53].

Seine durch die Berufsgefahren, durch die bergmännischen Traditionen und die ländliche Lebensweise gestützte Frömmigkeit hat den Bergmann, „gottesfürchtig und gehorsam"[54], bis lange über die Zeit des Direktionsprinzips hinaus entscheidend beeinflußt, so daß sich die christlich-soziale Bewegung der Bergleute seit den 1870er Jahren auf einen wohlvorbereiteten Nährboden stützte. Mit der glaubensdurchdrungenen Lebensweise der Bergleute war Sonn- und Feiertagsarbeit unvereinbar; sie wurde in einzelnen Bergordnungen ausdrücklich untersagt. Im Vormärz wurde während hoher Feiertage mit Lohnfortzahlung gefeiert, an niederen Feiertagen wurde die Arbeitseinstellung gewöhnlich in das Belieben der Bergleute gestellt. Noch 1851 ließ das Handelsministerium alle Behörden auffordern, ihren ganzen Einfluß „auf Heilighaltung der Sonn- und Feiertage zu verwenden"[55]. Regelmäßige Sonn- und Feiertagsarbeit ist erst mit dem erhöhten technischen Aufwand der Tiefbauschächte — Wasserhaltung, fortschreitender Abbau zur Vermeidung von Druckschäden, Reparaturen — notwendig geworden.

In der Dienststelle des Reviergeschworenen bündelte sich in dessen Eigenschaft als unmittelbarster Disziplinarvorgesetzter mit Strafbefugnis für Bergleute und Grubenbeamte, als Vorsteher des Knappschaftswesens mit Eingriffsmöglichkeiten in der Sozial-

---

49 Hierzu unten S. 224 ff.; zeitgenöss. Erhebungen in OBA 1389; MBAB 306 (Maßnahmen zur Unfallverhütung 1822 ff.), MBAB 307 (Unfallstatistik u. a.).

50 Vgl. MBAB 28 Bl. 22 BAE/OBA 23. 5. 1844 (Abschr.); OBA 299 Bl. 69 ff., Bl. 302; 1844 fand im BAE das Morgengebet auf keiner Zeche mehr, im BAB auf den meisten Gruben nicht mehr statt; in den 50er Jahren wurde der Brauch wiederbelebt (OBA 1385 Bl. 375). Auf Zeche Hansa ist noch 1878 allmorgendlich gebetet worden, und im Ibbenbürener Bergbau bestand der Brauch noch 1892 (vgl. OBA 1400 Bl. 35; *A. Mämpel,* Bergbau in Dortmund Bd. III, 1969, S. 87). Über das jüngst restaurierte Bethaus im Muttental südl. der Ruhr s. *Werner Kroker,* in: Der Anschnitt 26 (1974) H. 5/6, S. 30—37.

51 Vgl. MBAB 28 Bl. 13 OBA/BAB 23. 7. 1819; ebd. Bl. 15; Schriftwechsel mit schlesischen BÄ Bl. 3—5. Einige der verbreiteten Schriften: „Das Erbauungsbuch für den schriftlichen Bergmann", hg. v. Pfarrer *Kiesling,* Beireuth 1800; „Bergmännische Andachtsübungen und Gebete", von *Fr. Traugott Götze,* Freyberg 1792; in den 1850er Jahren: „Lieder und Gebetbuch für Berg-, Hütten- und Salinenarbeiter", hg. v. Pastor *Tychka* in Rödersdorf (vgl. BAEW 108 Bl. 223); weitere Titel bei *Bülow,* Knappschaftswesen, S. 53 Anm. 1.

52 Vgl. MBAB 28 OBA/BAB 23. 6. 1820.

53 Vgl. *Hue* I S. 178, 407. Eine ältere Verordnung sah ein Strafgeld für das Versäumen des Morgengebets vor.

54 *W. Brepohl,* Perioden in der Gesch. d. Industrievolks, 1963, S. 120 f. Für die Religiosität der Bergleute sind zahlreiche Zeugnisse überliefert. Vgl. hier nur den „Willkommensgruß der Wiescher Knappschaft an Herrn Prediger Vogt bei dessen Einzuge in Mülheim a. d. Ruhr am 3. 7. 1820", in den Vaterstädtischen Blättern, Beiblatt zum General-Anzeiger f. Stadt- und Landkreis Mülheim 11/10. 6. 1905: „Dein göttlich Wort sei unser Grubenlicht . . .".

55 MBAB 301 Zirkularverfügung 27. 5. 1851; vgl. ebd. OBA/BAE 13. 4. 1848 (Abschr.) und MBAB 299 Bl. 135—138, 251; *E. Sasse,* Lage der Ruhrbergleute, Diss. 1922, S. 21; *F. W. A. Pott,* Bommern an der Ruhr, 1921, S. 38.

fürsorge und als eigens ausersehen Aufsicht über die bergmännische Gemeinschaftspflege der Einfluß der Bergbehörde. Vorzüglichster Ausdruck der Pflege des ständischen Gruppenbewußtseins war die Uniform, die jeder Bergmann bei „Knappschafts-Versammlungen, bergmännischen Aufzügen, an Sonn- und Festtagen, bei Hochzeiten, Leichenbegängnissen und anderen feierlichen Angelegenheiten sowie auch bei seiner Gestellung vor dem Berg- und Ober-Berg-Amt und dem Bergbeamten"[56] zu tragen hatte. Der „Bergmännische Habit"[57] bestand aus dem „Grubenkittel von schwarzem Tuch, schwarz tuchenem Beinkleid oder weiß leinenem, beides über die Stiefel"[58], zusammen mit dem Schachthut. Bergmännische Grade wurden gekennzeichnet; Knappschaftsälteste trugen Schichtmeisteruniformen. Eine ordnungsgemäße bergmännische Uniform kostete in den 1830er Jahren etwa 16 Taler und wurde meist in Raten gekauft; die einheitliche Einführung scheint aber im Ruhrbergbau trotz eifriger Bemühungen der Behörden, die noch 1847 zu einem sehr detaillierten Uniformreglement führten, nicht gelungen zu sein. Ein letzter Versuch des Bochumer Knappschaftsvorstands scheiterte 1862/63, nachdem die Verpflichtung zum Uniformtragen noch 1858 bergamtlich wiederholt worden war[59]. Einen Uniformzwang hat es im Ruhrgebiet, anders als etwa im Zwickauer Revier, nach Erlaß des Knappschafts- und Allgemeinen Berggesetzes als Instrument betrieblicher Disziplinierung nicht gegeben[60]. Die Uniform spiegelt augenfällig die behördlichen Bemühungen um eine fast militärische Geschlossenheit und Disziplin unter den Bergleuten, um „Beförderung der Einheit und des bergmännischen Sinnes" und „zur Abwendung des Kleiderluxus und des abgerissenen schmutzigen äußeren Erscheinens". „Ist die Knappschaft gehörig uniformiert, so können Feierlichkeiten, Versammlungen und Aufzüge zu besonderen Zwecken von derselben anständig begangen werden"[61]. Geschickt haben die Bergämter die versicherungstechnische Aufgabe des Knappschaftsinstituts mit dem Gemeinschaftsgedanken so ausgefüllt, daß für den Bergmann eine unauflösliche Einheit des Bewußtseins von sozialer Sicherheit und sozialem Status entstand. Angemessene Behandlung, Beförderungschance und Belobigung im Betrieb, Ansprüche der Sozialfürsorge und betriebliche Rechtsgarantien harmonierten mit Maßnahmen zur Beförderung der Geselligkeit. Knappschaftsfeiern, bisher im Ruhrbergbau nur ansatzweise in Fastnachtsversammlungen geübt, wurden, durch Gottesdienste, häufig im Freien, eingeleitet, zur regelmäßigen Repräsentation des Bergmannsvolks nach außen. Wenn sich auch die Bergfeste an der Ruhr nicht, wie etwa in Sachsen, zum festen Brauch des „Bergvolks" entwickeln konnten, so wurden

---

56 Knappschaftsordnung 1824, § 16. Über Bestrafungen bei Verstößen s. OBA 1784 Bl. 68—72. Ein erstes Uniformreglement wurde schon 16. 4. 1786 in Kraft gesetzt und durch OBA-Reskript 11. 2. 1819 modifiziert.

57 Reglement 1767 Abschn. 12.

58 OBA 1899 Bl. 8—10 Verhandlungsprotokoll 3. 2. 1833 mit einem neuen Uniformenerlaß (Bl. 12—14, 18, 62 ff.). Vgl. *Hue* I S. 187.

59 Vgl. StaMH DCyn 82/83; Denkschrift zur Einweihung des Knappschafts-Verwaltungsgebäudes, 1910, S. 24; *A. v. Waldthausen*, Sälzer u. Neuak, 1902, S. 48—50.

60 Vgl. *R. Wolf*, Materialien z. Lebensweise der Zwickauer Steinkohlenbergarbeiter vom Ausgang des 19. Jahrhunderts bis zur Zeit der Weimarer Republik. In: *Wolfgang Jacobeit/Ute Mohrmann* (Hg.), Kultur und Lebensweise des Proletariats. Berlin (O) 1973, S. 185—211, hier S. 186 f.; *ders.*, Arbeit u. Arbeitsgesellung im Zwickauer Bergbau in der zweiten Hälfte des 19. Jhs. In: Wiss. Zs. d. Humboldt-Univ. Berlin. Gesellschaftswiss. Reihe 20 (1971) S. 83—98, hier S. 86 f.; *E. Wächtler*, Fortschritt, S. 31, 38.

61 Revierbeamten-Instruktion 1839 §§ 59 f.; übrigens ein Beispiel für die Doppeldeutigkeit des Knappschaftsbegriffs.

doch seit den 1820er Jahren auf Kosten der Bergamtskassen regelmäßig Revierfeste gefeiert, zu denen die 1816/17 gebildeten Bergmusikkapellen der beiden Bergamtsbezirke aufspielten. Im Ibbenbürenschen wurde zur Festverschönerung ein Sängerchor zusammengestellt, wie sich auch sonst der Gesang besonderer Pflege erfreute[62]. Ein großer Teil dieser patriotischen Geselligkeit galt der Person des Landesherrn, dessen bloße Durchreise genügte, um eine zahlreiche Bergarbeiterschaft in gehöriger militärischer Ordnung und mit dem rechten Uniformschmuck an den Post-, später auch Bahnstationen zu versammeln. Fackelumzüge und andere festartige Veranstaltungen sind auch älteren, angesehenen Gewerken dargebracht worden; die Zeit der gemeinsamen Feste aller Bergbaubeteiligten unter dem obrigkeitlichen Patriarchat fand jedoch in den 1860er Jahren ihr Ende[63]. Im Verlauf der Feste pflegten die Bergbehörden in Ansprachen Pflichttreue zu belobigen[64] und Beförderungen junger Schlepper zu Hauern und damit deren Eintritt in die Knappschaft als Vollmitglied feierlich zu vollziehen. Uniformen und mitgeführte Fahnen symbolisierten Einheit und Geschlossenheit des Standes. Jene oft von Gewerken oder Prominenten gestifteten Knappschaftsfahnen waren das „teure Vermächtnis" und „heilige Panier", um das die Bergleute „im Augenblick unruhiger Verhältnisse und in Zeiten der Not für König und Vaterland sich zu versammeln haben"[65]. In Essen wurde es 1842 erforderlich, eine zweite Fahne anzuschaffen, weil sich die konfessionellen Gruppen über das Mitführen bei Feierlichkeiten zerstritten hatten[66].

3. Betriebliche Arbeitsverhältnisse unter dem Direktionsprinzip

a) Die Herkunft der Bergarbeiterschaft

Die in der Forschung nicht vollends geklärte Frage der Mobilität der Unterschichten im Vormärz[67] kann hinsichtlich der Ruhrbergarbeiterschaft mit Sicherheit beantwortet werden. Es ist hier möglich, für die Zeit bis 1850 vier verschiedene Wanderungsströme

---

62 Vgl. OBA 1600 TLBA/OBA 18. 9. 1822; Amtsblatt RA 46/16. 11. 1833; 47/23. 11. 1833, wird das „bergmännische Publikum" auf ministerielle Veranlassung auf ein „Gesangbuch für Berg- und Hüttenleute, nebst einigen Gebeten", Halle 1833, hingewiesen. Andere, im Ruhrgebiet geläufige Titel dieser Zeit nennt bes. *G. Heilfurth*, Das Bergmannslied, 1954, S. 49 f., 53 f.

63 Vgl. *F. Mogs*, Sozialgesch. Entwicklung der Stadt Oberhausen, Diss. 1956, S. 44, *K. Bax*, Der dt. Bergmann im Wandel der Geschichte, 1942, S. 32; *K. Mews*, H. A. Huyssen, 1970, S. 233, 236; *E. Wallmichrath*, Ein Personenkreis beim Bau der ersten dt. Eisenbahn, 1966/67, S. 377; Denkschrift z. Einweihung des Knappschafts-Verwaltungsgebäudes, 1910, S. 23 f.; *Pott*, Bommern, S. 38 f.

64 Zeitweise wurde die Auszeichnung besonders geschickter Bergleute durch Hervorhebung an der Uniform diskutiert; vgl. OBA 1784 Bl. 86—89, 95.

65 *Walter Riffler*, Knappenfeier vor 100 Jahren, in: Chronik der Heimat, Monatsbeilage des Mülheimer General-Anzeigers, in: StaMH; vgl. auch *Bülow*, Knappschaftswesen, S. 53 f., und OBA 1925, Bereisungsprotokoll *Graf Beust* 8. 9. 1846.

66 Vgl. [*H. Imbusch*], Zur Lage der Bergarbeiter im Essener Bezirk, [1910], S. 37; *A. v. Waldthausen*, Sälzer u. Neuak, S. 49.

67 Vgl. die Aufsätze von *W. Köllmann:* Industrialisierung, Binnenwanderung und soziale Frage; vor allem: Bevölkerung und Arbeitskräftepotential 1815—1865; zuletzt in: *ders.*, Bevölkerung in der industriellen Revolution, S. 106—124, 272—276; S. 61—98, 267—271.

zu unterscheiden[68] und den Assimilationsvorgang der Zugewanderten in der ortsansässigen Bevölkerung näher zu bestimmen:

1. Der noch unbedeutende Ruhrbergbau des 18. Jahrhunderts verzeichnete infolge staatlicher Förderungsmaßnahmen im Zuge der regen Bergbaupolitik *Friedrich II.* hohe Zuwanderungen aus traditionellen Bergbaugebieten wie dem Mansfeldischen, aus Hessen, Böhmen und Waldeck. Nach den Knappschaftslisten waren 1755/56 von 688 Bergleuten 75 Fremde[69], und zeitweise, so 1797 bei einer Gesamtzahl von 939 Bergleuten im märkischen Revier, bestand der Anteil der Zugezogenen aus über einem Viertel der Gesamtbelegschaft[70].

Diese Zuwanderung, einzuordnen in die merkantilistische Arbeitsmarktpolitik des 18. Jahrhunderts und das Bemühen des Regalherrn, den märkischen Bergbau durch Zuführung gelernter Bergbau-Facharbeiter zu heben, unterscheidet sich grundsätzlich von späteren, marktwirtschaftlich bestimmten Wanderungswellen der Konjunkturperioden[71]. Die Verlegung dieser Kohlenhauer, Fachleute in ihrem Beruf, geschah unter dem Anreiz besseren Verdienstes und Beförderung[72], etwa zum Schichtmeister oder Steiger; sie war darüber hinaus mit der Zusicherung bestimmter Sonderrechte verbunden. Als sich zu Beginn des 19. Jahrhunderts im Ruhrraum ein qualifizierter Belegschaftsstamm gebildet hatte, sind solche Wanderungsfälle nur noch vereinzelt vorgekommen[73], allerdings haben die Bergämter die Verbindung mit anderen Bergbaugebieten nicht abreißen lassen. Da der „Wesensunterschied" zwischen den Gruppen der Einheimischen und Zugewanderten „keineswegs grundsätzlicher Art" war[74], da die Zuwanderung im übrigen in einem zahlenmäßig geringen Rahmen blieb, war der Assimilationsprozeß im Vormärz bereits so weit fortgeschritten, daß die Ankömmlinge zur bodenständigen Bergbaubevölkerung zu rechnen sind.

2. Eine weitere Wanderungsbewegung, ebenfalls zahlenmäßig gering und ausschließlich Facharbeiter erfassend, wurde durch die Werbung der Eisenindustrie veranlaßt, die besonderer Verhüttungs- und Verarbeitungsspezialisten bedurfte und sie unter der

---

68 Ungenau bleibt für die Frühzeit *W. Brepohl,* Aufbau des Ruhrvolks, 1948, S. 42—45, und *ders.,* Industrievolk, 1957, S. 4 f.; *ders.,* Perioden, S. 113 ff.; kritisch gegenüber *Brepohl: Nettmann,* Grundzüge, S. 71 Anm. 16.

69 Nach *A. Meister,* in: Die Gft. Mark Bd. I, S. 448 f.; frühere Knappschaftslisten bei *Brepohl,* Aufbau des Ruhrvolks, S. 43 f.

70 Vgl. *Irmgard Lange-Kothe,* Fremde Bergleute an der Ruhr. In: *Adelmann,* Quellensammlung Bd. I, S. 48—52 (zuerst 1955).

71 Weitere Hinweise zur Zuwanderung und Seßhaftwerdung von Bergleuten im 18. Jh. bei *Wilhelm Klewer,* Über Einwanderungen in die Herrschaft Broich gegen Ende des 17. und Anfang des 18. Jhs. In: Zs. d. Geschichtsvereins Mülheim 25 (1931) S. 8—33.

72 Aus diesem Grund konnten Bergleute auch wieder abwandern, vgl. OBA 1784 Bl. 124—126 (1846).

73 Vgl. OBA 828, Einwanderung des Schichtmeisters *Erler,* der 1834/35 straffällig und daher aktenkundig wurde. S. ferner die Heimatkarte der Bergleute um 1800 bei *Brepohl,* Aufbau des Ruhrvolks, S. 40. Zur Verbindung zw. den BÄ s. OBA 1784 Bl. 103 f., BA Mansfeld/ OBA 1. 2. 1840.

74 *Brepohl,* Aufbau des Ruhrvolks, S. 45.

ansässigen Arbeitsbevölkerung nicht fand[75]. Diese Zuwanderung aus dem Ausland hat den Bergbau im Vormärz allerdings noch nicht erfaßt.

3. Einen in der Entwicklung zum Großbetrieb bedeutsamen Wanderungstyp stellt der zahlenmäßig kaum bestimmbare Zuzug qualifizierter Bergarbeiter aus den bisher noch bergbauintensiven Ruhrnebentälern in die neuen, nordwärts gelegenen Gewinnungsräume dar. Das Fachpersonal zum Abteufen neuer Schächte, einer der schwierigsten bergmännischen Arbeitsverrichtungen, wurde noch „mit wenigen Ausnahmen"[76] aus dem Ruhrufergebiet bezogen. Diese engräumigen Wanderungsbewegungen waren zumeist mit Beförderungen innerhalb der Belegschaftshierarchien verbunden[77]; so hat es, bei spürbarem Facharbeitermangel, zu den Abwerbepraktiken der Zechen untereinander gehört, Bergleute anderer Gruben als sog. „Controlleure" oder zweite, d. h. mitarbeitende Steiger einzustellen[78].

4. Die erste große Wanderungsbewegung im Sog des bergbaulichen Arbeitskräftebedarfs ist vor 1848 bereits in Ansätzen erkennbar.

Die Bergarbeiterschaft des Vormärz rekrutierte sich aus eigenem Nachwuchs — die Kinder eingeschriebener Bergleute wurden bei Anlegung neuer Arbeitskräfte bevorzugt[79] — oder doch, bei erhöhtem Bedarf, aus der Tagelöhnerschaft der nächsten Umgebung[80]. Die ganz überwiegende Ortsansässigkeit der Bergbaubevölkerung wird durch wenige überlieferte Angaben punktuell durchaus bestätigt. Von 100 Siedlerfamilien in der Stockumer Mark 1829—55, mehrheitlich Bergleuten, entstammten bei 149 feststellbaren Herkunftsorten 90 den Dörfern der allernächsten Umgebung, aber nur 10 aus anderen deutschen Ländern, während der Rest aus dem angrenzenden Kreis Hagen zugewandert war[81]. Von 454 Einwanderern nach Wetter 1824—50 kamen 52 % aus dem alten Amtsbezirk Wetter, weitere 9,4 % aus dem nahegelegenen Ruhrgebiet, 22,4 % aus dem übrigen Westfalen und dem Bergischen Land und 15,1 % aus dem übrigen Deutschland; doch fand sich unter den Zugewanderten, überwiegend Metallarbeitern einschließlich Familienangehörigen, nur ein Bergmann[82]. Auch die noch ganz ländlichen Ruhrgebietsstädte sind im Vormärz, anders als etwa die rheinischen und bergischen Industrieorte, bei allerdings zunehmender Fluktuation erst in geringem Umfang Zuwanderungsgebiete gewesen[83]. Gerade auch in den dem engeren Ruhrgebiet benachbarten Agrarräumen

75 Bspe. bei *Spethmann*, Mergelzechen, 1947, S. 29; *Brepohl*, Industrievolk, S. 94; vgl. *T. C. Banfield*, Industry of the Rhine, Bd. II, 1848, S. 44, bei Besichtigung der Hüttenwerke Sterkrade 1848: „Workmen from all nations were collected together".

76 *Grewe*, Essen, S. 79; vgl. *Spethmann*, Mergelzechen, S. 131; *W. Fischer*, Herz des Reviers, 1965, S. 251 f.

77 Eine Reihe solcher Fälle bei *Spethmann*, Mergelzechen, S. 30, 36, 48, 121, 122.

78 Vgl. OBA 1784 Bl. 48, 50, BAE/OBA 22. 11. 1834. Dagegen nimmt *W. Fischer* Abwerbung erst nach 1850 an: Herz des Reviers, S. 251 f.

79 Vgl. *Adelmann*, Quellensammlung Bd. I, S. 53 (Verfügung des OBA v. 10. 3. 1836); dazu *ders.*, Soziale Betriebsverfassung, 1962, S. 29.

80 Daher war „ein Überschuß von ländlichen Arbeitskräften ... in der Mark nie vorhanden"; *Klöpfer*, Geschichte der Landwirtschaft der Mark im 19. Jh., in: Die Gft. Mark Bd. I, S. 351—398, S. 396 f.

81 Nach *W. Bracht*, Stockumer Mark, 1969, S. 154 f.

82 Nach *E. Denzel*, Wetter, 1952, S. 134 f.

83 Nach *Grewe*, Essen, S. 77, betrug der Wanderungsgewinn in Essen 1840—1848: 1375, also 172 pro Jahr. Vgl. ferner *K. Obermann*, Arbeitermigrationen in Deutschland, 1972, S. 146,

vor allem nördlich der Hellweglinie ist vor der Jahrhundertmitte keine eindeutige Wanderungsorientierung zum Ruhrufergebiet spürbar; vielmehr überwogen noch, etwa im Kreis Recklinghausen, die vor- und frühindustriellen Formen der Saisonwanderung. Die sogenannte Hollandgängerei[84]: die saisonale Verdingung als Maurer, Ziegler oder Zimmerer, als Torfgräber, als Schnitter und Erntearbeiter nach Holland und dem nordwestlichen Deutschland diente noch einem großen Teil der klein- und unterbäuerlichen Schichten zum Erwerb. Hierin vollzog sich mit der ersten Gründerperiode im Revier, die die vorgelagerten Räume in Funktionen als Arbeitskräftereservoirs und landwirtschaftliche Versorgungsgebiete verwies, ein grundlegender Wandel.

Auch im Blick auf die nachfolgenden Wanderungserscheinungen[85] kann nach dem Gesagten kein Zweifel daran sein, daß Fernwanderung in das Ruhrgebiet aus anderen preußischen Provinzen oder Ländern des Deutschen Bundes vor 1850 so gut wie ausgeschlossen, Nah- oder besser Nächstwanderung dagegen in Ansätzen erkennbar ist. Ausnahmen hiervon gehören dem Typ der älteren Fernwanderung qualifizierter Bergleute aus anderen Bergbaugebieten an. Phänomene wie Entwurzelung und Heimatlosigkeit entfallen somit bei einer bergbaulichen Arbeitsbevölkerung, die im Vormärz völlig dem ethnischen Umkreis des Arbeitsplatzes entstammt[86]. Diesen Tatbestand bestätigt die Beobachtung *Banfields*, es fehle an der Ruhr eine „flukturierende Masse von Arbeitsanwärtern, die von Ort zu Ort wandern"[87], wie auch andere Zeitgenossen „unsere ländliche Bevölkerung"[88] in ihren Formen und Werten noch nicht bedroht sahen.

b) Lohnbestimmung und Arbeitszeit

Der Kohlenbergbau kennt seit den Anfängen zwei Formen der Lohnbestimmung: Den Schichtlohn und das Gedinge, eine bergbauliche Sonderform des Akkordlohns, dessen genossenschaftliche Wurzeln noch in den General- und Hauptgedingen fortleben[89]. Die Gedinge werden für Gruppen von Bergleuten, für Orts- und Strebkameradschaften fixiert. Das Kohlengedinge bemißt sich nach der Fördermenge, das Metergedinge nach der Länge des abgebauten Kohlenpfeilers vor Ort bzw. im Flöz.

---

171 (Wanderungstabelle für Kreis Duisburg 1828). *D. Düsterloh*, Kulturgeographie, 1967, S. 154, 185, nimmt für 1820—1850 im Südruhrgebiet einen Wanderungsgewinn an.
84 Vgl. *B. Kuske*, Verflechtung zwischen Deutschland u. d. Niederlanden, 1937, S. 711—713; *A. Schmidt-Breilmann*, Der Einfluß der Industrialisierung auf das Handwerk (Krs. Recklinghausen), 1953, S. 24 f.; *J. Muhle*, Studien zur sozialen und wirtschaftl. Lage der Bevölkerung Bottrops, 1954, S. 72 f.; als zeitgenössische Äußerung bes. *G. F. König*, Die Besitzlosen in Niedersachsen und Westphalen, 1844, S. 193 f.
85 Vgl. unten S. 230 ff.
86 Vgl. *W. Fischer*, Soziale Unterschichten im Zeitalter der Frühindustrialisierung, 1972, S. 427. Im angeführten Sinn urteilen noch *Schulte*, Volk und Staat, S. 155, 225; *Croon*, Studien zur Sozial- u. Siedlungsgeschichte Bochums, S. 93 f.; *Fischer*, Herz des Reviers, S. 252; *Adelmann*, Soziale Betriebsverfassung, S. 29 f., 63 f.; *Sasse*, Lage der Ruhrbergleute, S. 33 f.; etwas unklar auch *Brepohl*, Aufbau des Ruhrvolks, S. 40 ff.
87 Industry of the Rhine II, S. 228, Übersetzung bei *R. Ehrenberg*, Krupp-Studien III, 1909, S. 34.
88 Essener Volks-Halle, Juli 1849, zit. n. *F. Meisenburg*, Essener Volks-Halle, 1953, S. 44.
89 Vgl. *W. Sombart*, Die Arbeiterverhältnisse im Zeitalter des Frühkapitalismus, 1917/18, S. 19—51, 37 f. (hier als Relikt des Verlagsverhältnisses interpretiert); *E. Sasse*, Lage der Ruhrbergleute, S. 71—76. Das Prämiengedinge wurde mit Lohnzusatz vergeben. Die Kaufgedinge, d. h. die Vergabe der Arbeit an den Wenigstfordernden, setzten sich auch später

Die Lohnfestsetzung der Bergbehörde gehört zu den besonderen Kennzeichen der bergbaulichen Sozialverfassung unter dem Direktionsprinzip[90]. Die geltenden Bergordnungen gestanden dieses Recht ausdrücklich zu; es wurde allerdings erst 1818 als alljährliche Feststellung der Normalschichtlöhne, an deren Höhe die Gedingeabschlüsse orientiert waren, institutionalisiert. Zum ersten Mal wurden 1819 während der Kohlepreisregulierung die Lohnsätze des kommenden Jahres ausgehandelt; Verhandlungspartner waren Bergbehörde und Gewerken. Die Normalschichtlohnsätze blieben jeweils bis zum nächsten Jahr rechtskräftig[91] und galten grundsätzlich auf jeder Zeche im Oberbergamtsbezirk. Die mit den Abbauverhältnissen wechselnden Gedingesätze wurden durch den Königlichen Obersteiger, später auch durch einzelne befähigte Steiger abgeschlossen[92]. Hier bewies sich tagtäglich der Leitsatz der Unparteilichkeit, den die Bergbehörde zwischen Gewerken und Arbeitern walten ließ.

Erstes Kriterium zur Feststellung der Lohnhöhe waren immer die Lebensbedürfnisse der Bergleute, erst in zweiter Linie kamen Leistungssteigerung und allgemeine Rentabilitätserwägungen, so vor allem die Absatzlage, in Betracht[93]. Die Bergämter versäumten nie, sich über die Reviergeschworenen Informationen über die Marktpreise der wichtigsten Grundnahrungsmittel und des Lampenöls — der Bergmann hatte die Kosten des „Geleuchts" selbst zu tragen — zu beschaffen. Seit den 1840er Jahren traten auch allgemeinere Bedarfsberechnungen wie Mietpreise und Berechnungen von Bekleidungsausgaben hinzu. Leistungssteigernd sollte das Drängen der Beamten wirken, die Arbeiten unter Tage vornehmlich im Gedinge zu vergeben[94]. Vom Grundsatz der Bedürfnissicherung löste sich das Oberbergamt erst in den 1850er Jahren: „Vom allgemeinen Gesichtspunkt aus haben die Löhne nicht allein dem Preise der Lebensbedürfnisse zu

---

nicht durch (s. aber u. S. 146). — Gedingelohn ist jedoch nicht, so *W. Fischer*, Herz des Reviers, S. 259, immer ein „Gruppenlohn". Vgl. *I. Dallmeier*, Geschichte der Arbeitskämpfe im rhein.-westf. Steinkohlenrevier, Diss. 1922, S. 8—11; *Alois Müssig*, Das Gedinge im rhein.-westfäl. Steinkohlenbergbau, Bochum 1931, S. 3—8. Aus der neueren Literatur ist die Schrift von *Franz Dohmen*, Das Gedingewesen im Bergbau. Berlin/Göttingen/Heidelberg 1953, betriebswirtschaftlich orientiert. Von den beiden konkurrierenden Diss. von *Rudolf Schmitz*, Das Gedinge, seine Bedeutung und seine Wirkung auf die zwischenmenschlichen Beziehungen im Ruhrkohlenbergbau. Diss. (masch.) Münster 1952, und *K. Jaeger*, Die Rechtsnatur des Gedinges im rhein.-westf. Steinkohlenrevier, 1954, birgt vor allem die letztgenannte eine Fülle historischer Informationen. Zur Frühgeschichte des Gedinges (12.—15. Jh.) informiert vor allem *Ludwig Bernhard*, Die Entstehung u. Entwicklung der Gedingeordnungen im dt. Bergrecht. Leipzig 1902.

90 Vgl. vor allem *Krampe*, Staatseinfluß, S. 137—148.

91 Fast lückenlose Verhandlungsprotokolle über Lohnfestsetzungen seit 1820 s. in OBA 1385.

92 Vgl. OBA 1393, Bl. 2—3, *Fr. Dinnendahl*/OBA 12. 9. 1815; Antwort Bl. 4—5 (Abschr.). 1821 reichten die BÄ Listen qualifizierter Steiger ein; ebd. Bl. 26—30, 33. Am 14. 1. 1822 ermächtigte das OBA 14 Steiger zum Gedingeabschluß, ebd. Bl. 36.

93 Vgl. schon Neue Stein-Ausgabe Bd. I Nr. 136, über Regulierung der Löhne S. 185. *Stein* erstellte als Kriterien der Lohnhöhe: 1) den „Preiß der Lebensbedürfnisse" in der betreffenden Gegend; 2) die „Geschicklichkeit". Falsch daher *W. H. Fischer*, Entwicklung des Ruhrtalbergbaus, Diss. 1925, S. 100 f., wonach unter *Stein* Löhne nur nach der Leistung gestellt wurden. Vgl. noch *H. Winkelmann*, Die Ruhrzechen in dem Generalbefahrungsprotokoll des Reichsfreiherrn vom und zum Stein. In: Der Anschnitt 9 (1957) H. 5, S. 3—10.

94 Vgl. OBA 1385 Bl. 137, OBA/BAE 12. 12. 1836: Es sei „streng darauf zu achten, daß möglichst alle Arbeiten im Gedinge verrichtet, und diese so gestellt werden, daß den Bergleuten das willkührliche Feyern immer mehr erschwert wird".

entsprechen, sondern vielmehr dem Werte der Arbeit, der sich aus dem Verhältnis des Angebots zur Nachfrage herausbildet"[95].

So genossen die Bergleute auch hinsichtlich ihrer Löhne einen allseits durch bergrechtliche Verordnungen und behördliche Instruktionen gesicherten Rechtszustand der angemessenen Lohnhöhe und unparteilichen Festsetzung. Daß sich die Gewerken der Mülheimer Zechen nicht widerspruchslos dem Zwang bergamtlicher Lohnnormierung fügten, zeigt aufs neue den liberalen Denkvorsprung in diesem Raum an. Als Anfang 1843 die Mülheimer Zechen stark überhöhte Löhne zahlten, hielt das Essener Bergamt vorsichtig dafür, „daß solche einstweilen beibehalten werden, bis man mit den dortigen Verhältnissen vertrauter ist"[96]. Das Oberbergamt, weniger zurückhaltend, teilte indes die Ansicht der Gewerken nicht, „wonach die Bestimmung der Normal-Schichtlohnsätze für die Arbeiter der Mülheimer Zechen lediglich ihre Sache sei", und entschied unter Verweis auf Art. 29/30 der dort geltenden Jülich-Bergischen Bergordnung von 1719, „wonach es wohl keinem Zweifel unterliegt, daß die Bestimmung der Lohnsätze der Arbeiter Sache der Bergbehörde ist"[97]. Die Mülheimer konnten erst Ende 1843 von der Notwendigkeit gleichförmiger Lohnsätze überzeugt werden — vor allem wohl deshalb, weil diese erheblich unter den hier gezahlten Löhnen lagen.

Auch die Lohnzahlung überwachten die Bergämter mit einiger Strenge. Schon die rigorose Neuordnung des Grubenrechnungswesens gegen Ende des 18. Jahrhunderts[98] hatte die Gewerken lange nicht von der Notwendigkeit regelmäßiger Entlohnung überzeugen können, so daß nach einer gemeinsamen Sitzung der Bergämter in Bochum die Dortmunder Beamten im Sommer 1824 zum Erlaß einer gedruckten „Bekanntmachung wegen Auslohnung der Bergleute und Bezahlung der Lieferanten"[99] schritten. Demnach wurde für jede Zeche ein monatlicher Lohntag angeordnet; die Auszahlung sollte nur in Anwesenheit eines Gruben- und eines Revierbeamten erfolgen, die sogleich eventuelle Beschwerden entgegenzunehmen und zu regeln hatten. Jeder Bergmann hatte ein Lohnbuch zu führen, in dem die gezahlten Beträge einschließlich abgezogener Knappschaftsgefälle, Strafgelder und sonstiger Zahlungen sorgfältig auszuweisen waren[100].

In Fällen verzögerter Lohnzahlung griffen die Bergämter zu harten Maßnahmen, um die bergmännischen Lebensverhältnisse nicht zu gefährden. „Dem Bergmann muß bei jeder Auslohnung ohne Verzug sein Lohn werden", und er durfte sich notfalls „an die

---

95 OBA an Bochumer Gewerken, 25. 4. 1859, zit. n. *Krampe,* Staatseinfluß, S. 143.
96 Vgl. OBA 1385 Bl. 171 BAE/OBA 6. 5. 1843.
97 Ebd., OBA/BAE 13. 12. 1843; s. auch ebd. Bl. 87 f.: BAE bittet, „uns mit Rücksicht auf das Auslohnungsrecht in der Herrschaft Mülheim mit bestimmter Instruktion versehen zu wollen, damit wir dort nicht compromittirt werden welches außerdem, bei den dortigen Ansichten zu befürchten steht . . .“; ferner ebd. Bl. 61 f., Mülheimer Gewerken/OBA 31. 1. 1831.
98 Wiederum aufgrund von *Steins* Bemühungen; s. Neue Stein-Ausgabe Bd. I Nr. 137, 151 u. bes. 152 (*Stein* an *Reden* 26. 2. 1785). Bereits in den frühneuzeitlichen Bergordnungen bis in das 18. Jh. galten hinsichtlich der Lohnzahlung deren Pünktlichkeit und die vorzugsweise Befriedigung (nach den Berggerichtskosten) bei Konkursen als bergmännische Rechte; vgl. G. K. Schmelzeisen, Die Arbeitsordnungen in den jüngeren Berggesetzen, 1955, S. 146—152.
99 Einladung des OBA 17. 5. 1824, s. OBA 1386 Bl. 72; Abschr. d. „Bekanntmachung" ebd. Bl. 75 f.; gedruckt ebd. Bl. 83 u. ö.; vgl. BAEW 154 Bl. 39 OBA/BAE 19. 4. 1823; BAEW 169 über verschiedene Fälle unregelmäßiger Auslohnung. Im Mülheimer Gebiet waren die Bergleute bei Lohnrückständen an die ordentlichen Gerichte zu verweisen; dabei hatte das Bergamt den Bergleuten Rechtsauskunft zu geben oder mußte „die Klage sofort zu Protokoll nehmen und dem Berggericht übergeben" (ebd. Bl. 73—75 OBA/BAE 2. 2. 1831) — eine Regelung, die auch in der Zeit „freier" Arbeitsverträge denkbar gewesen wäre.
100 Kopie eines Lohnbuchs: OBA 1386 Bl. 75 f.

bereitesten Vorräthe der Grube halten", um seine Ansprüche zu befriedigen. So ordnete das Bergamt Bochum 1817 sogar eine „Gendarmerie Execution" gegen säumige Gewerken an[101], die sich übrigens solche Einschränkungen und Absicherungen nur nach „wiederholte[n] Protestationen"[102] gefallen ließen. Ihnen mußte auch der Zwang mißfallen, nur in gangbarem Gelde auszulohnen, nämlich in Preußischen Silber-Courant oder in besonders zu verabredenden Gold- und Scheidemünzen. Dagegen wurde, wie eine Kontrolle auf der Zeche Gewalt 1839 offenbarte, in preußischen Friedrichsdoren und anderen Pistoletten, in französischen Louisdoren, in holländischen Gulden und in Silber, in französischen Taler- und Frankenstücken ausgezahlt; noch 1845 kursierte nach einer Lohnzahlung ein obskures Dukatenstück, dessen Wert niemand angeben mochte[103]. Abschlagzahlungen von Löhnen fanden „in der Regel nicht statt"; man war der Ansicht, daß sie „einen schlechten Haushalt des Bergmanns bekunden und befördern"[104]. Die Auszahlung von Bergleuten durch Waren verboten schon die frühesten Bergordnungen[105]. Wie im Allgemeinen Landrecht[106], waren diese Bestimmungen auch im vormärzlichen Bergrecht rechtswirksam. Im Rheinland wurde das Truckverbot im Bergbau 1787 festgestellt[107], und als die westfälischen Landstände sich 1837 um Erlaß eines allgemeinen Truckverbots bemühten, konnte der Bergbau aus den Überlegungen ausgeklammert werden. Allerdings hat es im Vormärz Fälle gegeben, in denen Gewerken die Lohnbestimmungen zu umgehen suchten. Die Behörde schritt bei solchen Vorkommnissen rigoros ein. Als sich in einem solchen Fall im Januar 1835 einige Bergleute der Zeche Ver. Bickefeld bei Dortmund beschwerten[108], wurde nicht allein der zuständige

---

101 BAEW 169 Bl. 81 f. OBA/BAE 28. 6. 1832 und OBA 1386 Bl. 7—17.
102 BAEW 169 Bl. 89 OBA/BAE 12. 7. 1836; vgl. Bl. 126—128, wonach sich die sehr nachlässige Lohnzahlung auf Mülheimer Zechen noch 1850/51 aus der unrationellen Betriebspraxis erklärte, die im Landabsatz der Kohle einkommenden Gelder als Löhne, soweit die Summen eben reichten, weiterzugeben.
103 Vgl. BAEW 169 Bl. 64 Protokoll der Kontrolle v. 21. 3. 1839; Bl. 101 OBA/BAE 2. 12. 1840; Bl. 108, 116. *Gustav Forstmann*, Eine Kindheit in Werden. Erinnerungen aus meiner Jugend, hg. v. *Hanns-Joachim Maßner* in: Essener Beiträge 88 (1973) S. 5—58, S. 36, bemerkt, daß noch in den 1850er Jahren „bei uns im Westen viel fremdes Geld im Verkehr war".
104 Bekanntmachung wegen Auslohnung der Bergleute § 7, und Verfügung des BAE an alle Oberschichtmeister v. 25. 7. 1841, s. OBA 1386; vgl. *Krampe*, Staatseinfluß, S. 149 f.
105 Vgl. *A. Thun*, Beiträge zur Geschichte der Gesetzgebung u. Verwaltung zu Gunsten der Fabrikarbeiter in Preußen, 1877, S. 59—94, mehrere Bspe. S. 68 f. Ferner *Sombart*, Arbeiterverhältnisse, S. 35; *Hue* I, S. 275 f., 412.
106 Vgl. ALR hg. *Hattenhauer*, Teil II Titel 16 Abschn. 4, § 213: „Den Bergleuten muß ihr Lohn in baarem Gelde ... bey jeder Lohnung ohne Verzug gezahlt werden".
107 Vgl. *Thun*, Beiträge, S. 69 f. Offenbar ohne Kenntnis der BO behauptet *Berger*, Mülheim, S. 95, das Trucksystem sei hier 1838 „noch die allg. übliche Lohnform" gewesen. Quellenverweise bei *Krampe*, Staatseinfluß, S. 151 Anm. 931. Nach der Jül.-Berg. BO war Truck auf Wunsch der Bergleute möglich. Verbot des Trucks f. alle Gewerbe mit VO v. 9. 2. 1849, §§ 50—55, 75; s. allg. z. Geschichte *G. K. Anton*, Gesch. d. preuß. Fabrikgesetzgebung, 1891/1953. *W. Fischer*, Stellung der preuß. Bergrechtsreform, 1972, S. 531, übersieht die lange Tradition des Truckverbots im Bergbau, wenn er nach den Bestimmungen des Berggesetzes v. 1865 das dort ausgesprochene Truckverbot als „bedeutende sozialpolitische Leistung" bezeichnet.
108 Vgl. OBA 1386 Bl. 166. Für einen früheren Fall s. *Darpe*, Bochum, S. 500. Schon 1828 hatten sich die Bergbehörden einmal veranlaßt gesehen, das Truckverbot zu bekräftigen; vgl. BAEW 169 Bl. 63; ebd. Bl. 183 f., Berggeschw. *Lind*/OBA 25. 2. 1835 (Marginalie des zuständigen Referenten).

Berggeschworene *Lind* mit einer genauen Untersuchung beauftragt; das Oberbergamt erließ sogleich mittels Zirkularverfügung vom 7. März 1835 an alle Reviergeschworenen den Auftrag, Anzeige zu erstatten, „ob die Auslohnungen der Bergleute regelmäßig, und zwar nur in baarem Gelde geschehen". Die eingegangenen Antworten zeigen, daß es sich um einen Einzelfall, um „Beweisstücke für die grenzenlose Unordnung auf der Zeche Bickefeld" handelte. Die Einvernahme jedes einzelnen der betroffenen 15 Bergleute bewies dann, daß die Gewerken, offenbar mehrheitlich Landwirte, regelmäßig durch Getreide, angerechnet „zum höchsten Marktpreise", ausgelohnt hatten[109].

Der Fall zeigt, daß für die Bergleute im Vormärz ein Klagegrund längst gegenstandslos geworden war, der im März 1848 noch die Unruhe mancher Arbeiter benachbarter Gewerbe stimulierte[110]. Dagegen genoß der Bergmann die unentgeltliche Abgabe von Brandkohlen, die, zum eigenen Verbrauch bestimmt, allerdings außerhalb der regulären Arbeitszeit gefördert werden mußten. Schon im Vormärz stieß diese Brandkohlenabgabe auf den Widerspruch der Gewerken und forderte manche bergmännische Beschwerde heraus, und als sich in den Märztagen 1848 das Gerücht verbreitete, dieses alte Recht werde nun gestrichen, ließen die Essener Beamten den Bergleuten eilends versichern, „daß ihnen die Brandkohlen wie auch alle Berechtsamen nach wie vor verblieben"[111].

Die Löhne im Bergbau galten für eine einzuhaltende Schichtzeit von 8 Stunden, wie sie fast alle Bergordnungen feststellten[112]. Das Verfahren von Doppelschichten war verboten. Als sich mit Verbreitung der Tiefbauanlagen der Weg zum Arbeitsplatz unter Tage, „vor Ort", notwendig verlängerte, setzte, jedoch im wesentlichen erst bei der Einführung des neuen Bergrechts, ein heftiger Streit über die Frage ein, ob der Schichtzeit die An- und Ausfahrzeiten zuzurechnen seien[113]. Bis weit über 1850 hinaus begann die Schichtzeit jedoch „unbestritten mit dem Einfahren und endete mit dem Verlassen des Stollens"[114]. Allerdings wurde dieser Regelung nicht immer gefolgt. Das Oberbergamt fand mehrfach Anlaß, auf pünktliche Einhaltung der Schichtzeiten zu dringen[115], mußte aber 1830 auf Vorschlag der Gewerken zur Verbesserung der Lohnsituation das Verfahren längerer Schichten konzedieren. Daß diese Erlaubnis, einmal erteilt, nicht leicht rückgängig zu machen war, sollten die weiteren Lohnverhandlungen zeigen.

Frauen- und Kinderarbeit waren im Ruhrbergbau unter Tage verboten; auch ältere

---

109 Nach OBA 1386 Bl. 181—215, bes. Schriftwechsel mit dem Berggeschworenen *Lind* und Vernehmungsprotokolle. Die Auszahlung der Bergleute erfolgte durch Verfügung v. Mai 1835, ebd. Bl. 238—241; es wurde auch eine Kassenrevision der Grube durchgeführt.

110 Vgl. *J. Köster*, Die Iserlohner Revolution, 1899, S. 155: Im Eisengewerbe bei Hagen, d. h. in der engsten Nachbarschaft des Bergbaus, war „das gehässige, schändliche Warenzahlen" 1848 weit verbreitet. Dagegen stellte 1851 der Bochumer LR fest, „daß das Trucksystem im hiesigen Kreise nicht besteht" (RA B 49 Bl. 18, 14. 7. 1851).

111 OBA 301 Bl. 192 BAE/OBA 20. 3. 1848; vgl. ebd. weitere Beschwerdefälle; hierzu auch *Krampe*, Staatseinfluß, S. 151 f.

112 Nachweise b. *Imbusch*, Arbeitsverhältnis, S. 53; *Adelmann*, Soziale Betriebsverfassung, S. 33 f.; *Krampe*, Staatseinfluß, S. 133—137.

113 Es ist ein Hauptanliegen *Hues*, die historische Berechtigung der 8-Stunden-Schicht nachzuweisen, s. Bergarbeiter Bd. I S. 262—269, 407—411.

114 *Krampe*, Staatseinfluß, S. 136. Doch berichtet MBAB 28, Bl. 22 f. BAE/OBA 3. 5. 1844, auf manchen Zechen werde aus betriebstechnischen Gründen eher angefahren; die Zeit dürfe wohl nicht angerechnet werden, die zum An- und Ausfahren benötigt würde. Sie betrug z. B. auf Zeche Gewalt schon 1—1 1/2 Stunden. Das OBA erlaubte dieses Verfahren (Bl. 23).

115 Z. B. 1823 und 1824; vgl. BAEW 154 Bl. 101—105 OBA/BAE 17. 3. 1824; *Adelmann*, Soziale Betriebsverfassung, S. 33; ders., Quellensammlung Bd. I, S. 68 f, 82.

116 *Thun*, Beiträge, S. 66.

Bergordnungen „kennen nur männliche Arbeiter"[116]. So konnte das Oberbergamt, als 1854 eine ministerielle Verfügung die Arbeit Jugendlicher unter Tage verbot, lakonisch darauf verweisen, dies sei eine „längst bestehende Einrichtung"[117].

Über Tage durften Frauen und Kinder, allerdings nur an bestimmten Stellen des Fördervorgangs, beschäftigt werden. Nicht in der Aufbereitung und Förderung selbst, wohl aber auf Halden, in Kohlen- und Materialmagazinen sowie vor allem in den Scheideräumen, wurden Frauen und Kinder, die „Kläuberjungen", zur Säuberung der Kohle von mitgeführten Bergen eingesetzt. Da die Arbeitszeit über Tage keiner sonderlichen Kontrolle unterzogen wurde, sie daher regelmäßig 10—12 Stunden erreichte und überschritt[118], dürfte es hier durchaus zu anderen Gewerben vergleichbaren Härteerscheinungen gekommen sein. Im Gegensatz zur eigentlichen gefährlichen bergmännischen Arbeit unter Tage haben sich die Gewerken hier der Einsicht in sozialpolitische Erfordernisse entziehen können; allerdings war im Vormärz die Zahl der über Tage beschäftigten Arbeiter relativ gering.

---

117 RD 2155 Bl. 284 ff., zit. v. *Karl-Heinz Ludwig*, Die Fabrikarbeit von Kindern im 19. Jh. Ein Problem der Technikgeschichte. In: VSWG 52 (1965) S. 63—85, S. 78 f. Gelegentliche Übertretungen wurden streng verfolgt; s. z. B. OBA 1385 Bl. 117 f. (1835 im Hardensteiner Revier). Frauenarbeit unter Tage wurde durch Verordnung v. 9. 2. 1849 endgültig verboten; vgl. *L. Puppke*, Sozialpolitik und soziale Anschauungen frühindustrieller Unternehmer, 1966, S. 39, 48 Anm. 188 (mit irrtümlicher Datierung).

118 Vgl. OBA 1385 Bl. 171, Löhne und Schichtzeiten auf den Zechen Wiesche und Sellerbeck (Mülheim).

Kapitel IV
Bergmännische Lebenshaltung im Vormärz

Nachdem bisher aus dem besonderen bergbaulichen Wirtschaftsbetrieb und seiner Rechtsverfassung, aus der räumlichen Gliederung und demographischen Entwicklung resultierende, das inner- und außerbetriebliche Ordnungs- und Wertgefüge bestimmende Faktoren aufgezeigt wurden, sollen im folgenden die materiellen Möglichkeiten bergmännischer Lebensführung beleuchtet werden. Die Herstellung von aussagekräftigen Lohn-Preis-Relationen erscheint um so notwendiger, als häufig ein recht undifferenziertes Bild einer im allgemeinen wohlversorgten und bedürfnisfreien Bergarbeiterschaft gezeichnet wird[1], das, als solches nicht falsch, dennoch deutlich der effektiven Lohnhöhe widerspricht und deshalb der Erläuterung durch ergänzende Informationen über die bergmännische Haushaltsführung bedarf.

1. Löhne und Preise

Bei der ersten Lohnnormierung 1819 hatten die Löhne vergleichsweise hoch gestellt werden müssen. Sie konnten indessen bis 1825 im Zuge der Verbilligung der Lebenshaltungskosten nach den Hungerjahren vor 1820 schrittweise erniedrigt werden[2]. Die bergamtlichen Lohnlisten der 23 Jahre nach 1825 zeigen nur noch gelegentliche, befristete Änderungen; die Löhne blieben bis 1848 stabil. Seit 1825 verdienten, immer „mit Inbegriff des Geleuchtes"[3], bei achtstündiger Schicht die Vollhauer 0/9/8[4], die Lehrhauer 0/8/2, die Schlepper — einschließlich der selbst zu tragenden „Wagenschmiere" — je nach Größe der Fördergefäße zwischen 0/6/0 und 0/7/6. Diese Sätze, als „Anhalten bei Verdingungen" gedacht, erhöhten sich bei „erschwerten Arbeiten, Wettermangel,

---

1 Z. B. begnügen sich die Arbeiten von *Adelmann* und *Krampe* mit der Feststellung durchgängiger Lohnstabilität während des Vormärz und der Darstellung der arbeitsrechtlichen Sicherheit der Bergleute. Haushalts- oder Kornlohnberechnungen, z. B. nach dem methodischen Vorbild der Untersuchungen zur Geschichte des Handwerks durch die Göttinger Schule um *W. Abel*, sind m. W. für den Bergbau bisher nicht angestellt worden (Ansätze schon bei *Hue*, passim, der jedoch über keine sicheren Daten verfügte).
2 Zu den Agrarkrisen bis 1850 s. *W. Abel*, Agrarkrisen u. Agrarkonjunktur, 1966, S. 205—264; *ders.* Massenarmut und Hungerkrisen im vorindustriellen Europa, 1974, S. 302—396. — Die Angaben von *F. Darpe*, Bochum, 1888—1894, S. 557, sind ungenau und halten mit 0/6/8 für den Bergmann 1819 dem Quellennachweis nicht stand; das Lohnverzeichnis OBA 1599 für 3 Monate 1816 ergibt durchschnittlich: Hauer 0/8/3, Schlepper 0/6/11, Zieher 0/5/4. Weitere Informationen über vormärzliche Bergarbeiterlöhne finden sich verstreut; z. B. OBA 418, MBAB 21. Vgl. Anm. 4.
3 Im folgenden nach OBA 1385 Bl. 88 f., „Entwurf zur Normirung der Lohnsätze im Essen-Werdenschen BA-Bezirke pro 1835", die Werte für 1834.
4 Währungsangaben in der Reihenfolge: Taler (Preuß. Courant)/Silbergroschen/Pfennige. Ein Taler entspricht 30 Silbergroschen à 12 Pfg.

große[r] Nässe und starke[m] Gebirgsdruck" um 0/0/4 und 0/1/4 je Schicht. Die Schichtlöhne für die „gewöhnlichen bergmännischen Arbeiten auf Kohlen, Gestein und Zimmerung" standen zwischen 0/0/6 unter (Hauer) und 0/0/4 über (Zieher) den Gedinge-Richtsätzen; bei schwierigen Verhältnissen zwischen 0/0/4 und 0/1/8 mehr. Kohlenschieber über Tage verdienten bei 10- bis 12stündiger Arbeitszeit im Gedinge zwischen 0/7/6 und 0/9/0. Neben diesen hauptsächlichen Arbeitsverrichtungen gab es bereits eine Reihe besonderer bergmännischer Arbeiterkategorien wie Anschläger, die die Schachtförderung leiteten (0/10/0 bis 0/12/0), und Pumper zur Wasserhaltung (0/7/0 bis 0/8/0), Maschinenwärter (0/12/6) und Schürer für die Feuer der Dampfmaschinen (0/11/6)[5]. Zimmerer arbeiteten 12 Stunden; sie verdienten als Meister 0/15/4 (im Winter 0/13/10), als Gesellen 0/11/6 (0/10/9), als Lehrlinge immerhin 0/8/0. Am wenigsten erhielten die Nachtwächter, gewöhnlich Berginvaliden (0/6/0), und die Bergeausklauber, meistens ältere Knaben (0/6/0 bei 12stündiger Schicht). Sie dürften ohnehin als Pensionäre der Knappschaftskasse sichergestellt gewesen sein oder als Kinder bergmännischer Haushalte zum Gesamteinkommen nicht unerheblich beigetragen haben.

Da die ganz überwiegende Mehrzahl der Bergleute als (jüngere) Schlepper und Vollhauer unter Tage im Gedinge arbeitete, stellt sich deren Mindestverdienst auf etwa 9 Sgr., der Durchschnitt hat sich um 11 Sgr. bewegt[6]. Zeitweise, insbesondere bei günstiger Absatzlage und entsprechendem Arbeitskräftemangel, konnte erheblich mehr verdient werden[7]; auch lagen in den westlichen Revieren die Löhne nicht selten höher, da hier der Arbeitskräftebedarf der ersten Großbetriebe den Arbeitskräftemarkt beanspruchte[8]. Mangel an Bergleuten bei guter Absatzlage hat immer eine seitens der Gewerken freiwillig vorgenommene Lohnerhöhung bewirkt, und Ende der 1840er Jahre sind gewiß die tatsächlich gezahlten deutlich über die normierten Löhne gestiegen. An der überwiegenden Konstanz der Bergarbeiterlöhne im Vormärz kann dennoch kein Zweifel sein[9].

Von gelegentlichen, durch lokale Verhältnisse bedingten Veränderungen abgesehen, wurden die normierten Löhne nur einmal im gesamten Abbaugebiet erhöht, allerdings nach wenigen Monaten auf den ursprünglichen Stand zurückgeführt. Ende August 1830

---

5 Diese Sätze fehlen in der Aufstellung OBA 1385; hier nach den Angaben für 1830, ebd. (Diese Aufstellung gedruckt bei *Krampe*, Staatseinfluß, S. 203—205).

6 Zur Kontrolle z. B. OBA 1784 Bl. 12: in zwei Fällen auf „Gewalt" 1838 über 4 Monate: 10—11 Sgr.

7 Z. B. auf Tulipan im Hauptgedinge Ende 1827 monatlich 11—12 Tlr.; vgl. OBA 1784 Bl. 26.

8 Die Feststellung *Adelmanns*, Soziale Betriebsverfassung, S. 35, im BAB seien „durchweg" höhere Löhne gezahlt worden, gilt gerade für diesen BA-Bezirk nicht. Der angeführte Nachweis, OBA 1385 BAB/OBA 10. 4. 48, Bl. 224—229, teilt zwar leicht erhöhte Löhne mit und erwähnt hinsichtlich der Normalschichtlohnsätze den „Mangel ihrer Brauchbarkeit"; vgl. aber ebd. Bl. 274—300, Reviergeschworene/OBA, Anfang 1849. Nach ebd. Bl. 171 verdiente 1843 auf Sellerbeck und Wiesche (Mülheimer Revier) der Hauer im Schichtlohn 12 bzw. 11$\frac{1}{2}$ Sgr., der Schlepper 10$\frac{1}{2}$ bzw. 10 Sgr., d. h. zw. 21 u. 26,3 % (Hauer) bzw. zw. 23 u. 31 % (Schlepper) über den gegenwärtig geltenden Lohnsätzen. S. auch die folgenden Ausführungen zur Arbeitszeitveränderung.

9 Diese im Rahmen des folgenden zu erhärtende Feststellung widerspricht der Aufstellung von *Kuczynski*, Lage der Arbeiter Bd. I, 1, S. 373 f., und dem Schaubild b. *D. Saalfeld*, Handwerkereinkommen in Dtld. v. ausgehenden 18. b. z. Mitte des 19. Jhs., 1970, S. 68. Der in beiden Darstellungen veranschaulichte, starke Anstieg der Löhne im Gesamtbergbau (bei *Saalfeld* 1825—1845 um ca. 30 %!) kann für den Ruhrbergbau keine Geltung beanspruchen.

trug das Essener Bergamt in Dortmund unter Hinweis auf die im Ruhrraum offenbar besonders spürbare Teuerung — gegenüber dem Vorjahr waren die Preise für die Grundnahrungsmittel: Roggen, Weizen, Gerste, Rindfleisch und Butter, um oft mehr als 50 % gestiegen[10] — auf Erhöhung der Lohnsätze an. Die vorgesetzte Behörde verhielt sich abwartend; man erstellte indes eine Aufstellung der durchschnittlichen Löhne auf allen Zechen im Essener Bergamtsbezirk, die für den Hauer 0/10/9½, für den Schlepper 0/8/2 auswies. Bei der Kohlepreisregulierung im Oktober erklärten sich die Gewerkschaftsvertreter mit einer Verbesserung der Schichtlöhne um 6 Pfg. einverstanden und schlugen vor, die Gedingelöhne durch flexiblere Gestaltung der Schichtzeiten, also durch mehr Lohn infolge längerer Arbeitszeit, zu erhöhen[11]. Der Bochumer Referent *Honigmann* umschrieb die Situation:

> „Eigentlich dringende Noth ist zwar glücklicherweise unter den Bergleuten noch nicht vorhanden, es könnte diese aber, nach Verzehrung ihrer Wintervorräte, bald eintreten und scheint es uns billig den [!] Zeitpunkt von großem Mangel mildernd entgegen zu wirken"[12].

Das Oberbergamt verhielt sich zunächst skeptischer und bemängelte — offenbar waren Klagen verlautet — das unpünktliche Anfahren der Bergleute, billigte jedoch Ende Oktober den Vorschlag der Gewerken. Aber schon im März 1831 forschten die Dortmunder Beamten nach, ob die Erhöhung nicht angesichts der eingetretenen Verbilligung der Lebensmittel rückgängig zu machen sei[13]. Tatsächlich waren die alten Preise von 1829 inzwischen fast wieder erreicht; sie sanken bis 1835 wieder auf den Stand der frühen zwanziger Jahre. So autorisierte das Oberbergamt unter dem 18. April 1831 die Wiederherstellung der alten Lohnsätze[14].

Obwohl in der Folgezeit regelmäßig Recherchen über die Preissituation eingezogen und Veränderungen diskutiert wurden[15], blieben die Lohnsätze, auch während der schweren Agrar- und Versorgungskrise in der Mitte der 1840er Jahre, beim alten. Allerdings war die einmal erteilte Erlaubnis zur zeitweiligen Arbeitszeitverlängerung nicht so leicht rückgängig zu machen, so daß sich das Oberbergamt mehrfach veranlaßt sah, auf die eingetretene Unordnung zu verweisen und schärfere Kontrollen zu fordern[16]. Vorzüglich die Essener Beamten, stets liberaler, unterstützten die Forderungen der Gewerken, so daß schließlich im Sinne des Gleichheitsprinzips für beide Bergamtsdistrikte die Rückkehr zu normalen Schichtzeiten erzwungen werden mußte.

In den durch angeregte Absatzlage und Nordwärtsexpansion gekennzeichneten 1840er Jahren haben die Löhne in den neueröffneten Gruben, um einen festen Arbeiterstamm heranzuziehen, gewiß über den normierten Löhnen gelegen. Auch die größere Geschicklichkeit, wie sie bei Mutungen und Schürfarbeiten erforderlich war, brachte mehr Verdienst; allerdings wurde hier häufig unregelmäßig ausgelohnt, so daß die Bergleute das Bergamt bemühen mußten[17]. Ähnlich wurde aus den Revieren gelegentlich auf ört-

10 Nach OBA 1385 Bl. 104—108.
11 Zum Folgenden ebd. Bl. 8—21, bes. BAE/OBA 11. 10. 1830; vgl. auch Anhang S. 608.
12 OBA 1385 Bl. 24 BAB/OBA 13. 10. 1830.
13 Ebd. Bl. 57, 63 OBA/BAB 24. 10. 1830, 11. 3. 1831 (Abschr.).
14 Ebd. Bl. 66 OBA/BAB 18. 4. 1831 (Abschr.).
15 Vor allem im Jahre 1835 wurden umfangreiche Erkundigungen eingezogen und Haushaltsberechnungen angestellt, vgl. ebd. Bl. 84—110.
16 Vgl. zuerst ebd. Bl. 59 Berggeschw. *Lind,* Hörde/OBA 20. 12. 1830, danach ebd. Bl. 123 OBA/BAE (abschriftl. an BAB) 27. 5. 1836; BAEW 154 Bl. 165 OBA/BAE 16. 7. 1836.
17 Vgl. Zirkularverfg. BAE/Revierbeamte, OBA 1385 Bl. 176 (Abschr.). Nach deren Erhebungen (Bl. 174 f.) lagen die Löhne 1843 durchschnittlich 20 % über den Normalsätzen. Vgl. ferner (ohne Quellenangabe) *W. Bracht,* Stockumer Mark, 1969, S. 165.

liche oder befristete Erhöhung von seiten der Bergleute angetragen, was dann auch Sonderregelungen einbringen konnte[18].

Nach dem Gesagten errechnet sich für die Jahre 1825 bis 1848 bei Zugrundelegung eines Mindestlohns von täglich 9 Sgr. ein wöchentlicher Verdienst von 1/24/0. Das bedeutet bei jährlich 280 Arbeitstagen[19] ein Jahreseinkommen von 84/0/0 bzw. 7/0/0 monatlich[20]. Kläuberjungen, Nachtwächter und ähnliche Nebenverrichtungen sind hierin nicht erfaßt; die Angabe bezieht sich auf die weit überwiegende Mehrzahl der unter Tage arbeitenden Bergleute, die Knappschaftmitglieder I. und II. Klasse. Deren Durchschnittsverdienst belief sich bei täglich 11 Sgr. auf 2/6/0 wöchentlich, 102/20/0 jährlich bzw. 8/16/8 monatlich. Spitzenverdiener konnten es bei bis zu 14 Sgr. täglich im Gedinge auf 2/24/0 wöchentlich, 130/20/0 jährlich bzw. 10/26/6 im Monat bringen, ein Einkommen, das sicher nicht selten erreicht wurde. Auf den Zechen angestellte Handwerker – Schmiede, Zimmerer, Maurer – verdienten, allerdings bei erheblich längerer Arbeitszeit, gewöhnlich mehr[21]. Im Frühjahr 1848 lagen die Hauerlöhne an der Ruhr zwischen 10 und 15 Sgr.; die Schlepperlöhne zwischen 7 und 13 Sgr. im Gedinge; die Schichtlöhne lagen um 1–2 Sgr. niedriger, und arbeitsame Bergleute mochten bis zu 3 Sgr. mehr verdienen. Die Bergleute im Bochumer Bergamtsbezirk verdienten[22]:

Revier	Hauer	Schlepper
Sprockhövel	15 Sgr./3 Pfg.	10/7
Bochum	13/8	9/9
Östl. Witten	14/1	10/5
Altendorf	14/10	10/2
Hörde	14/7	10/11
Stalleicken	14/3	10/8
Dahlhausen	13/9	10/9
Herzkamp	14/7	10/3
Dortmund	14/1	10/4
Westl. Witten	12/11	9/9
Brünninghausen	14/5	10/11

In dieser Zeit erreichten Grubenbeamte ein Einkommen von 16–20 Tlr. monatlich, während das jährliche Einkommen der Revierbeamten über 400 Tlr. lag.

Stellt sich die Lohnsituation damit recht übersichtlich dar, so begegnet die Berechnung der Lebensmittelpreise oft außergewöhnlichen Schwierigkeiten infolge regionaler kurz-

18 Vgl. OBA 1385 Bl. 179–190 (1844), 200 f. (1845), 202–219 (1846), 220–223 (1847).
19 Nach *H. Spethmann*, Mergelzechen, 1947, S. 141, rechnete das BAE mit jährlich ca. 280 Arbeitstagen; vgl. OBA 1385 Bl. 242 f. (BA-Dir. *Heintzmann*): 288. Zum Vgl. mit anderen Berufen (zw. 260 u. 305) s. *Saalfeld*, Handwerkereinkommen, S. 87, 104.
20 Im folgenden sind Monats- aus den Jahresverdiensten errechnet, beziehen also Feiertage im Gegensatz zu den Wochenlöhnen ein. Es wird von Vollbeschäftigung ausgegangen; vgl. oben S. 92.
21 Vgl. OBA 1597 Bl. 17: Ein Schmiedegeselle als Maschinenwärter auf der Saline Königsborn verdiente Ende der zwanziger Jahre 120 Tlr. Vgl. im übrigen die jährlichen Aufstellungen OBA 1385.
22 Nach OBA 1385 Bl. 260, 307–320; vgl. noch *U. Heithoff*, Steinkohlenbergbau im Raum Silschede, 1964, S. 63; *Darpe*, Bochum, S. 526–528 (Anm.).

fristiger Marktveränderungen oder unterschiedlicher Maß- und Münzsysteme[23]. Wenn der Kartoffelpreis 1850 in Bochum 8 % über, 1852 jedoch 29 % unter dem von Essen lag[24], zeigt dies die Ortsgebundenheit der Absatzmärkte noch zu einem Zeitpunkt, als sich der preisnivellierende Einfluß der Eisenbahn auf dieser kurzen Strecke bereits ausgewirkt haben müßte. Die Krisenabhängigkeit der Verbraucherpreise wird durch einen Vergleich der Roggenpreise auf dem Markt von Bocholt bestätigt. Danach stand der Scheffel[25] im Frühsommer 1847 auf dem hohen Niveau von 4/24/11, das er nach einem vorübergehenden Sturz im November auf 1/15/6, also auf ca. 30 % des alten Preises, Anfang 1848 wieder erreichte[26].

Wegen der angeführten, beliebig vermehrbaren Beispiele[27] sind langfristige, überregionale Indexberechnungen methodisch irreführend[28]. Sie verschleiern disparitätische Entwicklungen und die Veränderung der Beurteilungskriterien. Wenn, wie im Fall des Bergbaus, das Kriterium der Lohnfeststellung im Indexzeitraum eines Jahrhunderts sich vom Prinzip der Bedürfnisdeckung zur Regulierung durch den freien Arbeitsmarkt verkehrt, täuscht eine Feststellung von Nominallohnindices einen tatsächlich nicht vorhandenen Wissensstand vor und verbindet Lohnermittlungskriterien der verschiedensten Provenienz. Die Berechnung von Reallohnindices potenziert diese Wirkung infolge des Einbezugs weiterer, hochgradig inkommensurabler Faktoren.

Es empfiehlt sich daher der Ansatz einer phasengebundenen Haushaltsberechnung, wobei die Jahre 1825—1848 als einheitlicher Zeitraum gelten können. Nach einer Erhebung des Preußischen Landes-Ökonomie-Kollegiums für 1848[29] verbrauchte eine fünfköpfige[30] Landarbeiterfamilie in Westfalen jährlich:

---

23 S. dazu *Darpe*, Bochum, S. 89, und *Saalfeld*, Handwerkereinkommen, S. 77 Anm. 2; über die Benutzbarkeit zeitgenöss. Münz- und Maßsysteme s. d. Anhang zu *Abel*, Agrarkrisen.

24 Nach *Kuczynski*, Lage der Arbeiter Bd. I, 2, S. 166.

25 Vgl. *E. Sasse*, Lage der Ruhrbergleute, Diss. 1922, S. 89: jeweils 1 (Berliner) Scheffel Weizen = 42 kg, Roggen = 40 kg, Kartoffeln = 43 kg, 1 Pfund = 0,4677 kg (bis 1857).

26 Nach *W. Schulte*, Volk und Staat, 1954, S. 517 Anm. 11, vgl. ebd. Preise f. d. Gft. Mark S. 135, 150, 518; s. ferner RM 77 (Recherchen 1846). Die Butterpreise lagen 1823—1834 bei ca. 5 Sgr. f. d. Pfund; 1847/48 zw. 8 u. 15 Sgr., s. OBA 1385 Bl. 107; vgl. *K. Faber*, Bochum während der Märzrevolution 1848, 1919, S. 86; *J. Köster*, Iserlohner Revolution, 1899, S. 212. Schwarzbrot lag zw. 8 u. 14 Sgr., s. *R. Ehrenberg*, Krupp-Studien III, 1909, S. 118, u. *Schulte*, a. a. O. S. 150.

27 Erstaunliche Widersprüche in den Quellen selbst: Der Lüdenscheider Getreidepreis soll 1825—1839 um 240 % gestiegen sein, bewegte sich aber nach OBA 1385 in der nächsten Umgebung auf dem Niveau (1834) von 1825 u. kann bis 1839 nur unwesentlich zugenommen haben. Vgl. *Schulte*, Volk und Staat, S. 517 Anm. 11, und OBA 1385 Bl. 104; s. auch RD 8806 Bl. 275 (für Neuß 1849). — Eine sehr brauchbare Übersicht der Marktpreise für Dortmund findet sich im Bericht ü. d. Verwaltung d. Landkrs. Dortmund 1887/88, S. 58 f., für 1756—1855; für 1817 u. 1824 s. *O. v. Mülmann*, Statistik des Reg.-Bez. Düsseldorf, Bd. II, 1, 1867, S. 412 f.; für 1845—1860: Statistik des Krs. Duisburg 1859—1861, S. 50 f. und Statistische Verwaltungs-Übersicht des Krs. Duisburg, 1858, S. 15; Preise auf dem Wittener Markt 1809—1911: *G. Haren*, Geschichte der Stadt Witten, 1924, S. 301, 305; westfälische Getreidepreise bei *H. Glander*, Landwirtschaft des Krs. Recklinghausen, Diss. 1956, S. 57; 10-Jahres-Durchschnitte der Preise in Westfalen 1816—1905 bei *v. Laer*, Entwicklung des bäuerlichen Wirtschaftswesens, 1912, S. 222. Großen Wert besitzt die Preisstatistik im Jb. f. d. amtl. Statistik d. Preuß. Staats 2 (1867) S. 93—230.

28 Vgl. Indexberechnungen bei *Kuczynski*, Lage der Arbeiter Bd. I, 1 S. 245 f., 373 f.; Bd. 2, S. 145, 154, 222 f. und passim.

29 Nach *Ehrenberg*, Krupp-Studien III, S. 30 f.

30 Zeitgenöss. Autoren rechnen, durchaus zu Recht, allgemein mit einer Familiengröße von

	Scheffel/Pfd.	in % des Geldwerts der Gesamtnahrung
an Kartoffeln	30 S.	20—30
an Brotkorn bzw. Schwarzbrot	20 S.	30—35
Fett, Speck, Butter	90 Pfd.	10—20
Mehl	—	5—6
Kaffee, Zichorien	—	4—6
Milch u. Käse	—	6—9

Die Werte stimmen mit vergleichbaren Angaben überein[31], berücksichtigen allerdings nicht die im übrigen nur schwer faßbare Veränderung des Konsumverhaltens infolge wechselnder Einkommenssituation[32], und auch die relativen Preise der Nahrungsmittel untereinander in ihren agrarrhythmischen Verschiebungen entziehen sich weitgehend genauer Anlayse, weshalb besonderer Wert der Kontrolle durch die wenigen, verstreuten zeitgenössischen Haushaltsangaben zukommt.

Die zugrundegelegten Werte repräsentieren mindestens $^3/_4$, im Durchschnitt 89,5 % des Geldwerts der Gesamtnahrung; der Rest entfällt auf Gemüse, Fleisch[33] u. ä. Werden zunächst die behördlich festgestellten Preise für 1825[34] unterstellt und mit den seither auf Dauer in gleicher Höhe fixierten Löhnen korreliert, so ergibt sich:

Durchschnittspreis aus Roggen, Gerste, Weizen pro Berliner Scheffel, 1825:	1/10/8;	d. i. bei 20 Scheffeln 27/3/4 jährl.
Durchschnittspreis Kartoffeln pro Berliner Scheffel, 1825:	0/ 9/0;	d. i. bei 30 Scheffeln 9/0/0 jährl.
	insgesamt:	36/3/4 jährl.

Bilden diese Grundnahrungsmittel nach den oben getroffenen Voraussetzungen annähernd die Hälfte des Nahrungsmittelbedarfs[35], dann beziffert sich dieser insgesamt auf

$$1825 = 151/10/ 8$$
$$1834 = 75/ 3/ 4$$

---

5 Personen; *Saalfeld*, Handwerkereinkommen, S. 95 Anm. 1, errechnet aus dem „statistisch-geographischen" Schrifttum der Zeit 4,5—5,2 Menschen pro Familie.

31 Vgl. versch. Quellen b. *Saalfeld*, Handwerkereinkommen, S. 79 f.; ferner *F. Mogs*, Sozialgeschichtliche Entwicklung der Stadt Oberhausen, Diss. 1956, S. 40 f.; *K. Hartl*, Entwicklung des Krs. Recklinghausen, Diss. 1909, S. 149.

32 Das sog. Engelsche Gesetz besagt: „Je ärmer eine Familie ist, ein desto größerer Anteil von der Gesamtausgabe muß zur Beschaffung der Nahrungsmittel aufgewendet werden." Vgl. *W. Abel*, Massenarmut und Hungerkrisen im vorindustriellen Deutschland, 1972, S. 14; *Saalfeld*, Handwerkereinkommen, S. 81, 107.

33 Z. Fleischkonsum s. *Abel*, Massenarmut in Dtld., S. 64 f.; *Saalfeld*, Handwerkereinkommen, S. 90—94. *Ehrenberg*, Krupp-Studien III, beziffert den Fleischverbrauch einer „wohlsituierten Arbeiterfamilie" Ende der fünfziger Jahre schon auf 27 % v. Geldwert der Gesamtnahrung; vgl. unten S. 310 ff.

34 N. der ungemein wertvollen Aufstellung OBA 1385 Bl. 104—108 (Durchschnittswerte der Märkte Bochum, Witten, Hattingen, Herdecke, Dortmund 1825—1834). Pfennigbruchteile sind vernachlässigt.

35 Genau 52,5 %; bei *Saalfeld* f. Brot u. Kartoffeln zw. 38,6 u. 46,8 % (S. 80) im Durchschnitt v. 4 Großstädten in % der Einnahmen, das entspricht 53—61 % vom Gesamtwert der Nah-

Recherchen des Oberpräsidiums für den Winter 1845/46 [36] ergeben: 1845 = 136/17/ 8
Nach dem Bochumer Wochenmarkt am   15. 3. 1848 = 137/ 2/16
Nach dem Wittener Wochenmarkt am   16. 5. 1848 = 122/20/ 0
Nach dem Dortmunder Wochenmarkt am   3. 2. 1849 = 110/ 0/ 0 [37]

Dieser Überblick beweist die auch andernorts feststellbare, allgemeine Verschlechterung der wirtschaftlichen Lage handwerklicher und ländlicher Unterschichten seit etwa 1825, erneut seit den vierziger Jahren[38].

Die hergestellten Werte stimmen mit überlieferten zeitgenössischen Berechnungen überein. *Von Reden* beziffert das Existenzminimum einer fünfköpfigen ländlichen Arbeiterfamilie auf 115 Tlr. jährlich; das Preußische Landwirtschaftsministerium errechnete im Regierungsbezirk Gumbinnen (niedrigste Preise) 71 Tlr., Koblenz (höchste Preise) 204 Tlr., im preußischen Durchschnitt 105 Tlr.[39]. Hohe Beweiskraft kommt einer eher zufälligen Aussage des Schlebuscher Reviergeschworenen in seinem Bericht an das Oberbergamt vom 10. 3. 1849 zu, wonach sich der bergmännische Jahresverdienst auf 115 Tlr. belaufe, was nicht ausreiche für einen „verheirathete(n) Arbeiter der für Miethe und Steuern, für Kleidung, Nahrung und den unentbehrlichsten Hausgeräthen [!] geringe gerechnet jährlich 150 Tlr. braucht"[40]. Auch der Hinweis, das Kostgeld für Bergleute sei im Verlauf des Winters 1847/48 von monatlich 5 auf 6 Tlr. erhöht worden[41], bestätigt bei jährlich 60 bzw. 72 Tlr. die oben getroffenen Berechnungen.

Der Bergmann in der Anfangsstellung, der Schlepper, konnte bei Annahme von 84 Tlr. Jahreseinkommen als Kostgänger nach Abzug von $1/20$ an Knappschaftsgefällen, d. h. 4/6/0, für persönliche Bedürfnisse wie Kleidung, Schuhwerk, Tabak und Bier 19/24/0, d. h. 23,4 % vom Bruttoeinkommen verwenden — ein sicher nicht zu hoher Betrag, berücksichtigt man, daß gelegentlich kleinere Beträge für „Wagenschmiere" und „Geleuchte" abgeführt werden mußten. Der Vollhauer im Gedinge, für den durchschnittlich 102/20/0 jährlich errechnet wurden, konnte als Kostgänger mit einem recht hohen Überschuß rechnen und Rücklagen bilden; als Familienvater dürfte er nur bei erträglichen Marktverhältnissen in der Lage gewesen sein, Nebenkosten zu tragen, sofern er nicht über

---

rung, wenn diese auf 70—80% der Gesamteinnahmen angesetzt wird (so *Abel,* Agrarkrisen, S. 230: 71,6%; ebenso *ders.,* Massenarmut in Dtld., S. 15). Die Berechnung von *Ignaz Gruber,* Die Haushaltung der arbeitenden Klassen. Jena 1887, S. 44 f., ergibt nach den Unterlagen von *Le Play* über Harzer Bergleute 1829—1845 einen Bedarf von leicht über 50 % des Gesamteinkommens für Nahrungsmittel.

36 RM 77, auf den Märkten Recklinghausen und Dorsten, deren Preise sicher unter jenen im Kern des Ruhrgebiets lagen.

37 Nach *K. Faber,* Bochum, S. 86 (Getreide: 2/4/5; Kartoffeln: 0/25/0); Anzeiger, Kreisblatt f. d. Krs. Dortmund 11/7. 2. 1849 (in: OBA 385). Vgl. RD 8806: Für Neuß ergibt sich 1849 bei Annahme mittlerer Qualitäten 100/0/0, derselbe Wert für Essen bei Zugrundelegung von *Ehrenbergs,* S. 118, Kartoffelpreisangaben 1850, also noch erheblicher Verbilligung.

38 So auch *Saalfeld,* Handwerkereinkommen, S. 95—115; nach Kornlohnberechnungen ebd. S. 78—89; und *Abel,* Massenarmut in Deutschland, S. 9; *ders.* Agrarkrisen, S. 265. *W. Köllmann,* Wirtschaft und Gesellschaft Rheinland-Westfalens zu Beginn des Industriezeitalters, 1974, rechnet in den 40er Jahren die Mehrheit der Bevölkerung der Westprovinzen „zur Schicht der Verelendeten".

39 Nach *Kuczynski,* Lage der Arbeiter Bd. I, 2 S. 160, nach Quellen aus DDR-Archiven.

40 OBA 1385 Bl. 290 f.

41 Vgl. OBA 1733 Bl. 24, BAB/OBA 17. 1. 1848: Es finden sich „bei der großen Theuerung, dem Mangel an Nahrungsmitteln... nicht wie in früheren Jahren... kleine... Kötter oder selbst Bergmannsfamilien" für Kostgänger.

andere Bedarfsdeckungs- oder Erwerbsquellen verfügte. Neben den behördlicherseits veranschlagten 3 Pfg. täglich, d. i. 2/10/0 jährlich für „Geleuchte"[42] hatte er regelmäßig seine Knappschaftsbeiträge sowie Mietkosten oder, als Hausbesitzer, entsprechende Steuern abzuführen.

Für 1850 sind in Essen Mietkosten in Höhe von jährlich 32 Tlr. für 2 Zimmer, Keller und 20 Ruten Land überliefert; „das war aber für diese Zeit schon sehr viel; es gab weit billigere Wohnungen"[43]. Eine Arbeiterwohnung für geringe Ansprüche, d. h. zwei kleinere Zimmer, hat vor 1850 nur selten mehr als 20 Tlr. erfordert[44]; in ländlichen Gebieten noch weniger. Dies entspricht zwischen 15,4 und 23,8 %/o vom Brutto-Lohneinkommen[45].

Für den bergmännischen Höchstverdiener dürfte, auch in ländlichen Bezirken, bei einem Einkommen von 130/20/0 jährlich keine Rücklagenbildung über einen längeren Zeitraum hinaus möglich gewesen sein, es sei denn, es bestand Gelegenheit zum Nebenerwerb bzw. zur Bedarfsdeckung durch Selbstversorgung. Gerade in den Jahren vor der Revolution hat sich die materielle Lage auch der Bergarbeiterschaft deutlich verschlechtert. In Ausmaß und Auswirkungen kamen die Mißernten in der Mitte der 1840er Jahre durchaus der Erntekatastrophe 1816/17 gleich, und auch die Mittel zur Linderung und Gesundung entsprachen einander: Vermehrte, staatlich subventionierte Getreideeinfuhren unter großen Handels- und Spekulationsgewinnen einerseits, kommunale Gegenmaßnahmen wie Verbilligung der Nahrungspreise für Minderbemittelte und individuelle Philanthropie, Suppenanstalten und Kornvereine andererseits[46]. Blieben die Monate 1816/17 als „das Hungerjahr" in der Erinnerung des 19. Jahrhunderts, so gesellte sich hierzu 1847 „das teure Jahr"[47].

2. Das bergmännische Haus

a) Ländlicher Nebenerwerb und ländliche Bedarfsdeckung

Bergleute konnten nach dem bisher Gesagten sicher nicht aufwendig leben. In den vierziger Jahren verdienten Eisenbahnbauarbeiter mit Aussicht auf Akkordzulagen 10—12 Sgr., um 1846 bis 17 Sgr. täglich, allerdings bei einer Arbeitszeit von 4.30 bis 22.30 Uhr[48]. Steinbrucharbeiter erhielten 9—11 Sgr., und in der eisenverarbeitenden Industrie, bei **Krupp,** wurden „10 Sgr. im Durchschnitt" verdient, während in der Esse-

---

42 Die BÄ stellten jeweils zusammen mit den Preislisten die Ölkosten auf, vgl. OBA 1385 Bl. 108.

43 *Ehrenberg*, Krupp-Studien III, S. 118. 20 Quadratruten = ca. 283,7 m², d. h. Gartengröße.

44 Vgl. *Schulte*, Volk und Staat, S. 518; für das Ruhrgebiet sicher zu hoch *Kuczynski*, Bd. I, 2 S. 160.

45 *W. Abel*, Agrarkrisen, S. 230, legt 14,4 %/o zugrunde.

46 Einzelne Schilderungen beider Krisen bei *A. Dorider*, Recklinghausen, 1955, S. 295—297; *L. Schröder*, Castrop, 1913, S. 38 f.; *G. Haren*, Witten, 1925, S. 249—251; *Blesken*, Witten, 1948, S. 170—173; aus kommunalen Archiven vgl. etwa StaDuisb 12/388. Auch *W. Wortmann*, Eisenbahnbauarbeiter im Vormärz, 1972, S. 111, sieht eine ständige Reallohnminderung 1844—1847.

47 *W. Sellmann*, Wohltätige Vereinigungen in der Stadt Essen, [1967], S. 15—17.

48 Vgl. *Schulte*, Volk und Staat, S. 153; *Wortmann*, Eisenbahnbauarbeiter, S. 107—111, 245 f.

ner Umgebung 9 Sgr. „der eigentliche Lohn"[49] waren; doch zahlte man in der Bochumer Gußstahlfabrik 1847 etwa $3^1/_2$ Tlr. wöchentlich[50]. Bei **Krupp** verdienten Arbeiter in den 1820er und 30er Jahren um 8 bis 9 Sgr., 1844/45 bereits über 13 Sgr. täglich und erreichten damit die Bochumer Löhne[51]. Die Einkommen von Handwerkern lagen, auch außerhalb bergmännischer Spezialverrichtungen, deutlich über denen der Bergleute während des gesamten Zeitraums[52]. Ein Polizeidiener verdiente 150—250 Tlr., der 16jährige Polizeischreiber von Bielefeld 144 Tlr.[53].

Auch der Vergleich mit anderen Gewerben läßt also die Löhne der Bergleute nicht überdurchschnittlich hoch erscheinen. Sie mögen gegenüber Fabrikarbeitern im Textilgewerbe durchaus mehr, etwa soviel wie Beschäftigte der metallverarbeitenden Industrie, im Vergleich mit dem Handwerk jedoch weniger verdient haben.

Es hängt mit den seit den Anfängen des Ruhrbergbaus engen Beziehungen zwischen Bergbau und Landwirtschaft zusammen, daß bergmännische Tätigkeit so lange landwirtschaftliche Absicherung erfuhr, wie die großstädtischen Bevölkerungsagglomerationen dafür Raum ließen. Die frühen Bergleute waren Kötter und Kleinbauern, die im Winter und zu Zeiten mangelnder Beschäftigung in Aussaat und Ernte auf ihrem Anwesen eine „Pinge", einen „Pütt" anlegten und Kohlen zum Eigenverbrauch und, später, zum Verkauf ergruben. Stellte sich der Erlös gut, so mochte der Kötter zum Bergmann, der „Bergmannsbauer"[54] sein eigener Gewerke werden, jedoch zugleich sein Anwesen weiter betreuen. Das Bergordnungsrecht erlaubte, ja, begünstigte diesen auch in anderen Bergbaurevieren ursprünglichen Zusammenhang von Bauerntum und Bergarbeit[55] durch das Rechtsinstitut der Bergfreiheit und durch das Erstfinderrecht, mit dem es unter strenger behördlicher Aufsicht[56] zumindest möglich war, eigene Gewinnungspunkte zu erschürfen, solange der Kapitalbedarf vor Einführung maschineller Hilfsmittel niedrig blieb. Die alte, im südlichen Kreis Essen fördernde Zeche Langenbrahm ist ein herausragendes

---

49 Aus einem Brief *A. Krupps*, zit. n. *Ehrenberg*, Krupp-Studien III, S. 46. Nach *W. Fischer*, Herz des Reviers, 1965, S. 257, lagen die Löhne 1844 zw. 6 und 25 Sgr.

50 Nach *Darpe*, Bochum, S. 569.

51 Nach *Grewe*, Essen, S. 82 Anm. 2.

52 Vgl. die Aufstellungen bei *Saalfeld*, Handwerkereinkommen, S. 83, 85, 95 f.

53 Nach *Schulte*, Volk und Staat, S. 518, für weitere überregionale Vergleiche s. *Kuczynski*, Lage der Arbeiter, Bd. I, 1, S. 373 ff. u. passim, sowie besonders informativ: *K. Obermann*, Zur Klassenstruktur und zur sozialen Lage der Bevölkerung in Preußen 1846 bis 1849, 1973, S. 86 f., 98, 145—149.

54 *W. Müller-Wille*, Westfalen, 1952, S. 267; vgl. *Brepohl*, Aufbau des Ruhrvolks, S. 39—41; *Hue* I, S. 175, 362 f.; *I. Lange-Kothe*, Bergleute an der Ruhr, 1952, S. 17; *H. Croon*, Einwirkungen der Industrialisierung auf die Gemeindevertretungen, 1952, S. 302—304; *D. Düsterloh*, Kulturgeographie des Niederberg.-Märkischen Hügellandes, 1967, S. 184. *L. H. W. Jacobi*, Das Berg-, Hütten- und Gewerbewesen des Reg. Bez. Arnsberg, 1857, S. 60: Im südl. Teil des Krs. Bochum sind „Ackerbau und Bergbau auf das glücklichste verschwistert". Die archival. Quellen sind zahlreich; vgl. neben den nachfolgend genannten noch OBA 1788 Bl. 22 (1865); MBAB 299 Bl. 326 f. (1858); MBAB 20 Bl. 228 OBA/BAB 10. 5. 33: Fälle, daß Bergleute Bergwerkseigentum erwürben, kämen „unstreitig sehr häufig" vor.

55 Vgl. zum Saarrevier *K. Bax*, Der dt. Bergmann im Wandel der Geschichte, 1942, S. 29; ü. Sachsen *Hans Baumgärtel*, Bergbau und Absolutismus. Der sächs. Bergbau in der 2. Hälfte des 18. Jhs. Leipzig 1963, S. 40 f. u. ö.

56 Vgl. OBA 16 Bl. 1, OBA 1784 Bl. 26—28: Das Gesuch des Bergmanns *H. P. Stracke*, als Mitgewerke von „Gottsegnedich" dort auch angelegt zu werden, wird v. BAB abgelehnt, v. OBA genehmigt. Zu dem Vorfall auch *Adelmann*, Quellensammlung Bd. I, S. 73 f.; vgl. ferner Die Grafschaft Mark Bd. I, S. 448, und die Definition des Eigenlöhners im ALR im Gegensatz zum Gewerken, 16. Titel, 4. Abschn. §§ 128—130.

Beispiel für bis in das 20. Jahrhundert hinein breitgestreuten Bergwerksbesitz auch in Bergarbeiter- und Bauernfamilien; der Anteil von Landwirten unter den Gewerken der im Ruhrgebiet angelegten Stollenzechen war stets sehr hoch[57].

Die Tradition bäuerlichen Nebenerwerbs hatte im Vormärz vor allem in den Bergbaugebieten südlich Bochums und Essens formende Kraft. Hier setzte mit dem Aufschwung nach 1830 eine rege Siedlungstätigkeit von Bergleuten ein, deren Bewegung aus den Katastereintragungen rekonstruierbar ist. Von 100 Neusiedlern in der Stockumer Mark hat W. Bracht in 87 Fällen die Berufe ermittelt: Darunter waren 37 Bergleute und 20 Tagelöhner, die ebenfalls größtenteils dem Bergbau zuzurechnen sind; d. h. mindestens 60 % der Siedler waren Bergleute[58]. Von 372 Siedlern im Oberamt Hörde 1750 bis 1827 waren 107 Bergleute, von weiteren 150 Personen ohne Berufsangabe dürfte wiederum die Mehrheit dem Bergbau zuzuordnen sein. Ein ähnliches Bild zeigt das Bergbaugebiet um Silschede und Wengern-Trienendorf — von 19 Ansiedlern bei Trienendorf waren bis 1890 18 Bergleute. In diesem Raum waren die Grubenbelegschaften kaum größer als 20; nur in wenigen Fällen wurden, wie in den sechziger Jahren mit Ver. Trappe, St. Peter und Paul, Dachs und Gevelsloch, großbetriebliche Entwicklungsstufen erreicht[59].

Das Kötterwesen hatte in der Ruhr- und Hellweglandschaft eine lange, seit dem Abschluß der Landnahme im Spätmittelalter datierende Tradition[60]. Als weitgehend autarke Hauswirtschaften, die ihre Formenwelt über Jahrhunderte hinweg erhielten, gerieten die Erb- und Markenkötter erst mit der Markenteilung, als ihre wichtigen Nutzungsrechte, wenn auch gegen Abfindung, verlorengingen, in arge Bedrängnis; auch hierin liegt ein wichtiges Motiv für Saisonwanderung und Bergmannsköttertum. Der wichtigere Anstoß zur Ansiedlung von Bergleuten ging allerdings von staatlichen Ansiedlungserleichterungen aus, etwa durch oft erbzinsweisen Wiederverkauf an den Staat gefallenen Bodens in Parzellen, die eine zur Ansiedlung geeignete Größe hatten[61]. Zwar führten die Gemeinheitsteilungen zur Vergrößerung des adligen Grundbesitzes, ließen auf der anderen Seite aber auch die Bodenpreise sinken, was die Ansiedlungsbedingungen begünstigte.

Die siedelnden Bergleute, jene „gehobene soziale Schicht der Kötterbergleute"[62], verfügten häufig über eine erstaunliche Finanzkraft, die sich aus der günstigen saisonalen

57 Vgl. StaMH, Stöcker-Akten (unverzeichnet); H. Croon, Studien z. Sozial- und Siedlungsgeschichte der Stadt Bochum, 1965, S. 88: „Familienpütts"; bes. Zeche Langenbrahm 1772 bis 1922, S. 62—68, 73. Übertreibend und ungenau W. Brepohl, Industrievolk a. d. Ruhr, 1957, S. 18: Im 18. Jh. gab es keinen Unterschied zwischen Bergleuten und Zechenbesitzern, „es war alles genossenschaftlich".

58 Bracht, Stockumer Mark, 1969, S. 153.

59 Nach W. Brepohl, Industrievolk a. d. Ruhr, 1957, S. 18; ders. Aufbau des Ruhrvolks, 1948, S. 44; ferner bes. die anscheinend unter der verdienstlichen Anregung von W. Dege entstandenen Untersuchungen von U. Heithoff, Steinkohlenbergbau im Raum Silschede, 1964, S. 3—78; A. Walter, Die Bergmannsköttersiedlung Wengern-Trienendorf, 1964, hier S. 101; sowie Hannelore Schiller, Die Entwicklung der ehemaligen Bergmannsköttersiedlung in Dortmund-Loh. Examensarbeit (Pädag. Hochschule Dortmund masch., in: StaD) 1969, S. 9—43. Vergleichbar detaillierte Untersuchungen fehlen leider bisher für das westliche Revier; vgl. unten S. 118 f.

60 Vgl. bes. A. Breilmann, Die sozialen Wirkungen der Industrialisierung im Emschergebiet, 1949, S. 5—13; J. Muhle, Studien zur Lage der Bevölkerung Bottrops um 1800, 1954, S. 57 u. ö.

61 Vgl. bes. H. Schiller, Bergmannsköttersiedlung, S. 9.

62 H. Eversberg, Schwerindustrie um Hattingen, 1955, S. 24.

Verknüpfung zweier Erwerbszweige erklärte. Der Tagelöhner *C. D. Pätz*, Sohn des Bergmanns *Pätz* aus Schwelm, siedelte 1812 in der Stockumer Mark und erbaute 1815 ein Haus auf seiner Parzelle. Sein Sohn *Johann Heinrich*, ebenfalls Bergmann, erweiterte den Besitz durch Grundstückskäufe 1832 (mit Haus), 1841, 1844, 1849 und 1855 und übergab den ganzen Besitz an seinen Sohn *Wilhelm*. Das Beispiel ist nicht vereinzelt: In den von *W. Bracht* ermittelten Tabellen[63] erscheinen Bergleute in überwiegender Mehrzahl. Zwar führte die stadtferne Lage der Zechen — Bergleute nahmen gern längere Wege zum Arbeitsplatz in Kauf[64] — zur Unterrepräsentation des Berufs in den städtischen Erwerbsschichten, doch beweist eine Aufstellung für Bochum 1842, daß Bergleute bis in höhere Einkommensschichten vordringen konnten. Die Einwohnerliste zur Stadtverordnetenwahl von 1842 zeigt von 213 stimmberechtigten Einwohnern in der 1. Klasse (Grundbesitz bis 300 Tlr.) 6 Bergleute und 8 Tagelöhner neben verschiedenen, ebenfalls dem Bergbau zuzuordnenden handwerklichen Berufen. Hier finden sich auch niedere Revierbeamte wie Geschworene und Schichtmeister, während die oberen Bergbeamten zur 3. Klasse (Einkommen über 400 Tlr.) gehörten[65].

Die Größe der von Bergleuten bewirtschafteten Parzellen hat nur selten 6 Morgen überschritten[66]. Die Landarbeit wurde mit Frauen und Kindern gemeinsam bewerkstelligt. Äußerlich unterschieden sich die Kotten kaum von jenen der rein ländlichen Bevölkerung; sie bestanden aus Wohnung, Stall und Lagerraum. Ein durch den Zufall einer Erbauseinandersetzung überliefertes Inventarverzeichnis[67] zeigt das Bild einer kargen, auf die unmittelbarsten Lebensbedürfnisse abgestellten Einrichtung. Das äußere Bild dieser kleinen ländlichen Anwesen im Fachwerkstil, über mehrere Generationen hinweg durch Anbauten den jeweiligen Bedürfnissen angepaßt, hat für Jahrzehnte selbst nach der Wende zum 20. Jahrhundert das Erscheinungsbild vor allem der südlichen Zone des Reviers bestimmt[68].

Im behördlich geleiteten Bergbau wurde ausdrücklich auf die Bedürfnisse des landwirtschaftlichen Nebenerwerbs Rücksicht genommen. Man erwartete die Erhaltung eines gesunden, kräftigen Berufsstandes[69] und begrüßte die Absicherung gegen Markt- und Versorgungskrisen. Gelegentlich konnte der Schichtbeginn verschoben oder, noch zu Beginn des Jahrhunderts, die Arbeit während der Erntezeit ganz eingestellt werden[70].

63 Stockumer Mark, S. 102—156.
64 Nach einer Belegschaftsaufstellung der Grube „Glückssonne" v. 18. 7. 37, OBA 1897, betrug der Weg bei 13 Bergleuten zwischen 10 und 50 Minuten. OBA 1385 Bl. 366—369 BAB/OBA 12. 10. 1853 erwähnt häufige Anmarschwege von bis zu 1½ Stunden, also 3 Stunden Fußweg täglich; weitere Zeugnisse in OBA 1776. Vgl. auch *Croon*, Studien zur Sozial- u. Siedlungsgeschichte der Stadt Bochum, S. 89; *Grewe*, Essen, S. 50—52.
65 Nach *Darpe*, Bochum, S. 526—528 (Anm.).
66 Vgl. die Aufstellungen bei *Walter*, Wengern-Trienendorf, S. 93.
67 Ebd. S. 115.
68 Vgl. aus der recht umfangreichen Literatur über den älteren bergmännischen Haus- und Wohnungsbau bes. die Diss. von *J. Lang*, Geschichtl. und räuml. Entwicklung des Bergarbeiterwohnungsbaus, 1952; *I. Lange-Kothe*, Hundert Jahre Bergarbeiterwohnungsbau, 1950, S. 7—19; *I. Lange*, Entwicklung des Bergmannshauses, 1967, S. 67—81; für die allgemeinen Zusammenhänge zentral ist *W. Treue*, Haus und Wohnung im 19. Jh., 1969, S. 34—51.
69 Z. B. ließ das OBA aufgrund einer, wie sich herausstellte, unbegründeten Beschwerde den Gesundheitszustand der Bergleute von „Glückssonne" im Sommer 1837 untersuchen, vgl. OBA 1897.
70 Z. B. auf Langenbrahm 1805 für 1½ Monate, auf Friederika um 1800 während der Erntezeit; vgl. *B. Kleff*, Auf der alten Zeche Friederika. In: Bochum. Ein Heimatbuch 3 (1930) S. 48, 52. Vgl. auch Knappschaftsordnung 1824, § 7. Gerade wegen dieser Bereitschaft der BÄ er-

Soweit Gewerken Landbesitz bewirtschafteten, waren sie hier mit der Behörde durchaus einhelliger Ansicht[71]. Als dann seit den 1830er Jahren zunehmend versucht wurde, den Arbeitskräftebedarf durch längere Schichtzeiten auszugleichen, ließ sich sogar unter Hinweis auf „diejenigen fleißigen, kraftvollen und geschickten Bergleute, ... welche nicht in ihren Haushaltungen Nebenbeschäftigung finden, mithin lediglich von der Bergarbeit leben"[72], argumentieren.

Da bergamtliche Erhebungen über die Besitzverhältnisse der Bergleute fehlen, läßt sich deren Ausmaß nur schwer abschätzen; vor allem ist nicht feststellbar, in welchem Umfang der Sprung von häuslicher Gartenwirtschaft und eigener Bedarfsdeckung zum echten landwirtschaftlichen Zuerwerb mit einer Besitzgröße ab etwa 5 Morgen[73] vollzogen wurde. Doch bedeutet schon die Bedarfsdeckung eine außerordentliche Erleichterung der Einkommensverhältnisse, wenn durchschnittlich 70 % der Einkünfte zum Lebensunterhalt aufgewendet werden mußten. Freilich sollte nicht übersehen werden, daß der Haus- und Grundbesitz über die gewöhnlich vom Arbeiter zu entrichtende Klassensteuer hinaus steuerliche Mehrbelastungen mit sich brachte. Während die Klassensteuer bei jährlichem Einkommen unter 100 Tlr. 1 Tlr., darüber 2 Tlr. betrug, richtete sich die Grundsteuer nach den veranlagten Durchschnittsreinerträgen und lag in der Rheinprovinz und in Westfalen zwischen 4 und 6 Sgr. je Morgen Land[74].

Im Werdener Stiftsgebiet waren zu Beginn des Jahrhunderts 36 % der Bergleute Kottenbesitzer; in Heisingen zählte man 28 %[75]. Auch wenn „mehr als die Hälfte aller Bergleute ... als Mieter oder Untermieter bei den Bauern und Köttern wohnten"[76], verweist gerade dieser Umstand auf Teilerwerb mittels gepachteten Landes oder Subsistenzsiche-

---

scheint die Behauptung von *J. Lingnau*, System sozialer Hilfeleistungen, 1965, S. 11, unverständlich, wonach die Bergarbeiter „schon vor Beginn der Industrialisierung ... von den ursprünglichen Subsistenzmitteln ... getrennt" waren.

71 Z. B. der Gewerke *Harkort* im 3. Provinzial-LT: Der Bergarbeiter besitze „meistens ein von ihm selbst kultiviertes und wohl bebautes kleines Grundstück, das die Grundlage seiner Existenz bilde und ihm helfe, die unvermeidlichen Stockungen von Handel und Gewerbe zu überwinden ...", zit. n. *L. Berger*, Harkort, 1926, S. 149. Die Bergleute hätten „in normaler Zeit für ihren Lebensunterhalt selbst auskömmlich sorgen können, waren aber bei den Mißernten der 40er Jahre gerade so wie die Städter auf die Krämer angewiesen".

72 OBA 1385, BAE/OBA 4. 6. 1836. BA-Dir. *Heintzmann* war allerdings der Ansicht, die Schichtzeiten seien allein auf die Bedürfnisse des Grubenbaus abzustellen, s. ebd. BAE/OBA 9. 4. 1824; vgl. auch *Krampe*, Staatseinfluß, S. 134.

73 Bei einem durchschnittlichen Jahresertrag von 20 dz je ha Kartoffelanbau (so *Saalfeld*, Handwerkereinkommen, S. 100 Anm. 2, für den Vormärz) und einem Kartoffelanteil an der Gesamtnahrung von 1/4 konnte diese für 5 Personen auf ca. 5 Morgen angebaut werden (ohne Verluste durch Aussaat und Schwund). Bei Getreideanbau mochte eine bessere Ertragslage erzielt werden.

74 Im Gegensatz zum übrigen Preußen verfügten die Westprovinzen schon seit 1839 über eine einheitliche Grundsteuerregelung, die 1861 durch die Gebäudesteuer ergänzt wurde. Vgl. ausführlich *Eugen Klauser*, Die Steuergesetzgebung gegenüber dem Grundbesitz im 19. u. 20. Jh. In: *Engelbert Frhr. v. Kerckerinck zur Borg* (Hg.), Beiträge zur Geschichte des westfälischen Bauernstandes. Berlin 1912, S. 224—257, 241; z. Klassensteuer bes. *K. Obermann*, Klassenstruktur, S. 154—157.

75 Vgl. *I. Lange-Kothe*, Fremde Bergleute an d. Ruhr. In: Adelmann, Quellensammlung Bd. I, S. 52. Für die östl. Gebiete sind höhere Zahlen anzunehmen; vgl. jedoch auch für das Mülheimer Stadtgebiet: *Berger*, Mülheim, S. 95.

76 *Lange-Kothe*, Fremde Bergleute a. d. Ruhr, S. 52.

rung durch Mithilfe auf den Höfen[77] und bestätigt die Tendenz zu ländlichen Lebensformen. Der Besitz eines eigenen „Prumenkotten" gehörte zu den begehrtesten Zielen der jungen Schlepper und Hauer; auch dürfte sich unter den statistisch als „Bergtagelöhner" rubrizierten Arbeitern eine große Zahl von Kleinbauern finden, die in Perioden guten Kohlenabsatzes saisonal arbeitsfreie Zeit zum Verdienst auf nahegelegenen Gruben nutzten. Letzlich stellt sich die rechtliche Absicherung der nur achtstündigen Arbeitszeit als wirksamstes subsistenzsicherndes Rechtsinstitut des Bergmanns heraus, erlaubte sie doch erst jede Nebentätigkeit.

b) Haus und Nachbarschaften

Die ältere ländliche Bindung der Bergleute, wie sie noch heute in ihrer Vorliebe für die eigene „Bergmannsziege" oder den „Taubenschlag" fortlebt, hat sich in Zeiten existenzgefährdender Arbeitslosigkeit als notausgleichend bewährt; sie behielt mit ihren begleitenden bäuerlichen Verhaltensmustern noch lange großen Einfluß auf das politische Verhalten der Bergleute. Jedenfalls stellte sie den Bergmann außerhalb der zeitgenössisch verbreiteten Verelendungserscheinungen[78]. Während *W. Conze* die Zahl der *Pauperes* im Vormärz auf etwa 50—60 % der Gesamtbevölkerung beziffert[79], zählte man in Wetter, einem alten Bergbaugebiet, zur Zeit *Harkorts* etwa jede achte Familie, d. h. 15 % der Bevölkerung, zu den „ausgesprochen Armen"[80]. Nicht etwa ihre kaum außergewöhnlichen Löhne, sondern ihre relative Nahrungssicherheit bewahrte die Bergleute vorzüglich in den traditionellen Bergbaugebieten vor Versorgungskrisen, Mißernten und dem Los der Strukturkrisen in anderen Gewerben.

Nicht allein in der materiellen Absicherung liegt jedoch die Bedeutung der geschilderten ländlich-agrarischen Haushaltsführung des Bergmanns, deren ökonomische Seite soeben umschrieben wurde[81]. Vielmehr drückt das bergmännische Haus eine Grundform des Lebens, Denkens und Verhaltens in den traditionellen Bahnen der vorindustriellen Gesellschaft aus, deren Unversehrtheit in diesem Bereich noch über die Jahrhundertmitte hinaus einer fortdauernd mit obrigkeitlicher Autorität belebten Sozialordnung zu danken war. Der Vergleich mit anderen Gewerbezweigen, etwa der ländlichen Heimarbeit

---

77 Vgl. noch für 1873 den Geschäftsbericht von „Hannibal": „Beim Aufschwung der Zeche mußten die Arbeiter von den schlechten, sie zu landwirtschaftl. Beihilfen verpflichtenden Mietswohnungen der Colonen durch Wohnungsbau seitens der Zeche selbst losgelöst werden...", zit. n. *Croon*, Studien, S. 93. Ende des 19. Jhs. diente die ländliche Krisenfestigkeit der Bergleute als Argument für die Erträglichkeit eines Streiks; vgl. *O. Müller*, Christl. Gewerkschaften, 1905, S. 39.

78 *L. Puppke*, Sozialpolitik und soziale Anschauungen frühindustrieller Unternehmer, 1965, S. 35 Anm. 110, führt diesen Umstand allein auf das Vorhandensein der Knappschaftsversicherung zurück.

79 *W. Conze*, Vom Pöbel zum Proletariat, (zuletzt) 1970, S. 122. Ausführlich zum Pauperismus in Westfalen s. *Schulte*, Volk und Staat, S. 133—153.

80 *G. Kratzsch*, Fr. Harkort, 1969/70, S. 65; Zahlen nach *W. Köllmann*, Harkort Bd. I, 1964, S. 35, 107; vgl. o. Anm. 38.

81 Vgl. bes. *Aleksander W. Čajanov (Tschajanow)*, Die Lehre von der bäuerlichen Wirtschaft. Versuch einer Theorie der Familienwirtschaft im Landbau. Berlin 1923, mit entscheidenden theoretisch-methodischen Fortschritten. Eine vergleichbare Studie aufgrund deutschen Materials fehlt bisher.

in der Textil- oder Spielzeugindustrie[82], mag zwar die teilagrarische Subsistenzsicherung der frühindustriellen Arbeiterschaft belegen können, trifft aber, übertragen auf die Bergarbeiterschaft, nur die halbe Wahrheit. Im Ruhrgebiet ist, wenn auch Bergbau von alters her betrieben worden ist, erst mit der Wirksamkeit der preußischen Bergbehörden seit etwa der Mitte des 18. Jahrhunderts der Aufschwung der Kohlenförderung eingeleitet und damit das ursprünglich bäuerliche zu einem bergbaulich-bäuerlichen Erwerbsgebiet eigener Prägung umgestaltet worden. Nicht in allem gelang die Verpflanzung der vom Erzbergbau herrührenden bergbausozialen Traditionen; etwa scheiterte am Ende des 18. Jahrhunderts der Versuch, Wetter nach sächsischem und erzgebirgischem Muster zur „freien Bergstadt" erklären zu lassen[83]. In diesem Mißerfolg wird zugleich ein Grundzug der von den Behörden vorgefundenen räumlichen Siedlungsstruktur sichtbar, denn es war die verstreute Siedlungsweise der Kötterbergleute, die eine außerbetriebliche „bergkommunale" Zusammenfassung der Arbeiter nicht erlaubte.

Streuung der Ansiedlungsplätze, ländliche, bestenfalls dörfliche Wohnorientierung und lange Wege zu den Arbeitsstätten bedeuteten aber auf der anderen Seite relative Geschlossenheit der bergmännischen Hauswirtschaft, bedeuteten Verzicht auf kommunale Beziehungen und Einbindungen. Hier das Modell der vorindustriellen Ökonomik des Ganzen Hauses[84] zur genaueren Erklärung heranzuziehen, muß bereits von den Voraussetzungen her eingeschränkt werden: Die, wie W. Brepohl hervorhob, „große Zweiteilung"[85] von Heim und Zeche, von Familie und Belegschaft, ist eine der Bedingungen bergbaulicher Standortgebundenheit, und fast scheint es gerechtfertigt, hieraus einen Grundzug kapitalistischer Betriebsverfassung zu formulieren. Aber der frühindustrielle Staat schuf nachgerade Übergangsformen von der Hauswirtschaft zum Betrieb oder ermöglichte sie doch. Das Rechtsinstitut des Eigenlöhners, die Oberflächennähe der Abbaupunkte und Kleinheit der im übrigen wenig geplant bauenden Betriebe, die Abgelegenheit der Fundorte und Verstreutheit bergmännischen Wohnens – dies alles hat die an sich mit der Absonderung des Erwerbsbereichs aus der traditionalen Hauswirtschaft angelegte Auflösung derselben verzögert, überdeckt und verhindert. Noch viel mehr aber mußte die in der bergbaulichen Sozialverfassung der ständischen Zeit gleichsam eingeplante, partielle agrarische Subsistenzsicherung die Lebens- und Denkformen des Ganzen Hauses geradezu bestärken, blieb doch der wesentlichste, unmittelbarste Teil der Daseinsvorsorge, die Nahrungsmittelsicherung, dem Hause im Kern einverleibt und fand nur Stützung durch den Bergbauberuf. Erst die Bodenarmut der großstädtischen Bevölkerungsagglomerationen hat dieser Lebensweise endgültig ein Ende bereitet. Weniger gewichtig sind dagegen die Einflüsse einzuschätzen, die von der jeweiligen Marktlage der landwirtschaftlichen Erzeugnisse auf die geschlossene Hauswirtschaft einwirkten, konnten sie doch, bei aller Abhängigkeit von der Zyklizität der Agrarkrisen und saisonalen

82 Vgl. z. B. L. Schneider, Der Arbeiterhaushalt im 18. u. 19. Jh., 1967, S. 31 u. passim; G. H. Hardach, Der soziale Status des Arbeiters in der Frühindustrialisierung, 1969, S. 66 f., 128—130.

83 Vgl. Winkelmann, Die Bergmannswohnung, 1950, S. 6.

84 Die m. E. wichtigste Darstellung des Forschungsstands nach den von einem Aufsatz von O. Brunner, Das „Ganze Haus" und die alteuropäische „Ökonomik", 1958, (zuletzt) 1968, ausgegangenen Anregungen bringt Irmintraut Richarz, Herrschaftliche Haushalte in vorindustrieller Zeit im Weserraum. Berlin 1971, S. 11—18, 200—205. Vgl. daneben noch R. Engelsing, Probleme der Lebenshaltung in Dtld., 1970, S. 290—293; Erich Egner, Entwicklungsphasen der Hauswirtschaft. Göttingen 1964, S. 12—15, S. 19 in Aufnahme der Kritik Wilhelm Abels an den mit dem Ganzen Haus verbundenen Autarkievorstellungen.

85 Industrievolk im Wandel, 1957, S. 341.

Rhythmik der agrarischen Produktivität, nichts an der sich ergänzenden Einheit der Erwerbsstruktur aus Acker- und Viehwirtschaft und bergbaulicher Nebentätigkeit, aus Bergbauberuf und bergmännischer Gartenwirtschaft ändern.

Mit dieser gegenüberstellenden Formulierung sind die Pole gekennzeichnet, zwischen denen die ökonomische Basis des „bergmännischen Hauses", einer, am „Ganzen Haus" gemessen, Sonder- und Mischform, angesiedelt ist. Die Einwirkungen der Bergbauindustrialisierung haben dabei, bevor sie das bergmännische Haus zerstörten, zunächst seine strukturellen Eigenschaften in Richtung auf eine zunehmende Bedeutung des bergbaulichen Erwerbs verändert — leider entzieht sich die Quantität und Stufigkeit dieser Veränderung dem präzisen statistischen Zugriff[86]. An der erheblichen, Haltungen und Verhaltensweisen formenden Kraft des bergmännischen Hauses bis in die Ära der liberalen Bergbauverfassung hinein kann allerdings kein Zweifel sein. Hier soll abschließend ein Aspekt dieser formenden Bedeutung, nämlich die Frage nach dem Netz kommunikativer Beziehungen, innerhalb dessen bergmännisches Dasein Gestalt gewann, erörtert werden.

Für den frühindustriellen Arbeiter bot nach der Familie, der gewöhnlich noch kleinen bergbaulichen Belegschaft und dem pfarrgemeindlichen Verband die dörfliche Streusiedlung eine vierte Ebene sozialen Verhaltens. Bei weitgehendem Fehlen einer ausgeprägten kommunalen Bürokratie traten in den gewöhnlich recht alten Flecken, Dörfern und Kleinstädten die Nachbarschaften einzelner Straßenzüge oder Dorfteile in kommunale Aufgaben (Wasser und Feuer) ein oder nahmen Funktionen gegenseitiger Unterstützung bei familiären Unglücks-, Krankheits- und Sterbefällen sowie beim Hausbau wahr. Wohl in jedem Ort des Ruhrgebiets haben solche Nachbarschaften, z. T. über Jahrhunderte hinweg, bestanden[87]; und allem Anschein nach hat sich die ansässige Bergarbeiterschaft rege daran beteiligt[88]. Nachbarschaften waren eine Selbstverständlichkeit in der vor- und frühindustriellen Welt. Über kommunale Aufgaben und Fragen solidarischer Unterstützung in Freud und Leid hinaus organisierten sie insbesondere das Bedürfnis der Einwohner nach geselliger Unterhaltung im Rahmen bestimmter Formen und Sanktionen, und sie bildeten eine zusätzliche Kommunikationsebene, auf der Informationen und Erfahrungen ausgetauscht, manche Konflikte ausgetragen und die begrenzte Öffentlichkeit einer bürgerlichen, handwerklichen, auch unterbürgerlichen Schicht geübt werden konnte. Hier herrschte die Gleichheit der Hausbesitzer — mit der Einschränkung, daß die nachbarlichen Ehrenämter oft innerhalb einzelner Familien weitergegeben wurden. Auch Wohnungsmieter konnten meist unter bestimmten Bedingungen Mitglieder werden. Die engsten Anwohner als Notnachbarn hatten vermehrte Pflichten wahrzunehmen.

---

86 Das Studium von Belegschaftsstrukturen über längere Zeiträume, das wohl nur aufgrund eines zufällig günstigen Überlieferungsstandes möglich wäre und sich dabei vorzüglich auf Betriebsakten der Zechen und kommunale Archivalien zu stützen hätte, könnte das Problem einer Lösung näherbringen.

87 Vgl. bes. *Th. Imme*, Alte Sitten u. Bräuche im Essenschen III, 1918; *ders.*, Nachbarschaften im Bereich des ehemaligen Stifts Essen, 1918; *G. Kranz*, Die Werdener Nachbarschaften, 1895; *W. Hinz*, Veränderung der Sozialstruktur (in Gladbeck), Diss. 1961, S. 22—26; *E. Schulte*, Geschichte d. Freiheit Wattenscheid, 1925, S. 80 f.; *B. Hellmich*, Wattenscheid, 1934, S. 40—43. Aus der neueren Literatur s. *Franz Krins*, Nachbarschaften im westl. Münsterland, Münster 1952; *Helmut Klages*, Der Nachbarschaftsgedanke und die nachbarliche Wirklichkeit in der Großstadt. Köln—Opladen 1968; ferner *E. Pfeil*, Großstadtforschung, 1972, S. 259—267; *Dietrich v. Oppen*, Familien in ihrer Umwelt. Äußere Bindungen von Familien im Prozeß der industriellen Verstädterung einer Zechengemeinde. Köln—Opladen 1958, S. 75—96.

88 Vgl. bes. *F. Quint*, 50 Jahre Bergbau, vom Kumpel gesehen, 1941, S. 59.

Mit dem Aufkommen moderner zentralgeleiteter Gemeindeverwaltungen und der Entwicklung der kommunalen Dienstleistungen war das Ende der Nachbarschaften und ihrer sozialen Funktion gekommen, wenngleich Nachbarschaften etwa in Kleinstädten und ländlichen Streusiedlungen bis in die jüngste Zeit bestanden. Seit den 1830er Jahren ist der nachbarliche Zusammenhang in den Industriekommunen durch deren rasche Expansion, ihre stete bauliche Neuanpassung und die hohe Fluktuation der Arbeiterbevölkerung zerrissen; Neuankömmlinge nahmen gewöhnlich nur nach längerer Ansässigkeit auch nachbarliche Kontakte auf. Hier verschwand, von manchen Resten abgesehen, ein weitentwickeltes Netz kommunikativer Beziehungen, dessen Funktionen durch die moderne Bürokratie, durch die Öffentlichkeit und ihre Medien und durch das Vereinswesen wahrgenommen wurden. Einige der nachbarschaftlichen Funktionen sind durch das Unterstützungsvereinswesen aufgenommen worden[89]; die Bewohner der Kettwiger Straße in Essen begründeten Anfang des 19. Jahrhunderts einen Geselligkeitsverein „Lothringen"[90]; aus Borbeck etwa wird berichtet, daß viele kirchliche Genossenschaften, die Fahnen-, also auch Knappenvereine, einen Ersatz für die nachbarschaftlichen Verbände gebildet haben[91]; der Duisburger St.-Michael-Arbeiterverein ist 1857 schließlich sogar aus einer nachbarschaftsähnlichen Vereinigung von Arbeitern entstanden[92]. Somit haben sich die vielen, ehedem durch die Nachbarschaft wahrgenommenen Aufgaben verselbständigt, haben neue, sinnverändernde Formen angenommen. Von seiten der regionalen Verwaltungsbehörden wurde den Nachbarschaften übrigens manches Mißtrauen entgegengebracht: Jedenfalls im Regierungsbezirk Münster hielt man diese Verbände bereits 1805 für „nicht mehr zeitgemäß", und dieselbe Regierung erklärte schon 1837 — hierin liegt symbolhafte Bedeutung — die Nachbarschaften kurzerhand zu „Privatvereinen"[93].

---

89 Vgl. *Schulte*, Wattenscheid, S. 80 f.: „... gleichzeitig eine Art Sterbelade"; *Grewe*, Essen, S. 401.
90 Nach *Imme*, Nachbarschaften, S. 40.
91 Vgl. *Imme*, Sitten, S. 239.
92 S. *H. Kampmann*, Goldene Jubelfeier des St.-Michael-Arbeitervereins zu Duisburg-Meiderich, [1907], S. 12.
93 Nach *A. Dorider*, Recklinghausen, 1955, S. 381—383.

Kapitel V
Das Standesbewußtsein des Bergmanns

Die Gewerbelandschaft des engeren Ruhrgebiets steht um die Mitte des Jahrhunderts am Ende einer Phase zwar starken, doch in kontinuierlichen Bahnen verlaufenen Wachstums. Ihrer demographischen Entwicklung wohnte keine sprengende Tendenz inne: Das hier wie andernorts heftige Bevölkerungswachstum hatte bisher, anders als in den ländlichen Überschußgebieten selbst der näheren Umgebung, von der frühindustriellen Entwicklung der Jahre 1830—47 aufgefangen werden können; fortan sollte das Industrialisierungsgeschehen dem Bevölkerungswachstum vorauseilen, so daß der Arbeitskräftemarkt durch umfassende Wanderungsbewegungen ausgeglichen werden mußte. Einstweilen fehlte jedoch die disproportionierende Wirkung von Massenbewegungen auf das traditionelle Ordnungs- und Wertgefüge[1].

Der Bergbau, der prägende Wirtschaftsfaktor der aufblühenden Industrielandschaft und das wesentliche Movens ihrer Entwicklung, fand sich am Ende eines kontinuierlich starken Wachstums und zeigte erst die Anfänge einer ungeahnt expansiven Entwicklung. Die konjunkturgeschichtliche Zäsur der Jahrhundertmitte hat gleichwohl seine traditionelle Wirtschaftsverfassung nicht ändern, vielmehr die Einsicht in die notwendige Änderung fördern und in den Folgejahren die längst überfällige Revision herbeiführen können. In eine Zeit der freigegebenen und sich neuordnenden Wirtschaftsstrukturen ragt die Verfassung der Bergbaus im Vormärz gleichsam als ein Relikt vorindustrieller Wirtschaftsauffassungen. Ihre verwaltungstechnische Ausformung im Direktionsprinzip hat die gesamtwirtschaftliche Entwicklung an der Grundlage, ihrer Rohstoffversorgung, gehemmt; sie hat andererseits das merkantilstaatliche Selbstverständnis von der Fürsorgepflicht für den Untertanen tradiert und sogar, indem sie gruppenbildend Einfluß nahm, gestärkt.

Tatsächlich entstand in der Bergarbeiterschaft seit der Mitte des 18. Jahrhunderts ein aufgrund der Geschlossenheit der Gewerbelandschaft, der Gleichartigkeit der Arbeitsverrichtungen und ihrer Besonderheit, vor allem aber aufgrund des gezielten behördlichen Einflusses wachsendes Gruppenbewußtsein, das als „Standesbewußtsein"[2] gleichwohl eine vom in benachbarten Gewerben aufkeimenden „Klassenbewußtsein" gänz-

---

1 Vgl. W. Conze, Das Spannungsfeld von Staat und Gesellschaft im Vormärz, ²1970, S. 248—258.
2 Vgl. W. Fischer, Stellung der preuß. Bergrechtsreform, 1972, S. 524, 532; W. Köllmann, Die Geschichte der Bergarbeiterschaft, 1968, S. 50, 53 ff.; ders., Soziale Frage und soziale Bewegung, 1965, S. 149; G. Adelmann, Soziale Betriebsverfassung, 1962, S. 27, 41, 45; ders., Die Beziehungen zwischen Arbeitgeber und Arbeitnehmer in der Ruhrindustrie vor 1914, 1963, S. 418. H. Imbusch, Arbeitsverhältnis, [1908], S. 126, spricht vom „schöne[n] Solidaritätsgefühl der Bergleute"; Grewe, Essen, [1949], S. 75, 311, begründet das bergmännische Standesbewußtsein aus dem Vorhandensein der Knappschaftsversicherung; vgl. ferner ausführlich H. Hilbert, Die Zusammensetzung der Ruhrkohlenbelegschaft um die Jahrhundertwende, 1955, S. 1—5.

lich zu unterscheidende Qualität zeigt[3]. Die preußische Bergbauverfassung erlaubte bis 1865 keine Klassendichotomie mit entsprechenden Herrschafts- und Ausbeutungsmechanismen ohne sozialpolitische Korrektive; sie erfaßte vielmehr die Bergarbeiterschaft als Gruppe von Untertanen in ständisch abgestufter Unmittelbarkeit zum Staat als der zentralen Rechts- und Wirtschaftsinstanz in einem. Die Vorrechte der Bergarbeiterschaft waren disziplinarisch abgesichert; wer sich außerhalb des Systems abgewogener Rechtskautelen stellte, wurde ausgeschlossen, kurzum „gelöscht", sank in den Tagelöhnerstatus ab. Unterschied, Absonderung und Trennung waren die Kennzeichen dieses Systems, dessen Angehörige, statt Glieder der Gesellschaft zu sein, privilegierte Ausnahmen von ihr und in einer weiteren Stufe der ständischen Organisation einen Produktions- und Sozialkörper besonderer Struktur[4] bildeten, wobei die Frage hier einmal offengelassen werden soll, in welchem Umfang sich die zeitgenössische preußische Gesellschaft überhaupt aus den ständisch-korporativen Schranken des aufgeklärten Absolutismus befreit hatte. Die Funktion des einzelnen in der Gesellschaft wurde durch die staatliche Bergbauverfassung gesondert erfaßt, organisiert, zu einem geschlossenen Körper verbunden und mit der Wertautorität des Staats und seiner Träger durchdrungen. „Statt daß die Funktion Funktion der Societät wäre, macht sie vielmehr die einzelne Funktion zu einer Societät für sich"[5]. Die ständische Qualifikation floß

---

3 Mit Recht führt daher W. Conze, Die Bildung der Klassen der industriellen Arbeiterschaft in Deutschland, 1968, S. 151, die Bergarbeiterschaft als getrennte, durch besondere Merkmale gekennzeichnete Gewerbegruppe in der Skala der vormärzlichen Unterschichten auf.

4 Mit guten Gründen besteht Dieter Bergmann, Die Berliner Arbeiterschaft in Vormärz und Revolution 1830—1850. In: Otto Büsch (Hg.), Untersuchungen zur Geschichte der frühen Industrialisierung vornehmlich im Wirtschaftsraum Berlin/Brandenburg. Berlin 1971, S. 455—511, hier S. 459, auf einem „qualitative[n] Unterschied" zwischen „Arbeiterstand" und „Proletariat" in der Frühzeit der Industrialisierung; vgl. auch Otto Büsch, Hans Herzfeld et al. (Hg.), Die frühsozialist. Bünde in der Geschichte der dt. Arbeiterbewegung 1836—1847. Ein Tagungsbericht. Berlin 1975, S. 147, 190, 196.

5 MEW 1, S. 285; aus dem Umkreis dieser Formulierung sind einige der vorher ausgeführten Gedanken entnommen. — E. Wächtler, Fortschritt und Tradition im dt. Bergbau, 1970, S. 53, vereint in einer ausführlicheren Fassung dieses Zitats vier Zitierfehler, davon zwei sinnentstellende. — Anders als Marx, zeigt die DDR-Historiographie deutliche Schwierigkeiten, die besondere Qualität der ständischen Sozialform zu erkennen und zu werten, wobei die Gründe hierfür mit dem stilisierten Verständnis des Übergangs vom Feudalismus zum Kapitalismus entlang gewisser revolutionärer Veränderungen bezeichnet sind. Wächtler, a.a.O., S. 40, behauptet eine „Krise des Montanwesens" im Vormärz, die „mit Hilfe der absolutistischen Politik" nicht mehr zu bändigen gewesen sei, und über die Knappschaft heißt es: „Zeichnete sie sich bisher dadurch aus, daß sie faktisch die objektiv fortgeschrittensten Produzenten vereinte, so schirmte sie jetzt einen Teil derselben zünftlerisch gegen andere ab" (S. 41), und: „Die relativ freien Lohnarbeiter waren mit den privilegierten Knappschaftsmitgliedern identisch" — das Gegenteil ist richtig. Hier erweist es sich als unmöglich, die unbestritten qualifizierteste Gruppe der frühindustriellen Arbeiterschaft und ihre unbestritten konservativen Denkinhalte miteinander in Einklang zu bringen (S. 58 erscheint dann das in diesem Zusammenhang noch mißverständlichere Wort von der Bergarbeiteraristokratie). In einer anderen Schrift überträgt Wächtler Klassenkampfvorstellungen auf die ständische Bergarbeiterschaft (Zur Geschichte der Lage und des Kampfes der Bergleute im Staatsbergbau an der Saar von 1789 bis 1848. In: Jb. f. Wirtschaftsgesch. 1961/II, S. 237): Die Bergleute hätten ihre Privilegien dem Feudalstaat „abgerungen" und sich so ihre soziale Stellung erkämpft. — Auch in der neueren amerikanischen Literatur scheint die ständische Qualität der Bergarbeiterschaft mißverstanden — etwa bei Lawrence Schofer, Modernization, Bureaucratization, and the Study of Labor History: Lessons from Upper Silesia, 1865—1914. In: Hans-Ulrich Wehler. (Hg.), Sozialgeschichte heute. Festschrift für Hans Rosenberg. Göttingen 1974, S. 467—478,

dabei direkt aus den älteren Rechtsformen bergbaulicher Produktion und war in erster Linie berufsverbunden; erst zweitrangig trat die Verknüpfung mit Leistungsgesichtspunkten hinzu[6].

Wo der Staat die materielle Subsistenzgrundlage ordnete und verantwortete und solange er der eingegangenen Verpflichtung zur Sozialfürsorge vorbildlich und erfolgreich nachkam, war die Entwicklung eines emanzipativen, letztlich gegen ihn gerichteten, kollektiven Bewußtseins undenkbar. So brauchte sich das Gruppenbewußtsein der Bergarbeiterschaft nicht in emanzipativer Erkenntnis eigener Interessen zu formieren, vielmehr war es von Staats wegen in die bergmännische Gemeinschaft verpflanzt worden mit dem Ziel, eine ebenso getreue Arbeiter- wie Untertanenschaft heranzubilden. Die vom Bergmann so geachteten „Paradekittel"[7] als sichtbarster Ausdruck der Gemeinschaftspflege verbinden sinnfällig die doppelte Rechtsqualität des Lohnempfängers und Untertanen. In der Tat war die bergmännische Standesehre noch nicht, wie etwa die Zunftbewußtheit weiter handwerklicher Kreise[8], zur Illusion längst vergangener Rechtszustände, zur restaurativen Utopie erstarrt; sie stützte sich auf einen sehr realen Hintergrund materieller Rechtsgüter und Existenzgarantien unter der Voraussetzung systemkonformen Verhaltens. Selbst der Fortfall der wichtigsten ständischen Privilegien nach den Befreiungskriegen hat, durch die nachhaltige Durchsetzung innerbetrieblicher Rechtssicherheiten und den fortgesetzten Ausbau des Knappschaftsinstituts durchaus kompensiert, das Bewußtsein von der Bevorrechtigung, genährt durch den Blick auf die Nachbargewerbe, nicht auflockern können. Es kann trotz des Fehlens von Selbstaussagen einzelner Bergleute[9] kein Zweifel an ihrer tiefen Übereinstimmung mit dem System der behördlichen Leitung, an ihrer keineswegs als Folge von Mangel an Bildung zu verstehenden Loyalität zum Staat, wie er vom Bergmann in der steten Präsenz des Bergbeamten erfahren wurde, bestehen. Hinzu kam, daß die ständischen Unterschiede, einmal eingeführt, jedenfalls die so Privilegierten zur Erhaltung ihrer Rechtspositionen, ihres kollektiven Unterschiedsbewußtseins motivierten. Der preußische Bergarbeiter war, so hat A. Bosenick formuliert[10], ein „privilegierter Aristokrat. Und Aristokraten halten bekanntlich Privileg und Tradition hoch". Solange der so detailliert organisierte Staatseinfluß auf den Ruhrbergbau — die übrigen preußischen Bergbaugebiete zeigen ganz verwandte Grundzüge[11] — sich nicht allein aus dem historisch zum Direktionsprinzip gewachsenen Bergregal, sondern vielmehr aus seiner sozialpolitischen Effizienz legitimierte, solange mithin keine Fälle pauperisierter Bergmannsfamilien bekannt wurden, stand die Grundhaltung der standesbewußten Rechts- als Interessenwahrung im Einklang mit der bewahrten Rechts- und Sozialordnung. Das Standesbewußtsein der

---

S. 469, wo der Ausgangs- und Angelpunkt in „punishment-centered bureaucracies" gesucht wird.

6 Die von *Hans Kluth* (Sozialprestige und sozialer Status. Stuttgart 1957, S. 61—64) formulierten formalen Kategorien des Standes wären im Blick auf den vormärzlichen Bergbau so zu differenzieren.

7 *Hue* I, S. 421.

8 Vgl. *Th. S. Hamerow*, The German Artisan Movement 1848—1849, in: JCEA 21 (1961—62) S. 135—152.

9 Vgl. *H. D. Krampe*, Der Staatseinfluß auf den Ruhrkohlenbergbau, 1961, S. 199. Die Aussage ist im Hinblick auf die weiter unten zu diskutierende Quellengattung der Eingaben und Beschwerden zu differenzieren.

10 Über die Arbeitsleistung beim Steinkohlenbergbau in Preußen, 1906, S. 134.

11 Vergleichende sozialgeschichtl. Studien sind ein dringendes Desiderat der dt. Bergbaugeschichte; s. o. S. 32. Daneben erlaubt der vergleichende Blick auf Grundzüge der preuß. Agrarverfassung im 18. Jh. fruchtbare Fragestellungen; s. etwa *Otto Büsch*, Militärsystem und Sozialleben im alten Preußen 1713—1807. Berlin 1962, S. 27, 43, 167 f.

Bergarbeiter hat sich jedoch lange über die ständische Zeit hinaus erhalten. Die Gebärde des Gruppenstolzes trat daher nach der Jahrhundertmitte in ein „Mißverhältnis ... zur ökonomischen Basis", und dieses Mißverhältnis wurde nach 1850 zum „die Lebenswelt durchklaffende[n] Strukturzug" im preußischen Bergbau[12], durch mancherlei Formen und Illusionen konserviert. Solches von der Realität mehr und mehr entfernte Bewußtsein mochte sowohl in der Erinnerung an ein goldenes Bergbauzeitalter die gegenwärtigen Konflikte verdecken, ableiten und unterdrücken helfen oder auch, wie unten noch auszuführen ist, zur Formulierung gesellschaftspolitischer Versöhnungsideologien anregen und beitragen.

Für die Zeitgenossen der Jahrhundertmitte hat, mochte man sich auch auf der anderen Seite noch so sehr über das Kastenwesen, über fortdauerndes Ständetum und Privilegienwesen vor allem in antiaristokratischer Absicht erregen[13], an der sozialen Funktionsfähigkeit des Systems der Bergbauleitung kaum Zweifel bestanden. Angesichts etwa der neuen Erfahrung großer Arbeiterscharen im Eisenbahnbau[14] war es unschwer zu erkennen, daß die bergamtliche Direktion „sehr dazu beigetragen" hatte, „dem Stande der Bergarbeiter diejenige Sicherheit der Existenz und in Folge dessen die moralische Tüchtigkeit zu geben, welche ihn vor dem vagirenden, jedem Wechsel der Verhältnisse preisgegebenen Proletariat mancher anderen Gewerbezweige so vortheilhaft auszeichnet"[15] — nicht ohne Interesse ist, daß diese handelsministerielle Äußerung von 1858 zu einem Zeitpunkt erfolgte, als die sozialen Folgen der Bergrechtsreform zu wirken begannen, die ersten bergmännischen Reaktionen laut wurden und das Reformvorhaben bis zur zentralen Freizügigkeitsregelung gediehen war. Wenn nun das bergmännische Standesbewußtsein, gestützt auf die Rechtsauffassung der preußischen Bergbauverfassung, wie diese ein Relikt vorindustrieller Ordnungsstrukturen ohne Aussicht auf Fortbestand in einer längst andere Wege beschreitenden industriellen Umwelt war, dann wohnt den zeitgenössischen Lobpreisungen bergmännischer Tugenden eine am Bestehenden ausgerichtete, durchaus konservative Tendenz inne. Vor allem *Friedrich Harkort* nahm hier eine zwiespältige Position ein, wenn er einerseits seine parlamentarischen Bemühungen auf die Revision der Bergbauverfassung im liberalen Sinn konzentrierte und doch um die sozialpolitischen Konsequenzen solcher Revision, um die drohende Depravation des Bergmanns- zum Lohnarbeiterstand wissen mußte, wenn er jedoch andererseits in dem 9. seiner Briefe an die Arbeiter im Verlauf der Revolution[16], in dem sog. „Bienenkorbbrief" vom Mai 1849[17], den tugendhaften Bergmann als wertpositives Gegenbild zum „Proletarier" schuf: Waren diese „verwahrlost", sittlich verroht, verführt, gesetz- und glaubenslos, kurz: „Wüstlinge und Zecher", ein „Krebsschaden

---

12 *F. Sieber,* Die bergmännische Lebenswelt als Forschungsgegenstand der Volkskunde, 1959, S. 239, 242. *Sieber* hat m. E. mit den weithin klügsten Bemerkungen zur Kenntnis des bergmännischen Gruppenstolzes beigetragen.

13 Vgl. etwa *G. F. König,* Die Besitzlosen in Niedersachsen u. Westphalen, 1844, S. 202: (z. T. gesperrt) „Die [nationale] Einheit kann sich nicht gestalten, wenn eine leibliche Verschiedenheit, die Unterschied der Stände vor dem Gesetze heißt, von Staats wegen geboten wird...".

14 Vgl. bes. *W. Wortmann,* Eisenbahnbauarbeiter im Vormärz, 1972, S. 226—231.

15 RA I 557 HM/OBA 12. 6. 1858 (Abschr.). Als weitere Ansicht dieser Jahre vgl. „Bergmännischer Corporationsgeist", in: Berggeist 5 (1859) S. 775, wo das Standesbewußtsein noch völlig ungebrochen gesehen wird.

16 Hierzu *L. Berger,* Harkort, 1926, S. 279—283, 290—292, 300—302, 306 f., 345 f.

17 Gedruckt bei *W. Schulte,* Volk und Staat, 1954, S. 319—322, vgl. ebd. S. 178—182; zu diesem Brief *Berger,* Harkort, S. 346: „Noch lange begegnete man ihm, in Bibel oder Gesangbuch oder zwischen den wenigen Schriftstücken liegend, die der Arbeiter aufzubewahren pflegt..." Die Bezeichnung entstand wegen des im Kopf gedruckten Bienenkorbs („Bienenfleiß").

der Kommunen", so jener „brav", „ehrenwert" — „der wird schon durchkommen, wenn jene bösen Buben die Ruhe und öffentliche Wohlfahrt nicht stören ... Schaut auf die Bergleute..."[18]. Auch *W. H. Riehl* war der Meinung, der Bergmann habe „sich doch im Durchschnitt musterhaft gediegen bewährt": Während er „mit Gebet in den Schacht" fahre, gehe „sein Genosse in der Fabrik mit einem Fluch an die Arbeit"[19].

Obwohl *Harkorts* Haltung, nicht zuletzt wegen seines den demokratischen „Wühlern" unverständlichen Gebarens im Parlament, in der Presse und andernorts nicht unwidersprochen blieb[20], drückt sie doch die schon zeitgenössisch verbreitete Ansicht von der Arbeitsamkeit, Sparsamkeit, Staatsloyalität und Sittsamkeit der Bergarbeiterschaft aus. Mögen solche Tugenden auch durch die Rechtsbedingungen der Bergbauverfassung und die gezielten Maßnahmen der Behörden gefestigt worden sein, so sind ihre Wurzeln doch bereits in den spezifischen Wurzeln des Bergbauberufs angelegt.

Die als handwerklich zu umschreibenden Arbeitsverrichtungen, vor allem aber die räumlich-drückende Abgeschiedenheit und Einsamkeit des bergmännischen Arbeitsplatzes „vor Ort", der Mangel an Licht, die stete Gefahr und außerordentliche Härte der Arbeit, haben so sehr wie die abgelegene Lage der Zechen den Hang des Bergmanns zur isolierten Ansiedlung, zur Konzentration der nichtbetrieblichen Bindungen und Beziehungen auf das bergmännische Haus, zur religiösen Durchdringung des Arbeitsplatzes, der Familie, der ländlichen Umwelt begünstigt[21]. Das hohe Niveau ältester bergmännischer Sakralkultur, der Reichtum der überlieferten Formenwelt in Sage und Gesang, die vielfältigen, auch literarischen Traditionen dieses alten Berufs — kurz, das gesamte bergbauliche Kulturgut Mitteleuropas[22], wie es die Fachbehörden bewußt auch an die Ruhr zu verpflanzen versucht haben[23], drückt diese Tendenz zur Verinnerlichung und Mythisierung des Arbeitsplatzes mit seinen Gefahren aus. So waren die frühesten bergmännischen Bruderläden und Unterstützungseinrichtungen, entstanden aus

---

18 Bienenkorbbrief, ebd. S. 321 f.

19 *W. H. Riehl*, Der Vierte Stand, 1850, S. 254. *Riehl* sah allerdings fälschlich identische ökonomische Voraussetzungen: Der Bergarbeiter sei „wie jeder Fabrikarbeiter den Schwankungen des industriellen Marktes preisgegeben ..."

20 Z. B. ein allerdings wohl liberaler „Arbeiter an Fr. Harkort", in: „Volksfreund" 29/20. 7. 1849, nach *Schulte*, Volk und Staat, S. 767 Anm. 59, ein „von Mißverständnis und beleidigendem Hohn strotzender Brief". Die „Essener Volks-Halle" schrieb nach teilweise erfolgreicher Wahlenthaltung im Juli 1849: „Der gesunde Sinn unserer ländlichen Bevölkerung hat sich trotz aller Harkortschen Briefe bewährt" (*F. Meisenburg*, Essener Volks-Halle, 1953, S. 44). Anläßlich einer Wahlversammlung des Konstitutionellen Vereins in Essen wurde im Febr. 1849 *Harkort* „von dem souveränen Volk" eine Katzenmusik dargebracht, vgl. Neue Köln. Zg. 28 u. 42, 1848, zit. n. *Meisenburg*, Essen in den Revolutionsjahren 1848/49, 1940, S. 258. Vgl. *Berger*, Harkort, S. 317. — *Harkort* hat die Bergarbeiterschaft bereits in seinen Bemerkungen über die Hindernisse der Civilisation und Emancipation der untern Klassen. Elberfeld 1844, gelobt.

21 *Hue* I S. 421 spricht in diesem Zusammenhang vom Bergmann als dem „konservativen Grübler".

22 Aus der umfangreichen Literatur seien die Studien von *G. Schreiber*, Der Bergbau in Geschichte und Sakralkultur, 1962, und *G. Heilfurth*, Das Bergmannslied, 1954, bes. S. 126—164 über „Standesbewußtsein und Standesehre", erwähnt.

23 Diesen Nachweis führt *Joachim Gaudig*, Bergmannsvolkstum im westf. Teil des Ruhrgebiets, vorzüglich im Dortmunder Bereich (unvollendete handschriftl. Diss. Köln 1940; vgl. *J. Schneider*, Vest Recklinghausen [Bibliographie], 1960, S. 102); hiernach *Heinrich Husmann*, Lebensformen und ihr Wandel beim Arbeiter in Hamborn. In: Rhein.-Westf. Zs. f. Volkskunde 4 (1957) S. 1—39, 133—214, hier S. 195 f. Anm. 95; s. auch oben S. 120.

der gruppenbildend wirkenden, gemeinsam erfahrenen Gefahr der Berufswelt, mit sakralen Bräuchen verbunden[24], ein lutherisches „Arbeitsethos und innerweltliche Askese"[25], in der reformierten Mark seit Jahrhunderten virulent, mögen jene alten Traditionen der religiösen Daseinserfahrung erweitert und neu durchformt haben, so daß die St.-Barbara-Verehrung, von der Ostwanderung mit in das Revier gebracht, hier auf fruchtbaren Boden fiel.

Religiöse und ländliche Erfahrungswelt haben im Vormärz, im Einklang mit der rechtlichen Gestaltung des Arbeitsplatzes, den bergmännischen Erfahrungshorizont bestimmt. Der in einer Zeit frühindustrieller Wachstumsdivergenzen allgemeinen Depravationstendenz entkam der Bergarbeiter durch seine materielle Absicherung, die eine zwar karge, doch auskömmliche Lebensführung, vielleicht sogar gelegentliche Rücklagen erlaubte, so daß eine „durchaus nicht nebelhafte Aussicht"[26] auf Erwerb eines geringen, in bergmännischen Generationen wachsenden Besitzes bestand. Auch dies unterscheidet den Bergmann vom Proletarier jener Zeit, dessen Merkmal in der gänzlich fehlenden Aussicht auf Eigentum, im Schicksal unentrinnbarer Abhängigkeit bestand. Ihm gegenüber verfügte der Bergmann über eine gesicherte Existenz und hinreichende Altersversorgung, im Zuge der Nordexpansion des Bergbaus über bemessene Aufstiegschancen zum Grubenbeamten und, nach Maßgabe von Geschicklichkeit und Wohlverhalten, über das Schichtmeisteramt bis in die untere Behördenhierarchie[27]; er erfreute sich in weiten Kreisen der allgemeinen Hochschätzung[28] und mochte daher, etwa bei der Brautwerbung, als junger Hauer erfolgreich auf die vielen Vorzüge seines Berufes verweisen[29]. In Restbeständen verhaltensprägend, haben manche der damaligen Standesmerkmale die Phase der Proletarisierung überdauert und bis in die heutige bergmännische Berufswelt fortgewirkt[30].

Nicht zuletzt die starke Suggestivkraft der Standesmerkmale hat daher gelegentlich Beobachter, vor allem in den Krisenjahren des Ruhrbergbaus, wenn die sozialpolitische Nützlichkeit des Industriekapitalismus an der Ruhr in Frage gestellt wurde, dazu verführt, Grundzüge und Formen der älteren Bergbauorganisationen erneut zu diskutieren. „Übrigens müsse", so betonte *Wilhelm II.* in jener spektakulären Staatsministeri-

24 *Imbusch,* Arbeitsverhältnis, S. 140, verweist auf die religiösen Wurzeln des Knappschaftswesens.

25 *W. Brepohl,* Industrievolk im Wandel, 1957, S. 84. *Brepohls* Übertragung der Gedanken *Max Webers* (Protestant. Ethik und Geist des Kapitalismus) auf die Bergarbeiterschaft im Sinne eines Weiterbestehens der ursprünglichen Beziehungen zum Religiösen „als Teile einer uneingeschränkten Diesseits-Ethik" (S. 84) kann selbst in der Modifikation nach *A. Müller-Armack* (vgl. S. 82) nicht überzeugen.

26 *Hue* I S. 175.

27 Vgl. zum Amt des aus erfahrenen Hauern rekrutierten „Grubenkontrolleurs" *O. Proempler,* Das OBA Dortmund und der Bergbau in seinem Bezirk, 1958, S. 29.

28 Über die Hochschätzung des Bergmannsberufs selbst unter sonst in der Selbsteinschätzung gewöhnlich nicht bescheidenen Handwerkern s. *August Bebel,* Aus meinem Leben, n. d. Aufl. Berlin (O) 1964, S. 63.

29 Z. Heiratsverhalten der Bergleute s. *H. Croon,* Studien zur Sozial- und Siedlungsgeschichte der Stadt Bochum, 1965, S. 95 f., und *Winkelmann,* Vom Kohlengräber zum Bergmann, 1955, S. 6. *P. Freisewinkel,* Erst der Schlägel — dann der Spaten. Der Bergmannskötter im alten Revier. In: Westf. Heimatkalender 22 (1968) S. 94—96, erwähnt das Ansehen des „ingeschriewenen" Hauers als zuverlässigen Versorgers seiner Familie.

30 Vgl. die Untersuchung der frühen 1950er Jahre von *C. Jantke et al.,* Bergmann und Zeche. Die sozialen Arbeitsverhältnisse einer Schachtanlage des nördlichen Ruhrgebiets in der Sicht der Bergleute. Tübingen 1953, S. 2.

umssitzung am 12. Mai 1889, auf dem Höhepunkt des großen Ruhrstreiks, „Bedacht darauf genommen werden, im Wege der Gesetzgebung für den Staat eine Oberleitung zu gewinnen", und „eine Expropriierung der Aktiengesellschaften, ... eine Verstaatlichung der Gewinnung der Kohlen, als eines unentbehrlichen Bedürfnisses, würde er für ein anzustrebendes Ziel halten ..."[31]. Vorläufig novellierte man indessen das Bergrecht und erkor die Staatswerke, auf denen ständische Gepflogenheiten noch einigen realen Hintergrund hatten, zu Musteranstalten, vertrauend auf die Überzeugungskraft des besseren Beispiels[32]. Der Gedanke ständischer Reorganisation des deutschen Bergbaus hat sich seit dem Maistreik 1889 gewöhnlich mit der Verstaatlichungsdiskussion verbunden; in der christlich-sozialen Bergarbeiterbewegung blieb er spätestens seit den 1880er Jahren lebendig[33].

Als konfliktüberdeckende Versöhnungsideologie feierte der Ständegedanke unter nationalsozialistischer Herrschaft, gewöhnlich unter Vorstellungen betrieblicher Gefolgschaft[34], eine eigene Wiedergeburt. Selbst nach 1945 sind noch einmal Stimmen laut geworden, die „die Unterwanderung der bergmännischen Grundschicht durch bergfremde Massen und Mächte im Anschluß an die rauschartigen ‚Fortschritte' der Gründerzeit", die Sprengung „der zünftigen Ordnungen und Überlieferungen ... durch kollektive Formen", damit „einen ungeheuren Verlust an humaner Substanz" beklagten und, in Erinnerung an vormärzliche Zustände, dem Bergmann die verlorene „Ganzheit des Daseins" durch „Überwindung der Kluft zwischen Arbeitssphäre und privatem Lebensraum"[35] zurückgewinnen wollten. Freilich ist dem westdeutschen Bergbau, bei bezweifelbarem Wert seiner Fortschritte, solcher Rückschritt erspart geblieben.

Doch zurück zum vormärzlichen Standesbewußtsein. Es trug in seinen bisher umschriebenen Grundzügen, vor allem in seinem Rechtscharakter, eine erhebliche politische Qualität. Mochten sich hierin auch rheinische und märkische Arbeiterschaft in Nuancen unterscheiden — aufgrund historischer und konfessioneller Ursachen war die märkische

---

31 Zit. n. *P. Grebe*, Bismarcks Sturz und der Bergarbeiterstreik vom Mai 1889, 1938, S. 92.
32 Vgl. bes. die aufgrund des kaiserl. Erlasses v. 4. 2. 1890 angeregten Punkte, so in einer Denkschrift von *A. Huyssen* über die Ausbildung der Staatswerke zu Musteranstalten, hg. v. *Fr. Krins*, 1968, und OBA 1816 Bl. 9—14, HM/OBA 13. 5. 90: „Der frühere Standesgeist der Bergleute ... muß wieder belebt werden", auch durch „Pflege und Erneuerung der alten bergmännischen Sitten ..." Aus der Streikliteratur vertrat auch *Schäffle*, Trennung von Staat und Volkswirtschaft aus Anlaß des jüngsten Arbeitsmassenausstandes, 1889, diese Ansicht (S. 693—701). Vgl. noch *H. G. Kirchhoff*, Staatl. Sozialpol. im Ruhrbergbau, 1958, S. 117 f.
33 Vgl. *J. Fusangel*, Knappschaftsreform und Rechtsschutzverein, 1886, wo beklagt wird, die Bergleute seien „als Stand so sehr heruntergekommen" (S. 27); hierzu auch unten S. 542.
34 Vgl. *K. Bax*, Arbeit und Vorstellungswelt des Bergmanns u. ihre Bedeutung für die Gefolgschaftsführung im Ruhrbergbau. In: Glückauf 72 (1936) S. 477—489; *ders.*, Der dt. Bergmann im Wandel der Geschichte, 3. Aufl. 1942, S. 26 f. u. passim; *Josef Winschuh*, Industrievolk an der Ruhr. Oldenburg 1935, S. 59—72 („Beruf und Stand"); zurückhaltender: *Walter Bacmeister*, Vom stolzen alten Knappenstand. In: Heimatkalender für den Kreis Mörs 3 (1940) S. 98—103. Über *K. Bax* s. *Eberhard Wächtler*, Die bergbaulichen Traditionen als Bestandteil der antikommunistischen Politik des dt. Imperialismus seit 1933. In: Jb. f. Wirtschaftsgesch. 1969/III S. 277—286, S. 283 u. ö.
35 *Gerhard Heilfurth*, Erneuerung des Bergmannsstandes. In: Zeitwende 21 (1949) S. 217—221, Zitate S. 218, 219, 220. *H. Winkelmann* (Vom Kohlengräber zum Bergmann) wollte 1958 angesichts des aus dem Generalprivilegium „heute noch" wirkenden Berufsstolzes den Verkündungstag, 16. Mai 1767, zum bergmännischen Festtag küren. *Heinrich Middendorf*, Arbeits- und Sozialbedingungen im deutschen Bergbau einst und jetzt. In: Glückauf 97 (1961) S. 882—886, reiht die seit 1956 durch Kabinettsbeschluß gewährte sog. Bergmannsprämie in die Geschichte der bergmännischen Privilegien ein.

Bevölkerung nachgerade zur Königs- und Staatstreue disponiert[36] —, so hat die relative Transparenz des behördlichen Dirigismus, wie er sich für alle Bergarbeiter vorteilhaft auswirkte, diesen das monarchische Ordnungsgefüge nahe und begreifbar gemacht, so daß „diese Verbindung mit dem Staat ... ein wichtiges Element in der sozialen Wertschätzung ihres Berufes"[37] bildete. Die dem System innewohnende Tendenz zur Bejahung, zur Loyalität und patriotischen Treue gegenüber einem Staat, der als Gegenleistung seiner vorindustriellen Funktion der Daseinsfürsorge vollauf genügte und damit den materiellen Interessen des Arbeiters nachkam, ermöglichte und begünstigte eine allgemeine Indifferenz[38] gegenüber einem politischen Ausdrucks- und Gestaltungswillen, wie er während der Revolution unter den Arbeitern benachbarter Gewerbe aufblühte. Religiosität und „konservative Gesinnung"[39] förderten einen „Hang zur Unterwürfigkeit"[40]: *Harkorts* Forderung, „gebt dem Kaiser was des Kaisers ist"[41], mochte den Bergleuten wohl in den Ohren klingen, als die Angehörigen der Essen-Werdenschen Knappschaft dem König während seiner Durchreise zum Kölner Dombaufest in Essen im August 1848 begeistert huldigten[42]. Dem Willen zum „Festhalten am Althergebrachten"[43] entsprach die Skepsis gegenüber politischen und betrieblichen Neuerungen. Für ein Bewußtsein wohlgeordneter Wirtschafts- und Sozialbeziehungen konnten Veränderungen nur zum Schlechteren führen.

Allerdings darf die systemloyale und konservative Grundhaltung der Bergleute nicht darüber hinwegtäuschen, daß das entstandene Gruppenbewußtsein, wenn auch in ständischen Fesseln und unter der Knute des bergamtlichen Dirigismus, bereits an sich einen erheblichen Vorsprung bedeutete gegenüber den Arbeiterschaften anderer Gewerbe und Regionen, die das Bewußtsein ihrer Gruppenidentität erst noch unter schmerzhaften Opfern in einem langwierigen Lernprozeß erringen mußten. Hier war mit einem geregelten Gruppenzusammenhang bereits ein Netz kommunikativer Beziehungen entstanden, das die Meinungs- und Willensbildung und deren Artikulation förderte, sich allerdings auch dem Prozeß der Interessenfindung hinderlich erweisen mochte.

Auch rechtfertigt die These von der Systemloyalität der Ruhrbergarbeiterschaft, wie die Ereignisse zeigen sollten, in den Revolutionsjahren nicht die Annahme völliger Bedürfnislosigkeit und eines entsprechenden Stillhaltens, während andere, aus den Fesseln staatlicher Daseinsvorsorge längst befreite Arbeiter die Revolution mittrugen. Doch verfügte das Modell staatlich geordneter Wirtschafts- und Sozialbeziehungen über ein dem Prinzip des behördlichen Instanzenweges entlehntes, schon im Vormärz zur Ableitung betriebsinterner Unzufriedenheit mit Lohn oder unbilliger Behandlung oder zur Kritik

---

36 Vgl. *W. Brepohl*, Industrievolk im Wandel, S. 58 („Dem Prinzip des Regierens entsprach der Geist der Mark"); *F. Keinemann*, Zeitgenöss. Ansichten ü. d. Entwicklung v. Wirtschaft, Gesellschaft u. Kultur in den westf. Territorien, 1970, S. 445 f. Anm. 217, 218.

37 *G. V. Rimlinger*, Die Legitimierung des Protestes. Eine vergleichende Untersuchung der Bergarbeiterbewegung in England und Deutschland, 1967, S. 295.

38 So urteilen *M. J. Koch*, Die Bergarbeiterbewegung im Ruhrgebiet, 1954, S. 32 Anm. 1, und *Rimlinger*, Legitimierung, S. 295 ff.

39 *O. Müller*, Christl. Gewerkschaftsbewegung, 1905, S. 33. Übertreibend und sachlich fragwürdig urteilt *W. Dege*, Das Ruhrgebiet, 1972, S. 21: Der Bergmann habe sich in allen polit. Krisen „konservativ, national und christlich" verhalten.

40 *Rimlinger*, Legitimierung, S. 296.

41 Bienenkorbbrief, nach *Schulte*, Volk und Staat, S. 321.

42 Vgl. *Meisenburg*, Essen 1848/49, S. 213; für die Königsdurchreise 1851 vgl. OBA 1932.

43 *Hue* I S. 219.

an den Leistungen der Knappschaftsversicherung geeignetes und funktionierendes Korrektiv: den Beschwerdeweg. Die Revolution schien eine günstige Gelegenheit zu bieten, ihn vermehrt und erfolgreich zu beschreiten, weshalb der Bergmann „einstweilen bei dem Praktischen und Erreichbaren"[44] bleiben konnte.

44 *Riehl*, Der Vierte Stand, S. 254.

Kapitel VI
Die Ruhrbergleute und die Revolution 1848/49

Während der Märztage 1848 ist es mit wenigen Ausnahmen im gesamten Revier zu keinen ernsthaften Unruhen gekommen[1]. Zwar hat es im nordwestlichen Grenzbereich von Horst bis Recklinghausen teils bäuerliche, teils handwerkliche Auflehnungen, eher Unmutserscheinungen gegeben[2]; auch sahen der südöstlich angrenzende Hagener Raum[3] wie überhaupt das Sauerland[4] lokal begrenzte und kurzfristige Unruhen, aber im Ruhrtal verstrichen die unruhigen Frühjahrsmonate, ohne sonderliche Erregung zu verursachen. Während es in den Städten gelegentlich zu Versammlungen und Aufmärschen kam, blieb das platte Land „so gut wie verschont": Die Märker vor allem scharten sich „fest und treu um den preußischen Königsthron", allenfalls mochten sie sich zu Petitionen im konstitutionellen Geist bereitfinden[5]. Auch in Wetter[6] und Bochum blieb es, von mancher „feucht fröhlichen Keilerei"[7] und vielleicht einigem Druck auf die Behörden abgesehen, durchaus ruhig.

Anders allerdings in Mülheim und Werden. Das Mülheimer Schiffer-, Pferdetreiber- und Trägerpersonal des bis 1850 in seiner Bedeutung beständig gewachsenen Hafens betrug schon 1840 bei 377 auf der Ruhr verkehrenden Schiffen an 2000 Arbeiter, deren Lage neben der freien Konkurrenz der Frachtraten von den saisonalen Schwankungen des Schiffahrtbetriebes abhängig war. Schon früh ging dem Mülheimer Hafenproletariat der Ruf der Unzuverlässigkeit und Rohheit voraus[8]. Als 1838 der Bau der Sellerbecker Kohlenbahn die Arbeitsplätze vieler Kohlenträger bedrohte, konnte ein Auflehnungsversuch von 800 bis 1000 Arbeitern nur durch Militäreinsatz niedergehal-

---

1 Vgl. dagegen *J. Gerbracht*, Der Kampf um die Seelen der Arbeiter, 1928, S. 11: Es sei in den rhein.-westf. Orten zu „mächtigen Volksbewegungen" gekommen.

2 Für Horst s. *L. Bette*, Sturmjahre 1848/49 im Krs. Recklinghausen, 1922, S. 42; für Recklinghausen ebd., S. 33, 43, 48, und *Pennings*, Die Sturmjahre 1848—1850 in Recklinghausen und ihre Vorgeschichte, 1921, S. 66; für Dorsten u. Buer s. *Bette*, Sturmjahre, S. 42, 53. Wichtigste Quelle: RM 259.

3 Vgl. *Köster*, Iserlohner Revolution, 1899, S. 151 ff. In Volmarstein fand ein Maschinensturm statt. In Witten kam es im Frühjahr 1848 zu einigen Unruhen arbeitsloser Fabrikarbeiter; vgl. *G. Haren*, Witten, 1924, S. 492—496; Südwestfalen Gestern — Heute, 1967, S. 114.

4 Vgl. *W. Schulte*, Volk und Staat, 1954, S. 173, 540.

5 Vgl. *E. Dresbach*, Geschichte der Grafschaft Mark, 1920, S. 76.

6 Vgl. *E. Denzel*, Wetter, 1953, S. 139 Anm. 229.

7 *K. Faber*, Bochum 1848, 1919, S. 79; vgl. *Schulte*, Volk und Staat, S. 172.

8 Aus einem Handelskammerbericht: „rohe[r] und eingebildete[r] Charakter der Schiffsknechte" (*W. Fischer*, Herz des Reviers, 1965, S. 254). Der Bergmann *Stötzel* beschwerte sich über das ihm beim Abteufen von Schacht Franz in Essen unterstellte „rohe Mülheimer Gesindel" (*H. Spethmann*, Mergelzechen, 1947, S. 18). *K. Schorn* erinnert sich (Lebenserinnerungen, Bd. II 1898, S. 55) an Mülheim, „wo mehrere nicht eben civilisierte und zu rohen Excessen geneigte Schiffercolonien hausten . . .".

ten werden[9]. Diese Unruhen sind nicht vergessen worden; überdies hatten die Hungerkrisen vor 1848, die häufige Vereisung der Ruhr oder ihr niedriger Wasserstand im Verein mit den ungünstigen Zukunftsaussichten der Ruhrschiffahrt in deren Wettbewerb mit der Eisenbahn die Lage der Hafenarbeiter und Schiffer noch verschlechtert — jedenfalls ist es während der Märztage erneut zu Unruhen gekommen, in deren Verlauf die Schiffsknechte höhere Löhne forderten und mit Gewalt drohten. Die Erregung der Arbeiter hat bis in den April hinein fortgedauert, als schließlich 17 Personen verhaftet und zur Aburteilung nach Hamm abgeschoben wurden. Zu wirklicher Gewaltanwendung ist es jedoch bei diesen „lediglich aus trunkenem Übermuth" begangenen „tumultuarischen Excessen"[10] nicht gekommen.

Ähnlich blieb es auch bei den Werdener Volksaufläufen in der Nacht vom 26. auf den 27. März beim Einwerfen von Fensterscheiben einiger mißliebiger Fabrikanten und Bürger. In Werden hat die Militärbewachung des Zuchthauses, das im Verlauf der Revolution auch politische Häftlinge beherbergte, bei der besonderen Empfindlichkeit der Regierungsbehörden der Zivilbevölkerung einen fortwährenden Unruheanreiz geboten. Vorläufig konnte man jedoch, trotz des mit Windeseile verbreiteten Gerüchts, „mehrere hundert Solinger Arbeiter [seien] im Anzuge", den Aufruhr durch „ernste Maaßregeln" wie die Räumung der Wirtshäuser in der Hoffnung befrieden, daß „noch der Sieg über den unruhigen Pöbel davongetragen"[11] würde. Wie hier, hat es im gesamten Kreis Duisburg während der Märztage keine blutigen Tumulte gegeben[12]. In Dortmund und seiner näheren Umgebung waren Behörden und eingesessene Bevölkerung wegen der mutmaßlichen Erregbarkeit der Hütten- und Waggonfabrikarbeiter so beunruhigt, daß sich schon in den Märztagen ein „Verein für die Aufrechterhaltung der gesetzlichen Ordnung" bildete, der für seine 800 Mitglieder unter dem 25. März bei der Regierung Münster Gewehre und Lanzen zur Aufrechterhaltung von Ruhe und Ordnung unter den „4000 Fabrik- und Bergarbeitern"[13] erbat. Auch in den anderen Orten des Ruhrgebiets kam es bald zur Bildung von Bürgerwehren, die, wie hier, einen Schwerpunkt ihrer Tätigkeit in der Beschaffung von Waffen zum Zeichen neugewonnener Freiheit betrieben[14]. In Dortmund jedenfalls und seiner Umgebung war die industrielle Arbeiterschaft mit den rund 600 Dortmunder Waggonfabrik- und 1000 Hörder Hüttenarbeitern nahezu erschöpft, während der Bergbau im Dortmunder Stadtgebiet noch in den Anfängen lag. Immerhin haben die Dortmunder und Hörder Arbeiter während eines Streiks im Oktober/November 1848 Lohnforderungen gestellt und einen offenbar kurzlebigen Verein gegründet, der allerdings, ganz im Gegensatz zu verbreiteten Befürchtungen, ausdrücklich darauf beharrte, keinerlei politischer Tätig-

9 Hierzu zuletzt *D. Dowe*, Aktion und Organisation, 1970, S. 31.
10 RD 8806 Bl. 115 f., landrätl. Kommissar *v. Dittmar*/Reg. Düss. 22. 4. 1848, über die Unruhen v. 17. 4. 1848.
11 Ebd. Bl. 12, 13, 24, 42 f., Berichte des Direktors der Strafanstalt, *v. Schelowski*, an RD im März (27.—30.) 1848.
12 Vgl. *I. Barleben*, Mülheim, 1959, S. 123. — Wenig aufschlußreich ist *A. Nießer*, Rheinland u. Westfalen 1848/49, 1906.
13 OPM 684 Bl. 191 ff., Bericht des Vorsitzenden des Vereins; dazu *Schulte*, Volk und Staat, S. 539 Anm. 63 u. bes. *P. H. Mertes*, Dortmund im dt. Einigungskampf von 1848—49, Diss. 1937, S. 22—27. Bereits 1830 waren durch Kabinettsordre v. 1. 10. 1830 Sicherheitsvereine in solchen Orten genehmigt worden, in denen keine Garnison lag; vgl. OPM 39, RA/OPM 13. 10. 1830.
14 Eine anschauliche Beschreibung der Essener Bürgerwehrverhältnisse bei *Schorn*, Lebenserinnerungen Bd. II, S. 333—336; für Bochum s. *F. Darpe*, 1888—1894, S. 506.

keit nachzugehen[15]. Gegen den Einsatz von Militär anläßlich dieses Streiks auf Antrag der Eisenbahndirektion haben nicht die Arbeiter, sondern hat das gehobene, in der Stadtverordnetenversammlung vertretene Bürgertum energisch protestiert.

Das Leben der Ruhranwohner nahm auch während der Revolution seinen gewohnten Gang. Zwar war auch hier an die Stelle des im Vormärz mehrfach bezeugten politischen Desinteresses[16] eine rege Teilnahme an dem aktuellen Geschehen getreten, die sich in lebhafter Zeitungslektüre und einem entsprechenden Wuchern des Blätterwaldes[17], in der Bereitschaft zur Teilnahme an Versammlungen und Vereinen[18] und zum Zusammenschluß in Bürgerwehren äußerte. Auch fanden sich unter den dem Bergbaugebiet entstammenden politischen Führern und Abgeordneten recht bedeutende Persönlichkeiten wie Landrat *von Vincke* und der Gelehrte *Dr. Höfken* in der Frankfurter, *F. Harkort* in der Berliner Nationalversammlung; diese und weitere Abgeordnete wie der Wittener Kaufmann *Müllensiefen* und die beiden Essener Volksvertreter Justizrat *Kehl* und Rechtsanwalt *Schorn* vertraten eindeutig die Interessen des aufstrebenden gewerblichen Bürgertums im Revier[19]. So hat sich im Ruhrgebiet kaum eine nuanciert radikaldemokratische Richtung von einiger programmatischer Konsistenz, geschweige denn, wie noch zu zeigen ist, eine Arbeiterbewegung in größerem Umfang ausdehnen können, obgleich immer wieder die „soziale Unterströmung" der Revolution auch in diesem Gebiet betont wird[20].

15 Hierzu *R. Umbreit*, Beiträge z. Geschichte der Arbeiterbewegung im rhein.-westf. Industriegebiet, 1932, S. 6—8; *Mertes*, Dortmund 1848/49, S. 83—85; s. auch *P. H. Noyes*, Organization and Revolution, 1966, S. 310 f. Die wichtigsten Quellen über die Vorfälle s. in OPM 685.

16 Anläßlich einer Stadtverordnetenwahl Mitte der 40er Jahre wurde beklagt, der Bürger lebe „in einer gewissen Schlaffheit, Stumpfheit u. Gleichgültigkeit"; *Pennings*, Recklinghausen, S. 63.

17 Zur Presse im Revier 1848/49 vgl. *G. Huperz*, Die Anfänge kath.-polit. Vereinsbildung in Westfalen, Diss. 1927, S. 1—7; *Schulte*, Volk und Staat, S. 22 f., 27, 58 f., 254 f.; *Darpe*, Bochum, S. 584—586; *Meisenburg*, Essener Volks-Halle; *Umbreit*, Beiträge, S. 11; ferner LRB 58 Bl. 6—13.

18 Zum Vereinswesen im rhein. Revier vgl. bes. OPK 7045 S. 43—73, RD/IM 5. 11. 1848 (anscheinend aufgrund eines ausführlichen landrätlichen Berichts), hierzu *Barleben*, Mülheim, S. 121 f. Anm. 66; ferner *R. Jahn*, Essener Geschichte, 1952, S. 433—438. Über das westf. Revier bes. Schulte, Volk und Staat, S. 197—250; *G. Eisfeld*, Die Anfänge der liberalen Parteien in Dortmund 1858—1870, 1969, S. 83. Zu regionalen Vereinigungsbestrebungen s. etwa *K. Hüser*, Der westf. Kongreß für die Sache und Rechte der preuß. Nationalversammlung 1848, 1969, mit Veröffentlichung eines bisher verschollenen Verhandlungsprotokolls.

19 Zusammenstellung der Abgeordneten bei *Schulte*, Volk und Staat, S. 184—189 (westf.) und *Jahn*, Essen, S. 435—437 (rhein.); s. noch *Konrad Repgen*, Märzbewegung und Maiwahlen des Revolutionsjahres 1848 im Rheinland. Bonn 1955, S. 295—297.

20 Seit der Studie v. *R. Stadelmann*, Soziale u. politische Geschichte der Revolution von 1848, 1948, ²1970, ist die Betonung der „sozialen Unterströmungen" in den Vordergrund gerückt; vgl. *Schulte*, Volk und Staat, S. 12, 174 u. passim; *G. Engel*, Politische Geschichte Westfalens, 1968, S. 252; schon früher jedoch *Umbreit*, Beiträge, S. 11 f.; *Bette*, Sturmjahre, S. 49 ff., u. bes. *Wilh. Hüttermann*, Parteipolitisches Leben in Westfalen v. Beginn der Märzbewegung i. J. 1848 b. z. Einsetzen der Reaktion i. J. 1849, Diss. 1910. Indessen sollte *Stadelmanns* Ansicht, es zeige sich, „daß weniger die objektiven Zustände als das subjektive Bewußtsein einem Wandel" unterliege, der „offenbar stärkere Antriebe für ein geschichtliches Handeln enthält als die realen Verhältnisse", heute nicht mehr ungeprüft übernommen werden (S. 13).

1. Die Frühjahrskrise 1848 und die Bergarbeiterschaft

Der Wechsel vom spürbaren Arbeitskräftemangel im Winter 1847/48 zum plötzlichen Absatzmangel infolge der Geld- und Finanzkrise im Februar 1848 traf die Zeitgenossen unter dem verschärfenden Einfluß der seit langem anhaltenden Teuerungswelle auf dem Verbrauchsgütermarkt. Als Ursachen der im übrigen bisher kaum erforschten Krise des Frühjahrs 1848 gelten Schwierigkeiten im Auslandsabsatz der Kohle sowie der Preisdruck durch billiges belgisches und schottisches Eisen[21]. Der Zusammenbruch der Schaffhausener Bank in Köln leitete eine allgemeine Erschöpfung des Geld- und Kapitalmarktes ein, infolge derer der Kohlenabsatz im Revier nur noch gegen bar möglich war. M. Stinnes, Hauptgewerke der wichtigsten Essener Zechen, mußte gegenüber dem Bergamt seine Zahlungsunfähigkeit eingestehen und unter dem 21. März um Kredit und Aufschub der Zahlungsverpflichtungen ersuchen[22]. Neben den Essener waren einige Bochumer Zechen und die Grube Ver. Bickefeld bei Hörde in Zahlungsschwierigkeiten geraten, so daß sich auch hier die Gewerken genötigt sahen, um Hilfsmaßnahmen nachzusuchen[23]. Sie nahmen überdies die Gelegenheit wahr und petitionierten erneut um Erleichterung der Steuerlast, was gleichwohl vom Finanzministerium abgeschlagen wurde[24].

Die Krise verschärfte sich, als die Löhne für Februar 1848 für die Bergleute der Tiefbauanlagen Victoria Mathias, Graf Beust, Konstantin der Große und, zum Teil, Helene und Amalie bis Mitte März nicht ausgezahlt werden konnten[25]. Inzwischen hatte sich der landrätliche Kommissar Regierungsassessor v. Wrangel mit dem Hinweis an das Bergamt eingeschaltet, wenn nicht bald ausgelohnt werde, „könne leicht die öffentliche Ordnung in bedauerlicher Weise gestört werden", und empfohlen, „so schleunig als möglich"[26] bergamtliche Hilfe zu leisten. Auch der Essener Magistrat sah sich veranlaßt, um ministerielle Hilfe für das Haus Stinnes zu bitten. Ein Aufstand lag in diesen Tagen „durchaus im Bereich des Möglichen"; ein hundertköpfiges Militärkommando wurde in die Stadt verlegt, auch gelangten bereits Gerüchte über schwere Unruhen in Essen nach auswärts[27]. Ida Krupp, die Schwester Alfreds, wußte am 19. März zu berichten, Stinnes habe „in Ermangelung von Absatz viele Bergleute verabschiedet, sowohl in Essen als in Mülheim, die nun brodlos"[28]. Krupp selbst soll eine Arbeiterversammlung veranlaßt und sich dort für Ruhe und Ordnung ausgesprochen haben; im übrigen ließ er, selbst ein Opfer der Krise, seine Arbeiter gegen normalen Lohn zunächst untätig in den Fabrikhallen ausharren, mußte dann jedoch bis Ende

---

21 Nach W. Fischer, Konjunkturen und Krisen im Ruhrgebiet seit 1840 und die wirtschaftspolitische Willensbildung der Unternehmer, 1972, S. 185; vgl. vor allem A. Spiethoff, Die wirtschaftlichen Wechsellagen, 1955, Bd. I S. 117; H. Mottek, Wirtschaftsgeschichte Deutschlands, 1971, Bd. II S. 200; K. Obermann, Arbeitermigrationen in Deutschland, 1972, S. 156 f. Retrospektiv sind gelegentlich die revolutionären Ereignisse 1848/49 für die krisenhafte Stockung Anfang 1848 verantwortlich gemacht worden; vgl. bereits R. v. Carnall, Die Bergwerke in Preußen und deren Besteuerung, 1850, S. 3.
22 Vgl. OPM 704 Bl. 14—15, M. Stinnes/OBA 21. 3. 1848 (Abschr.).
23 Vgl. ebd. Bl. 16 f., BAB/OBA 21. 3. 1848 (Abschr.).
24 Vgl. ebd. Bl. 13, C. Berger/Berghauptmann 11. 3. 1848; ebd. Bl. 18 FM/C. Berger 29. 3. 1848 (Abschr.); ferner oben S. 83 f.
25 Vgl. hierzu auch Schulte, Volk und Staat, S. 174 Anm., S. 542 Anm. 76 a; Fischer, Herz des Reviers, S. 47 f., 52.
26 OPM 704 Bl. 12, von Wrangel/BAE 19. 3. 1848 (Abschr.).
27 Nach Meisenburg, Essen 1848/49, S. 199.
28 Nach den Briefveröff. v. A. Berdrow, zit. n. Meisenburg, Essen 1848/49, S. 198.

des Jahres die Mehrzahl entlassen und, um die Liquidität des Unternehmens zu erhalten, das Familiensilber einschmelzen lassen. Der Betrieb der Bochumer Gußstahlfabrik stockte fast ganz: Von 300 (1847) Beschäftigten waren 1848 nur noch 15 in Arbeit. Ähnlich mußte die Belegschaft der Friedrich-Wilhelms-Hütte zu Mülheim von 415 noch im April auf nur 216 Ende 1848 verringert werden. Auch die eisenverarbeitende Industrie im Raum Wetter litt unter den Krisenerscheinungen[29].

Massenentlassungen konnten im Frühjahr 1848 vorzüglich dank des rigorosen Einschreitens der Bergbehörden vermieden werden; die allgemeinen Lähmungserscheinungen haben sich nur in einer vorübergehenden Stockung der Betriebe und Stagnation der Förderziffern für 1848/49 bemerkbar gemacht. Als sich im März momenthaft die Situation auch für die Zechen bedrohlich zuspitzte, empfahlen die Essener Beamten unter dem 17. März dringlichst „außerordentliche Mittel": „Bis jetzt" sei zwar „keine Verletzung der bestehenden Ordnung zu beklagen", doch müsse „der geringste Anlaß zur Unzufriedenheit" vermieden werden. „Grundbedingung" dafür sei „zunächst daß die Bergarbeiter zur gehörigen Zeit ausgelohnt werden, und sodann, daß die Ablegung derselben möglichst unterbleibt"[30]. Ob tatsächlich Entlassungen stattgefunden haben, kann hieraus nicht eindeutig geschlossen werden, aber die Bemühungen der Behörden in der Folgezeit lassen annehmen, daß schlimmstenfalls die unständige Bergtagelöhnerschaft abgelegt worden ist. Jedenfalls wurde das Bergamt innerhalb eines Tages autorisiert, die rückständigen Februarlöhne aus der Knappschaftskasse auszuzahlen[31], und schon wenige Tage später wurde die Zahlung auch der Märzlöhne auf diese Weise ermöglicht[32].

Von den Gruben im märkischen Revier meldete St. Peter und Paul bei Silschede Absatzschwierigkeiten[33], und die Gewerken von Ver. Bickefeld bei Hörde konnten den Betrieb nur weiterführen, nachdem das Oberbergamt die ihm unterstellte Saline Königsborn bei Unna angewiesen hatte, 20 000 Scheffel Kohlen von Bickefeld abzunehmen[34]. Der Landrat von Bochum, *Graf v. d. Recke-Volmarstein*, wußte darüber hinaus von Entlassungen von 200 Bergleuten auf der Bochumer Grube Präsident, überhaupt von der Freisetzung einer „Masse Arbeiter" und einer großen Versammlung in Witten im Saale Crengeldanz zu berichten; doch waren nicht 200, sondern nur 50—60, und nicht Bergleute, sondern Tagelöhner entlassen worden, weshalb sich der Landrat wegen seines Übereifers einigem Tadel ausgesetzt sah[35]. In seinen übertriebenen Befürchtungen ist er allerdings in dieser

29 Vgl. *R. Ehrenberg,* Krupp-Studien III, 1909, S. 69; *Darpe,* Bochum, S. 569; Bilder und Urkunden aus der Geschichte der Fr.-Wilhelms-Hütte, unpaginiert (StaMH); Aufstellungen einzelner Firmen bei *Denzel,* Wetter, 1952, bes. S. 227.
30 OPM 704 Bl. 6—10, BAE/OBA 17. 3. 1848 (Abschr.).
31 Vgl. OPM 704 B. 4—5, OBA/OPM 27. 3. 1848.
32 OPM 704 Bl. 11—12, BAE/OBA 20. 3. 1848 (Abschr.).
33 Vgl. *U. Heithoff,* Geschichte des Steinkohlenbergbaus im Raum Silschede, 1964, S. 54 f.
34 Vgl. OPM 705 Bl. 4—5, OBA/OPM 27. 3. 1848.
35 Dieser Übereifer ermöglicht die heutige Kenntnis dieser wichtigen Vorgänge. Auf das Schreiben des LR an den OPM v. 16. 3. 1848 (vgl. OPM 684 Bl. 113—116) zog dieser Erkundigungen ein, worauf das OBA einen dokumentierten ausführlichen Bericht übersandte und das OPM auch fernerhin auf dem laufenden hielt. Der gesamte Vorgang findet sich jetzt OPM 704, während die Akten des OBA die Krise im März/April nicht belegen, weshalb *Adelmann* in seinen Studien keine Kenntnis von Märzunruhen und Deputiertenwahlen unter den Bergarbeitern hatte. Dagegen hat *Schulte* bereits vor *Adelmann* diese Quellen für sozioökonomische Aspekte seiner Arbeit über Westfalen benutzt. Das Tadelschreiben RA/LR Bochum 14. 4. 1848 („Wir können daher den Wunsch nicht unterdrücken, das Ew. Hochgeboren in dieser Angelegenheit sich vorsichtiger hätten benehmen mögen") findet sich OPM 704 Bl. 36;

Zeit nicht allein geblieben: Magistrate und Behörden sahen sich auch andernorts durch die Krisenerscheinungen zutiefst beunruhigt[36].

Nachdem der Kapitalverkehr auch im April noch nicht wieder im vollen Umfang funktionierte, die fortdauernde Beschäftigung der gesamten Belegschaften gleichwohl angeraten schien, sah sich das Oberbergamt genötigt, nach einer gemeinsamen Sitzung mit beiden Bergämtern am 28. März das Finanzministerium um Ermächtigung zur Stundung des Bergzehnten und anderer Gefälle im Namen der Gewerken aller Gruben auf drei Monate zu ersuchen und darüber hinaus „im Interesse... der Ruhe und Ordnung"[37] dem Wunsch der Gewerken nach einem Darlehen in der nicht unbeträchtlichen Höhe von jeweils 150 000 Tlr. für beide Bergamtsbezirke aus der Regierungs-Hauptkasse in Münster beizupflichten. Unter Hinweis auf die unruhigen Zeitverhältnisse sprachen sich die Beamten ausdrücklich gegen den Vorschlag aus, die Förderung einzuschränken; es sei besser, daß der Betrieb „zum Theil" nur fortgehe, „um den Bergarbeitern, für welche eine andere Beschäftigung nicht zu ermitteln gewesen, Arbeit zu geben"[38]. Das Finanzministerium lehnte die Kreditvergabe schließlich ab[39], verfügte jedoch, unter der Voraussetzung der Zustimmung der Knappschaftsältesten die Vermögen der Knappschaftskassen bis 100 000 Tlr. zu beleihen. Zu diesem Zeitpunkt wurden im gesamten Revier 10 869 Bergleute beschäftigt[40]; gegenüber den statistisch überlieferten 11 473 läßt sich hieraus die zwischenzeitliche Entlassung von etwa 600 Arbeitern vermuten.

Die Konferenz der Bergämter vom 28. März ist mit einiger Sicherheit von ausschlaggebender Bedeutung nicht nur für die Bewältigung der wirtschaftlichen Krisenerscheinungen, sondern auch und vor allem für das Verhalten der Bergarbeiterschaft im Verlauf der kommenden Ereignisse gewesen. Aus ihrer genauen Kenntnis der berufsspezifischen und lokalen Verhältnisse und ihrer Einschätzung der politischen Lage handelten die Beamten so umsichtig, daß Anzeichen von Unruhe und Widerstand unter den Belegschaften angesichts der ausstehenden Löhne sofort abgefangen und kanalisiert wurden. Denn tatsächlich haben die Bergarbeiter, kaum anders als Arbeiter anderer Berufe, bereits im März 1848 Forderungen gestellt[41]:

„Wir bemerken zugleich gehorsamst, daß beim Essen-Werdener Bergamte von einzelnen Bergarbeitern im angeblichen Auftrage einer Belegschaft, Erhöhung des Lohns und eine Re-

---

eine entsprechende Bemerkung auch im Schreiben OBA/OPM 27. 3. 1848, ebd. Bl. 4 f. Zur Wittener Versammlung s. auch *Köster*, Iserlohner Revolution, S. 212—214; zu LR *v. d. Recke* auch oben S. 90.

36 Z. B. forderte Amtmann *Tosse* vor dem Gladbecker Gemeinderat, „daß die Gemeinde sich wehrhaft mache, um allen falsigen Invasionen brodloser Arbeiter von Außen mit Kraft entgegenzutreten..., zumal wenn die Fabriken und Grubenbauten eingestellt würden..."; zit. n. *Bette*, Sturmjahre, S. 41.

37 OPM 704 Bl. 24—31, OBA 4. 4. 1848 (Abschr.).

38 Ebd.; vgl. auch ebd. Bl. 21 f., OBA 28. 3. 1848 (Abschr., Konferenzbericht der gemeinsamen Sitzung der BÄ). Die beiden Schreiben in kurzem Abstand unterstreichen die Dringlichkeit der Angelegenheit und die wohlüberlegten Anstrengungen der Behörden zur Beilegung der Krise. Die Gewerken hatten sogar verlangt, das OBA möge ohne Ermächtigung die Kreditvergabe selbst veranlassen. Zu den Krediten s. auch *Schulte*, Volk und Staat, S. 574 Anm. 76 a.

39 OPM 704 Bl. 34, FM/OBA 12. 4. 1848; wegen dieser Datierung konnte die Ablehnung daher nicht, wie *Schulte*, a. a. O. meint, erfolgt sein, weil RPA die Lage mit Schreiben vom 14. 4. „nicht so aussichtslos" geschildert habe.

40 Vgl. ebd. Bl. 24—31.

41 Konferenzbericht OBA/FM 28. 3. 1848 (Abschr.), OPM 704 Bl. 21 f. Von der Konferenz ist bisher in der Literatur keine Kenntnis genommen worden.

vision der Knappschafts-Verfassung beantragt wurde. Das Bergamt hat sogleich die Wahl von Deputierten, mit denen das Wohl der Knappschaft zu berathen, veranlaßt".

Demnach verfügten die Bergleute wenigstens der größeren Zechen — die Bewegung muß sich, wie die Ereignisse im Sommer 1848 zeigen, auf weitere Anlagen ausgedehnt haben — schon seit den ersten Revolutionswochen über eigens gewählte Interessenvertreter neben den Knappschaftsältesten. Wann es im märkischen Bezirk zu entsprechenden Wahlen gekommen ist, läßt sich nicht ermitteln; hier erscheinen Belegschaftsvertreter erst im Spätsommer 1848 als Verhandlungspartner. Die Behördengespräche vom 28. März haben bereits die Zielrichtung künftiger Forderungen, nämlich Lohn- und Knappschafts-verbesserungen, bemerkt und nach dem Vorgang der Essener Beamten deren Verfahrens-weise, vielleicht parallel zur längst geübten, begrenzten Mitbestimmung durch die Wahlen zu Knappschaftsältesten, aufgegriffen. Wünsche und Forderungen der Bergleute konnten fortan zu einem Zeitpunkt erkannt und abgehandelt werden, der eine sach-gemäße Regelung im vorpolitischen Raum erlaubte und Spannungen zu konkreten Än-derungen kanalisieren konnte. Die Behörden haben ihr Verhältnis zu den Bergleuten völlig richtig eingeschätzt; erst dies hat ihnen ihre erstaunliche Flexibilität erlaubt[42]:

> „Der Bergmann steht unter der Leitung der Staatsbehörden und Beamten; die Berg-Arbeiter wurden, obgleich mit Zuziehung der Gewerken von den Bergbeamten angenommen und angelegt; und wenn dieselben auch nicht die Ansicht haben, daß sie im Lohn der Bergbehörden stehen, so halten sie doch dafür, daß diese Behörden dafür zu sorgen haben, daß sie ihren Lohn rechtzeitig und unverkürzt erhalten. Das Unterbleiben der Auslohnung mußte deshalb zumal in der jetzigen Zeit ein Zusammenstoßen der Behörden und der Knappschaft noth-wendig herbeiführen".

Demnach erkannten die Bergleute zwar ihre Lohnherren in den Gewerken, ihre eigent-lichen Dienstherren aber in den Bergämtern; es ist deren Umsicht zuzuschreiben, daß die Bergleute in der Folgezeit kaum Grund fanden, die Hilfe der Öffentlichkeit für ihre Forderungen zu beanspruchen oder diese gar durch Kampfmaßnahmen durchzusetzen. Tatsächlich war der ihnen zur Durchsetzung gelegentlicher Wünsche und Forderungen gewohnte Beschwerdeweg nur im Augenblick politischer Instabilität erweitert worden; damit hatten die Behörden weitblickend die Bahnen bergmännischer Regungen während der Revolution vorgezeichnet.

2. Beschwerden über Löhne und Knappschaftsverhältnisse

Der in den Frühjahrsmonaten 1848 vorgezeichnete Weg der Konfliktregelung folgte der in der bergamtlichen Betriebsaufsicht längst geübten, dem behördlichen Instanzenweg entsprechenden Praxis der Behandlung solcher Spannungen zwischen Bergleuten und Zechen, etwa in Fällen von Lohnstreitigkeiten. Im folgenden sollen deshalb einige Bei-spiele solcher Konfliktregelungen vor 1848/49 der Darstellung von Anspruch und Erfolg bergmännischer Lohn- und Knappschaftsforderungen im Verlauf der Revolution voran-gestellt werden.

---

42 OPM 704 Bl. 24—31 OBA/FM 4. 4. 1848 (Abschr.).

In einem Schreiben an das Essener Bergamt vom 18. Juli 1830 berichtete der Bergeschworene *Haardt* von einem „große[n] Zulauf der Bergleute in meiner Behausung mit den vielen Klagen über theure Nahrungsmittel, womit ich täglich heimgesucht werde"[43]; die Einsicht des Amtsblattes und Erkundigungen nach den Roggenpreisen hätten ihn „nunmehr belehrt, daß die Knappschaft mit Grund klagt und um Erhöhung ihrer Normallöhne nachsucht"[44]. Dem Vorgang wurde abschriftlich eine Eingabe von 27 Bergleuten einer Zeche im Essen-Werdenschen „für uns und alle arbeitsame Bergleute" beigegeben[45], die das Verhältnis zwischen Bergamt und Belegschaften bei Lohnstreitigkeiten vorzüglich dokumentiert. Diese Beschwerde war nicht vereinzelt geblieben, so daß, wie bereits gezeigt, dem Antrag schließlich in voller Höhe mit einigen Modifikationen stattgegeben wurde. Eine Protestsituation, die den betrieblich-behördlichen Rahmen hätte sprengen können, entstand erst gar nicht; berechtigte Unruhe konnte betriebsintern abgeleitet werden, so daß das Gleichgewicht kraft staatlicher Autorität wiederhergestellt wurde. Schließlich konnten sich die Bergleute über ihre relativ gesicherte Lage belehren lassen, da sie

> „in der letzten Zeit ohnehin durchschnittlich ein gutes Verdienst gehabt und diese im Vergleich von Fabrikarbeitern, Handwerkern und Tagelöhnern ein besseres, wenigstens regelmäßigeres Lohn machten, was schon daraus hervorgehe, daß viele sich zu der Grubenarbeit heran drängten..."[46].

Solange die Erhöhung der Lohnsätze nicht ausgesprochen war, muß die Unruhe unter den Bergleuten gegen Ende 1830 so zugenommen haben, daß sich sogar das Düsseldorfer Regierungspräsidium einschaltete. Unter Hinweis auf einen Bericht des Duisburger Landrats *Devens* erbat der Regierungspräsident Auskünfte über die verlauteten Spannungen auf den Zechen Wiesche in Mülheim und Gewalt in Essen, „und ob nicht durch entschiedene Einwirkung der bergamtlichen Behörde abgeholfen werden kann"[47]. Auf Wiesche herrsche „Unzufriedenheit wegen Vorenthaltungen [des] seit mehreren Monaten verdienten Arbeitslohns"; auf Gewalt werde angeblich zu wenig gezahlt, weshalb die Bergleute sogar einen Drohbrief an den Bergmeister *Klotz* in Essen verfaßt hatten[48].

Dieser Drohbrief zeigt in Anonymität, Übersteigerung der Forderungen, Brutalität der Drohungen und orthographischer Unsicherheit typische Züge. Neben dem Motiv der blinden Gewalt durch Maschinenzerstörung ist ferner die Betonung der „Vereinigung" kennzeichnend in einer Zeit, die alles zu deren Verhinderung tat. Zwar teilte der Regierungspräsident in Düsseldorf die Ansicht des Oberbergamts, „daß der Drohbrief wahrscheinlich nur lügt und das Werk eines Einzelnen ist...", und bei einer Befahrung von Zeche Gewalt ließen sich keine Mißstände feststellen, doch immerhin sah sich die

---

43 OBA 1385 Bl. 14 (Abschr.).
44 Ebd. Bl. 16.
45 Text im Anhang S. 608; vgl. hierzu oben S. 108 f.
46 OBA 1385 Bl. 26, Protokoll der Stellungnahme der Gewerken im BA-Bezirk Bochum. In Konfliktfällen wurden immer alle beteiligten Seiten gehört; der Meinung der BÄ kam größeres Gewicht zu. Charakteristisch für die jeweils umfangreichen Recherchen der Behörden ist die Beschwerdeführung von Zimmergesellen der Saline Königsborn v. 3. 6. 1844; vgl. OBA 1391.
47 OBA 1385 Bl. 28; dass. ebd. Bl. 43 f., 6. 11. 1830.
48 Ebd. Bl. 29 LR *Devens*/RPD (Auszugabschr.); Text des Drohbriefs im Anhang S. 634; vgl. aus dem Vorgang auch die Stücke bei *Adelmann*, Quellensammlung Bd. I, Nr. 54—56, S. 82 ff. Ein paralleles Zeugnis aus dem Bielefelder Raum bei *Schulte*, Volk und Staat, S. 126.

Leitung dieser Zeche veranlaßt, die Aufregung durch die Beschaffung von „Brodkorn"
zu besänftigen[49]. Auch wußte der zur Kontrolle nach Wiesche entsandte Obersteiger
Zobel zu berichten, die Bergleute seien jetzt, Anfang November, erst für September ausgelohnt und hätten für Oktober nur einen Vorschuß erhalten[50]. Ein Zusammenhang der
offenkundigen Erregung der Bergleute mit den Fernwirkungen der Pariser Juli-Revolu-
tion, die bis nach Essen spürbar wurden[51], ist nicht nachweisbar.

Die beiden geschilderten Vorgänge des Jahres 1830 bezeichnen in konträrer Typik Ver-
haltensalternativen der Bergleute im Augenblick großer wirtschaftlicher Not. Wohl nicht
zufällig fallen sie in die Zeit einer sich abzeichnenden bergbaulichen Aufschwungphase,
einer Krisensituation in der Nahrungsmittelversorgung und einer allgemeinen politischen
Erregung; so bezeichnet das Jahr 1830 auch für die Bergarbeiterschaft das Einsetzen
selbständiger interessenverbundener Regungen. Dabei ist jener tendenziell die Grenzen
behördlicher Korrekturmöglichkeiten sprengende Drohbrief in der Folgezeit, wie zu
zeigen ist, durchaus vereinzelt geblieben.

Denn auch weiterhin manifestierte sich das Vertrauen der Bergleute in die bergamtliche
Leitung vorzüglich auf dem Beschwerdeweg. In jedem Fall stellten die Behörden umfangreiche Recherchen an und wußten, berechtigte Ansprüche der Bergleute durchzusetzen. Seit 1817 sind vielfach Zeugnisse solchen Einschreitens erhalten[52]. Im Fall der
wiederholten Beschwerde der Bergleute *Fr.* und *August Deckert* aus Essen gegen die
Zeche Sälzer und Neuack im Jahre 1834, daß „nach den Gesetz verfahren wirt"[53],
fand das Oberbergamt Anlaß zum Tadel an der untergeordneten Behörde, denn der
Gegenstand verlange, „gründlicher und exacter behandelt" zu werden[54]. Fälle von
Lohnforderungen sind immer wieder vorgekommen, und die Bemessung der gegenseitigen Rechtspositionen durch die Behörde war durchaus geeignet, das Vertrauen der Bergleute in deren Unparteilichkeit zu rechtfertigen.

Als im Mai 1838 der Hauer *Franz Lesmeister* und sechs weitere Bergleute die Arbeit auf
der offenbar rigide geführten Zeche Gewalt einstellten, da nicht soviel verdient werde,

---

49 OBA 1385 Bl. 36; Bl. 47 BAE/OBA 10. 11. 1830.

50 Vgl. ebd. Bl. 48 f. BAE/OBA 11. 11. 1830 m. Anlage.

51 Vgl. *Meisenburg*, Essen 1848/49, S. 159 f.; „Starken Anteil nahmen die Einheimischen an den
revolutionären Ereignissen des Jahres 1830", sie „interessierten mangels eigener Freiheit
mächtig". In Westfalen sind nirgends außergewöhnliche Vorkommnisse infolge der Julirevolution überliefert; vgl. *F. Keinemann*, Auswirkungen der Julirevolution in Westfalen,
1971, S. 355—360.

52 Vgl. hierzu bes. OBA 1386: Im Sommer 1817 beschwerten sich die Bergleute der Grube The-
resia (Bl. 13, 20) mehrfach wegen rückständiger Löhne (Untersuchungen ebd. Bl. 26—35,
36—44, m. Stellungnahme des Hauptgewerken *Frhr. v. Elverfeldt*). — Ebd. Bl. 21—24 Beschwerden von Zechen bei Hörde. — Bl. 45 Protokoll der Beschwerde des Bergmanns
Fr. Bolze v. d. Zeche Altendorfer Erbstollen, 13. 2. 1821. — Bl. 48 „Gehorsamste Klage und
Bitte des Berg Schmidt *Holtkamp* wieder dem [!] Gruben Steiger *Letzner* der Zeche Kirsch-
baum wegen zurück behaltenen Schmiede Lohn" 22. 6. 1821 (vgl. Bl. 45 f.). — Bl. 51: „Noth-
gedrungene Beschwerdeführung und gehorsamste Bitte des Bergmanns *J. H. Phillip* wieder die
Gewerkschaft der Zeche Ver. Dicke Bäckerbank wegen zurückstehendes Arbeitslohn" 25. 6.
1821, wiederholt Bl. 54 (18. 11. 1821), Bl. 25 Zahlungsverfügung des Berggerichts. — Ferner
Bl. 84 (8. 3. 1827), 97, 102 f., 105—108, 109 f. (Okt. 1832), 119—124. — Bl. 111 Bergmann
Fr. W. Witte aus Dortmund, 14. 2. 1833. — Im Falle eines Streits auf der Zeche Hessenbank
ersuchte das OBA um Schiedsspruch durch die Berliner Oberberghauptmannschaft, Bl. 125 bis
140, 141, 142—144, 148 f.

53 Vgl. Anhang S. 609.

54 OBA 1385 Bl. 185, OBA/BAE 18. 12. 1834 (Abschr.).

„als wie nach den jetzt bestehenden hohen Preißen angemessen"[55], erkannte das Essener Bergamt, entgegen dem üblicherweise lohnbestimmenden Bedarfsdeckungsprinzip, auf „willkührliches Abkehren" nach § 8 der Knappschaftsordnung von 1824. Nach der hier festgelegten, 14tägigen Kündigungsfrist hatten die Bergleute sich auf das jeweilige Monatsende einzurichten; doch war diese Bestimmung nach Eingabe einiger Gewerken 1834 auch auf die Gewerkschaften ausgedehnt worden, so daß nunmehr der Rechtszustand gleicher Kündigungsfristen galt[56]. Diese Kündigungsbestimmungen umschlossen jedoch nicht etwa ein Recht der ständigen Bergleute auf Freizügigkeit — wenn von ihnen im konjunkturellen Aufschwung der 1850er Jahre die Knappschaftsordnung auch so interpretiert worden ist —; vielmehr konnte die Abkehr aller Klassen von Bergleuten nur im unter Essener Bergamtsägide freilich leichter erteilten behördlichen Einverständnis nach Maßgabe des jeweiligen Arbeitskräftebedarfs der Gruben erfolgen. Als ein Rest der frühneuzeitlichen Freizügigkeit, eines der Privilegien der Bergarbeiterschaften, stand die Kündigung, so war die Knappschaftsordnung zu interpretieren, nur dann im freien Ermessen des Bergmanns, wenn er beabsichtigte, den Oberbergamtsbezirk insgesamt zu verlassen und in ein fremdes Bergrevier zu wandern[57].

Für die sieben Bergleute von Gewalt endete die Arbeitseinstellung mit einem Fiasko. Da das Bergamt die Abkehrscheine nicht erteilte, sie daher auf keiner anderen Zeche zur Arbeit genommen werden durften und ihnen die Löschung aus dem Knappschaftsregister mit Verlust der entrichteten Beiträge drohte, nahmen sie, nach entsprechenden behördlichen Ermahnungen, die Arbeit nacheinander wieder auf. Das Bergamt glaubte hier sogar, „einer Aufwiegelung auf der Spur zu seyn"[58], für deren Aufdeckung die Zechenverwaltung offenbar eine Belohnung aussetzte — die „Meuterei" verlief, wohl erwartungsgemäß, im Sande[59]. An die Möglichkeit einer geregelten Lohnauseinandersetzung zwischen Gewerken und Bergleuten, an einen Streik, hatten weder das Bergamt noch die Ausständigen und ihre Grubenverwaltung gedacht.

Recht überraschend, ging es den Bergleuten in den Frühjahrsmonaten 1848 zunächst weniger um bloße Erhöhung der Lohnsätze. Wahrscheinlich hat vielmehr ein Erlaß des Handelsministeriums vom 8. März hinsichtlich der Beteiligung von Arbeitern bei Lohn-

---

55 OBA 1784 — Bl. 63—66, Beschwerde der Bergleute *Fr. Lesmeister et al.*, 25. 5. 1838. Ein *Franz Lesmeister* erscheint bereits als Mitunterzeichner der Anm. 45 erwähnten Eingabe von Zeche Pörtingsiepen 1830 um Lohnerhöhung.

56 Vgl. ebd. Bl. 43—45 (Gewerken/OBA 19. 6. 1834); Bescheide Bl. 43, 44 (27. 11. 1834 Abschr.).

57 Die Zeugnisse dieser Rechtsauffassung sind zahlreich und mehren sich noch mit den Boomjahren seit 1853; vgl. hierzu unten S. 412 ff. Ein Beispiel ist etwa die Immediateingabe des Bergmanns *H. May* 26. 5. 1847, der vom OBA am 26. 6. 1848 (OBA 1784 Bl. 127—130) beschieden wird, „daß ein Bergmann, der die ihm zugewiesene Arbeit kündigt ..., in dem Westf. Haupt-Berg-District keine andere Bergarbeit erhalten ... soll".

58 Ebd. Bl. 68—72, Bericht BAE/OBA 11. 6. 1838. *Adelmann*, Quellensammlung Bd. I, S. 78 f. Nr. 48, druckt diese wie andere Quellen auszugsweise mit Blick auf die Rechtslage, so daß solche *Passus* nicht erfaßt werden.

59 Vgl. ebd. Bl. 84 OBA/BAE 9. 11. 1838. Die Angelegenheit hatte ein Nachspiel: Trotz Erlasses des OBA auf Löschung *Lesmeisters* aus dem Knappschaftsregister hatte das BAE ihn, der sich inzwischen auf seine Familienpflichten besonnen hatte, in Arbeit belassen und wurde daher mit einem Bußgeld von 5 Tlr. belegt; vgl. ebd. Bl. 73 f., 82 f., 84. — Ganz ähnlich verlief eine Arbeitseinstellung mehrerer Schlepper auf Grube Schafberg im Ibbenbürener Bergamt 29. 11. 1838 wegen eines Konflikts mit einem Vorgesetzten: Die Bergleute erhielten eine Strafe von etwa einem Schichtlohn mit der Erwartung, daß sie „durch Fleiß und gutes Betragen bemüht sein werden dieses Benehmen wieder in Vergessenheit zu bringen" (TLBA 222).

festsetzungen auslösend gewirkt. Am 13. März erbaten die Bochumer Beamten Auskunft in Dortmund, wie nach diesem Erlaß künftig zu verfahren sei[60]; die Mittelbehörde beschied, an der Zustimmung der Gewerken zur Beteiligung von Bergleuten sei

> „wohl kaum zu zweifeln, wir wünschen nur nicht, daß in dem Termin zur Regulierung der Normal Schichtlohnsätze Abgeordnete der Bergleute erscheinen, ohne daß die Deputirten der Gewerkschaften vorbereitet sind".

In einem umfassenden Bericht[61] zu dieser Frage konstatierte der Bochumer Referent der Angelegenheit, *Herold,* zunächst die „größere Regsamkeit", die die „seit mehreren Wochen bestehende politische Aufregung ... auch unter den Bergleuten ... hervorgebracht und unter denselben mannigfache Berathungen über das Knappschaftsinstitut und die Höhe ihres Lohnes veranlaßt" habe, „als deren Resultat nicht allein mehrere Eingaben einzelner Bergleute und Belegschaften, sondern auch die in der heutigen Versammlung der Knappschaftsvertreter vorgetragenen Wünsche anzusehen sind". Im Verlauf dieser Versammlung seien die „Lohnsangelegenheiten" in den Vordergrund getreten, da die Löhne seit 1825 zwar durchgehend gleichgeblieben, die Preise aber wiederum angestiegen seien. Dabei hätten immer nur Gewerken und Bergbehörde die Lohnsätze fixiert, „ungeachtet es nicht in Zweifel gezogen werden [kann], daß der Bergmann hierbei mindestens ein ebenso großes, wenn nicht größeres Interesse als der Gewerke hat". Wären schon früher Bergleute hinzugezogen worden, „so könnte der Behörde das öffentliche Zeugnis nicht entgehen, sich über den Parteien gehalten zu haben, welches nun von einzelnen bezweifelt zu werden scheint".

Doch komme man nicht umhin, nunmehr den „socialen Verhältnissen" größere Aufmerksamkeit zu widmen; die Arbeiter selbst „regen sich mehr und mehr und treten mit Anforderungen hervor, die häufig an sich ganz billig, aber dennoch von ihnen früher nicht zur Sprache gebracht sind". Um „diesen Regungen zeitig besänftigend zu begegnen", empfiehlt die Behörde:

a) Die Löhne nach den „nothwendigsten Lebensbedürfnissen festzusetzen";

b) bei Lohnverhandlungen die Ansichten der Bergleute jedes Reviers „ — etwa 2 bis höchstens 4 —" „eben so gut als die der Gewerkschaften zu hören und zu berücksichtigen";

c) die Löhne nicht mehr, wie bisher, am Tage der Kohlepreisregulierung „als einen Gegenstand zu behandeln, der nur ungenau" berührt werde, „vielmehr diesem Geschäft einen besonderen Tag zu widmen".

Kennzeichnend sind die Ausführungen des Beamten über das derzeitige Verhalten der Bergleute. Diese wüßten „sehr wohl", daß man schon bisher gelegentlich vom Lohnsatz „zu ihren Gunsten abgewichen" sei, und sie wählten „zu ihren Vertretern im eigenen Interesse im Allgemeinen die intelligenteren ruhigen Leute ..., die die Ansprüche nicht höher stellen werden als zur Erhaltung ihrer Familien nothwendig ist, auf die mindestens eine überzeugende Belehrung die nöthige Einwirkung nicht verfehlen wird". Zu solcher Einschätzung habe „das Verhalten der Bergleute in der jetzigen Zeit, in der es an Aufregung von vielen Seiten her nicht gemangelt hat, noch mehr bestärkt". Andererseits werde „höchst wahrscheinlich" nur durch die vorgeschlagenen Neuregelungen „die Ruhe und Ordnung unter den Bergleuten erhalten"; der Bergmann bekomme „durch diese

---

60 OBA 1385 Bl. 238.

61 Ebd. Bl. 238 (Abschr.) u. 224—229, z. T. mit Anstreichungen. *Adelmann,* Quellensammlung Bd. I, S. 88—90, Nr. 63, druckt diese Quelle nur zur Hälfte unter Fortlassung der Stellungnahmen zum politischen Verhalten der Bergleute; er kommt daher andernorts (Soziale Betriebsverfassung, S. 34, 40) zu einem negativen Urteil.

Öffentlichkeit ein größeres Vertrauen zu seinem Vorgesetzten." Einstweilen habe man jedoch der Versammlung der gewählten Vertreter der Bergleute erklären müssen, „es sey dieser Gegenstand schon Veranlassung zu ernsteren Berathungen gewesen", man möge sich daher „bis zu dem Eingange einer Resolution zurückhalten ..., welches auch ohne die geringsten Schwierigkeiten geschehen ist". Von besonderer Bedeutung erscheint die Feststellung der Behörde, nicht die eigentliche gegenwärtige Lohnhöhe, mit der die Bergleute „allgemein zufrieden" seien, sondern die „Herbeiführung eines sicheren Rechtszustandes" sei ihr Hauptanliegen gewesen. Diese bemerkenswerte Haltung spricht ebenfalls aus einem Erlaß, den das Essener Bergamt am 2. Mai bekanntzumachen für nötig befand, wonach „den sämmtlichen Belegschaften" eröffnet wurde, „daß die Kündigung der Arbeit von seiten der Gewerkschaft und Grubenbeamten, nur dann erst Kraft und Folge haben soll, für die Bergleute, wenn diese Kündigung von dem unterzeichneten Berg-Amte nach vorheriger Untersuchung für billig und recht erkannt worden ist"[62]. Tatsächlich bestätigte das Bergamt den Bergleuten hier nur eine längst geübte Rechtspraxis innerhalb seines bergrechtlich abgesicherten Entscheidungsspielraums neu. Zwar ist über den Anlaß des Erlasses nichts bekannt; doch verweist sein Tenor auf ein Begehren der Belegschaften, bei dem wiederum nicht der Erfolg in barer Münze, sondern die Absicherung eigener Rechtspositionen gegenüber den Gewerkschaften im Mittelpunkt stand. Die Bergleute waren im Verlauf der Revolution an der Festschreibung und Verbesserung ihrer Rechtslage, wie auch die Knappschaftsverhandlungen zeigen werden, mindestens so sehr interessiert, wie an einer Erhöhung ihrer Einkünfte; und sie vertrauten bei ihren Wünschen vollauf in die Unparteilichkeit der Behörde. So berief sich auch jener „treue [...] Bergmann der Zeche H[elene] und A[malie]" in seiner „freimütige[n] Ansprache ... an den 1½ Kuxen schweren Gewerken N ..., nach dessen Ansicht so ein Arbeitskerl gar kein Mensch ist", auf seinen rechtlichen Schutz: „als wäre keine Bergbehörde mehr in der Welt"[63]!

Die Essener Behörde, ebenfalls mit der Frage der Zuziehung von Bergleuten zu Lohnverhandlungen durch die Übersendung des Bochumer Berichts zur befristeten gutachtlichen Stellungnahme konfrontiert, war, als Kollegialbehörde kollektiv verantwortlich, hier überaus zerstritten und formulierte deshalb abweichende Auffassungen getrennt. Von den Korreferenten stimmte der Obereinfahrer *Elbers* der Bochumer Eingabe voll inhaltlich bei und betonte seinerseits, bei den Beschwerden der Bergleute handele es sich nicht um bloße Erhöhung der Gedinge, „sondern es nur darauf ankommt, das *bestimmt* auszusprechen wonach die Gedinge geschlossen sind": Solch „sicherer Rechtszustand" werde „sehr zur Beruhigung der Bergleute" dienen; auch werde die Behörde so „partheilos [!] bleiben"[64]. Dagegen zeigt die Auffassung des Bergmeisters *Haardt* den unter den Essener Beamten bereits fortgeschrittenen Denkprozeß in Richtung auf marktwirtschaftliche Kriterien der Lohnbestimmung an. Nicht ganz korrekt, behauptete er eingangs, es sei, „soweit mir erinnerlich"[65], bisher keine Beschwerde über die Lohnhöhe eingegangen. Überhaupt würden durch früheres Anfahren teilweise höhere Löhne und Leistungssteigerung erzielt; „ein jeder Fabrikant oder Gewerbe Betreiber" wisse

> „sehr wohl, wie viel Lohn er einen [!] Arbeiter nach seinem Gewinn nach den abwechselnden Conjuncturen und nach den bestehenden Lebens-Bedürfnissen zu entrichten hat und entrich-

---

62 OBA 1784 Bl. 135 (Abschr.). Zu diesem Vorgang ist leider nur diese Quelle auffindbar.
63 Essener Volks-Halle, zit. n. *Meisenburg*, Essener Volks-Halle, S. 74, nicht datiert.
64 OBA 1385 Bl. 231—236; Referenten waren *Klotz*, *Haardt* und *Elbers*. Unterstreichung im Original.
65 Ebd. Bl. 232; so auch Bl. 234 („nie"), aber Bl. 236 („fast nicht").

ten muß ... Unsere Gewerken — denen die Verwaltungsbeamte und Behörden zur Seite stehen — werden daher auch schon wissen, um Berg Arbeiter zu haben und zu behalten, angemessene Löhne zu bestimmen ..."

Auch *Haardt* hatte sich noch nicht völlig vom Bedarfsdeckungsprinzip in der Lohnfeststellung lösen können, wenn er bemerkte, höhere Löhne könnten durch Verlängerung der Arbeitszeit erreicht werden, was freilich „einem großen Theil der Knappschaft sehr bedenklich erscheinen" werde, insoweit der traditionelle bäuerliche Nebenerwerb der Bergleute zwangsläufig „wegfällt". Am Vorabend der Emanation eines marktwirtschaftlichen Berggesetzes wurden hier bereits die traditionell subsistenzsichernden Rechtskautelen der Lohnfeststellung durchlöchert. So hielt *Haardt* auch konsequent die Zuziehung von Bergleuten zu Lohnverhandlungen für „unräthlich", erklärte sich hingegen „ganz einverstanden, daß künftig die Lohns-Regulirung kein Nebengeschäft bei den Kohlepreis Regulirungen mehr ist".

Hiernach beauftragte der Dortmunder Geheime Bergrat *Brassert,* der die Angelegenheit bearbeitete[66], die Bergämter zunächst, die „Gewerkschafts Deputirten zur Äußerung ihrer Ansichten darüber"[67] zu veranlassen, was im Verlauf des Sommers 1848 geschah. Während im Bereich des Bergamts Bochum sich die meisten Gewerkschaftsvertreter einverstanden erklärten, künftig auch Belegschaftsvertreter zur Lohnfeststellung heranzuziehen, berichteten die Essener Beamten, man sei hier durchaus verschiedener Meinung; doch sei „nicht zu läugnen, daß sich für die Zuziehung allerdings viel sagen läßt ..."[68]. Inzwischen hatte sich das innerhalb der Behörden diskutierte künftige Verfahren unter den Bergleuten herumgesprochen; die Beamten erwarteten daher, man werde voraussichtlich um Erhöhung der Schichtlohn um 1 Sgr. antragen. Die Bergleute hatten beschlossen, aus jedem Revier drei, also im Bergamtsbezirk Essen 27 Deputierte zu Lohnverhandlungen zu entsenden; sie hätten, „wie die Erfahrung täglich mehr und mehr lehrt", zu den Knappschaftsältesten zu wenig Vertrauen[69].

Versammlungen von Bergleuten haben mithin in beiden Bergamtsbezirken im Mai/Juni 1848 stattgefunden und zu Wahlen von Vertretern und deren Ermächtigung zu Verhandlungen geführt. Während des Sommers versammelten sich die „Deputirten" des östlichen Reviers in Bochum, wo sie von Bergamtsvertretern beschieden wurden, ihre Angelegenheiten seien in Bearbeitung[70]. Doch so einfach waren die Bergleute nicht zufriedenzustellen:

> „Diese Resolution mag vielleicht von manchen derartigen Beschwerden abgehalten haben, aber dennoch tauchen einzelne auf, in denen übertriebene Forderungen gemacht werden ..."

Als Beispiel solcher Forderungen übersandte das Bochumer Bergamt ein Extrakt aus einer anonymen Zuschrift, die 1830 noch als „Drohbrief" bezeichnet worden wäre. Der Verfasser forderte Erhöhung der Schichtlöhne „mindestens bis 15 Sgr.", weil die Bergleute „eine Gefahrvolle Arbeit haben" und weil sie, nicht ganz zutreffend,

> „gegen den Fabrikarbeiter wenigstens täglich auf Stunden berechnet 10 Sgr. an Lohn zu kurz kommen. Und wie das mit neuen Jahr nicht geschieht, so ist ein Verschwörungs-Bund, das die Maschinen samt Gebaue sollen gestürzt werden deshalb wünsch ich das solches unheil von ihnen möchte gehemdt werden, auf das nicht viel künder Brod leiden. Es grüßt einer aus dem Revier wegen Furcht seines Namens   G. G."

---

66 Nach einer Marginalie OBA 1385 Bl. 242.
67 Ebd. Bl. 231, 10. 5. 1848.
68 Ebd. Bl. 242 f., BAE/OBA 19. 9. 1848; Referent BA-Dir. *Heintzmann.*
69 Ebd.; vgl. Bl. 241, Aktennotiz: Fristsetzung OBA/BAE 20. 8. 1848.
70 Ebd. Bl. 245—249, BAB/OBA 5. 1. 1849.

Auch bei diesem Zeugnis[71], das erneut die Bahnen gewohnter Beschwerdeführung verläßt, verdienen die Hinweise auf eine unternommene „Verschwörung" und Maschinenzerstörung Beachtung. Es handelt sich, wie in jenem Drohbrief von 1830, um verbale Topoi des vormärzlichen sozialen Protests, deren Androhung als Handlungsalternative auch eine künftig zunehmende Inadäquanz des Beschwerdewegs als Mechanismus der Konfliktregelung signalisierte.

Jener andere, systemkonforme Typ bergmännischen Verhaltens auf der Basis grundsätzlichen Vertrauens in die behördliche Leitung überwog unter den Bergleuten aber noch bei weitem. Bezeichnenderweise konnte das Bochumer Bergamt feststellen, daß überhöhte Lohnforderungen „ohne Zweifel unter den Bergleuten selbst Widerspruch finden" würden[72]. Diese scheinen sich denn auch gegen Ende 1848 schon nicht mehr nachdrücklich für eine Mitbestimmung bei der Lohnregulierung eingesetzt zu haben; jedenfalls fand diese wiederum zusammen mit der Kohlepreisregulierung statt, wobei die Gewerken nach erfolgter Feststellung ihrer Interessen am Kohlenpreis das Lohnproblem ihrer Anwesenheit nicht mehr für würdig erachteten. Die Löhne verblieben auf dem alten Stand, obwohl die Bochumer Behörde zu beklagen fand, „jeder Unparteiische" werde „einräumen müssen, daß für den Hauer außer dem Geleuchte ein Schichtlohn von mindestens 10 Sgr. zur Ernährung einer Familie nothwendig sey"[73]. In Dortmund hielt man dagegen, daß „fleißige Bergleute in den letzten Jahre gute Löhne verdient" hätten, daher eine Erhöhung nicht erforderlich sei und es im übrigen im Benehmen der Bergämter läge, sich darüber zu einigen, da „in beiden Bezirken nothwendig ein gleichmäßiges Verfahren hierzu stattfinden muß"[74]. Von einer Zuziehung von Bergleuten war keine Rede mehr.

In Dortmund sah man sich mittlerweile im Konflikt mit den hier bekannten, gleichzeitigen Plänen für die Revision der Berggesetzgebung[75]. Daher wollte man „Lohnentscheidungen auf sich beruhen" lassen, „da in Kurzem vielleicht schon gesetzliche Bestimmungen eintreten, welche wesentliche Änderungen im Knappschaftswesen u[nd] in der gegenseitigen Stellung der Gewerkschaften u[nd] Bergleute zur Folge haben"[76]. Der Druck der Bergleute für sofortige Verbesserungen hatte offenbar inzwischen nachgelassen, auch zeichnete sich bereits die Wende der allgemeinen politischen Entwicklung ab. So wurde, ebenfalls unter Hinweis auf die zu erwartende Verkündung eines neuen Berggesetzes, eine Beschwerde von Altendorfer Bergleuten vom 12. 8. 1848 auf Zuziehung bei der Lohnregulierung vom Handelsministerium, inzwischen der Oberbehörde für Bergwerksangelegenheiten, am 16. Februar 1849 beschieden: Bis dahin könne alles beim Alten bleiben[77]. Weitere, vom Oberbergamt unter Umgehung der Bergämter durch Zirkularverfügung an alle Reviergeschworenen eingezogenen Recherchen ließen diese mehrheitlich das beste-

---

71 OBA 1385 Bl. 249 (Auszug, Abschr.). Obwohl das BAB „zahlreiche Klagen" erwähnte, haben sich nur die Zeugnisse von 1830 und 1848 als Drohbriefe auffinden lassen (vgl. ebd. Bl. 317—320, BAB/OBA 2. 10. 1849).

72 Ebd. Bl. 245—249, BAB/OBA 5. 1. 1849.

73 Ebd.

74 Ebd. Bl. 245 f. OBA/BAB, abschriftl. an BAE, 12. 1. 1849 (Abschr.).

75 Vgl. den leider bis ca. Bl. 40 verderbten Bestand OBA 1903, „Verhandlungen ü. ein neues Bergwerksgesetz u. Einberufung des Berghauptmanns v. Mielecki zu diesen", 1848—1852, Bl. 1—278; enthält u. a. versch. Entwürfe f. das Miteigentümergesetz v. 1851.

76 OBA 1385 Bl. 243, OBA/BAE 8. 10. 1848 (Abschr.).

77 OBA 1784 Bl. 132 f., ministerieller Bescheid auf den nicht erhaltenen Beschwerdebrief der Bergleute Wilh. Schaefer u. Consorten (auszugsweise bei Adelmann, Quellensammlung Bd. I, S. 91 f. Nr. 66). Vgl. den ähnlichen Bescheid auf die Beschwerde der Bergleute D., Th. u. W. Quecke, 13./15. 10. 1850, ebd. Bl. 142 (Abschr.).

hende System unterstützen, so daß in Dortmund eine Übersicht angefertigt und der ganze Vorgang sodann „ad acta" gelegt wurde[78].

Ende 1849 war das politische Klima so verändert, daß die vorgesehene Wiederaufnahme der früheren Erhebungen zur Lohnregulierung für 1850 entfiel. Inzwischen waren es die Gewerken, die, gleich in Berlin, sich über Lohnerhöhungen beklagten[79]. Zwar konnte die Beschwerde eindeutig zurückgewiesen werden, doch wurde die Lockerung des Einflusses der Behörden auf die Lohnfeststellung beklagt: „Dem Arbeiter muß sein Lohn werden, es mag Zubuße oder Ausbeute gebaut werden"; ob dieser Grundgedanke künftig werde eingehalten werden können, sei durchaus fraglich, wenn Arbeiten „von Zeit zu Zeit öffentlich an den Wenigstfordernden", also im Kaufgedinge, ausgesetzt würden[80].

Die Liberalisierung der Lohnbeziehungen hat im Bergbau zu einem Zeitpunkt eingesetzt, als die Neuregelung und deren marktwirtschaftliche Ausrichtung zwar in Sicht war, die Bergämter jedoch noch in alten Würden standen. Mitbestimmung der Bergleute in ihren Lohnangelegenheiten wurde auch innerhalb der Behörden nach den Revolutionsmonaten nicht mehr diskutiert. Ihre Bestrebungen, durch eigene gewählte Vertreter unter Nutzung der behördlichen Unparteilichkeit Einfluß auf die rechtliche Lohngestaltung und, schließlich, auf die Lohnhöhe zu nehmen, sind, anders als ihre gleichzeitigen Bemühungen um knappschaftliche Verbesserungen, gescheitert.

b) Knappschaftsreformen bis 1848/49

An dem Knappschaftswesen, das ihre Sonderstellung am augenfälligsten ausdrückte, der Garant ihrer sozialen Sicherheit war und finanziell in der Hauptsache von ihnen selbst getragen wurde, fanden die Bergleute naturgemäß häufigen Beschwerdeanlaß. Schon die Einführung der Knappschaftsversicherung hatte im Ruhrbergbau Widerstände von beiden Seiten heraufbeschworen: Die Gewerken waren der beizutragenden Gelder, auf deren Verwendung sie bis 1854 keinerlei Einfluß erhielten, überdrüssig[81]; die Bergleute bemängelten insbesondere die große Zahl der jährlich zu verfahrenden Freischichten und suchten Organisations- und Leistungsverbesserungen durchzusetzen. Seit der bereits erwähnten Eingabe von Hörder Bergleuten 1784 um Mitbestimmung in der Knappschaft durch die Wahl von Vertrauensmännern ist der Weg der Willensartikulation und Konfliktregelung in Gestalt von Beschwerden, Eingaben und Bittgesuchen gerade im engeren Bereich knappschaftlicher Fragen immer wieder beschritten worden[82]. Im Essenschen haben sich die Bergleute, 1803—1805 noch an Protesten gegen Auswirkungen der preußischen Besitzergreifung beteiligt, 1808—1810 unter der französischen „Generaladministration der Bergwerke" gegen den Verlust der soeben erst verliehenen preußischen Pri-

---

78 Vgl. OBA 1385 Bl. 250—254, 273, 301; Stellungnahmen der Geschworenen ebd. Bl. 260—272 (BAE) und 274—300 (BAB); Übersicht ebd. Bl. 307—314; Aktenvermerk Bl. 315.

79 Ebd. Bl. 316, Ministerialreskript gez. v. d. Heydt/OBA 24. 9. 1849; Berichterstattung der BÄ ebd. Bl. 317—321, des OBA/HM 25. 10. 1849 (Abschr.) ebd. Bl. 321 f.

80 OBA 1385 Bl. 317—320 BAB/OBA 2. 10. 1849.

81 Vgl. H. D. Krampe, Staatseinfluß auf den Ruhrkohlenbergbau, 1961, S. 158; Die Grafschaft Mark Bd. I, S. 451 ff.; über die Höhe der Beiträge herrschte fortwährend Unzufriedenheit unter den Gewerken; vgl. OBA 1650, Antrag von Mülheimer Gewerken vom 8. 3. 1846.

82 Vgl. für 1784 Neue Stein-Ausgabe Bd. 1 Nr. 160; dazu A. Hartlieb v. Wallthor, Stein und Kunth, 1970, S. 54; W. O. Henderson, The State and the Industrial Revolution in Prussia 1740—1870, 1958, S. 35; bes. H. J. Teuteberg, Geschichte der ind. Mitbestimmung in Dtld., 1961, S. 146—148. Über einen Beschwerdefall wegen Freischichtgelder vgl. E. Wächtler, Fortschritt und Tradition im dt. Bergbau, 1970, S. 59 f.

vilegien gewehrt und dazu zeitweilig eigene Vertreter gewählt[83]. Der verbreitete Unmut über die Entwicklung des Knappschaftsinstituts zu Beginn des 19. Jahrhunderts erklärte sich auch aus der Ausdehung der Knappschaft mit zunehmendem Arbeitskräftebedarf. Mit einer großen Eingabe vom 13. Mai 1823 haben „Einige Knappschaftsälteste und Deputierte der Grafschaft Mark"[84] die erforderlich gewordene Reform der Knappschaft beschleunigt und in ihrem Sinne beeinflußt. Die Bergleute fragten insbesondere, ob königlich verliehene Privilegien durch Behördenakte eingeschränkt werden könnten und ob jedermann in die Knappschaft aufgenommen werde dürfe, so daß die „Bergleute vom Stamm" in ihrem Recht auf Arbeit eingeschränkt würden. Vor dem Hintergrund einer Absatzkrise im Winter 1822/23 beschwerten sich die älteren Bergleute, daß jüngere, eben zugezogene dieselben knappschaftlichen Rechte in Anspruch nehmen konnten. Die in der Knappschaftsordnung 1824 verfestigte Klasseneinteilung kam diesen älteren Bergleuten entgegen, indem nun nach einem abgestuften Recht auf Arbeit die durch langjährigen Dienst dargebrachte Leistung honoriert wurde. Diese Reform im ständischen Geist[85] beweist die begrenzte Anpassungsfähigkeit des alten Systems überhaupt; tatsächlich trug sie vor allem zur weiteren Verwurzelung der bergamtlichen Direktion bei.

In der tagtäglichen Knappschaftspraxis immer wieder auftauchende Reibungen und Beschwerdefälle haben die Bergämter grundsätzlich in Verhandlungen mit den gewählten Knappschaftsältesten, nie mit den einzelnen Betroffenen geregelt; auch die jährlich öffentlich abgehaltenen „Kurrecherchen" gaben „übrigens jedem Bergmann Gelegenheit seine Beschwerde anzubringen, so wie hierfür der Weg zum Geschworenen und dem Bergamte leicht gefunden" wurde[86]. Selbst über manche Hindernisse unbefangener Beschwerdeäußerung war man sich wohl bewußt; etwa darüber, daß ein lange auf derselben Grube beschäftigter Bergmann „sich ungern [beschwert] über seinen Steiger und seine Gewerkschaft, er erträgt lieber lange Zeit Bedrückung aller Art..."[87]. Seit Erlaß der Knappschaftsordnung 1824 wurde das Knappschaftswesen finanziell zunehmend konsolidiert, so daß verbesserungssuchende Knappschaftsgenossen, auf das beträchtlich anwachsende Vermögen verweisend, 1840 im Bochumer, 1843 auch im Essener Bezirk Erhöhungen der Invaliden- und Witwenrenten um immerhin zwischen 26 % (Steiger) und 20 % (Zieher) bzw. 26 % (Steigerwitwe), 20 % (Hauerwitwe) und fast 40 % (Zieherwitwe) durchzusetzen vermochten[88]. Noch einmal konnten die Invalidengelder im Oktober 1847 heraufgesetzt werden, wobei erstmals auf die Dauer der Mitgliedschaft Rücksicht genommen wurde. Es erhielten jetzt (Tlr.)[89]:

83 Vgl. *A. Wirtz*, Entwicklung des Knappschaftswesens im Ruhrkohlenbezirk, 1911, S. 48 ff.

84 Nach den ausführlichen Zitaten und Paraphrasen aus der Eingabe bei *E. Wächtler,* Fortschritt und Tradition im dt. Bergbau, 1970, S. 62 f.

85 *Wächtler,* a.a.O., meint allerdings, es sei 1824 „eine den kapitalistischen Verhältnissen entsprechende Knappschaftsordnung" in Kraft getreten, und so habe „sich die Bourgeoisie mit Hilfe der Tradition, der äußerlichen Übernahme eines ausgeklügelten Klassifizierungssystems... die Macht über die Arbeiterklasse" gesichert. Nach wie vor waren die Gewerken trotz erheblicher Beiträge von der Knappschaftsverwaltung ausgeschlossen und standen in gespanntem Verhältnis zu den Behörden. Die These von der Knappschaftsfessel verkennt im Vormärz die historisch-ständische Wirklichkeit.

86 OBA 1925 Bereisungsprotokoll Oberberghauptmann *Graf Beust,* BAE 9. 9. 46.

87 OBA 360 Bl. 43, Gutachten v. *Derschau* 21. 6. 1837 zum Berggesetzentwurf.

88 Errechnet nach den Angaben bei *W. Bülow,* Das Knappschaftswesen im Ruhrkohlenbezirk, 1905, S. 64 f.; vgl. ebd. S. 41, 62.

89 Nach *Bülow,* a.a.O., S. 67, und *M. Reuss,* Mittheilungen aus der Geschichte des OBA, 1892, S. 102.

Grad	Dauer der Mitgliedschaft		
	1—15 Jahre	16—35 Jahre	über 35 Jahre
Steiger	34	42	50
Schichtmeister	30	36	42
Hauer	26	32	36
Schlepper	22	28	32
Zieher	18	24	28

Die Pensionssätze betrugen mithin $1/4$ bis $1/3$ des Durchschnittsverdienstes.

Die revolutionären Ereignisse 1848/49 brachten nun „eine lebhafte Agitation gegen das Knappschaftswesen"[90]. Die Bergleute versuchten, konkrete Verbesserungen hinsichtlich der ärztlichen Hilfeleistungen, der knappschaftlichen Organisation und der Pensionsansprüche durchsetzen. Wiederum begegnen „Deputierte" der Bergarbeiter[91], die, zusammen mit Gewerken und Bergbehörde, im September 1848 dem Oberbergamt einen Katalog von Änderungsvorschlägen vortrugen, der zur Entscheidung nach Berlin weitergeleitet wurde.

Auch im Zusammenhang mit den knappschaftlichen Reformen sind keine Angaben über Versammlungen der Bergleute, über Wahlmodi und Ermächtigungen der Delegierten überliefert. Es ist kaum anzunehmen, daß nach dem Vorbild der Wahlmännerwahlen für das Knappschaftsältestenamt verfahren wurde; dies hätte bei einer Gesamtbelegschaft von über 11 000 Bergleuten 550 Deputierte bedeutet. Vielmehr werden die Belegschaften der größeren Zechen, zumeist auf bergamtliche Anregung[92], aus ihrem Kreis Vertrauensmänner mit bestimmtem Auftrag entsandt haben, ohne auf allen Zechen einheitlich zu verfahren. So ist kaum anzunehmen, daß von den Belegschaften der kleinen Stollenzechen des Ruhrufergebiets Deputierte aufgestellt worden sind.

Die im Mülheimer Raum gewählten Vertreter der Bergleute versammelten sich „auf bergamtliche Veranlassung" mit den Knappschaftsvorständen (Reviergeschworene und Knappschaftsälteste) und Gewerkschaftsvertretern am 16. September 1848 in Eppinghofen zur Verhandlung über Forderungen, die bereits im Verlauf einer ähnlichen Versammlung am 1. September 1848 formuliert worden waren[93]. Grundsätzlich einigten sich alle Anwesenden, in Erwartung des Berggesetzes und dessen Bestimmungen zum Knappschaftswesen auf weitergehende Wünsche zu verzichten, hielten jedoch manche der ursprünglichen Forderungen, die kurzfristig erfüllbar waren, aufrecht[94]. Übrigens hatten bereits die Vertreter der Essen-Werdenschen Bergleute einen ganz ähnlichen Katalog

---

90 *Reuss*, Mittheilungen, S. 102. Weitere kurze Hinweise über Reformbemühungen in den Knappschaften 1848/49 bisher bei *Krampe*, Staatseinfluß, S. 159; *Bülow*, Knappschaftswesen, S. 67 (überwiegend nach *Reuss*, a.a.O.); *Adelmann*, Soziale Betriebsverfassung, S. 39.

91 OBA 1385 und 1650. *Adelmann*, Soziale Betriebsverfassung, S. 39 f., behauptet, die Behörden hätten erst während der späten fünfziger Jahre nach der vollzogenen Reform des Knappschaftswesens und entsprechend lautgewordenen Klagen (Verf. bezieht sich auf BAE/OBA 15. 2. 1859, Quellensammlung Bd. I S. 118, Nr. 81) Vertreter der Bergleute wählen lassen: „Dieses erste Auftreten der Deputierten ist... schon der Ausdruck einer neuen Epoche der Sozialpolitik des Bergbaus".

92 Vgl. auch die Praxis 1858, unten S. 401 ff.

93 Vgl. OBA 1650, Verhandlungsprotokoll 16. 9. 1848 (Abschr.).

94 Da sich das Protokoll (Anm. 93) auf die nicht überlieferten Verhandlungen v. 1. 9. bezieht, können einzelne Punkte im folgenden nur aus den Begleitschreiben des BAE bzw. des OBA u. aus dem Ministerialreskript v. 26. 10. 48 bzw. 5. 10. 1848, alle ebd., rekonstruiert werden.

aufgestellt, den das Oberbergamt unter dem 20. September kommentierend weitergeleitet hatte[95]. Das Handelsministerium, Abteilung für Bergwerks- und Hüttenwesen, erteilte auf die Forderungen der Essener am 5. Oktober, auf jene der Mülheimer am 30. Oktober, also mit bemerkenswerter Schnelligkeit, Bescheid[96]:

1. Freie Wahl der Knappschaftsärzte. Das Bergamt Essen bemerkte hierzu skeptisch, die Ärzte könnten damit in die Abhängigkeit der Bergleute geraten[97]; das Oberbergamt stellte die Entscheidung der vorgesetzten Behörde anheim, die die Bedenken der Essener teilte und die Forderung verwarf. Ein einziges Mal, Anfang 1849, hat die Wahl eines Knappschaftsarztes stattgefunden[98].

2. Die freie Wahl der Knappschaftsältesten wurde für eine Frist von drei statt bisher zwei Jahren beantragt und auch so genehmigt[99]. Nicht ersichtlich ist, ob hiermit wenigstens zeitweise das Wahlmännersystem zugunsten direkter Wahlen ohne Auswahlrecht der Bergbehörde aus den drei Kandidaten abgeschafft wurde[100]; jedenfalls sind sofort gemäß den Wünschen der Bergleute Neuwahlen, vielleicht wegen Mißtrauens gegen die bisherigen Ältesten, veranlaßt und vom Ministerium genehmigt worden.

3. Dem Antrag auf Befreiung krankfeiernder Bergleute von der bisher auch dann üblichen Zahlung der Knappschaftsgefälle wurde vorbehaltlos entsprochen. Hinsichtlich einer Erhöhung der Krankengelder war man skeptischer, erklärte sich jedoch bereit, „vorläufig auf ein Jahr", beginnend Anfang 1849, bei länger als vier Wochen andauernden Krankenfällen „bis zur Genesung oder bis zur Invaliditätserklärung" eine nicht unbeträchtliche „Krankenlohns-Zulage" zu bewilligen[101]. Die Bestimmung wurde schon 1850 mit Einverständnis der Knappschaftsältesten aufgehoben, da die Knappschaftskasse auch aus konjunkturellen Gründen inzwischen so überfordert war, daß bereits 1848 auf das Vermögen zurückgegriffen werden mußte[102].

4. Die monatliche (statt bisher vierteljährliche) Auszahlung der Krankengelder wurde trotz des erhöhten Verwaltungsaufwandes zur Vermeidung von Notfällen genehmigt. Nachdem die Mülheimer Bergleute im März 1849 die ministeriellen Zugeständnisse „dankbar"[103] anerkannt hatten, wurde diese Bestimmung auf Bitten der Knappschaftsmitglieder auch auf die Auszahlung der Invaliden- und Witwengelder ausgedehnt.

5. Die Auszahlung der Beerdigungskosten sofort nach dem Todesfall fand keinen Widerspruch. Die Bedenken des Oberbergamts gegen den Antrag, die Sterbekosten auch beim

---

95 Dieses Schreiben ist nicht erhalten; vgl. die Bemerkung OBA 1650 OBA/HM 11. 10. 1848.
96 Beide Schreiben ebd., das Reskript 5. 10. 1848 in Abschrift.
97 Die Befürchtungen waren durchaus begründet; die Bergleute hatten zeitweise den Genuß von Krankengeld durch häufiges Krankfeiern zu erzwingen gewußt, weshalb das OBA eine Verfg. „betr. Verhütung v. Simulationen" erlassen mußte; vgl. *Bülow*, Knappschaftswesen, S. 64.
98 Der gewählte, *Dr. Heintzmann*, trat allerdings zurück. Vgl. *Krampe*, Staatseinfluß S. 159.
99 Hierzu Schreibfehler OBA 1650 BAE/OBA 19. 9. 1848; richtig im Begleitschreiben des OBA u. in der ministeriellen Verfg.
100 „1848 wurde von der Agitation [!] die direkte freie Wahl der Knappschaftsältesten gefordert", formuliert *Adelmann*, Soziale Betriebsverfassung, S. 39, ohne Quellenangabe.
101 OBA 1650 HM/OBA 5. 10. 1848.
102 Vgl. *Hue* II S. 29.
103 OBA 1650, BAE/OBA 3. 3. 1849.

Tode von Bergmannswitwen aus der Knappschaftskasse zu übernehmen, wurden vom Ministerium verworfen.

6. Die Hinzuziehung auch anderer als der Knappschaftsärzte werde, wie das Essener Bergamt bemerkte, auf Kosten der Bergleute schon jetzt gestattet[104].

7. Von besonderer Bedeutung ist die Änderung, die die Bergleute bereits im Frühjahr 1848 in der Abkehrpraxis durchsetzten. Hatte ein Bergmann bisher ohne Genehmigung des Bergamts die Arbeit auf einer Grube nicht verlassen dürfen, was einer „Beschränkung seiner Freiheit, die durch kein Gesetz gerechtfertigt erscheint"[105], entsprach, so einigten sich die Bergleute in den Verhandlungen nunmehr auf Einhaltung der vorgeschriebenen Kündigungsfrist, nach deren Ablaufen sie auf anderen Gruben angelegt werden durften. Die Gewerken behielten sich allerdings vor, daß die Anlegung eines rückkehrwilligen Bergmanns „von der Willkühr der Gewerkschaften abhängig bleibe"[106].

Die letztere Forderung der Bergleute verrät ihre Unzufriedenheit mit dem bergamtlichen Verbot der freien Arbeitsplatzwahl, das sich bei Arbeitskräftemangel wegen der Werbeangebote anderer Gruben nachteilig für den einzelnen Bergmann auswirken mußte. Die Bergbehörde begab sich hier, wie es die Gewerken schon seit langem gefordert hatten und im Verlauf der neuen Berggesetzgebung auch durchsetzen konnten, eines wesentlichen Teils ihres Einflusses auf die Führung der Betriebe. Es war dann auch diese Konzession des Jahres 1848, die das Oberbergamt schon zu Beginn des folgenden Jahres, als sich die Wende der allgemeinen politischen Lage abzuzeichnen begann, zu der Aufforderung an das Essener Bergamt veranlaßte, die ein Jahr zuvor ergangenen Erlasse und damit die freizügige Anlegung und Abkehr der Bergleute aufzuheben[107]. Als im Konjunkturboom der 1850er Jahre das Problem erneut auftauchte, war die Konzession von 1848 dann vergessen. Die Bergleute selbst aber hatten mit ihrer Forderung nach Freizügigkeit ihren Status als „Staatsangestellte" zu durchlöchern begonnen.

Unter den weiteren Forderungen der Belegschaften fanden sich weitgehende Änderungswünsche wie jener nach Offenlegung der Knappschaftsfinanzen durch periodische Berichte, nach höheren Knappschaftsbeiträgen der Gewerken, nach Zahlung der Krankengelder in voller Lohnhöhe und nach weiterer Erhöhung der Witwen- und Invalidengelder[108]. Bei den Witwenrenten wurde eine geringfügige Erhöhung erreicht. Im übrigen verwiesen die Behörden immer wieder auf das neue Berggesetz[109], und die Bergleute beschränkten sich, ein bemerkenswertes Zeichen ihrer systemkonformen Argumentation[110], in der Tat auf kurzfristig erreichbare Verbesserungen und ließen alle weitergehenden Forderungen fallen.

---

104 Ebd., BAE/OBA 19. 9. 1848. Die Petition v. 24. 6. Pkt. 13, auf die das BA hier Bezug nimmt, konnte nicht ermittelt werden.
105 Ebd., BAE/OBA 19. 9. 1848.
106 Ebd.
107 Vgl. OBA 1784 Bl. 134 OBA/BAE (Entw.) mit den älteren bergamtlichen Verfügungen (Bl. 135 f.) vom 17. 4. und 2. 5. 1848.
108 Nach *Bülow*, Knappschaftswesen, S. 67; *Reuss*, Mittheilungen, S. 102.
109 Vgl. z. B. die Marginalie des OBA (OBA 1650, BAE/OBA 19. 9. 1848): „Sollen wir jetzt fortfahren zu reformiren, wo dem gesammten Berg- und Knappschaftswesen bald bedeutende Reformen bevorstehen?"
110 So erklärten sich die Belegschaftsvertreter beispielsweise mit einer Rationalisierung der Knappschaftsführung durch Zusammenlegung der Organisationen von Mülheim und Essen einverstanden. Vgl. die Nachschrift z. Verhandlungsprotokoll v. 16. 9. 1848 ebd.

Die mit besonderer Dringlichkeit im Essen-Mülheimer Revier gestellten Forderungen sind mit Sicherheit, dem Prinzip der gleichen Behandlung beider Bergamtsbezirke folgend, auch auf das märkische Revier ausgedehnt worden. Aber auch hier ist es zu selbständigen Reformwünschen gekommen: Man erbat vor allem die Wiederaufnahme der Schulgeldzahlung für Bergmannskinder aus der Knappschaftskasse, was hier seit 1835 nicht mehr geschehen war[111].

Die Bergleute haben sich mit den teilweise doch erstaunlichen Konzessionen, darunter immerhin geringe sozialpolitische Verbesserungen, zufrieden gegeben; jedenfalls hat eine Versammlung der Belegschaftsvertreter und Knappschaftsvorstände im Mülheimer Revier am 18. November 1848 ihr Einverständnis mit den Änderungen durch die Ministerialverfügung vom 30. Oktober 1848 erklärt[112]. Die Frage nach den Gründen für diese Zugeständnisse wird durch die ausführliche Reflexion der Lage des Knappschaftswesens beantwortet, die das Handelsministerium seinen schließlichen Entscheidungen voranschickte. Hier findet sich einerseits die Anerkennung der dankenswerten Umsicht, die die Bergämter „unter den jetzigen Verhältnissen" zurecht geübt hätten; andererseits könne es aber „nur erwünscht sein, daß alle bei den jetzigen Knappschaftsverbänden Betheiligten ihre Ansichten und Vorschläge verlautbaren, weshalb das Ministerium es auch gern gesehen, daß nach dem gegenwärtigen Berichte, des Bergamts zu Essen [!] hierzu der dortigen Knappschaft bereitwillig die Hand geboten hat"[113].

Die preußischen Beamten haben hier das von den Bergleuten in sie gesetzte Vertrauen durchaus gerechtfertigt. Und so erklärt sich, wenn die Bergleute „in der jüngsten Zeit des Wühlens und des Aufwiegelns" sich gegen die Gewerken, die, aus anderen Gründen, Stellung gegen die Knappschaften bezogen, vertrauensvoll an die Behörden wandten, damit diese „uns kräftig gegen solche Ungerechtigkeiten und Verfassungswidrigkeiten schützen werden. Aber den Feinden der bestehenden Ordnung, unseren Feinden, wollen wir doch bemerklich machen, daß sie ein gewagtes Spiel unternehmen . . ."[114].

3. Arbeiterschaft und Arbeiterbewegung im Ruhrgebiet 1848/49. Die Revolution und das Recht der Bergleute

In der weiteren Umgebung des Ruhrtals hat sich der vormärzliche Sozialismus mit Gruppen in Hamm um *Esselen* und *Kapp*, mit dem sog. Rietberger Kreis und anderen Verbindungen in Westfalen[115], im Rheinland mit einem Zentrum in Köln und Ausbreitungsversuchen in die Solinger und Elberfelder Wirtschaftsräume verschiedentlich festsetzen können; aber das engere Ruhrgebiet blieb, sieht man von dem Kontakt *Fritz*

---

111 So *Reuss*, Mittheilungen, S. 102. In den Akten sind nur die Vorgänge aus dem Essen-Mülheimer Bereich überliefert.

112 Vgl. OBA 1650, BAE/OBA 19. 11. 1848 (Abschr.).

113 Ebd., HM/OBA 5. 10. 1848.

114 Unterzeichnet: „Viele Knappschaftsmitglieder", in: Westf. Merkur 15. 6. 1848, zit. n. *Hue* II S. 29. Die Stellungnahme steht im Zusammenhang mit Versuchen der Gewerken, durch Anlegung von Tagelöhnern die Abkehrregelung für Bergleute I. und II. Klasse zu umgehen, was ihnen auch teilweise gelang.

115 Vgl. bes. OPM 680 und 690. Westfalen behielt „bei den Revolutionären in Deutschland den Ruf, daß ihre Ideen hier ebensowenig Wurzel fassen konnten wie in Bayern"; *Schulte*, Volk und Staat, S. 250; vgl. ebd. S. 230—243; über Beziehungen v. *Friedrich Engels* nach Westfalen ebd. S. 241 f. Anm.

Annekes mit Dortmund[116] ab, völlig frei von Einflußversuchen. Dagegen erlangte etwa der Deutschkatholizismus, jene „tatkräftige"[117], von religiösem Eifer besessene Gruppe katholischer Reformer, die andernorts mit der aufstrebenden Arbeiterbewegung häufig engere Kontakte einging, mit Gemeinden in Duisburg und Mülheim, in Hamm, Unna, Hagen, Dortmund und Iserlohn und einer großen Anhängerschaft in Witten mit Filialen in Lütgendortmund und Langendreer einige Bedeutung[118]. Gerade im Wittener Bergbaugebiet können gelegentlich auch Bergleute dem Deutschkatholizismus verbunden gewesen sein. Eine revolutionäre Führerpersönlichkeit wie den ungemein einflußreichen, deutschkatholischen Gemeindevorsteher und Barrikadenkämpfer *H. J. A. Körner*[119] hat das Ruhrgebiet nicht hervorgebracht.

Im Verlauf der Revolution konnte die überregionale deutsche Arbeiterbewegung im Ruhrgebiet mit nur einer Ausnahme keinen Fuß fassen. Neben der politischen Abstinenz der Bergarbeiterschaft und einer im wesentlichen loyalen Haltung weiter, bis in die Arbeiterkreise reichender Bevölkerungsschichten zeichnet hierfür ein in der Organisation der frühen Arbeiterbewegung selbst beschlossenes Moment verantwortlich: Es scheint, als habe es zwischen den führenden Arbeiterorganisationen der Revolution, zwischen „Arbeiterverbrüderung" und „Bund der Kommunisten", eine Art stillschweigender Übereinkunft gegeben, gegenseitige Einflußsphären zu wahren; infolgedessen kam es zu Freiräumen politischer Agitation — jedenfalls blieb „das ganze niederrheinische Gebiet . . ., fast der einzige Landstrich innerhalb des Deutschen Bundes außer Österreich", aus der „Arbeiterverbrüderung" „ausgeklammert"[120]; dieser Raum blieb „den Kölnern überlassen"[121]. Letztere zeigten solange wenig Interesse am Aufbau weitverzweigter Organisationen, bis *Marx* die überfällige Einsicht, daß die Revolution des Proletariats nicht mehr im Bunde mit der Demokratie fortzusetzen war, im Frühjahr 1849 nachvoll-

---

116 *Annekes* Vater war angesehener Bergamtsrevisor beim OBA. In seinem Hause verkehrten neben *F. Kapp* und *v. d. Leyen*, dem Führer der „Volksversammlung", auch andere politisch „zwielichtige" Geister. Vgl. *W. Schulte*, Fritz Anneke — ein Leben für die Freiheit in Dtld. und in den USA, 1960, S. 8 f.

117 *Schulte*, Volk und Staat, S. 224.

118 Vgl. *W. Timm*, Die deutschkath. Bewegung. Ihre Gemeindebildungen in Dortmund und der Gft. Mark, 1960, S. 169—203. Gründungsversuche in Bochum sind gescheitert. Informationen über die Gemeinde in Witten s. bei *Haren*, Witten, S. 412—414.

119 Vgl. *Timm*, Deutschkath. Bewegung, S. 177: dazu die Autobiographie von *Hermann Joseph Aloys Körner*, Lebenskämpfe in der alten und neuen Welt, 2 Bde. 1865—66, dessen an Hegelschen Kategorien orientierte Auseinandersetzung („ideale Weltzwecke") mit dem Kölner Kommunistenkreis, Bd. II S. 70—72, Interesse verdient.

120 *Fr. Balser*, Sozial-Demokratie 1848/49, 2 Bde. 1962, Bd. I S. 205; vgl. auch *J. Schindlmayr-Reyle*, Die Arbeiterbewegung in der Rheinprovinz 1850—1862, Diss. 1969, S. 30: „Der Einfluß des Kommunistenbundes war aber im Rheinland . . . hinderlich für die Ausbreitung der Arbeiterverbründerung".

121 *E. Schraepler*, Handwerkerbünde und Arbeitervereine 1830—1853, 1972, S. 312. Eine der wichtigsten Quellensammlungen über die Kölner Vorgänge ist nach wie vor *W. Kühn*, Der junge Hermann Becker. Ein Quellenbeitrag zur Geschichte der Arbeiterbewegung in Rheinpreußen, 1. (einziger) Bd. 1936. — *Lassalle* hat, obwohl er später seine Tätigkeit während der Revolution, die z. B. in der Aufnahme entsprungener Häftlinge des Zuchthauses Essen-Werden bestand, zu betonen pflegte, kaum Einfluß auf die revolutionäre Bewegung der Umgebung nehmen können. Er saß mit Ausnahme von drei Monaten, u. a. im Zusammenhang mit dem Hatzfeld-Prozeß, ein. Vgl. *H. K. Schmitz*, Anfänge und Entwicklung der Arbeiterbewegung im Raum Düsseldorf 1859—1878 und ihre Auswirkungen im linken Niederrheingebiet, 1968, S. 13 ff.

zog und die Arbeitervereine auch publizistisch energischer zu unterstützen begann[122] — jetzt war es allerdings zu spät. — Eine an sich naheliegende Übereinkunft zwischen *Marx* und *Born* über die Abgrenzung gegenseitiger Einflußgebiete ist nicht nachweisbar[123].

Selbst die Gründung eines Arbeitervereins in Essen erklärt sich vor allem aus besonderen Umständen. In der Person des in Essen gebürtigen Geometers *Franz Schwenniger*, der den Hammer Arbeiterverein auf dem Berliner Arbeiterkongreß vom 23. August bis 3. September 1848 vertrat, Mitglied des Leipziger Zentralkomitees der „Arbeiterverbrüderung", Redakteur ihres Verbandsblatts und einer ihrer namhaftesten Führer wurde[124], konzentrierten sich die Verbindungen zwischen der „Arbeiterverbrüderung" und Essen.

Offenbar im September/Oktober hatten sich neben Angehörigen verschiedener Gewerbe auch sozialpolitisch engagierte Bürger zusammengefunden, um einen „Verein der Arbeiter im weitesten Sinne des Wortes"[125] in Essen zu bilden, der unter dem 12. Oktober 1848 einen Aufnahmeantrag an das Leipziger Komitee der „Arbeiterverbrüderung" richtete[126]. Wohl daraufhin hat *Schwenniger* eine längere Reise nach Essen unternommen; er blieb in seiner Heimat nicht untätig:

> „Seit einiger Zeit wird der hiesige Arbeiterstand durch ein angebliches Mitglied des Leipziger Arbeiter-Vereins, ein geborner Essender ... *Schwenninger* [!] durch allerlei Umtriebe aufgeregt"[127].

Schwenniger muß den bisherigen Leiter des Essener „Politischen Clubs", den Berggerichtsrat *Schneider* vom Bergamt Essen, der später in Nachwahl in Borken mit geringer Mehrheit Mitglied der II. Kammer wurde und dort, dem linken Flügel angehörig, am 23. April 1849 seine parlamentarische Jungfernrede hielt[128], ferner mit dem Lehrer *Moses*

---

122 In diesem Sinne dürfte die Streitfrage der älteren Forschung, wie das Verhalten von *Marx* während der Revolution zu beurteilen sei, zu entscheiden sein; vgl. hierzu *A. Dorpalen*, Die Revolution von 1848 in der Geschichtsschreibung der DDR, in: HZ 210 (1970) S. 324—368, S. 345 f.; mit neuesten Ergebnissen *E. Schraepler*, Handwerkerbünde, S. 339—342, unter Betonung dieses taktischen Aspekts; auch *Joachim Strey/Gerhard Winkler*, Marx und Engels 1848/49. Berlin (O) 1972, S. 229, 248 f., 263 u. ö.

123 *E. Schraepler*, a. a. O., S. 312, hat diese Annahme neuerdings formuliert; s. auch *Dowe*, Aktion und Organisation, S. 223.

124 Zur Biographie s. jetzt *E. Schmidt*, F. Schwenniger, 1974, wo insbes. *Schwennigers* Mitgliedschaft im Bund der Kommunisten wahrscheinlich gemacht wird. Leider werden in der Studie weitere Forschungsergebnisse nicht eingearbeitet; vgl. Anm. 127 u. 131 sowie bes. *Schulte*, Volk und Staat, S. 238 f., 626 Anm. 49 a (mit unsicherer Namensschreibung). Es ist *Schmidt* übrigens entgangen, daß *Schwenniger* 1856—1859 Mitglied der Essener Stadtverordnetenversammlung in der III. Klasse war; vgl. *Zweigert*, Die Verwaltung der Stadt Essen im 19. Jh., 1902, S. 33.

125 „Verbrüderung" Jan. 1849, S. 124, zit. n. *Balser* Bd. I, S. 53, vgl. S. 206; s. auch RD 302 Bl. 58 f. Bericht des Arbeitervereins Essen 8. 1. 1849.

126 Vgl. *Dowe*, Aktion und Organisation, S. 242; Aufnahmeantrag RD 302 Bl. 57 (Abschr.). Hinweis auch b. *P. Möllers*, Die Essener Arbeiterbewegung, 1960, S. 42 f.

127 RD 8806 Bl. 223—232, Bericht des Bürgermeisters *Horstmann* aus Essen als Anlage zum Bericht des landrätl. Kommissars *v. Dittmar*, 18. 11. 1848. — Die Reise *Schwennigers* gehört in den Rahmen der verstärkten Agitationsbemühungen der Arbeiterverbrüderung im Winter 1848/49; s. dazu *Noyes*, Organization and Revolution, S. 297 f.

128 *Hue* II S. 16, Anm. 4, hat *Schneider* nach dem Vorgang *Ehrenbergs* fälschlich als „Bergarbeiter" rubriziert, von dem *Krupp* zu seinen Arbeitern gesagt habe, er könne zwar gut reden, doch solle man einmal nachsehen, wie es bei solchen Leuten in der Familie aussähe.

Blumenfeld mindestens ein weiteres führendes Mitglied des „Clubs"[129] überredet haben, bei der Gründung eines Arbeitervereins mitzuwirken. Am Vorabend dieser Gründung, dem 12. November 1848, fand eine große, vom Magistrat genehmigte[130] Volksversammlung auf dem Essener Burgplatz statt. *Schwenniger*, *Schneider* und ein Lehrer *Hästers* aus Werden redeten[131]. Am folgenden Gründungstag des Arbeitervereins wurden dem Abgeordneten *Kehl* und anderen mißliebigen Bürgern Katzenmusiken dargebracht.

In *Schwennigers* Anwesenheit vollzog der Arbeiterverein durch die Wahl eines Interimsvorstandes seine Konstitution; unter dem 4. und 11. Dezember 1848 wurde ein Satzungsentwurf gebilligt[132]. Anfang 1849 zählte der Verein 167 Mitglieder und wurde durch den Vorsitzenden Assessor *Hueck* vertreten. Dem Vorstand gehörten neben *Schneider*, *Hueck* und *Blumenfeld* einige handwerklich und freiberuflich Tätige, insgesamt acht Personen, an; der Anteil von Bergleuten an dem Verein ist nicht feststellbar.

Der Verein, bei dem sich „nichts von politischen, sozialistischen oder gar klassenkämpferischen Zielen" fand[133], ist im Verlauf des Sommers 1849 eingeschlafen. In einem Bericht an die „Verbrüderung" vom 28. September 1849 stellte *Hueck* fest, von den zahlreichen hiesigen Fabrik- und Bergarbeitern habe fast keiner teilgenommen; es sei

> „hier kein Boden für derartige Bestrebungen ... Die Gesellen und Arbeiter hierselbst leben einerseits in einer solchen Abhängigkeit von ihren Arbeitgebern, daß sie es nicht wagen, einen ihren Arbeitgebern mißliebigen Verein zu besuchen, andrerseits haben sie auch nicht das Bedürfnis hierzu"[134].

Als der Duisburger landrätliche Kommissar *von Dittmar* weniger als ein Jahr später einen Bericht über das Vereinswesen verfaßte, war der Essener Verein nur noch als vergeblicher Gründungsversuch, wie dergleichen in Steele, Mülheim und Ruhrort gescheitert waren, in Erinnerung[135].

Zur Identifikation s. *Pülke*, Recklinghausen, S. 66; *Schorn*, Lebenserinnerungen Bd. I, S. 331, wonach *Schneider* „stark nach links neigte"; *Meisenburg*, Essen 1848/49, S. 257. Eine Kontroverse zw. dem Bergamtsmitglied *Schneider* u. dem Essener BA-Direktor *Heintzmann* findet sich OBA 1897. Die Bemerkung von *Brassert* (OBA 411 Aktennotiz 2. 10. 1850) über Denunziationen während der Revolution, die sich dann als unhaltbar erwiesen hätten, scheint *Schneider* zu meinen, der disziplinarische Folgen seiner politischen Haltung zu gewärtigen hatte, vgl. OBA 445 HM/OBA 20. 7. 1848.

129 *Blumenfeld* erscheint im Verhandlungsprotokoll des Münsteraner Kongresses Mitte November (vgl. *Hüser*, Westf. Kongreß, S. 138) noch als Vertreter des „Politischen Clubs"; im Bericht des Arbeitervereins vom Januar 1849, RD 320, als Vorstandsmitglied des Arbeitervereins.

130 Die Erteilung dieser Genehmigung wurde von *v. Dittmar* gerügt; s. RD 8806 Bl. 223—231.

131 Nach *Bette*, Sturmjahre, S. 61, soll *Schwenniger* am 12. 11. auch auf dem Recklinghäuser Rathaus gesprochen haben (Quelle: Recklinghäuser Wochenblatt). Möglicherweise liegt ein Datierungsfehler vor; allerdings hielt sich *Schwenniger* längere Zeit in der Umgebung auf; vielleicht wurde der Recklinghäuser Handwerkerverein (nach *Schulte*, Volk und Staat, S. 248, ein rein wirtschaftlicher Verein) im Dez. 1848, der nicht der Arbeiterverbrüderung beitrat, auf seine Veranlassung gegründet. Vgl. auch *Pülke*, Recklinghausen, S. 59.

132 Vgl. RD 302 Bl. 58—59.

133 *Meisenburg*, Essen 1848/49, S. 245. Immerhin trat der Verein den Beschlüssen des Berliner Arbeiterkongresses bei.

134 Zit. n. *Dowe*, Aktion u. Organisation, S. 242 Anm. 73.

135 Vgl. RD 302 Bl. 37—39, *v. Dittmar*/RD 13. 7. 1850. In Düsseldorf war man nicht so vergeßlich (Marginalie an der betr. Stelle: „Essen?"). Der im Mai 1849 gegründete Steeler Handwerkerverein (vgl. *Meisenburg*, Ess. Volks-Halle, S. 75) ist demnach bald wieder eingegangen. Auf dem Kongreß in Köln, Mai 1849, war kein Verein des Ruhrgebiets vertreten;

„Kurze Zeit später" als der Arbeiterverein[136], vielleicht noch im Zuge der Agitation *Schwennigers*, ist in Essen auch ein „Verein für Bergwerksarbeiterangelegenheiten" entstanden, von dem durch einige Mitteilungen in den von *Baedeker* verlegten „Allgemeinen Politischen Nachrichten" außer seiner Existenz leider nichts bekannt ist[137]. Seine Tätigkeit ist kaum von Dauer gewesen.

So sind einzig im Essener Raum Ansätze von Arbeiterzusammenschlüssen im engeren Ruhrgebiet nachweisbar[138]. Zu wenig ist vom Hörder Gewerbeverein bzw. von der Dortmunder „Volksversammlung" bekannt, um aus der Zusammensetzung auf einen Arbeiterverein schließen zu können. Die Arbeiter des Ruhrgebiets haben sich, wenn überhaupt, den bestehenden demokratischen Vereinen angeschlossen oder doch, wie noch im Januar 1850 im Werdener „Verein für Handwerker und technische Gewerbe", mit Meistern und Kaufleuten verbündet, um auf „gesetzlichem Wege" „die Hebung des Handwerkerstandes" zu betreiben[139]. Nur der auch in diesem Raum vereinsfreudigen Buchdruckern gelang mit der Bildung des „Rheinisch-Westfälischen Buchdruckervereins" in Düsseldorf der Aufbau eines Hauptvereins in Essen mit Filialen, etwa in Mülheim, Dortmund und Witten Ende 1849, der, im Juni 1852 genehmigt, Juli 1853 behördlich aufgelöst wurde[140].

Bergleute sind auch in der Spätphase der Revolution in keiner Form an die Öffentlichkeit getreten. Zwar haben sich bei den Wahlen aufgrund der oktroyierten Verfassung kennzeichnenderweise die Essener Konstitutionellen mit Hilfe einiger Bergamtsbeamter um die Belegschaften umliegender Zechen bemüht[141]. In ähnlicher Tendenz sollen auch Ende Juli 1849 bei den Wahlen zur II. Kammer entgegen dem Wahlenthaltungsaufruf der „Essener Volks-Halle" angesichts des Dreiklassenwahlrechts bei einer Beteiligung von nur 22 % in der III. Klasse besonders zahlreich Steiger und Bergleute gewählt haben. „Wahlmüdigkeit und politische Interessenlosigkeit", aus dem Vormärz hinlänglich bekannt, wurden jedoch langsam wieder spürbar[142].

Auch in der Petitionsbewegung ist das Ruhrvolk nicht außerordentlich hervorgetreten: Von insgesamt etwa 10 000 Petitionen gingen ungefähr 45 aus dem Bereich des engeren

---

vgl. *G. Becker*, Der Kongreß der Arbeitervereine der Rheinprovinz und Westfalens am 6. 5. 1849, 1968, S. 373—383.

136 *Meisenburg*, Essen 1848/49, S. 244.

137 „Allg. Polit. Nachr." Nr. 99, 1848, u. Extrablätter 11, 12; einziger Hinweis bei *Meisenburg*, Essen 1848/49, S. 244 f. Weitere archivalische Quellen sind weder zu diesem Bergarbeiterverein, noch zur Reise *Schwennigers* bzw. zum Essener Arbeiterverein erhalten; nach einer freundlichen Mitteilung des Stadtarchivs Essen v. 13. 6. 1972.

138 Sozialpolit. Neigungen scheint der Mülheimer Demokrat. Verein vertreten zu haben, der im Mai 1849 in Köln vertreten war; vgl. *Becker*, Kongreß der Arbeitervereine, S. 379.

139 Bericht *Dittmars* v. 13. 7. 1850, s. o. Anm. 135. Für weitere westfäl. Handwerkervereine s. *Schulte*, Volk und Staat, S. 248; zum Werdener Verein noch *Möllers*, Essener Arbeiterbewegung, S. 43; *Schindlmayr-Reyle*, Rheinprovinz, S. 80. *A. Herzig*, Entwicklung der Sozialdemokratie in Westfalen, 1971, nennt als solche Vereine, denen sich vielfach auch Arbeiter anschlossen, die Volksvereine in Dortmund und Recklinghausen, den Politischen Klub in Buer, den Politischen Verein in Waltrop.

140 Vgl. *Meisenburg*, Essen 1848/49, S. 255; *Dowe*, Aktion und Organisation, S. 248.

141 Vgl. *Meisenburg*, Essener Volks-Halle, S. 43.

142 Ebd. S. 77. Z. B. wählten zur Erfurter Versammlung aus dem Altendorfer Bergbaugebiet von 400 Urwählern nur 14; ähnlich schon Juli 1849 in Recklinghausen: von 777 nur 77, vgl. *Bette*, Sturmjahre, S. 10.

Ruhrgebiets nach Frankfurt[143], darunter solche der Lehrer und Magistrate, weniger von Handwerkern, doch auch von konstitutionellen Vereinen. Man schloß sich durchaus den Petitionswellen anläßlich der Oberhauptsfrage und der Reichsverfassungskampagne an: Die Mehrzahl der Bittschriften datiert vom März und Mai 1849. Petitionen sozial- und wirtschaftspolitischen Inhalts sind indes selten; hier gingen naturgemäß die durch die Strukturkrise bedrängten kleineisenindustriellen Räume südlich von Hagen und im Solinger Gebiet voran. Endlich hat der Ruhrbergbau nur in wenigen Eingaben nach Frankfurt eine Rolle gespielt: Anfang 1849 erbat der Hörder Handwerksverein „Schutz der deutschen Arbeit gegen Außen und Freiheit, ungehemmt Bewegung nach innen"[144]; im März traten mit gleichem Ansinnen der Konstitutionelle und der Gewerbeverein aus Hörde an die Nationalversammlung; sie fürchteten um die weitere Entwicklung des heimischen Bergbaus im Falle freihändlerischer Regelungen[145]. In diesem Sinne konnten sich nur Gewerken an der Petitionsbewegung beteiligen.

Es stimmt mit dem bisher gewonnenen Bild überein, wenn Bergleute im Verlauf der Revolution nicht öffentlich politisch Stellung bezogen; selbst die wenigen bekannten Fälle, in denen sie sich an die Presse wandten[146], bezogen sich auf vereinzelte betriebsorganisatorische Konflikte. Die Durchsetzung lohnpolitischer Forderungen in den Formen des Streiks war für die Ruhrbergarbeiterschaft 1848/49 undenkbar; völlig richtig beobachtete Th. C. Banfield: „The habits of the people are averse to such attempts"[147]. 1848/49 hat sich „die große Mehrheit der märkischen Knappen mindestens ablehnend gegenüber der revolutionären Bewegung verhalten"[148].

So berührte auch das letzte Aufflackern revolutionärer Bewegungen im Mai 1849 die Bergarbeiterschaft gar nicht, die Bevölkerung im Ruhrgebiet gleichsam nur am Rande. Im Märkischen gab es wohl „mancherlei Aufregung, aber . . . ernstlichen Charakter hat die Bewegung weder 1848 noch 1849 gewonnen"[149]. Die Wellen der Iserlohner und Elberfelder Ereignisse haben nur kurz auf das Ruhrtal übergeschlagen[150]. Wiederum war es das Werdener Zuchthaus, das angesichts der Militärbewachung und der

---

143 N. den Stenograph. Berichten, Bde. 1—9, die Nr.: 509, 646, 1168, 1231, 2390, 2391, 2547, 2611, 5652, 6118, 5258, 5619, 6320, 6449, 6527, 6879, 6913, 7023, 7069, 7104, 7115, 7191, 7199, 7336, 7347, 7399, 7402, 7740, 7909, 7931, 8153, 8168, 8654, 8665, 8710, 8734, 8735, 8736, 8975, 8988, 8995, 9025, 9089. Die Liste der Petitionen aus dem westf. Teil bei *Schulte*, Volk und Staat, S. 264 f. Anm. 24, 302, 721 Anm. 35 b, ist unvollständig.

144 Bundesarchiv Koblenz, Petitions-Nr. 5777 (bei *Wigard* Nr. 6527, Eingang 29. 1. 49. Die archivierten Petitionen sind abweichend von *Wigard* numeriert).

145 Bundesarchiv Pet. Nr. 6990 *(Wigard* Nr. 7740) v. 12. 3. 1849, gedruckt. Die Petenten schlossen sich den Vorschlägen des Vereins z. Schutz der vaterländ. Arbeit an. — Nachdrücklich traten Siegerländer Vereine f. ihren Erzbergbau ein, vgl. *Schulte*, Volk und Staat, a. a. O., u. bes. Bundesarchiv Pet. Nr. 4945 *(Wigard* 5652) aus Rüthen v. 25. 11. 1848.

146 Vgl. oben S. 143.

147 Industry of the Rhine Bd. II S. 41.

148 *Hue* II S. 29.

149 Vgl. für Witten: *Köster*, Iserlohner Revolution, S. 212; vgl. *Bette*, Sturmjahre, S. 67; für Bochum: *Darpe*, S. 566; *Köster*, S. 206 („friedliches Leben dort"); *K. Brinkmann*, Bochum, 1968, S. 171 f. Im Spätsommer 1848 hatte die Teilung der Bochumer Vöhde die Interessen der ärmeren Eingesessenen und der Grundbesitzer noch einmal aufeinander prallen lassen; hierzu OPM 685.

150 Zu diesen als Quellen vorzüglich *Köster*, Iserlohner Revolution, und *Körner*, Lebenskämpfe; ferner *K. Th. Beltz*, Elberfeld im Mai 1849, 1849. Aus dem östlichen Revier ist eine Abteilung von Hattingen aus „bes. aufgeregt" zur Hilfe nach Iserlohn marschiert; *Köster*, a.a.O., S. 159.

Beherbergung von Aufstandsteilnehmern den Arbeitern, wohl hauptsächlich der hier noch stark vertretenen Textilarbeiterschaft, ein Dorn im Auge war; der übervorsichtige Direktor der Strafanstalt schürte diese Konflikte durch weitere Anforderungen von Soldaten[151]. Tatsächlich mag ein „Complott" revolutionärer Demokraten der Umgebung eine systematische Gefangenenbefreiung geplant haben; eine solche war jedenfalls in Elberfeld erfolgreich[152].

Aufgeregte Maitage hat es noch einmal in Essen anläßlich der Landwehreinberufung am 9. Mai — Essen war Einkleidungsort — gegeben. Da aus Elberfeld ein „Aufruf an alle Landwehrmänner des Großherzogtums Berg und der Grafschaft Mark", sich dem Einkleidungsbefehl zu widersetzen, bekanntgeworden war[153] und das „Aufwiegeln der Landwehrleute"[154] schon seit dem März registriert wurde, befürchtete man das Schlimmste. Die Spannung stieg spürbar an, bis schließlich die Versammlung der Landwehr nur bei gleichzeitiger Umzingelung auf dem Burgplatz und vorbeugender Verhängung des Belagerungszustands über Essen durch den kommandierenden Obersten *Heusler* und dessen Linientruppen möglich war[155]. Weder hier, noch im nahegelegenen Bochum, wo unter den „[Land-]Wehrmännern ein anderer Geist herrschte, als in denen von Iserlohn und Hagen"[156], ist es zur Auflehnung gekommen. Mit der Landwehr war die Erregung aus Essen fortgezogen, so daß der landrätliche Kommissar schon am 13. Mai nach Düsseldorf melden konnte: „Der Kreis ist ruhig"[157].

Von den Bergleuten ist auch während dieser Ereignisse nichts zu hören. Sie gingen ihrer gewohnten Arbeit nach, so daß ihnen, die meistens auswärts wohnten, bedenkenlos Sonderausweise zum Betreten Essens unter dem Belagerungszustand ausgehändigt wurden[158]. Einige Bergknappen sollen zur Unterstützung der Aufständischen nach Iserlohn geeilt sein, doch ist von ihnen nichts Weiteres bekannt. Die Bergleute hatten die „günstige Gelegenheit", die die Revolution bot, längst auf ihre Weise genutzt[159].

Nicht eine einzige der nachweisbaren bergmännischen Äußerungen und Handlungen im

---

151 Die Unruhen dauerten bis in den August fort und flackerten Silvester 1849/50 erneut auf. Dokumentiert RD 8806 Bl. 12 ff., 315 f., 319—324; und RD 8807 Bl. 14—69, 74 f., 110 f., 124, 131 u. passim. Noch am 11. 12. 1853 wurde ein „aufrührerisches" Plakat in Werden bekannt, ebd. Bl. 246 f. In der Lit. sind die Vorgänge m. W. bisher nicht zusammenfassend dargestellt worden.

152 Dies vermutet *H. Rosenthal,* Die Anfänge der Arbeiterbewegung in Solingen 1849—1868, 1953, S. 9.

153 Zuletzt gedruckt bei *K. Obermann* (Hg.), Flugblätter der Revolution. Eine Flugblattsammlung zur Geschichte der Revolution von 1848/49 in Deutschland, 1970, S. 416; und *K. Goebel/M. Wichelhaus,* Aufstand der Bürger. Revolution 1849 im westdeutschen Industriezentrum, 1974, S. 40 f., vgl. S. 42 f.

154 Bericht der Gendarmerie-Station Essen v. 13. 3. 1849, RD Präs. 821 Bl. 17—21.

155 Geschildert bei *Schorn,* Erinnerungen Bd. II, S. 49—55; ausführlich hierzu *Meisenburg,* Essen 1848/49, S. 264—269, ebd. S. 273 Bekanntmachung des Obersten *Heusler* v. 15. 5. 1848 im Faksimile; auch *Beltz,* Elberfeld, S. 78, *Goebel/Wichelhaus,* Aufstand der Bürger, S. 133.

156 *Köster,* Iserlohner Revolution, S. 209.

157 RD Präs. 821 Bl. 20, noch einmal ebd. Bl. 31, Bericht v. 20. 5.: „Nach mir vorliegenden Nachrichten herrscht im Kreis überall Ruhe". — Die Stimmungsberichte des LR gingen seit 1849 auf Präsidialverfügung in kurzen Abständen ein; die RD war deshalb vorzüglich über die Vorgänge informiert, vgl. RD Präs. 816 und 821.

158 Vgl. *Meisenburg,* Essen 1848/49, S. 267 Anm. 530.

159 *Hue* II S. 29, nach mündlicher Überlieferung. Während des Iserlohner Aufstands verhielten sich die dortigen Bergleute ebenfalls ablehnend; vgl. *Herzig,* Sozialdemokratie in Westfalen, S. 119 Anm. 89.

Revolutionsverlauf trug also politischen Charakter in dem Sinn, daß unter abgestuften Formen von Öffentlichkeit kollektive gewerbe- oder schichtenspezifische Interessen artikuliert und in politische Aktion — Petition, Demonstration, Organisation, Streik — überführt worden wären oder daß sich ein Prozeß der Identifikation mit der Programmatik der Paulskirche und anderer revolutionärer Institutionen oder Personen, mit Grundrechten und Reichsverfassung, mit Steuerverweigerung und Oberhauptfrage angebahnt und vollzogen hätte. Die mutmaßliche politische Position der Ruhrbergleute war, sollten sie gelegentlich das weite Feld des Unpolitischen verlassen haben, kleindeutsch-preußisch, monarchisch, konservativ und systemloyal. Aus ihrer Sicht nicht zu Unrecht mögen Angriffe gegen die überlieferte Staatsform und damit gegen die im Preußenkönig personalisierte bergbauliche Wirtschaftsverfassung den Bergleuten wie Verletzungen ihrer selbst, ihres Rechtsstatus, ihrer Existenzsicherheit erschienen sein, gründete sich diese doch auf einen überlebten ständischen, durch preußische Verwaltungsakribie abgesicherten und gefestigten Kreis abgewogener Rechtsgarantien und Pflichten der Arbeiter und Untertanen. Aus deren Sicht bestand das alte System unangefochten auch während der Revolution fort. Wie es objektiv für den Bergmann keine Chance zur Einsicht in die wirtschaftspolitische Überlebtheit des Systems und den schwankenden, tönernen Boden seiner Rechtssicherheiten gab, so wenig konnte subjektiv angesichts der fortbestehenden Subsistenzgarantien, aus welchen Gründen auch immer, eine Notwendigkeit oder gar ein Zwang zum Zweifel am System und zur Skepsis gegenüber den Autoritäten, die es trugen, resultieren.

In dem Maße, in dem sich die Strukturmerkmale der bergamtlichen Direktion im Zuge der auch außerpreußischen Bergordnungspolitik des 17. und 18. Jahrhunderts in den einzelnen Erz- und Mineralbergbaurevieren Mitteleuropas durchgesetzt hatten, zeigten die Verhaltensweisen der Bergarbeiterschaften durchaus verwandte Grundmuster. Dies gilt etwa vom Saarbergbau[160], der, um die Mitte des 18. Jahrhunderts verstaatlicht und nach der französischen Besetzung völlig der behördlichen Wirtschaftsführung anheimgegeben, immerhin kaum Auseinandersetzungen mit interessenversessenen Gewerkengruppen zu gewärtigen hatte. Disziplinierung und Privilegierung in der knappschaftlichen Gemeinschaft bildeten hier ganz vergleichbare betriebliche und gemeinschaftliche Verhältnisse, ganz ähnliche Bewußtseinsinhalte und Verhaltensmuster aus, und so blühte unter der obrigkeitlichen Ägide das Eingaben- und Beschwerdewesen, vielleicht sogar mit einem zeitlichen Vorsprung, an der Saar so sehr wie an der Ruhr. In den Revolutionsmonaten stellten die Saarbergleute dann ebenfalls ihre Lohn- und Knappschaftsforderungen und waren darin sogar, wenigstens im Hinblick auf Lohnerhöhungen, erfolgreicher als die Ruhrknappen[161]. Auch an der Saar ging es in erster Linie um Statuserhaltung und

160 Vgl. *E. Müller*, Der Steinkohlenbergbau des preußischen Staates in der Umgebung von Saarbrücken. Teil VI, Berlin 1904; *Ernst Klein*, Der Staat als Unternehmer im Saarländischen Steinkohlenbergbau (1750—1850). In: VSWG 57 (1970) S. 323—349, mit weiterer Literatur; über die Bergarbeiterschaft im Saarland informiert mit einer Reihe wichtiger Quellen der *Klein* nicht bekanntgewordene Aufsatz von *Eberhard Wächtler*, Zur Geschichte der Lage und des Kampfes der Bergleute im Staatsbergbau an der Saar von 1789 bis 1849. In: Jb. f. Wirtschaftsgeschichte 1961/II S. 231—294. Beide Untersuchungen sind nicht frei von Ungenauigkeiten (z. B. verwechselt *Klein* S. 349 Kaufgedinge mit Generalgedingen) oder Verzerrungen (nach *Wächtler* S. 258 waren die 1848 petitionierenden Bergleute „verzweifelte Menschen"; vgl. auch S. 267 u. ö.; S. 272: *Graf Beust* war 1846 nicht etwa „Oberbergrat und Oberberghauptmann in Bonn", sondern beaufsichtigte in letzterer Dienststellung das gesamte preuß. Bergwesen im Finanzministerium).

161 Hierzu vor allem *Wächtler*, a.a.O. S. 275—283; im Anhang S. 284—294 Petitionstexte, die zahlreiche verwandte Züge mit den Eingaben der Ruhrbergleute zeigen.

Detailverbesserung; Zweifel an der moralischen und rechtlichen Autorität der preußischen Obrigkeit kamen nicht auf, und in ihrer Willensartikulation hielten sich die Bergleute, wie auch das Saarbrücker Bergamt anerkannte, „unbeirrt durch Aufwiegelung von außen" auf „gesetzlichem Wege"[162].

Ähnlich dem rheinischen Ruhrgebiet hatte auch für den Mansfelder Kupferschieferbergbau, dessen Gerechtsame mit dem Wiener Kongreß 1815 an Preußen fiel, die Einführung der preußischen Verwaltung eine starke Anpassung der Rechts- und Sozialverfassung entlang den Linien des Direktionsprinzips zur Folge[163]. Auch hier haben die Bergleute die offensichtlich günstigen Verhältnisse der Revolutionsmonate zur Lageverbesserung, wenn auch mit geringem Erfolg, zu nutzen versucht, ohne die überkommenen Bahnen der Beschwerdeführung und Bittschrifteingabe zu verlassen.

Anders nun in den sächsischen Bergbaurevieren[164]. In seiner Bergbauorganisation zeigte der sächsische Regalbergbau im Vormärz durchaus strukturverwandte Grundzüge, wobei im Kohlenbergbau weit mehr als im Erzbergbau die Gewerken große Dispositionsfreiheit besaßen. Der Beschwerdeweg ist auch von den sächsischen Bergleuten — wie übrigens in Ober- und Niederschlesien[165] — rege beschritten worden. Hiermit wurden auch Erfolge erzielt: Unter anderem gestand das Freiberger Oberbergamt im April 1848 ein Recht zur Entsendung von Vertretern in den Knappschaftsvorstand zu. Aber die sächsischen Bergleute griffen bereits zu dem Hilfsmittel der Organisation, um ihre Interessen nachhaltiger zu vertreten. Ein „Berg- und Hüttenarbeiterverein" zu Conradsdorf trug im Dezember 1848 mit einer „höchst interessanten" Programmschrift zum Kongreß der sächsischen Arbeitervereine bei. Während des Dresdner Maiaufstands 1849 schafften Freiberger Bergleute zwei vierpfündige Geschütze heran zur Verteidigung der Barrikaden, hinter denen sie selbst standen[166]. Diese Bergleute, in ähnlichen bergmännischen und bergrechtlichen Traditionen befangen und knappschaftlich abgesichert, waren seit langem desorientierenden Einwirkungen in ihren Lebens- und Erfahrungskreis ausgesetzt gewesen: Der umliegende ländliche Bevölkerungsüberschuß hatte zur Unausgeglichenheit des Arbeitsmarkts und zu Verelendungserscheinungen geführt; die betriebliche Sozialstruktur war durch Absatzkrisen, die Familienbindung durch Teuerungen und Hungersnöte gelockert und gefährdet; die geographische Nähe der Zentren der radikalen Demokratie und der frühen Arbeiterbewegung tat während der Revolution ein übriges. Die Disposition zum Protest war hier in langen Vormärzjahren herangewachsen, in einer Zeit also, als die Ruhrbergleute noch weit davon entfernt waren, ihre Interessen außerhalb des Systems zu formulieren.

162 Zit. n. *Wächtler*, a. a. O., S. 280; vgl. *Josef Bellot*, Hundert Jahre politisches Leben an der Saar unter preuß. Herrschaft (1815—1918). Bonn 1954, S. 32.
163 Vgl. bes. *Karl Lärmer*, Vom Arbeitszwang zur Zwangsarbeit. Die Arbeitsordnungen im Mansfelder Kupferschieferbergbau von 1673 bis 1945. Berlin (O) 1961, S. 78 ff., über die Zeit der Revolution S. 113—117.
164 Vgl. *Wächtler*, Fortschritt und Tradition, S. 80—82; *Carl Langheld*, Die Verhältnisse der Bergarbeiter bei dem sächsischen Regalbergbau. Freiberg 1855; *Friedrich Langhorst*, Aus der Geschichte des sächs. Bergbaues und seiner Arbeiter. Zwickau o. J. [1924], S. 128—130; *Hue* II S. 125—131; ferner Quellenhinweise bei *Richard Wolf*, Materialien zur Lebensweise der Zwickauer Steinkohlenbergarbeiter vom Ausgang des 19. Jhs. bis zur Zeit der Weimarer Republik. In: *Wolfgang Jacobeit/Ute Mohrmann* (Hg.), Kultur und Lebensweise des Proletariats. Berlin (O) 1973, S. 185—211, S. 211 Anm. 37.
165 Vgl. die Beispiele aus den Bergamtsbezirken Tarnowitz und Waldenburg bei *Wächtler*, Fortschritt und Tradition, S. 41 f., 55, 83—89.
166 Vgl. *Balser*, Sozial-Demokratie, Bd. I S. 58 Anm. 50; *Hue* II S. 27 f.; *St. Born*, Erinnerungen eines Achtundvierzigers. Leipzig 1898, S. 222, 225.

Aktions- und organisationshemmende Faktoren waren im Ruhrbergbau in der besonderen bergmännischen Traditionswelt, in der Grubenarbeit, in religiösen und ländlichen Formen der Daseinserfahrung, in knappschaftlich-genossenschaftlichem Solidaritätsbewußtsein und dessen Begründung und Stärkung gegen die täglich konkreten Berufsgefahren, ganz besonders aber in dem System materieller Rechtskautelen und deren Verwaltung verankert[167]. Verantwortlich für die Abwesenheit selbst spontaner Protestformen war — neben dem Fehlen existenzgefährdender Notsituationen — der Zugang der Ruhrbergleute zum verwaltungsrechtlich vorgesehenen und abgesicherten, instanzengebundenen Beschwerdeweg im Rahmen der preußischen Behördenhierarchie. Die bergamtlichen Instanzen im Ruhrgebiet waren mit einer Reihe hervorragender Fachspezialisten, Rechts- und Verwaltungsexperten besetzt, deren Kenntnis und Flexibilität sich in der Revolution unter Beweis stellte. Solange sich der Bergmann eher den Behörden und in ihnen dem Staat verantwortlich, denn als freivertraglicher, gewerkenabhängiger Lohnarbeiter verstehen konnte und verstand, solange genoß er die Rechtsposition behördlicher Unparteilichkeit in Arbeiterfragen, wie immer diese auch mit dem fiskalischen Nutzungsinteresse am Bergbau kollidieren mochte. Das in Jahrzehnten geformte und gerechtfertigte Vertrauen in die bergamtliche Leitung blieb auch in den Revolutionsmonaten unerschüttert; gerade in den Krisenwochen im Frühjahr 1848 vermochte die staatliche Bergbauführung ihre Funktionsfähigkeit in Fragen der Menschenführung und Konfliktregelung, freilich nicht ohne gehöriges eigenes Interesse, unter Beweis zu stellen.

Innerhalb weniger Jahre sind die Grundlagen des in der Revolution noch so eindrucksvoll funktionierenden ständischen Systems zusammengebrochen. Was 1848/49 noch Gegenwart, noch unbezweifelte Realität bildete, war ein Jahrzehnt später kaum noch Form, Floskel und Erinnerung. Die Grundlagen der ständischen Bergbauverfassung sind bereits im Vormärz von seiten der Gewerken erschüttert worden, und nach der Revolution mochte sich dem Ruf nach einem schnellen, wenn auch ehrenvollen Begräbnis der behördlichen Bevormundung niemand mehr verschließen. Denn die Mehrheit der Unternehmerschaft selbst hatte, eingedenk der im Revolutionsverlauf erstmalig verspürten Bedrohung und Interessengegnerschaft aus der lohnabhängigen Arbeiter- und Handwerkerschaft, aber auch in der begründeten Hoffnung auf künftig problemlosere Unterstützung unternehmerischer Belange etwa in Fragen des Schutzes gegen ausländische Konkurrenz, ihren Frieden mit dem Staat gemacht und die ursprüngliche Gegnerschaft aufgegeben. Das Preußentum selbst, seines klaffenden Legitimationsdefizits in den Märztagen 1848 plötzlich gewiß geworden, wußte sich die neuen Partner durch gezielte Konsolidationsmaßnahmen und Reformwerke zu verpflichten[168]. Die Bergrechtsreform 1851 bis 1865 war eine der wesentlichsten Konzessionen dieser Art.

---

167 *Gerbracht*, Kampf um die Seelen der Arbeiter, sieht, bezogen auf die spätere Zeit, Organisationshemmnisse vor allem in: „Herrenfurcht und Bedürfnislosigkeit" der Masse; „industrielle[m] Absolutismus" der Unternehmer; bes. in „religiös-konfessionelle[r] Arbeiterverhetzung"; vgl. S. 6 f.
168 Vgl. *F. Zunkel*, Der rhein.-westf. Unternehmer, 1962, S. 173 u. ö.

2. Teil: Die „Entfesselung" des Bergbaus und die Entstehung industrieller Arbeits- und Lebensbedingungen

Kapitel VII
Determinanten des sozialen Wandels: Bergrechtsreform und bergbauliche Expansion nach der Jahrhundertmitte

Weder die Liberalisierung des Bergrechts 1851—1865 noch die ungeheure Ausdehnung der bergbaulichen Produktion seit den 1850er Jahren können hier erschöpfend behandelt werden; vielmehr sollen beide Problembereiche auf ihre sozialordnende, entwicklungsbestimmende Bedeutung für die Bergarbeiterschaft befragt und wiederum, wie bereits bei der Betrachtung der sozialräumlichen, demographischen, gewerbestrukturellen und wirtschaftsrechtlichen Grundzüge, maßstäblich und bedingungshaft für den Wandel der Strukturelemente der Bergarbeiterschaft verstanden werden.

Die Darstellung des Rechtsrahmens kapitalistischer Produktion, mehr noch des Übergangs in die freie Verfügbarkeit über den Besitz an Produktionsmitteln, kann andererseits auf manche Einzelheiten umso weniger verzichten, als gerade angesichts der weiterführenden Untersuchungen von *Wolfram Fischer*[1] über die Grundzüge des Reformwerks das Fehlen einer zusammenfassenden, aus den zahlreich fließenden Quellen[2] gearbeiteten Darstellung noch viel fühlbarer geworden ist. In einzigartiger Weise verdichten sich in der phasenhaften Umbildung und Anpassung der Rechtsbedingungen im Bergrecht materielle Veränderungen, Haltungen und Interessenlagen, die in ähnlicher Form kaum irgendwo in benachbarten Gewerbezweigen offenliegen, obwohl sich auch dort vergleichbare Vorgänge, allerdings erheblich früher, vollzogen haben.

Demgegenüber darf die wirtschafts- und konjunkturgeschichtliche Entwicklung des Ruhrbergbaus nach 1850 als recht genau erforscht und allgemein bekannt gelten[3]. Die Darstellung kann sich daher hier auf die Wiedergabe wichtigerer Entwicklungsdaten

---

1 Das wirtschafts- und sozialpolitische Ordnungsbild der preuß. Bergrechtsreform 1851—1865, 1961; Die Stellung der preuß. Bergrechtsreform von 1851—1865 in der Wirtschafts- und Sozialverfassung des 19. Jhs., 1961; Die Bedeutung der preuß. Bergrechtsreform (1851—1865) f. d. industriellen Ausbau des Ruhrgebiets, 1961; alle jetzt in: Wirtschaft und Gesellschaft im Zeitalter der Industrialisierung, 1972, S. 138—178.

2 Die mir versagt gebliebene Benutzung der Akten des preußischen Handelsministeriums ist hierzu freilich unerläßlich. Einen ausschnitthaften Einblick gewähren die Akten des Justizministeriums im Geh. Staatsarchiv Berlin-Dahlem und, natürlich neben den Oberbergamtsakten, die Bestände des westf. und des rhein. Oberpräsidiums, soweit diese Behörden gutachtend an einzelnen Phasen des Reformwerks beteiligt waren. Das wichtigste veröffentlichte Quellenmaterial findet sich in den frühen Jgg. der Zeitschrift für Bergrecht; eine genaue Untersuchung müßte auch die Verhandlungen der Provinziallandtage und jedenfalls des Abgeordnetenhauses einbeziehen.

3 Vgl. bes. die Untersuchungen von *H. Spethmann* und die wirtschaftsgeschichtlichen Kapitel in den Sammelwerken Der Raum Westfalen und Die Gft. Mark sowie Die Entwickelung des Niederrhein.-Westf. Steinkohlen-Bergbaues Bd. XII. Daß sich aus genauerer Quellensuche und verfeinerten Fragestellungen dennoch zahlreiche neue Erkenntnisse gewinnen lassen, hat jüngst die Studie von *C.-L. Holtfrerich*, Quantitative Wirtschaftsgeschichte des Ruhrkohlenbergbaus, 1973, gezeigt.

beschränken und wird daran einen Überblick zur Geschichte der organisierten Unternehmerschaft im Revier und ihrer Politik anschließen.

1. Die Reform des preußischen Bergrechts

a) Zur Genesis des Reformwerks

Bereits anläßlich der Redaktion des Allgemeinen Landrechts waren im Zusammenhang mit dessen subsidiär geltendem Bergrecht Stimmen laut geworden, die die Rechtlichkeit und Zweckmäßigkeit des Direktionsprinzips in Frage stellten[4]. Dennoch ist es auch während der preußischen Reformzeit noch nicht zu Initiativen einer Reform gekommen; es scheint vielmehr, als ob die ersten Überlegungen und Zweifel an der geltenden Bergbauverfassung weniger durch Petitionen und Eingaben steuerlich beengter und bevormundeter Gewerken, als durch die Bedürfnisse eines technisch fortentwickelten, expandierenden Bergbaus inganggesetzt worden sind. Mit zunehmender Ausdehnung der Grubenbaue im Steinkohlenbergbau bei hohen Anlageinvestitionen hatten sich die älteren, an den Erfordernissen des Erzbergbaus in Gängen (statt in Flözen) ausgerichteten Beleihungsformen und -maße des Bergwerkseigentums als nicht mehr ausreichend erwiesen. Statt der alten, seit 1766 auf ein Flöz bis ins Muldentiefste verliehenen „Längenfelder mit kleiner Vierung" wurden nach behördeninternen Beratungen und Anstößen offenbar besonders seitens schlesischer Gewerken 1821 durch Gesetz[5] „Längenfelder mit großer Vierung" und „Alte Geviertfelder" eingeführt, so daß nun mehrere Flöze gleichzeitig und in größerem Umfang verliehen werden konnten.

Das Gesetz, mit dem einer der dringendsten Mängel der Bergordnungen behoben wurde, hat auch über andere Mißhelligkeiten, z. B. über die unbeschränkte Teilbarkeit der Kuxe und die entsprechend ausgedehnte Zersplitterung des Bergwerkbesitzes, Überlegungen angeregt; Beratungen über eine umfassende Reform wurden allerdings erst 1826 aufgenommen, nachdem der zuerst erörterte Plan, den Titel 16, Teil II des Allgemeinen Landrechts mit seinen subsidiären bergrechtlichen Bestimmungen zu überarbeiten, fallen gelassen worden war[6]. Während nun auf ministerielle Anordnung auch in den Behörden an der Ruhr ausgedehnte Beratungen über die Gestalt einer neuen Bergordnung einsetzten, mit der die Vielgestalt des alten Rechts abgelöst und auch das Problem der

---

4 Vgl. *R. Klostermann*, Lehrbuch des Preuß. Bergrechtes, 1871, S. 34. — Ältere Kurzdarstellungen zur Genesis des Reformwerks sind zahlreich und finden sich z. B. in den zeitgenöss. Kommentaren: vgl. *Klostermann*, a.a.O., S. 25—43; *v. Beughem*, Das allg. Berggesetz f. d. Preuß. Staaten, 1865, S. 1—49; *R. Müller-Erzbach*, Das Bergrecht Preußens und des weiteren Deutschlands, S. 102—106; besonders: *H. Brassert*, Die Bergrechtsreform in Preußen. Historischer Überblick, 1862, S. 234—331; vgl. auch Berggeist 2 (1857) S. 235, 239, 263 f., 285 f., 311, 328.

5 Text: *Brassert*, Bergordnungen, 1858, S. 1105; zum Zustandekommen JM 11077 Bl. 148, 198 f.; über Beleihungsformen s. Entwickelung des Niederrhein.-Westf. Steinkohlen-Bergbaues, Bd. X, S. 232—248; *M. Duncker*, Zechenstillegungen an der Ruhr, 1907, S. 21—26; *M. Wilhelm*, Steinkohlenbergbau in Witten, 1939, S. 53; *H. Hobrecker*, Bergbau im mittleren Ruhrgebiet, 1965, S. 25; Skizze bei *A. Weddige/J. Franzen*, Bergbau in Herbede, 1951, S. 111. Mit dem ABG 1865 wurden „Neue Geviertfelder" zu 2 189 000 m² (d. i. 500 000 Quadratlachter) bis in die ewige Teufe verliehen.

6 Vgl. zum folgenden OBA 352 (die Akte ist leider z. T. zerstört); ferner *v. Carnall*, Besteuerung der Bergwerke, 1850, S. X f.

linken Rheinseite, wo nach dem freieren französischen Bergrecht gebaut wurde, geklärt werden sollte, ging aus den Vorarbeiten im Oberbergamt Brieg bereits ein erster Entwurf einer allgemeinen Bergordnung hervor, den der Oberbergrat *Steinbeck* verfaßt hatte. Dieser Entwurf hielt an der Theorie des Staats als der „Quelle alles Privat Eigenthums"[7] und an den Besonderheiten der Bergregalität fest, so daß, wie übrigens auch in den eingehenden Gutachten[8], die Notwendigkeit und Wirksamkeit des Direktionsprinzips und damit die Behördenallmacht, wie immer begründet, nicht in Zweifel stand. Daneben traten die auch später immer wieder aufgegriffenen Argumente von der Unersetzlichkeit der bergbaulichen Produktion und von der daraus folgenden Pflicht des Staats, für einen regelmäßigen und nachhaltigen Bergbau zu sorgen und die Verschwendung der Bergwerksprodukte durch Raubbau oder Überangebot (Preisverfall) zu vermeiden. Immerhin wurden auch bereits andere Meinungen laut. Der ehemalige Bergrichter Justizrat *Schulz* aus Bochum[9] stellte überhaupt den Sinn einer neuen Bergordnung in Frage — der auch später anklingende Vorschlag, auf eine gesetzliche Regelung der Bergbauverfassung zu verzichten, bedeutete nichts als die Freisetzung des Bergbaus von aller staatlichen Leitung oder Aufsicht. Dazu mochte sich aber auch *Schulz*, der die nur beratende Funktion der Behörde im Bergamtsbezirk Siegen beispielhaft hervorhob, noch nicht verstehen; vielmehr sollten die verschiedenen Bergordnungen miteinander in Einklang gebracht und vor allem von der lehnsrechtlichen Terminologie befreit werden, denn „das Eigenthum muß fest stehen". Damit war der Tenor aller folgenden Auseinandersetzungen, weit über den 1829 im Innenministerium unter Zuziehung *Böllings* und *Steinbecks* endlich fertiggestellten, ersten (ungedruckten) Entwurf hinaus, angeschlagen, und *Bölling* brachte als Leiter der Dortmunder Behörde auch gleich die später stets wiederholten Argumente für eine Beibehaltung der alten Rechtsformen vor[10]:
— Auch in Ländern ohne staatliche Direktion sei jedenfalls nicht erwiesen, daß der Bergbau zweckmäßiger voranschreite; es stimme übrigens nicht, daß andernorts die Leitung stets den Gewerken übertragen sei.
— Das Bergwerkseigentum sei nicht als völlig frei, der Grubenbetrieb folglich nicht anderen Gewerben vergleichbar zu erachten.
— Die Gewerken hätten gewöhnlich kaum Kenntnis von der Bergbaukunst, seien vielmehr am augenblicklichen Gewinn interessiert, und auch die Zersplitterung des Bergwerkseigentums zwinge zur behördlichen Direktion, „wenn ein regelmäßiger, nachhaltiger Bau unterhalten, das allgemeine Beste und das Interesse Einzelner, insbesondere der Wittwen, Waisen und Abwesenden gehörig gewahrt werden soll"[11].
Neben dieser prinzipiellen Frage der Beibehaltung des Direktionsprinzips waren auch die weiterhin so hinderlichen Probleme der Zersplitterung des alten Bergrechts, vor allem die Sonderstellung der linken Rheinseite, damit verwandt die Frage der Bergwerksabgaben, die auch innerbehördlich für drückend gehalten wurden, bereits zur Diskussion gestellt. Aber den Kern der 1828 auch von den Rheinischen und Schlesischen Provinzialständen aufgegriffenen Reformproblematik bildete doch die grundsätzliche Frage des Charakters der Bergbauadministration, damit zusammenhängend dann Rechtsgüter wie Kollision von Bodenbesitzer- und Gewerkeninteressen, Freikuxe für Schule

---

7 OBA 353, Einleitung zum Entwurf 1827.
8 Vgl. bes. die umfangreiche Stellungnahme des OBA-Direktors *Bölling* vom 13. 1. 1827, OBA 352.
9 Ebd., Gutachten vom 30. 6. 1827.
10 Ebd. 13. 7. 1827 (Entw.). *Bölling* führte seine 30jährige Bergbauerfahrung ins Feld.
11 Ebd. Das letztgenannte Argument entbehrt nicht der Realität in einer Zeit bei weitem geringerer Lebenserwartung.

und Kirche, Grubenrechnungswesen und Anstellung der Grubenbeamtenschaft[12]. Solange allerdings jene Stimmen, die eine radikale Abschaffung der alten Bergbauverfassung zugunsten eines freien unternehmerischen Bergbaus — dieses alternative Ziel ist in der frühen Reformphase nicht immer deutlich genug geworden — forderten, zu sehr im Hintergrunde blieben oder noch nicht ernst genommen wurden, ist das ordnungsrechtliche Problem der Bergrechtsreform, ihre sozialformende Kraft, kurz, sind ihre sozialen Konsequenzen nicht erkannt oder zumindest nicht argumentativ aufgenommen worden.

Dies änderte sich in den frühen 1830er Jahren, als, nachdem sich auch im Ruhrgebiet die Gewerken formiert und ihre Wünsche und Ziele abgeklärt und formuliert hatten, 1833 von den liberalen Bergrechtlern *Karsten, Skalley* und *v. Viebahn* ein neuer, erstmals gedruckter Bergrechtsentwurf vorgelegt wurde, der letztlich in einer generellen Revision der Bergbauverfassung auch die Abschaffung der Direktion forderte. Mit diesem Entwurf ist das Bergrecht aus den allgemeinen Beratungen über die Grundsätze des Allgemeinen Landrechts gelöst und durch eine seit 1831 tagende Kommission unter Beteiligung des Innen- und des Justizministeriums gesondert vorangetrieben worden.

Im rheinisch-westfälischen Revier hatten die Gewerken, seitdem 1831/32 die Diskussion über die Reform von den Wortführern *Fr. Harkort* und *Bölling* auch in die Öffentlichkeit getragen worden war[13] und während nunmehr der neuere Entwurf in die Kommissionsberatungen trat, ebenfalls eigene Initiativen, so vor allem eine große Petition an den Kronprinzen Ende 1834[14], ergriffen, um eine Entscheidung über das Reformwerk herbeizuführen. Sie wußten sich hierin der Unterstützung eines der einflußreichsten und geachtetsten Männer des ganzen preußischen Westens, des Münsteraner Oberpräsidenten, gewiß. Vorläufig unter der Hand hatte der Gewerke *von Vincke* mit dem Gewerken und Gewerkenvertreter Justizkommissar *Heintzmann* in Hamm Verbindung aufgenommen und auch den Essener langjährigen Bergamtsdirektor *Heinrich Heintzmann*[15] um eine Stellungnahme gebeten, nachdem bekanntgeworden war, daß der neuerliche Entwurf liberalen Grundsätzen huldigen würde[16]. Daß *von Vincke* hierbei das Oberbergamt überging, hatte seinen Grund in den unter dessen neuer Leitung aufgekommenen Animositäten[17]. Der Justizrat *Heintzmann*, dessen Name stets an der Spitze der Unterschriften unter Gewerkenpetitionen in diesen Jahren erscheint, bezeichnete als „Hauptfragen" des Reformwerks, ob die Behörde die Inbetriebnahme neuer Anlagen, wie dies mit dem berühmten Fall der Zeche Schölerpad geschehen war, überhaupt versagen dürfe, und ob „die Gewerken für mündig erklärt und emancipirt werden" sollten. Mit einigem Erfolg verwandte *von Vincke* sich beim Kronprinzen wärmstens für die Gewerkensache Anfang 1835 und noch einmal im Oktober 1836[18], als das Reformwerk, nachdem die Landesjustizkollegien gehört, der Entwurf revidiert und im

---

12 Vgl. den Auszug aus dem Schlesischen Landtagsabschied 2. 6. 1827, in: JM 11077 Bl. 245.
13 Vgl. oben S. 80 f.
14 Text in OPM 2835 I, 19. 12. 1834 (Abschr.).
15 Über die im Ruhrgebiet weitverzweigte, von dem Verfasser der Cleve-Märkischen Bergordnung abstammende Bergbeamtenfamilie *Heintzmann* vgl. u. a. *K. Mews,* in: Rhein.-Westf. Wirtschaftsbiographien Bd. I, Münster 1932, S. 196—213, und in Ess. Beiträge 48 (1930) S. 421—447; *W. Serlo,* Bergmannsfamilien, 1936, S. 33—55.
16 Vgl. OPM 2835 I Justizrath *Heintzmann*/OPM 24. 9. 1833; BA-Dir. *Heintzmann*/OPM 4. 11. 1833.
17 Vgl. oben S. 79.
18 Vgl. OPM 2835 I OPM/Kronprinz v. Preußen 24. 2. 1835 (Entw.) und 31. 10. 1836 (Entw.). Vom Kronprinzen wurden die Gewerkenpetitionen, die OPM mit diesen Schreiben vorlegte, befürwortend an den FM *v. Alvensleben* weitergeleitet.

Staatsministerium beraten worden war[19], erneut in die Beratung und Begutachtung der Unterbehörden ging. Denn im Staatsministerium hatte man nach den Vorträgen *Karstens* und *v. Veltheims*, des damaligen Leiters der Bergwerks- und Hüttenabteilung im Finanzministerium, in der Kernfrage des Entwurfs, der Bergwerksadministration, nicht auf die Meinungen der Oberbergämter, die bisher von den reformwilligen Kräften im Ministerium wohl nicht zufällig übersehen worden waren, verzichten wollen.

In dieser Phase der Beratungen kam nun endlich die preußische Bergbaubürokratie ausführlich zum Zuge. Bis in die Unterbehörden, selbst bis zu den Revierbeamten erfragten die Oberbergamtskollegien die Meinungen und Argumente ihrer Untergebenen, und an dem Ergebnis konnte, berücksichtigt man die Bedrohung, als die der ins Haus stehende liberale Entwurf den Bergbeamten erscheinen mußte, kaum Zweifel sein. Tatsächlich haben sich alle preußischen Oberbergämter einhellig gegen den Entwurf von 1836 ausgesprochen, und insoweit diese Entscheidung vorhersehbar war, hatte der Staatsministerialbeschluß, weitere Gutachten einzuholen, der Bergrechtsreform eine deutlich konservativere Richtung gewiesen.

In Dortmund ist die Begutachtung anscheinend ganz bewußt unter dem steten Hinweis auf drängende anderweitige Geschäfte verzögert worden[20]. Am 22. Juli 1836 zum Gutachten aufgefordert, dauerte es bis zum 1. März 1838, daß die ausführliche Meinung des Oberbergamts abgesandt werden konnte. Unter den hierbei herangezogenen Gutachten der Unterbehörden, von denen aus Essen *Heintzmann* besonders früh Stellung bezogen hatte[21], ragt dasjenige des Bochumer Bergamtsdirektors *v. Derschau* als Zusammenfassung aller schon 1826/27 gehörten Argumente für die Beibehaltung der geltenden Bergbauverfassung heraus[22]. Darüber hinaus führte *v. Derschau* endlich auch die wohlverstandenen Anliegen der Bergarbeiterschaft ins Feld. Während der Entwurf (§ 78) An- und Ablegung der Arbeiter in die Hände der Gewerken legen wollte, wurden dem die Erfolge der behördlichen Sozialpolitik, „zum Besten der Gewerkschaften einen geregelten und brauchbaren Bergmannsstand herangebildet [zu] haben", entgegengehalten:

> „Der Gesetz-Entwurf entzieht der Behörde allen Einfluß, welcher das Wohl und Wehe von Tausenden betrifft, und welcher das gewerkschaftliche Interesse bisher nur beförderte, und legt ihn in die Hand der Gewerken, er macht den ganzen Stand nur von ihnen abhängig, beschränkt die Befugnisse des Landesherrn nur auf die Erlaubniß, *daß einer arbeiten dürfe,* wenn ihn *ein anderer arbeiten lassen will,* und überläßt der Sorge der Behörde die noch unendlich schwierigere Pflicht, unter so veränderten Umständen die bestehenden Knappschafts Vereine damit in Einklang zu bringen und zu erhalten . . ."[23]

Dagegen waren die Beamten voll der Kritik an den Ruhrgewerken, denen sie die Emanzipation nicht zubilligen wollten, denn die Gewerken

> „scheuen jede terminliche Zusammenkunft . . ., finden sich nur sparsam bei den jährlichen Generalbefahrungen ein (und mehr um bei ihnen ein Fest zu feiern als den Betriebsplan fest-

19 Protokoll der Staatsministerialsitzung 26. 3. 1836 in JM 11078 Bl. 182 f. u. OBA 359 (beide Abschr.).
20 Vgl. die deshalb erforderlichen Schriftwechsel in OBA 360, bes. Bl. 1 FM/OBA 22. 7. 36, Bl. 9, 15, 19, 22 f. (Erinnerungen u. Fristverlängerungen).
21 Vgl. ebd. Bl. 8—10.
22 In OBA 360 Bl. 1—54, 21. 6. 1837. Das Gutachten ist bereits von *Fr. Zunkel,* Rolle der Bergbaubürokratie, 1974, herangezogen worden.
23 Ebd., Hervorhebungen im Original; vgl. auch die weiteren Gutachten ebd. Bl. 55 f. (Bergmeister *Honigmann,* undatiert), 57—85 (*Engelhardt* 5. 6. 1837), 86—140 (*Jacob* 15. 6. 1837), 142—162 (*Heintzmann* 10. 1. 1837) u. a.

zustellen) und wählen ungern Deputirte und Bevollmächtigte, da sie unter sich einen Qualifizierten nicht zu finden wissen"

— überhaupt wurde in Frage gestellt, ob jene „große Mehrheit der schweigenden Interessenten" das wolle, was einige wenige Wortführer forderten[24]. Einzig *H. Heintzmann* vom Essener Bergamt schied sich von diesen Stimmen, mit denen nur übertriebene Ängstlichkeit um den Bergmannsstand „überall zur Schau gestellt" werde[25] — weder sei die Knappschaft „bei einer Emancipation de[s] Bergmannsstand[s]" gefährdet, noch sei etwa eine Zunahme der Unfälle zu besorgen.

Diese abweichende Meinung wurde freilich in dem abschließenden Gutachten des Oberbergamts[26] ohne Zögern übergangen — „eine rechtliche Nöthigung", so hieß es, „zur Abänderung der bestehenden Gesetzgebung ist unseres Erachtens nicht vorhanden". Aber auch andere Stimmen waren im Kollegium lautgeworden; insgesamt meinte man jedoch, „jeder weiteren Beschränkung der Kompetenz der Bergbehörde widersprechen zu müssen".

In den Anfang 1839 einsetzenden, durch Kabinettsordre aufgrund eines den Westfälischen Ständen erteilten Landtagsabschieds von 1839 beschleunigten, interministeriellen Verhandlungen über die Grundzüge des neuen Bergrechts sind die gegensätzlichen Meinungen nun in aller Schärfe aufeinander geprallt[27]. Hier wirkte sich die einhellige Ansicht der Oberbergämter nachhaltig auf die Meinung der Minister aus, von denen *v. Alvensleben* eine Reform nach dem Beispiel des französischen Bergrechts von 1810 wollte, während *v. Rochow* „neben dem industriellen auch ein conservatives Interesse" dem Staat aufgab: „Der Privatmann verfolgt nur das erstere"[28]. Die liberale Gruppe im Finanzministerium war durch die oberbergamtlichen Gutachten besonders herausgefordert worden, und *Karsten* bescheinigte diesen Behörden dann auch, „keine einzige von ihnen habe den wahren Geist des Gesetzes aufgefaßt":

„*Das* sollte man meinen, wäre nun allein die wahrhaft nationale und eines aufgeklärten Staates würdige Berggesetzgebung, welche die Institutionen der Vergangenheit zu erkennen, aber auch das Bedürfnis der Gewerbsamkeit für die Gegenwart frisch zu erfassen, zu einer freien naturgemäßen, und nicht *mehr* beschränkenden Bewegung, als die Verhältnisse und Eigenthümlichkeiten des Gewerbes es nothwendig erfordern zu verhelfen weiß, und welche sich die dazu führenden Bestimmungen nicht erst durch die neuen Lebensverhältnisse, welche die Zeit nothwendig mit sich führt, abzwingen läßt, sondern dem Bedürfnis zuvorzukommen und so den Wunsch die Gewerbetreibenden dem Zweck des Staats weise unterzuordnen oder vielmehr jenen zu lenken und mit diesem in Übereinstimmung zu bringen versteht"[29].

Auch diese engagierte Beredsamkeit hat das Reformwerk nicht voranbringen können. Schon in den Kommissionsberatungen hatte man von konservativer Seite hören müssen, daß sich auch die ältere Reformgesetzgebung und deren „Emancipation der Communen und Gewerbe nicht in allen Verhältnissen bewährt" habe. Aber es scheint, als ob das Ende der Reformentwürfe der 1830er Jahre erst durch einen personellen Wechsel in der

---

24 Ebd., aus den Gutachten *Jacobs* und *von Derschaus* (Anm. 23).
25 Ebd. Bl. 141—162 Gutachten vom 10. 1. 1837.
26 In: OBA 359 Bl. 29—164, 1. 3. 1838 (Entw.).
27 Vgl. JM 11078, bes. Bl. 194—208 Protokolle der Sitzungen der Ministerialkommission vom 8. und 22. 4. 1839 (Abschr.); vgl. ferner ebd. Bl. 209 f. FM *v. Alvensleben*/JM *v. Kamptz* 17. 3. 1839 (Abschr.).
28 Ebd. Bl. 189—193, Votum v. 14. 2. 1840. Ähnlich sprach sich JM *Mühler* aus, s. ebd. Bl. 226—231, Votum v. 27. 2. 1840.
29 Ebd. Bl. 210—225, Stellungnahme *Karstens* v. 5. 4. 1839 aufgrund der eingegangenen OBA-Gutachten.

Führung der Abteilung für Bergwerks- und Hüttenwesen besiegelt worden wäre. Auch der Thronwechsel 1840 hat sich mindestens verzögernd ausgewirkt, aber darüber hinaus scheint *Friedrich Wilhelm IV.*, ansonsten liberaler und in der deutschen Öffentlichkeit mit großen Hoffnungen begrüßt, ähnlich seinem Vater in Bergbauangelegenheiten die Beibehaltung der geltenden, einem romantisch gefärbten Preußentum vielleicht näheren Rechtsverhältnisse gewünscht zu haben[30].

1840 übernahm der 57jährige *Ernst August Graf von Beust,* der 25 Jahre lang das Oberbergamt in Bonn verwaltet hatte und sich dabei, neben großem Ansehen in den bergbautreibenden Kreisen, Kenntnisse und Erfahrungen vor allem in der umstrittenen Frage des französischen Bergrechts erworben hatte, nach dem Tode des Oberberghauptmanns *v. Veltheim* die Leitung der Bergwerksabteilung im Finanzministerium[31]. Bereits in der Begutachtung des revidierten Entwurfs von 1836 scheint *Beust* als der dezidierteste Vertreter preußischer Bergordnungspolitik hervorgetreten zu sein; *Karsten* widersprach in seiner Stellungnahme[32] zu dem Gutachten der Oberbergämter insbesondere den Ansichten *Beusts* und des Bonner Oberbergamts in der Frage der Geltung des neuen Bergrechts und zielte damit, freilich ohne das Kommende zu ahnen, in die richtige Richtung.

In Vorbereitung der entscheidenden Staatsministerialsitzung vom 26. Januar 1841 entwarf *Beust* eine die Sachfragen verdichtende, rhetorisch geschickte Zusammenfassung seiner Ansichten[33], wonach die behördliche Direktion verbleiben sollte; allein den Gewerken größerer Gruben sollte ein Mitentscheidungsrecht in betrieblichen Angelegenheiten zugesprochen werden, und Alleinbesitzern sollte die Einstellung eines bergamtlich approbierten Grubenbeamten, dem die Revierbeamtenaufgaben zu übertragen waren, gestattet werden. Rechnungs- und Haushaltsführung sollten unter bergamtlicher Kontrolle den Gruben überlassen bleiben, während *Beust* in der An- und Ablegung der Bergleute nicht auf die Mitwirkung der Revierbeamten, in der Entlohnung nicht auf die Fixierung von marktunabhängigen Normallöhnen verzichten wollte.

Mit diesen Vorschlägen einer „modifizierten Direktion" errang *Beust* im Staatsministerium, dessen Mehrheit die Grundsätze des Allgemeinen Landrechts über die preußische Bergbauführung nicht verlassen mochte, einen vollen Erfolg, anscheinend durchaus zum Mißfallen seines Dienstherrn, des Finanzministers, so daß die in diesem Sinne erforderliche, neuerliche Revision des Entwurfs neben *Beust* dem Justizminister *v. Kamptz* übertragen wurde. Der nun innerhalb nur weniger Monate fertiggestellte, mit einer ergänzenden Instruktion versehene Gesetzentwurf[34] atmete in Gliederung, Terminologie und Detailfreude den Geist der merkantilstaatlichen Bergordnungspolitik. Für die Arbeiter entscheidend war, nach dem Fortbestand der bergamtlichen Direktion, daß das Truckverbot und das Brandkohlenrecht erneut festgestellt wurden, ergänzt durch eine sechswöchige Lohnfortzahlungspflicht der Gewerken im Krankheitsfall, nach deren Ablauf die ebenfalls von den Eigentümern mitgetragenen Knappschaften eintreten sollten. Bei An- und Ablegung und Lohnfestsetzung blieb es beim alten; überhaupt, „die Arbeits-

---

30 Aus den mir bekannten Quellen wird die Stellung des Königs nicht hinreichend deutlich. Zu *Friedrich Wilhelm III. s. M. Schulz-Briesen*, Der preuß. Staatsbergbau, Bd. I, 1933, S. 73.

31 Vgl. Nachruf in Berggeist 4 (1859) S. 119.

32 S. oben Anm. 29.

33 JM 11080 Bl. 42—46, 11. 12. 1840; Protokoll der Staatsministerialsitzung ebd. Bl. 39—41.

34 Entwurf des gemeinen preuß. Bergrechts mit der Instruktion zur Verwaltung des Berg-Regals. Berlin 1841 (z. eig. Gebrauch der Landtagsmitglieder). In: OBA 359 Bl. 166—225.

disziplin steht der Behörde zu"[35]. Aber nicht nur im Gesetzeswortlaut versuchte *Beust*, die überkommene ständische Knappschaftsorganisation entlang den Grundlinien der Bergregalität festzuschreiben. Vielmehr war die Verwaltungspraxis der 1840er Jahre von einer im konservativen Sinne geschickten Taktik des Anhörens und Berücksichtigens liberaler Meinungen und gewerkschaftlicher Wünsche bei gleichzeitiger Stärkung der alten Verwaltungseinrichtungen gekennzeichnet. Während man den Gewerken vor allem größerer Gruben in hohem Maße, z. T. Bestimmungen des Entwurfs vorwegnehmend, die Regelung der technischen und besonders der ökonomischen Fragen der Betriebsführung zugestand, wurde der sozialordnende Charakter der ständischen Bergbauverfassung gepflegt und gestärkt, so daß die 1840er Jahre als Blütezeit des Direktionsprinzips gerade hinsichtlich seiner sozialen Auswirkungen gelten dürfen. Symbolhaft verdichtete sich dieser Aufschwung ständischer Rechtsauffassung in der Wiederbelebung jener alten Einrichtung der (oberberghauptmannschaftlichen) Bereisungen und Grubenbefahrungen, während derer sich *Beust,* im Ruhrgebiet mehrfach im Jahrzehnt vor der Revolution, angelegentlich über die provinziellen Zustände, die Fortschritte in der Bergbautechnik, die gewerkschaftlichen Wünsche und auch den Stand der Knappschaftseinrichtungen berichten ließ. Den kollidierenden Auffassungen war durch diese kluge, der bergamtlichen Direktion eine Galgenfrist einräumende, scheinbar nach allen Seiten offene Verwaltungspraxis die Schärfe der Auseinandersetzung genommen. „Da die Gesetzgebung zurückblieb", meinte anläßlich einer Gewerkeneingabe 1848 der Bochumer Bergamtsdirektor *Jacob* rückblickend, „brach die Zweckmäßigkeit allein sich eine Bahn"[36] — die prinzipiellen Gegensätze ließen sich damit jedoch nur aufschieben, nicht aufheben.

Daß die *Beustschen* Kompromißvorschläge in dem Entwurf von 1841 den Bedürfnissen insbesondere großbetrieblicher Produktionsorganisation nicht standzuhalten vermochten, wurde schon in den Stellungnahmen der Provinziallandtage 1841—1843, schärfer noch in den Kommissionsberatungen über den Entwurf 1845/46 offenbar. Schon *Beust* hatte der mit der Ausdehnung der Tiefbaue und den immensen Anlageinvestitionen erforderlichen Reorganisation der ursprünglich am Stollenbetrieb orientierten Betriebsverfassung durch Wiedereinführung der auch im schlesischen Bergbau längst abgeschafften Rechtsinstituts des Alleinbesitzers entgegenkommen wollen; *Beusts* Kompromißbereitschaft fand ferner besonderen Ausdruck in der Trennung der technischen von den ökonomischen Fragen des Betriebs, die ein Erfordernis des Großbetriebs aufnahm und in genauer Aufgabendefinition Behörden und Gewerken gleichberechtigte Positionen zubilligen wollte. Ließ sich dies schon in der Praxis kaum ohne Reibungsverluste durchführen, so signalisierte erst recht die zwiespältige, revierbeamtenähnliche Stellung eines gewerkenabhängigen Betriebsleiters, der in den Stellungnahmen der Stände nicht zu Unrecht in gemischter Terminologie zum „Privatgrubendirigenten" erkoren wurde, die ganze Widersprüchlichkeit der neuen Vorschläge. Sie sind denn auch vom rheinischen Provinziallandtag 1841 ohne viel Federlesens global abgelehnt und erst 1843 nach der Erinnerung, daß der Gegenstand mehr Aufmerksamkeit verdiene, einer kritischen Stellungnahme unterzogen worden[37].

Ein außerordentlich detailliertes Votum gab dagegen die Majorität des 6. Westfälischen

---

35 Entwurf 1841, § 72.
36 OBA 385, Promemoria 28. 7. 1848.
37 Näheres im Gutachten des OPK *v. Bodelschwingh* 21. 8. 1841 (Abschr. in OBA 359 Bl. 281—285), der angesichts „ziemlich oberflächlicher Äußerung des ständischen Ausschusses" „eine Belehrung und Zurechtweisung" im Landtagsabschied erbat.

Provinziallandtags unter dem 29. April 1841 ab[38]. Die Mehrheit der westfälischen Stände dachte liberal, und der Reformentwurf ging ihr daher bei weitem nicht weit genug. Insbesondere wollte man das Vorrecht selbständiger Ausführung der Betriebspläne nicht nur den Alleinbesitzern, sondern allen Gewerkschaften übertragen, und die von diesen angestellten Grubendirigenten sollten auch die „Disziplin über die Arbeiter" erhalten. Damit wäre die Absicht des Entwurfs aufgehoben worden. Gegen diese Haltung wandte sich das Separatvotum einer Reihe vor allem adliger Mitglieder der Ständeversammlung, für die in dem Entwurf nicht deutlich genug zwischen den beiden widerstreitenden Prinzipien, von denen sie das konservative verfolgten, unterschieden wurde. Aufgaben und Erfolg eines Privatgrubendirigenten wurden bezweifelt, da sich die Verwaltungskosten dadurch höben, die Stellung zu den Gewerken kaum lösbare Probleme aufwerfen würde und im übrigen die Disziplin über die Knappschaft sehr erschüttert werden müsse, ja, „die Bergknappschaft aus ihrer ehrenwerten Stellung verrückt" werde. „In die Hand des Privat-Dirigenten gegeben, wird der Bergknappe zum Lohnarbeiter des Gewerks gemacht", und es sei nichts als „unpassend, das Gefühl der Abhängigkeit von ihrem Brodherrn bei den ärmern und arbeitenden Klassen noch geltend machen zu wollen". Auch könne kein Zweifel sein, daß die unumstrittene Verpflichtung des Staats zum Schutz von Leben und Gesundheit der seiner Obhut Anvertrauten bei Beschränkung auf bloße polizeiliche Aufsicht im Bergbau unvermeidlich weniger Erfolge erzielen würde, was etwa die Unfallzahlen zeigen müßten. Hier wurden in aller Klarheit das „gewinnsichernde Interesse der Gewerke" und dessen sozial depravierende Folgen im Gegensatz zu dem wohlverstandenen Interesse der Knappschaft verstanden, „welche, wenn sie gehört werden könnte, sich wohl entschieden gegen das ... Princip der sogenannten Emancipation aussprechen und sich ... wohl nur als treuer Anhänger und Vertheidiger des bisher bestandenen [Prinzips] darstellen kann". Bemerkenswert war auch die Einsicht, daß die im Bergbau einander gegenüberstehenden Interessen „in einer Versammlung wie der [!] Landtag eigentlich gar keine Vertretung finden" können. Der feudalkonservative, weniger interessenverhangene Denkhorizont westfälischer Landadliger, jener *Galen, Merveldt, Landsberg, Droste-Hülshoff, Fürstenberg, Schorlemer*[39], hatte den Blick für die Sorgen und Bedürfnisse der Bergarbeiterschaft in einer Weise geschärft, die selbst dem greisen Gewerken *von Vincke*, der ebenfalls an der Knappschaft nicht rühren mochte, Respekt abnötigte[40].

Zwischen den beiden Polen der Suche nach einer adäquaten Produktions- und Verwaltungsorganisation und der Sorge um den so offenkundig reibungslos funktionierenden Knappschaftskörper bewegten sich im wesentlichen auch die Beratungen der Folgejahre. Nach wie vor stand für die eine Seite der Geheime Oberbergrat *Dr. Karsten*, auf der anderen *Dr. Graf von Beust*, und die Meinungen prallten, nachdem man zu den Ständebeschlüssen noch einmal die Bergbehörden gehört hatte[41], in den Kommissionsberatun-

---

38 Vgl. OBA 359 Bl. 230—247 (Abschr.) u. die Separatvota ebd. Bl. 248—257.
39 Aus den Unterschriften des Separatvotums.
40 Vgl. ebd. Bl. 258 f. Gutachten *v. Vinckes* ca. April 1841.
41 Vgl. OBA 359 Bl. 292—391, Gutachten (Entw.) 14. 1. 1843. Das OBA wiederholte die hinlänglich bekannten behördlichen Argumente und schloß sich dem Separatvotum der westf. Adligen an; die Behörde könne nur dann die zunehmende Verantwortung tragen, „wenn ihr, wie bisher, ein Corps wohldisziplinierter Arbeiter von erprobter Tüchtigkeit zu Gebote steht, deren Schicksal in ihren Händen ruht..." Es gehe denn doch nicht an, die Gewerken „mit allen übrigen Eigenthümern und Gewerbtreibenden im Staate plötzlich auf gleichen Fuß zu setzen..."

gen 1845/46[42] unter der Leitung des inzwischen zum Justizminister ernannten *v. Savigny* erneut aufeinander.

Schon in der ersten Sitzung der Kommission am 22. Mai 1845 wurde die Grundsatzfrage in aller Schärfe aufgerollt, als *Karsten* kurzerhand dem derzeitigen Entwurf „den geringsten Fortschritt" absprach. In einer Zeit wachsender Konkurrenz mit dem Ausland bei „rasche[m] Austausch nicht bloß der Produkte und Erzeugnisse, sondern, was ungleich wichtiger, der wissenschaftlichen Kenntnisse und Erfahrungen"[43], seien die durch die ältere deutsche Berggesetzgebung begünstigten Organisations- und Verwaltungsformen für eine rasche Bergbauentwicklung nur noch hinderlich. Jeder, der an die Spitze eines der nun erforderlichen großen Unternehmen trete, müsse nun „auch als mündig betrachtet werden".

Beust entgegnete hierauf sofort[44], nicht jeder Grundsatz des älteren Bergrechts könne schlechthin als „unheilbringend" abgetan werden, und man könne bei allen Rücksichten auf die „Forderungen der Zeit ... niemals die eigenthümliche Natur des Bergbaus" aufopfern. Mit den bekannten Argumenten mangelnder Kenntnisse der Bergbautreibenden, regelmäßigen und nachhaltigen Bergbaus und qualifizierter, disziplinierter Arbeitskräfte in Knappschaften verteidigte *Beust* seinen Entwurf und dessen halbherzige Kompromisse, und er zögerte nicht, neben einigen zeitgenössischen Größen der Bergrechtstheorie das Zeugnis des *Freiherrn vom Stein* anzurufen, der als „einer der Haupturheber der Preußischen Gewerbefreiheit" an der hergebrachten Bergbauverfassung doch festgehalten habe.

Das Resultat der Beratungen war, nachdem man sich mehrheitlich im Prinzipiellen auf die Grundlinien des Entwurfs von 1841 geeinigt hatte, ein in vielem noch schlechterer, durch seine Detailfreude in landrechtliche Kasuistik zurückfallender, revidierter Entwurf, den *Savigny* Anfang 1847 in einem ausführlichen Votum für das Staatsministerium begründete[45]. Zwar hatte *Beust* seine Alleinbesitzertheorie aufgeben müssen, aber an der behördlichen Direktion in betriebs- und haushaltstechnischer und knappschaftlicher Hinsicht sollte doch nicht gerüttelt werden.

Die Abgabenfrage war schon aus den vorhergehenden Entwürfen herausgenommen worden, nicht zuletzt, um dem Reformwerk einen möglichen Zielpunkt heftiger Kritik zu nehmen. Die Bittschriften und Eingaben um Herabsetzung der hohen Abgabenlast wurden denn auch immer dringlicher und zahlreicher[46]; allerdings ließ sich vor dem Hintergrund der mit wenigen Unterbrechungen blühenden Geschäfte im vormärzlichen Bergbau nur schwer aus der Abgaben- eine Überlebensfrage machen, worauf auch nicht

---

42 Gedruckt als: Protokolle über die Revision des Bergrechts in Folge der gutachtlichen Bemerkungen der Provinzialstände, Mai 1845 bis Dezember 1846, o. O. o. J. [1847], z. B. in: JM 11080.

43 Ebd. S. 9 f.

44 Ebd. S. 14—18. Vgl. zu der Kontroverse auch *H. Brassert*, Bergrechtsreform in Preußen, S. 243 f., ohne Nennung des Namens von *Beust*. Solche Pietät gegenüber dem angesehenen konservativen Bergbeamten findet sich auch im übrigen Schrifttum, so daß die eigentlichen Verantwortungen verschleiert wurden.

45 10. 2. 1847, in: JM 11080 Bl. 34—80.

46 So im Westf. Provinziallandtag nahezu in jeder Sitzungsperiode; vgl. bes. die Petition v. 4. 4. 1845, in: OPM 2835 I (Abschr.), hierzu Berghptm. *v. Mielecki*/OPM 15. 4. 1845, ebd., mit genauer Gewinnrechnung der Zechen in der Gft. Mark für 1844; *C. Berger*/OBA 31. 1. 1843, in: OBA 359 Bl. 392, hierzu auch OBA 361 Bl. 73—77.

ohne Erfolg hingewiesen wurde[47]. Unübersehbar gewannen die Behörden in dieser Frage wie überhaupt durch die Reformsituation der 1840er Jahre auch insoweit eine vorübergehend stärkere Position, als alle gewerkschaftlichen Änderungs- und Reformvorschläge selbst in untergeordneten Fragen wie jener der Schürfscheinerteilung oder der Brandkohlenabgabe mit dem Hinweis auf das große fortschreitende Reformwerk abgeblockt werden konnten[48].

Die Beratungen über den im Dezember 1846 abgeschlossenen, vierten gedruckten Entwurf[49] waren noch nicht beendet, als die Märzrevolution 1848 hereinbrach und die reformverantwortliche Kräftekonstellation ganz grundlegend veränderte. Noch im Sommer 1847 war man erneut in Kommissionsberatungen über den jüngsten Entwurf getreten[50], da die prinzipiellen Widersprüche noch immer nicht überbrückt schienen — im Gegenteil, mit der nun vorliegenden Fassung mochte sich so recht niemand einverstanden erklären. Als nun durch die revolutionären Ereignisse mit der Staatsautorität auch jene der Bergbehörden erschüttert wurde, setzte ein wahrer Sturm von Petitionen aus allen Bergbaurevieren ein, unter ihnen die Ruhrgewerken an hervorragender Stelle[51]. *Graf Beust* trat aus „Gesundheits-Rücksichten" zurück[52], und mit ihm verschwand der prominenteste Verfechter des Direktionsprinzips. Die Leitung des preußischen Bergwesens ging einstweilen provisorisch, nach einigen Jahren definitiv an den dienstältesten Rat der Abteilung *Dr. Skalley* über, dessen liberale Haltung in Angelegenheiten des Bergrechts seit langem jedermann bekannt war. Bereits Ende April 1848 ging eine erste wichtige Petition der Gewerken um Gestaltung und Beschleunigung des Reformwerks nach ihren Wünschen ein, zu denen in der Ministerialbürokratie bemerkt wurde, die Petenten hätten „früher ganz anders gesprochen!"[53] Ganz besonders die Bemerkung, die derzeitige Verwaltungspraxis behindere die Geschäftätigkeit erheblich, wurde vom Oberbergamt zurückgewiesen; hier erwog man, um den Gewerken entgegenzukommen, wieder einmal den Vorschlag der Gewerkenkammern[54], die dann auch in den Bergrechtsentwürfen 1848/1850 erschienen.

Im während der Revolutionsmonate neugeschaffenen Handelsministerium in Berlin, das die Aufsicht über das Bergwerks- und Hüttenwesen erhielt, wurde noch im Sommer 1848 zur Bildung einer gemischten Kommission von acht Gewerken, die in drei Fällen auch Mitglieder der Nationalversammlung waren, von Angehörigen der Mini-

---

47 Vgl. das Gutachten *v. Vinckes* 22. 4. 1845 zu dem Antrag der Stände von 1845 (Anm. 46), wonach schon 1834 und 1839 wegen der guten Lage des Bergbaus von einer Abgabenermäßigung abgesehen worden war.

48 Die genannten Beispiele in OBA 301 Bl. 174 FM/OBA 1. 3. 1843, und JM 11079 Bl. 180 u. ö., Kabinettsordre 9. 5. 1845.

49 „Entwurf des Allg. Bergrechts, der Instruktion zur Verwaltung des Bergregals u. der provinzialrechtlichen Bestimmungen f. d. Preußischen Staaten mit Ausnahme des westrhein. Theiles der Rheinprovinz", ein Ex., wie auch die übrigen wichtigen Vorlagen der 1840er Jahre, in JM 11080. Die gedruckten Kommissionsprotokolle 1845—46, die ein hochwichtiges bergrechtliches Material vereinigten, wurden dem Entwurf als Motive beigegeben.

50 Vgl. JM 11081 Bl. 1—18.

51 Vgl. einzelne Hinweise bereits oben S. 83 ff.; wichtigste Quellen in JM 11081 Bl. 68 ff., OBA 385, OBA 1903.

52 Berggeist 4 (1859) S. 119; 10 (1865) S. 273.

53 Marginalie JM 11081 Bl. 68—70 (Petition 28. 4. 1848); vgl. auch ebd. Bl. 95 f. JM/HM 11. 8. 1848 (Entw.): „Auch in Betreff der angeblich drückenden und durch nichts zu rechtfertigenden Bevormundung der Gewerken haben zum Theil dieselben Personen früher eine andere Sprache geführt".

54 Ebd. Bl. 71—74, 15. 5. 1848; vgl. o. S. 82 f.

sterialbürokratie und Beamten des praktischen Bergdienstes, unter ihnen der Dortmunder Berghauptmann *von Mielecki*, geschritten. Am 9. August trat die Kommission, zu der bald fünf weitere Mitglieder traten, unter der Leitung des Handelsministers *Milde* zu Beratungen über die Gestalt eines neuerlichen Bergrechtsentwurfs zusammen. In bisher ungekannter Eile, nämlich innerhalb von 18 Kommissionssitzungen vom 9. bis 26. August 1848, gelang es den Mitgliedern, sich auf den fast 20 Jahre lang umstrittenen Grundsatz zu einigen, daß sich die Aufsicht der Bergbehörde auf bloße Polizeiaufgaben beschränken sollte. Hierunter verstand man zunächst die Sicherheit der Grubenbaue, der Arbeiter und der Oberfläche[55]. Anscheinend ist diese umfassende Entscheidung nicht einmal mehr begründetem Widerstand begegnet. Dagegen blieb neben einer Reihe von im engeren Sinne bergrechtlichen Fragen die künftige Handhabung des Knappschaftsinstituts umstritten; allerdings gelang es hier, den Grundsatz gleicher Beitragsleistung von Arbeitern und Arbeitgebern und die paritätische Selbstverwaltung durchzusetzen. Auch eine Neugliederung der Bergbehörden wurde ins Auge gefaßt — das konnte bei der Grundsatzentscheidung des neuen Entwurfs allerdings nur Ermäßigung der Verwaltungskosten durch Verringerung der Beamtenstellen heißen. Daß die Revolution das Ende auch des einflußreichen, gebildeten Bergbeamtentums in Preußen eingeläutet hatte, ist den Beamten in diesen Wochen nicht verborgen geblieben[56].

Schon Anfang September 1848 lag nun ein neuer Entwurf eines Bergrechts vor, der den Gewerkenerwartungen zwar in weitem Umfang entgegenkam, in der Öffentlichkeit aber dennoch angegriffen, ja, als „Versuch einer Reaction"[57] eingeschätzt wurde. Noch in denselben Wochen gelang den Gewerken der erste bedeutende Erfolg in der Abgabenfrage, als ein Beschluß der Nationalversammlung, provisorisch den Bergzehnten bei den Gewerken zu ermäßigen, „welche ohne diesen Erlaß zur Einstellung oder Verminderung ihrer Arbeiten genöthigt sein würden", durch Kabinettsordre vom 21. September 1848 gebilligt wurde[58]. Der weitergehende Antrag auf grundsätzliche Abgabenermäßigung wurde im Winter 1848/49 in einer gesonderten Gutachterkommission beraten; er hat 1851 zusammen mit dem Miteigentümergesetz abschließend geregelt werden können.

Auf der Grundlage der Kommissionsbeschlüsse vom August arbeitete Oberbergrat *Martins* einen noch im Oktober/November 1848 erneut beratenen, vorläufigen Entwurf aus, der nach insgesamt 38 weiteren Sitzungen der nunmehr 19 Kommissionsmitglieder — unter ihnen Namen wie *Berger, Bohnstedt, Haniel, Harkort, Heintzmann, Honigmann* — in revidierter Fassung als fünfter gedruckter Entwurf vorgelegt wurde. In den

---

55 „Übersicht von den bisherigen Arbeiten der zur Entwerfung eines neuen Bergwerks-Gesetzes versammelten Commission", Berlin, 4. 9. 1848, S. 9; in: OBA 385.

56 Vgl. OBA 385, Gutachten des Bochumer BA-Direktors *Jacob* 28. 7. 1848: „Fordert es der Zustand des Staats die Gehälter der Beamten herabzusetzen, so scheint es nicht anzurathen, sie in eine Lage zu bringen, wo zwischen den Blättern der nachzusehenden Rechnung eine Anweisung auf die Gewerkschaft liegt." Die Verbissenheit des Kampfes der Bergbehörden um die Berggerichte während der Revolutionsmonate spiegelt die Furcht um die eigenen Existenzgrundlagen; vgl. die „Denkschrift, die Reorganisation der Berg-Justizpflege betreffend", Bochum 14. 12. 1848, in: JM 11121 Bl. 75—82.

57 Elberfelder Zeitung, 271/7. 10. 1848, in: OBA 385; vgl. schon ebd. Nr. 165/1848 (Auszug in OBA 361): Es habe den Anschein, als wolle man in Berlin aufs neue die Beratung durch die Gewerken verzichten. Kritisch auch *van Beughem*, Bemerkungen zu dem neuen Entwurfe eines Bergwerks-Gesetzes. In: Juristische Wochenschrift f. d. Preußischen Staaten 14 (1848) Spp. 451—462, 465—471, über rechtstechnische Details.

58 Vgl. OBA 385 (Abschr.). Durch Erlaß 25. 5. 1849 wurde der Steinkohlenabsatz nach östlich der Station Bielefeld durch eine Prämie subventioniert, die praktisch einem Zehnterlaß entsprach; s. *R. v. Carnall*, Besteuerung der Bergwerke, 1850, S. 57.

z. T. umstrittenen bergrechtlichen Problemen wie der Bergbaufreiheit und der Bergregalität, dem Erstfinderrecht, den Rechtsformen von Mutung und Verleihung von Bergwerkseigentum, orientiert sich dieser Entwurf auch an den Grundsätzen des französischen Bergrechts von 1810 — ein Umstand, der dem Gesetzeswerk, obwohl das französische Berggesetz den Gewerken im Vormärz stets als leuchtendes Vorbild vorschwebte, nunmehr auch Kritik einbrachte.

Im Dezember 1848 wurde mit der Ernennung *August Freiherrn von der Heydt* zum Handelsminister im Kabinett *Brandenburg/Manteuffel* die zweite wichtige, den Weg des Reformwerks bestimmende, darüberhinaus die bürgerlichen Reforminteressen der Revolution in hohem Maße befriedigende Personalentscheidung getroffen[59]. *V. d. Heydt,* der sich in den Folgejahren an dem Reformwerk außerordentlich interessiert zeigte, ließ den Kommissionsentwurf Anfang 1849 den Oberbergämtern zugehen und lud schon auf den 10. Januar die Kommissarien der beteiligten Ministerien und die vier Berghauptleute zu den Beratungen einer Ministerialkommission[60], aus denen nach weiteren innerbehördlichen Besprechungen und Fachgutachten und unter Berücksichtigung des österreichischen Bergrechtsentwurfs 1849 ein weiterer, der sechste gedruckte Entwurf eines neuen Bergrechts hervorging, der den Kammern durch Kabinettsordre vom 4. Januar 1850 zur Beschlußfassung vorgelegt wurde[61].

Dieser neuerliche Entwurf glich in den Grundsätzen seinem Vorgänger und wiederholte, bei manchen Änderungen in Fragen der Regalität, der Verwaltungsorganisation u. a., die dort vollzogene Aufhebung der behördlichen Direktion. Dennoch ist es, anscheinend in demselben Umfang, in dem sich die äußeren politischen Konstellationen verschoben, den Bergbehörden im Zuge ihrer Beratungen während des Jahres 1849 gelungen, eine Vielzahl von Bestimmungen und formalen Nuancen in dem Entwurf unterzubringen, die die Dispositionsallmacht der Gewerken mindestens genauer beschrieben, für die Arbeiter mehr Rechte und größere Sicherheit wahrten und den Behörden manche Aufgaben vorbehielten. Ein Vergleich der in beiden Entwürfen vorgesehenen Knappschaftseinrichtungen kann dies zeigen[62]. Nach wie vor sollten in allen Bergbaubezirken Knapp-

---

59 Wegen des letztgenannten Aspekts, wegen seiner Rolle im wirtschaftlichen Ausbau der 1850er Jahre und vor allem in der Bergrechtsform, verdient die politisch wenig eindeutige, sowohl in der Öffentlichkeit als auch in der konservativen Fronde des Staatsministeriums manchem Widerstand begegnende Person *von der Heydts* (1801—1874; 6. 12. 1848 bis 1862 Handels-, später zeitweise Finanzminister) eine kritische neuere Würdigung. In vielem ist *von der Heydt,* der 1848 die Erfahrung machte, „daß das Königtum eine in sich selbst ruhende, unabhängige Gewalt bleiben müsse" (*A. Bergengrün,* A. v. d. Heydt, 1908, S. 143), vorbild- und beispielhaft für die politische Wende des gewerblichen Bürgertums nach der Jahrhundertmitte gewesen. **Die ältere Biographie von *A. Bergengrün*** kann kritischen Fragen nicht genügen. Für Kurzinformationen s. *W. Köllmann,* A. Frhr. v. d. Heydt, in: Wuppertaler Biographien 1. Folge, Wuppertal 1858, S. 45—50; sowie in: *W. Först* (Hg.), Rheinisch-Westf. Rückblende, 1967, S. 86—91. — Im Juni 1866 schrieb *F. A. Lange* über *v. d. Heydt,* „der so manche interessante Seite der sinnenden Betrachtung darbietet", anläßlich seiner Ernennung zum Finanzminister, das Ministerium stütze sich nun „ganz offen und unumwunden auf die Kapitalisten" (Bote vom Niederrhein 67/6. 6. 1866; 73/20. 6. 1866). Über die Elberfelder Rolle der *v. d. Heydts* in der Revolution s. *Klaus Goebel,* Politisierung und Industrialisierung. In: *ders./M. Wichelhaus* (Hg.), Aufstand der Bürger, 1974, S. 222—228 u. passim.
60 Vgl. OBA 1903 Bl. 4 *v. d. Heydt/v. Mielecki* 2. 1. 1849, sowie JM 11081 Bl. 111 HM/JM 23. 12. 1848.
61 Vgl. bes. JM 11082 mit einem Exemplar des Entwurfs.
62 Nach §§ 180—197 im Entw. 1848, §§ 142—164 im Entw. 1850; Texte in OBA 385 und JM 11082.

schaftsvereine mit Zwangsbeitritt der Bergleute, unter ungefähr gleichen Beiträgen von Gewerken und Arbeitern und durch paritätische Selbstverwaltung unter der Oberaufsicht der Behörde geleitet, eingerichtet werden. Das behördliche Aufsichts- und Eingriffsrecht wurde freilich 1850 genauer umschrieben und vor allem hinsichtlich des Beschwerderechts der Bergleute nur noch auf Anhörung „der Gewerkenvertretung nach Befinden der Umstände" bestimmt, während ursprünglich ein Gutachten der Gewerkenkammer verpflichtend vorgesehen war. In Terminologie und Tendenz die alte ständische Knappschaft zurückrufend, räumte der neuere Entwurf den Grubenverwaltungen das Recht zum Erlaß von „Disciplinar-Reglements" ein, die aber vom Bergamt zu bestätigen waren, und die Straffestsetzung blieb in jedem Fall dem Revierbeamten vorbehalten. Die so umstrittene „Arbeiterdisziplin" sollte also, wenn man den Gewerken auch nach außen und ausdrücklich das Recht auf An- und Ablegung der Arbeiter zugestand, in den Händen der Behörden bleiben. So hieß es zwar in den Motiven[63], mit dem Entwurf werde „das natürliche Verhältniß zwischen dem Arbeitgeber und dem Arbeitnehmer hergestellt", aber auch, daß damit

> „nicht bezweckt werden [solle], die Arbeiter von den Arbeitgebern unbedingt abhängig zu machen, vielmehr mußte den ersteren durch das Gesetz diejenige Stellung gesichert werden, welche ihnen durch die längst bestehenden Knappschafts-Verbände, die sich unter den verschiedensten äußeren Verhältnissen bewährt haben, angewiesen worden ist".

Und diese Sicherung der Arbeiter gegen unternehmerische Willkür versprach sich der Entwurf von 1850, unter Beibehaltung der 1848 nicht erwähnten Klasseneinteilung der Knappschaftsmitglieder,
1. von der Beibehaltung des ständischen Rechts auf Arbeit, formuliert als „Anspruch auf vorzugsweise Beschäftigung" bestimmter knappschaftlich bevorrechtigter Bergleute;
2. von der behördlich kontrollierten Feststellung eines Lohn-Minimums, auf das der in die Knappschaftsrolle eingeschriebene Bergmann Anspruch erheben konnte[64].

Mit diesen Bestimmungen war in dem Entwurf 1850, unter Abschaffung des betriebstechnischen und ökonomischen Einflusses der Behörden auf Planung, Haushalt und Rechnungslegung, ein alternatives Programm zur Herstellung der schrankenlosen unternehmerischen Dispositionsfreiheit aufgestellt, dessen Grenzziehung vor den Arbeiterverhältnissen den Arbeitern selbst erheblichen Schutz gewähren mochte und, nicht zuletzt, im Interesse der Bergbehörde lag — eine andere Frage war freilich, ob dieses Programm auch funktionieren würde, ob hier nicht die Reibungspunkte nur verschoben waren und ob die behördlich-staatliche Autorität diese Rechte langfristig und effektiv würde gewährleisten können. Immerhin ist soviel deutlich, daß, als die „Entfesselung" des Bergbaus anstand, Erfahrungen aus anderen Gewerben von manchen Reformern aufgrund ihrer andersgelagerten Interessen und Maßstäbe eingebracht und formuliert worden sind. Die Knappschaft bilde, bemerkte im Juli 1848 der Bochumer Bergamtsdirektor *Jacob*[65], „die beste Vormauer für das Proletariat"; dies sei aber nur zu erreichen, „wenn zwischen dem Arbeitgeber und den Arbeitern eine Mittelperson steht, welche Beschwerden entscheidet und controllirt". Es scheint sogar, als ob die Behörden

---

63 Motive S. 36 f., in: JM 11082. Entsprechend wurde, neben den oben beschriebenen Aufgaben der Behörden nach dem Entwurf von 1848, nunmehr (§ 165) die Beaufsichtigung „des Lebens und der Gesundheit der Arbeiter, sowie die Überwachung der Disciplin unter denselben und die Wahrung des Staatswirthschaftlichen Interesses" genannt.
64 §§ 65, 66, in Entw. und Motiven, sowie § 148.
65 „Promemoria" 28. 7. 1848, in OBA 385.

1850 in ihrer Vorsorge für den Arbeiter noch weiter gehen wollten: Vielleicht analog zur Unternehmervertretung in der Gewerkenkammer, hatte die Knappschaft den Bergleuten, so wollte es deren Aufgabendefinition im Entwurf, nicht nur Unterstützung zu gewähren, sondern auch „das Interesse derselben Arbeiter in den gesetzlich bestimmten Fällen wahrzunehmen" – ein angesichts der geplanten Knappschaftsorganisation natürlich illusorisches Unterfangen.

Nicht zufällig, und dem Handelsminister wohl nicht unlieb, gelangte der neuerliche Entwurf in den Kammern 1850/51 gar nicht erst zur Beratung, und im Frühjahr 1851 hieß es, die Kammer sei mit soviel Vorlagen beschäftigt, daß wohl auch die kommende Session kaum die Behandlung des Entwurfs bringen werde[66]. Das herausragende Ergebnis dieses Entwurfs wird daher darin bestanden haben, v. d. Heydt im Verlauf der Kommissionsberatungen 1849/50 davon zu überzeugen, daß eine Gesamtreform des Bergrechts ohne so wenig wie gegen die nach wie vor die alte Bergbauverfassung verfechtenden Bergbehörden möglich war. Sobald man in die unumgänglichen fachbehördlichen Diskussionen trat, mußte sich hier unter dem Mantel der Sachkenntnis neben dem bergbaubürokratischen Konservatismus das Existenzinteresse der Beamten – beides konnte sich zudem mit der Aura fürsorglichen Denkens und Handelns umgeben – hinderlich bemerkbar machen. In dieser Situation durfte sich v. d. Heydt des stillschweigenden Wohlwollens der wortführenden Gewerken wie der Mehrheit im Abgeordnetenhaus gewiß sein, wenn er seit Ende 1850 den Weg der umfassenden Reform zugunsten einer schrittweisen Novellengesetzgebung verließ. Und auf seiten der interessierten Unternehmer polterte man nun nicht mehr durch eine Flut von Eingaben gegen die Vormundschaft der Behörden und schonte selbst, um nicht höhere Rechtsreservate zu treffen, deren Prestige; aus dem Bewußtsein der neuen parlamentarischen Macht und des ministeriellen Rückhalts konnte am Vollzug der Reform kein Zweifel mehr bestehen.

Die Schnelligkeit, Logik und sozialordnende Konsequenz der nun folgenden legislatorischen Entscheidungen, die hier nur in den Grundzügen darzulegen sind, besticht. Doch hat die Darstellung der Reformphase vor allem seit den 1840er Jahren immerhin gezeigt, daß die innenpolitische Kräftekonstellation soweit getrieben war, daß den Bedürfnissen nur der einen Seite Vorrang eingeräumt werden mußte – auf dem Rücken und auf Kosten der anderen, die noch allen Grund hatte, auf eine wirksame Statuswahrung durch jene dritte unabhängige, nunmehr ebenfalls umgangene Instanz zu vertrauen. Die Entwicklung ließ ferner Alternativen zu der schließlichen Lösung deutlich werden, und ohne hier die jeweilige Realitätsnähe und praktische Effizienz dieser Alternativen zu diskutieren, sei doch die Vermutung gewagt, daß die besonderen Formen der Bergbauverfassung, vor allem auch ihre relative rechtliche Rückständigkeit zum Reformzeitpunkt, Chancen einer weitsichtigeren Lösung bargen.

b) Die Novellengesetzgebung und das Allgemeine Berggesetz 1851–1865

Unter dem Gesichtspunkt ihrer Neuordnung der rechtlichen Bedingungen der bergbaulichen Arbeitsverhältnisse gruppiert sich die Novellengesetzgebung um vier allerdings eng miteinander verknüpfte Schwerpunkte:
– Mit dem Miteigentümergesetz vom 12. Mai 1851 wurde die Verfügungsgewalt der Kapitaleigner über die Produktionsmittel hergestellt.

---

66 Über die Gründe des Scheiterns dieses Entwurfs s. auch M. D. Jankowski, Prussian Policy and the Development of the Ruhr Mining Region 1766–1865, Diss. 1969, S. 206 f.

— Das Knappschaftsgesetz vom 10. April 1854 regelte die Auflösung des alten Knappschaftsverbandes zugunsten eines Rechtsrahmens der sozialen Sicherung der Bergarbeiter bei Krankheit, Unfall und Invalidität.
— Das Freizügigkeitsgesetz vom 21. März 1860 löste die Arbeiter aus der disziplinarischen Zuständigkeit der Bergbehörden und unterwarf sie den Rechtsbedingungen des sog. freien Arbeitsvertrags. Hiernach
— regelte das Kompetenzgesetz vom 12. Juni 1861 die Organisation und Aufgaben der Bergbehörden neu.

Vor allem auf dem Gebiet des Abgabenwesens, wo nach 1851 schrittweise erhebliche Erleichterungen für die Gewerkschaften eintraten[67], daneben in einer Reihe rechtlicher und organisatorischer Fragen wie der Bergbauhilfskasse und des Bergschulwesens, ist das Novellenwerk während der 1850er und 60er Jahre zu insgesamt 14 Gesetzen ausgebaut worden, als dessen Krönung schließlich der *Brassert'sche* Entwurf des Allgemeinen Berggesetzes verstanden wurde. Das Abschlußgesetz von 1865 wiederholte im Kern die bisherigen Novellen und setzte sie außer Kraft, brachte aber für die Rechtsverhältnisse der Arbeiter noch einige Verschlechterungen.

In einem Hauptinhalt ist das Reformwerk durch die Regelung des Verhältnisses zwischen Gewerken und Behörden schon im Miteigentümergesetz 1851 entschieden worden. Dabei beabsichtigte dessen Fassung ursprünglich, einem 1850 wiederholten Antrag *Fr. Harkorts* in der Nationalversammlung von 1848 folgend, nichts als die Regelung der in der Tat zweifelhaften Rechtsverhältnisse aller Anteilhaber eines Bergwerks untereinander[68]. Hier hatte der Zwang zur Vergrößerung des Felderbesitzes infolge der hohen Anlagekosten moderner Tiefbauschächte, der in den alten Bergbaugebieten nur durch Zusammenlegung mehrerer Felder (Konsolidationen) erfüllt werden konnte, eine Rechtsregelung erforderlich gemacht. Weil hierbei auch die Verantwortlichkeit der Gewerkschaften gegenüber den Bergbehörden genaueren Rechtsbedingungen unterworfen werden mußte, ließ sich eine grundsätzliche Aussage über den Charakter der gewerkschaftlichen Betriebs- und Haushaltsführung in dem Entwurf unterbringen. Dies geschah auf dem Umweg über die Regelung der Aufgaben des Repräsentanten oder Grubenvorstands einer Zeche, die in einem umfänglichen Katalog ausgesprochen wurden[69]. Zu ihnen gehörten neben einer Reihe betriebs- und haushaltstechnischer Aufgaben vor allem die rechtsverantwortliche Repräsentanz der Gewerkschaft gegenüber dem Bergamt, die Einstellung und Anleitung der Grubenbeamten und der nichtknappschaftlichen Arbeiter. Dieser neuen Grubenleitung unterstand die gesamte eigenverantwortliche Führung von der Produktion bis zum Verkauf; nur die Verhältnisse der Knappschaftsmitglieder wurden weiterhin vom Bergamt wahrgenommen.

Die Absicht des Gesetzes lag, bei aller Entscheidung im Grundsätzlichen, eher in einer

---

67 Vgl. JM 11082 Bl. 147 HM/JM 7. 3. 1851; das „Gesetz über die Besteuerung der Bergwerke..." vom 12. 5. 1851 findet sich in der Gesetzsammlung Nr. 15 S. 261—264 (s. auch OBA 1903 Bl. 176 ff.); zur Vorbereitung dieses Gesetzes vgl. bes. *R. v. Carnall*, Besteuerung der Bergwerke, 1850, S. 47—66, über den Zehnten S. 67—88. Mit dem Besteuerungsgesetz von 1862 sind die Bergwerksabgaben erneut schrittweise bis auf 1 % des Reinertrags ermäßigt worden; Materialien hierzu s. in JM 11086. Einen knappen Überblick der Abgabenentwicklung gibt *A. Arndt*, Bergbau und Bergbaupolitik, 1894, S. 177—180, 184—186.
68 Vgl. JM 11082 Bl. 191—206 HM/JM 9. 3. 1851.
69 Text des Gesetzes in Gesetzsammlung Nr. 15, S. 265—271; Entwurf und Motive (Druckfassung) vgl. in OBA 1903 Bl. 85—97. Differenzen über den Entw. zwischen HM und JM in Detailfragen sind während einer Sitzung der Kommissare beider Ministerien am 25. 3. 1851 ausgeräumt worden; am 29. 3. 1851 lag der Entwurf dem Staatsministerium vor.

vorbereitenden Konsolidierung und Formulierung des Bergbaubetriebs in seiner Rechtsform und in der Inangriffnahme einer unvermeidlichen Übergangsphase — auch auf seiten der Gewerken sprachen sich längst nicht alle Stimmen für eine freie verantwortliche Leitung ihrer Geschäfte aus; die bisherige „Curatel-Verwaltung" hatte hier noch manche Freunde[70]. Aber mit diesem Gesetz wurde bereits, an der Stelle des alten Lehenträgeramts und des Schichtmeisters, die Rechtsform der Grubenleitung in der Absicht formuliert, „allmälig immer mehr Gegenstände der Grubenverwaltung in die Hände der Besitzer zur eigenen Besorgung übergehen zu lassen". „Ein plötzliches Aufheben der bestehenden Verhältnisse", begründete der in der Bergrechtssache zumeist persönlich agierende Handelsminister, „würde allerdings seine Bedenken haben"[71]. Um die Probleme der Übergangsphase organisatorisch zu bewältigen, waren die Bergbehörden ausersehen, wobei der Minister den Beamten zugleich die sicher mit zwiespältigen Gefühlen wahrgenommene Aussicht auf Repräsentantenstellen in gewerkschaftlichen Diensten eröffnete[72]. In den Kreisen der Bergbeamten hat der Entwurf des Gesetzes, zu dessen Urhebern neben dem Mitverfasser der Bergrechtsentwürfe der 1830er Jahre, *Skalley*, vor allem der Geheime Bergrat *R. v. Carnall* gehört hat, gewiß einiges Mißfallen erregt, so daß man im Ministerium gut daran getan hatte, die Fristen zur Begutachtung — für die Bergämter „längstens" drei Tage[73] — möglichst kurz zu stellen; das Gesetz durchlief die parlamentarischen Hürden innerhalb eines Monats.

Dagegen ließ die Instruktion zu dem Gesetz fast ein Jahr auf sich warten. In ihr ging es dann auch kaum noch um die Rechtsverhältnisse der Anteilsinhaber einer Gewerkschaft, sondern um die Abgrenzung der Befugnisse von Grubenleitung und Behörde in der Regelung der Arbeiterverhältnisse[74]. Die Grubenbeamten waren dem behördlichen Einfluß, von einer einmaligen Prüfung ihrer Qualifikation abgesehen, nun gänzlich entzogen, und auch über den Umfang der Grubenbelegschaft und ihre Verwendung konnten die Gewerken frei entscheiden. Einzig darüber hatten die Revierbeamten noch zu wachen, daß den Knappschaftmitgliedern ihr Recht auf vorzugsweise Beschäftigung erhalten blieb; das Recht der Behörde zur Normallohnfeststellung ist in den folgenden Jahren durch die konjunkturelle Entwicklung aus den Angeln gehoben worden. Immerhin blieb die Behörde als Beschwerdeinstanz auch in Lohnangelegenheiten den eingeschriebenen Bergleuten vorläufig noch erhalten.

In den kommenden Monaten haben die größeren Zechen des Reviers recht bald ihre Betriebs- und Verwaltungsangelegenheiten unter der Hilfestellung der Behörden, die auf ministerielle Anordnung besonders hierzu angehalten waren[75], in die eigene Ver-

---

70 HM/JM 9. 3. 1851 (vgl. Anm. 68). Zeugnisse für konservative Unternehmerstimmen sind zahlreich; vor allem die Folgen von Konkurrenz und Spekulation wurden befürchtet. Vgl. auch *M. D. Jankowski*, Prussian Policy and the Development of the Ruhr Mining Region, S. 254, unter Hinweis auf ZBHSW 1 (1854) S. 67.
71 HM/JM 9. 3. 1851 (Anm. 68); vgl. auch die Motive zu dem Entwurf S. 18. Die „transitorischen Zwecke" dieses deshalb „vielfach mißverstandene[n]" Gesetzes sind später deutlicher gesehen worden: vgl. die Kommissionsberatungen zum Freizügigkeitsgesetz (s. Anm. 93).
72 Vgl. MBAB 2 Bl. 1—3 HM/OBA 14. 3. 1851 (Abschr.).
73 Vgl. ebd. Bl. 3 OBA/BAB 17. 3. 1851; Gutachten der BÄ in OBA 1903 Bl. 127—136, des OBA ebd. Bl. 151—154. Nach JM 11082 Bl. 248 hat der Entwurf noch Veränderungen aufgrund oberbergamtlicher Monita erfahren. Berichterstatter der 2. Kammer war *v. Beughem*.
74 Instruktion vom 6. 3. 1852, in OBA 1903 Bl. 239—245; gedruckt Amtsblatt RA 13/27. 3. 1852; vgl. auch RA I 684 und RM 3171 mit einzelnen Quellen zur Novellengesetzgebung der 1850er Jahre.
75 Vgl. OBA 1903 HM/OBA 6. 11. 1851: „Ich darf erwarten, ... daß die Behörden den Gewerkschaften überall bereitwillig mit Rath und That zur Seite stehen werden". Zur Aus-

antwortlichkeit übernommen. Im Frühjahr 1852 wurden alle Grubenvorstände auf ihre Absichten befragt, und Reibungen[76] blieben bei der Regelung der Übergaben nicht aus, aber auf höhere Anordnung waren die Bergamtskalkulatoren von der Rechnungsführung für eine Grube zu entbinden, sobald deren Gewerkschaft dies verlangte. Viele Zechen beließen den Betrieb zunächst unter der Aufsicht der Behörden und übernahmen nur ihre Haushaltsführung selbst; überhaupt dauerte es eine Reihe von Jahren, bis auch die kleineren Anlagen ihre Verwaltung aus der Hand der Bergämter übernahmen. Die Behörden werden dies, wie sie überhaupt im Oberbergamtsbezirk das Gesetz nur zögernd durchführten, nicht ungern gesehen haben, und noch 1856, als Änderungsversuche an den gewerkschaftsrechtlichen Bestimmungen gescheitert waren[77], machte *von der Heydt* die Beamten eindringlich auf ihre Pflicht aufmerksam, Reibungen bei Ausführung des Gesetzes „durch umsichtiges, wohlwollendes... Einschreiten im administrativen Wege" zu vermeiden[78].

Das nächste Reformvorhaben mußte die schrittweise Gleichstellung der Bergleute mit den Arbeitern anderer Gewerbe sein, und der erste Schritt in diese Richtung wurde bereits im Juli 1851 mit dem Entwurf eines Knappschaftsgesetzes getan[79], der im wesentlichen auf der Grundlage der oben beschriebenen Bergrechtsentwürfe von 1848 und 1850 die Knappschaft von ihrem ständisch-korporativen Ballast befreite und zu einem Versicherungsinstitut umformte. Dabei ist selbst den Zeitgenossen der alte ständische Zusammenhang von Verpflichtung und Bevorrechtigung in der Knappschaft, vor ihrer Bedeutung als Garant sozialer Sicherheit, kaum noch als solcher bewußt geworden und jedenfalls nicht bewahrenswert erschienen. Wohl war den Bergbehörden, wie noch der Zusatz über ihre disziplinarische Kompetenz im Berggesetzentwurf 1850 gezeigt hatte, der Zusammenhang von Privileg und Reglement, von Disziplin und sozialer Sicherheit noch erinnerlich, aber auch hier trat der Gedanke der Fürsorge, der Absicherung gegen unternehmerische Willkür in den Vordergrund, und im übrigen bedurfte die Knappschaft bei Auflösung der alten Bergbauverfassung einer Neuregelung. Sie ganz aus dem Bergrecht fortzulassen oder von einer Regelung dieser Art abzusehen, wie noch in den 1860er Jahren vorgeschlagen wurde[80], wäre, soviel war gewiß und sollte sich

---

führung des Gesetzes fand am 17. 3. 1852 in Dortmund eine eingehende Besprechung der regionalen Bergbehörden statt.

76 Bes. OBA 386 und MBAB 2 mit einer Fülle von Beispielen.

77 Besonderes Interesse verdient die mehrfache Petition des Minderheitsgewerken *P. Göring*, der mit dem Beschluß der Kuxenmehrheit (bei den Stinneszechen Graf Beust u. a.), Kohle unter Marktpreis an bestimmte Hüttenwerke abzugeben, erheblich geschädigt wurde. Vgl. hierzu und über andere Änderungsanstöße JM 11083, JM 11084, OPM 2635 I, OPM 2818, OBA 363, OBA 386, MBAB 2, Amtsblatt RA 10/8. 3. 1856.

78 MBAB 2 Bl. 158 f. HM/OBA 2. 4. 1856 (Abschr.); vgl. ebd. Bl. 146 f. HM/OBA 14. 11. 1855 (Abschr.): „Ich kann nur wünschen, ... daß man da, wo die Bestimmungen [des Miteigentümergesetzes] sich nicht gleich ausreichend erweisen, sich nicht damit begnüge, dies zu constatieren, sondern sich um so eifriger bemühe, auf administrativem Wege" abzuhelfen. Über die erheblichen Konflikte zwischen dem OBA in Dortmund und dem HM in dieser Frage vgl. *M. D. Jankowski*, Prussian Policy and the Development of the Ruhr Mining Region, S. 218—227.

79 Vgl. BAEW 119 Bl. 5—10 Entwurf. Auf einer gemeinsamen Konferenz beider BÄ in Stalleicken wurde die Notwendigkeit des Gesetzes abgestritten; vgl. ebd. Bl. 22—29. Ohne Rücksicht hierauf ging der Entwurf am 19. 2. 1852 an die betroffenen Ressortchefs; vgl. JM 11083 Bl. 18 HM/JM 19. 2. 1852, Bl. 71 f. dass. 9. 12. 1853.

80 Vgl. unten S. 189. — Eine im ganzen zutreffende Darstellung des alten knappschaftlichen Sozialgefüges findet sich in den Motiven zum Entwurf des Knappschaftsgesetzes, s. in JM 11083 Bl. 25—37.

noch viel mehr in den kommenden Jahren erweisen, auf den entschlossenen Widerstand der Bergleute gestoßen. Die Knappschaftsreform scheiterte vorläufig unvermutet nicht am Widerstand von Gewerken oder Behörden, sondern an dem des Finanzministers *von Bodelschwingh*, eines Intimfeinds *v. d. Heydts*[81], der, während der Handelsminister die jetzt anstehende Reform als notwendige und dringliche Folge des Miteigentümergesetzes bezeichnete, den Sinn der Maßnahme insgesamt und mancher ihrer Details bezweifelte[82]. Ende 1853 glückte dann die Wiederaufnahme des Vorhabens anscheinend nur, weil als Sachkenner der dem Finanzminister wohl unverdächtigere Berghauptmann *v. Dechen* hinzugezogen worden war, und nach ausführlichen Beratungen einer Ministerialkommission[83] gelangte der Entwurf mit insgesamt wenig bedeutenden Änderungen in die beiden Häuser des Parlaments.

Grundsätzlich löste die Gesetzesvorlage die Knappschaft aus der bergamtlichen Zuständigkeit und organisierte sie als Selbstverwaltungskörperschaft unter der begrenzten Aufsicht der Behörde. Bei Beiträgen der Arbeiter im Verhältnis ihres Lohnes oder als Fixum, der Gewerken in Höhe der Hälfte bis zum vollen Beitrag der Arbeiter, sollte die Knappschaft die bisher gebräuchlichen Leistungen, ohne daß hier Maße gesetzt wären, weiterhin gewähren. – Der Entwurf passierte mit meist nur redaktionellen Änderungen die konstitutionellen Hürden. Unter anderem die Art der bergamtlichen Aufsicht geriet in den Meinungsstreit, wurde dann jedoch in Form des Stimmrechts des bergamtlichen Kommissars bei Stimmengleichheit im Knappschaftsvorstand und des Suspensionsrechts statutenwidriger Beschlüsse entschieden. Hinsichtlich der Wahl der Arbeitervertreter gelang es in den Kommissionsberatungen des Abgeordnetenhauses, die Wählbarkeit auch der Gruben- neben den Kgl. Bergbeamten in dem Entwurf zu formulieren; dagegen ist der Versuch, die Arbeitgeberbeiträge niedriger zu stellen, schon in der Kommission gescheitert. Am Zwangscharakter der Kasse und an der Beitragspflicht der Gewerken vorhandene Zweifel sind in den Beratungen nicht berücksichtigt worden.

Nachdem in einer Instruktion erforderliche Bestimmungen der nun zu entwerfenden Statuten der einzelnen Knappschaftsvereine vorweggenommen waren[84], setzte in den Bergamtsbezirken im Ruhrrevier der langwierige Prozeß der Statutenberatungen[85] ein, der noch unerwartete Schwierigkeiten nach sich ziehen sollte. Das Oberbergamt wollte zunächst auf die Mitarbeit der betroffenen Knappschaftsmitglieder mit der Ausnahme zweier Ältesten verzichten, lud vielmehr zehn „der intelligentesten und für die Knappschafts-Angelegenheiten sich interessierenden Gewerken"[86] zu einer gemeinsamen Konferenz. Offenbar auf höhere Weisung ist dann das unter Mitarbeit der Gewerken *Chr. Flashoff*, *H. Haniel*, *G. Stinnes*, *F. W. Waldthausen* u. a. bereits abschließend

---

81 Vgl. *A. Bergengrün*, A. v. d. Heydt, S. 240 ff. Die gegenseitigen Vorbehalte sind 1856 wiederaufgelebt, als *v. d. Heydt* sich in aller Schärfe gegen den Plan *v. Bodelschwinghs* sträubte, den Bergbau zur Gewerbesteuer zu veranlagen; vgl. JM 11084 Bl. 78 f. Die scharfen Einsprüche beider Seiten gingen an alle Ressortchefs. Dagegen gereichte die freundschaftliche, heimatliche Verbundenheit *v. d. Heydts* mit dem Justizminister *Simons* dem Reformwerk deutlich zum Vorteil.

82 Vgl. JM 11083 Bl. 64—67 FM/HM 23. 3. 1853 (Abschr.).

83 Vgl. ebd. Bl. 71—95 mit der Neufassung des Entwurfs; hier auch die wesentlichen parlamentarischen Vorgänge; Text des Gesetzes s. Gesetzsammlung 1854 S. 139—142; zu den parlamentarischen Vorgängen vgl. *H. Volkmann*, Die Arbeiterfrage im preuß. Abgeordnetenhaus 1848—1869, 1968, S. 77—82.

84 Instruktion v. 3. 4. 1855; Text (Druckexemplar) in RA I 557.

85 Vgl. bes. BAEW 119 Bl. 169 ff. mit verschiedenen Entwürfen.

86 Ebd. Bl. 123, Einladung v. 27. 4. 1855.

redigierte Statut noch einmal zurückgenommen worden; nun wurden nach einem gegenüber Ältestenwahlen leicht veränderten Modus Vertreter der Bergleute gesondert gewählt und zu neuerlichen Beratungen geladen. Es scheint, als ob hier die Arbeitervertreter die bergmännischen Interessen durchaus erfolgreich gewahrt haben. Neben manchen technischen Änderungen wurde vor allem eine Erhöhung des Gewerkenbeitrages gefordert; die Lage der nichteingeschriebenen Bergleute der III. Klasse sollte leicht verbessert und die Einschreibung auch schreibunkundiger Bergleute in die I. Klasse gestattet, schließlich das Entgelt der Knappschaftsältesten verdoppelt werden[87]. Mehr als acht Monate lang blieb der Gewerkenbeitrag jedenfalls in der Essener Knappschaft unentschieden, und das Oberbergamt empfahl als Kompromiß, die Gewerken zum vollen Arbeiterbeitrag zu verpflichten, solange der Reservefonds nicht die vorgeschriebene Höhe erreicht habe. Auch sollten Überschüsse der Kasse bilanztechnisch zum Reservefonds gewiesen werden, damit niemand meine, es werde ein Gewinn erzielt[88]. In einer weiteren Konferenz Mitte 1856 in Essen haben sich die Gewerken auf den Druck der Arbeitervertreter zu einer Lösung nach Bochumer Vorbild bereiterklären müssen, wonach von ihnen vorläufig in der I. und II. Klasse der volle, in der III. Klasse der halbe Arbeiterbeitrag zu leisten war[89]. Zugleich gelang den Knappschaftsältesten beider Bezirke, angesichts der Teuerungswelle eine Erhöhung der Witwenrenten durchzusetzen[90].

Gewichtige Stimmen in den Behörden wollten auf den Erlaß eines Strafreglements zugleich mit den Statuten nach dem Vorbild der alten Knappschaft nicht verzichten. Obwohl längst nach den neuen Statuten verfahren wurde, hatten die Bergleute von den Veränderungen daher über fast zwei Jahre keine Kenntnis nehmen können. An den meist mit besonderer Feierlichkeit verknüpften Akt der Statutenübergabe gewöhnt und zudem angesichts gleichbleibender Leistungskraft der Kassen nicht beunruhigt, hat sich der bergmännische Widerspruch gegen die neue Organisationsform der Knappschaft erst zu einem allzu späten Zeitpunkt entfaltet[91]. Er zielte gleichwohl auf den Kern dieses Reformteils: auf den Funktions- und Autoritätsverlust der Behörden durch ihren Rückzug aus dem ständischen Systemzusammenhang und auf die Stärkung der Gewerkenposition, von der die Bergleute meinten, wenig Gutes erwarten zu dürfen.

Dieser verspätete Protest der Bergleute gegen die knappschaftlichen Umbildungen ist den Reformern im Handelsministerium als zusätzlicher Reformimpuls nur zu gelegen gekommen, um den letzten, wichtigsten Schritt zur Auflösung der tragenden Beziehungen in der alten bergbaulichen Arbeitsverfassung zu tun. Denn der bergmännische Widerstand gegen die Knappschaftsreform trug, wie an anderer Stelle darzulegen ist, zwiespältigen Charakter: Hier wurden einerseits Aufhebung der neuen Statuten, Wiederherstellung der ursprünglichen Knappschaftsordnung, andererseits aber Freizügigkeit, freie Wahl des Arbeitsplatzes gefordert, um von den Früchten der Hochkonjunktur zehren zu können. Als man diesem scheinbaren Reformwunsch der Bergleute durch das Freizügigkeitsgesetz von 1860, freilich nicht in erster Linie auf den Wunsch der Bergleute hin, nachkam, hatte sich das konjunkturelle Blatt deutlich gewendet, und auch unter den Knappen wurden Stimmen laut, man wolle doch lieber auf die Freizügigkeit verzichten.

Diese widersprüchliche Haltung spiegelt die verbreitete Rechtsunsicherheit wider, die

---

87 Vgl. ebd. Bl. 161—168 Protokoll der Essener Konferenz 1. 12. 1855.
88 Vgl. ebd. Bl. 191—197 OBA/BAE 8. 6. 1856.
89 Konferenzprotokoll 12. 7. 1856, ebd. Bl. 221—226.
90 Vgl. ebd. Bl. 239 f.
91 Vgl. im einzelnen unten S. 400 ff.

die ersten Reformmaßnahmen mit sich brachten. Denn rechtsformell haben die alten Bergordnungen, und mit ihnen das Direktionsprinzip, trotz der bis 1860 ohne Aufhebungsformel erlassenen, die Direktion einschränkenden Novellen zum Bergrecht fortbestanden bis zur Emanation des Allgemeinen Berggesetzes 1865. Das Verdienst, diese Rechtsunsicherheit, oder umgekehrt: den rechtsgeschichtlich nachgerade revolutionären Kontinuitätsbruch in der Geschichte des gemeinen deutschen und des preußischen Bergordnungsrechts, ohne wirklich schwerwiegende Unzuträglichkeiten bewältigt zu haben, gebührt weniger den anfangs keineswegs eindeutigen Gesetzestexten und den Verwaltungsmaßnahmen der Oberbehörde, als vielmehr dem großen Ansehen und der Autorität der regionalen Verwaltungsbehörden. Freilich ist nicht zu übersehen, daß den Gewerken noch immer das Damoklesschwert eines Wechsels in der preußischen Bergbaupolitik, wie ihn die Reformgeschichte beispielhaft vorwies, über den Köpfen schwebte, waren doch die Anhänger der alten Ordnung längst nicht verstummt. Aber, und das hatte schon das Knappschaftsgesetz gezeigt, was von den einen noch als Gefahr empfunden werden mochte, stellte sich auf der anderen Seite als die auch zum Teil wahrgenommene Chance einer Gesamtregelung dar, die einige wenige Existenzinteressen der Arbeiterschaft im Auge behielt. So gesehen wurde die Bergrechtsreform zum Tauschgeschäft, bei dem die Bevormundung gegen das Zugeständnis relativer sozialer Sicherung der Arbeiterschaft abgestreift werden konnte, und es bleibt die Frage, ob hierin nicht mehr hätte gewonnen werden können.

Dieses Problem stellte sich in aller Klarheit anläßlich der Beratungen über das Freizügigkeitsgesetz, die, nachdem Ende der 1850er Jahre eine Reihe weiterer Reformschritte z. T. bis zur Gesetzesreife getan worden war[92], im Dezember 1859 aufgenommen wurden[93]. In dem schließlich mit wenigen Änderungen Gesetz gewordenen, allerdings an bezeichneten Punkten recht umstrittenen Entwurf ist, nach einem einleitenden Bekenntnis zu den neuen Grundsätzen der Bergbauverwaltung, die Regelung der bergbaulichen Arbeiterverhältnisse dem behördlichen Zugriff entzogen und auf die Rechtsgrundlage des privatrechtlichen Vertragsverhältnisses gestellt worden. Eine Mitwirkung der Bergbehörde bei Annahme und Entlassung der Arbeiter, bei der Lohn- und Gedingefeststellung entfiel künftig. Das Gesetz stellte eine 14tägige Kündigungsfrist fest und bezeichnete die beidseitigen Rechtsgründe fristloser Kündigung. Es sah für den abkehrenden Bergmann ein Abkehrzeugnis, auf Wunsch mit einem Führungsvermerk vor und verlangte von dem bergbaulichen Leitungspersonal der Steiger und sonstigen Aufseher Qualifikationsnachweise. Das freie Vertragsverhältnis erfuhr Einschränkungen insoweit, als von der Behörde zu bestätigende Arbeitsordnungen vorgeschrieben wurden und vor allem ein ausführliches Truckverbot, mit dem allerdings nur die Bestimmungen der Bergordnungen und die wenigstens im Ruhrrevier schon immer geübte Praxis festgeschrieben wurde[94], in dem Gesetz erschien. Ferner blieb den Revierbeamten

---

92 Vgl. die Materialien in OPK 11598 und OPM 2821 und 2822.
93 Vgl. JM 11084 Bl. 159—171 Entw. und Motive; Bl. 158 HM/JM 5. 12. 1859; Druckfassung: JM 11085 Bl. 1—10. Der Entwurf ging nach den Beschlüssen des Abgeordnetenhauses am 1. 3. 1860 an das Herrenhaus und abschließend noch einmal in die II. Kammer. Die Verhandlungen beider Häuser werden hier, wie auch die Kommissionsberatungen, nach dem ausführlichen bequemen Abdruck durch *Brassert* in der ZBR 1 (1860) S. 362—435 (mit Motiven) herangezogen; vgl. ebd. S. 1—22 Gesetzestext, S. 349—361 synoptischer Abdruck des Entwurfs und der Änderungsbeschlüsse; ferner die kommentierenden Bemerkungen *Brasserts* ebd. S. 435—472. Ein Abdruck der Motive findet sich noch Glückauf 26 (1890) S. 97—100 in der Absicht, den Bestrebungen zur Bergrechtsnovellierung nach dem Streik 1889 entgegenzutreten.
94 Vgl. o. S. 104 Anm. 107.

die schiedsrichterliche Entscheidung und Vollstreckung in Streitigkeiten der Vertragspartner vorbehalten, „welche sich auf den Antritt, die Fortsetzung oder Aufhebung des Arbeits-Verhältnisses, oder auf die gegenseitigen Leistungen während der Dauer desselben oder auf die Anwendung der Arbeits-Ordnungen beziehen". Hier blieb vorläufig eine nicht zu unterschätzende, praktisch auf den Gesamtbereich des Arbeitsverhältnisses einschließlich Lohn- und Arbeitszeitangelegenheiten und innerbetrieblicher Disziplin erstreckte Beschwerdeinstanz erhalten. Schließlich wurden dem Gesetz die berühmten Bestimmungen der Gewerbeordnung von 1845 über das Koalitionsverbot und eine in den Verhandlungen heiß umstrittene Bestrafung kontraktbrüchiger Arbeiter eingefügt[95]. Insgesamt wurden so mit einigen Einschränkungen die bergbaulichen Arbeitsverhältnisse jenen aller anderen Gewerbe gleichgestellt.

Die Kommissionsberatungen beider Häuser — im Abgeordnetenhaus war inzwischen eine besondere Kommission für Bergwerksangelegenheiten unter dem Vorsitz *Harkorts* entstanden — kreisten bei widerspruchsloser Einigkeit in der Hauptsache um die Fragen des Truckverbots und des Kontraktbruchs, an denen vor allem im Abgeordnetenhaus auch einige Kernprobleme der Reform aufgerollt wurden. Der Streit um die Hauptsache, das Direktionsprinzip, war inzwischen, wie die Debatte zwischen dem Regierungskommissar *von Dechen* und dem Berichterstatter *van Beughem* zeigte, zur bloßen Floskel, zum Streit um Wörter geraten: Die einen wollten klarer ausgesprochen, was die anderen längst eingeräumt hatten. Nach den bisherigen Erfahrungen mochte im übrigen noch niemand die „sanguinische Hoffnung" *(Karsten)* hegen, daß in Kürze ein allgemeines Berggesetz vorgelegt werde, mit dem alle jetzt getroffenen Veränderungen zusammengefaßt würden.

Bei den von den Kommissionsmehrheiten sonst nicht bezweifelten Bestimmungen über das Verbot der Lohnzahlung in Waren wurde in beiden Häusern lange überlegt, ob nicht ergänzend die Erlaubnis hinzugefügt werden solle, in von kompetenter Stelle als solche festgestellten Zeiten der Not bzw. des bloßen Bedürfnisses die Besorgung und Ausgabe von Lebensmitteln unter Lohnabzug zu gestatten. In der II. Kammer schon in der Kommission gescheitert, wurde dieser Zusatz im Herrenhaus vor allem von dem Fürsten *Hohenlohe-Oehringen* favorisiert, und der Hinweis auf die oberschlesischen Bergleute, die 1854, wäre man ihnen nicht auf die nun diskutierte Weise zu Hilfe gekommen, „geradezu verhungert" wären, kam gewiß nicht zufällig. Nachdem sich der Regierungskommissar in wünschenswerter Deutlichkeit gegen eine entsprechende Amendierung des Gesetzes ausgesprochen hatte, wurde der Antrag im Herrenhaus, wo man sich auch an den Typ der vor- und frühindustriellen Hungerkrisen und die obrigkeitlichen Abhilfemittel erinnern mochte, mit der sehr knappen Mehrheit von nur einer Stimme abgelehnt.

Ein schwieriges, da an Rechtsgrundsätze stoßendes Problem bildete der Kontraktbruch-Passus, der ebenfalls der Gewerbeordnung (§ 184) entlehnt war. Denn die „Vertragstheorie" sah vor, daß Nichterfüllung des Vertrags eine Klage auf Erfüllung oder Entschädigung, jedenfalls aber keine Strafe nach sich zog. Auch wurde darauf hingewiesen, daß sich im Hinblick auf die kurze Kündigungsfrist das „massenhafte Verlassen der Arbeit" jedenfalls nur vorläufig würde aufhalten lassen — es lagen noch kaum Erfahrungen über Streiks vor, und die Strafandrohung bei Kontraktbruch war noch nicht als Disziplinierungsmaßnahme entdeckt. Der in den Beratungen des Abgeordnetenhauses gescheiterte Passus wurde im Herrenhaus „im Interesse der öffentlichen Ordnung"

---

95 Die Einfügung hatte mehr bekräftigenden als rechtsmateriellen Wert, denn die diesbezüglichen Bestimmungen der Gewerbeordnung galten sowieso auch für Bergleute.

wiederhergestellt. Man stritt hier ab, daß Ungehorsam und Widerspenstigkeit, wie im Abgeordnetenhaus behauptet, Kennzeichen nur eines „Unterthänigkeits- oder Unterwürfigkeits-Verhältnisses" sein könnten; vielmehr erscheine Ungehorsam überall, und gerade in Vertragsverhältnissen, und müsse deshalb auch hier bestraft werden.

Deutet sich damit schon an, daß die Debatte über das Freizügigkeitsgesetz nicht etwa entlang den Fronten bloßer Besitz- und Bergbauinteressen verlief, so verstärkt sich dieser Eindruck noch, verfolgt man die allgemeinere Problematik, die im Abgeordnetenhaus im Zusammenhang mit der Kontraktbruchfrage aufgerollt wurde. Von seiten des Fortschritts wurde die Wiederherstellung des Paragraphen ausdrücklich bedauert, und es wurde in der Debatte deutlich, daß, wenn die Disziplinarbefugnis von der Behörde auf die Gewerken überging, zu ihrer Regelung die allgemeinen Rechtsbedingungen für Verträge durchaus ausreichten. Vor allem *Strohn, Karsten* und *v. Auerswald* verhehlten ihre Abneigung gegen die Strafregelung nicht; letzterer betonte sogar, in seiner derzeitigen (und verabschiedeten) Gestalt bringe das Gesetz Vorteile „wesentlich nur den Bergwerksbesitzern, den Mächtigen und Reichen; der Nachteil ... erwächst den Arbeitern, den Armen und weniger Mächtigen". *Strohn* betonte, daß „das Zustandekommen des Gesetzes im Interesse der Gewerken" liege und fragte, ob die gegenwärtige Disziplinarhoheit der Behörde über die Gewerken denn wirklich unfreie Arbeiter mache, ob nicht vielmehr das bergmännische Standesbewußtsein zu bewahren sei: „Hüten wir uns sehr, dieses Ehrgefühl ... zu vernichten". *Strohns* zutreffender Hinweis, viele Bergleute hätten sich gegen dieses Gesetz erklärt, wurde in der Debatte schließlich durch *von Dechen* mit dem Hinweis abgewehrt, der Entwurf sei gerade aus den Beschwerden der Bergleute „wesentlich hervorgegangen"[96], weshalb nicht stimmen könne, daß die Vorlage dem Interesse der Gewerken diene. In deren Kreisen hatte der Gesetzentwurf allerdings, da er selbst die kühnsten Erwartungen erfüllte, bei seiner Veröffentlichung Anfang 1860 „eine gewisse Sensation hervorgerufen"; es fehlte daher nicht an Hinweisen aus Gewerkenkreisen, welchen „wohlthätigen Einfluß auf unseren Bergbau" das Gesetz ausübe[97]. Seine Einführung ist, nachdem schon wenige Monate nach der Publikation eine nur kurze Instruktion erlassen wurde[98], höchstens unter den Revierbeamten, die damit die Rechtsgrundlage ihrer bisherigen Tätigkeit zum großen Teil erschüttert sahen, auf Schwierigkeiten gestoßen[99].

Auf die Behörden und Bergbeamten selbst kam nun der letzte Teil des Reformwerks zu: die Reform der Bergbaubürokratie. An der als Reformfolge mit der Verminderung der Geschäftstätigkeit einhergehenden Kürzung der Planstellen konnte spätestens mit dem Bergrechtsentwurf von 1850, anhand dessen ausführlich die künftige Behördenorganisa-

---

96 Wie sehr den Behörden die Knappschaftsunruhen 1858/59 gelegen gekommen waren, zeigt auch die Nennung der Schrift von *A. Serlo*, Die Beschwerden gegen die neue Organisation der Knappschaftsvereine, 1859, in den Motiven zum Entwurf. Vgl. auch *Volkmann*, Arbeiterfrage, S. 119 f.

97 Berggeist 5 (1860) S. 63 und Jahresbericht HK Essen f. 1860, S. 19; vgl. auch Berggeist 5 (1860) S. 91 f. Schon 1865 schloß sich das OBA dieser Meinung an; vgl. OBA 1788 OBA/HM 15. 5. 1865 (Entw.).

98 Instruktion v. 16. 6. 1860, in: MBAB 4 Bl. 2 f.; Amtsblatt RA 26/30. 6. 1860. Auf Staatswerken galt das Gesetz nicht, dennoch sollte hier parallel verfahren werden; vgl. OBA 386 HM/OBA 2. 12. 1860.

99 Vgl. bes. MBAB 4 Bl. 15 f. Runderlaß BAE 29. 6. 1860 (Abschr.) und Bl. 33 BAB 7. 8. 1860 (Entw.); Bl. 184—192 Protokoll einer Bochumer Revierbeamtenkonferenz Anfang 1861; OBA 1775 Bl. 60—62 HM/OBA 17. 7. 1860 wird auch die provisorische Weitergeltung der alten Disziplinar-Reglements abgelehnt.

tion beraten wurde[100], kein Zweifel mehr sein. Aber schon im Frühjahr 1851 machte *v. d. Heydt* in einem ausführlichen Erlaß[101] deutlich, daß ein Weiteres würde hinzutreten müssen: Etliche Geschäfte der Bergbehörden seien entweder überhaupt oder in dieser Form überflüssig, andere ließen sich statt von Kommissionen besser von einzelnen Beamten besorgen, und der Handelsminister wünschte, „daß in allen Theilen des Dienstes alsbald jede thunliche Vereinfachung d. h. eine Zurückführung auf das wahre Bedürfniß stattfinde", womit dann auch die hohen Verwaltungskosten, nicht zu Unrecht in der Öffentlichkeit beklagt, vermindert würden. Auch aus dieser Richtung wehte nun also ein frischer Wind. Schon nach den ersten Übergaben von Haushalts- und Betriebsführung an die Gewerken Ende 1852 wurden fünf von 23 Revierbeamtenstellen im Gesamtbezirk kassiert[102]; schon 1851 waren die Oberschichtmeister in den einstweiligen Wartestand versetzt worden. Zugleich wurde, nachdem schon in den 1840er Jahren die zunehmenden Anforderungen an die damals noch mit wenigen Ausnahmen allein praktisch ausgebildeten, ohne Universitätsstudien oft aus der Gruppe der Steiger ernannten Revierbeamten betont worden waren[103], nun deren Position durch mehrere Maßnahmen aufgewertet, so daß sich die künftige Struktur der bergamtlichen Aufsicht auf der Grundlage der Reviere abzuzeichnen begann. 1856 wurde den Revierbeamten in Erinnerung gerufen, daß ein Nebenerwerb nicht mit der erforderlichen „Unabhängigkeit und Selbständigkeit" ihrer Position zu vereinbaren sei[104]. Seit Ende der 1840er Jahre datierten neue Bemühungen, auch die wissenschaftliche Qualifikation der Revierbeamten zu verbessern oder vielmehr erst einzuführen. Seit 1850 konnten die Bergmeister mit Ablegung einer zweiten Staatsprüfung auch in die höheren Beamtenstellen berufen werden[105]. Aber erst 1871 ist, nach voraufgehenden Regelungen und nachdem 1860 die Berliner Bergakademie ihren Lehrbetrieb aufgenommen hatte[106], der seither für Generationen von Bergassessoren verbindliche Ausbildungsweg des dreijährigen Studiums nach einem Jahr praktischer Lehrzeit und einer anschließenden dreijährigen Referendarzeit festgestellt worden[107].

Der entscheidende Schritt zur Umschreibung der künftigen Rolle der Revierbeamten wurde bereits 1857 mit der Beilegung der polizeilichen Kompetenz in Bergbauangelegenheiten getan; zugleich wurde damit der künftige Instanzen- und Vollzugsweg der Berg-

---

100 Vgl. OBA 1903 Bl. 45—52 Konferenzprotokoll Dortmund 13. 5. 1850.

101 Vgl. ebd. Bl. 155 f. HM/OBA 2. 4. 1851.

102 Vgl. OBA 411 HM/OBA 4. 2. 1853 (Abschr); MBAB 11 Bl. 17—20 u. ö.; über wechselnde Reviereinteilung während der 50er Jahre vgl. Entwickelung des Niederrhein.-Westf. Steinkohlen-Bergbaues Bd. X, S. 35. Durch Erlaß vom 17. 5. 1850 wurde die Einstellung weiterer Subalternbeamten sistiert, vgl. OBA 418 Bl. 317.

103 Vgl. OBA 1924, Bereisungsprotokolle *Graf Beust* 21. 3. 1841 und 29. 7. 1844; dass. OBA 1925, 12. 9. 1846; ferner OBA 1775 Bl. 7—20 BAE/OBA 24. 12. 1858.

104 Vgl. BAEW Bl. 243 f. u. 275 OBA/BAE 12. 10. 1856.

105 Vgl. *W. Serlo*, Westdt. Berg- und Hüttenleute, 1938, S. 152 f.

106 Vgl. hierzu RA I Pr 102 HM/alle OBÄ 21. 6. 1858 (Abschr.), und RM 3177; Vorschriften f. d. Kgl. Bergakademie, aufgrund Kabinettsordre v. 1. 9. 1860: Amtsblatt RA 44/31. 10. 1863; ferner Entwickelung des Niederrhein.-Westf. Steinkohlen-Bergbaues Bd. X, S. 35—41.

107 „Vorschriften über die Befähigung zu den technischen Ämtern bei den Bergbehörden des Staates" vom 21. 12. 1871, in: Glückauf 1/7. 1. 1872; Abdruck auch bei *G. M. Kletke*, Handbuch des Bergwerks-, Hütten- und Salinenwesens, 1873, S. 239—252. Andere Ausbildungszeiten, vor allem eine zwischen Studium und Referendarzeit geschobene Elevenzeit von zwei Jahren, sahen noch die „Vorschriften über die Befähigung zu den technischen Ämtern der Berg-, Hütten- und Salinenverwaltung" vom 21. 12. 1863 vor; Text in Amtsblatt RA 13/26. 3. 1864. Zu den älteren Bestimmungen vgl. bes. OBA 445 Bl. 21—25; MBAB 17.

polizei vorgezeichnet[108]. Die Bergpolizeibefugnis war gänzlich verschieden von dem älteren Disziplinarrecht der Behörden. Hinzu kam nun durch das Freizügigkeitsgesetz die bis 1865 ausgeübte schiedsrichterliche Funktion der Revierbeamten in aus dem Vertragsverhältnis fließenden Streitigkeiten[109]. Daneben nahmen die Revierbeamten zunehmend ehedem bergamtliche Aufgaben der Betriebs- und Haushaltsaufsicht wahr.

Der Weg zur Auflösung der Bergämter war damit geebnet. Allerdings haben sich die Gewerkenvertreter noch während der Entwurfreife des Gesetzes für die Beibehaltung der Bergämter zuungunsten der Oberbergämter ausgesprochen[110], und das Dortmunder Oberbergamt wollte die bestehenden Instanzenweg beibehalten und nur einige Bergämter und auch Oberbergämter zusammenlegen[111]. Das Gesetz, mit dem dann 1861 die Geschäftsbereiche der Oberbergämter geordnet wurden, klammerte vor allem die Hüttenwerke aus ihrer Zuständigkeit aus und stellte die Befugnis zum Erlaß von Bergpolizeiverordnungen nach den Aufgaben bei Mutung und Verleihung in den Mittelpunkt der künftigen Tätigkeit. In den Häusern des Parlaments wurde es recht schnell verabschiedet[112]. Die Bergämter im Ruhrgebiet haben zum 1. Oktober 1861 ihre Tätigkeit eingestellt.

Daß der damit beendete Vorgang der Gesundschrumpfung — Anfang der 1860er Jahre wurde zwar die Zahl der Reviere noch einmal verringert, aber die weitere bergbauliche Expansion wirkte sich künftig geschäftserweiternd aus — keine wahrnehmbaren Widerstände in der Beamtenschaft herausgefordert hatte, erklärt sich vor allem aus der jetzt immer reichlicher gebotenen Gelegenheit, in führende Stellungen in gewerkschaftlichen Diensten einzutreten. In Dortmund ist 1859 der künftige Bedarf des preußischen Bergbaudienstes an wissenschaftlichem Nachwuchs auf (bei insgesamt etwa 200 Stellen) jährlich acht Absolventen der Bergbaulaufbahn geschätzt worden[113]. Aber schon 1848 war bei 198 Anwärtern aller Stufen das unverkennbare „Mißverhältnis zu dem wahrscheinlichen Bedürfniß" beklagt worden[114]. Ende 1865 sollen sich 230 Anwärter um wissenschaftliche Ausbildung im Bergfach bemüht haben, worauf es in der Presse sarkastisch hieß, man werde dann wohl 100 Jahre alt werden müssen, um am Ziel der Wünsche, einer Anstellung im Staatsdienst, anzulangen[115].

Das Ergebnis der Reorganisation des Behördenapparats bestand daher, bei unverminderter Expansion des Bergbaus, vor allem in einer derart rigiden Verminderung der Präsenz staatlicher Verwaltungsbeamter im Bergbaubetrieb, daß eine Wahrnehmung von schiedsrichterlichen oder auch nur kontrollierenden Aufgaben durch die Revierbeamten, selbst wenn sie langfristig beabsichtigt gewesen sein sollte, schon aus Gründen begrenzter Arbeitskraft entfallen mußte. Von ein oder zwei südlichen Revieren abgesehen, betrug

---

108 Vgl. OPM 2835 I HM, FM und JM/alle Reg. u. OBÄ 8. 8. 1957. Die Stellung als Hilfsbeamte der Staatsanwaltschaft wurde noch einmal am 15. 9. 1879 bekräftigt, vgl. Glückauf 3/ 10. 1. 1880.
109 Vgl. MBAB 4 Bl. 225. Eine vergleichende Übersicht der gültigen Instruktionen für Revierbeamte s. in Berggeist 4 (1859) S. 112, 118.
110 Vgl. JM 11085 Bl. 162, sowie den Kommissionsbericht des Abgeordnetenhauses zu dem Entwurf, ebd. S. 9 f.
111 Dies geht aus OPM/HM 20. 5. 1859 (Entw. OPM 2822) hervor; das Gutachten des OBA vom 16. 5. 1859 ist nicht auffindbar.
112 Vgl. bes. JM 11085; *G. M. Kletke*, Handbuch, S. 232—238; Glückauf 12/11. 2. 1880; *H. Classen/H. Weller*, Die Entwicklung der Zuständigkeit der Bergbehörde, 1959, S. 253 f.; *H. Nebel*, Die Entwicklung der Bergverwaltung, 1965, S. 235.
113 Vgl. RA I Pr 102, Gutachten OBA 21. 9. 1858 zur Einrichtung der Berliner Bergakademie.
114 Nach OBA 418 Bl. 300, 11. 5. 1848.
115 Vgl. Glückauf 5/4. 2. 1866.

die Anzahl der im Revierverband beschäftigten Arbeiter seit den 1870er Jahren bis zu 10 000 und darüber hinaus, während bis zur Jahrhundertmitte ein Revierbeamter meist weniger als 500 Arbeiter zu beaufsichtigen und anzuleiten hatte. Fortan ließ sich schon aus Gründen der Zahl kein Vertrauensverhältnis zur staatlichen Aufsicht mehr herstellen, aber ein solches Verhältnis lag auch nicht in der Absicht der Reformer.

Mit dem Kompetenzengesetz von 1861 waren nach der Emanzipation der Unternehmer, der Dekorporierung der Arbeiterschaft und der Reduktion der Behördenpräsenz auf bloße Aufsicht die Grundzüge der neueren Arbeits- und Sozialverfassung durch Formulierung ihrer rechtlichen Strukturbedingungen festgestellt. Der im ganzen enge, die betrieblichen, gleichsam dienstlichen, und die familiären, außerdienstlichen Strukturelemente fest verknüpfende, ständische Systemzusammenhang war nun auch rechtskräftig aufgelöst, nachdem ihn schon die vormärzliche bergbauliche Expansion durch ihre technischen und betriebsstrukturellen Innovationen in Frage gestellt, der alle gewohnten Proportionen sprengende Konjunkturaufschwung der 1850er Jahre schließlich zum vorindustriellen Relikt erklärt hatte. Die Freisetzung aus den ständischen Rechts- und Sicherheitskautelen entließ die Arbeiterschaft in einen bereits durch die Veränderung zur industriellen Umwelt eingeleiteten Lern- und Anpassungsprozeß an die nunmehr bestimmenden Existenzbedingungen kapitalistischer Produktion: an die Gesetze des Markts und die großbetriebliche Produktionsform, an die innerbetriebliche und gesellschaftliche Unterdrückung.

Dabei war das Ergebnis des Reformwerks im Vergleich mit den Ausgangsbedingungen anderer Gewerbe zu Beginn des 19. Jahrhunderts, deren Erfahrungen freilich zur Verfügung standen, nicht einmal schlecht; die soziale Sicherheit der Knappschaft schuf sogar, neben anderen Schutzvorschriften wie u. a. dem Verbot der Frauen- und Kinderarbeit, einen „großen Vorsprung vor anderen Industriezweigen"[116]. Gemessen an den Alternativen, die auch im Verlauf der Reformierung immer wieder, begünstigt durch die wenigstens anfangs kapitalismuskritische Disposition der preußischen Bergbaubürokratie, sichtbar geworden sind, bleibt das Ergebnis freilich kritisierbar, behält man seine Folgen für die am wenigsten beteiligte, am meisten betroffene Gruppe, die Arbeiterschaft, im Auge. Unübersehbar zeigt das Reformergebnis, daß in der preußischen Bergbautradition Impulse und Denkalternativen bewahrt blieben, die sich über die Phase der wirtschaftlichen und politischen Herrschaft des Liberalismus hinaus erhalten konnten und virulent wurden, als der Liberalismus als tragende Wirtschaftsideologie seine Unfähigkeit zur Krisenbewältigung und, vor allem, zur Bewältigung seiner sozialen Folgen erwiesen hatte[117]. Genauso unübersehbar haben sich während dieser 1851—1865 eingeleiteten Phase der fast unbeschränkten liberalen Bergbauführung die materiellen und rechtlichen Existenzbedingungen der bergmännischen Arbeiterschaft, von nur wenigen Jahren der Blüte abgesehen, unaufhaltsam und eindeutig verschlechtert und die Klassenherrschaft durch die freie Nutzung der Produktionsmittel im Besitzinteresse einerseits, durch die Erfahrungen physischer Depravation andererseits konkret, alltäglich gemacht.

Noch zu Beginn der 1860er Jahre ist der Prozeß der Entrechtlichung durch den Übergang von der Novellengesetzgebung zur hier abschließend auf diese Frage hin zu untersuchenden Kodifikation eines allgemeinen preußischen Bergrechts auf der Ebene der Rechtsvorbehalte zum Schutz der Arbeiter fortgeführt worden. Das Allgemeine Bergge-

---

116 *H. G. Kirchhoff*, Staatl. Sozialpolitik im Ruhrbergbau, 1958, S. 16.
117 Vgl. unten S. 589 Anm. 32.

setz von 1865[118] brachte eine Reihe substanzieller Rechtsverluste für die Arbeiterschaft im Vergleich mit den vorhergehenden Novellen jener „produktiven Periode"[119] des Reformwerks. Liberales Denken hatte bis in die Mittelinstanzen der Bergbehörden hinein[120], vor allem aber in der interessierten Öffentlichkeit die Oberhand gewonnen. So plädierte 1863 der am Zustandekommen der Reformgesetze maßgeblich beteiligte Kreisgerichtsdirektor in Neuwied, *van Beughem*, für ein völliges Fortlassen aller Bestimmungen des Arbeitsverhältnisses aus dem soeben von *Brassert* vorgelegten Entwurf zum ABG[121]:

„Besondere Vorschriften können nur dazu dienen, dem ungebildeten Bergmann eine falsche Ansicht von seiner socialen Stellung beizubringen, die nur zu Enttäuschungen und zur Unzufriedenheit mit seiner Lage führt". Ob es volkswirtschaftlich gerechtfertigt erscheine, mit den Knappschaften „die besitzende Klasse zu zwingen, für die arbeitende Klasse zu sorgen, [habe] gewiß seine großen Bedenken".

Schon die knappschaftsrechtlichen Veränderungen durch das ABG belegen die hier ausgesprochene Meinung. Zunächst wurde das Knappschaftsinstitut der behördlichen Aufsicht durch deren Milderung noch weiter entzogen; auch konnte künftig der Kassenbeamte eines Vereins stimmberechtigt in den Vorstand gewählt werden. Wenn auch die fortdauernde behördliche Kompetenz als Beschwerdeinstanz über dem Knappschaftsvorstand beibehalten wurde, verbanden sich doch mit einer anderen wichtigen Änderung des Knappschaftsgesetzes mindestens Möglichkeiten zur Stärkung der Position der Unternehmer in den Knappschaften, in denen sie vor 1854 nicht einmal mitbestimmen konnten. In seiner neuen Fassung ermöglichte das Knappschaftsrecht (ABG § 172) die Abtrennung der Krankenkassen aus dem regionalen Verein und ihre Bindung an einzelne Werke. Auf der Unternehmerseite hat es starke Kräfte zur Durchsetzung solcher Regelungen noch in den 1880er Jahren gegeben, wobei gemeinhin mit einer besseren Übersichtlichkeit und Kostenersparnis argumentiert wurde. Im Hintergrund stand allerdings schon bei Erlaß dieser Bestimmung der Gedanke einer Nutzung der Kasseneinrichtungen zur Stärkung der innerbetrieblichen Disziplin. Nicht mehr der Revierbeamte, so hieß es in schöner Offenheit Ende 1865[122], führe heute die Aufsicht über die Bergleute,

„vielmehr ist es allein der Betriebsführer, der denselben gegenüber mit Autorität bekleidet ist und die Selbstverwaltung der aufgebrachten Beiträge leiten kann, — eine Selbstverwaltung, die um so wirksamer sein wird, als jedes Mitglied dieser kleinen Kassen die guten oder die schlechten Erfolge derselben in seinem Geldbeutel rasch fühlen kann".

Schwerwiegender waren die Veränderungen, die das Freizügigkeitsgesetz bei seiner Aufnahme in das neue Bergrecht erfuhr. Daß die Bestimmungen über Koalitionsverbot und Kontraktbruch ersatzlos fortfielen, wollte man, wenn auch schweren Herzens[123], auch in

---

118 Zugrundegelegt wurden hier der Text und Kommentar bei *H. Brassert*, Allg. Berggesetz für die Preußischen Staaten, 1888; vgl. auch die Jgg. 5 (1864) und 6 (1865) der ZBR. Wichtigere Materialien (Gutachten) finden sich in JM 11095—11097, RD 24580, OBA 363. Die Kommentare des 19. Jhs. zum ABG bibliographiert (nicht vollständig) *M. Koch*, Geschichte und Entwicklung des bergmännischen Schrifttums, Diss. 1960, S. 195—200.

119 *H. Brassert*, Die Ziele der Dt. Berggesetzgebung, 1881 (Referat 1. Bergmannstag Kassel 1880), hier zitiert nach Glückauf 12/9. 2. 1881. — *W. Fischer* deutet in seinen Darstellungen zur Bergrechtsreform die hier behauptete Verschlechterung im ABG 1865 an; vgl. Wirtschaft u. Gesellschaft im Zeitalter der Industrialisierung, S. 145, 156 f.

120 Vgl. bes. das Gutachten des OBA v. 1. 12. 1862, in OBA 363 (Entw.).

121 *Van Beughem*, Bemerkungen zu dem Entwurfe eines allg. Bergwerksgesetzes, 1863, S. 33, 53, z. T. gesperrt.

122 Glückauf 52/24. 12. 1865; vgl. im selben Jg. Nr. 49, 51, 53.

123 Vgl. bes. Glückauf 7/12. 2. 1865.

Unternehmerkreisen billigen; solange die entsprechenden Bestimmungen der Gewerbeordnung fortgalten, änderte sich an der Rechtslage nichts, und die 1865 schon anstehenden Auseinandersetzungen über das Koalitionsrecht wurden nur in die ebenfalls vorbereitete Revision der Gewerbeordnung verschoben. Bedenklich war hingegen die Abschaffung der Bestätigungspflicht der Behörden für die Arbeitsordnungen der Zechen. Wenn diese Bestätigung, weil sie nur bei Verstößen gegen die allgemeinen Gesetze oder gegen bergpolizeiliche Vorschriften versagt werden konnte, auch keine meßbaren Folgen gehabt hatte, lag allein in der Kenntnisnahme doch ein gewisser Kontrollvorbehalt mit auch präventiven Wirkungen begründet. Besonders schwerwiegend aber hat die Abschaffung der schiedsrichterlichen Funktion der Revierbeamten, die ansonsten durch das Gesetz noch einmal aufgewertet wurden[124], in den Streitfällen zwischen Gewerken und Arbeitern die Rechtslage nach dem Freizügigkeitsgesetz verschlechtert. In den Motiven zum Entwurf wurde dies durch den darin enthaltenen Widerspruch zum Grundprinzip des zivilrechtlichen Vertragsverhältnisses begründet; ferner sei diese richterliche Funktion mit der Stellung des Revierbeamten nicht vereinbar, und überhaupt sei heute in den großen Bergbaurevieren der Richter leichter als der Revierbeamte erreichbar. Während diese Bestimmung auch vom Bochumer Kreisgericht praktisch und prinzipiell abgelehnt wurde[125], mochte man sich im Dortmunder Oberbergamt noch nicht von ihr trennen[126]. Eine Überprüfung hatte ergeben, daß in den drei ersten Quartalen 1862 immerhin 151 unter der schiedsrichterlichen Stellung der Revierbeamten entschiedene Fälle anhängig gewesen waren. Die Chance „zur gütlichen Ausgleichung", zur Vermittlung in Streitfällen, war also noch vorhanden und wurde auch rege wahrgenommen; die Abschaffung dieser vorwärtsweisenden Bestimmung konnte sich nur zuungunsten der Bergleute auswirken.

Zur selben Zeit verfolgte die schon recht ausgebildete englische Bergarbeiterbewegung bereits eine von der deutschen Bergrechtsreform nach Richtung und Ziel umgekehrte Gesetzgebung: Ihr gelang es, nach schrittweise verbessertem Arbeiterschutz durch legislative Maßnahmen seit den 1840er Jahren ein Truckverbot durchzusetzen; 1872 wurden Lohnzahlung, Frauen- und Kinderarbeit und die Arbeitsplatzsicherung besonderen Bestimmungen unterworfen, und die schon bestehende Inspektion der Bergwerke wurde durch ein Schiedsverfahren ergänzt[127]. Es soll damit nicht behauptet werden, daß der Bergarbeiterschutz in England bereits vollkommener geregelt worden wäre; aber in Deutschland zielten die bergbaugesetzlichen Eingriffe und Diskussionen um ein Reichsberggesetz, auch nach Erlaß des Allgemeinen Berggesetzes bis zur Novellierung von 1892, zunächst allein auf die Schaffung bequemer Rechtsbedingungen der Produktion[128]. Von Unternehmerseite bestand daher aller Anlaß, die Veränderungen an der Substanz des Freizügigkeitsgesetzes, mit denen die Erfahrungen seit 1860 „in glücklicher Weise

---

124 Vgl. bes. ABG § 189.
125 Vgl. JM 11095 Bl. 245—274, Gutachten v. 2. 10. 1862.
126 OBA 363, Gutachten v. 1. 12. 1862 (Entw.).
127 Vgl. *F. Spencer Baldwin*, Die englischen Bergwerksgesetze. Ihre Geschichte von den Anfängen bis zur Gegenwart. Stuttgart 1894, S. 189—215; *Emil Auerbach*, Die Ordnung des Arbeitsverhältnisses in den Kohlengruben von Northumberland und Durham. Leipzig 1890, S. 44—152 über Schiedsgerichte 1875.
128 Insbesondere gelang 1873 die Reform des § 235 ABG, die sog. „Mobilisierung der Kuxe", mit der die bergbaulichen Eigentumsformen den Bedürfnissen des Kapitalmarkts angepaßt wurden. Hierzu Glückauf 20/15. 5. 1870, 23/5. 6. 1870, 24/12. 6. 1870, 48/27. 11. 1870, 49/ 4. 12. 1870; 19/11. 5. 1873. Über Reichsberggesetzpläne s. ebd. 74/15. 9. 1880 und 79/1. 10. 1890, 80/4. 10. 1890.

genutzt worden"[129] seien, wie überhaupt das gesamte Reformwerk zu begrüßen und seinen endgültigen Abschluß zum 1. Oktober 1865 zu feiern[130].

2. Konjunkturen und Krisen im Ruhrbergbau 1850—1890

Aus den auf S. 192 graphisch vereinigten Grunddaten zur Entwicklung des Ruhrbergbaus nach der Jahrhundertmitte[131] spiegelt vor allem die Wertreihe (Wert der Förderung) die in den Mengenreihen gewöhnlich nur durch abflachende Kurven erkennbaren konjunkturellen Höhen und Täler. Eine Betrachtung der langen Wachstumsschwankungen ergäbe auf dem Schaubild so nicht erkennbare tiefe Einschnitte um 1850 und 1875. Nach einer vorbereitenden Phase stetigen Wachstums im Vormärz folgt demnach eine Wachstumsperiode mit außerordentlich hohen jährlichen Wachstumsraten (9 %), die 1875 in eine Periode abgeschwächten Wachstums bis 1913 (4,7 %) übergeht[132]. Die Jahre von der Jahrhundertmitte bis 1874, in denen sich die Kohlenförderung fast verzehnfachte, während ihr Wert auf das 16fache zunahm, umfassen die Phase der räumlichen und quantitativen Expansion des Ruhrbergbaus. Die Höhe- und Wendepunkte der Konjunkturschwankungen in dieser ersten langen Wachstumswelle liegen in den Jahren 1864/65 und 1871—1873; ihre Täler, bei teilweise unsicherem Konjunkturverlauf in den 1860er Jahren, 1858/59, 1867/68. In der Periode verlangsamten Wachstums seit 1875 liegen die Konjunkturtäler in den Jahren 1877—1879, 1885/86 und 1893—1895, während sich undeutliche Konjunkturgipfel 1882/83, ein ausgeprägter, erstmals wieder alle Branchen erfassender Höhepunkt des Wachstums 1889/90 ergibt. In diesem Konjunkturbild der zweiten Jahrhunderthälfte erscheinen negative Wachstumsraten, zum Teil durch Sondereinflüsse bedingt, nur in den Jahren 1859, 1870, 1874 und 1877. Legt man die eindeutigere Wertreihe zugrunde, korreliert das Gesamtbild der ruhrbergbaulichen Konjunkturentwicklung bei einfacher Wendepunktanlayse in allen Auf- und Abschwüngen mit der gewöhnlich anhand des Eisenverbrauchs dargestellten gesamtwirtschaftlichen Entwicklung[133]: (siehe Schaubild S. 193)

---

129 Gutachtliche Bemerkungen des Vereins f. d. bergbaul. Interessen (zum ABG-Entwurf), in: OBA 363. In einer gleichzeitigen Petition (22. 8. 1863, ebd.) betr. Eisenbahnkonzessionierung hieß es, „die sich immer mehr dem Geiste der neueren Gesetzgebung und den richtig verstandenen Bedürfnissen des Bergbaus annähernde Praxis der Provinzial-Bergbehörden ... wird allseitig nützlich empfunden".

130 Vgl. Glückauf 40/1. 10. 1865, sowie retrospektiv ebd. 7/23. 1. 1884.

131 Absolute Zahlen und Quellen hierzu s. im Anhang S. 603 f.

132 Nach *C.-L. Holtfrerich,* Wirtschaftsgeschichte, 1973, S. 24; vgl. auch die ebd. gezogenen Schlüsse für die Periodisierung der bergbaulichen Wirtschaftsgeschichte; s. neben der von *Holtfrerich* herangezogenen Literatur noch *E. Müssig,* Eisen- und Kohlenkonjunkturen seit 1870, 1919, S. 30—36, und bes. *W. Fischer,* Konjunkturen und Krisen im Ruhrgebiet seit 1840, 1972, S. 180 f., 184.

133 Wert der Förderung und Produktion vgl. im Anhang S. 603 f.; Eisenverbrauch nach *A. Spiethoff,* Die wirtschaftlichen Wechsellagen, 1955, Tafelbd.

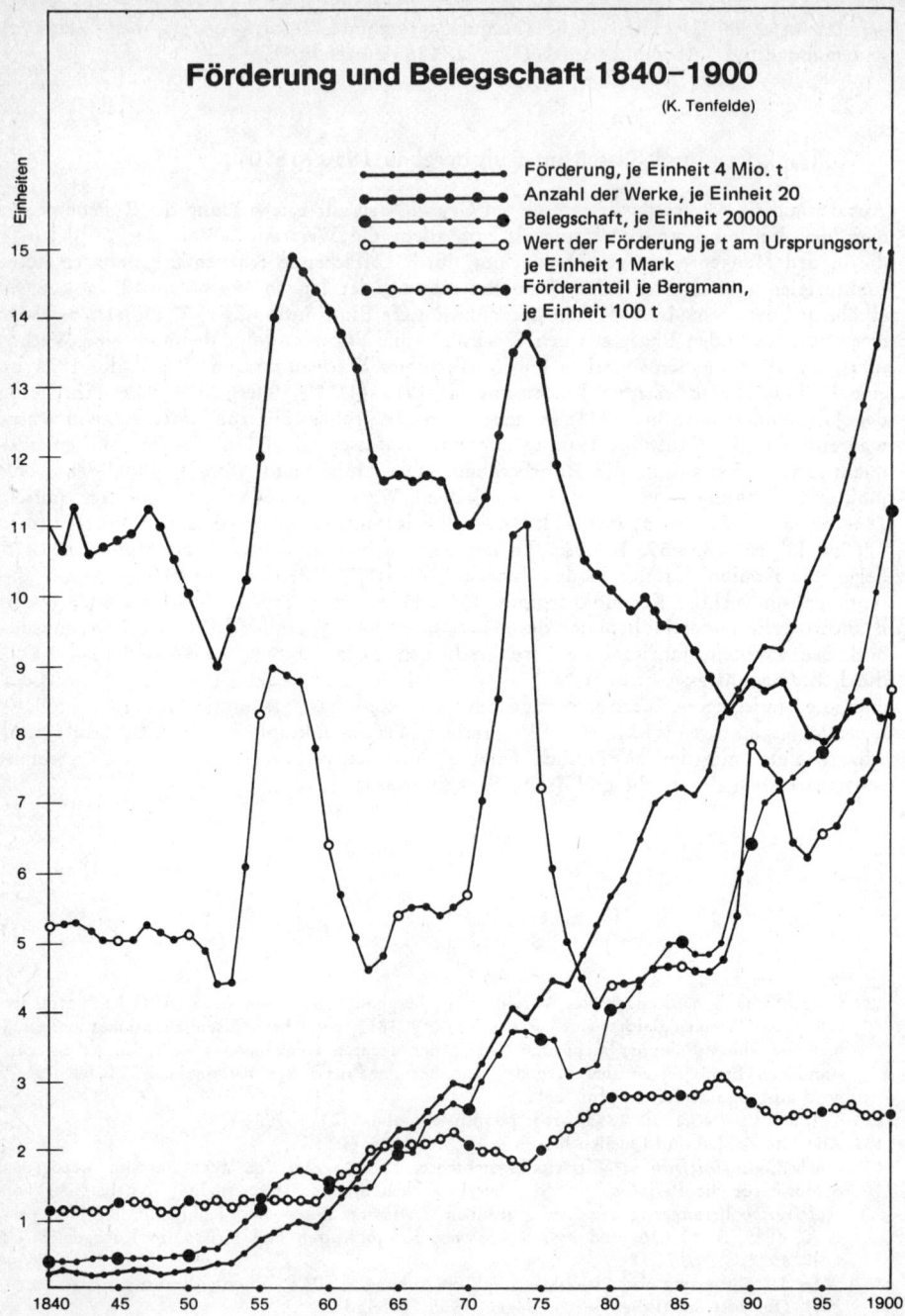

Förderung und Belegschaft 1840–1900

(K. Tenfelde)

Förderung, je Einheit 4 Mio. t
Anzahl der Werke, je Einheit 20
Belegschaft, je Einheit 20000
Wert der Förderung je t am Ursprungsort, je Einheit 1 Mark
Förderanteil je Bergmann, je Einheit 100 t

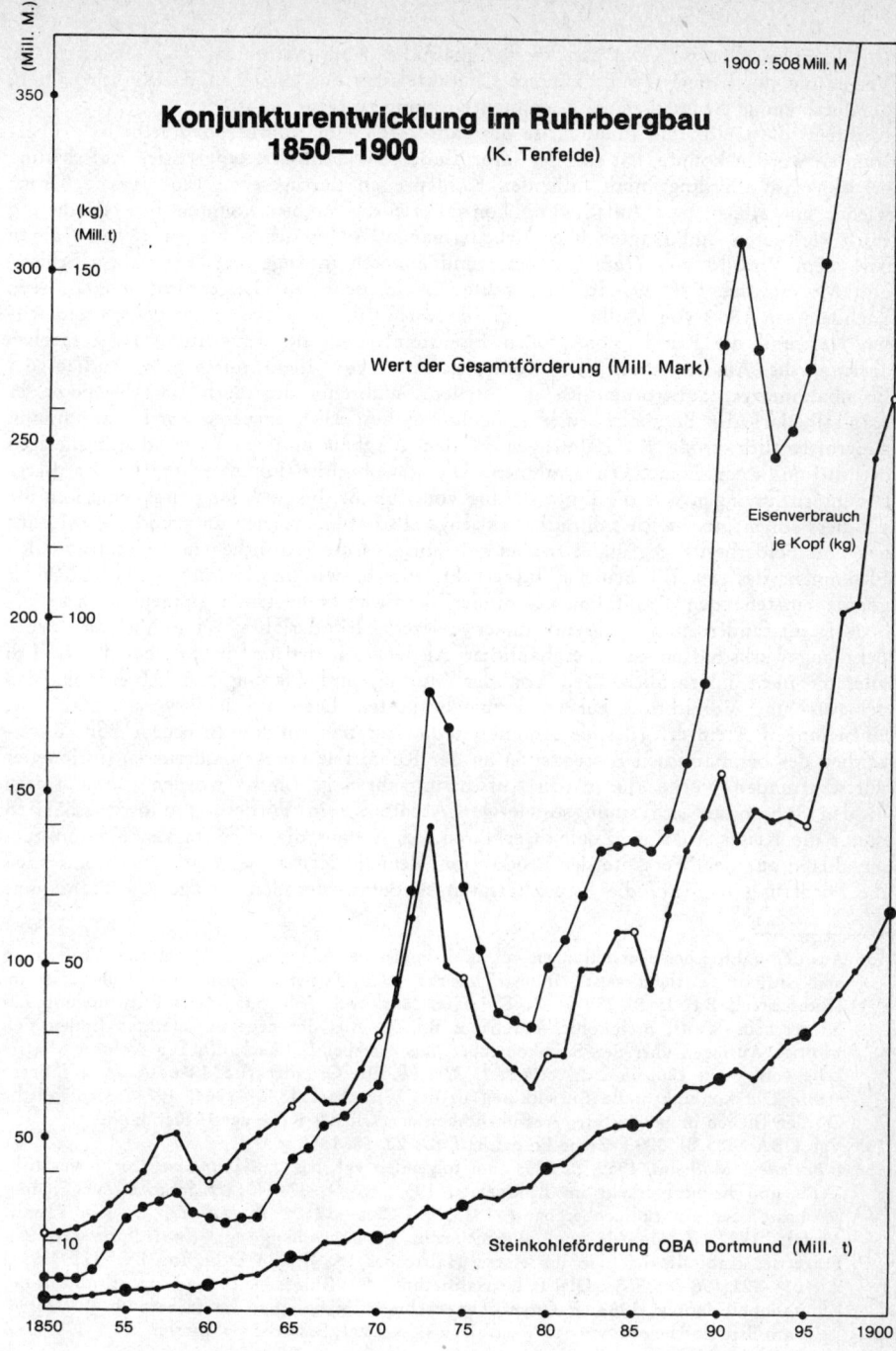

Konjunkturentwicklung im Ruhrbergbau
1850—1900 (K. Tenfelde)

1900 : 508 Mill. M

Wert der Gesamtförderung (Mill. Mark)

Eisenverbrauch je Kopf (kg)

Steinkohleförderung OBA Dortmund (Mill. t)

Die hier im Überblick vorgestellte bergbauliche Konjunkturentwicklung bedarf der Vertiefung durch eine jeweils kürzere Charakteristik der einzelnen Konjunkturphasen, die durch einige Grundzüge der Gesamtentwicklung zu ergänzen ist[134].

Nachdem die Geld- und Finanzkrise des Jahres 1848 im Ruhrbergbau recht bald überwunden werden konnte, hat sich der schon Ende 1847 sichtbare, langfristige Aufschwung bei zunächst allerdings noch fallenden Kohlepreisen durchgesetzt. 1850 wurde bereits wieder ein allgemeiner Aufschwung konstatiert; die Zechen konnten ihre Förderung rasch verkaufen und klagten über Arbeitermangel[135]. Ein schon in den 1840er Jahren nach dem Vorbild von *Haniel, Stinnes* und anderen inganggesetztes, „wahres Schürf- und Mutungsfieber"[136] erfaßte nun weite Kreise, denn auf lange Sicht mußten sich, nachdem seit 1850 von Mülheim aus die Erzverhüttung erfolgreich neue Wege geschritten war und die Kunde von großen Eisensteinfunden die Investitionslust zusätzlich anregte, die Absatzchancen der Kohle, gestützt vor allem durch den Ausbau des Eisenbahnnetzes, außerordentlich gut stellen. Während sich noch im Vormärz der Kapitalbedarf des Bergbaus seiner Ausdehnung hinderlich erwiesen hatte, flossen nun außerordentlich große Kapitalmengen in den Bergbau und sprengten den bisherigen örtlich-familiären Finanzierungsrahmen. Die gewöhnliche Finanzierungsart der Bergbauunternehmungen war die Einforderung von Zubuße, bis auch langfristig eine Rendite gesichert schien; aber auch zahlreiche Aktiengesellschaften wurden aufgrund von Mutungen und Felderbesitz gegründet, wobei sich übrigens die rechtlichen und institutionellen Hemmnisse des gewerblichen Kapitalverkehrs so sehr wie die Schwächen des im Revier gerade entstehenden Kapitalmarkts hinderlich auswirkten. Unter immensem Kapitalbedarf entstanden nun während dieser „ersten Gründerjahre" eine Vielzahl neuer Bergbaugewerkschaften und bergbaulicher Aktiengesellschaften im Revier, die freilich allesamt nicht unerhebliche Zeit von der Mutung und Planung zur Abteufung, von der Aus- und Vorrichtung zur Förderung brauchten. Diese vergleichsweise anhaltende, einen langen Atem erfordernde Anlaufzeit der Bergbaugründungen wurde zum Kennzeichen der bergbaulichen Krisenzeiten an der Ruhr: Die immer moderneren, rationeller wirtschaftenden Werke, die in den Aufschwungjahren gegründet worden waren, traten in den Jahren an sich schon schwieriger Absatzlage in Förderung und verschärften damit die Krisensituation. Zugleich erklären sich hieraus die recht starken Konjunkturausschläge auf der Wertseite der Produktion, denn in Zeiten des Nachfragebooms stieß die Förderung früh auf die Kapazitätsgrenzen der fördernden Anlagen, während um-

---

134 Aus den zahlreichen Darstellungen vgl. noch immer bes. eindringlich *W. Däbritz*, Entstehung und Aufbau des rhein.-westf. Industriebezirks, 1925; ferner *H. Spethmann*, Ruhrgebiet im Wechselspiel, Bd. II S. 259—417; Die Gft. Mark Bd. I S. 535—652; Entwickelung des Niederrhein.-Westf. Steinkohlen-Bergbaues Bd. X. Aus der neueren Literatur finden sich wichtige Aussagen über den Steinkohlenbergbau u. a. bei *J. Schuchardt*, Die Weltwirtschaftskrise vom Jahre 1866 in Dtld., 1962; *H. Mottek*, Die Gründerkrise, 1966; *R. Spree/J. Bergmann*, Die konjunkturelle Entwicklung d. dt. Wirtschaft 1840—1864, 1974. Archivalische Quellen fließen in gewünschter Ausführlichkeit erst seit der Krise der 1870er Jahre.

135 Vgl. OBA 1385 Bl. 329 f. Zeche Franziska/OBA 22. 10. 1850.

136 *I. Barleben*, Mülheim, 1959, S. 206; zum folgenden vgl. bes. *L. Kluitmann*, Der gewerbliche Geld- und Kapitalverkehr im Ruhrgebiet, 1931, S. 14, 37—40; *H. Schacht*, Zur Finanzgeschichte des Ruhrkohlenbergbaus, 1913, S. 1248—1250; *W. Däbritz*, Essener Credit-Anstalt, 1922, S. 41—44; zum allgemeineren Zusammenhang vgl. *Knut Borchardt*, Zur Frage des Kapitalmangels in der ersten Hälfte des 19. Jhs. in Dtld. In: JNS 173 (1961) S. 401—421; *R. H. Tilly*, Die Industrialisierung des Ruhrgebietes und das Problem der Kapitalmobilisierung, 1969; *P. Coym*, Unternehmensfinanzierung im frühen 19. Jh. Dargestellt am Bsp. d. Rheinprovinz u. Westfalens, Diss. 1971, S. 53—58 u. passim.

gekehrt die konjunkturelle Baisse in mörderischer Konkurrenz durch die hinzutretenden Anlagen die Preise noch mehr drückte.

Auf dem Höhepunkt der Kohlenkonjunktur, 1857, sollen im gesamten Ruhrrevier 85 neue Schachtanlagen abgeteuft worden sein[137], von denen freilich die meisten, da unzureichend oder in bedenklichen Formen finanziert, die kommenden Krisenjahre nicht oder nur in anderen Händen, oft in denjenigen von Banken, überstanden haben. Die Durchschnittsanlage der 1850er Jahre, die das enorme Wachstum zumeist durch Ausbau des Untertagebetriebs, soweit die Schächte dies erlaubten, trug, förderte zwischen 50 000 und 100 000 t bei einer Belegschaft von 400 bis 700 Mann. Die meisten dieser Zechen sind bereits in den 1840er Jahren gemutet und abgeteuft worden, aber auch alte Tiefbaugruben wie Gewalt, Sellerbeck, Nachtigall u. a. repräsentieren diesen mittleren Zechentyp, der der Nachfragesituation nunmehr besonders zu entsprechen schien und den die bisherige Technik, vor allem die Dampfmaschinentechnik und Schachttechnik, erlaubte. Im Ruhrrevier förderten über 50 000 t[138]:

1850: 8 Anlagen 30,5 % der Gesamtförderung mit 20,6 % der Gesamtbelegschaft;
1853: 13 Anlagen 45,0 % der Gesamtförderung mit 28,5 % der Gesamtbelegschaft;
1855: 21 Anlagen 51,5 % der Gesamtförderung mit 40,9 % der Gesamtbelegschaft;
1858: 26 Anlagen 54,1 % der Gesamtförderung mit 43,8 % der Gesamtbelegschaft.

Deutlich zeigt diese Aufstellung auch die günstigere Leistungsbilanz dieses Grubentyps, mit dem die Arbeitskosten, im arbeitsintensiven Steinkohlenbergbau stets um 50 % der Selbstkosten und darüber, erheblich gesenkt werden konnten.

Der Aufschwung der 1850er Jahre entließ den Ruhrbergbau, und mit ihm die dörflich-agrarische Ruhrbevölkerung, in die neue, andersartige, eigendynamische industrielle Umwelt. Innerhalb nur weniger Jahre entstand an der Ruhr mit der industriellen Erwerbsstruktur auf der Grundlage von Kohle und Eisen ein industriewirtschaftlicher Absatz-, Kapital- und Verbrauchermarkt fast frei von obrigkeitlichem Dirigismus, entstand vor allem auch ein industrieller Arbeitsmarkt nach den Gesetzen von Angebot und Nachfrage der Arbeitskraft. Im Bergbau mußte der *de jure* noch bestehende marktordnende Einfluß der Behörde, je mehr die bergbauliche Produktion die gewohnten Bahnen und Formen des Stollenbetriebs, der Absatzregelungen, der Betriebsbeschränkungen *de facto* verließ, als ein vorindustrielles Relikt und Hemmnis begriffen werden. Allein bereits die explosive Belegschaftsvermehrung auf den Ruhrzechen, eine Verdopplung auf über 30 000 in nur 6 Jahren (1852—1857), mußte die gewohnten ständischen Proportionen abstreifen und sprengen. „Bergbau wird Massenproduktion"[139]. Die soziale Wohlabgewogenheit der kleinen Zahl, die Übersichtlichkeit und relative Transparenz des ständischen Systemzusammenhangs hätten nur durch einen Bergbaubürokratismus ohnegleichen aufrechterhalten und entlang den gewohnten Bahnen organisiert werden können. Jede einzelne der neuentstandenen Schachtanlagen hätte eines eigenen wissenschaftlich-technisch qualifizierten Revierbeamten bedurft — neben der nachgeordneten Grubenbeamtenschaft in Gewerkendiensten, wie sich versteht. So mußten mit der neuen Freiheit des Markts und des Handels die alten Bindungen und Beziehungen wo nicht zerrissen, so doch berührt, verändert und verwandelt werden. Daß der Aufschwung,

---

137 Vgl. *Schacht*, Finanzgeschichte, S. 1250; *F. Ramjoué*, Die Bedeutung der Schwerindustrie, 1933, S. 20; *Spethmann*, Ruhrgebiet Bd. II, S. 317.
138 Errechnet aufgrund der Tabellen bei *Spethmann*, Ruhrgebiet Bd. II, S. 289 f.
139 *Däbritz*, Essener Credit-Anstalt, S. 35.

die ungeheure kurzzeitige Expansion des Bergbaus, auch ohne die seit 1851 fortschreitende Bergrechtsreform eingeleitet worden wäre, wird kaum zu bezweifeln sein[140]; freilich liegt die Annahme nahe, daß die Schwerfälligkeit des bürokratischen Dirigismus, seine traditionale Rechts- und Denkverbundenheit auch bei unumgänglichen organisatorisch-administrativen Anpassungen der expansiven Entwicklung manchen Stein in den Weg gerollt, mindestens aber die Fortsetzung von Bevormundung und Unfreiheit für noch mehr Menschen, auch und zunehmend spürbar für die Bergarbeiterschaft, bedeutet hätte. Jene „List der Idee", mit der die preußische Reaktion zum „Schrittmacher des Fortschritts"[141] wurde, werden mußte, hätte vor dem Bergbau zuletzt halt machen dürfen.

Im Sommer 1857 griffen die ersten Ausläufer der in den USA ausgebrochenen Geld- und Handelskrise auch auf den Ruhrbergbau über. „Chimärische Hoffnungen hatten Riesenwerke hervorgezaubert"[142], die nun binnen kurzem unter den Schlägen der Überproduktion zerfielen. Schon seit Ende 1857 wurden die ersten Feierschichten von Zechen gemeldet[143]; die Gruben sahen sich zum ersten Mal schutzlos dem wachsenden Selbstkostendruck ausgeliefert und standen zudem vor dem Problem, ihre jetzt offenkundig gewordenen Kapitalschwächen zu beseitigen[144]. Bei weiterhin wachsenden Gesamtkapazitäten einzelner Industriezweige, insbesondere auch der Hütten- und Eisenindustrie, die in den 1850er Jahren über die Ausdehnung und Verbesserung der Kokereien zum ersten Abnehmer von Kohle geworden war, verschärfte sich der Rückgang der Preise, sank der Beschäftigungsstand, so daß 1859 zu einem der wenigen Jahre rückläufiger Produktionsziffern im Ruhrbergbau wurde. In dieser Situation brachte das im Mai 1860 in Kraft tretende Freizügigkeitsgesetz, für das aus Gewerkenkreisen 1859 unter Hinweis auf die krisenhafte Absatzlage petitioniert worden war, eine deutliche Erleichterung vom Kostendruck, der im Nachhinein als „bessere Ausnutzung der Arbeitskräfte"[145] beschrieben wurde. Da nun die ehedem bevorrechtigten, zumeist älteren, minder leistungsfähigen Arbeiter nicht länger zuungunsten der jüngeren Arbeitskräfte in Zeiten von Absatzmangel weiterbeschäftigt werden mußten, da die Normallohnfeststellung entfallen und auch in der Regelung der Arbeitszeit größere Flexibilität eingezogen war, stieg die Arbeitsleistung von 129 t Jahresförderung eines Arbeiters (1859) in kurzer Zeit auf 149 t (1860) an. Die erhebliche Produktionssteigerung 1859/60 gelang mit einer reduzierten Gesamtbelegschaft. Erst 1866 ist die Arbeitsleistung bei einem vorläufigen Höchststand von (1865) 215 t bzw. 60 % über dem in den Jahren des Direktionsprinzips üblichen Stand von 130 t wieder leicht gesunken.

---

140 Vgl. etwa *H. Croon*, Rezension zu: *G. Adelmann*, Soziale Betriebsverfassung, 1962, in: Duisburger Forschungen 8 (1965) S. 306. In der wirtschaftsliberalen Traditionen verpflichteten Geschichtsschreibung wird gewöhnlich der Aufschwung der 1850er Jahre als Resultat der Rechtsreform interpretiert; vgl. noch *O. Hauser*, Grundzüge aus der Geschichte des Ruhrgebiets, 1967, S. 453. Kritisch nach beiden Seiten und sehr differenziert dagegen *W. Fischer*, Die Bedeutung der preuß. Bergrechtsreform f. d. industriellen Ausbau des Ruhrgebiets, 1972, S. 172.

141 *H. Rosenberg*, Die Weltwirtschaftskrise 1857—1859, ²1974, S. 17.

142 Jahresbericht HK Bochum f. 1859, S. 3; vgl. auch die übrigen HK-Berichte: Essen f. 1857, S. 3; Essen f. 1859, S. 3; Bochum f. 1858, S. 3.

143 Vgl. OBA 1784 Bl. 222 f. OBA/Grubendirektor *Sack* 23. 1. 1858 (Abschr.).

144 Vgl. *A. Kluitmann*, Geld- und Kapitalverkehr, S. 83 f.; *E. Gründling*, Die Unternehmerverbände in der Industrie des Rheinlandes bis zum Jahre 1880, Diss. 1923, S. 52.

145 Entwickelung des Niederrhein.-Westf. Steinkohlen-Bergbaues Bd. X, S. 39. Hier hieß es auch, das Freizügigkeitsgesetz habe „dem fleißigen und strebsamen Arbeiter eher ein Vorwärtskommen ermöglicht".

Dieses Bild wird in abflachender Tendenz verfälscht durch die Praxis der Zechen, bei schlechter Ertragslage weniger ertragsgünstige Flöze zu bauen; damit allerdings war das Instrumentarium, mit dem man Konjunkturschwankungen zu beantworten pflegte, schon fast erschöpft.

In Krisenjahren wirkten sich gewöhnlich saisonale Schwankungen der Nachfrage, unvermeidlich bei dem immer noch hohen Anteil der Hausbrandförderung, krisenverschärfend und manchmal, wie 1859 und in den Monaten Februar und März 1877, verheerend auf den Arbeitsmarkt aus. Die höchsten Förderziffern wurden gewöhnlich in den Herbst- und Wintermonaten Oktober, November und Dezember erreicht; im März, April und Mai hielt sich die Produktion dagegen auf einer Höhe von 60 bis 70 %, gelegentlich bis zur Hälfte der Höchstfördermenge[146].

Diese erheblichen Produktionsschwankungen lassen zugleich, das sei hier vorgreifend hervorgehoben[147], einen in der liberalkapitalistischen Phase des Bergbaus bis 1890 mit allerdings abnehmender Tendenz eindeutig saisonal strukturierten ruhrindustriellen Arbeitsmarkt erkennen. Den Saisonwanderern aus den agrarischen Arbeitskräftereservoirs mittlerer Entfernung kam diese Marktkonstellation ebenso entgegen wie den nebenbetrieblich ihre Kötterwirtschaft betreibenden angestammten Bergleuten, die über manche sommerliche Feierschicht hocherfreut waren. Erst seit den späten 1870er Jahren ist eine saisonale Stabilisierung des Absatzes über erweiterte Vorratshaltung, eigene Kohlenaufbereitung und insbesondere über die Umstrukturierung des Absatzmarkts zugunsten von dauernden Großabnehmern, schließlich durch zentrale Verkaufsleitung, erreicht worden. Während der 1860er Jahre war es vor allem der anhaltende Eisenbedarf im Eisenbahnbau, der über die, wie das Beispiel Krupps zeigt, weiterhin angeregte Geschäftslage in der Guß- und Schmiedeeisenherstellung das Wachstum im Bergbau trug. Bei allerdings verbreitet und durchgängig niedrigem Preisniveau[148] blieben Ertragslage und Gewinnmargen weiterhin schlecht, so daß die Investitionslust in diesem Jahrzehnt im allgemeinen gedämpft blieb. Mitverantwortlich hierfür war die dauernd labile Situation auf dem Geld- und Kreditmarkt, nicht zuletzt infolge der außenpolitischen Verwicklungen dieses Jahrzehnts[149].

In dieser Lage erwies sich der Steinkohlenbergbau durch seine besonderen unternehmensrechtlichen Verhältnisse als, auch im Blick auf die Lage der Arbeiterschaft, vergleichsweise krisenfest, ja, „geradezu als ein stabilisierendes Moment in jenen schweren Jahren"[150]. Das Allgemeine Berggesetz führte neben der Gewerkschaft älteren Rechts, deren Kuxen in ihrer Teilbarkeit eingeschränkt wurden, aber als unbewegliche Sachen weiterhin zur Hypothek gestellt werden konnten, die Gewerkschaft neueren Rechts mit

---

146 Vgl. die monatsweisen Förderangaben für Pluto (1865), Margaretha (1865) und Rheinelbe und Alma (1873) bei *N. Hocker*, Großindustrie, 1867, S. 235 f.; *F. A. Freundt*, Kapital und Arbeit, [1927], S. 19; vgl. noch das Beispiel unten S. 231 sowie für die spätere Zeit Glückauf 11/7. 2. 1880, für saisonale Schwankungen auf der Wertseite ebd. 5/15. 1. 1881, 10/ 3. 2. 1886. — Einer solchen saisonalen Förderungsstatistik ist *Schuchardt*, Wirtschaftskrise 1866, S. 121 f., aufgesessen, wenn er anhand einer monatlichen Produktionstabelle einer beliebigen Anlage ohne Prüfung „Phasen der Krise" 1865/66 illustrieren will.

147 Vgl. unten S. 232 f. sowie *D. Düsterloh*, Kulturgeographie des Niederbergisch-Märkischen Hügellandes, 1967, S. 149.

148 Vgl. *L. Hertel*, Die Preisentwicklung der niederen Metalle und der Steinkohle seit 1850, Diss. 1911, S. 16—22.

149 Vgl. *A. Spiethoff*, Die wirtschaftl. Wechsellagen Bd. I, S. 119—121; *Schuchardt*, Wirtschaftskrise 1866, S. 96.

150 [*P. H. Mertes*], 100 Jahre Industrie- und Handelskammer Dortmund, [1963], S. 33.

100 oder 1000 unteilbaren Kuxen ein, die als bewegliche Sachen nicht mehr in das Berggegenbuch eingetragen wurden. Die Gewerkschaft neueren Rechts war Juristische Person geworden und damit nur noch als ganze mit Hypotheken belastbar; für beide Typen wurde die Haftung durch das Vermögen der Gewerkschaft, nicht mehr des einzelnen Gewerken eingeführt[151]. Diese letztere Bestimmung trug erheblich dazu bei, den Kuxenbesitz von seinem bisher erheblichen Risiko zu befreien; wichtiger für den Handel mit Bergwerkseigentum und damit für die Kapitalbeschaffung war allerdings der Ausschluß der hypothekarischen Belastbarkeit der Kuxe neuerer Gewerkschaften, wobei der Wandel der Gesellschaftsform, die sog. „Mobilisierung" von der Gewerkschaft älteren zu jener neueren Rechts, bis 1873 noch an hinderliche Majoritäten gebunden war[152].

Wegen der noch veralteten Rechtsform der Gewerkschaft, insbesondere aber wegen der günstigeren Finanzierung durch Fremdkapitalbeschaffung, bildete die Aktiengesellschaft die vorherrschende Gründungsform im Ruhrgebiet — sowohl in den 1850er Jahren, als die Rechtsvorteile noch eine erheblichere Rolle spielten, als auch in den frühen 1870er und späten 1890er Jahren, als nach dem Fortfall des Konzessionszwangs 1870 die Vorteile der Gründung durch den Kapitalmarkt im Vordergrund standen[153]. Bei Gesellschaftsgründungen im Bergbau in Krisenzeiten bzw. unter labilen Konjunkturverhältnissen und bei angespanntem Kapitalmarkt wurde dagegen die Gewerkschaft bevorzugt, da hier im Verlustfall die Eintreibung der Zubuße problemlos war, während die Aktiengesellschaft von der Substanz zehren oder an den Kapitalmarkt treten mußte. Regelmäßig in Krisenjahren wandelten daher, manche im Verlauf ihrer Entwicklung sogar mehrfach, etliche Unternehmen ihre Gesellschaftsform, um ihre Lage zu stabilisieren; so nach 1873 zur Gewerkschaft: der Schalker Gruben- und Hüttenverein, die Zechen Westfalia, Concordia, Königin Elisabeth, Zentrum, Wilhelmine Viktoria, Dannenbaum, Courl, Vollmond u. a. Insgesamt betrug das Verhältnis der Unternehmensformen (nach dem Anteil an der Förderung im Ruhrbergbau; in Prozent)[154]:

	1850	1876	1885	1900
Reine Bergbau-AG	0,12		35,07	47,11
Gemischte AG		} 41,32		
mit Hüttenwerken o. ä.	—		5,15	12,79
Alleinbesitzer (bes. Krupp)	—	2,18	2,98	3,16
Gewerkschaften alten bzw. neuen Rechts	99,88	56,50	56,80	36,94

---

151 Vgl. *R. Stoßberg*, Die Gewerkschaft als Unternehmungsform im Ruhrbergbau, Diss. 1925, S. 15—31; *F. Schlüter*, Das Verhältnis von Gewerkschaft zur Aktiengesellschaft im Ruhrbergbau, Diss. 1940, S. 11—24.

152 Vgl. bes. Glückauf 36/8. 9. 1867 sowie oben Anm. 128, 136.

153 Hierzu auch *Kurt Bösselmann*, Die Entwicklung des dt. Aktienwesens im 19. Jh. Ein Beitrag z. Frage der Finanzierung gemeinnütziger Unternehmungen u. zu den Reformen des Aktienrechts. Berlin 1939, S. 89—94. Vor- und Nachteile der Gesellschaftsformen diskutiert ausführlich *Schlüter*, Verhältnis, S. 43—81.

154 Nach Entwickelung des Niederrhein.-Westf. Steinkohlen-Bergbaues Bd. X, S. 265, 279; vgl. auch *K. Uhde*, Die Produktionsbedingungen des dt. und engl. Steinkohlen-Bergbaus, Diss. 1906, S. 80 f., mit Abweichungen.

Insgesamt sind im Ruhrbergbau bis 1853: 11, bis 1864: 21 jeweils in Förderung befindliche Aktiengesellschaften[155] mit einem gegenüber den Gewerkschaften relativ erheblich höheren Förderanteil entstanden; die Gewerkschaft blieb die vorherrschende Unternehmensform der kleineren, auch deshalb krisensichereren Ruhrerfzechen.

Gleichwohl bildet die günstigere Unternehmensform des Bergbaus nur einen der seine Gesamtlage in den 1860er Jahren stabilisierenden Faktoren. Gleicherweise konjunkturstützend wirkte sich die Verkehrsentwicklung aus, und zwar in doppelter Hinsicht: Zunächst durch die räumliche Ausdehnung der Absatzmärkte, schließlich durch die Funktion des Verkehrsnetzes als eines Rohstoffverbrauchers erster Ordnung in Ausbau und Betrieb. Andererseits wurde die Eisenbahn innerhalb nur zweier Jahrzehnte zum fast alleinigen Transportträger der Ruhrkohle und beeinflußte darin auch die Absatzstruktur. Der Kohlenabsatz verteilte sich (in Prozent)[156]:

Jahr	zu Eisen- bahn	zu Wasser	zu Lande	zum eigenen Gebrauch	zur eigenen Kokerei
1851	24,9	29,6	45,5		
1854	33,0	27,1	33,4	6,5	
1857	45,3	15,7	32,3	6,7	
1860	55,1	16,7	20,7	7,5	
1863	67,2	10,1	16,2	6,5	
1866	72,9	5,3	15,4	6,4	
1869	81,2	3,3	11,6	3,9	
1872	76,81	2,49	9,33	6,09	5,28
1875	78,84	0,47	7,83	7,25	5,61
1878	80,78	0,24	5,43	6,92	6,63
1881	78,96	0,12	4,33	6,21	10,38
1884	77,23	0,16	4,0	5,59	13,02
1888	76,64	0,26	3,86	4,94	14,30
1890	75,61	0,16	3,68	4,96	14,59

Die in ihren Grundzügen in der Jahrhundertmitte erkennbare Erschließung des Ruhrgebiets durch die Köln-Mindener, die Bergisch-Märkische und die Prinz-Wilhelms-Bahn ist, soweit das Kohlenrevier sich damit dem Fernverkehr erschloß, während der 1850er Jahre nicht wesentlich verändert und erweitert worden[157]; von Bedeutung waren nur die Verbindungen zur Nordsee über die Emslandlinie (1856) von Münster bis Papenburg und (1862) über Bremen hinaus. Seit 1856 wurde auch der Eisenbahnverkehr in der Rheinlinie in beiden Richtungen erheblich verbessert, und 1860/61 wurde die nähere

---

155 Vgl. *Jankowski*, Prussian Policy, S. 176, *Hocker*, Großindustrie, S. 230.
156 Nach *M. Reuss*, Mittheilungen aus der Geschichte des Kgl. Oberbergamts, 1892, S. 84.
157 Vgl. vor allem den Überblick *H. Ditt/P. Schöller*, Die Entwicklung des Eisenbahnnetzes in Nordwestdeutschland, 1955, hier S. 156—160, mit Karten über den Stand der Fernverbindungen 1855, 1866, 1885; detailliert über einzelne Projekte, Linien und Gesellschaften s. *F. W. R. Kind*, Entwicklung und Ausdehnung der Eisenbahngesellschaften im niederrhein.-westf. Kohlengebiet, Diss. 1908, mit einer Karte des Streckennetzes zum Zeitpunkt der Verstaatlichung (Anhang). Weitere Spezialstudien auch in lokaler Begrenzung sind zahlreich; vgl. noch *F. Draeger*, Die ersten Eisenbahnen der Stadt Essen, 1917, *A. Stock*, Handel u. Verkehr im Dortmunder Raum, Diss. 1949; *W. Wüstenfeld*, Die Verkehrswege in und um Witten, 1961; über den relativ späten Anschluß Bochums s. *R. Palseur*, Bochum. Geographische Betrachtung, 1938, S. 36 f., 54—58.

Eisenbahnverbindung zum Main über Hagen und Siegen dem Verkehr übergeben, so daß auch die entfernten süd-, mittel- und norddeutschen sowie westeuropäischen Absatzgebiete[158] verkehrstechnisch Mitte der 1860er Jahre als erschlossen gelten dürfen. In einer weiteren Phase intensiven Ausbaus des Streckennetzes in den 1870er Jahren bis zur Verstaatlichung der Eisenbahnen stand dann die Verbesserung der Nahverbindungen im Revier im Vordergrund[159].

Ohne ergänzende Erschließungsarbeiten und -kosten seitens der Zechen wäre die innerhalb von nur zwei Jahrzehnten so gut wie vollendete Ausbreitung des Fernverkehrsnetzes unvollständig geblieben. Bei den zumeist schlechten Straßenverhältnissen jener Zeit und den hohen Fuhrkosten im Landdebit war ein eigener Eisenbahnanschluß für jede Grube eine lebenswichtige Frage. Hier stand die vormärzliche Pferdebahn noch in hohen Ehren — sie fand in den 1880er Jahren als Personenbeförderungsmittel in den nun großstädtischen Wohnbezirken erneut Verbreitung. Die meisten Gruben legten sich jedoch, soweit möglich, eigene, mit Dampflokomotiven befahrbare Waggonbahnhöfe in Normalspuren zu. Allein im rheinischen Revier sind bis Anfang der 1860er Jahre 26 solcher Anschlußbahnen, dazu etwa ein Dutzend Pferdebahnen, fertiggestellt und betrieben worden[160].

Bei der so entstandenen Abhängigkeit der Gruben von dem Eisenbahnabsatz, damit aber von den Linienführungen und Transporttarifen der bis in die 1870er Jahre hinein privaten Eisenbahngesellschaften, überrascht es nicht, immer wieder aus Gewerkenkreisen Klagen über Reibungen mit den Gesellschaftsvorständen zu vernehmen und eine Vielzahl von Initiativen auch auf parlamentarischer Ebene zu erkennen[161]. Der unabhängig von Krisen und Konjunkturen chronische Waggonmangel und die hohen Frachttarife standen im Zentrum dieser Klagen und begleiteten leitmotivisch bis zum Ende des Jahrhunderts das Problem Bergbau und Verkehr. Seit den frühen 1850er Jahren wurden auch immer wieder Kanalprojekte erwogen, wegen der hohen, nicht auf privater Ebene zu tragenden Kosten und wegen anderer Hemmnisse jedoch vorläufig verworfen[162]. Zudem war die Kohlenschiffahrt, wie das noch erinnerliche Beispiel der Ruhr zeigte[163], nicht unbedingt kostengünstiger als die Eisenbahnfrachten zu erwarten, so

---

158 Empfangsländer von Ruhrkohlen waren vor allem Holland und Frankreich sowie der Elsaß; vgl. bes. die wichtige Arbeit von *J. Rollmann,* Die Entwicklung des dt. Kohlenexports bis 1914, Diss. 1922, S. 5—7; zum Kohlenabsatz in den 1860er Jahren vgl. auch *W. Zorn,* Die wirtschaftl. Integration Kleindeutschlands, 1973, S. 311—313. Zeitgenöss. genaue Angaben über den Export stets in Glückauf, z. B. 27/5. 7. 1868, 50/30. 12. 1868. Zur dt. Kohlenexport- und -importstatistik s. am besten *K. Flegel/M. Tornow,* Entwicklung der dt. Montanindustrie von 1860—1912, 1915, S. 92—94; für die Zeit vor 1861 auch *E. Althans,* Zusammenstellung der statist. Ergebnisse des Bergwerksbetriebes, 1863, S. 13. Enttäuschend sind *Hugo Tiegs,* Deutschlands Steinkohlenhandel. Berlin 1904; *Eugen Wöhrle,* Entwicklung und Gestaltung des Ruhrkohlenhandels. Speyer 1939.
159 Vgl. die Karte für 1885 bei *Dittl/Schöller,* Entwicklung des Eisenbahnnetzes, S. 167. Die wichtigeren Linien nach dem Stand um 1890 sind in der Karte oben S. 59 wiedergegeben.
160 Vgl. *O. v. Mülmann,* Statistik des Reg.-Bez. Düsseldorf, 1864—1867, Bd. II, S. 659 f.; ferner die Karte der Eisenbahnen im Ruhrgebiet 1856 bei *Spethmann,* Ruhrgebiet Bd. II, S. 303.
161 Die Handelskammerberichte und die liberale Presse bezeugen dies unermüdlich. Zu einer Eingabe 1866 s. z. B. Glückauf 32/12. 8. 1866, 38/23. 9. 1866.
162 Vgl. Glückauf 21/26. 5. 1867, 30/28. 7. 1867; zur jüngeren Rheinschiffahrt ebd. 32/20. 4. 1878.
163 Eine Berechnung in Entwickelung des Niederrhein.-Westf. Steinkohlen-Bergbaues Bd. X, S. 106, ergibt für die Strecke Witten—Ruhrort 1846 die erheblichen Kosten von 0,1135 Mark/Ztr. Kohle; noch teurer war die Strecke Lünen—Wesel auf der Lippe.

daß der Bergbauverein seit seinem Bestehen einen wesentlichen Teil seiner Bemühungen auf die Senkung der Frachttarife verwandte[164]. Der Transport von 1 t Kohle durch ein Frachtfuhrwerk hatte noch während des Eisenbahnbaus 40 Pfg./km gekostet; für den Eisenbahntransport mußten anfangs 13—14 Pfg. je Tonnenkilometer aufgewendet werden. Bis 1870 sanken diese Kosten auf 2,2 Pfg.; Kohle erhielt Ausnahmetarife bis 1,25 Pfg. je Tonnenkilometer[165], und im Bergbauverein zielte man nun auf den sog. Einpfennigtarif. Die gesamtwirtschaftlichen Folgen dieser außerordentlichen Verbilligung sind kaum zu überschätzen. Wie folgenschwer die jeweilige Tarifsituation für die Konjunkturlage auch von den Fach- und Verwaltungsbehörden eingeschätzt wurde, zeigt die gemeinsame Sorge um den Absatz zum Ende der 1870er Jahre, als wieder einmal Erhöhungen der Frachttarife drohten[166].

Die Aufschließung neuer Absatzmärkte durch den immer reibungsloser funktionierenden, weiterhin verbilligten Eisenbahntransport hat die annähernde Verdreifachung der Kohlenförderung erst ermöglicht und die Kohlenkonjunktur selbst in der gesamtwirtschaftlichen Krise von 1866 gestützt. Ein besonders freundliches Geschäftsklima hielt sich in den Jahren 1861 bis 1865 und 1867 bis 1869[167]; Belegschaftszunahmen von jährlich über 10 % waren in dieser Zeit nicht selten. Erst durch die Belegschaftseinbußen mit den Einberufungen zum Kriegsdienst 1870, mehr noch durch die Absatzverluste wegen des gegen die Niederlande ausgesprochenen Ausfuhrverbots für Steinkohlen[168] und wegen der Verstopfung der oberrheinischen Transportwege bei großen Truppenbewegungen trat der Ruhrbergbau schlagartig mit Kriegsbeginn in eine Geschäftsstockung, die indessen nach wenigen Monaten, nicht zuletzt angesichts der psychologischen Folgen der militärischen Siege, überwunden worden ist. Die Kriegsereignisse seit dem Sommer 1870 haben die Hochkonjunktur wohl aufhalten, nicht aber verhindern können. Im Februar 1870 war bemerkt worden, daß, ganz unüblich für diese Jahreszeit, 20 % der Nachfrage nicht hatten befriedigt werden können — auch der recht strenge Winter erklärte dies nicht ausreichend[169]. Die Hüttenindustrie hatte im Winter 1869/70 ihren Kohlenbedarf nur unzureichend decken können, und seitens der Zechen wurden bereits Überlegungen angestellt, um sich die derzeit hohe Gewinnmarge des Kohlenhandels selbst zuzuführen; auch im Sommer 1870 konnte die Kohlennachfrage „nur knapp Deckung"[170] erfahren. Im Herbst 1870 wurden dann Höchstpreise für Kohlen geboten, auch der Export in die Niederlande und rheinaufwärts war wenige Wochen nach

164 Wichtigste Quellen hierzu: OBA 1114, 1120—1121, 1132—1133, 1138—1139, 1152—1154 (1857—1904); „Kohlen- und Verkehrsstatistik" in OBA 100—130 (1881—1897); vgl. auch den ausführlichen Artikel „Die Transportzustände auf den Eisenbahnen des niederrhein.-westf. Industriebezirks", in: Glückauf 86—88/26. 10.—2. 11. 1881.

165 Nach *Ludwig Pohle*, Die Entwicklung des dt. Wirtschaftslebens im letzten Jahrhundert. Leipzig/Berlin ⁴1920, S. 113; vgl. auch *Holtfrerich*, Wirtschaftsgeschichte, S. 136—138.

166 Vgl. OPM 2842, OBA 1120, OBA 1125, ferner *E. Adolph*, Ruhrkohlenbergbau, Transportwesen u. Eisenbahntarifpolitik, 1927, S. 120—163.

167 Wertvolle Details über die Konjunkturentwicklung während der 1860er Jahre, die im übrigen in der Literatur (z. B. bei *Spethmann*, Ruhrgebiet Bd. II) zu Unrecht oft zugunsten der Gründerperioden stiefmütterlich behandelt werden, bringt *A. Mämpel*, Bergbau in Dortmund Bd. II, 1965, S. 20—41 u. ö. aus der zeitgenössischen Presse.

168 Vgl. hierzu das gedruckte Schreiben der Ruhrorter Kohlenhändler an ihre holländischen Geschäftspartner 26. 7. 1870, in OBA 1796, Bl. 35; ferner ebd. Bl. 32, 33 f. *H. Haniel*/OBA 28. 7. 1870, Bl. 38, 41.

169 Hier und im folgenden nach Glückauf Jgg. 1870/71.

170 Ebd. 27/3. 7. 1870.

Kriegsbeginn wieder frei geworden. Zum Jahreswechsel 1871 mochte niemand zweifeln: „Der Weg zu einer neuen Stufe großartiger industrieller Thätigkeit steht offen"[171]. Schon Ende Januar 1871 sah man sich veranlaßt, als Begründung für die hohen Kohlenpreise die gewachsenen Selbstkosten anzuführen, da ungeübte Arbeiter mit geringerer Leistung hatten eingestellt werden müssen. Im Mai 1871 begründete *W. T. Mulvany* den in seiner Stärke unvermuteten Aufschwung mit den Folgen der Bergrechtsreform und der Abgabenreduktion, mit der gediegenen Führung im Ruhrbergbau und mit der Leistung der Arbeiter, mit dem neuen Aktienrecht, der günstigen Verkehrsentwicklung und dem derzeitigen Zollsystem sowie, nicht zuletzt, mit dem „gute[n] Einvernehmen zwischen den Arbeitgebern und den Arbeitern", fast ohne Streiks, im Gegensatz zu den Industrien anderer Länder[172]. Schon im zweiten Halbjahr 1870 hatte eine Gründertätigkeit großen Stils begonnen, die sich in den Jahren 1871 und 1872 fortsetzte; nun ergossen sich zusätzlich die französischen Kriegsmilliarden über Deutschland, und ein übriges tat ein mehr als zehnwöchiger Streik von 60 000 Bergleuten in Süd-Wales um die Jahreswende 1872/73. Die Erscheinungen der 1850er Jahre wiederholten sich: Preise und Gewinne stiegen, Mutungen wurden eingelegt, Gesellschaften gegründet, Kapitalien investiert und reinvestiert, und neben allem entfaltete sich eine großartige Bankkonjunktur — „es war wie ein Fieber"[173].

Der mit dem Wiener Börsenkrach im Mai 1873 eingeleitete, scharfe, in manchen Bereichen panikartige Rückgang der Konjunkturen und Geschäfte ging am Ruhrbergbau zunächst noch vorbei: Hier blieb der Absatz bis in das Jahr 1874 hinein lebhaft. Aber im Frühjahr 1874 brach auch hier, obwohl sich die Preise im ganzen Jahr noch recht hoch halten konnten, die Krise herein[174]; die schlechte Lage der Eisenindustrie, die 1873 von dem Schutz des seit 1844 bestehenden Einfuhrzolls befreit worden war, schlug nun auch auf den Bergbau durch. Bis 1875 ergriff die Krise alle Gewerbe[175]. Mit den sinkenden Preisen verschlechterte sich die Ertragslage der Unternehmen rapide.

Das im Ruhrbergbau angelegte, von 1860 bis 1873 auf etwa 300 Millionen Mark verdreifachte Kapital hatte sich bei Dividenden bis zu 40 % und mehr 1873 im Durchschnitt mit 18,2 % verzinst; der Kapitalertrag fiel über 4,5 % (1875) auf rund 1,5 % im Krisental 1877—79[176]. Seit 1875 haben die Gesellschaften kaum noch Dividenden bzw. Ausbeuten verteilt; eine Ausnahme hiervon machten ertragsgünstige Anlagen wie die von *Kirdorf* geführte Gelsenkirchener Bergwerks-AG[177]. Auch der Kursverfall an Bergbauaktien seit 1873 drückte das geschwundene Vertrauen in die Ertragskraft des Bergbaus und die geringe Investitionslust aus. Nach den spekulativen Kursausschlägen in den Boomjahren — der Bergbau hatte sich wegen seiner langen Anlaufzeit vorzüglich zur Spekulation geeignet erwiesen[178] — verfielen die Kurse vieler Anlagen bis 1877

171 Ebd. 1/1. 1. 1871.
172 Ebd. 22/28. 5. 1871.
173 *Däbritz*, Entstehung, S. 58.
174 Ohne die Annahme informeller Förderungsbegrenzungen ist der Produktionsrückgang von immerhin 5,64 % (1873/74) bei stagnierender Belegschaftsstärke kaum zu erklären.
175 Vgl. *Mottek*, Gründerkrise, S. 67—70; *H. Rosenberg*, Große Depression und Bismarckzeit, 1967, S. 27—29 u. ö.
176 Nach *R. Effertz*, Was sind normale Kohlenpreise? 1891, S. 12, vgl. unten S. 302. Die Schätzung des aufgewandten Kapitals für 1860 stammt von *W. Däbritz*.
177 Vgl. z. B. die Übersicht der gezahlten Dividenden 1876—1885 im Jahresbericht des Vereins f. d. bergbaulichen Interessen f. 1890, S. 106.
178 Vgl. *Erhard Hübener*, Die dt. Wirtschaftskrise von 1873. Berlin 1905, S. 75 f.

auf weniger als ein Viertel ihres ursprünglichen Stands, bei Hüttenwerken wie dem Phoenix oder der Dortmunder Union noch erheblich stärker[179].

Die ausbleibenden Gewinne signalisieren den erheblichen Selbstkostendruck, der in den Krisenjahren auf den Haushaltsplänen der Gruben lastete und der sie zwang, nach neuen Wegen der Kosteneinsparung zu suchen. Hierzu wurden anfangs die bis 1874 aufgeblähten Selbstkosten, insbesondere durch eine Reduktion der Löhne bis 1877/78, dem Höhepunkt der Krise mit Massenentlassungen und Konkursen, auf einem erheblich niedrigeren Niveau stabilisiert. Gegen Ende der 1870er Jahre, als spektakuläre Zusammenbrüche wie jener der Preußischen Bergwerks- und Hütten-AG (Zechen Zollern, Hansa, Erin) gezeigt hatten, daß solche Maßnahmen langfristig nicht zu dem gewünschten Erfolg verhelfen würden[180], vermehrte sich die Bereitschaft zu strukturverändernden Eingriffen, zu denen die Ansätze naturgemäß oft bis in die 1860er Jahre zurückreichten. Auf der Ebene der unten in Umrissen nachzuzeichnenden Förderungs- und Preisabsprachen zur Kontrolle des Markts, aber auch durch erhebliche Qualitätsverbesserungen der Produkte, durch Rationalisierung und Technisierung der Abbau-, Förderungs- und Aufbereitungsverfahren und -anlagen, insbesondere aber durch Strukturveränderungen in der Unternehmens- und Betriebsform gelang es schließlich, die Kapazitäten wieder der zurückgebliebenen Nachfrage anzugleichen und damit die Werke ihrer inneren Konsolidierung näher zu bringen.

Die unternehmensstrukturellen Konsequenzen aus der Krise hießen Konzentration durch vertikale und horizontale Zusammenschlüsse und großbetriebliche Förderung. Die Anstöße zur Verbindung von Kohle und Stahl, in den 1880er Jahren nach älteren Vorläufern als ertragsträchtige Unternehmensform vermehrt und erfolgreich eingeführt[181], gingen von der Hüttenindustrie mindestens so sehr wie vom Bergbau aus, lag es doch in der Tendenz der üblichen langfristigen Lieferverträge, den Brennstoffbedarf preisgünstig zu sichern, damit aber auch die Gruben in die Abhängigkeit von den Hütten zu ziehen. Die Impulse zur großbetrieblichen Produktion im Bergbau selbst ergaben sich zwangsläufig aus den technischen Möglichkeiten im Verein mit der Kostenlage und aus den Erfahrungen der nun älteren Betriebe der zweiten Generation, von denen die Zechenvorhaben der Emscherzone lernen konnten. In dieser Phase der Nordwanderung ging ein zusätzlicher Zwang zur Planung großzügiger Anlagen auf der Grundlage ausgedehnten Felderbesitzes von den größeren Kosten zur Erschließung des hier bedeutend tiefer gelegenen Kohlengebirges aus — mochte dies auch langfristig durch die günstigeren Lagerungsverhältnisse mehr als wettgemacht werden.

In dieser großbetrieblichen Entwicklungsphase seit 1870 trat nun das aus der Lage zum Ende der 1850er Jahre schon bekannte Phänomen auf. Eine Vielzahl weitläufiger Grubenfelder war mit dem neuerlichen Konjunkturtaumel in der Emscherlinie erbohrt und verliehen worden. Die Schächte befanden sich oft noch in der Abteufung, die Grubenbaue in der Vorrichtung — jedenfalls waren hohe, der Natur des Bergbaus entsprechend außerordentlich hohe Anlageinvestitionen getätigt. So entstand im Emscherbruch eine dritte Generation von Großschachtanlagen, die in den Abschwungjahren

---

179 Vgl. *Freundt*, Kapital und Arbeit, S. 29 mit einer Kurstabelle 1872—1877, und *H. Hudde*, Bevölkerungsentwicklung der Stadt Essen, Diss. 1922, S. 51.

180 Vgl. noch Glückauf 65/14. 8. 1878 (aus dem Jahresbericht des Bergbauvereins für 1877): „Im übrigen blieb den Gruben [im Jahre 1877] nichts übrig, um der außerordentlichen Ungunst der Konjunktur zu begegnen und sich in der Noth aufrecht zu erhalten, als die strengste Sparsamkeit in allen Theilen des Bergwerksbetriebes zu üben".

181 Vgl. z. B. zum Bochumer Verein: *W. Däbritz*, Bochumer Verein, 1934, S. 120, 206—209; ferner *Steinberg*, Entwicklung des Ruhrgebiets, 1967, S. 14 f.

krisenverschärfend mit unerhörten Produktionszahlen — 1879 förderten die drei größten Schachtanlagen im Revier mehr als die Gesamtförderung von 1850 — in Förderung traten. Erneut prägte das Strukturproblem der bergbaulichen Expansion, die lange Zeitspanne zwischen Investition und erstem Ertrag, das Gesicht der Krise. Der Ertragszwang dieser neuen Großschachtanlagen, die eine Jahresförderung von 500 000 t und darüber mit Belegschaften von mehreren Tausend Bergleuten anzielten, erschwerte schließlich auch das Zustandekommen von Förder- und Preisübereinkünften in den 1880er Jahren. Die neuerrichteten Gruben pflegten, nachdem die Übertageanlagen fertiggestellt, einzelne Baufelder planvoll erschlossen und die Grubenbaue vorgerichtet waren, mit einem Schlage und hohen Belegschaftszahlen in Förderung zu treten[182]. Dagegen hatten sich bei früheren, über weniger Kapital verfügenden Neuanlagen die Revierbeamten zumeist dagegen ausgesprochen, die völlige Ausrichtung einer Grube voranzutreiben, bevor Arbeiter angelegt wurden, da sich sonst kein solider Belegschaftsstamm entwickeln könne.

Hohe Förderziffern konnten allerdings auch von älteren Zechen durch Modernisierung der Anlagen und Konsolidationen des Felderbesitzes erreicht werden. 1879 förderten Rheinelbe und Alma, Dahlbusch und Consolidation über 500 000 t; bis 1884 traten Hannover, Pluto und Zollverein, bis 1887 noch Germania hinzu. 1887 förderten in den Revieren Altendorf und Sprockhövel im Süden des Abbaugebietes alle Gruben weniger, im Revier Recklinghausen alle Gruben mehr als 200 000 t. Der Trend zur Großschachtanlage war unaufhaltsam. Es förderten jährlich über 200 000 t im Ruhrgebiet[183]:

1869: 9 Anlagen 18,9 % der Gesamtförderung des Oberbergamtsbezirks.

1872:	16	26,7 %
1874:	18	29,2 %
1879:	29	46,5 %
1884:	52	63,6 %
1887:	57	67,4 %

Im letztgenannten Jahr wurde die Gesamtleistung dieser Anlagen in Höhe von rund 20 Millionen t von einem Belegschaftsanteil von 63,84 % erbracht. Die Durchschnittsbelegschaft dieser Anlagen betrug 1102, jene der übrigen, weniger als 200 000 t fördernden Zechen nur 307 Bergleute. Bis zum Ende der 1880er Jahre hatte sich, von den Krisenbedingungen beschleunigt, der Trend zum Großbetrieb praktisch durchgesetzt. Welche hochfliegenden Pläne sich mit ihm verbinden konnten, zeigt jener detaillierte Plan der vom Bergbauverein Mitte der 1880er Jahre niedergesetzten „Technischen Kommission" unter der Leitung des Bergassessors *Nonne*, die Vereinigung der Zechen im Ruhrgebiet „zu größeren Gruppen" voranzutreiben. Man müsse, hieß es hier, bei der derzeitigen Lage des Bergbaus feststellen, daß Besserung nur möglich sei, „wenn durch die Einsicht der Betheiligten eine andere Organisation des Betriebes und Verkaufes geschaffen wird". Die Kommission setzte sich dabei zur Aufgabe, „behufs einheitlicher planmäßiger Gestaltung der technischen Verhältnisse auf den niederrheinisch-westfälischen Steinkohlengruben alle Fragen technischer und ökonomischer Natur" zu beraten[184].

---

182 Vgl. *K. Bergmann*, Wirtschaftsgesch. Entwicklung, 1937, S. 43.
183 1869—1879 nach *Spethmann*, Ruhrgebiet Bd. II, S. 374 f., 1884 nach Rhein.-Westf. Zg. 85/ 26. 3. 1885 (in OBA 1640), 1887 nach Glückauf 18/3. 2. 1888 2. Blatt.
184 Vgl. *Nonne*, Technische Mittheilungen des Vereins f. d. bergbaulichen Interessen, Heft 3, 1886; Zitate: Heft 1 S. 202, Heft 4 Stück 57 S. 24 f. (aus der Bergbaubücherei Essen).

In den Problemen, die durch die ältere Abbau- und Förderungstechnik aufgeworfen waren, wurden ebenfalls seit den 1880er Jahren erhebliche Fortschritte erzielt, während die große Zeit der Schachtabteufung, der Erprobung komplizierter Abteufverfahren unter erheblichem unternehmerischen Risiko, eigentlich im Ruhrbergbau bereits vergangen war. Die Techniken der Schachtförderung und der Wasserhaltung konnten in dem Umfang als bewältigt gelten, in dem die Dampfmaschine Eingang gefunden hatte und nach Leistung und Konstruktion den maschinenbaulichen Bedürfnissen des Bergbaus angepaßt war. Die Anzahl der eingesetzten Dampfmaschinen hat sich bis 1880 bei deutlichem Trend zu stärkeren Maschinen in jedem Jahrzehnt mehr als verdoppelt[185]:

	Anzahl	PS
1851	142	9 845
1860	361	30 777
1870	746	61 778
1880	2 070	146 910
1890	3 215	228 432

Der relative Anteil der Schachtförderung und der Übertageanlagen am Gesamtenergiebedarf der Zechen stieg dabei, je mehr die Wasserhaltungsprobleme mit der Nordwanderung in den Hintergrund traten[186].

Die wichtigste Veränderung der Abbautechnik vor Ort deutete sich im Übergang vom Pfeilerbau zum Strebbau in den 1880er Jahren erst an[187]. Beim („streichenden") Pfeilerbau, der heute ganz vergessen ist, wurde die Bauabteilung durch parallel zur Abbaustrecke verlaufende Oberörter in Pfeiler zerlegt, der Abbau erfolgte dann in umgekehrter Richtung, so daß das Abgebaute zu Bruch gehen konnte. Der Nachteil dieser Bauart lag in der schwierigen Bewetterung, in den hohen Kohleverlusten wegen stehenzulassender Sicherheitspfeiler („Schweben", die zur Selbstentzündung neigten), aber auch in bedeutenden Berg- und Vorflutschäden, während es vorteilhaft erscheinen mußte, die Förderwagen bis an den Kohlenstoß bringen zu können, solange an eine mechanische Strebförderung nicht zu denken war. Hohe Schlepperlöhne mußten so den Übergang zum Strebbau begünstigen, der die Bauverfahren vor Ort und damit den Arbeitsplatz veränderte. Hier schritt der Abbau in gerader Linie mit Flözverlauf fort und machte sich dabei die Druckverhältnisse im Gebirge zunutze. Der „Alte Mann", der abgebaute

---

Zu diesem Plan vgl. *Bergmann*, Wirtschaftl. Entwicklung, S. 81—87. Zur Einrichtung dieser Kommission s. auch Glückauf 78/29. 9. 1886: Sie war „ein Kind der traurigsten Periode, welche der westphäl. Bergbau je durchgemacht habe".

185 Nach *Reuss*, Mittheilungen, S. 85.

186 Die durchschnittlich zu fördernde Wassermenge pro t Förderkohle betrug ca. 1885 4,43 t, aber im südlichen Revier 8,4 t, in der Mergelzone 1,6 t (bei Recklinghausen). Vgl. *Nonne*, Techn. Mittheilungen H. 1 S. 80. Zur Wasserlösung durch Erbstollen s. *E. Rumscheid*, Der Schlebuscher Erbstollen, 1930; ferner die Gesamtdarstellung in Entwickelung des Niederrhein.-Westf. Steinkohlen-Bergbaues Bd. IV, S. 113—324.

187 Vgl. *Nonne*, Techn. Mittheilungen H. 1, S. 220 f.; Mittheilungen über den Niederrhein.-Westf. Steinkohlen-Bergbau, [1901], S. 52—73; *Schultz*, Die westf. Kohlen-Industrie, 1883, S. 20—22 (lobt noch den Pfeilerbau); *Proempler*, Das OBA Dortmund, 1958, S. 23 f.; vgl. ü. die Entwicklung der Abbaumethoden auf Dahlbusch: *W. Kesten*, Dahlbusch, 1952, S. 90—103. Einen sehr brauchbaren Gesamtüberblick der Aus- und Vorrichtung und der Abbautechnik bis 1865 gibt *P. Meuß*, Geschichtl. Entwicklung des Steinkohlenbergbaus, [1930], S. 90 ff.

Leerraum im Flöz, wurde mit bei der Förderung anfallenden Bergen verfüllt, wozu später Schnellverfahren (Waschbergeversatz) üblich wurden. Um die Jahrhundertwende wurden 50 % der Kohle mit Bergeversatz gefördert; 1910 war kaum noch Abbau ohne Versatz in Gebrauch, während später wieder Bruchbau üblicher wurde.

Der eigentliche Abbauvorgang mußte im wesentlichen noch immer mit der Keilhacke bewältigt werden. Erleichterung schuf hier die sehr rasche Einführung des Dynamits, als Sprengstoff vor allem im Nebengestein höchst wirkungsvoll, gegen Ende der 1860er Jahre[188]. Sie wurde jedoch erst im Verein mit einer seit Verwendung der Bohrmaschine nach 1865 wirksameren Bohrtechnik im Abbau voll ausgenutzt. Hier deuteten sich die großen Möglichkeiten der Luftkompression an, die seit Mitte der 1870er Jahre mit ausgedehnten Rohrleitungsnetzen eingeführt wurde; der Abbauhammer, der die Handarbeit vor Ort umwandelte, erlangte allerdings, ähnlich der Schrämmaschine, erst nach der Jahrhundertwende technische Reife.

Die Lufttechnik brachte, zunächst durch den Haspel als Seilzugmaschine, Fortschritte auch in der horizontalen Transporttechnik, wobei wiederum hohe Schlepperlöhne anregend wirkten. In der Streckenförderung war, nachdem schon im Vormärz die Schienenwege überall Eingang gefunden hatten, die Pferdeförderung üblich geworden. 1882 ersetzten 2200 Pferde unter Tage etwa 15 000 Förderleute[189]. In den Abbaustrecken wurde nach wie vor durch Bremsberge der Fördervorteil der schiefen Ebene genutzt. Bei den Transport-, Beleuchtungs- und den zunehmend hinderlichen Bewetterungsproblemen ist die Nutzung der Elektrizität im Bergbau in ihren ganzen Chancen erst zum Ende der 1880er Jahre erkennbar geworden[190]. Stationäre Beleuchtung ist anfangs nur an den Füllörtern, an denen auch elektrische Signaleinrichtungen installiert wurden, für nötig gehalten worden; die Batterietechnik war noch nicht so weit fortgeschritten, die alten offenen Geleuchte und, wo sie wegen der Schlagwettergefahr eingeführt waren, die Drahtgitter-Sicherheitslampen zu ersetzen.

Wegen der leichteren Installation fand die Elektrizität naturgemäß über Tage schnelleren Eingang, aber die Dampfmaschine und ihre Mechanik der Kraftübertragung bestimmten doch noch auf Jahrzehnte den Maschinenpark. Der Übertagebetrieb[191], vor der Jahrhundertmitte nur aus einer Ladestelle bestehend, hat bis in die 1890er Jahre eine außerordentliche Ausdehnung erfahren. Die Aufbereitungstechnik schritt von der Aufbereitung von Hand an der Schachtmündung, seit 1878 auf Lesebändern durch Klaubejungen, über mechanische Aufbereitung durch Kohlensiebe und Kohlenwäsche zur Abtrennung der Berge fort zu Verarbeitung auch der Gruskohle, die bisher als in Hausbrand und Verkokung nicht verwendbar auf Halden geschüttet worden war. Nach langen Versuchen gelang es seit 1880, als in einer Anlage der Zeche Dahlhauser Tiefbau erfolgreich Steinkohlenpech als Bindemittel eingeführt wurde, die Gruskohle zu brikettieren, so daß schon 1894 von etwa zwei Dutzend Brikettfabriken eine Produktion von

---

188 Vgl. Glückauf 2—3/12., 19. 1. 1868; 45/8. 11. 1868 mit einem deutlichen Stimmungswandel über die Brauchbarkeit des Sprengstoffs.

189 Vgl. bes. *Schultz*, Kohlen-Industrie, S. 22 f., 40; anschauliche Schilderung auch in Zeche Langenbrahm 1772—1922, S. 92—112.

190 Vgl. die instruktiven Stellungnahmen in Glückauf 50/22. 6. 1881, 10/4. 2. 1882, 24/25. 3. 1882; dann wieder 23/21. 3. 1888, 12/18. 12. 1889, 34/26. 4. 1890 (elektr. Maschinen im Grubenbetrieb), 36/4. 5. 1890 u. ö.

191 Vgl. hierzu insbesondere die Bde. VIII, IX des Sammelwerks: Die Entwickelung des Niederrhein.-Westf. Steinkohlen-Bergbaues.

752 000 t erzielt wurde, die die Ertragslage nachhaltig verbesserte[192]. Noch Anfang der 1870er Jahre war dagegen fast die gesamte Förderung unaufbereitet verkauft worden[193]. Eine erhebliche Verbesserung und Veränderung der Absatzstruktur und Ertragslage brachten die Fortschritte der Kokereitechnik, über die dem fortwährend steigenden Koksbedarf der Hüttenwerke, deren Umwälzungen in der Produktionsstruktur indirekt stets auch den Bergbau anregten, nachgekommen werden konnte. In den Verkokungsverfahren[194] war man von anfänglicher Meilerei über die seit den 1840er Jahren üblichen, sog. Schaumburger Öfen mit den Bienenkorböfen erstmals auch zur Verkokung von Feinkohle gekommen. Nachdem seit den 1850er Jahren eine Vielzahl von Flammöfen-Konstruktionen erprobt worden war, brachten die häufig „Teeröfen" genannten Kokereien mit Nebenproduktengewinnung, deren Abwärme zugleich zur Dampferzeugung genutzt wurde, seit den 1880er Jahren einen großen Fortschritt. Endlich ging man daran — die Gruben übernahmen die früher oft in eigenen Betriebseinheiten betriebenen Kokereien nun in den Übertagebetrieb —, die bei der Verkokung anfallenden, wertvollen Nebenprodukte durch technisch-chemische Verarbeitung nutzbar zu machen und ein ausgefeiltes „System der Steinkohlenveredelung"[195] aufzubauen.

In diesen in den 1880er Jahren sich geradezu zusammendrängenden technischen Neuerungen im Bergbaubetrieb, die den Übertageanlagen der Großzechen binnen weniger Jahre ihr heutiges Gesicht verliehen, bahnte sich ein völlig neues Bewußtsein über die technischen Möglichkeiten zur Verbesserung der Ertragslage, zur Krisenbewältigung, seinen Weg, und mit ihm griff ein optimistischer Technikglaube, ein Vertrauen in den praktischen Nutzen von Wissenschaft um sich. Wichtige Impulse hierzu gingen von der bergbaulichen Unternehmervereinigung aus, nachdem Ende der 1870er Jahre jedermann klargeworden war, „wie nothwendig es ist, sich über die Ökonomie der Leistung der mechanischen Kräfte fortwährend unterrichtet zu halten"[196]. Der hohe Arbeitskräftebedarf des Bergbaus bei gleichzeitigem Zwang zur Kostensenkung hatte nach Wegen zum Ersatz des Arbeiters durch die Maschine, zur Planung und Rationalisierung der Betriebsabläufe suchen helfen; ein neues Bewußtsein der Haushaltsführung und Maschinennutzung[197], eine andere Attitüde gegenüber der technischen Vernunft griff bis in die Arbeiterschaft Platz.

Daß hier ältere Widerstände häufig unter Schmerzen auf allen Seiten überwunden werden mußten, zeigt das zeitlich allerdings ältere Verhalten gegenüber dem Fahren am Seil. Je tiefer die Schächte wurden, desto mühsamer, zeitraubender, damit auch

192 Vgl. Glückauf 14/18. 2. 1882, 66/19. 9. 1881; *F. Peters,* Über die Aufbereitung der Steinkohlen im Ruhrbassin, 1883, S. 69—74; *R. Lamprecht,* Die Kohlen-Aufbereitung, 1888, S. 95—114; *G. A. H. Meyer,* Achtzig Jahre Steinkohlenbrikettierung in Deutschland. Aufgabe und Methoden. In: Glückauf 91 (1955) S. 87—97; ältere Versuche s. in Entwickelung des Niederrhein.-Westf. Steinkohlen-Bergbaues IX, S. 594.
193 Vgl. *Adams,* Produktions-, Absatz u. Verkehrsbedingungen, S. 15 f.
194 Vgl. *H. Spethmann,* Anfänge der ruhrländischen Koksindustrie, 1947; *G. Klepel,* Die Gas- und Kokserzeugung aus Steinkohlen in Dtld., 1958, S. 71—83; vor allem das repräsentative Werk von *F. M. Ress,* Geschichte der Kokereitechnik, 1957, S. 183 ff. u. ö.
195 *W. Helmrich,* Das Ruhrgebiet, ²1949, S. 76; vgl. auch *Steinberg,* Entwicklung des Ruhrgebiets, S. 41—43.
196 Vgl. die Serie von Aufsätzen des Düsseldorfer Ingenieurs *Geißler,* in: Glückauf Jg. 1878, Zitat: 5/16. 1. 1878.
197 Vgl. etwa Glückauf 68/24. 8. 1878, wo das verbreitete „Unbekümmertsein um die Betriebskosten der Maschine" wegen des scheinbaren Kohlenüberflusses auf jeder Grube beklagt wird. Nach *G. Hempel,* Die dt. Montanindustrie, ²1969, S. 80, standen die 80er J. „im Zeichen des neuen technischen Fortschritts".

kostspieliger wurde das Einfahren auf den Fahrten, so daß seit den frühen 1840er Jahren, als sich neben den Hanfseilen bereits Drahtseile in der Schachtförderung eingebürgert hatten, Überlegungen zur Lösung dieses Problems angestellt wurden. Das Essener Bergamt sprach sich schon 1843 für eine „dauerhaft eingerichtete Fahrung mit dem Seil"[198] aus, aber die Widerstände unter Gewerken, Bergleuten, auch in den Behörden[199] waren noch so groß, daß bis in die 1850er Jahre Versuche mit einer erstmals auf der Zeche Gewalt nach einem Vorbild aus dem Harzbergbau erprobten „Fahrkunst" unternommen wurden. Hierbei wurde ein Hebelgestänge im Fahrtrumm der Schächte in Auf- und Abwärtsbewegung gesetzt, und die fahrenden Personen bedienten sich im steten Wechsel der jeweils in die gewünschte Richtung fahrenden Seite[200]. Nach einem Unfall infolge (verbotener) Seilfahrt auf Zeche Glückauf 1850 wurden die Vorschriften eindringlich bekanntgemacht, und diesmal petitionierten Gewerken und Bergleute, allerdings ohne Erfolg, für die Einführung der Seilfahrt. Bei einem 200 m-Schacht dauerte die Einfahrt eines Bergmanns mit der Fahrkunst etwa 10 Minuten; bei der Seilfahrt, anfangs bei 3 m/sec., dagegen nur 1—2 Minuten. Die hohe Unfallgefahr der Fahrkünste hat dann, obwohl auch Seilbrüche in dieser Zeit noch recht häufig waren, zur Erlaubnis der Seilfahrt durch Bergpolizeiverordnung Ende 1859 geführt[201]. Bis 1867 fuhren bereits 55 % der Gesamtbelegschaft am Seil in die Grube — ein die Kostenseite recht spürbar entlastender Faktor.

Der nach den betriebsstrukturellen und technischen Innovationen dritte Weg zur Stabilisierung der Nachfrage war die Tendenz zur Marktkontrolle, in der in den 1880er Jahren, jeweils im engen Zusammenhang mit dem Konjunkturverlauf, erhebliche Fortschritte erzielt wurden. Versuche zu Preisabsprachen unter Gewerken sind naturgemäß so alt, wie die freien Handels- und Marktformen im Ruhrgebiet[202]. Anfangs richteten sich die engeren Zusammenschlüsse gegen die Preisdiktate der Mülheimer Kohlenhändler[203] oder mochten auch wohl die Preisaufsicht der Bergbaubehörde hintergehen. Informelle, in der Öffentlichkeit weithin beklagte Preisabsprachen lebten in den Boom-

198 OBA 299 Bl. 249—260 Befahrungsprotokoll Zeche Gewalt 16. 3. 1843.
199 Vgl. OBA 299 Bl. 180—182 BAB/OBA 3. 8. 1842: Die Seilfahrt habe wenig Anklang gefunden, da „die Bergleute sich ungern dazu verstehen würden". Eine 1844 der Zeche Gewalt erteilte Genehmigung zur Seilfahrt mußte wegen Bedenken „höheren Orts" durch den Berghauptmann persönlich zurückgenommen werden, die endgültige Ablehnung erfolgte FM/OBA 5. 2. 1845. Über „das schwerer zu besiegende Vorurtheil der älteren hiesigen Gewerken" gegen die Seilfahrt vgl. OBA 943, Bericht des OBA v. 1. 10. 1863 (Entw.). Vgl. ferner MBAB 301, und *M. Wilhelm*, Steinkohlenbergbau in Witten, 1939, S. 28.
200 Vgl. Vorschriften beim Fahrkunstgebrauch, 1853, in: OBA 1882; Beschreibungen u. a. in Entwickelung des Niederrhein.-Westf. Steinkohlen-Bergbaues Bd. V, S. 354—359; vgl. ferner Berggeist 2 (1857) S. 177 f., 189.
201 Vgl. *W. Gaul*, Die wirtschaftl. Bedeutung der Arbeitszeit im Ruhrbergbau, 1921, S. 11 f.; über Seilbrüche vor 1889 s. Glückauf 26 (1890) S. 483.
202 Die Vor- und Frühgeschichte der Kartelle im Kohlenbergbau ist reichlich erforscht worden, erst jüngst hat noch einmal eine angestrengte Kartellsuche eingesetzt (*Jürgen Kuczynski*, Zur Frühgeschichte des deutschen Monopolkapitals und des staatsmonopolistischen Kapitalismus. Berlin [O] 1962, S. 63—109; *ders.*, Aus der Frühgeschichte der dt. Monopole, in: Jb. f. Wirtschaftsgeschichte 1967/III, S. 366—369). Vgl. *R. Passow* (Hg.), Materialien für das wirtschaftswiss. Studium Bd. I: Kartelle des Bergbaues, 1911, S. 1—37; *W. Goetzke*, Das Rhein.-Westf. Kohlen-Syndikat, 1905, S. 1—42; Entwickelung des Niederrhein.-Westf. Steinkohlen-Bergbaues Bd. XI, S. 73—253 (mit einer nützlichen Übersicht, Faltblatt S. 86); *Bergmann*, Wirtschaftsgeschichtl. Entwicklung, S. 64—81; *E. Jüngst*, Festschrift 1908, S. 88—103.
203 Vgl. oben S. 71.

jahren nach der Jahrhundertmitte auf, etwa durch den Märkischen Gewerkenverein[204]. Zusammenkünfte über Absatzausweitung, über Förderung und Preise fanden, ohne bindende Beschlüsse und jedenfalls ohne sonderliches Aufsehen, auch in den 1860er Jahren, z. B. 1863/64 statt. Zum Ende dieses Jahrzehnts verstärkten sich die von den Zechen selbst ausgehenden Bemühungen um Schaffung neuer Absatzräume und -märkte, und hier übernahm der Bergbauverein Mitte der 1870er Jahre eine führende Rolle in der Erkundung und Organisierung. Über Preisabsprachen war schon in den Boomjahren bis 1873 gemunkelt worden; offenkundig wurden sie dann jedenfalls, ohne auf allzu harte Kritik in der Öffentlichkeit zu stoßen, in den schwierigen Depressionsjahren.

Absatzausweitung, Förderkonventionen und Preisabsprachen waren nun die Instrumente, mit denen die Unternehmer gemeinsam die Marktsituation zu verbessern trachteten. Wie schon in der Krise nach 1858 durch ein Kohlenausfuhrkomitee, sollte nun, nach vorbereitender Tätigkeit einer kleineren Kommission seit Anfang 1876 unter der Leitung von *W. T. Mulvany*, ein im April 1877 entstandener westfälischer Kohlenausfuhr-Verein[205] den Verkauf von etwa 3 Dutzend westfälischen Gruben betreiben. Unter der Leitung von *Karl Breuer* entfaltete dieser Verein eine rege Werbung, insbesondere im Kampf gegen die englische Kohle in den Nordseehäfen und im überseeischen Geschäft. Andere Zechengruppen, so ein Zechenkonsortium zur Belieferung des Panzergeschwaders in der Ägäis 1875, ein neuerliches Konsortium für den Absatz nach dem Osten 1876, entstanden im Blick auf besondere Absatzziele.

In den Förder- und Preisvereinbarungen — nicht in jedem Fall lassen sich die unternehmerischen Zusammenschlüsse eindeutig auf den einen oder anderen Zweck eingrenzen — gingen die Gas- und Gasflammkohlenzechen, die einen übersichtlicheren Markt mit besten Zukunftsaussichten zu versorgen hatten, seit 1875 unter der zielbewußten Leitung von *Emil Kirdorf*, dem großen „Einiger"[206], voran. „Gleich dem bescheidenen Veilchen im Verborgenen", dort allerdings, „wie alle Eingeweihten bezeugen können, mit großem Erfolge" wirkend[207], fanden diese Vereinigungen erst Mitte der 1880er Jahre zu festeren Formen durch Satzungen und Verträge; in den Krisenjahren 1877—1879 haben sie vorzüglich funktioniert und ein Vorbild für die erstmals 1877 abgeschlossene Förderkonvention abgegeben.

Anfang 1877 hatte die Krise, nachdem die winterliche Absatzbelebung abgeklungen war, ihren Höhepunkt mit Konkursen, zahllosen Entlassungen und öffentlichen Arbeitsbeschaffungsprogrammen erreicht[208]. Während sonst zumeist bei schlechter Marktlage selbst zwischen benachbarten Gruben infolge jeweiliger Lieferverträge große Beschäftigungsunterschiede herrschten, so daß bei einiger Bereitschaft zum Ortswechsel die arbeitslose Zeit kurz gehalten werden konnte[209], war die Krise nun allgemein geworden, und

204 Vgl. *A. Stock,* Handel u. Verkehr im Dortmunder Raum, Diss. 1949, S. 217 f.; zum Kohlenausfuhrverein von 1848 s. die wertvolle Studie von *Gründling,* Unternehmerverbände, S. 40, 45—57 über Preisabsprachen der 1850er Jahre.
205 Regelmäßige Berichte in Glückauf Jgg. 1876—1880 u. später, z. B. 11/6. 2. 1878, 90/ 9. 11. 1878.
206 *Volkmar Muthesius,* Ruhrkohle 1893—1943. Essen 1943, S. 45—63; vgl. auch *H. Böhme,* E. Kirdorf, Überlegungen zu einer Unternehmerbiographie, 1968/69, S. 21—27.
207 *Kirdorf* auf der 29. Generalversmlg. des Bergbauvereins 1887, in: Glückauf 103/18. 12. 1887.
208 Vgl. bes. die Berichte zur Lage der Industrie in OPK 8319 und OPM 824, 825.
209 Übereinstimmend berichten dies *A. Siegel,* Mein Lebenskampf, 1931 (masch., IG Bergbau und Energie, Bochum), S. 49—51; *F. Quint,* 50 Jahre Bergbau, vom Kumpel aus gesehen, 1941, S. 67.

zahlreiche Zechen verkleinerten ihre Belegschaft durch Entlassungen. Die Kostensituation war nun so drückend, daß die schon länger lautgewordenen Stimmen für eine tragfähige Übereinkunft der Zechen zur Produktionsbeschränkung Erfolg hatten. Mit dem wenn auch zunächst wenig nachhaltigen Gelingen einer ersten Absprache Ende 1877 wurde nun eine Serie von Organisationsversuchen der Zechen eröffnet, innerhalb der jeweils geförderten Kohlensorte oder in regionaler Zusammenfassung die Nachfragesituation durch gezielte Angebotsverknappung und Preisbestimmung zu manipulieren. Mehr oder weniger funktionierende Förderkonventionen bestanden 1880/81 und 1885/86. Preisabsprachen waren in allen Revieren an der Tagesordnung[210], aber erst der Aufbau eigener Kohlenverkaufsstellen brachte die gewünschte Marktmacht, die übrigens der Selbständigkeit des bisher florierenden Kohlenhandels ein Ende machte[211]. Großen Erfolg hatten vor allem die Preiskartelle der Koksproduzenten seit 1882, denen mit der Zusammenfassung von (1888) 96 % der gesamten Kokserzeugung im Revier vorbildhaft die Stabilisierung der Branche gelang[212]. Andere Vertragswerke zur Einschränkung der Überproduktion waren weniger erfolgreich, da die Anzahl der Beitretenden das Gelingen in Frage stellte, Vertragsbestimmungen umgangen oder sogar, um nicht wichtige Kunden zu verlieren, Konventionalstrafen in Kauf genommen wurden. Gerade während des Abschwungs 1884—1886, als der Bergbau im Ruhrrevier selbst im Vergleich mit den anderen preußischen Kohlenbezirken erneut in überaus mißlicher Überproduktion stand[213] und auch die fortwährenden Preisabsprachen im Essener und Dortmunder Kohlenklub die „Preisschleuderei" nicht zu stabilisieren vermochten, hat die seit dem 1. Juli 1885 geltende Konvention „einen bemerkbaren Einfluß auf die Gesamtlage der Industrie nicht ausgeübt"[214]. In der interessierten Öffentlichkeit so sehr wie behördenintern sind diese Mißerfolge lebhaft bedauert worden, und man ließ nicht ab, das Heil des Bergbaus in der „Ersetzung der jetzigen Willkür und Anarchie durch eine vernünftige Organisation der Production" zu erhoffen. Noch wurde allerdings auf die Selbsthilfe der Industriellen vertraut, aber *von Berlepsch* hielt als Düsseldorfer Regierungspräsident 1885 bereits dafür[215], daß staatliches Eingreifen die „gesundheitswidrige Ausnutzung der Arbeits-

---

210 Hierin legte man sich kaum publizistische Zurückhaltung auf; vgl. Glückauf 60/28. 8. 1879, über eine Versammlung von Gewerken märkischer Reviere 24. 7. 1878: „... und ebenso einstimmig wurde beschlossen, daß mit Rücksicht auf das bevorstehende Wintergeschäft schon am 1. September 1878 eine angemessene Preissteigerung vorzunehmen sei".

211 Vgl. *R. Effertz*, Verkaufs-Vereine im Niederrhein.-Westf. Kohlen-Bezirk, 1890, S. 4 f. In diesem Zusammenhang hat *J. Rollmann*, Die Entwicklung des dt. Kohlenexports bis 1914, Diss. 1922, den Funktionswandel des Kohlenexports zu einem Instrument des Ausgleichs der binnenländischen Konjunktursituation nachgewiesen.

212 Vgl. neben den Schriften v. *F. Simmersbach* (u. a. Geschichte der Coks-Vereinigung, 1900) *Wolfgang Mühlfriedel*, Die Geschichte des Eisenhüttenwesens in Westdeutschland 1870 bis 1890. Leipzig 1970, S. 61 f.

213 Vgl. z. B. Die Wirtschaftliche Bewegung von Handel und Industrie 1884—1888 Bd. II, 1890, S. 101—113; *Bergmann*, Wirtschaftsgeschichtl. Entwicklung, S. 26. Der Rückgang nach dem sehr kurzen Aufschwung 1880—1882 hatte Anfang 1883 eingesetzt, vgl. Glückauf 62/ 2. 8. 1884.

214 OPM 1205 IV Bl. 93—99 Bergbauverein/OPM 19. 10. 1885; ähnlich ebd. Bl. 128—143 RA/ OPM 22. 4. 1886 und weitere Stücke.

215 OPK 8322 S. 123—161 RPD (gez. *v. Berlepsch*)/OPK 3. 5. 1886, Semesterbericht über die Lage der Industrie; vgl. auch die positive Beurteilung der Versuche einer Förderkonvention durch das Oberbergamt, OPM 826 OBA/OPM 23. 4. 1885. Die Semesterberichte aus Düsseldorf sind während der 1880er Jahre ungemein kenntnisreich und ausführlich. Vgl. etwa den Vorschlag einer antizyklischen Haushaltspolitik des Staats zur Krisenbewältigung:

kraft" zu verhindern habe. Als nun auch Bestrebungen, die Berggewerkschaftskasse, den gemeinschaftlichen Fonds der Bergbauunternehmen zur Sicherung gemeinsamer Aufgaben wie der Bergschulausbildung, zur organisatorisch-finanziellen Bewältigung der Vertragsaufgaben heranzuziehen, 1886/87 nicht den gewünschten Erfolg brachten[216], rückte der Gedanke einer großen regionalen Organisation des Verkaufs, angeregt auch durch die erwähnten Konsolidationspläne der Technischen Kommission, Mitte 1887 in den Vordergrund. Um die Bildung einer „Handelsgesellschaft für den gemeinsamen Betrieb der Kohlenproduktion"[217] vorzubereiten, trat eine Kommission des Vereins zusammen und entwarf den Plan einer einheitlichen Vertriebsstelle für alle Bergbauprodukte. Wenn auch der seit 1887 anlaufende Konjunkturaufschwung dieses Vorhaben zunächst wieder in den Hintergrund gedrängt hat, waren die Wege zur Organisation der Bergbauproduzenten gegen den Markt damit geebnet. Als sich 1891 nach dem großartigen Konjunkturgipfel 1888—1890 wieder Symptome der Krise einstellten, wurde auf diese aus der Konkurrenz und Überproduktion der 1880er Jahre geborenen Pläne einer Reorganisation des Markts zurückgegriffen. Die liberalkapitalistische Marktordnung, das Vertrauen auf die Kräfte der Selbstregulation nach Angebot und Nachfrage, hatte im Kohlebergbau nur zu Aufschwungzeiten zur fast ungeteilten Zufriedenheit funktioniert. Jeweils in Abschwungphasen — und sie überwogen nach 1873 bei weitem — traten die Mißlichkeiten und Mißerfolge des Systems in den Vordergrund, unter ihnen insbesondere seine klassenbildende, konflikterheischende Kraft, seine soziale Ignoranz. „Jede Zeche rechnet auf den Untergang der anderen", hieß es im Herbst 1879, kurz bevor die sechsjährige schwere Krise von einem eisenindustriellen Aufschwung abgelöst wurde,

> „aber die Arbeiter leiden noch mehr wie [!] die Gewerken unter der selbstmörderischen Concurrenz der Zechen und die Staatsregierung dürfte wohl ein scharfes Augenmerk auf diese Mißstände richten, welche die Freigebung des Bergbaus und seine Entfesselung von den Schranken der älteren Gesetzgebung hervorgerufen, und welche niemals so scharf zu Tage getreten sind wie in der jetzigen Krisis"[218].

Förderkonventionen und Preisabsprachen waren hingegen gewiß ungeeignet, die Misere der Arbeiterschaft in den langen Krisenjahren zu bessern, bildete es doch eine, wenn auch vielleicht nicht beabsichtigte, „Nebenwirkung" solcher Eingriffe, Arbeitseinstellungen zu verhindern und die Löhne niedrig zu halten[219].

„Zur Minderung der an sich unvermeidlichen Schwankungen im Erwerbsleben würde es wesentlich beitragen, wenn der Staat als größter Arbeitgeber soviel wie möglich mit seinen Bestellungen in Zeiten des Aufschwungs zurückhält, dagegen in schlechten Zeiten durch vermehrte Aufträge das stockende Erwerbsleben wieder aufweckt", womit der Staat auch „seine eigenen Finanzen fördern" würde (OPK 8323 S. 345—392, 12. 9. 1889).

216 Vgl. OPM 1205 V RA/OPM 23. 4. 1887; RA I 620 OPM/RA 24. 1. 1887, Bl. 174 Min. f. öff. Arbeiten/OBA 1. 3. 1887 (Abschr.); Glückauf 20/12. 3. 1887; 96/3. 12. 1887; Entwickelung des Niederrhein.-Westf. Steinkohlen-Bergbaues Bd. XI, S. 3—19, 106 f.; [Fritz] Heise, Entwicklung und heutige Aufgaben der Westf. Berggewerkschaftskasse. In: Der Bergbau. Bergtechnische Wochenschrift 27 (1913/14) S. 317—322; F. Schunder, Lehre und Forschung im Dienste des Ruhrbergbaus, 1964, S. 12—30.
217 Vgl. Glückauf 95/30. 11., 96/3. 12. und 98/10. 12. 1887. Daß die Pläne der Technischen Kommission nicht mehr verfolgt wurden, begründete man aus den „Schwierigkeiten, welche der Konsolidation praktisch und gesetzlich im Wege stehen". Dagegen wurde die Leistungsfähigkeit des Kokssyndikats hervorgehoben.
218 OPK 8319 S. 325—340, Semesterbericht RPD 29. 9. 1879.
219 Ebd. S. 391—406, Semesterbericht RPD 22. 4. 1880.

a) Der Bergbauverein und die ruhrindustrielle Oberschicht

Wenn auch der Stand der Bergrechtsreform um die Jahrhundertmitte noch nicht den Wünschen und Zielen der wortführenden ruhrindustriellen Unternehmer entsprach, so war doch aufmerksamen Beobachtern klargeworden, daß man nicht so sehr durch die spektakulären politischen Ereignisse der Revolutionsmonate, als durch die nun offengelegten, mit Macht auf die Konzentration größerer Betriebseinheiten, auf Absatzexpansion und unternehmerische Disposition drängenden Kräfte einen „stillen Sieg"[220] davongetragen hatte. Den nur sehr unvollständigen politischen Erfolg mochte man nun durch den schrittweise gewährten Zuwachs an wirtschaftlicher Bewegungsfreiheit, durch die freie Entfaltung der ökonomischen Interessen ausgleichen und ergänzen — dies um so mehr, als sich wirtschaftliberales Denken und Handeln in der zuständigen Ministerialbürokratie so wirksam in den 1850er Jahren durchsetzte. Freilich vollzog sich die gegenseitige Annäherung von Manchestertum und Staat, von Gewerken und Bergbehörden nicht bruchlos, nicht ohne gegenseitige, Jahrzehnte überdauernde Ressentiments. Vor allem die Übergangsphase bis zum Abschluß des Reformwerks war reich an Detail- und Grundsatzkonflikten, deren häufig verordnete Lösungen von der einen Seite als fortwährende Bestätigung und Triumph, von der anderen als Einschränkung und Zwang, als oft bitterer Zwang zur Anpassung an die neuen Ordnungskategorien erfahren wurden. Die Entspannung des Verhältnisses von Behörden und Unternehmern vollzog sich zu Lasten der ersteren.

Aber auch auf der Unternehmerseite waren zahllose Widerstände und gegenläufige Entwicklungen zu überwinden, hatte sich doch keineswegs bereits jener hochindustrielle Unternehmertyp durchgesetzt, der die Geschichte des montanindustriellen Wirtschaftsraums nach der Wende zum 20. Jahrhundert lenken sollte. Aber unter den zahlreichen Abstufungen und Trennungslinien im gewerblichen Bürgertum der westlichen Industrieräume, aus den landschaftlichen, gewerblichen, konfessionellen und generationsbedingten Unterschieden[221] hatte sich doch eine Führungsgruppe fortschrittlicher Unternehmer und Gewerken geschält, die die künftige Entwicklungsrichtung vorzeichnete und Maßstäbe liberalen unternehmerischen Verhaltens setzte. Deutlich gaben hier die rheinischen Kaufleute, Fabrikanten und Gewerken, die *Haniel, Stinnes, Waldthausen*, weniger eigentlich *Krupp*, den Ton an.

Im Westen des Reviers fand der von den Gewerken der westfälischen Seite energisch betriebene Plan einer eigenen Vertretung in der Gestalt einer Kammer nach der Revolu-

---

220 *Ludwig Beutin*, Das Bürgertum als Gesellschaftsstand im 19. Jh. In: *ders.*, Gesammelte Schriften zur Wirtschafts- und Sozialgeschichte. Hg. v. *Hermann Kellenbenz*, Köln/Graz 1963, S. 284—319, S. 295.

221 Vgl. bes. die Bemerkungen von *H. Croon*, Die wirtschaftl. Führungsschichten im Rheinland und in Westfalen 1790—1850, S. 333 Anm. 1, zu den Studien von *F. Zunkel*, Der rhein.-westf. Unternehmer; ferner *H. Croon*, Die Einwirkungen der Industrialisierung auf die gesellschaftliche Schichtung, 1955, S. 312—314; *G. Adelmann*, Führende Unternehmer in Rhld. u. Westfalen 1850—1914, 1971. Vgl. daneben *Wolfgang Zorn*, Typen und Entwicklungskräfte dt. Unternehmertums im 19. Jh. In: VSWG 44 (1957) S. 55—77; nicht frei von Fehlurteilen ist *H. Henning*, Das westdt. Bürgertum 1860—1914, 1972 (vgl. etwa S. 101: Die wirtschaftliche Besserung im Handwerk sei an der steigenden Gesellenzahl abzulesen). Fast gänzlich unbrauchbar und in Heroisierung des Unternehmertums befangen bleibt *H. Hammacher*, Tradition und Persönlichkeiten in den ersten Unternehmergenerationen des Ruhrgebietes, Diss. 1954.

tion kaum noch Resonanz[222]. Unter Führung von *Fr. Harkort* wurden 1853 im Abgeordnetenhaus, von anderen Gewerken in Petitionen 1851, 1853, 1854 und noch einmal 1858, Initiativen für die Gewerkenkammern ergriffen[223]. Aber mit dem Ende der Reformentwürfe von 1848/1850 war auch das Ende dieses Plans gekommen, und wenn sich auch das Oberbergamt weiterhin, da dem Bergbau eine Sonderform zugebilligt worden wäre, noch 1855 dafür aussprach, hatte *von der Heydt* bereits Ende 1853, einem Gutachten der Arnsberger Regierung folgend, für die Vertretung der Gewerken in den bestehenden bzw. neuzubildenden Handelskammern entschieden[224]. Hier stand allerdings in der Gewerbesteuerpflicht einer Handelskammermitgliedschaft des Bergbaus, der besonderen Steuern unterworfen war, ein entscheidendes Hemmnis entgegen. Die erste Handelskammer in der Ruhrgegend war 1831 in Duisburg entstanden; 1840 folgten unter amtlicher Hilfe Essen und Mülheim mit fast gleichlautenden Satzungen, 1844 Hagen, aber erst 1856 Bochum und 1863 Dortmund[225]. Einzig in der Essener Handelskammer waren die Gewerken seit 1850 durch eine Ausnahmeregelung vertreten, die 1864 bekräftigt wurde, indem man den Bergbau mit einer fiktiven Gewerbemindeststeuer belegte. Erst das Handelskammergesetz vom 24. Februar 1870 schuf eine endgültige Regelung. Daß man im Westen des Reviers weniger nach Gewerkenkammern drängte, war insbesondere auch darauf zurückzuführen, daß hier die Bergbauinteressenten und ihre Protagonisten längst über ihre anderen Gewerbe und Beteiligungen, insbesondere den Kohlenhandel, Sitz und Stimme in den Kammern besaßen.

Neben dieser Organisations- und Mitspracheform, mit der die Unternehmer eine Art „konstitutionelles System"[226], mindestens aber ein Recht auf Gehörtwerden verbanden, griff seit Beginn der 1850er Jahre der Gedanke freier Verbindung nach dem Vorbild der Bauernvereine[227] um sich. Schon in der Revolution war die Interessenwahrung und -formulierung in der Vereinsform mit einigem Erfolg unternommen worden; eine dauer-

---

222 Vgl. neben den oben S. 83 genannten Quellen und Studien *F. Mariaux,* Gedenkwort zum hundertjährigen Bestehen der Industrie- u. Handelskammer Bochum, 1956, S. 143—169, wo die unterschiedlichen Ansichten zur Gewerkenkammer als Auseinandersetzungen um einen neuen Unternehmertyp dargestellt werden; hierzu auch [*Mertes*], 100 Jahre Industrie- u. Handelskammer Dortmund, S. 13 f.

223 Vgl. JM 11083 Bl. 68 f., MBAB 36 Landtagsabschied Provinz Westfalen 22. 9. 56; OPM 2817 Bl. 25, 50—58, bes. Bl. 29—35 Berichterstattung RA/OPM 27. 10. 1853; Berggeist 3 (1858) S. 595 f. Noch 1863 plädierte *v. Beughem,* Bemerkungen zu dem Entwurfe eines allg. Bergwerksgesetzes, S. 45, für Gewerkenkammern.

224 Vgl. OPM 2817 Bl. 36 HM/OPM 10. 12. 1853; ebd. Bl. 96 f. OBA/HM 15. 1. 1855 (Abschr.). Die gegensätzliche Meinung kennzeichnet die Konfliktlage zw. HM u. OBA in diesen Jahren, wobei *v. d. Heydt* sich vermehrt der Stellungnahmen der ordentlichen Verwaltungsbehörden bediente (vgl. oben S. 180; ferner OPM 2817 Bl. 60 HM/OPM 1. 4. 1859). Während seines Besuchs im Ruhrrevier 1851 scheint sich *v. d. Heydt* noch wohlwollend zu den Gewerkenkammern geäußert zu haben.

225 Vgl. neben den Anm. 222 genannten Studien noch *L. Beutin,* Industrie- u. HK Hagen, 1956, S. 53 f.; *G. Wiebe,* Die HK zu Bochum, 1906, S. 5—12; *W. Fischer,* Herz des Reviers, 1965; *K. v. Eyll,* Geschichte einer HK (Essen), 1964, S. 47—99; *Mertes,* Dortmunder Wirtschaft, S. 73—80. Zusammenfassend *W. Däbritz,* Die Entstehung der rhein.-westf. Handelskammern, 1941.

226 *Zunkel,* Unternehmer, S. 151 f.; ganz ähnlich *Wolfram Fischer,* Unternehmerschaft, Selbstverwaltung und Staat. Die Handelskammern in der dt. Wirtschafts- u. Staatsverfassung des 19. Jhs. Berlin 1964, S. 30—35; vgl. auch *G. Schulz,* Über Entstehung und Formen von Interessengruppen in Dtld., 1961, S. 234—240.

227 Auf die Möglichkeit freier Zusammenschlüsse nach dem Beispiel der Landwirte, falls die „Gegenwirkung einer bürokratisch gesinnten Beamten-Klasse" befürchtet werde, verwies

hafte Vertretung erschien erneut in dem Augenblick erforderlich, als wirtschaftlicher Niedergang zur Besinnung auf gemeinsame Ziele verholfen hatte und die Vollendung der Rechtsreform, da aus ihr krisenüberwindende Impulse erwartet wurden, weitere Kräfte mobilisierte.

Ende 1857 kamen behördenintern Überlegungen zur Bewältigung der Überproduktion durch Absatzerweiterung in Gang, und schon am 1. Februar 1858 fand in Dortmund eine Konferenz von Vertretern der Bergbehörde und Gewerken statt, die die Bildung eines „Komitees für die Beförderung des Absatzes der westfäl. Steinkohlen nach dem Osten" mit den Oberbergräten *Serlo* und *Herold*, den Gewerken *H. Haniel, Hammacher, Müser, v. Velsen* und *Fr. Waldthausen* beschloß[228]. Die Tariffrage für den Kohlentransport stand im Mittelpunkt mehrerer Sitzungen im Verlauf des Jahres. Im Herbst 1858 war das Komitee bekannt genug geworden, daß ministerielles Unbehagen an der Teilnahme amtlicher Stellen an den Sitzungen den Rückzug der Beamten aus dem Komitee erzwang. Währenddessen hatte *Hammacher* deutlich gemacht, daß absatzfördernde Maßnahmen allein nicht ausreichen würden; leider fehle es aber

„überall an genauen statistischen Nachrichten und Anhaltspunkten, [...] und es dürfte deshalb vom Standpunkte unseres Comites aus, eine spezielle Anregung bei den Gewerken des Bezirks zur Bildung eines statistischen, speciell die Steinkohlen-Industrie betreffenden Vereins — sei es in Form einer speziellen oder allgemeinern Association — zu geben, angemessen sein"[229].

Die Gründung eines solchen „Vereins für die bergbaulichen Interessen im Oberbergamtsbezirk Dortmund"[230] erfolgte am 17. Dezember 1858 in Essen unter maßgeblicher Beteiligung der Komiteemitglieder, insbesondere *Hammachers,* und des seit längerem für Preisabsprachen und ähnliche Aufgaben gebildeten Märkischen Gewerkenvereins, der Mitte 1859 seine Auflösung beschloß. Fortan entfaltete sich eine rege Agitationstätigkeit durch Eingaben und Petitionen an die konstitutionellen Organe für Erleichterungen im Transportwesen und Ausbau der Verkehrswege, Beschleunigung der Bergrechtsreform, Abgabenermäßigung, Bergschädenregelung und vieles andere[231]. Ende 1861 erlangte man handelsministerielle Anerkennung und ein halboffizielles Anhörungsrecht vor behördlichen Entscheidungen. Schon das Freizügigkeitsgesetz 1860 bot Gelegenheit, im Gewerkeninteresse auf den legislatorischen Prozeß Einfluß zu nehmen[232].

Innerhalb weniger Jahre war so gut wie der gesamte Zechenbesitz im Oberbergamtsbezirk in dem Verein versammelt, der damit zum Sprachrohr der Gewerkenmeinung im Ruhrrevier, zum Forum des Für und Wider in technischen, organisatorischen und politischen Fragen, schlechthin in allen den Ruhrbergbau berührenden Angelegenheiten wurde. Einzig sozialpolitische Fragen entfielen nach dem Erfolg im Freizügigkeitsgesetz

---

bereits RA/OPM 27. 10. 1853 (OPM 2817 Bl. 29—35) in der Stellungnahme zu den Gewerkenkammern; vgl. auch ebd. Bl. 52 f.

228 Vgl. OBA 1114 u. *Zunkel*, Unternehmer, S. 202—204.

229 Ebd. *Dr. Hammacher*/OBA (undatiert, Abschr., nach den Nebenstücken ca. Juli 1858).

230 Gründungsdokumente in Entwickelung des Niederrhein.-Westf. Steinkohlen-Bergbaues Bd. XI, S. 42—54; zur Geschichte ebd. S. 40—73; vgl. auch Berggeist 4 (1859) S. 447 über die erste Generalversammlung Ende 1859; *E. Jüngst*, Festschrift z. Feier des fünfzigjähr. Bestehens des Vereins, 1908, S. 165—170. Eine Liste der Vorstandsmitglieder seit 1858 bei *Hans Meis* (Bearb.), Der Ruhrbergbau im Wandel der Zeiten. Essen 1933, S. 372—375. Eine moderne sozialgeschichtliche, Quellen und vorhandene Literatur kritisch auswertende Geschichte des Bergbauvereins ist ein dringendes Desiderat der Ruhrgebietsforschung.

231 Zahlreiche Quellen z. B. in JM 11085, OPM 2835 II; seit 1865 in der Verbandszs. Glückauf.

232 Vgl. *Adelmann*, Quellensammlung Bd. I, S. 125—127.

und während der wenn nicht immer gewinnträchtigen, so doch expansiven Konjunkturen der 1860er Jahre[233]. Auch in dem Verbandsorgan „Glückauf" begegnete man den Problemen der Bergleute mit großer Zurückhaltung und nach dem Streik 1872, in dem die Existenz des Unternehmerverbands die Gewerkensolidarität förderte oder gar erst ermöglichte, allein noch unter dem Gesichtspunkt von Betriebskostenfragen. Hier nun bot die in den 1880er Jahren auch den Bergbau berührende Sozialpolitik genügend Ansätze der Kritik, aber die Notwendigkeit einer aktiven unternehmerischen Sozialpolitik ist anscheinend vor der Jahrhundertwende, selbst nach der heftig bekämpften Berggesetznovelle von 1892, mit Ausnahme des freilich vorrangig betrieblichen Interessen dienenden Zechenwohnungsbaus, nicht erkannt worden.

Leitthemen der Agitation waren vielmehr die Frachtsätze und Schutzzölle, die allgemeine „Transportkalamität" und die jeweilige Marktsituation. Die Werbung und Fürsprache in dieser Richtung ergänzte sich seit dem Kohlentag im Februar 1871 in Düsseldorf mit dem dort zunächst unter der Leitung von *W. T. Mulvany* gegründeten, gewerbeübergreifenden „Verein zur Wahrung der wirtschaftlichen Interessen" rheinischer und westfälischer Unternehmer, dem sog. Langnamverein[234]. Beide Gruppen unterhielten eine interessendienliche Presse durch Zeitschriften und andere Veröffentlichungen und nahmen, soweit sie die örtlichen Wahlkomitees und Parteien zu beherrschen wußten, durch die Entsendung von Abgeordneten in Reichstag und Abgeordnetenhaus Einfluß auf Gesetzgebung und Verwaltung zugunsten der Bergbauinteressen. „Wir haben uns emancipiert von der Staatshülfe", hieß es bereits auf dem Kohlentag von 1865, „wir wissen, welche Mittel und Hebel wir benutzen müssen, um uns die Befriedigung dessen zu sichern, was wir erstreben"[235].

Die alteingesessenen Bergwerkseigentümer, durch einen starken Verband vertreten und von neuem Selbstbewußtsein erfüllt, bildeten den Kern der montanindustriellen Oberschicht an der Ruhr und prägten über Jahrzehnte hinweg das Gesicht des Wirtschaftsraums, soweit sie durch ihre wirtschaftliche Macht Einfluß auf kommunale, regionale, allgemeinpolitische Verhältnisse und Entscheidungen ausübten. Durch das Klassenwahlrecht begünstigt, hielten sie die Fäden der Stadt- und Regionalentwicklung in Händen und gaben den Ton in gesellschaftlich-kultureller Hinsicht an. Diese Oberschicht der berufsmäßigen Gewerken, Kaufleute und Grubenvorstände trat mit der industriellen Expansion und dem ungeheuren Bevölkerungswachstum an Zahl und optisch in den Hintergrund und isolierte sich jedenfalls von der anschwellenden Schicht der Handarbeiter, aber selbst auch gegenüber den mittelständischen Bildungs- und Erwerbsschichten des wohlhabenden Bürgertums in Versorgung, Zulieferung und Dienstleistung und nicht zuletzt gegenüber der neuentstehenden Gruppe der industriellen Angestellten bis hinauf zum nichtbesitzenden Direktor, der zuweilen von seinen Kapitaleignern die ganze Arroganz des Besitzes zu spüren bekam.

Die eingesessenen Gewerkenfamilien — sie behielten im westlichen Revier im Gesamtzeitraum ihre Führungsrolle, während in Dortmund und Bochum Verschmelzungen mit zugewanderten Unternehmerfamilien insbesondere der Eisenindustrie stattfanden[236] —

233 Vgl. als Ausnahme die Bemerkungen zur Petition von 1867 in Glückauf 30/26. 7. 1868.
234 Vgl. *W. Beumer*, 25 Jahre Thätigkeit des Vereins..., 1896, S. 1—11; *J. Winschuh*, Der Verein mit dem langen Namen, 1932, S. 11—39. Der Langnamverein beschäftigte sich anläßlich des Eisenacher Kongresses im Okt. 1872 einmal mit Arbeiterangelegenheiten, danach wieder 1883/1885 in den Fragen des Arbeiterschutzes und der Krankenversicherung.
235 Verhandlungen des Ersten Kohlentages 5. Nov. 1865, in: OBA 1114.
236 Vgl. die städtegeschichtl. Aufsätze von *H. Croon*, z. B. Bürgertum und Verwaltung in den Städten des Ruhrgebiets im 19. Jh., 1964.

rückten aus verbindendem Interesse eng zusammen, versippten und verschwägerten sich und umgaben sich, wo möglich, mit wissenschaftlichem Glanz, seit der Reichsgründung vermehrt auch mit jenen Ehren, durch die das wirtschaftsliberale Preußentum diese neuen Eliten sich und seiner Formenwelt zu verpflichten wußte. Die Heiratspolitik der Gewerkenfamilien ist frappierend. Die alte Essener Familie *Waldthausen*[237] knüpfte familiäre Beziehungen zu den *Wiesmanns*, den *Flashoffs* und den *Heintzmanns*, einer bekannten Bergbeamtenfamilie, aus der auch mehrere Juristen im Gewerkendienst hervorgingen. In Mülheim waren die *Weuste* mit den *Stinnes*, diese mit den *von Eicken*, *Vorster*, *Coupienne* und *Haniel*, die *von Eicken* mit den *Troost* und *Thyssen* verwandt, usw.[238] Auch die märkischen Gewerken, Fabrikanten und Kaufleute heirateten „fast ausschließlich untereinander"[239] oder doch in die ebenfalls häufig miteinander verschwägerten Familien höherer Bergbeamten[240]. So waren die *Pieper* mit den *Grimberg*, die *Boelling* mit den *Grolmann*, den *v. d. Bercken*, *Gallus* und *Heintzmann* verwandt; die Familie des Berghauptmanns *Eilert* stand in enger Beziehung zu den *Frielinghaus*, diese wieder zu den *Springorum*, und die weitverzweigte Beamtenfamilie *Honigmann* war, ähnlich den *Heintzmanns*, verwandtschaftliche Bindungen im gesamten Revier, unter anderem auch mit *Emil Kirdorf*, der so einen Teil seines Statusdefizits aufholen mochte, eingegangen. Daß es bei dieser Heiratspolitik in manchen Familien *(v. d. Leyen, v. Loevenich)*[241] zu Degenerationserscheinungen kam, konnte nicht ausbleiben. Dagegen scheint es kaum möglich, die Bedeutung dieser cliquenhaften Selbstbeschränkung nicht nur für den industriellen Ausbau, seine Schwerpunkte und Hauptrichtungen, sondern vor allem für seine sozialen Folgen, für die gesellschaftlichen Entfremdungsvorgänge, für Herrschafts- und Unterdrückungsformen in ihrem wirklichen Umfang und Sinn zu messen. Nur ausnahmsweise fällt Licht auf dieses nichtöffentliche Netz kommunikativer Beziehungen, in dem gleichwohl die wesentlichsten unternehmerischen Entscheidungen vorbereitet wurden und sogar gewisse Ausgleiche in den Gewinnerwartungen stattgefunden haben dürften. Als sich in den 1880er Jahren der Bochumer Bergschuldirektor und zeitweilige Gewerkenvertreter im Abgeordnetenhaus, *H. Schultz*, um eine Oberbergratsstelle bemühte, verwandten sich für ihn der prominente Bergbeamte und Freund *v. d. Heyden—Rynsch,* ein Berliner Ministerialdirektor *Althoff* als Schwager, der Geschäftsführer des Bergbauvereins *Dr. Natorp* und selbst der Leiter der Bergwerksabteilung im Handelsministerium, *Huyssen*, und die ganze Angelegenheit scheiterte nur, weil *Maybach* offenbar persönliche Abneigungen hegte[242].
Die schon in diesem Fall sichtbare Verfilzung von Unternehmern und höherer Beamtenschaft gründete sich neben verwandtschaftlichen Beziehungen sicher auch auf gegenseitige Interessen und verwob beides miteinander. Bei manchen gewiß fortdauernden

---

237 Vgl. den Stammbaum bei *Wallmichrath*, Eisenbahn, 402 f.; S. 408: „Kreis engversippter Personen".
238 Vgl. *I. Barleben*, Mülheim, 1959, S. 114 f., 118 f., 244 f., 334 f., 360 f., 369, 374, 394 f., bes. 207—215, mit zahlreichen Stammbäumen.
239 *H. Croon*, Führungsschichten in Rhld. u. Westfalen, 1973, S. 327; vgl. *ders.*, Die wirtschaftlichen Führungsschichten des Ruhrgebietes 1890—1933, 1972, S. 144; *Henning*, Das westdt. Bürgertum, S. 107, 291; *J. Kocka*, Unternehmer in der dt. Industrialisierung, 1975, S. 33, 67, 72.
240 Vgl. bes. die biograph. Schriften von *W. Serlo*, z. B. Westdt. Berg- und Hüttenleute, 1938, passim, hier S. 111 f., 118—131, 145—161, 237—255.
241 Vgl. *Zunkel*, Unternehmer, S. 95 f.
242 Vgl. *W. Bacmeister*, H. Schultz, 1938, S. 166—170.

Differenzen im persönlichen Verkehr und in Sachfragen[243] bemühte man sich von beiden Seiten auch im amtlich-öffentlichen Gebaren um freundliche Übereinstimmung[244], die bei vielen Gelegenheiten vertieft werden konnte, aber jedenfalls auf Kosten der wie immer noch unabhängigen Position der Beamten zustande kam. Infolgedessen muten Stellungnahmen wie die Bitte des Berghauptmanns *Prinz Schönaich-Carolath* 1880/81, man möge die Löhne „doch so viel und so bald wie möglich" etwas erhöhen[245], recht hilflos an. Regelrecht negativ für die Arbeiterschaft aber mußten sich verwandtschaftliche Beziehungen und geselliger Verkehr auf der unteren Ebene der Revierbeamten auswirken, wo der Zugang zur örtlichen bergbaulichen Oberschicht, zum adäquaten Milieu, gewiß von bergpolizeilichem Wohlverhalten abhängig war[246]. Auch mußte es zunehmend schwer fallen, Aufsichtsentscheidungen gegen gleichrangig gebildete Bergassessoren durchzusetzen, die nach der Bergrechtsreform disponibel geworden waren oder von vornherein, wie jetzt immer üblicher wurde, auf die stets besserbezahlte Führungsposition in Unternehmerdiensten gezielt hatten. Die bergbaulichen Besitz- und Bildungseliten, die Gewerken, die von ihnen Abhängigen und das Fachbeamtentum an der Ruhr, haben zwar zu keinem Zeitpunkt eine homogene Führungsschicht gebildet, wenn diese auch von Außenstehenden und Betroffenen als solche erfahren werden konnte. Zu vielfältig und widersprüchlich waren die Gruppierungen und Tendenzen, die Traditionen und Ziele innerhalb der Oberschicht, um in jedem Fall eindeutige soziale Verhaltensweisen herauszubilden. Von den nach wie vor verhaltenskonstitutiven Merkmalen sei insbesondere die konfessionelle Präferenz der mit den Ausnahmen von *Thyssen* und später *Klöckner* evangelischen Großindustriellen hervorgehoben[247]; starke Interessenkonflikte entstanden auch zwischen den ländlichen Grundbesitzern und den Bergbautreibenden, soweit durch den Bergbau schwere Oberflächenschäden — Bergschäden an Bauten, Bodensenkungen und Veränderungen der Grundwasserverhältnisse — hervorgerufen wurden[248]. In den Stadtverordnetenversammlungen sind die gegensätzlichen Meinungen und Haltungen auch der angesessenen Handwerkerschaft und des Bildungsbürgertums gegen die übermächtig wachsenden Zechen, Fabriken, Großbetriebe, nicht selten zutage getreten, und auch die Haltung der Unternehmerschaft zur preußischen Staatsregierung war, so zeigte sich besonders im Verfassungskonflikt, nicht frei von Ressentiments[249]. Erst nach der

---

243 Vgl. z. B. die Kontroverse um die Veröffentlichung von Lohndaten in dem offiziösen Werk: Die Einrichtungen zum Besten der Arbeiter auf den Bergwerken Preußens, 1875; in: OBA 1779 Bl. 253 f. Bergbauverein/OBA 21. 11. 1875, Antwortschreiben ebd. 25. 11. 1875 (Entw.), mit dem (kassierten) Passus, die Behörde habe „überhaupt einseitige Bedenken und Interessen zwar wohl zu berücksichtigen, aber nicht zu vertreten", und sicher teile auch der Vorstand des Bergbauvereins den „Grundsatz, daß die wahren Interessen der Arbeitgeber und Arbeitnehmer identisch sind, auch in seinen praktischen Consequenzen". Vgl. auch Glückauf 27/8. 7. 1866 über den Erlaß einer Bergpolizeiverordnung ohne Anhörung des Vereins.

244 Der Bergbauverein schmückte sich anfangs gern mit den Ehrengästen von der Dortmunder Behörde; vgl. Glückauf Jgg. 1866—1868.

245 Faksimile eines Zeitungsberichts, undatiert bei *A. Mämpel*, Bergbau in Dortmund Bd. III, 1969, S. 63.

246 Hierauf verweist *R. Pöller*, Die Gefahren des Bergbaues, 1914, S. 80.

247 Vgl. *Croon*, Wirtschaftl. Führungsschichten, S. 148 f.

248 Vgl. f. 1848/49 die Petitionen von Dortmunder und Bochumer Grundbesitzern: JM 11081 Bl. 57—59, 98—108; JM 11082 Bl. 97 f. Über die berühmtgewordenen Oberhausener Bodensenkungen der 1870er Jahre im Baufeld der Zeche Concordia vgl OBA 344, Glückauf 21/20. 5. 1876 und O. *Eggert*, Oberhausen im Spiegel der Ratsprotokolle, H. I, 1968, S. 29 f.

249 Vgl. etwa die Stellungnahme der Essener Stadtverordnetenversammlung 25. 8. 1865, nach-

Reichsgründung wurde der durch Bergrechtsreform, liberale Gewerbegesetzgebung und konstitutionelle Partizipation seit 1848/49 eingeleitete Prozeß der Versöhnung der ruhrindustriellen Unternehmer, einer der wichtigsten regionalen Eliten im neuen Reich, mit dem preußischen Staatswesen besiegelt und trug endlich zu dessen fortdauernder Herrschaftsfähigkeit bei[250]. Fortan bediente man sich gern selbst der feudalen Formen, um sich im Glanz der Orden und Titel seiner Machtfülle und staatstragenden Rolle inne zu werden[251].

Aber bei allen Differenzen und Differenzierungen innerhalb der ruhrindustriellen Oberschicht mußten sich die familiär-bekanntschaftliche Kohärenz der bergbaulichen Führungsgruppen und ihre Leit- und Vorbildrolle im gesellschaftlichen Umgang mit den vielen Ärzten, Rechtsanwälten, evangelischen Geistlichen und anderen Akademikern[252] in hohem Maße meinungsformend und verhaltensprägend auswirken. In dem wenig spezifizierbaren, im Kern relativ isolierten Milieu der bergbaulich-bürgerlichen Oberschicht gediehen — weit wichtiger als jene zeitgemäße Demonstration des zusammengetragenen Reichtums, der Behäbigkeit und scheinbaren Behaglichkeit — Denkmuster und starre Verhaltensgrundsätze, die sich allzu weit von einer industriegesellschaftlichen Realität entfernten, deren Führerschaft der Besitz an den Produktionsmitteln doch zu garantieren schien. Allzu leicht mochte in der Entfernung von der Armut Reichtum mit Überlegenheit verwechselt und das eine aus dem andern begründet werden, mochte sich Milieu in Herrschaft manifestieren, so daß auf der anderen Seite die Lebens- und Verhaltsformen dieses Milieus als Beherrschung und Beherrschtsein empfunden und erfahren wurden und Gegenbewegungen erzeugten[253].

---

dem *Hammacher* und *Ed. Baedeker* die Bestätigung als Beigeordnete versagt worden war, bei *W. Henning*, Geschichte d. Stadtverordnetenversmlg. von Essen, 1965, S. 21. Am 27. 5. 1866 nahm die Versammlung eine von *Hammacher* entworfene Adresse für ein neues Ministerium, also auf Entlassung *Bismarcks*, an. — Konflikte zwischen Zechen und angesessenem Kleinbürgertum führt anhand der Stadtverordnetenwahlen in Castrop *H. Croon* vor: Veränderungen in der Zusammensetzung der Gemeindevertretungen unter dem Einfluß der Industrialisierung, 1967, S. 166—168.

250 Vgl. insbes. *Zunkel*, Unternehmer, S. 275; *R. Zeise*, Gemeinsamkeiten in der polit. Konzeption der dt. Bourgeoisie 1859—1866, 1974, S. 177, 182—186, 211—216. Völlig unergiebig in der hochwichtigen Frage des Verhaltens der Unternehmerschaft zum Staatswesen ist *Gerhard Becker*, Zur Rolle der preußischen Bourgeoisie nach der Märzrevolution 1848. In: ZfG 24 (1976) S. 168—189. Bei *Hellmut Seier*, Liberalismus und Staat in Deutschland zwischen Revolution und Reichsgründung. In: Archiv für Frankfurts Geschichte und Kunst 54 (1975) S. 69—85, spielen ökonomische Fragen nur eine untergeordnete Rolle. S. ferner *Karl Obermann*, Die Rolle der ersten deutschen Aktienbanken in den Jahren 1848 bis 1856. In: Jb. f. Wirtschaftsgeschichte 1960/II. S. 47—75, S. 47—52.

251 Vgl. zum Kommerzienratstitel *P. H. Mertes*, Zum Sozialprofil der Oberschicht im Ruhrgebiet, 1971, S. 168, 188: „Anerkennung f. d. Wohlverhalten gegenüber der Regierung"; vgl. ferner die recht kritischen Bemerkungen von *W. Brepohl*, Industrievolk im Wandel. 1957, S. 164—166.

252 Offiziere fehlen fast völlig in diesem Kreis; hier wirkte sich aus, daß im Ruhrgebiet keine Garnison lag.

253 Vgl. als Beispiel die Beleidigungsklage Bochumer Honoratioren gegen den katholischen Bergarbeiterführer *J. Fusangel*: Bochumer Steuerprozeß. Verhandlungen, [1891], S. 81, Schlußwort *Fusangels* gegen seinen Hauptkontrahenten, *L. Baare*: „In Bochum herrschen Zustände, wie vielleicht nirgends sonst auf der Welt. Dort sitzt die Corruption auf dem Throne, und wer sich nicht vor ihr beugt, wird mit den schlechtesten Mitteln verfolgt... Daß ich mich gegen *die* Gesellschaft mit Händen und Füßen wehre, wird mir niemand verübeln..."

Kapitel VIII
Zeche und Belegschaft nach der Bergrechtsreform

1. Arbeitsplatz, Arbeitsgesellung und Gefahren der Bergarbeit

Die eigentliche Arbeit des Bergmanns „vor Ort", die Tätigkeit der Kohlengewinnung, hat im 19. Jahrhundert auch durch wirtschaftliche Expansion, technische Innovation und Bergrechtsreform keine Veränderungen erfahren[1]. Vielmehr ist die Arbeitsverrichtung des Kohlenhauers, das Hereingewinnen der Kohle durch Schlitzen und Schrämen des Kohlenstoßes mit der Keilhaue, weniger im Flöz als in den Kopf- und Fußstrecken und bei harter Kohle durch Schießarbeit, also durch Ansetzen der Bohrlöcher mittels Handbohrer, durch Besetzen und Wegtun der Schüsse und Abräumarbeiten ergänzt worden. Das Schießen von Kohle und Nebengestein wurde seit der Jahrhundertmitte immer üblicher und trug in hohem Umfang zur Steigerung der Arbeitsleistung bei; später ist oft zuviel, wenig fachmännisch und gefährlich geschossen worden. Schließlich gehörte zur Arbeit des Kohlenhauers die Sicherung der ausgekohlten Hohlräume gegen Steinfall durch Abstützung des Hangenden, durch einfachen Holzausbau mit Stempel und Kappholz.

Beim Pfeilerbau wie beim Strebbau wurde das Fortschreiten des Abbaus im meist mehr oder weniger einfallenden Flöz vorbereitet und ergänzt durch den auch aus Bewetterungsgründen erforderlichen Vortrieb der Kopf- und Fußstrecken im Flöz, wobei aus dem Hangenden und Liegenden Gestein hereingewonnen wurde, um einen begehbaren Streckenquerschnitt in dem im Ruhrbergbau nur ganz selten eine Mächtigkeit von 2 Metern überschreitenden Flöz zu öffnen und durch Ausbau auf längere Zeit für Förderzwecke und Fahrung funktionstüchtig zu erhalten. Der Streckenvortrieb auch im reinen Nebengestein in Querschlägen und Richtstrecken, die die einzelnen Bauabteilungen erschlossen, wurde von Gesteinshauern in Ortskameradschaften von 3 bis 4 Mann häufig im Schichtwechsel betrieben. Die Trennung der Funktionen von Kohlen- und Gesteinshauern war bereits eine Folge ausgedehnterer Grubenbaue, denn solange Zechen auf ein Flöz

---

1 Vgl. Entwickelung des Niederrhein.-Westf. Steinkohlen-Berbaues Bd. IV, S. 69 f.; für andere Bergreviere s. *Karl Lärmer*, Vom Arbeitszwang zur Zwangsarbeit. Die Arbeitsordnungen im Mansfelder Kupferschieferbergbau von 1763 bis 1945. Berlin (O) 1961, S. 128; *E. Wächtler*, Tradition und Fortschritt, 1970, S. 21. Beschreibungen der Arbeitsverrichtungen und Schilderungen des Arbeitsplatzes „vor Ort" finden sich z. B.: *F. Quint*, 50 Jahre Bergbau. Vom Kumpel gesehen, 1941, S. 66—74; *Adolf Levenstein* (Hg.), Aus der Tiefe. Arbeiterbriefe. Berlin o. J. [1908], S. 25—63; *B. Kleff*, Auf der alten Zeche „Friederika". In: Bochum. Ein Heimatbuch 3 (1930) S. 47—52; *A. Bosenick*, Arbeitsleistung beim Steinkohlenbergbau, 1906, S. 5—82, 123—125, 144. Schilderung einer Grubenfahrt um 1860 bei *Helmut Domke*, Duisburg. München 1960, S. 107 f. Eine detaillierte Beschreibung in allerdings sächsischer Bergbauterminologie bringt *Richard Wolf*, Arbeit und Arbeitsgesellung im Zwickauer Steinkohlenbergbau in der zweiten Hälfte des 19. Jahrhunderts. In: Wiss. Zs. der Humboldt-Universität Berlin. Gesellschaftswiss. Reihe 20 (1971) S. 83—89.

verliehen worden waren, hatten Ausrichtung und Abbau von denselben Arbeitern wahrgenommen werden müssen. Die Anlage von tonnlägigen, später fast ausschließlich seigeren Tiefbauschächten mit ihrer besonderen Technik in sandigem und wasserführendem Deckgebirge, bei größeren Grubenbauen auch von Blindschächten als seigere Verbindung zweier oder mehrerer Sohlen, war Aufgabe der Schachthauer.

Kohlen-, Gesteins- und Schachthauer bildeten den Kern der bergbaulichen Belegschaft. Ihnen im Rang und Arbeitsprozeß nachgeordnet waren die Förderleute, die Schlepper und Kohlenzieher, die in immer mühseliger Muskelarbeit den Transport der gewonnenen Produkte zum Füllort zu besorgen hatten. Hier schuf die Pferdeförderung wenigstens in den Hauptstrecken Erleichterung; in den Örtern und Flözstrecken, wo man sich häufig nur gebückt und kriechend vorwärtsbewegen konnte, bis der Gebirgsdruck den Streckenquerschnitt auf weniger als die Größe der durchzuschiebenden Fördergefäße verkleinert hatte und so Reparaturarbeiten erzwang, hier nun, unter drückender Schwüle, oft bei Nässe und in verbrauchter Luft, war der Arbeitsplatz der Schlepper in den größeren Schachtanlagen mit ausgedehnten Grubenbauten. Im Ruhrbergbau nimmt die Temperatur bei konstanten 9° in 25 m Teufe je 28 m um 1° zu, so daß bei 400 m etwa 22°, bei 600 m bis zu 30° Normaltemperatur erreicht sind, die nur durch Zuführung frischer Wetter harte körperliche Arbeit erlauben. Die Wettertechnik befand sich jedoch noch in den Anfängen. Viele Gruben leiteten den Wetterzug noch in demselben Schacht ein und aus — eine Wettertechnik, der selbst die ausziehenden Wetterlöcher im Stollenbergbau überlegen gewesen waren. Verbreitet war die Verstärkung des natürlichen Wetterzugs durch Wetteröfen über oder unter Tage, wo sie dann eine stete Gefahr für den Ausbruch von Grubenbränden bildeten. Erst die entwickelte Ventilationstechnik mithilfe des Elektromotors hat hier wirkliche Abhilfe geschaffen und nebenbei die Schlagwettergefahr verringert.

Wie die Arbeitsverrichtungen, so hat sich auch das bergmännische Werkzeug, das Gezähe, im 19. Jahrhundert nicht verändert. Bergarbeit war Handarbeit, für die wenig mehr als Keilhaue, die sog. „Ruhrhacke"[2], und Fäustel, für Holzarbeiten besonders Beil und Säge erforderlich waren. Im Nebengestein wurde auch mit Meißeln gearbeitet; die hier unentbehrliche Schießarbeit wurde mit der mühseligen Arbeit am Handbohrer, der nur zögernd seit den 1870er Jahren durch die langsam verbesserte Bohrmaschine abgelöst werden konnte, vorbereitet. In der Bohrarbeit hatten sich die vom Tunnelbau erfahrenen Italiener im Ruhrbergbau den Ruhm besonderer Geschicklichkeit erworben.

Anders als die Arbeitsverrichtungen, hat der bergmännische Arbeitsplatz, im umfassenden Sinn nicht nur als Betriebspunkt, als „Ort" schlechthin, sondern als betriebliche Einheit der Arbeitsbedingungen[3] verstanden, im Industrialisierungsverlauf immense Wandlungen erfahren. Der Stollenbergbau hatte kaum mehr als eine Schichtmeisterhütte am Mundloch gekannt, wo man sich zu Schichtbeginn versammelte und die wenigen 100 Meter zum Flöz zu begehen, zu klettern, bergmännisch: zu fahren begann. Erst der Tiefbau hat die Abgeschnittenheit von der Erdoberfläche konkret gemacht und umgab die Bergarbeit zusätzlich mit den Erfordernissen und Gefahren der größer, tiefer und moderner ausgestatteten Schächte. Der Tiefbau brachte so die Trennung der Betriebspunkte und Bauabteilungen von der Produktenverwertung und -verwaltung; ein kompliziertes System des Transports von Menschen, Produkten und Materialien schob sich

---

2 Vgl. Entwickelung des Niederrhein.-Westf. Steinkohlen-Bergbaues Bd. VI, S. 70—72.

3 Einen interessanten Systematisierungsversuch bietet *Gerhard Lippold*, Die Arbeitsbedingungen und ihre kennziffernmäßige Widerspiegelung. In: Beiträge zur Lebensstandardforschung. Hg. v. Beirat für ökonomische Forschung bei der Staatlichen Plankommission unter der Leitung von *Günter Manz*. Berlin (O) 1967, S. 167—194, hier S. 168—170.

zwischen Kohlengewinnung und Verkauf, ein System, das organisiert und verwaltet werden mußte und eigene Arbeiterkategorien, eigenes Aufsichtspersonal schuf. Hinzu kam das Problem der Unterhaltung der ausgedehnten, Gebirgsdruck und Feuchtigkeit preisgegebenen Grubenbauten, die meist auf zwei bis drei durch Blindschächte zusätzlich verbundenen Sohlen im Abstand von 50 bis 100 m ausgelegt waren. Hier waren Reparaturhauer mit Senk- und Nachbauarbeiten, mit Schachtsümpfung, Rohrverlegung und anderen Instandsetzungen oft nachts oder in Sonderschichten beschäftigt. Im älteren Ruhrtalbergbau sind Nebenarbeiten dieser Art gewöhnlich von Kohlenhauern mitverrichtet worden; die nach der Jahrhundertmitte voranschreitende Steigerung der Arbeitsleistung erklärt sich so in hohem Maße aus der mit dem Tiefbau erzwungenen, weitergehenden Teilung der Arbeitsfunktionen. Tiefbau und Großschachtanlagen brachten, einmal abgesehen von den disziplinarischen Mitteln zur Erhöhung der Arbeitsleistung, durchgängig eine effektivere Organisation der Arbeit, damit aber auch eine Differenzierung und Komplizierung der Führungs- und Verwaltungsfunktionen, der Haushalte — hier konnte man auf die mustergültige Systematik des bergamtlichen Rechnungswesens zurückgreifen — und der Bilanzen[4].

Für den Bergmann brachte der Tiefbau vor allem einen verlängerten Weg zum eigentlichen Betriebspunkt, woran später die Streiks um die Arbeitszeit anknüpfen sollten. Bei manchen Anlagen wurden schon in den 1860er Jahren mehr als halbstündige, oft überaus beschwerliche Wege von den Füllörtern zu den Betriebspunkten erforderlich. Über Tage richteten die größeren Anlagen zögernd Versorgungseinrichtungen für die Mannschaften ein, die mit Steigerbüros, Lampenstube und Materialausgabe zunächst auf die Bedürfnisse des Grubenbetriebs abgestellt waren. Bald ging man auch daran, den Bergleuten, die in der städtischen Umgebung nicht mehr geschwärzt und verschwitzt heimgehen wollten, Wascheinrichtungen, Waschkauen von zuerst zweifelhafter Hygiene[5]

---

4 Für das angesprochene, hier nicht näher zu verfolgende Problem der Herausbildung der Zechenbürokratien und des betrieblichen Rechnungswesens vgl. bes. die Quellen zur Übergabe der Haushaltshoheit an die Gewerkschaften nach dem Miteigentümergesetz; z. B. OBA 1903; Wirtschaftsarchiv Dortmund, Protokollbuch Freie Vogel und Unverhofft f. d. Jahre 1852 bis 1856. Zu den Grundlagen der Selbstkostenberechnung im Bergbau und der montanistischen Buchführung s. als frühen betriebswirtschaftlichen Versuch *C. G. Gottschalk,* Die Grundlagen des Rechnungswesens und ihre Anwendung auf industrielle Anstalten, 1865, S. 133—360; ferner *K. Ilse,* Der Bergbau- und Hüttenbetrieb in kaufmännischer und technischer Hinsicht, 1903; *Albert Calmes,* Der Fabrikbetrieb. Die Organisation im Zusammenhang mit der Buchhaltung und der Selbstkostenberechnung industrieller Betriebe. Leipzig [6]1920, S. 200 bis 218; *Friedrich Leitner,* Die Selbstkosten-Berechnung industrieller Betriebe. Frankfurt/M. [7]1921, S. 38 f. 43, 342—360. Vgl. auch *J. Kocka,* Unternehmer in der dt. Industrialisierung, 1975, S. 73—80. Aus der Bergbauliteratur vgl. *R. Stoßberg,* Die Gewerkschaft als Unternehmungsform im Ruhrbergbau, Diss. 1925. S. 96—123 (mit einem Bilanz-Bsp. S. 100); *F. Meckenstock,* Geschichte der Planung im Steinkohlenbergbau des Ruhrgebietes, Diss. 1951, S. 11—15, 27 f. u. ö. Wenig instruktiv ist *Hans Mauersberg,* Betriebsform-Modelle der alten Industrien im Strukturwandel. In: *Friedrich Lütge* (Hg.), Die wirtschaftliche Situation in Deutschland und Österreich um die Wende vom 18. zum 19. Jahrhundert. Stuttgart 1964, S. 177—191, über Bergbau S. 186 f. Haushalts- und Bilanzprobleme sind in der Diss. von *Adelmann* über die soziale Betriebsverfassung des Ruhrbergbaus nur am Rande berührt.

5 Üblich waren Badestuben mit großen Becken für 40—50 Personen gleichzeitig und mit Spinden für Gruben- und Straßenkleider. Das typische Bild der großen Schwarz/Weißkaue mit Duschen und an Ketten emporgezogenen Kleiderhaken wurde erst nach der Jahrhundertwende häufiger. Eine Beschreibung einer Kaue (auf Königsgrube) mit Badebassin, das in den 1870er Jahren als fortschrittlich empfunden wurde, findet sich bei *F. J. Pieler,* Das Ruhrtal,

zu schaffen. Zu einer ständigen Einrichtung über Tage wurde seit den 1860er Jahren auch die Markenkontrolle[6], die die früher im Verlesen erfüllten Sicherheitsanforderungen der Grubenanwesenheit durch ein rationelleres Verfahren ablöste. Zu den wichtigeren Veränderungen des Arbeitsplatzes im Industrialisierungsjahrhundert gehört endlich die wesentliche Abkürzung des Weges zur Zeche durch Wohnungsbau, durch Ansiedlungsbestrebungen der Zechen selbst und der Bergleute in der näheren Umgebung. Dies galt freilich nicht für ansässige, besitzende Bergleute vor allem in den ländlichen Gegenden, die nach wie vor lange, oft mehrstündige Wege zum Arbeitsplatz nicht scheuten[7].

Gegenüber den Personalverhältnissen des Stollenbergbaus — die hier durchgängig verfolgte, zusammenfassend typisierende Betrachtungsweise soll die vielfältigen Zwischen- und Übergangsformen der betrieblichen Realität nicht etwa hinwegdeuten — führte der Tiefbau mit seiner Personalausdehnung und der gleichzeitigen Nutzung zahlreicher Betriebspunkte zu tendenziell unübersichtlichen Belegschaften. Der Zwang zu großen Beschäftigtenzahlen brachte einerseits neue Formen ihrer Verwaltung, andererseits die durchgängig neue Erfahrung der Auslieferung an ein gemeinsames, gemeinsam erfahrenes Gruppenschicksal[8]. Mit der Übersehbarkeit der persönlichen Bindungen und Beziehungen durch langjähriges Kennen, mit- und nebeneinander Arbeiten und Wohnen, mußte der wesentlichste Kommunikationsrahmen der alten Belegschaften zugunsten neuer, betriebs- und arbeitsabhängiger Beziehungen und Gruppierungen zerfallen. Wann, bei welcher Größe und unter welchen betrieblich-kommunalen Bedingungen dieser Zerfall begann und vollzogen war, läßt sich bei der Vielzahl jeweiliger Sondereinflüsse nur allgemein vermuten. Die konkreteste Bedingung ist jene der Zahl — sie dürfte bereits bei einigen hundert Belegschaftsmitgliedern erfüllt sein. Ein zusammenfassendes Urteil kompliziert sich auch durch die Beobachtung, daß zahlreiche Anlagen mit alten, gern Stammbelegschaften genannten Arbeitskräften über Jahrzehnte hinweg neben Großschachtanlagen mit weit mehr als tausendköpfigen, auf einmal als Gruppengebilde aufgetretenen Belegschaften fortbestanden haben. Um in diesen riesigen Belegschaftskörpern das Bewußtsein einheitlicher Zugehörigkeit und Zusammengehörigkeit zu erzeugen, dazu gehörten Jahrzehnte der Gewöhnung und gegenseitigen Erfahrung, und die Frage läßt sich — allerdings wegen der Konstanz seiner Betriebsstätten weniger beim Bergbau — stellen, ob nicht die Organisationsstruktur und Betriebsstättenvielfalt der seit den 1880er Jahren sich durchsetzenden Großbetriebe überhaupt die Entstehung und Reifung kommunikativer Strukturen verhinderte und so von einer einheitlichen, als Einheit bewußten Belegschaft zu sprechen verbietet.

Anders nun im bergbaulichen Betrieb der zweiten Generation, jenem Zechentyp, der in der Industrielandschaft seit der Jahrhundertmitte bis in die 1880er Jahre dominierte und das ungeheure Wachstum der Produktion in diesen Jahrzehnten trug. Diese Gruben

---

1881, S. 267: „Möchten doch alle, welche die Lebenskraft der Mitmenschen in ihrem Dienst verwenden, wetteifern in Erfindung solcher Liebeserweise!"

6 Vgl. Glückauf 51/22. 12. 1867; Die Einrichtungen zum Besten der Arbeiter auf den Bergwerken Preußens, 1875, S. 36.

7 Vgl. die Aufstellungen über den Weg zur Arbeit 1893 bei *Taeglichsbeck*, Die Belegschaft der Bergwerke und Salinen, 1895/96, Bd. II S. XXXV—XXXVII, 69—121.

8 Vgl. über den „Prozeß der Versachlichung und Entpersönlichung des Betriebslebens", über den „Wechsel von konkreten und persönlichen zu abstrakten und unpersönlichen Beziehungen" (auch am Beispiel des Übergangs vom Verlesen zur Markenkontrolle) *L. H. A. Geck*, Die sozialen Arbeiterverhältnisse im Wandel der Zeit, 1931, S. 114 f.; auch *W. Brepohl*, Industrievolk im Wandel, 1957, S. 101.

entstanden in einer noch kaum gewandelten dörflich-kleinstädtischen Umwelt und verfügten über bergmännische Belegschaften, die mit Größen um 400—500 noch einen lockeren Zusammenhang der Belegschaftsmitglieder erlaubten. Die Bergleute dieser Gruben entstammten zum großen Teil noch der bergamtlichen Belegschaftsführung und pflegten deren Erinnerungen; zugewanderte Neubergleute kamen noch überwiegend aus dem ethnischen Umkreis der Zechenlandschaft oder brachten jedenfalls noch keine Sprachprobleme mit. Diese Belegschaften konnten seit den 1850er bis weit in die 1870er Jahre und selbst im Streik von 1889 noch die organisatorischen Rahmen kollektiver Meinungsbildung und Willensartikulation bilden.

Mit dem Wachstum der Zechen zu Riesengruben vor allem, aber nicht allein in der Emscherlinie verlor der Belegschaftsverbund als Kommunikationsebene an Gewicht gegenüber anderen Formen der Gruppenbildung, wie sie zunächst der Schichtbetrieb mit seinen jeweils unterschiedlichen Belegschaftsstrukturen im Turnus von Abbau und Reparatur darbot — abgesehen von der schärfer gewordenen Trennungslinie zwischen Übertage- und Grubenbelegschaft. Der Schichtwechsel hat allerdings, obwohl er in ausgebildeter Form regelmäßig die gesamte Belegschaft erfaßte und obwohl die Wendung, man arbeite in derselben Schicht mit Jemandem, einer Gruppe usw., einen engeren Zusammenhang signalisiert, im 19. Jahrhundert kaum bereits eine im Bewußtsein verhaftete betriebliche Einheit gebildet, weil erst mit der Technik des Strebbaus jene Dreiteilung von Abbau, Rauben[9] und Versatz, Reparatur, förderte, die dann später auch zwei tägliche Förderschichten ermöglichte. Der arbeitstägliche Dreierrythmus hat sich im Ruhrbergbau nur zögernd, vermehrt aber in den Großschachtanlagen durchgesetzt, denen an einer gleichmäßigen Nutzung des teuren Maschinenparks und der Förder- und Transporteinrichtungen gelegen war.

Während die einzelne Schicht immer noch eine große Zahl von gleichzeitigen Betriebspunkten umfaßte, schloß das Steigerrevier die Gewinnungspunkte einer Bauabteilung, meist ein oder zwei Flöze im zweiflügeligen Abbau (nach Westen und Osten) entlang eines Querschlags zusammen. Die gruppenbildende Kraft des Steigerreviers hing in hohem Maße von der Person des Steigers und, damit z. T. zusammenhängend, von der Fluktuation der Revierbelegschaft ab. Die besonderen örtlichen Verhältnisse — Lagerungsverhältnisse, Abbautechnik, Schichtbetrieb, Transportverhältnisse — ließen ferner nach den Herkunfts- und Qualifikationsmerkmalen sehr disparate Revierstrukturen entstehen, so daß die Feststellung von gemeinsamen Verhaltensformen sehr problematisch wird. Vor allem bildete das Revier die Ebene der Gedingefestsetzung und Lohnberechnung, ein Gebiet, auf dem großer Konfliktstoff angesammelt, gestaut, beschwichtigt werden konnte. In gutfunktionierenden Revierverbänden kannten die Hauer und Förderleute einander, verkehrten auch außerhalb der Grube und feierten nicht selten eigene Feste. Neuzugänge wurden aufmerksam registriert; allzu zahlreiche Neuzugänge ohne Gewöhnungszeiten konnten so sehr wie mißliebiges Führungspersonal jeden Verbund zerstören.

Die unterste Ebene der Gruppenbildung, der „Arbeitsgesellung"[10] innerhalb der Belegschaft, war die Ortskameradschaft, die im 19. Jahrhundert wegen der gleichbleibenden Arbeitsverrichtungen eine bemerkenswerte Kontinuität aufwies. Pfeilerbau und Strecken-

---

9 Bei der gefährlichen, im Gedinge entlohnten Raubarbeit wurde das verbaute, teure Grubenholz aus Gründen der Wiederverwendung, beim Strebbau auch zur Nutzung der Druckverhältnisse, aus den ausgekohlten Räumen entfernt, die damit dem Verfall (bzw. Versatz) preisgegeben wurden. Raubarbeit wurde oft in der Nachtschicht, nicht zuletzt wegen der Gefahren für die stehenbleibenden Bauten, betrieben.

10 Vgl. *Wolf*, Arbeit und Arbeitsgesellung, S. 92—94.

vortrieb wurden von Ortskameradschaften betrieben; erst der Strebbau brachte Streb-
belegschaften, für die einheitliche Gedinge galten, in denen die Kohlenhauer aber eigenverantwortlich und allein arbeiteten. Für die Ortskameradschaft wurden die Gedinge
ebenfalls gesondert nach der Härte der Kohle bzw. des Nebengesteins und nach den
sonstigen Arbeitsbedingungen monatlich fixiert; sie setzte sich aus einem aufsichtführen-
den Hauer, dem Ortsältesten[11], gelegentlich einem zweiten Hauer, aus einem prozentual
etwas geringer am Gedingevertrag partizipierenden Lehrhauer und einem oder mehreren
Schleppern nach Maßgabe der örtlichen Verhältnisse zusammen. Die Kameradschaft war
somit ein Lohn-, aber auch ein Lern- und Schutzverband, da der Unerfahrene dem
Erfahrenen beigegeben wurde[12]. Sie bildete den personellen Kern der gesamten Gewinnung und damit der Grubenarbeit überhaupt. Wer auch nur wenige Tage zusammen-
arbeitete, kannte sich gegenseitig, seine Vorlieben und Schwächen, seine Wohn- und
Familienverhältnisse recht gut; bewährte Kameradschaften sind über Monate zusammen-
geblieben, und den Ortsältesten ging stets ein bestimmter Ruf voraus; ihre Meinung
wurde gehört. Bergmännische Sonderarbeiten wurden, wie etwa das schlagwetter-
gefährdete Auf- oder Abhauen im Flöz, mit dem neue Gewinnungspunkte vorgerichtet
wurden, stets erfahrenen Ortsältesten mit einer geschickten Hand auch in der Mitarbeiter-
führung anvertraut. In der Kameradschaft sind endlich in den Jahren starker Zuwanderung große, vielleicht die wichtigsten Anpassungsprobleme[13] auch der fremdsprachigen
Neubergleute gemeistert worden, wobei die Polen und Masuren allerdings gern, wo
immer es anging, eigene Arbeitsgruppen gebildet haben.
Die wichtigsten, ineinander verschränkten, jeweils strukturbestimmenden Kriterien auf
den soeben beschriebenen Gesellungs- und Kommunikationsebenen der Bergarbeit: der
Ortskameradschaft, der Revier- und der Gesamtbelegschaft, sind die verschiedentlich
angedeuteten Fragen der Herkunft und der Qualifikation, der horizontalen (geographischen) und vertikalen (Aufstiegs-) Mobilität. Ihnen nachzugehen, kann dazu beitragen, die hier vorgetragenen, aus der Arbeitsverrichtung und der Organisation des
Produktionsprozesses fließenden Grundgebilde der Kommunikation und des Verhaltens
in ihrem Wandel über längere Zeiträume hinweg näher zu verfolgen. Schon der für
beide Erklärstränge zentrale Begriff der Mobilität bezeichnet dabei die neue Qualität,
die grundsätzliche Dynamik industriegesellschaftlicher Bewegungsabläufe, ihrer strukturellen und prozessualen Veränderungen.
Bevor indessen die ruhrbergbaulichen Wanderungsvorgänge und Statusprobleme näher
betrachtet werden, soll hier auf eine weitere, in anderen Gewerben nicht vergleichbare
Strukturkomponente des bergbaulichen Arbeitsplatzes hingewiesen werden. Die Arbeitsverrichtungen des Bergmanns sind wegen der Anlage des Arbeitsplatzes und der großen
physischen Belastung mit außerordentlichen Gefahren für Leben und Gesundheit ver-

---

11 Noch unter der behördlichen Ägide, am 24. 4. 1855, wurde anläßlich eines tödlichen Unfalls
   eine schon bisher in schlagenden Wettern geltende Vorschrift „für alle bergmännischen Arbeiten" erlassen, wonach „in jeder Kameradschaft der älteste und zuverlässigste Hauer verpflichtet wird, bei eigener Verantwortung seine Mitarbeiter in der Befolgung der getroffenen
   Anordnungen zu überwachen, und daß jeder Kamerad dessen Befehlen, so wie der Schlepper
   dem Befehl jedes Hauers, unweigerlich Folge zu leisten habe" (OBA 1784 Bl. 209).

12 Vgl. *Wolf*, a.a.O.

13 Vgl. *H. Hilbert*, Grubenbelegschaft des Ruhrkohlengebietes, Diss. 1955, S. 32—37, der in
   diesem Zusammenhang die „Erziehung zur Arbeitsdisziplin" hervorhebt und im Blick auf
   das Aufsichtssystem übertreibend bemerkt, daß Kontrolle „in eine direkte Bewachung" der
   Fremdsprachigen ausarten konnte. Gelegentlich sind diese Arbeiter ohne jede Einübung sofort
   zu selbständigen Gewinnungsarbeiten verwendet worden.

bunden. Kleinere Verletzungen bei der Bergarbeit waren und sind alltäglich, und jeder Grubenarbeiter erlitt oft mehrfach während seiner Dienstzeit mittlere bis schwere Unfälle, die ihn für Wochen und Monate in eine schwierige Erwerbssituation brachten. Im Vergleich mit anderen Gewerben forderte der preußische Bergbau erhebliche Mehropfer an Menschenleben; die Bergarbeiter haben die Unfallstatistik stets mit weitem Abstand angeführt[14]. Die Anzahl der tödlichen Unfälle im Ruhrbergbau betrug 1841—1891[15]:

Jahr	Unfälle: Zahl	Unfälle je 1000 Belegschaftsmitgl.	1000 t Förderung je Unfall
1841	23	2,46	47
42	12	1,26	94
43	11	1,16	98
44	16	1,58	75
45	22	2,09	58
46	18	1,64	75
47	25	2,06	58
48	20	1,71	67
49	21	1,71	66
1850	26	2,01	67
51	22	1,51	82
52	23	1,48	95
53	36	2,02	61
54	23	1,08	118
55	41	1,61	81
56	62	2,00	58
57	78	2,26	48
58	47	1,31	85
59	76	2,35	51
1860	63	1,95	69
61	96	2,75	58
62	101	2,75	62

14 Vgl. z. B. die Aufstellung in Correspondenzblatt 11/14. 3. 1898. Im internationalen Vergleich waren die preußischen Unfallziffern (mit Todesfolge) noch in den 1850er Jahren, vor allem gegenüber England, wo man erst in den 1870er Jahren zu einer wirksameren Unfallverhütung kam, recht niedrig, aber schon seit 1860 leicht, im Ruhrbergbau erheblich höher als in den Bergbaugebieten Belgiens und Frankreichs und seit 1880 auch Englands. Vgl. die Zahlen bei R. Pöller, Gefahren des Bergbaues, 1914, S. 4; für einen detaillierten Vergleich mit den Unfallziffern im engl. Bergbau auch Glückauf 11/9. 2. 1887. Vergleichszahlen der preußischen Bergbaureviere s. z. B. bei E. Althans, Zusammenstellung der statist. Ergebnisse des Bergwerks-Betriebes, 1861, S. 55; sowie regelmäßig in ZBHSW und Glückauf.

15 Z. T. errechnet nach M. Reuß, Mittheilungen aus der Geschichte des Kgl. Oberbergamts, 1892, S. 86 f.; bis 1866 einschließlich Erzbergbau. Angaben über den gesamten preuß. Bergbau s. z. B. bei J. Kuczynski, Lage der Arbeiter Bd. I, 1 S. 304 f.; 2, S. 181; 3, S. 372; vgl. ferner die Knappschaftsstatistik in: Entwickelung des Niederrhein.-Westf. Steinkohlen-Bergbaues Bd. XII, S. 98—102, mit einer Aufstellung über die Massenunglücke mit 5 und mehr Toten. — Vor einer allzu unvermittelten Inbezugsetzung von Konjunkturentwicklung und Unfallhäufigkeit ist zu warnen; in die Unfallzahlen fließen eine Anzahl weiterer, z. T. gewichtiger, z. T. widersprüchlicher Faktoren wie betriebsplanerische Entscheidungen entlang der Nachfragesituation, technische Innovationen, belegschaftsstrukturelle Veränderungen, Arbeitsleistung u. a. m. ein.

Jahr	Unfälle: Zahl	Unfälle je 1000 Belegschaftsmitgl.	1000 t Förderung je Unfall
63	77	2,106	89
64	112	2,646	73
65	126	2,683	74
66	132	2,800	71
67	148	2,996	72
68	219	4,402	52
69	160	3,000	75
1870	197	3,777	60
71	239	3,723	53
72	209	3,050	69
73	269	3,243	61
74	273	3,289	57
75	281	3,352	60
76	273	3,271	66
77	253	3,420	70
78	240	3,227	80
79	245	3,178	83
1880	330	4,158	68
81	305	3,665	78
82	387	4,314	67
83	389	3,972	72
84	354	3,504	80
85	303	2,976	96
86	310	3,107	92
87	327	3,285	92
88	306	2,902	109
89	330	2,857	103
1890	379	2,966	94
91	454	3,272	82

Im Überblick zeigt die Aufstellung zunächst eine merkliche Besserung des Unfallrisikos je geförderter Tonne Ruhrkohle; blickt man auf die Zahl der Unfälle je 1000 Belegschaftsmitglieder, so zeigt die Unfallentwicklung bei erheblich gewachsener Produktivität auch aufweisende Tendenz, wobei sich oft erhebliche Schwankungen von einem Jahr zum nächsten durch die statistische Zufälligkeit der beim Bergbau nicht seltenen Massenunglücke erklären. Die wirkliche Gefahrenentwicklung wird zudem durch den Einbezug der erst seit den ersten Gründerjahren zunehmend ins Gewicht fallenden Übertagebelegschaft, unter der tödliche Unfälle selten waren, verschleiert[16]; schließlich verschob sich mit der Ausdehnung der Grubenbaue und der daher relativ zunehmenden Stärke des Zulieferungs- und Reparaturpersonals das Unfallrisiko zuungunsten der in der eigentlichen Kohlengewinnung und im Streckenvortrieb beschäftigten Arbeiter.

Unter Berücksichtigung dieser statistischen und strukturellen Bedingungen wird die sich nach 1860 andeutende, unter dem Selbstkostendruck der Depressionsjahre erhebliche Steigerung der Unfallziffern nur noch gestützt. Die erhebliche Zunahme der Produktivität nach dem Freizügigkeitsgesetz mußte auch durch größere Opfer der Belegschaften

---

16 Hierauf weist bereits *L. Pieper*, Lage der Bergarbeiter im Ruhrrevier, 1903, S. 131, hin.

an Leben und Gesundheit bezahlt werden[17]. In erster Linie verantwortlich für diese Entwicklung waren die älteren engmaschigen, angesichts der bergbaulichen Expansion so nicht durchzuhaltenden Aufsichtsverhältnisse gewesen. Über die dichtgefügte Grubenaufsicht war den Behörden, die zudem ein ungebrochenes Interesse am Schutz und an der Gesunderhaltung der Arbeitskräfte bewiesen, eine wirksame Prophylaxe durch Kontrolle der Arbeitsvorgänge und durch ein detailliertes Verordnungssystem zur Unfallverhütung möglich gewesen[18]. Die großbetriebliche Förderungsorganisation nahm den Grubenbetriebspunkten die frühere Übersichtlichkeit und schuf zudem im Maschinenwesen, mit Tiefbauschächten und ausgedehnten Grubenbauten neue Gefahrenquellen, für die die alten Bestimmungen, in ihrer detailfreudigen Kasuistik zudem kaum praktikabel, nicht länger ausreichen konnten. Nachdem die Bergrechtsreform nun die polizeilichen Befugnisse der Bergbauaufsicht präzisiert hatte, standen der Erlaß von Bergpolizeiverordnungen und die Überwachung ihrer Durchführung im Kern behördlicher Eingriffe in die Betriebsorganisation. Seit Ende der 1850er Jahre wurden Polizeiverordnungen über Seilfahrt (1859), Wetterführung, Sicherheitslampen und Schießarbeit (1869) und zahlreiche weitere erlassen[19], die indessen für die Unfallverhütung immer nur nach Maßgabe der Kontrollbereitschaft und Durchsetzungsfähigkeit der Revierbeamten Erfolge haben konnten. Von Gewerkenseite sind die bergpolizeilichen Eingriffe des Oberbergamts argwöhnisch mit der Befürchtung im Hintergrund, hier könne weiter bevormundet werden, beobachtet worden, und gelegentlich, so mit der Verordnung von 1887 über Wetterführung, kam es zu scharfen Auseinandersetzungen, die in diesem Falle nur durch einen ministeriellen Eingriff zu beenden waren[20]. Daß von den Zechen Unfallverhütungsmaßnahmen, die immer die Kostenstruktur der Betriebe belasten mußten, ungern ergriffen, vernachlässigt oder umgangen wurden, lag im Charakter der seit der Bergrechtsreform im Bergbau durchgesetzten Leistungsund Gewinnorientierung.

Unfälle mit Todesfolge zogen immer genaue Untersuchungen durch die Revierbeamten und ausführliche Berichte nach sich[21]. Sie geschahen häufig bei Schachtarbeiten und in den Blindschächten wegen der Absturzgefahr, auch bei der Schachtförderung, selten übrigens bei der Seilfahrt; daneben waren die Kohlengewinnungspunkte immer Gefahrenpunkte erster Ordnung[22]. Gegen manche Arten des Stein- und Kohlenfalls war auch

17 Der organisierten Bergarbeiterbewegung diente diese Erkenntnis zur Stützung des Nachweises, um wieviel besser die Arbeiterverhältnisse vor der Bergrechtsreform gewesen seien; vgl. Bergarbeiterleiden in Deutschland, [1909], S. 8.

18 Vgl. die „Bergpolizeilichen Verordnungen zur Sicherung des Lebens und der Gesundheit der Arbeiter" (MBAB 301) über Grubenaufsicht und allg. Vorsichtsmaßregeln, Grubenmaterialien und -baue, Schießen, Abbauarbeiten, gefährliche Räume, Förderung, Fahrung, Wasserhaltung, Schlagwetter, Dampfmaschinen und Verfahren bei Unglücken. Aus den zahlreichen weiteren Quellen: OBA 288 Bl. 183—196, „Reglement zur Verhütung der häufigen Unfälle beim Bergbau" 1822 (Entw.); OBA 299 Bl. 122 FM/OBA 23. 2. 1841 betr. Instruktion zur Vermeidung von Unfällen beim Schießen.

19 Vgl. G. M. Kletke, Handbuch des Bergwerkswesens, 1873, S. 437—450; über Seilfahrt s. oben S. 207 f.

20 Vgl. OPM 1205 V Bergbauverein/OPM 1. 9. 1888. Es ging vor allem um die Vorschrift, jedes Bergwerk mit zwei Ausgängen zu versehen.

21 Vgl. z. B. OBA 267, 268 mit den Berichten BAE/OBA 1858—1861 über tödliche Unfälle (Sichtvermerke); MBAB 307 ü. Berichterstattung an das Ministerium; ferner OBA 943.

22 Über die Häufigkeit bestimmter Unfallarten vgl. z. B. MBAB 307 (f. 1841—1850) sowie die regelmäßigen Berichte in ZBHSW und Glückauf, z. T. nach Revieren und auf die Förderung

sorgfältiger Ausbau der ausgekohlten Räume kaum gewachsen, so etwa gegen die sog. „Sargdeckel" und „Linsen", d. h. infolge der Lagerungsverhältnisse nur lose im Hangenden haftende Berge, die bei Druckveränderungen im Flöz, wie sie der Abbau mit sich brachte, überraschend niederstürzen konnten. Die Arbeit am Kohlenstoß barg zahllose Gefahren durch plötzliches Hereinbrechen großer Kohlenmengen, schlechtes Hangendes und Schlagwetter, ganz abgesehen von den Verletzungsgefahren, die jede große physische Anstrengung an sich bereits mit sich bringt. In den Örtern und Strecken bildete die Bremsbergförderung wegen plötzlicher Seilrisse und niederschießender Fördergefäße eine Gefahrenquelle erster Ordnung, der vor allem die Förderleute ausgesetzt waren. Der Streckenvortrieb brachte ebenfalls Steinfallgefahren und die auch im Flöz bei Schießarbeiten häufigen Verletzungen und Todesfälle durch zu früh losgehende Schüsse oder nachbrechendes Gestein. Quetschungen, Schürf- und Rißwunden bei solchen Arbeiten gehörten zum tagtäglichen Brot der Hauer und Schlepper.

Als besonders heimtückischen Gefahrenherd brachte der Abbau unter der Mergeldecke und in größerer Teufe den Bergleuten die Geißel der schlagenden Wetter. In den 1850er Jahren erst vereinzelt aufgetreten, stieg die Zahl gemeldeter Schlagwetterexplosionen, die vor allem in Verbindung mit Kohlenstaubexplosionen von verheerender Wirkung waren und noch durch die hochgiftigen Nachschwaden große Opfer forderten, im Durchschnitt der 1860er Jahre auf jährlich 36, in den 1870er Jahren auf 52 und im nächsten Jahrzehnt auf 92 Explosionen[23]. Manchen Gruben wie der Zeche Neu-Iserlohn nahe Witten, wo 1868, 1880 und öfter furchtbare Explosionen mit zahlreichen Todesopfern, 1873 infolge einer Schlagwetterexplosion einer jener gefürchteten Grubenbrände passierten, ging der Ruf besonderer Schlagwettergefährdung voraus[24]. In den 1880er Jahren wurde der Anstieg dieser Unfälle als so bedrohlich empfunden, daß eine eigens eingerichtete, mehrjährige Schlagwetterkommission Ursachen und mögliche Verhütungsmaßnahmen eingehend beriet; eines ihrer Ergebnisse war die bereits erwähnte Bergpolizeiverordnung von 1887. Wirklich sind die Schlagwetterexplosionen in den folgenden Jahren wegen der nun angestrengt verbesserten Bewetterungseinrichtungen erheblich zurückgegangen.

Eine besondere zusätzliche Gefahrenquelle lag in der hohen Fluktuation der Belegschaften, vor allem in dem starken Zuzug bergfremder Arbeitskräfte. Die Tabelle der tödlichen Unfälle scheint in ihren Höhepunkten mit den Gipfeln der Zuwanderung zusammenzufallen, so etwa 1856/57, in den 1860er Jahren, 1868–1871, 1880–1883. Die Gründe hierfür liegen auf der Hand: Die geringe Erfahrung und Sachkenntnis der Neubergleute, ihre hieraus resultierende Fahrlässigkeit bei fehlender Belehrung und unzureichenden Sonderbestimmungen für den Arbeitseinsatz dieser Neuankömmlinge, schließlich seit 1880/81 zunehmend das Sprachenproblem, mußten die Unfallgefahr für die Zugezogenen, indirekt auch für die erfahreneren Bergleute und jedenfalls die Unfallstatistik insgesamt erheblich in die Höhe treiben. Viel zu spät, ist es erst Anfang 1899

---

bezogen; zusammenfassend z. B. *Schönaich-Carolath* auf dem Kasseler Bergmannstag 1880, in: Glückauf 75/18. 9. 1880.

23 Vgl. *Pöller*, Gefahren des Bergbaues, S. 54; Glückauf 35/27. 8. 1871. Eine ausführliche Schilderung einer frühen Schlagwetterexplosion (Zeche Sonderbank im Schlebuscher Revier) s. in Berggeist 4 (1859) S. 505 f.; zu der Explosion auf Neu-Iserlohn 15. 1. 1868 vgl. Glückauf 4/26. 1. 1868.

24 Vgl. *G. Haren*, Witten, 1924, S. 463; Entwickelung des Niederrhein.-West. Steinkohlen-Bergbaues Bd. VII, S. 57–107. Schon zu Beginn der 1880er Jahre wurde die Forderung nach dem zweiten Schacht für jede Anlage aus Sicherheits- und Wetterführungsgründen in der Öffentlichkeit erhoben; vgl. Glückauf 67/20. 8. 1881.

zum Erlaß einer Bergpolizeiverordnung mit einschränkenden Bestimmungen über die Beschäftigung fremdsprachiger Arbeiter gekommen[25].

Gegenüber den Unfallverletzungen, Unfällen mit Todesfolge und Massenunglücken ist dem Problem der bergmännischen Berufskrankheiten im 19. Jahrhundert medizinwissenschaftlich (und daher auch statistisch) nicht annähernd die ihm gebührende Aufmerksamkeit und Bedeutung beigemessen worden, wenn sich auch die Bergbehörde die ärztliche Versorgung der Bergarbeiterschaft, vor allem im Blick auf die Unfallgefahren, durch die Knappschaft seit deren Anfängen angelegen sein ließ[26].

Eine Gefahrenquelle erster Ordnung, die bei Gewinnungsarbeiten im Nebengestein nur durch besondere Mittel wie Wassersprengung zu bewältigende Staubentwicklung, die die gefürchtete Staublunge, die Silikose, mit begleitenden Kreislauferkrankungen erzeugt, ist erst nach der Wende zum 20. Jahrhundert erkannt worden; bislang wurden die immer wieder diagnostizierten Erkrankungen der Atmungswege dem sichtbaren Kohlenstaub angelastet[27]. Wegen starker Nässe, Wetterzug und Temperaturschwankungen waren Rheumatismus und Ischias verbreitet; hinzu kam eine wegen der Staubeinwirkungen häufige Augenentzündung, während die Wurmkrankheit erst gegen Ende der 1890er Jahre auftrat. Bei dem verbreiteten Mangel an Hygiene auf den Zechen, in Wohnhäusern und auf den Straßen, deren Kanalisation erst seit den 1880er Jahren zögernd fortschritt, konnten Seuchen noch zu einer furchtbaren Geißel der Bevölkerung werden. Pockenepidemien suchten das Ruhrgebiet oder Gebietsteile z. B. 1865 und, von Kriegsgefangenen eingeschleppt, 1871 heim; die Cholera grassierte 1832/33 im Kreis Duisburg, 1849/50 in beiden Regierungsbezirken, erneut 1853, 1855 und 1859, endlich mit größten Opfern an Menschenleben 1866. In diesem Jahr starben in den Kreisen Bochum 757, Dortmund 658, Duisburg 557, im Kreis Essen, einem Zentrum der Zuwanderung mit unerhörten Wohnungsproblemen, dagegen 1421 Menschen an der Cholera, während der ländliche Kreis Recklinghausen mit 54 Todesopfern in seinem südlichen industriellen Teil davonkam[28]. Im Essener Raum brachte die Cholera die Gemeinde Stoppenberg „bis nahe an den wirtschaftlichen Zusammenbruch", so daß bei einem Essener Juden Geld gegen Wechsel genommen werden mußte[29]; insgesamt erkrankten im Kreisgebiet über 3,7 %, der Bevölkerung, und 1,5 %, in Steele sogar 3 %, starben. Im August/September verließen, während die Seuche unter Fabrikarbeitern, Bergleuten, Tagelöhnern und Handwerkern grassierte, die führenden Familien, unter ihnen *Krupp,* das Stadtgebiet. Gerade die Zechen hatten sich als „Ansteckungsherde erster Ordnung" herausge-

---

25 Vgl. OPM 2835; Mittheilungen über den Niederrhein.-Westf. Steinkohlenbergbau, [1901], S. 187, und *Hilbert,* Grubenbelegschaft, S. 70—78.

26 Vgl. o. S. 91 f. Mit 3000 bis 3500 Einwohnern, in Zeiten starker Zuwanderung über 4500 (Essen 1883) Einwohnern je Arzt und einem erst in den 1870er Jahren forcierten Krankenhausbau war die allgemeine ärztliche Versorgung der Ruhrbevölkerung nach heutigen Maßstäben miserabel. Vgl. Angaben in den Statistischen Nachrichten für den Regierungs-Bez. Arnsberg, 1859, S. 63; Statistik des Kreises Bochum 1865—1875, S. 221; Statistik d. Landkreises Essen, 1883, S. 392 f.; *O. v. Mülmann,* Statistik des Reg.-Bez. Düsseldorf Bd. II, 2, 1867, S. 738 f.

27 Vgl. Glückauf 23/20. 3. 1878; *H. Klostermann,* Topographische u. statist. Skizze des Märkischen Knappschafts-Vereins, 1878, S. 28 f.; Arbeiterwohl 10 (1890) S. 110 f.; *G. v. Hirschfeld,* Geschichte und Statistik der Fruchtbarkeit, 1874, S. 148; *Pieper,* Lage der Bergarbeiter, S. 163. Bei Staublunge wurde meist „chronische Lungenverschleimung und Schweratmigkeit" o. ä. diagnostiziert; vgl. OBA 228 Bl. 83.

28 Zahlen nach *Engel,* Die Cholera-Epidemie des Jahres 1866, 1869, S. 75, 84 f. Zum allg. Zusammenhang s. *G. Rath,* Die Hygiene der Stadt im 19. Jahrhundert, 1969, S. 72, 76 f.

29 *C. Meyer,* Stoppenberg, 1914, S. 148.

stellt und z. T. den Betrieb vorübergehend wegen der starken Belegschaftseinbußen einstellen müssen[30].

2. Die Belegschaft im Ruhrbergbau 1850—1890

a) Herkunft der Belegschaften und geographische Mobilität

Die Nachrichten über mehr oder weniger starken Arbeitskräftebedarf im Revier sind seit der Jahrhundertmitte zahlreich und korrelieren mit den Höhepunkten und Tälern der konjunkturellen Entwicklung[31]. In einer ersten Phase bis etwa 1873, deren Spitzen mit den Boomjahren bis 1857 und den Aufschwüngen der 1860er Jahre zusammenfallen, ist der Zuzug in das Revier im wesentlichen durch Nahwanderung aus den auch entfernteren Kreisen der Ruhrgebietsprovinzen und aus den angrenzenden Landesteilen getragen worden; die Ausschöpfung der heimischen und nahegelegenen Arbeitsmärkte zwang in der zweiten Phase seit Beginn der 1880er Jahre zur Anwerbung aus den ländlichen Arbeitskräftereservoirs der preußischen Ostgebiete.

Die Zuwanderung vollzog sich somit in Schüben und nahm für die Betroffenen zumeist noch nicht den Charakter der Endgültigkeit, des unwiderruflichen Heimatverlustes an — erst nach längerer Anwesenheit im Revier, spätestens aber, wenn die in der Heimat verbliebene Familie nachgeholt oder eine eigene Familie in der neuen Umgebung begründet worden war, wurde die Entscheidung endgültig und brachte den Bruch mit den alten Bindungen und Beziehungen. Diese Zwischenphase unentschiedener Heimatwahl zwischen erstem Arbeitsplatz im Revier und familiärer Ansässigkeit war gewöhnlich durch ein rastloses Hin- und Herirren, durch überaus häufigen Arbeitsplatzwechsel gekennzeichnet. Eine außergewöhnlich hohe Fluktuation wird von allen Zechen mit im Süden abnehmender Tendenz, aber auch aus den Melderegistern der Kommunen berichtet. In den jungen Zechenstädten wie Oberhausen, Hamborn, Herne u. a. betrug seit den 1880er Jahren der Anteil der Zuziehenden an der Einwohnerschaft jährlich 30 % und mehr; er nahm in Zeiten hohen Arbeitskräftebedarfs noch zu und scheint nach der Jahrhundertwende mancherorts über die Hälfte der Einwohnerschaft umfaßt zu haben[32]. Der häufige, in seinen Motiven kaum erforschte Arbeitsplatzwechsel findet sich als allgemeines Phänomen der Hochindustrialisierung seit etwa 1880[33] in allen groß-

---

30 Nach *F. Meisenburg*, Die Cholera in Essen 1866, 1955, S. 76 f., 85—88; vgl. auch *Adelmann*, Quellensammlung Bd. II, S. 28 f.

31 Vgl. z. B. *H. Grewe*, Essen, [1949], S. 314 u. ö.; über den stets äußerst angespannten landwirtschaftlichen Arbeitsmarkt im Ruhrgebiet s. *O. Auhagen*, Die ländlichen Arbeiterverhältnisse in der Rheinprovinz, 1892, S. 666, 671; *H. Glander*, Untersuchungen über die wirtschaftl. Entwicklung der Landwirtschaft im Krs. Recklinghausen, Diss. 1956, S. 73; *Chr. Schneider/J. Wiedenhöfer* (Hg.), Der Kreis Recklinghausen, 1911, S. 33.

32 Vgl. *F. Mogs*, Sozialgesch. Entwicklung der Stadt Oberhausen, Diss. 1956, S. 90 f.; *H. Croon*, Städtewandlung und Städtebildung im Ruhrgebiet, 1960, S. 499; *ders.*, Einwirkung der Industrialisierung auf die gesellschaftl. Schichtung der Bevölkerung, 1955, S. 308; für einz. Zechen im Raum Recklinghausen nach 1900 s. *St. Chmielecki*, Bevölkerungsentwicklung in Stadt- u. Landkreis Recklinghausen, Diss. [1911], S. 32—34. Aufschlußreich sind auch die Angaben über Fluktuation der Mitgliedschaft einer Unterstützungskasse 1878: Jahresberichte der Fabrik-Inspektoren f. 1878, 1879, S. 240 f.

33 Vgl. *Geck*, Die sozialen Arbeitsverhältnisse im Wandel der Zeit, S. 122.

betrieblichen Gewerben, aber der Ruhrbergbau, wo bereits wegen ganz geringer Lohndifferenzen von einer Zeche zur anderen oder gar in andere Reviere gewechselt und wo von Gewerkenseite gelegentlich auch hierfür die Sozialdemokratie verantwortlich gemacht wurde[34], war anscheinend im besonderen Umfang betroffen[35]. Mindestens so sehr wie die besondere psychische Disposition großer Arbeiterscharen in der Übergangsphase von der Zuwanderung zur Ansässigkeit hat hierzu freilich die verbreitete Irrationalität der Betriebsführung[36], das wilde Produzieren in Haussezeiten bei Massenentlassungen in Depressionen ohne planende Vorratshaltung beigetragen. Wie sehr allein die saisonale Anpassung der Förderungsziffern das Belegschaftsbild der Zechen — hierauf ist an anderer Stelle noch zurückzukommen — beeinflußte, zeigt ein Überblick der Zeche Wilhelmine Viktoria 1866[37]:

	Förderung in Scheffel	Absatz (einschl. Eigenverbrauch)	Belegschaft
Januar	195 258	191 520	564
Februar	170 088	155 288	529
März	167 056	142 636	480
April	102 204	126 041	401
Mai	106 524	122 087	419
Juni	118 432	117 692	393
Juli	123 496	126 615	389
August	127 998	132 870	355
September	116 581	125 033	357
Oktober	141 732	141 732	403
November	157 160	152 700	438
Dezember	145 036	147 047	434

Neben der Bindungs- und Beziehungslosigkeit der Zugewanderten, die zumeist nur in Menagen, auf Schlafstellen oder als Kostgänger lebten, begründet daher die mangelhafte Betriebsplanung der frühen großbetrieblichen Entwicklungsphase die Rastlosigkeit starker Belegschaftsteile. Als drittes Fluktuationsmotiv tritt der schon in der Wanderungsentscheidung ausgedrückte Wille zur Statusverbesserung hinzu, der insofern Kampfcharakter annehmen konnte, als in dem Verlassen des alten Arbeitsplatzes in unterschiedlichem Maße individueller Protest gegen seine Arbeitsbedingungen mitspielen konnte[38]; von dieser stummen Protestform zur bewußten, kollektiven, solidarischen

---

34 Vgl. OBA 1777 Bl. 190 Bericht von Zeche Hibernia, 1877; OPM 1205 V, Bericht des Langnamvereins/OPM 20. 9. 1888, wo gesetzgeberische Maßnahmen gegen die Fluktuation gefordert werden.

35 Vgl. die leider erst ab 1895 vorliegende Belegschaftstabelle der Zeche Prosper bei *Adelmann*, Quellensammlung Bd. II, S. 97—99.

36 Vgl. bes. *F. Zunkel*, Der rhein.-westf. Unternehmer, 1962, S. 40.

37 Glückauf 19/12. 5. 1867. Der Kohlenvorrat der Grube betrug am 1. 1. 1866 10 317 Scheffel, am 31. 12. 1866 621 Scheffel. Vgl. auch o. S. 197.

38 Vgl. *Helmut Seidl*, Der Arbeitsplatzwechsel als eine frühe Form des Klassenkampfes der mittel- und ostdt. Braunkohlenbergarbeiter in der Zeit von 1870 bis 1900. In: Jb. f. Wirtschaftsgesch. 1965/II S. 102—124, wo allerdings die Titelthese nicht bewiesen scheint; vorsichtiger argumentiert *Lawrence Schofer*, Modernization, Bureaucratization, and the Study of Labor History: Lessons from Upper Silesia 1865—1914. In: *Hans-Ulrich Wehler* (Hg.), Sozialgeschichte heute. Göttingen 1974, S. 473 u. ö.: „Collective bargaining by the with-

Kampfaktion war jedoch noch ein weiter Weg. Vielmehr zeigt sich bereits in der starken Belegschaftsfluktuation, deren unzählige Einzelentscheidungen in dieser Phase gewöhnlich aller planenden Vernunft entbehrten, die schillernde Vielfalt der Beweggründe für die neue industriegesellschaftliche Mobilität.

Anders als die Motive für die oben beschriebene, gleichsam intraregionale Mobilität, lassen sich die Anstöße für Binnen- und Fernwanderung recht genau bezeichnen. Im wesentlichen sind es der beengte Subsistenzspielraum und die dürftige Statuserwartung in den fast immer ländlichen Herkunftsgebieten, die die Wanderbereitschaft über einen längeren Zeitraum hinweg wachsen ließen, so daß es schließlich nur noch des auslösenden Anlasses, etwa der Werbung durch den Zechenagenten, bedurfte. Die Übergangsphase der frühen Wanderungsbewegungen ließ aber eine Reihe von Sonderformen entstehen, durch die der bäuerlich-agrarische oder auch handwerkliche Herkunftsraum mit den Anforderungen der industriellen Welt verbunden wurde. Unter ihnen war die

1. Saisonwanderung als schon vorindustrielle Form der Subsistenzsicherung der ländlichen Arbeiterschaft wohlvertraut. Sie hat, wie in anderen Bergbaubezirken[39], so auch im Ruhrgebiet, mit allerdings abnehmender Bedeutung die Grundzüge des bergbaulichen Arbeitsmarkts geformt. Wenn einerseits sommerlicher Arbeitskräftebedarf vor allem in den Industrien der Steine und Erden auftrat — hier haben die lippischen „Ziegelgänger"[40], aber auch Holländer Bedeutung erlangt — so ergänzte sich diese Bewegung andererseits mit der allwinterlichen Bergbaukonjunktur vor allem in den Kinderjahren der Großindustrie, so daß es nicht wenige Arbeiter gegeben haben mag, die zeitweise zwischen beiden Beschäftigungen pendelten. Größere Bedeutung erlangte jedoch jene Gruppe der Nahwanderer mit überwiegend agrarischem Erfahrungshintergrund, für die sich die Landwirtschaft in der Heimat von der Aussaat bis zur Ernte und die winterliche Bergarbeit ergänzten. Dies traf jedenfalls für die große Zahl nichterbender Bauernsöhne und Heuerlinge der westfälisch-lippischen Agrarlandschaft und im Minden-Ravensbergischen, aber auch für manche Guts- und Kötterwirtschaft außerhalb Westfalens, im Hessischen, im Nassauischen, in Waldeck und in Teilen der Rheinprovinz zu[41]. Aber auch die umgekehrte, im Blick auf den Bergbau eigentlich konjunkturwidrige Erscheinung, daß der ländliche Lebensrhythmus auf die Industrie übertragen und nur eine sommerliche Saisonarbeit aufgenommen wurde, um im Winter in die Heimat zurückzukehren, war im Ruhrgebiet durchaus gewohnt. Es sei nur ein Glück für die ansässigen Arbeiter, so hieß es 1859 anläßlich der Schließung der Aplerbecker Hütte, „daß ein sehr großer Theil der Arbeiter ... eine schwimmende Bevölkerung, die im Frühjahr kam und im Winter in die Heimat (Hessen, Nassau, Waldeck usw.) zurückkehrte, bildete"[42]. Im Bergbau hat man stets mit den ländlichen Saisonarbeitern zur Winterkonjunktur

drawel of labor". Oberflächlich bleibt der Begründungsversuch bei *Hilbert,* Zusammensetzung der Grubenbelegschaft, S. 58—69.

39 Z. B. *R. Wolf,* Zwickauer Steinkohlenbergarbeiter, S. 85.

40 Vgl. bes. *Brockmeyer,* Mangel an landwirtschaftl. Arbeitskräften im Lippischen, 1859, S. 98; *F. Fleege-Althoff,* Die Lippischen Wanderarbeiter, 1928, S. 147 f. u. passim; zu verschiedenen Typen von Saisonwanderung s. *H. Hüls,* Das Lipperland als Ausgangspunkt saisonaler Wanderungen, 1971, S. 5—9.

41 Vgl. anstelle vieler Erwähnungen *W. Becker,* Die Bedeutung der nichtagrarischen Wanderungen, 1960, S. 225.

42 Berggeist 4 (1859) S. 425; vgl. ganz ähnlich Jb. f. d. amtl. Statistik d. Preuß. Staats 2 (1867) S. 321; Tremonia 53/6. 3. 1882 konstatiert den „merkwürdigen Umschwung", daß es im Frühjahr die Polen in die Heimat zöge!

gerechnet[43], und auch bei den örtlichen Zuwanderern der 1880er Jahre machte sich ein Drang zur saisonalen Wanderarbeit um so bemerkbarer, als bei ihnen zunächst ebenfalls nicht die Absicht bestand, sich von ihrer Heimat zu lösen[44]. Diese vorindustrielle Rhythmik von Arbeits- und Ruhemonaten mit dazwischenliegenden Phasen der Wanderung hat, über die Erscheinungsweise in der Saisonarbeit hinaus, noch die Mobilitätsrhythmen der längst im Revier ansässig Gewordenen mitbestimmt, wie dies in einer im Ruhrgebiet nachgerade typischen, starken Frühjahrsfluktuation (April/Mai), einer erhöhten sommerlichen Mobilität und im erneuten Anstieg der kommunalen An- und Abmeldungen zur bergbaulichen Winterkonjunktur (Okt./Nov.) mit konjunkturabhängigen Unterschieden des Umfangs zum Ausdruck kommt[45]:

Zuzüge / Abmeldungen in Gelsenkirchen

| | 1882 | | 1883 | | 1884 | | 1887 | |
	Zugang	Abgang	Zugang	Abgang	Zugang	Abgang	Zugang	Abgang
Januar	299	220	319	245	323	291	286	281
Februar	365	223	385	286	380	327	373	353
März	398	315	376	339	462	329	487	475
April	415	372	421	379	451	429	525	528
Mai	720	611	757	682	845	587	857	744
Juni	329	248	353	322	373	297	483	376
Juli	295	311	351	398	340	337	446	395
August	464	324	432	376	410	395	599	485
September	359	300	407	267	393	282	433	368
Oktober	565	349	542	430	544	442	541	514
November	819	543	1027	612	1073	645	991	704
Dezember	292	268	341	271	362	275	478	323

| | 1888 | | 1889 | | 1890 | | 1882-90; Jan. = 100 | |
	Zugang	Abgang	Zugang	Abgang	Zugang	Abgang	Zugang	Abgang
Januar	353	278	468	342	437	373	100	100
Februar	393	362	584	423	487	390	119	116
März	510	363	688	490	849	601	152	143
April	669	466	769	648	768	604	162	169
Mai	960	656	1216	970	1398	775	272	248
Juni	633	414	393	480	638	589	129	134
Juli	496	507	566	506	617	586	125	150
August	593	504	641	549	690	650	154	162
September	599	472	659	565	645	644	141	143
Oktober	759	505	950	604	924	725	194	176
November	1221	813	1531	974	1287	938	320	258
Dezember	504	446	471	384	589	489	122	121

43 Z. B. OPK 8320 S. 189—235 Semesterbericht RPD 28. 10. 1882: In diesem Winter 1882/83 sei der Arbeitskräftebedarf wahrscheinlich nicht mehr durch die im Winter zur Bergarbeit zurückkehrenden landwirtschaftl. Arbeiter zu decken; vgl. auch *Becker*, Wanderungen, S. 222.
44 Vgl. *Schmidt*, Belegschaftsbildung, in: *Adelmann*, Quellensammlung Bd. II, S. 87.
45 Bericht über den Stand u. d. Verwaltung Gelsenkirchens f. 188 S. 4; 1883/84 S. 8; 1884/85

2. Ein weiterer Typ des Wanderarbeiters läßt sich mit dem Begriff der Konjunkturwanderung umschreiben. Wenn die oben dargestellte, hohe saisonale Fluktuation in Abschwungzeiten gedämpft werden mochte, so konnten diese auf der anderen Seite die Rückkehr in die Heimat attraktiver erscheinen lassen. Tatsächlich ist zwar das industrielle Wachstum nur selten unterbrochen worden, und entsprechend selten wurde bei allerdings in Baissejahren stark zurückgehenden Zahlen eine negative Wanderbilanz von den Einwohnermeldeämtern der Städte und Landgemeinden festgestellt[46]; immerhin haben mindestens die Krisen 1857/1860 und 1877/78 deutliche Abwanderungsverluste gezeigt, die indessen bald wieder aufgeholt waren. Vor allem die aus sprachlich-kulturellen Gründen nur schwer assimilierbaren, von den Zechen zudem in Menagen und Kolonien im Umkreis Gleichgesinnter untergebrachten oder doch als Kostgänger recht bewegungsfreien Ostzuwanderer der 1880er Jahre waren allzu leicht der Versuchung ausgesetzt, Feierschichten und Lohneinbußen im konjunkturellen Abschwung mit manchmal gruppenweiser Abkehr und Rückreise in die Heimat zu beantworten[47].

3. Zu erwähnen bleibt jene große Gruppe der Pendelwanderer und Wochenendfahrer, die mit der verkehrstechnischen Erschließung des südlichen Münsterlandes, des Detmold-Lippischen Raumes und der niederrheinischen Gebiete, aber auch des Sauerlandes und Bergischen Landes bis hinunter nach Solingen und Elberfeld die Massenbeförderungsmittel zu nutzen begannen, um ihren heimischen Kleinbesitz zu erhalten und mit den lukrativen Arbeitseinkünften der Großindustrie zu verbinden[48]. Gerade die Menagenbauten der Zechen in den 1860er und anfangs der 1870er Jahre sollten diesen Bedürfnissen entgegenkommen; aber erst die verkehrstechnische Erschließung der der Industrielandschaft vorgelagerten agrarischen Zulieferungsgebiete nach der Jahrhundertwende hat, nachdem erschwingliche Personenbeförderungstarife geschaffen waren und die Linienführung nunmehr auch die Bedürfnisse der Pendelwanderer berücksichtigte[49], jene hohen, die Belegschaftsstruktur auch nichtbergbaulicher Betriebe bestimmenden Anteile der Pendler geschaffen, die noch heute zum Alltag des Reviers gehören.

Neben den bisher beschriebenen, zyklischen Wanderungsformen, die in mancher Hinsicht die Überlagerung der saisonal-tageszeitlichen, bäuerlichen Daseinsrhythmik mit

S. 5 f.; 1887/88 S. 3 f.; 1888/89 S. 3 f.; 1889/90 S. 3; 1890/91 S. 3 f.; vgl. entsprechende Zahlen z. B. im Bericht ü. d. Verwaltung v. Hörde, 1888 bis 1895, und in anderen Verwaltungsberichten. Die Zuzugsspitzen im Frühjahr und Herbst sind auch durch die Verdingungstermine des Gesindes beeinflußt.

46 Vgl. die Meldetabellen in den Kreiskommunalstatistiken u. Verwaltungsberichten; bes. Statistik d. Landkreises Essen 1875—1880, S. 67 f.; Bericht ü. den Stand u. d. Verwaltung v. Dortmund f. 1889/90, S. 14.

47 Kostgänger ließen häufig gezielt Schulden auflaufen, um sich mit dem letzten Lohntag spurlos abzusetzen; vgl. OBA 1776 Bl. 86 Bericht von Königsgrube 1877. Solche Verhaltensweisen waren im südlichen Revier selten; vgl. ebd. Bl. 27. Zur konjunkturellen Rückwanderung der Polen s. *Hilbert*, Grubenbelegschaft, S. 53 f., zur Frage der Lohndrückerei durch Zuwanderer auch *J. V. Bredt*, Die Polenfrage im Ruhrkohlengebiet, 1909, S. 45, 98—101. Planmäßige Polenwerbung zur Beeinflussung des Arbeitsmarkts ist offenbar erst nach der Jahrhundertwende unternommen worden; vgl. *E. Franke*, Die Poln. Volksgruppe im Ruhrgebiet, 1940/41, S. 347.

48 Vgl. z. B. *A. Schmidt-Breilmann*, Der Einfluß der Industrialisierung auf das Handwerk, 1953, S. 30 f.

49 Zur Entwicklung des öff. Nahverkehrs im Ruhrgebiet vgl. vor allem die zahlreichen Informationen in den kommunalen Verwaltungsberichten seit den 1880er Jahren; ferner: *Ferdinand Schöningh*, Die Kleinbahnen des rhein.-westf. Kohlenreviers, Paderborn 1911.

den neuen Zeiten der großen Industrie spiegeln, begegnet insbesondere in den ersten beiden Jahrzehnten nach der Jahrhundertmitte noch der aus frühindustrieller Zeit bekannte, gezielt angeworbene Facharbeiter, mit dessen Wanderung sich immer besondere Statuserwartungen verbanden. Hierin setzten die Unternehmer auch die merkantilistische Arbeiterbeschaffung der Behörden unter dem Direktionsprinzip fort. Nach den englischen Fachleuten des Hütten- und metallverarbeitenden Gewerbes kamen nun auch belgische Hüttenfachleute und die mit der Baukonjunktur dringend benötigten Maurer aus Hessen-Nassau ins Revier[50]. Englische Bergleute fanden sich beim Schacht- und Grubenausbau, in der Maschinenhaltung und bei manchen schwierigen Spezialarbeiten, wie sie im Bergbau häufig vorkommen und später zumeist an einen Subunternehmer vergeben wurden. Die Engländer im Revier, an Zahl nicht sehr bedeutend[51], erlangten durch die Person des Iren *W. T. Mulvany* und seine Zechen bei Herne eine größere Rolle. Auf Hibernia wurde zeitweise Englisch zur „Dienstsprache", und wöchentlich erschien ein englischer Prediger aus Düsseldorf; Zeche Erin unterhielt bei Castrop eine Schulklasse für die Kinder englischer Arbeiter, die auf deutschen Anlagen oft auch zum Steiger aufrückten[52].

Ebenfalls in die Kategorie der Fachleutewanderung gehört die schon aus dem Vormärz bekannte Anwerbung der technischen Führungsschicht der Hellweg- und Emscherzechen aus dem Arbeiterpersonal der Ruhrufer- und Südruhrgruben[53]; diese Anwerbung stieß indessen bald auf die natürlichen Grenzen, die durch die relativ geringe Ausdehnung des südlichen Bergbaus und die starke Ansässigkeit seiner Arbeitskräfte gesetzt waren.

Auswanderungen von Bergleuten aus dem Ruhrgebiet sind selten geblieben. Trugen hierzu einerseits vielleicht die dem Bergmann nachgesagte Ortsstämmigkeit und sein Beharrungswille bei, so blieben andererseits auch in Abschwungphasen die Verdienstmöglichkeiten doch im hohen Maß erhalten, und die Zuwanderer aus der näheren Umgebung verfügten zudem noch über realisierbare Bindungen an ihre Heimatorte. Überraschen muß hingegen, daß das Revier jedenfalls nicht in erheblichem Umfang von den Zuwanderern aus den preußischen Ostprovinzen als Durchgangsstation einer endgültigen Auswanderung genutzt worden ist, entsprachen doch die Ursachen der Fernletztlich denen für die Auswanderung.

Wenn die Lust zur Auswanderung unter Bergleuten derart gering war[54], mußten dennoch unternommene Versuche um so größeres Aufsehen erregen. Das war im Konjunturtief 1860 der Fall bei der Auswanderung von 312 Bergleuten mit Frauen und Kindern, insgesamt 463 Personen[55], in die recht darniederliegenden südrussischen Bergbaugebiete auf Veranlassung zweifelhafter Werbeagenten eines russischen Grubenbesit-

---

50 Vgl. z. B. *H. Eversberg*, Die Schwerindustrie um Hattingen, 1955, S. 73—75; *Geck*, Arbeiterverhältnisse, S. 109.

51 Vgl. *W. Brepohl*, Industrievolk an der Ruhr, 1957, S. 33.

52 Vgl. OBA Bl. 205; *A. Mämpel*, Bergbau in Dortmund Bd. II, 1965, S. 17.

53 Vgl. *F. Krins*, Die ostd. Einwanderung in das Ruhrgebiet, 1967, S. 391.

54 Vgl. *A. v. Waldthausen*, Sälzer u. Neuak, 1902, S. 52. 1848 hatte sich in Essen ein „Verein der Auswanderer nach Amerika" mit zahlenmäßig wohl geringem Erfolg gebildet; vgl. *F. Meisenburg*, Die Auswanderung Essener Bergleute, 1942, S. 167.

55 Vgl. bes. *Meisenburg*, Auswanderung, S. 168 u. ö.; Jb. f. d. amtl. Statistik d. Preuß. Staats 2 (1867) S. 321; Statistik d. Krs. Essen 1859—1861, 1863, S. 66—68; Berggeist 5 (1860) S. 655 f., 723 f., 731 f.; *Th. Beykirch*, Arbeitsmarktfragen im Westf. Provinziallandtag, Diss. 1932, S. 77 (mit Fehlern); *W. Brepohl* hat einige Briefe der Auswanderer aufgefunden: Onkel Johann Rußland, 1967. 1861 erschien in Essen: Erlebnisse der im Jahre 1860 nach Südrußland ausgewanderten und 1861 wieder zurückgekehrten preußischen Bergleute, aufgezeichnet von dem Mitausgewanderten *Gerhard Wolff*.

zers. Unter anderem sind hier die letzten Angehörigen des Essener Bergmusikkorps in der Hoffnung auf neue Aufgaben mitgereist. Eine große Rolle wird in dem Wanderungsentschluß die Resignation über die Folgen des Freizügigkeitsgesetzes gespielt haben. Als die Misere der allseits mit guten Wünschen bedachten Auswanderer im Ruhrgebiet bekannt wurde, schlossen sich Bürger, Bergleute, Vertreter der Behörden und des Bergbauvereins zu einer Hilfsaktion zusammen, so daß 205 Auswanderer zurückgeholt werden konnten, während eine große Zahl in Rußland umgekommen ist.

Mochte diese Erfahrung auch abschrecken, so waren andererseits die Grubenverwaltungen daran interessiert, Nachahmer zu warnen; in den 1860er Jahren haben die Auswanderungen daher, wenn auch gelegentlich von ihnen die Rede ist, keine Bedeutung erlangt[56]. Nur 1881 sind noch einmal 1700 Arbeiter, zum großen Teil Bergleute, in die Vereinigten Staaten ausgewandert, aber auch von ihnen sollen etliche zurückgekehrt sein[57].

Wanderungen der 1850er und 1860er Jahre

Der Zuzug in das Revier „vor allem aus den kernmünsterländischen Kreisen — kleine Kötter, Heuerleute und nicht erbende Bauernsöhne"[58], auch wohl verarmende ländliche Handwerker — wird für die Jahre 1844 bis 1858 in der Forschung gewöhnlich auf bis zu 15—16 000 Personen geschätzt[59]; schon Anfang der 50er Jahre wird von 1000 Arbeitern aus der darniederliegenden Minden-Ravensbergischen Textilindustrie berichtet[60]. Überhaupt fand das Gros dieser an Zahl vielleicht noch umfangreicheren Wanderung zweifellos erst in den 1850er Jahren statt, denn während die Grubenbelegschaften 1850—1858 von 12 084 auf 32 656 zunahmen, blieb das Wachstum 1844—1848 vergleichsweise sehr gering.

Sichere Indizien für die Datierung der ersten Zuwanderungswelle nach 1850 liefern jedoch die Bemühungen der Bergämter zur Regulierung des Arbeitskräftebedarfs 1847—1850. Im November 1847 stellte das Oberbergamt fest, der Bergarbeitermangel könne nunmehr nur noch „durch besondere Mittel" behoben werden, und in Essen hieß es, „in hiesiger Gegend, in welcher Arbeit aller Art stattfindet, ist eine Vermehrung mit Erfolg nicht zu realisiren . . ."[61]. Anlaß der im folgenden mit Dringlichkeit[62] behandel-

---

56 Vgl. z. B. Glückauf 46/18. 11. 1866; *Mämpel*, Bergbau in Dortmund Bd. II, S. 31 f. *H. Uekötter*, Bevölkerungsbewegung in Westfalen, Diss. 1941, S. 52, schätzt die Zahl der Auswanderer aus dem Westsauerland, Siegerland und dem engeren Ruhrgebiet auf nur 4000 für 1818—1871.

57 Vgl. *Brepohl*, Industrievolk an der Ruhr, S. 50. Auch im Semesterbericht RPD 19. 4. 1881 (OPK 8319 S. 533—560) wird die „Auswanderungslust leider gerade unter den fleißigsten und besten Bergarbeitern" hervorgehoben; vgl. ebd. S. 603—633, 20. 9. 1881, und den Bericht OPK/HM 11. 11. 1881 (Entw. Gewerberat *Reichel*, Aachen).

58 *W. Müller-Wille*, Westfalen, 1952, S. 268 f.

59 Vgl. *Steinberg*, Entwicklung des Ruhrgebietes, 1967, S. 20 f.; *Müller-Wille*, Westfalen, S. 268, und *Brepohl*, Aufbau des Ruhrvolkes, 1948, S. 63, nennen 9000 Zuwanderer.

60 Vgl. *W. Fischer*, Herz des Reviers, 1965, S. 251 f.; vgl. *W. Schulte*, Volk u. Staat, 1954, S. 155, 225; neuerdings bes. *G. Adelmann*, Strukturelle Krisen im ländlichen Textilgewerbe, 1974, S. 120—123.

61 OBA 1733 Bl. 1 OBA/BAB 25. 11. 1847 (Abschr.); Bl. 2 BAE/OBA 29. 11. 1847 (auszugsweise bei *Adelmann*, Quellensammlung Bd. I, S. 53).

62 Vgl. ebd. Bl. 2; Bl. 5 „Cirkular" an die Gewerken, deren Antworten Bl. 10—12. Das BAB verhielt sich zurückhaltender, was vom langfristiger blickenden OBA gerügt wurde (Marginalie Bl. 7 BAB/OBA 5. 12. 1847; der Bedarf sei doch „weit größer" als hier festgestellt); vgl. Bl. 13, OBA/BAB 12. 12. 1847: Verhandlungen hätten ergeben, „daß es mit den Jahren in mehreren Revieren Mangel an Bergarbeitern gibt".

ten Angelegenheit war ein Anerbieten des Waldenburger Bergamts gewesen, dort freigewordene Bergarbeiter in das Ruhrgebiet zu verlegen[63]. Dieser Plan scheiterte indessen, und noch zu Beginn der 1850er Jahre ist der wachsende Arbeitskräftebedarf durch Recherchen des Oberbergamts bei den Behörden der angrenzenden Kreise gedeckt worden. So hofften Ende 1850 die Bochumer Beamten noch immer, den Bedarf aus den Arbeitskräften im Ruhrufergebiet decken zu können[64]. Zeugnisse behördlicher Lenkung des Arbeitskräftezustroms nehmen indessen in den 1850er Jahren ab[65]; die Deckung des Bedarfs an Arbeitern wird Aufgabe der Gewerken, die dann auch beginnen, neben qualifizierten Bergleuten aus anderen Revieren besonders ungelernte Tagelöhner einzustellen[66].

Von den kommunalen Verwaltungsbehörden sind die umfangreichen Wanderungsbewegungen der 1850er Jahre nicht mehr spürbar behindert worden. Die Arnsberger Regierung ließ durchaus auch ohne Anstellungsnachweise Pässe erteilen, um die Arbeitssuche an einem bestimmt bezeichneten Ort zu ermöglichen; nur mit hessischen Staatsbürgern ließ man mehr Vorsicht walten, weil die Nachlässigkeit der hessischen Behörden in der Paßerteilung bekanntgeworden war[67]. In den Städten des Ruhrgebiets umschrieben die jeweiligen Städteordnungen, zeitweise die Preußische Gemeindeordnung von 1850, in westfälischen Städten, so in Dortmund ab 19. März 1856, die „Städteordnung für die Provinz Westfalen", die Zuzugsbedingungen und Voraussetzungen für den Erwerb der Bürgerrechte. So wurde in Dortmund[68] zwischen Bürgern, Schutzverwandten (weibliche Hausgehilfen eingeschlossen) und Außenbürgern, d. i. Bewohnern der Feldmark, unterschieden. Nach dem „Gesetz über die Aufnahme neuanziehender Personen" (31. Dezember 1842) und entsprechendem Verordnungsrecht wurde nun zwischen „vorübergehendem Aufenthalt" ab vier Tagen, für den eine Aufenthaltskarte erstellt und auf Steuerentrichtung in der Heimat geachtet wurde, und dem Erwerb des Bürgerrechts gegen eine Gebühr von 10 Talern getrennt, die erlassen oder in Raten gezahlt werden konnte. Bei einem Mindestalter von 25 Jahren war eine ausreichende Erwerbsgrundlage nachzuweisen; Nichtpreußen galten als Ausländer und mußten bei der Regierung um Naturalisation nachsuchen. Mit dem Männern vorbehaltenen Bürgerrecht verband sich vor allem das Recht auf Eigentumserwerb sowie auf Ansprüche an den Armenfonds.

Während der ersten Wanderungswelle strahlte die „elementare sozialökonomische Saugwirkung des Bergbaus"[69] weit über die dem Industriebezirk benachbarten landwirtschaftlichen oder textilindustriellen, besonders bevölkerungsreichen Regionen aus, und auch während der 1860er Jahre hat diese Saugwirkung trotz unklaren Konjunkturverlaufs angehalten. Die Vorboten der Fernwanderung aus Thüringen, Sachsen[70] oder auch

63 Ebd. Bl. 4 f., BA Waldenburg/BAE 15. 10. 1847.
64 Vgl. OPM 704 Bl. 6—10; OBA 1733 Bl. 35 OBA/BAB 30. 10. 1849 (Abschr.); Bl. 53 BAB/ OBA 12. 10. 1850.
65 Vgl. noch BAEW 108 Bl. 100 BA Clausthal/OBA 20. 12. 1854 (Abschr.) mit der Anfrage, ob Arbeitskräfte gebraucht würden. Die Unternehmer bedienten sich immerhin noch gern einer oberbergamtlichen Empfehlung, um ihren Anwerbungen, übrigens schon im Herbst 1853 gezielt in Schlesien, Nachdruck zu verleihen; vgl. OBA 1733 Bl. 59 *Franz Haniel*/OBA 30. 9. 1853.
66 Vgl. *Brepohl*, Aufbau des Ruhrvolks, S. 64.
67 Vgl. OPM 1178 II RA/OPM 28. 5. 1853, 15. 4. 1854 u. 31. 5. 1854.
68 Nach *R. Ernst*, Dortmunder Bevölkerung, Diss. 1941, S. 10—12. Einen Vergleich der Rechtsbedingungen der Niederlassung bzw. des Erwerbs des Bürgerrechts gibt *W. Köllmann*, Bevölkerung und Arbeitskräftepotential 1815—1865, 1974, im Anhang S. 96—98 (bearb. v. *Antje Kraus*).
69 *Becker*, Wanderungen, S. 223.
70 Enttäuschend ist *M. Sauerbrei*, Sachsen und Thüringer im Ruhrgebiet, 1950.

aus süddeutschen Ländern hatten allerdings zumeist handwerkliche Berufe erlernt und konnten damit im Revier lohnendem Verdienst entgegensehen; besonders die ungelernten landwirtschaftlichen Tagelöhner, gelegentlich bereits mit einiger Erfahrung im Eisenbahnbau, verdingten sich bei den Gruben. Aber noch von den 1865—1871 Zugewanderten entstammten 78 % aus den beiden preußischen Westprovinzen, immerhin 8 % aus Hessen, 4 % aus Holland und 2,5 % aus der Provinz Sachsen, aber erst 1,5 % aus den Ostprovinzen, hier oft schlesische Bergleute, deren Montanindustrie sich seit den 1850er Jahren in einer mißlichen Lage sah[71]. Auch die Bochumer Bevölkerung 1871 bestätigt das Bild überwiegender Nahwanderung[72]: 33 % der Einwohner waren 1871 in Bochum selbst, 39,4 % in Westfalen und 12,4 % im Rheinland geboren; ebenfalls fast 8 % stammten aus Hessen-Nassau und nur 1,27 % aus den preußischen Ostprovinzen, wiederum überwiegend Schlesier.

Nach den Untersuchungen von *H. Uekötter* wird in der Forschung gewöhnlich eine Zahl von 40—53 000 Nahwanderern aus den ländlichen Gebieten Westfalens in das westfälische Ruhrgebiet bis 1871 zugrunde gelegt[73]. Mit Hilfe des von *K. Degen* erstellten annähernden Prozentverhältnisses der Herkunftsorte hätte demnach die Zuwanderung in das Westfälische Revier 1850 bis 1871 zwischen 51 000 und 68 000, in das gesamte Revier jedoch, billigt man dem westlichen Industriebezirk noch eine den östlichen und entstehenden nördlichen Abbaurevieren und Industrieansiedlungen gleichwertige[74] Bedeutung zu, mindestens 100 000, aber nicht mehr als 135 000 Personen gezählt.

Ostdeutsche und fremdsprachige Zuwanderer (1870—1893)

Mit den Boomjahren 1870—1873 sind erstmals in größerer Zahl deutschsprachige Arbeiter aus den Ostprovinzen Preußens in das Ruhrgebiet gewandert; seit etwa 1880 folgten ihnen, von bis 1870/71 zurückreichenden Vorläufern abgesehen, die das Gesicht des nördlichen Reviers nach der Jahrhundertwende so sehr prägenden polnischen und masurischen Arbeiter deutscher Staatsangehörigkeit aus der Provinz Posen und aus Teilen Ostpreußens.

Die ostdeutsche Zuwanderung der 1860er Jahre blieb noch äußerst spärlich[75]. Als das

---

71 Vgl. die hierzu wegweisende Studie von *K. Degen*, Die Herkunft der Arbeiter, 1916, S. 26. Die Bemerkungen stützen sich auf einige ausgewählte Städte. *Degen* weist überzeugend nach, daß vor 1870 der Anteil der östlichen Fernwanderer verschwindend gering ist; vgl. auch *Ernst*, Dortmunder Bevölkerung, S. 22—27. Die jüngst geäußerte Meinung, der erstmalig 1846 bis 1849 spürbare Bevölkerungsschwund der Ostprovinzen habe sich auch zugunsten eines Wanderungsgewinns der Westprovinzen ausgewirkt, trifft daher nicht zu; vgl. den sonst überzeugenden Beitrag von *K. Obermann*, Zur Klassenstruktur und zur sozialen Lage, 1973, S. 80.

72 Nach *B. Kleff*, Zur Herkunft der Bochumer Bevölkerung, 1938, S. 70—73 mit Karten (vgl. auch *Herbermann*, Links der Lippe, 1969, S. 131). Eine Tabelle über den Anteil der Ortsgebürtigen an der Einwohnerschaft einiger Industrieorte gibt *W. Horst*, Bevölkerungsbewegung und Industrieentwicklung, 1937, S. 36.

73 Vgl. *Uekötter*, Bevölkerungsbewegung, S. 53; *Brepohl*, Industrievolk an der Ruhr, S. 26 f.; *H. Croon*, Werden des Ruhrgebiets, 1967, S. 204; *Adelmann*, Strukturelle Krisen, S. 121.

74 Die Förderungszahlen der beiden BA-Bezirke waren 1859/60 fast gleich. — *I. Lange-Kothe*, Hundert Jahre Bergarbeiterwohnungsbau, 1950, S. 8, schätzt, wohl auf ähnlicher Grundlage, die Zuwanderung von Westfalen und Rheinländern in das Revier vor 1871 auf 90 000; vgl. ferner die Angaben über Wanderungsgewinne bei *Grewe*, Essen, S. 328.

75 Für 1861 wird die Zahl von 16 Polen (4 Familien) in Rheinland und Westfalen genannt; vgl. nach Preuß. Statistik Bd. 5, S. 54, z. B. *Bredt*, Polenfrage, S. 11.

Handelsministerium 1868 „zur Linderung der außerordentlich großen Noth in der Provinz Preußen" bei den preußischen Oberbergämtern um Erkundung von Arbeitsmöglichkeiten in den Industrierevieren nachsuchte, um den strapazierten ländlichen Arbeitsmarkt dieser Krisenjahre zu entlasten[76], gelang es damit anscheinend erstmals, größere Arbeiterzahlen zur Südwanderung in den schlesischen Bergbau zu bewegen[77], während die Anfrage im Ruhrgebiet, über den als Gesprächspartner akzeptierten Bergbauverein an die einzelnen Grubendirektionen weitergeleitet, noch auf einhellige Ablehnung stieß. Zunächst einmal, hieß es, herrsche bei der gegenwärtigen Konjunkturlage kein Arbeitskräftemangel, und überhaupt erscheine das Vorhaben

„sehr bedenklich. Wenn es schon sehr gefährlich ist, Leute aus anderem Klima und mit anderen Lebensgewohnheiten in eine Gegend zu verpflanzen, wo sie eine der gewohnten entsprechende Arbeit leisten können, so ist es dieses noch viel mehr, wenn sie eine Arbeit übernehmen sollen, die bedeutend mehr Anstrengung und Kraft erfordert ... Die Leistungen würden außerordentlich geringe und infolgedessen das Verdienst ein gänzlich unzureichendes sein"[78].

Die Haltung der Unternehmer[79] hat sich fast schlagartig mit dem unerhörten Arbeitskräftebedarf nach dem deutsch-französischen Krieg geändert. Noch während des Krieges, als die kurzzeitige Geschäftsstockung überwunden war und der konjunkturelle Horizont aufzuleuchten begann, gelang es mühelos, übergangsweise eine größere Zahl von Bergleuten aus dem Saarrevier, wo infolge des Verlusts der französischen Absatzgebiete eine Betriebsstockung eingetreten war, an der Ruhr zu beschäftigen. Auf eine entsprechende Bekanntmachung in der Presse gingen weit mehr Arbeitsplatzofferten ein, als erforderlich waren, um die nur vorübergehende Klemme an der Saar zu beheben[80].
Bereits Anfang 1870 war nach dem mißglückten Waldenburger Streik von den dort abgewanderten etwa 1000 Bergleuten eine große Zahl in das Ruhrgebiet gekommen und hatte hier Arbeit gefunden; dies begründete, obwohl schlesische Arbeiter bereits vorher an die Ruhr gezogen waren[81], eine dauernde Beziehung zwischen dem niederschlesischen und dem Dortmunder Kohlenrevier[82]. Diese Zuwanderung war von starker Signalwirkung für die Unternehmer, sich nunmehr um Deckung des Arbeitskräftebedarfs in den preußischen Ostgebieten zu bemühen. Im Vordergrund stand zwar zunächst wohl noch der Gedanke, schlesische Bergleute, ausgebildete Fachkräfte, heranzuziehen; aber schon Anfang 1871 sind nichtqualifizierte polnische Arbeitskräfte in größerer Zahl in das

76 OBA 1796 Bl. 1 HM/OBA 8. 1. 1868; Bl. 6 OBA/Bergbauverein 10. 1. 1868 (Abschr.).
77 Vgl. nach einem Bestand des preuß. HM *K. Obermann,* Arbeitermigrationen in Deutschland, 1972, S. 170.
78 OBA 1796 Bl. 24 Grubenvorstand Carolus Magnus, Konstantin d. Gr./OBA 21. 1. 1868. Einzig die Zeche Altendorf bot die Anlegung von 12 Übertagearbeitern an (Bl. 21).
79 Vgl. noch ebd. Bl. 27 HM/OBA 3. 1. 1868.
80 Vgl. OBA 231 Knappschaftsverein Bochum/OBA 23. 11. 1870; OBA 1796 bes. Bl. 28—30, 44, 55. Genauere Zahlen lassen sich nicht ermitteln, da der Essener Revierbeamte Bergmeister *Schrader* direkt mit der Saarbrücker Bergwerksdirektion korrespondierte. Am 3. 8. 1870 waren in Essen 675 Offerten von umliegenden Zechen eingegangen; am 10. 8. 1870 trafen 200, später noch mehr Bergleute von der Saar ein. Am 15. 8. (Bl. 64, Entw.) beschied das OBA den ebenfalls um Vermittlung von Arbeitern nachsuchenden Bochumer Verein allerdings bereits, weitere Arbeitskräfte würden an der Saar wohl nicht mehr disponibel sein.
81 Vgl. Rhein- u. Ruhrzeitung 47/25. 2. 1870: Es seien im Laufe der Jahre viele schlesische Arbeiter im Revier seßhaft geworden, während sich die Harzer und sächsischen Bergleute mit den an der Ruhr ansässigen Arbeitern nicht befreunden könnten.
82 S. bes. *H.-O. Swientek,* Dortmund und Waldenburg/Schlesien. In: Dortmunder Beiträge 51 (1954) S. 119—126; *W. Dege,* Ruhrgebiet, 1972, S. 47.

Revier gekommen[83]. Hier ging anscheinend die Bottroper Zeche Prosper voran, wo im Mai 1971 400 Polen eintrafen, von denen eine große Zahl während des Streiks 1872 heimkehrte[84]. Aber noch im selben Jahr kamen weitere 500 Polen, und 1876 fanden sich bereits 20 polnische Familien ein. Nach der Rückkehr vieler Arbeiter im Krisenjahr 1877 lebten dann im Januar 1882 allein im Kreis Bochum bereits 4369 Polen[85].

1880 begann eine über vier Jahre anhaltende Vermehrung der bergbaulichen Belegschaften um mehr als ein Viertel, die ganz überwiegend von den Zuwanderern aus den Ostprovinzen getragen worden ist. Unter ihnen schälte sich bereits seit den Anfängen dieser Zuwanderung als eigene Volksgruppe die masurische Arbeiterschaft besonders aus den ostpreußischen Kreisen Ortelsburg, Neidenburg und Allenstein heraus[86]. Die erst um 1900 ihren Höhepunkt erreichende Ostzuwanderung kam auf direktem Wege, ohne Berührung mittelbarer Wanderungsstationen wie der Großstadt Berlin, in das Kohlenrevier und konzentrierte sich hier, wohl wegen der manchmal zweifelhaften Anwerbepraxis der Zechen[87] und wegen der fortdauernden heimatlichen Bindungen der einmal Zugewanderten, auf bestimmte Orte: Die Ortelsburger sammelten sich in Gelsenkirchen, während es die Neidenburger und Soldauer nach Wattenscheid, die Osteroder nach Bochum, die Lötzener nach Wanne zog. Auch unter den polnischen Wanderern lassen sich regionale Präferenzen feststellen; allerdings zeigten diese Arbeiter eine deutlich höhere horizontale Mobilität, die sie bereitwillig bei höheren Lohngeboten, aber auch bei geringerem Anlaß zum Wechsel des Arbeitsplatzes bewegte, wobei sich Bochum als der Sitz der polnischen Intelligenz im Revier herausschälte[88].

Die Nahwanderung aus den nichtindustriellen Gebieten Rheinlands und Westfalens hat ebenfalls, wie auch jene aus Nordwestdeutschland und anderen Regionen, um 1880 wieder eingesetzt, nahm jedoch in dieser zweiten Phase einen anderen Charakter an. Diese Wanderung erfaßte in starkem Maße Frauen[89], die mit dem Aufbau der reviereigenen Infrastruktur Arbeitsplätze im Dienstleistungsbereich, aber auch bereits in der weiterverarbeitenden Industrie fanden.

Das Problem einer Statistik der ostdeutsch-polnischen Wanderung in das Ruhrrevier stößt auf hohe technische Schwierigkeiten[90], läßt sich allerdings in den Fällen der polnischen Zuwanderung und der landsmannschaftlichen Herkunft der im Bergbau be-

---

83 Vgl. *Bredt*, Polenfrage, S. 43; *Franke*, Ruhrgebiet und Ostpreußen, S. 38; *Degen*, Herkunft der Arbeiter, S. 25 f.

84 S. bes. Geschichte einer polnischen Kolonie in der Fremde. Jubiläumsschrift des St. Barbara-Vereins in Bottrop, 1911, S. 3—7, sowie *Schmidt*, Belegschaftsbildung, bei *Adelmann*, Quellensammlung Bd. II, S. 86, 89.

85 Erhebung in: LRB VIII 475. Ergänzende Angaben lassen sich auch aus der Wehrpflichtigenstatistik gewinnen, die gelegentlich in den kommunalen Verwaltungsberichten veröffentlicht wurde.

86 S. bes. *H. Linde*, Problematik der masurischen Agrargesellschaft und die masurische Einwanderung in das Emscherrevier, 1958, hier S. 458; ferner *O. Mückeley*, Die Ost- u. Westpreußen-Bewegung, 1926, S. 8; *H. Kirinnis*, Bevölkerungsstruktur der Emscherzone, 1965, S. 206 bis 209.

87 Vgl. hierzu die Beschreibung in einem amtlichen Protokoll über Anwerbung schlesischer Bergleute f. d. Zeche Ruhr und Rhein 30. 9. 1875, in: OBA 234; ferner den Aufruf „Masuren!", gedruckt z. B. bei *Krins*, Ostdeutsche Einwanderung, S. 392 f.

88 Vgl. *K. Brinkmann*, Bochum, 1968, S. 211.

89 Vgl. die Tabelle bei *W. Köllmann*. Die Bevölkerung Rheinland-Westfalens in der Hochindustrialisierungsperiode, 1974, S. 239.

90 Zur Diskussion s. *F. Schulze*, Polnische Zuwanderung im Ruhrrevier, [1909], S. 18—25; *Franke*, Poln. Volksgruppe, S. 325—327.

schäftigten Arbeiter befriedigend beantworten. 1890 befanden sich 29 842 Personen mit polnischer, masurischer oder kassubischer Muttersprache, ferner noch 3599 Personen, die deutsch und polnisch sprachen, in Rheinland und Westfalen[91]. Von diesen hielten sich 26 510 in den Ruhrgebietsstädten und -kreisen Dortmund, Bochum, Essen, Mülheim, Gelsenkirchen, Recklinghausen, Hörde, Hattingen, Witten, Oberhausen und Ruhrort auf[92]. Unter Einschluß der nichtpolnischen Zuwanderer aus den deutschen Ostprovinzen (Schlesien, Posen, Ost- und Westpreußen) verteilten sich die eingewanderten Personen und Angehörigen auf folgende Verwaltungsbezirke[93]:

1890	Bevölk. in Tsd.	In den Ostprovinzen geboren (in Prozent)	
		Deutsche	Polen
Regierungsbezirk Münster			
Stadt Recklinghausen	14,0	—	5,1
Buer	10,2	—	5,0
Land Recklinghausen	69,5	—	5,8
Regierungsbezirk Arnsberg			
Stadt Dortmund	86,3	8,6	0,7
Land Dortmund	77,8	—	2,2
Stadt Hörde	16,3	—	1,1
Land Hörde	68,1	—	0,5
Stadt Bochum	45,8	7,4	2,4
Witten	25,2	4,5	0,7
Herne	13,9	—	15,2
Land Bochum	116,4	—	2,7
Stadt Gelsenkirchen	27,1	22,3	6,9
Land Gelsenkirchen	100,0	—	7,1
Hattingen	61,8	—	0,8
Regierungsbezirk Düsseldorf			
Oberhausen	24,2	7,7	2,7
Mülheim	27,1	1,5	0,04
Hamborn	4,3	—	0,6
Stadt Essen	78,7	9,7	0,3
Land Essen	163,0	—	1,2

91 Diese Angaben der Reichsstatistik (vgl. etwa *Brandt/Most*, Heimatkunde des Ruhrgebiets, Bd. II, 1914, S. 13 f., 31) werden in der Forschung gemeinhin zugrundegelegt; vgl. *Bredt*, Polenfrage, S. 11 f.; *H.-U. Wehler*, Polen im Ruhrgebiet bis 1918, 1970, S. 441 f. mit den abweichend überlieferten Daten; ferner *M. Broesike*, Polen im Westl. Preußen, 1906, S. 252 mit einem Vergleich 1890/1900/1905.

92 Errechnet nach den Angaben von *Broesike*, Polen im Westl. Preußen, S. 256; zu einer anderen Aufstellung s. *Schulze*, Poln. Zuwanderung, S. 18 f.

93 Nach *L. Maaß*, Die dt. Binnenwanderung, 1926, S. 355. Bei Umrechnung der 5,8 % ostd. Zuwanderer in Borbeck auf das Kreisgebiet ergibt sich die von *Maaß* wohl vernachlässigte Ziffer von 0,0099; die anderen Essener Bürgermeistereien wiesen kaum Zuwanderer aus diesen Gebie-

Die geographische Verteilung der 26 510 fremdsprachigen Zugewanderten, unter denen auf vier polnischsprachige Katholiken etwa drei evangelische Masuren zu zählen sind[94], spiegelt die bevorzugten Zuzugsorte: Die Großschachtanlagen der Emscherlinie um Herne, Gelsenkirchen, Bottrop, Buer, Castrop, Wanne, Recklinghausen[95]; im Westen des Reviers wuchs Hamborn erst nach 1890 zu einem Zentrum fremdsprachiger Zuwanderung. Die deutschsprachigen Zuwanderer haben sich auf die Städte Oberhausen, Essen, Gelsenkirchen, Witten, Bochum und Dortmund sowie auf die Bürgermeisterei Borbeck beschränkt, während die Polen auch in den Landkreisen, weniger allerdings im westlichen Revier[96], ansässig geworden sind — seit den 1890er Jahren sind hier freilich beträchtliche Veränderungen eingetreten. Oft waren auch konfessionelle Erwägungen für die Wahl des Wanderungsziels verantwortlich, denn Unternehmer wie *Kirdorf* und *Grillo* bevorzugten evangelische Ostpreußen in ihren Belegschaften, während katholische Unternehmer wie *Thyssen* später gern katholische Westpreußen und Polen aufnahmen.

Das 1890 feststellbare Verteilungsmuster wird durch die für 1893 belegte Verteilung der Zuwanderer auf einzelne Reviere und Grubenbelegschaften bestätigt; die konjunkturelle Entwicklung der Jahre seit 1889 erlaubt jedoch nur bedingt eine Verwertung dieser Statistik für das Streikjahr[97]:

Reviere	Beleg-schaft	a) in östl. Prov. geb.	b) Fremd-sprachige		c) im Aus-land geb.	Summe a) + c)
Gelsenkirchen	14 102	45,69 %	4 574	= 32,44 %	5,33 %	51,02 %
Recklinghausen	12 826	41,53 %	3 387	= 26,41 %	4,02 %	45,55 %
Herne	10 546	37,27 %	2 726	= 25,85 %	2,53 %	39,80 %
Wattenscheid	10 033	36,15 %	2 186	= 21,79 %	1,52 %	37,67 %
Essen West	12 915	31,80 %	2 126	= 16,46 %	3,57 %	35,37 %
Essen Ost	9 527	31,19 %	1 677	= 17,60 %	3,10 %	34,29 %
Bochum Süd	9 199	23,05 %	1 550	= 16,85 %	1,05 %	24,10 %
Dortmund West	10 120	21,26 %	1 220	= 12,06 %	2,77 %	24,03 %
Bochum Nord	8 189	21,76 %	889	= 10,86 %	1,23 %	22,90 %
Dortmund Ost	8 854	18,87 %	450	= 5,08 %	2,04 %	20,91 %
Essen Süd	6 889	13,76 %	285	= 4,14 %	3,73 %	17,49 %
Oberhausen	11 083	11,18 %	833	= 7,52 %	4,49 %	15,57 %
Witten	7 623	14,42 %	664	= 8,71 %	0,46 %	14,88 %
Hattingen	8 580	8,95 %	379	= 4,42 %	1,46 %	10,41 %
Dortmund Süd	11 909	8,99 %	356	= 2,99 %	1,40 %	10,39 %
Werden	1 882	4,84 %	62	= 3,29 %	3,24 %	8,08 %
	154 277		23 364	= 15,14 %		

ten auf. Die vergleichende Überprüfung anhand der für die Polen genaueren Aufstellung bei *Broesike*, Polen im Westl. Preußen, S. 256, ergibt hohe Zuverlässigkeit der Zahlen von *Maaß*.

94 Gesamtzahlen liegen nicht vor; im gesamten RA standen nach einer undatierten Aufstellung (90er Jahre; nach *F. Krins*, Die masurische Zeitung „Familienfreund", 1961, S. 120 f.) 11928 polnischen 9178 masurische Arbeiter gegenüber. *Krins* weist darauf hin, daß die Kommunalbehörden nur selten zwischen den unter den Zugewanderten selbst streng eingehaltenen Stammesgrenzen zu unterscheiden wußten.

95 Vgl. *Hilbert*, Grubenbelegschaft, S. 23—25; *Schulze*, Poln. Zuwanderung, S. 26—30. Auch die der Zahl nach weniger bedeutenden Slowenen wanderten in die nördlichen Abbaureviere, s. *E. Werner*, Die Slowenen im Ruhrgebiet, 1958.

96 Vgl. z. B. *Grewe*, Essen, S. 500.

97 Nach *O. Taeglichsbeck*, Die Belegschaft der Bergwerke und Salinen, 1895/96, Bd. I, S. 6—15, Bd. II, S. XXI u. ö. Wo möglich, sind in den folgenden Angaben die die Gesamtwerte nur ge-

Von den (unter Einschluß des Erzbergbaus im Ruhrrevier) 23 410 Fremdsprachigen stammten 20 494 Personen aus dem Deutschen Reich, 1443 aus Österreich-Ungarn, 699 aus Holland, 610 aus Italien, 82 aus Rußland und weitere 82 aus anderen Staaten[98]. Nach einer Ergänzungszählung Anfang 1894 betrug die Anzahl der polnisch bzw. polnisch und deutsch sprechenden, „reichsdeutschen" Bergleute unter Einschluß der Masuren[99] 21 906. Die 23 410 fremdsprachigen Bergleute hatten im Revier 36 898, in der Heimat 11 182 Familienangehörige zu ernähren, so daß die fremdsprachige bergmännische Bevölkerung des Reviers Ende 1893 60 308 Köpfe zählte, von denen weit über 90 % polnisch sprachen[100].

Insgesamt setzte sich die Belegschaft aller Anlagen im Oberbergamtsbezirk nach der Sonderzählung vom Dezember 1893 (insgesamt 158 368 Arbeiter) aus

12,69 %	(20 096)	Ost- und Westpreußen,
6,21 %	(9 839)	Posenern,
5,97 %	(9 453)	Schlesiern,
5,31 %	(8 418)	Hessen,
1,57 %	(2 480)	Hannoveranern,
1,21 %	(1 920)	Österreichern,
0,90 %	(1 421)	Sachsen,
0,84 %	(1 334)	Holländern,

ferner, bei 42,46 % Westfalen und 20,20 % Rheinländern, aus noch 1,98 % Arbeitern aus anderen deutschen Bundesstaaten und preußischen Provinzen und weiteren 0,66 % Arbeitern aus dem Ausland zusammen[101]. Unter Berücksichtigung aller nichtrheinischen und nichtwestfälischen Zugezogenen betrug deren Gesamtzahl unter den Belegschaftsmitgliedern 59 129 bzw. 37,34 %. Von den rund 420 000 Familienangehörigen aller unter der Aufsicht des Oberbergamts stehenden Arbeiter entfielen damit, unterstellt man eine nach deutsch- und fremdsprachigen Bergleuten differenzierte Angehörigenziffer[102], etwa 140 000 auf die Familien von Zugewanderten[103].

---

ringfügig beinflussenden Werte für den Osnabrücker Bergbau und die Salinen entfernt worden (die gesamte Belegschaft unter Aufsicht des OBA betrug am Zähltag 158 368 Arbeiter). Die z. T. erheblichen Differenzen in den Belegschaftsangaben für einzelne Jahre erklären sich sowohl aus dem Einbezug verwandter Gewerbe (Gewerbezählung 1895, s. Anhang I, 2) und unterschiedlichen Zählbereichen (OBA-Bezirk oder Ruhrgebiet; Einschluß von Salinen und Erzbergbau) als auch aus der Zähltechnik (z. B. Jahresdurchschnitt).

98 Nach *Taeglichsbeck,* Bd. II, S. XVII.

99 Ebd. S. XV. Im Unterschied zu *Franke* (Poln. Volksgruppe, S. 326) und schon *Schulze* (Poln. Zuwanderung, S. 19) rechnen wir die 4004 Personen, die polnisch und deutsch als Muttersprache angegeben hatten, zu den Polen und addieren auch 19 (!) gezählte Masuren — sie sind im übrigen bei der Zählung deutlich als Polen subsumiert worden.

100 Die Angehörigenziffer betrug demnach, bezogen auf die Revieranwesenden, 1,58.

101 Nach *Taeglichsbeck,* Bd. II, S. XII; die große Zahl von Holländern, die im Revier gemeldet war (1890 allein in Duisburg 625, in Essen 185, in Styrum 261, vgl. RD 24 686) zog dem Bergbau andere Erd- und Bauarbeiten und die Ziegelbäckerei vor. Allein im RD gab es schon 1861 581 Holländer und Wallonen; 1870 waren etwa 2537 Holländer und Belgier im Ruhrgebiet (*Mülmann,* Statistik Bd. II, S. 160; *Degen,* Herkunft der Arbeiter, hiernach *Sauerbrei,* Sachsen u. Thüringer, S. 36).

102 *Taeglichsbeck,* Bd. I, S. XV, Bd. II, S. XIX, errechnete für deutsche Arbeiter eine Angehörigenziffer von 2,76, für die Gesamtbelegschaft einen Durchschnitt von 2,66, für fremdsprachige Bergleute 2,05; vgl. oben Anm. 100.

103 Hierin sind die zweisprachigen Polen im Hinblick auf die schnellere Akkulturation als Deutsche gewertet worden.

Dieses Ergebnis erfaßt nicht die große Zahl der in Rheinland und in Westfalen Gebürtigen, die sich als Nahwanderer statistischem Zugriff weitgehend entziehen[104]. Auch die vielfältigen belegschaftspolitischen, kommunalpolitischen, insbesondere aber betriebssoziologischen und psychologischen Probleme infolge der Zuwanderung können, in der Forschung häufig diskutiert[105], hier nur abschließend berührt werden:

Die hochbedeutsame Zäsur der Wanderungswellen in den Krisenjahren 1874—1879[106] verleiht dem Problem der Assimilation der Zuwanderer eine neue Dimension. Die älteren Einwanderer, zum großen Teil in irgend einer Weise beruflich qualifiziert[107] und zumeist, mit Ausnahme der Hessen und frühangekommenen Schlesier, auch dem ethnischen Umkreis der neuen Heimat verbunden, haben weder am Arbeitsplatz, wo die Eingliederung in den Produktionsprozeß nach einer kurzen Phase der Eingewöhnung reibungslos vonstatten ging, noch im nachbarlichen und kommunalen Verband wesentliche Anpassungsschwierigkeiten gezeigt. Zumeist vollzog sich die endgültige Entscheidung über die Seßhaftwerdung im Revier in Etappen — über die Zwischenformen der Saison- und Wochenendarbeit oder als Pendler, wobei immer auch überlange Wege zum Arbeitsplatz in Kauf genommen worden sind. Auch schied sich die überwiegend ländlich-dörfliche Sozial- und Siedlungsstruktur der Herkunfts- nicht übermäßig von den Zuzugsgebieten, jedenfalls nicht bis zu dem starken Industrialisierungsschub der 1870er Jahre. Schließlich bestanden keine grundlegenden Denk-, Gewohnheits- und Brauchtumsunterschiede zwischen Neubürgern und Ansässigen[108]. Auch manche konfessionellen Differenzen, mit denen in dieser Industrialisierungsphase stets und gerade in der Bergarbeiterschaft zu rechnen ist, mochten durch den zunehmenden Ausgleich der konfessionellen Siedlungsstruktur gemildert oder durch die Wahl eines konfessionsgleichen Zuzugsorts oder Arbeitgebers gleich verhindert werden; endlich befanden sich ja auch die kirchengemeindlichen Sozialbeziehungen in der Industrielandschaft noch in der Aufbauphase.

Anders nun die ostdeutschen und fremdsprachigen, besonders die nordostdeutschen Zuwanderer, denn die Schlesier kamen oft als Bergleute in das Revier oder waren zumindest mit dem bergmännischen Beruf bekannt. Diese Arbeiter waren zumeist beruflich nicht qualifiziert und wurden von unzureichender Erwerbsmöglichkeit, von Armut und

---

104 Genaue Berechnungen des Wanderungsgewinns der beiden Westprovinzen seit 1880 hat *W. Köllmann* angestellt: Bevölkerung Rheinland-Westfalens, S. 230—233.

105 Vgl. neben den Forschungen *W. Köllmanns, W. Brepohls, H. Croons, H. G. Steinbergs* und anderer die den Thesen *Brepohls* verbundene Diss. von *K. E. Krämer,* Industrievolkstum an Rhein und Ruhr, 1949, S. 74—82; sowie *Krins,* Die ostdt. Einwanderung. Zur Frage der Assimilation Fremdsprachiger im Revier z. B. Bredt, Polenfrage, S. 71—85, hierzu die wichtige Rezension von *Heinrich Brauns,* ASSP 29 (1909) S. 931—942; *Franke,* Poln. Volksgruppe, S. 355—368 u. ö.; *J. Kaczmarek,* Die poln. Arbeiter im Industriegebiet, Diss. 1922.

106 Bes. *W. Brepohl,* L'assimilation des immigrants dans la Ruhr, 1954.

107 Vgl. *Köllmann,* Binnenwanderung und Bevölkerungsstrukturen, S. 180—183. *H. Croon* hat zu Recht das Fehlen von Einzeluntersuchungen über den Anteil der Zugewanderten im Handwerk u. gewerblichen Mittelstand des Ruhrgebiets beklagt; vgl. Städtewandlung im Ruhrgebiet, S. 492. Leider war die Berufsgliederung und Sozialschichtung der Zuwanderer niemals Gegenstand der zeitgenöss. Statistik. Eine bemerkenswerte Zusammenstellung der Berufe von Zuwanderern nach Dortmund bringt *Ernst,* Dortmunder Bevölkerung, S. 34—42, aufgrund der Fremdenlisten der Stadt in den 1850er Jahren. Von 1212 Zuzüglern waren demnach nur 90 „gelernte" Berg- und Hüttenleute, aber 377 ungelernte Berufe und 110 Metallarbeiter.

108 Vgl. *F. Mogs,* Sozialgesch. Entwicklung der Stadt Oberhausen, Diss. 1956, S. 95: „In ihrem Volkstum hatten Zuziehende und Einheimische soviel Gemeinsames und Ergänzendes ..."

häuslicher Not in das Ruhrgebiet getrieben[109]. Für sie umschloß die Wanderungsent-scheidung trotz einer begrenzten Saison- und Konjunkturwanderung doch endgültiger den Bruch mit der heimatlichen Lebens- und. Formenwelt mindestens für einige Jahre, mochten auch die Hoffnungen auf Wiederkehr mit einer größeren ersparten Summe oder im hohen Alter weiterleben. Der Abwanderung vom Heimatort voraus ging ge-wöhnlich bereits ein langwährender, zum Teil in der Elterngeneration eingeleiteter Prozeß des Verlusts von Ansehen und materieller Sicherheit, und viele der Wanderungs-lustigen verfügten schon über erhebliche Nahwanderungserfahrung in der heimatlichen Umgebung[110]. Die Proletarisierung hatte jedenfalls lange vor dem Verlassen des Heimat-orts eingesetzt, und sie konnte auch über geographisch verschiedene Stationen verlaufen[111]. Erst seit Ende der 1880er Jahre begann sich die Wanderungsbewegung in den Abzugs-gebieten in einem zunehmend empfindlicheren ländlichen Arbeitskräftemangel be-merkbar zu machen[112].

Die vielfältigen Eingliederungsschwierigkeiten der ostdeutschen Wanderungswelle seit 1880 sind schon aus Gründen der geringen Zahl erst nach der Jahrhundertwende in das Bewußtsein der Öffentlichkeit getreten, und seither datiert auch die wissenschaft-liche Beschäftigung mit einer im Kern des Assimilationsproblems vermuteten „Polen-frage"[113]. Das Problem begann erst auf den Nägeln zu brennen, als seine institutionellen Auswirkungen unübersehbar wurden — Mitte der 1880er Jahre war hingegen z. B. die Zahl der polnischen Schulkinder noch recht gering gewesen[114]. Die wenigen Gebetsver-eine und anderen Zusammenschlüsse, in denen die ersten Masuren, Ostpreußen und Polen im Revier ihre religiösen Bedürfnisse und heimatlichen Gewohnheiten fortzusetzen und zu pflegen versuchten[115], fielen gegenüber den bestehenden Vereinen der deutschen Kameraden kaum ins Gewicht. Noch waren auch in den Abbaurevieren der Emscherlinie die Alltagserscheinungen einer starken polnischen Bevölkerung erst in Ansätzen erkenn-bar. Im Vergleich mit den zahlreichen Anpassungssignalen etwa in den Ernährungsge-wohnheiten und am Arbeitsplatz waren Anzeichen jener später so scharfen „Segregation" der Polen und Fremdsprachigen von den Ansässigen[116] nach Brauchtum, Vereinen, Wohn-verhältnissen und Einkaufsstätten mit allen ihren unerfreulichen Begleiterscheinungen noch selten[117].

Vor allem am Arbeitsplatz vollzog sich die Integration der östlichen Zuwanderer. Sie waren als Arbeitskräfte zumeist geschätzt, und man hat ihre schnelle Vertrautheit mit der bergmännischen Arbeit aus einer nur sehr schwer darzulegenden Verwandschaft der gewohnten landwirtschaftlichen Tätigkeit mit dem Kohlenhauen zu begründen ver-

109 S. im Vgl. von Gelsenkirchen u. Barmen: *Köllmann*, Bevölkerung der Industriegroßstadt Barmen, S. 205.
110 Besonders illustrativ ist ein am 31. 5. 1890 in Essen zu Protokoll genommener Lebenslauf des 1843 im Krs. Insterburg geb. Bergmanns *J. Gerull*, der nach zahlreichen Zwischen-stationen erst 1885 nach Borbeck zuwanderte (in: OBA 242; weitere Zeugnisse in OBA 234). Unhaltbar ist die Interpretation von *Krämer*, Industrievolkstum, S. 75: „Diesen Minder-wertigen gelingt es auch selten in der neuen Heimat Fuß zu fassen . . ."
111 Hierzu *H. Zwahr*, Zur Konstituierung des Proletariats als Klasse, 1971, S. 536.
112 Vgl. etwa das Schreiben des Gutsbesitzers *Turmienski*/OBA 31. 5. 1889, in: OBA 1796, Bl. 70—72.
113 Vgl. o. Anm. 90, 91.
114 Angaben bei *Franke*, Poln. Volksgruppe, S. 393—395.
115 Einzelheiten s. unten Kapitel XI.
116 Vgl. *H. Walter*, in: Der Raum Westfalen, Bd. I, S. 15; ferner die Schilderung v. *J. Fritzen*, Zwischen Stadt u. Land (Altendorf), 1935, S. 102—105.
117 Ü. d. „Gesocks" u. ä. s. *Quint*, 50 Jahre Bergbau, S. 74.

sucht[118]. An ihrem Arbeitseifer, ihrer deutschen Kameraden gleichkommenden Produktivität bestand kein Zweifel, mehr schon beklagte man die hohe Fluktuation der Polen, der „Zugvögel im Revier"[119], in der sich allerdings ein schon in der Wanderungsentscheidung angelegter Wille zur Situationsverbesserung, ein starker Drang zu sozialem Aufstieg mit Erfolgen schon in der zweiten Generation auswirkte[120].

Dennoch sind auch in den ersten Jahren polnischer Fremdarbeit im Revier isolierende Kräfte wirksam geworden — sei es, daß schon aus sprachlichen Gründen die Verständigung auf wenige Gesten beschränkt blieb, daß Lebenshaltung und Gewohnheiten mißfielen oder Kontakte schon aus Altersgründen ausblieben, sei es auch, daß man die aufgedrungene Konkurrenz um den Arbeitsplatz mißachtete oder ihr mißtraute. Für die Interessenfindung und -artikulation der Arbeiterschaft im Belegschafts- und überbetrieblichen Rahmen mußte isoliertes Gruppenverhalten retardierende Wirkung ausüben; der Zuzug großer Arbeiterscharen wirkte sich, mindestens für den Augenblick, protesthindernd aus.

b) Qualifikation und Führung

Für 1851 liegen recht detaillierte Erhebungen über das Gesamtpersonal im Oberbergamtsbezirk vor, die noch das alte Personalbild der bergamtlichen Bergbauleitung spiegeln[121]:

	Bergamt Bochum	Bergamt Essen
Kgl. Beamte:		
Bergamtsmitglieder	8	7
Kgl. Unterbeamte	19	14
darunter Obergeschworene	2	1
Geschworene	10	8
Markscheider	3	2
Werkmeister u. a.	4	3
Bergamtsbedienstete	29	9
Gewerkschaftl. Beamte:		
Oberschichtmeister	13	11
Steiger	101	82
Steiger u. Schichtmeister	6	11
Schichtmeister	99	42
Kontrolleure und Kohlenmesser	38	31
Maschinenwärter	72	89
Schürer	53	70
Bergarbeiter	6 260	5 327
Summe	6 717	5 707

---

118 Bes. *Franke,* Poln. Volksgruppe, S. 346—349.
119 Ebd. S. 350 ff.
120 *L. Bechhoff,* Essen, Diss. 1922, S. 49, betont den Auslesecharakter des Wanderungsvorgangs („Elite von Arbeitsmenschen").
121 Nach OBA 1925, Juni/Juli 1851. Die Gruppe der Oberschichtmeister enthält 2 „Rechnungsführer", unter den Steigern befinden sich einige Fahr- und Maschinensteiger.

In der unterschiedlichen personellen Ausstattung der Bergämter drückt sich der größere Geschäftsumfang der Bochumer Beamten aus, während die Angaben über gewerkschaftliche Beamte z. T. verschiedene Verwaltungs- und Führungsgewohnheiten, aber auch den größeren Umfang der Maschinennutzung im Essener Raum spiegeln. Die Schichtmeisterämter, durch die die Gewerkschaften der einzelnen Gruben gegenüber der Bergbehörde vertreten wurden — die Oberschichtmeister vertraten hierbei zumeist ein Bergrevier —, verschwanden nach der Bergrechtsreform[122]. Bei kleineren Gruben waren Schichtmeister- und Steigeramt gelegentlich zusammengelegt, oder von einem Beamten wurden mehrere Gruben, manchmal auch als sog. mitarbeitende Steiger, beaufsichtigt. Die Beamtenqualität, d. h. die Einstufung als „fixierter Löhner" mit Festgehalt[123] statt Schicht- oder Gedingelohn, drückt bei Maschinenwärtern und Schürern um diese Zeit noch die Hochschätzung der Dampfmaschinentechnik aus; die Gewerkschaften haben später für diese Kategorien Arbeiter eingestellt.

Ein eigentliches Übertagepersonal war um die Jahrhundertmitte erst in Ansätzen entstanden. Nur auf den wenigen bereits großbetrieblichen Anlagen mit Belegschaften bis zu 500 Arbeitern waren den Schichtmeistern und Rechnungsführern einige wenige, stets beamtete Bürobedienstete beigegeben. Die Gepflogenheit, die Kohle nichtaufbereitet vom Schacht weg zu verkaufen, machte nur geringen personellen Aufwand mit einigen Platzarbeitern und Wiegemeistern neben den Anschlägern und Aufschiebern auf der Hängebank erforderlich. Eine eigene Gruppe bildeten noch die erwähnten Maschinisten und Schürer. Die Umstellung der größeren Zechen auf den Eisenbahnabsatz brachte in den 1850er Jahren mit Rangierern und anderen Arbeitern auf den Zechenbahnhöfen eine weitere Arbeitergruppe hervor. Kokereiarbeiter scheinen dagegen anfangs auch dort, wo sie, der Zeche angegliedert, keinen eigenen Betrieb bildeten, abseits von den eigentlichen Förderungs- und Platzarbeitern gestanden zu haben.

Der Ausbau der Übertageanlagen hat bis in die 1870er Jahre das hier beschäftigte Personal auf meist 18 bis 20 % der Gesamtbelegschaft anschwellen lassen, wobei noch immer viele kleine Gruben mit bedeutend weniger ausgekommen sind. Dieser Stand ist in den folgenden Jahrzehnten bei allerdings wesentlichen Umschichtungen, die sowohl von der ämterschaffenden Entwicklung zum Großbetrieb als auch von den Umwälzungen in der Aufbereitungstechnik verursacht wurden, nur geringfügig zurückgegangen. Einige ausgewählte Anlagen zeigten 1874 folgendes Belegschaftsbild[124]:

---

122 Zur älteren Stellung der Schichtmeister vgl. z. B. *A. Mämpel*, Bergbau in Dortmund, Bd. I, 1963, S. 49—51. Eine 1837 entstandene Kontroverse über den Status der Schichtmeister wurde auf ministerieller Ebene dahingehend entschieden, daß die Schichtmeister als „mittelbare Staatsbeamte" zu betrachten seien; hierin unterscheide sich die Gewerkschaft von anderen Privatgesellschaften „auf das wesentlichste": JM 11078 Bl. 49—59 JM/FM 9. 10. 1837 (Entw.).

123 Vgl. *Jürgen Kocka*, Vorindustrielle Faktoren in der deutschen Industrialisierung. Industriebürokratie und „neuer Mittelstand". In: Michael Stürmer (Hg.), Das kaiserliche Deutschland. Politik und Gesellschaft 1870—1918. Düsseldorf 1970, S. 265—286, S. 271 f. 1882 ist das Kriterium des festen Gehalts von der Bochumer Knappschaft als für sich nicht ausreichend, um die Beamtenqualität und den entsprechenden Knappschaftsrang zu erfüllen, bezeichnet worden. Man zog „in erster Linie die Frage in Betracht, ob der Vorgeschlagene durch die genossene Vorbildung die Gewähr bietet, daß er voraussichtlich in der Beamtenstellung dauernd bleiben, eventl. höher steigen und nicht zum Arbeiter wieder degradiert wird" (OBA 1644 Knappschaftsvorstand/OBA 18. 7. 1882).

124 Nach OBA 1777 Bl. 10, 80, 89.

	Neuköln u. Christian Levin	Consolidation	Alstaden	Durchschn. der Anlagen in %
Betriebsführer und Obersteiger	2	3	1	0,13
Steiger und sonstige Aufsichtspersonen	19	27	15	1,64
Hauer und Lehrhauer	588	922	264	47,57
Schlepper und andere Arbeiter in der Grube	233	746	201	31,64
Übertagepersonal	182	447	79	18,99
Summe	1 024	2 145	560	

1875 betrug der Anteil der Übertagearbeiter auf allen Gruben des Ruhrgebiets 20,26 %, jener des Aufsichtspersonals unter und über Tage 3,4 %. Die kostensparenden Zwänge der Krisenjahre haben den Anteil der Übertagebelegschaft bis 1886 auf 17,8 % gesenkt. 1893 waren im Ruhrbergbau beschäftigt[125]:

Grubenarbeiter	79,54 %
Übertagearbeiter	17,23 %
Aufsichtspersonal unter Tage	1,79 %
über Tage	1,45 %

Die Differenzierung des Übertagepersonals ist in den beiden Jahrzehnten nach dem Gründerjahreboom weit gediehen. Schon 1874 fanden sich auf der oben genannten Zeche Consolidation neben den bereits erwähnten Arbeiterkategorien vor allem zahlreiche Zechenhandwerker, überwiegend Schmiede, Maurer und Schreiner, ferner als Büropersonal Bauzeichner, Lohnlistenanfertiger und Speditionsgehilfen, denen ein kaufmännischer Direktor vorstand. Während sich aber die zahlenmäßige Entwicklung des Verwaltungspersonals noch bis in die 1890er Jahre in engen Grenzen hielt[126], waren 1893 bereits 3,23 % der Gesamtbelegschaft als Zechenhandwerker beschäftigt. Die weiterhin starke Gruppe der Maschinisten, Heizer und sonstigen Maschinenwärter umfaßte (einschließlich eines geringen Untertageanteils) 2,86 %; als Zugführer, Bremser, Bahnwärter und Rangierer waren 0,71 % beschäftigt. Relativ abgenommen hatte der Anteil des Förderpersonals über Tage, da die zunehmende technische Bewältigung der horizontalen Förderung sich auch am Schacht, in den Kippeinrichtungen und Kohlenmagazinen, auf Halden und Holzplätzen bemerkbar machte. Dagegen arbeiteten in der Gruppe der Nebenbetriebe bereits 1,94 % in den Kokereien und 2,02 % in den sonstigen Aufbereitungsanlagen wie Kohlenwäsche, Leseband, Ladestellen und Brikettfabriken. Die Orga-

---

125 Angaben z. T. errechnet nach Glückauf 12/18. 3. 1876; *A. Bosenick*, Über die Arbeitsleistung beim Steinkohlenbergbau, 1906, S. 142; Entwickelung des niederrhein.-westf. Steinkohlen-Bergbaues Bd. XII, S. 42—44; ebd. Bd. VIII, S. 28, Aufstellung der Übertagebelegschaft von Prosper in den 90er Jahren. Einen Vergleich verschiedener Bergbaureviere 1890—1913 bringt *W. Retzlaff*, Lohngefüge im dt. Steinkohlenbergbau 1886—1956, Diss. 1958, S. 44 f. Für 1893 s. *Taeglichsbeck*, Die Belegschaft der Bergwerke und Salinen, Bd. I, S. 94—101. Nicht typisch für die belegschaftsstrukturelle Entwicklung ist z. B. Zeche Hibernia (vgl. auch unten S. 251) mit einem sehr niedrigen Anteil der Übertagebelegschaft noch 1890 (15,29 %); 1885: 11,51 %); vgl. Bericht über den Stand und die Verwaltung von Gelsenkirchen f. 1884/85 S. 15, f. 1890/91 S. 24.

126 *Taeglichsbeck*, a.a.O., unterscheidet für 1893 noch keine Bürobeamten.

nisation und Versorgung der Belegschaft unter Tage verlangte zudem neue Arbeitergruppen wie Lampenputzer und Kauenwärter und meist beamtete Positionen wie Magazinverwalter und Markenkontrolleure.

Die Differenzierung der Arbeitsfunktionen infolge betriebsorganisatorischer und technischer Einflüsse hat in der Untertagebelegschaft bis in die 1890er Jahre ebenfalls eine Reihe wichtiger Umschichtungen und Gliederungen gebracht. Von allerdings abnehmender Bedeutung blieb das die Arbeitsfunktionen grob überlagernde Einteilungsschema der Knappschaften in Klassen von Bergleuten, wobei das Qualifikationsmerkmal des Hauergrades, des Bergmanns I. Klasse, in nicht mehr als der größeren Erfahrung längerarbeitender Bergleute, gemessen an ihrer Lernzeit als Schlepper und — nach einigen Jahren — Lehrhauer, bestanden hat. Bergrechtsreform und bergbauliche Expansion haben den Unterschied zwischen Hauern und Schleppern auf den Maßstab knappschaftlicher Anciennität reduziert; neue Unterscheidungskriterien ergaben sich dagegen, insbesondere mit dem Zuzug unerfahrener Kräfte, aus der anhaltenden Aufgabe des Anlernens wie auch aus der Entwicklung der Arbeitsfunktionen. Jedenfalls ist das ältere Aufstiegsprinzip unter der bergamtlichen Direktion, das eine Art natürlicher Reproduktion des Bergmannsstandes über die Klaubejungen, Kohlenzieher, Schlepper und Hauer mit Aufstiegsmöglichkeiten in Beamtenpositionen vorsah, in seiner unteren Stufigkeit in den 1850er Jahren und später gründlich erschüttert worden.

Die Bergbehörden hatten die Proportionen des Belegschaftskörpers stets mit einem Verhältnis von annähernd 2 : 1 zwischen Bergleuten I. und II. Klasse, zwischen Hauern und Schleppern, zu wahren getrachtet[127]. Mit der Zuwanderung der 1850er Jahre verschob sich diese Relation auf etwa 3 : 2, während die dritte Gruppe der Bergleute, die unständigen Tagelöhner, außergewöhnlich, zeitweise bis über ein Drittel der anfahrenden Belegschaften, anschwoll[128]. Über diese Gruppe wurde, solange die An- und Ablegung in den Händen der Revierbeamten lag, auch der konjunkturelle Abschwung 1858/59 kompensiert, der damit an den Stammbelegschaften vorbeiging oder sich nur in Lohneinbußen bemerkbar machte.

Im Untertagebetrieb zwangen nach der Jahrhundertmitte die Weiträumigkeit der Grubenbaue, die Intensität der Förderung und der zunehmende Einsatz von Hilfsmitteln zur Differenzierung von Arbeitsfunktionen. Im Verhältnis der beiden Hauptgruppen zueinander, der Gewinnungshauer und der Förderungsarbeiter, brachte der Einsatz der Pferdeförderung eine merkliche Verschiebung zugunsten der ersteren. Ihr Anteil hat seit den 1870er Jahren bei geringen konjunkturellen Schwankungen — hohe Kohlenpreise trieben zur Intensivierung der eigentlichen Abbau- zu Lasten der Aus- und Vorrichtungsarbeiten — um die Hälfte der Gesamtbelegschaften (1893 unter Ausschluß der Lehrhauer: 48,36 %) betragen. Während im Stollenbergbau viele Arbeitsfunktionen der Hauergrade trotz weitgehender Differenzierung etwa aus der Sicht der bergamtlichen Lohnnormierung auch räumlich noch dicht beieinander gelegen hatten, ließen nun die Vielzahl der zugleich forcierten Betriebspunkte ebenso wie ihre Entfernung voneinander und die Trennung von Abbau und Reparatur, von Aus- und Vorrichtung in Querschlä-

---

127 Vgl. z. B. W. *Bülow*, Knappschaftswesen im Ruhrkohlenbezirk, 1905, S. 71.
128 Vgl. RA I 557 (Übersicht Knappschaft Bochum 1853); OBA 1784 Bl. 168—173. Das Verhältnis der knappschaftlichen Klassen zueinander spiegelt in den Folgejahren, da sich seit 1856/57 mehrfach mit den Statutenrevisionen die Unterscheidungskriterien und -kategorien änderten, nur unzuverlässig die belegschaftsstrukturellen Veränderungen durch Wanderung und Betriebsorganisation. Für Verhältniszahlen der Ständigen zu den Unständigen — die Bezeichnung wurde nach der Knappschaftsreform 1854 beibehalten — vgl. H. *Halbach*, Die Einwirkung der Arbeiterversicherungsgesetze auf die Knappschaftsvereine, 1906, S. 181 f.

gen, Richt- und Abbaustrecken, schließlich der Mehrschichtbetrieb, eine Reihe zusätzlicher wie auch differenzierter Arbeitsfunktionen entstehen. Eigene Gruppen neben den eigentlichen Kohlenhauern, die 1893 noch 34,14 % der Gesamtbelegschaft umfaßten, bildeten zuerst die erfahrenen und hochbezahlten Schachthauer (1,26 %), ferner die im Streckenvortrieb arbeitenden Gesteinshauer (4,22 %) und die überwiegend für Reparaturarbeiten eingesetzten Zimmerhauer (7,88 %). Die Aufgaben der Schießmeister wurden dagegen zumeist noch von den Hauern selbst wahrgenommen, während den Ortskameradschaften jedes Betriebspunkts die Lehrhauer (11,86 %) zugewiesen wurden. Seit den 1880er Jahren griffen die Grubenverwaltungen, um sich der zunehmenden Schwierigkeiten komplizierter Abteufarbeiten etwa von Blindschächten, aber auch bereits bestimmter Vorrichtungsarbeiten zu entledigen, zu den Angeboten der nun aufblühenden sog. „Unternehmer", die in selbständiger Organisation mit einem erfahrenen, meist gutbezahlten Hauerpersonal durch Verdingungsvertrag diese Arbeiten eigenverantwortlich übernahmen.

Die frühen Arbeitsvorgänge der Förderleute, die Beförderung der Kohle vom Gewinnungsort zum Stollenmundloch bzw. zum Füllort zu besorgen, waren ebenfalls durch die große Ausdehnung der Grubenbaue und den Einsatz von Hilfsmitteln zur Bewältigung längerer Wege beträchtlichen Wandlungen unterworfen. Neben die Schlepper, die oft nur noch die Bremsbergförderung betrieben, Züge zusammenstellten und für die Bereitstellung leerer Wagen und ausreichender Baumaterialien in den Abbaustrecken Sorge trugen, traten die Pferdetreiber und Stallknechte, am Schacht die Aufschieber und Anknebler. Nebenarbeiten wie Streckenreinigung und -instandhaltung wurden oft von jugendlichen oder teilinvaliden Bergleuten versehen. Für den seit den 1880er Jahren üblicher werdenden Bergeversatz wurden bereits besondere Arbeitskolonnen im Schichtbetrieb, ergänzend zu den Kohlenhauern und Ortskameradschaften, zusammengestellt.

Der Zwei- und Dreischichtbetrieb, zu dem die größeren Schachtanlagen aus Gründen der Nutzung des Maschinenparks und der Rationalisierung der Betriebsabläufe seit den 1850er Jahren übergegangen sind, brachte jeweils verschiedene Belegschaftsstrukturen in den einzelnen Schichten. Fast ausnahmslos als Hauptförderungsschicht galt die Tagesschicht von 6 bis 14 Uhr, während die Mittagsschicht die Reparatur-, Versatz- und oft auch Streckenvortriebsarbeiten im Wechsel mit einer zweiten Ortsbelegschaft in der Frühschicht besorgte. Nachtschichtbetrieb blieb, von dringenden Arbeiten abgesehen, noch unüblich. Um nun die teuren Schachtförderungseinrichtungen besser zu nutzen, ließen viele größere Gruben schichtwechselnd so an den einzelnen Betriebspunkten arbeiten, daß auch die Mittagsschicht der Kohlengewinnung diente. Einheitliche Verfahrensweisen konnten darin infolge lokaler Sonderbedingungen wie relativ veralteter Schachtförderung, jeweiliger Abbauverhältnisse, Wasserhaltung und Wetterführung, nicht entstehen.

Eigentlich Aufsichtsführende im Bergbau waren um die Jahrhundertmitte noch die Steiger, nur zuweilen auch die vorwiegend mit Haushaltsführung und Rechnungslegung gegenüber den Gewerken und dem Bergamt beschäftigten Schichtmeister. Bei nur ganz geringen Unterschieden zwischen den Bergamtsbezirken hatte um 1851 ein Steiger durchschnittlich eine Mannschaft von 58 Bergleuten zu beaufsichtigen. Allerdings schuf das Nebeneinander von Stollen- und Tiefbauzechen mit ihren unterschiedlichen Belegschaftsstärken[129] ganz verschiedene Aufsichtsverhältnisse, denen man auf vielen Gruben durch Differenzierungen im Steigergrad: durch gelegentlich zur Mitarbeit verpflichtete

---

129 Vgl. das „Verzeichnis der in Betrieb stehenden Zechen" BAB Juni 1850, in: OBA 411.

Hilfssteiger, von denen es 1850 im Ruhrrevier 77 gegeben hat[130], später und im Mehr-schichtbetrieb auch durch die jedenfalls nicht bergschulgebildeten, beamteten Fahr-hauer[131], zu entsprechen suchte. Manche örtlichen und persönlichen Gepflogenheiten schufen zusätzliche Unterschiede, so daß bei den vielen überlieferten Angaben oft nicht einmal eindeutig das Aufsichtspersonal in der Grube und über Tage von den wegen der Wichtigkeit ihrer Position und deren Vertrauenswert beamteten Arbeitskräften getrennt werden kann, wie überhaupt die Unterschiede zwischen Zechenbeamten und Arbeitern im Übergang der 1850er Jahre nicht immer eindeutig sind — der Mangel an Eindeutigkeit signalisiert nicht zuletzt geringere Statusunterschiede. So schwankte auf einigen Essener Gruben der zweiten Generation Mitte der 1860er Jahre die Anzahl der Arbeiter je Aufsichtsführenden zwischen 18 und 66[132]. Etwa ein Jahrzehnt später, 1874, war diese Zahl auf den südlichen Stollen- und Kleinzechen deutlich niedriger als auf den mittleren Anlagen[133]. Im Sprockhöveler Revier und im südlichen Essener Raum betrug nunmehr die Stärke der Grubenbelegschaft je Aufsichtsführendem in der Grube zwischen 10 und 40; sie erreichte auf einigen führenden Gruben bei Essen, Bochum und Dortmund über 50[134] und stieg auf den *Mulvany*-Gruben Shamrock und Hibernia bis auf 101 bzw. 130 an, während andere Zechen mit hohen Belegschaftszahlen durchaus noch einen starken Aufsichtskörper unterhielten, der unter Abzug der technischen und der übergeordneten Steiger auf Reviergrößen von 40 bis 50 Belegschaftsmitgliedern schließen läßt.

Seit 1874 hat die Krise Einsparungen auch beim Aufsichtspersonal in den Abbaurevieren beschleunigt, so daß um 1890 Reviergrößen von etwa 80 Arbeitern üblich waren, während das Verhältnis der gesamten Untertage-Beamtenschaft zur Arbeiterschaft bei 1 : 45 (1893)[135] verharrte. Die Technisierung auch des Untertagebetriebs in Schacht- und Streckenförderung, in Wasserhaltung und Wetterführung, hatte eine große Gruppe nicht eigentlich aufsichtsführender technischer Beamten entstehen lassen. Allerdings wurde auch dieses Personal zumeist auf dem üblichen Steigerweg ausgebildet und durch längere Praxis für dauernde Sonderaufgaben eingeübt, so daß die Veränderung der Reviergrößen nicht notwendig Aufstiegschancen einschränkte. Vielmehr verlangte der Mehrschichtbetrieb zusätzliches Aufsichtspersonal außerhalb der Hauptförderschicht und ließ nach den Hilfssteigern nun mit den beamteten Fahrhauern, zu denen erfahrene Hauer ernannt werden konnten, eine zusätzliche Aufstiegsmöglichkeit entstehen.

---

130 Vgl. *W. Viebig*, Festschrift zur Feier des 25jährigen Bestehens des Verbandes der Vereine technischer Grubenbeamten, 1911, S. 29.

131 1862 wurde amtlich festgestellt, daß die Fahrhauer zur Kategorie der Grubenbeamten zu zählen seien; vgl. OBA 446 Bl. 164 Bergmeister *Brassert*/OBA 2. 4. 1862.

132 Nach *Grewe*, Essen, S. 193.

133 Nach OBA 1777 (Erhebungen für das offiziöse Werk: Die Einrichtungen zum Besten der Ar-beiter auf den Bergwerken Preußens, 1875).

134 Prinz von Preußen 51, Freie Vogel u. Unverhofft 66, Graf Beust 53, Consolidation 56. Ein Jahr später wird die Anzahl der Arbeiter je Aufsichtsführenden in der Grube mit 40 ange-geben (Glückauf 12/18. 3. 1876).

135 Nach *Taeglichsbeck*, Belegschaft der Bergwerke und Salinen, Bd. I, S. 94—101; Der Bergbau Jg. 3 Nr. 34/21. 5. 1890, „Zur Lage der Techn. Grubenbeamten". Gegenüber ande-ren Gewerben mit freilich andersgelagerten Anforderungen und Traditionen ist das Verhält-nis von Arbeitern und Angestellten bzw. Grubenbeamten im Bergbau im Sinne der Kosten-kalkulation außerordentlich günstig; vgl. z. B. *Ernst Barth*, Entwicklungslinien der deutschen Maschinenbauindustrie von 1870 bis 1914. Berlin (O) 1973, S. 191—196 (verschiedene Bei-spiele von Maschinenbauunternehmen); *Jürgen Kocka*, Unternehmensverwaltung und Ange-stelltenschaft am Beispiel Siemens 1847—1914. Stuttgart 1969, S. 255, 263, S. 468 f. u. ö.

Die Frage nach den Aufstiegsmöglichkeiten innerhalb der bergmännischen Hierarchie vom Schlepper, Lehrhauer und Hauer zum Fahrhauer, Hilfssteiger, Revier- oder Maschinensteiger, Fahrsteiger und Betriebsführer ergibt zunächst, daß die jeweiligen Qualifikationsmerkmale der einzelnen Stufen, insbesondere der wichtige Sprung zum „fixierten Löhner", auch in der liberalen Produktionsorganisation beibehalten worden sind. In der Beamtengruppe ergaben sich allerdings, neben dem Fortfall des Schichtmeisteramts und dem Verlust an Aufstiegsmöglichkeiten zum Königlichen Revierbeamten, für den seit der Jahrhundertmitte stets wissenschaftliche Qualifikation gefordert wurde, bedeutsame Umschichtungen infolge der betrieblichen Technisierung und Expansion, die sich als Vergrößerung der nachgeordneten Produktionseinheiten (Abbaureviere) bei gleichzeitiger Herauslösung von nunmehr selbständig organisierten oder maschinell bewältigten Arbeitsfunktionen beschreiben lassen. Hier entstanden neben den aufsichtsführenden Beamten der Abbaureviere Pumpen-, Maschinen- und Wettersteiger mit eigens geregelter Revierzuständigkeit und Oberaufsicht. Ohne die nach wie vor zentrale Entscheidungsstelle der Reviersteiger zu behelligen, differenzierte sich damit die Beamtenschaft nach der technisch-organisatorischen Seite, schuf mit den neuen Positionen neue Qualifikationsmerkmale und Aufstiegsmöglichkeiten — ein Prozeß, der sich in den 1880er Jahren deutlich durchsetzte. Auf einer zweiten Ebene der Funktionsdifferenzierung verlangte die großbetriebliche Organisation Stufungen auch in der Aufsichtsführung, ein Problem, das durch die Zwischenschaltung von Fahr- und Obersteigerpositionen[136], durch die Anstellung von Betriebsführern unter und über Tage und durch die Verselbständigung des Verwaltungsapparats gelöst wurde.

Für die Gruppe der Arbeiter, deren Stufungen in ständischer Zeit mehr durch Unterschiede des Alters, des Ansehens und der Erfahrung als durch wirkliche, meß- und erlernbare Qualifikationsmerkmale bestimmt waren, brachte der liberale Zechenbetrieb, weil die ständischen Ränge entfielen und fachliche Hierarchien zunächst nicht eindeutig an ihre Stelle traten, eine deutliche Homogenisierung durch Nivellierung der Rangunterschiede, aber auch durch andere Einflüsse wie die Entwicklung innerbetrieblicher Herrschaftsformen, durch die tiefer werdenden Gräben zur Beamtenschaft und durch außerbetriebliche Prozesse. Fachkenntnisse im engeren Sinn, etwa über weiträumige Gebirgsverhältnisse, Markscheide- und Maschinenwesen und Betriebsorganisation, waren für die Hauerarbeit nicht erforderlich. Für ein gutes Familieneinkommen war viel eher die durch langjährige Erfahrung bei hohem Kraftaufwand erreichbare manuelle Geschicklichkeit ausschlaggebend. Ein übriges zur Verwischung der Unterschiede zwischen Hauern und Schleppern taten die Konjunkturschwankungen, wenn in Boomzeiten viele unerfahrene Arbeitskräfte mit Hauerarbeiten beschäftigt werden mußten und überhaupt die sprunghaften Belegschaftsvergrößerungen eingefahrene Gliederungen und Gruppen überdeckten. Hinsichtlich bergmännischer Rangunterschiede blieb es dabei ein nicht so bald abgeschafftes Relikt der alten Knappschaftsverfassung, daß das Aufrücken in den bergmännischen Rängen weiterhin von den nun allerdings sinnentleerten, versicherungstechnischen Prinzipien knappschaftlicher Anciennität, auf die die Zechenverwaltungen durch ihr Vorschlagsrecht für Beförderungen innerhalb der knappschaftlichen Arbeiterränge einigen Einfluß behielten, geregelt wurde.

Die Frage des bergmännischen Nachwuchses, in Zeiten unverminderten Ansehens des

---

136 Von den Gewerken wurde schon in den 1840er Jahren zunächst erfolglos versucht, Amt und Titel eines „Obersteigers" f. gewerkschaftl. Grubenbeamte auf größeren Anlagen einzurichten; vgl. OBA 361 *C. Berger*/OBA 31. 1. 1843 (Abschr.); OBA 446 Bl. 36. Zum Fahrsteigeramt vgl. bes. die auch sonst vorzügliche Kurzstudie von *J. Raub*, Vom Beruf des Steigers, 1955 (Abdruck: *Adelmann*, Quellensammlung Bd. I), S. 63.

Bergmannsberufs von selbst und durch die Praxis gelöst, bei der Anlegung zur Bergarbeit Kinder von Bergleuten zu bevorzugen[137], wurde seit den 1850er Jahren durch Zuwanderer, nicht durch planmäßige Ausbildung gelöst. Hier wirkten sich auch die einschränkenden Bestimmungen über die Kinderarbeit im Bergbau hinderlich aus; andererseits drängten die Nachkommen der Bergmannsfamilien mit dem Ansehensverlust der Grubenarbeit in andere Berufe, so daß zwar der Anteil der Bergmannskinder unter den beschäftigten Jugendlichen immer noch hoch war, die Gesamtzahl der Arbeiter unter 16 Jahren, die die Zechen anlegten, jedoch zu keinem Zeitpunkt den Arbeitskräftebedarf unabhängig von auswärtigem Zuzug zu regeln versprach[138]. Ausbildung als ein Erlernen praktischer Fähigkeiten, als Anlernen, ließ sich, wenn es überhaupt für erforderlich befunden wurde, in kurzer Zeit ohne großen Aufwand durch Einfügung der leistungskräftigen Neubergleute in bewährte Kameradschaften bewerkstelligen. Qualifikation durch Ausbildung innerhalb der Arbeiterränge erschien erst nach der Jahrhundertwende erforderlich; ein Lehrberuf ist der Bergbau erst nach der Novemberrevolution geworden[139].

Unter der behördlichen Bergbauägide hatte der Graben zwischen der Arbeiterschaft auf der einen, der Grubenbeamtenschaft auf der anderen Seite leicht überwunden werden können. Persönliche Nähe wegen übersichtlicher Betriebseinheiten, Handhabung des Aufstiegs von der einen zur anderen Gruppe entlang allseits einsichtiger, unabhängig praktizierter Kriterien wie Geschicklichkeit, Erfahrung und Bildung, vor allem aber die gleichartige Zuordnung beider Gruppen zur behördlichen Direktionsinstanz ließen keine Interessengegensätze zwischen Bergleuten und Steigern aufkommen. Hier trat mit der schon im Vormärz angebahnten Befugnis der Gewerken, ihr Aufsichtspersonal selbst auszuwählen, eine umwälzende Wandlung ein, in deren Fortgang die Grubenbeamten schon mit dem Miteigentümergesetz 1851 fast völlig der Entscheidungs- und Disziplinargewalt der Behörde entrückt wurden. Die geschilderten, aufgrund der technisch-organisatorischen Entwicklungen des Großbetriebs voranschreitenden, einerseits homogenisierenden, andererseits differenzierenden Einflüsse taten ein übriges, um den Graben zwischen den Gruppen zu vertiefen, so daß schließlich das notwenige Maß betrieblicher Führungsautorität durch mancherlei Übergriffe und Unsicherheiten auf lange Zeit verschleiert bleiben konnte. Für das Verhalten der Bergleute muß daher die Schranke zum Steigerberuf, muß die Einschätzung der Chance, diese Schranke zu überwinden, prägende Kraft besessen haben.

Unter der alten Bergbauverfassung hatten die Bergbehörden planmäßig die Auslese des Nachwuchses in den bergbaulichen Aufsichtspositionen zu überwachen. Als erste im Ruhrbezirk wurde die Bergschule in Bochum schon bald nach der Wiederherstellung der preußischen Herrschaft gegründet; sie war, wie die später hinzutretende Essener Bergschule,

---

137 Vgl. noch OBA 262 Bl. 7—10 BAE/OBA 26. 7. 1851: „Der Bergmannsstand ergänzt sich, mit wenigen Ausnahmen, aus den Söhnen der Knappschafts-Mitglieder, welche zum freien Schulunterricht berechtigt und diesen benutzend, frühzeitig einer speciellen Controlle des Knappschafts-Vorstandes zufallen. Dies setzt das Bergamt in den Stand die Schulbildung der Bergmannsknaben verfolgen zu können . . .“

138 Glückauf 27/3. 7. 1870, 2/10. 1. 1875 (Generalversammlung Bergbauverein 1874), sowie die unten folgenden Ausführungen zur Kinderarbeit.

139 Erste Versuche brachte die Berggesetznovelle von 1892, die den Gemeinden das Recht zugestand, für jugendliche Bergleute unter 18 Jahren einen Fortbildungsschulzwang einzuführen; die Bergbauorganisationen lehnten dies wegen der Kosten und der zeitlichen Inanspruchnahme der Arbeiter ab. Auf Staatswerken ist bald nach 1890 der Lehrvertrag eingeführt worden. Vgl. *F. Schunder*, Lehre und Forschung im Dienste des Ruhrbergbaus, 1964, S. 148 f.

„für die fähigen jungen Leute aus dem Stande der Arbeiter vorzugsweise bestimmt"[140], um fachlich und persönlich qualifizierte Kräfte für den Gruben-, aber auch den Revierbeamtendienst auszubilden[141]. 1844 wurden, falls der Bergschüler nicht eine höhere (akademische) Ausbildung beabsichtigte, als Aufnahmevoraussetzungen die abgeleistete Militärpflicht und eine mehrjährige Praxis der Grubenarbeit festgelegt[142]; die Kurse dauerten zwei Jahre. Auf die Bergschulen konzentrierten die Bergbehörden im Ruhrgebiet ihren ganzen ständischen Ehrgeiz; die hierfür geschaffene Ordnung spiegelt im Kleinen noch einmal die Wertvorstellungen und Verhaltenserwartungen der alten Bergbauverfassung. Da hieß es in einem mehr das „sonstige Verhalten" der Bergschüler als den Unterricht selbst und die praktische Beschäftigung behandelnden Reglement von 1841[143], die immer mit ihrer „einfachen, aber schönen Bergmannstracht" uniformierten Bergschüler hätten sich der „Wohlthat dieses unentgeldlichen Unterrichts" auch außerhalb von Zeche und Bergschule würdig zu erweisen, und zur Kontrolle bestand Tagebuchpflicht selbst für die Sonntage, an denen der fleißige Besuch des Gottesdienstes anempfohlen wurde. Weiter hieß es:

„Bescheidenheit, Sittsamkeit, Mäßigkeit, Sparsamkeit, Ordnung, sind Eigenschaften, die von jedem Bergschüler gefordert werden können.
Bescheiden trete er vor jedem seiner Vorgesetzten auf, grüsse jeden, selbst ihm unbekannte Beamte und Bergleute, vermeide auf der Straße sowohl als im Amtshause jedes störende und unpassende Rufen, Fluchen, Schimpfen, enthalte sich der platten Sprache und Ausdrücke mit seinen Mitschülern überall, besonders aber vor der Stunde im Schullokale, vermeide den Eintritt in jedes andere Zimmer des Amtshauses und mache sich überhaupt durch sein ganzes ernstes Auftreten der ihm durch die Aufnahme in die Bergschule zu Theil gewordenen Wohlthat werth.
In seinem sonstigen Leben zeichne ihn überall Mäßigkeit und Sparsamkeit und Ordnung aus. Der Besuch der Wirthstuben ist ihm gänzlich untersagt, wird er wiederholt darin angetroffen, so zöge das die Entlassung aus der Bergschulanstalt nach sich.
Aber auch außerhalb der Wirthshäuser enthalte er sich des Genusses geistiger Getränke, besonders des Branntweins, vermeide auch alle öffentlichen Vergnügungen und Spiele, besonders die Sitten verderbenden Hazardspiele mit Karten und Würfeln, erscheine nie mit brennender Tabakspfeife auf der Straße oder vor seinen Vorgesetzten, vermeide das Herausstehen der Tabakspfeife aus der Tasche, und verwende lieber die für derartige Genüsse erforderlichen Kosten zur Anschaffung der ihm nützlichen Bücher und Instrumente, nach dem Rathe seiner Lehrer."

Unter den Lehrgegenständen der Bergschulen stand die Vermittlung von die Allgemeinbildung ergänzenden Kenntnissen in Schrift, Sprache und Mathematik durchaus noch im Vordergrund; daneben traten eine allgemeine Maschinenlehre und zumeist von Mit-

---

140 OBA 445 Bl. 136 OBA/BAE 11. 11. 1842 (Entw.). Kurzer Überblick zur Geschichte der Bergschulen s. in Glückauf 9/29. 1. 1890; im einzelnen s. *E. Schmitz*, Die deutschen Bergschulen. Diss. 1932, S. 11—30.
141 Auch Bergexpectanten, also Anwärter auf den höheren Bergbeamtendienst, wurden gelegentlich zum Besuch der Bergschulen veranlaßt (vgl. OBA 445 Bl. 19—24 FM/OBA 17. 5. 39). *Graf Beust* verwies andererseits 1841 als Leiter der Bergwerksabteilung auf die „mitunter vorzüglichen" Revierbeamten, die über die Bergschulen aus der Bergarbeiterschaft hervorgegangen seien; vgl. OBA 445 Bl. 81—83 (Konferenzprotokoll 25. 3. 1841). Noch immer unentbehrlich ist die Schrift von *Zix*, Die Ausbildung der höheren Staatsbergbeamten, 1911.
142 Vgl. OBA 1924 Bereisungsprotokoll *Graf Beust* 25. 7. 1844.
143 „Reglement für die Westphälischen Bergschulen" v. 8. 3. 1841, Druckexemplar in OBA 1882 Bl. 291—294; vgl. ebd. eine „Anweisung" vom 27. 1. 1837 (Bl. 155—157), die deutlich das Vorbild f. das Reglement war. Das Reglement von 1841 ist auszugsweise gedruckt in: Die Bergschule zu Essen 1868—1928, S. 12 f.

gliedern der Bergamtskollegien vertretene bergmännische Fächer wie Mineralogie, Lagerstättenkunde und Markscheidewesen.

Für die Ausübung des Steigeramts verpflichtend ist der Bergschulbesuch auch während der behördlichen Direktion nicht geworden[144], konnte es auch zunächst nicht werden, weil der Bedarf an Aufsichtspersonen die Kapazität der Bergschulen vor allem in der Expansion der 1850er Jahre bei weitem überstieg. Hier konnte eine bedeutsame Aufstiegschance von den eingesessenen Bergmannsfamilien wahrgenommen werden, und bei einiger Nordwärts-Mobilität wurden so Statusverbesserungen erzielt, die die erwähnten Ansehensverluste des Bergmannsberufs für die aufgeweckteren Leute mehr als kompensierten. War es in diesen Jahren schon auf südlichen Stollenzechen möglich, daß einfache Hauer Betriebsführerfunktionen erfüllten[145], so wurde auf den neugeschaffenen Anlagen der 1850er und 1860er Jahre zeitweise die Praxis zur Regel, einander das Führungspersonal abzuwerben und vor allem erfahrene Bergleute der südlichen Abbaureviere in die Steigerstellung einrücken zu lassen. Die Bergämter nahmen bei aufsteigenden Hauern Prüfungen jeweils entsprechend den Anforderungen des in Aussicht genommenen Amts[146], mit erschwerten Bedingungen also bei großbetrieblichen Aufgaben, vor; angesichts des außergewöhnlichen Bedarfs mußte selbst in dem Krisenjahr 1859 die Anstellung Minderjähriger (unter 24 Jahren) als Steiger gebilligt[147] und über kaum ausreichende Kenntnis großzügig hinweggesehen werden. Von dem von Zeche Wiesche in Aussicht genommenen Bergmann *Keienburg* hieß es etwa[148],

> „mit dem Rechnen und richtigen Schreiben zeigte er sich nur wenig vertraut, dagegen ergab sich sowohl aus der Prüfung selbst, wie aus dem äußern Aussehen und Benehmen des Keienburg, daß derselbe ein erfahrener ordentlicher Bergmann von gesundem Verstande und ruhiger Überlegung sei, der also ganz geeignet erscheint, den Posten eines untergeordneten Steigers mit Nutzen zu versehen."

Auch in der Frage des Kuxenbesitzes der Grubenbeamten und ihrer Verwandten verfuhr man — das Problem löste sich zusehends von selbst mit dem unerhörten Kapitalbedarf

---

144 Staatlich anerkannt wurden die preußischen Bergschulen erst ab 1910; allein die Abschlußprüfung der Bergschule Bochum galt seit 1841 als staatlicher Befähigungsnachweis. Vgl. *H. Oversohl*, Die Rechtsstellung der Aufsichtspersonen in den Bergwerksbetrieben, Diss. 1968, S. 89—100. Diese, mehr noch die konkurrierende Diss. von *S. Schulz*, Die Aufsichtspersonen im ehemaligen preußischen Bergrechtsgebiet, 1966, werden den Anforderungen historisch-kritischer Fragestellungen, etwa den Problemen der inneren Betriebsorganisation und ihres Wandels, des neuen Mittelstands, der Interessenvertretung der Beamtenschaft u. a. nicht gerecht. Vgl. ferner die kurzen Bemerkungen bei *L. Verkauf*, Gesetzgebung zugunsten der Bergarbeiter, 1891, S. 660—662; Schilderung der Rechtslage in den Bergordnungen bei *G. K. Schmelzeisen*, Die Arbeitsordnungen in den jüngeren Berggesetzen, 1955, S. 136—138.

145 Vgl. z. B. OBA 14 Bl. 170 BAE/OBA 10. 5. 1859; noch in den 1880er Jahren kamen Fälle schnellen Aufstiegs ohne Bergschulbesuch vor, vgl. OBA 240 *H. Ebert*/OBA 14. 2. 1884; OBA 242 Steiger *Hohendahl*/OBA 19. 1. 1889.

146 Anfang der 1860er Jahre entstand eine Kontroverse zwischen HM und OBA über die von letzterem geforderten hohen Anforderungen für das Steigeramt („wissenschaftl. Bildung"), die durch HM/OBA 30. 5. 1852 so entschieden wurde, daß Prüfungen nur für die Funktion stattfinden sollten, für die ein Vertrag beabsichtigt war (OBA 446 Bl. 9—12). 1856 bildeten die Bergämter ständige Prüfungskommissionen aus den technischen Bergmeistern und Bergschullehrern.

147 Vgl. ebd. Bl. 142 BAE/OBA 2. 1. 1859, OBA/BAE 10., 15. 1. 1859.

148 Ebd. Bl. 54 Prüfungsprotokoll 1857, für viele weitere Fälle auch OBA 15; vgl. ferner OBA 418 Bl. 1—99. Anträge von Bergleuten auf Ablegung der Steigerprüfung ohne Bergschulbesuch sind in den 50er und 60er Jahren häufiger eingegangen (Bspe. in OBA 446).

der Großanlagen — nunmehr großzügiger[149]; in aller Schärfe untersagt blieb den Aufsichtspersonen auch fernerhin der Unterhalt von Schankstätten und Winkelläden, da solche Nebengewerbe, wie vielfach überliefert[150], leicht Truckformen annehmen konnten, indem etwa die Kneipe zur Auslohnungsstätte, die Abschlagzahlung vom Gaststättenbesuch abhängig gemacht wurde.

Mit der Bergrechtsreform verloren die Behörden, von der Qualifikationsprüfung abgesehen, jeden Einfluß auf die früher so detailliert vorgeschriebene Dienstführung der Steiger[151] und auf ihr Anstellungsverhältnis zu den Gewerkschaften. Im Vormärz hatten sich die Bergämter die Annahme und Entlassung des Aufsichtspersonals, das ohne Fristen entlassen werden konnte und formal weniger Rechtssicherheit als bergmännische Grade besaß, immer vorbehalten und sogar darauf geachtet, daß die Steigerlöhne — mit Abstufungen rund ein Drittel höher als die Hauerlöhne — nicht in den Himmel wuchsen[152]. 1855 wurde nun ausdrücklich auch den vor 1851 angestellten Steigern bedeutet, daß die Regelung ihrer Arbeitsvertrags- und Lohnangelegenheiten nun Sache der ordentlichen Gerichte sei, wenn Streitfälle entstünden[153]. Einzig in bergpolizeilicher Hinsicht waren dem Revierbeamten Eingriffsmöglichkeiten verblieben; als die hierfür zuständige Instanz schälte sich jedoch seit dem Miteigentümergesetz die rechtsverantwortliche Betriebsleitung in der Person des Betriebsführers heraus. 1872 wurde festgelegt, die Betriebsführer müßten in der Lage sein, den Grubenbetrieb ohne fremde Führungsunterstützung zu leiten und sollten einen Grad an „wissenschaftlicher und technischer Bildung" besitzen, der ihnen selbständiges Auftreten auch gegenüber ihren Kapitaleignern erlaubte[154]. Die Bergschulen trugen diesen größeren Anforderungen an das höhere Führungspersonal schon bald durch die Einführung einer Oberklasse für die Fahrsteigerausbildung, in der Führungsqualifikationen erworben werden konnten, Rechnung.

149 1859/60 standen hierzu Grundsatzentscheidungen des Obertribunals an; vgl. JM 11085 Bl. 50—52. — Aufgrund einer Kabinettsordre v. 11. 2. 1848 durften endlich Verwandte von Gewerken auf deren Gruben als Schichtmeister und Steiger eingestellt werden (OBA 418 Bl. 221); diese Entscheidung wurde nach Erlaß des Freizügigkeitsgesetzes bekräftigt (vgl. OBA 446 Bl. 127 f., 149—159).

150 Vgl. zahlreiche Zeugnisse behördlichen Einschreitens in MBAB 21. Ein später Fall ist jener des Betriebsführers *Hünnebeck* von Zeche Helene in Altenessen, dem noch 1891 der Unterhalt seiner Gaststätte vor den Zechentoren verboten werden mußte (vgl. OBA 242, 243, bes. Oberbergrat *Niederstein*/OBA 1. 6. 1891)

151 Vgl. die Steigerinstruktionen von 1813 (in: OBA 18 Bl. 18 f.), von 1824 (in: OBA 18 Bl. 90—99) und von 1841 (Druckexemplar in OBA 1882 Bl. 232—239).

152 Vgl. bes. OBA 418 Bl. 50 OBA/BAE 5. 1. 1836 (Abschr.) und Bl. 61 f. OBA/BAE 26. 3. 1838 (Abschr.). Das Essener Bergamt hatte in der Steigeranstellung den Gewerken allzu großen Spielraum gelassen. Ein Beispiel für eine (nicht bindende) Feststellung von Normallöhnen für Steiger und Schichtmeister 1834 s. ebd. Bl. 43.

153 BAB 2 Bl. 135 HM/OBA 25. 5. 1855 (Abschr.); die entspr. Zirkularverfügung BAE/alle Revierbeamten 2. 8. 1855 in BAEW 108 Bl. 167.

154 HM-Erlaß v. 1. 9. 1872, gedruckt bei *Kletke,* Handbuch des Bergwerkswesens, 1873, S. 63. Eine genauere Bezeichnung der Qualifikationsmerkmale von Betriebsführern wurde erstmals 1856 für erforderlich gehalten; vgl. das Gutachten des BAE 9. 9. 1856 in OBA 446 Bl. 51 bis 57. Erst 1888 erfolgte die behördliche Genehmigung der Praxis, für Gruben- und Übertagebetrieb je einen der Bergbehörde verantwortlichen Betriebsführer anzustellen; vgl. Glückauf 91/14. 11. 1888; Bergbau 36/30. 5. 1888. — In der Frage der Führungsqualifikation und ihrer Überwachung besaß der Bergbau einen deutlichen Vorsprung; vgl. dagegen etwa *W. Bacmeister,* L. Baare, 1937, S. 50: *Baare* erwarb sich, bevor er in den Bochumer Verein eintrat, innerhalb von 24 Stunden ein Attest über Kenntnisse, die ihn „jedem größeren Handelshause als einen zuverlässigen und accuraten Buchführer" empfehlen sollten.

Ein gründlicher Wandel im ganzen Bergschulwesen trat im Zuge des Reformwerks in den 1850er Jahren ein, indem die Bergschulaufsicht und der Lehrbetrieb, die von den Behörden auf gesonderte gewerkschaftliche Kosten betrieben worden waren, der kooperativen Selbstverwaltung der Gewerken mit Hilfe eines auf gesetzlicher Grundlage gebildeten Sonderfonds, der Berggewerkschaftskasse, anheimgestellt wurden. Das Bergschulwesen, in den älteren Reformentwürfen gesondert geregelt, trat daher im Allgemeinen Berggesetz 1865 gar nicht mehr in Erscheinung. Der Lehrbetrieb der Essener Bergschule wurde aus Kostengründen und, weil der Bedarf vorübergehend gedeckt schien, im Krisenjahr 1864 eingestellt; aber schon 1867/68 schritt man unter maßgeblicher Hilfestellung *Hammachers* und der Gewerkenfamilie *Waldthausen* gegen den Widerstand des Bochumer Bergschulkuratoriums zur Neugründung[155]. Nunmehr wurden in zweijährigem Turnus jeweils Klassen von etwa 40 Bergschülern, in Bochum seit den 1870er Jahren mehrere Klassen nebeneinander, dreimal wöchentlich jeweils 8 Stunden auf beiden Bergschulen unterrichtet; die seit 1864 noch in Bochum unterhaltene Oberklasse war weniger zahlreich besucht. Diese ist 1867 bis 1890 von insgesamt 270 Steigern absolviert worden; in den unteren Klassen wurden im selben Zeitraum 1418 Bergschüler zu Steigern ausgebildet[156]. Die Qualifikationen wurden hier jeweils für größere oder kleinere Gruben nach den Prüfungsergebnissen ausgesprochen. Mit erheblichen Schwankungen dürften durchschnittlich etwa $^2/_3$ der Bergleute, die die Aufnahme in die Bergschule beantragten, aufgenommen worden sein[157]. Allein in den Krisenjahren 1876/77 hat es im Ruhrbergbau einen Überschuß an Steigern gegeben[158]. Die Steigerung der durch die bergtechnische Entwicklung an die Steiger getragenen Leistungserwartungen ließ auch die Anforderungen an Allgemeinbildung und Fachwissen zunehmen, so daß die Berggewerkschaftskasse in den frühen 1870er Jahren auf energisches Betreiben des ehrgeizigen Bochumer Bergschulleiters *H. Schultz* Bergvorschulen einrichtete[159].

Mit dem Aufbau dieser Sonderklassen sollte zuerst die „klaffende Lücke"[160] zwischen dem tatsächlichen Elementarschulwissen der Bergleute und den Anforderungen der Bergschule ausgefüllt werden. Hier wirkte sich die üble Schulsituation im Revier auf lange Jahre aus: Die großen Zuwandererzahlen und die kinderreichen bergmännischen Familien hatten eine ausreichende Versorgung mit Bildungseinrichtungen praktisch zu keinem Zeitpunkt im Revier nach der Jahrhundertmitte entstehen lassen und zu noch überfüllteren Klassen geführt. Zwar sind gegenüber den Zuständen im Vormärz, wo Klassengrößen bis zu 150 Kindern in den Elementarschulen nicht selten waren, der Schulbesuch auf dem Lande oft unter 80 % der Schulpflichtigen lag und die Qualifikation wie

---

155 Vgl. Glückauf 14/5. 4. 1868; Die Bergschule zu Essen 1868—1928, S. 23—30.

156 Errechnet nach den Angaben bei *Viebig*, Festschrift, S. 34. Ein Bildungsspiegel der im Ruhrbergbau angestellten Beamten zeigt noch für 1907 neben 3841 bergschulgebildeten 2725 Beamte ohne solche Vorbildung, darunter allerdings 1098 Fahrhauer und nur noch 319 Hilfs- und Reviersteiger (ebd. S. 29).

157 Vgl. Jahresbericht HK Essen f. 1860, S. 20; die Angaben hierzu sind selten.

158 Vgl. *W. Bacmeister*, H. Schultz, 1938, S. 50.

159 Vgl. bes. den v. *H. Schultz* erstatteten Bericht über den Stand und die zweckmäßige Erweiterung der von der Westf. Berggewerkschafts-Kasse unterhaltenen Anstalten und Sammlungen, 1871; sowie die seither periodisch erschienenen Bericht[e] ü. d. Verwaltung des Vermögens und der Institute der Westf. Berggewerkschaftskasse 1870—1890/91. Über *Schultz* vgl. oben S. 216.

160 Bericht ü. d. Stand der Westf. Berggewerkschafts-Kasse 1871, S. 9; vgl. S. 10 f.: „Man schämt sich fast, die Ergebnisse einer Prüfung [von Bochumer Bergschülern] zu veröffentlichen, welche sich auf die elementarsten Kenntnisse im Schreiben und Rechnen bezog".

das Gehalt der Lehrer manche Wünsche offen ließen[161], seit den 1850er Jahren vor allem in der Klassenfrequenz einige Fortschritte erzielt worden. Üblich wurden jetzt Klassengrößen zwischen 80 und 120 Kindern mit erheblich besseren Verhältnissen in den Städten[162]. Wer es sich leisten konnte, ließ seine Kinder in einer Privat-Elementarschulklasse ausbilden, wo selten mehr als 30 Kinder zugleich unterrichtet wurden. In den Gymnasien haben die Klassenstärken ebenfalls seit den 1860er Jahren von 30—40 auf 20—30 Schüler abgenommen; für Arbeiterkinder blieb der Realschul- oder Gymnasiumsbesuch praktisch unerreichbar, weil das Schulgeld nicht aufgebracht werden konnte. Es betrug z. B. an der höheren Bürgerschule in Oberhausen, wo bis zur Untersekunda gelehrt wurde, nach Klassen gestaffelt zwischen 72 und 96 Mark und wurde 1877 um bis zu 13 % erhöht[163], so daß die Bürgerkinder sicher unter sich geblieben sind. Die Verschlechterung des Bildungsangebots erhellt auch aus dem Verhältnis der Volks- zu den höheren Schülern, das von 1875 bis 1885 in Oberhausen von 11 auf 21 : 1 anstieg, 1888/89 26 : 1 erreichte und erst bis 1905 wieder auf 12,5 : 1 absank[164]. Mochte diese eindeutige Verschlechterung auch zum größten Teil der gerade in Oberhausen explosiven Zuwanderung zu danken sein, so trugen doch die Magistrate und Stadtverordnetenversammlungen ihren Teil der Verantwortung, wenn in der Bemessung der Kulturetats allzusehr gegeizt wurde[165] oder auch die eigenen Bildungsinteressen im Vordergrund standen. Bei dieser Lage überrascht es nicht, wenn anläßlich einer Erhebung 1874 gleich von mehreren Zechen die Bildungsignoranz der Arbeiter beklagt wurde; es sei, hieß es etwa von Rheinelbe und Alma, „im ganzen eher ein Rückschritt als ein Fortschritt bemerkbar"[166], wofür begründend auch der noch niedrigere Bildungsstand der Zuwanderer angeführt wurde. Die Grubenverwaltungen, auf ihren Beitrag für die Bildung der Arbeiter befragt, erklärten, daß sie Kommunalsteuer zahlten, daß die Knappschaft Nähschulen für Bergmannstöchter unterhalte und daß sie die Kosten der Bergschulen trügen[167].

---

161 In den 1850er Jahren verdienten Volksschullehrer bei 36 Wochenstunden Lehrverpflichtung weniger als Hauer, verfügten aber zumeist über Nebeneinnahmen. Vgl. *König,* Statist. Nachrichten über den Regierungsbezirk Münster 1860, S. 30—35; *v. Mülmann,* Statstik d. Reg.-Bez. Düsseldorf Bd. II, 2, S. 889—897. Über Schulversäumnisse s. *L. Adolph,* Industrielle Kinderarbeit im 19. Jahrhundert, 1972, S. 93—102 (Raum Duisburg).

162 Vgl. z. B. die Aufstellungen bei *Bechhoff,* Essen, S. 66—85; *Haren,* Witten, S. 339—368; *v. Mülmann,* Statistik Bd. II, 2, S. 887—903; *R. v. Hymmen,* Beschreibung des früheren Kreises Hagen, 1889, S. 166—201; *K. Wörle,* Statistik von Dortmund, 1869, S. 71—74, sowie jeweils die Kreis- und Kommunalstatistiken, z. B. Statistik d. Kreises Essen 1859 bis 1861, S. 339—362; Statistik des Kreises Bochum 1875, S. 238—257. Die hohen Klassenstärken beklagte auch *F. A. Lange* im Boten vom Niederrhein 21/18. 2. 1966. Für die allg. Zusammenhänge s. *Eugene N. Anderson,* The Prussian Volksschule in the Nineteenth Century. In: *Gerhard A. Ritter* (Hg.), Entstehung u. Wandel der modernen Gesellschaft. Festschrift f. Hans Rosenberg. Berlin 1970, S. 261—279.

163 Nach *O. Eggert,* Oberhausen im Spiegel der Ratsprotokolle, H. II, 1969, S. 55.

164 Nach *Mogs,* Oberhausen, S. 68.

165 Vgl. über Dortmund, dessen Bildungsinvestitionen im 19. Jahrhundert „besorgniserregend vernachlässigt" wurden, *P. H. Mertes,* Sozialprofil der Oberschicht im Ruhrgebiet, 1971, S. 193; auch *K. Koszyk,* Dortmunder Kommunalpolitik während der Gründerjahre, 1971, S. 89. Enttäuschend unkritisch ist *A. Mämpel,* Das Kulturleben Dortmunds im Jahrzehnt der Gründerzeit, 1971.

166 OBA 1777 Bl. 37 f.; ähnlich ebd. Bl. 191 (Hibernia); OBA 1776 Bl. 41 (Revier Altendorf).

167 Vgl. OBA 1776 Bl. 176 (Zeche Hasewinkel). In der Publikation: Die Einrichtungen zum Besten der Arbeiter auf den Bergwerken Preußens, 1875, wurden (S. 87) von den

Aus dieser insgesamt schlechten, z. T. noch verschlechterten Schul- und Bildungssituation erklärte sich die Notwendigkeit zusätzlicher Allgemein- und Fachbildung für angehende Bergschüler, um das Ausbildungsniveau der Bergschulen auf Dauer zu erhalten. Durch Unterricht im Lesen, Schreiben und Rechnen sollten die Bergleute während acht Stunden wöchentlich bis zu zwei Jahre lang unentgeltlich den Lehrstoff der Elementarschulen wiederholen und sich daneben die Anfangsgründe in Maschinenlehre, Zeichnen und Bergbaukunde aneignen. Auch die Fahrhauer sollten in den Bergvorschulen unentbehrliche Grundkenntnisse als Voraussetzungen ihrer Amtsführung erwerben. Die zehn Vorschulen, die 1872—1874 ihren ersten Kurs ausbildeten, wurden weitmaschig im ganzen Revier eingerichtet, so daß je zwei Klassen im Essener, Dortmunder und Bochumer Raum, weitere in Oberhausen, Gelsenkirchen, Witten und Sprockhövel zugänglich waren. Naturgemäß war der Abgang der Schüler, der in den Bergschulen unwesentlich gering gehalten werden konnte, in diesen Klassen sehr hoch[168]; von anfänglich 316 Hörern des ersten Kurses absolvierten ihn nur 220; von insgesamt in den Jahren 1872—1888 in allen Klassen aufgenommenen 2559 Bergleuten verließen die Schulen mit Zeugnis 1730 bzw. 68 %[169].

Ohne Zweifel haben die Bergvorschulen eine sehr wirksame Ergänzung des katastrophalen Bildungsangebots für Jungbergleute gebracht und geholfen, den gewachsenen Abstand der Bergschulanforderungen zu überbrücken und damit die Aufstiegschancen erheblich zu verbessern. Der Unterricht wurde in der Hauptsache von Volksschullehrern in gewiß unabhängiger Ausrichtung getragen, während der Bergschulunterricht, dessen Besuch auch von der Hilfestellung der beschäftigenden Grube abhing, in recht strenger Disziplin geordnet war und wenig Platz für kritische Meinungen gegenüber Vorgesetzten, Gewerken und Zechenbetrieb geboten haben dürfte. Dem Ruhrbergbau gelang durch diese zweistufige Ausbildung, seinen Bedarf an mittlerem Führungspersonal, wie dies schon die bergamtliche Direktion angestrebt hatte, aus eigenem Nachwuchs vollauf zu decken und durchlässige Aufstiegsangebote zu schaffen. Die Bergschüler waren ganz überwiegend Abkömmlinge von ansässigen Bergmannsfamilien[170], während die zuwandernden Neubergleute selbst wohl nur dann, wenn sie aus ihrer Heimat bereits Bergbauerfahrungen mitbrachten, die Steigerlaufbahn beschritten[171]. In dieser ersten Zuwanderergeneration war die geographische Mobilität als Ausdruck von Anpassungsdruck und Protest besonders hoch, und erst die längere Verweildauer auf einer Grube signalisierte den Beginn stärkerer Verwurzelung durch Familienbildung, Ansässigkeit und Lebensformen; die Kinder dieser Bergleute realisierten, in das Milieu hineingeboren, Aufstiegschancen zunächst auf dem Wege zwischenberuflicher Mobilität, d. h. durch Wechsel in angesehenere handwerkliche Berufe[172], aber auch durch die gehobene

Zechen eingerichtete Bibliotheken und Lesevereine auf Germania, Borussia, Hamburg und Hannover aufgezählt.

168 Vgl. die Klagen hierüber in Glückauf 19/6. 3. 1878; Jg. 26 (1890) S. 634—36.
169 Errechnet nach Bericht ü. d. Verwaltung der Westf. Berggewerkschaftskasse f. 1889/90, S. 34.
170 Vgl. die regelmäßigen Angaben in Glückauf, z. B. 72/10. 8. 1887. In einem Gutachten des OBA, 1865, hieß es, „die technischen Grubenbeamten [gingen] fast alle unmittelbar aus dem Bergmannsstande hervor und bilden zwischen diesem und den Bergwerkseigenthümern ein vermittelndes Glied" (OBA 1788, OBA/HM 15. 5. 1865 Entw.).
171 Ein solcher Fall ist z. B. der Steiger *Georg Werner*, der Gründer des Steigerverbandes; vgl. seine Erinnerungen: Meine Rechnung geht in Ordnung, 1958.
172 Vgl. aus dem wenigen bisher f. d. Ruhrgebiet vorliegenden Material über vertikale Mobilität *R. Ehrenberg/H. Racine*, Krupp'sche Arbeiterfamilien, 1912, S. 385—98; *D. Engelhardt*, Studien über den Verlauf des sozialen Schichtungsprozesses [in Essen], Diss. [1923], S. 9—45; bes. auch die Untersuchungen von *H. Grewe* in seiner Diss. über Essen. Neuerdings

bergmännische Laufbahn. Freilich darf der Aufstiegswille junger Bergleute insgesamt vor allem wegen des unzureichenden Angebots von Bildungsanreizen im Elementarschul- und Fortbildungswesen nicht überschätzt werden. Auch hat die bergbauliche Industrialisierung, dies hat die Betrachtung des frühen Bergschulwesens so sehr wie die Entwicklung der Relation von Aufsichtsführenden und Arbeitern gezeigt, nicht etwa, wie in den meisten anderen Gewerben, über die zahlenmäßige Expansion hinaus eine Vermehrung der Aufstiegsmobilität erlaubt[173]. Vielmehr wurden in dem sorgfältig gepflegten System bergbaulicher Nachwuchspflege unter dem Direktionsprinzip in der selbstverständlichen Voraussetzung systemkonformen Verhaltens allein durch die Engmaschigkeit des Aufsichtssystems und seine persönlichen Kontaktchancen sicher erhebliche Fortbildungs- und Beförderungsanreize erteilt, die gleichwohl nur dort auf fruchtbaren Boden fielen, wo sie sich mit familiären, schulischen, kommunalen Voraussetzungen ergänzten. Die bergbauliche Expansion hat das Fortbildungssystem quantitativ und qualitativ angepaßt und damit notwendig Zugang, Bildungsinhalte und Prüfungen objektiviert; sie hat andererseits nicht im selben Umfang und Tempo die allgemeinen Bedingungen des Lebens in der industrialisierten Umwelt angepaßt, so daß, verstärkt durch die Wanderungsfolgen, das eigentliche Aufstiegshemmnis in den stagnierenden oder sogar rückschrittlichen Bildungsvoraussetzungen in einer sich erst formenden, in ihren Grundzügen disparaten Arbeiterbevölkerung bestand. Nur zögernd sind Gemeinden und Staat in das sich hier öffnende Vakuum eingetreten, während der Bergbau aus eigener Kraft Einrichtungen zur Nachwuchsförderung auch in der Übergangssituation nach den betrieblichen Bedürfnissen bilden konnte.

Mit der großbetrieblichen Entwicklung zahlenmäßig vermehrt und durch die Bergrechtsreform als Kategorie der Belegschaft mit Eigeninteresse konstituiert, haben die Steiger seither eine wichtige Gruppe der Ruhrgesellschaft gebildet. Das Eigeninteresse dieser Privatbeamten ist ganz besonders durch die Einführung der Prämienentlohnung neben dem gering bemessenen Normalgehalt, z. T. noch unter der alten Bergbauverfassung, gefördert worden[174]; diese Entlohnungsform machte allzu oft aus Steigern Antreiber und erzeugte böse Ressentiments auf allen Seiten. Aber auch in Knappschaftsfragen begann sich ein besonderes Engagement der Steiger herauszubilden, so daß ein näheres, auch organisatorisches Zusammenrücken erwartbar wurde. Dies stand seit den späten 1850er Jahren, als die Dortmunder Steiger bereits regelmäßige Treffen abhielten, unter den richtunggebenden Bemühungen des Oberbergamts, technische und organisatorische Anregungen in die Grubenbeamtenschaft zu tragen[175]; in der Gründung von Vereinen

hat D. Crew, Definitions of Modernity: Social Mobility in a German Town 1880—1901 [Bochum], 1973, S. 55—63, die hier vorgetragene These aufgrund neu zusammengetragenen Materials eindrucksvoll belegt.

173 Vgl. H. Kaelble, Sozialer Aufstieg in Deutschland 1850—1914, 1973, S. 42 f.

174 Beispiele für Entlohnungsformen und Gehalts- bzw. Prämienhöhe s. in OBA 1776, OBA 1777, sowie Wirtschaftsarchiv Dortmund, Protokollbuch Zeche Freie Vogel und Unverhofft der Jahre 1853—59.

175 Eine erste Versammlung der „Bergbeamten Westfalens" fand, 1866, in Bochum statt (Glückauf 19/13. 5. 1866); unter Hilfe des auch weiterhin um die „Bergtechniker" bemühten Berghauptmanns Prinz Schönaich-Carolath wurden seither regelmäßige Treffen mit Vorträgen in technischen Fragen und zum Zweck „geselliger Vereinigung" abgehalten; vgl. noch Glückauf 45/11. 11. 1866; 8/24. 2. 1867 u. ö. Allg. zur Geschichte der Vereine technischer Grubenbeamten vgl. Viebig, Festschrift, S. 14 ff.; H. Spethmann, Der Verband techn. Grubenbeamten, 1936, S. 31—51; ders., Die geschichtl. Entwicklung des Ruhrbergbaus in Witten und Langendreer, 1937, S. 161—90; Verband techn. Grubenbeamten, 1933, S. 282 ff.

technischer Grubenbeamten gingen 1860 die Dortmunder, lange Zeit später die Bochumer (1876), Essener (1877) und die Steiger in Herne (1884), Oberhausen (1885), Witten (1887) und Gelsenkirchen (1890) voran. Höhere Bergbeamte, aber auch die örtlichen Gewerken und sonstigen Bergbauinteressierten bildeten mit den Grubenbeamten bis hinauf zum Betriebsführer in diesen Vereinen ein neues Forum fachlichen Gesprächs und gesellschaftlichen Verkehrs, mit dem die ruhrindustrielle Oberschicht manche Verbindungen zu nachgeordneten Gruppen erhielt. Nach ersten Zusammenschlüssen Ende 1878[176] gründeten die Vereine 1885 einen das gesamte Ruhrrevier erfassenden Verband technischer Grubenbeamten, der sich 1887 mit der Zeitschrift „Der Bergbau" ein Verbandsorgan angliederte. Bei der honoratiorenhaften Zusammensetzung der Vereine und ihrer Versammlungen[177] nicht verwunderlich, schwenkte der Verband in seinen sparsamen politischen Äußerungen ganz auf die Unternehmerlinie ein[178] und bezeugte, wo es möglich war, seine Treue gegen Kaiser und Vaterland. Die Diskussion von Gehaltsfragen entfiel; einzig in Knappschaftsangelegenheiten verfolgten Vereine und Verband die Wünsche der Steiger nach gesondertem Status[179]. Nicht zufällig im Zusammenhang mit der Streikbewegung 1889 entstand erstmals unter den Steigern eine oppositionelle Bewegung mit gewerkschaftlichen Forderungen gegen den Verband, die allerdings keinen Rückhalt fand und 1891 „sang- und klanglos" einging[180]. Immerhin brachte diese Gegenströmung wenigstens vorübergehend einige Besinnung auf die Interessen der Steiger auch in den Vereinen technischer Grubenbeamten; diese Ansätze wie der fehlgeschlagene Organisationsversuch zeigten erstmals, wie kompliziert sich die Stellung der Grubenbeamten im Widerspiel der Interessengegensätze künftig gestalten würde.

3. Der rechtliche Rahmen des Arbeitsverhältnisses

Durch das Freizügigkeitsgesetz 1860 wurde das bergmännische Arbeitsverhältnis der behördlichen Aufsicht und Kontrolle entzogen und der freien Übereinkunft zwischen Bergleuten und Arbeitgebern anheimgestellt. Mit für die Zeit allerdings erheblichen Einschränkungen trat der sogenannte freie Arbeitsvertrag an die Stelle der bergamtlichen An- und Abkehrbestimmungen und Institutionen. Diese Einschränkungen wurden bei Erlaß des Gesetzes einerseits durch die besonderen Bedingungen des Übergangs aus dem alten System, andererseits durch die sicherheitspolizeilichen Erfordernisse und durch das öffentliche Interesse an einem rationellen Abbau der nationalen Bodenschätze begründet; zweifellos sind die inzwischen in größeren Schichten des Bürgertums verbreiteten Erfahrungen völliger Freisetzung des Arbeitsverhältnisses in den nichtbergbaulichen Gewerben

---

176 Vgl. Glückauf 94/23. 11. 1878.

177 Z. B. wurde die Dortmunder Verbandsversammlung 21. 9. 1890 von dem Landrat und Landtagsabg. *Schmieding*, dem Geheimen Bergrat *Harz* und weiteren kgl. Bergbeamten besucht; den Festvortrag hielt der Generalsekretär des Langnamvereins, *Beumer*, über engl. u. deutsche Arbeiterverhältnisse im Bergbau mit einem Lob für die letzteren. Vgl. Rhein.-Westf. Volkszeitung 264/23. 9. 1890; Köln. Zg. 263/22. 9. 1890 II, in: OPK 8294 S. 541—44.

178 So etwa in der Kontroverse um eine Bergpolizeiverordnung von 1887 durch eigene Petitionen; vgl. Bergbau 28/7. 4. 1888; 44/25. 7. 1888.

179 Vgl. die Zeugnisse in OBA 1645 (1880 bis 1890).

180 *Spethmann*, Verband techn. Grubenbeamten, 1936, S. 83—85; hiernach O. *Neuloh*, Zur sozialen Ordnung der Mittelschicht des Ruhrbergbaus, 1950/51, S. 134. Zum Steigerverband von 1907 s. z. B. *Werner*, Meine Rechnung geht in Ordnung, S. 107—124.

seit Beginn des 19. Jahrhunderts, darüber hinaus die bekanntgewordenen, üblen Verhältnisse insbesondere im englischen Bergbau, als zeitgenössischer Erfahrungshorizont auch in die Formulierung der wenigen Schutzvorbehalte eingegangen, die schließlich im Allgemeinen Berggesetz übriggeblieben waren. Die historische Rückständigkeit der alten Bergbauverfassung hat daher eine relative sozialpolitische Fortschrittlichkeit des Bergbaus zum Zeitpunkt seiner Freisetzung mitbegründet; diese Feststellung zwingt allerdings auch dazu, diese sozialen Fortschritte gleichsam bergbauintern an den Bedingungen des alten Systems zu messen.

An sich war die das Arbeitsverhältnis bestimmende, freie Übereinkunft zwischen den Vertragspartnern an keinerlei Einschränkungen gebunden; sie orientierte sich an den privatrechtlichen Bestimmungen des Vertragsrechts und gehorchte, so wenigstens in der Theorie, hinsichtlich ihrer materiellen Bedingungen den Gesetzen von Angebot und Nachfrage. Der Abschluß eines förmlichen Arbeitsvertrags war, obwohl sich viele Zechen im Überschwang neugewonnener Freiheiten in den 1850er Jahren noch beidseits zu vollziehender Vertragsformulare bedienten[181], nicht eigentlich erforderlich; vielmehr war die rechtlich-soziale Ordnung des Betriebs, ohne durch eine Arbeitsordnung unbedingt kodifiziert sein zu müssen, einschließlich der Arbeitskraftentlohnung als allgemeine „Vertragsofferte" zu verstehen, die mit der Einstellung als akzeptiert galt. Mit voller Absicht enthielten sich sowohl das Freizügigkeitsgesetz als auch das Allgemeine Berggesetz genauerer Bestimmungen über Einzelfragen des Arbeitsverhältnisses, über Löhne und Arbeitszeit. Als Offerte freundlich umschrieben, kam der Arbeitsvertrag freilich stets einem Diktat der Arbeitsverhältnisse durch den Arbeitgeber gleich — eine Ansicht, die sich erst in der Krise der 1870er Jahre und mit den offenkundig gewordenen Chancen einseitiger Vertragsbestimmung, endgültig dann nach dem Maistreik 1889 Bahn brach[182].

a) Kündigung, Entlohnung und Arbeitszeit

In der Regelung der Anlegung und Abkehr des Bergmanns, in den Rechtsgrundlagen der Kündigung und des Arbeitsplatzwechsels schlugen sich, nach einer recht langen Übergangsphase vager Rechtspraxis in den 1850er Jahren, die Folgen der Bergrechtsreform für das bergmännische Anstellungsverhältnis nieder. Gerade in der Befugnis der Grubenleitungen zur uneingeschränkten Einstellung und Entlassung nach Bedürfnis und Vermögen verdichtete sich die nun hergestellte Verfügungsgewalt über die investierten Kapitalien[183]. Während des Jahrzehnts der Loslösung der Bergarbeiterschaft aus den ständischen Fesseln wurden deren Beschränkungen der An- und Ablegung schrittweise, zunächst durch Herstellung der Freizügigkeit bei den Grubenbeamten und Tagelöhnern, seit Mitte der 1850er Jahre zunehmend durch eine mildere Handhabung der Bestimmungen über die Abkehr auch bei den Bergleuten I. und II. Klasse gelockert[184]. Von der früheren strengen Aufsicht über die Belegschaften durch die Zugangsregelung zum Bergmannsberuf über-

181 Ein Exemplar eines solchen Formulars für die *Stinnes*-Zechen im Essener Raum, ca. 1854, s. in OBA 1784, Bl. 179; s. Abb. 10 nach S. 320.
182 Zur Kritik am „freien Arbeitsvertrag" s. z. B. *M. Saitzew*, Steinkohlenpreise und Dampfkraftkosten, 1914, S. 187; *Verkauf*, Gesetzgebung, passim, bes. S. 633 f. Die Untersuchung von *W. Rohn*, Der Arbeitsvertrag der Bergarbeiter, 1913, ist überwiegend rechtswissenschaftlich engagiert und bringt eine nur kurze historische Einleitung.
183 Vgl. Entwickelung des Niederrhein.-Westf. Steinkohlen-Bergbaues Bd. XII, S. 44—49.
184 Im einzelnen s. unten S. 412 ff.; Quellen hierzu bes. in OBA 1784.

haupt und durch die scharfe Überwachung des Arbeitsplatzwechsels blieben nach 1860/1865 als gesetzlich geregelte Bestandteile des Arbeitsvertrags (falls dieser nichts anderes vorsah) vor allem die beidseitigen, im ganzen die Arbeiter benachteiligenden Entlassungsgründe, schließlich die Regelung der Abkehr durch Abkehrschein, ohne den kein Bergmann fortan Anstellung finden konnte[185]. In dieser Bescheinigung war der Arbeitgeber verpflichtet, ein Zeugnis über die Art und Dauer der Beschäftigung und auf Verlangen auch einen Führungsvermerk auszustellen. Diese für manche anderen Gewerbe vorbildhafte Regelung ist nach Streiks gelegentlich zur Maßregelung genutzt worden, indem die Abkehrscheine Streikbeteiligter von den Ausstellenden markiert wurden. — Die ordnungsgemäßen Kündigungsfristen betrugen nur gelegentlich vier Wochen; zumeist wurde auf den Ruhrzechen zum 1. oder 15. eines jeden Monats unter Einhaltung einer Frist von zwei Wochen gekündigt. Der harten Bestrafung von Übertretungen dieser Bestimmung — zum Beispiel, indem der gesamte noch ausstehende Lohn einbehalten wurde — sind erst nach dem Streik von 1889 Grenzen gesetzt worden.

Ähnlich wie in den Fragen der Annahme, Kündigung und Entlassung brachte die großbetriebliche Produktion auch in den Formen der Entlohnung insgesamt größere Transparenz. Die bergbautypischen Lohnformen, der grundsätzlich übliche Gedinge- als Stücklohn nach Metern oder Gewicht neben dem selteneren Schichtlohn, haben durch die Bergrechtsreform nur hinsichtlich der Kompetenz zur Gedingenormierung eine Änderung erfahren[186]. Im Verkehr der Kameradschaften mit den abschlußberechtigten Grubenbeamten hat sich denn auch der Unmut über vermeintliche Ungerechtigkeit zuerst entladen. Bei Belegschaften von 1000 Bergleuten und mehr waren Unregelmäßigkeiten und Reibungen bei der Lohnzahlung selbst dagegen undenkbar. Zusammen mit der Entwicklung eigener Lohnbuchhaltungen, der Vereinheitlichung umlaufender Geldsorten und der reichlichen Kapitalausstattung der Zechen brachte die Rationalisierung des Geldverkehrs auch ohne genauere gesetzliche Bestimmungen für die Arbeiterschaft im großen und ganzen eine im Vormärz durchaus noch nicht selbstverständliche Sicherheit der pünktlichen Lohnberechnung und -zahlung. Entlohnt wurde zumeist zweimal monatlich, und zwar zu einem Termin um den 20. eines jeden Monats durch Abschlag, um den 5. durch genaue Berechnung des im Vormonat verdienten Lohns unter Abzug der Abschlagsumme. Mit dem Hinweis auf das verbreitete Borgen und auf die wenig vorausblickende Haushaltsführung der Bergleute sind gelegentlich kürzere, z. B. wöchentliche Auszahlungen vorgeschlagen, aus verwaltungstechnischen Gründen aber meist nicht eingeführt worden[187].

Entlohnung durch Waren oder sonst unbar war gesetzlich ausgeschlossen, aber es scheint nicht an Versuchen gefehlt zu haben, diese Bestimmung auf die eine oder andere Art zu umgehen. Truckversuche sind auch im Ruhrbergbau, in dessen ständischer Zeit die

---

185 Vgl. ABG §§ 82—85; hierzu *A. Thun*, Beiträge zur Geschichte der Gesetzgebung und Verwaltung zu Gunsten der Fabrikarbeiter in Preußen, 1877, S. 75. Beschwerden wegen Verweigerung des Abkehrscheins u. ä. in OBA 14, OBA 228—229. 1861/62 wurde das Recht der Zechenverwaltungen auf Ausstellung von Abkehrscheinen gerichtlich bestätigt; s. MBAB 4 Bl. 144—46, 172—75, 241—49.

186 Die Gedingeberechnung eines Betriebspunktes führt *Th. Reismann [-Grone]*, Schicht und Lohn, 1890, mit einem Beispiel vor.

187 Vgl. Gutachten des Bergbauvereins/OBA 3. 3. 1884 (OBA 1799 Bl. 601—606); danach nahmen von den 107 größten Zechen auf 19 Anlagen 80—98 % der Bergleute regelmäßig Abschlag; auf 29 Anlagen 70—80 %, 31 Anlagen 60—70 %, 11 Anlagen 50—60 %, 14 Anlagen unter 50 %. Das Gutachten spricht sich aus verwaltungstechnischen und erzieherischen Gründen gegen häufigere Lohnzahlung aus. Eine wöchentliche Lohnzahlung wurde noch einmal erfolglos 1889 angeregt: HM/OBA 18. 10. 1889 (OBA 1811 Bl. 16).

Behörde die in dieser Hinsicht unzweideutigen Bestimmungen der Bergordnungen streng wahrnahm, nach der Jahrhundertmitte noch vorgekommen, und die anläßlich des Freizügigkeitsgesetzes vor allem im Herrenhaus diskutierte, auch vom Bergbauverein vorgeschlagene Gesetzesregelung, im Teuerungsfall den Belegschaften Lebensmittel gegen Lohnabzug auszugeben, hätte unsauberen Verfahrensweisen Tür und Tor geöffnet[188]. Während nun mit der betrieblichen und städtischen Entwicklung die früher verbreiteten Truckformen — Lohnzahlung im Kramladen oder in der Schankstube des Schichtmeisters o. ä. — abgenommen haben, gewannen zeitweise verdeckte Truckformen an Verbreitung; so noch in den 1880er Jahren, wenn eine Zeche sog. „Bonds“ zum Warenkauf im grubeneigenen Geschäft ausgab oder verschiedene Konsumvereine auf Zechengelände ihre Waren grundsätzlich nur unbar abgaben[189]. Einer weiteren Verbreitung solcher Praktiken standen neben der in solchen Angelegenheiten anscheinend nicht zurückhaltenden behördlichen Überwachung inzwischen auch die wachsamer gewordenen Blicke der Öffentlichkeit im Wege.

Dies hat schon seit Ende der 1860er Jahre, als in Essen ein unter anderem wegen Arbeitszeitverlängerung ausgebrochener Streik durch ein Bürgerkomitee im Sinne der Arbeiter geschlichtet wurde, für das im Ruhrbergbau seit seiner rechtlichen Freisetzung höchst brisante, das Verhältnis der Interessengegner stets belastende Schichtzeitproblem gegolten. Über die Arbeitszeit[190], insbesondere über die Frage der Einrechnung der Ein- und Ausfahrzeiten, sind zahlreiche Konflikte bis weit über die Wende zum 20. Jahrhundert hinaus entfacht worden. Als Präjudiz von weitreichenden Folgen für die nach den Bergordnungen unzweifelhafte Achtstundenschicht erwies sich dabei die behördliche Praxis, in Zeiten starker Nachfrage die Belegschaften unter entsprechender Lohnaufbesserung längere Schichten verfahren zu lassen[191]. Daneben entstanden durch die zunehmende Ausdehnung der Grubenbaue und die damit zusammenhängende Beschwerlichkeit des Wegs zu den Arbeitsplätzen vor allem auf den Tiefbauzechen der mittleren Generation an der Hellweglinie Arbeitszeitprobleme.

Spätestens seit Ende des Jahres 1850 wurden im Oberbergamtsbezirk wieder mit Duldung, z. T. auch mit ausdrücklicher Sanktion der Bergämter längere als achtstündige

---

188 Vgl. oben S. 184 und Gutachtliche Bemerkungen des Vereins f. d. bergbaulichen Interessen, 1863, S. 16. Auf ministerieller Ebene ist das vorgeschlagene Verfahren ebenfalls 1860/61 verworfen worden; s. JM 11085 Bl. 127—29, HM + JM/Reg. Oppeln 17. 1. 1861 (Abschr.). Einzelne späte Truckfälle im Bergbau vgl. in RA 349, MBAB 21.

189 Solche Fälle sind durch die Vossische Zeitung 171/12. 4. 1881 aufgedeckt worden; Untersuchungen hierzu s. in OBA 339; ermittelt wurde z. B. gegen die Verwaltung der Zeche Dorstfeld. Über Konsumvereine vgl. auch unten S. 357 ff. Nur agitatorischen Wert besitzt die Bemerkung von *A. Bredenbeck*, Bergarbeiterbewegung, 1910, S. 10, daß seit den 1860er Jahren der Truck „in aller Form“ eingeführt worden sei. — Gegen die verbreiteten Lohnpfändungen wurde 1869 ein halbherziges Gesetz verabschiedet (*Kletke*, Handbuch, S. 110 f.), wonach nur der bereits verdiente Lohn pfändbar war. Der Bergbauverein hatte ein grundsätzliches Verbot der Lohnbeschlagnahme angeregt; s. Glückauf 19/9. 5. 1869.

190 Einen Überblick geben *R. Meinert*, Entwicklung der Arbeitszeit in der dt. Industrie, 1820—1956, Diss. 1958, S. 80—84; *F. Gaul*, Die wirtschaftl. Bedeutung der Arbeitszeit im Ruhrbergbau, Diss. 1901, S. 8—20; *Adelmann*, Soziale Betriebsverfassung, S. 80—83; ferner Entwickelung des Niederrhein.-Westf. Steinkohlen-Bergbaues Bd. XII, S. 63—77; *Hue* II S. 153—55; *Holtfrerich*, Wirtschaftsgeschichte, 1973, S. 61—65; vgl. Anm. 199.

191 Vgl. etwa oben S. 105 sowie die folgenden Ausführungen. Über das Problem der Doppelschichten s. *G. K. Schmelzeisen*, Die Arbeitsordnung in den jüngeren Berggesetzen, S. 133—36. Nur einen Überblick nach *Hue* und *Imbusch* vermittelt *S. Schroeder*, Die geschichtl. Entwicklung der Arbeitszeit im Bergbau, 1951.

Schichten verfahren[192]. Ende 1853 wurde erwogen, ob angesichts der starken Nachfrage nicht grundsätzlich das Verfahren längerer Schichten zu gestatten sei; in der Untersuchung stellte sich dann heraus, daß im Essener Bergamtsbezirk längst neun-, zehn- und elfstündige Schichten „fast ohne Ausnahme" verfahren wurden. Man erlaubte den Bergleuten, ihre Arbeit früher zu beginnen und ließ das Verlesen zum Ende der Schichten vornehmen[193].

Diese Praxis, einmal unter der Aufsicht der Behörden legitimiert, mußte sich als große Härte in dem Augenblick erweisen, in dem bei wachsendem Autoritätsverlust der Behörden die Überschichten nicht mehr der Befriedigung starken Nachfragedrucks, sondern angesichts einer Absatzkrise unter fortdauernden Lohneinbußen der Selbstkostenreduktion dienten. Die ersten Konflikte über die Schichtzeit[194] entstanden daher, bevor noch das Freizügigkeitsgesetz den Gewerken die freie Handhabung der Arbeitszeit überantwortete. In der Vorbereitungsphase dieses Gesetzes hatten sich in den Bergämtern noch zahlreiche Stimmen gefunden, die eine wirksame Arbeitszeitkontrolle durch die Behörde unter Orientierung an der Achtstundenschicht für erforderlich hielten, und auch nach Rechtskraft des Gesetzes hielten die Bergbehörden zunächst an ihrer Kompetenz zur Feststellung der Arbeitszeit wenigstens im Sinne eines Maximums fest[195]. Inzwischen hatten von Gewerkenseite vereinte Bestrebungen zur Verlängerung der Schichtzeit zumeist in der Art eingesetzt, daß unter Schichtzeit die tatsächliche Anwesenheit vor Ort, am eigentlichen Arbeitsplatz, verstanden wurde[196]. Vereinzelt machten hiergegen die Reviergeschworenen die langen Wege der Bergleute zur Zeche und die Beschwerlichkeit der Fahrt zum Arbeitsplatz geltend[197], und sogar im Essener Bergamtsbezirk hieß es eindeutig: „Die Schichtzeit beginnt mit dem Einfahren und endet mit dem Verlassen des Stollens"; umstritten war nur, ob das auf allen Zechen vorgeschriebene Verlesen vor der Schicht, wie im Märkischen Bergamt unzweifelhaft bejaht wurde, zur Schicht zu zählen sei[198]. Einen Schlußstrich unter diese Kontroverse zog endlich ein

---

192 Vgl. OBA 1385, Bl. 327—34, bes. BAB/OBA 3. 12. 1850; vgl. Bl. 341.

193 Vgl. OBA 1385, Bl. 364—375, Zitat: BAE/OBA 8. 10. 1853; vgl. den Bericht des BAB 12. 10. 1853, der sich gegen Zwang zu längeren Schichten ausspricht: „Offenbar ist aber von den Leuten ein größerer Effect zu erlangen, wenn ihnen kein Zwang auferlegt wird". Im Blick auf die Kartoffelernte im Oktober wurde bemerkt, daß den Begleuten „diese wichtige häusliche Arbeit nicht erschwert werden darf". Im BAE wurden längere Schichten durch Zirkularverfügung 26. 11. 1853 (Abschr.) amtlich gestattet.

194 Vgl. unten S. 414 ff.

195 OBA 1774 Bl. 101 f., HM/OBA 13. 2. 1861. In gemeinsamer Beratung über die Ausführung des Freizügigkeitsgesetzes waren die BÄ dagegen der Meinung gewesen, „daß die Bergbehörde die Dauer der Arbeitszeit als angemessen zu prüfen und festzusetzen hat", daß also die „als angemessen festgesetzten Arbeitszeiten nicht überschritten werden dürfen". Als angemessen wurde eindeutig die Achtstundenschicht verstanden: „Die Schichtzeit von 8 Stunden vor der Arbeit erschöpft bei unserem, für die Bergleute beschwerlichen Bergbau, namentlich wegen der tiefen Schächte, oftmals bra[ch]en und niedrigen Strecken die Kräfte der Bergleute so sehr, daß über diese Schichtzeit allgemein und regelmäßig nicht hinausgegangen werden darf, ohne einen nachtheiligen Einfluß auf die bergmännische Bevölkerung auszuüben" (OBA 1775, Zitate: Konferenzprotokoll Stalleicken 18. 8. 1860; BAE/OBA 8. 11. 1860 Entw.).

196 Beispiele in OBA 1774, 1775, MBAB 4, hier bes. Bl. 122 f. Reviergeschworener Dortmund/BAB 10. 12. 1860.

197 Vgl. bes. OBA 1774 Bl. 1—21, Berichte des Reviergeschworenen Lind, z. B. über die Harpener Bergwerks-AG.

198 OBA 1390 Bl. 118 BAE/OBA 8. 5. 1860 (vgl. ebd. Bl. 113 OBA/beide BÄ 10. 3. 1860

Anfang 1861 ergangener Ministerialerlaß, mit dem festgestellt wurde, daß die Vorschriften der Bergordnungen über Arbeitszeit aufgehoben seien und daß „die Bergämter auch nicht befugt sind, zu verlangen, daß in der Arbeitsordnung ein Maximum der Arbeitszeit festgestellt werde"[199].

Damit wurden die Bemühungen der Zechenleitungen, die Achtstundenschicht vor Ort durchzusetzen, von höchster Stelle sanktioniert und, während dies in den folgenden Jahrzehnten die vorherrschende Arbeitszeitregelung wurde, Möglichkeiten für weitere Manipulationen geschaffen. Auf den ausgedehnteren Tiefbauanlagen betrug künftig bei achtstündiger eigentlicher Arbeitszeit die Verweildauer der Bergleute auf der Zeche, in die neben den Anfahrwegen im Schacht und unter Tage auch das Verlesen bzw., zeitsparend, die Markenkontrolle, der Material- und Lampenempfang, Umzieh- und Waschzeiten und oft Absprachen in der Steigerstube eingingen, insgesamt nicht mehr unter neun, meistens um zehn Stunden und darüber hinaus.

Das Freizügigkeitsgesetz brachte für die Bergleute bei gleichen Löhnen eine Arbeitszeitverlängerung um etwa eine Stunde. Einige Erleichterung vom mühseligen Fahrtenklettern im Schacht erlaubte dann die in den 1860er Jahren verbreitet eingeführte Seilfahrt, während andererseits die noch vorherrschende kurzblickende Planung im Grubenbetrieb, durch die jede Veränderung der Nachfragesituation sogleich Feierschichten auf der einen, Überschichten und Doppelschichten auf der anderen Seite der Konjunktur hervorrief, vermeintliche Zwänge zu Arbeitszeitmanipulationen, damit aber Möglichkeiten der Disziplinierung über die Schichtzeitanordnung begünstigte.

Konjunkturelle Schwankungen sind daher im Ruhrbergbau bis in die 1890er Jahre anfangs stets durch Schichtzeitverlängerungen, erst auf einer Ebene stärkster Nachfrage durch Neueinstellungen von Arbeitskräften kompensiert worden[200]. Mochte daher in

---

und Bl. 115), also zwei Wochen vor Erlaß des Freizügigkeitsgesetzes. Das OBA verzichtete in Erwartung einer eigenen Ausführungsinstruktion auf eine Stellungnahme.

199 OBA 1774 Bl. 101 f., HM/OBA 13. 2. 1861 (Abschr.). Da die Frage der Arbeitszeit bei den Lohnberechnungen (unten Kap. IX, 1) nur mittelbar aufgegriffen wird, sei hier eine kritische Bemerkung zu der von *Holtfrerich*, Wirtschaftsgeschichte, S. 61—65, aufgestellten Arbeitszeitreihe eingefügt, die im Vergleich mit den übrigen Schätz- und Rechnungsdaten in diesem vorzüglichen Buch recht wenig abgesichert erscheint (Tabelle S. 62 f.). Schon die 1853—1858 schwankend zwischen 213 und 250 angegebene, als Quotient der Nettojahres- und Nettoschichtlöhne ermittelte jährliche Schichtzahl hält einem konkreten Nachweis nicht stand — dies wirft zugleich ein Licht auf die Qualität der Lohndaten. Z. B. ist 1854 durchschnittlich mit 25 monatlichen Schichten, d. h. 300 Jahresschichten pro Arbeiter gerechnet worden (BAEW 108 Bl. 14); im allgemeinen bewegte sich die Schichtenzahl im Ruhrbergbau zwischen 290 und 310 in Baisse- bzw. Boomjahren (vgl. f. d. 1870er Jahre OBA 1776 passim), wie auch *Holtfrerich* ab ca. 1868 zuverlässig spiegelt. Eine statistisch grundsätzlich unlösbare Schwierigkeit wird durch die vor allem in den Depressionsjahren nach 1874 üblich werdenden Schichtzeitmanipulationen der Gruben aufgeworfen: Die Zugrundelegung einer seit 1862 gleichbleibenden Schichtzeit von 8 Stunden vor Ort ist gewiß, vor allem für die Jahre 1877 bis 1883, verfehlt, ganz abgesehen davon, daß angesichts des hier eingangs zitierten Erlasses die von *Holtfrerich* angenommene Senkung 1861/62 von 9 auf 8 Stunden kaum denkbar erscheint und von sozialem Schutz (S. 63) durch die Bergbehörde in Arbeitszeitfragen bis mindestens 1883 nicht entfernt gesprochen werden kann.

200 Aus den zahlreichen Zeugnissen vgl. den auch nichtbergbauliche Gewerbe meinenden Bericht des Düsseldorfer Gewerberats, in: Amtl. Mitteilungen aus den Jahresberichten der mit der Beaufsichtigung der Fabriken Betrauten 10 (1885) S. 48: „Bei Eintritt stärkeren Geschäftsganges wird dann in den mit Raum und Arbeitsmitteln reichlicher ausgerüsteten

Normalzeiten gerade im Vergleich mit der Arbeitszeit in den anderen Gewerben die Verweildauer vor allem auf den kleineren Anlagen noch von attraktiver Kürze sein, so ist doch nur zu häufig die Ausnahme zur Regel und die Freiwilligkeit der Mehrarbeit zum mehr oder weniger direkt ausgeübten Zwang geworden, durch den die Bewegungsfreiheit der Bergleute erheblich eingeschränkt wurde. Hier bot die Terminierung der Seilfahrt ein probates Mittel, ausfahrwillige Bergleute durch Verweigerung der Ausfahrt für einige Stunden oder eine ganze weitere Schicht zur Arbeit zu zwingen; aber auch andere Druckmittel standen zur Verfügung, um jene Bergleute, die sich der zumeist für den ganzen Betrieb vom Betriebsführer getroffenen Anordnung einer Überschicht widersetzten, dennoch zur Arbeit zu veranlassen[201].

Die Bergleute haben sich hiergegen einzeln und geschlossen immer wieder, mit den Höhepunkten in den Petitionen von 1867 und 1881, schließlich in den Streiks bis 1889 gewehrt. Die einzige bergrechtliche Bestimmung, auf die sich ein behördliches Eingreifen gegen die seit Ende der 1860er Jahre auch in der Öffentlichkeit kritischer betrachteten Schichtzeitmanipulationen der Grubenleitungen hätte stützen können, jene floskelhafte Formulierung, daß „die Sicherheit des Lebens und der Gesundheit der Arbeiter" zur polizeilichen Kompetenz der Oberbergämter gehöre, bot bei weitem nicht hinreichende Handhabe, um Grunddaten für eine angemessene Arbeitszeit zu setzen, geschweige denn, um eine verbreitet geübte Verfahrensweise zu korrigieren[202]. Auf Unternehmerseite hat man stets auf der Grundregelung achtstündiger Schichten vor Ort beharrt[203], mußte aber nach dem Streik von 1889 von solchen Auswüchsen ausdrücklich Abstand nehmen, durch die etwa die Schichtzeitregelung in das Ermessen der Betriebsführer gestellt war oder bei gutem Absatz, wie auf Zeche Nordstern, per Arbeitsordnung dreimal wöchentlich zehnstündige Schichten obligatorisch gemacht wurden[204]. Nach der Petition von 1881 und dem Aufsehen, das die noch zu diskutierende Reichstagsrede von *Schorlemer-Alst* 1882 erregt hatte, gelangte auch das Oberbergamt zu der Ansicht, daß eine Achtstundenschicht vor Ort „eine nicht zu billigende Härte darstellt"[205], und die genauere Überwachung der Arbeitszeitpraxis resultierte 1884

Betrieben die Zahl der Überstunden vermehrt und diese Arbeitsweise zuweilen auf viele Monate erstreckt . . ."

201 Vgl. noch die zahlreichen, in der Denkschrift ü. d. Arbeiter- und Betriebsverhältnisse in den Steinkohlenbezirken, 1890, angeführten Fälle. Wegen der Weigerung, Überschichten zu verfahren, waren Strafen bis zur Entlassung üblich; vgl. z. B. den Aushang einer Zeche nach Tremonia 59/13. 3. 1882, sowie *F. Beiderbeck*, Der Streik von 1889 im Bochumer Raum, 1966, S. 115. Als Beispiel erzwungener Überschichten s. die anonyme Beschwerde mehrerer Bergleute aus Herne 23. 8. 1887 (OBA 241): Auf Mont Cenis hatte die Morgenschicht zweimal wöchentlich elfstündige Schichten zu verfahren; vgl. auch *H. G. Kirchhoff*, Sozialpolitik im Ruhrbergbau, 1958, S. 30.

202 Zu § 196 ABG vgl. *Verkauf*, Gesetzgebung, S. 636 f.; *Gaul*, Arbeitszeit im Ruhrbergbau, S. 17; zu Beschwerden der Bergleute und Stellungnahmen in der Öffentlichkeit vgl. u. die Ausführungen zur Petition, 1867, und Streikbewegung, 1868: Kap. XII, 2, bes. auch Anm. 261, sowie *Adelmann*, Soziale Betriebsverfassung, S. 81; *ders.*, Quellensammlung Bd. I, S. 203—10 u. passim.

203 Vgl. bes. die gegen *K. Oldenbergs* Studie über den Streik von 1889 gerichtete Veröffentlichung von *[Theodor] Reismann [-Grone]*, Schicht und Lohn der Ruhrkohlenbergleute, 1890.

204 Vgl. OBA 1789 Bl. 172—75, Gutachten des Geh. Bergrats *Harz* über Arbeitsordnungen.

205 Nach OBA 1789 Bl. 22, Eingabe des Westf. Grubenvereins/Revierbeamter Bergrat *Brüning*, 30. 7. 1884.

immerhin in einer Bergpolizeiverordnung, mit der die Arbeitszeit vor unterirdischen Betriebspunkten bei Temperaturen von über 29° C auf 6 Stunden beschränkt wurde[206].

b) Kinder-, Frauen- und Sonntagsarbeit

Das unter bergbehördlicher Direktion stets praktizierte, uneingeschränkte Verbot der Kinderarbeit beim Bergbau ist von der Bergrechtsreform, sicher eingedenk der abschreckenden Erfahrungen, wie sie Untersuchungen u. a. im englischen Bergbau in den 1840er Jahren offengelegt hatten, unberührt geblieben. Um hier alle Zweifel über die Absicht des Gesetzgebers auszuräumen, erging bereits durch Ministerialerlaß vom 12. August 1854 ein unbedingtes Verbot der Beschäftigung Jugendlicher und Kinder bis zum vollendeten 16. Lebensjahr bei der Bergarbeit unter Tage[207]. Bei der Beschäftigung über Tage waren die im allgemeinen hierüber geltenden Bestimmungen wie die Führung von Arbeitskarten und -büchern auch im Bergbau zu beachten; insbesondere durften Jugendliche nicht zu den beschwerlichen Arbeiten des Haspelziehens und Karrenlaufens, später auch nicht zu Rangierarbeiten, angestellt werden.

Diese Bestimmungen haben bis zum Erlaß der Gewerbeordnung des Norddeutschen Bundes 1869 gegolten und sind anscheinend im großen und ganzen eingehalten worden. Bekanntgewordene Übertretungen wurden von den Bergbehörden nach umfänglichen Untersuchungen streng verfolgt und mit Strafen bis 50 Taler, meist gegen die Betriebsführer, belegt; daß es dennoch an Umgehungsversuchen nicht mangelte, lag an der Kostenersparnis, die Kinder und Jugendliche bei leichten Arbeiten unter Tage wie Pferdetreiben oder Wettertürenaufsicht den Grubenverwaltungen bringen konnten. Nachforschungen aufgrund einer Feststellung des Düsseldorfer Fabrikinspektors *Junkermann*, daß auf Essener Gruben unter Tage Knaben „fortgesetzte Verwendung" erführen, ergaben Mitte 1855 einige Verbotsverletzungen[208], und auch in den 1860er Jahren sind Verstöße gegen das absolute Beschäftigungsverbot unter Tage immer wieder vorgekommen[209]. Die Anzahl der beschäftigten Jugendlichen ist wegen der genannten Beschränkungen im Ruhrbergbau stets niedrig geblieben; 1853 waren in beiden Bergamtsbezirken nur 372, 1856 dann 684 Jugendliche bis 16 Jahren angelegt, unter denen 1856 noch 73 Kinder unter 14 Jahren waren[210]. Diese Arbeiter wurden vorwiegend mit Bergausklauben, Wagenpflege, Platzarbeiten in der Aufbereitung, auf der Hängebank und in der Lampenstube oder als Laufburschen beschäftigt. Bei einer höchstens 12-stündigen, durch Pausen von insgesamt 2 Stunden zu unterbrechenden Arbeitszeit dürfte die Belastung der Kinder mit diesen nicht immer leichten Arbeiten ein oft unvertretbares Ausmaß erreicht haben — umso mehr, als die Einhaltung der Pausen und das

206 S. Amtsblatt RA 27/5. 7. 1884.
207 Vgl. OBA 262 Bl. 45, Erlaß der Unterrichts-, Handels- u. Innenminister v. 12. 8. 1854 (Abschr.), sowie die Anweisung ü. die Beschäftigung Jugendlicher v. 18. 8. 1853 zum Gesetz v. 16. 5. 1853, in: OBA 339 (Abschr.); Polizeiverordnung gegen die Beschäftigung jugendlicher Arbeiter auf Bergwerken unter Tage, sowie beim Haspelziehen und beim Karrenlaufen auf ansteigenden Bahnen v. 29. 11. 1854, in: Amtsblatt RA 49/9. 12. 1854. — Verstreute Bemerkungen zur Kinderarbeit im Bergbau finden sich z. B. bei *Jürgen Kuczynski*, Studien zur Geschichte der Lage des arbeitenden Kindes in Deutschland von 1700 bis zur Gegenwart. Berlin (Ost) 1968.
208 Vgl. OBA 262 Bl. 13, 65.
209 So auf Hibernia 1863, im Amt Aplerbeck und öfter; vgl. ebd. Bl. 99, 197 f. u. ö.; OBA 1197 über Fälle im Oberhausener Revier, OBA 1780 f. Zeche Shamrock.
210 Nach ebd. Bl. 78—87, Zusammenstellung.

Verbot der Beschäftigung an bestimmten Betriebspunkten kaum wirklich erfolgreich überwacht werden konnte. Die Revierbeamten waren durchaus geneigt, ab und zu ein Auge zuzudrücken[211], und auch seitens der Eltern der Kinder wurde, um sich eine zusätzliche Einnahmequelle zu verschaffen, gelegentlich das Alter ihrer Kinder zu hoch angegeben, wurden Atteste und Schulzeugnisse gefälscht[212].

Mit Erlaß der Gewerbeordnung des Norddeutschen Bundes von 1869 wurde die Beschäftigung Jugendlicher beim Bergbau unter Tage zwar grundsätzlich erlaubt, aber doch mit solchen Einschränkungen versehen, daß sich Kinderarbeit unter Tage nicht lohnen konnte. Nach den neuen Bestimmungen war nämlich den noch nicht 16jährigen in den vorgeschriebenen Ruhepausen „Bewegung in der freien Luft" zu ermöglichen[213], und in einem ergänzenden Ministerialerlaß wurde festgestellt, daß bei Tiefbauzechen unter Tage von freier Luft nicht gesprochen werden könne[214]. Zu den regelmäßigen Pausen aber die jugendlichen Arbeiter „aus der Grube [zu] fördern und eine halbe Stunde lang spazieren gehen [zu] lassen"[215], dazu mochten sich die Grubenverwaltungen nicht bereitfinden.

Dennoch hat die zurückhaltendere Formulierung des Kinderarbeitsverbots in der Gewerbeordnung Raum für Interpretationen und Initiativen gelassen. Von Unternehmerseite ist der neue Spielraum sofort bemerkt und vorläufig zu dem Hinweis gedeutet worden, nunmehr sei es an der Bergbehörde, das unzumutbare Verbot aller Untertagebeschäftigung Jugendlicher zu mildern; man habe immer dafürgehalten, „daß dieses unbedingte Verbot ... im Widerstreit mit dem Interesse des Bergmannsstandes steht"[216]: Der Bergbau werde hierdurch von seinem eigenen, natürlichen Nachwuchs abgeschnitten, weil die Bergmannssöhne gezwungen würden, nach Schulabschluß einen nichtbergbaulichen Beruf zunächst zu erlernen. Anscheinend hat sich das Oberbergamt dieser Argumentation anfangs nicht verschlossen oder ihre Konsequenzen doch nachlässig gehandhabt, so daß zu Beginn der 1870er Jahre die Beschäftigung Jugendlicher unter Tage in den Füllörtern, an den Wettertüren und als Pferdetreiber sich wenigstens vorübergehend ausbreitete. So waren Anfang 1874 jugendliche Pferdetreiber unter Tage allein im Bochumer Revier auf den großen Anlagen Vollmond, Heinrich Gustav, Carolinenglück, Engelsburg und Präsident beschäftigt[217]. Nach einer Aufstellung von 1874[218]

---

211 Vgl. OBA 1197, Bericht des Sprockhöveler Revierbeamten v. 22. 10. 1874. 1860 wurde vorübergehend angeordnet, die Aufsicht über die Beschäftigung Jugendlicher den Ortspolizeibehörden zu überlassen; vgl. OBA 262 Bl. 95, 27. 2. 1860.
212 Vgl. ebd., Bericht des Bergmeisters *Selbach* v. 20. 10. 1874; OBA 1780 Übersicht: Bestrafungen wegen ungesetzlicher Kinderarbeit im Revier Essen.
213 Vgl. hierzu OBA 339 HM/OBA 13. 9. 1869; ebd. Anweisung zur Ausführung der Gewerbeordnung f. d. Norddeutschen Bund v. 21. 6. 1869 (Ziffer 23 u. ö.) und die entsprechende Ausführungsanweisung des OBA 18. 9. 1869 (Entw.). — Mit Ausnahme der Kinderarbeit ist der Ansicht von *Kirchhoff*, Sozialpolitik im Ruhrbergbau, S. 15, beizupflichten, daß die Gewerbeordnung für die Entwicklung des Ruhrbergbaus keine Rolle gespielt hat.
214 Vgl. OBA 262 HM/OBA 8. 7. 1870 und HM/OBA Halle 19. 1. 1872 (Abschr.), die Ausführungserlasse des OBA s. in OBA 1780. — Das ABG hatte aufgrund § 196 ein Verbot der Beschäftigung Jugendlicher unter Tage, damit also die Fortgeltung des Ministerialerlasses von 1854 ermöglicht.
215 Glückauf 2/10. 1. 1875, Referat Bergassessor *Krabler* v. 18. 12. 1874.
216 Glückauf 27/3. 7. 1870.
217 Vgl. OBA 1780 Revierbeamter *Knibbe*/OBA 5. 2. 1874. HM/OBA 22. 6. 1873 (in: OBA 339) stellt fest, die Kontrolle der Jugendarbeit müsse verschärft werden.
218 Vgl. die Zusammenstellungen nach Regierungsbezirken in OBA 1797. Weitere Aufstellungen für die 1870er u. 1880er Jahre vgl. in OBA 1780, OBA 263. Die Statistik über die

waren im Oberbergamtsbezirk 2116 Arbeiter unter 16 Jahren angelegt, die, nach Altersjahrgang zumeist gestaffelt und mit örtlichen Schwankungen, zwischen 6 und 12 Mark wöchentlich verdienten, also rund die Hälfte des jeweiligen Durchschnittslohns der Gruben.

Ende 1874 wurde nun von Grubenseite, vielleicht unter den ersten Eindrücken sinkender Erträge, erneut und mit den schon 1870 genannten Argumenten das Problem der Kinderarbeit angegangen. Der Bergbau sei zwar, so hieß es, „seiner ganzen Natur nach ein gefährliches Gewerbe, nicht aber ein solches, das in hervorragendem Maaße die Gesundheit der bei ihm Beschäftigten gefährdete", so daß an sich kein Grund vorhanden sei, nicht auch bereits 14jährige zur Grubenarbeit zuzulassen[219]. In der Generalversammlung des Bergbauvereins noch im selben Jahr beharrte der anwesende Berghauptmann *Prinz Schönaich-Carolath* auf dem allein die Behördenentscheidung leitenden Aspekt der Gesundheitsvorsorge. So blieb es auch in den Folgejahren trotz wiederholter Eingaben einzelner Gruben um Erleichterung in der Pausenregelung bei der praktisch einem Verbot gleichkommenden Einschränkung der Grubenarbeit Jugendlicher. Eine 1879 noch einmal unternommene, koordinierte Initiative zahlreicher Grubenverwaltungen und des Bergbauvereins, unter Hinweis auf die kurze bergbauliche Arbeitszeit Zugeständnisse zu erzielen[220], scheiterte an der unzweideutigen Ablehnung des Ministeriums, das „ein allgemein anerkanntes Bedürfnis für die Beschäftigung junger Leute unter Tage auch im dortigen [rheinisch-westfälischen] Bezirke gegenwärtig noch nicht" gegeben glaubte[221]. So ist die Anzahl der angelegten Jugendlichen während der 1870er Jahre auf den Gruben im Oberbergamtsbezirk ungefähr auf gleicher Höhe geblieben: 1879 waren von 2313 jugendlichen Bergleuten im Alter von 14—16 Jahren nur 260 unter Tage beschäftigt; die Schichtlöhne betrugen meist wenig mehr als 1 Mark. Unter Beibehaltung der Einschränkungen in der Grubenarbeit Jugendlicher erfolgte dann 1881 durch Bundesratsbeschluß einige Erleichterung in der Beschäftigung über Tage, indem den Bedürfnissen des Bergbaus durch Arbeitszeit- und Pausenregelung entsprochen wurde. Zugleich wurde die Vorlage eines ärztlichen Gesundheitsattestes eingeführt[222]. Wohl auf diese Erleichterung ist der im Verhältnis zur Gesamtbelegschaft leichte Anstieg des Anteils Jugendlicher von 3070 Arbeitern (1881) auf 3822 (1883), 3347 (1886) und 4477 (1889) zurückzuführen[223]; die Zahl der Kinder im Alter von bis zu 14 Jahren war

---

Beschäftigung Jugendlicher gehört zu den bestdokumentierten zeitgenössischen Erhebungen; vgl. auch die Jahresberichte des Gewerberats *Osthues* ab 1884, in: RA I 623.

219 Vgl. OBA 1797 Bergbauverein/OBA 24. 11. 1874, Bemerkungen des Bergbauvereins „betreffend die Erweiterung des gesetzlichen Schutzes der bei den Fabriken beschäftigten Arbeiter".

220 Vgl. OBA 263 mit zahlreichen Eingaben Februar/März 1879 und Bergbauverein/OBA 26. 4. 1879. Für Anträge auf Beschäftigung Jugendlicher wurden bereits Vordrucke benutzt.

221 Ebd. HM/OBA 10. 9. 1879. Dagegen hatte es noch in dem Bericht Bergbauverein/ OBA 14. 8. 1879 geheißen, man hege „die Hoffnung, das Kgl. Oberbergamt werde die geeigneten Maßnahmen ergreifen, um diejenigen formellen Schwierigkeiten zu beseitigen, welche der Beschäftigung jugendlicher Arbeiter unter Tage zur Zeit noch entgegenstehen . . ." (OBA 263).

222 Vgl. OBA 264, „Bekanntmachung, betr. die Beschäftigung jugendlicher Arbeiter auf Steinkohlenbergwerken" v. 10. 7. 1881; der zugrundeliegende Bundesratsbeschluß wurde 1883 nach einer Debatte im Reichstag modifiziert, vgl. ebd.

223 Nach „Berichte der Bergbehörden über die Beschäftigung jugendlicher Arbeiter . . ." für 1883 u. 1884, Sonderdrucke in OBA 1798 Bl. 63 f., 68—71. Der starke Anstieg des Anteils Jugendlicher an den Beschäftigten im preußischen Bergbau während der 1880er Jahre ist vor allem auf die Entwicklungen in den schlesischen Bergrevieren zurückzuführen; vgl. *Verkauf*, Gesetzgebung, S. 630.

nur noch sehr gering. Die Bergrechtsnovellierung von 1892 brachte dann weitere Verschärfungen, so daß 1892 die Anzahl beschäftigter Jugendlicher auch absolut wieder abnahm[224].

Kinderarbeit, d. h. Beschäftigung in einem Alter von weniger als 14 Jahren, hat es im Ruhrbergbau demnach nur ganz ausnahmsweise gegeben, und die Arbeit der Jugendlichen bis zu 16 Jahren oblag recht strengen Bestimmungen und genauer Kontrolle, auch gegen wiederholte Versuche von Gewerkenseite, getroffene Regelungen zu unterlaufen. Dieses insgesamt und im Vergleich bei allen jeweils vorkommenden Härten und Unzuträglichkeiten recht erfreuliche Bild entschiedenen Behördenhandelns zum Schutze der Arbeiterschaft bestätigt sich im Blick auf die Beschäftigung von Frauen beim Ruhrbergbau.

Frauenarbeit in nennenswertem Umfang hat es, obwohl ein Verbot vor 1878 nicht ausgesprochen worden ist, auf den Gruben im Ruhrrevier nie, und jedenfalls nicht unter Tage gegeben. Nach einer wegen der Praktiken im oberschlesischen Bergbau 1868 unternommenen Umfrage[225] waren einzig im Dortmunder Raum und im Werdener Revier wenige Frauen mit Bergeausklauben und sonst in der Aufbereitung beschäftigt. Gewiß wirkte sich darin der allgemeine Frauenmangel in der Entstehungsphase des Ruhrreviers aus, aber allgemein galt doch, daß Frauenarbeit im Bergbau den „Ruin der Arbeiterfamilie unfehlbar herbeiführen" werde[226]. Nach einer Umfrage 1874 waren im gesamten Ruhrbergbau, wiederum in den genannten Revieren, insgesamt 18 Frauen zu einem Wochenlohn von 6 bis 9 Mark angelegt, d. h. um ein geringes weniger als die üblicherweise Jugendlichen im Durchschnitt gezahlten Löhne[227]. Schon 1868/69 war eine Erhebung über Frauenarbeit beim belgischen Bergbau auch in Deutschland bekanntgeworden[228] und hatte Mißstimmung über die Initiative des oberschlesischen Bergrats *Ficinius*, die Arbeit von Frauen beim Untertagebergbau entgegen „süßlichen, sentimentalen Humanitätsgründen"[229] zu gestatten, in einer breiten Öffentlichkeit entfacht; man sei, hieß es dagegen in dem von *Hermann Becker* verfaßten Kommissionsbericht des Abgeordnetenhauses, beim deutschen Bergbau immer „bis in die neueste Zeit hinein der Meinung gewesen, daß Bergbau keine Weiberarbeit sei"[230]. In der Haltung der Ruhrgewerken wird 1869 wie noch einmal 1878, als endlich ein allgemeines, wenn auch nicht überall angewendetes Verbot der Grubenarbeit von Frauen vom Gesetzgeber ausgesprochen wurde[231], der Plan eine Rolle gespielt haben, mit diesem Verbot die Rolle des oberschlesischen Konkurrenten auf dem deutschen Kohlenmarkt zu schwächen.

---

224 Vgl. hierzu OBA 264, bes. OBA/HM 5. 1. 1893 (Entw.), Bericht über die Auswirkungen der neueren Gesetzgebung auf die Beschäftigung Jugendlicher.

225 Vgl. OBA 1797 HM/OBA 28. 7. 1868.

226 Ebd. OBA/HM 24. 8. 1868 (Entw.).

227 Aufstellung, ebd.; vgl. den Fall einer Arbeiterin mit 25jähriger Knappschaftsmitgliedschaft ebd. 1887. Insgesamt waren beim preußischen Bergbau, 1873, 6404 (von 241 196 Arbeitern) weibliche Arbeiter beschäftigt, vgl. Die Einrichtungen zum Besten der Arbeiter auf den Bergwerken Preußens, 1875, S. 36.

228 Vgl. *Adolf Frantz*, Die Beschäftigung der Frauen und Mädchen beim [belgischen] Bergbau unter Tage. Beuthen 1869 (zuerst: Zs. des oberschlesischen Berg- und Hüttenmännischen Vereins, 1869).

229 Aus der Eingabe an HM 17. 12. 1868, in: Über die Beschäftigung der Frauen im Bergbau, 1869, S. 362; vgl. auch Glückauf 27/24. 7. 1869 u. 29/18. 7. 1869.

230 Über die Beschäftigung ... S. 361 f., kommentarlos gedruckt auch in Glückauf a.a.O.

231 Hierzu *Verkauf*, Gesetzgebung, S. 623 f.; *Jürgen Kuczynski*, Studien zur Geschichte der Lage der Arbeiterin in Deutschland von 1700 bis zur Gegenwart. Berlin (Ost) 1963, S. 153 f.; weitere Quellen in OBA 264.

Auch die Bestimmungen über die in den alten Bergordnungen nicht immer eindeutig untersagte, in Preußen durch Kabinettsordre von 1837 für den Bergbau und allgemein noch einmal durch einen Ministerialerlaß Anfang der 1850er Jahre[232] bekräftigte Sonntagsruhe sind in der Bergrechtsreform bestätigt (§ 196 ABG) und in den Folgejahren, wenn auch gelegentlich wohl widerwillig, durchaus eingehalten worden. In einer gemeinsamen Polizeiverordnung der Oberbergämter Bonn und Dortmund vom 23. Dezember 1873 wurde der im Bergbau unvermeidliche Betrieb an Sonntagen auf Wartung und Instandsetzung der Wasserhaltung und Wetterführung, des sonstigen Maschinenparks, der Koksöfen, auf dringende Reparaturarbeiten und alle sonstigen, bei Unterlassung Gefahr für die Grubenbaue und das Leben der Arbeiter bedeutenden Arbeiten beschränkt[233] — Verstöße gegen diese Bestimmungen sind, wie auch die argwöhnische Überwachung der Sonntagsruhe von christlich-sozialer Seite eingestand[234], beim Bergbau an der Ruhr jedenfalls nicht bekanntgeworden. Dagegen ist von Gewerkenseite mehrfach die Vielzahl sowohl kirchlicher als auch örtlicher Feiertage mit Betriebsruhe beklagt worden. Von solchen Feiertagen wurden etwa auf der Gelsenkirchener Zeche Dahlbusch 1874 gefeiert[235]:

+ Neujahr	Himmelfahrt
+ Mariä Lichtmeß	Pfingstmontag
+ Hl. Dreikönige	Pfingstdienstag
Fastnacht:	+ Fronleichnam
Montag	+ Peter und Paul
Dienstag	+ Mariä Himmelfahrt
Mittwoch	+ Bettag
+ Mariä Verkündigung	+ Mariä Empfängnis
Karfreitag	Weihnachten (2 Tage)
Ostermontag	Essener Herbstkirmes
Osterdienstag	

Vor allem in katholischen Gegenden wurden noch weitere kirchliche Festtage begangen, die die Zeche deutlich verringert wissen wollte: Ihrer Ansicht nach war es „dringend erwünscht", auf dem Gesetzgebungswege die hier markierten Feiertage zu streichen oder auf Sonntage zu legen; auf Fastnacht und Kirmes glaubte man, nicht verzichten zu dürfen.

---

232 Vgl. HM/alle Regierungen 27. 5. 1851, in: MBAB 229 Bl. 136—138 (Abschr.). Von der RD wurde 14. 12. 1853 eine ausführliche Anweisung über Sonntagsarbeit erlassen.

233 Nach Arbeiterwohl 5 (1885) S. 174 f.; vgl. auch *A. Arndt*, Bergbau und Bergbaupolitik, 1894, S. 104 f.

234 Vgl. noch Arbeiterwohl 1 (1881) S. 133—151, 153—161 und S. 187—190 über Sonntagsruhe im Bergbau; 5 (1885) S. 99—103; 10 (1890) S. 65—88. Die Enquête der Reisregierung über die gewerbliche Sonntagsarbeit von 1885/86 (Ergebnisse der Erhebungen über die Beschäftigung gewerblicher Arbeiter an Sonn- und Festtagen. 2 Bde. Berlin 1887) hat so wenig wie das Verordnungswesen der 1880er Jahr noch Einfluß auf den Bergbau gehabt; vgl. auch OPK 8322, S. 123—161 Semesterbericht RPD 3. 5. 1886 über eine Polizeiverordnung RD v. 24. 6. 1884.

235 Nach einer Aufstellung in OBA 1777 Bl. 5, vgl. auch OBA 1775 Bl. 59.

c) Arbeitsordnungen. Herrschaft im Betrieb

Das Freizügigkeitsgesetz von 1860 bestimmte über Begriff, Inhalt und Verfahren der damit neu in das bergmännische Arbeitsverhältnis eingeführten Arbeitsordnung nur, ihr im übrigen nicht zwingend vorgeschriebener Erlaß seitens der Werksbesitzer sei von der Bergbehörde zu bestätigen. In den Kammerverhandlungen hatte der Regierungskommissar unter Arbeitsordnungen

> „die Zusammenstellung derjenigen Bestimmungen [verstanden], nach welchen der Arbeiter sich bei der ihm übertragenen Arbeit und während der Zeit seines Aufenthaltes auf und in dem Bergwerke zu achten hat, so wie derjenigen Nachtheile, welche ihn treffen, wenn er gegen diese Bestimmungen handelt"[236].

Was nun an arbeitsvertraglichen, betriebsorganisatorischen Strafbestimmungen in die Arbeitsordnungen hineingehörte, darüber entstand sofort eine zunächst innerbehördliche, später über einzelne Arbeitsordnungen und die Musterordnungen des Bergbauvereins auch zwischen Behörden und Gewerken entfachte Kontroverse. Schon im Juni 1860 wurde der Versuch der Bochumer Behörde, eine nähere Instruktion über die inhaltliche Gestaltung der künftigen Arbeitsverträge zu erlangen und damit zugleich die bisher gültigen Disziplinarvorschriften der Bergämter bis zum Erlaß von Arbeitsordnungen durch die Grubenvorstände fortgelten zu lassen, rigoros zurückgewiesen und die behördliche Strafbefugnis in aller Eindeutigkeit auf das Bergpolizeirecht beschränkt, wobei in der Ausübung dieses Rechts

> „jedes Streben nach einer Codifikation oder einer theoretischen Vollständigkeit zu vermeiden, und nur das **praktische Bedürfniß zu berücksichtigen**" war[237].

Hierauf einigte man sich innerbehördlich auf ein gemeinsames Vorgehen in der Frage der Bestätigung von Arbeitsordnungen und legte die Grundsätze dieses Bestätigungsrechts so fest, daß die behördliche Kenntnisnahme und Bestätigung sich nur auf solche Teile des in den Arbeitsordnungen ausgesprochenen Arbeitsverhältnisses zu erstrecken habe, mit denen eine Einwirkung auf öffentliche Angelegenheiten bezweckt sei, daß hingegen privatrechtliche Vereinbarungen wie Kündigungsfristen, Löhne u. ä. nicht zur „Kognition der Behörden" gehören sollten[238]. Im Hintergrund stand hier die Befürchtung, die Behörde könne über die Bestätigungspflicht der Arbeitsordnungen — die Bestätigung hätte nur bei Verstößen gegen Gesetzesbestimmungen versagt werden können — auf einem Umweg wieder in eine Kontrollfunktion über das allgemeine Arbeitsverhältnis treten; diese abzuschaffen, war jedoch der eigentliche Zweck des Freizügigkeitsgesetzes gewesen. Gleichwohl erwies sich das Prinzip der Trennung von öffentlichem und Privatrecht schon in den nächsten Monaten als unpraktikabel und wurde oft genug durchbrochen, denn wo sonst als in der Arbeitsordnung sollten, wenn diese einen Teil des Arbeitsvertrages bildete, Bestimmungen über dessen eigentliche Inhalte, ob sie nun privat-

---

236 Zit. nach ZBR 1 (1860) S. 447; vgl. zum Folgenden ebd. S. 447—454, mit einem Abdruck einer Muster-Arbeitsordnung des Bergbauvereins: Berggeist 5 (1860) S. 102 f., 108, 122, 724 f., 740, 747 f., 763 f. Allg. zur Geschichte der Arbeitsordnungen s. *Friedrich Kleeis,* Die Arbeitsordnung in den gewerblichen Betrieben Deutschlands. Stuttgart 1914, S. 9—16; *Hue* II S. 71—84.

237 OBA 1775 Bl. 60—62 HM/OBA 17. 7. 1860 (Abschr.).

238 Vgl. die Quellen über eine hierzu am 18. 8. 1860 in Stalleicken stattfindende Konferenz beider BÄ in OBA 1775 (Protokoll Bl. 76—82) und MBAB 4, hier Bl. 160—164 auch BAB/*Dr. Hammacher* 12. 12. 1860 (Abschr.).

oder öffentlichrechtlicher Natur waren, aufgenommen werden. Hier war erstmals im Bergbau mit dem Begriff der Arbeitsordnung eine neue, mit den überkommenen Rechtsvorstellungen nicht in Einklang zu bringende Rechtsqualität, das Arbeitsrecht, entstanden. Im Handelsministerium hielt man, zur Weisung angerufen, im Entscheidenden zwar an dem privatrechtlichen Charakter des Arbeitsvertrags und der Arbeitsordnungen fest, wollte aber zubilligen, daß die Gruben in einem Anhang zur Arbeitsordnung die allgemeinen, von der Behörde nicht zu bestätigenden Bedingungen des Arbeitsverhältnisses aufführten und damit, wie dies dann auch in einigen Fällen tatsächlich geschah, Arbeitszeit, Löhnung, Gezähefragen und entsprechende Vertragsvereinbarungen einschlossen[239]. In die eigentliche, bestätigte Arbeitsordnung konnten danach nur noch genauere Ausführungen einzelner Gesetzesbestimmungen wie über Legitimationspapiere und Abkehrschein, über die Einhaltung der bergpolizeilichen Vorschriften, Lohnbuchführung, Pünktlichkeit und Trunkenheit in der Arbeit aufgenommen werden, aber auch hier war die Grenze zu privatrechtlichen Vereinbarungen nicht immer deutlich zu ziehen. Anscheinend hat vor allem diese unsichere, durch die vorgeschlagene Regelung kaum zu lösende Rechtslage und Rechtsqualität den Gesetzgeber 1865 bewogen, im Allg. Bergrecht auf die Bestätigungspflicht zugunsten eines bloßen Rechts der Kenntnisnahme der weiterhin freiwillig erlassenen Arbeitsordnungen zu verzichten. Man begab sich damit der Chance, einheitliche Rahmenpunkte des Rechtsverhältnisses von Arbeitgeber und Arbeiter im Betrieb vorausblickend zu formulieren. Aber zu Beginn der 1860er Jahre mochte noch niemand an der selbstregelnden Kraft freier Vertragsschlüsse zweifeln.

In einer überarbeiteten Fassung haben sich die meisten, vor allem größeren Gruben die Musterarbeitsordnung des Bergbauvereins zu eigen gemacht und mit den jeweils erforderlichen Modifikationen versehen[240]. Ohne hierzu gesetzlich gezwungen zu sein, sind die meisten Gewerkschaften der gesetzlichen Aufforderung, Arbeitsordnungen zu erlassen, nachgekommen. Der Grund für diese Freiwilligkeit lag in der zeitgenössisch unbezweifelten Ansicht, nachdem die Behörde aus ihrem disziplinarischen Aufsichtsverhältnis über die Bergleute schrittweise herausgetreten und auch die Übergangsphase der „zwei Autoritäten" in den 1850er Jahren überwunden sei[241], trete nun der Unternehmer, die Betriebsleitung in das hinterlassene Autoritätsvakuum und übe die Weisungsbefugnis aus[242], müsse sich also auch der überkommenen Formen hierzu bedienen. Zwar hatte der Grundgedanke des Reformwerks, die Befreiung von obrigkeitlicher Bevormundung, für alle Bergbauinteressenten gegolten[243], wurde aber nur von den Gewerken beansprucht

---

239 Vgl. OBA 1774 Bl. 101 f., HM/OBA 13. 2. 1861 (Abschr.). Ein Beispiel für den beschriebenen Typ ist die Arbeitsordnung des Kölner Bergwerks-Vereins, in [Arbeitsordnungen der Steinkohlenbergwerke des OBA-Bezirks Dortmund] Sammelband IV (Bergbaubücherei Essen); *Adelmann*, Quellensammlung Bd. II, S. 23—26, druckt diese Arbeitsordnung ohne den Anhang.

240 Vgl. die Musterarbeitsordnung in OBA 1775 Bl. 72 f.; zahlreiche Beispiele für Arbeitsordnungen einzelner Gruben ebd. und OBA 1774; vgl. auch die Texte bei *Adelmann*, Quellensammlung Bd. II, S. 18—21, 23—26, S. 168—71.

241 Vgl. hierzu den HM-Erlaß v. 27. 4. 1853 über die Strafkompetenz nach dem Miteigentümergesetz (OBA 386).

242 Vgl. nach einem Aufsatz von *Hense* in ZBR, Jg. 1891: *Verkauf*, Gesetzgebung, S. 655; auch „Die obligatorische Arbeitsordnung und der Bergbau" von Amtsgerichtsrat *Hense*, in: Bergbau 29/15. 4. 1891. — Nach Erlaß des Freizügigkeitsgesetzes traten auch für den Zeitraum, in dem noch keine neuen Arbeitsordnungen bestanden, die alten Reglements außer Geltung; vgl. MBAB 4 Bl. 53 BAE/BAB 28. 8. 1860.

243 Mancher Ballastabwurf kam auch den Belegschaften zustatten. So entfiel mit Kabinettsordre

und sogleich gegen die Arbeiterschaft gekehrt. Schon die Diskussion der neuen Knappschaftsstatuten 1855/56 hatte gezeigt, daß man durchaus gesonnen war, die alte Form der Doppelung von Statuten und Reglement weiterzuführen. In der Frage der Arbeitsordnungen hat man sich wenigstens anfangs von dem ständischen Zopf der Privilegierung einerseits, der hierauf bezogenen Verpflichtung und disziplinarischen Einschränkung andererseits nicht trennen wollen, so daß die alte Doppelung etwa in der Titelformulierung „Arbeitsordnung und Reglement"[244] wiederkehrte, wo dann im ersten Teil die allgemeinen Bestimmungen über die Arbeit, im zweiten die Strafen bei Übertretungen festgelegt wurden. Die verbreitete Unklarheit über den Charakter der nunmehr auszuübenden Disziplin über die Arbeiter und das Bedürfnis, in die durchaus interessendienliche Rolle der alten ständischen Obrigkeit zu schlüpfen, drückten sich insbesondere in dem Versuch mancher Strafreglements aus, allgemeine Sittenverstöße so sehr wie Arbeitspflichtverletzungen zu ahnden. In der ganz der alten behördlichen Strafkasuistik[245] folgenden Strafordnung der Zeche Hundsnocken 1860 wurde jedes strafwürdige Detail beschrieben; hierzu gehörte das Führen unsittlicher Sprüche oder „des schändlichen Fluches ‚Gott verdamme mich' "[246].

Nicht zufällig hat die Rechtsnatur des Strafsystems in Arbeitsordnungen im Zentrum der öffentlichen, aber auch juristisch-fachwissenschaftlichen Diskussion über das Arbeitsordnungsproblem schon im letzten Drittel des 19. Jahrhunderts gestanden[247]. Bei Erlaß

---

v. 24. 6. 1867 der allerdings wohl immer nur formell gehandhabte, amtliche Heiratskonsens für Bergleute; vgl. Glückauf 29/21. 7. 1867.

244 So vor allem der erste Entwurf einer Musterarbeitsordnung des Bergbauvereins, ferner Helene und Amalie 1860 (OBA 1775 Bl. 197 f.) und noch die Arbeitsordnung von Eintracht Tiefbau 1887 (OBA 1873 Bl. 1—6); vgl. auch den Anm. 242 zitierten Aufsatz von *Hense*: „Zwischen den damaligen Arbeitsordnungen [der Jahre 1860—65] und den vor dem Gesetze vom 21. Mai 1860 bestandenen Strafreglements ist fast kein Unterschied zu entdecken ... Man dachte sich das frühere Subordinationsverhältnis der Bergleute als fortbestehend mit dem einzigen Unterschiede, daß nun an die Stelle des Bergamts und seiner Beamten der Betriebsführer und seine Steiger getreten seien". Schon *Brassert* hat in seinem Kommtar zum Freizügigkeitsgesetz, ZBR 1 (1860) S. 451, der Formulierung „Arbeitsordnung und Reglement" widersprochen.

245 *G. H. Hardach*, Der soziale Status des Arbeiters in der Frühindustrialisierung, 1969, hat die Detailliertheit älterer Strafkataloge in französischen Arbeitsordnungen mit der Notwendigkeit zur Arbeitserziehung erklärt (S. 160 f.); vgl. auch *S. Pollard*, Factory Discipline in the Industrial Revolution, 1963/64, S. 260—63 u. ö. Im Ruhrbergbau handelt es sich hingegen bei einem an sich disziplinierten, den Erfordernissen auch bergbaulicher Großbetriebe aufgeschlossenen Arbeiterstamm unzweifelhaft auch um die Adaptation eines traditionellen Disziplinar- und Rechtsbewußtseins, dessen Formen noch gegenwärtig waren.

246 Strafordnung in OBA 1775 Bl. 192—194. Die hier beschriebene Übernahme der alten Disziplinarfunktionen ist sehr viel gezielter als im Ruhrrevier in den mittel- und ostdeutschen Bergbaurevieren betrieben worden. In der neuen Arbeitsordnung von 1871 im Waldenburger Bergbau wurde zwar der Uniformzwang abgeschafft, aber das ehemals von der Kgl. Behörde erlassene Strafreglement galt als zweiter Teil der Arbeitsordnung weiterhin; vgl. Glückauf 36/3. 9. 1871. Die Substitution der einen Autorität durch die andere nach der Bergrechtsreform scheint bei *Karl Lärmer*, der die (ständischen) Formen außerökonomischen Zwangs im Vormärz sehr genau darstellt, nicht gesehen zu sein: Vom Arbeitszwang zur Zwangsarbeit. Arbeitsordnungen im Mansfelder Kupferschieferbergbau von 1763 bis 1945. Berlin (O) 1961, S. 82—107, 117 ff.

247 Vgl. *Max Apt*, Die Rechtsnatur der in Arbeiterordnungen vorgeschriebenen Strafen. In: Archiv f. öff. Recht 15 (1900) S. 321—35; *Verkauf*, Gesetzgebung, S. 657—60.

des Freizügigkeitsgesetzes war unwidersprochen geblieben, daß die ausgesprochenen Strafen den Charakter von Konventionalstrafen insoweit haben müßten, als die zu erlassenden Disziplinarvorschriften der Werksbesitzer „einen integrierenden Theil des Dienst- und Arbeitsvertrages" bildeten[248]. Als vorweggenommene Schätzung des Schadens im Vertragsverletzungsfall schloß die Konventionalstrafe rechtliche Freiheits- und Ehrenstrafen grundsätzlich, Geldstrafen wegen Ungehorsams, unziemlichen Betragens u. ä. an sich auch deshalb aus, weil diese Strafandrohungen das Gebiet des Privatrechtlichen tendenziell und materiell verließen. Konventionalstrafen durften nur bei verschuldeter Schadenszufügung eingetrieben werden; in eigener Sache zu richten, war im übrigen schon aus prozessualen Gründen ausgeschlossen. Es ist daher von einer „angemaßten disziplinären oder öffentlich-rechtlichen Strafbefugnis", auch von einer durch die Gewerbeordnung (bzw. das Freizügigkeitsgesetz) „dem Fabrikbesitzer eingeräumten Privat-Strafbefugnis", die neues Recht geschaffen habe, gesprochen worden[249]. Allein das Wort Disziplin, das ein ehemals obrigkeitliches Subordinationsverhältnis meint, wie es etwa in den arbeitsrechtlichen Verhältnissen des öffentlichen Dienstes noch heute praktiziert wird, hat viel dazu beigetragen, mit der innerbetrieblichen Ordnungsnotwendigkeit die Unfreiheiten der alten Ordnung gewollt oder ungewollt zu verbinden — die Arbeiterschaft verspürte diese objektive Lageverschlechterung um so weniger, als sich die Ordnung des Arbeitsverhältnisses scheinbar nicht veränderte und die unbotmäßige Handhabung der übertragenen Autorität erst noch zu beweisen war. Daß dennoch gewichtige Stimmen gegen die Aufwertung und disziplinarische Autorität der Unternehmer lautgeworden sind[250], kennzeichnet unter anderem das hohe Ansehen der alten Ordnungskategorien unter den Hauptbetroffenen.

Ins Gewicht fallende Änderungen sind an den zu Beginn der 1860er Jahre festgestellten Arbeitsordnungen im folgenden Jahrzehnt nicht vorgenommen worden. Anscheinend erstmals im Konjunkturabschwung nach 1874 setzten Versuche ein, den Selbstkostendruck durch Arbeitszeitveränderungen und andere Einsparungen in solchem Umfang aufzufangen, daß die bestehenden Arbeitsordnungen angepaßt werden mußten. Insbesondere die Länge der zu verfahrenden Schichten und die Anordnung von Überschichten haben darin Anlaß zu Auseinandersetzungen gegeben, aber auch die disziplinarischen Regelungen wurden verschärft. Hier brachte die schlechte Absatzlage den Ruhrbergleuten allgemein jene auf manchen Anlagen schon früher gültigen[251], häßlichen Bestimmungen über das Wagennullen, d. h. über die Streichung von Fördergefäßen mit unreinem Fördergut, und über die Füllkohlenabzüge, also globale Lohnabzüge wegen unzureichend gefüllter Fördergefäße — Bestimmungen, die allzu großen Raum ließen für Willkür im Urteil über Strafgrund und Strafmaß und die in vielen Fällen von den Gruben gezielt zur Verbesserung der Ertragslage eingesetzt wurden. Zur Durchsetzung neuer Arbeitsordnungen mit solchen Zusätzen wurden dann die Monate des ausgeprägtesten saisonalkonjunkturellen Absatztiefs und eines überfüllten Arbeitsmarkts genutzt, wie etwa im

---

248 ZBR 1 (1860) S. 449, gesperrt.
249 *Verkauf,* S. 658, und *Apt,* S. 344 f. Bereits ein Bergamtsbeschluß v. 21. 10. 1860 (MBAB 4 Bl. 84 f. Abschr.) überschritt den Rahmen bloßer Konventionalstrafen: Die Strafandrohungen hätten (1) der Sicherheit des Grubenbetriebs, (2) der Disziplin gegen Vorgesetzte, der Ordnung bei der Arbeit, den kameradschaftlichen Pflichten und der öffentlichen Sittlichkeit zu gelten. Wenig später wurde allerdings hervorgehoben, daß eine zu weitgehende „Beschränkung der persönlichen Freiheit des Arbeiters sich nicht empfiehlt" (ebd. Bl. 160—64 BAB/*Dr. Hammacher* 12. 12. 1860 Abschr.).
250 Vgl. unten S. 410 u. ö.
251 Vgl. schon BAEW 154 Bl. 222 f. BAE/Bergmann *P. Ellenbeck* 10. 5. 1860 (Entw.).

April/Mai 1877, als die größeren Anlagen in der Dortmunder Umgebung, vor allem Westfalia und Tremonia, in geschlossener Aktion ihren Belegschaften verschlechterte Arbeitsordnungen verordneten und Nichtunterschreibern kündigten — mit der Folge großer Erregung und Arbeitsniederlegung, die in dieser Situation nicht unwillkommen war[252]. Hatte die Krise allein bereits einen unerhörten Leistungsdruck für die Arbeiter gebracht, so verschärfte sich die Konfliktlage zu Zechenleitung und niederer Beamtenschaft durch solche Machtbeweise weit über das bisherige Maß hinaus. Leistungsdruck durch Absatzkrise und Überschreitung der innerbetrieblichen Weisungsbefugnisse durch Schaffung von Zonen des Machtmißbrauchs ergänzten sich in diesen Jahren zusehends zu einem Klima der Unterdrückung, das erstmals Anfang 1882 durch die Angriffe des Zentrumsabgeordneten *v. Schorlemer-Alst* im Reichstag[253] auch einer größeren Öffentlichkeit bekanntgeworden ist. Hier fiel plötzlich grelles Licht auf die Praktiken zahlreicher Grubenleitungen, über die Arbeitsordnungen, über Löhne und Arbeitszeit, aber auch außerhalb der Gruben durch betriebliche Wohlfahrtseinrichtungen, durch Zechenwohnungen und betriebseigene Unterstützungskassen, selbst durch Wahlbeeinflussungen, ihre wirtschaftliche Macht zu mißbrauchen. Nach fast zwei Jahrzehnten untätigen Gewährenlassens nahm sich, durch den großen Widerhall der Zentrumsvorwürfe angestoßen, endlich 1882/83 auch die Bergbehörde wieder der Arbeitsordnungsfrage an und ließ zunächst das Strafwesen der Zechen überprüfen[254]. Ohne daß es hierzu gesetzlicher Neuregelungen bedurft hätte, wies das Oberbergamt am 14. Juni 1883 die Revierbeamten an, bei der Kenntnisnahme der Arbeitsordnungen künftig einzelne Bestimmungen zu überprüfen und, wo nötig, auf die Zechenleitungen zur Abänderung einzuwirken[255]. Noch vor dem Streik 1889 führte diese genauere Prüfung des Oberbergamts zu der Einsicht, daß die Wiedereinführung der Genehmigungspflicht für Arbeitsordnungen erforderlich sei[256]. Unmittelbar nach dem Ausstand offenbarte dann eine genaue Untersuchung sämtlicher geltender Arbeitsordnungen das ganze Ausmaß betrieblicher Disziplinierung über das Instrument der Arbeitsordnungen[257]. Danach

252 Vgl. OBA 1778 Bl. 136 f., Berichte des Revierbeamten/OBA 17. u. 18. 4. 1877; Bl. 144—46, 152 HM/OBA 26. 5. 1877 über Arbeitsordnungen nach einem Bericht des OBA; zu den Streiks s. unten S. 504 ff.
253 S. hierzu unten S. 534 ff.
254 Vgl. OBA 1390 Bl. 283 ff., bes. OBA/alle Revierbeamten 3. 5. 1882. Nach 1865 hatte den Revierbeamten nur ein Recht zur Kenntnisnahme neuer Arbeitsordnungen zugestanden.
255 Der Erlaß des OBA ist nicht auffindbar; vgl. aber OBA 1789 mit Arbeitsordnungen der 1880er Jahre und Berichterstattungen hierzu, bes. Bl. 110 f. Revierbeamter Recklinghausen/OBA 13. 10. 1886; Antwort des OBA 25. 10. 1886 (Entw.), wo betont wird, daß übertriebene Strafbestimmungen „das Verhältnis zwischen Arbeitgeber und Arbeitnehmer insbesondere bei der heutigen sozialen Arbeiterlage nur in höchst nachtheiliger Weise beeinflussen" (vgl. auch ebd. Bl. 143 f. Aktennotiz *Dr. Weidtmann*, 20. 11. 1888, wonach sich Strafermäßigungen nicht erzwingen lassen würden, man könne aber immerhin in dieser Richtung auf die Arbeitgeber einwirken). Beispielsweise wurde auch die Praxis bemängelt, die Bestimmungen über fristlose Kündigung nach § 82 ABG seitens der Grubenleitung, nicht aber (§ 83) seitens der Arbeiter, im Wortlaut in die Arbeitsordnung aufzunehmen.
256 OBA/HM 30. 8. 1887; erschlossen aus OBA 1809 Bl. 2—45.
257 Vgl. OBA 1789 Bl. 166—203; die Untersuchung wurde durch Ministerialerlaß v. 3. 6. 1889 angeordnet. Vgl. bes. Bl. 183—86 die Zusammenstellung des Oberbergrats *Jung* über die Arbeitsordnungen auf Essener Gruben (gedruckt bei *Adelmann*, Quellensammlung Bd. I, S. 311—13), sowie Bl. 192—203 für die Reviere Westl. Dortmund, Witten, Spreckhövel und Dahlhausen; vgl. ferner die bei *Adelmann*, a.a.O., S. 306—320, wiedergegebenen Stücke, bes. die Motive zur Berggesetznovelle 1892; sowie die Denkschrift über die Untersuchung der Arbeiter- und Betriebsverhältnisse in den Steinkohlenbezirken, 1890, S. 26—36,

hatten zahlreiche Gruben eigene Bestimmungen über fristlose Entlassung eingeführt, darunter jene, daß Veruntreuungen zum Nachteil der Zechen bei Entlassungsdrohung zu melden waren; Füllkohlenabzüge und Wagennullen waren überall mit mehr oder weniger scharfen Strafbestimmungen üblich[258], und auf vielen Anlagen waren hierzu globale Prozentabzüge von der Förderleistung eingeführt; Lohnstreitigkeiten wurden allgemein an sehr kurze Einspruchsfristen gebunden; mit wenigen Ausnahmen flossen die Strafgelder in werkseigene Unterstützungskassen, an deren Verwaltung die Arbeiter nur selten beteiligt waren. Auf Eintracht Tiefbau konnten die Gedinge praktisch täglich geändert werden, und in der Arbeitsordnung der Zeche fand sich eine Bestimmung, wonach auch nicht angeführte Disziplinarvergehen bestraft werden konnten. Auf Sälzer und Neuack haftete die Kameradschaft insgesamt für eine verwirkte Strafe, wenn der Urheber nicht zu ermitteln war; auf manchen Anlagen wurden schlecht oder unrein gefüllte Fördergefäße nicht nur durch Streichung, sondern noch durch zusätzliche Geldbeträge bestraft. Die globalen Füllkohlenabzüge waren auf einigen Gruben auf bis zu 11 % der Gesamtförderung gestiegen, und die Strafmaße hatten gelegentlich bis zu 15 Mark für einzelne Übertretungen erreicht. Durch die Streikereignisse 1889 wachgerüttelt, erschien auch den Behörden in den Arbeitsordnungen Grund für „ein Gefühl der Vergewaltigung" innerhalb der Arbeiterschaft[259] vorhanden. Zunächst einmal seien eine klare Formulierung der Strafkautelen, ein angemessener Strafkatalog und jeweils eindeutige Bestimmungen über die Verwendung von Strafgeldern vonnöten. Mit den nun erlassenen gesetzlichen Bestimmungen über den Erlaß und die Bestätigung von Arbeitsordnungen wurde hierin wenigstens in einigen Punkten Abhilfe geschaffen.

Wenigstens auf der Ebene der Arbeitsordnungen war damit der unbeschränkten betrieblichen Herrschaft der Arbeitgeberseite zwar noch kein Ende, aber doch eine ungefähre Linie des Tolerierbaren gesetzt. Freilich hatte sich die Herrschaft im Betrieb nicht nur auf das Instrument der Arbeitsordnungen gestützt, hierin allerdings einen deutlichen Ausdruck gefunden. Unmittelbar, physisch und psychisch erfahren wurde die Autorität und Dispositionsallmacht der Kapitaleigner und Grubenleitungen in der Person des aufsichtsführenden Steigers. Hier zuerst brachte jede betriebliche Entscheidung, soweit sie materielle Verschlechterungen einschloß, neue Reibungspunkte und Auseinandersetzungen. Die relativ geringe Zahl der Aufsichtsführenden im Bergbau und ihre vergleichsweise große Verantwortung, vor allem aber die vielfältigen Möglichkeiten ihrer Bindung an die Kapitalinteressen, haben so zu dem sich andererseits auch aus der Heterogenität zusammengewürfelter Belegschaften erklärenden „Grubenmilitarismus", zu dem „Kommandobetrieb"[260] auf den Zechen unter wie über Tage beigetragen und auch wohl den üblichen rüden Ton in allen Auseinandersetzungen mitbegründet[261]. Über die Arbeits-

---

und hierzu die Stellungnahme von Arbeitgeberseite in Glückauf 26 (1890) S. 161—64, 169—171 sowie ebd. S. 547.

258 Vgl. hierzu OBA 1789 Bl. 110 f., 172—75 Gutachten des Geheimen Bergrats *Harz* v. 28. 6. 1889.

259 OBA/HM 18. 9. 1889 (Entw.), in: OBA 1809 Bl. 2—45.

260 *Götz Briefs*, Betriebsführung und Betriebsleben in der Industrie. Stuttgart 1934, S. 118 ff.; vgl. auch *L. H. A. Geck*, Die sozialen Arbeiterverhältnisse im Wandel der Zeit, 1931, S. 112 f. (über die Schrift von *E. Roesky*, Die Verwaltung und Leitung von Fabriken. Leipzig 1878). Das Verhältnis zu den Steigern war einer der Beschwerdepunkte im Maistreik 1889; vgl. auch OBA 242.

261 Vgl. *O. Neuloh*, Zur sozialen Ordnung der Mittelschicht des Ruhrbergbaus, 1950/51, S. 130—32; über den in diesen Jahrzehnten noch verbreiteten Umgangston in industriellen Anlagen vgl. bes. die Jahres-Berichte der Fabrikinspektoren f. 1876, S. 265 f.; dass. f. 1877,

ordnungen, im Verhältnis zu den Vorgesetzten und in anderen Zwangsmöglichkeiten wie dem Überschichtenwesen ist unumstritten im Ruhrbergbau seit den 1870er Jahren das erforderliche Maß der Disziplinierung im unmittelbaren Ausbeutungsinteresse an der Arbeitskraft erheblich überschritten worden, und einige Betriebsführer eigneten sich hierin einen zweifelhaften Ruf an. Neben den erwähnten boten sich eine Fülle weiterer teilformeller und verdeckter Herrschaftsinstrumente[262] wie die globale Belegschaftsführung und -politik, indem wenig leistungsfähige Reviere und Kameradschaften aufgelöst oder in der Zusammensetzung verändert, Gedinge gezielt nach Leistungswünschen normiert oder auch Belegschaften insgesamt in starker Fluktuation gehalten werden konnten — dies ein allerdings zweifelhaftes, sich in verminderter Arbeitsleistung letztlich gegen die Zeche kehrendes Mittel. Schwer einzuschätzen ist die Art und das Ausmaß, in dem sich die Deformierung der Belegschaftskörper durch Expansion und durch Zuzug nichtbergmännischer Arbeitskräfte disziplinierend auf die bedingt ansässigen Arbeitskräfte ausgewirkt hat und ob überhaupt die darin offenbare Chance der Konfliktableitung im nennenswerten Umfang realisiert worden ist[263] — schließlich konnte sich auch dieses potentielle Disziplinierungsinstrument langfristig nur zweischneidig auswirken. Durchaus als Ebene der Belegschaftsführung im Betriebsinteresse sind auch bereits die frühen betrieblichen Unterstützungskassen[264] etwa seit den 1860er Jahren begriffen worden.

Die Einschätzung der unternehmerischen Zwangsmaßnahmen gegen die Belegschaften kompliziert sich insbesondere durch die grundlegende Frage, in welchem Umfang arbeitserziehende disziplinarische Eingriffe erforderlich waren, um die zahllosen Zuwanderer von zumeist ländlicher Herkunft dem Rhythmus und der Leistungsorientierung moderner Großbetriebe einzugewöhnen und die immensen Belegschaftszunahmen organisatorisch zu bewältigen. Die Überlagerung und Vermengung der betrieblichen Ordnungsbedürfnisse mit den Disziplinvorstellungen des alten Systems gelang auch deshalb fast reibungslos, weil an der Notwendigkeit von „Disziplin" niemand zweifeln mochte, solange die Arbeiterschaft — nicht allerdings in den 1850er und 1860er Jahren auf weniger als 10 000 Arbeiter zusammenschmelzende Stamm der Belegschaften aus der Zeit des Direktionsprinzips — in der Zeit der Konstitution der Ruhrbelegschaften ein aus vielen Gründen erklärliches, erhebliches Anpassungsdefizit aufwies. Wie in anderen Regionen und Gewerben[265], waren für die allermeisten Zuwanderer, ganz besonders, soweit sie der ländlichen Formenwelt entstammten, die Gegenstände, Zeitstrukturen, Herrschaftsverhältnisse und Freiräume der industriellen Umwelt erst noch zu erlernen. Der lange, gewiß die Generation der Zuwanderer insgesamt erfassende Anpassungsprozeß vollzog sich in einer Vielzahl abgeleiteter Anpassungskonflikte wie unverständlich häufigem, verlustreichen Arbeitsplatzwechsel, Bindungs- und Haltlosigkeit selbst im Rahmen langlebiger Wertmuster wie dem Familienleben, gewalthaften Auseinandersetzungsformen, innerbetrieblich aber in Bummelei oder Sabotage, häufiger in gefähr-

---

S. 269; dass. f. 1878, S. 273 (jeweils aus den Berichten des Düsseldorfer Fabrikinspektors *Dr. Wolff*).

262 Vgl. schon ein „Eingesandt" aus Mülheim im Boten vom Niederrhein 6/13. 10. 1865: „Mehr als die gesetzlichen Schranken, hemmen die freie Bewegung des Arbeiters die ungesetzlichen Schlingen der Arbeitgeber, welche sich für das ungeübte Auge unmerklich dichter und dichter gezogen haben" (z. T. gesperrt).

263 Dies scheint in Dortmund 1877/78 der Fall zu sein; vgl. unten S. 514.

264 Vgl. im einzelnen unten S. 290 f.

265 Vgl. hierzu vorbildlich und von deutscher Seite unerreicht *E. P. Thompson*, Zeit, Arbeitsdisziplin und Industriekapitalismus, (englisch zuerst 1967), 1973.

licher Nachlässigkeit, Unpünktlichkeit und willkürlichem Feiern. So ist es trotz hoher Strafen bis zum Ende des Jahrhunderts nicht gelungen, das unter behördlicher Bergbauführung schon fast vergessene Problem des Fortbleibens von der Arbeit an Montagen und nach Feiertagen zu meistern[266]. Umgekehrt erwuchs unverkennbar aus diesem offenkundigen Anpassungsdefizit der Seite der Betriebsführungen stets eine moralische Legitimation ihrer Herrschaft über eine in vielerlei Beispielen scheinbar unmoralische, scheinbar haltlose Arbeiterschaft; mehr noch, die Belegschaftsführung und Ordnungskompetenz bot gerade erst durch die schubweise Desorganisation des Belegschaftskörpers aufgrund saisonaler und konjunktureller Einflüsse ein Herrschaftsinstrument ersten Ranges. Auch der Umstand, daß die Gruben besondere Bestimmungen und Einrichtungen zum Anlernen der Bergleute nur selten schufen, diese Aufgabe vielmehr unkontrolliert und uninteressiert der Zufälligkeit von Kameradschaften überwiesen, scheint neben anderen Beobachtungen anzudeuten, daß das Ziel der betrieblichen Herrschaftsausübung, welche arbeitserziehenden Begleitwirkungen[267] sie immer gehabt hat, noch in der unmittelbaren Leistungsoptimierung ohne langfristige belegschaftsstrukturelle und sozialpolitische Überlegungen bestand. Ernüchterung auf allen Ebenen hat hierin ebenfalls erst der Maistreik 1889 gebracht[268].

Bis zu dieser entscheidenden Wende zeigt das Verhältnis zwischen Kapitaleignern, Zechenleitungen, Grubenbeamtenschaft und Arbeitern im Überblick seit der Bergrechtsreform keine erfreulichen Züge. Mochte man sich im Verlauf der Umwälzungen in der Bergbauverfassung auf manchen Seiten noch wirklich der Illusion hingegeben haben, die Gewerken könnten ähnlich verantwortungsbewußt ihre Geschäfte auch in sozialer Hinsicht leiten, wie ehedem die Königlichen Beamten[269], so entblößten sich die Strukturschwächen des neuen Systems unaufhaltsam in den Krisenjahren nach 1874, als die Abwesenheit sozialer Sicherungen und Korrekturinstrumente, die Unbeschränktheit betrieblicher Herrschaft und die Zielstrebigkeit des Ausbeutungsinteresses jedermann offenbar wurden. In dieser Phase griff die Herrschaftsfunktion der Gewerken- und Unternehmerdynastien und der von ihnen Abhängigen im Ruhrgebiet weit über den betrieblichen Rahmen hinaus und schlug sich, an sich bereits in den gesellschaftlich-politischen Institutionen wie in den Verbänden, den Stadtparlamenten und örtlichen einflußreichen Gremien festverankert, in einer heute kaum nachvollziehbaren Anspannung, Polarisierung, insgesamt: Verschlechterung auch des gesellschaftlichen Klimas nieder. Die ver-

266 Vgl. bes. die Auszüge aus Berginspektorenberichten, 1895—1901, bei *L. Pieper,* Lage der Bergarbeiter, S. 54—56. An solchen Tagen fehlten durchschnittlich 5—10 % der Belegschaften, überwiegend 18—24jährige. Als Bsp. s. auch die Aufstellung über willkürliches Feiern auf Hibernia, Anlage 10 zur Denkschrift über die Untersuchung der Arbeiter und Betriebsverhältnisse in den Steinkohlenbezirken, 1890.
267 Vgl. z. B. *Ludwig Beutin,* Die „Massengesellschaft" im 19. Jh. Eine terminologische Besinnung. In: Die Welt als Geschichte 17 (1957) S. 69—89, S. 74 f.; *Pollard,* Factory Discipline; *Thompson,* Zeit, Arbeitsdisziplin und Industriekapitalismus. Eine vergleichbare Untersuchung für Deutschland steht noch aus. Den frühindustriellen Arbeiter schlechthin für disziplinlos zu halten, kann im Blick auf den Bergbau nicht zutreffen; vgl. *W. Köllmann,* Rheinland und Westfalen an der Schwelle des Industriezeitalters, 1966, S. 15.
268 Vgl. z. B. *A. Eschenbach,* Lehren des Bergwerksstrikes vom Mai 1889, 1889, S. 20, 23; z. T. gesperrt: Ein großer Teil der Besitzenden sei sich der Pflichten des Besitzes noch nicht bewußt; man habe es sich vielmehr stets nur „gegenwärtig gehalten, daß den Arbeitgebern Autorität gebühre".
269 Noch 1865 meinte das OBA, das Verhältnis zwischen Arbeitgebern und Bergleuten lasse „kaum etwas zu wünschen übrig" (OBA 1788 Gutachten OBA/HM 18. 5. 1865 betr. Koalitionsrecht).

schärfte innerbetriebliche Konfrontation setzte sich zwangsläufig nach außen, in die Wohn-
bezirke, Stadtteile und Vereine fort und traf auf gleichgerichtete Prozesse, etwa auf die
andauernde Vorenthaltung politischer Partizipation, auf Isolierung, Mißachtung, auf
parteiische Bildung und Erziehung. Zunehmend zum Ende der 1880er Jahre, lassen sich
unzählige Beispiele für die Verschärfung dieser Spannungslage anbringen; unter ihnen
bilden die Wahlbeeinflussungen nur ein, die auch vor Massenschlägereien und Revolver-
schüssen nicht zurückschreckenden Gegenmaßnahmen bei Organisationsversuchen der
Bergleute ein weiteres Kapitel, wobei den Gruben- und sonstigen Zechenbeamten gemeinhin wie selbstverständlich die Rolle von Erfüllungsgehilfen der Zechenherrschaft
auch vor den Toren der Zechen zufiel[270].

Auf der Arbeitgeberseite hat diese Zuspitzung manche Äußerlichkeiten und Denkge-
wohnheiten der Mißachtung ausgelöst oder begünstigt und, wo immer es anging, die
betriebliche und gesellschaftliche Realität nach den Maßstäben oberflächlichen Gewinn-
interesses zu deuten verführt. So war von Gewerkenseite 1888 die Zunahme der entschädigungspflichtigen Unfälle nur noch darauf zurückzuführen,

> „daß die Arbeiter einen geringeren Grad an Vorsicht und Sorgfalt bei Ausführung ihrer
> Arbeit anwendeten oder wohl gar die außerhalb der Berufsarbeit eingetretenen Verletzungen
> oder Krankheiten als Betriebsunfälle ausgaben."

Der Ruf nach Strafbestimmungen „gegen den ehrlos handelnden, heuchelnden, falsche
Thatsachen anführenden und simulierenden Arbeiter"[271] schloß sich hieran an, und so
ließen sich aus einer mehr als zweifelhaften Voraussetzung ein neuer Disziplinierungs-
versuch und ein Urteil über die in Arbeiterkreisen mindestens verbreitete, wenn nicht
typische Pflichtvergessenheit und Unredlichkeit begründen. Solche selbsteinschränkende
Sichtweise verhängte den Blick auf wirkliche Ursachen, schlimmer, sie verzerrte das
Urteilsvermögen und multiplizierte die aus dem Produktionsprozeß und seinen Herrschaftsformen unabdingbaren, ungemilderten Klassenwidersprüche[272].

An sich im Bergbau aufgrund seiner dirigistischen Tradition naheliegende Impulse zur
Milderung der Gegensätze durch unabhängige Aufsicht, durch Instanzen der Konfliktregelung und insbesondere durch Korrektur der sozialen Folgen des Systems sind anfangs
an der liberalen Euphorie des Reformwerks und seiner scheinbar selbstregelnden Effizienz, später an der vor 1889 gewordenen Machtposition der Zechenherren abgeprallt[273].
Auch eine eigentliche, langfristig operierende und das Herrschaftsinteresse relativierende,
betriebliche Sozialpolitik stand am Ende der 1880er Jahre noch in den Anfängen. Mit

---

270 Vgl. die Darstellung über Versuche, Versammlungen des Rosenkranzverbandes Anfang
  1878 zu verhindern: „Kämpfe zwischen Grubenbeamten und Bergleuten", in Tremonia
  68/22. 3. 1878. Weitere Beispiele vgl. in der Darstellung unten Kap. XII, XIII.
271 „Die Zunahme der entschädigungspflichtigen Unfälle beim Bergbau", Glückauf 70/1. 9. 1888.
272 Der Maistreik 1889 hat darin auch in Arbeitgeberkreisen eine erstaunliche Ernüchterung
  gebracht. „Der moderne Staat", hieß es beipflichtend in Glückauf 26 (1890) S. 57—59
  über „Arbeiterschutz und Fabrikaufsicht" (Abdruck aus Stahl und Eisen), nehme „nicht
  bloß das Recht, sondern auch die Pflicht in Anspruch, zur Verhütung von Nachteilen eines
  Teiles seiner Bürger die Maßnahmen eines anderen Teiles zu überwachen". Der Arbeiter
  müsse „gegenüber dem Arbeitgeber geschützt werden, und deshalb ist eine Fabrikaufsicht
  angebracht" — hier schloß sich allerdings das große Aber der Arbeitgeber an.
273 Wohl nach dem Vorbild der englischen Wiegekontrolleure haben die Bergleute in der
  amtlichen Untersuchung Ende 1889 gezielt den Wunsch nach eigenen Kontrollen über
  Wagennullen und Füllkohlen, darüber hinaus nach einer unabhängigen Beschwerde- und
  Schiedsinstanz vorgebracht; vgl. Denkschrift über die Untersuchung der Arbeiter- und
  Betriebsverhältnisse, 1890, passim; *Adelmann*, Soziale Betriebsverfassung, S. 88.

den schubhaften Expansionsphasen des Ruhrbergbaus überwogen stets die auseinander-
treibenden Kräfte in den Belegschaften, und die Zechenleitungen taten wenig, dies zu
verhindern oder zu mildern. Belegschaftsformende Einflußversuche blieben so in den
Ansätzen stecken, zeigten sich merkwürdig verkrampft oder gerieten zu Maßnahmen
einer unverblümten unternehmerfreundlichen, nationalpatriotischen Gesinnungszucht
wie jenes zum „Bergfest" stilisierte Betriebsfest auf Wilhelmine Viktoria in Schalke im
September 1890, wo es in der Festrede des Betriebsführers hieß:

> „Vertreibt, ich bitte Euch, von eurer Seite die schlimmen Geister, die aus dem Sumpf der
> Gottvergessenheit und Vaterlandsverachtung emporsteigen, treibt sie energisch von Euch —
> wenn's sein muß, mit Hülfe der starken Bergmannsfaust. Bleibt treu Eurem Gott, treu
> Eurem Kaiser"[274]!

4. Knappschaft 1854 bis 1890

Die Knappschaftsgesetzgebung des Jahres 1854 — die geringfügigen Änderungen am
Knappschaftsgesetz durch das Allg. Berggesetz 1865 verstärkten im wesentlichen den
Selbstverwaltungsgedanken und reduzierten entsprechend die Aufsichtsfunktion des
Oberbergamts — hat die Knappschaft vollkommen aus ihrer gemeinschaftsbildenden,
ständischen Funktion gelöst und ihre Aufgaben auf die Sicherung der Bergarbeiterschaft
gegen Erwerbsunfähigkeit infolge Unfall und Krankheit beschränkt. Die Knappschaften bildeten nunmehr „Kooperative Verbände mit Errichtungs- und Beitrittszwang,
aber mit Selbstverwaltung" unter begrenzter Aufsicht der Bergbehörde, im wesentlichen
im Rahmen ihrer Rekurskompetenz[275]. Wenn das alte Knappschaftsinstitut den Gesamtbereich bergmännischen Lebens umfaßt und geordnet hatte, so konnte die Reform der
Knappschaftsverfassung offenkundig nicht die vielfältigen Vorstellungen und Gewohnheiten des alten Systems mit einem Male abstreifen, so daß in der Übergangsphase, wie
bereits am Beispiel der obrigkeitlichen Disziplin über die Bergarbeiterschaft gezeigt,
manche Rechtsunsicherheit auf allen Seiten entstand, die Raum für Fehlentwicklungen
und Mißverständnisse gab. Anfangs waren es Probleme der neuzubestimmenden Statuten,
bei denen die alten Ansichten ständischer Gemeinschaftspflege, Unterordnung und sozialer Sicherheit mit dem neuen Gedanken bloßer Absicherung der Bergleute gegen durch
Unfall oder Krankheit unverschuldet erlittene Schädigung zusammenstießen[276]. Gesetzlich waren Mindestleistungen der Knappschaftsversicherungen als Rahmenbedingungen
für die Formulierung der Statuten vorgesehen. Demnach konnten die meistberechtigten
Mitglieder in Krankheitsfällen freie Kur und Arznei und Krankenlohn, bei Arbeits-
unfähigkeit eine lebenslängliche Invalidenunterstützung, im Todesfall ein Begräbnisgeld
sowie Witwen- und Waisenunterstützung beanspruchen. Den Mindestberechtigten standen
mindestens Leistungen zur Rekonvaleszenz nach Krankheit und Unfall und Krankenlohn

---

274 Bergbau 51/17. 9. 1890; vgl. zur Einrichtung der „Bergfeste" oben S. 97 f.
275 Die Einrichtungen zum Besten der Arbeiter auf den Bergwerken Preußens, 1875, S. 38.
276 Vgl. oben S. 181 f. und die Darstellung der bergmännischen Proteste in Kap. XII, 1 u. 2.
    — Über die Knappschaft nach der Reform vgl. bes. *Bülow*, Knappschaftswesen,
    S. 68 ff.; *H. Karwehl*, Entwicklung und Reform des deutschen Knappschaftswesens, 1907,
    S. 18—47; Entwickelung des Niederrhein.-Westf. Steinkohlen-Bergbaues Bd. XII, S. 132 bis
    144; *A. v. Waldthausen*, Sälzer und Neuak, 1902, S. 58—71; sowie die Gesamtdarstellungen
    von *H. Thielmann*, Knappschaftsversicherung, 1960; und *J. Lingnau*, System sozialer Hilfe-
    leistungen für die Bergarbeiter, 1965.

zu. Das Berechtigungssystem gliederte die Belegschaften unter Aufnahme der alten Qualifikationsmerkmale, die hierdurch freilich auf bloße versicherungsrechtliche Kategorien beschränkt wurden, in die Grade Steiger, Schichtmeister, Hauer, Schlepper und Bergleute III. Klasse, z. B. Übertagearbeiter. Für nichtknappschaftliche Tagelöhner bestand noch bis 1873 ein allein aus Arbeiterbeiträgen bestrittener „Tagelöhner-Kurfonds". Nach 1873 wurden allgemein zwei Beamtenklassen für übergeordnete Steiger bis zum Betriebsführer, wenn sie als Knappschaftsmitglieder in diese Position aufgestiegen waren, ferner für Fahrhauer, Steiger und andere untere Beamten eingerichtet. Für die Bergleute wurden aus den bisherigen Hauer- und Schleppergraden Bergleute I. und II. Klasse wie in der alten Knappschaftsverfassung; die III. Klasse nahm nun auch die Tagelöhner auf. Die Höherstufung erfolgte nach Ableistung der erforderlichen Arbeitsjahre auf Vorschlag der Grubenverwaltungen in jährlichen Terminen, wobei zunächst auch die feierlichen Formen der alten Knappschaft gewahrt wurden.

Das Beitragsaufkommen[277] setzte sich in allen drei im Revier auch nach der Reform fortbestehenden Knappschaften einerseits aus Mitgliederbeiträgen von (bis 1873) 15 Sgr. im Schlepper- und 20 Sgr. im Hauergrad, 25 und 30 Sgr. für Beamte zusammen; Bergleute III. Klasse zahlten anfangs 6 Sgr., wurden aber schrittweise den Schleppern angeglichen. Der Beitrag der Werksbesitzer betrug 1860 den vollen Beitrag der Bergleute im Hauer- und Schleppergrad und 50 % der III. Klasse; 1861—1872 wurden 50 % der Arbeiterbeiträge gezahlt; seit 1873 betrug der Arbeitgeberbeitrag mit leichten Schwankungen bis 1890 85 % bis (meistens) 100 % des Arbeiterbeitrags. Bei der Neufestsetzung der Beiträge 1873 galten für die Beamtenklasse 3 bzw. 4,50 Mark, für die Bergleute I.—III. Klasse 1,50, 2 und 2,50 Mark. Diese Beiträge sind 1878 um 10 %, 1879 noch einmal um dieselbe Summe kurzzeitig erhöht worden; seit Ende 1879 bis 1895 galt dann wieder der erhöhte Beitrag von 1879. Vorübergehend kräftige Erhöhungen gab es 1886/87, als die Knappschaften im konjunkturellen Abschwung eine Fülle von Prozessen gegen Mitglieder verloren hatten, die aufgrund älterer Statuten höhere Leistungsansprüche erhoben. Der Konjunkturaufschwung seit 1887 brachte dann wieder niedrigere Beiträge etwa auf dem Niveau von 1878 mit einer geringen Verschiebung zu Lasten der Hauer.

Während Beiträge und Leistungen durch die Reform nicht verändert oder in einzelnen Bereichen fühlbar verbessert worden sind, brachten die neuen Gesetzesbestimmungen für die Verwaltung der Knappschaft umwälzende Neuerungen. Während früher die Knappschaftsgeschäfte von den Revierbeamten im Verein mit jeweils zwei Knappschaftsältesten unter bergamtlicher Aufsicht wahrgenommen worden waren, wurde die Verwaltung nun paritätisch von Arbeiter- und Arbeitgeberseite durch gewählte Vertreter zum Knappschaftsvorstand geleitet. Die Vorstände wählten einen engeren, zeichnungsberechtigten Vorstand, gaben sich Geschäftsordnungen und entschieden nach den statuarischen Bedingungen über alle Leistungsansprüche und Verwaltungsangelegenheiten, während neben der Vorstandswahl auch Statutenänderungen unter ministerieller Genehmigungspflicht von den meistens jährlichen Generalversammlungen der beidseitig gewählten

---

277 Zur Knappschaftsstatistik vgl. zusammenfassend besonders Denkschrift zur Einweihung des Knappschafts-Verwaltungsgebäudes [in Bochum 1910], S. 50—61, hier S. 113 f. u. ö.; ferner die ergiebige Materialsammlung in Allg. Knappschafts-Verein zu Bochum. Verwaltungsbericht f. 1893, passim. Für genauere Einzelfragen vgl. die regelmäßigen, in den Industrialisierungsjahrzehnten beständig verbesserten Veröff. in ZBHSW, z. B. Statistik der Knappschafts-Vereine in dem Preußischen Staate f. d. Jahre 1862 etc., in ZBHSW 12 (1865) etc. Eine regelmäßige Statistik der Knappschaften ist durch Ministerialerlaß zu Beginn der 1860er Jahre angeordnet worden; vgl. MBAB 31 Bl. 3 f. OBA/BAB 21. 1. 1861.

Knappschaftsvertreter wahrgenommen wurden[278]. In Leistungen, Beiträgen und Verwaltungsgrundsätzen vermochte die behördliche Aufsicht ein hohes Maß an Einheitlichkeit im Oberbergamtsbezirk durchzusetzen, so daß Gegenseitigkeitsabkommen der Vereine untereinander bei Wechsel von Arbeitern von einem in den anderen der übrigens nahezu unverändert die alten Bergamtsbezirke umfassenden Vereinsbezirke problemlos wurden, während 1876 entsprechende Versuche, den knappschaftlichen Übergang zahlreicher Mitglieder des Niederschlesischen Knappschaftsvereins in das Ruhrrevier zu erleichtern, gescheitert sind[279]. Schon 1870 haben die Knappschaftsvereine des Ruhrreviers unter dem Vorsitz von *Ferdinand Baur* einen lockeren Zusammenhalt untereinander errichtet.

Nach außen veränderte die Knappschaftsreform die Stellung der Knappschaftsältesten scheinbar unwesentlich. Aus den Dienstgeschäften der Revierbeamten gelöst, die sich der Knappschaftsältesten auch wohl für nichtknappschaftliche Zwecke bedienen mochten[280], wurden sie nun den Knappschaftsvorständen, die sie zugleich mitzuwählen hatten, als deren „beständige Commissarien"[281], als ausführende Organe der Vorstandsbeschlüsse zugeordnet. In der Regelung der Dienstgeschäfte des Ältesten bedienten sich die Vorstände ganz der ehedem bergamtlichen Weisungsallmacht; sie bestimmten detailliert seine Aufsichtsfunktionen über die Einschreibung in die Knappschaft, die übrigens zunächst weiterhin durch das Zeugnis dreier eingeschriebener Bergleute, daß bei dem Einzuschreibenden „weder Bluthusten noch die fallende Sucht wahrgenommen worden" sei, bewerkstelligt wurde; die Ältesten hatten die Ausführung der Statuten insbesondere hinsichtlich der die Leistungen des Vereins empfangenden Kranken und invaliden Mitglieder, der Witwen und Waisen, zu überwachen und weiterhin die aktiven Bergleute „zum Fleiß und zur Arbeitsamkeit [zu] ermahnen" und sich selbst „überall eines moralischen, dienstgefälligen und einem Commissar des Vorstandes des Knappschafts-Vereins gebührenden Betragens [zu] befleißigen". Deutlich sind hier mit dem Amt des Knappschaftsältesten auch seine Funktionen und deren Formen aus der alten Ordnung übernommen worden, so daß die Ältesten künftig eine merkwürdige, allein aus der ehemals ständischen Knappschaft erklärbare Zwischenstellung als Mitbestimmungsorgane der Bergleute in Versicherungsfragen, als Wahlkörper der Vorstände und als deren ausführende Verwaltungsinstanzen mit der deutlichen Absicht, der Bergarbeiterschaft die gruppenhafte Geschlossenheit und Disziplin zu bewahren, wahrzunehmen hatten. Mit dieser Zwischenstellung dauerte die Gefahr fort, daß die gewerkschaftlich beherrschten Vorstände die Ältesten allzusehr in ihren Einflußbereich zogen, wie dies bereits unter der freilich unabhän-

---

278 Wegen der durch oberbergamtlichen Kommissar wahrgenommenen Aufsicht ist hierzu umfangreiches Material über Generalversammlungen, Vorstandssitzungen, Wahlen und Statutenänderungen aller drei Knappschaftsvereine überliefert; vgl. OBA 1636, 1639—1641, 1643—1645 (Knappschaft Essen); OBA 1647—1652 (Mülheim); für Bochum s. nur OBA 1668 (Angliederung des Knappschaftsvereins Königsborn) sowie die in OPM 2750 erhaltenen Druckschriften des Vereins. Eine Geschäftsordnung des Essener Knappschaftsvorstands s. in OBA 1644. Zu den Versuchen zur Bildung von Knappschaften auf Hüttenwerken vgl. bes. MBAB 24—26 (1855—59).

279 Vgl. OBA 1644 mit versch. Quellen f. 1876. Mit der Knappschaft Saarbrücken konnte 1870, wohl infolge der Wanderungen durch Kriegseinflüsse, ein Abkommen geschlossen werden; s. OBA 231.

280 Über Beschwerden des Essener Knappschaftsvorstands gegen Botendienste der Knappschaftsältesten vgl. BAEW 122 Bl. 93, 124 (1857/58).

281 Knappschaftsvorstand Essen/BAE 28. 8. 1857, in: BAEW 122 Bl. 78; zum folgenden siehe die gedruckte „Dienst-Instruktion und Bestallung für die Knappschafts-Ältesten", Essen 1857, ebd. Bl. 79 f.

gigen Aufsicht der Revierbeamten geschehen war. Insofern bedeutete die Beibehaltung des alten Modus für die Ältestenwahlen, der auf die frühere obrigkeitliche Knappschaft zugeschnitten gewesen war[282] und den Vorständen im Auswahlrecht aus drei gewählten Kandidaten ganz entscheidende Selbstregulierungsmöglichkeiten, mit anderen Worten, die Festschreibung des dominierenden Unternehmereinflusses bot, eine arge Benachteiligung der Arbeiterschaft in der Durchsetzung ihrer Rechte. Nicht zu Unrecht ist den Knappschaftsältesten daher stets ein eher auf das Amt als auf seine Inhaber bezogenes Mißtrauen, übrigens schon in Zeiten bergamtlicher Knappschaftsleitung, entgegengebracht worden, und die Belegschaften der einzelnen Knappschaftsbezirke und Ältestensprengel haben die an sich komplizierten Ältestenwahlen wie das Auswahlrecht der Vorstände immer argwöhnisch beobachtet und umgehend Einspruch erhoben, wo Unregelmäßigkeiten drohten[283]. Die geheime direkte Wahl der Knappschaftsältesten, von den Bergleuten vermehrt seit Ende der 1860er Jahre gefordert, konnte endlich mit der Bildung des Allgemeinen Knappschaftsvereins aus den drei Knappschaften des Ruhrreviers 1890 durchgesetzt werden[284]. Aber auch weiterhin blieb es bei den „Aufgaben der unteren Verwaltungsbehörden", die die Ältesten wahrzunehmen hatten: Überwachung der Krankfeiernden und der „knappschaftlichen Termine": der Zahltermine, Einschreibungen und Überprüfungen fortdauernder Invalidität, schließlich der Mitentscheidung über Invalidisierungsanträge[285].

Weniger vehement als gegen Ältestenwahlen äußerten die Bergleute ihren Protest gegen sie betreffende Rechtsakte der Vorstände, weil hier naturgemäß meistens einzelne in ihren wirklichen oder vermeintlichen Leistungsansprüchen betroffen waren. Die relative Differenziertheit der knappschaftlichen Leistungen und ihre große Bedeutung für die bergmännische Existenz überhaupt ließen hier beinahe tagtäglich Konfliktstoff und Reibungen entstehen; auf die eine oder andere Weise hatte jeder Bergmann immer mit der Knappschaft zu tun. Sie bildete, mochte gegen ihre Führung auch großes Mißtrauen verbreitet und auch angebracht sein, einen festen Orientierungspunkt im bergmännischen Leben, und der anfangs durch die Knappschaftsvorstände weiterhin erteilte Heiratskonsens steht symbolisch für diese Funktion. Die Knappschaft konnte sogar bis weit in die 1880er Jahre, als die Sicherung der Arbeiter aller Gewerbe gegen Unfall, Krankheit und Invalidität Bestandteil staatlicher Sozialpolitik wurde, mit durchaus realem Hintergrund als ein Restbestand ehemaliger Privilegien, als ein den Bergmann für seine gefahrvolle Arbeit auszeichnendes und unterscheidendes Instrument staatlicher Fürsorge verstanden werden. Auch deshalb ist das Ansehen der Bergbehörden als Schutzinstanz lange über ihren wirklichen Funktionsverlust hinaus geblieben.

---

282 Vgl. o. S. 93 und das gedruckte „Reglement der Knappschaftsältestenwahlen, festgestellt in der Sitzung des [Essener] Knappschafts-Vorstandes am 3. 11. 1868", in OBA 1639.

283 Die oben Anm. 278 genannten Quellen geben eine Fülle von Beispielen, vgl. daneben zahlreiche Beschwerden gegen Nachwahlen u. ä. in BAEW 122—123 sowie die Bemerkungen unten S. 543 ff.

284 Richtig bemerkt *Halbach*, Die Einwirkung der Arbeiterversicherungsgesetze, S. 51 f., hierzu, daß die Ältesten nun als Beauftragte der Bergleute zu gelten hätten und zur Krankenkontrolle eigentlich nicht mehr herangezogen werden könnten.

285 Nach: Allg. Knappschafts-Verein zu Bochum. Verwaltungsbericht f. d. J. 1892, S. 11. Es sei hier zusätzlich auf die informelle Aufgabe der Rechtsbelehrung für Anspruchsberechtigte hingewiesen; vgl. etwa OBA 230, Beschwerdeschrift des Invaliden *Dietrich Ringelband*, 14. 2. 1870. — Die Ältesten erhielten auch weiterhin z. T. nach der Größe ihrer Sprengel abgestufte Honorare, die 1873 bei einer Höhe von jährlich 50—100 Tlr. um 20 % erhöht wurden (OBA 1644).

Unter den bereits im Überblick erwähnten knappschaftlichen Leistungen waren auch solche, die noch aus bergamtlicher Zeit rührten und nun schrittweise abgeschafft wurden[286]. Hierzu zählte vor allem das Schulgeld für die Bergmannskinder, das in der Essener Knappschaft bis in die 1880er Jahre in schulgeldpflichtigen Gemeinden für den Elementarschulunterricht gezahlt wurde[287]. Weniger das Krankengeld, um dessen Beanspruchung und Auszahlung es anscheinend wenig Auseinandersetzungen gegeben hat, als die Invalidenpensionen, an deren Zuerkenntnis und Höhe die Knappschaften wegen des Leistungsumfangs naturgemäß großes Interesse hatten, gab in den Jahrzehnten nach der Bergrechtsreform fortwährenden Anlaß zu Klagen vor allem in Zeiten schlechter Beschäftigungslage, wenn die Beiträge bei gleicher Invalidenzahl spärlicher flossen und die Reservefonds[288] beansprucht werden mußten.

Die frühe Invalidität der Bergleute hat schon zeitgenössisch zu ausgedehnten Diskussionen und statistischen Berechnungen über ihre Ursachen — sie sind im Kern durch den besonderen Charakter des bergmännischen Arbeitsplatzes beschrieben — und Folgen für die Knappschaftskassen geführt[289]. Ganzinvalidität trat in allen deutschen Knappschaften durchschnittlich noch in der Zeit der Bergrechtsreform bis zum Ende der 1860er Jahre in einem Alter von z. T. erheblich über 50 Jahren ein; bis in die 1880er Jahre sank das Durchschnittsalter auf 47 bis 49 Jahre, wobei insbesondere für die Zeit nach der Jahrhundertwende, als ein Alter von 44—46 Jahren erreicht wurde, kaum zu klären ist, in welchem Umfang diese Entwicklung stärkerer Unfall- und Krankheitsgefahr und physischer Beanspruchung oder veränderten Gepflogenheiten und ärztlichen Urteilsmaßstäben zuzuschreiben ist. Jedenfalls lag der durchschnittliche Eintritt der Invalidität im Ruhrbergbau[290] erheblich, nämlich um jeweils 3—4 Jahre, unter dem Durchschnitt aller Knappschaften, darunter besonders jener in Saarbrücken, stieg jedoch vom Ende der 1870er Jahre bis zum Ende der 1880er Jahre bei z. T. durch Sondereinflüsse bedingten Schwankungen um etwa 3 Jahre auf 47—48 Jahre an. Bei Berechnung eines Arbeitsbeginns im Alter von 16 Jahren und unter Abzug der Militärjahre ergibt sich damit eine durchschnittliche Betriebsanwesenheit von etwa 28 Jahren[291], die allerdings, da die zahl-

---

286 Der auf einer Konferenz beider BÄ noch Ende 1853 (MBAB 45 Bl. 11—34, Protokoll 15. 12. 1853) geforderte „Zehrpfennig" (bis zu 10 Sgr.) für wandernde Knappschaftsgenossen wurde in die Statuten nicht aufgenommen. — Der bei der Essener Knappschaft bestehende Musikfonds, der früher zur Unterhaltung der Bergkapelle gedient hatte, wurde nun für die Bezahlung einer Musik bei Beerdigungen von Knappschaftsmitgliedern verwendet; später (bis 1892) erhielten Hinterbliebene hieraus eine Unterstützung. Vgl. Allg. Knappschafts-Verein zu Bochum, Verwaltungsbericht 1892, S. 49.

287 Vgl. OBA 230, 1641, 1644, 1651, mit zahlreichen Beschwerden wegen Vorenthaltung des Schulgelds und Kontroversen mit Gemeinden über fortbestehende Schulgeldpflicht.

288 Ende der 1870er Jahre setzte sich die Ansicht durch, daß der Reservefonds nicht etwa jederzeit die Höhe haben müsse, alle Verbindlichkeiten des Vereins einlösen zu können; vgl. Glückauf 14/16. 2. 1878.

289 Vgl. etwa A. Morgenbesser, Sterblichkeits- und Invaliditätstafeln für preuß. Bergleute, 1882; und W. Küttner, Neuere Untersuchungen über die Invalidität der Steinkohlenbergleute Preußens. In: ZBHSW 36 (1888) S. 30—90, hierzu Glückauf 22/17. 3. 1888.

290 Vgl. H. Imbusch, Das dt. Knappschaftswesen, 1910, S. 99; Angaben für den Ruhrbezirk nach OBA 1809, Bl. 51—53, und Halbach, Arbeiterversicherungsgesetze, S. 202 f. Noch 1865 hatte das OBA die außerordentliche Gesundheit der Ruhrbergleute anhand vergleichsweise später Invalidität nachgewiesen; vgl. OBA 1788 Bl. 22 (OBA/HM 15. 5. 1865 betr. Koalitionsrecht).

291 Vgl. f. d. spätere Zeit Pieper, Lage der Bergarbeiter, S. 168.

reichen Zuwanderer nur selten jünger als 20 Jahre zum Zeitpunkt des Arbeitsbeginns waren, in Wirklichkeit noch erheblich kürzer gewesen ist.

Unter diesen Bedingungen mußte eine stärkere Belastung der Knappschaftskasse durch Invalidengelder etwa 20 Jahre und mehr nach der ersten großen Belegschaftszunahme in den 1850er Jahren eintreten. Hierdurch verschärfte sich die Kassenlage der Knappschaften, durch die Stagnation der Belegschaftszahlen in den Krisenjahren an sich bereits gespannt, erheblich zum Ende der 1870er Jahre, wobei man noch im Überschwang des Gründerbooms den Fehler gemacht hatte, die Leistungen prozentual weit über die Beiträge hinaus zu erhöhen[292], so daß nun Jahre der Streichungen und Einkommenseinbußen für Pensionäre unvermeidlich waren. Fast von selbst verstand sich, daß hierbei zuerst an die Invaliden zu denken war, deren Zahl sich allein von 1875 bis 1885 verdoppelte[293]. Denn längst hatten die Ausgaben für Invaliden-, Witwen- und Waisengelder alle anderen weit überwuchert. Die prozentualen Ausgaben aller Ruhrknappschaften betrugen[294]:

	Gesundheits- pflege	Renten	Begräbnis- kosten	Verwaltung, Sonstiges	Gesamtausg. in Mark
1860	42,60	45,36	1,56	10,49	852 961
1865	39,75	49,85	1,73	8,66	1 166 860
1870	33,77	54,26	1,56	10,41	1 636 654
1875	33,26	60,88	1,21	3,11	4 054 415
1880	23,58	70,33	1,32	4,77	4 223 095
1885	21,43	73,83	0,94	3,80	6 518 976
1890	32,60	63,27	1,14	3,0	8 286 441
1900	43,64	51,41	1,07	3,88	18 087 025

Die Knappschaften waren demnach bis in die Mitte der 1880er Jahre nahezu reine Invalidenkassen geworden; zu der in den zwei folgenden Jahrzehnten gelungenen, erheblichen Verbesserung der Ausgabenstruktur trugen allerdings in hohem Maße die Einwirkungen der Sozialgesetzgebung bei.

Bei dieser Lage war offenkundig, daß die Knappschaftskassen gehalten waren, ihre Sparmaßnahmen in den schon in der Beitragsentwicklung ausgedrückten Jahren hohen Kostendrucks vor allem bei dem größten Kostenfaktor anzusetzen, der zudem aus der Sicht der Gewerken dem Bergbau kaum Nutzen brachte. Ohne hier nun im einzelnen die zahlreichen Statutenänderungen mit Leistungsminderungen vor allem 1877/1879 und 1885/1887 aufzuzählen, bleibt doch als Ergebnis der dargestellten Entwicklung unverkennbar, daß die Berginvaliden ganz besonders dann, wenn sie ohne andere Einkünfte waren, die Hauptleidtragenden der miserablen Konjunkturlage seit 1874 und z. T. in den 1880er Jahren wurde. Darüber hinaus mußte sich mit den ständigen Kürzungen

---

292 Vgl. bes. die Aufstellung OBA 1652 Bl. 82 f. (Anlage zum Antrag auf Statutenänderung 12. 9. 1881).

293 In der Bochumer Knappschaft von 2723 auf 5660; s. Glückauf 2/8. 1. 1887.

294 Errechnet aus den Angaben in der Denkschrift der Knappschaft Bochum [1910], S. 54 f. Ungenaue Additionen auf 100 % sind Rundungsfehler. Die Schwankungen in der Rubrik „Verwaltungskosten" erklären sich aus sehr unterschiedlichen Investitionsausgaben („Sonstiges"), z. B. sind die Verwaltungskosten auch 1870/75 erheblich gestiegen. — Eine ausführliche Einnahmen- und Ausgabenstatistik der preuß. Knappschaften findet sich z. B. bei [E. Leuschner], Der absolute Beitrittszwang zu den Knappschaftskassen, 1883.

und in einem Sparklima, das auch ärztliche Entscheidungen beeinflußt hat, die Unzufriedenheit gerade der älteren Arbeiterschaft steigern[295].

An Vorschlägen zur Reform des Knappschaftsinstituts hat es gerade von Seiten der Unternehmer, für die sich die Kostenentwicklung stets als Verschlechterung darstellen mußte, nicht gefehlt. Hier erwies sich nun die einem modernen Versicherungsinstitut durchaus nicht angepaßte, aus ihrer Tradition herrührende Eigenart der Knappschaft, Unfall-, Kranken- und Invaliditätsversicherung unter einem Dach ohne Zwang zu bestimmten anteiligen Aufwendungen zu vereinen, als im ganzen reformresistent und damit vorteilhaft für die von einer Auflösung dieser Verflechtung vor allem betroffene Arbeiterschaft. Erstmals das Berggesetz 1865 hatte eine solche Auflösung ermöglicht. Seither mehrten sich, übrigens von Anfang an gegen die Meinung mindestens der Bochumer Knappschaftsältesten, die Vorschläge aus Gewerkenkreisen, die Krankenkassen aus den Knappschaften zu lösen und in kleineren Bezirken oder werksweise zu organisieren und nur die Pensionskassen wegen ihres hohen Risikos weiterhin zentral zu führen[296]. Für kleinere Krankenkassen wurde unter anderem ernsthaft mit dem Hinweis geworben, daß

> „die Ausdehnung des Prinzips der Selbstverwaltung bis zu einer direkten Theilnahme sämmtlicher Mitglieder an lediglich berathenden Versammlungen das Mindeste ist, was gewährt werden muß, wenn den Anforderungen der Zeit Rechnung getragen werden soll. Man kommt aber auch ferner auf den Gedanken, ob es denn nicht möglich sein würde, innerhalb des Knappschafts-Vereines selbst resp. im engsten Anschluß an denselben eine Vertretung der Interessen der Bergarbeiter zu schaffen ... Treten wir dieser Frage näher, findet sich, daß auch hier die Abzweigung der Krankenkassen uns den Weg zu diesem Ziel bereitet"[297].

Die offenkundige Nebenabsicht, über werkseigene Krankenkassen die Knappschaft zu einem Disziplinierungsinstrument ersten Ranges zu machen, ließ hier sogar einmal wirkliche Interessen der Arbeiter anführen. Daß diese Reformpläne nicht zur Ausführung kamen, lag zunächst am Betriebskostendruck in den Krisenjahren, der die Experimentierfreudigkeit nicht eben anfeuerte; seit den frühen 1880er Jahren nahm dann, ganz abgesehen von Widerständen innerhalb der Bergbehörden, die staatliche Sozialpolitik allen knappschaftlichen Reformvorhaben viel Wind aus den Segeln[298].

Immerhin brachte das Krankenversicherungsgesetz von 1883 auch für die Knappschaften die bilanztechnische Trennung der Kranken- von den Pensionskassen bei fortwährend derselben Leitung, andererseits aber auch die Verschmelzung kleinerer Knappschaften. Daneben hob das Gesetz die knappschaftlichen Leistungen allgemein an — z. B. mußte

---

295 Vgl. unten S. 545 ff. — Ein besonderes Interesse an einer reibungslosen Funktion hatten immer auch die Kommunalverwaltungen, insbesondere die Armenkassen; vgl. z. B. das Schreiben des Essener Bürgermeisters *Lindemann*/OBA 25. 9. 1863, in OBA 1643.

296 Vgl. erstmals die Verhandlungen im Bergbauverein 1866: Glückauf 1/7. 1. 1866, 2/14. 1. 1866, 3/21. 1. 1866; ferner bes. die Artikelserie in Glückauf Okt./Nov. 1870, Nr. 44, 47, 48, 50; sowie *Hiltrop*, Über die Reorganisation der Knappschaftsvereine, 1869, der S. 219 die „bedauerliche Einrichtung" der „Zusammenwerfung der Krankenversorgung mit den Knappschafts- und Pensionskassen" kritisiert; ähnlich noch zu Beginn der 1880er Jahre *A. Caron*, Die Reform des Knappschaftswesens u. d. allg. Arbeiterversicherung, 1882, S. 20 f.; *C. Lahmeyer*, Die Reform des Knappschaftswesens im Anschluß an die sociale Gesetzgebung, 1884, S. 9.

297 Glückauf 48/27. 11. 1870.

298 Zum folgenden, hier nur in Kürze Berührten vgl. bes. die Studie von *Halbach*, Arbeiterversicherungsgesetze. Die Unternehmerhaltung ist vorzüglich durch zahlreiche Stellungnahmen in Glückauf Jgg. 1882/83 und später dokumentiert.

Krankenlohn nunmehr auch bei grobem Verschulden des Empfängers vom dritten Tag der Erwerbsunfähigkeit an 26 Wochen lang gezahlt werden[299].

Stärkere Eingriffe in das Knappschaftswesen brachte dann das Unfallversicherungsgesetz von 1884[300], mit dem die Knappschaften die Unfallfürsorge an eigens gebildete, nur von Arbeitgeberbeiträgen getragene Unfall-Berufsgenossenschaften abgeben mußten. Trug dies einerseits erheblich zur Gesundung der knappschaftlichen Finanzen bei, so verbesserte es auch im Bergbau künftig die Lage der von Unfällen Betroffenen, da nunmehr der nach dem Haftpflichtgesetz von 1871 erforderliche Nachweis eines Verschuldens des Arbeitgebers nicht mehr erbracht werden mußte; damit wurde die Beweislast, die zu vielen unerquicklichen Prozessen, zumeist aber zu einem stillschweigenden Verzicht geführt hatte, von dem Geschädigten genommen[301]. — Nach diesem weitreichenden Eingriff in das bestehende Knappschaftswesen beschleunigte das Gesetz über die Invaliden- und Alterssicherung 1889 die organisatorische Vereinfachung der Verwaltung durch die 1890 vollzogene Zusammenlegung der drei Ruhrknappschaften, die sonst kaum die erforderliche Anerkennung als besondere Kasseneinrichtung mit dauernder Leistungsfähigkeit durch Bundesratsbeschluß 1891 erlangt hätten[302].

Wenn auch der Unternehmer und ihre parlamentarischen Vertreter ihre Erwartungen hinsichtlich der Sozialgesetzgebung und ihrer Auswirkungen auf die Knappschaften nicht in jedem Fall durchsetzen konnten, blieb doch ihr dominierender Einfluß auf die Knappschaften bis über den Streik von 1889 hinaus erhalten und wurde auch zeitgenössisch nicht bezweifelt[303]. Gerade in den frühesten Wahlperioden aller drei Ruhrknappschaften nach dem Knappschaftsgesetz bewies sich die fortdauernde Vertrauensposition der Behörden durch die Wahl ihrer Vertreter durch die Arbeiter, und die häufige Wahl von Grubenbeamten in die Vorstände deutet auf ein anfangs nach der Reform wenig problematisches Verhältnis zwischen Arbeitern und Vorgesetzten. Trieb in dieser Hinsicht die künftige Entwicklung der Belegschaftsverhältnisse zwar einen Keil zwischen beide Gruppen, so blieb die knappschaftliche Gemeinschaft andererseits, weil die meisten mittleren Vorgesetzten Mitglieder waren, erhalten und dürfte insoweit die aufbrechenden Gegensätze wenigstens in den ersten Jahren nach der Reform gemildert und überdeckt haben. Überstarkem Einfluß der Gewerken auf die Verwaltung wurde durch die behördliche Aufsicht eine Grenze gesetzt, wobei weniger die unmittelbare Kontrolle durch das Oberbergamt als vielmehr die Ministerialbehörde einschränkend wirksam wurde. So

---

299 Vgl. im einzelnen den umfänglichen Ausführungserlaß v. 1. 10. 1883 an die OBÄ etc., gedruckt z. B. in Glückauf 82/13. 10. 1883. Der 1882 gegründete Dachverband „Allg. Deutscher Knappschaftsverein" gab am 1. 4. 1884 ein Normalstatut nach den neuen Erfordernissen heraus.

300 Zusätzlich zu den Hinweisen Anm. 298 s. OPM 826 Bergbauverein/OPM 24. 10. 1884 sowie die Kostenkalkulation in Glückauf 93/19. 11. 1884: „Untersuchungen über die Belastung durch das Unfallversicherungsgesetz".

301 Einen Fall der Anspruchsdurchsetzung nach dem Haftpflichtgesetz schildert O. *Eggert*, Oberhausen H. I, 1968, S. 53.

302 Hierzu auch *H. Brinkmann*, Die Geschichte der Knappschaft im Ruhrgebiet, 1967, S. 179 f.

303 Charakteristisch z. B. Semesterbericht RPD 27. 10. 1883: „In den Knappschafts- und Fabrikkrankenkassen überwiegt der Einfluß der Arbeitgeber"; in dem vom Düsseldorfer Gewerberat *Dr. Wolff* entworfenen Bericht OPK 18. 11. 1883 war daraufhin die Rede von „den durch den Einfluß der Arbeitgeber völlig beherrschten Fabrikkranken- und Knappschaftskassen" (OPK 8220 S. 337—84, 589—617). Vgl. auch die Beschwerde des entlassenen Essener Knappschaftsangestellten *A. Stork*/OBA 1. 8. 1868: Die vielen Unrichtigkeiten in der Knappschaft trügen „mehrfach den Character der directen Unterdrückung", was an der unzureichenden Teilnahme der Arbeiter an der Vereinsverwaltung liege.

wurde das Oberbergamt 1863, als sich die Mülheimer Knappschaftsältesten einstimmig gegen eine vom Vorstand eingebrachte Statutenänderung wandten, belehrt, daß die Meinung der Arbeitervertreter nicht etwa deshalb, weil die Opponenten persönliches Interesse mit ihrer Stimmabgabe verbinden könnten, geringer zu bewerten sei[304]. In mehreren aufeinander folgenden Erlassen des Handelsministeriums um die Wende zu den 1870er Jahren wurden schließlich auch die Positionen der Arbeiter, wie es scheint, durchaus beachtet. So hieß es insbesondere im Hinblick auf die Nutzung der Knappschaft als Instrument unternehmerischer Disziplinierung 1870, die gänzliche Löschung aus der Knappschaft wegen Ungehorsams, eine noch im Streik der Belegschaften von Alstaden und Roland Anfang 1869 höchst wirksame Maßnahme, sei fernerhin nicht vertretbar,

> „da die einseitig von den Werkseigenthümern zu erlassenden Arbeitsordnungen wohl die Entlassung des dieselben übertretenden Bergmanns von der Arbeit, nicht aber dessen gleichzeitige Entlassung aus dem Knappschaftsvereine zur Folge haben dürfen ... Ebensowenig kann es als angemessen bezeichnet werden, wenn hier und da die Knappschaftsmitglieder zu dem Knappschaftsvorstand, den Ältesten, den Vereinsbeamten und Ärzten derart in ein Subordinationsverhältnis gesetzt werden, daß eine hartnäckige Widersetzlichkeit unter Umständen zu dem Verluste der Knappschaftsrechte führt"[305].

Damit war durchaus rechtzeitig einer im Streikfall drohenden Gefahr die Spitze gebrochen, und nebenbei wurde mit manchen Relikten der alten Knappschaft aufgeräumt, die unter den neuen Verhältnissen allzu leicht in mißverständlicher Absicht genutzt werden konnten. Im Ruhrrevier hat es seither jedenfalls keine ernsthaften Versuche zur knappschaftlichen Disziplinierung ausständiger Arbeiter gegeben — wie immer der oben zitierte Erlaß von seinen Urhebern selbst nach der Reichsgründung und in den Jahren des Sozialistengesetzes beurteilt worden ist.
Die großen Knappschaften haben sich somit insgesamt als zu kompliziert und auch öffentlicher Kritik allzu offen erwiesen, um sie, jedenfalls im Ruhrrevier, zwingend gegen die Arbeiter kehren zu können und damit ein interessendienliches Verhalten der Arbeiterschaft herbeizuführen. Dagegen ist bereits Mitte der 1860er Jahre — nicht zuletzt im Zusammenhang mit der erwähnten Diskussion um werksabhängige Organisierung der Krankenkassen — das Augenmerk der Gewerken auf die Möglichkeiten eines eigenen, knappschaftsergänzenden Unterstützungswesens gelenkt worden. Vorbildhaft scheint hier die ältere Unterstützungskasse des Hörder Bergwerks- und Hüttenvereins von 1852 gewirkt zu haben[306]. Der Vorteil der ähnlich auf Westfalia und Friedrich Wilhelm eingerichteten Kassen liege, so hieß es 1866, darin, daß „die Arbeiter mehr an das Werk gebunden werden"[307]. So bestanden dann Ende der 1860er Jahre auf den meisten größeren Anlagen eigene Kranken- und Sterbekassen mit teilweise beträchtlichem Geschäftsum-

---

304 Vgl. OBA 1651 Bl. 271 f. HM/OBA 17. 9. 1863.
305 HM/alle OBÄ 25. 2. 1870, gedruckt in: *Kletke*, Handbuch, S. 76—79; vgl. ferner die Hinweise unten S. 453 Anm. 267 u. 277.
306 Vgl. ausführlich *L. Jacobi*, Statist. Nachrichten über die gewerblichen Unterstützungskassen, 1861, S. 95—114; wichtige weitere Quellen zum betrieblichen Unterstützungswesen s. in RA I 533 u. I 554, in OPK 7274—7349; über die Einrichtungen auf Zechen vgl. bes. MBAB 23; LRB VII 39 (Zeche Pluto 1868); RA I 1 Bl. 60—66 (Tremonia, Westfalia) sowie OBA 1776, 1777. Regelmäßige Übersichten wurden in den Jahresberichten der HK Dortmund veröffentlicht, z. B. f. 1875, S. 25. *Adelmann* bringt in seiner Diss. über die soziale Betriebsverfassung (vgl. S. 93) kaum Informationen zum frühen betrieblichen Kassenwesen; vgl. schon *R. Schwenger*, Betriebliche Sozialpolitik im Ruhrkohlenbergbau, 1932, S. 21 f., 131 f.
307 Glückauf 17/19. 4. 1866.

fang[308]. Während die Mittel meistens aus Beiträgen der Zechenverwaltungen und Belegschaften, besonders auch durch Strafgelder, aufgebracht wurden, blieben die Arbeiter in der Verwaltung dieser Kassen stets ohne nennenswerten Einfluß. Sie haben sich daher auch gelegentlich der mehr oder weniger massiven Beitrittsaufforderung widersetzt[309].

Bis Mitte der 1870er Jahre bestanden so 36 Werkskassen „mit und ohne Zwang" mit etwa 26 000 Mitgliedern, d. i. fast einem Drittel der Gesamtbelegschaft[310]. Manche dieser Einrichtungen waren allerdings nicht viel mehr als bloße „Pfennigkassen", d. h. gespeist aus den Pfennigbeträgen bei Lohnzahlungen und aus nicht abgeforderten Lohngeldern. Andere hingegen bildeten eine wirksame Ergänzung zur in den Krisenjahren nicht immer ausreichend leistungsfähigen Knappschaft. Manche Schachtanlagen, so der Kölner Bergwerksverein 1880 mit einer Krankenkasse für Familienmitglieder[311], waren schon früh zu weitergehenden Leistungen im Interesse einer langfristig planenden Belegschaftspolitik bereit; schwerpunktartig haben solche Bemühungen aber erst nach der Jahrhundertwende eingesetzt.

---

308 Vgl. z. B. den Jahresabschluß auf Graf Beust: Glückauf 20/20. 5. 1866.
309 So zu Anfang der 1870er Jahre auf Hibernia infolge, wie es hieß, sozialdemokratischer Agitation. Vgl. OBA 1777 Bl. 188.
310 Vgl. Glückauf 1/1. 1. 1876. — Während der Kriegsjahre 1870/71 beteiligten sich die Werkskassen ostentativ an der Versorgung solcher Mitgliederfamilien, deren Ernährer einberufen, verwundet oder gefallen waren; s. ebd. 4/22. 1. 1871. Eine Aufstellung der sog. eingeschriebenen Unterstützungskassen auf den Zechen des Ruhrreviers 1872—83 s. in Glückauf 70/30. 8. 1884.
311 Vgl. *Adelmann*, Quellensammlung Bd. II, S. 70 f.; *ders.* Soziale Betriebsverfassung, S. 93—95.

Kapitel IX
Haushalt, Familie und kommunale Umwelt 1850—1890

1. Der Arbeiterhaushalt: Löhne und Preise

In den folgenden Ausführungen soll dem Arbeitsplatz, der Belegschaft, dem Betrieb als einem gewichtigen Bündel von Einflußfaktoren auf die Entstehung und Gestalt kollektiven proletarischen Verhaltens der Bergarbeiterschaft die außerbetriebliche Lebenswelt des Industriearbeiters in geraffter Form zur Seite gestellt werden. Der Schwerpunkt soll hierbei, nach den betrieblich-strukturellen, auf den materiellen Daseinsbedingungen des Bergmanns und seiner Familie liegen, wobei die Verknüpfung beider Bereiche in den Fragen der Lohngestaltung durch die vorangestellte Diskussion der nominalen Lohnentwicklung im Konjunkturverlauf in Verbindung mit Arbeitsleistung und Kapitalverzinsung zum Ausdruck gebracht werden soll.

a) Arbeitslöhne im Ruhrbergbau 1850—1890[1]

Die Entwicklung der hier vor allem interessierenden durchschnittlichen Jahreslöhne der Ruhrbergarbeiterschaft läßt sich nach der statistischen Qualität der vorliegenden Daten in drei Abschnitte teilen, von denen der letzte seit 1878 mit den Zusammenstellungen der 1886 entscheidend verbesserten, amtlichen Lohnstatistik kaum, der Zeitraum seit 1863 auf der Grundlage zahlreicher gesicherter Schichtlohnangaben nur geringe, die frühe Lohnstatistik seit der Jahrhundertmitte dagegen ganz entscheidende Probleme der Datenqualität und Gewichtung aufwirft. Hier kann nicht übersehen werden, daß die Vielfalt, das zum Teil bunte Durcheinander der überlieferten Angaben für die 1850er Jahre und

---

1 Die Darstellung geht hier unter gelegentlich ausführlicherer Kritik und Benutzung zusätzlichen Materials von den neuerdings von *C.-L. Holtfrerich* errechneten Lohndaten im Ruhrbergbau des 19. Jh. aus: Quantitative Wirtschaftsgeschichte des Ruhrkohlenbergbaus, 1973, S. 54—61, 172 f.; vgl. das Schaubild S. 296 sowie die absoluten Zahlen im Anhang S. 602 f. Leider hat *Holtfrerich* nicht die zeitgenössisch gerade an den Bergarbeiterlöhnen entfachte lohnstatistische Diskussion aufgegriffen, wie sie *K. Oldenberg*, Studien z. Rhein.-Westf. Bergarbeiterbewegung, 1890, angeschnitten hat; vgl. etwa *Reismann [-Grone]*, Schicht und Lohn der Ruhrkohlenbergleute, 1890; sowie Glückauf 26 (1890) S. 236, 262, 381, 505—508; *L. Pieper*, Lage der Bergarbeiter, 1903, S. 70—90; *H. Münz*, Lage der Berarbeiter, 1909, S. 82; *M. Saitzew*, Steinkohlenpreise und Dampfkraftkosten, 1914, S. 118—36, 151—84; *W. Retzlaff*, Das Lohngefüge im dt. Steinkohlenbergbau 1886—1956, Diss. 1958. Insbesondere bezieht *Holtfrerich* nicht die eher der Produktivitätsfrage geltenden Stu ien v. *L. Brentano*, Über das Verhältnis von Arbeitslohn und Arbeitszeit zur Arbeitsleistung, 1875, 3. Aufl. 1893; *Jüngst*, Arbeitslohn und Unternehmergewinn, 1906, ein. — Nicht zugänglich war mir *Pierre Boca*, Salaires et prix du charbon dans le bassin houiller rhénanwestphalien 1850—1913. Paris 1938 (vgl. *H. Corsten*, Bibliographie des Ruhrgebiets, Bd. I 1943, S. 366).

auch später selbst einerseits Ausdruck einer noch wenig gleichförmigen betrieblich-sozialen Wirklichkeit, vor allem aber das Resultat der umwälzenden Veränderung in den Faktoren der Lohnbildung und Lohnhöhe unter dem Eindruck einer rasant vorwärtsdrängenden Konjunktur ist.

Denn unter dem Druck der wirtschaftlichen Entwicklung im Verein mit der neuen rechtlichen Gestaltung des Arbeitsverhältnisses vollzog sich die Abkehr von den Prinzipien der Lohnnormierung entlang den bergmännischen Bedürfnissen zugunsten der früher nur mittelbar einwirkenden Lohnbildung durch den freien Markt, die damit in das Zentrum der bergbaulichen Arbeitsverfassung rückte. Diese Entwicklung wirkte sich zunächst einmal erheblich zugunsten des Bergmanns aus, in deutlich meßbarem Einkommenszuwachs, so daß sich die neue Ordnung der Verhältnisse einstweilen aus ihren Erfolgen rechtfertigen mochte. So hieß es schon Anfang 1853, daß die normierten Löhne nicht mehr der Wirklichkeit entsprächen und auch nicht zur Gedingefestsetzung herangezogen würden[2]. Während nun die Behörden unter meist erfolglosen Versuchen zur Zusammenarbeit mit den auch hierin „mit Dreistigkeit" ihre eigenen Vorstellungen verfolgenden Gewerken[3] weiterhin Löhne nach Bedürfnissen, d. h. unter Zugrundelegung der Marktpreise gängiger Lebensmittel, normierten, stiegen die wirklich gezahlten Löhne höher und höher[4]. Zwar konnten die Revierbeamten Unzuträglichkeiten in der Lohnbildung, z. B. die Deklaration von Zuschlägen als leicht widerrufbare Teuerungszulagen, als „Gnadengeschenke", oder Unregelmäßigkeiten in der Lohnzahlung verhindern[5]. Nachdem sie seit Beginn der 1850er Jahre ihr abnehmendes Interesse an der Normallohnfeststellung bei den hierzu anberaumten Terminen bekundet hatten, rückte für die Gewerken seit Ende 1857 der Normallohn, der 1854 auf einem Höchsstand von etwa 16 Sgr. normiert worden war, noch einmal in den Mittelpunkt der Lohnpolitik. Was man sonst als hinderlich hinter sich gelassen hatte, bot sich nun an, um die unausweichlichen Lohnsenkungen seit 1858 zu rechtfertigen, und so ist dann bis 1859 in Gewerkenkreisen noch einmal eine dann auch durchgesetzte Normallohnsenkung auf etwa

---

2 Vgl. OBA 1385 Bl. 345—48 BAB/OBA 1. 3. 1853; OBA 1775 Bl. 41—45 BAE/OBA 9. 7. 1859.

3 OBA 1385 Bl. 359—62 BAE/OBA 19. 3. 1853.

4 Verstreute Angaben: Durchschnittslöhne der drei Ruhrknappschaften 1852: 124, 125 und 131 Taler, der Tagelöhner: 109—110 Tlr. (Die Knappschaftsvereine im preuß. Staate 1852, 1854, S. 82); OBA 1390 Bl. 420 f. Zeche Julius Philipp u. andere Angaben ebd., auch in RA I 557. Nach einer Aufstellung des OBA (OBA 1385 Bl. 408—11) betrugen die Durchschnittslöhne (Sgr. abgerundet):

	BAE 1854	Mai 1855	BAB 1854	Mai 1855
Hauer	20	22	18	20
Förderleute	15	17	13	14
Sonstige	13	14	12	13

R. v. Carnall, Bergwerksverhältnisse in dem preuß. Staate, 1856, schätzt die Lohnsteigerung 1852—56 auf mindestens 25—30 % im Durchschnitt aller preuß. Bergbaugebiete, die 1852 noch einen Durchschnitt von ca. 100 Tlr., 1855 für Hauer 112—230 Tlr., für Förderleute 70—180 Tlr. gezeigt hätten.

5 Vgl. OBA 1385 Bl. 379 f. u. BAEW 108 Bl. 135 BAE/alle Revierbeamten 5. 6. 1855: „... veranlassen wir Sie, dem Auslohnungsgeschäfte eine geschärfte Aufmerksamkeit zu widmen, wenigstens einmal den Lohnungen, im Laufe des Jahres auf jeder Grube, unvermuthet beizuwohnen und nicht zu gestatten, daß den Bergleuten irgendwelche Lohnabzüge ohne unsere, oder die Anweisung des Repräsentanten, oder in Folge gerichtlicher Requisition, gemacht werden". Vgl. auch ebd. Bl. 315 f. Zirkular BAE 11. 7. 1857.

14—15 Sgr. betrieben worden[6]. 1859 hieß es dann auch, erstmals wieder werde in diesem Jahr eine ungefähre Angleichung der Gedinge an die Normallohnsätze erreicht; aber auch im Oberbergamt war man inzwischen zu der Ansicht gelangt, daß die Normallöhne „nicht allein dem Preise der Lebensbedürfnisse..., sondern vielmehr dem Werthe der Arbeit, der sich aus dem Verhältnis des Angebots zur Nachfrage herausbildet", zu entsprechen hätten[7]. Einer nochmaligen Herabsetzung der Normallöhne 1860 stand dann die Erwägung entgegen, daß unter den Bergleuten bei der angesichts der Berggesetzgebung „wenigstens bei einem großen Theile vorhandenen Unbehaglichkeit in Bezug auf ihre Zukunft"[8] eine erneute amtlich sanktionierte Lohnreduktion, wie vor allem die Essener Unruhen Anfang 1859 gezeigt hatten, nicht widerspruchslos hingenommen worden wäre.

So waren die Durchschnittslöhne der Ruhrbergleute, die um die Jahrhundertmitte noch bei 12—14 Sgr. in der Schicht gelegen hatten, bis 1858 auf etwa 20—25 Sgr. gestiegen und hatten auf einigen der soeben in Förderung tretenden, neueren Großanlagen gewiß 1 Tlr. erreicht[9]. Auf einigen Gruben schon im Jahre 1858, allgemein seit Beginn 1859 sind die Löhne scharf zurückgegangen. Dies gilt vor allem für die nichtnormierten Arbeitslöhne der Bergtagelöhner, die in den Zeiten stärkster Nachfrage, da nicht an ihren Arbeitsplatz gebunden, Spitzenlöhne erzielen konnten[10].

Zuverlässige Schichtlohnreihen liegen im Ruhrbergbau seit 1863 vor, und zwar in Form von Durchschnittslöhnen der Gesamtbelegschaft von 40 der größten Anlagen. Die Aufstellung wurde 1875 anläßlich einer geplanten Veröffentlichung angefertigt und später um weitere 10 Jahre bis 1885 verlängert[11]. Die Herstellung brauchbarer Jahreslohn-

---

6 Vgl. bes. BAB/OBA 26. 12. 1857 (*Adelmann*, Quellensammlung Bd. I, S. 94—97): Das Bestreben der Gewerken erwecke „einen höchst peinlichen Eindruck". Hierzu auch Berggeist 4 (1859) S. 12, 21, 153, sowie einz. Stücke in OBA 1390.

7 OBA 1390, Bescheid des OBA an den Pastor *Broelmann* aus Hacheney 12. 4. 1859 (Entw.), der als Gewerke um Ermäßigung der Lohnsätze nachgesucht hatte. Eine Aufstellung der in den 1850er Jahren gültigen Lohnnormen s. in Entwickelung des Niederrhein.-Westf. Steinkohlenbergbaues Bd. XII, S. 66—68.

8 OBA 1390 Bl. 109—11 BAB/OBA 20. 12. 1859.

9 Die Schätzung von *Holtfrerich* (vgl. Anm. 1) erscheint bis 1858 leicht optimistisch. Die anscheinend auf der Grundlage der Jahreslöhne von Sälzer und Neuack (nach *A. v. Waldthausen* z. B. in Entwickelung des Niederrhein.-Westf. Steinkohlen-Bergbaues Bd. XII, S. 86 f.) hochgerechneten Daten liegen einerseits erheblich über den wirklichen Löhnen auf dieser Zeche, die in der Tat durchaus repräsentativen Charakter trägt; zum anderen ergibt der Quotient aus Jahres- und Schichtlohn eine unsinnige Schichtzahl pro Jahr (vgl. Kap. VIII Anm. 199), die unter behördlicher Bergbauaufsicht undenkbar war.

10 Übertrieben ist die aus den Motiven zum Freizügigkeitsgesetz bezogene Meinung, die Tagelöhner hätten doppelt soviel wie die Knappschaftsmitglieder an Lohn erzielt (*W. Fischer*, Ordnungsbild der Bergrechtsreform, 1972, S. 144; *Holtfrerich*, Wirtschaftsgeschichte, S. 49 Anm. 89), wenn auch für schnell verfügbare Arbeitskräfte häufiger überdurchschnittlich zum Unwillen der Knappschaftsgenossen gezahlt worden ist. Die Unruhen zu Beginn d. Js. 1859 (vgl. Kap. XII, 1) lehren, daß sich die Bergleute mit einem solchen grotesken Unterschied nicht zufrieden gegeben hätten.

11 Vgl. OBA 1776, 1777, mit dem Urmaterial, veröff. in: Die Einrichtungen zum Besten der Arbeiter auf den Bergwerken Preußens, 1875, Bd. I, S. 46. Die Fortsetzung vgl. in OBA 1804, Bl. 30 f. Bergassessor *Hiltrop*, der die Aufstellung bis 1875 anfertigte, veröffentlichte dazu auch eine längere Abhandlung, die *Holtfrerich* zugrundelegt: Beiträge z. Statistik des OBA-Bezirks Dortmund, 1875, Tabelle II. Der Vergleich eines ungewichteten Durchschnitts auch des zweiten Teils der Aufstellung mit *Holtfrerichs* Berechnungen ergibt nur minimale Abweichungen, so daß letztere übernommen wurden. Auch verstreute Quellen

durchschnitte auf der Grundlage der Schichtlöhne ist freilich problematisch, da das Schwanken der Zahl der jährlich verfahrenen Schichten um die Zahl 300 im konjunkturellen Rhythmus, ganz abgesehen von ihrer Dauer, geradezu ein Kennzeichen der bergbaulichen Betriebsführung in dieser Phase ist. In Relation mit den Schichtlöhnen bestätigt die von *C.-L. Holtfrerich* aufgrund mehrerer verketteter Quellenangaben erstellte Reihe von Jahreslohndurchschnitten aller Belegschaftsmitglieder dieses Bild. Diese Lohnreihe wird seit 1869 zunehmend zuverlässig und stimmt mit anderen verstreuten Angaben gut überein; seit 1878 liegen ihr dann periodische amtliche Erhebungen, allerdings auf der Grundlage von Daten, die die Grubenverwaltungen erstellten, zugrunde[12]. Diese Jahreslöhne, die im übrigen in Tendenzen und Wendepunkten gut mit der Schichtlohnentwicklung übereinstimmen, müssen den Kern aller Erörterungen über die materiellen Strukturbedingungen der Bergarbeiterschaft bilden, wenn auch die amtliche Statistik in Fragen der Erhebungsweisen, der Anrechnung von Überschichten und der Bildung der Lohnklassen manche Schwächen zeigt. Das zuverlässigste Material, so hat schon *L. Pieper* bemerkt, könnten freilich nur die bergmännischen Lohnbücher bieten[13].

Im graphischen Überblick[14] (vgl. S. 296) zeigen die bisher erstellten Lohnreihen für Bergarbeiter und die von *C.-L. Holtfrerich* errechneten, von uns bei einiger Skepsis gegenüber den Angaben für die 1850er Jahre zu bestätigenden Werte für die Ruhrbergarbeiterschaft unübersehbar eine recht weitgehende Übereinstimmung aller Autoren hinsichtlich der konjunkturellen Gipfel und Täler und im großen und ganzen auch in den Tendenzen, etwa in den sonst wenig einheitlichen 1880er Jahren. Die neuere Jahreslohnkurve spiegelt dagegen in wünschenswerter Deutlichkeit die Lohnverluste gegen Ende der 1850er Jahre mit einem Tiefpunkt 1861 sowie die Lohneinbrüche 1866 und 1870, deren letzterer als Kriegsfolge zu interpretieren ist. Insgesamt setzt die Lohnentwicklung im Ruhrbergbau auf vergleichsweise niedrigem Niveau ein und endet als Spitzenlohn aller Bergbaureviere Deutschlands. Auffallend ist die auch im Vergleich mit *W. G. Hoffmann* recht pessimistische, von einem hohen Ausgangsniveau mit niedrigeren Wachstumsraten fortschreitende Schätzung *J. Kuczynskis*, von der sich jedenfalls die im Ruhrbergbau erkennbaren Tendenzen deutlich abheben. Sie zeigen im Überblick seit 1853 bis 1873 — im Unterschied zu anderen Revieren sind die Löhne an der Ruhr bereits im Jahre 1874 scharf abgefallen — eine Periode verstärkten Wachstums, an die sich nach dem Einbruch 1874—1879 eine Periode abgeschwächten Wachstums anschließt, die bis 1914 angehalten hat. Die Nominallöhne haben 1853—1858 und nach einem dreijährigen Abfall während 12 weiterer Jahre kontinuierlich stark zugenommen; ein ähnliches Wachstum ist seither nicht wieder erzielt worden.

---

bestätigen deren Richtigkeit, so bes. f. 1877/78: OBA 1781, Bl. 268 f. und 461; OBA 1782 Bl. 438—65; RA I Pr 44 OBA/RA 19. 2. 1877 (Anlage); für die Jahre bis 1865 vgl. auch die allge. Bemerkungen OBA/HM 15. 5. 1865, in OBA 1788 Bl. 13.

12 In den 1880er Jahren fließen die Quellen zur Lohnbildung auch neben der amtlichen Statistik reichlich, so in den Halbjahresberichten zur Lage der Industrie (z. B. in OPM 825); Urmaterial der amtl. Erhebungen s. in OBA 44—130 (revierweise ausführl. ab 1891). Zahlreiche Angaben sind aus dem Streikjahr 1889 überliefert: OBA 1810 Bl. 81—102; OBA 1400 Bl. 146—50; OBA 1811 Bl. 189 f.

13 Lage der Bergarbeiter, S. 76; zur Kritik an der amtl. Lohnstatistik s. noch die Anm. 1 genannten Titel.

14 Quellen: *Holtfrerich*, Wirtschaftsgeschichte (s. Anm. 1); *J. Kuczynski*, Darstellung der Lage der Arbeiter, Bd. I, 2 S. 145; Bd. I, 3 S. 304; *W. G. Hoffmann*, Das Wachstum der dt. Wirtschaft, 1965, S. 461 f. *Hoffmanns* Zahlen erfassen alle Bergleute ohne Beamte im Jahresdurchschnitt nach laufenden Preisen; *Kuczynski* hat einen Index (1900=100) erstellt.

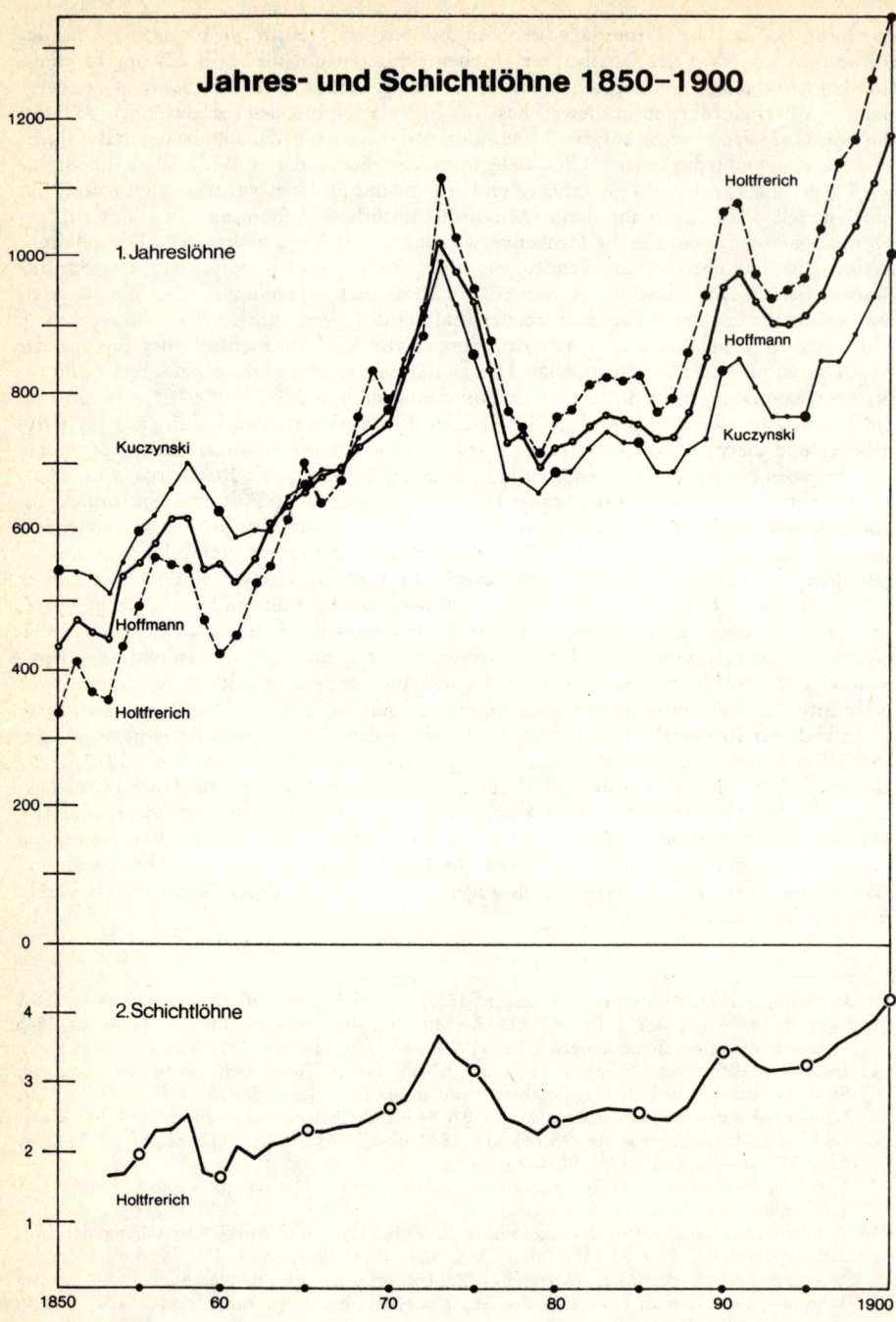

Jahres- und Schichtlöhne 1850–1900

1. Jahreslöhne

Kuczynski

Hoffmann

Holtfrerich

Holtfrerich

Hoffmann

Kuczynski

2. Schichtlöhne

Holtfrerich

Die dargestellten Lohnreihen für den Ruhrbergbau sind Nettolöhne, in denen übrigens die Sonderabgaben der Brandkohlen oder das in den 1850er Jahren verbreitet gezahlte Äquivalent von 6—12 Pfg. je Schicht, das zunehmend, aber noch 1889 uneinheitlich von der Abgabe der Deputatkohlen zum Selbstkostenpreis abgelöst wurde, nicht berücksichtigt sind. Die Nettolöhne sind die am Lohntag gezahlten Barlöhne, von denen bereits durch die Zechenverwaltung im Knappschaftsauftrag die Knappschaftsgefälle, ferner die Ungelder für verbrauchte Materialien abgezogen waren. Die Knappschaftsbeiträge, bis 1854 $1/20$ der Bruttolöhne, wurden nach der Knappschaftsreform in fester Höhe nach den (wechselnden) Statutenbestimmungen erhoben und betrugen bis 1873 15 bzw. 20 Sgr. monatlich für Schlepper und Hauer, seither 2 Mark bzw. 2,50 Mark mit Erhöhungen 1878/79 auf 2,20/2,75, 1886 auf 3,20/4,00, seit 1887 2,20 und 3,30 Mark[15]. Die Ungelder für Lampenöl und Pulver, bei Schleppern anfangs auch Wagenschmiere gegen Selbstkostenpreis der Zeche, schwankten sehr nach den örtlichen Gewohnheiten, und auch an Versuchen, diese Abzüge zugunsten der Gruben zu nutzen, hat es nicht gefehlt. 5—6 % des Bruttoarbeitslohns haben diese Beträge kaum überschritten, so daß die Gesamtabzüge, von Strafgeldern abgesehen, bei 9—12 % gelegen haben[16]; sie machten sich als feste Kosten in Abschwungzeiten verstärkt bemerkbar.

Zur betrieblichen Lohnstruktur, d. h. zur verhältnismäßigen Beteiligung der einzelnen Beamten und Arbeiterkategorien an der gesamten Lohnsumme, sind für die Jahrzehnte bis zum Ausbau der amtlichen Lohnstatistik nur summarische, auf verstreute Angaben gestützte Schätzungen möglich. Das Verhältnis der in den hier diskutierten Lohnreihen nicht enthaltenen Beamteneinkommen zu den Jahreslöhnen der Arbeiter betrug um die Wende zu den 1890er Jahren, als die Lohnstatistik erstmals die Beamtengehälter einbezog, etwa 1,5 bis 1,6 zu 1; es stieg in den darauffolgenden Jahren auf bis zu 1,8 zu 1 und nahm im Aufschwung bis 1900 wieder auf 1,5 zu 1 ab[17]. Die sich hierin andeutende Rhythmik wird auf die längerfristigen Verträge der Beamten und auf die Praxis zurückzuführen sein, die Beamtenschaft, anders als die Arbeiter, in Krisenzeiten vor wirklichen Einkommensverlusten möglichst zu bewahren. Innerhalb der Gruppe der Arbeiter verdient das Verhältnis der Hauer- zu den Schlepperlöhnen Interesse — Übertagearbeiter verdienten bei einer Schichtzeit von allerdings 12 Stunden etwa soviel wie die Schlepper in der Grube. Bei wechselnden örtlichen Gewohnheiten, jedoch anscheinend unabhängig von der konjunkturellen Lage, betrug nun der Schlepperlohn etwa 70 bis 80 % des Hauerlohns[18]. Manche Gruben wie Rheinelbe wahrten stets einen geringeren Prozentanteil bei etwa 60 %, andere wiederum, besonders jüngere Großanlagen mit starkem

---

Vgl. noch die jüngst f. 1871—86 von *A. Desai*, Real Wages in Germany 1871—1913, 1968, S. 108—10, übernommenen Berechnungen von *G. Bry*, Wages in Germany 1871—1945. Princeton UP 1960, S. 346 f. *Bry's* Kurve überbetont den Konjunkturgipfel 1872/73 sowie die Lohnbaisse zum Ende der 1870er Jahre; sie hält seit 1887 etwa die Mitte zwischen *Kuczynski* und *Hoffmann*.

15 Nach Denkschrift der Knappschaft Bochum 1910, S. 113 f.; vgl. o. S. 283.

16 Näherungswerte nach Angaben OBA 1777 Bl. 201 f. für 1863—1873 auf Zeche Pluto; vgl. auch Die Einrichtungen zum Besten der Arbeiter, S. 37; Glückauf 33/26. 4. 1882; sowie die Aufstellung nach HK-Berichten bei *W. Fischer*, Herz des Reviers. HK Essen, 1965, S. 263 f.

17 Grubenbeamtengehälter nach *W. Viebig*, Festschrift zur Feier des 25jährigen Bestehens des Verbandes der Vereine techn. Grubenbeamten, 1911, S. 47; vgl. *Holtfrerich*, Wirtschaftsgeschichte, S. 59.

18 Berechnet nach verstreuten Angaben: OBA 1781 Bl. 268 f. (Gelsenkirchen 1877); RA I Pr 44 (alle Reviere 1877); OBA 1782 Bl. 81 f. (Oberhausen 1878).

Arbeitskräftemangel, boten höhere Schlepperlöhne. Zugewanderte Neubergleute wurden im Schlepperrang entlohnt.

In der Gruppe der Hauer verdienten die Gesteinshauer mit etwa 5 % über den Kohlenhauern die höchsten Löhne, während die im Ruhrbergbau als Rang nur zögernd eingeführten Lehrhauer in prozentual geringerem Umfang am Gedinge der Kameradschaften beteiligt wurden. Die Löhne der Zimmer- und Reparaturhauer lagen ungefähr in der Mitte zwischen Schleppern und Kohlenhauern, deren Einkommen viele Zechen durch die leidige Bestimmung der Höchstlöhne zu begrenzen suchten. Danach trat bei Erreichen einer Höchstmarke des Einkommens, bei „gutem Gedinge" also, automatisch eine Kürzung ein[19].

Gegenüber der Lohnbildung nach normierten Löhnen unter bergamtlicher Ägide brachte die Lohnstruktur der liberalen Ära insgesamt kaum Vereinfachungen. So ist das Verhältnis der Schicht- zu den Gedingelöhnern, die mit über 80 % der Grubenbelegschaft weit überwogen, im großen und ganzen beibehalten worden. Im Schichtlohn blieben die Förderleute in den Hauptquerschlägen und Richtstrecken, die Anschläger, Pferdeknechte und Bremser, endlich häufig die Reparaturhauer bei Senk- und Nachbauarbeiten. Ältere Lohnkategorien wie vor allem die Haspelknechte sind der Mechanisierung der Schachtförderung schon früh zum Opfer gefallen; dagegen rief der ausgedehnte Grubenbetrieb, wie gezeigt worden ist, weitere Teilungen der bergmännischen Arbeitsverrichtungen hervor, die im überkommenen Lohnsystem den Gruppen der Hauer bzw. der Förderleute zugeordnet wurden. Der bergbauliche Großbetrieb brachte, mit Ausnahme eines erheblich vergrößerten Abstandes zwischen den Löhnen der Arbeiter und den Gehältern der Steiger, keine wesentliche Komplizierung der Lohnstruktur und Ausdehnung der Lohnspanne zwischen einzelnen Arbeiterkategorien, andererseits aber auch keine Nivellierung der Lohnstruktur[20]. Dagegen führte die Akkordentlohnung immer zu einer recht großen, eine Höhe von 30—40 % und mehr erreichenden Abweichung vom jeweiligen Hauerdurchschnittslohn zwischen den höchst- und den niedrigstverdienenden Arbeitergruppen und Kameradschaften einer Zeche. Bergleute mit geringeren Körperkräften waren bei den hohen physischen Leistungsanforderungen benachteiligt, selbst wenn sie über größere Geschicklichkeit durch lange Grubenerfahrung verfügten. Über die Gedingeentlohnung war in gewissem Umfang, wenn die Lohnhöhe nicht das Existenzminimum streifte, das monatliche Einkommen mit der Entscheidung, wegen Anschaffungsplänen oder anderer Einkommensbelastungen sich zu Überstunden und -schichten zu melden und eine größere Leistung zu erbringen, auch von der Seite des Bergmanns her manipulierbar. Dieser Umstand trug zu der unverkennbaren, freilich überwiegend durch die Betriebsplanung entlang der Nachfrage verursachten, saisonalen Lohnentwicklung mit hohen Einkommen in den Wintermonaten und niedrigeren, durch bewußten Leistungsverzicht etwa wegen gleichzeitiger Erntearbeiten, aber auch durch die höhere sommerliche Fluktuation mitverursachten Löhnen im Sommer bei[21].

Die innerbetriebliche Lohnstruktur, also das Verdienstverhältnis der verschiedenen Arbeiterkategorien unter und über Tage, ist von den Bergleuten anscheinend im großen und ganzen akzeptiert worden. Jedenfalls lassen sich keine Belege für die Annahme fin-

---

19 Vgl. *H. Hilbert*, Zusammensetzung der Grubenbelegschaft, Diss. 1955, S. 56 f.

20 Zur hierin berührten Forschungshypothese s. nach den durch die Studien von *W. Fischer* erteilten Impulsen *G. H. Hardach*, Der soziale Status des Arbeiters in der Frühindustrialisierung, 1969, S. 89—109, bes. S. 102.

21 Vgl. die monatsweisen Lohnangaben der Zechen Zentrum und Holland, in: Bericht ü. d. Verwaltung der Stadt Wattenscheid f. 1881/82, S. 5; f. 1884/85, S. 5; f. 1887/88, S. 5; f. 1890/91, S. 5; f. 1893/94, S. 3.

den, daß die überwiegend übliche Akkordentlohnung und die Maßnahmen zur Gedingefestsetzung Konkurrenzsituationen unter den Arbeitern hervorgerufen und sich hierin
der kollektiven Interessenfindung hinderlich erwiesen hätten. Hier ist zu berücksichtigen,
daß die Gedingesätze gewöhnlich für Gruppen von Bergleuten, für Ortskameradschaften
im Pfeiler oder Streckenvortrieb festgelegt wurden, wobei jedes Gruppenmitglied antei-
lig nach seiner Qualifikation (Hauer, Lehrhauer oder Schlepper) an der verdienten Ge-
samtsumme beteiligt war. Während diese Entlohnungsform eher Gruppensolidarität fördern mußte, hat die Strebtechnik der Kohlengewinnung später den Einzelverdiener in
den Vordergrund gestellt, weil die Metergedinge für den gesamten Streb fixiert wurden
und die Leistung jeweils des einzelnen Kohlenhauers zu berechnen war.
Im regionalen Lohnverteilungsmuster hat sich der in den 1850er Jahren noch bei
10—20 %/o zu beziffernde Vorsprung der im Essener Bergamtsbezirk gelegenen Zechen
wohl schon im Verlauf der 1860er Jahre ausgeglichen. Anders dagegen das Nord-Süd-
Lohngefälle. Während unter bergamtlicher Ägide in den südlichen Revieren, vor allem
im Sprockhöveler Raum, mindestens nicht weniger verdient wurde als zwischen Ruhr
und Hellwig, brachten die Auswirkungen des Arbeitsmarkts in den 1850er Jahren
ein durch geringere Lohnerhöhungen verursachtes, niedriges Lohnniveau in den (südlichen) Schlebuscher, Hinsbecker und Wittener Revieren, das örtlich einen Unterschied
von 10 %/o bereits überschritt[22]. Zwei Ursachengruppen scheinen für dieses fortan ausgebaute Gefälle hauptsächlich verantwortlich: Zunächst ließ die nur geringe expansive
Kraft des Ruhrtalbergbaus nach der Jahrhundertmitte bei maßvollerem Arbeitskräftebedarf keine Arbeitsmarktlagen wie im nördlichen Revier, in der Hellweg- und später
in der Emscherzone mit hoher Belegschaftsfluktuation entstehen. Hiermit verknüpft,

Reviere 1873	Beleg-schaften	Jahres-lohn M.	durch-schnittl. Angehörigen zahl	Prozentanteil der Verhei-rateten	Haus-besitzer
Hamm	1 481	1 012	2,57	50,98	17,76
Östl. Dortmund	7 453	967	2,73	49,70	20,27
Westl. Dortmund	8 053	1 142	2,39	41,66	11,20
Witten	3 462	1 001	2,57	47,03	14,93
Sprockhövel	2 712	963	2,95	57,37	8,89
Dahlhausen	6 201	1 070	2,61	44,72	14,68
Bochum	9 065	1 144	2,42	41,01	5,56
Recklinghausen	3 254	1 116	2,30	44,04	9,43
Gelsenkirchen	9 062	1 065	2,49	43,60	6,87
Essen	4 608	1 067	2,61	49,00	8,62
Frohnhausen	9 354	1 115	2,46	41,36	4,52
Oberhausen	8 158	1 065	2,28	40,34	21,29
Altendorf	4 776	1 063	2,70	50,25	9,40
Werden	971	852	2,77	52,94	11,84
Summe bzw. Durchschnitt	78 592	1 071	2,69	44,78	11,32

22 Vgl. die Aufstellung o. S. 110 sowie die Statistik d. Krs. Essen 1859—61, S. 249; zum
West-Ost-Gefälle s. o. Anm. 4.

führte die höhere Ansässigkeit der Berleute in den südlichen Revieren bei einem größeren Anteil verheirateter Arbeiter und älterer Bergleute mit Hausbesitz deutlich auch zu niedrigeren Löhnen[23].

Die Nord-Süd-Staffelung aller in der Aufstellung genannten Größen ist unverkennbar. Deutlich unterdurchschnittliche Jahreslöhne wurden in dem zumeist südlich gelegene Gruben erfassenden, östlich Dortmunder Revier, jedenfalls in den Gebieten um Sprockhövel und Werden und in Ruhrnähe noch im Revier Witten gezahlt. In diesen Revieren fanden sich auch bei einem hohen Anteil verheirateter Belegschaftsmitglieder die größten Familien und verbreitet Hausbesitz, der allerdings nach lokalen Einflüssen zu differenzieren ist. So bestand die Belegschaft des im Aufbau befindlichen Reviers Recklinghausen bei hohem Arbeitskräftebedarf und entsprechend hohen Löhnen noch stärker aus ansässigen Einheimischen. Insgesamt fällt auch der gemeinhin niedrigere Anteil von Hausbesitzern im westlichen Ruhrgebiet auf, wo die industriekommunale Entwicklung fortgeschritten war und die Bodenpreise bereits sehr hoch lagen, ganz abgesehen von der geringen Chance, in den Weichbildern der Städte Besitz zu erwerben (Reviere Essen, Bochum und z. T. Westl. Dortmund)[24].

So beweist die Aufstellung insgesamt eine geradezu groteske Umkehrung des sozialpolitisch Wünschbaren in dieser Phase der Bergbauindustrialisierung: Wer verheiratet war, eine größere Familie zu versorgen hatte und vielleicht noch ein Haus besaß, wahrscheinlich ohne Neigung zum Arbeitsplatzwechsel einer Grube bereits von Kindheit an oder doch über längere Jahre verbunden war, bezog jedenfalls ein geringeres Einkommen — auf einem anderen Blatt steht hierbei der noch zu erörternde Umstand, daß in solchen Mehrgenerationenfamilien zumeist mehrere Personen Einkommen bezogen. Unübersehbar ist andererseits der lohnbestimmende Einfluß, der von der günstigeren Absatzlage und Betriebskostenkalkulation auf den nördlicheren Gruben infolge besserer Lagerungsverhältnisse, Verkehrsanschlüsse und marktkonformer Kohlenqualität — zeit-

---

23 Statistik errechnet nach *Hiltrop,* Beiträge z. Statistik d. OBA-Bezirks Dortmund, 1875, passim; vgl. unten S. 325 f. Nicht enthalten sind die in Abteufung begriffen Anlagen z. B. im Bergrevier Hamm. Eine an sich mögliche, allerdings auf die Schwierigkeit der Lokalisierung vieler längst vergessener Gruben stoßende Gliederung der fördernden Zechen nach den Wachstumszonen des Ruhrreviers würde, mit charakteristischen Abweichungen, das nachfolgend formulierte Ergebnis noch deutlicher machen. Der direkten Vergleichbarkeit mit 1893 (O. *Taeglichbeck,* Die Belegschaft der Bergwerke und Salinen) stehen verschiedene Reviergrößen und zahlreiche aufgegebene und neubegründete Anlagen im Wege. Eine ähnliche Aufstellung f. d. Krs. Dortmund 1872 s. noch in RA B 59 Bl. 130. Zur im Text ausgesprochenen These vgl. auch *W. H. Fischer,* Die Entwicklung des Ruhrtalbergbaus und seine Existenzbedingungen, Diss. 1925, S. 172 f.

24 Der geringe Hausbesitz im Sprockhöveler Revier bei einem hohen Anteil Verheirateter wird auf die im ganzen ärmliche Lebenshaltung dieser überalterten Belegschaften bei fehlenden Ansiedlungsbestrebungen seitens der meist kleinen Gruben zurückzuführen sein. Schwieriger zu erklären ist die geradezu umgekehrte Relation der Verheirateten und Hausbesitzer im Oberhausener Revier. Die hier fördernden, typischen Anlagen der mittleren Generation hatten z. T., wie etwa Concordia, schon seit den 1850er Jahren gezielt die Ansiedlung der Bergleute, die hier anfangs noch billiges Land antrafen, gefördert; andererseits gehört dieses Revier mit den Mülheimer Zechen Alstaden, Sellerbeck, Rosenblumendelle und Wiesche zu dem südlichen Raum höherer Ansässigkeit. Nach dem Boom 1872/73 standen sich auf diesen Anlagen starke Stammbelegschaften und hohe Anteile an Zuwanderern gegenüber, die die niedrige Verheiratetenziffer erklären. Auf Roland waren daher die Prozentsätze von Verheirateten und Hausbesitzern fast gleich: 38,25 u. 35,45 %; s. auch Sellerbeck: 46,42 u. 32,12 %; Rosenblumendelle: 52,22 u. 30,30 %; dagegen Prosper: 31,06 u. 15,57 %.

genössisch sprach man im Hinblick auf die Lohnbildung vom „glücklichen Gaskohlen-revier"[25] — ausgegangen ist. So ist unverkennbar, daß die erhebliche, in vielen Fällen 20 % des durchschnittlichen Jahreseinkommens übersteigende und anhaltende[26] Nord-Süd-Einkommensstaffelung unterschiedliche sozialökonomische Existenzbedingungen und Verhaltensformen ausdrückte und zugleich verfestigte. Der Abstand zwischen der Lebens-weise im Norden und den dörflich-familiären Gewohnheiten des Südens hat sich dabei erst nach der Jahrhundertmitte herausgebildet und fortwährend vergrößert.

Ohne Anspruch auf erschöpfende Diskussion und in eher anregender Absicht, sollen die lohnstrukturellen Erörterungen nun durch einen Blick auf den Zusammenhang der Arbeitsproduktivität mit der Lohnbildung im Rahmen der Betriebskostenkalkulation ergänzt werden.

Die Bergrechtsreform brachte in der betrieblichen Kostenstruktur die vielleicht umwäl-zendste Neuerung des Reformwerks überhaupt. Während unter dem Direktionsprinzip die Rentabilität des Gesamtbergbaus eines Bergbaugebiets an den Kosten des jeweils unwirtschaftlichsten Betriebs, den „Grenzkosten", ausgerichtet war und sich der abge-worfene Gewinn als „Differentialrente" nach der Differenz zwischen Grenzkosten und eigener Wirtschaftlichkeit bestimmte, orientierte sich die Betriebskostenkalkulation der Zechengesellschaften in den Jahrzehnten relativ freier Märkte und Konkurrenz notwen-dig an dem mit geringstem Kostenaufwand produzierenden Werk, das am Markt die Chance des günstigsten Preises wahrnahm[27]. Mit dieser Umorientierung erst wandten die Werkseigentümer, bisher im übrigen hieran durch die Behörden nachgerade gehindert, ihre Aufmerksamkeit der Selbst- und Betriebskostenentwicklung ihrer Anlagen zu und begannen, sich der nach dem Gesichtspunkt der Gewinnmaximierung jeweils günstigsten Kostenstruktur zu nähern.

Über diesen Vorgang allgemeine Aussagen zu machen, verbietet sich angesichts seiner Langwierigkeit, Kompliziertheit und Überlagerung durch eingefahrene Gewohnheiten und persönlich-örtliche Präferenzen, vor allem aber wegen des disparaten Charakters des überlieferten Quellenmaterials, wozu neben den verschiedenen Gesellschaftsformen und -verflechtungen auch eine sehr unterschiedliche Begrifflichkeit beiträgt[28]. Insbesondere

---

25 OBA 1781 Bl. 267 Marginalie des Bergassessors *Hiltrop* an einem Bericht des Revier-beamten *Neumann*/OBA 12. 6. 1877.

26 Z. B. haben nach einer Aufstellung von 1889 (Jahresberichte d. Vereins f. d. bergbaulichen Interessen f. 1889, S. 46) etwa 30—40 % der Bergleute in den Revieren Gelsenkirchen, Frohnhausen, Essen, Herne, Recklinghausen und Oberhausen Spitzenlöhne über 3,50 Mark je Schicht verdient; in den Revieren Sprockhövel und östl. Dortmund betrug dieser Anteil weniger als 15 %.

27 Vgl. *Fischer*, Die Entwicklung des Ruhrtalbergbaus, S. 149; *Saitzew*, Steinkohlenpreise und Dampfkraftkosten, S. 82.

28 Etwa ist am 5. 3. 1887 durch eine reichsgerichtliche Entscheidung der Begriff der bergbau-lichen Betriebskosten als Kosten, „welche die Gewinnung des Minerals erfordert", ohne Einbezug von Bergwerksabgaben und Vertriebskosten, definiert worden. Im Ruhrbergbau wurden Investitionen für Neuanlagen und Meliorationen gemeinhin unter den Selbstkosten, der Summe der Abgaben, Vertriebskosten und Betriebskosten, subsumiert; vgl. Glückauf 32/20. 4. 1878; 24 (1888) S. 226 f. — Die wichtigste langjährige Quelle zur Kostenstruktur einer Grube ist die Aufstellung von *A. v. Waldthausen*, Sälzer u. Neuak, 1902, Anhang; vgl. auch Zeche Langenbrahm 1722—1922, S. 118—22. Für die 1840er Jahre berechnet *R. v. Carnall* die bergbaulichen Verwaltungskosten: Besteuerung der Bergwerke, 1850, S. 30—40 im Anhang. Für 1852—1858 vgl. die Aufstellung im Anhang einer Petition des Bergbauvereins, 19. 1. 1861, an das Abgeordnetenhaus wegen Bergwerksabgaben (JM 11085, Aufstellung für 20 Zechen); ferner *O. v. Mülmann*, Statistik d. Reg.-Bez. Düsseldorf,

ist im Einzelfall oft die Verwendung des Gewinns, das Verhältnis der Gewinnentnahmen zum reinvestierten Kapital und dessen Verbuchung kaum befriedigend zu klären; hier öffnete sich zudem das weite Feld bilanztechnischer Verschleierungen und Retuschen, etwa des Gewinns durch Abschreibungen, Reservefonds und Generalkosten (Tantiemen u. a.) aus Konkurrenzgründen oder wegen allgemeinpolitischer Erwägungen. Insgesamt hat im Ruhrgebiet die bergbauliche Kapitalverzinsung — seit 1873 liegen Berechnungen mit einem hohen Repräsentationsgrad vor[29] — bei einem landesüblichen Zinsniveau von zumeist 5 % nach dem Gipfel von 1873 mit 18,2 % schon ab 1875 unter 4 %, in der konjunkturellen Baisse nur wenig über 1 %, in den 1880er Jahren zwischen 2 und 3 % (nur 1883 über 3 %) und erstmals 1889 wieder über 5 %, 1890 dann 13 % betragen. Viel spricht hierbei allerdings für die Annahme, daß in den 1880er Jahren ein hoher Anteil der Gewinne nicht entnommen, vielmehr zur Modernisierung des Maschinenparks und zum Ausbau der Aufbereitungsanlagen mit dem Ziel der Produktenaufbesserung und Selbstkostensenkung reinvestiert worden ist[30].

Von entscheidender Bedeutung für die Selbstkostenstruktur der Bergbaubetriebe ist nun, weit über Materialverbrauch, öffentliche Lasten und Eigenverbrauch an Kohle hinaus, der Anteil der Löhne. Er lag im Sinne des Anteils der Nettolohnkosten am Verkaufserlös im Ruhrbergbau stets erheblich höher als in anderen preußischen Revieren, nämlich immer über 40 %, nach 1890 über 50 % mit niedrigeren Werten in konjunkturellen Boomjahren[31]. Naturgemäß hat das Gewicht dieses Kostenfaktors in Krisenzeiten am stärksten zu Einsparungen inspiriert[32] und begründete nicht zuletzt die Sensibilität der Ruhrgewerken gegenüber einer Erhöhung der Arbeitskosten durch weitere soziale Leistungen. Die große Lohnintensität der Kostenstruktur veranlaßte dann auch zu jenem berüchtigten, in seiner materiellen und moralischen Wirkung gleichermaßen bedauerlichen Ministe-

Bd. II, 2, S. 542—48. Seit den 1860er Jahren finden sich verstreute Angaben, wie schon früher in Berggeist, in Glückauf; diese Quellen wie auch andere Überlieferungen fließen nach der Reichsgründung reicher und wurden auch bereits f. d. 1880er Jahre untersucht: vgl. *K. Uhde*, Produktionsbedingungen des Steinkohlenbergbaus, 1906, S. 29 u. ö.: *Th. Schulz*, Entwicklung d. dt. Steinkohlenhandels, 1911, S. 104—21. Vorbildlich für die neuere Firmengeschichte, bezieht *W. Däbritz*, Bochumer Verein, 1934, stets die Entwicklung der Kostenstruktur im konjunkturellen Rhythmus in die Darstellung ein.

29 Vgl. *R. Effertz*, Was sind „normale" Kohlenpreise? 1891; hiernach Mittheilungen ü. d. Niederrhein.-Westf. Steinkohlenbergbau, [1901], S. 211, sowie die Anm. 28 genannten Studien v. *Uhde* u. *Schulz;* weitere Angaben hat *E. Jüngst* gemacht: Arbeitslohn u. Unternehmergewinn im Rhein.-Westf. Steinkohlenbergbau, [1906], sowie während der Verhandlungen des Vereins für Socialpolitik über das Arbeitsverhältnis in den privaten Riesenbetrieben, Leipzig 1906, S. 185. Eine interessante Berechnung der Kapitalrente der bergbaulichen Aktiengesellschaften an der Ruhr (Glückauf 15/10. 4. 1870) für 1863—1869 ergibt eine durchschnittliche Kapitalverzinsung weit unter dem später üblichen Niveau mit jährlich nur 1,84 % bei seit 1866 ansteigender Tendenz; bei den z. T. Zechen umfassenden Hüttengesellschaften dagegen bereits 7,17 %.

30 *A. Mämpel*, Bergbau in Dortmund, Bd. III, 1969, S. 102, spricht von einer fünfprozentigen Selbstkostensenkung durch Modernisierung der Separationsanlagen auf Louise Tiefbau, Barop, in den 1880er Jahren.

31 Vgl. *Saitzew*, Steinkohlenpreise und Dampfkraftkosten, S. 176 u. S. 109 mit scharfer Kritik an *Jüngst*, Arbeitslohn und Unternehmergewinn, S. 18; *R. Effertz*, Die Niederrheinisch-Westf. Steinkohlen-Industrie in ihren Existenz-Bedingungen früher und jetzt. Essen 1895, S. 9; allgemein auch *Retzlaff*, Lohngefüge im dt. Steinkohlenbergbau, S. 7.

32 Vgl. aus den zahlreichen Zeugnissen etwa OPM 1205 IV Bl. 128—42 RA/OPM 22. 4. 1886: Es bleibe „in der That für viele Zechen nichts anderes übrig als eine Lohnreduction, wenn der Betrieb überhaupt aufrecht erhalten werden soll . . ."

rialerlaß *Achenbachs* an die fiskalischen Grubenverwaltungen vom Jahre 1875[33], in dem eine Verringerung des Selbstkostenanteils am Verkaufspreis der Kohlen vor allem durch Lohnkostenreduktion und Steigerung der Arbeitsleistung gefordert wurde:

> „Es wird dabei dem fleißigen Arbeiter Gelegenheit geboten, bei größerer Leistung sich den gleichen Erwerb wie früher zu verschaffen, so daß die weniger eifrigen Arbeiter es sich selbst zuzuschreiben haben würden, wenn eine Schmälerung ihres Verdienstes eintritt".

Welchen Erfolg der damit auf die Löhne gerichtete „Kampf um die Selbstkosten"[34] hatte, soll hier wegen der glücklichen Quellenlage am Beispiel der Schachtanlage Rheinelbe und Alma der Gelsenkirchener Bergwerks-Aktiengesellschaft, freilich ohne jedes Teilergebnis verallgemeinern zu wollen, graphisch verdeutlicht werden[35] (Schaubild S. 304). Die zu Beginn des Zeitraums noch im Ausbau befindliche Grube erreichte ihre volle Kapazität erst gegen Ende der 1870er Jahre; ihre im Vergleich günstige Ertragslage bei ebenfalls hohen Löhnen begründete sich aus der Modernität ihrer Einrichtungen, vor allem aber aus der geförderten Kohlenqualität (Gaskohle) mit einem anderen Absatzhorizont und mit früh erfolgreichen Versuchen zur Marktkontrolle. Ohne Anspruch auf betriebswirtschaftlich erschöpfende Interpretation sei hier im Hinblick auf die Lohn- und Gewinnentwicklung nur angemerkt:

1. Der Lohnanteil an den Selbstkosten schwankt zwischen 60 und 79 % (1873 und 1881). Die Lohnreduktion seit 1873 hat mithin die Verstärkung der Lohnintensität nicht verhindern können; andererseits bildete sie mit einer Abnahme um 36 % (1873 bis 1877) den Löwenanteil der Selbstkostenersparnis um 42 %. Die hohe Lohnintensität begründete auch die im Schaubild allerdings nicht erkennbaren, bei Gruben mit ungünstigerer Ertragslage üblichen, starken Lohnoszillationen analog zur jeweiligen Preisentwicklung, die auch die manchmal scharf auseinanderfallenden Lohnhöhen selbst auf benachbarten Gruben zum selben Zeitpunkt erklären. Bei den Gaskohlenzechen trug hier die weitgehende Marktkontrolle zur Stabilisierung des Lohnniveaus bei.

2. Im konjunkturellen Abschwung verlaufen Lohn-, Preis- und Selbstkostenentwicklung annähernd parallel. Die in höheren Kohlenpreisen ausgedrückte, verbesserte Nachfragesituation wird hingegen nur mit erheblicher, im Falle des wenig nachhaltigen Aufschwungs von 1880/81 etwa zweijähriger Verzögerung an die Löhne weitergegeben[36], womit dann auch die Selbstkosten wieder ansteigen. So entsteht 1881 das wider-

---

33 Gedruckt: Christl.-Soz. Bl. 8 (1875) S. 440 f.; vgl. *Hue* II S. 185—88; *Imbusch,* Arbeitsverhältnis, S. 248 f.; *Brentano,* Verhältnis von Arbeitslohn u. Arbeitszeit; Bergarbeiter im Wandel der Geschichte, 1926, S. 57.

34 *A. Heinrichsbauer,* Harpener Bergbau-AG, 1936, S. 70, 77.

35 Nach: *Emil Kirdorf,* Freier Vortrag, gehalten bei der hohen Anwesenheit des Herrn Regierungspräsidenten von Rosen am 5. 2. 1887. In: RA I 620 Bl. 178—87 (Hs.); die von der Gesellschaft ausgeschüttete Dividende wurde zusätzlich eingezeichnet. Vgl. noch Gelsenkirchener Bergwerks-AG 1873—1913. Düsseldorf 1913; *F. A. Freundt,* Kapital und Arbeit [d. i. Gelsenkirchener Bergwerks-AG, 1927]. — Eine ähnliche gegenüberstellende Interpretation ist punktuell ab 1873 aufgrund der allerdings lückenhaft vorliegenden Daten der Zeche Dahlbusch möglich; vgl. *W. Kesten,* Dahlbusch, 1952, S. 250 u. Anlage Nr. 35, 36.

36 *K. A. Hückinghaus,* Die Verstaatlichung der Steinkohlenbergwerke, 1892, S. 90, beobachtet dieselbe Erscheinung im Aufschwung 1888/89 und formuliert vorsichtig, man könne „wenigstens von einer Tendenz der Arbeitgeber sprechen, möglichst wenig von den Erträgen günstiger Geschäftslagen an die Arbeiter abzutreten ... und diese Teilnahme möglichst weit hinauszurücken". Auch *Saitzew,* Steinkohlenpreise und Dampfkraftkosten, stellt S. 184

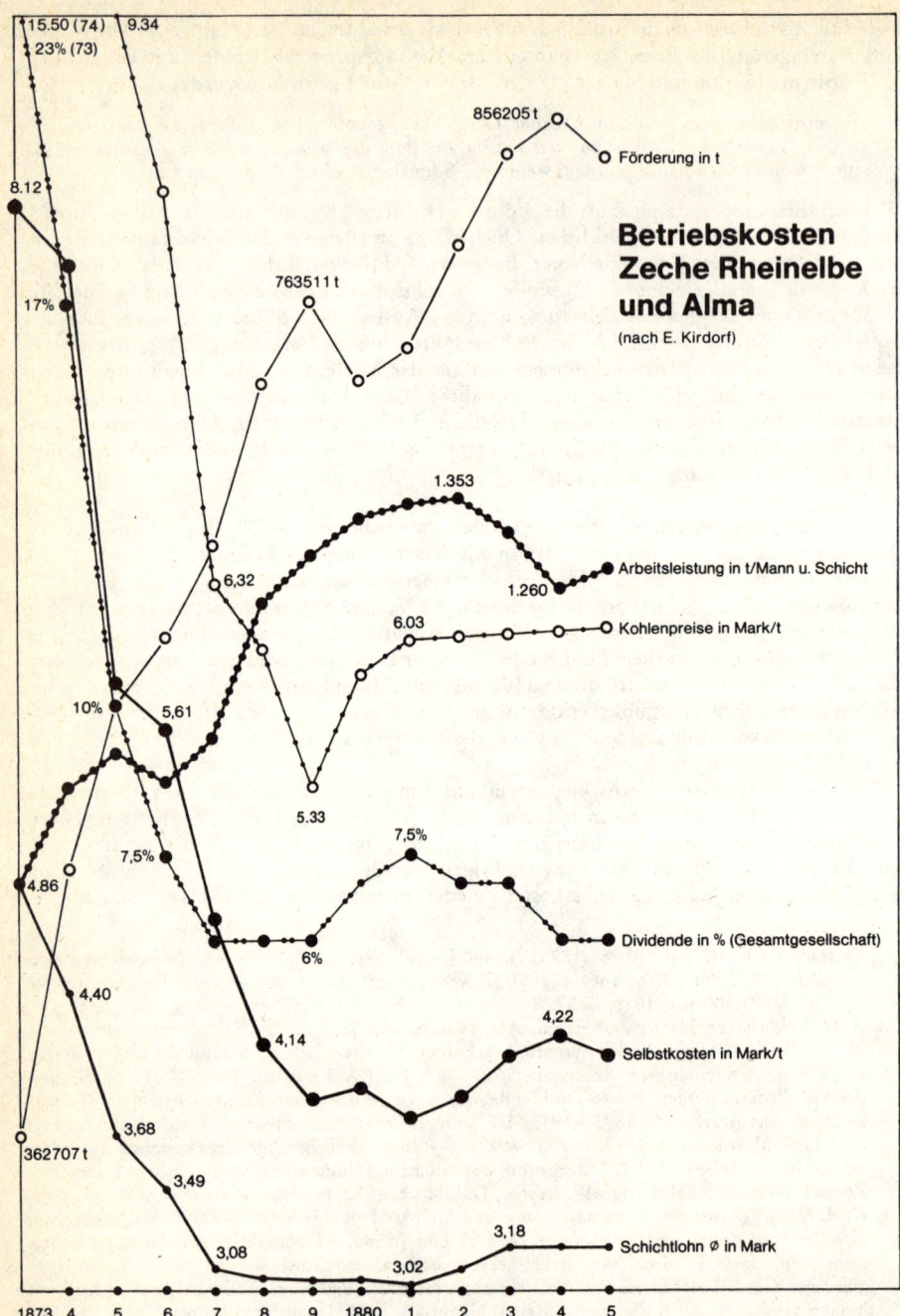

**Betriebskosten
Zeche Rheinelbe
und Alma**

(nach E. Kirdorf)

Förderung in t

Arbeitsleistung in t/Mann u. Schicht

Kohlenpreise in Mark/t

Dividende in % (Gesamtgesellschaft)

Selbstkosten in Mark/t

Schichtlohn ⌀ in Mark

15.50 (74)
23% (73)
9.34
856205 t
8.12
17%
763511 t
6,32
1.353
1.260
10%
5,61
6.03
5.33
7,5%
7,5%
6%
4.86
4,40
4,14
4,22
362707 t
3,68
3,49
3,08
3,18
3,02

1873 4   5   6   7   8   9   1880 1   2   3   4   5

sprüchliche, sozialpolitisch kaum tragbare Ergebnis der niedrigsten Löhne bei höchstem ausgeschütteten Gewinn[37], das sich 1888/89 wiederholen sollte. Die konjunkturelle Rhythmik selbst wurde zum Instrument der Gewinnverbesserung, bis die Betriebsleitung, wie es sich in der die Lohnentwicklung übersteigenden Selbstkostenentwicklung bei rückläufiger Gewinnausschüttung und gleichbleibenden Preisen 1881—1884 andeutet, wieder vermehrt Aufschlußarbeiten in Angriff nahm.

3. Die Entwicklung der Arbeitsleistung verläuft spiegelbildlich zur Lohnentwicklung und steigt daher noch über die Gewinnentwicklung hinaus an.

Die bergbauliche Arbeitsleistung hat zeitgenössisch im Anschluß an den erwähnten Ministerialerlaß rege Erörterungen über den Zusammenhang von Arbeitslohn, -zeit und -leistung angeregt. In der Argumentation standen *Lujo Brentano* und seine Schüler mit der Ansicht, höhere Löhne und kürzere Arbeitszeit verursachten eine höhere Arbeitsleistung, und die von Gewerkenseite vertretene Meinung, größere Arbeitsleistung sei eine Folge fallender Löhne, einander gegenüber und wurden nach der Jahrhundertwende zunehmend von differenzierteren Stellungnahmen, wonach zahlreiche Sachfaktoren an der Leistungshöhe mitwirken, abgelöst. Anstelle ausführlicher Diskussion sei hier ein graphischer Überblick[38] der physischen und wertmäßigen Produktivität im Vergleich zur Entwicklung der Jahreslöhne im Ruhrbergbau (Schaubild S. 306) gegeben. Die Mengenproduktivität je Arbeiter, die zuerst von den natürlichen Bedingungen des Arbeitsplatzes wie Teufe, Flözmächtigkeit und -härte, Weg zum Betriebspunkt und Transportkosten abhängig ist[39], hat im Ruhrbergbau bis zum Ende der behördlichen Direktion stagniert. Sie stieg in den drei Jahrzehnten nach 1860 mit einem starken Einbruch 1870—1873 rasant an und hat seit 1890 bei gewichtigen regionalen Unterschieden entsprechend dem regionalen Lohngefälle[40] wieder stagniert. Demnach ergibt sich ein Zusammenhang umgekehrter Proportionalität (hohe Löhne entsprechen niedrigen Leistungen) im regionalen Vergleich, sonst nur in den Jahren hoher Wertproduktivität, nämlich andeutungsweise 1857/58, in starkem Unfang 1871—1873 und schwächer 1890/91. Mitverantwortlich hierfür war die betriebsplanerische Praxis, in Boomjahren nach Abbau der bereits aufgeschlossenen Flöze mit allen Kräften weitere Ausrichtungsarbeiten zu betreiben, um die Kapazität zu erhöhen — dies mußte die Arbeitsleistung erheblich senken. Außerhalb der konjunkturellen Spitzenjahre stiegen Löhne und Mengenleistung nach 1860 scharf an; die Leistungssteigerung der 1870er Jahre scheint

fest, es sei „nirgends ein langsameres Wachsen der Preise gegenüber den Lohnkosten zu verzeichnen".

37 Im dargestellten Fall kommt hinzu, daß nach Ausweis der Kurven der Produktionseinbruch 1880 bei steigender Arbeitsleistung nur durch Belegschaftsverkleinerung verursacht sein kann, Entlassungen bzw. Einstellungsstopps und verbesserte Gewinnerwartung also zusammenfielen.

38 Quotienten, ermittelt aus Förderung bzw. Wert der Förderung u. Belegschaft; Zahlen im Anhang u. b. *Jüngst*, Festschrift, S. 5. Zur zeitgenöss. Diskussion vgl. o. Anm. 33 u. *A. Bosenick*, Über die Arbeitsleistung b. Steinkohlenbergbau, 1906; *J. Nonne*, in: Glückauf 36/5. 5., 38/12. 5., 41/22. 5., 42/26. 5. u. 43/29. 5. 1886; *E. Jüngst*, Festschrift, 1908, S. 14; Entwickelung des Niederrhein.-Westf. Steinkohlen-Bergbaues Bd. XII, S. 90—94; zusammenfassend z. Diskussion s. *W. Pothmann*, Der beim Ruhrbergbau auf den Kopf der Belegschaft entfallende Förderanteil, 1916, S. 2—4.

39 Vgl. *E. Gothein*, Bergbau, 1914, S. 290.

40 Eine Tabelle der Produktivität der südl. Reviere im Vergleich ab 1888 gibt *M. Duncker*, Die neueren Zechenstillegungen an der Ruhr, 1907, S. 18 f.

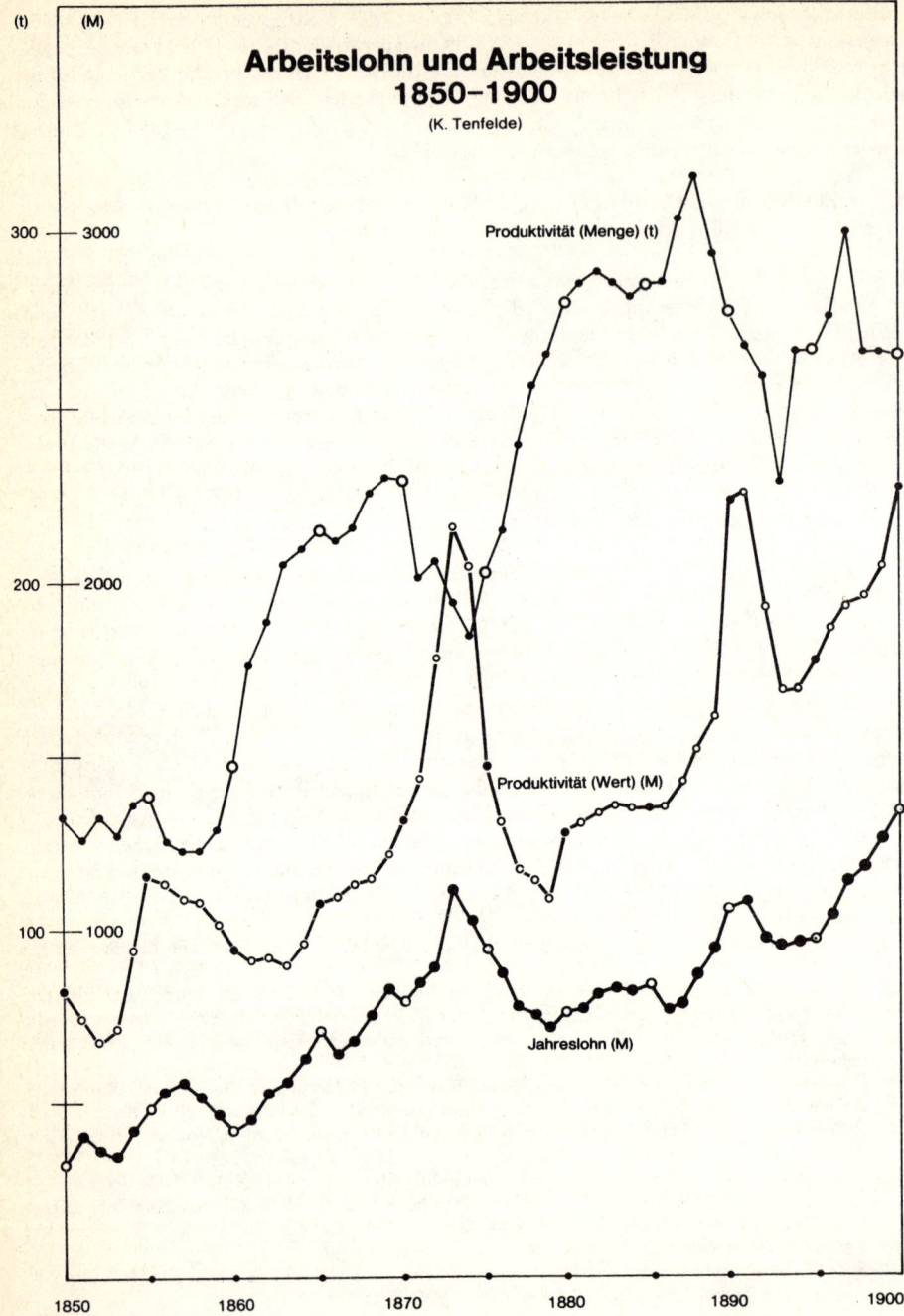

Arbeitslohn und Arbeitsleistung
1850–1900
(K. Tenfelde)

Produktivität (Menge) (t)

Produktivität (Wert) (M)

Jahreslohn (M)

überwiegend durch scharfen Lohndruck erzielt, wobei angesichts drohender Entlassung selbst Fälle freiwilligen Lohnverzichts[41] bekanntgeworden sind. Nach dem Gesagten scheint jedenfalls ein durchgängiger Zusammenhang von Produktivität und Lohnentwicklung nicht nachweisbar.

b) Bergmännische Lebenshaltung

Für die Erörterung der bergmännischen Lebenshaltung böte sich an sich die heute in der Forschung gemeinhin gepflegte Reallohnmethode an, wonach ein gewichteter Korb von Nahrungsmitteln neben weiteren festen Kosten (Mieten, Steuern) in ihrer Preisentwicklung mit den festgestellten (nominalen) Jahreslöhnen korreliert wird; der entstehende Index[42] erlaubt Aussagen insbesondere über die Tendenz der Lebenshaltung im Sinne von Verbesserung oder Verschlechterung.

Ohne diese im makroökonomischen Zugriff zweifellos sehr aussagekräftige Methode im einzelnen zu kritisieren, sei hier nur bemerkt, daß der regional-gewerbespezifische Untersuchungsansatz, soweit nach der Jahrhundertmitte die Quellen über die Preisentwicklung der Industrieregion reichlicher fließen, einen genaueren Zugriff möglich und erforderlich macht. Einen regionalen Reallohnindex zu konstruieren, empfiehlt sich hierbei nicht, weil einerseits auch innerhalb der Industrieregion im Berichtszeitraum noch geradezu erstaunliche Preisdifferenzen zwischen nur wenig entfernten Märkten auftreten[43] und weil weiterhin die Gegenüberstellung von Löhnen und Preisen im kleinräumigen Rahmen Tendenzen und Niveau der Lebenshaltung ohne rechnerische Zwischenstufen unmittelbar einsichtig macht und differenzierend diskutiert werden kann.

Die Wiederaufnahme des für den Vormärz aus Gründen der Quellenlage global an einem Haushaltsbeispiel durchgeführten Verfahrens zur Feststellung von Lageveränderungen in der vor 1850 im übrigen recht gleichbleibenden bergmännischen Lebenshaltung verspricht nun insbesondere auch genauere Aussagen über die Art und Qualität der

---

41 Vgl. die Bitte um Arbeit von 220 Bergleuten der Zeche Nordstern, im Anhang S. 621 f.; ferner *Hue* II S. 187 f.; *Hoffmann*, Das Wachstum der dt. Wirtschaft, S. 97 f.

42 Hier sei nur auf *Desai*, Real Wages in Germany 1871—1913, 1968, hingewiesen. Jüngst hat *J. D. Hunley*, Society and Politics in the Düsseldorf Area, 1867—1878, Dis. 1973, S. 433—39 auf der Grundlage einiger der auch hier benutzten Quellen über Löhne und Preise (vgl. unten Anm. 45) unter Gewichtung anhand des Arbeiterhaushalts der Petition von 1867 (vgl. unten S. 311) einen regionalen Index der Lebenshaltungskosten bes. für die 1870er Jahre erstellt und verstreuten Lohnreihen gegenübergestellt. Neben der geringen Repräsentativität der Quellen und der Kürze des Berechnungszeitraums sind die hier im Text folgenden Bemerkungen diesem Versuch entgegenzuhalten. Vgl. auch *ders.*, The Working Classes, 1974, S. 136—38.

43 Die Beispiele sind zahlreich; z. B. zeigt eine Aufstellung der Preise von 16 märkischen Märkten (Illustrierter Arbeiter-Freund 12/21. 3. 1885, in: TLBA 214), Februar 1885, Abweichungen von 9 % (Weizen in Hattingen und Witten), 18 % (Gerste in Dortmund und Hattingen, 23 % (Erbsen in Bochum und Dortmund), 18 % (Schweinefleisch in Dortmund und Herdecke), 22 % (Eier in Bochum und Dortmund) u. ä. Vgl. auch die Anm. 45 zitierten lokalen Preisindices von *E. Jüngst.* Insgesamt hat sich im Ruhrrevier seit den 1850er Jahren mit der Bildung eines industriellen Verbrauchermarkts ein im Vergleich zu den Nachbarkreisen erheblich höheres Preisniveau mit Differenzen von 10—20 % und manchmal darüber hinaus herausgebildet. Auch über längere Zeiträume hinweg scheinen die Marktpreise in Dortmund niedriger als in Essen gelegen zu haben.

bergmännischen Ernährung. Die Messung an regionalen Preisreihen verleiht zudem größere Urteilssicherheit hinsichtlich der jeweiligen Tendenz auch im Vergleich mit der Einkommenslage benachbarter Gewerbe. Bei der Ausführung einzelner Haushaltsbeispiele[44] wird es dabei darauf ankommen, die Lebenshaltung stets im Blick auf die zyklische regionale Preisentwicklung[45] einerseits, auf die Veränderungen der Nahrungsgewohnheiten, d. h. der Zusammensetzung der Ernährung andererseits zu relativieren[46]. Modifizierende Bedeutung kommt schließlich den seit den 1870er Jahren zahlreicher überlieferten, zeitgenössischen Äußerungen über die bergmännische Lebenshaltung zu.

Nach einem vorübergehenden Tiefstand zu Beginn der 1850er Jahre sind die Markt-, d. h. besonders die Getreidepreise bis zum Jahre 1855 auf eine Höhe gestiegen, die weder in den 1840er Jahren erreicht worden war noch bis zur Jahrhundertwende noch einmal übertroffen werden sollte. Die Jahre von 1853—1856 waren eine Zeit schärfster Nahrungsmittelteuerung. Seit 1849 haben die Roggenpreise auf dem Dortmunder Wochenmarkt von 3,42 auf (1855) 12,85 Mark, die Weizenpreise von 6,35 auf 12,45 Mark je Scheffel zugenommen, und auch die Kartoffelpreise zogen von 1,78 auf 4,45 Mark an[47]. Nach einer leichten Verbesserung 1856 erreichten die Preise dann 1857/58 wieder ein Niveau, das geringfügig über dem sehr niedrigen Stand von 1848—52 lag. Nach einem wenig tiefgreifenden Anstieg 1860/61 kam es dann seit 1865 wieder zu erheblichen Preissteigerungen.
In dem Haushalt einer sechsköpfigen „wohlsituierten Essener Arbeiterfamilie"[48] betrug der jährliche Nahrungsmittelbedarf Mitte der 1850er Jahre:

---

44 In der Meinung, ruhrbergbauliche Arbeiterhaushalte seien nicht auffindbar, ist nach der Jahrhundertwende in der Kontroverse um die Studie von *L. Pieper*, Lage der Bergarbeiter, auf Berliner Arbeiterhaushalte zurückgegriffen worden; vgl. *Jüngst*, Arbeitslohn und Arbeitsleistung, 1906, S. 24 f.; *H. Imbusch*, Rezension von *Münz*, Lage der Bergarbeiter, in: ASSP 29 (1909) S. 947. Eine auch nur annähernd repräsentative Erhebung fehlt allerdings; jedoch lassen sich aus zahlreichen mosaikartigen Angaben hinreichend Anhaltspunkte der Haushaltentwicklung gewinnen; besonderer Wert kommt dabei bergmännischen Selbstaussagen zu. Vergleichsebenen und Anregungen eröffnet *L. Schneider*, Der Arbeiterhaushalt im 18. und 19. Jahrhundert, 1967; einen typisierenden Überblick gibt *Erich Egner*, Epochen im Wandel des Familienhaushalts. In: *H. Rosenbaum* (Hg.), Familie und Gesellschaftsstruktur, 1974, S. 56—87.

45 Die Preisentwicklung regionaler Märkte läßt sich oft anhand der statistisch-topographischen Literatur und nach den Kreis- und Kommunalstatistiken nachverfolgen; wir verwenden darüber hinaus insbesondere: Landwirtschaftl. Zg. f. Westfalen und Lippe 1854—1860 (Dortmund, Witten, Recklinghausen, Düsseldorf); Entwickelung des Niederrhein.-Westf. Steinkohlen-Bergbaues Bd. XII, S. 88 f.; Jb. f. d. amtl. Statistik des Preuß. Staats 2 (1867) S. 94—101, 113—131, 134 f. (großstädtische Märkte bis 1865 im Vergleich); preuß. Durchschnittspreise 1860—1890: Deutsches Handelsarchiv. Zs. f. Handel u. Gewerbe Jg. 1890, S. 231; Amtsblatt RA Jgg. 1878—1890; ferner zahlreiche archivalische Hinweise und Aufstellungen, bes. aus OPM 1205 IV, OPM 825—826; OBA 1776—1777, 1799 u. 1390. Indexberechnungen (1886 = 100) regionaler Märkte (Essen, Bochum, Dortmund, Witten) hat f. 1875—1907 *E. Jüngst*, Festschrift, S. 162, mit graphischer Auswertung angestellt; für den überregionalen Lebensmittel-Preisindex ab 1851 sei auf *W. Däbritz*, Die typischen Bewegungen im Konjunkturverlauf, 1929, S. 35, hingewiesen.

46 Unentbehrlich jetzt: *H. J. Teuteberg/G. Wiegelmann*, Der Wandel der Nahrungsgewohnheiten unter dem Einfluß der Industrialisierung, 1972.

47 Nach Bericht über die Verwaltung d. Landkreises Dortmund 1887/88, S. 58 f.; vgl. auch *G. Haren*, Witten, 1924, S. 305. — Im folgenden werden Wertangaben in Mark umgerechnet.

48 Nach *R. Ehrenberg*, Krupp-Studien III, 1909, S. 31—33, in der von *Ehrenberg* korrigierten Form. Wertangaben in den Haushaltsbeispielen stets in Mark.

Brot (wöchentl. 24 Pfd.)	104,—	18,4 %
Fleisch (1 Pfd. tägl., auch Fett)	146,—	25,8 %
Mehl (wöchentl. 3 Pfd.)	36,40	6,4 %
Kartoffeln (8 Malter)	75,—	13,2 %
Kaffee (wöchentl. 1 Pfd.)	52,—	9,2 %
Butter (wöchentl. 2 Pfd.)	52,—	9,2 %
Gemüse (täglich f. 2 Sgr.)	73,—	12,9 %
Sonstiges (Gewürze, Öl etc.)	28,10	4,9 %
Nahrungsmittel	566,50	100,0 %

Bei Gesamtausgaben in Höhe von 915,65 M. entfiel ein Anteil von 61,87 % auf den Nahrungs-mittelbedarf; für Miete wurden 9,83 %, für Kleidung, Wäsche und Schuhe 15,07 %, für Tabak und Bier 3,34 % aufgewendet; der Rest entfiel auf Steuern, Kohlen, Krankheiten. — Bei dieser über ein hohes Einkommen verfügenden Familie fällt insbesondere der hohe Fleischkonsum auf. Dies entspricht der Beobachtung, daß in den 1850er Jahren Fleisch in den urbanen industriali-sierten Gegenden in den Arbeiterhaushalt eindringt und die Mehl- und Kartoffelspeisen in ihrem relativen Wertanteil zurückdrängt[49]. Neben der starken Zunahme der Lebensmittelpreise brach-ten die 1850er Jahre wegen des sprunghaften Bevölkerungswachstums durch Zuwanderung eine Steigerung der Mietpreise, die schon 1853 um 30—50 % selbst in ländlichen Gegenden betragen haben soll[50].

Das Einkommen des vorgeführten Essener Beispiels war nur durch bergmännische Spitzenver-diener, durch Mitarbeit von Frau und Kindern oder durch zwei Empfänger regelmäßigen Lohns erreichbar. Im folgenden sei nun eine Aufstellung des Essener Landrats über den Bedarf einer fünfköpfigen Arbeiterfamilie 1860/61, also bei weitaus niedrigerem Preisniveau, wiedergegeben[51]:

	Kreis Essen					
	nördlicher Teil			südlicher Teil		
Buchweizen, Weizenmehl	100 Pfd.	20,—	3,8 %	104 Pfd.	20,80	4,6 %
Brot	1800 Pfd.	150,—	28,6 %	1820 Pfd.	163,80	36,2 %
Kartoffeln	2600 Pfd.	80,40	15,3 %	1720 Pfd.	56,—	12,4 %
Gemüse, Reis, Graupen		46,40	8,8 %		51,10	11,3 %
Fleisch u. Speck	200 Pfd.	106,—	20,2 %	78 Pfd.	44,20	9,8 %
Butter	90 Pfd.	72,—	13,7 %	78 Pfd.	78,—	17,3 %
Milch		27,—	5,2 %		15,—	3,3 %
Verschiedenes		23,20	4,4 %		23,20	5,1 %
Nahrungsmittel		525,—	100 %		452,10	100 %

49 H. J. Teuteberg (in: Teuteberg/Wiegelmann, Nahrungsgewohnheiten, S. 108 f., 130—32) stellt die Zunahme des Fleischkonsums in Sachsen schon in den 1850er Jahren, im allgemeinen verstärkt in der städtischen Bevölkerung fest. Vor allem im westlichen Ruhrgebiet scheint der Fleischkonsum, jener „erstaunlich sensible ... Wohlstandsmesser", ebenfalls in den 1850er Jahren sprunghaft gewachsen zu sein; vgl. dagegen etwa den gänzlich ohne Fleisch auskommenden Haushalt einer ländlichen Arbeiterfamilie, 1851, im Krs. Herford bei W. v. Laer, Die Entwicklung des bäuerlichen Wirtschaftswesens, 1912, S. 217—21. Der in seinen Einzelwerten stark übertreibende, von Bergleuten aufgestellte Haushalt aus dem Hardensteiner Revier 1855 (Anhang S. 609) zeigt eine gegenüber dem Essener Beispiel umgekehrte Brot(33 %)-Fleisch(17 %)-Relation, die sich auch in dem im folgenden ausgeführten Haushaltsbeispiel spiegelt. Zweifellos ist in ländlicher Umgebung noch kaum oder nur wenig Fleisch verzehrt worden.

50 Vgl. OBA 1385 Bl. 366—69, BAB/OBA 12. 10. 1853.

51 Nach Statistik des Kreises Essen 1859—61, S. 248 f.; Prozentberechnungen hinzugefügt. Bei Kartoffeln wurde der Scheffel à 43 kg umgerechnet.

Weitere Kosten absolut und in Prozent der Gesamtausgaben:

	nördl. Krs. Essen		südl. Krs. Essen	
Miete	78,—	10,27 %	60,—	8,98 %
Kleidung, Wäsche	90,—	11,86 %	90,—	13,47 %
Feuerung, Licht	36,—	4,74 %	36,—	5,38 %
Hausrat, Werkzeug	15,—	1,98 %	15,—	2,25 %
Abgaben, Schulgeld	15,—	1,98 %	15,—	2,25 %
Gesamtausgaben:	759,—		668,10	
Anteil der Nahrungskosten an den Gesamtausgaben:		69,17 %		67,67 %

Hier fällt der sehr viel höhere Fleischanteil, der auch den Anteil der Nahrungskosten an den Gesamtausgaben emportreibt, im Lebensmittelkorb der städtischen (nördlichen) Arbeiterfamilie auf, deren Mietausgaben ebenfalls einen größeren Budgetanteil verschlingen. Insgesamt war das Haushaltsvolumen der im südlichen Kreis ansässigen Familie erheblich, nämlich um 12 % niedriger als das der städtischen Familie; egalisiert man den Fleischkonsum auf dem Niveau der ländlichen Familie, so beträgt die Differenz nur noch 3,8 %.

Nach den angeführten Beispielen betrug in den 1850er und zu Beginn der 1860er Jahre der Anteil der Nahrungsausgaben am Arbeiterhaushalt 60—70 %, der Mietausgaben um 10 %, der Kosten für Kleidung und Wäsche 10—15 %, für Heizung und Licht 5 %[52]. Selbst das in den Beispielen für 1860/61 errechnete, gegenüber dem Haushalt der 1850er Jahre realistischere Haushaltsvolumen konnte nur im Ausnahmefall von bergmännischen Spitzenverdienern oder Grubenbeamten, sonst nur bei mehreren Einkommensbeziehern in der Familie erreicht werden. In anderen Gewerben lagen die Löhne oft erheblich niedriger; für Arbeiter in Metallfabriken wurden zwar um 1855 hohe, 600 Mark überschreitende Löhne gezahlt, aber Textilarbeiter verdienten in Bochumer Zwirnereien wöchentlich zwischen 2,50 und 5,00 Mark, in Tuchfabriken immerhin zwischen 6,00 und 15,00 Mark, und Dortmunder Ziegeleiarbeiter erhielten nur zwischen 7,80 und 8,40. Außerordentlich schlecht standen noch die Löhne der ländlichen Tagelöhner, die zwischen Ruhr und Lippe ohne Kost in den 1850er Jahren bei allerdings auf ländlichen Nebenerwerb abgestellter Haushaltsführung nicht mehr als jährlich 280 Mark verdient haben[53].

Demgegenüber sind die vorgestellten Haushaltsbeispiele bereits zum Teil auf städtische Haushaltsführung abgestellt und entsprechen, wie noch auszuführen ist, nur erst bedingt der Regel. Unzweideutig ist, daß mit nur einem bergmännischen Einkommen in dem Jahrzehnt nach der Revolution eine fünfköpfige Familie nicht ernährt werden konnte. Bei Haushaltsdefiziten (zum durchschnittlichen bergmännischen Jahreslohn) zwischen 25 und 35 % in den für 1860 angeführten Beispielen mußten für eine größere Familie desolate Verhältnisse eintreten, sobald eine Nebenerwerbsquelle vorübergehend oder auf

---

52 Eine ähnliche Struktur zeigt ein Arbeiterhaushalt aus dem Kreis Duisburg um 1860 (Statistik d. Krs. Duisburg 1859—61, S. 87), wonach bei einem Volumen von 600 Mark „durchschnittlich mindestens" 56,5 % an Nahrungsmitteln, 11,5 % für die Wohnung, 4,5 % für Heizung, 17,5 % für Kleidung und Wäsche, 6 % für Hausrat verwendet wurden. Vgl. auch *F. Mogs*, Sozialgesch. Entwicklung d. Stadt Oberhausen, Diss. 1956, S. 40 f. Zum Anteil der Nahrungsmittelkosten am Gesamthaushalt vgl. (nach *Schneider*) *H. J. Teuteberg*, in: *Teuteberg/ Wiegelmann*, Wandel der Nahrungsgewohnheiten, S. 85 f.

53 Vgl. *Jacobi*, Das Berg-, Hütten- u. Gewerbewesen des Reg. Bez. Arnsberg, 1857, S. 554; Statistik des Krs. Duisburg 1859-61, S. 88; Landarbeiterlöhne bei *O. v. Mülmann*, Statistik des Reg.-Bez. Düsseldorf, 1864—67, Bd. II, 1, S. 356—58 (einschl. Gesinde); *A. Breilmann*,

Dauer entfiel. Eine recht günstige Situation stellte sich nur im Jahre 1857 und anfänglich 1858 her, als die Löhne ein hohes Niveau erreicht hatten und erträgliche Marktpreise herrschten. In den ersten Jahren nach 1860 haben sich die Haushaltsverhältnisse deutlich verbessert, denn während die Löhne seit 1861 mit nur einem Einbruch 1866 stetig stark angestiegen sind, verharrten die Lebensmittelpreise auf einem recht niedrigen Niveau.

In der Entwicklung der Preisstruktur zeichnete sich seit den 1850er Jahren eine Verschiebung insoweit ab, als die Fleischpreise bis zum Beginn der 1870er Jahre stetig, auf dem Bochumer Wochenmarkt z. B. 1852—1872 um über 100 %/o zugenommen haben, während von den anderen Grundnahrungsmitteln etwa die Kartoffelpreise 1865 in Bochum, Dortmund und Essen durchschnittlich nur noch 52,9 %/o des Standes von 1854 hielten und selbst in den Jahren erneuten Preisanstiegs mit dem Höchststand 1871 nur 93,5 %/o erreichten. Diese Entwicklung zeigten noch ausgeprägter die — hier zusammengenommen — Roggen- und Weizenpreise auf den genannten Märkten: Sie erreichten nach einem Durchschnittspreis pro 100 kg von 32,47 Mark im Jahre 1855 zehn Jahre später ihren Tiefstand mit 51,7 %/o und stiegen bis 1873 auf nur 79,9 %/o des Ausgangsniveaus an. Leider läßt sich vorderhand nicht feststellen, in welchem Umfang diese doch erheblichen agrarzyklischen Preisschwankungen den Arbeiterhaushalt etwa durch die Brotpreise beeinflußt haben; jedenfalls dürfte die Verteuerung des Fleisches seine Verbreitung als Grundnahrungsmittel aufgehalten haben, während die Getreidepreise bei dem noch überwiegenden Brauch, sein Brot selbst zu backen, spürbaren Einfluß behielten.
Für die 1860er Jahre seien zwei aus arbeiterfreundlichen Kreisen stammende bzw. von Bergleuten selbst verfaßte Haushalte, ebenfalls aus dem westlichen Revier, nebeneinander gestellt[54]:

		Mülheim 1865, siebenköpfige Arbeiterfamilie			Essen 1867, vierköpfige Arbeiterfamilie	
Brot, Mehl		202,80	30,0 %/o	1825 Pfd.	174,45	30,7 %/o
Fleisch, Speck		148,20	21,9 %/o	183 Pfd.	153,30	27,0 %/o
Butter	130 Pfd.	117,—	17,3 %/o	61 Pfd.	73,—	12,8 %/o
Kartoffeln		46,80	6,9 %/o	2190 Pfd.	121,70	21,4 %/o
Gemüse		54,60	8,1 %/o			
Sonstiges		107,60	15,8 %/o		45,65	8,1 %/o
(Gewürze, Salz, Zucker, Kaffee, Milch etc.)						
Nahrungskosten		677,—	100 %/o		568,10	100 %/o

Weitere Kosten absolut und in Prozent der Gesamtausgaben:

Miete	72,—	7,64 %/o
Kleidung, Wäsche	115,—	12,20 %/o
Feuerung, Licht, Seife	65,—	6,90 %/o
Abgaben, Schulgeld	13,35	1,42 %/o
Gesamtausgaben:	942,35	
Nahrungsanteil:		71,84 %/o

Die sozialen Wirkungen der Industrialisierung, 1949, S. 36 f.; *W. Avereck*, Die Landwirtschaft unter dem Einflusse von Bergbau und Industrie, 1913, S. 76 f. Bei *L. Kluitmann*, Geld- u. Kapitalverkehr im Ruhrgebiet, 1931, S. 5, wird bemerkt, um 1856 seien in Mülheim, anscheinend für eine Einzelperson, 300 Mark als der „zur Lebensfristung nötige Satz angesehen" worden.

54 Bote vom Niederrhein 34/17. 12. u. 40/31. 12. 1865; aus der Bergarbeiterpetition Juni 1867, gedruckt: *Hue* II S. 171; vgl. zu der Petition unten S. 448 ff. Das Erscheinen von

Mit der Ausnahme der in beiden Beispielen stark abweichenden Kartoffelausgaben sind die Kostenstrukturen im Vergleich mit den 1850er Jahren nicht wesentlich verändert[55]; nur das Fleisch hatte sich inzwischen deutlich einen festen Platz im Arbeiterhaushalt erobert und konnte wohl auch noch im Mengenverzehr zunehmen — der unter den Fleischkosten miterfaßte Fett- und Speckverbrauch war allerdings erheblich.

Das Mülheimer Beispiel geht bei 5 Kindern unter 10 Jahren von einem minimalen Kleidungsbedarf von jährlich je einem Kleid zwischen 3 und 9 Mark und 2 Hemden (2—4 Mark) aus; Schuhe zwischen 2 und 6 Mark waren nur für die Älteren vorgesehen. Die Kleidung der Eltern sollte für den Mann aus Anzug, Hemden und Schuhen zu 28,50 Mark, für die Frau aus Kleid und Schuhen zu 17 Mark bestehen, und es wurde betont, daß gewiß nur „die billigsten Arbeitskleider berechnet" seien. Zahlreiche Nebenkosten wie der Mobiliarverschleiß und die Instandhaltung der Räume wurden, ganz abgesehen von Neuanschaffungen, nicht erwähnt.

Der Haushalt einer siebenköpfigen Familie ist durchaus nicht typisch, dürfte sich indessen bei jungen Zuwanderern, nachdem sie eine Familie gegründet hatten, häufiger eingestellt haben. Hier half auch die Mitarbeit der Frau nur, das Schlimmste abzuwehren und die Zeit bis zur ersten Erwerbstätigkeit der Kinder, die selbst bei minimaler Entlohnung schon eine spürbare Erleichterung bringen konnte, zu überbrücken. Für die ansässige, auch größere Bergarbeiterfamilie brachte das Jahrfünft von 1861 bis 1865 hingegen eine merkliche Entlastung in der Lebenshaltung mit einem durch Höchstlöhne und Niedrigpreise gesegneten Jahr 1865. Erstmals in dieser Zeit gelangte die Bergarbeiterschaft in den Genuß der Industrialisierungsfolgen; hierbei hat der außerordentliche Arbeitskräftebedarf bei stabilen Lebenshaltungskosten die ausschlaggebende Rolle gespielt. So konnte die Arnsberger Regierung im Sommer 1865 „zu unserer größten Befriedigung", vielleicht auch etwas schönfärbend

> „constatiren, daß allgemein gefühlte Uebelstände unter der zahlreichen Arbeiterbevölkerung *zur Zeit* in unserem Bezirke überhaupt nicht vorliegen. Keine Klage der Arbeiter als der Selbstbetheiligten ist zu unserer Kenntniß gekommen . . ."[56]

Die Arbeiter strebten — dies, wurde betont, „ein sehr glücklicher Umstand" — vermehrt nach Haus und Garten, und in der Tat dürfte dies eine Zeit der Rücklagen- und Besitzbildung bei im Vergleich zu den Boomjahren 1870—1873 noch erträglichen Grundstücks- und Baupreisen gewesen sein.

Einen Gradmesser für den Spielraum der Haushaltsführung im lohn- bzw. preiszyklischen Rhythmus bildete die Spareignung der Bergleute; ihre kurze Betrachtung im Gesamtzeitraum soll deshalb hier eingeschoben werden.

Haushaltsberechnungen in Eingaben und Beschwerden der Bergleute (vgl. noch oben Anm. 49 bzw. Anhang S. 609 ist selbst Ausdruck einer traditionalen Auffassung des Arbeitsverhältnisses, wonach, ganz im Rahmen der älteren Lohnnormierung, das Einkommen nach den Bedürfnissen zu bemessen war.

55 Vgl. mit charakteristischer Verschiebung zu Lasten des Fleischverzehrs auch eine von *Dorider*, Recklinghausen, 1955, S. 270 (nach *Hartl*, Recklinghausen, S. 149), wiedergegebene Haushaltsaufstellung, wonach in den 1860er Jahren eine sechsköpfige „normale Arbeiterfamilie", die in der Regel 1—2 Morgen Acker bestelle, jährlich 495 Mark verbrauche: Davon 24 % für Brot und Korn, 15 % für Gemüse und Kartoffeln, 15 % für Fleisch und Fett, 6 % für Miete, 12 % für Brennmaterial, 18 % für Kleidung, 9 % Verschiedenes.

56 RA I 558 Bl. 8—33 Gutachten zum Koalitionsrecht 20. 6. 1865 (Entw.).

Anscheinend auf bergbehördliche Anregung kam zum Ende der 1850er Jahre in bergbau-interessierten Kreisen die Diskussion darüber in Gang, ob nicht einer drohenden Verelendung der Bergarbeiterschaft im Falle ihrer Freisetzung durch besondere Förderung und Organisierung des Sparwillens vorgebeugt werden könne[57]. Diese Bestrebungen gehörten andererseits in das Bezugsfeld jener in den beiden Jahrzehnten vor der Reichsgründung so verbreiteten Idee der Selbsthilfe durch freiwillige Assoziation, auf deren Nährboden der Aufschwung des deutschen Sparkassenwesens gedieh. Allenthalben wurden Sparvereine und Lebensversicherungsbeitritte auf kommunaler Ebene oder seitens der Grubenverwaltungen angeregt; Essener Gewerken beschlossen 1854 sogar, den Sparsinn der Bergleute durch eine Prämie von 10 % auf eine auf einem Sparkonto nachgewiesene Ersparnis von 10 Tlr. zu fördern[58]. Dabei hatte die bergamt-liche Disziplinierung durch ihre Wertschätzung vorausschauender Planung und ländlichen bergmännischen Kleinbesitzes an sich bereits eine recht starke, jedenfalls im Vergleich zu Arbeitern anderer Gewerbe hervorstechende Sparneigung der Bergarbeiterschaft gefördert. Sie hat sich, ein Beispiel für die anhaltende Wirkung älterer Verhaltensmuster, noch über Jahrzehnte hinweg erhalten. Nicht nur sparten relativ mehr[59] Berg- als Fabrik- und andere Arbeiter, sie brachten auch, bei örtlich allerdings deutlich verschiedenen Spargewohnheiten, höhere Summen zu den Sparkassen. Letzteres zeigt ein Vergleich der Pro-Kopf-Spareinlagen[60]:

	Jahr	Handwerks-gesellen	Meister	Fabrik-arbeiter
Mülheim (alle Kassen)	1861	233	254	332
Krs. Dortmund	1864	238	674	456
Witten	1870	374	1498	605
Bochum Stadt	1875	511	1349	919
Gelsenkirchen	1880	680	1675	674
Bochum Stadt	1885	564	2368	699
Dortmund Stadt	1889/90	417	2028	385

57 BAEW 124 Verfügung des OBA 18. 8. 1858. Ebenso wie von den Knappschaftsvorständen Mülheim und Essen, wurde die Bildung bes. Sparvereine in Gewerkenkreisen abgelehnt; s. Berggeist 4 (1859) S. 614 f., 622.

58 Vgl. *K. Mews,* Huyssen, 1970, S. 233; über einen nach etwa 10 Jahren eingegangenen Versicherungsverein auf Prosper 1864 s. OBA 1777 Bl. 121. Seit Ende der 1850er Jahre bemühten sich die Gemeinden um Sparkassenfilialen für ihre Arbeiter; vgl. LRB/Amtmann *Cöls,* Wattenscheid 26. 2. 1858, (StaWatt 2/E/431): „Spart der Arbeiter, so kann er nicht liederlich, ausschweifend sein; er erhält sich auf gutem Wege oder bessert sich indem er frühere schlechte Gewohnheiten aufgibt". Allg. zum Sparkassenwesen s. *Adolf Trende,* Geschichte d. dt. Sparkassen bis zum Anfang des 20. Jhs. Stuttgart 1957, hier S. 83—135.

59 *D. Crew,* Definitions of Modernity [Bochum], 1973, S. 73, errechnet im Vergleich zu Handwerkern und Fabrikarbeitern für Bergleute ebenfalls einen höheren Anteil von Sparern und sucht die Erklärung überflüssigerweise in auswärts wohnenden Sparern, die übrigens mit Gewißheit die Sparkasse des Amts Bochum bevorzugt hätten.

60 Nach dem vorgeführten Schema gegliederte Daten zur Entwicklung der Sparleistungen sind regelmäßig in den Kreis- und Kommunalstatistiken überliefert; Bergleute und Hüttenarbeiter sind hierbei zusammengenommen. Vgl. hier: Statistik d. Krs. Duisburg 1859—61, S. 88; RA I 558 Bl. 118—125 Gutachten LRD 22. 4. 1865; Statistik d. Krs. Bochum 1878, S. 190; Ergänzung z. Statistik d. Krs. Bochum 1881, S. 105; Bericht ü. den Stand u. d. Verwaltung v. Gelsenkirchen f. 1887/88, S. 14. Die Rubrik „andere Arbeiter" umfaßt offenkundig auch selbständig Gewerbetreibende. Die genauere Auswertung dieser Statistiken dürfte zahlreiche weitere Aussagen über die Lebenshaltung der Arbeiterschaft erbringen.

Sparkassen	Jahr	Berg- u. Hüttenarbeiter	Dienstboten	andere Arbeiter
Mülheim (alle Kassen)	1861	197	238	224
Krs. Dortmund	1864	736	266	1229
Witten	1870	620	303	424
Bochum Stadt	1875	882	473	895
Gelsenkirchen	1880	875	610	2074
Bochum Stadt	1885	941	525	1277
Dortmund Stadt	1889/90	999	244	4950

Hier überrascht, daß die Sparkraft der Fabrik- und Bergarbeiter stets jene der Handwerksgesellen und in den 1860er Jahren gelegentlich auch noch jene der Handwerksmeister, die deutlich seit etwa 1870 in ihren Spareinlagen davoneilen konnten, übertroffen hat. Manche Sondereinflüsse gehen auch in die Aufstellung ein, so für Bochum die Entwicklung des Bochumer Vereins. In den südlichen Gegenden ist das Sparvolumen zunächst wegen niedrigerer Löhne, aber auch wegen größerer Scheu, sein Geld zur Bank zu tragen, gewiß geringer gewesen. Zu beachten bleibt stets, daß meist nur ansässige Arbeiter zu sparen pflegten, daß Ersparnisse auch in anderer Form gebildet werden konnten und daß die Arbeiterschaft zumeist nur in bestimmten Phasen zu sparen vermochte: Vor der Eheschließung und in der Zeit des Mitverdienens der Kinder im Haushalt.

Ein starker Anstieg der Sparvolumina pro Kopf der Bergleute ist ohne Zweifel bis zum Jahre 1873 erfolgt, wie überhaupt die Spareinlagen in diesem Zeitraum eine rasante Zunahme zeigen[61]. Für 1864 schätzte das Oberbergamt befriedigt die Höhe der Spareinlagen auf etwa 39 Mark je Bergmann; sie soll im Rechnungsjahr 1865/66 bereits 60 Mark betragen haben[62]. Der in den Spareinlagen nachweisbare Konjunktureinbruch 1866/67 ist bis 1873 von einem äußerst starken Anstieg abgelöst worden. Das jetzt erreichte Sparniveau haben die Bergleute auch in den Krisenjahren zu halten versucht. Deutliche Einbußen sind nur in den Jahren 1877/78 feststellbar; allerdings scheint es, als ob die Zahl der Sparer erheblich abgenommen hätte, weniger Bergleute also mehr Vermögen ansparen konnten. Zu Beginn der 1880er Jahre hat sich das Pro-Kopf-Sparvolumen um etwa 10 % auf 900 bis 1100 Mark gesteigert; die bis 1889 anhaltende Stagnation auf diesem Niveau erklärt sich gewiß auch aus dem Verbrauch des Zinsertrags ohne Möglichkeit zum Ansparen weiterer Summen.

Auch das bergmännische Sparverhalten scheint also den größeren Haushaltsspielraum seit Beginn der 1860er Jahre zu bestätigen, der freilich, da eine Staffelung des Einkommens und der steuerlichen Abgaben nach der Familiengröße dem 19. Jahrhundert fremd geblieben ist, nur in kleineren Familien, in Familien mit Besitz oder mehreren Lohnempfängern, endlich vor allem bei ledigen Jungbergleuten, die gegebenenfalls bis zur Hälfte ihres Einkommens sparen konnten, zum Tragen kam. Da seit Ende der 1860er Jahre die Löhne erheblich stärkere Wachstumsraten als die Lebenshaltungspreise aufwiesen, hat sich, nachdem der Krieg 1870/71 für einige Zeit vielen Familien den Ernährer entzogen und sie der privaten und öffentlichen Mildtätigkeit überlassen hatte[63], dieser Haus-

---

61 *R. H. Tilly*, Industrialisierung des Ruhrgebietes, 1969, S. 7, schätzt das Wachstum der Spareinlagen in Dortmund von 0,8 (1843) über 3,9 (1849), 14,9 (1858) auf 34,8 (1871) Tlr. pro Kopf der Bevölkerung. Zum folgenden, nur andeutenden konjunkturellen Überblick vgl. die Daten über die Bochumer u. d. Dortmunder Sparkasse. In: Berichte ü. den Stand und d. Verwaltung v. Dortmund, versch. Jgg.; *K. Wörle*, Statistik von Dortmund, 1869, S. 102; Bericht des Magistrats zu Bochum, versch. Jgg.; vgl. auch *H. v. Festenberg-Packisch*, Entwicklung u. Lage des Dt. Bergbaues, 1890, S. 68.
62 Vgl. OBA 1788 (Gutachten des OBA 15. 5. 1865); Glückauf 45/11. 11. 1866.
63 Vgl. Glückauf 52/25. 12. 1870.

haltsspielraum in den „flotten Jahren" 1871—1873 so verstärkt, daß vorübergehend auch bei ungünstigen Familienverhältnissen ein befriedigendes Auskommen möglich wurde. Um so schärfer mußte der Einbruch in die Lebenshaltung durch stärkste Einkommenseinbußen seit 1874 spürbar werden.

Nach dem Höchststand des Jahres 1873 sind die Nahrungsmittelpreise auf den Märkten des Ruhrgebiets bei Getreide und Kartoffeln nur um 10—25 %, beim Fleisch nur geringfügig und vorübergehend zurückgegangen; sie hielten sich auf diesem recht hohen Niveau, auch im Preisverhältnis zueinander nahezu unverändert, bis zum Beginn der 1880er Jahre. Obwohl über die Entwicklung der Mieten und leider auch der Einzelhandelspreise für Kleidung, Hausrat u. ä. keine zusammenhängenden Angaben vorliegen, scheint doch auch bei diesen Haushaltskomponenten das Preisniveau der Boomjahre seit 1874 nicht merklich gefallen zu sein[64], so daß insgesamt eine nur geringfügige Verbesserung der Lebenshaltungspreise eingetreten ist. Zur Einschätzung der Haushaltsführung zu Beginn der Krise sei ein 1874 „nach Angaben verschiedener Bergleute" aus dem Raum Gelsenkirchen zusammengestellter Haushalt[65] ausgeführt:

		Fünfköpfige bergmännische Familie Zeche Consolidation / Gelsenkirchen 1874	
Brot	1820 Pfd.	182,—	18,6 %
Weißbrot		104,—	10,6 %
Mehl		45,—	4,6 %
Fleisch	312 Pfd.	187,20	19,1 %
Fett		45,—	4,6 %
Kartoffeln	3120 Pfd.	117,—	12,0 %
Butter	104 Pfd.	124,80	12,8 %
Milch	208 Ltr.	41,60	4,2 %
Kaffee	39 Pfd.	39,—	4,0 %
Gemüse		78,—	8,0 %
Gewürze, Salz		15,—	1,5 %
Nahrungskosten		978,60	100 %

Weitere Ausgaben absolut und in Prozent der Gesamtkosten:

Miete	72,—	4,90 %
Kleidung, Schuhe	225,—	15,31 %
Feuerung u. Licht	78,—	5,31 %
Steuern	24,—	1,63 %
Seife	36,—	2,45 %
Tabak	36,—	2,45 %
Außergewöhnl. Ausg.	20,40	1,38 %
Gesamtausgaben:	1470,—	
Nahrungsanteil:		66,57 %

64 Die jährlichen Mietkosten haben auf dem Wohnungsmarkt bei 3 oder 4 Zimmern in den großen Städten um 1874 ca. 250 Mark, in expansiven Industriekommunen wie Gelsenkirchen (für 5 Zimmer) 300—375 Mark, auf dem Lande und in dörflichen Gemeinden dagegen erheblich weniger, etwa 120—150 Mark, betragen; vgl. zahlreiche Angaben in OBA 1776—1777; *G. v. Roden*, Duisburg, 1970, S. 219; Statistik d. Ldkrs. Essen 1883, S. 108. Zu Beginn der 1880er Jahre wurden im Landkreis Essen durchschnittlich 40—50 Mark pro Raum bezahlt. Einen allg. Überblick zur Mietpreisentwicklung gibt *Carl Hampke*, Das Ausgabebudget der Privatwirtschaften. Jena 1888, S. 127.
65 Nach OBA 1777 Bl. 19 f.

Auch hier hat sich, abgesehen von der vielleicht auf eine Zechenwohnung zu beziehenden, sehr günstigen Mietausgabe, in der Ausgabenstruktur des Arbeiterhaushalts wenig geändert — das Brot hat seinen beherrschenden Platz behalten, und der Fleischkonsum, bei dem anscheinend bei schlechter Einkommenssituation zuerst eingespart wurde, stagniert hier, dürfte allerdings in den Boomjahren höher gelegen haben. Der Nahrungskostenanteil ist unverändert hoch; in den höheren Kleidungsausgaben läßt sich vielleicht eine Besserung der Lebenshaltung absehen.

Das sehr hohe Volumen dieses Gelsenkirchener Haushalts, das sich übrigens, so wurde bemerkt, bei Garten- oder Ackernutzung erheblich verringerte, ist im Revier nach anderen Angaben nur selten erreicht worden. Das Leben im nördlichen Ruhrgebiet war erheblich teurer, wie auch im Emscherstreifen weit höhere Löhne gezahlt werden mußten. Übereinstimmend werden vielmehr Haushaltskosten von um 900 Mark bei fünfköpfigen Familien auf dem Lande in den 1870er Jahren überliefert[66]. Im Kreis Bochum werden die Lebenshaltungskosten zusammengefaßt für 1875 angegeben[67]:

| | Fünfköpfige Arbeiterfamilie Kreis Bochum 1875 | | | |
	in den Städten		auf dem Lande	
Nahrungsmittel	750— 800	64 %	650— 750	64 %
Wohnung	120— 150	11 %	100— 120	10 %
Kleidung, Wäsche	150— 180	14 %	140— 160	14 %
Brennmaterial	45— 50	4 %	35— 40	4 %
Hausgerät, Werkzeug	50— 60	5 %	45— 50	5 %
Abgaben, Schulgeld	25— 30	2 %	25— 30	3 %
Gesamtkosten	1140—1270	100 %	995—1150	100 %

Im Kreis Bochum lagen danach, bei im übrigen mit der wahrscheinlichen Ausnahme der Nahrungsmittel schon recht ähnlich gewordenen Kostenstrukturen, die mittleren Gesamtausgaben des ländlichen um 11 % unter denen des städtischen Haushalts. Der Fleischaufwand ist hingegen bei ländlichen Familien auch in dieser Zeit noch erheblich zurückgeblieben[68], wobei kaum abzusehen ist, in welchem Umfang die Haushaltskosten auf dem Lande durch stärkere Hausschlachtung berührt und im übrigen die Ernährungsqualität verbessert worden ist. Allerdings kann in diesen Jahrzehnten nicht davon die Rede sein, daß ländliches Arbeiterleben etwa gesünder gewesen wäre[69].

In den Jahren 1874 und 1875 war eine maßvolle Haushaltsführung bei mittleren Familiengrößen mit nur einer Einkommensquelle bereits in Bedrängnis geraten. Noch 1874 wurden hingegen in weiten Kreisen der Öffentlichkeit, wo man sich noch nicht an die neuen Maßstäbe industriegesellschaftlichen Wohlstands hatte gewöhnen mögen, die „Auswüchse" der flotten Jahre beklagt[70]: Der Luxus trüge, so hieß es auf Hibernia, „viel zur völligen Aussaugung und Verarmung der Arbeiter bei", ihre „rege Zügellosigkeit" wurde von der Direktion der Zeche Hannibal ebenfalls auf allzu hohe Löhne

---

66 Vgl. die Kurzhaushalte OBA 1776 Bl. 33, 41, 60; OBA 1777 Bl. 6, 129; Chr.-Soz. Bl. 11 (1878) S. 9: ca. 1000 Mark für eine vierköpfige Arbeiterfamilie 1878.

67 Statistik d. Krs. Bochum 1875, S. 185 f. Die Prozentangaben sind aus den mittleren Werten errechnet.

68 Vgl. den Haushalt eines ländlichen Tagelöhners, Krs. Lübbecke ca. 1874: Chr.-Soz. Bl. 7 (1874) S. 76—78.

69 Das Urteil begründet sich aus der ernährungsphysiologischen Einseitigkeit der weiterhin vorherrschenden Mehlsuppen, Brot- und Kartoffelspeisen bei geringerer Eiweißzufuhr, bedarf aber genauerer Detailforschung, wozu jetzt *H. J. Teuteberg* (in: *Teuteberg/Wiegelmann*, Wandel der Nahrungsgewohnheiten, Kapitel I, 5) wertvolle Anregungen gegeben hat.

70 Im folgenden nach Berichten der Grubenverwaltungen, 1874, OBA 1776, 1777.

zurückgeführt. Die Ernährung, so wurde allgemein konstatiert, sei inzwischen durch die feste Stellung des Fleisches im Arbeiterhaushalt ganz anders geworden; sie sei insgesamt „eine recht gute, für Begriffe eines Brandenburgers oder Sachsen luxuriöse", meinte man auf Zeche Nordstern. Anlaß mancher Klage bot die unregelmäßige Haushaltsführung der Bergarbeiterfamilien, und tatsächlich dürfte der nur geringen Haushaltsvernunft, die die Haushaltsführung zahlreicher junger Familien bestimmte, ein zusätzlich lageverschlechternder Einfluß zu verdanken sein. Bergleute nahmen ihre Frauen aus Berg- oder Fabrikarbeiterfamilien oder Dienstboten, die mit der in den 1880er Jahren kräftiger gewordenen Frauenwanderung in das Revier gekommen waren; als Zuwanderer der ersten Generation brachten sie ihre Frauen mit, holten sie nach oder wählten sie aus landsmannschaftlich verwandten Familien. Bei dem großen Frauenmangel im Revier war das durchschnittliche Heiratsalter niedrig; es lag mit 27,6 Jahren etwa 1,6 Jahre unter dem Durchschnitt der Gesamtbevölkerung. Die Rücklagenbildung lediger Bergleute, um zu Zeiten der Eheschließung über ein ausreichendes Startkapital zu verfügen, war gewiß nur gering. So setzte das überall verbreitete Borgsystem oft von der Eheschließung an die Arbeiterfamilien immer aufs neue in die Abhängigkeit der örtlichen Krämer und Winkelläden. Endlich bedurfte es für die ländlichen Zuwanderer und ihre Frauen längerer Gewöhnung an die Ernährungsgewohnheiten und Kostenfaktoren großstädtischen Lebens. Auch hierin konnte die Krise zum Lehrmeister werden[71].

1876 standen die durchschnittlichen Jahreslöhne bereits um 23 % hinter dem durchschnittlichen Haushaltsvolumen im Kreis Bochum 1875 zurück. 1877 betrug diese Differenz über 31 %, 1878 über 33 %, 1879 bei einer in manchen Artikeln leicht verbesserten Preissituation sogar über 38 %, und auch 1880, als die Preise wieder das frühere Niveau einnahmen, trat keine spürbare Verbesserung der Lebenshaltung ein. Mit den Einkommenseinbußen veränderte sich naturgemäß auch das Verhältnis der Kostenfaktoren im Haushalt: Allen festen Ausgabeposten kam ein relativ stärkeres Gewicht zu, und der Haushaltsspielraum schmolz völlig hinweg. Bei einem an sich kargen Standard der Lebenshaltung muß der Zwang zur Verminderung der Haushaltskosten in den Jahren 1877—1880 um ein Drittel, mochte der ledige Bergmann bei Kostgeldern um monatlich 40—45 Mark[72] auch noch sein Auskommen haben, in jeder Bergmannsfamilie auch bei geringerer Kinderzahl Armut, Not und Hunger an den Tisch geladen haben. So haben

---

71 Z. B. RD 8858 Bl. 179—82, LRE/RD 9. 9. 1880: Die schlechte Einkommenslage vor allem der Bergleute liege „hauptsächlich an der schlechten Wirthschaft der Hausfrauen und an den höheren Ansprüchen, welche der hiesige Arbeiter stellt und zwar namentlich auch dann, wenn er aus Gegenden zugezogen ist, wo er viel schlechter zu leben pflegte ... Der verdiente Lohn wird vielfach ohne Überlegung verausgabt ...". Vgl. auch OBA 1797 OBA/HM 24. 8. 1868 (Entw.) über „das Bedürfnis nach kräftigen, an Ordnung, Sparsamkeit und Häuslichkeit gewöhnten Hausfrauen". Zum Heiratsverhalten der Bergleute vgl. (nach *A. Fircks*, Bevölkerungslehre und Bevölkerungspolitik. Leipzig 1898) *R. Ehrenberg/H. Racine*, Kruppsche Arbeiterfamilien, 1912, S. 365—367; sowie bes. *H. Croon*, Methoden zur Erforschung der gemeindlichen Sozialgeschichte, 1955, S. 22. Zum Borgsystem vgl. Jahres-Berichte der Kgl. Preuß. Gewerberäthe für 1890, 1891, S. 205 (Gewerberat *Osthues*, Dortmund). — Bei einer nur in langansässigen Familien geregelten Haushaltsführung können die vorgeführten Haushaltsbeispiele gewiß nur Anhaltspunkte bilden, aber in Zusammensetzung und Preisgestaltung Einblicke in einen wichtigen Bereich des Arbeiterlebens bieten und als Orientierungspunkte der Entwicklung der Einkommenssituation dienen.

72 Nach OBA 1777 Bl. 45. In den 1850er Jahren hatte das Kostgeld noch um 30 Mark betragen (OBA 1390 Bl. 109—11); in den 1870er Jahren war das Kostgeld im südlichen Revier etwas niedriger (zahlreiche Angaben in OBA 1776, 1777). In den 1880er Jahren wurde meistens um 45 Mark bezahlt (OBA 1392, Bl. 58).

die Knappschaftsärzte in ihren Jahresberichten 1880 dann hervorheben müssen, „daß nicht selten Krankheitserscheinungen unter den Bergleuten aufträten, welche nur auf einen schlechten Ernährungszustand zurückzuführen seien"[73].

Nur mit dem Anspruch, nach der Entwicklung des Sparverhaltens einen zweiten, haushaltsunabhängigen Hinweis auf den Weg der bergmännischen Lebenshaltung zu gewinnen, seien hier einige Bemerkungen über die Armut im Ruhrgebiet im Berichtszeitraum eingefügt[74]. Die den Gemeinden obliegende öffentliche Armenunterstützung hat sich in den Baissejahren zum Sorgenfaktor der Gemeindefinanzen entwickelt. Die Leistungen der einzelnen Armenverwaltungen waren dabei sehr unterschiedlich[75]; dagegen glichen sich die rechtlichen und moralischen Ansichten über die Armut: Wer der Armenkasse anheimgefallen war, verlor etwa sein Wahlrecht zu den kommunalen Parlamenten, sah sich aus dem Gemeindeverband ausgestoßen und als Almosenempfänger auf Dauer mit dem Stigma der Armut versehen. Weil die Armenkassen die wirkliche Not nicht annähernd zu lindern vermochten, blieb großer Raum auch für kirchliche und private Mildtätigkeit. An öffentlicher Unterstützung wurden etwa in Duisburg, das eine im Vergleich großzügige Armenpflege unterhielt, 1863 an eine fünfköpfige Familie bei 3 Kindern unter 15 Jahren wöchentlich 9 Mark gegeben — ein Betrag, mit dem immerhin das Notwendigste gegenüber den in Essen üblichen 6 Mark beschafft werden konnte[76]. In Duisburg bildeten in den 1880er Jahren fast zur Hälfte der Tod des Ernährers, zu mehr als einem Viertel das hohe Alter, zu fast einem Fünftel Krankheit, Siechtum und Unfallfolgen die Ursachen der Verarmung.

Die Ausgabenentwicklung der Armenkassen spiegelt zuverlässig den bergbaulichen Konjunkturverlauf und insoweit die Lebenshaltung der Bergleute. Pro Kopf der Einwohnerschaft gaben die Armenkassen aus[77]:

Jahr	Dortmund	Bochum	Jahr	Dortmund	Bochum
1862	1,25	0,98	1876	1,90	1,86
63	1,25	0,86	77	2,14	2,26
64	0,96	0,99	78	3,04	2,63
65	0,82	1,04	79	3,15	2,92
66	1,—	1,20	1880	3,02	3,01
67	1,29	0,83	81	2,88	3,12
68	1,16	0,91	82	2,50	3,—
69	1,05	0,98	83	2,46	3,02
1870	0,75	1,12	84	2,43	3,09
71	0,95	1,11	85	2,07	3,35
72	0,88	1,32	86	2,23	3,74
73	0,60	1,11	87	2,04	2,58
74	0,76	1,31	88	1,72	2,25
75	1,29	1,33	89	1,65	2,07
			1890	1,60	1,98

73 OPM 825 Bericht des OBA/OPM 8. 4. 1881 über die Lage des Bergbaus.

74 Regelmäßige Berichterstattung über die Armenkassen findet sich wiederum in den Kommunalstatistiken; vgl. etwa Bericht über die Verwaltung v. Gelsenkirchen f. 1887/88, S. 17; Statistik d. Landkrs. Essen 1883, S. 323—70; Statistik d. Krs. Bochum 1875, S. 193—212; Ergänzung zur Statistik d. Krs. Bochum 1881, S. 118—138; wichtiges Material auch in den zusammenfassenden Berichten: *Zweigert,* Die Verwaltung der Stadt Essen im 19. Jh., 1902; Bericht der Verwaltung der Armenkasse der Stadt Dortmund, 1891.

75 Z. .B wurden 1860 in Mülheim 1,92 Mark, in Essen 92 Pfg. pro Kopf der Bevölkerung von der Armenkasse ausgegeben; s. Bericht über die Verwaltung v. Bochum 1861, S. 42. Auch in der Höhe der gezahlten Unterstützung bestanden beträchtliche Unterschiede zwischen den Städten.

76 Nach *K. K. Bork,* Die sozialen Wandlungen in der Stadt Duisburg, 1968, S. 111—113.

77 Bericht der Verwaltung der Armenkasse der Stadt Dortmund, S. 4 f.; Bericht des Magistrats

So wenig aus diesen Zahlen allein, auch angesichts gleichzeitig rapider Bevölkerungsvermehrung, auf eine allgemeine Verarmung der Arbeiterbevölkerung im Berichtszeitraum geschlossen werden kann, so sehr scheint dieser Tatbestand doch nach den bisher vorgetragenen Materialien für die Jahre 1875 bis 1880 gesichert. Schließlich bleibt bei dem dieses Urteil überaus bekräftigenden Blick auf die Armenstatistik auch zu bemerken, daß gegenüber der mit Verwerflichkeit und Schuld moralisch belastenden Armut eine erhebliche psychologische Barriere zu überwinden war, vor der manche Arbeiterfamilie sich gescheut haben dürfte. So brachten die 1870er Jahre für die Bergarbeiterschaft einen in seinem wirklichen Ausmaß und in seiner psychologischen Dimension nur sehr schwer nachvollziehbaren Sturz der Lebenshaltung und materiellen Daseinsbedingungen von der Auskömmlichkeit zur Not, von relativer Behäbigkeit zur Subsistenzangst. Dies war eine kollektive Erfahrung, die sich als ein allen gemeinsames Schicksal tief eingegraben und das Verhalten untereinander, zu Vorgesetzten und Besitzenden geprägt hat; eine Erfahrung, die die Existenz des Klassengegensatzes manifest machte und darin auch die ausgleichenden, vermittelnden, neutralen gesellschaftlichen Kräfte, insbesondere den Staat selbst und seine Organe, auf der Seite des Reichtums und der Herrschenden gesehen hatte.

Entlastung erhielt der Arbeiterhaushalt in den 1880er Jahren nicht von der Einkommens-, sondern von der Kostenseite her. Während noch die Zollgesetzgebung eine spürbare Erhöhung der Preise für einige Importartikel wie Kaffee, Tabak, Lampenöl, Reis und Gewürze gebracht hatte[78], traten seit 1882, bei den Kartoffelpreisen seit 1883 spürbare Preiserleichterungen ein. Die Getreidepreise hielten im Jahre 1887, dem Höhe- und Wendepunkt dieser Entwicklung, auf den Märkten des Ruhrgebiets (Bochum, Essen, Dortmund) durchschnittlich nur noch 70 %
des Niveaus von 1881; zum selben Zeitpunkt waren die Kartoffelpreise um 31 % unter den Stand von 1882 gesunken. Beim Schweinefleisch, das immer besonders teuer auf den Märkten in Bochum und Essen gewesen war, gingen die Preise z. T. um über 20 % zurück; Rindfleisch gab um nicht mehr als 10 % nach. Bei den tierischen Produkten wie Butter, Milch und Speck erreichte der Preisrückgang im ganzen nicht das Ausmaß der pflanzlichen Nahrungsmittel. 1888/89 haben die Preise aller Nahrungsmittel erneut angezogen, jedoch nicht wieder die Höhe von 1881/82 erreicht.

Anscheinend erst wieder für das Jahr 1889 liegen einige Haushaltsberechnungen vor, von denen das im Februar 1889 veröffentlichte Beispiel der „Westfälischen Arbeiterzeitung"[79] von einem nach Ansicht der zeitgenössischen Medizin zur Erhaltung der Arbeitskraft erforderlichen Nahrungsaufwand ausgeht. Auch ein Essener Beispiel[80] gibt die Nahrungskosten nur insgesamt:

| | Fünfköpfige Arbeiterfamilie 1889 | | | |
	Dortmund		Essen	
Lebensmittel	796,92	63,79 %	561,—	56,10 %
Miete	180,—	14,41 %	120.—	12,00 %
Kleidung	120,—	9,61 %	195,50	19,55 %
Licht, Heizung	36,—	2,88 %	35,—	3,50 %
Sonstiges (Steuern u. a.)	116,40	9,31 %	88,50	8,85 %
Gesamtausgaben	1249,32		1000,—	

zu Bochum 1876/77, S. 23, und die folgenden Jgg. bis 1890, S. 46; seit Ende der 70er Jahre zumeist auf Rechnungsjahre (1. 4.—31. 3.) bezogen.
78 Vgl. eine Übersicht der Preise vor und nach der Schutzzolleinführung, die der Baroper Amtmann 23. 2. 1880 anfertigte: LRD 424 Bl. 41.
79 Nr. 12/9. 2. 1889.
80 Nach R. Nasse, Über die Haushaltung der Bergleute im Saarbrückenschen u. in Großbritannien, 1891, S. 409.

Gegenüber dem auch in propagandistischer Absicht aufgestellten Dortmunder Haushalt bestätigt eine gleichzeitige Aufstellung aus dem Kreis Hagen[81] das Essener Ausgabenvolumen mit 900 Mark nur annähernd und zeigt zudem noch mit 66 % einen recht hohen Nahrungskostenanteil. Dessen Absinken in den dargestellten Beispielen hat nicht etwa eine Erweiterung des Haushaltsspielraums ermöglicht; vielmehr brachte die Entwicklung der Industrieregionen und urbanen Häuserlandschaften mit ihren hohen Mieten diesen Kostenfaktor verstärkt in die Haushalte ein.

Die Haushaltslage der Bergarbeiterfamilien wurde damit in den 1880er Jahren bei bis 1888 stagnierender, z. T. noch einmal rückläufiger Einkommensentwicklung spürbar durch den Preisverfall entlastet, der im übrigen auch den starken Reallohnanstieg in allen Gewerben während dieses Zeitraums im wesentlichen begründet[82]. Erst die Lohnentwicklung 1889/90 hat, bei Preisen innerhalb des Niveaus der flotten Jahre, wieder eine Lebenshaltung der Arbeiterfamilien ermöglicht, die an die Möglichkeiten der flotten Jahre erinnerte — allerdings waren viele andere Gegenstände des Hausgebrauchs inzwischen verteuert, waren die Mieten in die Höhe gegangen und die Aussichten auf dauerhaften Eigentumserwerb in der Industrieregion nahezu zerronnen.

Im Überlick zeigt die Entwicklung der materiellen Bedingungen bergmännischer Lebenshaltung günstige Phasen in den Jahren 1857, 1861—1865 und seit 1869; überhaupt waren die Jahrzehnte bis 1873 von fortwährenden, durch Krisenjahre nur kurzzeitig unterbrochenen Verbesserungen der Haushaltslage geprägt, die sich in einer deutlich erkennbaren Anpassung der Nahrungsgewohnheiten an städtisches Niveau und an die Bedürfnisse der Industriearbeit ausdrückten. Die wirtschaftliche Depression brachte den Arbeiterfamilien krisenhafte Haushaltslagen, die in den 1880er Jahren von der Preisseite Erleichterung erfuhren.

Auskömmliche Lebensführung und Rücklagenbildung erlaubte die Einkommenssituation des Bergmanns als Familienvorsteher nur in den Jahren bis 1873 und 1889—1891, und selbst dann nur unter Zurückhaltung mancher dringlicher Wünsche nach Wohnungsverbesserung, hübscherer Kleidung und anderen Sonderausgaben. Dagegen konnte selbst in solchen Jahren ein länger anhaltender Einkommensausfall die Ballance der Einnahmen und Ausgaben bereits ins Wanken bringen; um wieviel mehr mußten plötzliche Ereignisse wie Krankheit und Tod, Unfall und Invalidität eine Bergarbeiterfamilie in Krisenzeiten treffen. Witwengelder haben in den 1880er Jahren 200 Mark jährlich nur selten überschritten, und auch die bergmännische Invalidenpension betrug durchschnittlich weniger als 250 Mark. Krankengelder wurden etwa bis zur Hälfte der täglichen Schichtlöhne, bei niederen Graden weniger, gezahlt. Rücklagen waren in solchen Fällen bald aufgezehrt, und die dann auftretende Not in den Arbeiterfamilien erlaubte keine Haushaltsplanung mehr.

Die Feststellung, daß der Bergarbeiterberuf nach seinem ehemaligen Ansehen nun auch, mit Einbruch der Depressionsjahre, seine Spitzenstellung auf der Lohnskala im Vergleich mit anderen Gewerben einbüßte, fügte dem eine bittere Erfahrung hinzu. Beim Bochumer

---

81 Vgl. *R. v. Hymmen*, Beschreibung des früheren Kreises Hagen, 1889, S. 131. Das von *E. R. Gould*, Die Lage der arbeitenden Klassen in den Hauptkulturländern (in: JNS 60, 1893, S. 161—92), S. 166 f. veröffentlichte Familienbudget dt. Bergarbeiter geht in optimistischer Schätzung von Nebeneinnahmen in Höhe der Hälfte des Verdienstes des Mannes aus und gelangt dann, bei nur 52,4 % Nahrungskosten, 10,5 % Miete und 17,8 % Kleidung, zu einem Überschuß von über 5 %.

82 Vgl. *H. Rosenberg*, Große Depression und Bismarckzeit, 1967, S. 217.

Abb. 1: Der Ruhrbergbau um 1800

Nro.

REGLEMENT
für
die Bergleute
in dem
Herzogthum Cleve, Fürstenthum Moers
und
der Grafschaft Mark.

Demnach Sr. Königl. Majestät von Preussen rc. Unser allergnädigster Herr, denen Bergleuten in dem Herzogthum Cleve, Fürstenthum Moers und der Grafschaft Mark ein General-Privilegium allergnädigst verliehen, und die Errichtung einer Knapschaft in Gnaden zugestanden und bewilliget haben, die Ordnung und Nothwendigkeit also erfordert, daß ein jeglicher auch wisse, wie er sich nach dem abzulegenden Eyde der Treue, und des Gehorsams künftig verhalten solle und müsse, so erhält die Knapschaft folgendes Reglement:

§. I.

Ein jeder Bergmann soll sich in das Knapschafts-Register gehörig einschreiben lassen, bey der ihnen nunmehro gnädigst geschenkten Fahne schwören, Sr. Königl. Majestät von Preussen, unserm allergnädigsten Herrn, in allen Fällen getreu, hold, und gewärtig seyn, auch demienigen, was das ihnen vorgesetzte Bergamt befiehlet, gehorsamen; dieselbe sollen

§. II.

Insonders einen guten ehrbahren christlichen Lebens-Wandel führen, alle Tage, wenn gearbeitet wird, zur gesetzten Zeit auf dem Werke sich einfinden, und das Morgengebät mit abwarten, widrigenfals derjenige, welcher zur gehörigen Zeit sich nicht einfindet, das 1te mal um eine halbe Schicht, das 2te mal um ein ganz Schichtlohn gestrafet, das 3te mal aber, und wenn ers aus Vorsatz gethan, ohne Abkehr-Zettul abgelegt, und demselben auf sämtlichen Königlichen Bergwerken, keinerley Arbeit wieder gegeben werden.

§. III.

Nach gehaltenem Morgengebät, müssen sie ohne Aufenthalt an die Arbeit gehen, wozu sie vom Ober-Bergmeister, Ober- und Geschwornen Steigern und Schichtmeistern angewiesen werden, und solche treu und fleißig verrichten, auch die Schicht gehörig versahren, desgleichen

§. XIV.

Vor Einschreibung in das Knapschafts-Register zahlet ein jeder ein vor allemal 10 Stüber und von jedem Rthlr. Arbeitslohn 1 Stüber zur Knapschafts-Casse an den Schichtmeister, wogegen ein jeder sich sämtlicher von Sr. Königliche Majestät Allergnädigst verliehener Privilegien und Freyheiten, auch bey etwan nehmenden Schaden und Krankheit in der Bergarbeit, wenn sie sich deshalb gehörig bey den Knapschafts Aeltesten, und diese wieder an die Geschworen gemeldet, und sie weder an dem Schaden in der Grube, und an ihrer Krankheit erweislich Schuld haben, sich alles möglichsten Beystandes, sowohl bey der Cur, als zu ihrem nöthigen Unterhalt zu versichern, und im Fall, daß einer gar nicht wieder curirt werden mögte, oder Alters halber nicht mehr arbeiten könne, sich lebenslang eines Gnaden-Gehalts, zu seinem Unterhalt aus der Casse zu erfreuen hat. Signatum Wetter, den 30ten April 1781.

(L.S.)

Königl. Preußl. Bergamt des Herzogthums Cleve, Fürstenthum Moers und der Grafschaft Mark

Waitz Freyherr v. Eschen, Maehler, Liebrecht, v. Haufs, Heintzmann, Cappell, Haardt, Wünnenberg, Morsbach.

Ich

gelobe und schwöre einen leiblichen Eyd zu GOtt dem Allmächtigen, daß ich vorstehendes Reglement, welches mir deutlich vorgelesen, und ich wohl verstanden habe, in allen Punkten getreulich halten wolle. So wahr mir GOtt helfe und sein heiliges Wort, durch JEsum Christum.

Nachdem der

bey der Knapschafts-Fahne vorstehenden Eyd und geschworen, so ist derselbe dato zur Knapschaft auf- und angenommen, in das renovirte Knapschafts-Register sub Nro. eingeschrieben und ihme dieses Reglement zu seiner Nachricht und beständigen Achtung mitgetheilet worden.

Signatum den ten

Abb. 2: Reglement für die Bergleute 1781 (Auszug)

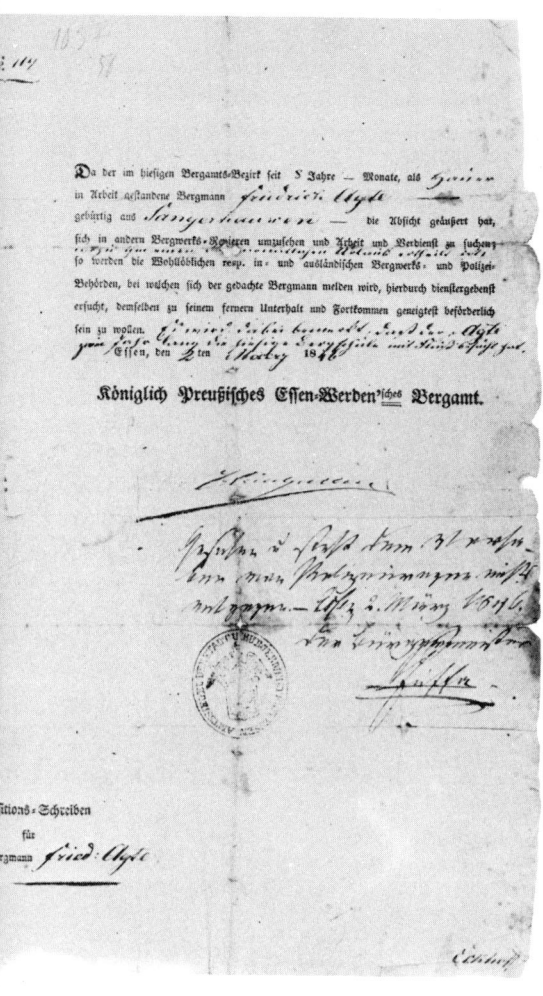

Da der im hiesigen Bergamts-Bezirk seit 8 Jahre — Monate, als *Herrn* in Arbeit gestandene Bergmann *Friedrich Agte* gebürtig aus *Sangerhausen* — die Absicht geäußert hat, sich in andern Bergwerks-Revieren umzusehen und Arbeit und Verdienst zu suchen, so werden die Wohllöblichen resp. in- und ausländischen Bergwerks- und Polizei-Behörden, bei welchen sich der gedachte Bergmann melden wird, hierdurch dienstergebenst ersucht, demselben zu seinem fernern Unterhalt und Fortkommen geneigtest beförderlich sein zu wollen.

Essen, den 2ten *März* 18 *46*

Königlich Preußisches Essen-Werden'sches Bergamt.

§§tions-Schreiben
für
Bergmann *Fried: Agte*

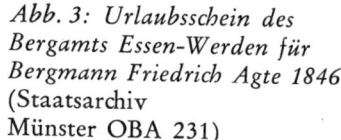

Abb. 3: Urlaubsschein des Bergamts Essen-Werden für Bergmann Friedrich Agte 1846 (Staatsarchiv Münster OBA 231)

Abb. 4: Dienstgebäude des Essener Bergamts

Abb. 5: Heinrich Heintzmann (1778—1858), Essener Bergamtsdirektor

Abb. 6: Zeche Sälzer und Neuack, Essen, um 1850
(Ruhrland-Museum, Essen)

Abb. 7: Essen um 1850
(W. Fischer, Herz des Reviers, Verlag R. Bacht, Essen 1965)

*Abb. 8: Mathias Stinnes,
1790—1845*

*Abb. 9: Zeche Victoria Mathias, Schacht Gustav,
um 1850
(Ruhrland-Museum, Essen)*

Arbeits-Vertrag.

Der Bergarbeiter, Tagelöhner

ist heute auf der Zeche   als   Hauer
Schlepper
Tagearbeiter

in Arbeit und verpflichtet sich, die angetretene Arbeit nicht anders, als nach vierwöchentlicher Kündigung zu verlassen. Ebenso soll auch der Grubenverwaltung das Recht zustehen, den Bergarbeiter nach vierwöchentlicher Aufkündigung aus der Arbeit zu entlassen, wenn anders nicht durch unvorhergesehene Ereignisse ein plötzlicher und nachhaltiger Arbeitsmangel herbeigeführt und dadurch die augenblickliche Entlassung des Bergarbeiters geboten wird.

Andererseits kann der Bergarbeiter nur in solchen Fällen von dieser Kündigungsfrist entbunden werden, wenn durch Militärverhältnisse, durch Todesfälle in seiner Familie, oder auf Requisition der zuständigen Behörden dessen frühere Entfernung aus der Arbeit nothwendig gemacht wird, oder aber beide contrahirende Theile sich hierüber gütlich vereinbaren können.

Möchte dahingegen der Bergarbeiter die übernommene Arbeit willkürlich, also eigenmächtig verlassen, so soll ihm für jeden, an der vierwöchentlichen Kündigungsfrist fehlenden Arbeitstag als Strafe 5 Sgr., zum Nutzen des Tagelöhnerfonds, ohne Weiteres an seinem Lohne in Abzug gebracht werden.

Für die richtige Ablieferung der ihm anvertrauten Geräthe haftet der Bergarbeiter mit seinem rückständigen Lohne. Ordnungswidriges Betragen hat eine Bestrafung nach den im Knappschafts-Reglement vorgeschriebenen Strafsätzen zur Folge, womit sich jeder Bergarbeiter schuldig bekannt machen muß. Die eingezogenen Strafgelder fließen zum Tagelöhner-Kurfonds.

In Betreff des Arbeitslohns wie der Auslohnung soll nach den hierüber bestehenden gesetzlichen Bestimmungen für die eingeschriebenen Bergleute verfahren werden.

Vorstehendes wurde zur gegenseitigen Verpflichtung von beiden Theilen eigenhändig unterzeichnet.

Zeche   den   185

*Abb. 10: Formular eines Arbeitsvertrags für die
Essener Stinnes-Zechen um 1855
(Staatsarchiv Münster, OBA 1784)*

Abb. 11: August Freiherr von der Heydt
1801–1874. Preußischer
Handelsminister 1848–1862
(Goebel/Wichelhaus,
Aufstand der Bürger, Verlag P. Hammer,
Wuppertal 1974)

Abb. 12: (unten links): Karl
von Oeynhausen 1795–1865. Berghauptmann in Dortmund 1855–1864

Abb. 13: (unten rechts): Hermann
Brassert, 1820–1901. Verfasser des
Entwurfs des Allgemeinen
Berggesetzes 1865

Abb. 14: Vor Ort. Sicherung gegen Bruchgefahr
(Bergbau-Archiv Bochum)

Abb. 15: Füllort in der Grube: Zeche Shamrock III/IV
(Bergbau-Archiv Bochum)

Abb. 16: Abteufen eines Schachtes der Gewerkschaft Deutscher Kaiser um 1890
(Bergbau-Archiv Bochum)

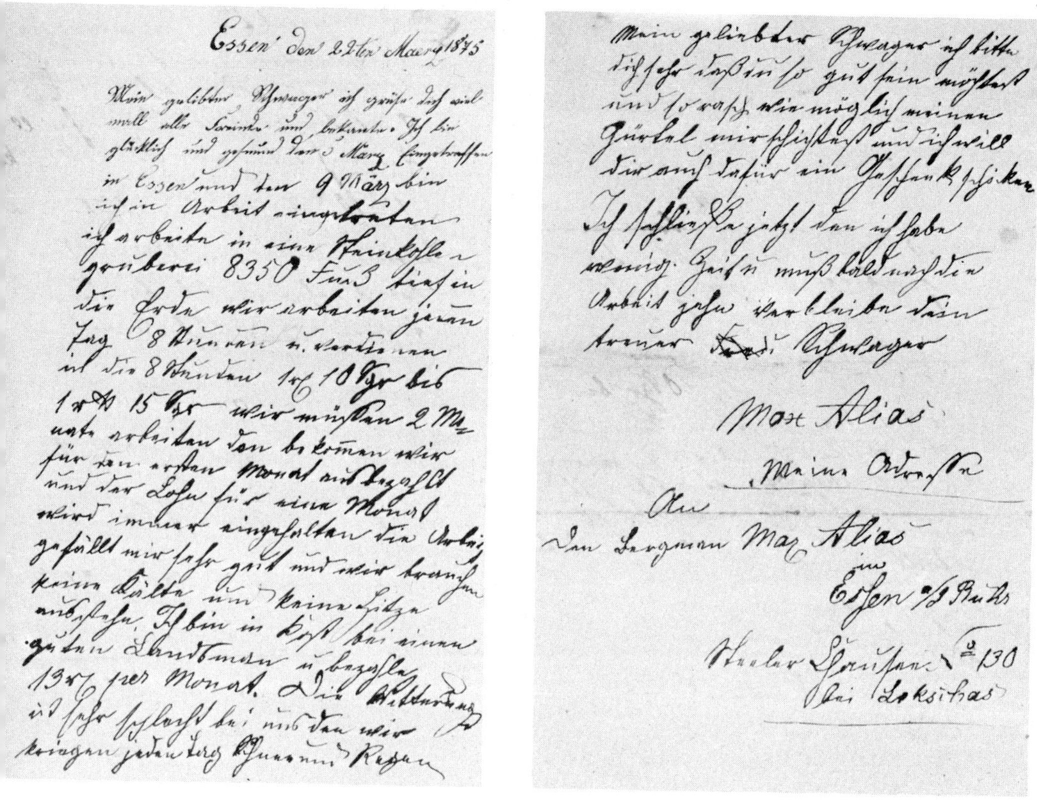

Abb. 17: Brief des zugewanderten Bergarbeiters Max Alias in seine ostpreußische Heimat, 1875

Essen den 22ten Maerz 1875. Mein gelibter Schwager ich grüse dich viel mall alle Freinde und Bekante. Ich bin glücklich und gesunnd den 5 März Eingetroffen in Essen und den 9 März bin ich in Arbeit eingetreten ich arbeite in eine Steinkohlegruberei 8350 Fuß tief in die Erde wir arbeiten den Tag 8 Stunden u. verdienen in die 8 Stunden 1 Tlr. 10 Sgr. bis 1 Tlr. 15 Sgr. wir müssen 2 Monate arbeiten den bekommen wir für den ersten Monat ausbezahlt und der Lohn für eine Monat wird immer eingehalten die Arbeit gefällt mir sehr gut und wir brauchen keine Kälte und keine Hitze ausstehn. Ich bin in Kost bei einen guten Landsman u bezahle 13 Tlr. per Monat. Die Witterung ist sehr schlecht bei uns den wir kriegen jeden Tag Schnee und Regen/Mein geliebter Schwager ich bitte dich sehr daß du so gut sein möchtest und so rasch wie möglich meinen Gürtel mir schichtest und ich will dir auch dafür ein Geschenk schicken Ich schliesse jetzt den ich habe wenig Zeit u muß bald nach die Arbeit jehe verbleibe dein treuer Schwager Max Alias. *Meine Adresse* An den Bergman Max Alias in Essen a/d Ruhr Steeler Chausee No 130 bei Lokschas)

Abb. 18 und 19: Zeche Shamrock I/II 1879.
Oben: Ansicht mit Kohlenwäsche
Unten im Vordergrund: Kokerei mit Bienenkorböfen
(Bergbau-Archiv Bochum)

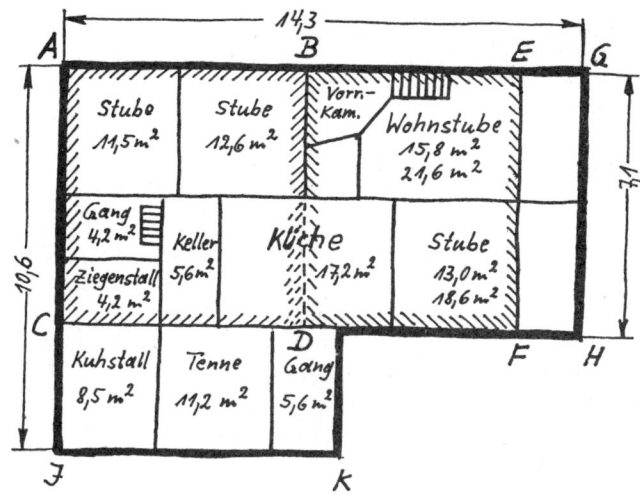

Abb. 20: Kotten in Essen-Heisingen, 1743—1822
Lange, Entwicklung des Bergmannshauses, in: Arbeit und Volksleben
Verlag Otto Schwartz & Co, Göttingen 1967, S. 73)

bb. 21: Bergmannskotten bei Steele

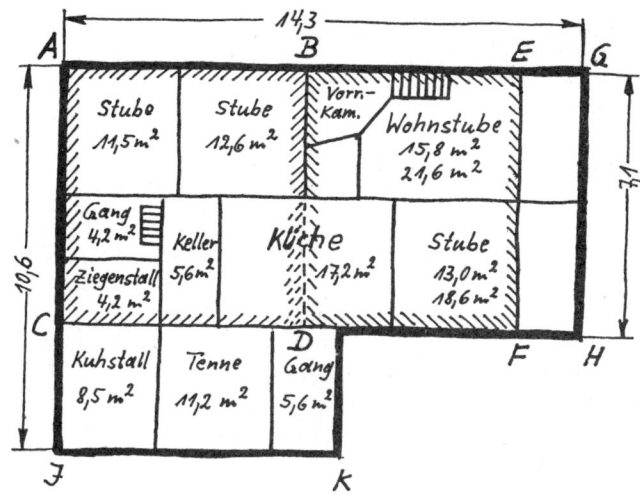

Abb. 22 und 23:
Dortmunder Bergarbeiterhäuser,
Ende 19. Jahrhundert
(F. Bollerey/K. Hartmann,
Wohnen im Revier.
Heinz Moos Verlag, München 1975,
Nr. 28, 54: heutiger Zustand)

Abb. 24: Schlafhaus der Zeche Borussia
um 1875. Ansicht von vorn

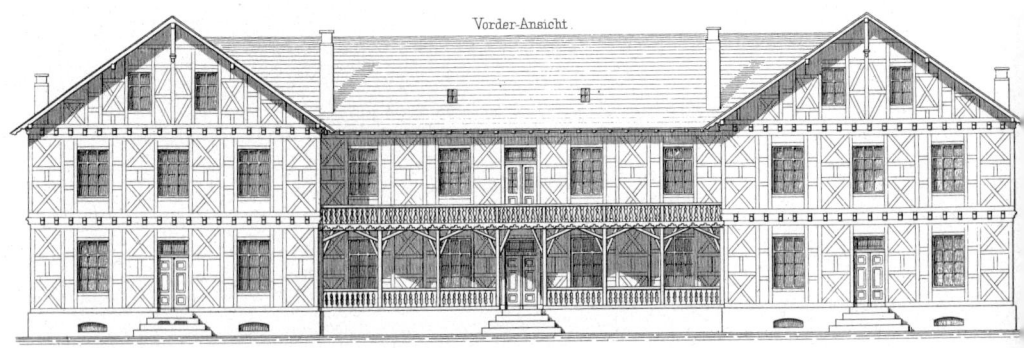

Vorder-Ansicht

Abb. 25: Dienstwohnung des Generaldirektors der Zeche Shamrock, Herne
(Bergbau-Archiv Bochum)

Abb. 26: William Thomas Mulvany,
1806–1885

Abb. 27: Emil Kirdorf,
1847–1938

Abb. 28: Versammlung streikender Bergleute um 1890

Abb. 29: Burghard Freiherr
von Schorlemer-Alst, 1825–1895

Abb. 30: Hans Freiherr von Berlepsch,
1843–1926

Abb. 31: Friedrich-Albert Lange,
1828—1875

Abb. 32: Wilhelm Hasenclever,
1837—1889

Abb. 33: Carl Wilhelm Tölcke,
1817—1893

Abb. 34: Ludwig Schröder,
1848—1914

Abb. 35: Die Delegierten des 1. Bergarbeitertages, Halle 1890

Verein verdiente man selbst 1879 200 Mark im Jahr mehr[83] als die Bergleute, und auch bei Krupp sind die durchschnittlichen Tageslöhne nicht unter 3 Mark, die Jahreseinkommen also kaum unter 900 Mark gesunken[84]. Mochte sich zugunsten der Bergleute noch deren kürzere Arbeitszeit ins Feld führen lassen, so wurde diese doch in so offenkundig gesundheitsschädlicher Arbeit verbracht, daß dieser Unterschied wohl aufgehoben schien. Zum Verlust der Lohnspitze trug natürlich in erster Linie die relativ abnehmende Bedeutung des Bergbaus in den Kernkreisen des Reviers in der Beschäftigtenstruktur bei; inzwischen waren es die Nachfolgegewerbe der bergbaulichen Industrialisierung, die handwerklichen Berufe, von denen besonders die Bauhandwerke hoch bezahlt wurden, und die Zulieferungs- und Versorgungsbetriebe, die mit hohen Lohnangeboten an den Arbeitsmarkt traten und mehr und mehr Arbeitskräfte absorbierten.

2. Familie, Wohnung und Besitz

Aus den Haushaltsberechnungen allein, die hier als Maßstäbe der bergmännischen Einkommensentwicklung diskutiert wurden, läßt sich der Charakter der bergmännischen Lebenshaltung nicht ausreichend beschreiben, wenn auch aus der ökonomischen Basis des Familienlebens die wesentlichen Informationen über seine Bedingungen und Entwicklungsmöglichkeiten fließen. Aber die Haushaltsentwicklung überhaupt, die Verschiebung ihrer Komponenten und Kostenstruktur ist nur ein Ausdruck tiefergreifender, durch die bergbauliche Industrialisierung ausgelöster Wandlungsprozesse, in deren Verlauf die bergmännische Familie aus der ländlich-dörflichen Siedlungs- und Sozialverbundenheit in die urbanen industriegesellschaftlichen Sozialbeziehungen tritt und mit diesem Prozeß selbst umwälzende Veränderungen eingeht. Diese sind freilich im Berichtszeitraum im Ruhrgebiet keineswegs bereits überall und konsequent vollzogen, liegt es doch in der Natur sozialer Veränderungen, erst mit gehöriger Verzögerung auf die einwirkenden Wandlungsimpulse zu folgen, dann jedoch durch mancherlei parallele oder gegenlaufende Prozesse verdeckt, überlagert und gehemmt zu werden. Über den Wandel der bergmännischen Familienstruktur[85] in den Industrialisierungsjahrzehnten seien deshalb hier unter Hinweis auf erforderliche und weithin aufgrund der Quellenlage mögliche Feldforschungen zur Gestalt der Arbeiterfamilie im Ruhrrevier nur wenige, mit einigem Material belegte Bemerkungen formuliert, die eher thesenhaft den Entwicklungsrahmen abstecken.

83 Vgl. *W. Däbritz*, Bochumer Verein, 1934, Anhang Tabelle 4.
84 Vgl. *R. Ehrenberg*, Krupp-Studien II, 1908, S. 203; ferner noch Statistik d. Krs. Bochum 1875, S. 186; Statistik d. Ldkrs. Essen 1883, S. 305; über Landarbeiterlöhne Ende der 1880er Jahre s. *O. Auhagen*, Die ländlichen Arbeiterverhältnisse in der Rheinprovinz, 1892, S. 683—85, 718 f., 729; für weitere Vergleichsangaben s. *Fischer*, Herz des Reviers, S. 256 bis 65; *Hunley*, Society and Politics in the Düsseldorf Area, S. 134 f., 358.
85 Vgl. aus der allg. Literatur zur Familienforschung *Helmut Begemann*, Strukturwandel der Familie. Hamburg 1960, S. 16—21; *W. J. Goode*, Soziologie der Familien, (dt.) 1967, S. 187—211; ferner *Karin Hausen*, Familie als Gegenstand Historischer Sozialwissenschaft. Bemerkungen zu einer Forschungsstrategie. In: Geschichte und Gesellschaft 1 (1975) S. 171—209, bes. S. 196—99; sowie die Einleitung von *H. Rosenbaum* (Hg.), Familie und Gesellschaftsstruktur, 1974; enttäuschend über die Entwicklung der Arbeiterfamilie ist *I. Weber-Kellermann*, Die dt. Familie — Versuch einer Sozialgeschichte, 1974, S. 73 f., 127—46. Für rechtsgeschichtliche Aspekte sehr informativ und kenntnisreich ist *H. Dörner*, Industrialisierung u. Familienrecht, 1973, hier Kap. III u. S. 67—91.

Die Bergmannsfamilie des Vormärz, die unter der Standespolitik der Behörden, wie der 1867 abgeschaffte Heiratskonsens und die Versuche zur Einrichtung von Mädchenschulen treffend zeigen, unter ihren Aufgaben auch die kontrollierte Reproduktion des Berufsnachwuchses in planvoller Familienpolitik einschloß, hatte sich unter den Verhältnissen großbetrieblicher Produktion und massenhafter Heranziehung von Arbeitskräften überlebt. Zu ihren Voraussetzungen[86] hatten die enge Verbundenheit von Landwirtschaft, ländlicher Existenzsicherung und Bergmannsberuf, hatten die begründete Aussicht auf Besitzerwerb bei gehorsam-fleißigem Dienst und ein eher patriarchalisches Familienbild gehört[87], das eine hausväterliche Ökonomie und Autorität in den Mittelpunkt stellte.

Mit dem Zerfall seiner rechtlichen und materiellen Grundlagen mußte die von den Zeitgenossen wachsam beklagte Zerstörung dieses traditionellen Familienbildes[88] unaufhaltsam eintreten. Aber die alten Verhältnisse und mit ihnen die Formen des Zusammenlebens haben sich nicht überall mit einer raschen Veränderung aus der Welt schaffen lassen; sie lebten, wo sie durch Großbetrieb und urbane Lebensformen überrollt wurden, versteckt weiter oder konnten sogar, wie im südlichen Abbaugebiet entlang der Ruhr bis in das 20. Jahrhundert hinein, die desorganisierenden Stöße der industriegesellschaftlichen Wachstumsschübe lange Zeit unbeschadet überstehen. So erklärt sich, daß bei fließenden Übergängen und mit vielen Schattierungen innerhalb der Bergarbeiterschaft bis über die Jahrhundertwende hinaus die Spanne der Familienstrukturen von dem traditionellen Gefüge ländlicher Daseinsverankerung und hausväterlicher Familienführung zu den wiederkehrenden Bildern der modernen großstädtischen Arbeiterfamilie reicht. Diese Spanne läßt sich etwa mit den ruhrindustriellen Sozialräumen genauer erfassen und auch geographisch lokalisieren. Die familiären Verhaltensmuster im südlichen Revier haben sich noch lange an dem alten Familienbild orientiert, und die zahlreichen Industriegemeinden des Essener und Dortmunder Kreisgebiets zeigten vielfältige Zwischenlösungen. Nördlich der Hellwegzone hat die zweite Zuwanderungswelle eigene Familienformen mit landsmannschaftlichen Nuancen herausgebildet, von denen bisher wenig Kenntnis besteht.

Zusammenfassend lassen sich die auflösenden und neubildenden Prozesse zwischen traditionellem Familienbild und moderner Industriearbeiterfamilie als Funktionsverlust und Funktionswandel beschreiben[89]. Verloren ging insbesondere der Zusammenhang des Ganzen Hauses als Produktions- und Nahrungssicherungsgemeinschaft zugunsten nur konsumtiver Verhaltensorientierung[90]. Mit diesem fundamentalen Prozeß einer geht

---

86 Vgl. oben S. 119—21.

87 Z. B. lobt noch *Hiltrop*, Über die Reorganisation der Knappschaftsvereine, 1869, S. 222, die gesunde Struktur der Bergarbeiterfamilien, wo der Mann als „Herr im Hause" in gebotener Strenge seine hausväterlichen Rechte wahrzunehmen pflege.

88 Vgl. aus zahlreichen Zeugnissen Teile aus einer evang. Predigt, die im Boten v. Niederrhein 5/11. 10. 1865 abgedruckt wurden: „... wehe, wehe wenn [diese Zeit] fortfährt, das Heiligthum der Familie zu gefährden, daß der vom frühesten Morgen bis zum späten Abend angespannte Mann seinem eigenen Hause völlig entfremdet wird ... Die tiefe Zerrüttung in Hunderten von Arbeiterehen; der wilde, lieblose, trunk- und spielsüchtige Fleischesgeist der Männer; die Thränen in blutigen Stirnen gemißhandelter Weiber; die frühreife Bosheit verwahrloster Kinder — diese herzzerreißenden Wahrzeichen ... bezeugen uns unwiderleglich, daß hier ein Schaden vorliegt ..."

89 Vgl. *R. Braun*, Probleme des sozio-kulturellen Wandels, 1973, S. 12 f.

90 Vgl. *Bernd van Deenen/Albert Valtmann*, Die ländliche Familie unter dem Einfluß von Industrienähe und Industrieferne. Eine familiensoziologische Untersuchung. Berlin 1961, S. 94.

die Auflösung der Mehrgenerationenfamilie mit einem deutlichen, im Ruhrrevier durch die Bedingungen der Zuwanderung forcierten Trend zur Eingenerationenfamilie mit späterhin abnehmender Kinderzahl. Gegenüber dem patriarchalischen Unterordnungsverhältnis gewinnen partnerschaftliche Beziehungen an Gewicht und werden schließlich auch familienrechtlich wirksam. Aber die damit angedeuteten Prozesse sind bis zur Jahrhundertwende längst nicht abgeschlossen worden. So blieb die Mehrgenerationenfamilie möglichst im eigenen Haus noch auf lange Zeit Leitbild der Lebenshaltung[91] und erwies sich in den Krisenjahren als hochgradig stabilisierendes Moment. Die Rolle und Berufstätigkeit der Frau[92] gerade auch in der Bergarbeiterfamilie blieb noch auf lange Zeit durch die alte Subordination einerseits und durch die Aufgaben der Mütter zahlreicher Kinder, durch den Zwang zum Hinzuverdienen um jeden Preis andererseits geprägt. Endlich ist die produktiv-ernährungssichernde Dimension des alten Familienbildes in zahlreichen Zwischenformen, in der Vorliebe für die eigene Garten- und Landbestellung, für die Viehhaltung und die vielgerühmte „Bergmannskuh", auch in dem Streben nach Besitzerwerb über Generationen selbst von Zuwanderern hinweg im kollektiven Gedächtnis der Bergarbeiterschaft fortgetragen worden[93], und nicht selten begegnet auf dem Weg der Bergarbeiterbewegung noch das Sehnen nach dem goldenen Zeitalter ungestörter Behäbigkeit.

Bedeutsam ist die Frage, ob sich mit der Auflösung des alten Familien- und Haushaltszusammenhangs, über den Zerfall seiner materiellen und geistigen Grundlagen und mit der Hinwendung zur industriegesellschaftlichen Haushaltsführung, Wohn- und Lebensweise, Momente der Schlechterstellung, der physischen Depravation verbunden haben. Wenngleich sich hier, z. B. in der vorgeführten Entwicklung der Ernährungslage, differenzierende Aspekte ergeben, kann die Antwort in der Begrenzung auf den Zeitraum bis 1889 doch nur im umfassenden Sinn bejahend ausfallen. Diese Behauptung soll nun anhand der Frage nach der Besitzlage der Bergleute und nach ihren Wohngewohnheiten überprüft werden.

Die Anzahl der bergmännischen Hausbesitzer hat relativ zur Belegschaftsentwicklung in den Jahrzehnten nach der Bergrechtsreform, so läßt sich anhand mancher Hinweise feststellen, beständig abgenommen. Einzig die 1860er Jahre dürften hierin wegen ihrer durchgängig verbesserten Einkommenssituation eine prozeßhemmende Ausnahme bilden. Es ist freilich nie, auch in ständischer Zeit nicht, die „Mehrzahl der Bergleute" gewesen, die über ein eigenes Haus verfügt hätte[94]. Aber die Ansiedlungsbestrebungen haben sich im südlichen Hellwegstreifen doch über die 1870er Jahre hinaus fortgesetzt und örtlich in den Gründerjahren sogar erst ihren Höhepunkt gefunden[95], während in derselben

---

91 Vgl. etwa Jb. f. amtl. Statistik d. preuß. Staats 2 (1867) S. 231 f., wo im Urteil über die Haushaltslage der Essener Bergarbeiterschaft von „durchschnittlich zwei arbeitsfähigen Personen" in jeder Familie ausgegangen wird.

92 Vgl. *Schneider*, Arbeiterhaushalt, S. 96—98; *L. Fischer-Eckert*, Die wirtschaftl. u. soziale Lage der Frauen in Hamborn, 1913, S. 90, 128—37.

93 Vgl. die Ergebnisse der Erhebungen von *Ernst Wolfgang Buchholz*, Die bergmännische Eigenwirtschaft. In: Zs f. d. gesamte Staatswissenschaft 110 (1954) S. 140—61; *Elisabeth Pfeil*, Die Wohnungswünsche der Bergarbeiter. Tübingen 1954, S. 20—64.

94 So noch für die 1860er Jahre *H. G. Steinberg*, Die Entwicklung des Ruhrgebietes, 1967, S. 24; ders., Zur Sozialgeschichte des Reviers, 1967, S. 243; übertreibend auch *J. Lang*, Entwicklung des Bergarbeiterwohungsbaus, Diss. 1952, S. 67.

95 Vgl. *D. Düsterloh*, Kulturgeographie des Niederbergisch-Märkischen Hügellandes, 1967, S. 176—78 (bes. nach den Studien von *A. Walter* über Wengern-Trienendorf, von *U. Heithoff* über den Raum Silschede); *W. Bracht*, Bergbau und Kottensiedlungen im südwestl. Ardey, 1969, S. 11. Auch die in den späten 1860er Jahren überaus rege, 1876 abrupt

Zeit in den nördlichen Abbauräumen mit dem Anstieg der Grundstückspreise jede Aussicht auf Erwerb eines Anwesens mit einer landwirtschaftlichen Anbaufläche bis zu 1 Hektar geschwunden ist. Mochte man im Kreis Essen in den 1850er Jahren den Morgen Land oft noch zu einem Preis von 400 bis 500 Mark ankaufen können, so stiegen die Kosten in den 1880er Jahren bis zu einer Höhe von 2—3000 Mark an[96]. Im Kreis Bochum wurden schon 1874 3000 Mark für den Morgen gegeben, und die städtischen Bodenpreise waren zu diesem Zeitpunkt längst in schwindelhafte Höhen gestiegen[97]. Für den Bau eines Hauses waren außer den Grunderwerbskosten bei dem bescheidenen Anspruch einer meistgewählten 1½-stöckigen Bauweise mit nur 50 m² bebauter Fläche und 6 Räumen in den 1880er Jahren im Kreis Essen 2500—3000 Mark aufzuwenden; 75 m² bebauter Fläche mit 9 offensichtlich sehr kleinen Räumen kosteten 3750—4500 Mark[98]. Solche Häuser wurden von den Bergleuten oft selbst und in Nachbarschaftshilfe erbaut, und viele Zechenverwaltungen halfen mit billigen Krediten bei der Beschaffung von Bauland und durch Abgabe der Ziegelsteine zum Selbstkostenpreis, so daß die Gesamtkosten am Ende niedriger ausfallen mochten.

Schließlich ist die Frage, ob ländlicher Zuerwerb unter den Konsumbedingungen der Industriegesellschaft noch Nutzen versprach, in den Jahrzehnten nach dem Reichsgründung nicht mehr uneingeschränkt zu bejahen. Der Haus- und Grundbesitz hat, selbst wenn er schuldenfrei geworden war, ganz abgesehen von der erheblichen Arbeitsbelastung neben der normalen betrieblichen Arbeitszeit, durch Instandhaltung und Abgaben den bergmännischen Haushalt noch in hohem Maß belastet. Gewöhnlich über zwei und mehr Generationen zusammengetragen, war mit der Übergabe des Besitzes an die Nachkommen jeweils die Sorgepflicht gegenüber der väterlichen Generation verknüpft, und zugleich war für Restschulden und Kommunal-, Klassen-, Grund- und Gebäudesteuer aufzukommen — die steuerliche Belastung konnte jährlich bis zu 40 Mark betragen, und die hypothekarische Zinsbelastung lag selten unter 4 %[99]. Aber auch angesichts der im ganzen fortwährend, in den 1880er Jahren rapide sinkenden Nahrungskosten ist die Annahme begründet, daß sich Haus- und Grundbesitz in der früher angestrebten Form, also mit Anbauflächen bis zu fünf Morgen, bei aller damit noch erreichbaren Nahrungssicherung als dauerhafte Belastung erweisen konnte. Berücksichtigt man die in Gebieten hoher Ansässigkeit niedrigeren Löhne, so erscheint die ländliche Lebenshaltung mit Kleinbesitz und agrarischem Zuerwerb nicht mehr als Inbegriff besonderen Wohlstands, sondern als karge, mühselige Haushaltsführung ohne die Annehmlichkeiten des Stadtlebens.

---

abbrechende und bis zum Ende der 1880er Jahre auf recht niedrigem Niveau verharrende Bautätigkeit im Revier deutet u. a. auf regen Arbeiterwohnungsbau hin; vgl. für Dortmund *Arnecke*, Arbeiterwohnungspflege in Dortmund, 1886, S. 162. Erst 1888 wurde wieder eine Belebung im Wohnungsbau konstatiert; vgl. OPK 8323 S. 145—91 Jahresbericht R ?D v. *Berlepsch* 17. 9. 1888.

96 Vgl. Statistik d. Krs. Essen 1859—61, S. 110—15; Statistik d. Ldkrs. Essen 1883, S. 108; *Auhagen*, Die ländl. Arbeiterverhältnisse, S. 710.

97 Vgl. OBA 1776 Bl. 85 und *W. Reichardt*, Boden- und Wohnungsverhältnisse in Duisburg, 1939, S. 170. Ein Überblick der Entwicklung von Grundstückspreisen ist bisher auch auf lokaler Ebene nicht erarbeitet.

98 Nach Statistik des Kreises Essen 1883, S. 108; vgl. auch den Bericht des Frohnhausener Revierbeamten/OBA 27. 9. 1875 (OBA 1779 Bl. 203) über den Eigenbau von Bergleuten der Zeche Neuessen auf je ½ Morgen Land (1200—1500 Mark); Hausbaukosten: 3000—4200 Mark.

99 Vgl. die durch Beschwerden über herabgesetzte Pensionen überlieferten Beispiele in OBA 228 Bl. 396, OBA 234 u. 240. Z. B. hatte der Berginvalide *Becker* auf **Stiepel** (an

Hat damit die Entwicklung der Grundstücks-, Pacht- und Baupreise und der wirtschaftlichen Situation des Köttertums den Nutzen des ehemals existenzsichernden agrarischen Zuerwerbs durch Kleinbesitz sehr in Frage gestellt, so wirkte dem einfachen Hauserwerb spätestens seit den 1870er Jahren die Einkommensentwicklung entgegen. Wer bisher nicht gebaut hatte, würde künftig kaum noch eine Chance auf den Erwerb eines eigenen Hauses erhalten; dies galt für die zahlreichen, stets mittellosen Zuwanderer schon in den 1860er Jahren. Durch die Folgen der Hochindustrialisierung wurden die strukturellen Bedingungen des Besitzerwerbs, ein vertretbares Verhältnis von Einkommen und Besitzkosten, eindeutig erschwert. Die Entwicklung des bergmännischen Hausbesitzes im Ruhrrevier in den zwei Jahrzehnten 1873 bis 1893 gibt einiges Material zur Stützung dieser Behauptung. In diesem Zeitraum verringerte sich der Anteil der Haus- und Grundbesitzer an den Belegschaften deutlich von 11,55 % auf 10,07 % — bei einer gleichzeitigen Vermehrung der Belegschaften um 92,9 % nahm die Zahl der Haus- und Grundbesitzer 1873 bis 1893 nur von 9864 auf 15 696 oder um 59,1 % zu. Bei den 1873 und 1893 vergleichbaren Gruben im Dortmunder Raum, die im folgenden zusammengestellt sind, ergibt sich ein noch eindeutiger negatives Bild[101]:

OBA 4. 10. 1875) für seinen Kotten mit 3 Morgen Acker und 1 Morgen Hof u. Garten zu tragen:

1350 Mark Kredit der Knappschaftskasse Bochum, Zinsen:	54,—
150 Mark privater Darlehen, Zinsen:	6,—
300 Mark Erbteil an die Schwester (nicht einberechnet)	
Leibzucht der Eltern (Verpflegung)	52,—
Grund- und Gebäudesteuer	7,20
Kommunalsteuer	7,95
Schulsteuer	7,95
Feuerversicherung	12,—

Die Summe von 147,10 überstieg nach Ansicht des Beschwerdeführers den Reinertrag des Kottens. — Über die steuerliche Belastung der Arbeiterschaft — an Klassensteuer wurden meist 3 oder 6 Mark bezahlt — unterrichten die Kreis- und Kommunalstatistiken, die damit übrigens die Sozialschichtung an der Einkommensentwicklung im Konjunkturverlauf zu verfolgen erlauben. Die Höhe der steuerlichen Belastung von Kleinbesitz ist auch zeitgenössisch beklagt worden; vgl. RD 8859 Bl. 36—39 Bürgermeister von Styrum/LR Mülheim 7. 3. 1881. Vgl. neuerdings bes. *K. Obermann*, Zur Klassenstruktur und zur sozialen Lage der Bevölkerung Preußens, 1973, Teil I S. 87—93, Teil II S. 154—57. Die manchmal erstaunliche Steuerkraft von Bergleuten zeigt *H. Croon*, Zusammensetzung der Gemeindevertretungen, 1967, S. 166 f. am Beispiel Castrops auf.

100 Vgl. *E. Wächtler*, Tradition und Fortschritt, 1970, S. 39; *Obermann*, Klassenstruktur und soziale Lage, T. 1 S. 100.

101 Z. T. errechnet nach *Hiltrop*, Beiträge zur Statistik; die Tabelle ist auch veröff. in: Die Einrichtungen z. Besten der Arbeiter auf den Bergwerken Preußens, 1875, Bd. I Anhang S. 55—61, vgl. oben S. 299; ferner *Taeglichsbeck*, Die Belegschaft der Bergwerke und Salinen, Bd. I S. 22—35, vgl. ebd. S. XXI f. Die Angaben enthalten auch die Grubenbeamtenschaft, so daß der Anteil für die Bergarbeiterschaft wahrscheinlich meist noch etwas niedriger lag. Vgl. auch Mittheilungen ü. d. Niederrhein.-Westf. Steinkohlenbergbau, [1901], S. 214; *Jüngst*, Arbeitslohn und Unternehmergewinn, S. 28, 30; *M. Duncker*, Zechenstillegungen an der Ruhr, 1907, S. 29 f. Die Bemerkung von *M. J. Koch*, Bergarbeiterbewegung, 1954, S. 18, der bergmännische Hausbesitz habe 1873—93 von 26 % auf 10,2 % abgenommen, habe ich nirgends bestätigt gefunden. Zu wenig repräsentativ erscheint die berufsvergleichende Tabelle des Hausbesitzes in Bochum von *D. Crew*, Definitions of Modernity, 1973, S. 65. Zum Vgl. mit anderen Bergbaugebieten s. etwa *R. Nasse*, Haushaltung der

Zechen	1873 Belegschaft	davon Besitzende %	1893 Belegschaft	davon Besitzende %
Glückauf Tfb.	1 213	14,43	896	15,07
Hörder Kohlenwerk	1 109	18,03	1 300	21,46
Westfalia	1 036	—	1 456	3,85
Margaretha	650	32,92	820	27,68
Friedrich Wilhelm	644	30,28	53	11,32
Krone	534	27,90	655	24,12
Bickefeld Tfb.	370	32,97	664	21,23
Schürbank u. Charlottenburg	540	26,85	702	18,66
Karoline	511	11,74	355	13,52
Freiberg	297	31,99	439	21,41
Freie Vogel u. Unverhofft	335	15,22	587	18,23
Dorstfeld	870	6,44	1 324	7,48
Germania	874	20,59	2 191	13,52
Erin	1 337	8,38	1 524	12,86
Hansa	754	11,41	729	6,31
Zollern	135	12,59	1 148	8,71
Tremonia	674	4,30	655	4,89
Borussia	654	14,37	692	8,53
Westhausen	110	21,82	674	12,91
	12 647	15,85	16 864	12,93

Auf einigen Gruben — hier spielten die örtlichen Verhältnisse und auch die Hilfestellung einzelner Grubenverwaltungen beim Häuserbau eine bedeutende Rolle — hat der Anteil der Hausbesitzenden an der Belegschaft im Jahre 1875 $^1/_3$ erreicht und sogar noch, wie im Mülheim-Oberhausener Raum, erheblich überstiegen. Niedriger war der Hausbesitz dagegen schon 1875 im engeren Bochumer Raum, wo im Durchschnitt von 16 größeren Schachtanlagen mit 10 673 Belegschaftmitgliedern nur 9,47 % Hausbesitzer gezählt wurden; hier hat die Entwicklung bis 1893 immerhin eine Verbesserung auf 10,44 % von 17 983 Bergleuten gebracht[102]. Insgesamt läßt sich feststellen, daß der Hausbesitz, mit Ausnahme des Sprockhöveler Reviers und der südlichen Abbaugebiete, im Ruhruferraum und in der südlichen Hellwegzone mit oft 20—30 % der Belegschaften am größten war. Hoher Anteil von Hausbesitzern korrelierte fast immer mit einem hohen Anteil verheirateter Belegschaftsmitglieder. In der umschriebenen Zone verstärkten Hausbesitzes hat dieser relativ in den zwei Jahrzehnten vor 1893 erheblich abgenommen und absolut annähernd stagniert. Die Bergleute in diesen Siedlungsräumen, wo

Bergarbeiter im Saarbrückenschen, 1891, S. 404; *Peter Kiefer*, Die Organisationsbestrebungen der Saarbergleute. Diss. Straßburg, Sulzbach-Saar o. J. [1912], S. 169; Die Steinkohlengruben bei Saarbrücken im Jahre 1885/86, Saarbrücken o. J. (in OPK 8222 S. 387 f., Separatdruck aus dem von der Bergbehörde f. d. Belegschaft unterhaltenen „Bergmannsfreund" Jg. 1886): Unter 100 Saarbergleuten waren 1875 40, 1885—95 42, 1900—1910 noch 37 Hausbesitzer. Für den Häuserbau wurden zinslose Darlehen bis 1500 Mark u. Prämien gewährt.

102 Dieser relative Zugewinn läßt sich allerdings auf einige wenige, den Hauserwerb offenbar gezielt fördernde Gruben wie Julius Philipp mit 1875 schon 26,92 %, 1893 bei Verdreifachung der Belegschaft 42,19 % Hausbesitzern zurückführen.

mit den Traditionen der bergamtlichen Belegschaftsführung auch deren Betonung bergmännischen Besitzstrebens noch fest im Gedächtnis haftete und die gegenteilige Entwicklung daher um so schmerzhafter verspürt werden mußte, bilden also keine Ausnahme von der allgemein im letzten Drittel des 19. Jahrhunderts zunehmenden Besitzlosigkeit in der gewerblichen Arbeiterschaft[103]. In den nördlichen, z. T. soeben erst erschlossenen und vor dem Einzug der Großschachtanlagen zumeist wenig bevölkerten Abbaugebieten war der Anteil der Hausbesitzer unter den oft zusammengewürfelten Belegschaften naturgemäß gering und hat nur ausnahmsweise 10 % erreicht.

Kaum noch möglich war, wie die Beispiele der Zechen Westfalia, Tremonia u. a. zeigen, bergmännischer Hausbesitz in den Weichbildern der großen Revierstädte. Hier entstanden zuerst die charakteristischen Bilder des Arbeiterwohnungswesens, wie sie aus den Großstädten mit wachsender Industriearbeiterschaft überall in Deutschland zum Ende des 19. Jahrhunderts hin bekannt geworden sind. In den Städten des Ruhrgebiets, insbesondere in den Hauptorten seiner Kernkreise, hatte in den Jahren der rapiden industriellen Expansion eine unbeschreibliche Wohnungsnot geherrscht, deren Höhepunkt für Essen bereits in den 1860er Jahren lag und mit der starken Ausdehnung Krupps zusammenhing, während in Bochum und Dortmund seit den frühen 1870er Jahren mit nur einer konjunkturell vorübergehenden Entlastung 1877–1881 Jahrzehnte des Wohnungselends begannen. Die Behausungsziffern (Einwohner je Wohnhaus), die allerdings, da sie den Übergang zur mehrstöckigen Bauweise nicht ausdrücken, nur vermittelt das wirkliche Ausmaß des Wohnraummangels wiedergeben, sind von gewöhnlich nicht mehr als 4–7 noch in den 1850er Jahren in Essen, wo schon um 1850 die Zahl von 10 Einwohnern je Wohnhaus erreicht war, auf 12,7 (1860) und, in der Mitte der 1860er Jahre, auf 15–17 gestiegen; eine spürbare Entlastung schuf der von Krupp betriebene Arbeiterwohnungsbau[104]. In den eigentlichen Arbeitervierteln lagen die Dinge noch weit schlechter; so wohnten in Essens Straße „Zum Heiligen Geist" 1864 2962 Einwohner in 124 kleinen Häusern, im „Weberstraßenviertel" wurde in verwahrlosten, obendrein überfüllten Scheunen und Stallungen gehaust. In Dortmund erreichten die Behausungsziffern zum Ende der 1860er Jahre ebenfalls 15–16, stiegen vorübergehend 1872 auf 18 und überschritten diese Höhe sogar noch in den 1880er Jahren erheblich.

---

103 *Schneider*, Arbeiterhaushalt, S. 146 f., behauptet eine solche Ausnahmestellung in ungeprüfter Übernahme einer These von *Ignaz Gruber*, Die Haushaltung der arbeitenden Klassen. Jena 1887, S. 40–45. Kennzeichnend für das Besitzstreben der älteren Bergleute ist etwa die Nachricht, daß im Jahre 1865 „eine nicht unbedeutende Anzahl von Bergleuten" trotz erheblich niedrigerer Löhne aus dem Gelsenkirchener Revier nach Saarbrücken abwanderte, um in den Genuß der dort sehr erfolgreichen Ansiedlungspolitik des Bergfiskus zu gelangen. Vgl. Berggeist 10 (1865) S. 354; s. auch *W. Brepohl*, Onkel Johann Rußland, 1967, S. 164 f.

104 Nach RA I 558 Bl. 8–33 Gutachten z. Koalitionsrecht 20. 6. 1865 (Entw.); vgl. *Ehrenberg*, Krupp-Studien III, S. 118 f; *O. v. Mülmann*, Statisk d. Reg.-Bez. Düsseldorf, Bd. II, 1 S. 203; *Grewe*, Essen, S. 98, 764; *E. Enke*, Wohnungspolitik in Essen, 1912, S. 18–36, 226 f.; *G. v. Hirschfeld*, Geschichte und Statistik, 1874, S. 45–52; *H. Forster*, Von öder Heide zur Industrie-Großstadt. Oberhausen, Diss. 1922, Tabelle I (Anhang); für Duisburg s. *W. Reichardt*, Boden- und Wohnungsverhältnisse in Duisburg, 1939, S. 24 f., 122 f.; für Dortmund *Arnecke*, Arbeiterwohnungsfrage in Dortmund, 1886, S. 163; vgl. ferner die ebenfalls in der Enquête des Vereins für Socialpolitik über Die Wohnungsnoth der ärmeren Klassen in dt. Großstädten. Leipzig 1886, veröffentlichten Beiträge von *Wiebe* (Essen) und *Lange* (Bochum). Eine ausgezeichnete Einführung in den sozialgeschichtlichen Kontext hat *Wilhelm Treue* verfaßt: Haus und Wohnung im 19. Jahrhundert, 1969; vgl. bes. die Bemerkung S. 40: Es sei richtiger, „die Industrielle Revolution, das Industrieproletariat und die Mietskaserne als kulturelle Einheit zu sehen".

Wenn auch die Bergarbeiterschaft anfangs ländliches Wohnen vorgezogen hatte, so waren doch die ehemaligen Kleinstädte längst über ihre Grenzen hinausgewachsen, und die zahlreichen, von der Bergarbeiteransiedlung geprägten, ehedem dörflichen Gemeinden der Landkreise hatten sich zu Industriekommunen entwickelt, die spätestens seit Beginn der 1880er Jahre mit ganz gleichartigen Erscheinungen zu kämpfen hatten[105].

Die Folgen dieser Zusammenpferchung großer Arbeiterfamilien auf kleinstem Raum liegen auf der Hand. Mindesterfordernisse an Ordnung und Sauberkeit waren, auch angesichts unzureichender hygienischer Verhältnisse, selbst bei bestem Willen kaum einzuhalten; das gesamte Familienleben, Wohnen, Essen, Schlafen und Kindererziehung spielte sich manchmal in drei Generationen in denselben kleinen stickigen Räumen ab, von denen eine fünfköpfige Arbeiterfamilie nur selten mehr als zwei bewohnt haben dürfte. Bei solchen Verhältnissen nahm etwa die Säuglingssterblichkeit anfangs der 1860er Jahre in Essen „bedrohliche Formen" an; die allgemeine Sterblichkeit stieg auf 3,41 $^0/_{00}$, jene in den Arbeitervierteln auf 5 $^0/_{00}$[106]. Die Probleme der Obdachlosigkeit wuchsen den Gemeinden und Armenpflegern über den Kopf, so daß man sich in Bochum in der 1880er Jahren zeitweilig entschließen mußte, ganze Familien über die Nächte in Polizeizellen unterzubringen; später behalf man sich mit einem „Reservelazareth" vor den Toren der Stadt, wo früher Seuchenkranke in zwei riesigen Sälen gepflegt worden waren. Im Sommer 1884 wurden hier dann Baracken als Obdachlosenasyle[107] errichtet, wo Familien gegegen einen Preis von 1 Mark wöchentlich, der notfalls in städtischen Diensten abzuarbeiten war, einen Raum unter strenger Aufsicht zugewiesen erhielten.

Wohnungsnot, mangelnde Wohnungshygiene, Obdachlosigkeit, Armut und gesellschaftliche Ächtung waren nur zu geeignet, Erscheinungen wie Alkoholismus und Kriminalität zu fördern, die unter anderem in der scheinbaren Halt- und Orientierungslosigkeit des neuen Großstadtlebens, in seinen anhaltenden Proportionsverlusten durch die expansive Kraft der Bevölkerungszunahme wurzelten und durch die Zuwanderung und hohe Fluktuation verstärkt wurden[108]. Seit den 1860er Jahren scheint der Alkoholkonsum, der in der Arbeiterschaft immer recht stark gewesen ist, noch erheblich zugenommen zu haben; die langen Jahre der wirtschaftlichen Depression brachten hierin — jedenfalls nach Ausweis der Entwicklung des Schankstättengewerbes[109] — Mäßigung, wie sie auch die Zunahme der Jugend- und Erwachsenenkriminalität der Großstädte vorübergehend zügelten.

Dachmansarden und Kellerwohnungen sowie Hinterhäuser wurden vorzüglich gegen hohe Mieten von Arbeiterfamilien bewohnt, und auch die Unsitte des „Trockenwoh-

---

105 Vgl. oben S. 47 f. u. Statistik d. Krs. Bochum 1875, S. 20 f., 56; danach hatten Mitte der 1870er Jahre auch die kleinen Bergbaugemeinden im Krs. Bochum bereits Behausungsziffern von 10 und mehr erreicht.

106 Nach *Grewe*, Essen, S. 361; vgl. *v. Hirschfeld*, Geschichte, S. 150.

107 Nach *Lange*, Die Wohnungsverhältnisse der ärmeren Volksklassen in Bochum, 1886, S. 88—90.

108 *Brepohl*, Industrievolk im Wandel, 1957, S. 190—94, hat die anwachsende Kriminalität aus der Entwurzelung durch Zuwanderung erklärt; vgl. noch *Grewe*, Essen, S. 188; *Mämpel*, Bergbau in Dortmund, Bd. II, S. 68. Anregende Fragestellungen zu diesem in der ruhrindustriellen Sozialgeschichte bisher nur am Rande berührten Problem s. bei *Fritz Sack*, Stadtgeschichte und Kriminalsoziologie. Eine histor.-soziol. Analyse abweichenden Verhaltens am Beispiel von Köln. In: *P. Chr. Ludz* (Hg.), Soziologie und Sozialgeschichte, 1972, S. 357—85.

109 Vgl. Ergänzung zur Statistik d. Ldkrs. Bochum 1881, S. 84: Danach hat die Zahl der Schankstätten im Ldkr. Bochum 1876 bis 1881 um 13 $^0/_0$ auf 1333 abgenommen. Einzelne zeitgenöss. Stimmen zum wachsenden Alkoholkonsum s. in OPM 1205 V, Bericht des Langnamvereins/OPM 20. 9. 1888; OPK 8321 S. 69—106 Semesterbericht RPD 30. 8. 1884.

nens", des Vermietens noch feuchter Neubauten gegen geringen Mietpreis, der nach einiger Trockenwohnzeit so erhöht wurde, daß der Arbeiterhaushalt ihn nicht mehr zu tragen vermochte, fand Eingang im Revier[110]. Das Wohnen in den oft allerdings nur schlecht ausgeführten Neubauten war, wenn auch teuer, immerhin noch gesünder und großzügiger als das Leben in den vielen überalterten, nur notdürftig bewohnbar erhaltenen Bauten, die noch die Weichbilder der Städte zierten[111].

Ledige Zuwanderer, aber auch die Söhne ansässiger Arbeiter, die oft danach drängten, sich aus ihren Familien zu lösen, fanden als Kost- und als Quartiergänger Unterschlupf[112]. Schlafburschen, die sich häufig im Schichtwechsel zu zweit dasselbe Bett zu teilen hatten, wurden in vielen Arbeiterfamilien gegen ein Entgelt von monatlich 10—16 Mark nur zu gern aufgenommen, weil sie den Haushalt fühlbar entlasteten. Für die zahlreichen Kostgänger, die neben der Schlafstelle in der Wirtsfamilie beköstigt wurden und oft zu dritt oder viert ein Dachzimmer bewohnten, hat sich anscheinend bis in die 1880er Jahre eine besondere Gruppe von Hauseigentümern, die sich auf solche Vermietung spezialisiert hatten, etabliert. Im Landkreis Bochum wuchs, selbst nachdem die Regierungspräsidien in Arnsberg und Düsseldorf 1878 einschränkende Polizeiverordnungen erlassen hatten, die Zahl der Kostgänger 1879—1885 noch erheblich an[113]:

	Quartiergeber	Kostgänger	Räume
1879	4 512	8 509	
1880	5 637	9 717	
1881	6 532	11 006	6 063
1882	7 264	12 376	7 272
1883	7 313	13 039	7 364
1884	7 843	14 161	8 184
1885	7 969	15 507	8 530

Die Aufnahme von Kostgängern dürfte hier wesentlich zur Entlastung der hausbesitzenden Bergarbeiterfamilie beigetragen haben, so daß auf diese Weise ein Lastenausgleich zwischen dem vielverdienenden ledigen Arbeiter und dem, gemessen an den Bedürfnissen, wenigverdienenden Familienvorsteher zustandekommen konnte. Über die „ungeheuerliche Ausartung der Kostgänger-Wirthschaft" und ihre „scheußlichen Zu-

---

110 Vgl. Bote vom Niederrhein 17/8. 11. 1865, über „Trockenwohnerkrankheiten" s. *H. Goerke*, Wohnhygiene im 19. Jh., 1969, S. 55.

111 Vgl. etwa Rhein- u. Ruhrzeitung 118/22. 5. 1867; „Man baut hier schnell, aber oft auch schlecht". Wohnungsbaugenossenschaften entstanden im Ruhrgebiet erstmals 1888 (in Herne) und 1889 (in Langendreer); vgl. *E. Dösseler,* Die Entwicklung des sozialen Wohnungsbaus mit besonderer Berücksichtigung der Arbeiterwohnungen in Westfalen, 1968, S. 138. Über den Zustand der Altbauten gibt *Spring,* Wohlfahrtseinrichtungen im Krs. Hörde, S. 24—27, Auskunft: von 106 in einer Erhebung erfaßten Wohnhäusern wurden 19 als baufällig (mit 45 Wohnungen), 15 als ungesund (33), 6 als menschenunwürdig (21 Wohnungen) bezeichnet. Vgl. auch *H. G. Kirchhoff,* Staatliche Sozialpolitik, 1958, S. 126.

112 Zahlreiche Quellen sind hierzu im Zusammenhang mit den Ende der 1870er Jahre erlassenen Polizeiverordnungen über das Kostgängerwesen überliefert; s. bes. LRDB 471; LRB VIII 426; Hinweise: OBA 1776, 1778; ferner Jahres-Berichte der Fabrik-Inspektoren f. 1876, S. 270—75 *(Dr. Wolff);* Chr.-Soz. Bl. 7 (1874) S. 51 f.; *Lang,* Bergarbeiterwohnungsbau, S. 119—21; *Franke,* Poln. Volksgruppe, S. 352 f.

113 Nach LRB VIII 426.

stände"[114] ist zeitgenössisch große Klage geführt worden, aber außer polizeilichen Eingriffen bei den schlimmsten Auswüchsen ist es zu wirklichen strukturverbessernden Maßnahmen zur Linderung der Wohnungsnot nicht gekommen, denn der liberale Kapitalismus war weithin „an einer Wohnkultur der breiten Masse noch desinteressiert"[115].

Vordringliches Ziel des frühen Bergarbeiterwohnungsbaus durch die Grubenverwaltungen war daher die Heranziehung größerer Arbeiterzahlen und ihre Bindung an die Werke. Da man Interesse an ledigen jungen Arbeitern mit großer Leistungskraft hatte, wurde die Errichtung von riesigen Schlafhäusern und Menagen[116], von denen es 1870 etwa 35 im Revier gegeben haben soll, zuerst vorangetrieben. Für einen gezielten Arbeiterwohnungsbau gab es im Revier mit der Siedlung „Eisenheim" der späteren Gutehoffnungshütte bereits ein frühes Beispiel. In den frühen 1870er Jahren hat, mitveranlaßt durch den Streik von 1872[117], der betriebliche Wohnungsbau entlang zahlreicher, in der Öffentlichkeit angeregt diskutierter Baupläne und Wohnanlagen einen starken Aufschwung genommen. Der Zechenwohnungsbau hob sich im großen und ganzen durchaus vorteilhaft vom privaten, von der Grundstücks- und Bauspekulation betriebenen Wohnungsbau ab, weil er, auf dem ausgedehnten Grundbesitz der Zechen ausgeführt, stärker auf die Bedürfnisse der Bergarbeiterschaft mit der Anlage von Stallungen und Gartenland einging und auch in bauhygienischer Hinsicht, wenn auch Wasseranschlüsse und Kanalisation oft noch fehlten, die Erkenntnisse der Zeit realisierte. Die Bauausführung war gewöhnlich solide, und die Baukosten für die Zwei-, Vier- und Sechsfamilienhäuser entsprechend hoch; Einfamilienhäuser sind nur selten gebaut worden, und auch die häßlichen Mietskasernen bildeten im Zechenwohnungsbau vor der Jahrhundertwende eine Ausnahmeerscheinung. Die Mietpreise lagen dabei immer erheblich unter dem ortsüblichen Niveau, so daß die Zechen über ihren Wohnungsbau nur selten eine lohnenswerte Kapitalverzinsung erzielten. Bei solchen Bedingungen war verständlich, daß sich die Arbeiter nach den Wohnungen drängten und diese damit in der Tat Wege einer langfristig angelegten Belegschaftspolitik aufwiesen. Bis 1873 waren 5837 zecheneigene Arbeiterwohnungen gebaut worden; zugleich waren noch 32 Schlafhäuser für 3100 familienlose Arbeiter vorhanden — ihre Zahl hat allerdings fortan abgenommen, da die Arbeiter das Kostgängerwesen dem halbmilitärischen Zwang solcher Häuser vorzogen und da sich die Hoffnung, nach dem Beispiel des im Saarbrückener Bergbau so erfolgreichen Verfahrens, Wochenendpendler der weiteren Umgebung auf diese Weise an die Werke zu binden, nicht erfüllte. In den Krisenjahren lag der Zechenwohnungsbau völlig darnieder; erst 1889/90 trat eine Belebung ein[118]. Nachteilig für den Arbeiterwohnungsbau wirkte sich im westfälischen Revier insbesondere das Ansied-

---

114 Zit. n. örtlichen Verwaltungsberichten, in: Jahres-Berichte der Fabrik-Inspektoren f. 1876, S. 273 f.

115 *Lang*, Bergarbeiterwohnungsbau, S. 19.

116 Vgl. neben *Lang*, Bergarbeiterwohnungsbau, bes. die offiziöse Veröffentlichung: Die Einrichtungen zum Besten der Arbeiter auf den Bergwerken Preußens, 2 Bde. 1875/76; sowie das Urmaterial dieser Erhebungen in OBA 1776—1777. S. auch den Artikel „Zur Wohnungsfrage" in Glückauf 30/23. 7. 1871; Entwickelung des Niederrhein.-Westf. Steinkohlen-Bergbaues Bd. XII, S. 186—208; *R. Schwenger*, Betriebl. Sozialpolitik im Ruhrbergbau, 1932, S. 200—203; *W. Dege*, Zechenwohnungen u. Bergarbeitersiedlungen im Ruhrgebiet, 1968.

117 Vgl. unten S. 485 f.

118 Ende 1883 sollen 12 402 Belegschaftsmitglieder, also einschließlich der Beamten, in Zechenwohnungen gewohnt haben; diese Zahl erscheint angesichts der 10 376, die Ende 1893 (ebenfalls einschließlich Beamte) überliefert ist, als zu hoch. Vgl. Entwickelung des Niederrhein.-Westf. Steinkohlen-Bergbaues Bd. XII, S. 188 f.

lungsgesetz von 1876 aus, wonach den Behörden bei der Anlage von Zechenkolonien zugleich Pläne über die Gemeinde-, Kirchen- und Schulverhältnisse vorzulegen waren[119] — ein seiner Absicht nach richtiges Gesetz, das dennoch den Wohnungsbau, da nur in Westfalen gültig, im östlichen Revier erheblich in den Rückstand gebracht hat.

Naturgemäß eigneten sich die Zechenwohnungen vorzüglich als Instrumente zusätzlicher Einbindung in die Aufgaben und Interessen der Bergbaubetriebe — sei es durch die größere materielle Sicherheit, die der nach gezielt langer Wartezeit errungene Wohnplatz brachte, sei es auch durch die streikhemmende Funktion, die die Zechenverwaltungen nach den Erfahrungen von 1872 durch entsprechende Klauseln in den Mietverträgen ihren Wohnungsinhabern vorschrieben. Werkswohnungen bei Krupp konnten „bei notorischer Unverträglichkeit oder bei wiederholten Verfehlungen gegen die Mietbestimmungen", aber auch „im Geschäftsinteresse" gekündigt werden. Die „Wohlfahrtsfessel" der Zechenwohnung[120] hat deshalb während Streiks später im Mittelpunkt der Kritik durch die organisierte Bergarbeiterbewegung gestanden.

Maßnahmen und Instrumente der Disziplinierung der Arbeiterschaft sind aber auch dem privaten Wohnungswesen im Revier durchaus geläufig gewesen. Hier sei stellvertretend nur auf die polarisierende Spannung hingewiesen, die aus dem Verhältnis zwischen städtischer, auf Mietwohnungen angewiesener Arbeiterschaft und städtischem, wohnungsvermietendem Bürgertum resultieren konnte. In Bochum gab sich der „Verein der Grundgebäudebesitzer" unter der Absicht, hieran unter allen Umständen festzuhalten, einen Mustermietvertrag, der speziell auf Arbeiterwohnungen zugeschnitten war[121]. Nach zahlreichen Verpflichtungen, die die Mieter hiernach einzugehen hatten, hieß es über die Beendigung des Vertragsverhältnisses, sie könne

> „bei nicht pünktlicher Zahlung der Miethe oder Nichtinnehaltung der sonstigen, dem Miether auferlegten Verpflichtungen, ferner bei Störung der häuslichen Ruhe und Ordnung oder Unverträglichkeit des Miethers oder der zu seinem Hausstand gehörigen Personen mit den übrigen Hausbewohnern ... jederzeit ohne Kündigung"

eintreten — hier waren Willkür Tür und Tor geöffnet, und der Mieter war schutzlos der Drohung mit „Exmission", wie der Rausschmiß womöglich unter Polizeihilfe hieß, ausgeliefert.

Die Entstehung von Arbeitervierteln und Wohnkolonien, die in den Kleinstädten des Reviers um die Jahrhundertmitte noch ganz seltene Erscheinungen waren, brachte diese säuberliche Scheidung zwischen Wohlstand, Wohnbesitz und Mietwohnen, Abhängigkeit und auswegloser Unterordnung auch äußerlich zum Ausdruck. Bei aller relativen Modernität des werkseigenen Arbeiterwohnungsbaus wie auch, weniger ausgeprägt, des

---

119 Vgl. Glückauf 2/7. 1. 1888; *Hilbert,* Grubenbelegschaft, S. 114—17; *I. Lange,* Formen u. Entwicklung des Bergmannshauses, 1967, S. 112. 1877—96 sollen wegen dieses Gesetzes im westf. Revier nur 783 Wohnungen gebaut worden sein, während 1346 Projekte „an den hohen Forderungen der Gemeinden gescheitert" sind, s. Mittheilungen ü. d. Niederrhein.-Westf. Steinkohlenbergbau, [1901], S. 241—43; über Konflikte zwischen den Zechen als Bauherrn und den Gemeinden, etwa in Angelegenheiten der Besteuerung (vgl. Glückauf 5—6/18.—22. 1. 1879), in armenrechtlichen Fragen schon in den 1850er Jahren (vgl. OBA 1733), s. etwa *H. O. Sieburg,* Der Aufstieg Hernes, 1954, S. 153.

120 *Enke,* Essen, S. 34, und *L. Fischer-Eckert,* Frauen in Hamborn, 1913, S. 30—35 mit dem Vorschlag, das Arbeits- und das Wohnverhältnis getrennt zu verwalten.

121 Nach *Lange,* Wohnungsverhältnisse, S. 95—98. Über die starke Bedeutung der Haus- und Grundbesitzer in den Stadtverordnetenversammlungen vgl. *Wolfgang Hofmann,* Oberbürgermeister und Stadterweiterungen. In: *H. Croon et al.,* Kommunale Selbstverwaltung im Zeitalter der Industrialisierung, 1971, S. 59—85, hier S. 78.

privaten Wohnungsbaus gegenüber den bisherigen Wohnsitten zeigte doch bereits die Wohnungsarchitektur den großen Unterschied an Raumzumessung und Ausstattung, der in der Wohnkultur zwischen bürgerlichen und Arbeiterfamilien mit nur wenigen verbindenden Übergängen gemacht wurde. Die stadtplanerische Wirklichkeit reproduzierte diese gleichsam innere, festgefahrene Differenz der Wohnkulturen nun im Gesicht der Industriestädte, und der Wille des städtischen, in den Stadtparlamenten wortführenden Bürgertums zum standesgemäßen, damit isolierten Wohnen paarte sich auf das wirksamste mit dem bauplanerischen Zwang der Werksverwaltungen, geschlossene Wohnsiedlungen auf dem verfügbaren Zechengrund zu errichten.

Dieser Grundzug prägte die städtebauliche und stadtplanerische Entwicklung des Ruhrgebiets in der Urbanisierungsphase, wenn auch von den Zeitgenossen die scheinbare Ungeordnetheit des immensen Städtewachstums beklagt wurde[122]. Zwar nahm die Bebauung, nachdem die Weichbilder der Zentralorte im Revier verlassen worden waren, oft genug einen planlosen Verlauf ohne vorgängige Grundstückserschließung und Straßenplanung. „Bisher baut man so", hieß es im „Boten vom Niederrhein" 1865, „daß die künftigen Straßen sich nach den Neubauten richten oder richtiger krümmen müssen"[123]. Aber zwischen der kaum je durch stadtplanerische Verdikte behinderten Ansiedlung und Ausdehnung der großen Industrieanlagen einerseits und dem Ausbau der Innenstädte zu Dienstleistungszentren andererseits bahnte sich in den konjunkturellen Wohnungsbauschüben die gesellschaftlich polare Wohnorientierung und -kultur an, die die Bebauung des Reviers bis heute geprägt hat. Dies galt sowohl in den Fällen der Einbettung großer Industriebetriebe und Bergwerke in bestehende städtische Infrastrukturen, als auch im Zuge der Ausdehnung ehemaliger Kirchdörfer (Gelsenkirchen, Bottrop, Herne) zu Industriekommunen und vor allem in den Orten, deren Straßenbilder, Wohn- und Dienstleistungsbereiche sich völlig nach den Bedürfnissen der Großindustrie gestaltet haben (Oberhausen, Hamborn)[124]. Während allerdings in den letzten Fällen die Wohnungen und Wohnviertel der Bergleute vor den notwendigen Dienstleistungsbereichen oder gemeinsam mit ihnen entstanden, schälte sich in den älteren Städten und Gemeinden des Industriebezirks der städtebauliche Gegensatz von Kolonie und Dorf oder Altstadt äußerlich nur um so nachhaltiger auch als ein Ausdruck gesellschaftlicher Schichtungen und Herrschaftsverhältnisse heraus, an dem mancherlei Spannungen entfacht werden und zum Ausbruch kommen konnten[125].

---

122 Vgl. die von *E. Pfeil*, Großstadtforschung, Entwicklung und gegenwärtiger Stand. Hannover 2. Aufl. 1972, S. 137, aufgeworfene, „bis heute ... offene Forschungsfrage", „inwieweit objektive Bedingungen des Arbeitslebens, des Wohnens und des sozialen Lebens ins Bewußtsein treten und welche Brechungen sie dabei erfahren".

123 Nr. 2/4. 10. 1865. Bis 1862 schwelte ein Konflikt zwischen der Stadt Dortmund und der Regierung Arnsberg, da die Stadt sich weigerte, einen Bebauungs- und Siedlungsplan aufzustellen; vgl. *H. Mauersberg*, Wandlungen in der Wirtschafts- und Sozialverfassung Dortmunds, 1967, S. 230—32; auch *R. Palseur*, Bochum, 1938, S. 42 f.; *Reichardt*, Duisburg, S. 11, 34; und bes. die treffenden Formulierungen zu diesem Problembereich bei *R. Jahn*, Essener Geschichte, 1957, S. 484 f.

124 Vgl. bes. *H. Croon*, Werden des Ruhrgebiets, S. 192—196; weniger pointiert s. auch *R. Gephart*, Die Zechen des Ruhrgebiets in ihrer landschaftl. Erscheinung, 1937, S. 54—81. Weniger an der Stadtwerdung interessiert ist *Joachim Heinrich Schultze*, Die landschaftl. Wirkungen des Bergbaues. In: Geograph. Anzeiger 32 (1931) S. 257—71. Über die bauliche Entwicklung des Ruhrgebiets 1840—1890 bringt *H. G. Steinberg*, Sozialräumliche Entwicklung u. Gliederung, eine Übersichtskarte (Anhang der Schrift).

125 *H. Croon* hebt hierin das Beispiel Recklinghausens hervor: Städtewandlung und Städtebildung im Ruhrgebiet, 1960, S. 495; vgl. auch *Ludwig Beutin*, Die „Massengesellschaft"

Gewiß haben die Gemeinde- und Stadtverwaltungen des Ruhrreviers mit dem sprung-haften Bevölkerungswachstum durch Zuwanderung und hohe Geborenenziffern vor ungeheuren Problemen der Stadtentwicklung und -versorgung, der Stadthygiene, des Straßenbaus, der infrastrukturellen Planung für Gesundheitswesen, Schule und Kultur gestanden[126]. Aber diese Aufgaben sind doch im wesentlichen erst in der Phase der groß-städtischen Entwicklung seit den 1880er Jahren, als moderne Kommunalverwaltungen unter Führung befähigter Verwaltungschefs entstanden, in Angriff genommen wor-den[127]. Die Abwesenheit, Schwäche und Verspätung moderner Stadtplanung und Bauge-nehmigungspolitik vor allem in den 1860er Jahren bis 1875, gewiß in erster Linie eine Folge der Neuartigkeit dieser Probleme, aber doch auch der unangefochtenen Mehrheit des liberalen Bürgertums in wohl allen Stadtverordnetenversammlungen des Ruhr-reviers[128], belastete so die Städteentwicklung auf lange Sicht mit erheblichen gesellschafts-politischen Risiken; oder umgekehrt: die Chance eines integrierenden Wohnungsbaus ohne Viertel- und Kolonienbildung und quer zur gesellschaftlichen Schichtung, eine freilich überaus anspruchsvolle Aufgabe, wurde auch nicht in Ansätzen realisiert. Den urbaneren Kommunikationsbeziehungen, die an die Stelle der dörflich-kleinstädtischen Nachbarschaften traten oder sich diese anpaßten, wurde so die tiefe, kaum zu glättende Furche der Klassenspaltung, wie sie in den betrieblichen Arbeits- und Herrschaftsver-hältnissen tagtäglich reproduziert und physisch erfahren wurde, auf Jahrzehnte hinweg sichtbar für alle eingegraben.

im 19. Jh. In: Die Welt als Geschichte 17 (1957) S. 69—89, hier S. 76 f.; besonders *Dege*, Zechenkolonien, S. 126—28.

126 Vgl. etwa über die Umwandlung der Hausnummerierung in Straßenbenennung, mit der die jahrhundertealte kleinstädtische Individualität symbolhaft gesprengt wurde: *Robert von den Berken*, Dortmunder Häuserbuch von 1700 bis 1850. Wattenscheid 1927, S. 145—55; *G. Haren*, Witten, 1924, S. 271 f. Aus der Fülle der Literatur über die angesprochenen Probleme seien hier nur *Grewe*, Essen, S. 121—35, 348—78, 745—52 u. ö., und *E. C. McCreary*, Essen 1860—1914, Diss. 1963, S. 30—53, erwähnt; über die Herausbildung der städtischen Infrastruktur in der Wachstumsphase als Forschungsaufgabe s. *H. Croon*, Forschungsprobleme der neueren Städtegeschichte, 1969, S. 20; über allgemeine Fragen der Stadthygiene im 19. Jh. s. *G. Rath*, Die Hygiene der Stadt, 1969.

127 Vgl. für Essen *Paul Brandi*, Der Aufstieg der Stadt Essen zur Industriemetropole. Eine Erinnerung an Oberbürgermeister Erich Zweigert. In: Essener Beiträge 60 (1940) S. 239—94, hier S. 245; über die Entwicklung des Verwaltungspersonals s. *Zweigert*, Verwaltung der Stadt Essen, 1902, S. 45; *Grewe*, Essen, S. 271, 619.

128 Zentral: *H. Croon*, Die gesellschaftlichen Auswirkungen des Gemeindewahlrechts in den Gemeinden und Kreisen des Rheinlands und Westfalens im 19. Jahrhundert, 1960; *ders.*, Bürgertum und Verwaltung in den Städten des Ruhrgebiets im 19. Jahrhundert, 1964, hier S. 31—36.

Kapitel X
Vom Standes- zum Klassenbewußtsein

Bergrechtsreform und bergbauliche Industrialisierung veranlaßten eine umwälzende Neuorientierung in den Strukturelementen der bergbaulichen Arbeitsverfassung und des bergmännischen Daseins überhaupt. Die entscheidende Kräftekonstellation der Arbeitsverfassung, das Beziehungsgeflecht zwischen Staat, Unternehmern und Arbeiterschaft, konstituierte sich unter rechtlich wie materiell veränderten Voraussetzungen und Bedingungen und in einem anderen Rollen- und Systemverständnis neu; insbesondere rückte an die Stelle des ehemaligen Rechts- und Pflichtverhältnisses zwischen Bergarbeiterschaft und Gewerkschaften auf der einen, dem Bergfiskus auf der anderen Seite nun das liberalkapitalistische Herrschafts- und Ausbeutungsverhältnis von Unternehmern und Arbeiterschaft unter einer bis 1892 rechtlich, aber auch im Aufgabenselbstverständnis beschränkten Aufsicht der Bergbehörde. Das Direktions- war durch das Inspektionsprinzip abgelöst worden.

Vor allem nach jener kurzen Übergangsphase 1860 bis 1865 hat sich die Bergbehörde völlig aus ihrer ehedem umfassenden sozialordnenden Funktion zurückgezogen und die Sphäre bergbaulichen Wirtschaftens vom Staatseingriff befreit. Mögen auch ihre bergpolizeilichen Pflichten und Möglichkeiten nach der Reform nicht unbedeutend gewesen sein, so wurden sie doch aus jenem von oben mehr oder weniger forcierten, in der Beamtenschaft selbst nur zögernd akzeptierten, neuen, schon bald übermächtigen Glauben an die selbstregelnden marktwirtschaftlichen Kräfte heraus nur sehr zurückhaltend gehandhabt. Die Illusion, die Beamtenschaft könne, nachdem der bergbauliche Produktionskomplex dem Widerspiel der Interessenten ausgeliefert worden war, ihr eigenes Aufsichts- und Kontrollhandeln über den Interessen motivieren und installieren, hat sich im ganzen nicht erfüllt, wenn auch die preußischen bürokratischen Traditionen gerade im Bergbeamtentum an sich eine solche Unabhängigkeit nahelegten und ermöglicht hätten. Allzu parteilich waren bereits die Rechtsbedingungen des neuen Arbeitsverhältnisses formuliert worden. Aber auch die immensen Wachstumsraten und neuen Formen großbetrieblicher Produktionsorganisation, denen die behördliche Administration aus dem Geist des 18. Jahrhunderts nicht mehr gewachsen sein konnte, begünstigten einen in diesem Maße kaum vorhergesehenen Machtzuwachs der Unternehmerschaft, der in den sich abklärenden Fronten des Interessengegensatzes im kapitalistischen System die aufsichtsführende Beamtenschaft aufgrund persönlicher Präferenzen, gesellschaftlicher Stellung und Erziehung bei starken Barrieren, die das Amt nach wie vor mit sich brachte, *de facto* doch an die Seite der Kapitalinteressen trieb. Das System neigte dazu, systemunabhängige Kräfte zu korrumpieren — jedenfalls solange keine Gegeneinflüsse wirksam wurden. Diese haben sich seit den 1880er Jahren auf verschiedenen, eher nichtbergbaulichen Ebenen und im Zusammenhang mit der Erkenntnis der Ununterdrückbarkeit der Arbeiterschaft und ihrer politischen Vertretung etabliert. So deutete sich seit 1881/82 auch in der regionalen Bergbehörde des Ruhrreviers der Rückgewinn sozialer Verantwortlichkeit zögernd an; der große Bergarbeiterstreik von 1889 beschleunigte diesen

Denkprozeß ungemein und führte ihn zu einem ersten, gänzlich unzureichenden gesetzgeberischen Abschluß, mit dem immerhin ein neuer Weg beschritten wurde.

Das geistige Klima, aus dem heraus Wege neuer sozialer Verantwortlichkeit im Ruhrbergbau gefunden wurden, läßt sich wiederum nicht ohne die Erinnerung an die jahrhundertelange Prosperität des preußischen Bergbaus unter dem Direktionsprinzip verstehen. Die ältere Generation erinnerte sich, nicht nur auf den Amtsstuben, in den 1880er Jahren sehr wohl an die Zustände und Rechtsformen der vorliberalen Ära, die im übrigen, wenn auch durchaus gewinnorientiert und der Rationalität großbetrieblicher Produktion angepaßt, auf den Staatswerken noch praktiziert wurden, sogar in relativer Blüte standen. Das Vorbild der Staatswerke[1] hat daher in der durch den Streik 1889 ausgelösten Reformdiskussion in dem wenig realen Glauben, durch das gute Beispiel zu wirken, eine wichtige Rolle vor allem in den Kreisen jener alten, noch unter dem Direktionsprinzip erzogenen Bergbeamten wie *A. Huyssen* gespielt. In der Öffentlichkeit wurde indessen eine Diskussion über den erstmals 1886 von *H. v. Festenberg-Packisch*[2] formulierten Vorschlag geführt, den Kohlenbergbau als wichtigste nationale Energiequelle nach dem Vorbild der Eisenbahnen zu verstaatlichen. Nach dem Streik 1889 wurde dieser Vorschlag „so warm und einflußreich in der öffentlichen Meinung vertreten, daß möglicherweise jene Ansicht den Sieg davon trägt"[3], und die Diskussion wurde unter anderem auf die Frage der „politische[n] Abhängigkeit der Arbeiter vom Kapital", deren Wünschbarkeit und Gefahr zugespitzt[4].

Die bergbauliche Unternehmerschaft an der Ruhr hat von der Liberalisierung des Bergrechts den größten Gewinn in vielfacher Hinsicht davongetragen. Die Gewerken erreichten in den Jahren 1851 bis 1865 die volle Verfügungsgewalt über das investierte Kapital, über das Eigentum an Produktionsmitteln. Von dieser Freisetzung der Unternehmerschaft aus den bergamtlichen Fesseln sind erhebliche betriebswirtschaftliche und technische Modernisierungsimpulse ausgegangen, und die schließlichen Wachstumsraten der bergbaulichen Industrialisierung, damit endlich die Bedeutung der Energiegewinnung als des neben der Eisen- und Stahlproduktion entscheidenden Wachstumsfaktors, wären kaum und jedenfalls dem Maße nach unter den zahllosen rechtlichen, gewohnheitsmäßigen und personellen Beschränkungen der behördlichen Leitung nicht denkbar gewesen.

Das Verhältnis der Unternehmer zur Arbeiterschaft hat sich mit der Reform aus der ehemals gleichartigen Unterordnung unter den einheitlichen Behördenwillen zu einem in Rhythmus und Maß der marktwirtschaftlichen Entwicklung angepaßten, ungleichgewich-

---

1 Vgl. bes. die von *Fr. Krins* neu hg. Denkschrift v. *A. Huyssen*, „Über die Mittel, den Arbeitern der staatlichen Bergwerke, Hütten und Salinen eine gute Lebenslage zu sichern", 18. 4. 1890/1968; hierzu die wichtigen Materialien in OBA 1816 (bes. HM/OBA 30. 4. 1890, 13. 5. 1890, 19. 5. 1890; Protokoll einer Berliner Konferenz 18.—20. 12. 1890; HM/OBA 14. 5. 1891) und OBA 1813.

2 Der Dt. Bergbau. Ein Gesamtbild seiner Entstehung, 1886.

3 *Schäffle*, Trennung von Staat und Volkswirtschaft aus Anlaß des jüngsten Arbeitermassenausstandes, 1889, S. 684 f.

4 *G. Gothein*, Sollen wir den Bergbau verstaatlichen? 1890, S. 35. Vgl. zu der hier nicht weiter zu verfolgenden Verstaatlichungsdiskussion von Unternehmerseite Glückauf 26 (1890) S. 345—48, 353—55 (in demselben Fahrwasser die Grubenbeamten-Zeitschrift Bergbau 38/18. 6. 1890); ferner bes. *K. A. Hückinghaus*, Verstaatlichung der Steinkohlenbergwerke, 1892; aus der neueren Literatur *M. Droste*, Die Stellung des Ruhrbergbaus in Staat und Gesellschaft, Diss. 1953, S. 30—89; von sozialdemokrat. Seite etwa *Henri van Kol*, Über Grubenbesitz u. Grubenrecht. In: Sozialist. Monatshefte 3 (1899) S. 35—40, 86—89, 131—35; *H. Möllers*, Einige Argumente für die Verstaatlichung des Bergbaues. In: Die Neue Zeit 19/II (1900/1901) S. 47—51.

tigen, gewinnorientierten Herrschaftsverhältnis ausgestaltet, in dem sich die Beteiligten nach neuen Interessen zu orientieren begannen. Dies hat Erfahrungs- und Lernprozesse erfordert, die, bei vielfachen Schattierungen, auch auf Seiten der Gewerken mit dem Vorteil eines erheblichen Bildungsvorsprungs erst noch zu bewältigen waren. Eine gewachsene soziale Verantwortlichkeit, wie sie in anderen Gewerben aus vorindustrieller Zeit unter patriarchalischen Formen der Betriebs- und Menschenführung überkommen ist, hat es dabei im Ruhrbergbau nur ausnahmsweise gegeben — etwa bei Eigentümern der Ruhruferanlagen unter besonderen personellen und lokalen Bedingungen. Die These vom Patriarchalismus bergbaulicher Betriebs- und Belegschaftsführung[5] verkennt, daß ein „gewachsener" Patriarchalismus[6] angesichts der bergbauständischen Produktionsformen allenfalls im Verhältnis von Arbeitern (und Kapitaleignern!) und Behörden, denen alle sozialordnende Kraft und Kompetenz zukam, hätte entstehen und hieraus nachwirken können; darüber hinaus reduzierte schon die Unternehmensform der Gewerkschaft im älteren Bergbau die Chancen eines doch stark personengebundenen Patriarchalismus im Betrieb, und auch die Rechtsinstitute und Funktionen des Eigenlöhners, des mitarbeitenden Gewerken oder des Bergmannsbauern als Prägungen des ständischen Systems überlieferten nicht notwendig patriarchalische Beziehungen und Verhaltensformen.

Dagegen ist es mit und nach der Freisetzung des Bergbaus zu Ansätzen patriarchalischer Menschenführung im Betrieb gekommen. Hierfür war die verbreitete Meinung verantwortlich, daß der Unternehmer hinsichtlich der Belegschaftsbetreuung in die Funktionen der Behörden zu schlüpfen, also auch Aufgaben sozialer Fürsorge zu übernehmen habe, wie überhaupt in der Rechtsreform wenigstens die Regionalbehörden die Herstellung unbeschränkter Dispositionsfreiheit über die investierten Kapitalien mit einer vergleichsweise weitgehenden sozialen Sicherheit der Arbeiterschaft zu verknüpfen und die neue soziale Verantwortung der Unternehmer nicht zu verschweigen beabsichtigten. In den 1860er Jahren kam es daher zu einer Reihe von Ansätzen wie der Spar- und Ansiedlungsförderung, der Bildung von Konsumvereinen und Unterstützungskassen; aber unter den Stößen der im Bergbau stets besonders krisenhaften Konjunktureinbrüche wurden

---

5 Vgl. etwa *E. Oberschuir*, Die Heranziehung und Seßhaftmachung von Bergarbeitern, 1910, S. 11; aus der neueren Literatur: *W. Brepohl*, Industrievolk im Wandel, 1957, S. 111—14 („Vom Patriarchalismus zum Klassenkampf"); *H. G. Kirchhoff*, Staatliche Sozialpolitik, 1958, S. 80 (mit der mißverständlichen Zuspitzung: „Die Verhältnisse waren gleich geblieben, während die Arbeiterschaft eine Wandlung durchgemacht hatte"; vgl. auch ebd. S. 100); *Adelmann*, Soziale Betriebsverfassung, S. 96 f. u. passim; zuletzt *Klaus J. Mattheier*, Werkvereine und wirtschaftsfriedlich-nationale (gelbe) Arbeiterbewegung im Ruhrgebiet. In: *J. Reulecke* (Hg.), Arbeiterbewegung an Rhein und Ruhr, 1974, S. 173—204, S. 174. In der Ruhrgebietsliteratur ist auf der Suche nach patriarchalischer Unternehmensführung allzu oft das Beispiel Krupps betont worden; vgl. noch jüngst unter unzulässiger Verallgemeinerung: *Jean-François Bergier*, Mensch und Gesellschaft in den Wandlungen des industriellen Zeitalters. In: Saeculum 26 (1975) S. 181—90. Eine kritische Haltung findet sich schon bei *E. Gothein*, Bergbau, 1914, S. 333: „Patriarchalisch war nur der Staat während des Direktionssystems gewesen".

6 Vgl. *Jürgen Kocka*, Industrielles Management: Konzeptionen und Modelle in Deutschland vor 1914. In: VSWG 56 (1969) S. 332—72, S. 366 Anm. 156. *Kocka* unterscheidet den „gewachsenen", aus vorindustrieller Zeit überkommenen, vom bewußt erneuerten und geplanten Patriarchalismus der Betriebs- und Belegschaftsführung; beiden Formen gemeinsam ist das über das Vertrags- hinausgehende Verpflichtungsverhältnis über Begriffe wie Treue, Fleiß und Gehorsam sowie die Mißachtung der liberalem Wirtschaften eigenen Trennung von Geschäfts- und Privatsphäre.

solche Versuche verschüttet, vergessen oder, besonders nach dem Streik von 1872 und in den folgenden Depressionsjahren, umgedeutet zu Maßnahmen gezielter Belegschaftspolitik im Sinne der Heranziehung, Bindung und Seßhaftmachung, die niedrigere Löhne erlaubte und die betrieblichen und gesellschaftlichen Herrschaftsverhältnisse stabilisierte. Im „Kampf um die Selbstkosten" war kein Raum für freiwillige Übernahme sozialer Verantwortung. Auch von einem durch die Unternehmerschaft planvoll erneuerten Patriarchalismus kann daher im Ruhrbergbau nicht die Rede sein. Der unternehmerische betriebliche Herrschaftsanspruch ist, bei gelegentlichen Ausnahmen, unter den mächtigen Kuxen- und Aktienbesitzern nicht durch die fürsorgliche Pflicht und Verantwortung nach dem Vorbild der bergamtlichen Bergbauleitung oder der traditionalen Personalführung anderer Gewerbe ergänzt worden; vielmehr wurde das nach dem Rückzug des Staats aus seiner produktions- und sozialordnenden Funktion hinterlassene Autoritätsvakuum von der Seite der Kapitaleigner und Betriebsführungen allein durch betrieblich-gesellschaftliche Herrschaftsansprüche, nicht auch durch sozialpolitische Verantwortlichkeit ausgefüllt. Der kompromißlose Herr-im-Hause-Standpunkt der Ruhrgewerken späterer Jahrzehnte wurzelt hier.
Für die Bergarbeiterschaft brachte die Bergrechtsreform neben entwicklungsbestimmenden Nachteilen einige im Vergleich zu anderen Gewerben respektable Vorteile. Die im ganzen vorwärtsweisenden Maßnahmen sozialer Sicherung durch Gesetz erklären sich insbesondere aus der, wenn man so will, relativen Rückständigkeit des alten beim Übergang auf das neue System. Denn was sich nach außen als ein funktionierender Produktions- und Sozialkörper mit einem unbezweifelbar hohen Grad an Zustimmung seitens der hauptbetroffenen Bergarbeiter gab, konnte doch auf längere Sicht der Ökonomik der industriellen Gesellschaft und ihren Sozialformen nicht gewachsen sein; der Schritt zum selbsterhaltenden industriellen Wachstum, zur freizügigen und mobilen Gesellschaft der Produzenten und Konsumenten war im Bereich des Bergbaus lange genug durch die Restriktionen traditioneller Wirtschaftsführung aufgehalten worden. Die Vorteile nun, die der Bergarbeiterschaft aus dem Reformwerk erwuchsen, begründeten sich einmal aus ihrer in der vorindustriellen Gesellschaft privilegierten Position, insbesondere dem Vorhandensein einer Institution wie der Knappschaft, deren Nutzen niemand bezweifeln mochte, aber auch, und hiermit zusammenhängend, aus der konservativen Rechtsauffassung auch vieler Reformer, die den völligen Verlust von verbrieften Rechten nicht guten Gewissens mit ihrem Glauben an die Rechtskontinuität des monarchischen Obrigkeitsstaats vereinbaren mochten. Denn daß das Reformwerk den einen den Rechtsanspruch auf soziale Sicherung entzog, während es den anderen umfassende Rechte zugestand, dieses Ungleichgewicht war schon, wie gezeigt worden ist, zeitgenössischen Kritikern nicht verborgen geblieben. Zum anderen bezog die Bergrechtsreform in ihren sozialordnenden Rechtsinhalten, wie allein bereits die Tatsache ihrer Berücksichtigung und Formulierung zeigt, zahlreiche Impulse aus der in Ansätzen realisierten, aus dem Vergleich mit benachbarten Gewerben und gerade mit den Zuständen im englischen Bergbau gezogenen Erkenntnis vom deteriorativen Charakter ungezügelter liberal-kapitalistischer Produktionsverhältnisse für die Lage der Arbeiterschaft, für die allgemeine Gesellschaftsorganisation und die betrieblichen und gesellschaftlichen Konflikte. Die Jahrzehnte voraufgegangener Diskussion der sozialen Frage, des Bevölkerungswachstums und der materiellen und psychischen Depravation weiter Schichten der Gesellschaft, der Klassenbildung, wären freilich kaum ohne die anhaltende Präsenz der die traditionelle Ordnungsmacht verkörpernden Bergbehörden in wirkliche Vorteile für die Arbeiterschaft, in Ansprüche auf soziale Sicherung durch die Knappschaft, aber auch in eine freilich zögernde, 1865 wieder reduzierte Formulierung betrieblich-arbeitsrechtlicher Positionen des Verhältnisses von Kapital und Arbeit umgemünzt worden.

Die wenigen aus der Entstehung des Ruhrgebiets in der Spätzeit der Industriellen Revolution und aus der bergbaulichen Sonderprägung erklärlichen Vorteile des Reformwerks sind von den strukturellen Schwächen des durch die Reform inaugurierten Systems ungehemmter, ungeregelter Marktorientierung mehr als überschattet worden. So wirksam dieses System im konjunkturellen Rhythmus den wirtschaftlichen Fortschritt vorantrieb und langfristig manche Errungenschaften des Kapitalismus, etwa durch seine Tendenz zur Konsumförderung, zu Massenverbrauch und zur Produktenverbesserung, auch der Arbeiterschaft zuteil werden ließ, so fatal waren seine Folgen für die soziale Schichtung und Konfliktregulierung im allgemeinen, für die Lage der Arbeiterschaft im besonderen. Im hier behandelten Zeitraum, von der Jahrhundertmitte bis zum Beginn der 1890er Jahre, blieben die Kapitaleigner in der Verteilung des Sozialprodukts in einem Maße bevorzugt, das die einen in behäbigen, durch die politische Potenz seiner Vertreter und durch die strukturelle Qualität des politischen Systems abgesicherten Reichtum hob, die anderen aber in der schwankenden Unsicherheit lohnabhängiger Existenz beließ. Wie immer diese Grundtatsache durch vielfältige Traditionen und Sondereinflüsse überlagert, zeit- und stellenweise verdeckt, differenziert worden sein mag, so ist doch an ihrer gerade im preußischen Bergbau angesichts seiner ständischen Vergangenheit offenbaren, zwingenden Tendenz zur Bildung und Verschärfung gesellschaftlicher Widersprüche, deren Kern in der antagonistischen Position der auseinanderstrebenden Gruppen im Produktionsprozeß begründet ist, nicht zu zweifeln.

So wurde bis 1890 die Klassenbildung zur beherrschenden Erfahrung aller produktionsbeteiligten Gruppen — unbeschadet der noch zu belegenden Beobachtung, daß in der ersten Phase dieses Prozesses die gleichsam negativen Erfahrungen der Dekorporierung und Disproportionierung[7] der alten Welt noch die positiven Erfahrungen der Anpassung an die neuen Daseinsbedingungen überdeckten, daß also die wirkliche Interessenorientierung allein bereits infolge der Tatsache sozialen Wandels lange im Dunkel blieb. Beide Erfahrungskomplexe seien hier in zusammenfassender Absicht unter Aufnahme und Verallgemeinerung von Ergebnissen, die in der Betrachtung der Strukturelemente bergmännischer Existenz vorgetragen worden sind, in den u. E. verhaltensbestimmenden Grundzügen erfaßt:

1. Der Neubau der Gesellschaftsorganisation auf dem Fundament kapitalistischer Ökonomik brachte eine grundlegend *neuartige Proportionalität der gesellschaftlichen Schichten und Institutionen.* Alte Einrichtungen und Funktionen wie das Knappschaftsinstitut oder die Beziehung der Arbeiter zur Behörde wurden radikal umgedeutet, sinnentleert oder mit anderem Zweck versehen; neue Zusammenhänge und Orientierungspunkte wurden durch Bergrechtsreform und bergbauliche Expansion gesetzt, wobei die neuen Proportionen insbesondere durch die Zahlen und Maßstäbe der großbetrieblichen und urbanen Belegschaften und Bevölkerungen definiert wurden. Gegenüber der Geschlossenheit und Proportionalität des alten ständischen *Corpus* im Bergbau, der Identität von Arbeiter und Untertan und ihrer Zuordnung auf die außerweltlich legitimierte Obrigkeit, zerstörten die neuen Proportionen der Industriegesellschaft die hierarchischen Kommunikationsstrukturen zugunsten von Freizügigkeit und Mobilität und ließen an die Stelle der gegliederten ständischen Welt die Zweiteilung der Bergbaugesellschaft, den antagonistischen sozialen Schichtungsprozeß treten. Insbesondere für die Arbeiterschaft enthielt diese Entwicklung zahlreiche vereinheitlichende Tendenzen, die die Voraussetzung für die Erfahrung des Gruppenschicksals und die Umsetzung des Gruppeninteresses in Kampf-

---

7 Vgl. *W. Conze*, Das Spannungsfeld von Staat und Gesellschaft im Vormärz, 1970, passim.

aktionen und Vertretungskörperschaften bildeten. Diese vereinheitlichenden Tendenzen lassen sich in der liberalkapitalistischen Phase um die Pole der Klassenbildung ordnen, mit der sich, bei mangelnder Mobilität zwischen den Klassen als der wirkungsvollsten Form der Konfliktregelung und ohne ihre institutionelle Verankerung, ein immenses Konfliktpotential ansammelte.

2. Die wichtigste der vereinheitlichenden Tendenzen wird durch die allgemeine *Erfahrung der betrieblichen und gesellschaftlichen Herrschaft und Unterdrückung* bezeichnet. Herrschaft wurde insbesondere dann als Unterdrückung erfahren, wenn sie das betriebs- oder gesellschaftsorganisatorische Maß, wie im Ruhrbergbau in den Jahren der Depression seit 1874 fast selbstverständlich, überschritt und sich allein durch das ökonomische Interesse legitimierte. Hier wirkte konfliktverschärfend, daß an die Stelle der ehedem monarchischen, letztinstanzlich alle Stände und Schichten umfassenden Entscheidungslegitimation die offenkundige Herrschaft der einen Gruppe über die andere ohne Rücksicht auf ein fiktives Gemeinwohl, vielmehr im unmittelbaren materiellen Ausbeutungsinteresse getreten war.

3. Die *Proletarisierung,* unter der die schwindende Aussicht, nachgerade die Unmöglichkeit des Eigentumserwerbs verstanden werden soll[8], und in diesem Zusammenhang die *relative materielle Depravation,* beides im wesentlichen Ausdruck einer gestörten volkswirtschaftlichen Güter- und Gewinnverteilung, ergänzten die vereinheitlichenden Gruppenerfahrungen in einer freilich als anhaltende Existenzbedrohung bewußtwerdenden Dimension. Einschränkend ist hier zu bemerken, daß sich das allgemeine Niveau der Lebenshaltung, wie insbesondere am Fleischkonsum erkennbar, seit der Jahrhundertmitte bei allerdings katastrophaler Wirkung des konjunkturellen Einschnitts 1877/1879 im ganzen erheblich gehoben hat, ferner, daß mit Rücksicht auf die kürzere Arbeitszeit die Ruhrbergarbeiterschaft eine im Vergleich zu anderen Gewerben und insbesondere zur Landarbeiterschaft recht günstige, jedoch seit 1874 erschütterte Einkommenssituation genoß. Gegenüber der unbezweifelbaren Verbesserung der Lebenshaltung ist freilich im Blick auf ihre bewußtseins- und verhaltensprägende Bedeutung die subjektive Anspruchsorientierung der Konsumenten einzuwenden, die erst mit der Bildung von Verbrauchermärkten entstanden war und die ihre Maßstäbe aus dem Vergleich mit Bezugsgruppen, mit handwerklichen städtischen Mittelschichten und der ruhrindustriellen gewerblichen und akademischen Oberschicht bildete. An ihnen gemessen, barg der Arbeiterhaushalt Sorgen und Existenznöte, nicht aber Chancen materieller und geistiger Entfaltung.

4. Für die einheitliche *Erfahrung des Statusverlusts* setzten ebenfalls jeweilige Bezugsgruppen[9] die Maßstäbe. Die Tatsache selbst mußte unmittelbar aus dem erheblichen

---

8 Vgl. *W. Conze,* Vom „Pöbel" zum „Proletariat", 1970, S. 123 f. u. ö.; als zeitgenöss. Zeugnis s. *G. F. König,* Die Besitzlosen in Niedersachsen und Westphalen, 1844, S. 195. *W. Brepohl* lehnt den Gebrauch des Proletariatsbegriffs kategorisch ab („tausendfach mißbraucht"); s. Volkskunde der industriellen Gesellschaft, 1952, S. 207; aber *ders.,* Industrievolk im Wandel, S. 199—208. Wenn *W. Fischer* (Bergrechtsreform und industrieller Ausbau, 1972, S. 171) meint, die Bergarbeiterschaft sei „trotz Hue" „nie ganz proletarisiert worden", bleibt doch offen, ob damit ökonomische Tatbestände oder Bewußtseinslagen gemeint sind.
9 Vgl. hierzu bes. *G. H. Hardach,* Der soziale Status des Arbeiters in der Frühindustrialisierung, 1969, S. 142 f. Der Statusbegriff meint „positions and places of an individual in his society; not simply his social position, but all of the positions he may occupy from time to time ..." (*George M. Forster,* Traditional Cultures: and the Impact of Technological Change. New York 1962, S. 20 f.; vgl. *Hardach,* a.a.O., S. 15).

Rechtsverlust, den die Bergarbeiterschaft durch das Reformwerk erlitt und der sie fortan gegenüber Beeinträchtigungen der verbliebenen Rechtsinhalte hochgradig sensibilisierte, darin auch wohl die unverbrüchliche Rechtlichkeit und Gerechtigkeit der alten Ordnung fortleben ließ, offenbar und erlitten werden. Aber erst im Vergleich mit Fabrikarbeitern, denen man sich gleichgestellt sah, mit den Handwerkern, die seit der Reichsgründung gerade in industriellen Regionen Einkommensgewinne erzielten und begründete Aussichten hatten, mit den qualifizierten Kräften der Hütten- und Metallindustrie, die in den 1880er Jahren den Bergleuten die Spitze der Lohnskala abnahmen, endlich im Blick auf die Entwertung des Bergbauberufs durch die mangelnde Qualifikation der Zuwanderer und auf die ebenfalls im Vergleich zu anderen Gewerben geringen Aussichten, über den Hauergrad hinaus emporzusteigen: Durch solche Lageeinschätzung mußte die Tatsache des Einkommens- und Ansehensverlusts schließlich bewußt und handlungsrelevant werden.

Neben diese vereinheitlichenden Erfahrungen spannungsreicher Anpassung an die neue industrielle Umwelt und vor allem an ihre Herrschaftsverhältnisse läßt die Bewußtseinsentwicklung der Bergarbeiterschaft, so ist hier im Vorgriff auf die Darstellungen von Vereinsbildung und Interessenfindung zu erörtern, anhaltend starke, naturgemäß abnehmende, aber bis über die Jahrhundertwende hinaus gegenwärtige Regressionen auf Ständisches erkennen[10]. Die Grundbeziehungen der ständischen Produktionsorganisation haben die Ruhrbergarbeiterschaft noch über Jahrzehnte hinweg gezeichnet — sei es in Gestalt formaler Überlieferungen und Gewohnheiten, sei es in schwer nachweisbaren, als kollektive Phänomene nur aus bestimmten Verhaltenspräferenzen zu erschließenden Denkfiguren und Urteilsneigungen.
Träger formaler Überlieferungen der ständischen Vergangenheit waren, weit mehr als die bergbehördlichen Instanzen, die kaum noch unmittelbaren Kontakt mit der Arbeiterschaft unterhielten, die lokalen Knappenvereine mit ihren vielfältigen organisatorischen und geistig-konfessionellen Schattierungen. Hier bot sich, wie im einzelnen noch darzustellen ist, ein weites Feld der Geselligkeitspflege im ständischen Geist durch Fahnen, bergmännische Feste, Musik und Umzüge, durch gruppenbildende Selbstabschließung und Erhaltung einer tatsächlich längst sinnentleerten Wertschätzung der Berufsausübung. Die solchem Denken und Trachten eigene strukturelle Verwandtschaft zu den Bestrebungen der katholischen Sozialtheorie hat selbst gewerkschaftliche Zielsetzungen in das Aufgabenfeld des bergmännischen Vereinswesens unter christlich-sozialer Führerschaft gerückt; hinzu trat als verbindendes Moment jene ebenfalls in vorliberaler Zeit bewußt gepflegte, durch den Berufscharakter und die überwiegend dörflich-ländliche Daseinsform bestärkte Religiosität der Arbeiterschaft beider Konfessionen, die den ständischen Pol der bergmännischen Verhaltensorientierung ergänzte und durchwirkte und alternativ die konfessionelle Führerschaft in der proletarischen Interessenvertretung späterhin auf Jahrzehnte in den Vordergrund schob. Auch das trotz schmerzhafter Proletarisierungserfahrungen weiterhin kräftig entwickelte, ebenfalls in der ständischen Sozialpolitik der Bergämter verwurzelte Besitzstreben der Bergleute entsprach durchaus den Hintergründen und Zielen katholischer Sozialtheorie seit der Jahrhundertmitte bis zu *Franz Hitze.*
Daß sich ständische Bewußtseinsregressionen verselbständigen und als eigene Pole der Verhaltens- und Handlungsorientierung neu etablieren und wandeln konnten, zeigt

---

10 Vgl. im allgemeinen über Nachwirkungen der ständischen Gesellschaft „inmitten der industriellen Arbeitswelt", über „die mehr oder weniger bewußten Regressionen auf das Ständische" H. *Bausinger,* Volkskultur in der techn. Welt, 1961, S. 140 f.

insbesondere das hochentwickelte bergmännische Rechtsbewußtsein. Recht als Gerechtigkeit und Ausgewogenheit zwischen Pflichten und Untertanengehorsam auf der einen, fürsorglicher Existenzsicherung auf der anderen Seite bestimmte in einer Sensibilität, die nur aus der Rechtssicherheit der vorliberalen Berggemeinde und der psychologischen Situation drohender und erfahrener Rechtsverluste verständlich wird und für die sich in anderen früh- und hochindustriellen Arbeiterschaften kaum Vergleiche finden lassen, das Denken und Verhalten der Bergarbeiterschaft. Hier lag der konservative Kern und damit der entscheidende Denkkonflikt, der zwischen einem in Generationen gewachsenen Vertrauen in die Rechtskontinuität der bergbaulichen Ordnung und den materiellen Fixpunkten großbetrieblichen und urbanen Daseins auszutragen war und der die Kämpfe und Konfliktlösungsversuche der Bergarbeiterschaft in einzigartiger Weise traditionelle und moderne Artikulationsformen und Kampfziele vermengen, einander ergänzen und widerstreben ließ[11]. Lange bevor sozialistische und auch konfessionelle Modelle der Kapitalismuskritik an Boden gewannen, hat sich deshalb die bergmännische Kritik an den neuen Produktions- und Organisationsformen auf der Grundlage stabilen Gruppenbewußtseins entlang konservativen Zielen und Wertsetzungen formieren können — konservativ hier also im Sinne von rechtsbewahrend, ständisch-hierarchisch und monarchisch. Weil hier mit abgenutzten Waffen gekämpft werden mußte, wirkte sich das bergmännische Rechtsbewußtsein objektiv systemstabilisierend aus; in der Ablösung der alten Instrumente der Konfliktregelung in „gesetzlichen Bahnen", der Petition und Beschwerde, durch moderne Formen kollektiver Willensäußerung und Interessenvertretung lag daher ein hochbedeutsamer Schritt zur Überwindung ständischer Bewußtseinsregressionen.

Das Fortwirken der bergmännischen Standesbewußtheit ist von Zeitgenossen bemerkt und quer zu den politischen Standpunkten durchweg gelobt worden, denn diesen war doch, nimmt man die Meinungsäußerungen der frühen politischen Arbeiterbewegung aus, der Wunsch nach solchen Ideologien und Instrumenten gemeinsam, die die neuen gesellschaftlichen Konflikte abzuleiten oder zu verdecken geeignet schienen. Freilich war solches Lob, das noch immer den Bergmann dem Fabrikarbeiter als Vorbild hinzustellen pflegte[12], durchaus zweischneidig. Denn es scheint, als ob sich der Protest der Bergarbeiterschaft gegen die Anpassungsforderungen der liberalen Produktionsorganisation, gegen die neue Unterdrückung, gegen Proletarisierung und Statusverlust, nur in einer ersten Phase im Banne der ständischen Wertinhalte und Denkformen zeigte und zu deren Erhaltung die adäquaten Mittel einsetzte. Nach dem Höhepunkt des Streiks von 1872 setzte sich eine neue Wert- und Verhaltensorientierung der Ruhrbergarbeiterschaft an ihrem aus ihrer Position im Produktionsprozeß vermittelten Gruppeninteresse gegen vielerlei Widerstände und Hemmnisse durch, unter denen staatlich-gesellschaftlicher

---

11 Seit O. *Hue* ist der bergmännische Konservatismus, statt seine Wurzeln aufzusuchen, stets mißverständlich aus den späten Erfolgen der Sozialdemokratie im Ruhrgebiet und der sozialdemokratischen Gewerkschaft unter den Bergleuten geschlossen worden; vgl. noch jüngst die Diskussion bei *J. D. Hunley*, Society and Politics in the Düsseldorf Area, 1867—1878, Diss. 1973, S. 241 f. Anm. Allgemein über die Rolle des Traditionalismus in der Arbeiterschaft s. *Peter N. Stearns*, Lives of Labour. Work in a Maturing Industrial Society. London 1975, S. 11 f.

12 Vgl. z. B. das Gutachten OBA/HM 15. 5. 1865 betr. Koalitionsrecht, in: OBA 1788, hier Bl. 20—22; von katholischer Seite Arbeiterwohl 2 (1882) S. 219; 3 (1883) S. 184; ferner Bergbau 29/15. 4. 1891. Kennzeichnend übrigens die Erinnerung von *G. Werner*, Meine Rechnung geht in Ordnung, 1958, über die „Sprockhövelschen": „Ein jeder fühlte sich als König auf seinem Kotten" (S. 69 f.) — nachweislich war der Hausbesitz gerade in diesem Abbaurevier gering.

Repression und christlich-katholischem Einfluß herausragende, im letzteren Fall nicht allein negatorische Bedeutung zukam. In dieser Phase haben die Bergleute nicht etwa weniger gestreikt als die Arbeiterschaften anderer Gewerbe in großbetrieblicher Organisation — im Gegenteil[13]. Denn nun wirkte sich ein Vorteil, der in den meisten benachbarten, insbesondere nichthandwerklichen Gewerben mit dem bedeutsamen Schritt zur Kollektivität erst noch erkämpft werden mußte, zugunsten der Interessendurchsetzung aus: Die hemmenden Inhalte des Standesbewußtseins, seine Rechtsqualität und Pflichtverbundenheit, sein Konservatismus und Obrigkeitsvertrauen wurden nun durch die gleichzeitige Existenz einer Gruppenidentität mehr als aufgehoben, wenn auch die Ursachen dieser Gruppenidentität vorläufig noch weniger im Klasseninteresse, als vielmehr in der Gemeinsamkeit der Berufsausübung und der Erfahrung eines kollektiven Schicksals, aber auch in der ständischen Erinnerung verstanden werden mochten. Etwa bildete das Knappschaftsinstitut auch in der Zeit der Proletarisierung einen Kern und Bezugspunkt dieses Gruppenbewußtseins, der seine gruppenbildende Kraft bewahrte und wirksame Impulse zur Solidarisierung und Interessenfindung erteilte, wie sie sich ebenfalls in anderen Gewerben nicht fanden. Auch die dem alten System eigene Attitüde obrigkeitlicher Disziplin, die das Verhalten der Bergarbeiter auch untereinander prägte, konnte, so erweist das Streikverhalten im großen Juniausstand 1872, umschlagen in ein außerordentlich interessendienliches Gruppenverhalten unter geregelter Entscheidungsdelegation und übersichtlicher Führung. So waren entscheidende Bedingungen der Interessenfindung aus ständischer Zeit überkommen und erleichterten die Formierung der Klasseninteressen erheblich; die Umbildung des Standes- zum Klassenbewußtsein hat auf gleichsam fortgeschrittenem Niveau einsetzen können.

Aber die Tatsache, daß die ständischen Formen, Denk- und Verhaltensprägungen ihre Epoche um Jahrzehnte überlebt und darin die immense Ausdehnung der bergbaulichen Produktion unter Zuwanderung zahlloser berufs- und ortsfremder Arbeiter überdauert haben, beweist doch die Nachhaltigkeit dieser Erfahrungen selbst über eine Generation von Zwischenträgern hinweg, die schon nicht mehr Untertanen des alten Systems gewesen waren. Von starker verbindender Kraft, hat die ständische Überlieferung in der kollektiven Erinnerung der Bergarbeiterschaft einen festen Platz und Orientierungspunkt bis über die Jahrhundertwende hinaus eingenommen; daß die ständische Welt als die glücklichere Daseinsform im Gedächtnis erhalten blieb[14], mag durch den nur menschlichen Hang zur Glorifizierung des Vergangenen mitbegründet sein, spiegelt aber doch zugleich die fortdauernde Attraktivität geschlossener, einer einheitlich anerkannten Autorität zugeordneter, relativ konfliktfreier Formen der Gesellschaftsorganisation in einer Zeit prinzipiell offener, uneinheitlicher und wertdiffuser, spannungsreicher und darin dynamischer Gesellschaftsentwicklung.

---

13 Dies wurde von Gewerkenseite nach dem Maistreik 1889 bemerkt; vgl. Jahresbericht der HK Essen f. 1889, S. 13, über nichtbergbauliche Arbeiter: „Kein Versuch des Streikens, kein Versuch der Unbotmäßigkeit, kein Verlangen nach veränderter Gestaltung der Lohn- und sonstigen Verhältniss ist zu constatieren. Bescheiden wie stets und in der gebührenden Form wie immer haben diese Leute etwaige Wünsche geltend gemacht, und wo diese Wünsche der Billigkeit entsprachen, ist ihnen Erfüllung geworden, ohne daß eine Störung des friedlichen Einvernehmens zwischen Arbeitgebern und Arbeitern irgend stattgefunden hätte". Zitiert n. W. Fischer, Herz des Reviers. HK Essen, 1965, S. 291.

14 Vgl. etwa M. J. Koch, Bergarbeiterbewegung, 1954, S. 14.

3. Teil: Wege der Interessenfindung.
Arbeitskonflikte und Organisationsansätze
der Ruhrbergleute
bis zum Massenstreik im Mai 1889

Kapitel XI
Das bergmännische Vereinswesen im Ruhrgebiet

In einem heute kaum vorstellbaren Maß hat das Vereinsleben einen Kern des sozialen Verhaltens im Industrialisierungsjahrhundert gebildet und für die Arbeiterschaft — nach Familie und Betrieb — eine dritte Ebene sozialer Identität[1] bereitet. In allerdings ausgeprägter Gestalt und Wirkung verkörpert die Ruhrbergarbeiterschaft ein Beispiel für Entstehung und Entwicklung eines Netzes halbformeller Kommunikationsstränge auch in der Absicht der Interessenformulierung — lange, bevor an die Bildung von Streikkomitees und Gewerkschaften gedacht wurde. Es lohnt sich, die in vielfachen organisatorischen Formen entwickelte Gruppensolidarität im Blick auf entstehende kollektive Verhaltensmuster zu befragen. Hierzu sollen einige allgemeinere Bemerkungen vorausgeschickt werden.

1. „Assoziation" und gesellschaftliche Modernisierung

„Die Phrase, das Schlagwort, die Noth, die Unterhaltung des Tages ist die soziale Frage; vom Erwachen bis zum Schlafengehen taucht dieses Gespenst jeden Augenblick auf gleich dem Tümmler in offener See. — Vereine, Hülfs- und Unterstützungskassen, Sterbekassen, Sparkassen, Krankenkassen, Combinationen unzähliger Art treten ins Leben, durchkreuzen sich, rennen gegen einander und lähmen sich wechselseitig; der leitende Gedanke fehlt; die große Association, die consequent nach dem Ziele strebt. Es führt nur ein Weg aus diesem Jammer der Menschheit, den Arbeitshäuser, Spitäler und Gefängnisse nicht bremsen können: einheitliche Lenkung der großen Angelegenheit! Kein Mensch darf außerhalb des Kreises stehen, der wenigstens dem Individuum eine menschliche Fristung des Lebens sichert! Die Familie und die Gemeinde sind die Träger der Gesellschaft, sie müssen den engen Verband zur wechselseitigen Hülfe — eine Assecuranz — Gesellschaft gegen das Elend bilden; nur in außerordentlichen Fällen trete der Kreis, die Provinz, der Staat ein." (1850)[2]

Bei aller Unklarheit und Unordnung dieser Sätze kennzeichnen sie doch gerade darin in hohem Maße das zeitgenössische Denken. „Geradezu als ein Schlüsselbegriff des 19. Jahrhunderts"[3], steht das Wort der Assoziation für eine ganze Skala neuer Sozialgebilde und drückt zugleich, quer zu den politischen, wissenschaftlichen und konfessionellen Fronten durch alle Schichten, das Bemühen um theoretisch-reflektorische Bewältigung

---

1 Vgl. *V. L. Lidtke*, Die kulturelle Bedeutung der Arbeitervereine, 1973, S. 146.
2 Märkischer Sprecher 23. 1. 50; zit. n. *P. Freisewinkel*, Veränderungen in der Sozialstruktur der Siedlungsgemeinschaften des Hattinger Hügellandes, 1966, S. 12.
3 So *H. J. Teuteberg* in einer Diskussion über ein Referat von *K. Köstlin*, Schleswig-Holsteinische Gilden im 19. Jh., in: *G. Wiegelmann* (Hg.), Kultureller Wandel im 19. Jahrhundert, 1973, S. 143; vgl. ferner *Th. Nipperdey*, Verein als soziale Struktur im späten 18. und frühen 19. Jh., 1972, S. 1 f.; *H. Croon*, Erforschung der gemeindlichen Sozialgeschichte, 1955, S. 144; von exemplarischer Bedeutung ist *Herbert Freudenthal*, Vereine in Hamburg. Hamburg 1968.

des Industrialisierungsgeschehens und dessen Folgen aus. Von *Fr. von Baader* bis *J. H. Wichern*, von *Fr. Harkort* zu *V. A. Huber*, von *L. v. Stein* zu *J. K. Rodbertus* und *F. Lassalle* hat das Wort von der Assoziation in jeweils unterschiedlicher, auch politischer Färbung große Kraft im Denken und Handeln der frühen Sozialreformer bewiesen[4]. Der Versuch, hier Material zu sammeln, Ordnung zu schaffen, dürfte gerade auch zu einer historischen Typologie der Vor- und Übergangsformen von organisierter Arbeiterbewegung beitragen und eine Verknüpfungsebene zwischen Industrialisierung und gesellschaftlicher Modernisierung präzisieren. Diesen Versuch nicht im ideengeschichtlichen Wortschwall der zeitgenössischen Sozialtheoretiker, sondern in der Fülle des konkreten historischen Materials anzusiedeln[5], sollen einige Vorbemerkungen helfen:

— Auslösend für die Entstehung von Vereinen, die wir mit *E. Pfeil* recht allgemein als „soziale Gebilde, die auf freiem Zusammenschluß Gleichgesinnter beruhen"[6], bezeichnen wollen, ist der Rückzug des Staats aus seinen ständischen wirtschafts- und sozialordnenden Funktionen, ist die Reduktion von Obrigkeit auf Ordnung. Die Entbindung der traditionalen Sozialbeziehungen aus der staatlichen Bevormundung hat zunächst im „Zeichen der Desintegration" gestanden: „Die nur partiell funktionierende Gesellschaft ist nicht in der Lage, allen Regungen der Individuen wie der kleinen, informellen Gruppen die rechte Gelegenheit zu geben, also bilden sich besondere Gruppen lediglich für diese begrenzten Zwecke"[7]. Die Entwertung der vorindustriellen Herrschaftsstrukturen hat ein Macht- und Ordnungsvakuum hinterlassen, in dessen Freiräumen individualistische Handlungsstrategien wie jene der Selbsthilfe zuerst und um so mehr Platz greifen konnten, als der Impuls hierzu aus primär nichtökonomischen Traditionen europäischer Geistesgeschichte bezogen werden konnte. So ist mit dem Rückzug der Obrigkeit das entscheidende Hemmnis fortgeräumt worden, um in einem „Geflecht von Genossenschafts- und Vereinsbeziehungen" dem „Gesellschafts- und Staatsgefüge ... neue Strukturen" zu verleihen: „Neue Machtzusammenballungen und Einflußfaktoren werden in Wirtschaft, Gesellschaft und Staat"[8] wirksam. Das wichtigste rechtsformale und soziologische Phänomen dieses Wandels ist

---

4 Vgl. bes. die Quellensammlung von *Carl Jantke/Dietrich Hilger* (Hg.), Die Eigentumslosen. Der dt. Pauperismus und die Emanzipationskrise in Darstellungen und Deutungen der zeitgenössischen Literatur. Freiburg/München 1965; ferner *W. Conze*, Vom „Pöbel" zum „Proletariat", 1970, S. 129 u. ö.

5 Genauere Kenntnis des Vereinswesens im Ruhrgebiet fließt im wesentlichen aus vier Quellengruppen: Erhebungen über das politische Verhalten der Vereine sind in Archiven bis zu den Jahren des Kulturkampfs und darüber hinaus für sozialdemokratische und nationalpolnische Gruppierungen in reicher Fülle vorhanden. Dies gilt noch viel mehr, und in bisher nicht ausgewerteter Reichhaltigkeit, für aufgrund des behördlichen Genehmigungsverfahrens bei Kasseneinrichtungen überlieferte Statuten und Schriftwechsel; vgl. z. B. OPK 7274–7349; LRB VIII 471 u. a., die entsprechenden Quellen im StAM sind von *H. Richtering*, Archivbericht IWK 7 (Dez. 1968) S. 1–32, verzeichnet (S. 24 f., 27–29). Hinweise auf die Vielfalt kommunalen Vereinswesens finden sich, naturgemäß neben der Stadtgeschichtsschreibung, vor allem in den topographisch-statistischen Veröffentlichungen der Regierungsbezirke und Kreise und in den Verwaltungsberichten der Städte. Schließlich ist an die auch hier herangezogenen, gewöhnlich schwierig zu ermittelnden Überreste aus den Vereinen selbst, seien es Fahnen und Uniformen, seien es Schriftverkehr, Protokolle von Sitzungen, Festschriften und Festprogramme o. ä. zu erinnern.

6 Großstadtforschung, ²1972, S. 267.

7 *W. Brepohl*, Industrievolk im Wandel, 1957, S. 154.

8 *R. Braun*, Sozialer und kultureller Wandel in einem ländlichen Industriegebiet (Zürcher Oberland), 1965, S. 174, 182. Weniger eindeutig und vorwiegend auf das Phänomen der Geselligkeit bezogen, ist der gemeinte Strukturwandel auch von *W. K. Blessing*, Zur Analyse politi-

— die Auflösung der ständisch-hierarchischen Ordnung zugunsten freier, das heißt vordringlich interessenverbundener Sozialbeziehungen. Denn das freie Vereinsleben bildete, wie *G. Schulz* betont hat, „den wichtigsten historischen Ansatzpunkt für die Ausbildung standesentbundener Interessen"; und die Häufigkeit der Vereinsbenennung „zur Wahrung der Interessen", wie sie sich im Ruhrbergbau auf Seiten der Unternehmer wie der Arbeiter mit kennzeichnendem zeitlichen Vorsprung der ersteren fand, unterstreicht diese These[9]. Weil die ständische Korporation, „ein polyfunktionales, unspezifizierte Interessen bündelndes Gebilde, das den ganzen Lebenskreis des Menschen"[10] umgriff, in modernen politischen Begriffen wie Öffentlichkeit und demokratische Partizipation nicht aufzugehen vermochte, traten an die Stelle der mittelalterlichen und frühneuzeitlichen Zünfte und Gilden, Bruderschaften und Stände, mit den Vereinen „völlig neue ordnende und zusammenführende Kräfte"[11], deren Grundtendenz in Richtung auf Selbstverwaltung und Interessenbewußtheit, auf demokratisch-partizipatorische Verhaltensformen und Verfahrensweisen zielte. Gerade die in einer noch zu beschreibenden Skala von Vereinszwecken an deren politischem Pol, der Interessenartikulation, zu lokalisierenden Gruppen mußten, um zu einer effektiven, in Handlung umsetzbaren Meinungs- und Entscheidungsbildung zu kommen, demokratische Verfahrensformen inaugurieren. So heißt es in einem zeitgenössischen Kommentar (1867),

> die freien „Associationen bezwecken alle einen Vortheil, bezwecken alle einen Nutzen, und zwar die meisten ganz speziell einen solchen für sich selbst". Es ist klar, daß „eine Spaltung und Absonderung der Stände dem Aufkommen jeden ersprießlichen Gemeinsinnes entgegensteht". Vielmehr werden „solche gesellschaftlichen Krebsschäden am besten abgestellt ... durch die freie Vereinigung intelligenter, gemeinsinniger Männer aller Stände zu einer Gesellschaft, deren ausgesprochene Absicht es ist, in wöchentlichen Versammlungen, in produktiv-parlamentarischer Weise, gemeinnützige Einrichtungen und wünschenswerthe Verbesserungen zu berathen"[12].

— In der liberalkapitalistischen Phase der Industrialisierung, in der sie in hohem Maß von sozial depravierenden Erscheinungen begleitet war, nahm das Vereinswesen ersatzweise, solange interventions- und sozialstaatliche Regelungs- und Sicherungseinrichtungen fehlten, soziale Funktionen im Sinne der Absicherung in Ausnahme- und Notfällen wahr. Dies gilt vor allem für das Unterstützungs- und Sterbekassenwesen noch über die Sozialgesetzgebung der 1880er Jahre hinaus. Der Prozeß struktureller Differenzierung sozial-

---

scher Mentalität und Ideologie der Unterschichten im 19. Jahrhundert, 1971, S. 808, formuliert: „Beim Abbau der alteuropäischen Gesellschaft des ‚ganzen Hauses', im Zuge der Aufgliederung und Verselbständigung der einzelnen Lebensbereiche verlagerte sich auch für die Unterschichten und untere Mittelschicht allmählich die Geselligkeit teilweise in neu institutionalisierte, auf *einen* Zweck orientierte Gruppen: Die Vereine".

9 *G. Schulz*, Über Entstehung und Formen von Interessengruppen in Deutschland, 1969, S. 228, 232. *Schulz* hebt hervor, daß das Wort „Bauernstand" nicht zufällig „dauernden Kurswert und in beträchtlichem Umfang Realitätscharakter" behalten habe, da diese Gruppe „bewußt oder auch unbewußt an ihren Lebens- und Arbeitsgewohnheiten hängt ..."

10 *Nipperdey*, Verein als soziale Struktur, S. 7.

11 *Ludwig Beutin*, Die „Massengesellschaft" im 19. Jahrhundert. Eine terminologische Besinnung. In: Die Welt als Geschichte 17 (1957) S. 69—89, 80 f. — *R. Braun* hat mehrfach die Frage gestellt, „wieweit und in welcher Weise die Vereinssatzungen und ihre praktische Handhabung Leitbilder und Verhaltensmuster der sozialen, aber auch der politischen Partizipation vermitteln und institutionalisieren, oder nur reflektieren"; s. Probleme des sozio-kulturellen Wandels im 19. Jh., 1973, S. 17 f.; Sozialer und kultureller Wandel, 1965, S. 360.

12 Rhein- und Ruhrzeitung 267/13. 11. 67.

staatlicher Funktionen und Institutionen wird so im Vereinswesen eingeleitet und z. T. so weit vorweggenommen, daß sich der Staat in einer späteren Phase der so geschaffenen Voraussetzungen bedienen kann[13]. Zugleich läßt sich aus dieser Argumentation der herausragende Grund für das „Ende" des Vereinswesens mit dem „Anfang" entsprechender öffentlicher Monopolisierung des Vereinszwecks oder -teilzwecks bezeichnen: So bedürfen die Zielbestimmungen von Arbeiterbildungsvereinen mindestens der Reorientierung, sobald eine hinreichende Durchlässigkeit und Chancengleichheit im öffentlichen Bildungswesen Einlaß gefunden hat; Geselligkeitszwecke werden in neuerer Zeit durch Massenmedien ausgefüllt, und das Moment gegenseitiger Unterstützung in Notlagen dürfte, von manchen Sterbepfennigen abgesehen, aus dem jüngeren Vereinsleben völlig verschwunden sein. Anders dagegen das Fortleben nichtmonopolisierter Vereinszwecke wie Hobby, Sport, landsmannschaftliches Brauchtum u. a. m. Die Vermutung drängt sich auf, daß, wann immer, wie in den 1880er Jahren, verbreitet über „Vereinsmeierei" geklagt wurde, ein Vereinszweck mehr an Bedeutung verloren hatte.

— Schon das Vereinswesen im Vormärz hat, wie *Bausinger* zeigte, eine neuartige Form von Mobilität mit sich gebracht[14]. In einem wichtigen Grundzug stellt sich das Vereinswesen neben parallele Einflüsse und Wirkungen aus der Wirtschafts- und Verkehrsentwicklung und drückt sie aus: Der mit der Vereinsbildung bemerkbaren Willensäußerung voraus und mit ihr einher vollzieht sich eine Umorientierung der gesellschaftlichen Kommunikationsstrukturen. Die vertikale Gehorsams- und Ausführungsmentalität, die sich aus der Rechtlichkeit und Gerechtigkeit sozialer Sicherung legitimierte, wurde von gleicher, solidarischer, demokratischer Denkorientierung abgelöst. Ausdruck dessen war zunächst die Zerstörung der Denk- und Verhaltenstraditionen des Ganzen Hauses durch die Auslagerung seiner produktiven Funktionen und die Daseinsgestaltung entlang einer arbeitstäglichen Rhythmik; die Trennung von Arbeitszeit und Freizeit ließ Raum für nichtproduktive Verhaltensformen[15]. Ebenso bedeutsam waren die Veränderungen der kommunalen Umwelt, die unter dem Begriff der Urbanisierung zusammengefaßten Einzelprozesse. Das Vereinswesen ist „eine typisch städtische Erscheinung"[16], seine Ausdehnung also an die Wachstumswellen der Städte gebunden. Erst auf einer urbanen Kommunikationsebene prinzipiell, wenn auch nicht tatsächlich schichtübergreifenden Charakters[17], die naturgemäß in der Isolation entlegener Agrarland-

---

13 Dieser Vorgang ist aus rechtshistorischer Sicht für die Schweiz genau untersucht von *Hans Georg Giger*, Die Mitwirkung privater Verbände bei der Durchführung öffentlicher Aufgaben. Diss. Bern 1951. *R. Braun* (Sozialer und kultureller Wandel, S. 360) bemerkt das Beispiel der Schweizer Wehrpflichtigen, die das obligatorische Schießprogramm außerdienstlich im Schützenverein zu absolvieren haben. Für Deutschland wäre auf die quasioffizielle Gutachtertätigkeit unternehmerischer Interessenverbände in handels-, zoll- und sozialpolitischen Fragen zu verweisen. Vgl. auch *Brepohl*, Industrievolk im Wandel, S. 153–156.

14 *H. Bausinger*, Volkskultur in der technischen Welt, 1961, S. 64.

15 Vgl. *W. Nahrstedt*, Die Entstehung der Freizeit, 1972, S. 183–186, passim.

16 *G. Wurzbacher/R. Pflaum*, Das Dorf im Spannungsfeld industrieller Entwicklung. Untersucht an den 45 Dörfern und Weilern einer westdt. ländlichen Gemeinde. Stuttgart 1954, S. 151 f.; *Pfeil*, Großstadtforschung, S. 267—269; ferner *Ernst M. Wallner*, Die Rezeption stadtbürgerlichen Vereinswesens auf dem Lande. In: *G. Wiegelmann* (Hg.), Kultureller Wandel im 19. Jh., 1973, S. 160—173, hier S. 161 f., 168.

17 Zu dieser These s. *Renate Mayntz*, Soziale Schichtung und Sozialer Wandel in einer Industriegemeinde. Eine soziologische Untersuchung der Stadt Euskirchen. Stuttgart 1958, S. 228–232, 241–248.

schaften nicht herzustellen war, konnten Vereine gedeihen. Schließlich bildete der Betrieb, der Belegschaftsverband, eine dritte Ebene der Kommunikation, auf der die Unterdrückungs- und Depravationserfahrungen am unmittelbarsten als Kollektivschicksal zur gleichberechtigten Interessenartikulation drängten, und nicht zufällig tragen die auf dieser Ebene keimenden Artikulationsformen gewöhnlich direktdemokratische Züge.

Nur aus der Vielfalt der zeitgenössischen Formenwelt im Umbruch verständlich, hat das Vereinswesen einen solchen Formenreichtum angenommen, daß bereits der Versuch gemeinsamer Oberbegriffe in Frage gestellt scheint. Dies gilt vor allem im Hinblick auf manche im Grenzbereich zur ständisch-korporativen Grundform angesiedelten, auch besonderen Rechtscharakter annehmenden Vereine oder angesichts institutioneller Verselbständigungstendenzen, denen einzelne Vereinstypen und -funktionen erlagen.

Im Blick auf das Erkenntnisziel der soziokulturellen und soziopolitischen Verhaltensmuster liegt es nahe, durch die Annahme einer Stufigkeit der Vereinstypen Ordnung in die Formenvielfalt zu bringen[18]. Hierbei empfiehlt sich eine Katalogisierung nach dem Vereinszweck, da gewöhnlich mehrere Zwecke in einer Vereinigung zugleich betrieben wurden, ja, eine Tendenz zur Mehrfunktionalität der Organisationen unverkennbar ist. Auf der nach dem öffentlich-politischen Charakter gestuften Vereinsskala stehen zunächst Gruppierungen zu Geselligkeits-, Gesangs- und sonstigen Unterhaltungszwecken neben primär konfessionellen Vereinen; die Skala schreitet fort zu genossenschaftlichen und reinen oder vermischten Unterstützungsvereinen, zu Bildungsvereinen und landsmannschaftlich-patriotischen Organisationen und mündet in überwiegenden und alleinigen Vereinigungen zur Interessenvertretung. Gewiß hat hierin der Vorgang struktureller Differenzierung Prioritäten geschaffen; im Untersuchungszeitraum jedoch liegen die hier nur unvollständig rubrizierten Vereinszwecke noch dicht beieinander: Kaum ein konfessioneller Knappenverein, der sich nicht eine Sterbe- und Unterstützungskasse angegliedert, vielleicht Gesangs- und Theaterabteilungen gegründet und zugleich gewerkschaftliche Fragen von Zeit zu Zeit diskutiert hätte. Auch hat sich die Vereinsbildung in der Arbeiterschaft, von den gewerkschaftlichen Fachvereinen und besonderen bergmännischen Vereinen abgesehen, nicht gewerbespezifisch ausgebreitet; viel eher bildeten die Kommune, der Pfarrbezirk, das Wohnviertel die Rekrutierungsbasis, auf der zuerst die soziale Identität Gestalt gewann. Auch aus diesem Grunde müßte eine einseitige Darstellung nur der besonderen bergmännischen Vereinsformen die historische Realität verfehlen, so daß im folgenden überhaupt zu einer Typologie ruhrindustrieller Vereinsformen beigetragen werden soll.

2. Vereinswesen und bergmännische Vereinsbildungen im Ruhrgebiet

Die vereinsrechtlichen Bedingungen der Zusammenschlüsse von Arbeitern sind zwar bedeutsam für die Gestalt und Wirkungsweise dieser Gruppen gewesen; andererseits ist aus solcher Sichtweise, die sich auf die politischen, durch das Vereinsrecht und seine Handhabung über alle Maßen bedrängten Vereine beschränkt, nicht im ganzen auf die Bewegungsfreiheit der vielfältigen Vereinsbildungen zu schließen. Dennoch haben auch die offensichtlich unpolitischen Gruppierungen, vermehrt in innenpolitischen Krisen-

---

18 Eine solche Stufenfolge schlägt *Erich Gruner*, Die Arbeiter in der Schweiz im 19. Jh. Soziale Lage, Organisation, Verhältnis zu Arbeitgeber und Staat. Bern 1968, S. 350, vor.

zeiten, unter allzu argwöhnischer Überwachung und restriktiver Handhabung des Aufsichtsrechts gelitten; gerade die konfessionellen Bergmannsvereine sind hierfür ein Beispiel. Verhielt man sich noch im Vormärz selbst in Behördenkreisen entgegen den einengenden Bundesbeschlüssen durchaus aufgeschlossen gegenüber den Bildungs- und Vereinigungsbestrebungen der Handwerker und Arbeiter[19], so änderte sich dies schlagartig mit den revolutionären Ereignissen von 1848/49, als mancherorts eine organisierte Arbeiterschaft an der Spitze der revolutionären Kräfte gestanden hatte. Den Ausgangspunkt und einen wichtigen Schlüssel zum Verständnis des Vereinswesens bis über die Jahrhundertwende hinaus bildete dann das reaktionäre preußische Vereinsgesetz vom 11. 3. 1850, mit dem ein bis 1899 geltendes Verbindungsverbot für politische Vereine, d. h. für Vereine, die eine Einwirkung auf öffentliche Angelegenheiten bezweckten, ausgesprochen wurde. Tatbestände und interpretatorische Spielräume der Bestimmungen dieses Gesetzes haben sich stets zuungunsten der Arbeiterschaft und ihrer Vereinigungsbestrebungen ausgewirkt, und man hat, wo selbst der Gesetzestext nicht ausreichen wollte, die Eingriffe übereifriger Beamten zu stützen, und wo die innenpolitische Situation neue Kraftakte zu erheischen schien, vor Verschärfungsversuchen bis zur Ausnahmegesetzgebung nicht zurückgeschreckt[20].

Von unterschiedlichen, nichtpolitischen Vereinszwecken ist darin gewöhnlich wenig Aufhebens gemacht worden, fand die Staatsregierung doch Veranlassung, hinter jeder Gründung selbst von „Wohlthätigkeits-, Unterhaltungs-, Musik-Vereine[n]" das Tarnungsbemühen der bedrängten Arbeiterorganisationen zu vermuten[21]. Wenn sich das Vereinswesen dennoch unaufhörlich und in erkennbaren Schüben ausbreitete, so liegt darin die sicherste Bestätigung des oben bezeichneten mittelbaren Zusammenhangs mit dem Industrialisierungsgeschehen. Eine erste Welle von Gründungsversuchen u. a. auch exklusiv bergmännischer Vereine hat im Konjunkturaufschwung der 1850er Jahre vornehmlich mit allgemeinen freiwilligen und statuarischen (eingeschriebenen) Unterstützungskassen für Kranken- und Sterbefälle und mit Pensionskassen eingesetzt[22]. Bei den zugleich entstandenen religiösen, Bildungs- und Wohltätigkeitsvereinen, bei Gesang- und Geselligkeitsvereinen und besonders Schützenvereinen hat sich bis etwa 1870 auch

---

19 Vgl. Amtsblatt RA 30/16. 7. 31: Aufruf OPM *v. Vincke* zur Nachahmung eines in Bielefeld seit 1828 u. a. durch eine Bibliothek von inzwischen 340 Bdn. erfolgreich für seine Mitglieder wirkenden Bildungsvereins für Handwerker; *Vincke* ist freilich eine Ausnahme.

20 Die wichtigsten Erlasse zur Durchführung des Vereinsgesetzes enthält z. B. LRB VIII 473. Zu den Verschärfungsversuchen zwischen Reichsgründung und Kulturkampf s. z. B. OPK 6825 und OPM 3906 Bl. 142 f. IM/OPM 26. 9. 72, das Gutachten OPM *v. Kühlwetter* 4. 11. 72 (Entw.) ebd. Bl. 144—147. Die Beispiele für eine restriktive Handhabung an sich harter Bestimmungen sind unendlich zahlreich.

21 Vgl. f. d. 50er Jahre bereits OPM 3905 Bl. 100 IM/alle RP 12. 3. 51; im Kulturkampfklima s. den Runderlaß an die LR des RD 14. 11. 73 (Entw. in RD 287 Bl. 41 f.), veranlaßt durch eine Zeitungsannonce, wonach kath. Vereine die Bestimmungen des Vereinsgesetzes zu umgehen versuchten: Die LR hätten den Vereinszweck nicht etwa nach den Statuten zu beurteilen, „da diese Angabe vielleicht nur dazu dient, das Gesetz zu umgehen". Beispiele für entsprechendes Vorgehen gegen Sozialdemokraten s. u. S. 522 ff.

22 Vgl. aus der Vielzahl von Hinweisen etwa G. *Haren*, Geschichte der Stadt Witten, 1924, S. 486: Nach 1850 schossen die Vereine „wie Pilze aus der Erde"; in einer durchaus häufiger anzutreffenden Sichtweise stellt Verf. freilich den „Hang zur Völlerei und zu Vereinsgründungen" nebeneinander und bedauert die „Fröhnung der Lust" und „Sittenfäulnis" in den Vereinen, zu denen in Witten 1863 schon die Schulmädchen durch ein Kränzchen, die Schüler durch einen Schützenverein beigetragen haben sollen (S. 475).

das städtische Bürgertum noch in hohem Maße beteiligt[23]. Ein von den Bergbehörden 1858 angeregter Versuch zur Bildung von Sparvereinen unter Bergleuten ist mit dem Hinweis auf die inzwischen leicht erreichbaren Filialen von Sparkassen gescheitert[24]. Die Gründung von Kriegervereinen, aufgrund einer Kabinettsordre von 1842 erstmals angeregt, hat auch im Ruhrgebiet schon vor der Revolution eingesetzt. In Werden entstand bereits 1844, in Kettwig 1847, in Essen Anfang 1848 ein Kriegerverein; aber der Schwerpunkt patriotischer Vereinsbildungen lag in den 1860er Jahren und nach 1870/71, als die Wellen nationalen Hochgefühls aufschäumten. 1875 gab es im Kreis Bochum 58 Krieger- oder Landwehrvereine mit 5860 Mitgliedern[25], und auch im Kreis Hagen bestand „fast in jeder Gemeinde" eine solche Vereinigung[26]. Anfang der 1880er Jahre waren es im Landkreis Essen 33 Vereine mit 2319 Mitgliedern[27], im Landkreis Bochum mittlerweile 74 Kriegervereine mit 6711 Mitgliedern bei einer ortsanwesenden Bevölkerung von 202 342 Einwohnern[28]; im Landkreis Dortmund bestanden 1887 24 Vereine mit 2266 Mitgliedern[29]. Bergleute haben sich hieran allem Anschein nach eifrig beteiligt. Im „Bataillon Langendreer" des Bochumer „Vereinigten Krieger- und Landwehrvereins" waren in den Kompanien Langendreer-Dorf, Bahnhof, Kaltenhardt und in der 5. Kompanie von insgesamt 522 Mitgliedern 246 Bergleute einschließlich einiger weniger Grubenbeamten[30] — in anderen Gemeinden des Ruhrgebiets dürfte das Bild nicht anders gewesen sein. Bei einem monatlichen Beitrag von 20 bis 50 Pfg., zumeist 25 Pfg., zahlten die Kriegervereine gewöhnlich ebenfalls ein Sterbe-, manchmal auch ein Krankengeld; wichtiger als diese materielle Unterstützung wird den Mitgliedern allerdings die als erhebend empfundene Pflege des preußisch-militärischen Gehabes bei allen nationalen Anlässen, nicht zuletzt bei Beerdigungen von Kameraden, gewesen sein. In den Aufzügen und Versammlungen wurde ein fraglos strammer antisozialistischer, evangelisch-patriotischer Geist gehütet: „Ohne gerade Politik zu betreiben", führte der Bochumer Landrat mitten im Kulturkampf aus, übten die Kriegervereine „auf das öffentliche Leben unverkennbar insofern einen erfreulichen Einfluß aus, als sie durch die Feier der vaterländischen Gedenktage den Impuls zur allgemeinen Mitfeier geben und damit indirect ultramontane Intrigen abwehren und schwächen"[31].

---

23 Vgl. bes. die Berichte über die Verwaltung der Stadt Bochum seit 1860/61 (S. 100—105), bes. f. 1870, S. 60. In Bochum ist 1860 nach 10jähriger Unterbrechung auch wieder ein Turnverein gegründet worden.

24 Vgl. MBAB 31 Bl. 1—8 OBA/BAB 18. 8. 58 u. a. Stücke; ferner Berggeist 4 (1959) S. 615 f., 622, mit dem Vorschlag, statt Sparvereinen Konsumgenossenschaften unter Kapitalhilfe der Knappschaften einzurichten.

25 Nach Statistik des Kreises Bochum f. d. Jahre 1865 b. 1875, S. 349—353. Zwei Jahre später hatte sich die Zahl um einen Verein verringert; vgl. RA I 102 Bl. 136 f. — Für Essen s. Statistik des Kreises Essen 1859—1861, S. 398 f.

26 RA I 102 Bl. 110 f. LR Hagen/RA 21. 4. 77. Nach dem späteren Landratsbericht R. v. Hymmen, Geschichtl.-statist. Beschreibung des früheren Kreises Hagen, 1889, S. 265, gab es Ende 1883 42 Kriegervereine im Kreis Hagen.

27 Nach Statistik des Landkreises Essen f. d. Jahre 1875—1880, S. 476 f.

28 Nach Ergänzung zur Statistik des Landkreises Bochum 1876—1880, S. 245—254.

29 Nach Bericht über die Verwaltung des Landkreises Dortmund f. 1887/88, S. 92 f.

30 Ausgezählt nach der Mitgliederliste in LRB VIII 469; ebd. Statuten des Vereins. Die Feststellung von H. Henning (Kriegervereine in den preußischen Westprovinzen, 1968), Mitgliederlisten der Kriegervereine seien nicht überliefert, bedarf damit der Korrektur. Die systematische Durchsicht stadtarchivalischen Materials würde sicher weitere Quellen bringen.

31 RA I 102 Bl. 136 f. LRB/RA 5. 5. 77. Wie Henning, Kriegervereine, S. 447 ff., berichtet,

Die Blütezeit der landsmannschaftlichen Vereinigungen, darunter auch der Polenvereine, liegt analog zu den Wanderungsbewegungen nach der Jahrhundertwende. Zwar haben die ostpreußischen Zuwanderer ihre heimatlichen Gebetsvereine auch mit in das Revier gebracht; die Gründung eines ostpreußischen Arbeitervereins stand indessen 1886 in Gelsenkirchen im Zusammenhang mit dem evangelischen Arbeitervereinswesen des Pfarrers *Weber*. Auch die Schlesier haben im Ruhrgebiet, von einem frühen Gesangverein „Sängerbund Katernberg" 1888 abgesehen, erst um die Jahrhundertwende unter starker Beteiligung Waldenburgischer Bergleute in stärkerem Umfang Vereine gebildet[32]. Die zweite herausragende Gründungswelle von Vereinen in den 1880er Jahren ist daher noch nicht von der seit 1880 datierten Wanderung aus den preußischen Ostprovinzen getragen worden. Sie erfaßte vor allem Geselligkeitsvereine aller Art. Meinte man in Gelsenkirchen noch 1882, die Stadt stehe mit 55 Vereinen bei 16 106 Einwohnern „jedenfalls unerreicht da", so wurde die Entwicklung bis 1890 noch übertroffen[33]:

1882 55 Vereine bei 16 106 Einw., d. i. 293 Einw. pro Verein
1888 68   23 567   347
1889 79   25 710   326
1890 100   27 705   278

Nach diesen Zahlen entbehrten die zeitgenössischen Klagen über die starke Zunahme des Vereinswesens, vor allem der Geselligkeits- und Gesangvereine, nicht der Grundlage. Von 250 Vereinen dieser Gattung im Landkreis Bochum 1881 waren 7 bis 1860 entstanden, 16 weitere in den 1860er Jahren, danach[34]:

1870	8	1874	16	1878	20
1871	3	1875	15	1879	28
1872	7	1876	21	1880	42
1873	8	1877	19	1881	40

Hier bleibt freilich die geringe Stabilität der meistens nur kleinen Gesangvereine zu berücksichtigen; doch legen diese im Zusammenhang mit den Gelsenkirchener Zahlen die Annahme nahe, daß sich ein vermehrter Zuwanderungsstrom in Boomjahren nach kurzer Eingewöhnungszeit, vor allem aber nach der dauerhaften Seßhaftwerdung, in verstärkter Vereinsaktivität der Zuwanderer, aber auch vereinsanregend auf die Angesessenen auswirkte, während in Abschwungjahren der Vereinsdrang abgeklungen ist. Die Vereine könnten demnach in weitem Umfang Hilfe zur Bewältigung der „Anpassungs- und Umstellungsanforderungen"[35] geboten und ein Auffangbecken zur Akkulturation der aus ihren gewohnten Sozialbeziehungen gerissenen Zuwanderer gebildet haben. Was die

löste sich der Borbecker Kriegerverein 1893 auf, weil die Gefahr bestand, daß Sozialdemokraten Mitglieder wurden.

32 Vgl. O. *Mückeley*, Ost- und Westpreußen-Bewegung im Industriebezirk, 1926, S. 9, 34 f.; *Fr. Krins*, Geschichte der Ostpreußen-Vereine in Nordrhein-Westfalen, 1961, S. 145 f.; *ders.*, Geschichte der Schlesier-Vereine in Nordrhein-Westfalen, 1958, S. 178.

33 Z. T. errechnet nach Bericht über den Stand der Gemeinde-Angelegenheiten Gelsenkirchens f. 1882, S. 29; dass. f. 1888/89, S. 27; dass. f. 1889/90, S. 28; dass. f. 1890/91, S. 43.

34 Addiert aus dem ausführlichen Verzeichnis: Ergänzung z. Statistik des Landkreises Bochum 1881, S. 159—179. Der bergmännische Charakter kommt gelegentlich in den Vereinsnamen zum Ausdruck.

35 *Braun*, Probleme des sozio-kulturellen Wandels, S. 18.

einen als eine Zeit „ödester Vereinsmeierei"[36] abtun mochten, war für die anderen eine entscheidende Daseins- und Orientierungshilfe, eine Chance zur Knüpfung neuer Beziehungen.

Mochte auch der Höhepunkt des Vereinswesens aller Gewerbe nach der Jahrhundertwende erst noch bevorstehen, so deutete sich in der Fülle und Formenvielfalt schon während der ersten Industrialisierungsphasen, während derer der Bergarbeiterschaft naturgemäß die größte Rolle als Vereinsgründer zukommen mußte, die erhebliche Bedeutung der Vereine als Ebene der nichtbetrieblichen und nichtfamiliären Kommunikation an. Bevor dies an den genossenschaftlichen und Unterstützungsvereinen, an den besonderen bergmännischen Vereinen auch der Zuwanderer und im bergmännischen Vereinsleben selbst deutlicher werden soll, sei hier noch auf eine Sonderform stadtbürgerlichen Vereinswesens hingewiesen, die auch die Arbeiterschaft erreichte: die Gewerbevereine[37]. Während der Dortmunder Gewerbeverein von 1840 schon zum Zeitpunkt seiner Gründung wohl die örtliche Bürgerschaft: den Landrat, Handwerker und Kaufleute, höhere und niedere Bergbeamte bis hinab zu Steigern, jedoch keine Arbeiter, Tagelöhner und Bergleute umfaßte, wurde der Essener Gewerbeverein von 1865 mit dem Ziel einer „allgemeinen Volksbildung" unter deutlicher Richtung auf unterbürgerliche Arbeiter- und Handwerkerschichten gegründet. Der Anregung durch diesen Verein war die Bildung des

---

36 *A. Dorider*, Recklinghausen, 1955, S. 394. Vgl. auch *R. Schneider*, Entwicklung des niederrhein.-westf. Bergbaus, 1899, S. 30: „Die Vereinsmeierei und die Vergnügungssucht, auch ein trauriger Zug unserer Zeit, sind nicht zum wenigsten in den Kreisen der Arbeiter zu Hause und tragen viel zu dem Elend derselben bei". Daten zur Vereinsentwicklung 1882—1895 finden sich noch bei *F. Mogs*, Sozialgesch. Entwicklung der Stadt Oberhausen, Diss. 1956, S. 73 (hier sind offenbar unter den Vereinen „für gemeinnützige Zwecke" gewerkschaftl. Fachvereine mitenthalten). Zum Dortmunder Vereinswesen vgl. *A. Mämpel*, Das Kulturleben Dortmunds im Jahrzehnt der Gründerzeit, 1971, S. 105–133; Quellen in StaD Do n 177 und 17, 18 n 1. Über das Duisburger Vereinswesen unterrichtet *K. K. Bork*, Die sozialen Wandlungen der Stadt Duisburg, 1968, S. 97—102, 103—105 (Geselligkeitsvereine). Vgl. über Lünen und Hörde die beiden ungedruckten Staatsexamensarbeiten (im StaD) von *Ursula Langerbein*, Das Vereinsleben in Lünen von der Mitte des 19. Jahrhunderts bis zur Gegenwart. Ein Beitrag zum Kulturleben einer westfälischen Mittelstadt. Pädagog. Hochschule Dortmund (masch.) 1960; *Monika Nöhre*, Die Entwicklung der Stadt Hörde im Zeichen der Industrialisierung (1840—1873). Pädagog. Hochschule Dortmund (masch.) 1970, S. 81—84. Für die spätere Entwicklung im Ruhrgebiet s. noch *H. Husmann*, Lebensformen und ihr Wandel beim Arbeiter in Hamborn. In: Rhein.-Westf. Zs. f. Volkskunde 4 (1957) S. 1—39, 133—214, hier S. 30—33; für die Jahre nach dem Zweiten Weltkrieg z. B. *Dietrich von Oppen*, Familien in ihrer Umwelt. Äußere Bindungen von Familien im Prozeß der industriellen Verstädterung einer Zechengemeinde. Als Manuskript gedruckt, Köln/Opladen 1958, S. 66 f.

37 Vgl. *Karl Prümer*, Zur Geschichte des Gewerbevereins in Dortmund 1840—1890. Dortmund 1890; *H. Grewe*, Essen, Diss. [1949], S. 408—415, 818—820. *K. Wörle*, Statistik von Dortmund, 1869, S. 108 f., nennt als Zweck des Dortmunder Vereins nach den Statuten: „Beförderung und Belebung des Gewerbefleißes, Verbreitung nützlicher Kenntnisse unter sich durch Lectüre und mündliche Unterhaltung"; 1867 fand eine Statutenänderung auf „Hebung des Gewerbestandes" statt. In Bochum wurde 1868 ein Gewerbeverein gegründet; vgl. Bericht des Magistrats zu Bochum über die Verwaltung pro 1868, S. 31. In Mülheim bildete sich am 28. 2. 1870 ein Gewerbe- und Volksbildungsverein, s. Rhein- und Ruhrzeitung 50/1. 3. 70, 54/5. 3. 70. Zur Forschung s. d. Bemerkungen v. *Bernward Deneke*, Fragen der Rezeption bürgerlicher Sachkultur in der ländlichen Bevölkerung. In: *G. Wiegelmann* (Hg.), Kultureller Wandel im 19. Jh., 1973, S. 50—71, hier S. 52—57. In der im ganzen wenig informativen Studie von *Helmut Alfred Fliegner*, Gewerbevereine in den preußischen Rheinlanden in der ersten Hälfte des 19. Jhs. Diss. Bonn 1972, wird ein Duisburger Gewerbeverein erwähnt.

„Verbands der Bildungsvereine Rheinlands und Westfalens" zu verdanken, dem sich dann auch der Dortmunder Verein anschloß. Beide Gruppen haben umfangreiche Bibliotheken eingerichtet und ihre zahlreichen Mitglieder durch intensive Vortragstätigkeit zu belehren versucht; anscheinend ist es allerdings nur dem Essener Verein gelungen, seinen Anteil an Bergleuten, Handwerkern und Arbeitern von anfänglich 9 % von 332 Mitgliedern auf (1871/72) 17,3 % von 840 Mitgliedern zu steigern, während sich in Dortmund bei (1876) 1227 Mitgliedern nur ein stark handwerklicher Einschlag andeutete.

a) Unterstützungskassen

Mit der einen Ausnahme der Knappenvereine[38] ist das Unterstützungskassenwesen im 19. Jahrhundert von behördlichen Pressionen unbehelligt geblieben oder erfreute sich sogar nachdrücklicher Förderung, jedenfalls mit den frühesten Gründungen. Sie haben auch im Ruhrgebiet bereits im Vormärz, z. T. auch wohl noch eher, eingesetzt. In Hattingen bestand seit 1831 z. B. eine Kranken- und Sterbelade[39], unter deren 43 Gründungsmitgliedern sich auch 12 Tagelöhner, vielleicht nicht der Knappschaft zugehörige Bergarbeiter, befanden. Ähnliche Kassen gab es seit Anfang des Jahrhunderts in Schwelm, Hagen, Oberwenigern, Witten, überhaupt in den meisten auch kleineren Orten des Reviers. Ihre Mitglieder, örtliche unterbürgerliche Handwerker, Tagelöhner, Fabrikarbeiter und Kötter, erwarteten von ihren geringfügigen Leistungen üblicherweise eine einmalige Unterstützung bei Sterbefällen oder entsprechend den statuarischen Vereinbarungen kleine Hilfen in Kranken- und Notfällen. Schon die Namensgebungen machen eine Vielzahl von Urhebern und Trägern wahrscheinlich, wie im Fall der katholischen Bruderschaft Sterbelade St. Gertrudis in Essen, der evangelischen Kranken- und Sterbelade Duisburg, der St. Stephanus-Sterbelade in Steele, der Duisburger Handwerker-Krankenkasse und anderer. Nicht selten dürften die Kassen auch aus den alten Gruppen- und Sozialbeziehungen im Kommunalverband wie den Nachbarschaften entstanden sein und ihnen damit für Jahrzehnte mit neuen Aufgaben neues Leben vermittelt haben[40]. Eine solche, im Kommunalverband gewerbeübergreifend wirksame Unterstützungseinrichtung ist die Kranken- und Sterbelade für Handwerker und Bergleute in Heißen, Mülheim und umliegenden Ortschaften seit 1854 gewesen. Sie hat noch 1875 in solcher Blüte gestanden, daß ihre Statuten der Veröffentlichung würdig befunden wurden[41]. Bei einem Eintrittsgeld von 1 Tlr. und einem monatlichen Beitrag von 3 Sgr. zahlte die Kasse vom ersten Krankheitstag an 6 Monate lang 5 Sgr., danach für weitere 6 Monate 2 1/2 Sgr. täglichen Krankengelds; in Sterbefällen wurden an die Hinterbliebenen 10 Tlr. ausgezahlt. In diesem Verein wurden in starkem Maß handwerkliche Bräuche gepflegt, die damit auch in die Bergarbeiterschaft drangen: Aufnahmesuchende und Beitragsleistende hatten „mit Anstand und Höflichkeit vor den Tisch der Altgesellen [zu] treten" und dabei „bei 1 Sgr. 2 Pfg. Strafe die Pfeife nicht im Munde [zu] halten"; auch sonst suchte man die Beziehungen zwischen den Mitgliedern der Lade disziplinierend zu beeinflussen.

---

38 Vgl. unten S. 374 ff.
39 Statuten von 1847 in: RA I 244. Die folgenden Beispiele in OPK 7296—7298.
40 Vgl. *Grewe*, Essen, S. 401, sowie oben S. 122.
41 In: Die Einrichtungen zum Besten der Arbeiter auf den Bergwerken Preußens, 1875/76, Anhang S. 12—16; hiernach im folgenden.

Anscheinend hat in der Bergarbeiterschaft trotz aller vergleichsweise weitgehenden Absicherung in der Knappschaft ein unstillbares Bedürfnis zur Beteiligung an Kasseneinrichtungen bestanden. Neben den an anderer Stelle geschilderten Impulsen, die hierzu von den Zechenverwaltungen ausgingen, vollzog sich die Gründung entlang kommunaler oder, in anderen Berufen, handwerklicher Linien. Dabei war die Rechtslage solcher Kassen durchaus nicht eindeutig; Initiativen zur Klärung wurden erstmals in den 1850er Jahren unternommen, um den Wildwuchs der Kassen zu bändigen. Im Handelsministerium zeigte man dabei ungewöhnliches Interesse für eine Ausdehnung des Kassenwesens innerhalb behördlich geregelter Grenzen auf die Fabrikarbeiterschaft unter Organisierung im Kommunalverband. Hier zeigte sich eine ganz ähnliche Konstellation wie später unter dem Sozialistengesetz: Der Unterdrückung emanzipatorischer Bestrebungen auf der einen Seite stellte man das Bemühen um sozialpolitische Verbesserungen gegenüber. Das Gesetz vom 3. April 1854 zur Aufsicht der Behörden über das Kassenwesen maß den Regierungen sogar das Recht zu, die Einrichtung von Unterstützungskassen bei Beitragspflicht der Arbeitgeber für selbständige Gewerbetreibende anzuordnen[42]. In der Ausführung dieses Gesetzes wurde nachdrücklich auf den Vorbildcharakter des Knappschaftsgesetzes von 1854 hingewiesen; hier sei die Absicht des Gesetzgebers am deutlichsten formuliert worden[43]. Auf den Amtsstuben sind in Düsseldorf und Arnsberg 1857/58 Musterstatuten entworfen worden, nach denen fortan bei Gründung eingeschriebener Hilfskassen zu verfahren war. Bis Ende 1864 waren in den Kreisen Bochum und Dortmund dann immerhin 62 gewerbliche Unterstützungskassen (darunter 15 für Handwerker, 30 für Fabrikarbeiter) mit insgesamt 16 316 Mitgliedern entstanden[44]. Im Kreis Essen gab es schon 1858 etwa 40 auf privater Initiative beruhende Unterstützungseinrichtungen; im Kreis Duisburg waren 1860 neben 72 privaten Kassen mit 8795 Mitgliedern 18 gewerbliche Unterstützungskassen in der neuen Rechtsform mit 4705 Mitgliedern getreten[45].

Wie stark sich die Bergarbeiterschaft an dem so wachsenden Kassenwesen beteiligte, ist kaum feststellbar. Im Fall der gewerblichen Unterstützungskassen begegnete der Eintritt gelegentlich dem Mißtrauen der Knappschaftsvorstände, die in der Möglichkeit, in Krankheitsfällen vermehrte Unterstützungsgelder zu beziehen, die Gefahr der Simulation

---

42 Ausführungserlaß vom 18. 4. 54, in OPK 8306 Bl. 195—197; vgl. *A. Bergengrün*, A. v. d. Heydt, 1908, S. 208 f.

43 RA/alle Bürgermeister 5. 5. 54, StaWatt 2/E/431; Musterstatuten für RA s. StaWatt 2/E/413; für RD s. OPK 7296 S. 477, wonach das Normalstatut durch Erlaß v. 21. 4. 57 bekanntgemacht worden ist.

44 RA I 558 Bl. 47 Nachweisung (Anlage zum Gutachten RA 20. 6. 65 zum Koalitionsrecht). Im ganzen Regierungsbezirk bestanden 280 Vereine mit 47 651 Mitgliedern, wovon noch 113 Vereine mit 16 937 Mitgliedern auf die gewerbestarken Kreise Hagen und Iserlohn entfielen. Vgl. ferner *L. Jacobi*, Statistische Nachrichten über die gewerblichen Unterstützungskassen, 1861, S. 88—95 (1855, 1859): Danach gab es im RA 1855 223 mit 26 643, 1859 263 gewerbliche Unterstützungskassen mit 38 007 Mitgliedern. Für RD s. *O. v. Mülmann*, S atistik Bd. II, 2, 1867, S. 698—705.

45 Vgl. *W. Sellmann*, Wohltätige Vereinigungen in Essen, 1967, S. 20 f.; Statistik des Kreises Essen für die Jahre 1859—1861, S. 257—262; Statistik des Kreises Duisburg 1859—1861, S. 90. Eine Aufstellung für Dortmund bringt *Wörle*, Statistik von Dortmund, S. 104; für Bochum s. Bericht über die Verwaltung der Stadt Bochum f. d. J. 1860—1861, S. 55 f.; Bericht des Bürgermeisters Greve über d. Verwaltung d. Stadt Bochum 1864, S. 23; für Duisburg s. *Bork*, Wandlungen in der Stadt Duisburg, S. 106—109; ferner *Freisewinkel*, Sozialstruktur, S. 112.

befürchteten und deshalb den Beitritt zeitweise statuarisch verboten; in den Krisenjahren nach 1874 sind diese Bestimmungen gelockert worden. Besondere Kassenbeiträge außerhalb der Knappschaftsgefälle mochten auch aus finanziellen Erwägungen schwer zu erbringen sein. Mit Sicherheit hat dagegen das private „Sterbeauflagen"- und Pensionskassenwesen, in dem man ohne erheblichen Verwaltungsaufwand eine zwar karge, aber doch zusätzliche Altersversorgung planen konnte, auch unter Bergleuten, wie das Mülheimer Beispiel zeigt, Verbreitung gefunden. Diese Kassenbildungen blieben gewöhnlich mit anderen Vereinszwecken, etwa den Kriegervereinen, die damit ihre Attraktivität vermehrten, verbunden; aber auch die Bergleute selbst haben zur Kassenbildung unter diesem alleinigen Zweck gegriffen[46]. Trotz der gesetzlichen Regelung von 1854 hat hierbei gerade auf lokaler Ebene erhebliche Rechtsunsicherheit bestanden, und auch höheren Orts blieb man hiervon nicht verschont[47]. Grundsätzlich entschied, im Gegensatz zu den eingeschriebenen gewerblichen Unterstützungskassen, die der Rechtsaufsicht der Regierungen unterstellt waren, bei privaten Versicherungskassen nach dem Gegenseitigkeitsprinzip aufgrund einer älteren Kabinettsordre vom 29. September 1833 unter einem erneuerten Staatsministerialbeschluß vom 17. Juni 1867 die vermutliche Lebensfähigkeit der Kasse über ihre Genehmigung, die den Oberpräsidenten zustand. Als Hauptzweck für Vereinsbildungen ist das Unterstützungswesen durch die betriebseigenen Einrichtungen, mehr noch durch die 1876 mit dem Hilfskassengesetz einsetzenden legislatorischen Bemühungen[48] bis zur Krankenversicherungsgesetzgebung der 1880er Jahre verdrängt worden. Als Palliativ gegen die sozialen Zwangslagen des Liberalkapitalismus hat es auch in der Phase der verschlechterten Knappschaftsverhältnisse nach 1874 in der Bergarbeiterschaft nur wenig Bedeutung gehabt und wurde hier zu einem zwar gern wahrgenommenen, aber doch nachgeordneten Zweck der Vereinsbildung hinter konfessionellen, Bildungs- und Geselligkeitsfragen. Der fluktuationsmindernde Nebeneffekt der Unterstützungseinrichtungen hat sie schließlich auch in den gewerkschaftlichen Fachvereinen heimisch gemacht, in der Bergarbeitergewerkschaft allerdings mit erheblicher Verspätung.

So sah sich das private Kassenwesen der bergmännischen Vereine nach Angleichung der Knappschaften an die neue Rechtslage[49] 1883 und nach Ausschöpfung des Spielraums für

---

46 Vgl. RA I 244 f. Kreis Bochum, RA I 246 f. Kreis Dortmund; über einen Wattenscheider Fall s. StaWatt 2/E/413 Amtmann *Cöls*/LR *Pilgrim* 14. 4. 63 (Entw.).

47 Vgl. die ministerielle Verfahrensbelehrung OPK 7297 Bl. 313 HM u. IM/OPK 11. 3. 72 anläßlich christlich-sozialer Kassengründungen (vgl. auch OPM 2642 I Bl. 68 RA/OPM 23. 10. 72). Beide OP handhabten die Genehmigungspflicht mit peinlicher Sorgfalt.

48 Nach ersten Ansätzen 1869 vgl. die umfangreichen Erhebungen des HM Ende 1875: RA I 247 HM/alle Reg. 30. 11. 75 u. 12. 1. 76 und die LR-Berichte ebd.; auch LRB VII 39. Ausführungsanweisung vom 15. 5. 76 zum Hilfskassengesetz: Amtsblatt RA 24/10. 6. 76. Nach § 2 des Hilfskassengesetzes blieb es hinsichtlich der Knappschaften ausdrücklich bei den geltenden Bestimmungen; vgl. *Th. Tecklenburg*, Über Knappschaftswesen, 1876, S. 61–63; zu den Rechtsformen der Hilfskassen auch Arbeiterwohl 2 (1882) S. 37–48; ferner OPK 8306 S. 481–488 und OPK 8307 S. 15 f. (Entwurf eines Ortsstatuts).

49 Vgl. RD 8858, Umfrage RD Sept. 1880 über Auswirkungen des Hilfskassengesetzes, bes. Bl. 199 f. Bürgermeister Essen/RD 23. 9. 80. Über die unter Beteiligung von Bergleuten in Oberhausen bestehenden freiwilligen Unterstützungskassen s. *Mogs*, Oberhausen, S. 65. Einen Überblick des Wildwuchses im Unterstützungswesen Ende 1881 vermittelt eine Aufstellung RD (Amtsblatt RD 34/1882, in OPK 8371 S. 117 f.): Bei (1) = Krankenkassen, auch in Ver-

zechenabhängige Unterstützungskassen fast nur noch auf die Organisierung von Sterbehilfen, einmaligen Unterstützungen oder geringen Krankengeldern beschränkt. Von solchen bergmännischen „Pfennigkassen" soll es 1894 im Ruhrgebiet 163 gegeben haben[50]. Als sich schließlich 1899 der Alte Verband an die Einführung einer Sterbekasse wagte, stieß dies auf großen Widerspruch, da „eine ganze Reihe von Bergleuten bereits in drei oder vier Kassen versichert seien"[51].

b) Konsumvereine

Die genossenschaftlichen Assoziationen beherrschten in den 1850er und 60er Jahren in gleichwohl unterschiedlicher Färbung das Denken der frühen deutschen Sozialtheoretiker von *Ferdinand Lassalles* Produktivgenossenschaften mit Staatshilfe über den Mainzer Bischof *Ketteler* bis zu *Hermann Schulze-Delitzsch* und *Viktor Aimé Huber*[52]. Auch im- Ruhrgebiet hat der Gedanke der Selbsthilfe durch gegenseitige Unterstützung gleichzeitig mit dem Kassenwesen Ausdruck und Form in der Entstehung von Konsumvereinen gefunden. Wenn auch die eigentliche Konsumvereinsentwicklung in Deutschland und z. T. auch im Ruhrraum neuen Auftrieb erst in der Mitte der 1880er Jahre erhielt, zeigen diese frühen Vereinsgründungen doch eine unvermutete Lebenskraft[53].

---

bindung mit anderen Versicherungseinrichtungen, und (2) = sonstigen Sterbe-, Witwen- und Waisenkassen, betrug die Zahl der Kassen und die Mitgliederzahl:

	a) als eingeschriebene Unterstützungskassen		b) als sonstige Unterstützungskassen	
	(1)	(2)	(1)	(2)
Krs. Duisburg	30/ 6 561	–	46/ 3 715	1/ 453
Stadt Essen	14/ 13 347	1/ 70	15/ 1 245	4/ 2 645
Krs. Essen	17/ 2 603	2/ 230	8/ 1 317	9/ 1 969
Krs. Mülheim	46/ 17 728	1/ 15	48/ 6 864	5/ 934
Reg. Bez. Düsseldorf	511/118 190	13/2 227	314/55 517	373/122 355

Zum Stand des Kassenwesens in den 80er Jahren vgl. noch Statistik des Ldkrs. Essen 1875—1880, S. 314—320; Bericht ü. d. Stand u. d. Verwaltung der Stadt Gelsenkirchen f. 1887/88, S. 21 f.; Ergänzung z. Stat. d. Ldkrs. Bochum 1876—1880, S. 111—114; *v. Hymmen*, Hagen, S. 136—144.

50 Nach einer Erhebung des OBA: *H. Halbach,* Einwirkung der Arbeiterversicherungsgesetze auf die Knappschaftsvereine, 1906, S. 55. Ob hierin „eingeschriebene" Einrichtungen (gewöhnlich die Zechen- und z. T. auch die Vereinskassen) enthalten sind, ist nicht ersichtlich.
51 Correspondenzblatt 9 (1899) S. 80—82, Bericht ü. d. 10. Generalversammlung des Alten Verbands. Über den engen Zusammenhang zwischen Unterstützungswesen und gewerkschaftlichen Fachvereinen in der Phase der Gewerkschaftsgründungen vgl. zuletzt *W. Ettelt / W. Schröder,* Die Rolle der Gewerkschaftsbewegung bei der Herausbildung der „Eisenacher" Partei, 1970, S. 566—568, bes. Anm. 57.
52 Vgl. *Erwin Hasselmann,* Geschichte der dt. Konsumgenossenschaften. Frankfurt a. M. 1971, über *Schulze-Delitzsch* und *Huber* S. 90—99, 100—108.
53 *Reinhold Riehn,* Das Konsumvereinswesen in Deutschland. Seine volkswirtschaftliche und soziale Bedeutung. Stuttgart/Berlin 1902, unterscheidet S. 18—25 drei Phasen der Konsumvereinsentwicklung: Eine aufsteigende Entwicklung 1864—1873 wurde abgelöst durch eine Zeit der Stagnation 1874—1885; seither bis zur Jahrhundertwende setzte eine (in ihren Bedingungen und Motiven bisher ungeklärte) neue Ausbreitungsphase ein. O. *Dorth,* Geschichte der Konsumvereinsentwicklung in Rhld. u. Westf., 1913, behauptet in allerdings geringer Kenntnis der frühen Phase, die Konsumvereinsentwicklung habe „in der älteren

Anregungen hierzu sind etwa gleichzeitig von zwei Seiten ausgegangen: Während Anfang 1863 *F. A. Lange* in Duisburg einen Konsumverein ins Leben rief, stand der ebenfalls 1863 gegründete Wittener Konsumverein in der Nachfolge einer Kreditgenossenschaft von 1861 und einer örtlichen Rohstoffgenossenschaft holzverarbeitender Berufe. Die Führung dieses ältesten westfälischen Konsumvereins übernahm *Friedrich Spiethoff*, der Vater des bekannten Nationalökonomen und Gründer des „Staatssozialisten" von 1879/80. Unter ihm erfuhr die Genossenschaft regen Zulauf[54] und erweiterte ihre Arbeit auch auf die Organisation von Geselligkeits- und Bildungsabenden der Vereinsmitglieder. Dieser wie der überaus erfolgreiche Duisburger Konsumverein[55] dürften allerdings ganz überwiegend von handwerklichen Kreisen getragen worden sein; amtlicherseits wurde auch festgestellt, es fehle „im Großen und Ganzen der Sinn für die Bildung derartiger Associationen; im Besonderen scheinen dieselben bei den eigentlichen Fabrikarbeitern nicht Boden fassen zu wollen"[56]. Dieser Stellungnahme von 1865, die sich auf bisherige Vereinsgründungen in Witten, Hamm und Hörde bezog, widerspricht die rege Ausbreitungsbewegung zur selben Zeit, so in Buchholz bei Sprockhövel, in Herbede, Henrichshütte bei Hattingen und Gelsenkirchen, ferner im Dortmunder Raum, wo sich der spätere Oberbürgermeister *Hermann Becker* sehr für die Ideen *Schulze-Delitzsch'* einsetzte; im rheinischen Revier dehnte *Lange* seine Werbeaktionen seit Ende 1865 erfolgreich auf Werden, Mülheim, Essen, Kettwig und Oberhausen aus. Anläßlich einer Gründungsversammlung in Kettwig sprachen neben *Lange* auch *Dr. Hammacher* und *C. Bergrath*, der führende Duisburger Lassalleaner; im Genossenschaftsgedanken vermochten sich also in diesen Jahren noch Liberale und Lassalleaner zu treffen. In Oberhausen schloß sich die Konsumvereinsorganisation an die bestehende Kranken- und Sterbelade „Vereinigung" an — ein Hinweis auf die gemeinsame Grundlage im Prinzip der Gegenseitigkeit. Schließlich ist für den Sommer 1866 ein Konsumvereinstag in Duisburg geplant worden[57].

Während *Langes* engagierter Arbeit im Duisburger und den benachbarten Konsumvereinen verzeichneten diese eine recht günstige Entwicklung, wenn auch mancherlei Vorstandsquerelen schon die jüngsten Vereinigungen in ihrem Bestand bedrohten. *Lange* betrachtete die Konsumvereine als „wichtigste Grundlage der socialen Selbsthülfe", als „Mittelpunkt socialer Reformbestrebungen, als geschäftliche Bildungsschule für die beteiligten Arbeiter und als Vorschule zur Productiv-Association". Diese deutliche Annäherung an lassalleanische Programmatik mußte mit einem Seitenblick auf das Eherne Lohngesetz gerechtfertigt werden: Die Befürchtung, meinte *Lange*, daß Konsumvereine „zu verhältnismäßiger Reduction des Arbeitslohns führen müßten", treffe nicht zu. Viel-

Periode nur wenig Blüten und Früchte" getragen; vgl. dagegen die ausführl. Darstellung von *W. Tigges*, Konsumvereine in Westf. 1844—1867, 1930, der auch die folgenden Informationen z. T. entstammen. *Hasselmann*, Geschichte der dt. Konsumgenoss., erwähnt aus dem Ruhrgebiet nur *Spiethoffs* Wittener Konsumverein (S. 120 f.); der Name *F. A. Langes* erscheint nicht. S. ferner *E. Richter*, Konsumvereine am Niederrhein, 1864, S. 401—405, 411.

54 Vgl. LRB VIII 39, Magistrat Witten/LRB 30. 7. 63: Der Konsumverein habe 400 Mitglieder und einen Warenbestand von derzeit 3000 Tlr.

55 Über ihn s. Aufbruch 1864—1890. Die Geschichte der Sozialdemokratischen Partei Duisburgs, [1964], S. 55—61.

56 RA I 558 Bl. 8—33, Gutachten RA zum Koalitionsrecht v. 20. 6. 65. Neben den angeführten bestanden noch Kreditvereine in Bochum, Witten, Gelsenkirchen, Dortmund, Hagen, Unna und Soest und eine Bauhandwerker-Vereinigung in Witten; vgl. die Zusammenstellung ebd. Bl. 35—39.

57 Vgl. Bote vom Niederrhein 6/13. 10. 65; 9/20. 10. 65; 13/31. 1. 66; 25/28. 2. 66; 37/28. 3. 66; 38/30. 3. 66; 39/1. 4. 66; 40/4. 4. 66.

mehr sei die „moralische Wirkung" die Hauptsache, „weil in ihr der lebendige Keim für weiteren Fortschritt liegt"[58]. Lange hat mit diesem Programm zeitweise bedeutende Erfolge unter den Arbeitern erzielen können. Der Duisburger Konsumverein eröffnete mehrere Filialen und schloß sich eigene Produktionsstätten an; aus Essen ist berichtet, daß sich bereits nach einer Einführungsveranstaltung 150 Arbeiter in die Mitgliederliste einschrieben[59].

Unbeeinflußt von den Bestrebungen *Langes*, vielleicht aber unter Mitwirkung *Spiethoffs*, haben die Bergleute der Zeche Blankenburg in Herbede Ende Mai 1865 einen Konsumverein gebildet[60]. Nach vorübergehend günstiger Entwicklung — in seinem Geschäftslokal hielt der Verein für anfangs 79 Mitglieder nur 70 der meistgekauften Waren; er konnte in wenigen Monaten ein Kapital von 500 Tlr. ansammeln — scheint der Verein allerdings schon Ende 1866 eingegangen zu sein. Vielleicht hat sich das allgemein in Konsumvereinen befolgte Prinzip der Barzahlung nicht gegen die Bindung vieler Bergleute an die örtlichen Krämer und Winkeliers, die sich die Kunden durch das systematisch betriebene Borgen zu verpflichten wußten, durchsetzen können. In anderen Orten nahm der Widerstand der etablierten Krämerschaft auch schärfere Formen an und erklärt gelegentlich den Niedergang der Vereine[61].

Nicht erkennbar ist, ob der Konsumverein der Zeche Blankenburg unter Mitwirkung der Zechenleitung entstanden war und arbeitete. Im Bergbauverein ist auf einer Generalversammlung im Dezember 1863 über das „Wesen der korporativen Genossenschaften" und „die auf der Basis der Selbsthilfe beruhenden Konsumvereine und ihr[en] Nutzen für den niederrheinisch-westfälischen Bergbau" referiert worden; man „befürwortete angelegentlich die Bildung oder Weiterentwicklung solcher Vereine"[62]. In den Folgejahren sind es dann offensichtlich die seitens der Zechenleitungen und unter ihrer Kapitalbeteiligung ins Leben gerufenen Konsumvereine gewesen, die über längere Zeiträume kontinuierlich und erfolgreich gearbeitet haben. Dagegen hat sich im rheinisch-westfälischen Raum das Genossenschaftsgesetz vom 27. März 1867, das die Rechtspersönlichkeit der Vereine regelte, wenigstens nicht förderlich auf die außerbetrieblichen freiwilligen Zusammenschlüsse ausgewirkt. Hinderlich war vor allem die Bestimmung über die Solidarhaft der Mitglieder.

Zechenkonsumvereine sind schon 1865/66[63] und in den folgenden Jahren mehrfach eingerichtet worden, haben aber erst seit den 1890er Jahren mit der Einrichtung großer Konsumanstalten nach dem Vorbild Krupps Bedeutung erlangt. Eine der ältesten, schon 1865 bestehenden Gründungen war der Hörder Konsumverein des Hörder Bergwerks- und Hüttenvereins[64]. Er erzielte bei einem Mitgliederbestand von (Ende 1871) 672

---

58 Nach dem programmat. Artikel im Boten v. Niederrhein 13/29. 10. 65. Der zuletzt erwähnte Schwerpunkt von *Langes* Agitation wird auch von *Eckert* in seiner Einleitung zum Faksimile-ND des Boten hervorgehoben: „Entscheidend war dabei für Lange die Bildungsfunktion der Genossenschaften, die Chance für die Arbeiter, nicht nur theoretisch, wie in den Bildungsvereinen, sondern praktisch ‚im Wasser schwimmen zu lernen' " (S. XV).
59 Vgl. Aufbruch 1864—1890, S. 65.
60 Vgl. *Tigges*, Konsumvereine, S. 53—55.
61 Z. B. OBA 1799 Bl. 669, Bescheid IM/Vorstand einer Krämerinnung, 19. 3. 84 (Abschr.): Die Befreiung der Konsumvereine von der Steuerpflicht könne nicht aufgehoben werden. S. auch *Riehn*, Konsumvereinswesen, S. 127—131.
62 *E. Jüngst*, Festschrift zur Feier des fünfzigjähr. Bestehens des Vereins f. d. bergbaul. Interessen, 1908, S. 163 f.; vgl. auch Berggeist 10 (1865) S. 303, 321.
63 Vgl. Glückauf 45/11. 11. 66.
64 Die Geschäftsergebnisse sind fortlaufend im Jahresbericht HK Dortmund veröffentlicht worden, vgl. f. 1871, Dortmund 1872, S. 58 f.

einen Umsatz von 90 621 Tlr. im Jahre 1871, woraus sich ein Bruttogewinn von 3839 Tlr. ergab; der Reingewinn nach Abschreibungen betrug 319 Tlr. und wurde als Dividende von 33 ⅓ % auf die Geschäftsanteile der Arbeiter und Beamten von insgesamt 932 Tlr. verteilt. Ein ähnlich günstiges Ergebnis erbrachte der 1868 gebildete Konsumverein der Zeche Hannibal bei Eickel, der 1874 bei 100 Mitgliedern einen Umsatz von ca. 18 000 Tlr. nachwies. Die Dividende betrug jährlich 1 bis 1 ½ Sgr. pro Taler Umsatz. Den Mitgliedern wurde ein Kredit bis zu 10 Tlr. eingeräumt[65].

1874 gab es im Oberbergamtsbezirk insgesamt 13 Konsumvereine und 8 Zechenläden, in denen man zwar „nahezu zum Einkaufspreise"[66] einkaufen konnte, die gleichwohl scharf von den Konsumvereinen zu trennen sind. Zechenläden wurden unter Duldung oder stiller Förderung der Verwaltung ohne Beteiligung der Arbeiter, die etwa bei Konsumvereinen stets in den Vorständen vertreten waren, von Grubenbeamten, Rechnungsführern, manchmal auch von eigens eingerichteten Winkeliers des alten Nebenerwerbstyps in Räumen der Schachtanlagen auf eigene Rechnung betrieben. Schon *Lange* hatte Veranlassung gefunden, diesen im Borgsystem florierenden Kleinhandel anzuprangern[67]. Tatsächlich gab es Beispiele, daß sich selbst die äußerlich unverdächtigeren Konsumvereine ganz gewöhnlicher Methoden der Gewinnhäufung zugunsten der Werksinhaber bedienten. In dem seit 1863, vielleicht infolge jener Anregung des Bergbauvereins, bestehenden Konsumverein der Zeche Helene und Amalie, „Glück-Auf", wurden die „Waaren meist nicht billiger und oft theurer als im sonstigen Detailverkauf", jedoch nur auf Kredit bei Abzug jeweils am Lohntag abgegeben[68]. Der Altendorfer Bürgermeister hatte Anfang 1882, vielleicht nach Beschwerden einzelner Bergleute, unter ausführlichen Preisvergleichen ein Strafverfahren angestrengt, worauf sich auch die Düsseldorfer Regierung zum Einschreiten wegen Verletzung der Truckvorschriften veranlaßt sah. Peinlich genug, mußte der Revierbeamte daraufhin berichten, daß der an beiden Zechenladen und Konsumverein stark interessierte Repräsentant der Zeche, *Waldthausen*, mit dem langjährigen Vorsitzenden des Essener Knappschaftsvorstands identisch war; ein strafrechtliches Verfahren gegen ihn müsse einen schlechten Eindruck in der Öffentlichkeit hervorrufen. Obwohl man in Düsseldorf das Verbot der Barzahlung für Waren wie auch die überhöhten Preise und die Nutzung der Lohnbuchhaltung für die Zwecke des Vereins für nachgerade unverständlich hielt, stellte der Essener Staatsanwalt Ende Mai 1882 das Verfahren formal deswegen ein, weil sich der Konsumverein nicht im Besitz der Zeche befand — „wenn ich die in Rede stehende Einrichtung auch nicht mit den Gesetzen im Einklang stehend halte"[69]. — Daß dieses Beispiel nicht vereinzelt war, zeigt der Fall der übrigens seiner Zeit ebenfalls weitgehend im Besitz der Familie *Waldthausen* befindlichen Borbecker Zechen Wolfsbank und Neuwesel, deren Konsumvereinsverwalter dem infolge einer Beschwerde örtlich konkurrierender Krämer recherchierenden Bürgermeister *Heinrich* klipp und klar darlegte,

---

65 Nach OBA 1776 Bl. 120. — Gewöhnlich stand der Einkauf auch Nichtmitgliedern offen; dies erklärt die Diskrepanz zwischen hoher Umsatzziffer und vergleichsweise niedriger Mitgliederzahl.

66 OBA 1777 Bl. 15 über den Zechenladen der Grube Nordstern. Vgl. Die Einrichtungen zum Besten der Arbeiter auf den Bergwerken Preußens, 1875/76, Bd. I, S. 73.

67 Vgl. Bote vom Niederrhein 47/20. 4. 66. *Lange* rief eine Kabinettsordre v. 16. 11. 46 in Erinnerung, wonach Kleinhandel durch Fabrikarbeiter und deren Familienmitglieder verboten worden war, und wünschte die Ausweitung dieser Bestimmung auch auf Untergebene der Werksinhaber.

68 Im folgenden nach OBA 1799 Bl. 313—347.

69 Ebd. Bl. 347 Staatsanw. Essen/OBA 31. 5. 82.

„daß die Einführung der Baarzahlung nicht erfolgen werde und erfolgen könne. Der Verein als solcher würde seinen Zweck verfehlen und die Auflösung desselben stattfinden müssen ..."[70] Nach den Statuten dieses Konsumvereins war immerhin auch Barzahlung möglich; der Kredit konnte bis zur Hälfte der monatlichen Lohnsumme, ausnahmsweise auch darüber, in Anspruch genommen werden. Der Vorsitzende der Genossenschaft wurde vom Repräsentanten der Zeche bestimmt und hatte einen gewählten Vorstand von 4 Zechenbeamten und 4 Arbeitern zur Seite, der den Stellvertreter des Vorsitzenden ernannte und einen besoldeten Verwalter anstellte. Alle Mitglieder hafteten solidarisch für die Verbindlichkeiten des Vereins. Nach diesen Statuten konnte der Konsumverein immerhin zu einem Instrument der Grubeninhaber, um die starke Fluktuation der Belegschaft zu steuern oder zu unterbinden, genutzt werden, indem man sich außerbetrieblicher Druckmittel versicherte. Der Abhilfevorschlag der Düsseldorfer Regierung — zu dem man sogar ein Gutachten des Bergbauvereins einholte[71] —, statt der derzeit üblichen zweimal monatlichen Löhnung der Bergleute häufigere Auszahlungstermine einzurichten, um der Borgwirtschaft beizukommen, mutet einigermaßen hilflos an.

Trotz oder eher wegen solcher Techniken hat sich das zechengebundene Konsumvereinswesen ausgedehnt, während private Konsumgenossenschaften wegen der steigenden Investitionskosten kaum noch eingerichtet werden konnten, wenn nicht eine Organisation die Trägerschaft übernahm. Im Frühjahr 1878 bestanden insgesamt 18 Konsumvereine auf Zechen der Reviere Recklinghausen (Gruben Julia, Recklinghausen, Schacht Clerget, Ewald), östlich Dortmund (Margaretha, Hörder Kohlenwerk), westlich Dortmund (Borussia, Louise Erbstollen, Westhausen), Witten (Wiendahlsbank[72]), Bochum (Hannibal, Königsgrube), Gelsenkirchen (Holland, Wilhelmine Viktoria[73]), Essen (Königin Elisabeth[74], Kruppsche Konsumanstalt für die Arbeiter von Graf Beust, Ernestine und Friedrich Ernestine), Frohnhausen (Wolfsbank, Helene u. Amalie) und Oberhausen (Alstaden[75]). In den alten Bergrevieren am Südrand des Kohlenbezirks — Sprockhövel, Dahlhausen, Werden — bestanden keine Konsumvereine. Dieses Bild hat sich bis 1885, dem Zeitpunkt einer neuen Erhebung über das Konsumvereinswesen, kaum verändert; erst die 1890er Jahre brachten einen starken Aufschwung[76].

c) Knappen- und bergmännische Arbeitervereine

Im Überblick empfiehlt es sich, in der verwirrenden Vielfalt der Knappen- und sonstigen Vereine der Bergleute drei Entwicklungsphasen zu unterscheiden, deren erste deutlich unter den Leitbildern und im organisatorischen Zusammenhang der katholischen Pfarrseelsorge steht. Dieser Entwicklungszweig hat in der unten in Verbindung mit den

---

70 Ebd. Bl. 557—562 Bürgermstr. *Heinrich*/LR *v. Hövel* 13. 8. 83; ebd. Bl. 527—538 Statuten des Vereins.

71 Ebd. Bl. 601—606, Gutachten v. 3. 3. 84. — Zu einem weiteren Fall auf der Zeche Borussia Ende der 80er Jahre vgl. Volksbote. Volksblatt f. Westfalen und Rheinland Nr. 34/28. 4. 88.

72 Dieser Verein wurde am 1. 4. 84 auf Verlangen der Arbeiter aufgelöst. — Die Aufstellung folgt OBA 1799: Erhebungen, die das OBA 1878 „wegen des damit verbundenen allgemeinen Interesses" anstellte; s. Bl. 1—23, 861.

73 Die Tätigkeit des Vereins wurde 1882 nach einem Prozeß eingestellt; vgl. ebd. Bl. 371.

74 Der Verein ist 1882/83 eingegangen; s. ebd. Bl. 985.

75 Der Verein ist in den 80er Jahren eingegangen; vgl. ebd. Bl. 1007.

76 Vgl. ebd. Bl. 703—705; f. d. 90er Jahre s. OBA 1800.

Streiks von 1872, 1877 und öfter darzustellenden christlich-sozialen Bewegung eine eigene Ausprägung gefunden, die den Zusammenhang mit der Grundform des konfessionellen Knappenvereins jedoch nie ganz verlor. In den 1870er Jahren erscheinen neben den konfessionellen zahlreiche freie, der Geselligkeit und gegenseitigen Unterstützung dienende Vereinigungen, und erst in den 1880er Jahren beginnt sich unter den Auseinandersetzungen um konfessionspolitische Grundsätze und Glaubensfragen der späterhin maßgebliche Typ unpolitischen Arbeitervereinswesens herauszuschälen — dies umso mehr, als die gewerkschaftlichen Kampfaufgaben seit 1889 kontinuierlich durch zwecknahe Organisationsformen wahrgenommen wurden und, diesem Vorbild nacheifernd, die Gründung einer eigenen christlich-katholischen Gewerkschaftsbewegung nach vielerlei Ansätzen endlich seit 1894 die Arbeitervereine von der Last befreite, ihre Existenz gegenüber die Arbeiterschaft auch durch Vertretung proletarischer Interessen zu legitimieren.

Die Knappenvereine sind nicht zufällig in den 1850er Jahren entstanden. Die Knappschaftsgesetzgebung trennte 1854 das Versicherungsinstitut aus dem alten Sozialkörper der Knappschaft, der damit zerfiel und die Bedürfnisse ständischer Abschließung nicht mehr wahrnahm. Nach diesem Rückzug der Obrigkeit aus ihren sozialordnenden Funktionen sind die Knappenvereine in das entstandene Vakuum zunächst als Ersatz für verlorengegangene Beziehungen und Wertorientierungen getreten. Sie bilden so ein Bindeglied, eine Übergangserscheinung von der ständisch-hierarchischen Organisation zur frei kommunizierenden, interessenbestimmten und entlang den Grundlinien industrieller Produktions- und Herrschaftsverhältnisse organisierten, bergbaugeprägten Ruhrgesellschaft. In dieser Stellung zwischen den Zeiten leisteten die Knappenvereine kaum zu unterschätzende Hilfen in der Formung und Bewußtmachung der neuen Anforderungen und Verhaltensmuster; sie organisierten die Anpassung, und dies mit umso größerer Attraktivität, je mehr sie sich und je länger sie sich der Formen und Symbole einer eben zusammengebrochenen Welt ständischer Wertvorstellungen bedienten.

Im Ruhrgebiet kaum durch Erinnerungen an die Revolutionsjahre 1848/49 genährt, orientierte sich das Vereinigungsbestreben der Bergleute stets an den bestehenden gesellschaftlichen Einrichtungen und Autoritäten. Dazu bot sich die katholische Gemeindeseelsorge, jedenfalls im Kreis Essen, geradezu an. Hierin wirkte sich neben dem fester gefügten Gemeindekörper und einer unabhängigeren Seelsorgeauffassung bereits eine schon im Vormärz erkennbare liberalismuskritische Grundströmung im deutschen Katholizismus aus. Auch dürften in den meisten Pfarreien mehr oder weniger ausgeprägt und mitgliederstark Laienorganisationen unter geistlicher Leitung als Gebetsbruderschaften, Jünglingssodalitäten u. a. m. bestanden haben. In katholischen Gegenden waren die Vincentius- und Borromäusvereine zur Gesellschaftserneuerung im katholischen Geist und zur Verbreitung sachdienlicher Schriften, die Elisabethvereine zur Frauenseelsorge, seit 1860 die Michaels- und Katharinenvereine zur Papstfürbitte verbreitet[77]. Auch auf das florierende Gesangvereinswesen wurde von katholischer Seite durch die Bildung der Cäcilienvereine Einfluß zu nehmen versucht[78]; allerdings trugen die Gesangvereinsbestrebungen der Bergleute deutlich weltlichen Charakter und gerieten, wenn sie

---

77 Z. B. Bistumsarchiv Münster, Pfarre St. Peter Recklinghausen Nr. 43, 44; zusammenfassend *K. Buchheim*, Der dt. Verbandskatholizismus, 1961, S. 42—61. Eine archivalische Erforschung des kath. Vereinswesens und seines Formenreichtums, zu der die Bestände der Verwaltungsbehörden auch vor dem Kulturkampf beitragen könnten, fehlt m. W. bisher. Eine erste Umfrage der Behörden fand in der Rheinprovinz 1826 (Hinweis: OPK 10 447), eine weitere 1853 statt (Ergebnisse f. RD in OPK 7045, S. 487—489, vgl. 567—582).

78 Vgl. über Gründungsversuche noch 1887 OPM 3838 OPM/Unterrichtsmin. 8. 10. 87 (Abschr.).

auch Bildungszwecke verfolgen mochten und eine selten wahrgenommene Chance zur schichtübergreifenden Organisierung boten[79], mit den Einigungskriegen zunehmend in preußisch-patriotisches Fahrwasser.

Mit verstärktem Bedürfnis bildeten sich auf katholische Anregung auch Gesellen-, Lehrlings- und kaufmännische Vereine. Die seit 1846 an vielen Orten verbreiteten Kolpingvereine[80] für katholische Gesellen gaben das organisatorische Vorbild auch für katholische Arbeitervereine ab, die meist als „Abzweigung aus den Piusvereinen"[81], seit 1849 oft als Josephsvereine oder unter den Patronaten von St. Paulus, St. Michael, St. Ludgerus, St. Stephanus, St. Hippolytus, St. Eligius und, besonders unter Bergleuten, St. Antonius entstanden[82]. Die Vereinspatrone waren zumeist auch Namensgeber, wobei man unter Bergleuten gern das alte bergmännische Grußwort „Glückauf" oder andere Kombinationen von Glück („Bergmannsglück", „Glückssegen") im Vereinsnamen führte; auch die soeben erst im Ruhrgebietsbrauchtum eingeführte Schutzpatronin des Bergbaus, St. Barbara, hat in vielen Fällen den Namen gegeben[83]. Zusammensetzungen wie „Glückauf Germania", „Glückauf Augusta", finden sich vor allem in den protestantischen Landschaften des Reviers.

Solange die Arbeitervereine einer örtlichen Pfarre affiliiert blieben, wurde in der Organisation vom Prinzip geistlicher Führung unter Zuwahl des Vorstands aus der Mitgliedschaft in den katholischen Vereinen nicht abgegangen; die Präsidesverfassung hat der Kirche maßgeblichen Einfluß vorbehalten, indem sie die Gemeindemitglieder in den Vereinen mit einer zusätzlichen Bindung umgab[84]. Dabei ist der Gründungsimpuls jedenfalls in den ersten beiden Jahrzehnten der Knappenvereinsgründungen gewöhnlich von den Bergleuten selbst ausgegangen, wurde von den Geistlichen aufgegriffen und zu einem Gründungsaufruf von der Kanzel formuliert[85]. Die ältesten solcherart gebilde-

---

79 Vgl. Rhein- u. Ruhrzeitung 149/28. 6. 67, wo „die gänzliche Abwesenheit der höheren Stände" in den Gesangvereinen beklagt wird. Über einzelne Gründungen s. OBA 1776 Bl. 27, z. B. in Kupferdreh „auf eigenen Antrieb" der Arbeiter 1874; Bl. 53 Dahlhausen, Bl. 184 Barop; s. auch die Zusammenfassung in: Die Einrichtungen zum Besten der Arbeiter auf den Bergwerken Preußens, Bd. I S. 58.

80 Vgl. *H. J. Kracht*, A. Kolping und die Gründung der ersten Gesellenvereine in Westfalen, 1973, S. 209—213; *ders.*, Organisation und Bildungsarbeit der Katholischen Gesellenvereine (1846—1864), 1975, S. 1—20.

81 *Buchheim*, Verbandskatholizismus, S. 51. *Fr. Prinz*, Kirche und Arbeiterschaft, 1974, meint S. 177—179, die Entwicklung kath. Arbeitervereine habe „immer auf unterster Ebene in den Pfarrgemeinden" begonnen.

82 Ein Blick in die Schematismen der Diözesen, die in diesem Punkt allerdings zumeist erst Ende des 19. Jhs. in gewünschter Ausführlichkeit Informationen aufweisen, bestätigt die außerordentliche Fülle des kath. gemeindlichen Vereinswesens; vgl. (im Bistumsarchiv Münster) Schematismus der Diözese Münster 1896 (Okt.), hg. v. *Chr. Kleyboldt*, Münster 1896, S. 193—198; (im Bistumsarchiv Paderborn) Schematismus des Bistums Paderborn, hg. v. Bischöfl. General-Vikariate. 1909, Paderborn 1909.

83 *Fr. Krins*, Barbaraverehrung in Nordrh.-Westf., 1956, S. 162—164, bezeichnet die St. Barbara-Knappenvereine (als erster wohl der Barbara-Verein Essen-Altstadt v. 1860) als erste Zeugnisse der Barbara-Verehrung im Ruhrgebiet. Über Knappenvereine mit dem Namen „Glückauf" s. *G. Heilfurth*, Glückauf! Geschichte des Bergmannsgrußes, 1958, S. 143 f.

84 Vgl. die in den Pfarrarchiven gewöhnlich gesondert ausgewiesenen Bestände zum kirchlichen Vereinswesen, die hier vornehmlich für die jeweiligen Knappenvereine herangezogen wurden. Pfarrarchiv St. Clemens Dortmund-Hombruch, Bd. A 9; St. Urbanus in Dortmund-Huckarde, Bd. A 16; St. Clara in Dortmund-Hörde, Bd. 16 Seelsorge II.

85 Vgl. Pfarrarchiv St. Nikolaus in Essen-Stoppenberg, Protokollbuch des Knappenvereins Glückauf Bd. I 1865—1886, „Erste Versammlung". Zum Folgenden s. die Studie von

ten Knappenvereine entstanden in Altenessen (1855), Rellinghausen (1857), Steele (1856), Essen (1860), Borbeck (1861), Überruhr (1861), Altenessen (1863), Altendorf (1863), Bottrop-Welheim (1863) und Stoppenberg (1865). Zwar mögen dies nicht die ersten und einzigen Gründungen bergmännischer Vereine im Ruhrgebiet gewesen sein[86] — von ge-scheiterten Gründungsversuchen ist zumeist keine Nachricht überliefert —, aber die hier ausgebildeten Vereinsformen haben doch, so läßt sich feststellen, die weiterhin entste-henden Gruppen vorbildhaft beeinflußt. In jedem Fall wirkten die besonderen lokalen Verhältnisse an der statuarischen Gestalt der Vereine mit; für Essen kommt hinzu, daß die in den Jahren 1858—61 unter den Bergleuten verbreitete Unruhe in die frühen Organisationen eingeflossen ist[87].

Die erste Phase der Knappenvereinsentwicklung ist im Dezember 1868 zu einem im einzelnen leider nicht bekannten Abschluß mit der Gründung eines „Knappenbundes"[88] der Vereine in Essen-Stadt, Borbeck, Altenessen und Stoppenberg gebracht worden. Obwohl dieser Knappenbund den allerdings vom Kulturkampf inzwischen geschärften Polizeiaugen 1874 noch erinnerlich war und seine Existenz nicht bezweifelt wurde[89],

---

A. *Kalis,* Die Geschichte der Arbeiter- und Knappenbewegung im Ruhrgebiet, (vervielfältigt) 1968, deren Kenntnis ich Herrn Diözesanpräses *P. Neumann,* Essen, verdanke; ferner zusammenfassend *A. Kalis,* Die christlich-soziale Arbeiterbewegung in Essen, 1965/66; *Hue* II S. 278—284; *Imbusch,* Arbeitsverhältnis, [1908], S. 190—200.

86 Nach der Umfrage LR Dortmund 13. 11. 51 bestanden im mehreren Bergbaugemeinden des Kreises Gesangvereine, von denen z. B. der Wellinghofener nach Ausweis der Mitglieder-liste (22 Bergleute von 32 Mitgliedern) als bergmännisch zu bezeichnen ist (in: LRD 1233).

87 Dies gilt wahrscheinlich für den Bergmannsverein Überruhr, in dessen Einzugsbereich die Zechen Charlotte, Gewalt, Heinrich, Sandbank, lagen. Mindestens Zeche Heinrich Westl. Feld ist Anfang der 60er Jahre wegen Streichung der Brandkohlen bestreikt worden (vgl. unten S. 429); der sich in diesem Zusammenhang beschwerende Hauer *Johann Quecke* (vgl. *Quecke*/OBA 15. 1. 61, im Anhang S. 617 f.) wurde nach Ausweis des Protokollbuchs (in StaE) dieses Pfingsten 1861 gebildeten Vereins Mitglied und übernahm zeitweise Vor-standsfunktionen. Mitglied war auch *Franz Lesmeister;* ein Bergmann dieses Namens führte schon 1838 auf Zeche Gewalt eine Gruppe an, die wegen unzureichender Löhne die Arbeit niederlegte (vgl. oben S. 140 f.). — Von Zechenverwaltungen initiierte Vereinsgründungen sind nur selten nachweisbar; ein frühes Beispiel ist der von der Grube Ver. Sellerbeck 1868 angeregte „Knappenbund", der sich Ende 1872 wiederauflöste. Nach Aussage des Gruben-vorstands *Fr. Köhne* verfolgte die Zeche den Zweck, „durch den Verein einen stabilen Arbeiterstand zu gewinnen, hat sich indessen hierin aus dem Grunde getäuscht, weil die Bergleute sich die Arbeit suchen, wo ihnen der höchste Lohn gezahlt wird" (OPK 7296 S. 251, 261 f., 265—271; OPK 7298 S. 197 f.). Ein weiteres Beispiel war der Hamborner Knappen-verein Glückauf, dem *August Thyssen* 1881 als Mitglied Nr. 2 beitrat; vgl. Der Anschnitt 7 (1855) Nr. 6, S. 26. „Von freisinniger Seite" ist 1888 in Dortmund ein Arbeiterverein „Harkort" gegründet worden, von dem es WAZ 33/22. 12. 88 hieß, es sei „wirklich ergötz-lich, wie sich die bürgerlichen Parteien bemühen, den ‚Bruder Arbeiter' auf falsche Fährte zu locken"; vgl. ebd. 34/29. 12. 88.

88 Mehrfach in den Schriften von *H. Imbusch* mit kurzen Bemerkungen erwähnt; z. B. Die Gewerkschaftsbewegung unter bes. Berücksichtigung der Bergarbeiterbewegung, [1919], S. 44 f.; danach *Kalis,* Arbeiter- und Knappenbewegung, S. 42. Die wichtigste Quelle ist der Hinweis im Protokollbuch des Knappenvereins Stoppenberg (Pfarrarchiv St. Nikolaus) Bd. I, 20. 12. 68, über die Billigung des Beitritts durch die Versammlung; vgl. ferner Chr.-Soz. Blät-ter 1 (1870) S. 13 f.

89 Vgl. Aufstellung der kath. Vereine im Krs. Essen, August 1874: RD 288 Bl. 179—205. Hier ist von einem „Kartellvertrag", der die genannten Vereine verbinde, die Rede: Vielleicht han-delte es sich um eine vertragliche Abrede zur Unterstützung und Aufnahme gegenseitiger Vereinsmitglieder ohne Eintrittsgeld.

dürfte er aus nicht viel mehr als Konsultationen der Präsides, aus gegenseitigen Vereinsbesuchen anläßlich der Stiftungsfeste, aus einem ganz unverbindlichen näheren Zusammenrücken der Vereine bestanden haben. Weniger der Umstand der Verbandsbildung, als vielmehr ihr Zeitpunkt verdient dagegen Interesse. Nur wenige Wochen nach der Gründung der *Tölckeschen* Allgemeinen Genossenschaft der Bergleute entstand an deren Vorort, nach voraufgegangenen Streikaktionen und inmitten der gewiß aufsehenerregenden Dezemberereignisse um den ADAV in Essen[90], ein eigener Verband der katholischen Knappenvereine, dessen Intention aus dieser Sicht nur gewesen sein kann, die Bergarbeiterschaft gegen diese erste sozialdemokratische Gewerkschaft unter Bergleuten enger zusammenzuschließen. Sicher nicht zufällig datiert von hier die Etablierung einer eigenständigen christlich-sozialen Arbeiterbewegung mit stark gewerkschaftlichen Zügen und gelegentlich in gespanntem Verhältnis zum konservativeren katholischen Pfarrklerikalismus.

Das vermehrte Eindringen gewerkschaftlicher, christlich-sozialer Züge hat die Knappenvereine in den nächsten Jahren gekennzeichnet und begleitete die Neugründungen der 1870er Jahre. Daneben entstanden in den überwiegend protestantischen Orten seit 1868 die ersten gemischtkonfessionellen oder freien Knappenvereine, an deren Gründung gelegentlich bereits Sozialdemokraten mitgewirkt haben dürften[91]. Der Schwerpunkt dieser Vereine lag in der Umgebung von Dortmund mit Vereinen in Barop, Eichlinghofen, Dorstfeld, Oespel, Marten, bis hin nach Witten, Langendreer, Bochum, und natürlich in Dortmund selbst, wo schon 1867 von dem späteren Kaiserdelegierten *Ludwig Schröder* der Knappenverein „Glückauf" mitbegründet wurde. Spätestens seit dem Streik von 1872 stand dieser Verein im Mittelpunkt nichtklerikaler Vereinsbestrebungen der Bergleute[92]; aber noch wenige Jahre zuvor waren die Knappenvereine hier eine so unbekannte Erscheinung gewesen, daß in den Verwaltungen gerätselt wurde, ob es sich nicht doch um Knappschaftsvereine handele[93].

Um 1872 bestand dann bereits ein Zentralverband von acht nichtkonfessionellen Vereinen aus der Umgegend von Dortmund. Nach oberbergamtlichen Recherchen Anfang 1873[94], auf die sich die späteren Unterdrückungsversuche stützten, soll in den Mitgliedsvereinen die Lektüre sozialdemokratischer Zeitungen gepflegt worden sein, und eine durch einen Zentralbeitrag aller Mitglieder gebildete Zentralkasse, ursprünglich als Unterstützungskasse bei größeren Unfällen gedacht, diente Streikunterstützungszwecken. Auch andernorts war die Gleichförmigkeit der Statuten der Mitgliedsvereine aufgefallen[95], die jeweils zwei Deputierte in das Zentralkomitee dieses „Baroper Centralverbands" entsandten. Daß dieser Verband weniger sozialdemokratischen Tendenzen huldigte, als es das Oberbergamt gewünscht hätte, ergibt sich aus einer Reihe von Indi-

---

90 Näheres s. unten S. 448 ff. — Daß sich Ende der 1860er Jahre auch im Dortmunder Raum
   Bestrebungen kath. Vereine zum Zusammenschluß regten, geht aus einer Meldung Rhein.-
   u. Ruhrzeitung 153/3. 7. 67 über eine Versammlung hervor.
91 Vgl. *H. Croon*, Vom Werden des Ruhrgebiets, 1967, S. 217.
92 Vgl. *Hue* II S. 281—283.
93 Vgl. OPM 2642 I Bl. 7 ff., RA/OPM 16. 12. 68. Die Unterscheidung zwischen Knappschafts-
   und Knappenvereinen fiel den revierfremden Zeitgenossen stets schwer; s. etwa *G. H. Braun*,
   Der Anthrazitkohlenstreik, Diss. 1893, S. 120.
94 Vgl. das unten S. 374 f. näher ausgeführte Gutachten des OBA/RA 27. 3. 73; in: RA B 59
   Bl. 213—219. Die hier wiedergegebenen oberbergamtlichen Erkenntnisse werden z. T. durch
   die schon von *Hue* (II S. 281 f.) aus den Protokollen des Knappenvereins „Glückauf", Dortmund, berichteten Einzelheiten bestätigt; vgl. auch Hinweise bei *A. Erdmann*, Christl. Arbeiterbewegung, 1909, S. 381.
95 Vgl. OPM 2642 I Bl. 7 ff.

zien: Die Arbeiterschaft der Gegend um Hörde, Barop und Dorstfeld war in dieser Zeit noch deutlich nationalliberal gesinnt — noch einige Jahre später vermochte der Reichstagskandidat *Tölcke*, der an dieses Gebiet unangenehme Erinnerungen hatte[96], hier gegen den Gewerken *Berger* keinen Fuß zu fassen, und die ansässigen Vereine haben sich weit wahrscheinlicher gegen als für die Sozialdemokratie ausgesprochen. Während des Streiks 1872 ließ der Vorsitzende des Verbands, *V. Schulte*, erklären, man werde etwa von Essen ausgehenden Anschlußbestrebungen energisch entgegentreten, und der Eichlinghofer Knappenverein hielt noch 1878 die dortige Luft für „dem Wachstum der Sozialdemokratie schädlich". Dennoch ist der Zentralverband, wie *Hue* berichtet, Ende 1872 von der Polizei auseinander getrieben worden[97].

Wohl hatten die zu Beginn der 1870er Jahre im Ruhrgebiet damit tätigen beiden Verbandsbildungen wenig miteinander gemein, aber die Tatsache muß doch überraschen, daß hier bereits in Ansätzen die spätere Konstellation des katholisch-protestantischen Vereinswesens im Ruhrgebiet deutlich wird. Beide Flügel nahmen nach Einbruch der Depression 1874 eine unterschiedliche Entwicklung. Während, wie noch zu zeigen ist, im westfälischen Revier die Ausbreitung der Knappenvereine durch Unterdrückung ihrer Unterstützungseinrichtungen gehemmt wurde, forderte auf der rheinischen Seite der Kulturkampf manches Opfer auch von der organisierten katholischen Arbeiterschaft. Im östlichen Ruhrgebiet wurden die Vereine auf ihren geselligen Statutenzweck zurückgedrängt und mochten, solange ein mächtiger organisatorischer Rückhalt in der steten Präsenz der Kirche fehlte und weil „mit den sinkenden Löhnen bei fortdauernd hohen Preisen der Lebensbedürfnisse die Neigung sich abstumpft, für Vereinszwecke Beiträge zu zahlen"[98], der konjunkturellen Entwicklung so sehr wie den behördlichen Pressionen erliegen.

Im westlichen Revier hat sich mit Abnahme der Kulturkampfspannungen in der Doppelpoligkeit des katholischen Vereinswesens zwischen reinen Seelsorgezwecken und gewerkschaftlichen Aufgaben das Gewicht in Richtung auf den nichtgewerkschaftlichen Arbeiterverein verschoben, während andererseits der Schwerpunkt der christlich-sozialen Bewegung unter dem Sozialistengesetz zeitweise in Bochum und Gelsenkirchen lag. Amtlicherseits wurde schon im Januar 1877 die Gegenbewegung des katholischen Klerus gegen seine roten Kapläne befriedigt konstatiert, während man zugleich auf das Wachstum der sozialdemokratischen Stimmen hinwies. Deutlicher wurde die Entspannung auch im Ruhrgebiet nach dem Tode *Pius' IX.*; man hob erfreut hervor, daß in Rellinghausen ein katholischer Geistlicher nunmehr am Kaisergeburtstag die Lebensgeschichte des Monarchen „in zutreffender, patriotischer Weise" geschildert habe, und Ende 1879 wurde die Mitwirkung der „bisher als Reichsfeinde behandelten Clerikalen" an der Zollgesetzgebung ihnen hoch angerechnet. Auch habe der Wechsel im preußischen Kultusministerium bewirkt, „daß der kirchenpolitische Kampf noch mehr an Schärfe verlor"[99]. Mit Erlaß des Sozialistengesetzes, dessen Wirkungen nicht auf das christlich-soziale Vereinswesen ausgedehnt wurden[100], wird man sich auch der nie vernachlässigten

96 Vgl. unten S. 476.

97 *Hue*, Neutrale oder parteiische Gewerkschaften, 1900, S. 28; *Hue* II S. 307, 322.

98 OPM 2642 I Bl. 94 RA/OPM 1. 8. 74.

99 Zitate aus: OPK 177 vol. II. S. 797—824 Zeitungsbericht RD 29. 1. 77; OPK 9047 S. 61—78, 101—116, 129—141, Zeitungsberichte RD 29. 10. 1878, 27. 4. 1879, 5. 11. 1879.

100 Vgl. unten S. 529 f. Das Gegenteil behauptet *H. Budde*, Christentum und soziale Bewegung, 1961, S. 75 f. — In ihrem gewerkschaftlich-politischen Kampf in Konkurrenz zu sozialistischen Organisationen werden die christlich-sozialen Vereine unten S. 464 ff. genauer dargestellt.

antisozialistischen Front der Christlich-Sozialen erinnert haben. Zwar gehörten die „Christlich-Sozialen Blätter" im Sommer 1878 zu den wenigen Stimmen, die sich gegen ausnahmerechtliche Unterdrückungsmaßnahmen wandten, zugleich wurde aber viel Kraft auf den geistigen Kampf gegen den Sozialismus verwendet[101]. Der Anstoß zur Sammlung reformwilliger katholischer Arbeitgeber in einem Dachverband der Arbeitervereine, den Vikar *Bongartz* durch die inzwischen von ihm redigierten „Christlich-Sozialen Blätter" gab, hat der katholischen Sozialreform mit einer deutlich antisozialistischen Spitze neue organisatorische Gestalt verliehen.

Der daraufhin entstandene Verband „Arbeiterwohl" wirkte seit 1880, obwohl bei wenig mehr als 1200 Mitgliedern zahlenmäßig wenig bedeutend, durch seine Verbandszeitschrift „Arbeiterwohl" und durch die herausragende Persönlichkeit ihres Herausgebers und hauptamtlichen Geschäftsführers *Franz Hitze* in starkem Maß auf die Programmatik und Organisation des katholischen Arbeitervereinswesens ein[102]. In der so heiß diskutierten Frage der „Idee der Rekonstruktion der Stände auf dem Wege freier Association"[103] vertrat *Hitze*, seit 1877 durch sein Buch über „Die sociale Frage" weiteren Kreisen bekannt, eine der dezidiertesten Positionen auf katholischer Seite. Auf dem Forum der jährlichen Katholikentage, des Reichstags und durch seine umfangreiche publizistische Wirksamkeit hat *Hitze* die Diskussion einer ständischen Sozialreform vorangetrieben und ihr zugleich durch sein Engagement in den Arbeitervereinen, von dem seine vereinsstatistischen und programmatischen Artikel im „Arbeiterwohl" ein beredtes Zeugnis überliefern, einen praktischen Zug verliehen.

Zwar ist das Instrument gewerkschaftlichen Kampfes in Gewerk- und Fachvereinen und der Streik als Mittel der Lageverbesserung auch in „Arbeiterwohl" nicht grundsätzlich abgelehnt worden; dagegen verloren die als kirchliche Standesvereine, als „Mittel der geordneten Seelsorge" im Pfarrbezirk[104] auch von *Hitze* konzipierten Arbeitervereine aber doch schon aus organisatorischen Erwägungen an gewerkschaftlicher Schlagkraft. Durch die Präsidesverfassung in Abhängigkeit von Person und Führungswillen der örtlichen Geistlichen gesetzt, zerrieb jedes etwa formulierte Arbeiterinteresse zwischen den Mühlsteinen der unter der seelsorgerischen Hand zu vereinenden gemeindlichen Interessen. Aber auch nach ihren programmatischen Zwecken glitten die Arbeitervereine nunmehr in das nurseelsorgerische, nur gesellig-bildende Fahrwasser. So hieß es über

---

101 Vgl. Chr.-Soz. Bl. 11 (1878) S. 336, 401 f.; 743, 780—789: „Sozialdemokratie und Liberalismus — die Todfeinde der christlichen Ehe und Familie"; s. ferner unten S. 466.

102 Zur Gründungsgeschichte s. *Buchheim*, Verbandskatholizismus, S. 73; *Budde*, Christentum und soziale Bewegung, S. 79; *ders.*, Handbuch der christlich-sozialen Bewegung, 1967, S. 20—22; *D. Fricke/H. Gottwald*, Katholische Arbeitervereine, 1970, S. 257; *Filthaut*, Deutsche Katholikentage 1848—1958, 1960, S. 74, 82—85; *E. Ritter*, Die kath.-soziale Bewegung und der Volksverein, 1954, S. 129—136. Aus der sehr umfangreichen Literatur über *Hitze* sei hier hingewiesen auf *Karl-Heinz Grenner*, Wirtschaftsliberalismus und kath. Denken. Ihre Begegnung und Auseinandersetzung im Deutschland des 19. Jhs. Köln 1967, S. 251—265.

103 Name eines 1879 in Aachen berufenen Komitees, s. *Filthaut*, Katholikentage, S. 83.

104 *Ritter*, Die kath.-soz. Bewegung S. 281, s. S. 291 f. Der Ansicht *Ritters*, der kirchliche Standesverein sei „die ureigenste Schöpfung Hitzes", kann im Blick auf die frühen Knappenvereine, die keineswegs „entweder des kirchlichen oder des ständischen Charakters" entbehrten, nicht beigetreten werden. Zur seelsorgerischen Aufgabe der Arbeitervereine s. auch *Hitze*, der damit erneut sein wachsames Urteil über soziale Strukturveränderungen dokumentierte, auf dem Freiburger Katholikentag 1888 (*Filthaut*, S. 107—110): Infolge der industriellen Mobilität greife die Hausseelsorge nicht mehr und müsse deshalb durch Vereinsseelsorge ersetzt werden.

„Zweck und Einrichtung eines katholischen Arbeitervereins"[105], neben der gegenseitigen religiösen Förderung, der gemeinsamen Kommunion und der „Veredelung des geselligen Lebens" seien Sparsamkeit und die Pflichten gegen die Familie vorrangig; man wollte „ein Zweifaches erstreben: des Wissens Erweiterung und des Herzens Erheiterung", durch passende Vorträge, „mit den religiösen Themata obenan". Derart in den Schoß der Kirche zurückgenommen, blieben dem katholischen Vereinswesen nach den Worten des Kölner Kirchenfürsten *Dr. Krementz* (1887) drei „Marksteine" zur Beachtung[106]: Der Arbeiter möge „im Geist der Buße, des Gehorsams und der Demuth sein Joch tragen"; er solle „bei der Besserung seines Standes an sich selbst anfangen", und schließlich müßten die Arbeiter „immer eingedenk sein..., daß sie den vollen, wahren Lohn für ihre Arbeit und Mühen nicht auf dieser Welt, sondern im Jenseits zu erwarten haben". Dem entsprach, wenn *Franz Brandt*, Fabrikant und Vorsitzender von „Arbeiterwohl", dazu aufrief, daß die Arbeitervereine eine Legion zum Kampf für das Gute, nicht gegen die Arbeitgeber bilden sollten[107]: „Die beiderseitigen Interessen [sind] gemeinsame". Mochten solche Worte in den Ohren *Hitzes*, dem das Vokabular sozialpolitischer „Pflichten und Aufgaben der Arbeitgeber"[108] näher lag, auch Mißtöne erzeugen, so bahnten sie doch den Weg, den das katholische Arbeitervereinswesen in den späten 1880er Jahren nahm. *Hitze* selbst wird dazu beigetragen haben, indem er nicht müde wurde, den „Mangel echter Standesehre" unter Arbeitern zu beklagen[109]: „Verkünden wir recht oft diese Wahrheiten und geben wir vor allem selbst das Beispiel, indem wir den Arbeiter ehren, seine Vereine besuchen, uns glücklich schätzen, sie um uns zu sammeln, uns mit ihnen zu freuen, mit ihnen solidarisch zu sein." Hier ist aus der in den 1870er Jahren voranstehenden Auseinandersetzung der Christlich-Sozialen mit der Sozialdemokratie um dasselbe Organisationspotential längst eine kämpferische Abwehrhaltung des systemversöhnten sozialen Katholizismus gegen die Angriffe der Systemverächter und mutmaßlichen Antichristen geworden. Es gehe, meinte *Hitze* 1882, sicher im Blick auf die Berliner Vorgänge um den Hofprediger *Stöcker*, „ein christlich-socialer Zug durch die Gesellschaft, und diese Strömung ist es auch allein, die der socialdemokratischen Strömung den Weg verlegen kann"[110]. Gerade auch das Forum der Katholikentage wurde von den führenden Vertretern des sozialen Katholizismus zur Demonstration des katholischen Arbeitervereinswesens als „Damm gegen die Sozialdemokratie", als seelsorgerisches Mittel zur Stärkung des religiösen Sinns im Volk angesichts der drohenden Gefahr eines gesellschaftlichen Umsturzes genutzt[111]. Als sich dann die Nichtverlän-

105 Arbeiterwohl 1 (1881) S. 193—208, 209—218, 218—232. Die Zeitschrift bevorzugte anfangs ermahnend-belehrende Beiträge in dialogischer Form, z. B. zwischen Pfarrer und Arbeitgeber. — 1885 hatte *Hitzes* Denkschrift über die Notwendigkeit von Arbeitervereinen die Zustimmung des dt. Episkopats gefunden.
106 Ebd. 7 (1887) S. 18 f., z. T. gesperrt.
107 Ebd. 7 (1887) S. 20, z. T. gesperrt.
108 Ebd. 8 (1888) S. 173—208.
109 Ebd. 9 (1889) S. 191—198, Referat *Hitzes* auf der IX. Generalversammlung v. „Arbeiterwohl", Bochum 26. 8. 89, z. T. gesperrt. Zur „Aussöhnung statt Lösung der Widersprüche" als beherrschender Ideologie des Verbands s. jüngst *Klaus Kreppel*, Entscheidung für den Sozialismus. Die politische Biographie Pastor Wilhelm Hohoffs 1848—1923. Bonn-Bad Godesberg 1974, S. 22 f.
110 Referat *Hitzes* auf der II. Generalversammlung des Verbands, 11. 9. 1882; Arbeiterwohl 2 (1882) S. 155. Zur Auseinandersetzung mit dem Sozialismus s. auch die weiteren Referate *Hitzes* auf den Generalversammlungen, bes. Arbeiterwohl 5 (1885) S. 194 f.
111 *Schorlemer-Alst* in Amberg 1884 und *Hitze* in Trier 1887, s. *Filthaut*, Katholikentage, S. 95, 103.

gerung des Sozialistengesetzes abzuzeichnen begann, besann man sich eilig, um den erwarteten Organisationserfolgen der Sozialisten zuvorzukommen, auf den nicht nur religiösen Charakter der Vereine, obwohl auch jetzt die „Seelsorge zur Erhaltung des Glaubens gegenüber der Gefahr der Social-Demokratie"[112] vorrangig bleiben sollte. Bei aller Skepsis, daß solche „Bestrebungen" doch „über das Ziel hinausschießen" könnten, sollte der katholische Geistliche um so weniger Streiks verurteilen, als diese doch zuerst die „Consequenz des Manchesterthums" waren, nicht etwa „an und für sich etwas Socialdemokratisches". Aber man scheute sich doch, gewerkschaftliche Zielsetzungen auch jetzt scharf hervorzuheben:

> „Die Arbeiter-Vereine sind eine Nothwendigkeit — die einzig wirksame Bekämpfung der Social-Demokratie; dieselben haben aber auch directe, positive Ziele: Festigung des Glaubens und Förderung der Standes-Tugenden."

Mochte man unter standesbewußten Bergleuten mit solchen Worten auch zeitweise noch Terrain gewinnen, so war die Frage: „Die Arbeiter-Bewegung besteht, greift immer weiter um sich: wer wird die Führung bekommen?" — 1889 vor allem deshalb bereits entschieden, weil ohne eine nachhaltige Handlungsperspektive im Interesse der Arbeiter diese nicht oder nicht dauerhaft an die Kirche zu binden waren — Erfahrungen übrigens, die auch auf der evangelischen Seite gemacht werden mußten. Es half dabei nicht, wenn man sich verbal bemühte, Arbeiterbewegung und Sozialdemokratie auseinanderzudividieren, oder blieb bloße Illusion, wenn *Windthorst* 1890 behauptete, „Arbeiter und Arbeitgeber ständen heute der Sozialdemokratie, als dem gemeinsamen Feind, gegenüber"[113].

Auch in konfessioneller Beziehung begannen sich seit 1881/82, als im Zuge der Essener Petition eine neue Welle christlich-sozialer Agitation vom Ruhrgebiet ausging und die evangelische Arbeiterschaft eine eigene Vereinsorganisation aufbaute, die künftigen Konturen im Vereinsnetz der Bergleute abzuzeichnen und bis in die späteren gewerkschaftlichen Organisationen hineinzustrahlen. Um die Gründung der evangelischen Arbeitervereine unter den Bergleuten und damit um die Begründung des evangelischen Arbeitervereinswesens überhaupt hat die Verbandspresse und -geschichtsschreibung später viel Schlicht-Heroisches gewoben[114]. Richtig an der Geschichte der Emanzipation des Bergmanns *Ludwig Fischer* von den katholischen Klauen des übermächtigen Gelsenkirchener christlich-sozialen Arbeitervereins ist die Tatsache, daß an mehreren Orten gleichzeitig die evangelische Arbeiterschaft, soweit sie sich den katholisch dominierten

---

112 Hier und im folgenden aus dem wichtigen Aufsatz „Vereins-Seelsorge", Arbeiterwohl 9 (1889) S. 198—209, z. T. gesperrt.
113 Katholikentag Koblenz 1890, s. *Filthaut*, Katholikentage, S. 116 f., Referat des Pfarrers *Schmitz* aus Trier.
114 Vgl. Pastor *Deutelmoser*, Ev. Arbeitervereine in Rhld. u. Westf., 1890, S. 8—10, S. 40—47 Abdruck des Statuts des Gelsenkirchener ev. Arbeitervereins; *Francke* (Hg.), Gesamtverband ev. Arbeitervereine, [1915], S. 134—136; *H. Schack*, Festschrift zur Feier des 25jährigen Bestehens der ersten ev. Arbeitervereine, 1907, S. 14—21; *Erdmann*, Christliche Arbeiterbewegung, S. 323 f.; *Imbusch*, Arbeitsverhältnis, S. 203—209; *P. Göhre*, Die ev.-soziale Bewegung, 1896, S. 109—119, zur Gründung S. 111: „diese scheinbar simple Tat"; *F. Einicke*, Die Stellung der ev. Arbeitervereine, 1950, S. 54—56; *B. Feyerabend*, Die ev. Arbeitervereine, 1955, S. 26—32 zur Vorgeschichte, S. 297 Literaturüberblick. Für den Zeitraum nach 1890 vor allem: *A. Just*, Der Gesamtverband d. ev. Arbeitervereine, 1913; vgl. *ders.*, Die evang. Arbeitervereine. Leipzig 1906 (= Sozialer Fortschritt Nr. 81); zusammenfassend jetzt: *D. Fricke*, Gesamtverband ev. Arbeitervereine, 1970, S. 150 f.

christlich-sozialen Vereinen angeschlossen hatte, den konfessionellen Hader in besonderem Maße zu spüren begann und nach dem Vorbild der Gelsenkirchener Vereinsgründung eigene Organisationen schuf. Freilich hat es auch vor 1882 evangelische Arbeitervereine im Revier gegeben: Schon im Vormärz ist ein Gustav-Adolf-Verein in Witten eingeführt worden; 1870 hatte diese Leipziger Vereinsgruppe Filialen in Duisburg, Mülheim, Essen, Werden und Kettwig gebildet[115]. Evangelische Unterstützungsvereine sind in bewußter Abgrenzung von den Mitgliedschaften katholischer Kassen oder auch selbständig in den 1860er und 1870er Jahren auch in dem überwiegend katholischen Essen-Werdener Gebiet entstanden[116], und die Gelsenkirchener Gründung wäre fast um ein Jahr vorweggenommen worden, als der evangelische Pfarrer *Angener* 1881 auf fünf Königssteeler Gruben durch Aushang zu einer Gründungsversammlung einlud. Den Statuten dieses evangelischen Bergmannsvereins ist, da man sich auf den Amtsstuben über den Charakter dieser neuen Sprößlinge des Vereinswesens noch keine Meinung bilden konnte, die Genehmigung versagt geblieben, und der zwei Jahre später hier von *Angener* konstituierte Arbeiterverein stand dann im Zusammenhang der Gelsenkirchener Bewegung[117].

Für die langdauernde Abstinenz der evangelischen Geistlichen gegenüber den Problemen der Arbeiterschaft und ihrer Organisation ließe sich ein ganzes Bündel von Gründen anführen. Im Ruhrgebiet hat sich gegenüber einem altmärkisch-preußischen Pfarrkonservatismus vor allem die „soziale Aktivität des niederen Klerus"[118] auf der katholischen Seite ausgewirkt. Während diese jungen Kapläne, z. T. selbst Arbeiterkreisen entstammend, im Rückgriff auf eine ausgebildete naturrechtliche Sozialtheorie ohne weiteres über gedankliches Rüstzeug verfügten, schließlich einigen, wenn auch zögernden und in den 1870er Jahren abnehmenden Rückhalt in der hohen Geistlichkeit fanden und sich im übrigen im prinzipiellen Widerspruch zum kulturkämpfenden Preußentum sahen, herrschte in der evangelischen Geistlichkeit, von progressiven Ausnahmen abgesehen, Unkenntnis und manchmal auch Ignoranz gegenüber den Belangen der Arbeiterschaft. Streiks, so meinte ein Hattinger Pfarrer 1890, „legen Zeugniß ab, nicht allein von einem bösen Geiste der Mißstimmung und des Mißtrauens, sondern der maßlosen Begehrlichkeit und Verblendung"[119]. Versuche wie die Anstrengungen des Hofpredigers *Stöcker* wurden in weiten Kreisen der Kirche als „dem evangelisch-lutherischen Wesen fremd oder gar widersprechend empfunden"[120]; mit einigem Recht darf auch in den von Gelsenkirchen 1882 ausgehenden Vereinsgründungen eher eine Verteidigungsposition des Protestantismus zugleich gegen Ultramontanismus und Sozialismus, als ein wirklicher Beitrag zur Lösung gesellschaftlicher Widersprüche vermutet werden. Diese Vereine verzichteten bewußt auf eine wirtschaftliche Interessenvertretung der Arbeiter — einige Beziehungen zu christlichen Gewerkschaften ließen sich erst nach der Jahrhundertwende herstellen — und legten vielmehr den Akzent darauf, „einen starken Damm aufzurichten gegen die

---

115 Vgl. LRB 68 über entsprechende Bemühungen des Wittener Superintendenten 1844; Rhein- und Ruhrzeitung 67/20. 3. 70 über die Filialen des Gustav-Adolf-Vereins; Bote vom Niederrhein 8/18. 10. 65; sowie zusammenfassend *H. Herz*, in: *D. Fricke* et al. (Hg.), Die bürgerl. Parteien in Dtld. Bd. II Leipzig 1970, S. 186—190.

116 Beispiele s. StaDuisb 12/1244 S. 100—114 (Ruhrort 1871); über den ev. Knappenverein Schonebeck (1872) vgl. OPK 7297 S. 493, 513 f., 545—47. Nach Statistik des Ldkrs. Essen 1875—1880, S. 217 f., bestanden im Krs. Essen zu Anfang der 80er Jahre 6 ev. Jünglingsvereine mit 245 Mitgliedern.

117 Vgl. StaWatt 2/E/414 Pfarrer *Angener*/Amtmann Wattenscheid 10. 8. 81.

118 *Einicke*, Die Stellung der ev. Arbeitervereine, S. 26.

119 *R. Nonne*, Die größere evangelische Kirchengemeinde zu Hattingen, 1890, S. 56.

120 *Einicke*, Die Stellung der ev. Arbeitervereine, S. 43; vgl. S. 97—103, 162, 168—174.

Flut derer, die an den festen Grundlagen evangelischen Lebens: Gottesfurcht, Königstreue, Vaterlands- und Bruderliebe mit grober Faust zu rütteln wagten ..., Front zu machen gegen die falschen Agitatoren ...“[121].

Die starke Ausbreitung, die das evangelische Arbeitervereinswesen unter der rührigen Leitung seines 1885 zum Verbandsagenten eines Rheinisch-Westfälischen Verbands bestellten Mitbegründers *Ludwig Fischer* gefunden hat, wird verständlich vor allem als Gegengewicht zum in den protestantischen Teilen des Reviers längst als drückend empfundenen Übergewicht des katholischen Vereinswesens, gerade auch in den Knappenvereinen. So mußten die 1880er Jahre einen Höhepunkt in den konfessionellen Auseinandersetzungen um die Führerschaft im Vereinswesen, damit aber auch in der aufkeimenden gewerkschaftlichen Interessenvertretung bringen. Die Kämpfe haben hierin manche unschönen Formen angenommen, wobei sich die protestantische Voreingenommenheit der Behörden gewöhnlich nachteilig für katholische Vereinsmitglieder ausgewirkt hat. Daß in den evangelischen Arbeitervereinen nicht mehr entlang gewerblichständischer Grenzen und Ideen organisiert wurde, bedeutete gegenüber den Knappenvereinen einen im christlich-sozialen Vereinswesen freilich längst vorweggenommenen organisatorischen Fortschritt. Es war ein Vorteil, in einem Pfarrbezirk die Kräfte auch der Geistlichen nicht in zwei sich möglicherweise noch befehdenden Vereinen der Arbeiterschaft zu verzetteln.

Mindestens im Kreis Bochum sind die evangelischen Vereinsgründungen von den Behörden unterstützt worden — im stillen, aber auch öffentlich: Im Sommer 1886 nutzte der Bochumer Landrat die Gelegenheit eines Festes des evangelischen Arbeitervereins Bochum, „den nach Tausenden zählenden Festgenossen gegenüber es auszusprechen, daß derartige Vereinigungen hinsichtlich ihrer Tendenzen jeder Zeit der Sympathien der Staats-Behörden versichert sein dürften ...“[122]. So konnten innerhalb weniger Jahre im Kreis Bochum 14 evangelische Arbeitervereine gegründet werden; zum selben Zeitpunkt bestanden 8 katholische Knappenvereine (1885) neben 3 katholischen polnischen Vereinen mit zusammen 2634 Mitgliedern. Wie überall, waren auch hier die Christlich-Sozialen auf dem Rückzug: Sie erfaßten in 4 Vereinen 1073 Mitglieder, davon allerdings allein in Bochum 800. Die Interkonfessionalität dieser Vereine war nicht mehr gefragt — von beiden Seiten nicht. Im Sommer 1886 bekannte der Gelsenkirchener Vereins- und spätere Diözesanpräses der Arbeitervereine im Bistum Paderborn, er könne und wolle „einem Vereine, welcher, aus katholischen und protestantischen Mitgliedern bestehend, nur dem Indifferentismus huldig[t], Mischehen etc. beförder[t], hier nicht die Wege bahnen ...“[123].

---

121 Festbuch f. d. Jubelfeier d. Ev. Arbeitervereins Styrum-Alstaden, 1913, S. 5; vgl. über die Vereinszwecke *A. Pieper*, Gewerk- und Arbeitervereine, 1909, Sp. 766: „Der Ausgangspunkt der Arbeitervereine war stärkere Betonung des ev. Glaubens, Pflege des religiösen Lebens, der Königstreue und der Vaterlandsliebe im Gegensatze zur Sozialdemokratie“. Über die Ziele s. auch LRB VIII 477 Amtmann Herne/LRB 19. 10. 83. Ihre Anhänglichkeit an das Herrscherhaus haben die ev. Arbeitervereine bei jeder Gelegenheit dargelegt; vgl. OPM 2642 IV Bl. 52, LRB VIII 477 (Kaiserbilder u. kaiserl. Gedenkschreiben); vgl. auch die Metapher bei *Deutelmoser*, Evang. Arbeitervereine, S. 30, über Regimenter, Bataillone und Armeekorps der evang. Vereine.

122 LRB VIII 477 LRB/RA 4. 6. 85 Entw. Der Satz ist aus dem Konzept herausgestrichen; der LR hielt es offensichtlich nicht für opportun, der Regierung seine öffentliche Stellungnahme mitzuteilen. Zu den landrätlichen Erhebungen über das Vereinswesen 1885 s. StaWatt 2/E/414 RA/LRB 19. 3. 85 (Abschr.).

123 Bistumsarchiv Paderborn, Erzbischöfl. Generalvikariat XVIII, 9 Pfarrer *Vaester*/Generalvikariat 7. 7. 86.

Die evangelischen Arbeitervereine verfügten in dem Bergmann *Ludwig Fischer* über einen rührigen und recht geschickten Agitator, der bei Gründung des Rheinisch-Westfälischen Verbands hauptamtlich in dessen organisatorische Führung eintrat und in zahllosen Werbeveranstaltungen die Sprache der Bergleute mit Themen wie „Mit welchen Mitteln ist die Sozialdemokratie erfolgreich zu bekämpfen?" zu reden wußte[124]. Wie ihre Vorbilder und Konkurrenten unter den Vereinen im Ruhrgebiet, haben sich auch die evangelischen Arbeitervereine, um ein starkes Bindemittel über längere Zeiträume hinweg heranzubilden und eine Beitrittsattraktion zu bieten, Unterstützungskassen, fast ausnahmslos einfache Sterbekassen, angegliedert[125]. Der eben gegründete Provinzialverband bemühte sich bereits 1885 um den in Hattingen bei *C. Hundt* erscheinenden „Illustrierten Arbeiter-Freund", der unter dem Titel „Evangelischer Arbeiterbote" seit 1885 Mitteilungsblatt des Verbands und 1890 auch vom Gesamtverband übernommen wurde[126]. Der wirkliche Anteil der Bergarbeiterschaft in den einzelnen, häufig bereits in der Benennung „Arbeiter- und Bürgerverein" ihren gewerbe- und schichtübergreifenden Charakter betonenden Vereinen ist, obwohl die Gründungsphase ganz im Zeichen der Bergleute gestanden hat, für die darauffolgenden Jahre nur schwer einzuschätzen. Der Oberhausener Verein unter dem Steiger *Heinrich Weber* dürfte zum größten Teil aus Bergleuten bestanden haben, während der Gelsenkirchener Gründungsverein unter 700 Mitgliedern 1890 nur etwa 1/4 Bergleute zählte. Gegen Ende der 1880er Jahre sollen von 20 000 Mitgliedern in etwa 70 evangelischen Arbeitervereinen 6000 einen bergmännischen Beruf ausgeübt haben[127]. Nach dem Mitgliederverzeichnis des Dorstfelder evangelischen Arbeitervereins waren 1885 von 218 Mitgliedern mindestens 158 Bergleute; hier wird zugleich deutlich, wie wenig diese Vereine über einen bloß geselligpatriotischen Zweck hinausgelangen konnten, wenn neben den Arbeitern der Zeche Dorstfeld deren Direktor *F. Friedrich*, der Rechnungsführer, der Verwalter und fast ein Dutzend Steiger beitraten[128]. Wie hier, wo wohl schon 1885 eine recht starke sozial-

---

124 Titel eines Referats *Fischers* am 23. 9. 88 in Witten (s. WAZ 8/26. 9. 88, 9/29. 9. 88). *Fischer* redete gewöhnlich bei Gründungsversammlungen; vgl. f. Hattingen 1886 z. B. *Nonne*, Kirchengemeinde zu Hattingen, S. 56 f.

125 Vgl. bes. die von *L. Fischer* besorgte Aufstellung: Jahres-Bericht und Statistik der evang. Arbeitervereine, 1897, mit genauen Informationen über einz. Vereine. Der Wattenscheider Bürgermeister bemerkte 24. 4. 85 (LRB VIII 477), es werde den Vereinen schwer fallen, „sich auf die Dauer zu behaupten, wenn nicht ein wirksames Bindemittel, etwa eine Unterstützungskasse, damit verbunden ist, da nur in seltenen Fällen die Leitung der Vereine eine solche sein wird, daß immer anregender Stoff genug zum Vortrage und den Verhandlungen vorhanden ist".

126 Nachforschungen nach den frühen Jgg. dieses anscheinend recht unabhängigen Blattes (WAZ 10/3. 10. 88: „konservativ-pietistisch redigirtes Winkelblättchen", aber „freimüthig" in sozialpolit. Fragen) blieben leider auch bei dem noch bestehenden Verlag (Fa. C. Hundt sel. Witwe in Hattingen) ohne Erfolg bzw. unbeantwortet. Einige Nr. in TLBA 214 (Nr. 12, 21, 22/1885); vgl. zu dem von *Einicke*, Stellung der ev. Arbeitervereine, anscheinend benutzten Blatt auch *Francke*, Gesamtverband, S. 136, und zuletzt *Fricke*, Gesamtverband, S. 151. Von *Carl Wilhelm Hundt* ist bereits 1873 ein „Arbeiter-Freund" als Wochenblatt neben anderen Tages- und Sonntagszeitungen hg. worden; vgl. StaHatt B II 35, 18. Der „Arbeiter-Freund" wurde sonnabends auf den Zechen verteilt.

127 Nach *Oldenberg*, Studien z. Rh.-Westf. Bergarbeiterbewegung, S. 78. Die Angabe erscheint durchaus glaubhaft, berücksichtigt man, daß eine große Zahl dieser Arbeitervereine nicht im Ruhrgebiet ansässig war, der bergmännische Anteil an einzelnen Vereinen im Revier daher erheblich höher lag.

128 StaD 17 (Gemeinde Dorstfeld), 18 n 1, Mitgliederverzeichnis; vgl. *Deutelmoser*, Die evang. Arbeitervereine, S. 26.

demokratische Arbeiterschaft ansässig war, haben die evangelischen Arbeiter, jedenfalls stärker als ihre katholischen Vorläufer und Gegner, als frühe wirtschaftsfriedliche Organisationen, als einer der Ursprünge gelber Arbeitervereinigungen zu gelten[129].

So bahnte sich seit Beginn der 1880er Jahre die spätere Polarisierung der Konfessionen im nichtgewerkschaftlichen Arbeitervereinswesen an, ohne daß sich die gewerkschaftlichen Zielsetzungen zu dieser Zeit bereits völlig von den Vereinszwecken programmatisch und organisatorisch gelöst hätten. Vielmehr erzwangen die politischen Umstände, daß die bergmännischen Unterstützungskassen und geselligen Vereine bis 1889, mit einem regionalen Intensitätsgefälle von Ost nach West, das der Verschiedenheit im konfessionellen Charakter der Gemeinden entsprach, einzige organisatorische Träger des gewerkschaftlichen Gedankens in der Bergarbeiterschaft vor 1889 blieben — auch der Rechtsschutzverein bediente sich dieser Vereinigungen. Nach der Gründung des Alten Verbands und seiner Gegenorganisationen haben die konfessionellen Knappenvereine ihren engeren Zusammenhang unter allmählicher Überleitung in das allgemeine katholische und evangelische Vereinswesen auf der Grundlage des Gemeindebezirks, jedoch in lockeren Bezirks- und Diözesanverbänden[130] beibehalten. Die evangelischen Arbeitervereine schlossen sich dem 1890 in Erfurt gebildeten Gesamtverband an, während die engen Beziehungen der Essener katholischen Knappenvereine noch einmal nach der Jahrhundertwende Ausdruck in einem Knappenbund für die Dekanate Essen, Ratingen und Werden fanden, der sich später dem Kölner Diözesanverband katholischer Arbeitervereine anschloß[131]. Die freien, nichtkonfessionellen Knappenvereine haben, soweit sie nicht ihre gewerkschaftlichen Zwecke voranstellten und geschlossen dem Alten Verband beitraten — auch viele katholische Knappenvereine erklärten geschlossen ihren Beitritt zum Gewerkverein, ohne ihre organisatorische Gestalt aufzugeben —, mehr und mehr den Charakter von Bildungs- und Brauchtums-, Freizeit- und Geselligkeitsvereinen angenommen und bestehen als solche z. T. heute noch.

Die Haltung von Behörden und Unternehmern gegenüber den bergmännischen Vereinsbestrebungen spiegelt im allgemeinen die Schwierigkeiten proletarischer Zusammenschlüsse überhaupt, darunter gerade auch, in Kulturkampfzeiten, katholischer Vereine; auch zeigt die argwöhnische Vereinsüberwachung deutlich die Situationsverschärfung jeweils nach Streikaktionen.

Noch Mitte der 1860er Jahre war die behördliche Bergbauaufsicht dem bergmännischen Vereinswesen durchaus gewogen. Das Beispiel des durch den katholischen Pfarrer *Hansen* geführten Ottweiler Knappenvereins veranlaßte eine ministerielle Anregung, daß von solchen Bestrebungen eines Vereins, der „neben geselliger Vereinigung auch die Belehrung seiner Mitglieder" beabsichtigte, zu wünschen sei, „daß sie nicht allein unter den Bergleuten möglichst allgemeinen Anklang finden, sondern daß auch die Behörde zu ihrer Realisierung mitwirken möge"[132]. Bemerkenswert auch die ministerielle Meinung, der „gesellige Verkehr" hänge „zu sehr von localen Verhältnissen und von der Indivi-

129 Vgl. auch die kurzen Bemerkungen bei *Klaus Mattheier,* Die Gelben. Nationale Arbeiter zwischen Wirtschaftsfrieden und Streik. Düsseldorf 1973, S. 32 f.
130 Detailliert *Michael Berger,* Arbeiterbewegung und Demokratisierung. Die wirtschaftliche, politische und gesellschaftliche Gleichberechtigung des Arbeiters im Verständnis der kath. Arbeiterbewegung im wilhelminischen Dtld. zwischen 1890 und 1914. Diss. Freiburg 1971.
131 Vgl. *Erdmann,* Christl. Arbeiterbewegung, S. 230; Festschrift aus Anlaß d. 25jährigen Bestehens des Bezirksverbandes Essen der kath. Arbeiter- u. Knappenvereine. Essen [1929].
132 TLBA 214 HM/OBA Bonn, abschr. an OBA Dortmund 31. 3. 65. Zu dem 1855 gegr. Ottweiler Verein s. *Hue* II S. 278.

dualität der leitenden Personen ab, als daß er sich überhaupt nach gewissen Regeln organisieren ließe; wie er etwas Freiwilliges ist und bleiben muß, darf die Behörde dabei auch nicht ge- oder verbietend einschreiten, sondern nur anregend wirken"; im übrigen sei der konfessionelle Charakter solchen geselligen Vereinen „möglichst fern zu halten". Vermutlich dieser sehr unvoreingenommen Haltung eingedenk, äußerte sich das Oberbergamt noch im Mai 1870 befürwortend im Blick auf die Bildung von bergmännischen Vereinen, „solange sie stets den Zweck, welchen das Statut bestimmt, verfolgen und sich nicht mit Gegenständen befassen, welche diesen Vereinen fremd bleiben müssen"[133]; indes sei bei der gewöhnlich geringen Höhe der Kassenbestände deren mißbräuchliche Anwendung bei Arbeitseinstellungen nicht zu befürchten.

Auch in Unternehmerkreisen fand man an den Bergmannsvereinen zuerst nichts auszusetzen. Anläßlich der Gründung eines Knappenvereins unter den Bergleuten des Eschweiler Bergwerksvereins hieß es[134]:

> „Es ist ein erfreuliches Zeichen, daß nach und nach im Deutschen Vaterlande die Bestrebungen zur geistig sittlichen Hebung des Bergmannsstandes und zur Förderung eines ächt bergmännischen Geistes sich immer weiter ausdehnen und daß sie namentlich auch in den Kreisen der Bergleute selbst lebhaften Anklang finden. Der Erfolg wird wahrlich nicht zum Schaden des Bergmannsstandes gereichen! Und in diesem Sinne ruft der Bergmannsfreund auch dem Eschweiler Knappenvereine ein herzliches ‚Glückauf' entgegen."

Diese Meinung hat sich schlagartig nach dem ersten großen Streik der Bergleute 1872 geändert. Die Anregung zur Überprüfung der behördlichen Genehmigungs- und Aufsichtspraxis ging von dem hochkonservativen Dortmunder Landrat *von der Heyden-Rynsch* aus. Der Streik habe, so meinte der Landrat[135], „wenigstens theilweise" einen Einfluß der Knappenvereine gezeigt, und auch sein Bochumer Kollege hielt die Ausbreitung der Vereine für „nicht wünschenswerth", da „die Gefahr nahe liegt, daß dieselben in der Zukunft mehr wie bisher zu socialen, kirchlichen oder politischen Zwecken gemißbraucht werden können"; allerdings, so hieß es später, seien „während des Streiks die Vereinskassen nicht herangezogen worden"[136]. Im Frühjahr 1873 lag dann, nach Befragung der Revierbeamten, eine umfassende gutachtliche Äußerung des Oberbergamts vor[137]. Hier wurde die Veränderung im Charakter der Knappenvereine im Verlauf der jüngsten Boomjahre hervorgehoben, während sie früher in höherem Maße werkszugehörig organisiert und z. T. auch von Werksbeamten geleitet worden seien:

> „Die Arbeiter emanzipierten sich von der Leitung der Beamten, die letzteren zogen sich aus den Vereinen zurück und die Direktion fiel in klerikale rspt. socialdemokratische Hände. Mit dieser Änderung in der Direction der Vereine stand im engsten Zusammenhang eine Änderung ihrer allgemeinen Thätigkeit. Bei denjenigen Vereinen, die neben geselligen noch Unterstützungszwecke verfolgten, traten die letzteren mehr oder weniger zurück und der Schwerpunkt wurde, wie bei den rein geselligen Vereinen, auf die allmonatlichen Versammlungen und das öffentliche Auftreten des Vereins als solchen bei Beerdigungen, feierlichen Aufzügen, Prozessionen etc. gelegt."

---

133 OPM 2642 I Bl. 18 f. OBA/OPM 6. 5. 70; vgl. ebd. Bl. 25, 19. 7. 70. OPM entschloß sich für die Haltung des OBA, vgl. Randentw. OPM/RA 10. 5. 70 Bl. 18. Das vorausgegangene Schreiben OPM/OBA 28. 9. 69 s. in RA I 246 (Abschr.).
134 Glückauf 53/31. 12. 71.
135 RA B 59 Bl. 193 LRD/RA 13. 9. 72 (Auszug), vgl. Bl. 124—128. *Otto Frhr. v. d. Heyden-Rynsch*, Rittergutsbesitzer auf Altenmengede im Krs. Dortmund, 1827—1912, war 1860—1899 LR (s. *D. Wegmann*, Die leitenden staatl. Verwaltungsbeamten, 1969, S. 283 f.) Zum Folgenden s. auch *H. G. Kirchhoff*, Staatl. Sozialpolitik im Ruhrbergbau, 1958, S. 26 f.
136 RA B 59 Bl. 200 f. LRB/RA 13. 11. 72; Bl. 202 dass. 1. 12. 72.
137 Ebd. Bl. 213—219, OBA/RA 27. 3. 73.

Hier führten bereits Kulturkampf und antisozialistische Repression die Feder. Dagegen entsprach die Beobachtung, daß die Vereine sich vom ehemaligen Unterstützungscharakter zu eher geselligen Zwecken entwickelt hätten, den wirtschaftlichen Möglichkeiten, die die Boomjahre eröffnet hatten. Die Knappschaftsleistungen hatten erhöht werden können; die hohen Löhne deckten darüber hinaus auch für Notfälle die Bedürfnisse und hoben die Ansprüche, schufen auch wohl mehr Bereitschaft, Geld für Vergnügungen auszugeben. Ob nun aus Vereinskassen Mittel zur Streikunterstützung 1872 erbracht worden waren, hatte man „mit Bestimmtheit nicht ermitteln können, indeß spricht die Wahrscheinlichkeit dafür". Allein der Dortmunder Knappenverein „Glückauf", aus dessen Haltung der Referent im Oberbergamt allzu vorschnell auf alle Vereine schloß, hatte mit Sicherheit Gelder für Gemaßregelte zur Verfügung gestellt. Daran, daß das „Hauptgesprächsthema" in den Vereinen „natürlich das Verhältniß zwischen Kapital und Arbeit" sei, wollten die Bergbeamten nicht zweifeln, und auch der starke ultramontane Einfluß, der sich in der geistlichen Führung der „sowohl durch ihre Zahl als durch ihre straffe Organisation alle übrigen weit überragenden" katholischen Vereine zeige, wurde unterstrichen. Nicht zu Unrecht verband das Oberbergamt mit der Präsidesverfassung „bedeutende Befugnisse" der Geistlichen im Vereinsleben, gerade auch im Vergleich mit bisher seltenen evangelischen Konkurrenzorganisationen.

Die Dortmunder Vereine mit ihren z. T. wenigstens erfolgreichen Verbindungsversuchen gaben schließlich den Ausschlag für das innerbehördliche Meinungsbild. An ihrer sozialdemokratischen Prägung wurde nicht gezweifelt, und ihre Organisation und Finanzierung wiesen auf einen stark gewerkschaftlichen Charakter. Die Empfehlung der Dortmunder Beamten zielte deshalb auf eine scharfe polizeiliche Überwachung der angeblich geselligen oder religiösen Zwecken dienenden Vereine: „Gerade bei den jetzigen Zeitverhältnissen" erscheine es geboten, „allen staatsfeindlichen Elementen mit größter Entschiedenheit entgegen zu treten". Unterstützungskassen seien fernerhin nicht zu genehmigen oder die Genehmigung doch an die Befugnis der Ortspolizeibehörde zu knüpfen, die Verwendung der Kassenbestände zu überwachen[138].

Schon seit der Einleitung der Untersuchung wurde aus Arnsberg die Genehmigung von Kasseneinrichtungen nur noch unter erschwerten Bedingungen erteilt[139]; der Oberpräsident schloß sich nun dem Vorschlag des Oberbergamts im wesentlichen an. Man entdeckte in der amtlichen Genehmigungspflicht bzw. Aufsichtspflicht ein willkommenes Mittel, solche Einrichtungen gar nicht mehr zuzulassen und so einen besonderen Vereinigungsgrund der Bergleute zu unterdrücken[140]. Für diese stellte sich in den kommenden

---

138 In dem unter maßgeblicher Mitarbeit des Oberbergamts entstandenen Bericht über Die Einrichtungen zum Besten der Arbeiter auf den Bergwerken Preußens, Bd. I, S. 31, hieß es allerdings für die Öffentlichkeit: „Um auch die Betheiligung der Arbeiter an Festen und Vergnügungen in die rechten Bahnen zu lenken, werden Vereine, welche neben den geselligen oder musikalischen Zwecken eine bildende Thätigkeit entwickeln, befördert..."

139 Vgl. OPM 2642 I Bl. 71 RA/OPM 28. 3. 73.

140 Kurz nach Eingang des OBA-Gutachtens erließ RA eine Rundverfügung an alle LR (RA B 59 Bl. 220—223, Entw. v. 17. 4. 73; vgl. Ausfertigung in OPM 2642 I Bl. 77 u. LRB VIII 473), wonach fortan jede Gründung einer Unterstützungseinrichtung, soweit nicht ein urkundlicher Genehmigungsnachweis seitens des OP oder der Regierung vorläge, zu verbieten oder zu verfolgen war (StGB § 360). Es sei *nicht* Sache der Polizei-Behörde, sich diesen Unternehmen förderlich zu erweisen"; wo genehmigte Kassen bestünden, sollten diese einer scharfen Überwachung unterzogen werden. Bei Vereinen ohne Unterstützungseinrichtung zur geselligen oder religiösen Bildung und Unterhaltung waren die Bestimmungen des Vereinsgesetzes in aller Schärfe anzuwenden, und die Arnsberger Beamten hielten es für nötig, in aller Ausführlichkeit auseinanderzusetzen, was sie unter „öffentlichem

Jahren solche Wahrnehmung der Amtspflichten umso schmerzlicher, als der konjunkturelle Abschwung auch die Leistungsfähigkeit der Knappschaftskassen minderte und so das bergmännische freiwillige Unterstützungswesen wieder an Attraktivität gewann. Wenn man auch der schärferen Meinung des Oberbergamts nicht beitreten mochte, vielmehr befürchtete, daß „der staatsgefährliche Character der im Geheimen geführten Kassen jedenfalls viel bedenklicher sei"[141], wurde im Kompetenzbereich der Arnsberger Regierung künftig außerordentlich scharf über die statuarische Kassenverwaltung, die Vereinsleitung und, überraschend genug, über die demokratische Kontrolle der Kassenführung durch die Generalversammlung gewacht und ein erhebliches Kontrollrecht den Ortspolizeibehörden vorbehalten. Der Oberpräsident in Münster schloß sich hingegen dem „sehr beachtenswerthen Gutachten" des Oberbergamts an, so daß Sterbekassen künftig nicht mehr genehmigt wurden[142]. Dem wurde bald auch bei den Kranken- und weiteren Unterstützungskassen gefolgt, weil die Landräte in Bochum und Dortmund die Unterstützungseinrichtungen der Vereine angesichts der bestehenden Knappschaften nicht als ein volkswirtschaftliches Bedürfnis betrachten mochten[143]. Das Oberbergamt wollte sich sogar grundsätzlich, da unter „einem ganz unschuldigen Titel oft ganz andere Zwecke" in den Vereinen verfolgt würden, „mit Bildung neuer Knappen-Vereine nicht einverstanden erklären"[144], und auch von Unternehmerseite wurden die Knappenvereine inzwischen eindeutig sozialistischer oder klerikaler Strömungen verdächtigt[145]. Verfahren zur Statutengenehmigung blieben fortan, da das behördliche Plazet stets verweigert wurde, bloße Farce oder wurden, bis zum Ende der 1870er Jahre[146], als Behinderungs- und Unterdrückungsinstrument gegen die Vereine genutzt. Es konnte nicht ausbleiben, daß dabei manche Peinlichkeiten unterliefen — etwa in Fällen vorenthalte-

Charakter" verstehen wollten: Wenn in den Vereinen über Wahlen gesprochen werde, wenn das Verhältnis zwischen Kapital und Arbeit, vielleicht auch anhand vorgekommener Unfälle, diskutiert werde und dabei vor allem das Verhältnis zwischen Arbeitern und Arbeitgebern „als ein gesetzlicher Reform bedürftiges oder gesetzlich mangelhaftes" erörtert werde; ferner, wenn Verabredungen zur Verbesserung der Löhne stattfänden. „Einen öffentlichen Character nimmt jeder geschlossene Verein, selbst wenn er sich im Übrigen als ein privater dem gesetzlichen Bestimmungen nicht unterliegender darstellt, ferner immer dann und in so weit an, als er einen öffentlichen Aufzug hält, wie das namentlich bei den sog. Knappen-Vereinen bei Leichenbegängnissen vorkommt, zu denen die Vereinsmitglieder in Uniform oder in geschlossenen Gruppen erscheinen."

141 Gutachten RA/OPM 23.4.73, in: OPM 2642 I Bl. 73—76.
142 RA B 59 Bl. 231 OPM/RA 30.6.73; vgl. für Beispiele abgelehnter Sterbekassen OPM 2642 I: Knappenvereine in Niedermassen, Crange, Baukau, Schnee, Sommerberg, Niederwenigern und Hamm 1874; betroffen war auch der Knappenverein Glückauf in Dortmund-Huckarde, vgl. Pfa St. Urbanus A 16, 3: Schreiben der Polizeiverwaltung Dorstfeld an den Präses 14.2.76. Dieser und andere Vereine haben fast 10 Jahre auf ihre Unterstützungskasse warten müssen.
143 Vgl. LRB VIII 477 RA/LRB 28.8.73; RA B 59 Bl. 246—248 LRD/RA 17.10.73; OPM 2642 I Bl. 92 OBA/RA 5.11.73 (Abschr.).
144 OPM 2642 I Bl. 92 OBA/RA 5.11.73 (Abschr.).
145 Vgl. den Jahresbericht der HK Dortmund f. 1872, S. 12: In der Umgebung von Dortmund hätten sich gegen 18 Knappenvereine gebildet, „welche zwar nicht den ausgesprochenen Zweck haben, Arbeitseinstellung zu organisiren und herbeizuführen, die aber großentheils socialistischen Tendenzen huldigen, zu gegenseitiger Unterstützungen sich verpflichten, auch confessionelle Zwecke verfolgen".
146 Vgl. OPM 2642 I Bl. 111—116 ü. ein Beschwerdeverfahren von zwei Mitgliedern des Hörder Knappenvereins Glückauf Germania gegen die verweigerte Statutengenehmigung 1876. Die Beschwerde wurde durch handelsministeriellen Bescheid/OPM 4.1.77 verworfen.

ner Statutengenehmigung, wenn die wortgleichen Statutentexte in anderen Vereinen seit langem unter behördlichem Segen rechtskräftig bestanden[147].

Solche „Rechts"praxis stieß unter liberaleren Düsseldorfer Beamten auf große Skepsis. Man handelte hier, anders als in der reformierten Mark, längst entlang kulturkämpferischen Linien und widmete daher den katholischen Vereinen vermehrte Aufmerksamkeit — unabhängig, ob es sich um Unterstützungskassen, Knappen- oder christlich-soziale Arbeitervereine oder gar Jesuiten und den Mainzer Katholikenverein handelte[148]. Mit sozialdemokratischen Arbeiter- und Knappenvereinen waren die Erfahrungen noch sehr gering, so daß den Maßnahmen der Arnsberger Regierung, von denen die Behörde in Düsseldorf im Sommer 1873 anläßlich einer gemeinsamen Ruhrbefahrung Kenntnis erhielt, hier mit Verständnislosigkeit begegnet wurde. Die Oberpräsidialverfügung aus Münster, die praktisch einem Gründungsverbot bergmännischer Unterstützungsvereine gleichkam, wurde hier sogar für ungesetzlich gehalten[149]. Diese Verfügung *Kühlwetters*, inzwischen in mehreren Tageszeitungen abgedruckt, erregte über betroffene Kreise hinaus Aufsehen. In der sozialdemokratischen Presse wurde hervorgehoben, die Tendenzen der Knappenvereine seien jedenfalls kirchlich, wenn ihnen auch die „pfiffigen Pfaffen natürlich einige socialistisch sein sollende Ingredienzien beizugeben, nicht verfehlt haben"; die Sozialdemokraten selbst hätten

> „am wenigsten Gründe und Bedürfnis, der pfäffischen Agitation unter den Arbeitern das Wort zu reden; wir bekämpfen die schwarzen Apostel, wo wir können, aber den Arbeitern war es wohl weniger um politische ‚Tendenzen' zu thun, als um die Errichtung von Kranken- und Sterbekassen"[150]

— deren Genehmigung oder Verbot sei aber, so hieß es zu Recht, allein aus statistischen, nicht aus polizeilichen und vereinsrechtlichen Erwägungen zulässig.

Auch von anderer Seite wurden Bedenken gegen die nunmehr einsetzende Durchforstung selbst der vorhandenen Kasseneinrichtungen auf rechtmäßige Verwaltung erhoben. Dabei zeigte sich erneut, daß in den 1860er Jahren die Genehmigungsverfahren teils

---

147 Ebd. Bl. 174 f.: In seiner Beschwerde gegen die Nichtanerkennung des Statutenentwurfs betonte der Vorstand des Knappenvereins Mengede/OPM 28. 10. 81, das Statut stimme wörtlich mit dem genehmigten des Knappenvereins Oespel überein. Weitere Beschwerden s. OPM 2642 II Bl. 361 f. (Knappenverein Heeren-Werne 1890); *Fr. Krins*, Bergmännische Unterstützungsvereine in Castrop-Rauxel, 1957, S. 38 f.

148 Vgl. OPK 7297 S. 514 OPK/RD 25. 7. 72 (Entw.), wonach es auch OPK „nicht unbedenklich" erschien, bei der Bildung von Unterstützungskassen religiöse Unterschiede zuzulassen. Zur Behandlung der Christlich-Sozialen im Kulturkampf s. unten S. 493 ff.; nach *P. Möllers*, Polit. Strömungen in Essen, Diss. 1955, wurden (S. 244) auch die kath. Knappenvereine scharf überwacht.

149 Vgl. RD Präs 835 Bl. 78 f., 88, mit einem Abdruck der Verfügung OPM, paraphierte Randbemerkung: „Ist das gesetzlich? Ich glaube *nicht*". *A. Bongartz*, Das kath.-soziale Vereinswesen in Dtld., 1879, behauptet S. 99, daß sich die Knappenvereine „der Protektion der weltlichen Behörden sehr erfreuten", vgl. ebd. S. 99—102. Text d. OPM-Verfügung s. auch in RA B 59 Bl. 231; gedruckt: Chr.-Soz. Bl. 5 (1873) S. 103 f.

150 Aus dem Neuen Sozialdemokraten und dem Volksstaat, zit. n. Chr.-Soz. Bl. 6 (1873) S. 130 f. In der Redaktion des Blattes sah man in der OPM-Verfügung fälschlich „das erste officielle Vorgehen seitens der Regierungen gegen die christl.-socialen Vereine"; richtig ist jedoch, daß die durch diese Verfügung inaugurierte Unterdrückungspraxis im Sommer 1874 ausdrücklich auf alle Vereine ausgedehnt wurde, „welche confessionelle Tendenzen, sei es statutenmäßig oder auch factisch verfolgen oder solcher Tendenzen verdächtig sind"; vgl. OPM 2642 I Bl. 94 RA/OPM 1. 8. 74, Randentw. ebd.; dieselben Vorgänge mit den LR-Berichten in RA I, 1 Bl. 3—54.

leger gehandhabt, teils bei verbreitetem Kompetenzenwirrwarr von falscher Seite betrieben worden waren. Als etwa offenbar wurde, daß der Dortmunder katholische Knappenverein Unterstützungen aus einer Kasse vergab, über die er, da nur von der Ortspolizeibehörde genehmigt, an sich gar nicht gebieten durfte, erstellte der Dortmunder Oberbürgermeister, der „rote *Becker*", unter großem Aufwand eine sachkundige Stellungnahme[151]. Die Unterstützungsvereine, so meinte *Becker*, „waren und sind so harmloser Natur, daß ihr Dasein äußerlich gar nicht wahrnehmbar wird"; ihre Überprüfung würde überhaupt manche Unregelmäßigkeit der Statuten und deren Genehmigung ans Licht heben. Die gegen die Knappenvereine gerichtete Verfügung *von Kühlwetters* glaubte *Becker,* nur gegen neu entstehende Kassen anwenden zu dürfen, aber grundsätzlich bestünden doch Zweifel an der Rechtsgrundlage der Genehmigungspflicht. Schließlich konnte sich der Oberbürgermeister

> „des Bedenkens nicht erwehren, daß damit zwar das erreicht werden könnte, daß im Arbeiterstande der Sinn für Sparsamkeit und die Neigung zur Selbsthülfe auf gesunder Grundlage schwer geschädigt, zahllose Arbeiter aber in die Reihen der staatsfeindlichen Parteien getrieben und in der Sache selbst nicht erreicht würde, was beabsichtigt sein könnte, nämlich die Beseitigung solcher Verbände, die bedenklicher Natur sind. Denn diese würden, wenn sie als Versicherungsanstalten unterdrückt würden, sofort unter anderem Namen neu entstehen, freilich ohne Fürsorge für ihre Kranken".

Solche geschickte Argumentation hätte fast genügt, die Münsteraner Behörde in der Knappenvereinsfrage umzustimmen; um sie wieder auf den rechten Weg zu bringen, bedurfte es eines Hinweises aus Arnsberg über die präjudizielle Wirkung einer Ausnahme im Falle des Dortmunder katholischen Knappenvereins. In Arnsberg beharrte man bis in die frühen 1880er Jahre auf dieser scharf repressiven, auf der Ebene der Ortspolizeibehörden gleichwohl schon aus Gründen der Arbeitsbelastung sicher milder gehandhabten Haltung[152]. Nach einer fast zehnjährigen Phase der Unterdrückung hielt man erst 1881/82, als höheren Orts eine Zeit „milderer Praxis" in der Beaufsichtigung des Arbeitervereinswesens eingeläutet wurde, als selbst von evangelischer Seite Vereinsgründungen unternommen wurden und das günstigere konjunkturelle Klima Regungen der Arbeiterschaft wieder spürbar werden ließ, auch in Arnsberg die Zeit für gekommen, das Kassenwesen der Arbeitervereine nicht mehr prinzipiell abzulehnen[153]. Gegen sozialistische Unterwanderung hatte das Verbot sowieso nur bedingt wirken können, da nach wie vor der Bildung von Vereinen nur vereinsrechtliche Bestimmungen, wenn auch

---

151 Zum folgenden OPM 2642 I Bl. 98–100 Oberbürgermeister *Becker*/LRD 24.8.74, auch RA I, 1 Bl. 60–66 (Abschr.); ebd. auch die Begleitstücke. In Arnsberg führte man die Existenz dieser Unterstützungskasse auf einen Kompetenzübergriff des Oberbürgermeisters zurück, wollte aber aus Opportunitätsgründen hiergegen nicht einschreiten. Um klerikalen Einfluß in dem kath. Knappenverein nachzuweisen, bediente man sich sogar der Statuten des tatsächlich bruderschaftsähnlichen Knappenvereins Niederwenigern (vgl. Statuten in RA I 101 Bl. 219 f.). Im Hintergrund der Auseinandersetzung mit *Becker* hat wohl dessen gespanntes Verhältnis zu dem Kreislandrat *v. d. Heyden-Rynsch* gestanden, dessen Argumente man sich auch in Arnsberg gern bediente (z. B. wörtliche Übereinstimmungen zw. LRD/RA 21. 7. 74 u. RA/OPM 1. 8. 74, s. RA I, 1 Bl. 46 f. u. OPM 2642 I Bl. 94).

152 OPM 2642 I Bl. 142 RA/OPM 3. 8. 80 wird an der Ansicht festgehalten, daß „den Statuten der Knappen-Vereine die Genehmigung zu versagen ist". Vgl. auch RA I, 1 RM/RA 4. 9. 81, wo auf die Erkundigung der Regierung Münster unter Hinweis auf die Oberpräsidialverfügung von 1873 und mit der Bemerkung geantwortet wurde, daß man solche Kassen nicht genehmige.

153 Vgl. OPM 2642 I Bl. 210–214 RA/OPM 5. 2. 82.

in der Absicht der Unterdrückung interpretiert, in den Weg gelegt werden konnten. Vor allem im Kreis Dortmund ist es jedoch auch weiterhin bei der unerträglichen Vereinsschnüffelei geblieben. Hier wußten sich Landrat und Oberbergamt in konservativer Interessenkoalition einig, daß die „Vereinsbildung im allgemeinen Interesse eine nicht wohlthätige, unter Umständen bedenkliche, den Frieden zwischen Arbeitgebern und Nehmern leicht störende und erschütternde sein könne..."[154].

Bei solchem Argwohn gegen das Vereinswesen der Bergleute mußten notorisch sozialdemokratische wie der Gelsenkirchener Unterstützungsverein „Schlägel und Eisen" von 1875, auch wenn sie, wie hier, verzweifelte Anstrengungen gemacht hatten, dieses Stigma abzustreifen, der ungeteilten Aufmerksamkeit der Behörden gewiß sein[155]. Diesem Verein verordnete der Bochumer Landrat Ende 1882 die Schließung „wegen Mangels des Bedürfnisses und des Nachweises der Lebensfähigkeit". Höheren Orts mochte man, bei der großen Zahl ähnlicher Vereine, entgegen der oberbergamtlichen Meinung das Bedürfnis nach ergänzenden Unterstützungskassen neben den Knappschaften[156] nun nicht mehr bezweifeln, und da auch die Lebensfähigkeit bei 475 Mitgliedern „begründeten Zweifeln nicht unterliegen" konnte, der Verein weiterbestehen dürfen. Vielleicht hat die persönliche Vorsprache des Vereinsvorstands Ende 1883 in Münster Bedenken wegen sozialdemokratischer Tendenzen ausräumen können.

Zum Ende der 1880er Jahre sind den privaten Unterstützungskassen der Bergleute kaum noch Steine in den Weg gelegt worden; allerdings hat die behördliche Genehmigungspraxis deutlich die Ausbreitung der evangelischen Knappenvereine unterstützt[157]. Dem erneut großen Andrang kam man 1888 durch ein gedrucktes Musterstatut entgegen, das fortan das Verfahren erleichterte. Durch das Oberpräsidium wurden Genehmigungen sogar im Sammelverfahren ausgesprochen[158], und seit 1886 konnten die Knappenvereine reibungslos Bestimmungen zur Erleichterung des Vereinswechsels bei Umzügen (Erspar-

---

154 Ebd. Bl. 176 f. LRD/OPM 20. 1. 82: „... und ist der Herr Berghauptmann Prinz Schönaich-Carolath mit mir darin einverstanden ..." Vgl. auch Bl. 215 OBA (Referent *Runge*)/ LRB *Overweg* 27. 7. 82: „... weil diese Vereine in vielen Fällen ganz fremde Zwecke verfolgen, den im Statute angegebenen Zweck nur als Deckmantel benutzen, häufig auch Ärgerniß unter anderen Staatsbürgern hervorrufen..." Anfang 1883 wurde die Frage allgemein auf ministerieller Ebene beraten und wohl im Sinne einer vereinsfreundlichen Praxis entschieden (im Bestand OPM 2642 findet sich leider eine Lücke 1884–1887). Zu den Verfahrensweisen des LRD s. OPM 2642 I Bl. 17, 224–227 (Knappenverein Kobold in Brünninghausen, Ende 1882), sowie die Stellungnahme des LR 31. 3. 84 zum Unterstützungsverein Eintracht in Annen, ebd.
155 Vgl. OPM 2642 I Bl. 219–222 RA/OPM 15. 11. 82; OPM 2742 II Bl. 74; über den Verein s. auch unten S. 525.
156 Gegenüber dieser 1882/83 in vergleichsweise schlechter Konjunktursituation geäußerten Meinung hatte das OBA 1870 im Aufschwung die Wünschbarkeit ergänzender Unterstützungseinrichtungen ausdrücklich betont; s. OPM 2642 I Bl. 18, 6. 5. 70.
157 OPM 2642 II Bl. 15 f. wird die Lebensfähigkeit einer beantragten Kasse mit dem Umstand in Verbindung gebracht, daß in der Nachbargemeinde ein ev. Verein bereits bestand. Zu dieser Zeit wurde eine Unterstützungskasse bei etwa 100 Mitgliedern und einem Kassenbestand von ca. 500 Mark für lebensfähig gehalten. Konkurrenzsituationen zwischen den Einzugsbereichen mehrerer Vereine wurden durch genaue Gebietsabgrenzungen zu verhindern versucht.
158 „Musterstatut für ein Sterbe- und Unterstützungskasse...", gedruckt Arnsberg 1888. Nach einem Musterstatut wurde auch bei eingeschriebenen Kassen verfahren; vgl. OPM 2642 II Bl. 28–35 u. LRD/RA 31. 3. 84. Sammelgenehmigung durch hektographierten Erlaß OPM/RA 31. 7. 87, in: LRB VIII 471.

nis des Eintrittsgeldes) in ihre Statuten aufnehmen, wobei diese Aktion bereits im Zusammenhang mit der Tätigkeit des Rechtsschutzvereins gestanden haben muß[159].

Die Knappenvereine hatten inzwischen an politischer Potenz verloren. Denn auf christlich-katholischer, ganz besonders natürlich auf sozialdemokratischer Seite hatte man sich mehr und mehr von dieser bereits traditionsbelasteten, wenig interessendienlichen Organisationsform entfernt und, sobald Rechtslage und Aufsichtspraxis dies zuließen, gewerkschaftliche Ziele in die Vereine getragen. Als ähnlich den Vorgängen 1872/73 nach einem weiteren großen Streik im Sommer 1889 bei der Suche nach den Schuldigen die Knappenvereine, wenigstens in der Dortmunder Gegend nicht zufällig, wieder ins Zwielicht gerieten und man sich um staatsanwaltschaftliche Verfolgung bemühte, mochte man auf Beweise des politischen Charakters, etwa in Form von Petitionen, nicht mehr verzichten[160]; zugleich mag in diesen Monaten deutlich geworden sein, daß Knappen- und Unterstützungsvereine, ob konfessionell gebunden, Bildungszwecken gewidmet oder nur geselligen Charakters, weit eher als Instrumente der Hinderung und Spaltung einer gewerkschaftlich geschlossenen Arbeiterschaft auch antisozialistischen Zwecken dienlich sein konnten[161].

Über die quantitative Ausbreitung des Arbeitervereinswesens der Bergleute sind, bei den Schwierigkeiten in Gruppierung und Zuordnung, der Unzuverlässigkeit zeitgenössischer, selbst amtlicher Erhebungen über das Vereinswesen und bei der Ungenauigkeit der Erhebungskriterien, zuverlässige Angaben jeweils nur für Teilbereiche und zu unterschiedlichen Zeitpunkten möglich. Einerseits ist eine große Zahl von Vereinsbildungen dem argwöhnischen Blick selbst der Polizeiorgane entgangen[162]; andererseits sind viele Zahlenangaben über Vereinsstärken skeptisch einzuschätzen, auch wenn sie von den Vereinsvorständen stammen. Entgegen manchen Details über die Stärke der katholischen Vereine, die dem Kulturkampf zu danken sind, und der evangelischen Vereine, die in ihrer Genauigkeit ein neugewonnenes Selbstbewußtsein spiegeln, entzieht sich vor allem

---

159 Die Erlaubnis der entspr. Statutenänderungen ist OPM/RA 19. 4. 86 (vervielfältigt LRB VIII 470) mit einem Verbot weiterer Zusammenschlüsse der Kassen verbunden worden. Vgl. ferner OPM 2642 II Bl. 124, 127 f. u. passim.

160 Vgl. OPM 2830 I Staatsanwalt/Oberbürgermeister Dortmund 4. 9. 89; Oberbürgermeister/ OPM 19. 8. 89.

161 Aus einem Wahlverein hatte sich in Lütgendortmund 1890 ein kath. Knappenverein St. Barbara gebildet, dessen Statuten amtlich formal wegen unpräziser Fassung, tatsächlich wegen vermuteter sozialdemokratischer Tendenzen nicht genehmigt wurden. Auf die mündliche Intervention des Vereinspräses Kaplan *Wiethoff* in Münster 20. 11. 90 (Protokoll OPM 2642 II, Bl. 374) wurde die Genehmigung mit dem Vermerk „eilt" inganggesetzt, denn „durch das Inslebentreten des Vereins wird gehofft die Bergleute dem Einfluß der Sozialdemokratie zu entziehen..." Die Kasseneinrichtung wurde unter Umgehung der Arnsberger Instanz gebilligt, obwohl der kulturkämpferische Landrat starke Bedenken verspürte, kath. Vereine zu unterstützen, „welche vollständig unter dem Einflusse der Geistlichkeit stehen" (ebd. Bl. 391—393). — Allgemein war es dem Genehmigungsverfahren dienlich, auf die „Pflege der Gesittung, der Eintracht und des kameradschaftlichen Geistes und durch Erweiterung vaterländischer Gesinnung auf den Geist und Körper der Bergleute wohlthätig einzuwirken" (ebd. Bl. 344—346, Knappenverein Hochlar). Umzugserleichternde Statutenbestimmungen erregten seit 1890 wieder behördlichen Widerspruch, s. ebd. Bl. 341 f.; für Fälle aus den 1890er Jahren OPM 2642 III.

162 Z. B. fehlen in einer frühen Vereinsstatistik des Krs. Essen die Knappenvereine in Altenessen, Steele, Essen-Altstadt u. Borbeck, s. Statistik d. Krs. Essen f. d. Jahre 1859—1861, S. 200—202.

das Unterstützungsvereinswesen, von lokalen Angaben abgesehen, einer genaueren Einschätzung. Auch die geselligen Vereinigungen sind gewöhnlich nur aktenkundig geworden, wenn sie konfessionellen Charakter besaßen, eine Unterstützungskasse einrichteten oder sozialdemokratischer Tendenzen verdächtigt wurden.

Bei dieser Lage muß sich eine Vereinsstatistik mit zeitlich nur ausnahmsweise synchronisierbaren, ganz verstreuten Angaben begnügen und sich in Gesamtangaben auf einzelne Regionen beschränken. So nennt eine Aufstellung nach dem Stand vom Dezember 1869 10 katholische Knappenvereine überwiegend im Raum Essen mit insgesamt 1700 Mitgliedern[163]. Einige Jahre später, in der Blüte des Kulturkampfs 1874, ist ein ebenfalls unvollständiges Bild des katholischen Vereinswesens aufgenommen worden[164]: Hiernach bestanden im Landkreis Dortmund 11 katholische Vereine, davon nur 1 Knappenverein, wahrscheinlich an St. Clara in Hörde, mit 80 Mitgliedern. Im Kreis Bochum ragte der Bochumer katholische Bergmannsverein mit 335 Mitgliedern heraus, aber auch der St. Antonius-Knappenverein in Niederwenigern (286), der St. Georg-Knappenverein in Gelsenkirchen (150) und der Wattenscheider Knappenverein (254) standen neben einem wenig bekannten Knappenverein in Eickel in Blüte. Im Raum Essen wurden der Altenessener Knappenverein „Bergmannsglück" (238), der Borbecker Knappenverein (80), der Bergmannsverein Überruhr (90), der Rellinghäuser (85) und der Stoppenberger Knappenverein (190) genannt. Auch diese Liste ist unvollständig. Viele Vereine waren nicht zur Kenntnis der Ortspolizeibehörden gelangt oder schlechthin vergessen worden. Zum Ende der 1870er Jahre hat der langjährige Essener Vereinspräses A. Bongartz[165] endlich eine recht genaue Aufstellung veröffentlicht, wonach von insgesamt 40 katholischen Arbeitervereinen in Preußen mit 7880 Mitgliedern (gesamtes Reich: 9260) 14 Knappenvereine mit 2540 Mitgliedern im Ruhrgebiet beheimatet waren; einige weitere, überwiegend oder zugleich bergmännische Vereinsgründungen, so die Vereine in Steele, Rüttenscheid u. a., dürften hier noch in der Gruppe der „Christlichen Arbeitervereine" verborgen sein, von denen die Statistik im Ruhrgebiet 5 mit 1600 Mitgliedern verzeichnet.

Seit Beginn der 1880er Jahre liegen genauere Angaben über die Ausbreitung des konfessionellen Vereinswesens vor. Im Landkreis Bochum gab es um 1880 13 ausgesprochen bergmännische Vereine und Unterstützungskassen mit 2515, davon allein im Gelsenkirchener freien Unterstützungsverein „Schlägel und Eisen" 428, im St. Georg-Knappenverein 617 Mitgliedern[166]. Im Landkreis Essen waren den Behörden 1883 9 Knappenvereine mit 749 Mitgliedern bekannt[167], doch fehlen darin z. B. die Vereine in Überruhr und Steele. Die erste Angabe über evangelische Arbeitervereine verzeichnet anläßlich der Gründung des Regionalverbands 1885 11 700, davon allein im Stadt- und Landkreis Bochum 6122 Mitglieder[168]. Eine ausführliche Übersicht auf kreiskommunaler

163 Vgl. Chr.-Soz. Bl. 3 (1870) S 13 f.
164 Vgl. zum Folgenden die Aufstellungen kath. Vereine Juli/August 1874 im Landkr. Essen (RD 288 Bl. 179—205) sowie überhaupt im RD (ebd.); im Ldkrs. Dortmund (RA I 101) und Krs. Bochum (ebd.), ergänzend s. RD 290 Bl. 101 f., Verzeichnis der im Essener Raum vorläufig (24. 8. 74) geschlossenen Vereine; sowie die LR-Berichte RA I 101 und RA I 1 (Erhebung ü. Knappenvereine 1873/74). Anlaß der Aufstellungen v. August 1874 war der Erlaß des IM 15. 7. 74, s. RA I 101 Bl. 131. Vgl. ferner R. Meyer, Der Emanzipationskampf des vierten Standes, Bd. I 2. Aufl. 1882, S. 362 f.
165 Das kath.-soziale Vereinswesen in Dtld., 1879, S. 103—105.
166 Ergänzung z. Statistik d. Ldkrs. Bochum, 1881, S. 115 f.
167 Statistik d. Ldkrs. Essen 1875—1880, S. 217 f. — Die Angaben der Landkreisstatistiken lassen sich leider zeitlich nicht in Übereinstimmung bringen.
168 Schack, Festschrift, S. 21; Francke, Gesamtverband, S. 134; Erhebungen auch in LRB VIII 477.

Ebene nennt im Landkreis Dortmund 1887/88 24 Kriegervereine mit 2266, 20 Knappen- und allgemeine Bergmannsvereine (darunter mehrere bloße Unterstützungskassen, zumeist ohne konfessionelle Bindung) mit 3116 Mitgliedern, 7 evangelische und 1 katholischen Arbeiterverein mit zusammen 1352 Mitgliedern, ferner noch drei kleinere Unterstützungskassen[169].

Für die Jahre 1889/90 liegen sehr detaillierte Angaben zum konfessionellen Arbeitervereinswesen vor. Von 232 katholischen Arbeitervereinen in Deutschland mit 52 239 Mitgliedern waren allein 87 Vereine im Bergbaugebiet an Ruhr und Emscher beheimatet, von denen 77 Vereine eine Mitgliedschaft von 16 248 meldeten; das Ruhrgebiet bildete damit einen deutlichen Schwerpunkt des katholischen Vereinswesens. Unter den Vereinen an der Ruhr fanden sich 44 Knappenvereine mit 6736 Mitgliedern, ferner noch drei wohl ganz überwiegend bergmännische polnische Vereine mit 310 Mitgliedern[170]. Nach einer Aufstellung des Verbandsagenten *Fischer* waren um 1890 von 73 im rheinisch-westfälischen Verband zusammengeschlossenen evangelischen Arbeiter- und Bürgervereinen mit 19 040 Mitgliedern, die Angaben gemacht hatten, 61 mit 16 757 im Ruhrgebiet angesiedelt; unter diesen befanden sich zwei evangelische Ostpreußenvereine mit 188 Mitgliedern[171].

Unter der nach vorstehenden Ausführungen begründeten Voraussetzung, daß etwa die Hälfte der Mitglieder evangelischer Arbeitervereine im Bergbau beschäftigt waren, dürften um 1890 im ganzen fast 15 500 Bergleute in konfessionellen Arbeitervereinen organisiert gewesen sein; das entspricht einem Anteil von 13 % der Belegschaften. Hierin sind weder die kaum insgesamt erfaßbaren, reinen Unterstützungskassen, noch die freien Knappenvereine oder die zahllosen sonstigen Gesang- und Geselligkeitsvereine bergmännischen Charakters berücksichtigt.

Innerhalb des Vereinsbildes hat es kennzeichnende Schwerpunkte der Vereinsaktivität im Ruhrgebiet gegeben. Die Linien des Vereinslebens verlaufen regional und lokal unscharf eingrenzbar entlang konfessioneller und, hiermit zusammenhängend, kommunaler politischer Charakteristika einerseits, betriebs- und siedlungsstruktureller Bedingungen andererseits. Zunächst waren es konfessionelle Schwerpunkte, aus denen das katholische Knappenvereinswesen vom Westen des Reviers auf die Kreise Bochum und Dortmund ausstrahlte und dort mehr zur Rezeption der Vereine als Organisationsform als ihrer konfessionspolitischen Glaubens- und Bildungsinhalte führte. Auch traf die korporativ-ständische Vorliebe der Bergarbeiterschaft in katholischen Einflußbereichen auf manche strukturelle Analogien in organisationstechnischer und sozialtheoretischer Hinsicht bei verwandter Formenpflege, so daß kirchlich-katholische und traditional bergmännische Denk- und Verhaltensmuster sich gegenseitig zu durchdringen vermochten. Zwar entstanden trotz geringerer Rolle der katholischen Kirche in weiten Teilen der Kreise Dortmund und Bochum auch hier Knappenvereine mit ständischen Erinnerungsresten, aber diese Gruppen zeigten doch, insbesondere in der Nähe Dortmunds, ein Mehr an Offenheit für das Eindringen sozialkritischer Positionen. Was die Christlich-Sozialen hier, waren die

169 Bericht ü. d. Verwaltung d. Ldkrs. Dortmund 1887/88, S. 92 f.

170 Ausgezählt u. errechnet nach der Vereinsliste Arbeiterwohl 9 (1889) S. 151—158. Diese Statistik sollte als „Vereins-Album" deutscher kath.-sozialer Vereine dem Papst in „würdiger Ausstattung" übergeben werden; s. das Referat *Hitzes* auf der Generalversammlung des Verbands Arbeiterwohl, ebd. S. 169. Aus der Literatur s. *Erdmann*, Christl. Arbeiterbewegung, S. 211; *Frickel/Gottwald*, Kath. Arbeitervereine, S. 259.

171 *Deutelmoser*, Evang. Arbeitervereine, S. 48—54. Für spätere Angaben s. Jahres-Bericht des Verbandes ev. Arbeitervereine Rhld.-Westf., erstattet v. *L. Fischer*, f. 1897, S. 9 ff. (z. B. in StaDuisb 307/22).

Sozialdemokraten dort, wobei letztere, bei den pietistisch eingefärbten Glaubenspräferenzen im östlichen Revier — sie erklären nicht zuletzt das rasche Eindringen des evangelischen Arbeitervereinswesens in diesem Raum — auf eine ungleich schwierigere Ausgangskonstellation trafen. Daß mit dem Vorrücken des Bergbaus in das katholische Vest Recklingshausen und das südliche Münsterland auch die aus den etablierten konfessionellen Zentren im Revier, aus Dortmund und Essen, gespeisten Kampffronten der 1880er Jahre im Norden fortgesetzt wurden, bestätigt das in der Vereinslandschaft ausgeprägte konfessionelle Bild.

Das zweite, betriebs- und siedlungsstrukturelle Beziehungsgeflecht der ruhrindustriellen Vereinslandschaft knüpft an die Nord-Süd-Entwicklungslinien der bergbaulichen Expansion an. Der überraschende Umstand, daß es südlich der Ruhr im Berichtszeitraum nur sehr selten zu stabilen bergmännischen Vereinsgründungen gekommen ist, wird durch die Beobachtung ergänzt, daß die wenigen älteren Vereinsgründungen in Ruhrnähe gewöhnlich im Einzugsbereich der frühen ausgedehnten Tiefbauanlagen (z. B. Überruhr: Gewalt u. a.; Witten: Franziska) angesiedelt waren. Auch entstanden die frühen Knappenvereine und Unterstützungskassen vor allem im Einzugsfeld des Zechentyps der 1850er Jahre und der gewöhnlich seit den 1840er Jahren großbetrieblich fördernden, aus Konsolidationen im alten Bergbaugebiet und aus den frühen Mergelschächten entstandenen Anlagen. So zieht sich eine Zone der frühen Vereinsgründungen bis in die 1880er Jahre von Westen nach Osten durch das Revier, deren nördliche Linie durch die Orte Oberhausen, Bottrop, Gelsenkirchen, Bochum, Herne, Eickel u. a. bis Dortmund, deren Südrand von Kettwig ausgehend und schon vom Ruhrufer entfernt bis nach Hörde verläuft. Südlich dieser Zone war die fest ansässige, in aufgelockerter dörflicher Siedlungsweise beheimatete und gewöhnlich im übersichtlichen Belegschaftsverband auf kleineren Anlagen beschäftigte Bergarbeiterschaft wenig zu paritätisch-demokratischen Zusammenschlüssen geneigt und mochte kaum Bedürfnis hiernach verspüren; nördlich dieser Zone und im Duisburg-Hamborner Raum entstanden, ganz überwiegend von der Arbeitskraft der Zuwanderer aufgebaut, die technisch und betriebsorganisatorisch ausgereiften Großschachtanlagen der Emscher- und Lippezone, die schon in den 1880er Jahren mobile Arbeiterscharen zusammenführten. Diese Belegschaften trugen die Vereinsexplosion um die und nach der Jahrhundertwende, nachdem sie mit den Verhältnissen in Zeche und Kommune vertraut und ansässig geworden waren. Es liegt nahe und wird im Blick auf die Streikaktivität zu bestätigen sein, innerhalb dieser in der Vereinszone angesiedelten, gleichsam zweiten Generation der Ruhrbergleute die Wirkungen von nach längerer Inkubationszeit ausgeprägten kommunikativen Beziehungen zu vermuten, die insgesamt wenigstens Vereinsgründungen ermöglichten und begünstigten, wenn nicht sogar danach riefen.

d) Die Vereine der Zugewanderten

Die mit der Zuwanderung fremdsprachiger Arbeiter aufkommenden, besonderen Probleme der Annäherung und Anpassung von sozial und kulturell häufig denkbar verschiedenen Lebensbereichen sind im Ruhrgebiet zunächst entlang den überlieferten Möglichkeiten der Konfliktbewältigung in Angriff genommen worden. Es war die kirchliche Seelsorge, die die religiösen Bedürfnisse der fremdsprachigen Arbeiter zuerst erfüllte und darin zugleich die ersten Bahnen der Assimilation in der neuen Heimat ebnete. Für die evangelischen Masuren in Gelsenkirchen veranstaltete der Essener Lehrer *Nitschke* schon früh Gottesdienste; in den 1890er Jahren hat dann ein masurisch sprechender Pfarrer die masurischen Gruppen bereist, aber erst 1887 wurde in Gelsenkirchen die erste, 1891 in

Bochum eine zweite masurische Pfarrstelle eingerichtet. Damit einher ging die Gründung der frühesten ostpreußischen evangelischen Arbeitervereine, die sich, angeregt auch durch das evangelische Arbeitervereinswesen, seit 1886 vor allem der Pflege des Kirchengesangs und ostpreußischen Brauchtums widmeten[172]. In der polnischen Seelsorge ging, anscheinend unter behördlicher Hilfestellung[173], die 1871/72 auf der Zeche Prosper in Bottrop gebildete polnische Kolonie voran; der bestellte Seelsorger *Johann Kantecki* mußte allerdings die Gemeinde im April 1873 wegen der Kulturkampfgesetzgebung verlassen. In den folgenden Jahren besuchte heimlich der im Exil in Holland lebende oberschlesische Pater *Guardian* diese Gemeinde und hörte bis 1881 jährlich die Beichte. Allerhand zwielichtige Helfer boten ihre Dienste in diesen Jahren den noch vereinzelten polnischen Familien und Arbeitergruppen an. So wollte der Pole *Sojecki* im Sommer 1880 polnische Bergleute in Hörde, Dortmund und Essen zunächst zur Gründung von Vereinen, dann zum Kampf gegen die Sozialdemokratie und schließlich zum Beitritt in die von ihm vertretene polnische Lebensversicherung überreden[174]. Ernsthafte Bemühungen um die seelsorgerische Betreuung der Polen setzten erst mit dem großen Sprung in der ruhrbergbaulichen Belegschaftsentwicklung 1880–1884 ein; mit dieser Entwicklung erst gingen freilich die ersten nennenswerten Kollisionen mit der ansässigen Bevölkerung, mit den bergmännischen Kameraden und den Behörden. Seit 1882/83 besorgte zunächst der polnische Geistliche *Szotowski* das mühsame Geschäft des Reisens von Gemeinde zu Gemeinde. Seiner Werbung und Unterstützung ist der erste Aufschwung des polnischen Vereinswesens im Ruhrgebiet zu danken; allerdings sind die frühesten Gründungen deutlich ohne geistliche Hilfestellung erfolgt: „Die Polen traten vielmehr aus sich zusammen und das war ein ganz natürlicher Vorgang"[175]. Ein erster polnischer katholischer Bildungsverein „Einigkeit" entstand 1877 in Dortmund[176]; eine Welle von Vereinsgründungen setzte danach allerdings erst 1883 mit Gründungen in Gelsenkirchen und Schalke ein; der Essen-Mülheimer Raum blieb bis zum Ende der 1880er Jahre frei von polnischen Vereinen. Die Gruppen wahrten zunächst einen parochialen Charakter, pflegten ihre volkstümlichen Formen der Religiosität, ihre Sitten und Bräuche, ihre heimatlichen Erinnerungen[177]. Anscheinend mit einigem Erfolg betrieben die Behörden in dieser Zeit

---

172 Vgl. *O. Mückeley*, Masurische Seelsorge im Industriegebiet, 1951, S. 195–199; *Krins,* Ostpreußen-Vereine Teil I, S. 138 f. Die freigewerkschaftliche Arbeiterbewegung sah später in den Masurenvereinen ein Stück gelber Organisation; vgl. die Rezension von *H. Brauns* (zu: *Bredt*, Polenfrage im Ruhrkohlengebiet), in: ASSP 29 (1909) S. 933. 1890 entstanden Pläne zur Gründung einer eigenen masurischen Zeitung im Ruhrgebiet; vgl. *Fr. Krins,* Die masurische Zeitung „Familienfreund", 1961, S. 119–133.

173 Vgl. Geschichte einer polnischen Kolonie in der Fremde. Jubiläumsschrift des St.-Barbara-Vereins in Bottrop, 1911, S. 8–13; danach soll dieser Seelsorger vom OBA bestellt worden sein.

174 Vgl. RD 8858 Bl. 137–150, bes. Bericht des Essener Polizeiinspektors 27. 7. 80.

175 *Brauns*, Rezension (Anm. 173), S. 933.

176 Vgl. *H.-U. Wehler*, Die Polen im Ruhrgebiet, 1970, S. 445 Anm. 50. Der Verein wurde am 7. 1. 77 gegründet, s. OPM 2748 I Bl. 56–59 RPA/OPM 19. 12. 83.

177 Wichtigste Quelle ist OPM 2748 I; vgl. noch RD Pr 867; für die Zeit nach 1890 OPM 2748 II-XII, RA I Pr 88–253. *E. Franke*, Die polnische Volksgruppe im Ruhrgebiet, 1940/41, S. 369, behauptet weitere Vereinsgründungen in Bochum und Essen 1877/1878; vgl. aber die Vacat-Anzeigen aller Behörden im westl. Ruhrgebiet RD Präs 867 Bl. 20–24, Sept./Okt. 1883. Die These einer breiten Streuung der ersten Polen im Revier ist also offenbar ungenau (*Franke*, a. a. O.). Auch in Bochum hat es vor 1885 jedenfalls keinen stabilen polnischen Arbeiterverein gegeben. Zur Brauchtumspflege s. *V. Bredt*, Polenfrage, 1909, S. 21 f.; *Franke,* Poln. Volksgruppe, S. 370–373.

eine im ganzen nicht unfreundliche Germanisierungspolitik, für die zwar die Gründung nationalpolnischer Vereine „an und für sich nicht wünschenswerth" war und die Polen besser, „wenn sie nun einmal zu einem Verein gehören wollen, in die aus Deutschen bestehenden Vereine" gebracht werden sollten. Denn gerade in der Ausschließlichkeit des „polnischen Elements" läge der politische Charakter. Im übrigen wurde aber auf eine Art natürlicher Assimilation „durch die Volksschulen, Verheirathungen und den fortwährenden Verkehr" vertraut[178], und man begnügte sich mit der gewohnten Versammlungs- und Vereinsüberwachung, unterzog dabei vor allem die kleinen Vereinsbibliotheken einer sorgfältigen Überprüfung, ob sich nicht diese oder jene verbotene nationalpolnische Schrift finden lassen würde[179]. Einem weiteren polnischen Geistlichen die Arbeit im Revier zu gestatten, soweit wollte man indessen nicht gehen, da dies „den Germanisierungsbestrebungen unter der polnischen Arbeiterbevölkerung mindestens nicht zum Vortheile" gereiche[180]. Trotz der 1885 eingeleiteten Polenpolitik, die die nichtpreußischen (österreichischen und russischen) Polen in Deutschland mit Massenausweisungen bedrohte, im Ruhrgebiet jedoch anscheinend in der Behördenpraxis nur milde vollzogen worden ist[181], haben sich so die polnischen Vereine in einiger Ruhe entwickeln können und vor 1890 Wege der Anpassung, unter anderem in der Verbindung zum konfessionellen Vereinswesen, beschritten. Gewöhnlich folgten die Vereinsstatuten in zweckdienlicher Nuancierung den deutschen Mustern auch hinsichtlich der Unterstützungseinrichtungen. Die Vereine beteiligten sich an kirchenkommunalen Aufgaben wie dem Kirchenbau überhaupt (Langendreer), übten den deutschen Kirchengesang ein und bemühten sich auch sonst um Zweisprachigkeit und um Erziehungseinrichtungen für polnische Kinder, beteiligten sich auch, so wenigstens in Herne, am Sedanszug und am Kaisergeburtstag. Der Gelsenkirchener St. Barbara-Verein, der unter der Leitung von *Josef Karaś* nach den Statuten „unter den Arbeitern polnischer Zunge den Geist der Ordnung und guten Sitten befördern und dieselben vor allen sittlichen Gefahren sicher zu stellen" beabsichtigte, entfernte, vielleicht auf behördlichen Druck, Ende 1883 den polnischen Adler aus seiner Fahne und ersetzte ihn durch einen Kranz mit der religiösen Legende „Polnische Königin bitte für uns"[182]. Die in dieser Zeit noch recht enge Verbindung mit dem katholischen Vereinswesen ist durch ein großes Verbandsfest vieler katholischer Vereine des Reviers unter Teilnahme der Polen dokumentiert worden[183].

Nachdem dann der konjunkturelle Niedergang 1886/87 den polnischen Vereinen — ihre Mitgliedschaften pflegten auf konjunkturelle Schwankungen wegen der geringeren Verwurzelung im Industriegebiet noch empfindlicher zu reagieren — einen spürbaren Rückgang der Vereinsaktivität gebracht hatte, stand der Neubeginn 1889/90 offenkundig unter den Zeichen der nationalen und konfessionellen Konfrontation. Als sich im März 1889 die polnischen Katholiken Gelsenkirchens unter Führung von *J. Karaś* nach-

178 OPM 2748 I Bl. 37, 65—67, Berichte LRB/RPA 18. 10. 83, 10. 1. 84 (Abschr.); vgl. ebd. Bl. 105 den durchaus freundlichen Bericht RPA/OPM 5. 3. 86 über *Szotowskis* Predigten.
179 Vgl. ebd. Bl. 73 f. Gutachten des Posener Lektors *Post* über die Gelsenkirchener Vereinsbibliothek 5. 1. 84; Bl. 125 f. RPA/OPM 3. 1. 87, Bl. 160 f., 181 f. u. ö.
180 Ebd. Bl. 140 RPA/OPM 10. 5. 87.
181 Vgl. *Bredt,* Polenfrage, S. 127. 1890 sollen sich im westfälischen Ruhrgebiet 648 polnisch-slawische Arbeiter aufgehalten haben, die nicht im Besitz der preußischen Staatsangehörigkeit waren; vgl. OPM 2748 I Bl. 205 f. Nach *Taeglichsbeck,* Belegschaft der Bergwerke u. Salinen, T. II 1896, S. XV, stammten Ende 1893 nur noch 84 polnischsprechende Bergleute aus Österreich und Rußland.
182 Vgl. OPM 2748 I Bl. 35 RPA/OPM 28. 9. 83; Bl. 42—53 Statuten.
183 Vgl. ebd. Bl. 85 f. RPA/OPM 7. 7. 85 u. unten S. 395.

drücklich um einen zweiten Geistlichen bemühten, stieß dieser Antrag seitens der Behörden auf Zurückhaltung, seitens des örtlichen Kirchenvorstands auf sehr kurzsichtige Ablehnung: Man wolle keine Gemeinde in der Gemeinde, und der sonntäglichen Messepflicht könnten die Polen auch so genügen, „da hierzu die Kenntnis einer nationalen Sprache weder erforderlich noch nützlich ist"[184]. Trotz dieser Einwände gewannen die Polen im Ruhrgebiet Anfang 1890 mit dem Vikar *Dr. Liss* aus Briesen einen geschickten Redner, Prediger und „bedeutenden Organisator"[185]. Innerhalb weniger Jahre gelang ihm die Ausdehnung des Vereinsnetzes, das 1890 13 Vereine mit vielleicht 1000 Mitgliedern, darunter zwei nach deutschem Vorbild seit 1886 ins Leben gerufene evangelische Gegengründungen umfaßte, auf (1893) über 100 polnische Vereine, die durch die organisatorische Kraft des Vikars und eine eigene Zeitung, den „Wiarus Polski" (Polnischer Getreuer) seit 1891, zusammengehalten wurden[186]. Sei es durch Widerstände, wie sie die *Bismarcksche* Polenpolitik herausforderte, oder durch die im 1889er Streik, an dem sich die Polen durchaus beteiligt haben[187], entfachten gesellschaftlichen Gegensätze, sei es durch das im Vergleich überproportionale Wachstum der polnischen Revierbevölkerung und durch die nationalpolitische Agitation des *Dr. Liss* — jedenfalls ist die polnische Nationalitätenfrage in das polnische Vereinswesen im Ruhrgebiet deutlich erst nach 1890 eingedrungen und beschwor seither ein erhebliches neuartiges Konfliktpotential herauf.

3. Bergmännisches Vereinsleben[188]

Bei den frühen, zunächst fast allein katholischen Vereinsgründungen der Bergleute lagen richtunggebende, gelegentlich auch entwicklungshemmende Momente vor allem in der Person des geistlichen Führers. Waren die Bergleute durch Kanzelaufruf, Aushang der Geistlichen oder nachbarliche Mund-zu-Mund-Propaganda auf die bevorstehende Vereinsgründung aufmerksam geworden, so wurde gewöhnlich ein erster Versammlungs-

---

184 Ebd. Bl. 167 kath. Kirchenvorstand/*J. Karaś et al.* 29. 5. 89 (Abschr.); „nützlich" von anderer Hand markiert. Etwa die Hälfte der Polen war unpfändbar und zahlte daher keine Kirchensteuer.

185 *Wehler*, Polen im Ruhrgebiet, S. 445 f.; vgl. für die 90er Jahre neuerdings *Chr. Kleßmann*, Klassensolidarität und nationales Bewußtsein. Die polnische Berufsvereinigung, 1974, S. 157.

186 Vgl. *Wehler*, Polen im Ruhrgebiet, S. 446; dagegen spricht *O. Mückeley*, Ost- und Westpreußen-Bewegung, 1926, S. 17, von (1896) 75 polnischen Vereinen; allerdings seien die Deutschen gegen die 1890 einsetzende polnische Vereinsmeierei „die reinsten Waisenknaben". Eine undatierte Karte des polnischen Vereinswesens findet sich bei *C. Herbermann*, Links der Lippe, 1969, S. 140.

187 So *Franke*, Polnische Volksgruppe, S. 370—373.

188 Vgl. zu den folgenden Ausführungen vor allem die Protokollbücher der Knappenvereine Essen-Stoppenberg (Pfa St. Nikolaus in Essen-Stoppenberg Nr. 255—256, unter freundlicher Unterstützung durch Herrn Pfarrer *Schmitz*) und Essen-Überruhr (StaE, Kopie). Das Protokollbuch des Stoppenberger Vereins „Glückauf" (2 Bde. 1865—86, 1886—1908) ist weniger ausführlich als die Aufzeichnungen zur Entwicklung des Bergmannsvereins Überruhr (2 Bde. 1861—1882, 1882—1907), doch dürfen beide Vereine als in hohem Grade beispielhaft für die Entwicklung des Essener Knappenvereinswesens gelten. Gezielt im Dortmunder Raum in Pfarrarchiven unternommene Nachforschungen haben keine vergleichbaren Ergebnisse erbracht; doch ist anzunehmen, daß manche mehr oder weniger ausgedehnten Bestände auch hier, daneben in der Bochumer und Gelsenkirchener Ge-

termin in einem bekannten örtlichen Gasthaus anberaumt. Zwischen den hier zusammentreffenden Bergleuten bestanden Gruppenbeziehungen verschiedenster Art seit längerem, so im Belegschaftsverband der im örtlichen Einzugsbereich gelegenen Zechen, im Nachbarschafts- und Kommunalverband, besonders ausgeprägt auch in der pfarrgemeindlichen Einbindung. In Statuten, Vorstand, Versammlungen und Aktivitäten nach außen war während der ersten Jahrzehnte nun der Einfluß des geistlichen Präses ganz entscheidend. Wenig überraschend, wurden die Knappenvereine zu manchen kirchlichen Pflichten: bei Prozessionen, in der Gemeindeverwaltung, besonders zur „Verschönerung der Kirche" durch Stiftung von Figuren, Bildern, Kapellen u. a., herangezogen. Andererseits prägte der kirchlich-religiöse Ritus auch die Vereinsversammlungen durch Gebete, Kirchengesänge und religiöse Vorträge. Solcher von den Präsides der Vereine gewünschter, in den Statuten manchmal bestimmender Einfluß[189] zielte auf die christlich-werthafte Durchdringung des von den Anfeindungen des neuen Industriedaseins bedroht geglaubten Familienlebens, der Ehe und Kindererziehung. Den Gefahren für die Bergarbeiterjugend sollte schon Ende der 1850er Jahre in Rellinghausen durch eine besondere Vereini-

---

gend, in den zumeist unverzeichneten Pfarrarchiven aufgefunden werden können. Andererseits kann das Fehlen von Quellen mit Fug auf eine im Vergleich zum Essener Raum geringere „Vereinskultur" zurückgeführt werden. Umfangreiche Bestände der Pfa St. Dionysius in Essen-Borbeck sind in der Untersuchung von *Kalis*, Arbeiter- und Knappenbewegung, verwendet worden. Nachforschungen über die wahrscheinlich über Jahre hinweg besonders regen Knappenvereine St. Lambertus in Rellinghausen und St. Barbara in Essen-Altstadt, die nach Ausweis ihrer Jubiläumsfestschriften (100 Jahre kath. Knappen- u. Arbeiterverein St. Lambertus Essen-Rellinghausen, 1957; Festschrift des kath. Knappenvereins St. Barbara Essen-Altstadt, 1860—1960, hier „nach einem alten Protokollbuch", S. 17) aufschlußreiche Quellen hinterlassen haben sollten, blieben leider erfolglos. Auch der Knappenverein „Glückauf" in Blankenstein hat anscheinend Protokollbücher hinterlassen (vgl. 80 Jahre Knappenverein Glück auf Blankenstein-Welper. Zum Volksfest 1964 in Welper-Ruhr). Naturgemäß hängt der Überlieferungsstand in starkem Maß von dem Vorhandensein und der Kontinuität einer Institution wie der Kirche als stetem Bezugspunkt ab. — Neben diesen Quellen sind die bis in die jüngste Vergangenheit veröffentlichten Festschriften der Vereine anläßlich ihrer Jubiläen, deren Aufbewahrung gewöhnlich den Stadtarchiven zu danken ist, hier herangezogen worden (ausführlich bibliographiert im Literaturverzeichnis). Ihr Informationswert ist sehr unterschiedlich, manchmal, vor allem in den im Jahrzehnt vor dem ersten Weltkrieg verfaßten Schriften, jedoch erheblich; in anderen Fällen ist die Vereinsgeschichte einer allgemeinen Geschichte der Bergarbeiterschaft geopfert (z. B. Festschrift z. goldenen Jubiläum des kath. Knappenvereins Essen/Ruhr, 1910, S. 5); in anderen wird sie verzeichnet, verherrlicht. Etwa verfolgt der Verf. d. Festschrift: 100 Jahre kath. Knappen- u. Arbeiterverein St. Lambertus Essen-Rellinghausen 1857—1957, S. 3, der Vereinsgründung einen antimarxistischen Impetus. Nicht zufällig wird die Gründung manchmal in eine unberührte frühindustrielle Vergangenheit vorverlegt: „In jener Zeit hörte man aus dem nahegelegenen Weitmarer Holz noch den Ruf des Uhu und in dem Gebüsch um die alten Bergmannskotten in der abendlichen Stille den lieblichen Gesang der Nachtigall" (Knappenverein Glück auf 1881 Weitmar-Mark und Neuling. 80jähriges Gründungsfest, 1961). Ein Beispiel informativer Vereinsgeschichte ist die Festschrift zum Goldenen Jubelfest des kath. Knappenvereins Bergmannsglück Altenessen-Nord, [1913].

189 Vgl. bes. die Statuten des Bergmannsvereins Überruhr (Protokollbuch Bd. I) und die diesen nachgebildeten Statuten des Knappenvereins Niederwenigern von 1868, in: RA I 101 Bl. 219 f. Ferner *Kalis*, Arbeiter- u. Knappenbewegung, S. 31 f., ebd. S. 217—225 Wiedergabe der (jüngeren) Statuten des Borbecker Knappenvereins, die noch dieselben Grundzüge aufweisen.

gung, verbunden mit dem örtlichen *Kolpingschen* Gesellenverein, vorgebeugt werden[190]. Durch tägliche Einkehr im Gebet, durch vorgeschriebene Gottesdienstteilnahme und gewissenhafte Wahrnehmung aller weiteren kirchlichen Pflichten, denen noch die besondere Verehrung des Vereinspatrons hinzugefügt wurde, schließlich durch Einhaltung engen familiären und kameradschaftlichen Verkehrs in solchem Geiste — im Knappenverein Überruhr hat man zeitweise vor Aufnahme neuer Mitglieder Erkundigungen über diese eingezogen — ist dabei in hohem Maß ordnend, regelnd auf die in der Übergangsphase aus der ständischen Bergbauepoche orientierungslosen Beziehungen der Bergleute untereinander eingewirkt worden. Hier wurde ein neuer Mittelpunkt bergmännischen Autoritätsbedürfnisses geschaffen, dem sich die Arbeiter um so bereitwilliger näherten, als die Kirche die ehedem gepflegten Formen und Symbole aufnahm, so daß die Vereine zu dem wohl wichtigsten Traditionsträger der ständischen Bergbauverfassung wurden.

Zu den Formen und Zeichen der ständischen Zeit gehörte der große bergmännische Aufzug in halbmilitärischer Formation bei Gelegenheit des eigenen oder anderer Vereine Stiftungsfest, bei hohen kirchlichen Festen am Ort wie auf dem Kirchweihfest, anläßlich der Beerdigung von Vereinskameraden in kleiner Form. Kein Verein, der auf die Anschaffung einer Fahne, meistens in Form besonders erhobener Beiträge, verzichtet hätte; die Posten des Fähnrichs und der Fahnenoffiziere waren so begehrt, daß sie im Knappenverein Überruhr 1862 versteigert wurden und der Vereinskasse in einem Fall über drei Taler, einen Wochenlohn, einbrachten. Hier wie andernorts waren die Fahnenträger uniformiert mit schwarzer Hose, Kittel, Leder, Säbel, Bergmannsmütze und weißen Handschuhen.

Auch die übrigen Vereinsmitglieder zu uniformieren, dazu dürfte meistens das Geld gefehlt haben. Man begnügte sich dann mit der Anschaffung eines Abzeichens, zum Beispiel farbigen Rosetten mit Schlägel und Eisen, auch einfachen Schleifen, die zu tragen jedes Vereinsmitglied bei Strafe zu allen Veranstaltungen des Vereins verpflichtet war. Zu den manchmal in den Statuten besonders beschriebenen Umgangsformen der Vereinsmitglieder gehörte stets der auch in der Grube selbstverständliche Bergmannsgruß „Glückauf". Die Versammlungen fanden zumeist in Räumen statt, die die Vereine durch Mietvertrag mit angesehenen Gastwirten[191] für ihre Zwecke herrichteten — das hieß immer, mit der Vereinsfahne schmückten. Den Wirten war so sehr daran gelegen, durch Vereinsversammlungen und Feste ihre Umsätze zu erhöhen und sich der Werbewirkung solcher Feste zu bedienen, daß aus späteren Jahren Fälle bekannt sind, in denen Gastwirte Vereinsgründungen anregten und in den dann allerdings kaum konfessionellen Vereinen eine maßgebliche Rolle spielten[192].

In den Vereinsversammlungen der frühen katholischen Vereine führte der Präses das Wort, unterstützt von den im Turnus nachgewählten Vorstandsmitgliedern, unter denen, wenn der Knappenverein in mehreren Gemeinden heimisch war, regelmäßig alle Gemeinden vertreten waren[193]. Während der Versammlung waren Branntweingenuß

---

190 Hinweis: Chr.-Soz. Bl. 4 (1871) S. 160.
191 Im Protokollbuch des Knappenvereins Stoppenberg finden sich mehrere solcher Mietverträge.
192 Vgl. RA B 59 LRD/RA 19. 6. 72: Die Knappenvereine seien „theils Wirtshaus-Vereine, die sich um einen geschickten und beliebten Wirth gruppiren". Ein solcher Verein war der deshalb am 29. 2. 87 aufgelöste Knappenverein Glückauf in Eppinghofen von 1885, s. OPK 8376 S. 357, 363—383.
193 Im Falle des Stoppenberger Knappenvereins die Gemeinden Stoppenberg, Katernberg, Schonebeck; ähnlich bei dem Knappenverein Dortmund-Hörde (Pfa St. Clara in Hörde): Aplerbecker Heide, Berghofen, Hacheney, Brünninghausen, Schüren u. Hörde.

und Kartenspielen untersagt. Manche Vereine stellten das Nichterscheinen unter Strafe und schlossen Mitglieder, die sich über einen längeren Zeitraum nicht beteiligten, aus. Zu den wichtigsten Funktionen der meist monatlichen Hauptversammlungen — daneben traf man sich etwa wöchentlich ohne Programm im Tagungslokal zu zwanglosem Umtrunk und Gedankenaustausch — gehörten das Einsammeln der Vereinsbeiträge und die Anmeldung neuer Mitglieder[194]. Man sang kirchliche und bergmännische Lieder, deren Pflege sich die Vereine durch Anschaffung entsprechender Gesangbücher angelegen sein ließen. Die Ortsgeistlichen, oft auch örtliche Lehrer, hielten zum Abschluß der Versammlungen kleine Vorträge, etwa über den Abfall des Königreichs England vom katholischen Glauben, über die Wiedertäufer, die afrikanische Mission und andere Probleme im kirchlich-religiösen Zusammenhang. Allgemeinbildende Themen kamen in katholischen Knappenvereinen anscheinend weniger zur Sprache, während man allerdings häufiger Mahnungen gegen rüden Umgangston, maßlosen Alkoholgenuß, liebloses Eheleben oder sorglose Kindererziehung[195] aussprach. Im engeren Sinne politisch-gewerkschaftliche Themen sind fast nur zu außergewöhnlichen Anlässen diskutiert worden: Anläßlich der Kriegsereignisse 1866 und 1870/71, wegen der gedrückten Lage der Arbeiterschaft in den 1870er Jahren, zu den Kaiserattentaten 1878[196] und im Zusammenhang der Streiks 1872 und 1889 über gewerkschaftliche Fragen. Auch die Auswanderungsproblematik, eine in den Jahren der Repression vermehrt präsente Alternative zur Ausweglosigkeit des Arbeiterdaseins, ferner die Geschichte geographischer Entdeckungen und Kunde von fremden Ländern, mit der die Neugierde nach dem Fremden und Unbekannten und das naturkundliche Interesse gestillt wurden, gehörten zu den exklusiven Bildungserlebnissen im Verein, wurden aber in katholischen Vereinen von religiösen Themen in den Hintergrund gedrängt. Um 1889/90 standen die katholischen Essener Knappenvereine dann ganz im Bann der Auseinandersetzungen zwischen dem sozialdemokratischen Verband und der Gegengründung „Glückauf", für die sich die Präsides, indem sie manchen „schönen Vortrag gegen die Socialdemokraten"[197] hielten, eifrig verwendeten. Antisozialistisch waren diese Knappenvereine, sobald dies erforderlich wurde, allemal, selbst in der Phase der christlich-sozialen Arbeitervereinsbewegung der 1870er Jahre. Der zu ihren Exponenten zählende Vereinspräses und Redakteur A. Bongartz durfte 1879 sogar „kühn behaupten, daß kein Mitglied eines katholischen Knappenvereins socialdemokratisch gewählt hat"[198].

Neben der Haltung zu den Sozialdemokraten haben vor allem konfessionelle Ausein-

---

194 Nach einer Mitgliederliste (Protokollbuch Bd. I) zeigte der Knappenverein Überruhr 1860—1867 eine hohe Fluktuation. Von 207 Beigetretenen (davon 113 Gründungsmitgliedern) waren nach 6 Jahren noch 64 Bergleute (31 Gründungsmitglieder) im Verein. Gestorben waren 5 (3), ausgeschlossen wegen mangelnder Beteiligung oder Beitragszahlung 54 (32), verzogen oder Austritt erklärt 75 (43), zum Militär 7 (3); nicht erkennbar ist der Austrittsgrund in 2 (1) Fällen.

195 Am 6. 10. 61 zeigte der Präses des Überruhrer Vereins, „wie das schlechte Fortkommen der meisten Bergmannsfamilien hauptsächlich mit darin seinen Grund habe, daß die Kinder-Erziehungen ... vernachlässigt würde" (Protokollbuch Bd. I).

196 Protokollbuch Überruhr; in der Versammlung v. 29. 6. 78 wurde „das scheußliche Atendat wodurch unser Allergnädigster Kaiser so schwer verwundet wurde, erwähnt, und legte der Vorsitzende den Mitgliedern dringend ans Herz, unsern Allergnädigsten Kaiser täglich im Gebete zu gedenken auf das ihn der Liebe Gott bald die Gesundheit wieder schenken möge ..." Die Versammlung schloß, ungewöhnlich in einem kath. Verein, mit einem Kaiserhoch.

197 Protokollbuch Überruhr 26. 10. 90.

198 Das kath.-soziale Vereinswesen, S. 102.

andersetzungen das Vereinsleben in einem gleichwohl nicht zu überschätzenden Umfang berührt. Von dem Vorsatz, Andersgläubige vom Besuch der Stiftungsfeste auszuschließen, ist man bald abgekommen; hier mag auch der wenigstens formal überkonfessionelle Charakter der christlich-sozialen Arbeitervereine in den frühen 1870er Jahren von Einfluß gewesen sein. Kulturkampf und evangelische Arbeitervereine haben dagegen manche konfessionelle Kluft erst bewußt gemacht[199]. Im Stoppenberger Verein faßte der Vorstand 1876 den Beschluß, daß im Fall erzwungener Vereinsauflösung das Vermögen in den Privatbesitz des Präses überzugehen habe[200]. Tatsächlich hat die Person des Vikars *Mersheim* in diesen Tagen den Unwillen des kulturkämpfenden Essener Landrats *Freiherrn von Hövel* erregt, der dem Knappenverein und seinem Präses „bei den letzten Wahlen eine Einwirkung auf öffentliche Angelegenheiten" nachsagte und ihn aus der Position des Lokal-Schulinspektors verdrängte[201]. Als der Bergmannsverein Überruhr im Herbst 1872 die Statuten seiner Unterstützungskasse ändern wollte, monierte man in Düsseldorf die konfessionelle Beschränkung der Kasse und verlangte ihre Entfernung aus den Statuten, wogegen die Generalversammlung am 6. Oktober 1872 energisch protestierte[202].

Unterstützungskassen waren mit den frühen katholischen Vereinen nicht ursprünglich verbunden, sind jedoch zumeist seit Ende der 1860er Jahre angegliedert worden. Schon ein Jahr nach Einrichtung einer solchen Kasse im Bergmannsverein Überruhr sah sich dessen Präses veranlaßt, die „merkwürdig hohen Ausgaben an Krankengeldern" zu beklagen und klarzustellen, daß der Eintritt in den Verein allein, um sich an der Unterstützungskasse zu beteiligen, nicht statthaft, daß der Unterstützungszweck vielmehr „Nebensache" sei[203]. Die Tendenz zur Angliederung von Kasseneinrichtungen hatten alle Vereine miteinander gemein; manche sind sogar aus Unterstützungskassen entstanden.

Bildungs- und Unterstützungszwecke waren jedoch eindeutig einem umfassenderen Geselligkeitsbedürfnis nachgeordnet. Zwar kehrt gerade auch in den nichtkatholischen Knappenvereinen die statuarische Formulierung des Bildungszwecks stereotyp wieder, etwa um „durch deklamatorische Vorträge und Belehrungen in den Versammlungen den Mitgliedern eine Erholungsstunde zu verschaffen"[204]; noch allgemeiner hieß es auch:

---

199 Vgl. z. B. Festschrift aus Anlaß des 100jährigen Jubiläums der kath. Arbeiter-Bewegung St. Ludgerus Essen-Rüttenscheid, 1966, S. 11.

200 Protokollbuch Stoppenberg 9. 8. 76; ähnliche Beschlüsse sind in anderen Vereinen gefaßt worden. Im Duisburger christl. Arbeiterverein wurde in diesen Jahren das Protokollbuch nicht weitergeführt: vgl. *H. Kampmann,* Goldene Jubelfeier des St. Michael-Arbeitervereins Duisburg-Meiderich, 1907, S. 14.

201 Vgl. RD 289 Bl. 59 f. LRE/RD 24. 8. 74; RD/LRE 19. 10. 74 (Entw.). Nach einer Bemerkung RD 288 Bl. 201 hat *Mersheim* auf Wahlen durch Verteilung von Wahlzetteln am Eingang des Wahllokals Einfluß zu nehmen versucht.

202 Protokollbuch Überruhr 6. 10. 72, einstimmiger Versammlungsbeschluß: „... Wir können uns nicht dazu verstehen, den seitherigen confessionellen Charakter des Vereins fallen zu lassen, und zwar um so weniger, als in der Gemeinde Überruhr auch ein evangelischer Unterstützungsverein existiert und eine Annäherung beider Vereine ... nicht denkbar ist." Vgl. z. Einrichtung der Kasse OPK 7296 S. 235—247; zur Auseinandersetzung um den konfessionellen Charakter OPK 8376 S. 61—63 und bes. OPK 7298 S. 19 f., 115 f. Das OBA bemerkte (an OPK 13. 7. 72, in: OPK 7297 S. 513 f., vgl. 493, 545—547), der Streik von 1872 habe die Gefahr einer Konfliktverschärfung durch religiöse Gegensätze gezeigt. Die Kasse in Überruhr konnte nicht verboten werden, da seit 1868 ein rechtskräftiges Statut bestand, das mit konfessioneller Beschränkung genehmigt worden war.

203 Protokollbuch Überruhr 28. 11. 69.

204 Statuten des Knappenvereins Glück-Auf! Berghofer Mark von 1872, § 1, in: RA I 1 Bl. 90.

„Erweckung eines kameradschaftlichen Sinnes und einer gesitteten Denkungsart"[205]. Aber außerhalb des katholischen Einflusses sind diese Formulierungen doch häufiger Lippenbekenntnisse geblieben; in ihrer Suche nach Leitbildern der Orientierung rutschten diese Vereine nur zu leicht in das Fahrwasser der Landwehr- und Kriegervereine ab, mit deren Formenvielfalt man die erinnerte ständische Vergangenheit beleben und dem floskelhaften bergmännischen Standesbewußtsein den ersehnten patriotischen Schmuck verleihen konnte. Wiederum ist es vor allem den katholischen Vereinen gelungen, dem Geselligkeits- und Unterhaltungsbedürfnis einen organisatorischen Rahmen eigener Prägung zu geben. Hierzu wurden Gesangsabteilungen gepflegt, Theatergruppen mit den erforderlichen Requisiten versehen, auch erbaulich-naturkundliche Bibliotheken, wie in den Vereinen in Borbeck, Stoppenberg, Überruhr und Altenessen errichtet. Gelegentlich wurde sogar, wie in Überruhr, die Bildung eines eigenen Musikcorps beschlossen, und zur Anschaffung der erforderlichen Instrumente trugen alle Mitglieder durch ein über längere Zeit erhobenes „Musikgeld" bei[206]. Der alte Brauch des „Berghoboistencorps" hat hier, wo die Erinnerung an die offizielle Essener Bergkapelle noch wach war, wie auch in anderen Revieren[207] weitergelebt.

Solche von ständischen Formen verbrämte Geselligkeit ließ anstelle der gelebten eine erinnerte Wirklichkeit treten und schuf so einen Fluchtbereich des Geselligen, in dessen Illusionen tägliche Mißerlebnisse verdeckt und verdrängt werden konnten. Auch der ebenfalls aus ständischer Vergangenheit verständliche Abschließungsversuch gegen Arbeiter[208] und Vereine anderer Gewerbe, mit dem selbst sozialdemokratisch beeinflußte Knappenvereine zu kämpfen hatten, deutet in dieselbe Richtung. Ausschlaggebend für solches Unterschiedsbewußtsein war allerdings nicht zuletzt die fortdauernd als solche konstatierte Eigenart und Gefährlichkeit des Bergmannsberufs, die sich in den Statuten vieler katholischer Vereine eigens in Form vermehrter Anstrengungen um das Seelenheil der Verunglückten oder als Vorkehrung gegen Unfälle im Gebet um die Gnade Gottes niedergeschlagen hat. Die Gründung des späterhin bekannten Knappenvereins „Bergmannsglück" in Altenessen ist auf den von vier Bergleuten dem örtlichen geistlichen Rektor *Quadt* vorgetragenen Wunsch, man möge auf Kosten eines zu bildenden Vereins wöchentlich eine Messe für die Bergleute singen lassen, zurückzuführen[209].

Ausdruck dieser starken kameradschaftlichen Berufsverbundenheit und Religiosität war auch das von den Bergleuten mit Nachdruck betriebene Beerdigungsbrauchtum, in dem sie vielleicht Anschluß an die alten nachbarlichen Gewohnheiten suchten, so daß in dieser Beziehung die Knappenvereine das Erbe der älteren Nachbarschaftsverbände der Dörfer

---

205 Statuten des Knappenvereins zu Stockum-Düren v. 1870, § 1, in: OPM 2642 I Bl. 49—54.
206 Das Inventar des Bergmannsvereins Überruhr am 10. 8. 73 (Protokollbuch Bd. I) spiegelt die Vereinsaktivitäten: Vereinsfahne mit Futteral, Schärpen, Degen; Kasten für Fahne; Vereinsstempel; 4 Fahnen und Fahnenstangen; Domino- und Lottospiel; „Fahnenträger" (wohl Tragegestell); Transparentkasten; Theatervorhänge und Holzkreuz; 4 Hirtenstäbe, 1 Lockenhaar; 4 weiße Röcke und schwarze Kragen für Meßdiener; 3 Uniformen für Fahnenträger.
207 Eine „Hattinger Bergkapelle" feierte am 26. 4. 91 ihr erstes Stiftungsfest; vgl. StaHatt B II 36, 19.
208 Vgl. Festschrift z. Feier d. 25. Stiftungsfestes des kath. Arbeiter-Vereins der St. Josefspfarre zu Oberhausen-Styrum, 1911, S. 4; 100 Jahre kath. Knappen- u. Arbeiterverein Rellinghausen, 1957, S. 40—47.
209 Vgl. Festschrift z. Goldenen Jubelfest d. kath. Knappenvereins „Bergmannsglück" Altenessen-Nord, 1913, S. 5 f.; s. auch die Statuten des Knappenvereins Niederwenigern, RA I 101 Bl. 219 f.

angetreten haben[210]. Das Ehrengeleit für den Vereins- und Arbeitskameraden berührte in einem heute kaum nachvollziehbaren Zusammenhang das Zentrum bergmännischen Gottvertrauens, und die in manchen Knappenvereinen üblichen, regelmäßigen Krankenbesuche und Krankenwachen unterstreichen diese Beobachtung. Den Weg zum Friedhof als Stunde der Einkehr mit den eigenen Erinnerungen, Zeichen und Formen auszuschmücken und darin die eigene Bestimmung sich ausmalen dürfen, darin mußte dem einzelnen ein schwer deutbarer Sinn liegen — übrigens ganz unabhängig von doch nur rituellen konfessionellen Unterschieden. Diese den Pragmatismus der neuen industriellen Produktion überdauernden traditionalen Wert- und Verhaltensorientierungen haben, in einer Vielfalt regional-gewerblicher Nuancen und Sonderentwicklungen, auch die Arbeiterschaften anderer Gewerbe, die Handwerker, Heim- und Fabrikarbeiter erfüllt; sie sind sogar in die Arbeiterbewegung eingedrungen. Es sei hier nur an die allein aus proletarischer Solidarität nicht erklärbaren, machtvollen Demonstrationen der unterdrückten Arbeiterschaft in den Jahren des Sozialistengesetzes erinnert, als die Beerdigungen mancher Parteiführer und -freunde als Gelegenheiten zur Äußerung stummen Protests genutzt wurden[211].

Eine der wichtigsten Ausdrucksformen der neuen egalitären Solidarität war das Arbeiterfest. Auch hierin formte sich die Bergarbeiterschaft nach ihren hergebrachten und vorgebildeten Bedürfnissen und machte eine eigene Gemeinsamkeit offenkundig. Das Kirchenfest als Wallfahrt, als Prozession oder Kirchweihfest gab einen solchen Rahmen vor und wurde daher gern aufgegriffen. Die Einholung des tags darauf inthronisierten Kölner Oberhirten durch die Stoppenberger und Katernberger Knappenvereine im Dezember 1885 schmückten sich die Knappen durch Böllerschüsse und Fahnenparade unter den Klängen der „Bergmusik"[212]. Diese und ähnliche Gelegenheiten mochten auch einigen Ersatz bieten für die Zurückhaltung der katholischen Arbeiterschaft und ihrer geistlichen Führer gegenüber den patriotischen Selbstdarstellungen des neuen Deutschtums. Bis in die späten 1880er Jahre sind viele katholische Knappenvereine den Sedansfesten und ihrem verlockenden Fahnen-, Uniformen-, Ordens- und Schärpenschmuck, den Trommelwirbeln und vaterländischen Gesängen der Kriegervereine ferngeblieben[213], während der Kaisergeburtstag spätestens seit dem Ende des Kulturkampfes gefeiert worden ist. In der protestantischen Mark hatte man es da einfacher, so daß sich manch ehrenvoller Wetteifer mit den Kriegervereinen in der Bekundung nationaler Zuverlässigkeit entsponnen haben mag[214].

---

210 Der Wille, „Dienste zu verrichten, welche sonst Nachbarn zu tun pflegen und insbesondere die Leiche in christlicher Weise zum Gottesacker ... zu begleiten und ... alle Unkosten des Begräbnisses und des dabei stattfindenden kirchlichen Dienstes aus der Kasse zu bestreiten", hat, wie beim Duisburger Arbeiterverein St. Michael (*Kampmann*, Goldene Jubelfeier, S. 12), gewiß bei vielen bergmännischen Vereinen die Gründungsbemühungen begleitet. Vgl. auch 75 Jahre Knappen- und Arbeiterverein St. Barbara. Ketteler-Bund. Männerverein der St.-Lambertus-Pfarrgemeinde Castrop, 1958, S. 10, 16.

211 Vgl. hierzu RM VII 62 d Bl. 2, IM/RPM 13. 5. 85: Leichenbegängnisse mit demonstrativ sozialdemokratischer Tendenz sind „zu den öffentlichen Aufzügen zu rechnen und nach § 9 des [Sozialistengesetzes] zu behandeln", also zu verbieten.

212 Beschreibung der Einholung im Protokollbuch Stoppenberg, 244./245. Sitzung des Vereins.

213 Beschreibung eines Sedansfests im Raum Essen bei *J. Fritzen*, Zwischen Stadt und Land, Altendorf, 1935, S. 154.

214 LRB VIII 471: Als der neugebildete Knappenverein Querenburg sich 1886 den Namen „Kaiser Wilhelm" geben wollte, trugen die Arnsberger Räte doch Bedenken, obwohl mancher Kriegerverein der Gegend den Namen führte (z. B. in Laer, 1874). Nach mehrfacher Mahnung nannte sich der Verein schlicht „Glückauf".

Im Zentrum des bergmännischen Geselligkeitsbedürfnisses stand das Stiftungsfest der Knappenvereine, dessen Vorbereitung wohl den wichtigsten Teil der Vorstandsarbeit einnahm, und in der Mitgliedschaft sind Monate zuvor Detailfragen der Festgestaltung besprochen worden[215]. Zu seinem ersten Stiftungsfest 1862 beschloß der Bergmannsverein Überruhr das folgende Programm:

1. 3 h Versammlung der Vereinsmitglieder im Festzelt.
2. ½ 4 h Abmarsch zur Abholung der Brudervereine aus Steele, Essen, Borbeck und Rellinghausen an festgelegten Aufstellungspunkten. Rückkehr 5 h.
3. Vortrag des Gesangvereins und Begrüßung der Brudervereine.
4. Begrüßung durch den Präses des gastgebenden Vereins.
5. Allgemeiner Gesang („Glückauf ist unser Bergmannsgruß").
6. Vorstellung („Die Barbiere", dargestellt von zwei Vereinsmitgliedern).
7. Allgemeiner Gesang („Als Veltheim uns zusammenrief").
8. Vorträge des Gesangvereins und Musikvorträge.
9. Weitere Vorstellungen („Der Maler"), Gesang- und Musikvorträge und lebende Bilder („Die ruhenden Knappen vor Ort").
10. Abschließendes gemeinsames Lied[216].

In den Vereinen regte, wie die Zunahme des Versammlungsbesuchs zeigt, die Festerwartung die Vereinsaktivität ungemein an und wirkte werbend. Zum Fest wurden die Ehefrauen und Kinder, für die manchmal ein besonderes Programm vorgesehen war, ebenfalls geladen. Häufig übernahm die örtliche Pfarrgemeinde die Schirmherrschaft über das Fest, das durch besondere Vereinsgottesdienste zu Festbeginn eröffnet wurde. Auch im Dortmunder Raum, wo bereits am 11. Juni 1871 ein erstes „Zentralfest" von 9 bergmännischen Vereinen stattfand[217] und wo nach Ausweis der Tageszeitungen wohl wöchentlich irgendein Stiftungsfest der Knappen gefeiert wurde, mochten die Vereine oft nicht auf die höhere Weihe ihrer Feste durch einen Gottesdienst verzichten. Aber auch sonst machten die Feste die gegenseitige Durchdringung von Kirche und Bergmannsberuf unter der Mithilfe der Ortsgeistlichen deutlich. In dem Gedicht eines Bergmanns *Heinrich Sense*[218] anläßlich des 25. Stiftungsfestes des Steeler Knappenvereins 1881 wurde die religiöse Verbrämung der Arbeitswelt in zahllosen, gleichermaßen trivialen Strophen der folgenden Art gefeiert:

> „Wenn wir einen Stempel tragen,
> denken wir vor Allem,
> Wie der Herr sein Kreuz getragen,
> Oefter ist damit gefallen.
> [...]
> Alle Arbeit, die wir thun,
> Geschieht zu Gottes Ehre,
> Dann können wir im Grab gut ruh'n,
> Dies ist für uns die Lehre."

---

215 Im Überruhrer Verein (Protokollbuch Bd. I, Sitzung v. 29. 4. 83) haben Vereinsmitglieder im Juni 1883 auf das drei Jahre später fällige Jubiläum hingewiesen und die Erhebung eines zusätzlichen Beitrags verlangt.

216 Nach Protokollbuch Überruhr Bd. I Bl. 12 f.; vgl. ferner die bei *A. Mämpel,* Bergbau in Dortmund Bd. II, 1965, S. 71, 78, 80 f. wiedergegebenen Faksimiles von Festprogrammen.

217 Vgl. *Mämpel,* Bergbau in Dortmund Bd. II, S. 80.

218 Nach StaE Fm 45 (gedrucktes Einzelblatt).

Wo Stiftungsfeiern über die Stränge geschlagen waren, bot sich bei kleineren vereins-
internen Festen — bei Tanzkränzchen, Weihnachtsfeiern, Theaterabenden oder auch
nur beim regelmäßig mit einem Umtrunk verschönten Namenstag des Präses — Gelegenheit genug, das Verhältnis zwischen Vergnügen und Glaubensernst im rechten Lot zu
pflegen.
Ihre gewiß sehr lauten — Kanonendonner gehörte zu den beliebten Belustigungen —
Feste haben sich die Bergleute etwas kosten lassen. Als 1864 in der Kasse des Überruhrer
Vereins ein Defizit entstanden war, ließen sich die Mitglieder im Hinblick auf das Stiftungsfest zu einem einmaligen Beitrag gewinnen. Die Eintrittspreise zu den Festen
waren hoch, und es wird gelegentlich gelungen sein, hierdurch die Vereinskasse entschieden aufzubessern; meistens allerdings sind, da Vereinsmitglieder und die Gäste der
„Brudervereine" keine Eintrittsgelder abgaben, Defizite erwirtschaftet worden. 1872
kostete das Überruhrer Stiftungsfest[219]:

Musikkapelle	20 Tlr./15 Sgr./ — Pfg.
Böllerschießen	1/15/—
dazu Pulver	2/ 2/9
Theaterbühne	8/ —/—
Gebühren b. Bürgermeisteramt	1/15/—
Kostüme u. Friseur	12/13/6
Theaterbücher	—/26/—
Papier	—/12/—

und Verschiedenes; insgesamt standen Ausgaben von 56/1/11 Einnahmen von nur 23 Tlr.
gegenüber. In den späten 1870er Jahren haben diese hohen Kosten manchmal selbst das
Stiftungsfest in Frage gestellt. Die meist nicht sehr hohen Barbestände der Vereine — in
den Besitz eines eigenen Vereinsgebäudes dürfte vor 1900 kein Verein gelangt sein —
wurden dann dringender zur Deckung der Unterstützungskasse verbraucht; hierzu griff
man auch wohl zur Ernennung zahlender Ehrenmitglieder aus der örtlichen Honoratio-
renschaft. Die Kassenabrechnung des Überruhrer Bergmannsvereins zeigte im II. Quartal
1886 folgende Bestände (in Mark)[220]:

Einnahmen		*Ausgaben*	
Bestand I. Quartal	99.65	Krankengelder	216.25
Beiträge	156.85	Drei heil. Meßopfer	12.60
Strafen	1.60	Vereinsabzeichen	5.76
Eintrittsgeld	12.—	Reinigung der Schärpen	5.25
Sterbegeld	3.50	Waschen der Röcke	2.—
Vereinsabzeichen	1.20	Theaterhefte	2.60
Sammlung unter Mitgliedern		Festausgaben:	
für das Stiftungsfest	123.—	Papier, Porto	7.—
Eintrittsgelder z. Fest	18.50	Ehrenzeichen, Reisekosten	55.50
Sondereinnahme	12.—	Silberkranz	110.—
Von der Sparkasse	500.—	Musik	180.—
		Gebühren	6.—
Summe		Schießen	12.—
der Einnahmen	928.30	Pulver	25.70
		Kutschen	14.—
Ausgaben	859.46	an Gesangverein	20.—
		Uniformen	169.30
Bestand Ende II. Quartal	68.84	Verschiedenes	15.50

219 Protokollbuch Überruhr Bd. I, 25. 8. 72.
220 Nach Protokollbuch Überruhr Bd. I, 1886.

Hier hatte das 25jährige Jubiläum ein tiefes Loch in die Vereinskasse gerissen, das bei den selten mehr als monatlich 50 Pfennig betragenden Beiträgen nur in einigen Jahren wieder angefüllt werden konnte. Zu den Ausgaben an Krankengeldern kamen oft auch außerhalb der eigentlichen Vereinsaufgaben übernommene Unterstützungsverpflichtungen bei außergewöhnlichen Anlässen. Das Essener Cholerajahr 1866, in dem die Stoppenberger Vereinsmitglieder, um die Beerdigungskosten ihrer Kameraden aufzubringen, erhebliche Mehrleistungen durch Umlagen erbrachten, gibt hierfür ein sympathisches Beispiel[221].

Das Festefeiern war auch die Ebene, auf der sich die katholischen Knappenvereine der Dortmunder Gegend, gemeinsam mit den örtlichen Polenvereinen, zusammenfanden[222]. Im Jahre 1884 fand hier in Anwesenheit von *Schorlemer-Alst* und unter Beteiligung von etwa 50 katholischen Vereinen selbst aus dem Essener Raum ein großes Fest mit Umzug statt, von dem es hieß, „solch eine katholische Heerschau [habe] hier in der industriellen Mark ihr Gutes". Unter diesem konfessionskämpferischen Leitstern standen auch die Feste der folgenden Jahre in Dortmund, und der vorsichtige Protest der katholischen Minderheit gegen manchen märkisch-protestantischen Hochmut äußerte sich in Programmteilen wie dem Festgruß an den Papst *Leo* — danach an den Kaiser *Wilhelm;* Festlieder: „Ich bin katholisch" (nach der Melodie: „Ich bin ein Preuße"), „Das Lied der Deutschen" (Melodie: „Gott erhalte Franz den Kaiser") und „Das Lied von der kleinen Excellenz" (Melodie: „Prinz Eugen der edle Ritter"). So entbehrte auch das katholische Vereinsfest nicht der politischen Spitze und war darin, ebenfalls von einer (zeitweise) angefeindeten, isolierten und zum Sündenbock stilisierten Minderheit veranstaltet, dem sozialdemokratischen Arbeiterfest, durch das neben anderem die Partei unter den Verbotsbedingungen den Kontakt zu den Arbeitern zu halten wußte, recht ähnlich — mit dem wichtigen Unterschied freilich, daß die sozialkritischen und freiheitlichen Traditionen erst dem sozialdemokratischen Fest die progressive Färbung verliehen.

So boten die Feste der Arbeiter manche Gelegenheit, den Groll über die betrieblichen und gesellschaftlichen Erfahrungen der Unterdrückung, Isolierung und Ausbeutung vorsichtig auszudrücken, auch wohl hinunterzuspülen. Der Bereitschaft zu exzessivem, gewalthaften Vergnügen, über das die ruhrindustrielle Öffentlichkeit vor allem seit den 1880er Jahren soviel Veranlassung zur Klage fand[223], wohnte nicht zuletzt der Versuch inne, von den wenigen Freiheitsräumen, die die bürgerliche Herrschaft den arbeitenden Klassen zubilligte, soviel zu nehmen, als nur irgend möglich, und auf diese Weise manche Unzufriedenheit, manchen Unwillen, manche Auflehnung in andere Bahnen zu lenken, zu verdecken, im Unbewußten auszutragen.

Dies ist zugleich die Perspektive, unter der das Vereinswesen, die „Vereinsmeierei", die Vereinswut, eine sozialordnende, konfliktkanalisierende Dimension erfährt. Die erhebliche zivilisatorische Kraft des Arbeitervereinswesens lag in der Regelung von Anpassungskonflikten — der Zuwanderer an die neue Heimat, der Ansässigen an die industrielle Umwelt — und in der Schaffung von Ausgleichsmöglichkeiten für die täglich neuerfahrenen, erlittenen Widersprüche im Betrieb, in der gesellschaftlichen Gegenwart. Sie lag schließlich in der Schaffung einer Kommunikationsebene des Übergangs, auf der sich alternative Wertorientierungen formulieren und darstellen ließen. Endlich sind die

---

221 Vgl. Protokollbuch Stoppenberg Bd. I, 15. und 16. Sitzung 1866.
222 Im folgenden nach Pfa St. Clemens in Dortmund-Hombruch Bd. A 9; bes. ebd. „Programme und Festlieder" für die Feiern am 19./20. 6. 1886.
223 Vgl. schon Amtsblatt RA 28/9. 7. 42; ferner zahlreiche Hinweise in LRB III 339 u. StaHatt C II 10, 1.

in Vereinen gemachten Erfahrungen in Selbstverwaltung, in Wahlverfahren und demokratischen Entscheidungsprozessen in ihren Fernwirkungen nur schwer einzuschätzen. Immerhin zeigt manche Aktion — vereinsintern und öffentlich —, daß Vereinsmitglieder sich weder ohne weiteres mit den Anordnungen und Richtlinien der gegebenen Autoritäten abfinden noch untereinander auf Überwachung und Mitgestaltung des Vereinslebens verzichten mochten[224]. Demokratisch-interessenverbundene Meinungen und Aktionen wiesen jedoch bereits über die nur lokale, organisatorisch und ideologisch relativ isolierte Vereinsebene hinaus.

---

224 Vorstandsrücktritte und Neuwahlen nach Mißtrauensäußerungen waren in den Vereinen nicht selten; im April 1872 ist im Überruhrer Verein von 22 Bergleuten eine außerordentliche Generalversammlung erzwungen worden, in der die Führung durch einen geistlichen Präses grundsätzlich in Frage gestellt, jedoch nicht abgeschafft worden ist — man begnügte sich mit einer Neufassung der Statuten. Ende 1877 hat der Vorstand dieses Vereins erfolglos seine Besoldung durchzusetzen versucht. Vgl. Protokollbuch Bd. I, 7. 4. 72; 25. 11. 77. Auch im Stoppenberger Knappenverein gab es häufiger Auseinandersetzungen um die Besetzung der Vorstandspositionen. Aus der Mitgliedschaft sind Anträge auf Statutenänderungen gekommen; eine kritische Haltung haben die Mitglieder dieses Vereins allerdings erst im Zusammenhang seiner stärkeren gewerkschaftlichen Orientierung in den 90er Jahren gewonnen; vgl. Protokollbuch Bd. I Vorstandssitzung 8. 12. 78; Bd. II, 465. Sitzung 1904. Daß die geistliche Vorherrschaft in den Vereinen gelegentlich auf Widerspruch stieß, deutet auch *H. Vogelsang*, Geschichte, Verfassung und Verwaltung des Gewerkvereins, 1905, S. 8 f., an.

Kapitel XII
Beschwerden, Petitionen, Streiks: Proteste und Anfänge der Interessenfindung 1858 bis 1872

1. Die Bergleute und die Bergrechtsreform

Der ständische Denk- und Verhaltenshorizont der Bergleute hatte, wie gezeigt worden ist, während der Revolutionsmonate 1848/49 eine Reihe von Möglichkeiten kontrollierter Interessenartikulation geboten. Die ordnende Hand des im Behördenapparat verkörperten Staats vermochte, solange ihre Autorität nicht in Frage gestellt war und an ihrer Unabhängigkeit noch keine Zweifel aufgekommen waren, aus dem Arbeitsprozeß und aus der Besitzverteilung aufkommende Spannungen in den herkömmlichen Formen des Verkehrs zwischen Obrigkeit und Untertan, im Beschwerdeweg, zu lösen. Die Freisetzung des Bergbaus und seine immense Ausdehnung haben, wie verschiedentlich angedeutet wurde, die Voraussetzungen solcher Konfliktregelung ganz grundsätzlich verschoben. Staat und Unternehmer hatten die neuen Rollen, in die sie Rechtsreform und Expansion entlassen hatten, ebenso zu erlernen wie die Arbeiterschaft — mit allerdings entscheidenden Unterschieden in den Lernvoraussetzungen.
Die gewohnte und von Seiten der Bergleute rege beschrittene Konfliktregelung im Beschwerdeweg mußte im Maße des Funktionsverlusts der Behörde vom Direktions- zum Inspektionsprinzip versagen. Solange das alte System funktioniert hatte, konnten andere mögliche Formen der Interessenmanifestation überflüssig erscheinen. Jetzt aber, im Prozeß der Verschärfung von Gegensätzen zwischen Besitzenden und Besitzlosen, zwischen Herrschenden und Beherrschten bei nur noch begrenzter Regelungsautorität der Fachbehörden, erschien der Beschwerdeweg zunehmend sinnentleert. Insbesondere die Übergangsphase von der eher traditionalen Haltung gegenüber auch physisch erfahrenen Interessenkonflikten hin zur Verständigung und Einrichtung in der neuen Ordnung, ihrer Wucht und Dynamik, verdient große Aufmerksamkeit. Wie nicht anders zu erwarten, legten die Bergleute den neuen Erscheinungen zunächst die gewohnten vor-industriell-ständischen Wertmaßstäbe an. Die früheste Form der Aktion war Reaktion, war der Versuch, Übereinstimmung zwischen Altem und Neuem herzustellen, indem man das Neue nach den Wertkategorien des Alten formte und ordnete. Die Phase der Bewußtseinsregressionen, in der sich Mangel an Bildung, Unwissenheit und fehlendes Konfliktbewußtsein in spontanen und wenig rationalen Aktionsformen wie Auflehnung, Drohung und Gewalt niederschlugen, ist nur sehr langsam und in Stufen mit der Erkenntnis der Inadäquanz der bisher geltenden Maßstäbe einer neuen Grundeinstellung, einer eigenständigen Wert- und Interessenartikulation gewichen. Die Entwicklung hierhin, für die die Bergarbeiterschaft ein wegen seiner Verspätung und Verdichtung prägnantes Beispiel gibt, hat sich vor allem im Denken jener Generation von Arbeitern vollzogen, die in den zwei Jahrzehnten 1830 bis 1850 geboren war, von Jugend an in den zumeist bereits großbetrieblichen Produktionsprozeß hineinversetzt wurde und daher dessen Herrschafts- und Ausbeutungserscheinungen, die Disproportionierung des familiären und kommunalen Sozialgefüges und schließlich die unmittelbare Aussichtslosigkeit solchen Daseins als Lebensschicksal erfahren hat. Während der Endpunkt dieser

Entwicklung knapp mit dem Jahr 1889 bezeichnet werden kann, haben ihre ersten Stationen im Zusammenhang des konjunkturellen Aufschwungs der 1850er Jahre gestanden.

Dieser Aufschwung löste erstmals nachhaltig die materiellen Interessen der Bergleute aus ihrem ständischen Rechts- und Sozialzusammenhang, machte sie bewußt und ließ sie in einen Gegensatz zu der alten Ordnung treten. Als Ende 1850 das Bochumer Bergamt, um den gespannten Marktverhältnissen zu genügen, das Verfahren längerer Schichten erlaubte, resultierte hieraus die erste als Streik zu bezeichnende industrielle Auseinandersetzung an der Ruhr[1]. Sei es, daß den Bergleuten der Zeche Franziska Tiefbau bei Witten die zugebilligte Überstundenvergütung von 6 Pfg. pro Stunde zu gering erschien, sei es, daß in der Erntezeit der von der Zechenleitung ausgeübte Zwang zum Verfahren längerer Schichten durchaus ungelegen kam — eine nur kleine Gruppe von 7 Bergleuten unter der Führung des Bergmanns *Bühren* trat Ende September 1850 in den Ausstand, jedoch mit der ausdrücklichen Einschränkung, nicht gegen das Verfahren längerer Schichten an sich, vielmehr gegen den hierzu seitens der Grubenleitung ausgeübten Druck zu protestieren, so daß sich die Aktion deutlich gegen die Grubenleitung, nicht gegen die Behörde richtete. Es lag ganz im Denkrahmen obrigkeitlicher Konfliktregelung, wenn der Anführer der kleinen Gruppe, weil er sich „ungeziemend und frech benommen" habe, aus der Knappschaftsrolle gelöscht wurde, seine Kameraden hingegen, mit dem „gehörigen Ernst" belehrt, seit dem 28. November 1850, also nach etwa zwei Monaten, wieder anfahren durften. Für das behördliche Urteilsvermögen war eine solche Aktion noch illegitim, und die Grubenleitungen mochten sich dieser Haltung bereitwillig anschließen — ganz abgesehen davon, daß dieses Unrechtsbewußtsein gewiß auch die Bergleute erfüllt hat. Die Ansicht, diese Bergleute der Zeche Franziska seien „wahrscheinlich durch falsche, in übeler Absicht geschehene Vorstellungen" verführt, mündete so in die Hoffnung, „die Entdeckung der eigentlichen Urheber dieses unangenehmen Vorfalls [werde] vielleicht noch gelingen"[2]. Die Bochumer Beamten haben andererseits, noch ganz von ihrer obrigkeitlichen Machtfülle beseelt, der Grubenleitung von Franziska noch im Jahre 1852, entgegen ausdrücklichem gewerkschaftlichen Protest, jeden wie immer gearteten Zwang zur Mehrarbeit, hierin einmal mehr den sozialen Schutz der alten Ordnung bewahrend, verboten.

Aktionen ähnlich geringer Bedeutung haben wahrscheinlich gerade im Aufschwung der 1850er Jahre in größerem Umfang stattgefunden, als die Quellen hierüber Mitteilungen überliefern. Die wenigen vorliegenden Nachrichten lassen immerhin den Schluß zu, daß, wenn Bergleute zu dem außergewöhnlichen Mittel der Arbeitseinstellung griffen, sie weniger auf bloße Verbesserung ihrer Lebensbedingungen zielten, als vermeintliche oder wirkliche Ungerechtigkeiten abzuwehren versuchten. So kam es Ende November 1853 zu einer eintägigen Arbeitseinstellung eines Teils der Belegschaft von Freie Vogel und Unverhofft[3] nur deshalb, weil die Bergleute mit der Abrechnung der Gezähekosten nicht einverstanden waren. Auf der Zeche Hamburg haben 1857 einige Bergleute die Arbeit niedergelegt, weil das Gerücht umging, das Bergamt hätte die Löhne erhöht;

---

1 Im folgenden nach OBA 1385 Bl. 327—334, bes. Bericht BAB/OBA 3. 12. 50, OBA/BAB 11. 12. 50 (Entw., diese Verfügung gedruckt bei *F. Geueke,* Bergarbeiterstreiks im Ruhrkohlenrevier, Diss. 1912, S. 7—9), sowie die Eingabe der Gewerken der Grube (darunter *C. Berger*) an das OBA 22. 10. 52.

2 Verfügung des OBA v. 11. 12. 50 (Anm. 1).

3 Vgl. Wirtschaftsarchiv Dortmund, Protokollbuch Zeche Freie Vogel und Unverhofft, Sitzungen 6. 12. 53 und 9. 1. 54. Vgl. hier und im folgenden zu Streikdarstellungen stets die Sammelaufstellung mit Quellenangaben im Anhang S. 629—33.

hier wurde also wegen der scheinbaren Nichterfüllung behördlicher Verfügungsgewalt gestreikt[4]. Drei der streikenden Bergleute erhielten, da noch Koalitionsverbot herrschte, Strafen zwischen 4 und 7 Tagen Gefängnis. Während sich so die Bergleute noch deutlich in den alten Denkmustern befangen zeigten, waren die Arbeiter anderer Gewerbe der näheren und weiteren Umgebung und selbst an der Ruhr bereits zu anderen Formen der Interessendurchsetzung gelangt. So streikten 1854 2000 Mülheimer Schiffer, dieses „ziemlich rauhbeinige Volk"[5], fast eine Woche lang um Lohnerhöhung. Großes Aufsehen haben auch die Wuppertaler Färbergesellenstreiks von 1855 und 1857, „die ersten großen Massenstreiks industrieller Arbeiter in Preußen-Deutschland"[6], erregt. Insgesamt jedoch ist die Streikaktivität auch außerhalb des Bergbaus im Deutschland der 1850er Jahre mit Ausnahme des Jahres 1857 noch recht gering[7]. Noch unzureichender Bildungs- und Erfahrungsstand der Arbeiterschaften und politische Kirchhofsruhe wirkten ineinander, so daß die konjunkturellen Blüten umso wilder schießen konnten. Dies galt in besonderem Maße für den seiner ständischen Fesseln noch nicht entledigten preußischen Bergbau[8].

Noch entsprach es diesen Fesseln, Gerechtigkeit auf dem gewohnten Instanzenweg der Behörden zu suchen. Die Vielzahl überlieferter Quellen zum bergmännischen Eingaben- und Petitionswesen erlaubt es, eine geradezu verblüffende Kontinuität bergmännischer Artikulation seit den frühesten Zeugnissen zu rekonstruieren. Berücksichtigt man den stets nur ausschnitthaften Überlieferungsstand[9], so ist die Annahme gerechtfertigt, diese Kontinuität des Beschwerdewegs als Richtschnur bergmännischen Handelns während der Übergangsphase und darüber hinaus habe andere mögliche Formen der Artikulation verdrängt. Unübersehbar hat dabei der Übergang von individuellen zu kollektiven Artikulationsformen, von der Einzelbeschwerde zur Massenpetition, bei den Bergleuten im Gegensatz zu anderen Gewerben, wo dieser Schritt als bedeutsame Stufe zur Organisation angesehen werden muß, keine Probleme hervorgerufen. Im Knappschaftsrahmen hatte die Bergarbeiterschaft seit jeher ihre Wünsche und Proteste auch kollektiv formuliert. Die im ständischen Denken verwurzelte Gemeinschaft konnte, als solche in die neue Lebenswelt der Freizügigkeit und Massenproduktion ragend, auch hierin geschlossen agieren. Der ständische Gemeinschaftsgeist konnte sogar den ersten Hintergrund, die Maßstäbe und Mittel der frühen industriegesellschaftlichen Konflikte abgeben

---

4 Nach RA I 558 Bl. 8–33, Gutachten RA z. Koalitionsrecht 20. 6. 65 (Entw.).

5 *I. Barleben,* Mülheim, 1959, S. 258 f.

6 *W. Köllmann,* Von rhein.-westf. Wirtschaft, 1967, S. 166 f.

7 Vgl. die Tabelle bei *Elisabeth Todt,* Die gewerkschaftliche Betätigung in Deutschland von 1850—1859. Berlin (O) 1950, S. 118.

8 Nicht nur irreführend ist, wenn *J. Kuczynski,* Lage der Arbeiter Bd. I. 2, S. 97 f., eine Tabelle der rhein.-westf. Kohlenproduktion nach *N. Hocker* reproduziert und mit den Worten „dazu gehört folgende Tabelle" durch die Streiktabelle nach *Todt,* a. a. O. S. 118, und *W. Steglich,* Eine Streiktabelle für Deutschland 1864—1880, 1960, ergänzt.

9 Gewöhnlich sind erstinstanzliche Beschwerdeschriften nicht überliefert; die OBA-Akten enthalten meist nur Rekurse gegen ablehnende Bescheide der nachgeordneten Behörden (Bergämter, seit 1861 Revierbeamte) und der Knappschaftsvorstände. Eingaben an die Ministerialbehörden, Petitionen an die Landtage, Parlamente und den Reichstag, auch Immediateingaben sind in diesen Beständen insoweit überliefert, als das Oberbergamt zur Berichterstattung angewiesen war; ergänzend dürften auch hier die Ministerialakten weitere Aufschlüsse erlauben (vgl. etwa die Quellen bei *E. Wächtler,* Fortschritt und Tradition, 1970). Besonders die Funktion des Oberbergamts als Aufsichts- und Kontrollorgan über die Knappschaften hat eine Vielzahl von zweitinstanzlichen Beschwerdeschriften überliefert, die z. T. detaillierten Einblick auch in Familien- und Haushaltsverhältnisse geben.

und verbesserte eindeutig, etwa im Vergleich mit Handwerkern, Textil- und Heimarbeitern, aber auch Eisenbahnbauarbeitern, die Ausgangsvoraussetzungen der Arbeiter im Interessenkonflikt.

Sehr viel mehr noch als die ersten Streikversuche galten die zahllosen Eingaben und Beschwerden der Bergleute in den 1850er Jahren, wie sie nun zu schildern sind, der Wiederherstellung vermeintlichen oder tatsächlichen älteren Rechts, dessen Verweigerung zum Teil erst unter den Bedingungen des Konjunkturaufschwungs als drückend empfunden wurde. Dies galt insbesondere von den von *Dietrich Quecke* aus Überruhr[10], von dem Dortmunder Bergmann *Heinrich Moritz*[11] und von vielen weiteren Bergleuten zum Teil bis zur Ministerialbehörde während des Konjunkturaufschwungs eingereichten Eingaben um freien Arbeitsplatzwechsel, die sich auf ein vermeintliches Recht der alten Knappschaftsordnung stützten[12]. Denn während die wachsende Zahl der Nichteingeschriebenen, soweit sie mobil genug waren, bei dem großen Arbeitskräftemangel das jeweils höchste Lohngebot nutzen konnte, unterlagen die Knappschaftsgenossen noch über das Knappschaftsgesetz von 1854 hinaus den Sperrkautelen der ständischen Abriegelung, wonach dem Recht auf Arbeit die obrigkeitliche Regelung des Zugangs zur Arbeit entsprach.

a) Der Kampf gegen das Knappschaftsstatut 1858

Anlaß der in beiden Bergamtsbezirken gleichermaßen heftigen Protestbewegungen der Bergleute von 1858 bis 1860, die im Bewußtsein der erst Jahrzehnte später konstituierten Bergarbeiterbewegung als ein Markstein des Strebens nach Eigengeltung gegen die „Vergewaltigung der Arbeiter durch die Werksbesitzer"[13] verhaftet geblieben sind, war die Veröffentlichung der aufgrund des Knappschaftsgesetzes von 1854 in einem langen Beratungsprozeß bis 1856 entstandenen, jedoch erst Mitte April 1858 an die Bergleute verteilten neuen Knappschaftsstatuten[14]. Der Grund für diese Verzögerung lag in dem

---

10 Vgl. o. S. 145.

11 OBA 1784 Bl. 159 OBA/*H. Moritz* 20. 7. 53 (Abschr.); ferner ebd. OBA/beide BÄ 8. 10. 56 (Abschr.): „Es sind in jüngster Zeit vielfach von zur Knappschaft eingeschriebenen Bergleuten Beschwerden über Verweigerung des Abkehrscheins eingegangen . . ."

12 § 8 der Knappschaftsordnung v. 1824 (*Adelmann*, Quellensammlung Bd. I, S. 30–40) lautete: „Will der Bergmann die Bergarbeit verlassen oder aus einem Revier in das andere ziehen, so muß er die Arbeit vierzehn Tage vorher aufkündigen . . ." Daß hiermit keine vertragsrechtliche Kündigungsklausel gemeint war, haben die Behörden in ihren Erlassen an die Beschwerdeführer deutlich gemacht (Anm. 10 u. 11); vgl. aber die kurzfristige Erleichterung während der Revolutionsmonate (s. oben S. 150) sowie die Änderung in der Handhabung der An- und Ablegung, unten S. 412 f.

13 Die Käpfe um Knappschaftsreformen, 1910, S. 38; ebd: 1858 „schlug die Oppositionsflamme lichterloh."

14 *A. Wirtz*, Entwicklung u. Organisation des Knappschaftswesens, Diss. 1911, S. 92, behauptet, schon 1856 u. 1857 habe sich „wachsende Unzufriedenheit" gezeigt, die jedoch nur der mangelnden Freizügigkeit gegolten haben kann. Daß seit Anfang 1857 sicher nur für wenige Nr. ein eigenes Knappschaftsblättchen (Knappschafts-Bote für Westfalen und Rheinland; erschien wöchentlich samstags ab 15. 2. 57 bei F. W. Rubens in Unna) erschien, kann hiermit nicht ohne weiteres in Verbindung gebracht werden. Außer 2 Inseraten ließen sich keine Exemplare des Blattes oder andere Hinweise auffinden (Berggeist 2, 1857, S. 170; Rhein- und Ruhrzeitung 82/7. 4. 1857). Die neuen Statuten wurden 1. 10. 56 für den Mülheimer Knappschaftsverein genehmigt; Texte der im übrigen nahezu wortgleichen Statuten s. „Statut u. Reglement für den Knappschafts-Verein der Berg-Arbeiter im Bezirke des Kgl.

bergamtlichen Bestreben, die neuen Statuten durch ein „Reglement für die Mitglieder des Knappschaftsvereins" zu ergänzen[15] und also zu versuchen, nach dem Vorbild der alten Kanppschaftsordnung den bergmännischen Lebenskreis auch über das Versicherungsinstitut hinaus weiterhin ordnend zu beeinflussen. Einen Bochumer Entwurf für ein solches Reglement wollte man nun im Essener Knappschaftsvorstand nicht akzeptieren; zum grundsätzlichen Widerspruch gegen diese traditionale Disziplinarpraxis reichte es allerdings noch nicht, so daß das Oberbergamt den Bochumer Entwurf auch für den Essener Bereich kurzerhand vollzog[16].

Daß von den Knappschaftsmitgliedern Protest gegen die neuen Statuten erst zu einem Zeitpunkt erhoben wurde, als diese, längst in Kraft gesetzt, bereits legitime Verfahrensgrundlagen bildeten, spiegelt einerseits jene vertrauensvolle Gleichgültigkeit, die die Tätigkeit der Behörden stets begleitet hatte. Man erinnerte sich wohl, daß Jahre zuvor die Knappschaftsangelegenheiten zur Neuverhandlung angestanden hatten, auch, daß Kameraden hierzu delegiert worden waren[17]; auch war die Empfindlichkeit der Bergleute gegen Privilegieneinbußen, wie schon die Reformzeit, zuletzt noch die Revolutionsphase gezeigt hatte, wach geblieben. Aber zugleich bezeichnet die Entladung der Proteste an dem formalen Akt der Anerkenntnis der neuen Statuten doch auch die Formelhaftigkeit des bergmännischen Rechtsbewußtseins.

Die erste Nachricht über Verweigerung der Statutenannahme kam Ende April 1858 aus den südlichen Revieren des Märkischen Bergamts. Der Betriebsführer *Kracht* von der Zeche Julius Philipp mußte am 24. April an den Knappschaftsvorstand in Bochum melden, 34 Bergleute hätten die Annahme unter Führung eines Hauers *Hahne* verweigert, der „zu den Mitgliedern der seit einiger Zeit in und um Witten abgehaltenen betr. Conferenzen" gehöre und „seiner Zeit eine Collecte abgehalten habe", um die Reisekosten für die Delegierten der Bergleute zu den Statutenberatungen aufzubringen[18]. Auf Urbanus mußte der Betriebsführer von 78 Statutenexemplaren, deren Aushändigung er im Auftrag des Knappschaftsvorstands zu besorgen hatte, 31 zurücknehmen. Ähnliche Nachrichten kamen von den Zechen Louise, Ver. Louisenglück und Herberholz, St. Mathias Erbstollen, Flora, Hasewinkel, Johann Friedrich, Glücksburg und Gibraltar[19]; offenbar etwas später setzten „Ungehorsam und Widersetzlichkeit" auf

---

Berg-Amts zu Essen", Essen o. J. (ein Ex. in OBA 231 mit hs. Titelvermerk „de 1856"); „Statut f. d. Knappschafts-Verein der Bergarbeiter im Bezirke des Kgl. Bergamts zu Bochum", Bochum 1856 (ein Ex. in RA I 557). Zum Genehmigungsverfahren s. OBA 1643 HM/OBA 21. 10. 56. Nach *A. Serlo*, Beschwerden gegen die neue Organisation der Knappschaftsvereine, 1859, S. 3, wurden die neuen Statuten erst in der 2. Hälfte 1858 verteilt; vgl. aber f. d. Knappschaft Bochum MBAB 26 Bl. 1, für Essen BAEW 109 Bl. 36. – In den wenigen älteren Bemerkungen zu den Unruhen wird gewöhnlich der, wie *Hue* II S. 214 zurecht bemerkt, „beschönigende[n] Darstellung" von *Serlo* gefolgt, die vor allem auch dem Zweck diente, die zum Zeitpunkt der Veröffentlichung noch anstehende Regelung der Freizügigkeitsfrage mit Argumenten aus der Arbeiterschaft selbst zu stützen (s. o. S. 185). Die Schrift beschränkt sich, ohne Darstellung einzelner Abläufe, im Kern auf einen Vergleich der älteren mit den neueren Statuten. Weitere Bemerkungen finden sich bei *Wirtz*, Knappschaftswesen, S. 93–98; *W. Bülow*, Knappschaftswesen im Ruhrkohlenbezirk, 1905, S. 76 ff.; Hinweise bei *H. Grewe*, Essen, Diss. [1949], S. 311–313.

15 Text in BAEW 109 Bl. 3–12 v. 13. 3. 57.
16 Zu diesen Vorgängen wie auch detailliert zur Installation des Essener Knappschaftsvorstands s. OBA 1643, bes. Bl. 17 OBA/BAE 28. 1. 58 (Entw.).
17 Vgl. oben S. 183 f.
18 Vgl. ebd. und MBAB 26 Bl. 2 f.
19 Vgl. MBAB 26 Bl. 21–23 Knappschaftsvorstand/BAB 12. 5. 58.

den Zechen Glückauf, Argus, Ver. Bentheim, Am Schwaben und Franziska Tiefbau ein[20]. Tatsächlich hat sich die Bewegung auf die Zechen in der Umgebung von Witten, also die Reviere Witten und Dahlhausen, konzentriert; hier sind schließlich auf bergamtliche Anordnung auf neun Gruben jeweils bis zu 5 Bergleute abgelegt und aus der Knappschaftsrolle gelöscht worden[21]. Mit seinen Revierbeamten war das Bergamt der Ansicht, „die Weigerung der Annahme [schließe] die Erklärung in sich, dem Verein nicht angehören zu wollen, und muß daher die Löschung zur Folge haben". Auch nach Überredung einsichtig gewordene Bergleute sollten der Strafe nicht entgehen; aber anscheinend ist es den Revierbeamten fast immer, vor allem aber in der Ausbreitungsphase der Bewegung im Mai 1858, gelungen, durch vorsichtiges Taktieren zwischen Verhandlung, Belehrung, Fristsetzung bis zur Strafe und exemplarischer Ablegung die Bewegung in Schranken zu halten. Immerhin bedurfte es anhaltender Bemühungen, die Bergleute in den Revieren Dortmund und Bochum, wo es inzwischen auch zu Annahmeverweigerungen gekommen war, zu besänftigen[22]. Der Revierbeamte *Meyer* aus Herbede bemerkte sogar, die Bergleute begännen, „die Organe ihrer vorgesetzten Bergbehörden und diese dadurch selbst, auf die sie sich sonst in vorkommenden Fällen bezogen, zu verlachen und zu verhöhnen"[23].

Der weitere Verlauf der Protestbewegung im Märkischen Raum zeigt die Möglichkeiten und Grenzen eigenständiger Willenskundgebung und solidarischer Handlungen der Bergarbeiterschaft zu diesem Zeitpunkt auf. Während in einem Bochumer Kreisblatt[24] eine Einladung zu einer Generalversammlung von Bergleuten in Bochum auf den 30. Mai 1858 erschien, die von einem „provisorischen Comité" gezeichnet war, wurden als verantwortliche Personen gegenüber der Ortspolizei die Bergleute *Mathias Gaspar* aus der Eppinger Mark und *Hermann Rohsiepe* aus Stalleicken[25] namhaft — beide waren nach dem Urteil des die Versammlung beaufsichtigenden Beamten „besonnene und verständige Leute". Die Versammlung, deren Teilnehmerzahl 1000 bis 1500 Personen betragen hat, beschränkte sich auf die Wahl von zwei Deputierten pro Zeche, die „zu ergreifende Maßregeln unter sich beraten und in Ausführung bringen sollten". Die Mehrzahl der Versammlungsteilnehmer kam offenbar aus den Revieren bei Witten, dem Bochumer und dem Dahlhausener Revier. Die „Deputierten" dieser Bergleute traten recht bald zusammen und beschlossen, ihre Klagen und Vorstellungen in einer Immediateingabe zu formulieren.

Der Beschwerdeweg war schon vorher, zuerst von dem Bergmann *Wilhelm Tesenberg* aus Eiberg am 2. Mai beschritten worden[26] — überhaupt waren schon die ersten Annahmeverweigerungen von der Aufstellung eines Forderungskatalogs begleitet gewesen. So wollte der bereits genannte Bergmann *Hahne* von Zeche Julius Philipp auf Befragen

---

20 Vgl. ebd. Bl. 24—31.
21 Ebd. Bl. 7 BAB/alle Revierbeamte 2.5.58 (Entw.); Bl. 33—64, Protokolle und Berichte des Revierbeamten *Erdmann.*
22 Ebd. Bl. 71 f. Revierbeamter *Bäumler,* Dortmund/BAB 20.5.58; Bl. 94 f. Revierbeamter *Crone,* Bochum/BAB 27.5.58.
23 An BAB 26.5.58, ebd. Bl. 85—88.
24 Offenbar im Märkischen Sprecher; hier und im folgenden nach dem Bericht des Bergamtsmitglieds *v. d. Bercken,* der in seiner Eigenschaft als Angehöriger des Bochumer Magistrats zu der Versammlung als Vertreter der Ortspolizeibehörde entsandt worden war; vgl. ebd. Bl. 117 f.
25 Namensschreibung nach der späteren Immediateingabe (Anm. 27).
26 Vgl. MBAB 26 Bl. 10; *Tesenberg* hat sich in derselben Angelegenheit mehrfach beschwert; vgl. MBAB 26 Bl. 160, 8.7.58.

des Betriebsführers nicht „Bergarbeiter", wie im neuen Statut vorgesehen, sondern weiterhin „Bergmann" genannt sein — eine Forderung, die auch in die erste Immediateingabe der märkischen Bergleute Anfang Juni 1858[27] einging und die Bewegung insgesamt begleitete. Schlaglichtartig erhellt diese Forderung das verbreitete ständische Unterschiedsbewußtsein der Bergleute im Augenblick drohenden Statusverlusts. Weitere Forderungen betrafen den im Statut ausgesprochenen Krankenhauszwang bei ärztlicher Einweisung, das Abkehrverbot der Bergleute und die Brandkohlenfrage; von Anfang an hat der Wunsch nach Wiederherstellung der alten Knappschaftsordnung von 1824 den Unmut der Belegschaften gelenkt und ist seit Ende Mai 1858, als sich auch im Essener Gebiet erste Proteste äußerten, hier wie im Bochumer Raum als Grundforderung von den Bergleuten stets in den Mittelpunkt gestellt worden.

Wenig später als im Märkischen einsetzend, zog sich die Verweigerungskampagne im Essener Raum bis in das Jahr 1859 hin und zeigte deutlich höhere Protestformen. Hier ging die Belegschaft der Zeche Graf Beust voran und wählte die Bergleute *Ferdinand Kahleis* und *Gerhard Klucken* zu Deputierten[28]. Vielleicht durch die Nachrichten von der Bochumer Versammlung angeregt und von dortigen Bergleuten angesprochen, haben sich diese beiden Bergleute am 1. Juni 1858 mit einem Gesuch an das Bergamt Essen gewandt, eine öffentliche Versammlung aller Bergleute im Raum Essen abhalten zu dürfen. In der daraufhin vom Bergamt vorgenommenen Vernehmung betonten sie, die Bergleute seien „allgemein der Meinung . . ., daß ihnen der Schutz, welcher früher seitens des Bergamts gewährt wurde, nicht mehr in demselben Maaße zu Theil werde". Man habe sich mit diesem Gesuch an das Bergamt des gesetzlichen Weges bedient, „damit den gerechten Anforderungen der Bergleute auch der Schutz der Behörde zu Theil werde"[29]; eine Abrede mit anderen Belegschaften sei bisher nicht getroffen worden. Schon tags zuvor hatte das Bergamt, durch weitere einlaufende Nachrichten auch aus Bochum beunruhigt, seine Revierbeamten zu einer gemeinsamen Konferenz auf den 10. Juni nach Essen geladen. Nach den dort ausgetauschten Informationen haben die Essener Bergleute ganz dieselben Beschwerdepunkte geäußert, wie ihre Bochumer Kameraden. Als aufwiegelnde Meinungsführer wurden den Bürgermeistern nun vier Personen zur Überwachung und Strafverfolgung benannt, darunter der Berginvalide *Dornemann*, der Schreiber *Arendt* und ein „Winkelconsulent" *Schürmann*. Nachdem hierzu aus Dortmund ein oberbehördliches Plazet eingeholt worden war, konnte das Essener Bergamt inzwischen die Einberufung von Belegschaftsversammlungen und die Deputiertenwahl allgemein gestatten, um die Bewegung, ganz nach dem schon 1848 so erfolgreichen Muster, „in eine gesetzliche Bahn zu leiten und zu überwachen"[30]. Die Behörde bediente sich so in Strafverfolgung und Teilkonzession einer doppelten Strategie der Konfliktlösung und zeigte bemerkenswerte Flexibilität in der Wahl ihrer Mittel: Wurden einerseits mutmaßliche Aufwiegler beaufsichtigt und, maßvoll genug, strafrechtlich oder disziplinarisch verfolgt, so schuf man andererseits einen kontrollierten Freiraum zur Meinungsartikulation, dem niemand das Stigma der Ungesetzlichkeit verleihen konnte.

So haben sich die Essener Bergleute im Juni/Juli 1858 bittend an das Bergamt gewandt, um Versammlungen zur Deputiertenwahl einberufen zu dürfen. Nach Feststellung eines offiziell notierten Termins wurden die Versammlungen jedenfalls von einem Revierbeamten beaufsichtigt[31]. Wahlberechtigt waren jeweils die vom Statut betroffenen Berg-

---

27 MBAB 26 Bl. 2 f., im Anhang S. 613—15. Vgl. *Serlo*, Beschwerden, S. 4.
28 Im folgenden nach BAEW 109.
29 Ebd. Bl. 39 f., Vernehmungsprotokoll.
30 Ebd. Bl. 44 OBA/BAE 12. 6. 58, vgl. Bericht BAE/OBA Entw. undatiert Bl. 45—48.
31 Vgl. die Versammlungsberichte ebd. Bl. 58 ff. Der Essener Knappschaftsvorstand sprach sich

leute erster und zweiter Klasse, von denen sich, berücksichtigt man den Umstand, daß die Wahlen gewöhnlich werktags stattfanden und oft nur eine Schicht anwesend sein konnte, mit meist mehr als der Hälfte der jeweiligen Belegschaften eine recht große Zahl beteiligte. Alle großen Zechen, so Anna, Neuschölerpad, Königin Elisabeth, Zollverein, Neuköln, Carolus Magnus, Deimelsberg, Graf Beust, Helene Amalie, Hagenbeck, Kunstwerk, Wolfsbank, Neuwesel, Heinrich, Vereinigung, Gewalt und eine Vielzahl kleinerer Anlagen beteiligten sich an der Bewegung. Von insgesamt 22 Belegschaften, die Wahlen beantragt hatten, haben sich bis Mitte August 21 zusammengefunden, von denen bei einer Wahlbeteiligung von etwa 65,8 % 2081 Bergleute erster und zweiter Klasse jeweils bis zu drei Deputierte wählten[32]. Die hohe Stimmenzahl, die diese Vertreter zumeist auf sich vereinigten, scheint anzudeuten, daß es sich jeweils um bekannte, auch außerbetrieblich wohlgelittene Kameraden handelte, denen allgemein die Wortführerschaft zuerkannt wurde.

Der Juli 1858 hat dann, wie ein Aushang der Bergleute auf Schölerpad zeigt[33], eine eigene Organisation der Bewegung in von den Bergbehörden gewiß argwöhnisch beobachteten Formen gebracht. Jedenfalls haben Besprechungen der Vertreter einzelner Zechen ohne amtliche Aufsicht, wie die Gemeinsamkeit der Aktionen zeigt, stattgefunden[34], und die Vertreter der südlichen Bochumer Anlagen haben anscheinend nach der Bochumer Versammlung vom 30. Mai Kontakt gesucht. So fanden Geldsammlungen für die Ausgaben der bergmännischen Vertreter nachweislich auf Schölerpad, Helene und Amalie, Sälzer und Neuack, Gewalt, Heinrich und wohl auch den übrigen Anlagen statt; mit jeweils 5 Sgr. wurde ein für den einzelnen Bergmann nicht unbedeutendes Opfer gefordert[35]. Die Statutenverweigerung, von der im Märkischen die Bewegung ihren Ausgang nahm, wurde von den Essener Bergleuten deutlich erst im Verlauf der Wahlversammlungen als Kampfmittel aufgegriffen. Den daraufhin auch in Essen ausgesprochenen Strafen — man behauptete hier sogar, die Bewegung trüge „den Charakter einer allgemeinen Erhebung gegen das Gesetz"[36] — versuchten die Bergleute, durch eine erneute Eingabenwelle, mit der entweder nach Annahme des Statuts um Wiederaufnahme in die Knappschaft ersucht oder die Rechtlichkeit der Löschung bezweifelt wurde, zu begegnen[37].

In dem Bemühen, die „gesetzlichen Bahnen" auch weiterhin beizubehalten, lud das Essener Bergamt die gewählten Deputierten wiederholt seit Ende Juli in das Bergamtsgebäude. Die hier geführten Verhandlungen trugen eher den Charakter der behördlichen Belehrung als einer wirklichen Beratung der anstehenden Probleme[38]. Der Wille, mög-

---

am 27. 7. 58 (ebd. Bl. 88—90) gegen die Deputiertenwahlen aus, da sie „den Geist der Aufregung, wenn eine solche vorhanden, genährt ... haben"; gesetzlich sei vielmehr der Weg der Statutenreform über die Knappschaftsältesten.

32 Vgl. BAEW 109 Bl. 125—127 BAE/OBA 15. 8. 58 (Entw. v. d. Hs. d. BA-Direktors *Herold*).

33 Vgl. im Anhang S. 615.

34 Vgl. BAEW 109 Bl. 118 f. Reviergeschworener *Vorbrodt*/BAE 7. 8. 58; über Verbindungen zwischen den Belegschaften von Graf Beust und Heinrich. — *Wirtz*, Knappschaftswesen, S. 93, behauptet, die Bochumer Bergleute „durchzogen den ganzen Ruhrbezirk, überall die schon teilweise verschwundene Mißstimmung neu anfachend" (ohne Quelle).

35 Vgl. im Anhang S. 615.

36 BAEW 109 Bl. 98, Revierbeamter Essen/BAE 2. 8. 58.

37 Vgl. MBAB 26 Bl. 83 f., 89 u. ö.; BAEW 109 Bl. 152, 169. Verbreitete Disziplinarmaßnahme war die strafweise Verlegung auf eine andere Grube, womit der Weg zur Arbeit gewöhnlich erheblich verlängert wurde.

38 Vgl. Protokolle BAEW 109 Bl. 216—218, 220—223, 225—233.

liche gemeinsame Absprachen zu verhindern, zeigte sich auch in der Anberaumung besonderer Termine für die Deputierten von Graf Beust und Schölerpad, in denen man die Führer der Bewegung vermutete. Die im ganzen identischen Äußerungen der Bergleute in diesen Verhandlungen lassen ein erstaunliches Maß an Handlungseinheit innerhalb der Bergarbeiterschaft feststellen. Wie bereits die märkischen Kameraden, hatten sich die Essener Bergleute auf die kompromißlose Wiederherstellung der alten Knappschaftsordnung als zentralen Beschwerdepunkt geeinigt und wichen keinen Zoll dahinter zurück. Den Antrag hierauf beim Bergamt zu bekräftigen, haben sich die Deputierten mehrfach der Rückendeckung und Unterstützung bei ihren Belegschaften vergewissert; das in diesen Versammlungen erteilte Mandat wurde, soweit die Hauptforderung auch wider besseres Wissen weiterhin verfolgt wurde, jedenfalls als bindend betrachtet[39]. Einzig die Deputierten der Zeche Sandbank waren der Meinung, das neue Statut müsse befolgt werden[40]. Die Beharrlichkeit, mit der die Vertrauensmänner das einmal gesetzte Ziel der Rechtsgeltung der alten Statuten betrieben, hat zu dem beachtlichen Solidaritätserfolg geführt, daß sich zahlreiche Bergleute, die die Statuten bereits angenommen hatten, nun durch Meinungsführer wie *Kahleis* und *Heinrich Schwedtmann*[41] von der Richtigkeit nachträglicher Verweigerung überzeugen ließen. Nicht ohne Einfluß wird die in dieser Zeit nicht eindeutige Haltung der gleichermaßen von den Statuten betroffenen Grubenbeamtenschaft auf dieses Verhalten der Bergleute gewesen sein; immerhin haben sich in beiden Bergamtsbezirken einige Steiger und Maschinenwärter, was die Revierbeamten mißbilligend bemerkten, demonstrativ der Bewegung angeschlossen[42]. In Knappschaftsangelegenheiten noch mit den Wünschen der Bergleute vertraut und verbunden, waren die Steiger und Fahrhauer andererseits arbeitsvertraglich längst an die Gewerken gebunden; sie mochten sich noch oft zwischen den Stühlen sehen.

Die Beratungen der Beamten und der Deputierten bewiesen auch die engere Verbindung zu den Bochumer Bergleuten. Man habe, so bemerkten *Kahleis* und seine Kameraden in ihrer gesonderten Vernehmung, von dort den Text der Immediateingabe vom Juni erhalten, der von einigen Kameraden abgeschrieben worden sei; er, *Klucken*, kenne den Absender persönlich, habe aber dessen Namen vergessen. In Kenntnis der Bochumer Initiative sei vorläufig auf den Plan einer Deputation nach Berlin verzichtet worden; man werde dies aber tun, „wenn unsere Schritte bei den Verwaltungsbehörden ohne Erfolg bleiben sollten"[43]. Insbesondere dieser Deputation, für deren Entsendung ein Beschluß aller Essener Vertrauensmänner herbeigeführt werden sollte, dienten die weiterhin durchgeführten Geldsammlungen. Mit diesen Geldern würden zugleich — so äußer-

---

39 Vgl. BAEW 109 Bl. 225—228: Die Vertrauensmänner waren angewiesen, sich „auf ein spezielles Eingehen des Knappschafts-Statuts vom 29. 12. 1856 nicht einzulassen"; vgl. auch ebd. Bl. 125—127, Bericht BAE/OBA 15. 8. 58 (Entw.).

40 Ebd. Bl. 229—233; wohl aus diesem Grund ist der Bergmann *Heinrich Schaffeld* von dieser Zeche zur Erörterung der Freizügigkeit am 30. 12. 58 in Dortmund geladen worden, vgl. S. 423.

41 *Kahleis* galt den Behörden als Hauptverfasser von Beschwerden; *Schwedtmann* erhielt Abschriften der Vernehmungsprotokolle und korrespondierte mit dem BA-Direktor *Herold* (vgl. ebd. Bl. 93, 122).

42 Z. B. im Revier Mülheim; vgl. ebd. BAE/OBA 15. 8. 58. Vgl. ferner MBAB 26 Bl. 1 Revierbeamter *Erdmann*, Witten/BAB 25. 4. 58 ü. d. Fahrhauer *Brück;* BAEW 109 Bl. 128 f. ü. d. Steiger *Imbusch*, der sich „zu meinem nicht geringen Erstaunen als Hauptlenker und Verführer des Volkes darstellte" (Revierbeamter *Vorbrodt*/BAE 21. 8. 58); ferner ebd. Bl. 243—246.

43 BAEW 109 Bl. 212—215, Protokoll 22. 7. 58.

ten sich die Deputierten von Neuschölerpad – die Bemühungen der Vertrauensmänner abgegolten[44].

Der hier anklingende, durchaus dem Prinzip des Beschwerdewegs entsprechende Gedanke der Anrufung der obersten zuständigen Instanz hat im Verlauf der Bewegung, in der eine Arbeitseinstellung deutlich nicht zur Diskussion stand, an Kraft gewonnen. Der Mülheimer Revierbeamte *Morsbach* berichtete Anfang August 1858[45]:

> „Ganz besonders figurirt ... die Idee, eine Deputation an den Prinzen von Preußen schicken zu wollen, und hat ein Bergmann im Namen der Belegschaft der Zeche Rosenblumendelle bei mir angefragt, ob für diesen Zweck nun Geldsammlungen stattfinden dürften ...“

Den ständisch denkenden Bergleuten bedeutete der Weg nach Berlin, zum Monarchen und Bergherrn, die *ultima ratio* ihrer Beschwerdenot, nachdem die Verfolgung des „gesetzmäßigen Wegs“ nach den Regeln der ständischen Ordnung erfolglos geblieben war. So mußte die Idee einer solchen Mission um so mehr Verbreitung finden, je deutlicher sich die gewohnte Ordnung außerstande zeigte, das als gerecht empfundene bergmännische Begehren zu erfüllen. Das Vertrauen in die letztinstanzliche Legitimation der monarchischen Entscheidungsallmacht hat den Funktions- und Autoritätsverlust der Behörden in den Folgejahren überlebt, weil das Amt des Monarchen im bergmännischen Verständnis sowohl nach den traditionalen Maßstäben wie auch in der neuen konstitutionellen Ordnung leicht außerhalb der das Wirtschaftsleben beherrschenden Interessengegensätze lokalisiert werden konnte. So ragten Immediateingabe als Krönung des Beschwerdewegs und Königsdeputation, beide dem ständischen Wert- und Verhaltenshorizont zugehörig, als dessen formale Relikte weit in die liberale Ära hinein; die verblüffende Kontinuität dieser Konfliktregelung bis zu der berühmten Kaiserdeputation von 1889 beweist die tiefe Verwurzelung der alten Verhaltensorientierungen über alle auflösenden Momente hinweg und hat den Lernprozeß zu industriegesellschaftlichen Formen des Interessenkonflikts deutlich gehemmt.

Unter der Führung von *Ferdinand Kahleis* ist es im August 1858 wirklich zu einer Deputation nach Berlin gekommen[46], die allerdings wohl nur bis zum Handelsministerium vorgedrungen ist und dort nicht mehr als die Zubilligung erreicht haben kann, daß die Bergleute bei den nun anstehenden Beratungen der Freizügigkeit hinzugezogen würden. Die Forderungen der Bergleute waren aus vielen Gründen allzu leicht zu widerlegen. Zusammenfassend lassen sich drei Gruppen von Grundsatz-, Änderungs- und Verbesserungsforderungen unterscheiden[47]:

---

44 Ebd. Bl. 216–218, Protokoll v. 23. 7. 58.
45 Ebd. Bl. 115–117, an BAE 5. 8. 58; vgl. Bl. 125–127 BAE/OBA 5. 8. 58 (Entw.). Die Königsdeputation ist schon im Mai 1858 bei den märkischen Bergleuten verfolgt worden, vgl. MBAB 26 Bl. 85–88.
46 Vgl. BAE/OBA 15. 2. 59 (aus BAEW 109) bei *Adelmann*, Quellensammlung Bd. I, S. 117–121; ferner BAEW 109 Bl. 183, Urlaubsverlängerung f. *Kahleis* aus Berlin. Die Rückkehr wurde Ende August erwartet, s. Bl. 128 f.
47 Im folgenden nach den zahlreichen Beschwerdeschriften und Eingaben der Bergleute in BAEW 109 und MBAB 26. *Adelmann*, Quellensammlung Bd. I, druckt vor allem den wichtigen zusammenfassenden Bericht des Essener Bergamts v. 15. 2. 59; der Akzent liegt dort auch bei den folgenden Quellen deutlich bei der Freizügigkeitsfrage (Nr. 81–88).

1. Die Forderung nach Wiederherstellung der Knappschaftsordnung von 1824 bezweckte weniger, wie der Essener Bergamtsdirektor *Herold* bemerkte[48], eine Auflehnung gegen einzelne Bestimmungen des Knappschaftsgesetzes von 1854, als vielmehr eine tiefergreifende, freilich allzu verspätete Kritik an den Neuregelungen durch das Miteigentümergesetz von 1851. Hierauf zielten indirekt alle bergmännischen Äußerungen — gleich, ob sie die Wiederherstellung der Behördenmacht oder den von den Bergleuten sehr vorausblickend als gravierend angesehenen Einfluß der Gewerken auf das Knappschaftsinstitut hervorhoben. Aber die Forderungen nach den alten Verhältnissen, an sich bereits ein Affront, durch den die „Autorität der Staats-Regierung blosgestellt"[49] wurde, standen inhaltlich und formal auf brüchigem Boden. Die Bergleute mußten sich vor allem entgegenhalten lassen, daß das Knappschaftsgesetz unter Zuziehung eigener Vertreter ebenso wie die Statuten auf einwandfreiem Wege zustandegekommen war; daß der Protest mehr als ein Jahr nach Rechtsgeltung der Statuten erhoben wurde, konnte seine Durchschlagskraft nicht erhöhen. Andererseits traf der Widerspruch mit der Frage nach der Rechtskontinuität in dem Reformwerk auch dessen Kern. Denn immerhin war zum Protestzeitpunkt die alte Kleve-Märkische Bergordnung, aufgrund derer die Knappschaftsordnung von 1824 erlassen worden war, formal noch in Kraft — erst das Allgemeine Berggesetz von 1865 hob das Bergordnungsrecht auf. Auch rechtsformal hatte daher die Position der Bergleute, man habe seinen Eid auf die Knappschaftsordnung von 1824 geleistet und werde daher, da dieser die neuen Statuten in vielen Punkten widersprächen, mit ihrer Annahme notwendig meineidig[50], einiges für sich. Freilich war der Eid durch den Wandel seiner materiellen, weniger der rechtsformalen Voraussetzungen längst ausgehöhlt worden. Interessant ist, daß sich auch die Behörden diesen Standpunkt im Verlauf der Bewegung erst noch aneignen mußten. Denn der Versicherungszwang des Knappschaftsgesetzes machte an sich jeden formalen Akt der Anerkenntnis der Mitgliedschaft, der auch in der alten Knappschaftsordnung viel mehr der disziplinarischen Verpflichtung gegolten hatte, nunmehr überflüssig. Die Bestimmung der Statuten,

„Jedes neu aufzunehmende Mitglied des Knappschafts-Vereins wird auf genaue Befolgung der Statuten und des damit verbundenen Reglements durch Handschlag feierlich verpflichtet"[51],

traf nun ins Leere, denn auf der Grundlage von Leistung im Versicherungsfall gegen Beitrag war kein Platz für die Knappschaft, weiterhin als Ort der Normendefinition die Richtlinien bergmännischen Verhaltens zu bestimmen. Die Zugabe eines Reglements, auf das die Behörden gegen Widerstände beharren zu müssen glaubten, entpuppte sich als alter Zopf, der gleichwohl geeignet war, wenigstens in der Illusion einer Rechtstradition die Reibungen der Übergangsphase zu mildern. Der Bergmann durfte sich auch

---

48 BAEW 109 Bl. 317—322 BAE/OBA 21. 1. 59 (Entw. v. d. Hs. *Herolds*). — *Gottfried Heinrich Herold* (1804—1866) wurde 1838 Geschworener in Bochum, wo er 1843 zum Bergamtsmitglied und Bergmeister aufrückte. Nach einem Zwischenspiel als Bergamtsdirektor in Tarnowitz kehrte er 1857 in das Ruhrrevier als Nachfolger von *Heinrich Heintzmann* im Essener Bergamt zurück und ging nach dessen Auflösung 1861 an das OBA Bonn (Nekrolog Glückauf 50/16. 12. 66).
49 HM/OBA 8. 3. 59 (*Adelmann*, Quellensammlung Bd. I, Nr. 82); vgl. auch MBAB 26 Bl. 303—305.
50 So insbes. in der Immediateingabe v. 12. 6. 58, vgl. im Anhang S. 613—15.
51 In den Statuten von 1856 (Anm. 14) wortgleich §§ 35 bzw. 36. Der Versicherungszwang wurde im Knappschaftsgesetz ausgesprochen und im ABG § 168 wiederholt; er wurde in die Statuten in § 2 aufgenommen.

weiterhin der „ehrenwerten Mitgliedschaft des Vereins"[52] rühmen; mit dem Unterschied allerdings, daß er Anspruch auf die „Beneficien" der Knappschaftskasse — ein nun veralteter Begriff — durch die Beitragszahlung, und allein durch diese, erworben hatte. Schon der im Reglement ausgesprochene Strafkatalog (§ 26) beschränkte sich in der Hauptsache auf versicherungstechnische Fragen wie Verlust der Mitgliedschaft und Krankheitssimulation. Die Disziplin am Arbeitsplatz und das außerbetriebliche Verhalten blieben davon unberührt; die Beamtenfuchtel war fortan ihres wesentlichsten Instruments beraubt.

Diese Erkenntnis wahrzunehmen, blieb wiederum den liberalen Stimmen im Handelsministerium vorbehalten. Als die Bewegung im Essener Raum Anfang 1859 einem neuen Höhepunkt zustrebte, entfernte der Handelsminister, in spätem Vollzug der Reformintention, mit einem Federstrich die Bestimmung aus den Statuten, die soviel Aufregung möglich gemacht hatte: Nun brauchte, was auch das Knappschaftsgesetz nicht vorgesehen hatte, der Empfang der Statuten von den Bergleuten nicht bestätigt, in dem Fortfall der Bestätigung folglich kein Auflehnungsgrund gesehen zu werden[53]. Die besondere Protestgelegenheit, die Chance zur Willensdemonstration, war damit entfallen.

2. In einer zweiten Gruppe von Forderungen wurden konkrete Bestimmungen in den neuen Statuten kritisiert. In der mehrfach betonten Absicht, „beruhigend und belehrend einzuwirken und für alle im geordneten Wege anzubringenden Wünsche und Beschwerden eine wohlwollende fürsorgliche Erwägung in Aussicht zu stellen"[54], ist das Handelsministerium durch letztinstanzliche Entscheidung wenigen unerheblichen Beschwerdepunkten entgegengekommen, ohne im Kern nachzugeben oder auch wesentliche Zugeständnisse zu machen, die die behördliche oder die neuerliche unternehmerische Autorität desavouiert hätten. So versuchte der Behördenapparat zwar, wie noch 1848/49 erfolgreich, die „massenhaften Beschwerden" flexibel zu beschwichtigen[55], aber diese Möglichkeit der Konfliktregelung war den Beamten doch tendenziell bereits entglitten. Im einzelnen wurde gefordert[56]:
a) Dem Antrag der Bergleute, die Knappschaftsrechte während des Militärdienstes nicht ruhen zu lassen, stünden durchaus, so hieß es im Handelsministerium, „überwiegende Billigkeitsrücksichten zur Seite"; schließlich wurden die getroffenen Bestimmungen aber beibehalten, denn die Untersuchung hatte in der Tat eine materielle Verbesserung gegenüber der Ordnung von 1824 ergeben. Im Falle der Kriegsinvalidität oder des Todes von Bergleuten im Militärdienst hatten nach wie vor Staat und Gemeinden

---

52 Im Essener Reglement § 1.
53 HM/OBA 8. 3. 59 (*Adelmann*, Quellensammlung Bd. I, Nr. 82): „... erachte ich jedoch für ganz unnötig, von den Bergleuten einen *positiven* Akt, durch welchen sie ihre Unterwerfung unter das neue Statut ausdrücklich bekunden sollen, wie namentlich die feierliche Verpflichtung auf das Statut mittelst Handschlag oder auch nur die Annahme eines Statutexemplars überhaupt zu verlangen." Deshalb erfolgte Außerkraftsetzung des § 35 Abs. 1 des Essener Statuts.
54 MBAB 26 Bl. 345—352 HM/OBA 12. 6. 58 (Abschr.).
55 *Serlo*, Beschwerden, S. 4.
56 Im folgenden bes. nach dem Erlaß HM/OBA 12. 6. 58 (Abschr. in MBAB 26 Bl. 345—352, BAEW 109 Bl. 51—57, RA I 557) und dem Bescheid des HM v. 1. 11. 58 auf die Immediateingaben der Bergleute *Kahleis u. Genossen* v. 18. 8. u. 19. 10. 58 und *Bleckmann u. Genossen* v. 29. 9. u. 14. 10. 58 (BAEW 109 Bl. 187—198 Abschr.), ergänzt durch OBA-Verfügung v. 14. 11. 58 (MBAB 26 Bl. 180 f.).

die Hinterbliebenen zu versorgen, die daneben einmalige Unterstützungsansprüche an die Knappschaftskasse behielten. Außerdem konnte in solchen Fällen ausnahmsweise die gesamte Beitragssumme zurückgefordert werden.

b) Mit Nachdruck haben die Bergleute der Bestimmung widersprochen, daß der Eintritt in eine Krankenanstalt zur Heilung vom Arzt bei Verlust des Krankengeldes angeordnet werden konnte[57]. Nach ihrer Ansicht war Genesung vorwiegend im Kreise der Anverwandten am heimischen Herd zu erlangen. Die Konzession des Ministers, vom Krankenhauszwang abzusehen, muß gesundheitspolitisch als fragwürdige Rücknahme einer vorwärtsweisenden Bestimmung der Knappschaftsstatuten erscheinen.

c) Das Fehlen einer Brandkohlenbestimmung im Knappschaftsgesetz wie in den Statuten ist von den Bergleuten mit einigem Recht als Verschlechterung angesehen worden. Einerseits war, obwohl die Bergordnungen dies nicht zwingend vorgeschrieben hatten, in der Knappschaftsordnung 1824 von der regelmäßigen Brandkohlenabgabe ausgegangen worden, andererseits ließ sich aber aus der entsprechenden Bestimmung kein Rechtsanspruch ableiten, und schließlich gehörten die Brandkohlen, wollte man an ihnen festhalten, im sich herausbildenden Arbeitsrecht zur Rechtsgestaltung des Arbeitsvertrags, nicht jedoch in die Knappschaftsstatuten. Zur Verwaltungsvereinfachung waren die Zechen in den 1850er Jahren häufig dazu übergegangen, statt der Brandkohlen eine tägliche Lohnaufbesserung von 8 Pfg. zu gewähren[58]. Daß die Brandkohlenfrage den Bergleuten stets auf den Nägeln brannte, zeigt ein Gesuch von Zeche Bickefeld 1851, statt der Lohnaufbesserung wieder sich dieser „uralten Rechte" erfreuen zu dürfen:

> „Wir sämmtlichen Bergleute kommen den von uns eidlich erhärteten Gesetzen und Vorschriften pünktlich nach und dürfen deshalb auch wünschen, daß wir unsere alten Vortheile und Rechte erhalten"[59].

Hier und später stellten die Behörden fest, daß kein Anspruch auf das „Geschenk" der Brandkohlen bestehe[60]. In Gewerkenkreisen verhielt man sich jedoch, vielleicht auch im Prinzip uneinig, gegen Ende der 1850er Jahre zurückhaltend genug, diese Frage nicht sofort und geschlossen zu entscheiden[61] und damit dem vorhandenen nicht zusätzlichen Konfliktstoff hinzuzufügen. Erst nach Erlaß des Freizügigkeitsgesetzes 1860 ist die Frage vorläufig im Gewerkeninteresse entschieden worden; einstweilen blieb das Problem, sehr zu ungunsten der Belegschaften, in der Schwebe.

d) Im Zusammenhang mit ihrer Kritik an der neuen Verwaltungsform der Knappschaft haben die Bergleute zunächst die Beitragsleistung der Gewerkschaften, vor allem aber die Bestimmung angezweifelt, daß die Gewerken Beiträge in Höhe von mindestens der Hälfte bis zum vollen Betrag der Arbeitgeberbeiträge leisten sollten. Nun konnte hierauf leicht nachgewiesen werden, daß die Beitragsleistung der Ge-

57 Vgl. die zweite Immediateingabe der Bergleute *Rohsiepe u. Genossen,* Langendreer 8. 8. 58 (Abschr. BAEW 109 Bl. 140—149): „Wer hat natürlicher das Recht und die Pflicht den Gatten und Vater zu pflegen als Gattin und Kinder; die Liebe dieser kann ihm niemand ersetzen."

58 Vgl. z. B. Wirtschaftsarchiv Dortmund, Protokollbuch Zeche Freie Vogel u. Unverhofft z. J. 1854; *Serlo,* Beschwerden, S. 37 f.

59 „Im Auftrag der ganzen Belegschaft" an OBA 11. 11. 51, in OBA 301 Bl. 193 f. Die Bergleute glaubten, daß das OBA „nur unser Interesse im Auge behält und gewiß nicht zulassen wird, daß der Vortheil der reichen Gewerken dieser Zeche den des armen Bergmanns verdrängt."

60 So OBA 1390 BAB/OBA 28. 7. 59, Bl. 93 f.

61 Die Brandkohlenfrage stand zur Generalversammlung des Bergbauvereins 19. 11. 59 auf der Tagesordnung, wurde aber vertagt; vgl. Berggeist 4 (1859) S. 784.

werken mit dem Knappschaftsgesetz erheblich zugenommen hatte[62]; aber die Gewerken hatten doch, außer im Mülheimer Raum, den vollen Beitrag der Arbeiter nur so lange zu zahlen, bis der Reservefonds die vorgeschriebene Höhe erreicht hatte. In Essen mochte dies noch eine Weile dauern, da hier, von den Bergleuten als Verschwendung von Beitragsgeldern heftig angeprangert, der Neubau eines Knappschaftsgebäudes vorgesehen war.

Im Mittelpunkt dieser bergmännischen Kritik stand jedoch weniger die aktuelle Beitragshöhe, als vielmehr das schon im ersten Konjunkturaufschwung des Ruhrbergbaus genährte Mißtrauen gegenüber den Interessen der Grubenbesitzer. Die Bergleute wollten unter der Aufsicht des Bergamts bleiben,

> „und nicht unter einem Knappschaftsvorstand, der zur Hälfte aus Gewerken besteht, welche durch ihre Intelligenz und ihre Stellung immer das Übergewicht über die Bergleute haben werden. Wer soll uns vorkommenden Falls schützen, wenn das Königl. Bergamt uns nicht schützt?"[63]

Diesem Verdacht des Mißbrauchs der paritätischen Selbstverwaltung, jenes mit erhöhter Beitragsleistung nur sehr unzureichend vergoltenen Geschenks der Knappschaftsreform an die Gewerken, war nur schwer zu begegnen. Zur wirksamen Interessenvertretung empfahl das Handelsministerium ernsthaft den Bergleuten, ihre Beauftragten im Knappschaftsvorstand doch aus den Beamten der Bergbehörde zu erwählen — daß diese in Ausübung dieser Funktion in Loyalitätskonflikte geraten konnten und darin angesichts der Reduktion ihrer sonstigen Kompetenzen auch gegen die wohlverstandenen Interessen der Bergleute entscheiden mochten, blieb unerörtert. Vorläufig, und auf lange Jahre, spiegelte der hohe Anteil königlicher Beamten als Arbeitervertreter in den Knappschaftsvorständen[64] das andauernde Vertrauen in Unabhängigkeit und Loyalität der Beamtenschaft.

Bedenklich war die Unwillen erregende Bestimmung des Statuts, wonach derjenige, der sich

> „in seiner Dienstführung wiederholte Disziplinarstrafen zuzieht und dadurch nicht gebessert wird, ... nach vorheriger Verwarnung als unverbesserliches Mitglied durch Beschluß des Knappschafts-Vorstandes seiner Rechte als Mitglied ganz oder theilweise verlustig erklärt werden"

konnte. Auch hierin hatte man sich noch nicht von den behördlichen Disziplinarbefugnissen der alten Knappschaft trennen können — darüber hinaus rechtfertigte diese Bestimmung immerhin die Annahme, daß die Unternehmerschaft in der neuen Knappschaft auch ein Mittel zur Disziplinierung der Bergleute erblickte und daß die neue Knappschaftsorganisation bereitwillig in Funktionen der alten schlüpfte. Wer nun aber, wie die Bergleute, für die Wiederherstellung der alten Verfassung eintrat, zugleich aber die Abschaffung einer ihrer typischen Bestimmungen forderte, gegen den konnte leicht die eigene Meinung gekehrt werden[65].

---

62 Vorgerechnet im Bescheid an die Bergleute *Kahleis, Bleckmann etc.*, BAEW 109, hier Bl. 194.
63 Immediateingabe der Bergleute *Rohsiepe u. Genossen* v. 8. 8. 58 (Anm. 57). Die Antragsteller fürchteten ferner, daß mit Erhöhung der Gewerkenbeiträge „das Eigenthum und die Verwaltung der Kasse alteriren könne".
64 Im Bochumer Knappschaftsverein waren 1858 von 9 Vorstandsmitgliedern und 3 Ersatzmännern der Arbeiterseite 7 kgl. Beamte und 5 Steiger, davon 3 Obersteiger; Berggeist 3 (1858) S. 550.
65 Z. B. retrospektiv *Wirtz*, Knappschaftswesen, S. 94. Zitat: Statuten Essen und Bochum

Jahrzehnte der Knappschaftspraxis sollten den von den Bergleuten erhobenen Mißbrauchsverdacht durchaus bestätigen; einstweilen kennzeichnete die Forderung nach Revision der Verwaltungsbestimmungen auch den mangelnden Instinkt für das politisch Realisierbare, der erst nach langer Anpassung in der eigenen Organisation erworben werden konnte. Die imponierende Kraft, mit der die Bergleute ihre Forderungen vorbrachten, entbehrte nicht, gemessen an den jeweiligen Verständnischancen, mancher eigensinnigen Beharrung am Alten, mancher unangemessenen Forderung.

e) Eine Reihe von Forderungen, die man nach den Vorgängen der Revolutionsjahre erwartet haben könnte, sind bezeichnenderweise 1858 nicht geäußert worden, so vor allem der verständliche Wunsch nach Leistungsaufbesserung in Invaliden-, Kranken- und Witwengeldern und nach freier Ärztewahl. Das schon in der Revolution durch die Deputiertenwahlen offenkundige, auch 1858 hervorgehobene Mißtrauen gegen die Knappschaftsältesten[66] ist nicht, etwa im Sinne einer Modifikation der Ältestenwahlen, in Forderungen umgesetzt worden — hier hätte man auch den Gedanken der Wiederherstellung alter Verhälnitsse verlassen müssen.

In einem anderen Beschwerdepunkt, der erst im Verlauf der Bewegung selbst entstanden war, sich aber gleichwohl eignete, die Bilanz der Konzessionen auch optisch zurechtzurücken, konnten die Bergleute einen vollen Erfolg buchen. In der Hoffnung, die Bewegung in ihren Anfängen einzudämmen, waren die Revierbeamten im Verein mit dem Knappschaftsvorstand und dem Märkischen Bergamt zuerst eifrig mit Bestrafungen gegen die Annahmeverweigerung vorgegangen. Eine Milderung der Strafpraxis wurde schon im Juni 1858 angeordnet[67], so daß viele Bergleute wieder ihre Arbeit antreten konnten. Mitte August 1858 waren im Bochumer Bergamtsbezirk noch 37 Bergleute aus der Knappschaftsrolle gelöscht, davon allein 19 im Östlich Wittener Revier. Nachdem nun das Oberbergamt im Herbst 1858 noch einmal für härteres Vorgehen gegen anhaltend renitente Bergleute plädiert hatte, ist zum Jahresende eine Amnestie aller seit Juli 1858 erlassenen Disziplinarmaßnahmen verkündet worden[68]. Bis dahin waren allein im Bochumer Bergamtsbezirk 733 Bergleute mit Schichtlöhnen, z. T. bis zum dreifachen Tagesverdienst, in Strafe gesetzt worden; die Löschung erfolgte nur, wenn mit der Annahmeverweigerung „grobe Widerspenstigkeiten" verbunden waren[69]. Eine Immediateingabe des Bergmanns *H. Pätz* hatte zusätzlich den Erfolg, daß der Prinzregent zum Erlaß aller Strafen bei nachträglicher Anerkennung des Statuts ermächtigte[70]. Es wird dem Hauer *Pätz* und seinen Kameraden einen kleinen Triumph bereitet haben, als sie, insgesamt 30 Mann

---

§ 22 c 4, ferner Knappschafts-Ordnung 1824 § 22: „Mit der Verlassung der Bergarbeit, der Bergmann mag die Arbeit freiwillig verlassen oder zur Strafe abgelegt werden, hört dessen Mitgliedschaft im Knappschafts-Verein auf . . ."

66 So vor allem unter den Essener Bergleuten; vgl. die Verhandlungsprotokolle mit den Zechendeputierten BAEW 109 Bl. 219—223 u. ö.

67 MBAB 26 Bl. 145—152, HM-Erlaß v. 12. 6. 58 (Abschrift); Bl. 151 BAB/Knappschaftsvorstand Bochum 28. 6. 58 (Entw.), mit dem Ersuchen, künftig mildere Strafen zu wählen.

68 Vgl. BAEW 109 Bl. 172 OBA/BAE 16. 9. 58; MBAB 26 Bl. 194 HM/OBA 1. 11. 58 (Abschr.).

69 Liste der Bestrafungen MBAB 26 Bl. 195—234. Die Straffälle verteilten sich auf die Reviere:

Östl. Witten	215	Westl. Witten	102	Dortmund	68
Dahlhausen	217	Brünninghausen	86	Hardenstein	42
				Schlebusch	3

70 Immediateingabe v. 12. 11. 58 in MBAB 26 Bl. 242—244 (Abschr.), ebd. Bl. 241 Prinzregent/ HM 24. 11. 58 (Abschr.), Bl. 240—245.

stark, am 8. Dezember 1858 von Witten nach Bochum reisten und unter Vorlage des Ministerialreskripts um Strafbefreiung ersuchten[71].

Die anfänglich, bei aller sonst flexiblen Haltung, unkluge Härte der Unterbehörden in ihrer Strafpraxis, womit die Erbitterung der Bergleute nur gemehrt worden war, hatte nun auf die mildere ministerielle Linie eingeschwenkt, wonach „ein kräftiges und energisches Handeln bei einer in Aufregung gebrachten Arbeitermasse unbedingt nothwendig" sei, man darin aber „doch auch die durch die Umstände gebotene Mäßigung und Besonnenheit niemals außer Acht" lassen dürfe[72]. Der Bochumer Knappschaftsvorstand hat Anfang 1859, als der Protest der märkischen Bergleute abgeflacht war, gegen die Verfügungen des Handelsministers Bedenken erhoben. Formaljuristisch wurde hier für die Aufrechterhaltung der Krankenhauspflicht plädiert, da der Minister nicht eine Bestimmung außer Kraft setzen könne, die er nur zu genehmigen berufen sei; ferner meinte man, daß die Löschungen aus der Knappschaftsrolle nicht auf dem Gnadenwege aufgehoben werden könnten, und formulierte einen entsprechenden Rechtsvorbehalt bei Wiederanlegung der Gelöschten. Die Kehrseite der Selbstverwaltung begann, sich bemerkbar zu machen[73].

3. Das Problem der Freizügigkeit legte als weiteres Ursachenbündel der Protestwelle von 1858 den inzwischen hervorgekehrten Widerspruch zwischen den noch gültigen Rechtsnormen der alten Bergbauverfassung und der fortgeschrittenen konjunkturellen Entwicklung zum Ende der 1850er Jahre offen. Waren in den Konjunkturjahren einerseits die Grundzüge eines kapitalistischen Arbeitsmarktes entstanden, so mußte sich die Bergarbeiterschaft, zum großen Teil weiterhin der ständischen Abgrenzung unterworfen, dieser Beschränkung ihrer Bewegungsfreiheit umso bewußter werden, als das Verbot freien Arbeitsplatzwechsels materielle Einbußen für die Hauer und Schlepper mit sich brachte, weil man bei allem Willen zur Mobilität die lockenden Lohnangebote der größeren Zechen nur für den Preis einer Rückstufung im Knappschaftsgrad zum Tagelöhner akzeptieren durfte. Die im Vormärz so wirksame Arbeitsplatzsicherheit entpuppte sich nun als hinderlich für materielle Statusverbesserungen.

Zwar hing in dem so entstandenen Loyalitätskonflikt viel von der An- und Ablegungspraxis der örtlichen Revierbeamten ab, die großzügige Regelungen im Rahmen der Bedürfnisse der einzelnen Anlagen treffen konnten, aber die grundsätzliche Entscheidung ließ sich, nachdem das kurze Intermezzo der Freizügigkeit in den Revolu-

---

71 Protokoll dieses Auftritts ebd. Bl. 238. Auf ihre weitere Immediateingabe v. 28. 5. 59 wurden diese Bergleute am 3. 8. 59 beschieden, daß sie keine Entschädigung für die verschuldet verfeierten Schichten zu erwarten hätten; vgl. ebd. Bl. 320, 298–300.

72 Ebd. Bl. 194 HM/OBA 1. 11. 58 (Abschr.).

73 Ebd. Bl. 267–270 Knappschaftsvorstand/BAB 4. 1. 59. Außer der Ansicht des Oberbergamts, daß ihm die Prüfung dieser Bedenken nicht zustehe (Bl. 277 OBA/BAB 29. 1. 59), sind leider keine Stellungnahmen hierzu auffindbar. – Die Knappschaftsvorstände besannen sich sehr früh ihrer Rechte als Selbstverwaltungsvorstände und behandelten bereits die Beschwerdewelle 1858 im parteiischen Geist. Der Essener Vorstand beriet die Forderungen am 6. 9. 58 (Protokoll BAEW 109 Bl. 173–178 Abschr.) an 5. Stelle der Tagesordnung (nach Behandlung eines Pensionsantrags) und empfahl kurz, Änderungen nach Ablauf der statutenmäßigen Frist (3 Jahre) zuzulassen; auch seien bisher bei der Knappschaft keine Beschwerden eingegangen. Änderungswünsche könnten ggfls. „schon [!] in der ersten ordentl. Versammlung des Vereins" (Ende 1859) vorgebracht werden. Auch die Knappschaft Mülheim erklärte mit Sitzung v. 26. 11. 58 die Beschwerdepunkte der Bergleute für „nicht haltbar" (ebd. Bl. 199). Eine Absprache der Knappschaftsvorstände wird in dieser Richtung vorgenommen worden sein.

tionsmonaten wieder vergessen war[74], mit zunehmendem Arbeitskräftebedarf nicht mehr verzögern. So wurde den beschwerdeführenden Bergleuten *Dietrich Quecke* und Kameraden im Mai 1851 beschieden, „bei einer verständigen Gegeneinanderhaltung der Rechte, welche den Arbeitern aus der Knappschafts-Verfassung entstehen, und der Pflichten, welche ihnen durch dieselbe auferlegt sind", müsse man zu dem Urteil kommen, daß die Beschränkung der Freizügigkeit der Bergleute tatsächlich ganz in deren Sinne sei[75]. Fortan entschied das Oberbergamt nach diesem Grundsatz und hielt auch hieran fest, als sich die Beschwerden der Bergleute über Verweigerung der Abkehrscheine mehrten[76]. Die Oberbehörde habe, so hieß es, entsprechende Eingaben „stets als unbegründet zurückgewiesen"; in fraglichen Fällen sei vom Revierbeamten nur „auf die persönlichen Verhältnisse der Bergleute die möglichst billige Rücksicht zu nehmen"[77].

Kurz vor Ausbruch der Bewegung von 1858 ist im Handelsministerium von dieser Praxis abgewichen worden. Auf die Rekursbeschwerde des Bergmanns *H. W. Altenbeck* von Zeche Heinrich wurde beschieden, es erscheine „unbillig und ungerechtfertigt ..., die Verlegung eines Arbeiters blos wegen seiner größeren Geschicklichkeit" zu verweigern: *Altenbeck* war vom Revierbeamten wegen der schwierigen Gebirgsverhältnisse auf Heinrich für unabkömmlich erklärt worden. Ein ganz neuer Begriff erschien in dem Bescheid: Man könne einen Arbeiter nicht an eine bestimmte Gewerkschaft ketten, „während vielleicht seine ökonomischen Interessen empfindlichen Nachtheil dadurch erleiden"[78]. Ähnliche Unzuträglichkeiten hatten sich zur selben Zeit in der Lohn- und Gedingenormierung bemerkbar gemacht.

Höheren Orts war die Regelung der Freizügigkeitsfrage demnach schon vor dem „maßlosen Verlangen" der Bergleute nach freiem Arbeitsplatzwechsel[79] ins Auge gefaßt worden; die Beschwerdeflut mußte nun sehr gelegen kommen. Mochte man auch einstweilen noch anerkennen, daß der Arbeitsplatzzwang im Verein mit der Knappschaft „ohne Zweifel ... sehr dazu beigetragen [habe], dem Stande der Bergarbeiter diejenige Sicherheit der Existenz und in Folge dessen die moralische Tüchtigkeit zu geben,

---

74 Vgl. oben S. 150. Im Erlaß HM/*Kahleis u. Genossen* 1. 11. 58 (BAEW 109 Bl. 187—198) wurde behauptet, den Bergleuten sei der beliebige Arbeitsplatzwechsel nie gewährt worden; ähnlich in der Anm. 75 zitierten Quelle. In einer Stellungnahme OPM *v. Düesberg*/OBA 27. 11. 58 (*Adelmann*, Quellensammlung Bd. I Nr. 83) hieß es 1858, man habe die alten Bestimmungen über Normallöhne und Abkehr 1851 in Geltung erhalten, um in einer Übergangsperiode „den Bergleuten einen Schutz gegen etwaige Bedrückungen seitens der Arbeitgeber" zu gewähren. *H. Hilbert*, Grubenbelegschaft des Ruhrkohlengebiets, Diss. 1955, meint S. 7 hierzu, die Beibehaltung des Vorrechts auf Arbeit in den 1850er Jahren sei zwar „sehr pietätvoll, aber unzweckmäßig" gewesen; „der Grund hierfür war der, daß der Staat zu retten versuchte, was schon nicht mehr zu retten war". Andererseits kann doch nicht übersehen werden, daß die alte An- und Ablegungspraxis ein probates Mittel bot, wenigstens die Bergleute unter behördlicher Kuratel zu halten, während sonst die alte Ordnung aus den Fugen geriet.
75 6. 5. 51, Abschr. in OBA 1784 Bl. 152 f.
76 Vgl. ebd. Bl. 214 OBA/beide BÄ 8. 10. 56 (Abschr.), sowie die Bescheide ebd. Bl. 159 OBA/ *H. Moritz* in Dortmund 20. 7. 53 (Abschr.); BAEW 108 Bl. 175 OBA/*W. Brandenberg* und *Peter Schöller* 14. 8. 55 (Abschr., zirkuliert BAE).
77 OBA 1784 Bl. 214; die Dehnbarkeit der Bestimmung über billige Rücksichtnahme hatte im Essener Bergamtsbezirk unter *Heintzmann* schon länger eine liberalere Handhabung der Abkehrregelung ermöglicht; vgl. BAEW 108 Bl. 78 f. Zirkular an alle Geschworenen 30. 9. 54.
78 OBA 1784, Bl. 214.
79 *Bülow*, Knappschaftswesen, S. 77. Unrichtig ist die Behauptung *Bülows*, die Ministerialbehörde habe der Beschwerdebewegung von 1858/1859 keine Bedeutung beigemessen und sich „über Ursachen und Verlauf derselben noch nicht einmal eingehenden Bericht erstatten" lassen.

welche ihn von dem vagirenden jedem Wechsel der Verhältnisse preisgegebenen Proletariat mancher anderen Gewerbezweige so vortheilhaft auszeichnet"[80], so wurden die Vorarbeiten zum Freizügigkeitsgesetz doch bereits im Juni 1858 eingeleitet[81]. Die Bergleute haben sich dabei mit ihrer doppelten Forderung nach Freizügigkeit, irrtümlich aufgrund der Knappschaftsordnung von 1824 erhoben, und nach Wiederherstellung der Rechtskraft dieser Ordnung, doch zwischen die Stühle gesetzt. Denn der aus der neuen Wirtschaftsweise und aus ihren Konjunkturen geborene Wunsch war mit den Grundsätzen der geltenden Arbeitsverfassung nicht vereinbar. In dem Protest der Bergleute gegen die alte Abkehrregelung hat sich so der Wunsch nach Beibehaltung der Rechtsordnung mit ersten Erfahrungen möglicher Gewinnerwartung und Statusverbesserung vermischt; an der Entscheidung der Bergleute konnte jedoch vorläufig kein Zweifel sein.

b) Die Streik- und Beschwerdebewegung 1859

Während Anfang 1859 die Erregung der Bergleute im märkischen Bergamtsbereich merklich abgeklungen war, hat die Protestbewegung in Essen, mit weiteren Motiven vermengt, nach den Deputiertenwahlen, Versammlungen und Eingaben vom Juni/August 1858 im Januar/Februar 1859 einen zweiten Höhepunkt erreicht. Diese zweite Phase stand deutlich unter den Vorzeichen der krisenhaften Verschärfung der wirtschaftlichen Lage seit Ende 1857 und einer entsprechenden Entspannung des Arbeitsmarkts. Der milde Winter 1858/59 und die schlechte Lage der Eisenindustrie ließen es schon im Januar und Februar 1859 zu Entlassungen kommen, wovon allerdings die ständigen Bergleute nicht betroffen waren[82]. Sie litten vielmehr unter erheblichen Lohnkürzungen, denn die Grubenverwaltungen gingen jetzt erstmals auf eine „systematische Senkung der Selbstkosten" aus[83]. Als sich im Rhythmus der bergbaulichen Sommerproduktion die Lage im Mai/Juni noch mehr verschärfte, petitionierte der Bergbauverein um schleunige Fortsetzung des Reformwerks[84], während die Staatsregierung ihr Heil in repressiven Maßnahmen suchte[85].
Die Bergleute haben auf die Krise, wie sie es bei Einkommensverschlechterungen gewohnt waren, auf dem Beschwerdeweg reagiert. Schon in den Jahren des Aufschwungs hatte die begleitende erhebliche Teuerung der Lebensmittel Eingaben um Einkommens-

---

80 RA I 577 HM/OBA 12. 6. 58 (Abschr.).
81 Vgl. ebd.
82 Vgl. OBA 1784 Bl. 222 f. OBA/Grubendirektor *Sack* 23. 1. 58 (Abschr., Kontroverse über die Frage, ob bei zwangsweisen Feierschichten die Bergleute I. Klasse weiterhin zu beschäftigen seien); Berggeist 4 (1859) S. 136.
83 *K. Bergmann*, Wirtschaftsgeschichtl. Entwicklung des Ruhrkohlenbergbaues, 1937, S. 23.
84 OBA 1390 Bl. 72—75 Bergbauverein/OBA 22. 6. 59.
85 Vgl. OPM 824 Bl. 1 IM/alle Reg. 14. 6. 59, wo im Augenschein der Krisenlage konstatiert wurde, daß sich unter Arbeitern „die Neigung zu tumultuarischen Kundgebungen gegen Behörden und Arbeitgeber, selbst zu Bedrohungen des Eigenthums und anderen Ausschreitungen bemerklich gemacht" habe. Bei fortgeltendem Streikverbot empfahl man, „eine geschärfte polizeiliche Wachsamkeit zu üben, damit Demonstrationen und beabsichtigte Sicherheitsstörungen gleich im Keime erstickt werden; eventl. sind solche, wo sie dennoch zur Ausführung kommen sollten, sofort aufs Kräftigste zu unterdrücken. Arbeitslose oder arbeitsunlustige Personen, welche nicht ortsangehörig sind, werden überall, wo sie die Gefahr für die öffentliche Sicherheit vermehren, unnachsichtlich auszuweisen sein. Insbesondere aber bedarf es eines scharfen Augenmerks auf solche Individuen, welche fremdartige kommunistische oder politische Zwecke" verfolgen.

verbesserungen angeregt[86]; nun richteten sich die Bergleute gegen Versuche zur Einschränkung des einmal gewonnenen Niveaus von Seiten der Zechen. Deutlich läßt sich dabei eine erste Phase der Maßnahmen gegen Lohnkürzungen von einer zweiten gegen Schichtzeitverlängerungen unterscheiden; hier wirkte sich noch, wie bis in die 1880er Jahre hinein, die weltwirtschaftliche wie die nationale Nachfragesituation unmittelbar in arbeitsmarktpolitischen Maßnahmen der Unternehmer aus. Nachfragestöße in Krisenzeiten wurde stets zunächst durch Schichtzeitverlängerungen, erst in zweiter Linie durch Neueinstellungen kompensiert. Die übliche kurzsichtige Betriebsplanung ließ keine ausgedehnte Lagerhaltung aufkommen, wie auch andererseits schon kleinere Stockungen im Geldkreislauf, vorübergehende Geldknappheit, zu Verzögerungen in der Lohnzahlung führten, von denen in diesen Krisenjahren zahlreiche Zeugnisse überliefert sind.

So berichteten die Bergleute von Zeche Anna bei Essen im Juni 1857, sie hätten für den Monat noch keine Entlohnung erhalten[87]; im Oktober beschwerten sich Bergleute von Zeche Rosalie aus demselben Grund. Anonym wurde im April 1858 von Zeche Kunstwerk, im Dezember 1858 von Wiesche die unregelmäßige Lohnzahlung beklagt, „...den[n] jeder Mann hat sein Verdienst nöthig sonst würde er sich nicht so ausschimpfen lassen" — so die Bergleute von Wiesche bei Mülheim. Ähnliche Reaktionen fanden sich auf die Verlängerung der Schichtzeit, um die die Gewerken des Bochumer Bergamtsbezirks für ihre Übertagearbeiter schon Ende 1857 eingekommen waren[88]. Ein Jahr später wollten die Gewerken der metallischen Gruben im Essener Bergamtsbezirk sogar bereits eine 12stündige Untertage-Schicht bei gleichbleibenden Löhnen für Recht erklären lassen, wohingegen das Oberbergamt die geltenden Bestimmungen nicht für veraltet hielt[89]. Hierin deutete sich bereits eine geschlossene Aktion aus Unternehmerkreisen für eine Beeinflussung der Arbeitsverhältnisse noch unter der geltenden Arbeitsverfassung an; auch der wenig später entstandene Bergbauverein bemühte sich bereits in seinen ersten Generalversammlungen um Arbeitszeitfragen.

Unter den Essener Bergleuten überdeckte der Mißmut über die ungewollte Knappschaftsreform einstweilen noch die Folgen der Konjunktursituation, wenn sich auch das eine mit dem anderen häufig vermengen mochte. Eine besondere Gelegenheit zu neuem Protest bot sich anläßlich der jährlichen Einschreibungstermine, die im Essener Gebiet um die Jahreswende stattfanden. Während dieser revierweisen Versammlungen der Knappschaftsgenossen wurden die nach Alter und Dienstzeit hierzu qualifizierten, ärztlich untersuchten Bergleute der unteren Klassen in die nächsthöheren Grade unter feierlicher Verpflichtung auf Knappschaftsstatuten und Reglement eingeschrieben. Diese Höherstufung ist in einigen Essener Revieren unter z. T. tumultartigen Begleitumständen und stets unter Hinweis auf die Ablehnung der Statuten von den betroffenen Bergleuten boykottiert worden. Obersteiger *Rolland*, zur Berichterstattung über eine dieser Versammlungen aufgefordert, erzählte[90]:

---

86 Vgl. 15 Bergleute des Hardensteiner Reviers 3. 11. 55, und die anonyme Eingabe von Julius Philipp 31. 8. 58: Anhang S. 616.

87 Im folgenden nach den Beschwerden BAEW 169, auch ebd. Bl. 177, Bericht ü. verspätete Auslohnung auf Zeche Vereinigung.

88 Vgl. OBA 1390 Bl. 1–10 BAB/OBA 26. 12. 57.

89 Vgl. ebd. Bl. 17 f. OBA/BAE 16. 1. 59; Bl. 36 f. Eingabe des Bergischen Gruben- und Hüttenvereins 21. 12. 58. Die Initiative wurde vor allem durch die Verhältnisse im BA Siegen angeregt.

90 BAEW 109 Bl. 309, 6. 1. 59.

„Wir traten mit unsern uniformirten Bergleuten am genannten Tage [27.12.1858] vormittags 11 Uhr in das bestimmte Local ein, aber was erblickte man? Statt der diesem Act der Verpflichtung gebührende[n] Feierlichkeit, Ruhe und Ordnung, Unterwürfigkeit und Achtung gegen die Vorgesetzten, sah man hier einem [Jahre 18]48 in die Augen; fast alle Bergleute waren in der größten Unordnung und Bosheit, die endlich sogar dahin ausartete, daß sie sich mit Gewalt und größter Aufregung in das Zimmer zu drängen suchten, wo außer den betreffenden Grubenbeamten, der Knappschaftsschreiber Koch, zwei Knappschaftsärzte, ein Sanitäts-Rath und die Knappschaftsältesten vom V. und VI. Revier versammelt waren. An mehrern Stellen wurde unter den aufgeregten Gemüthern laut: ‚Wir wollen mit euch Allen Nichts zu thun haben; wir sind uniformirt, ihr dagegen nicht! Wo sind die Herrn Geschwornen, wo ist unsere Behörde u. Fahne, unter welche auch unsere Vorfahren geschworen? u. s. f.' Hiernach also kein Wunder, daß dieser Termin ganz zwecklos vorüber ging!"

Über den am folgenden Tag in Fischlaken für das Werdener Revier abgehaltenen Einschreibungstermin berichtete der Kreisphysikus, Sanitätsrat und Oberarzt *Dr. Cremer,* unter dessen Aufsicht die ärztlichen Untersuchungen stattfanden, daß „Aufhetzungen" stattgefunden hätten — dies müsse er „aus der compacten Opposition entnehmen"[91], angesichts derer der Knappschaftsrendant *Koch* kurzweg empfahl, das Einschreibungsverfahren doch einfach einzustellen[92]. Die „Rhein- und Ruhrzeitung" sprach in ihrem Bericht über die Werdener Vorfälle von 500 anwesenden Bergleuten, die sich geschlossen geweigert hätten, „bindende Verpflichtungen einzugehen"[93]. Diese erstaunliche, kämpferische, freilich auf traditionalem Rechtsbewußtsein gewachsene Solidarität ganzer Reviere wird durch eine Zusammenstellung bestätigt[94], nach der an den Untersuchungsorten Steele, Werden, Altenessen, Schonebeck und Essen von insgesamt 1882 seitens der Zechen vorgeschlagenen Bergleuten, aus denen 274 als hierzu nicht qualifiziert ausschieden, 1276, also fast 86 % der Berechtigten, die Höherstufung verweigerten. Gegen solche Bergleute, die sich der Aktion nicht anschlossen, haben ihre Kameraden Vorwürfe erhoben[95]. Während die in Werden „bedeutende[n] Unruhen"[96] vielleicht auch auf das ungeschickte Verhalten einiger Knappschaftsvorstandsmitglieder zurückzuführen waren[97], verliefen die weiteren Termine in völliger Ruhe. Auch die Anwesenheit des Bergamtsdirektors *Herold*[98] bei einem dieser Termine hat von wiederum etwa 500 anwesenden Bergleuten nur 10 bewegen können, der Neueinstufung zuzustimmen. *Herold* zweifelte nicht daran, daß „allgemeine Verabredungen und Vereinbarungen unter den Bergleuten getroffen sind"; er selbst hatte in einem der Einschreibungslokale in Essen die Worte „Einigkeit macht stark" und „Siegen oder sterben" mit Kreide geschrieben bemerkt. Dem Vernehmen nach plante die Belegschaft von Zollverein für den Fall

---

91 BAEW 109 Bl. 296 f. Bericht *Cremers* v. 31.12.58 (Abschr.).
92 Ebd. Bl. 298—301 Bericht *Kochs* v. 31.12.58. Wie sich später zeigte, wurde letztlich diesem Vorschlag mit der Streichung des Annahmeverfahrens gefolgt; vgl. oben S. 408.
93 Nr. 308/1858, Abschr. ebd. Bl. 301—303.
94 Ebd. Bl. 304. Die Reviere V und VI sind hier nicht enthalten.
95 Vgl. ebd. Bl. 306 u. ö. In einer der Versammlungen wurde der Ruf notiert: „Wer schwört, den schlagen wir todt". Auf Victoria Mathias kam es deswegen zu tätlichen Auseinandersetzungen (Bl. 293 f.).
96 BAEW 109 Bl. 293 f.
97 Vgl. ebd. Bl. 307 f. Bericht des Geschworenen *Krummel* v. 7.1.59: „Übrigens können die Revierbeamten froh sein, daß sie bei der neuen Ordnung der Dinge mit solchen Geschäften Nichts mehr zu tun haben".
98 Ebd. Bl. 293 f. BAE/OBA undatiert (Entw. v. d. Hs. *Herolds;* vor dem 11.1.1859).

strafweiser Ablegung einzelner bereits eine „allgemeine Einstellung der Arbeit"[99]; *Herold* schickte sich daher an, „auf außerordentliche Mittel zur Vorbeugung von Unordnungen zu denken".

Die mit den „Einschreibungsgeschäften" unversehns wiederaufgelebte Kampagne gegen die Knappschaftsstatuten drohte den Behörden nun zu entgleiten. Obwohl auch in den neuerlichen Aktionen südlich gelegene Zechenbelegschaften der älteren Reviere stark beteiligt waren, verschob sich der Schwerpunkt nun deutlicher auf die Schachtanlagen der mittleren Generation entlang und südlich der Köln-Mindener Bahnlinie. Die Belegschaften von Wolfsbank, Neuschölerpad, Hagenbeck, Sälzer und Neuack, Graf Beust, Helene u. Amalie, Neuköln und Anna führten mit ihren Deputierten die Bewegung an[100]. Sie veranstalteten in diesen Wochen „nicht selten öffentliche Versammlungen" und luden hierzu durch Aufforderungen in den Zeitungen ein, wodurch auch die Behörden Kenntnis erhielten und überwachende Beamte entsandten[101]. Wenn auch die Protestanstöße ursprünglich durchaus von den älteren Bergleuten und deren an der alten Knappschaftsordnung geschulten Wünschen getragen worden waren und noch immer die Knappschaftsstatuten meinten, mischten sich doch nun Verärgerung und Mißmut über die stete Verschlechterung der materiellen Lebensbedingungen, gerade Anfang 1859 durch alarmierende Krisenzeichen wie Entlassungen verstärkt, in die Motive und Anliegen der Bewegung, so daß von bergmännischer Seite bald der Protest gegen das eine zugleich auf das andere zielte. Die im Sommer 1858 unter bergamtlicher Aufsicht gewählten Deputierten nahmen weiterhin ihre Mandate war. Erneut ragt die Gruppe um den Hauer *F. Kahleis* von Graf Beust heraus, die sich am 17. Dezember wiederum mit einer Beschwerdeschrift an den Handelsminister gewendet hatte[102]. Wohl in der Einsicht, daß das starre Beharren auf Wiederherstellung der alten Knappschaftsordnung kaum noch Erfolg versprach, wurde nun anerkannt, daß die neuen Statuten durchaus auch Vorteile mit sich brächten, „doch sind solche bisher wenig bemerkbar geworden". Erneut stellten die Verfasser dieser Eingabe den Entstehungsprozeß der Statuten und die Mitwirkung der Bergleute daran in Frage, gingen danach auf den Forderungskatalog ein, dem sie nun die ähnlich 1848/49 erhobene Forderung nach freier Arztwahl zufügten und den sie mit einem deutlichen Akzent gegen den Einfluß der Gewerken versahen: „Daß diese sich eine gewisse Diktatur aneignen, welche darauf gerichtet, unsere Interessen zu beeinträchtigen", wurde befürchtet. Im Handelsministerium hielt man es nicht mehr für nötig, auf die im ganzen wirklich nicht neuen Argumente einzugehen, und gab das Schriftstück zur Erledigung an das Oberbergamt ab. Hier war man längst der Meinung gewesen, daß endlich wieder in alter Strenge verfahren werden müsse, wies die untergeordneten Instanzen entsprechend an und be-

---

99 *Herold* berichtete dies nach der mündlichen Mitteilung eines Reviergeschworenen. Auch von Helene u. Amalie ging später eine entsprechende Nachricht ein.

100 Nach einem Bericht BAE/OBA 21. 1. 59 (BAEW 109 Bl. 317—322, Entw. v. d. Hs. *Herolds*) hatten nach ernstlichen Vorhalten durch die Reviergeschworenen alle Bergleute des südlichen und des Mülheimer Reviers die Einschreibung in die höheren Grade inzwischen akzeptiert und die Statuten angenommen. Zu diesem Zeitpunkt betrug die Zahl der Verweigerer auf den nördlichen Zechen noch 1228.

101 Ebd. Bl. 290 BAE/Bürgermeister *Péan*, Borbeck, 19. 1. 59 (Entw.). Mindestens in Borbeck u. Steele fanden Versammlungen statt.

102 Text in BAEW 109 Bl. 329—335 (Abschr.), gez. v. *Kahleis* und *Baecker;* Zitate im folgenden hieraus. Über diese Petition hieß es Berggeist 5 (1860), sie werde gewiß der Kommission für Bergwerksangelegenheiten überwiesen werden und „durch Einführung der Freizügigkeit ihre Erledigung finden".

schied nun alle Beschwerdeführer, so die Werdener Bergleute *W. Margrett* und *I. Knaupp* und den Bergmann *J. Dierkes* aus Borbeck nebst Kameraden, daß die alte Knappschaftsordnung unter keinen Umständen wieder Geltung erlangen würde[103].

Zur Verschärfung der Strenge einerseits, der Mißstimmung andererseits trug nun deutlich die krisenhaft gewordene Lage infolge eines Rückschlags der Kohlenpreise im Februar 1859 bei. Auf den größeren Essener Gruben kam es zu Lohn- und Gedingekürzungen. Zuerst auf Sälzer und Neuack, nur eine Woche später auch auf anderen Gruben, haben sich die Bergleute durch Arbeitseinstellungen, deren Verlauf die Übergangssituation zu neuen Verhaltensformen kennzeichnet, gegen die einseitig verhängten Maßnahmen der Zechenverwaltungen gewehrt[104].

Die Deputierten der Belegschaft von Sälzer und Neuack meldeten am 9. Februar dem Revierbeamten[105] das Nichtanfahren. Am Abend dieses Tages wurde die Steigerstube der Zeche demoliert, aber schon am nächsten Morgen fuhr die gesamte Belegschaft wieder ein — anscheinend auf Zureden durch den Revierbeamten. Zugleich erhielt die Staatsanwaltschaft Mitteilung. Immerhin ging die Arbeitsaufnahme nur zögernd und durch Bummeln vonstatten, so daß der am 14. Februar die Zeche befahrende Bergamtsdirektor noch Mühe hatte, die Bergleute mit Hinweisen auf den Beschwerdeweg zu beschwichtigen. Inzwischen trafen die ersten Nachrichten von Kampfmaßnahmen der Bergleute auch anderer Gruben ein; die Bewegung nahm einen Umfang an, der den Essener stellvertretenden Landwehrkommandanten Leutnant *Hagen* zu der besorgten Anfrage veranlaßte, ob sich das Bergamt in der Lage sehe, die Ruhe unter den Bergleuten aufrecht zu erhalten.

Am 13. Februar traten die Bergleute von Helene und Amalie, die sich mit der Gedingerevision des Revierbeamten am 9./10. Februar nicht einverstanden erklären konnten und die Belegschaft durch zwei Aushänge in der Kaue zur Arbeitseinstellung auf den 14. Februar aufgerufen hatten[106], auch in Anwesenheit des Reviergeschworenen und des Borbecker Bürgermeisters ihre morgendliche Grubenfahrt nicht an; auf ernsthafte Vorhaltungen über die Gesetzwidrigkeit der Arbeitsverweigerung und weiteren Hinweis auf den Beschwerdeweg ist von den 100 zum Verlesen erschienenen, jedoch nicht angefahrenen Bergleuten nur ihr Deputierter, *Joseph Bohle,* standhaft geblieben und hat die Arbeitsaufnahme verweigert. *Bohle* wurde sofort verhaftet.

Auf der Grube Graf Beust, deren Verwaltung die Gedinge in den besserbezahlten Örtern um $^1/_5$ gekürzt und die Schichtzeit verlängert hatte, fand der Nachtwächter am frühen Morgen des 15. Februar einen Streikaufruf für denselben Tag[107]. Während hier nun die Frühschicht, wiederum auf Zureden des Revierbeamten, ausnahmslos anfuhr, blieb am selben Vormittag die Belegschaft auf Königin Elisabeth geschlossen bei der Weigerung. Der anwesende Geschworene ließ die Bergleute in Gruppen zu je 6 Mann verlesen und forderte jeden einzelnen auf, „sich über die Absicht zu arbeiten oder zu feiern zu

---

103 Vgl. ebd. Bl. 337, 338, OBA/BAE 21. 1. und 28. 1. 59; Bl. 359 Bescheid an *J. Dierkes und Genossen* v. 13. 8. 59 auf deren Eingabe v. 25. 1. 59. Die genannten Beschwerdeschriften liegen nicht bei.

104 Nach BAEW 119 Bl. 419—426. Bei der Wahl zum Knappschaftsvorstand 1857 waren die später bestreikten Zechen vor allem durch die Gewerkenfamilie *Waldthausen* vertreten. — Die Streikbewegung vom Februar 1859 ist zusammenfassend in dem Bericht BAE/OBA 15. 2. 59 (bei *Adelmann*, Quellensammlung Bd. I, Nr. 81, S. 117—121) dargestellt.

105 Vgl. BAEW 107 Bl. 1 Bericht d. Reviergeschworenen *Haardt*/BAE 10. 2. 59. Zum Folgenden ebd. Bl. 2—18.

106 Vgl. im Anhang S. 634 f.

107 BAEW 107 Bl. 19 Protokoll der Vorgänge 15. 2. 59 und Anhang S. 635.

erklären"[108]. Auf dieses Verfahren hin kam es zu erregten, z. T. tumultuarischen Diskussionen unter den Bergleuten, die mit drei Verhaftungen und einer Reihe vorläufiger Festnahmen endeten.

Neben den Bergleuten der genannten Anlagen verweigerte noch die Belegschaft von Carolus Magnus am 14. Februar die Arbeit. Hier hatte die Bewegung ein Nachspiel: Noch im März 1859 beklagte sich der Grubenvorsteher der Zeche beim Bergamt über „die wenige Leistung der Kohlenhauer"; es sei „die Lust zur Arbeit überhaupt sehr verringert". Da die Grubenverwaltung „nicht die Mittel [besitze], um die hartnäckige Widersetzlichkeit . . . zu beseitigen, so nehmen wir den Schutz eins wohllöblichen Bergamts in Anspruch"[109]. Das Scheitern der Arbeitseinstellung — manche Gedinge werden allerdings auf Betreiben der Revierbeamten wieder aufgebessert worden sein — hat die Bergleute hier zur gezielten Leistungsminderung als Kampfmittel bewogen. Noch Ende Mai 1859 wurden die Knappschaftsmitglieder auf Carolus Magnus, „welche den Anschein gaben, als wollten sie absichtlich eine geringere Leistung unter den Bergleuten erregen", verwarnt; kurz darauf vertrat das Bergamt gegenüber dem Grubenrepräsentanten jedoch die Ansicht, die Behauptung der Bummelei habe sich doch als übertrieben herausgestellt[110].

Die Streikbewegung war vor allem dank des gezielten Einsatzes der Revierbeamten schon am ersten Tag in sich zusammengebrochen. Die aufgeschreckte Behörde tat alles, um die Erregung wieder in die „gesetzlichen Bahnen" zurückzulenken; wohl in Abrede mit dem am 15. Februar, auf dem Höhepunkt der Unruhen, angereisten Dortmunder Behördenleiter erließ das Bergamt Anfang März eine gedruckte, auf den Gruben ausgehängte Bekanntmachung, worin erneut, obwohl man um die bald zu erwartende rechtliche Gegenstandslosigkeit dieses Verfahrens wissen mußte[111], auf die Möglichkeit von Gedingebeschwerden auch nach dem Miteigentümergesetz, auf das Koalitionsverbot der Gewerbeordnung und endlich auf den rechtsgültigen Instanzenweg unter Zusicherung wohlwollender behördlicher Prüfung hingewiesen wurde[112]. Zugleich ist bei der Staatsanwaltschaft Anzeige gegen einige der mutmaßlich wortführenden Bergleute erhoben worden. Die Bergleute *Pahl* und *Wienkötter* von Helene und Amalie wurden vom Essener Kreisgericht zunächst freigesprochen; der Schuldspruch des Appellationsgerichts in Hamm wegen Verletzung des Koalitionsverbots gegen *Pahl* wurde vom Berliner Obertribunal am 29. November 1859 wieder aufgehoben[113]. Ebenfalls im Frühjahr wurde die bereits erwähnte Zurücknahme der Annahmeverpflichtung für die Knappschaftsstatuten bekannt, so daß bereits im März 1859 eine erhebliche Beruhigung der Belegschaften eingetreten sein dürfte.

Die flexible behördliche Taktik der Unruhebeschwichtigung, das schrittweise Entgegenkommen bei exemplarischer Bestrafung, war damit, obwohl den Beamten zeitweilig um die Jahreswende und Mitte Februar 1859 die Kontrolle zu entschwinden drohte, auf ganzer Linie erfolgreich geblieben. Wenn aber die Bewegung ausschließlich im Rahmen der überkommenen Mittel der ständisch-obrigkeitlichen Bergbaugesellschaft und jedenfalls ohne Rückgriff auf außerordentliche Gegenmaßnahmen, wie den Einsatz von

---

108 Ebd. Bl. 22 f. Protokoll v. 15. 2. 59.
109 Ebd. Bl. 32 f. Grubenverwalter *Best*/BAE 30. 3. 59.
110 Ebd. Bl. 36 f. Bericht d. Reviergeschworenen/BAE 20. 5. 59; ebd. Schreiben des BA v. 4. 6. 59 (Entw.); vgl. Bl. 16 u. 32 f.
111 Vgl. hierzu unten S. 422 ff.
112 Text der Bekanntmachung v. 1. 3. 59 in BAEW 107; vgl. ferner Berggeist 4 (1859) S. 32.
113 Abschr. der Urteile in BAEW 107 Bl. 47—54.

Militär[114], im Keim erstickt werden konnte, kennzeichnet dies neben der fortdauernden Funktionsfähigkeit der alten Ordnung zur Konfliktregelung ebenso sehr die bergmännische Grundhaltung. Hier muß der geradezu verblüffende Umschlag von der Petitionsbewegung um Knappschaftsrevision, vom Boykott der Knappschaftsstatuten, in eine Streikbewegung zur Abwehr materieller Verschlechterungen Erstaunen erwecken, weil sich in ihm erst künftige Aktionsformen ankündigten. Der Zusammenhang beider Konfliktkerne wird deutlicher, berücksichtigt man den Umstand, daß die gewerkschaftlichen Lohnkürzungen von den Bergleuten sehr wohl als Willkürakte neuerstandener Machtvollkommenheit, wie sie es längst am Beispiel der Knappschaftsorganisation befürchtet und in Forderungen ausgedrückt hatten, begriffen werden konnten. Die Lohnreduktionen sind nicht zuletzt vor dem Hintergrund der soeben erfolgten Gründung des Bergbauvereins als ein erster Ausdruck unternehmerischer Solidarität in der Krise zu sehen.

Ein kritisches Verhalten gegenüber den Gewerken hatten die Bergleute schon in den wenigen Jahren seit Erlaß des Miteigentümergesetzes entwickelt, hatte sich doch die neue Macht der Unternehmerschaft sehr schnell in Gestalt der Grubenbeamten verkörpert, deren Beaufsichtigung nunmehr der Bergbehörde entzogen war. Die Wellen bergmännischer Erregung sind daher, wo nicht die alten knappschaftlichen Bande zwischen Bergleuten und Steigern stärker fortwirkten, auch bereits gegen die mittleren Grubenbeamten gebrandet, gegen jene Antreiber und „Blutegel"[115] der Gewerkschaften. Die unvermittelte Gewaltandrohung gegenüber Vorgesetzten, aus dem Vormärz als Ausdruck von Ratlosigkeit bereits bekannt, zeigt auch hier in einem mangelnden oder verzerrten Verständnis für die betrieblichen Machtverhältnisse und für die sich anbahnende Neuordnung der Bergbauverfassung.

Der unterliegende Grundzug der Verweigerungskampagne wie auch der Ausstandsversuche ist defensiv, und in der Defensive konservativ. Die Bergleute haben im Februar 1859 eher jenen älteren Rechtszustand der behördlichen Autorität, der Lohnnormierung und Existenzsicherheit wiederherstellen wollen, griffen darin aber zu einem Mittel, das bereits über diesen Willen hinauswies. Daß diese aus der Solidarität der ständischen Bergbaugemeinschaft gewonnene, kollektive Willensartikulation auf halber Strecke stehen blieb, lag an der weitergeltenden Plausibilität des alten Wegs der Konfliktregelung, verkörpert in der persönlichen Gegenwart des Revierbeamten. Vor dessen Autorität stoppte die bergmännische Interessendurchsetzung auch deshalb, weil ihre Zielrichtung noch nicht über die sich auflösende Rechtsordnung hinausgriff.

Formal lagen in den Streikversuchen, in der Boykottbewegung, im Bremsen am Arbeitsplatz, insbesondere in den Organisationsansätzen, vorausweisende Keime eines neuen Gruppenverhaltens. Dennoch sind die alten Verhaltensmuster auch darin noch dominant geblieben; dies bestätigt einmal mehr eine auf dem Höhepunkt der Streikbewegung, am 14. Februar 1859, von den Borbecker Bergleuten *Baecker, Plaßmann* und *Dierkes* verfaßte Eingabe an den Prinzen von Preußen[116]. Nach dem Bescheid auf dieses Gesuch

---

114 *Imbusch*, Arbeitsverhältnis, S. 230, stellt einen in den Akten nicht nachweisbaren Militäreinsatz fest; vgl. auch *Geueke*, Bergarbeiterstreiks, S. 10.

115 Vgl. die Quelle im Anhang S. 634.

116 Leider ist nur der Bescheid auf diese Eingabe erhalten: BAEW 109 Bl. 354 OBA/Bergleute *Baecker* etc. 11. 3. 59 (Abschr.). — Nach *H.-O. Hemmer*, Die Bergarbeiterbewegung im Ruhrgebiet unter dem Sozialistengesetz, 1974, S. 90, wurden die Ausstände Anfang 1859 „militant" geführt. Dagegen ist auf das verbreitete Verhalten hinzuweisen, am Streiktag zwar zum Verlesen auf der Hängebank zu erscheinen, dann aber auf der Grube, ohne zur Arbeit anzufahren, zu verharren.

stand es den Bergleuten nicht zu, „wegen vermeintlicher Unzulänglichkeit ihres gegenwärtigen Lohnes gegen die auf gesetzlicher Vorschrift beruhende Befugnis der Gewerkschaften zur Verwaltung des denselben verliehenen Bergwerks-Eigenthums Einspruch zu erheben"[117]. Die Grundlage der Bergrechtsreform ist damit, in klarer Erkenntnis ihrer Problematik für die bergmännische Existenz, von den Bergleuten zu einem zwar verspäteten, aber im Hinblick auf das Freizügigkeitsgesetz rechtzeitigen Zeitpunkt in Frage gestellt worden.

Ein weiteres überraschendes Ergebnis der Petitions- und Streikbewegung hat in der Entstehung von unerwartet frühen Ansätzen gewerkschaftlicher Organisation und Aktion bestanden. Daß diese vorläufig noch unter rückwärtsgerichteten Vorzeichen standen, kann ihre Bedeutung nicht schmälern; auch in anderen Gewerbezweigen haben die jungen Arbeiterorganisationen manchen, z. B. handwerklich-zünftigen Ballast erst noch über Bord werfen müssen. Vielmehr sind als Teilergebnisse hervorzuheben:

— Die kollektive Spontaneität der bergmännischen Aktionen wurde auf der Ebene des Betriebs geboren, geformt und in Willensformulierung umgesetzt. Die Belegschaften bildeten die kommunikativen Einheiten, auf denen sich Keime eines Bewußtseins der Interessenidentität entwickelten, wobei die Mandatsvergabe der Belegschaften an ihre Deputierten stets imperativ verstanden worden ist. Über das Stadium bloßer Artikultaion ist die Bewegung nicht zuletzt dank der

— Geburtshelferdienste der alten Ordnung durchaus hinweggekommen. Nicht allein, daß der auch in ständischer Zeit materielle Interessen wahrende bergmännische Gemeinschaftsgeist zum Vehikel der Kollektivität werden konnte; daneben bot der Beschwerdeweg ein noch funktionierendes Mittel der Konfliktkanalisierung, dessen Eignung in generationenlanger Erfahrung erhärtet war. Daß das Bergamt schließlich der Bewegung durch die Anordnung von Deputiertenwahlen auf die Beine verhalf, dürfte mehr als Notlösung zur Vermeidung von Schlimmerem, von Unordnung und Aufruhr, als vorbeugende Maßnahme zu verstehen sein, die zugleich den organisatorischen Rahmen der Bewegung mitbestimmte; die Anstöße, Vertrauensmänner zu wählen, sind allerdings aus der Mitte der Bergleute selbst gekommen. Andererseits hat mancher obrigkeitliche Hemmschuh, so vor allem das Koalitionsverbot, die Formung kämpferischer Interessenvertretungen gestört oder auch verhindert.

— Die Organisierung durch gewählte Deputierte blieb trotz ihrer nachweislich anderthalbjährigen Dauer instabil, weil die Möglichkeiten, Fäden der Kommunikation über den Belegschaftsrahmen hinaus zu spannen, beschränkt blieben, weil die Finanzierung nur in Ansätzen gelang und weil die programmatische Loslösung von den Denkformen und Verhaltensrichtlinien der alten Ordnung, kaum überraschend, noch auf sich warten ließ. In der Schlußphase der Bewegung sollte sich die hartnäckige Maximalforderung der Bergleute nach Beibehaltung bzw. Wiederherstellung der alten Ordnung gegen sie selbst kehren. Einstweilen erwies sich auch die direktdemokratische Form der Handlungsbevollmächtigung durch die Belegschaften zwar einerseits als der Spontaneität der Willensartikulation angemessen, andererseits aber auch, da die Deputierten kein Verhandlungsmandat erhielten, als hinderlich.

---

117 BAEW 109 Bl. 354.

c) Aktionen um das Freizügigkeitsgesetz 1860[118]

Die Gunst der Stunde, auch der Stimmen der Bergarbeiterschaft in der Freizügigkeits-frage gewiß zu sein, ist unter Wortführung des Handelsministeriums sofort genutzt worden. Schon Ende 1858 wurden die Gesetzesberatungen mit solchem Druck vorange-trieben, daß sich der Essener Bergamtsdirektor *Herold* zur Abfassung seines Gutachtens noch am Heiligabend 1858 veranlaßt sah[119]. Demnach stimmte über Fraktionierungen hinweg das gesamte Essener Bergamtskollegium darin überein, daß, falls An- und Able-gung und Lohnfestsetzung dem freien Markt überlassen würden, folgende Bedingungen zu erfüllen seien:
— Es dürften nur achtstündige Schichten verfahren werden.
— Die Löhnung sei, „vorläufig wenistens", nur an bestimmten Tagen durchzuführen und weiterhin bergamtlich zu überwachen.
— Die Strafbefugnis sei in der jetzigen Weise beizubehalten, also nur durch die Behörde auszuüben.
— Vorab seien die Verhältnisse der Bergleute in der Knappschaft den neuen Erforder-nissen entsprechend zu regeln.
Die im ganzen abgewogene Stellungnahme der Essener Beamten beweist ihr klares Be-wußtsein von der sozialpolitischen Effizienz des alten Systems; sie zeigt zugleich, wie auch die Beratungen im ministeriellen und parlamentarischen Rahmen, Handlungsalter-nativen auf, deren Formulierung aus dem Blick auf „entwickeltere" Nachbargewerbe gewonnen war und die, im Nachhinein gesehen, deutlich Ansätze boten, die Kosten des Reformwerks gleichmäßiger zu verteilen. Welche Verrenkungen dagegen das neue libe-rale Bewußtsein unternahm, um die mutmaßlichen Auswirkungen der Reformmaßnahmen zu verschleiern, zeigen die Ausführungen *Albert Serlos*, eines Bergbeamten und führen-den zeitgenössischen Montanfachmanns, im Blick auf die bergmännischen Beschwerden:

> „Bei *so* maßlosem Verlangen kann es nicht Wunder nehmen, wenn an höchster Stelle in Erwägung gezogen wird, ob es trotz der auf dem Gesetz beruhenden hundertjährigen Observanz nicht an der Zeit sei, das Zwangsverhältnis aufzuheben und volle Freiheit in der Wahl der Arbeit ... einzuführen"[120].

Alle sich hieran anschließenden Befürchtungen, „englische Zustände, massenhafte Ar-beitseinstellungen", würden, obwohl „der Bergmannsstand von seiner früheren Geschlos-senheit, von der Abgränzung" einbüßen müßte, kaum eintreten; im Gegenteil, es werde sich „gegenseitiges Vertrauen" zwischen den Vertragspartnern im Betrieb einstellen, und die Bergleute würden sich „durch Fleiß, Tüchtigkeit, Ordnungsliebe bemühen, auf der einmal erwählten und liebgewonnenen Grube für längere Zeit beschäftigt" zu bleiben. Kaum glaublich auch, daß die Bergleute gewiß keine Gefahr laufen würden, „in's Elend

---

118 Vgl. ergänzend zu den folgenden Bemerkungen oben S. 183—85.
119 Vgl. OBA 1775 Bl. 7—20 BAE/OBA 24. 12. 58 (Entw. v. d. Hs. *Herolds*) mit dem Vermerk: „Eilt!" Vgl. unten Anm. 121.
120 *Serlo*, Beschwerden, S. 41—43. — *Albert Ludwig Serlo* (1824—1898) arbeitete seit 1856 als Bergmeister und Bergamtsmitglied in Bochum und wurde 1857, zum Oberbergrat befördert, vielleicht wegen der hier so zurückhaltenden Meinung gegenüber den Reformmaßnahmen aus Berlin an das Oberbergamt Dortmund berufen, kannte also den Verlauf der Bewegung 1858/1859, ihre Hintergründe und Motive, aus nächster Nähe. Als nun geschätzte liberale Stimme stieg *Serlo* 1861—1864 zum Leiter der Saarbrücker Bergwerksdirektion auf, über-nahm 1867 als Berghauptmann das OBA Breslau und leitete 1878—1884 als Oberberg-hauptmann die Bergbauabteilung im HM.

hinausgestoßen zu werden", weil „die westfälischen Gewerkschaften sich von jeher hochherzig in der Sorgsamkeit für das Wohl der Arbeiter gezeigt haben". Hier offenbart sich die ganze Schwäche der Argumentation, solange das drohende Ende der sozialpolitischen Errungenschaften der alten Bergbauverfassung hinweggeredet werden mußte. Unübersehbar ist ferner, wie auch die parlamentarischen Beratungen zum Freizügigkeitsgesetz zeigten, daß die Entscheidung zum Erlaß des Gesetzes eine politische Dimension trug, die sich einseitig zugunsten der Gewerken auswirkte, ferner, daß die Nachteile des Gesetzes für die Arbeiter gesehen, formuliert und innerbehördlich bekanntgeworden sind. Zu den Vorberatungen des Gesetzes sind auch diesmal Bergleute hinzugezogen worden. Am 11. Januar 1859, noch vor den Essener Streikversuchen, fand eine Zusammenkunft von Bergleuten, Gewerken und Behördenvertretern in Anwesenheit des Münsteraner Oberpräsidenten *v. Düesberg* in Dortmund statt; eine entsprechende Beratung unter Leitung des Koblenzer Oberpräsidenten *v. Pommer-Esche* in Essen hat anscheinend auch der Beendigung der so leidigen Statutenangelegenheit gedient[121]. Inzwischen waren die neueren Reformpläne auch an die Öffentlichkeit gelangt, und die Stellungnahmen in der von Gewerkenkreisen getragenen, rheinischen Fachzeitschrift „Berggeist" zeigen, daß das Problem auch von Gewerken widersprüchlich beurteilt wurde. Hier waren es, nicht zu Unrecht, die Besitzer kleinerer Gruben, die fürchteten, künftig in Aufschwungzeiten nicht konkurrenzfähigen Lohn zahlen zu können[122]. Im Blick auf die Wünsche der Bergleute nach Freizügigkeit vertrat die Redaktion des Blattes die interessante Meinung,

„im weiteren Verfolg . . . würde dann sehr wahrscheinlich durch eine allmälig überflüssig werdende Arbeiterschaar der Lohnsatz sich allmälig herabdrücken — und unsere Leute würden gerade bei Gestaltung der Freizügigkeit sehr bald finden, daß diese in ihrem letzten Ziele das directe Gegenteil ihrer Wünsche und Bestrebungen zum Vorschein brächte!"[123]

Auch im Bergbauverein wurde eine Debatte über die Freizügigkeit entfacht, hier genährt durch die Hoffnung, mit dem Fortfall der Normallohnbindung und behördlichen Aufsicht die in der Krise so drückenden Selbstkosten senken zu können. Über die Lohnfixierung hieß es[124]:

---

121 Vgl. *Adelmann*, Quellensammlung Bd. I Nr. 84 (Einladung OBA/BAE 30. 12. 58) und *Hue* II S. 60. Allgemein sind die Beratungen durch HM-Erlaß an die OP v. Schlesien, Sachsen, Westfalen und der Rheinprovinz 20. 11. 58 (OBA 1775 Bl. 5 f. Abschr.) eingeleitet worden. In diesem Erlaß wurde noch einmal der Charakter der Übergangsphase bekräftigt: Man habe 1851 von einer Regelung der Freizügigkeit abgesehen, „um den Bergleuten einen Schutz gegen etwaige Bedrückungen Seitens der Arbeitgeber wenigstens so lange zu gewähren, bis nach Verlauf einer gewissen Übergangs-Periode die Selbstverwaltung der Bergwerke durch die Besitzer sich befestigt haben würde". Anscheinend wurde dieser Schutz in dem Augenblick nicht mehr für nötig gehalten, in dem die volle Verfügungsgewalt der Gewerken hergestellt war.
122 Vgl. Berggeist 4 (1859) S. 14, im folgenden nach ebd. S. 21, 32, 269, 412, 428, 437, 447 f., 479 f. Die Redaktion des Blattes hielt eine gesetzliche Regelung der bergmännischen Freizügigkeit nicht für erforderlich; es bedürfe hierzu keines Gesetzes, da die Behörde auch nach geltendem Recht von ihrer Direktionsbefugnis zurücktreten könne (S. 437).
123 Ebd. — Um diese Zeit wurde vermutet, daß der Handelsminister noch vor Ostern 1859 eine Vorlage über Freizügigkeit der Bergleute einbringen würde.
124 Nach der außerordentlichen Generalversammlung des Bergbauvereins, 25. 6. 59, nach Berggeist 4 (1859) S. 480, Hervorhebungen im Original. Vgl. noch Vorstand Bergbauverein/OBA 22. 6. 59, bei *Adelmann*, Quellensammlung Bd. I, Nr. 87.

„Unsere Bergbau-Industrie hat einen Umfang erlangt, bei welchem ein *richtigeres* Verhältnis zwischen *Lohn* und *Arbeit*, als das jetzt bestehende, einer Lebensfrage gleichkommt, und Krisen, wie die gegenwärtige, von dem Arbeiter wie von dem Arbeitgeber billigerweise unter gemeinschaftlichen Opfern getragen werden müssen. Nur die freie Arbeit, deren Lohn sich auf der Grundlage durch wetteifernden Fleiß und Geschicklichkeit gemachter Erfahrungen und nach den Conjuncturen regulirt, kann dauernd dem Arbeiter, dem Arbeitgeber und dem Staate zum Heile gereichen."

Zu der auch später in Krisenzeiten selten fehlenden Beschwörung des gemeinsamen, einigenden Interesses von Arbeitgebern und Arbeitern gesellte sich noch die erstaunliche Verdammung der herrschenden Zustände als (früh-)sozialistisch – „Louis Blank", so hieß es, „könnte sich schwerlich eine bessere Verwirklichung seiner Ideen von dem Rechte auf Arbeit ... denken"[125]. Gegenüber den Klagen über das Lohnnormierungsverfahren ist dann von Essener Bergbeamten noch einmal bekräftigt worden, die zur Zeit normierten Löhne seien „auch jetzt noch nötig, um eine Familie dürftig zu ernähren" und könnten „nur mit Rücksicht auf die Aussicht zu einer guten Ernte um etwas ermäßigt werden"[126].

Die zeitgenössische Diskussion zur Freizügigkeitsfrage ist hier noch einmal aufgerollt worden, um zu zeigen, daß nicht nur im parlamentarischen Raum, sondern auch am Ort, unter den Behörden und selbst in Gewerkenkreisen die Meinung nicht einhellig war, daß die jeweilige Haltung mit wirtschaftlichen und politischen Interessen verwoben war und daß das Meinungsspektrum Alternativen aufwies. Auch unter der Bergarbeiterschaft herrschte kein eindeutiges Meinungsbild; immerhin wird hier eine Entwicklung erkennbar, die ihre wesentlichsten Anstöße wohl dem weiteren konjunkturellen Abschwung verdankt. Anfangs hatten die Bergleute, so ist gezeigt worden, recht übereinstimmend mit ihren Führern, vor allem mit *Ferdinand Kahleis* aus Essen und *Rohsiepe* aus Bochum, für die Einführung einer freien Abkehrpraxis innerhalb der Bergamtsbezirke plädiert; sie haben diese Meinung auch während der Beratungen Anfang 1859, hier aber bereits mit der Bemerkung betont, daß zugleich das Vorrecht auf Arbeit der privilegierten Knappschaftsmitglieder erhalten bleiben müsse. Wenigstens einige Arbeitergruppen haben sich im Verlauf des Sommers 1859 von der Forderung nach unbedingter Freizügigkeit entfernt. Von *Kahleis* wird Mitte Februar 1859 bereits berichtet, seine Kameraden hätten das Vertrauen in ihn verloren, als Vertreter der Knappschaftsgenossen werde er verleugnet[127]. In einer besonderen Eingabe haben alle Essener Knappschaftsältesten im Dezember 1859, also rechtzeitig vor den parlamentarischen Beratungen des Freizügigkeitsgesetzes[128], in ausdrücklichem Widerspruch zu dem früheren Verhalten von *Kahleis* die Beibehaltung der geltenden Abkehrregelung gewünscht. Offensichtlich waren die Erfahrungen der nachlassenden Konjunktur und einer schon vor Erlaß des Freizügig-

---

125 Ebd. — Abweichende Meinungen im Gewerkenlager konstatierte der Essener Bergamtsdirektor in seinem Gutachten v. 9. 7. 59, OBA 1775 Bl. 41–45 (Entw.).
126 OBA 1775 Bl. 41–45.
127 BAE/OBA 15. 2. 59 (*Adelmann*, Quellensammlung Bd. I, Nr. 81). Die Reihenfolge der von *Adelmann* in dieser Angelegenheit in großer Ausführlichkeit wiedergegebenen Quellen ist nicht durchsichtig; z. B. wird die Einladung zu der Dortmunder Versammlung v. 11. 1. 59 nach der hierauf fußenden Ministerialverfügung v. 8. 3. 59 gedruckt.
128 In: OBA 1775 Bl. 46, 9. 12. 59. Ebenfalls rechtzeitig lagen dem Herrenhaus 2 Petitionen von Aplerbecker und Hörder Bergleuten (Zechen Schürbank und Charlottenburg und Ver. Bickefeld) auf Ablehnung der Freizügigkeit und Wiederherstellung des alten Rechtszustandes vor; vgl. Herrenhaus Session 1859/1860, Nr. 70, Bericht der Kommission für Handel und Gewerbe (in: JM 11085). Der Kommissionsvorschlag lautete auf Übergang zur Tagesordnung.

keitsgesetzes merklich einsetzenden unternehmerischen Willkür in der Gestaltung der Arbeitsvertragsrealitäten durchaus geeignet, die Bergleute zu einer bruchlos konservativen Haltung zurückzuführen. So beschwerten sich Anfang November 1859 fünf Bergleute der Zeche Anna nördlich von Essen über eine einseitige Schichtzeitverlängerung; Ende desselben Monats erschien der Hauer *P. Ellenbeck* von derselben Zeche, um ebenfalls Beeinträchtigungen wegen überlanger Arbeitszeit zu Protokoll zu geben. Auf Anna wurde bereits 1859 der später so leidige Füllkohlenabzug praktiziert, wonach als unzureichend gefüllt erkannte Fördergefäße als nicht gefördert betrachtet wurden[129]. In der Rekursinstanz mußten *Ellenbecks* Beschwerdegründe teilweise anerkannt werden. Das Bergamt löste den Konflikt, kurz bevor ihm diese Kompetenz genommen wurde, durch Verlegung der betroffenen Bergleute[130]. — In der Arbeitszeitfrage ließen sich die zwingenden Bestimmungen einer achtstündigen Schichtzeit nach den Bergordnungen nur durch das Verfahren von Nebenschichten umgehen; um nun eine zwölfstündige Arbeitszeit zu erreichen, wurde von Bochumer Gewerken ernsthaft der Vorschlag gemacht, den Normallohn um $^{1}/_{3}$ zu kürzen, damit für eine zwölfstündige Schicht (einschließlich einer vierstündigen Nebenschicht) nach bergrechtlicher Vorschrift der 1 $^{1}/_{2}$-fache Normallohn gezahlt werden könne[131]. — Die Eingabe der Knappschaftsältesten war zugleich ein Versuch ihrer Verfasser, das im Verlauf der Bewegung geschwundene Vertrauen der Bergleute in ihre gleichsam offiziellen Vertreter wieder zu festigen[132]. Trotz der mit den Protesten gegen die Knappschaftsstatuten verbundenen Erfahrungen setzte die Mißstimmung über die neuerlichen Regelungen im wesentlichen wieder erst nach Erlaß des Gesetzes ein, als seine Wirkungen spürbar wurden, und sie blieb schon deshalb ähnlich wirkungslos, wie seinerzeit die Knappschaftsbeschwerden.

Denn eine neue Versammlungsbewegung von Bergleuten im Essener Raum Ende 1859 hatte noch einmal den Knappschaftsstatuten gegolten und war völlig unter behördlicher Kontrolle verblieben. Im September ließ das Essener Bergamt durch seine Revierbeamten die Bergleute auf die mit Jahresende mögliche Statutenrevision im Rahmen des dafür vorgesehenen Verfahrens hinweisen[133]. Wenig später sind dann in den Tageszeitungen wieder Einladungen zu bergmännischen Versammlungen erschienen, zu denen die Revierbeamten als Beobachter entsandt wurden[134]. Erneut haben sich die Bergleute zu Eingaben entschlossen. Die Borbecker Bergleute *Joseph Dierkes, Johann Wolf* und *Heinrich Plaßmann*, die bereits mit einem Gesuch um Wiederherstellung der alten Knappschaftsordnung vom Anfang des Jahres zurückgewiesen worden waren, sprachen sich nun für eine Statutenrevision aus[135]; zugleich ließen sie allerdings das Bergamt wissen, daß man die derzeit vom Knappschaftsvorstand unter Mitarbeit der Knappschaftsältesten erwogenen Änderungen, die durch die Tagespresse bekanntgeworden waren,

---

129 Vgl. BAEW 154 Bl. 197 (Protokoll v. 6. 11. 59); Bl. 203 (Bergmann *Ellenbeck* 25. 11. 59), 216—219 (Bericht d. Reviergeschworenen *Menzel* 14. 1. 60). Vgl. auch die Arbeitsordnung der Zeche § 2: „Schlecht gefüllte oder unrein geförderte Kohlenwagen können als gratis gefördert abgestürzt werden"; v. OBA 1861 gebilligt (Arbeitsordnungen der Steinkohlenbergwerke d. OBA-Bezirks Dortmund Bd. IV).

130 BAEW 154 Bl. 222 f. OBA/*P. Ellenbeck* 10. 3. 60 (Abschr.).

131 Vgl. OBA 1390 Bl. 91—94 BAB/OBA 28. 7. 59; ebd. Bl. 1—37.

132 Vgl. etwa BAEW 109 Bl. 366 f. *J. Dierkes u. Genossen*/BAE 12. 12. 59: Die Knappschaftsältesten haben „von uns durchaus keine Vollmacht" zur Entscheidung über Statuten.

133 Nach dem Essener Statut § 35, 5.

134 Vgl. BAEW 109 Bl. 362—365 BAE/alle Reviergeschworenen 27. 9. u. 14. 10. 59 (Abschr.).

135 Vgl. ebd. Bl. 359 Bescheid des OBA 13. 8. 59 (Abschr.); vgl. o. Anm. 116.

aus prinzipiellen Erwägungen jedenfalls nicht billigen werde[136]. Während einer daraufhin einberufenen mündlichen Besprechung mit *Dierkes* und seinen Freunden stellte sich nun heraus, daß ein *Hermann Schürmann* gegen Entgelt den Schriftverkehr der Bergleute bewerkstelligte und auch in Versammlungen beriet. *Dierkes* berief sich noch immer auf das vor über einem Jahr erteilte Mandat der Belegschaften, durch das man zu nichts Anderem als zur Wiederherstellung der alten Knappschaftsordnung beauftragt sei. Auf den auch später noch wiederholten Vorhalt, dieses Mandat sei längst erloschen und das Änderungsverfahren Sache des Knappschaftsvorstandes, bekräftigten die Deputierten nur erneut, sie besäßen kein Vertrauen in die Knappschaftsältesten[137].

Auch von einer Versammlung in Werden ist eine Eingabe an den Prinzregenten verfaßt worden, und auch die von *Kahleis* geführte Gruppe von Bergleuten bemühte sich wieder um Einsetzung der alten Statuten[138]. Aber es konnte nicht noch einmal gelingen, der Bewegung neue Impulse zu verleihen. Mit ihrem starren Festhalten an der alten Maximalforderung begaben sich die Bergleute zugleich aller Chancen zur Beeinflussung des Revisionsverfahrens der Statuten und verrannten sich in bloße Halsstarrigkeit. Dies ergab auch eine Vernehmung von drei Werdener Beschwerdeführern im Bergamtsgebäude Anfang 1860, wo daran festgehalten wurde, daß die Bergleute sich nicht der Meinung der Behörde anschließen könnten, „wenn wir auch Thatsachen, welche die Richtigkeit unser[er] Ansicht darthun sollen, nicht anführen können"[139]. Bei dieser Lage trugen die Immediateingaben nur noch deklamatorischen Wert, so daß das Bergamt auf ministerielle Anweisung unter dem 3. März 1860 alle Beschwerdeführer, insgesamt 18 Bergleute, unter ihnen alle bisher schon bekannten Namen, zum Bergamtsgebäude zitierte, wo sie „in wohlwollender Weise über das Unhaltbare ihrer Beschwerden belehrt" wurden[140]. Bei dieser Gelegenheit haben die Beschwerdeführer darauf bestanden, daß der Protest der Bergleute gegen die Errichtung eines neuen Essener Knappschaftsgebäudes zu Protokoll ging; die Deputierten haben dann die Unterzeichnung dieses Protokolls mit dem Hinweis verweigert, das ihnen erteilte Mandat berechtige sie nicht zu einer solchen Handlung[141].

Seit Sommer 1860 forderte nun das inzwischen durch eine Instruktion, durch einen Erlaß zur Instruktion und durch sorgfältige Belehrung der Revierbeamten ergänzte Freizügigkeitsgesetz[142] den Widerstand vieler Bergleute heraus. Die Protestbewegung ging nunmehr von Dortmunder Bergleuten aus und konnte, nachdem sich Bochumer Bergleute angeschlossen hatten, wiederum auf Essener Gebiet übergreifen. Anfang September 1860 kam es auf Zeche Margaretha wegen verlängerter Schichtzeiten zu einer Arbeitseinstellung. Aus diesem Anlaß vereinigten sich Deputierte der Bergleute von

---

136 Ebd. Bl. 366 f. *J. Dierkes u. Genossen*/BAE 12. 12. 59. Zu den Änderungsvorschlägen s. auch OBA 1643 Bl. 42—61 BAE/OBA 10. 12. 59 u. ö. mit den Vorschlägen des Knappschaftsvorstandes, Bl. 79—89 OBA/HM 16. 2. 60. Die Änderungsberatungen haben 1860 fortgedauert; das neue Statut v. 10. 5. 61 s. ebd. Bl. 151.
137 Vgl. BAEW 109 Bl. 374 f. Bericht des Reviergeschworenen *Menzel* 5. 1. 59 (richtig: 1860).
138 Diese z. T. nur aus Bescheiden und Berichterstattungen (vgl. die folgenden Anm.) bekannten Immediateingaben sind in einer deutlich koordinierten Aktion am 11. und 12. 12. 1859 eingesandt worden.
139 BAEW 109 Bl. 377—380, Verhandlungsprotokoll.
140 Ebd. Bl. 331 HM-Erlaß v. 8. 2. 60, OBA/BAE 12. 2. 60, Verhandlungsprotokoll Bl. 383—390.
141 Vgl. ebd. Bl. 383—390.
142 Vgl. OBA 1775 Bl. 52 f. Instruktion v. 16. 6. 60; HM-Erlaß v. 17. 7. 60 ebd. Bl. 60—63; MBAB 4 Bl. 15 f. BAE/alle Reviergeschworenen 29. 6. 60 (Abschr., vgl. auch OBA 1775 Bl. 54 f.).

Dortmund und Umgebung zu einer Eingabe an das Bergamt Bochum[143], in der sie auf die nachteiligen Folgen des Gesetzes vor allem für die Arbeiter hinwiesen und Petitionen mit „Tausenden von Unterschriften" ankündigten; die Eingabe bediente sich deutlich der wenn auch verklausulierten Drohung mit der Wucht einer großen Massenaktion. Über den Vorgang der Deputiertenwahlen, über Versammlungstätigkeit und Mandatsvergabe sind keine Nachrichten erhalten. Doch haben sich, wie eine weitere, bedeutsame Eingabe dieser Belegschaftsvertreter nur drei Wochen nach der ersten zeigt[144], ihre Aufgaben nicht auf Protestmaßnahmen gegen das soeben erlassene Gesetz beschränkt. Man nutzte vielmehr die Gelegenheit, um, auch in Anknüpfung an die Knappschaftsunruhen, Änderungswünsche zu den Statuten anzumelden, die den deutlichen Wunsch nach Interessenabgrenzung von der Unternehmerschaft verrieten. Diese Arbeiter haben in aller Klarheit die von ihnen nicht gewollten strukturellen Benachteiligungen des neuen Systems für die Arbeiterschaft erkannt und sich dagegen durchaus in der Erkenntnis gewehrt, daß die Liberalisierung des Bergbaurechts „zeitgemäß" sei, mochten aber den Verlust ihrer überlieferten Rechte nicht eingehen, dies umso weniger, als sie das Schutzbedürfnis des Bergmanns gerade nach den nun geltenden Rechtsnormen vermehrt einschätzen mußten. Sie strebten bereits, um der künftigen Kräftekonstellation gerecht zu werden, die gleichberechtigte Interessenäußerung gegenüber den Unternehmern an[145]. Eine ähnlich klare Sprache über das bergmännische Interesse findet sich erst 10 Jahre später unter herangetragener programmatischer Führerschaft wieder. Die Meinung der Dortmunder Deputierten ist 1860 noch vereinzelt geblieben, und formal stand auch bei ihnen die alte Beschwerdeform im Vordergrund. In diesem Sinne machten noch im Oktober 1860 62 Bergleute der Zeche Johannes Erbstollen bei Rüdinghausen im Märkischen Bergamt

> „die gehorsamste Anzeige, daß wir dahin den Beschluß gefaßt haben, die früher über den Bergarbeiter bestehenden gesetzlichen Bestimmungen in allen Graden aufrecht zu erhalten, und protestiren gegen jegliche Einführung einer anderweitigen Bestimmung"[146].

Einen Monat später erschienen etwa 20 Bergleute der Hörder Eisensteinzeche Union VII im Bochumer Bergamtsgebäude und legten gegen ihre fristlose Entlassung Beschwerde ein. Sie hatten sich geweigert, aufgrund einer Bekanntmachung des Betriebsführers vom 9. Oktober bereits am 10. Oktober 1860 achtstündige Schichten vor Ort, jetzt ausschließlich der Ein- und Ausfahrt, zu verfahren. Ihre Beschwerde gründete sich auf die Ansicht, daß der auf die alte Schichtzeit abgeschlossene Arbeitsvertrag bis zur beidseitigen Genehmigung einer neuen Fassung fortgelte, also auch seitens der Zeche nur vierzehntägig gekündigt werden könne[147]. Hier nahm sich die Bergbehörde noch einmal der Bergleute an[148]. Die Bochumer Beamten sahen in dem bergpolizeilichen Vorbehalt

---

143 Text bei *Adelmann*, Quellensammlung Bd. I, Nr. 89, v. 11. 9. 1860. Die Arbeitseinstellung ist nur mit dieser Eingabe belegt.
144 Vgl. im Anhang S. 616 f. vom 2. 10. 60.
145 Vgl. den Schlußsatz der Eingabe vom 2. 10. 60, im Anhang S. 617.
146 MBAB 4 Bl. 58, 4. 10. 60, mit 62 Unterschriften.
147 Vgl. ebd. Bl. 95 f., Protokoll v. 2. 11. 60.
148 Der Reviergeschworene war dagegen zurecht der Ansicht, Aufgabe der Behörde könne es nach neuem Recht nur sein, neben den Wirkkräften der „freien Concurrenz" „mit allen ihr zu Gebote stehenden gesetzlichen Mittel dafür Sorge zu tragen, daß das Leben und die Gesundheit der Arbeiter während der Arbeitszeit gewahrt werde"; ebd. Bl. 103—106, 2. 11. 60. Der Betriebsführer der Anlage nahm nach Rechtsauskunft die sofortige Kündigung zurück.

des Freizügigkeitsgesetzes nach dem Gesetzeswortlaut im übrigen nicht auszuschließende Möglichkeiten der Regulierung, mindestens aber der Sicherstellung bestimmter Positionen des Arbeitsverhältnisses[149].

Der Unmut der Bergleute über das neue Gesetz ergriff immer weitere Kreise. Von „Deputierten der Märkischen Knappschaft", vielleicht derselben Dortmunder Bergarbeitergruppe um *August Hörig*, wurde unter dem 17. November 1860 eine Immediateingabe um Wiederherstellung der Rechtszustände vor Erlaß des Freizügigkeitsgesetzes verfaßt[150], die freilich „ohne weitere Berücksichtigung" an die untergeordneten Behörden zur Entscheidung abgegeben wurde. Nach vermehrter Versammlungstätigkeit hatte sich auch in Bochum ein „Comitee" von Bergleuten unter Führung des Hauers *Heinrich Hahnefeld* gebildet. Recht bezeichnend wurden von diesen Bergleuten *Friedrich Harkort* aus Wetter und der Berghauptmann *von Oeynhausen* — beide erfreuten sich großen Ansehens im Revier — zur Teilnahme als „Ehrenmitglieder" an den Versammlungen der Bergleute zur Beratung ihrer Lage gebeten. *Oeynhausen* dankte in einem langen Antwortschreiben postwendend für das in die Behörde gesetzte Vertrauen[151], verwies dann aber auf die Nutzlosigkeit jeder Forderung nach Wiederherstellung des früheren Rechts, verwahrte sich unter Hinweis auf das südrussische Auswanderungsdebakel von 1860[152] gegen das den Gewerken entgegengebrachte Mißtrauen, von denen man „eine rücksichtslose Behandlung nicht zu erwarten" habe, und versicherte den Bergleuten im übrigen, „daß die Behörden jederzeit bereit sein werden, auf Grund dieser Gesetzesvorschriften schützend für sie einzutreten".

Leider sind von den Zusammenkünften, Beschlüssen und Erfolgen jener Bochumer und Dortmunder Bergleute keine weiteren Nachrichten erhalten, so daß vor allem die Frage nach dem organisatorisch-personellen Zusammenhang mit den voraufgegangenen Bewegungen der Jahre 1858/59 nicht geklärt werden kann. Die Aktionen dieser Gruppen fügen sich jedoch bruchlos in das bisher gewonnene Bild bergmännischen Verhaltens gegenüber den gesetzlichen Neuerungen von 1854 und 1860 ein. Auf ihrem

---

149 Bemerkenswert ist in diesem Zusammenhang die Regelung im eigenen Hause, den Staatswerken, nach dem hier ausdrücklich nicht geltenden Freizügigkeitsgesetz (MBAB 4 Bl. 168 HM/OBA 21. 12. 60 Abschr.): Wenn auch im Prinzip nach denselben Grundsätzen verfahren werden sollte, so sei „doch kein Grund vorhanden, den Berginspectoren die Entscheidung über die Ansprüche der auf den Staatswerken beschäftigten Arbeiter ... zu entziehen ... Die diesbezüglichen Beschwerden müssen vielmehr dem gewöhnlichen Instanzenwege folgend ... geprüft und unter Vorbehalt des Rechtsweges entschieden werden."

150 Nach dem Antwortschreiben des Berghauptmanns Anm. 151. Eine nur aus den Zeitumständen erklärliche kuriose Verkehrung liegt dem Kommentar von *W. Bacmeister* (Knappenstand, 1940, S. 103) zugrunde: „Dem Bergknappen wurden seine Privilegien nicht geraubt, nein, er wollte sie nicht mehr haben, weil er die Scheinwerte der neuen Zeit höher einschätzte als die alten Rechte seines Standes".

151 Zur Einladung der Bergleute v. 9. 12. 60 s. d. Antwortschreiben des Berghauptmanns v. 11. 12. 60 in OBA 1775 Bl. 216—220 und MBAB 4; hiernach Wortlaut bei *Adelmann*, Quellensammlung Bd. I, Nr. 91 u. 92. — *Dr. h. c. Karl August Ludwig Frhr. v. Oeynhausen* (1795—1865) eignete sich, nach Vorbereitungen für das Bergfach am Bergamt Bochum (1820), in mehreren „Belehrungsreisen" u. a. mit *H. v. Dechen* u. *v. Laroche* 1822, 1826/1827 nach England und Schottland, ausgedehnte Kenntnisse moderner Abbauverfahren an. Von ihm seit 1830 durchgeführte Bohrungen erschlossen die Quellen des 1848 nach ihm benannten Solbads. *Oeynhausen* wurde 1847 Berghauptmann in Brieg und leitete 1855—1864 die Dortmunder Behörde. Vgl. die Personalakte im Oberbergamt Dortmund (Nr. 0 15, nur bis 1836); *Serlo*, Bergmannsfamilien, 1936, S. 36 f.; *A. Liesenhoff*, Frhr. K v. Oeynhausen. Ein Lebensbild. In: ZBHSW 43 (1895) S. 107—167.

152 Vgl. oben S. 235 f.

Höhepunkt hat auch die Protestbewegung gegen das Freizügigkeitsgesetz zu Arbeitseinstellungen geführt, die sich erneut an einem der alten Rechte, an der Frage des Brandkohlenbezugs, im Essenschen entzündeten. Schon 1859 waren die Bochumer Gewerken mit einem Antrag auf ersatzlose Streichung jener 8 Pfg. je Schicht, die die Bergleute auf solchen Zechen erhielten, die aus betriebs- oder verwaltungstechnischen Gründen (auch Eisensteinzechen) keine Brandkohlen abgeben wollten, beim Bergamt eingekommen[153]. Auf der Generalversammlung des Bergbauvereins Ende 1859[154] wurde über diese Frage in Erwartung des Freizügigkeitsgesetzes Vertagung beschlossen. Dessen Erlaß gab nun die Handhabe, die Streichung dieser Vergünstigung, die den Gewerken stets ein Ärgernis gewesen war, mit Nachdruck zu betreiben[155]: Seit Ende 1860 ist auf zahlreichen Anlagen die Brandkohlenabgabe eingestellt worden. Dies hat Anfang 1861 zur Arbeitseinstellung von 49 Bergleuten erster und zweiter Klasse auf Zollverein[156], am 4. Januar 1861 zu einem besser belegten Streik auf Zeche Heinrich Westl. Feld geführt.

Die aufgrund des Gesetzes von 1860 am 12. Dezember 1860 der Belegschaft dieser Grube vorgelesene, ab 1. Januar 1861 gültige Arbeitsordnung der Anlage bestimmte, daß fernerhin „anderweitige Gewährungen" neben dem Lohn nicht stattfinden würden; dies wurde den Bergleuten in den folgenden Tagen mehrfach erläutert[157]. Bis zum 4. Januar, dem Tag der nächsten Brandkohlenabgabe, wurde ruhig weitergearbeitet. An diesem Tag verweigerte die Belegschaft geschlossen die Arbeitsaufnahme, verlangte jedoch auch keine Entlassung. Der Hauptgewerke der Anlage, *Flashoff*, wurde auf seine Beschwerde gegen die Maßnahme des Reviergeschworenen *Vorbrodt*, die Bergleute allein über die Rechtslage des Koalitionsverbots zu belehren, an die ordentlichen Gerichte verwiesen. *Flashoff* sah sich damit nicht zu Unrecht zur Klage über das Freizügigkeitsgesetz „im entgegengesetzten Sinne" veranlaßt, da die neuere Rechtslage und dieser Fall geeignet seien, „als Beispiel für andere zu dienen und den Arbeitern die Wege zu zeigen, welche sie einzuschlagen haben, um ungestraft massenhaft die Arbeit einzustellen und so die Gewerkschaften in Verlegenheit und unbegründete Forderung zur Geltung zu bringen"[158]. Auf Heinrich ist, wie auch die Beschwerde des Bergmanns *J. Quecke* zeigt, Mitte Januar noch nicht wieder gearbeitet worden. Diese Eingabe[159] beweist noch einmal die unbedingte Vertrauensposition der Bergbehörde, an die sich der in seinen Rechten Geschmälerte um Rechtsauskunft wandte. Charakteristisch für diese defensive Grundhaltung ist die in den Jahren 1858-1860 wiederkehrende Regel, sich gegen Rechtseinbußen erst dann zu wenden, wenn die nachteiligen Folgen spürbar geworden sind; doch spricht hieraus noch mehr die Beharrlichkeit einer traditionalen Rechtsauffassung, das Unvermögen, sich mit den abstrakten Gegenständen der neuen Rechtsordnung vertraut zu machen, bevor ihre Veränderungen und Verschlechterungen konkret, physisch erfahrbar geworden sind.

---

153 Vgl. OBA 1390 Bl. 93 f. BAB/OBA 28. 7. 59, sowie OBA 301 Bl. 200.
154 Vgl. Berggeist 4 (1859) S. 784.
155 Vgl. nach dem Essener HK-Bericht f. 1860 auch *Geueke*, Bergarbeiterstreiks, S. 11.
156 Einzige Quelle: Bescheid des Hammer Oberstaatsanwalts an den Essener Polizeianwalt *Dähne* aufgrund einer Beschwerde des Berggeschworenen *Wiester* gegen die Handhabung der Strafverfolgung durch *Dähne*, OBA 1775 Bl. 333—335, 30. 5. 61 (Abschr.).
157 Nach OBA 1775 Bl. 251 Beschwerde des Hauers *J. Quecke* im Anhang S. 617 f.; Bl. 276—281 Beschwerdeschrift des Hauptgewerken und Grubenvorstands *Chr. Flashoff*/OBA 23. 1. 61. Der „Apotheker" *Flashoff* war einer der bedeutendsten Gewerken der Essener Gruben.
158 Ebd., Beschwerdeschrift *Flashoffs*.
159 Vgl. Anhang S. 617 f.

Einem zukunftsweisenden Verhaltensmuster scheint bereits eine Ausstandsbewegung auf der Zeche Shamrock nur wenige Monate später zuzuordnen zu sein; leider liegen über Anlaß und Erfolg wiederum nur wenige Nachrichten vor. Die Belegschaft der Anlage hatte im Mai 1861 ohne Kündigung die Arbeit eingestellt und auch Maßnahmen ergriffen, um Arbeitswillige von der Zeche fernzuhalten, weshalb sich ihr Repräsentant, der Ire *W. T. Mulvany*, veranlaßt sah, die örtliche Polizeibehörde zu unterrichten[160]. Weitere Nachrichten über Ausstandsaktionen der Bergleute sind, von einer Arbeitsniederlegung auf Alstaden bei Mülheim aus Solidarität mit dem bei den Arbeitern beliebten, entlassenen Obersteiger der Anlage abgesehen[161], bis zu der neuen Welle bergmännischen Protests zum Ende der 1860er Jahre nicht überliefert. Mag hierfür einerseits der Überlieferungsstand überhaupt verantwortlich sein[162], so haben die 1860er Jahre doch andererseits für die Bergleute eine Phase des Übergangs gebildet, in der die Handlungsalternative Arbeitsniederlegung sich noch nicht anbot.

Die Protestbewegung gegen das Freizügigkeitsgesetz ist mit einer Petition von Knappschaftsältesten im Juni 1862[163] ausgeklungen. Noch einmal sprechen aus diesem Schriftstück Formen, Motive und Ziele der ständischen Protestdisposition. Das Verlangen, Arbeitsordnungen künftig nur durch den Knappschaftsvorstand, damit entlang der früheren Aufgabenbestimmung der Knappschaft und unter Mitwirkung der Arbeiter, aufstellen und verabschieden zu lassen, ist ebenso wie die Vorstellung, es bedürfe erfahrener, gutausgebildeter Arbeiter, um die bergbaulichen Mineralien ohne Verluste zu bergen, nicht verständlich ohne die fortwirkenden Handlungsanleitungen der alten Ordnung. Schließlich spiegelt die Petition die Unruhe über den Verlust der sozialen Sicherheit, die dem alten System eigen gewesen war. Dieser Verlust, greifbar in der Unsicherheit des Arbeitsplatzes älterer, weniger leistungsfähiger Bergleute, ist von den Gewerken als nützlich und notwendig bezeichnet worden[164].

Die Unruhen und Bewegungen der Jahre 1858 bis 1860 haben gezeigt, daß das Beschwerde- und Petitionsrecht — die Petition ist von der Beschwerde wegen des mit dieser verbundenen Anspruchs auf Bescheid unterschieden[165] — von den Bergleuten als

---

160 *W. T. Mulvany*/Amtmann *v. Forell*, Herne, 27. 5. 61, gedruckt bei *H. O. Sieburg*, Herne, 1954, S. 112 f. u. Anm. 12: „Für die Ruhe der Gemeinde erlaube ich mir deshalb die Ehre vorzuschlagen, daß es rathsam sein möchte die Polizei des Districts von dieser Sache in Kenntnis zu setzen, um über … friedlich gesinnte Arbeiter am Wege zu und von ihrer Arbeit … zu wachen".

161 Vgl. *Geueke*, Bergarbeiterstreiks, S. 12, wonach die Aktion mit Entlassungen und Freiheitsstrafen endete.

162 Da die Arbeiterverhältnisse nach dem Gesetz von 1860 nicht mehr zur Kompetenz der Bergbehörde gehörten, sind keine archivalischen Materialien überliefert. Über Streiks vgl. das Gutachten RA zum Koalitionsrecht (in: RA I 558 Bl. 8—33 Entw.), wo nur von dem Ausstand auf Ver. Hamburg 1857 berichtet wird; sonstige Streiks seien „nicht vorgekommen". Die Landratsberichte seit 1859 (OPM 824—826) vermitteln ein damit übereinstimmendes Bild.

163 In: OBA 363 (Abschr.); Auszug bei *Adelmann*, Quellensammlung Bd. I, Nr. 93. Vgl. *Kirchhoff*, Sozialpolitik, S. 12 f.

164 Vgl. Berggeist 4 (1859): In der Generalversammlung des Bergbauvereins am 25. 6. 59 wurde bedauert, „daß gerade die leistungsfähigsten Bergleute zu Gunsten älterer, aber weniger brauchbarer Knappschafts-Mitglieder abgelegt werden" mußten; diese „Privilegien der bevorzugten Arbeiterclassen" widersprächen jeder „freiere[n] Gestaltung des Arbeiterwesens".

165 Vgl. *Spahn*, Petitionsrecht. In: Staatslexikon der Görres-Gesellschaft Bd. IV, 3. Auflage Freiburg i. B. 1911, Spp. 110—123, 117; zum Folgenden ferner *K. Friedrichs*, Beschwerde. In: *Stier-Somlo*/*Elster*, Handwörterbuch der Rechtswissenschaft, 1926, S. 675—677.

Weg der Konfliktregelung wie selbstverständlich wahrgenommen worden ist. Das ältere Beschwerderecht gegen Bedrückung und Rechtsverlust trat hierbei gegenüber dem Petitionsrecht, das erst mit der Gründung des Deutschen Bundes und der Annahme von Verfassungen der Einzelstaaten auch in Deutschland heimisch geworden war, auch deshalb in den Vordergrund, weil es das typische Regulativ der obrigkeitlichen Bergbauführung seit alters her gebildet hatte.

Durch den Erlaß des Freizügigkeitsgesetzes erhielt das bergmännische Beschwerderecht einen neuen Charakter. Unter der staatlichen Bergbauverwaltung war gleichsam „das Beschwerdewesen in die Arbeitsordnung eingebaut"[166] gewesen, und die Knappschaft bot sich als Ort und Instrument der Konfliktaustragung an und wurde vom Staat unter Unterdrückung anderer Koalitionen auch so verstanden. Nachdem die Knappschaft auf ihre Versicherungsfunktion reduziert und die Arbeitsverfassung Gegenstand privatrechtlicher Vereinbarung geworden war, konnte die Bergbehörde in Fragen des Arbeitsverhältnisses etwa für Beschwerden gegen Einschränkungen und vertragsrechtliche Verstöße seitens der Gewerken nicht mehr der richtige Adressat sein. Von den Zechenleitungen anfangs eingeleitete Bestrebungen, das Beschwerderecht zu übernehmen und etwa in die Arbeitsordnungen einzubetten, mußten erfolglos bleiben, weil man sich zum Richter in eigener Sache aufgeschwungen hätte[167].

Absender von Beschwerden über arbeitsvertragliche Verstöße mußten fortan, ausschließlich nach Inkrafttreten des Allgemeinen Berggesetzes, an die ordentlichen Gerichte zur Durchsetzung ihrer Rechtsansprüche verwiesen werden — ein für Arbeiter selbst unter günstigen Umständen kaum gangbarer Weg. In Angelegenheiten des Bergpolizeiwesens und hier vor allem insoweit, als „Leben und Gesundheit" der Arbeiter zu wahren waren, schließlich in Knappschaftsangelegenheiten und in Beschwerdesachen gegen Revierbeamte blieb das Bergamt, seit dem Herbst 1861 das Oberbergamt Rekursinstanz gegen Verfügungen der Revierbeamten bzw. Knappschaftsvorstände[168]. Die Beschwerde als „Rechtsmittel gegen solche Behördenakte, welche keine Urteile sind"[169], war an den verwaltungsrechtlich festgestellten Instanzenweg und jeweilige Fristbestimmungen gebunden. Der Rekurs wurde bei der Instanz eingelegt, die den widersprochenen Bescheid erlassen hatte[170]; im Falle einer letztinstanzlichen Abweisung durch den Ressortminister stand dem Beschwerdeführer das Recht der Petition an die Volksvertretung oder an das Staatsoberhaupt zu. Insoweit in Preußen die Volksvertretungen das Recht hatten, begründet befundene Petitionen dem Staatsministerium zur Berücksichtigung zu überweisen, und da die preußische Verfassung eine Anwortpflicht der Minister auf solcherart behandelte Eingaben kannte, stand den Kammern die Stellung eines „öffentlich-rechtlichen Rügegerichts"[171] gegenüber Behördenhandlungen zu. Petitionen konnten auch

---

166 *G. K. Schmelzeisen*, Die Arbeitsordnungen in den jüngeren Berggesetzen, 1955, S. 118.
167 Vgl. die Musterarbeitsordnung des Bergbauvereins von 1860, gedruckt: ZBR 1 (1860) S. 451—453, § 15: „Zur Anbringung von mündlichen Gesuchen und Beschwerden, welcher Art diese auch sein mögen, haben höchstens 3 Mann gleichzeitig in ruhiger Weise den Repräsentanten oder Betriebsführer anzugehen. Im Übertretungsfalle können die betreffenden Arbeiter sofort entlassen werden." Diese Bestimmung ging in die meisten frühen Arbeitsordnungen ein; vgl. oben S. 273 ff.
168 In manchen Fällen war auch hierbei der ordentliche Rechtsweg zulässig; vgl. *Müller-Erzbach*, Bergrecht Preußens, 1917, S. 477, 527 f. Als einen Fall einer aus Kompetenzgründen abgewiesenen Beschwerde vgl. die Antwort des OBA auf die Eingabe von 16 Bergleuten der Zeche Neu-Iserlohn v. 15. 7. 66, vgl. Anhang S. 619 f.
169 *Friedrichs*, Beschwerde, S. 675.
170 Vgl. *Müller-Erzbach*, Bergrechts Preußens, S. 506 f.
171 *Spahn*, Petitionsrecht, Sp. 117.

von juristischen Personen und mußten — im Gegensatz zu Beschwerden — nicht von dem jeweils Verletzten eingereicht werden; bei einer Gruppe von Petenten hatte gewöhnlich jeder einzelne das Schriftstück zu vollziehen. Die Petitionskommissionen der Kammern hatten die Eingaben zurückzuweisen, sofern nicht der Instanzenzug eingehalten war; Petitionen, die in der jeweiligen Sitzungsperiode nicht zur Beschlußfassung gediehen, galten als erledigt und mußten in der nächsten Sitzungsperiode erneut eingebracht werden — eine Art Notbremse gegen Überlastung, zugleich aber auch ein bedenklicher Verzögerungsspielraum.

Gerade im Vormärz sind Petitionen an die Provinziallandtage, aber auch Immediateingaben ein derart verbreitetes Mittel der Willensäußerung und Beschwerdeführung gewesen, daß sich die provinzialständischen Kammern so sehr wie der Landesherr durch besondere Maßnahmen der Eingaben erwehren mußten[172]. Während das Petitionsrecht allen Staatsbürgern bzw. Untertanen zustand und auch von nichtbergmännischen, aber nicht nur handwerklichen Schichten[173] in einem offenbar größeren Umfang, als bisher bekannt, ausgeschöpft worden ist, begründete sich die besondere Vertrautheit der Bergarbeiterschaft mit dem Beschwerdeweg doch aus der ganz anderen Tradition des Bergbaurechts, das seit alters her das Arbeitsverhältnis zum Gegenstand behördlicher Rechtsakte gemacht, diese wiederum dem Beschwerdeweg unterworfen hatte. Die Verschärfung der Beamtenherrschaft im vormärzlichen Ruhrbergbau hat dieser Konflikthandhabung eine Realität und Autorität unterlegt, deren Rechtlichkeit und Verbindlichkeit nach der Jahrhundertmitte nur schwer zu erschüttern war.

Daß sich das Eingabenwesen auch, nachdem die Behörden an arbeitsrechtlicher Kompetenz 1860 verloren hatten, weiterhin reger Aufmerksamkeit erfreute — gerade auch in seiner letztinstanzlichen Form, der Immediateingabe —, kann, z. T. vorgreifend, auf drei Gründe zurückgeführt werden:

1. Die behördliche Beschwerdekompetenz war, wenn auch stark reduziert, weiterhin gegenwärtig und gewann, da das Knappschaftswesen sich künftig außerordentlich ausdehnte, sogar an Bedeutung. Im Rahmen seiner Aufsichtsführung über Belange und Geschäftsführung der Knappschaft und des Knappschaftsvorstands ist das Oberbergamt in den folgenden Jahrzehnten als Rekursinstanz immer wieder wirksam geworden und wurde darin 1864 mittels Ministerialverfügung ausdrücklich bestätigt: Die Stellung des Oberbergamts als Aufsichtsbehörde verlange „die gründliche Erledigung eingehender Beschwerden von Knappschafts-Mitgliedern und die möglichste Beseitigung aller sich dabei ergebender Schwierigkeiten und Weitläuftigkeiten", wobei „die Herbeiführung unnützer Weiterungen aber stets zu vermeiden sei"[174].

172 Vgl. *Gustav Croon*, Der Rheinische Provinziallandtag bis zum Jahre 1874. Düsseldorf 1918, S. 71–73. Croon bezeichnet die „Vorliebe für Petitionen" als „vornehmlich rheinische Eigenart". Gegen das übermäßige „Anbringen von unbegründeten und nicht gehörig vorbereiteten Immediatsbeschwerden und Gesuchen" machte OPM 1. 4. 40 (bekräftigt 5. 9. 40, wohl veranlaßt durch den Thronwechsel) aufgrund des Publikandums v. 14. 2. 10 und der Kabinettsordre v. 31. 7. 40 bekannt, welche Bedingungen künftig einzuhalten seien; vgl. Amtsblatt RA 15/11. 4. 40, 38/19. 9. 40.
173 Vgl. etwa *G. Adelmann*, Textilgewerbe, 1974, S. 115 f.
174 OBA 228 Bl. 215 f. HM *v. Itzenplitz*/OBA 17. 9. 64, im Zusammenhang mit einer Beschwerde von 54 Mülheimer Knappschaftsmitgliedern, denen die Invalidengelder gekürzt worden waren. Das OBA wurde hier angewiesen, daß seine Pflichten gegenüber der Knappschaft „in der Überwachung der Verwaltung des Knappschafts-Vereins, der Inhibierung statutenwidriger Verfügungen und der Entscheidung von Beschwerden" bestünden. Der Tadel

2. Mit der behördlichen Arbeitsordnungskompetenz jedenfalls bis zur Rechtsgeltung des Berggesetzes, danach mit der bergpolizeilichen Zuständigkeit, verblieben wenigstens Relikte bergbehördlicher Eingriffsmöglichkeit, so daß in allerdings seltenen Fällen die bergmännische Beschwerde gegen unternehmerische innerbetriebliche Entscheidungen zulässig blieb[175]. In seiner Instruktion der Revierbeamten bemerkte das Essener Bergamt im Blick auf die vorläufig noch erweiterte Beschwerdekompetenz 1860[176]:

> „Die Untersuchung der Beschwerden ist eine summarische und kann über dieselben eine bestimmte Anleitung nicht gegeben werden, es muß vielmehr den Beamten überlassen bleiben, zu beurtheilen, welcher Werth den beigebrachten Beweismitteln beizulegen ist. In den meisten Fällen wird es am schnellsten zum Ziele führen, wenn die Untersuchung ohne vorherige schriftliche Vorladung an Ort und Stelle oder auf der Grube und der Bescheid unmittelbar nach beendigter Untersuchung erfolgt, jedoch kann selbstredend in verwickelten Fällen eine protocollarische Beweisaufnahme anräthlich erscheinen."

Eine Verschlechterung trat hierin notwendig 1865 ein, so daß auf Beschwerden seither eingestanden werden mußte, man sei „nicht befugt, dieselbe [Angelegenheit] auch nur zu untersuchen"[177].

3. Es kann nicht die Rede davon sein, daß mit Rechtskraft des Reformwerks und der damit verbundenen Verschiebung und Neuordnung der Strukturelemente der bergbaulichen Arbeitsverfassung die korrespondierenden Verhaltensmuster der alten Welt verschwunden wären. Relikte der alten Ordnung, zum Beispiel ihre Betonung von Rechtlichkeit, Gerechtigkeit und Subordination, haben in den familiären, betrieblichen und politischen Verhaltensmustern noch über Jahrzehnte hinweg nachgewirkt. In der Generation von Belegschaften seit den 1850er Jahren bis zu dem großen Maistreik 1889 mußten diese zum größeren Teil organisationsfeindlichen Relikte schrittweise überwunden werden. Endlich um 1890, so wird noch zu zeigen sein, bestand an der Nutz- und Sinnlosigkeit des Beschwerdewegs bei der Überzahl der Bergleute kein Zweifel mehr.

Insbesondere der letzte der hier genannten Gründe für die ungebrochene Kontinuität bergmännischer Willensartikulation im Petitions- und Beschwerdeweg während der ersten Jahrzehnte nach der Bergrechtsreform trägt zur Erklärung der Beobachtung bei, daß die Konfliktrealität nach 1865, wie schon 1858/59, keine Reinformen mehr zeigte — weder bloße kollektive Beschwerdeaktionen ohne Drohgebärde, ohne Einsatz von Druck-

---

im o. a. Zitat bezog sich auf die Forderung des OBA an die Beschwerdeführer, jeder einzelne (des gleichgearteten Falls) habe eine besondere Beschwerde einzureichen. Der Bescheid bedeutete eine scharfe Rüge der oberbergamtlichen Bescheidpraxis in Knappschaftsangelegenheiten und relativiere die Meinung, *Itzenplitz* habe für sozialpolitische Fragen „nicht das geringste Interesse und Verständnis" gehabt; vgl. *A. v. Bergengrün*, A. v. d. Heydt, 1908, S. 213.

175 Die volle Beschwerdekompetenz blieb auf den Staatswerken erhalten; vgl. o. Anm. 149 sowie OBA 1391, TLBA 222, hier Bl. 64 f., 105 f., mit z. T. anonymen Eingaben wegen Bevorzugung Zugezogener, Lohnzahlung, unterbliebener Beförderung zum Hauer u. a. m. Auf den staatlichen Salinen kamen 1862/1863 die Sieder, Schmiede und anderen Knappschaftsmitglieder um Lohnerhöhungen ein.

176 MBAB 4 Bl. 15 f., 29. 6. 60 (Abschr.). Vgl. bereits *A. Huyssen*, Preuß. Bergwesen, 1864, S. 65: „Unsere Bergleute haben jetzt ihren Brotherren gegenüber dieselbe Stellung wie andere Arbeiter, nur daß die leichte Anbringung von Beschwerden ... noch als ein Vorzug gelten kann".

177 OBA 232 Bescheid des OBA v. 2. 2. 74 (Abschr.).

mitteln, noch organisierte Ausstandsaktionen mit eindeutigen Zielhandlungen. Zuerst erwies sich die Eingabe noch als durchaus flexible Form, konnte sie doch von Einzelnen, von Gruppen, Belegschaften, von ganzen Revieren verfaßt und vertreten werden; als Zeugnis ungehemmten Mißmuts und sonst nicht feststellbarer Unterströmungen ist sie gerade auch in anonymer Verfasserschaft wertvoll[178]. Die Anonymität selbst ist zugleich Indiz für die Verschärfung der Interessengegensätze, ist das Eingeständnis der Ohnmacht gegenüber erlittenen Zwängen und Ausdruck einer nur geringen Hoffnung auf Besserung. Der manchmal sicher bestätigte, gelegentlich wahrscheinliche Umstand, daß sich die Bergleute zur Abfassung ihrer Beschwerdeschriften der Hilfe und des Rats anderer bedienten — zu denken ist an örtliche Lehrer, Pfarrer und andere Personen allgemeinen Vertrauens, aber auch an solche, die aus eigenen Erfahrungen das bergmännische Los zu beklagen Veranlassung hatten und ihre Hand und Feder zur Hilfe boten —, kann den Wert der Eingaben als Zeugnisse zeitgenössischen proletarischen Denkens und Verhaltens kaum verringern. Daß sich die Bergleute der Rechts- und Formulierungshilfe Dritter bedient haben, wird die Forderungen und Urteile inhaltlich nicht notwendig verfälschen. Auch sind Wunsch- und Verhaltensmuster gelegentlich bis ins einzelne über Räume und Schreiber hinweg identisch gewesen[179]. So wiederholte sich eingangs jeder Beschwerde der obrigkeitliche Gehorsamstopos, dessen Artikulation noch nicht zur bloße Servilität oder formale Tradition gehalten werden darf; hinter ihm verbirgt sich wenigstens einseitig noch ein hohes Maß ursprünglichen Vertrauens in die Kraft, Unabhängigkeit und Gerechtigkeit des behördlichen Richtspruchs. Hierfür spricht auch die klare Kenntnis des Instanzenzugs obrigkeitlicher Machtvollkommenheit, die über dem Ministerium auf Erden in der Person des Monarchen endete — wo diese nicht mehr urteilt, wo ihr Urteil schwere, uneinsehbare Rechtseinbußen, Rechts- und Gewissenskonflikte heraufbeschwört, bleibt nur Selbsthilfe, bei Fehlen anderer Handlungsalternativen durch Gewalt[180]. Wenn auch der Vorstellung vom König als Regalinhaber und obersten Bergherrn, von dem sich alles Recht der Berggemeinde gegen Dienst- und Gehorsamspflicht ableitet, 1865 das Rückgrat gebrochen worden ist, so haben die Formen und Symbole der alten Welt in die Haltungen und Verfahrensweisen in künftigen Interessenkonflikten hineingewirkt und sie in manchen anderen, weniger der lehrenden Kraft großer Auseinandersetzungen preisgegebenen Bereichen lange überdauert. In den

---

178 Die Behörden schenkten anonymen Eingaben nur dann Aufmerksamkeit, wenn darin enthaltene Behauptungen, falls sie sich bewahrheiteten, erhebliche Gefahren, Schädigungen und Verluste zur Folge hätten.

179 Vgl. z. B. im Anhang S. 613 f. Mit Sicherheit sind die Essener Eingaben vom Dezember 1859 fremder Hilfe zu verdanken, vgl. auch oben S. 425 f. Die Annahme fremder Verfasserschaft liegt nahe bei den großen Eingaben von *Rohsiepe* und *Kahleis*, 1858, sowie auch bei den Gesuchen der Dortmunder Bergleute vom Sept./Okt. 1860. Der Schlußsatz der 2. Dortmunder Eingabe läßt die Bemühungen auch um formale Ebenbürtigkeit erkennen (Anhang S. 617). *Wirtz*, Knappschaftswesen, S. 98 f., identifiziert, übertreibend, einen „Privatschreiber aus Werden", von dem „fast sämtliche Gesuche und Vorstellungen" stammen sollen.

180 Vgl. die Beschwerde der Bergleute von Schacht Gustav 1867, im Anhang S. 620. Drohende Formulierungen bilden gelegentlich den Schluß von Eingaben; so drohte der Bergmann *A. Stark* in einer Beschwerde gegen den Knappschaftsvorstand Essen (OBA 1644, 1. 8. 68) mit Agitation. — Die einfache und zugleich unverrückbar feste, über Generationen weitergegebene Autoritätsorientierung gerade in unteren Schichten zeigt etwa ein vergleichsweise nebensächliches Zeugnis wie das Immediatgesuch des Frl. *Elise Theiler* aus Haarzopf 21. 4. 93 (OBA 244), für deren uneheliches Kind der Erzeuger, ein Bergmann, nicht einstand: „Nun möchte ich Sie bitten daß sie mir ein Schreiben ausstellten mit der Aufschrift im Namen des Kaisers das ich mir das Geld auf der Zeche holen kann sonst bezahlt er doch nicht."

Ausständen und sonstigen Protestaktionen der Ruhrbergleute haben die Mischformen einstweilen noch überwogen.

Nach den großen Beschwerdeaktionen der Jahre 1858—1860 hat das Knappschaftswesen stets im Mittelpunkt des Eingabenwesens gestanden. Gegen die Ordnung und Führung der Knappschaft wird sich auch mancher innerbetrieblich aufgestaute Druck entladen haben. Nach der Initiative der Knappschaftsältesten von 1862, die als das letzte Zeugnis grundsätzlicher Kritik an den Grundzügen der neuen Ordnung zu gelten hat, standen in den 1860er Jahren Widersprüche der Bergleute gegen versicherungsrechtliche Entscheidungen der Knappschaftsvorstände durchaus im Vordergrund, doch hat es auch weiterhin immer wieder Eingaben von Gruppen von Bergleuten oder Knappschaftsältesten zur Durchsetzung allgemeiner Forderungen im Interesse der Bergleute gegeben.

Im Dezember 1862 ersuchten etwa 35 Wahlmänner der Mülheimer Knappschaft[181] — sie hatten, in Urwahlen nominiert, eine Liste von jeweils drei Knappschaftsältesten pro Sprengel zu erstellen, aus denen der Knappschaftsvorstand das Auswahlrecht besaß — das Oberbergamt, die Zahl der Ältesten in ihrem Vereinssprengel um einen erhöhen zu lassen; wirklich war bei 1652 gezählten Mülheimer Bergleuten die Anzahl der Ältesten (3) bei einem Richtwert von 1 : 400 zu gering. Man bestritt dem Vorstand schon deshalb kurzerhand das Recht, die Zahl der Ältesten zu bestimmen, weil er nicht über jene zu entscheiden habe, von denen er selbst gewählt werde. Nach wiederholter Eingabe der Wahlmänner und zur Berichterstattung aufgefordert, bequemte sich der Mülheimer Vorstand zu der Mitteilung, man habe die Einstellung eines weiteren Ältesten abgelehnt; vielmehr sei, was nach den Statuten nicht möglich war, ein sog. Oberältester namens *Oberheiden* eingestellt worden, weshalb die Ältesten, nun entlastet, wohl in der Lage sein dürften, einen Bereich von etwa 600 Knappschaftsmitgliedern zu übersehen. Die Wahlmänner, die sich, um diese Sache voranzutreiben, häufig als Gruppe getroffen haben müssen, hatten hier eine eigenwillige Entscheidung des Knappschaftsvorstandes aufgedeckt, aus der der Versuch zur Gängelung der Knappschaftsältesten spricht. Während der Knappschaftsvorstand in dieser Angelegenheit, in der sich auch einzelne Bergleute gegen den ungeliebten *Oberheiden* verwandten[182], anscheinend bestätigt worden ist, blieb der Groll der Mülheimer Bergleute über Jahre hinweg offenkundig[183], wie noch eine bis zur Ministerialbehörde getriebene Eingabenaktion von Bergleuten um den Mülheimer Berginvaliden *Johann Ehring* im Spätsommer 1866 zeigt. Die hier „unberufenermaßen" — so der Knappschaftsvorstand[184] — aufgestellten Forderungen zielten erneut auf Vermehrung der Ältesten, und auch die Geschäfte des umstrittenen, aber doch „sehr thätigen Oberältesten Oberheiden"[185] spielten wieder eine Rolle. Überhaupt hat sich die Mülheimer Knappschaft in diesen Jahren um die Erhaltung der Kasse vor allem durch Kürzung ihrer Leistungen bemüht, was von den Hauptbetroffenen naturgemäß argwöh-

---

181 Die wichtigsten Quellen zum Folgenden s. in OBA 227—233 u. 1648; hier zunächst OBA 1648, Eingaben der Wahlmänner v. 13. 12. 62, 20. 4. 63; Bericht des Knappschaftsvorstands/ OBA 2. 6. 63 u. d. Reviergeschworenen 26. 6. 63, Bescheid an Beschwerdeführer 1. 7. 63 (Entw.).

182 Vgl. Beschwerde v. *J. Bruckmann* 11. 9. 63, Anhang S. 618 f. — Die Einstellung sog. „Oberältester" war noch Jahrzehnte später ein Mittel, das „den Einfluß der gewählten Sozialisten paralysiren" sollte: Socialpolit. Centralblatt 2 (1892/93) S. '107.

183 OBA 1643 Bl. 157 wird in einem Schreiben an Bergrat *Bölling* ein Gesuch Mülheimer Bergleute um Statutenänderung erwähnt; 16. 11. 63.

184 Stellungnahme v. 27. 10. 66, OBA 229 Bl. 78 f.

185 Ebd.

nisch beobachtet wurde. In ihrem Mittelpunkt hat neben *J. Ehring* der bereits 1858 mit *F. Kahleis* als Beschwerdeführer genannte, in den 1860er Jahren zum Knappschaftsältesten gewählte und nach 1870 anscheinend den Sozialdemokraten zuneigende Bergmann *Johann Bleckmann* aus Heißen gestanden[186].

Ehring hatte sich bereits im Sommer 1864 an der Spitze von 54 invaliden Mülheimer Knappschaftsgenossen und Witwen mit einigem Erfolg gegen die Kürzung von Invalidengeldern gewandt[187]. Den Beschwerdeführern gegenüber hatte sich der Knappschaftsvorstand angesichts der Konjunkturlage erinnert, daß noch ungeklärte Dienstaltersfragen bei solchen Bergleuten bestehen mochten, die schon vor 1842, dem Zeitpunkt der Gründung der Mülheimer Knappschaft, in Arbeit getreten waren. Die Sache zog sich über einige Jahre hin und trug ebenfalls dazu bei, den Unmut der Mülheimer Bergleute über ihre recht kleine Knappschaft, die von den Mitgliedern selbst noch als überschaubare, verbindende Einheit empfunden werden konnte, zu nähren. Aber auch in den anderen Knappschaften des Reviers bewahrten die Bergleute argwöhnische Aufmerksamkeit gegenüber den Vorständen[188].

Das Beispiel der Mülheimer Bergleute zeigt freilich, wie die Knappschaft sowohl als organisatorischer Rahmen wie als Zielpunkt bergmännischer Kritik über die Bergrechtsreform hinweg institutionelle Möglichkeiten teilformeller Interessenartikulation geboten hat, die sich letztlich der Endstufe gewerkschaftlicher Organisierung förderlich erweisen mußten. Zugleich zeugt der Umstand, daß die Bergleute bei Benachteiligungen, Rechtsund Statusverlusten stets ohne Verzug in Gruppen gleichartig Betroffener zusammenfanden, von der fortlebenden Kraft des Standes- als Gemeinschaftsbewußtseins, das weiterhin den kommunikativen Rahmen abgab, ohne erst noch etwa familiäre, konfessionelle, kommunale Barrieren oder Unterschiede der Herkunft unter den Bergleuten überwinden zu müssen. Die wesentlichsten Beschwerdeanlässe[189] der Bergleute in Knappschaftsfragen betrafen Pensionsangelegenheiten, Sperrung der Kranken- und Unterstützungsbezüge bei Nebenerwerb, Löschung aus der Knappschaftsrolle oder vorenthaltene Wiederaufnahme, z. B. nach verbüßter Gefängnisstrafe. Die Bergleute baten um Feststellung ihrer Invalidität, um Auszahlung an sich zugebilligter Gelder, um neue Dienstaltersberechnungen aufgrund vorgelegter eidlicher Aussagen über die Dauer der verrichteten Bergarbeit, besonders häufig in Krisenzeiten auch um außerordentliche Unterstützungen. Ebenso gingen Beschwerden wegen vorenthaltenen Schulgeldes, um Arztwechsel, um Beerdigungsgelder oder um Gewährung eines monatlichen „Gnadengehaltes" nach langjähriger Tätigkeit ein. Auch des Schreibens Unkundige wußten sich durch Bevollmächtigung oder mündliche Beschwerde zu Protokoll zu helfen[190]. Mit der Rechtssuche verband sich stets das größere Vertrauen in die dem Knappschaftsvorstand vorgeordnete Instanz; die Beratung und Behandlung durch Mitglieder des Knapp-

---

186 Vgl. die Vermutungen ebd. sowie unten S. 543—45.
187 Vgl. OBA 228 Bl. 215 f. HM/OBA 17. 9. 64; s. zu diesem Erlaß auch oben Anm. 174; vgl. ferner ebd. Bl. 1—7 mit einer Liste der Knappschaftsältesten über die Betroffenen und ihre Bevollmächtigten. Auf eine weitere Eingabe ist *Ehring* schließlich mehr als 2 Jahre später beschieden worden, daß sich das Ministerium in Fragen der Statuteninterpretation nicht einmische und die Beschwerdeführer sich der ordentlichen Gerichte zu bedienen hätten, s. OBA 229 Bl. 94 f.
188 Z. B. BAEW 123 Bl. 206—209, Wahlbeschwerde von 5 Bergleuten aus Rellinghausen 31.12. 62; s. auch unten S. 543 ff.
189 Im folgenden nach den Anm. 181 genannten Quellen; vgl. die Beispiele im Anhang S. 608 ff.
190 Z. B. OBA 1651 Beschwerde v. *H. Schmitz* v. Zeche Sellerbeck 20. 5. 67 wegen Invalidengeldern; hierzu auch OBA 227.

schaftsvorstandes, des Verwaltungspersonals, vor allem auch durch die Knappschaftsärzte, haben seit den Anfängen der selbstverwalteten Knappschaft Anstoß und Widerwillen erregt. Auch das Geschäftsgebaren des Vorstands und seine Kassenführung wurden auch in den Knappschaften Essen und Bochum aufmerksam verfolgt[191]. Beschwerden gegen königliche Beamte galten dagegen deren vermeintlich vernachlässigter bergpolizeilicher Aufsichtspflicht oder richteten sich gegen die Praxis der Erteilung von Abkehrscheinen[192].

Voreingenommenheit der Beschwerdeinstanzen, wohl mit Ausnahme der Knappschaftsvorstände, ist in Knappschafts- und in sonstigen Angelegenheiten kaum feststellbar; sie hat allenfalls in mancher Nachlässigkeit bei der Beschwerdeprüfung oder in im einzelnen schwer überprüfbarer Verschleierung der Tatbestände durch die zur Berichterstattung aufgeforderten Stellen bestanden. Vor allem im Jahrzehnt der Bergrechtsreform hat die allseits verbreitete Unkenntnis über Kompetenzen und Rechtsgründe sich wohl auch zuungunsten beschwerdeführender Bergleute ausgewirkt. So war der Bergmann *B. Plogmacher*, der sich im August 1867 wegen vorenthaltener Lohngelder — der 19jährige war nach 17stündiger Arbeitszeit bei Bedienung einer Maschine eingeschlafen und entlassen worden[193] — an das Oberbergamt gewandt hatte, vom Reviergeschworenen und anderen widersprüchlich beraten worden; ähnlich wird es vielen ratsuchenden Beschwerdeführern vor allem in Lohn- und Arbeitszeitangelegenheiten gegangen sein[194]. Der Heisinger Bergmann *Peter Agatz*, der sich 1867 mehrfach um Invalidisierung bemühte, erinnerte sich denn auch „zu meinem Troste", wie ihm und seinen Kameraden sein Reviergeschworener anläßlich der Eidesleistung eröffnete, „daß der guten Aussichten für Euch weniger sind", und wie zugleich versichert wurde, „daß in mancher besternten Brust noch ein warmes Herz für den Bergmann schlägt. Also begebe ich mich ganz vertrauensvoll unter den Schutz des preußischen Adlers..."[195].

2. Streikbewegungen und Organisationsansätze 1867—1869

a) Zur Frühgeschichte der Sozialdemokratie im Ruhrgebiet

So wenig wie während der Revolutionsmonate 1848/49, ist es im Ruhrgebiet während der 1850er Jahre zu Organisationsversuchen von Arbeitern gekommen, die der eigenständigen Interessenartikulation und politischen Vertretung gegolten hätten. Die Frühgeschichte der Sozialdemokratie in Rheinland-Westfalen, deren Kontinuität seit der

---

191 Vgl. OBA 228 Bl. 81, 211; OBA 229 Bl. 72, 78 f. Typisch für den Ausdruck des Vertrauens sind Sätze wie: „Voll Vertrauen auf die Gerechtigkeit, Menschenfreundlichkeit und Güte" der übergeordneten Behörde; vgl. OBA 228 Bl. 370; kennzeichnend auch das dringende „Gesuch des Berginvaliden Arnold Müller um schläunigsten Rechtsschutz gegen ihm vorenthaltene und voraussichtlich noch ferner verweigert werdende Zahlung von Invalidengeldern" (OBA 228 Bl. 241 u. ebd. 257), da hier das Motiv des Rechtsschutzes gegen die Knappschaft deutlich hervortritt.
192 Vgl. OBA 228 Bl. 247, Bescheid des Revierbeamten *Menzel*/Bergmann *Fr. Mönneker* 23. 2. 65 (Abschr.); ferner ebd. Bl. 138, anonyme Beschwerde von Zeche Carolinenglück, Juni 1864.
193 Vgl. OBA 229 Bl. 264 f., *Plogmacher*/OBA 6. 8. 67.
194 Z. B. OBA 229 Bl. 21, 33 f.; OBA 232 Beschwerde *H. Muth*.
195 OBA 229 Bl. 190—201, wiederholte Beschwerde v. 29. 4. 67 (Zitat); Bl. 292 „Abermalige Vorstellung" v. 27. 8. 67.

Revolution gerade im Blick auf das alte bergisch-märkische Industriegebiet und auf den Köln-Düsseldorfer Raum nicht in Frage gestellt werden kann[196], hatte im Ruhrgebiet, soweit es hier als Bergbaugebiet begriffen ist, noch nicht begonnen[197]. Hier gab es im nachrevolutionären Jahrzehnt noch keine länger ansässige handwerkliche Arbeiterschaft und vor allem keine revolutionäre Tradition — die Bergleute selbst entzogen sich noch, wie zum Ende der 1850er Jahre imponierend deutlich geworden ist, den ideologisch-programmatischen Anregungen, wie sie etwa von der Arbeiterverbrüderung oder dem Bund der Kommunisten in der Revolution ausgegangen waren.

In vielem ähneln die Jahre der Unterdrückung und der innenpolitischen Friedhofsruhe nach der Revolution jenen nach den Kaiserattentaten von 1878. Eine Flut von Nachforschungen, Spitzeleien, Ermahnungen, Verordnungen und Erlassen ergoß sich über die nachgeordneten Behörden[198]. Nachdem man zunächst im eigenen Hause Ordnung geschaffen, nämlich den Keim des Umsturzes unter Androhung der Dienstentlassung von der Beamtenschaft abgewendet hatte[199] und in der Öffentlichkeit durch eine Reihe großer Prozesse gegen führende Demokraten und Aufstandsbeteiligte bis zum Kölner Kommunistenprozeß von 1852, durch ein reaktionäres Vereinsgesetz und eine passende Presseverordnung[200] Signale gesetzt hatte, begannen dunkle Jahre der heimlichen Überwachung, Bespitzelung, der genauen periodischen Berichterstattung über alle „in das Gebiet der politischen Polizei einschlagenden Wahrnehmungen"[201]. Als Anfang 1851 wieder einmal Gerüchte über unmittelbar bevorstehende, detailliert geplante Umsturzabsichten die Runde machten, wollte man in Arnsberg wegen der dichten Arbeiterbevölkerung „dringend wünschen, evtl. wenigstens über die geringe Militairmacht, welche leider nur im hiesigen Departement garnisonirt, schnell verfügen und sie angemessen verwenden zu können"[202]. Vor allem im Kreis Hagen wurde noch 1851 ein Herd demokratischer Parteigänger unter geheimer Leitung aus Köln vermutet; den noch bestehenden Vereinen, Sterbe- und Unterstützungskassen mochte man jedoch, wo nicht konservative, so doch

---

196 Vgl. *Shlomo Na'aman*, Demokratische und soziale Impulse in der Frühgeschichte der deutschen Arbeiterbewegung der Jahre 1862/1863. Wiesbaden 1969, S. 20—23 u. ö.; *J. Schindlmayr-Reyle*, Die Arbeiterbewegung in der Rheinprovinz 1850—1862, Diss. 1969, S. 214—218; *H. Rosenthal*, Die Anfänge der Arbeiterbewegung in Solingen 1848—1868, 1953. Für die Zeit bis zum Kommunistenprozeß s. bes. *D. A. Dowe*, Aktion und Organisation, 1970.

197 Die wichtigsten amtlichen Vorgänge über vereinsrechtliche Überwachungen nach Erlaß des Vereinsgesetzes 1850 finden sich in OPM 3906; vgl. f. RA schon 15. 8. 50 RA/IM (Abschr.): Man zeigt an, „daß nach den nunmehr eingegangenen Berichten der Landräte nirgends weder Vereine sozialistisch-politischer Tendenz, noch überhaupt organisirte Verbindungen zu ermitteln sind, welche sei's unerlaubte Zwecke, sei's zwar erlaubte Zwecke, doch mit Nichtachtung der gesetzlich vorgeschriebenen Bedingungen und Einschränkungen verfolgen". Für die Situation im Ruhrgebiet kennzeichnend ist die Reaktion RPA/OPM 22. 2. 54 (OPM 1222) auf IM-Verfügung v. 11. 2. 54, wo wieder einmal periodische Berichterstattung über gefährliche Wahrnehmungen verlangt worden war. Der Erlaß setze ihn, so RPA, „in einige Verlegenheit", da „bei der Nicht-Existenz größerer, das politische Leben concentrirender Städte, bei dem sehr geringen literarischen Verkehr ... und dem politisch ruhigen, nur auf Erwerb und Beruf gerichteten Sinn der Einwohner hiesiger Bezirks, äußerst wenig Stoff zu solchen politisch-polizeilichen Wochen- oder Monatsberichten sich darbiethen wird". Vgl. hierzu den unten Anm. 202 im Text zitierten Brief!

198 Vgl. bes. OPM 1222, OPM 2691—2692.

199 Vgl. Amtsblatt RA 24/15. 6. 50, Erlaß v. 9. 6. 50 bes. gegen Lehrer u. andere Beamte, die der Regierung „hemmungslos entgegen zu treten bemüht sind ...".

200 Vgl. bes. *F. Meisenburg*, Die „Essener Volks-Halle", 1953, S. 78—80, 90 f.

201 OPM 1222 RA/alle LR 24. 3. 54 (Abschr.).

202 OPM 2691 Bl. 89 f. RPA/OPM 27. 4. 51.

sonst nur ganz harmlose Bedeutung beimessen[203]. So sind die wenigen Spuren der Revolution im Ruhrgebiet eilends weggekehrt worden.

In der näheren und weiteren Umgebung lebte die demokratische Tradition der Revolutionsjahre indessen unterdrückt, aber ungebrochen weiter. Anfang der 1860er Jahre, als die innen- und verfassungspolitische Lage ganz allgemein größere Bewegungsfreiheit zu versprechen schien, ist die demokratisch-soziale Bewegung deutlich an solchen Orten auf fruchtbaren Boden gefallen, die bereits in den Revolutionsmonaten eine führende Position eingenommen hatten. Dies gilt etwa für Duisburg, noch am Rande des Bergbaugebiets gelegen, wo sich während der Revolution die Zigarrenarbeiter-Assoziation als neben den Buchdruckern früheste deutsche Gewerkschaft fest angesiedelt hatte und in *Adolph Arronge* über eine starke Führerpersönlichkeit verfügte[204]; dies gilt auch für Iserlohn, das im Mai 1849 den Zeughaussturm erlebt hatte[205]. In Westfalen wirkten daneben noch in Bielefeld demokratische Traditionen fort, obwohl sich der Bielefelder Demokratenführer *Rudolf Rempel* später dem Fortschritt zuwandte, die Arbeiter in einem liberalen Bildungsverein versammelte und schließlich *Lassalle* bekämpfte[206]. Demgegenüber hat der Hammer Arbeiterverein, der sich nach Inkrafttreten des Vereinsgesetzes 1850 zunächst als Arbeitergesangverein tarnte und sich weiterer Kontakte zur Arbeiterverbrüderung enthielt, anscheinend keine Spuren hinterlassen, während die Demokraten des Rhedaer Kreises zum Teil, wie manche andere Gesinnungsgenossen, den Weg in gemäßigtere politische Fahrwasser fanden und es bis zu geachteten bürgerlichen Positionen brachten[207]. Es scheint, als ob in Westfalen einzig *Carl Wilhelm Tölcke*, der während der Revolution in Altena einen allerdings von vielen Arbeitern geteilten konstitutionellen Verein geleitet hatte und selbst „im Gegensatz zu vielen anderen Demokraten in Westfalen für eine konstitutionelle Monarchie"[208] unter großdeutschen Vorzeichen eingetreten war, in sich die Traditionen der 1848er Erhebung vereinigt, weiterentwickelt und aufrecht vertreten hätte.

Anders die rheinischen Demokraten. Männer wie *Karl Klings, Gustav Lewy, Hugo Hillmann* und andere, die teils der Arbeiterverbrüderung, teils dem Bund der Kommunisten nahegestanden hatten, fanden sich nun wieder an der Spitze der neuen Organisa-

203 Vgl. ebd. Bl. 91—93 RPA/OPM 21. 4. 51. Die Vereinsüberwachung bahnte hier Wege, die auch in den 1870er Jahren beschritten wurden: Recherchen über bestimmte Vereinsgattungen (Turnvereine, auch bereits konfessionelle katholische Vereine), Verbots- und Verdachtslisten, sog. Vereinspolizei.

204 Vgl. Aufbruch 1864—1890. Geschichte der Sozialdemokratischen Partei Duisburgs Bd. 1, [1964], S. 14—27 (vgl. zur Verfasserschaft dieser informativen, leider vorläufig nur bis 1870/1871 reichenden und auf Anmerkungen verzichtenden Studie die Rezension in Duisburger Forschungen 8, 1965, S. 271—275).

205 Vgl. *A. Herzig*, Die Entwicklung der Sozialdemokratie in Westfalen bis 1894, 1971, S. 117—120.

206 Zu *Rempel* (1815—1868) s. *W. Schulte*, Volk und Staat, 1954, S. 126 f. Anm., u. *Herzig*, Sozialdemokratie in Westfalen, S. 125 f.

207 Beispiele bei *Herzig*, a. a. O. S. 126 f., zum Hammer Arbeiterverein ebd. S. 125 f.

208 *Herzig*, a.a.O. S. 111. Gegen *Schulte*, Volk und Staat, S. 311, kann *Herzig* im Anschluß an *Koszyk* die konstitutionellen Ansichten *Tölckes* in der Revolution nachweisen. Zu *Tölcke* s. *K. Koszyk*, Der märkische Arbeiterführer K. W. Tölcke, 1963; Dortmunder Arbeiterführer 2 (1913) S. 74—78, sowie die bei *Herzig* Anm. 59 genannte Literatur. Von *A. Herzig* ist in Kürze eine Monographie über *Tölcke* zu erwarten (vgl. IWK 10, 1974, S. 88), so daß hier auf biograph. Angaben verzichtet wird. *W. Brepohl*, Industrievolk im Wandel, 1957, S. 129, unterscheidet Agitatoren „vom Stil des Heinrich Tölke [!]" von Männern, „die für überkommene Rechte kämpfen".

tionsbestrebungen. Sie hatten stets Verbindung untereinander und nach außerhalb unterhalten und sich wohl hin und wieder im Geheimen getroffen; sie verfügten auch weiterhin über Anhang in der Arbeiterschaft des längst industrialisierten Wirtschaftsraums um Barmen/Elberfeld, Solingen, Schwelm, mit Ausläufern bis nach Hagen[209]. Die Stadt Düsseldorf hat nach der Zerschlagung des Bundes der Kommunisten mit einem Treffpunkt von Arbeitern und Versprengten im Hause *Lassalles*[210] bis zu dessen Wegzug nach Berlin 1857 anscheinend zunehmend die ehedem große Bedeutung Kölns für die demokratische Bewegung angenommen.

Naturgemäß sind die ersten Impulse zu einer eigenständigen gewerkschaftlichen und politischen Arbeiterbewegung im Ruhrgebiet, wie es sich zum Anfang der 1860er Jahre bis zur Hellweglinie ausgebreitet hatte, von diesen frühen demokratischen Zentren ausgegangen. Das Bild, das sich dabei in den ersten Vereinigungen der Arbeiter bietet, ist so vielfarbig, wie man es sich nur vorstellen kann[211], denn gerade hinsichtlich der Zusammenschlußformen und ihrer ideengeschichtlich-programmatischen Hintergründe sind eine Vielzahl persönlicher und räumlicher Besonderheiten um diese Zeit noch sehr wirksam gewesen.

Obwohl anscheinend schon zu *Lassalles* Lebzeiten der Plan bestanden hat, das Ruhrgebiet als geschlossene räumliche Einheit zu erfassen und hier gezielt zu operieren, ist die Agitation des ADAV im östlichen Ruhrgebiet, nachdem eine Dortmunder Einladung an *Lassalle* gescheitert und die Ernennung eines Bevollmächtigten für Dortmund ebenfalls erfolglos geblieben war, anfangs allein von Hagen und Iserlohn ausgegangen. Das märkische Industriegebiet, dem bergischen strukturverwandt und benachbart, schien noch die besseren Voraussetzungen für eine erfolgreiche Arbeiteragitation zu bieten. Von Iserlohn aus betrieb *Tölcke*, der hier seit seiner Beteiligung an der Erhebung von 1849 hohes Ansehen unter der Arbeiterbevölkerung genoß und eine schlagkräftige Organisation aufzubauen vermochte, seit 1864, als er für den ADAV gewonnen worden war, die Werbung für die neue Organisation auch im Ruhrgebiet. *Hasenclever* hatte in Hagen, wo bereits zu Pfingsten 1865 ein rheinisch-westfälischer Arbeitertag in Anwesenheit von Vereinspräsident *B. Becker* stattfand, die ADAV-Gemeinde aufgebaut[212].

Auch in Duisburg ist aus der Arbeiterschaft selbst Anfang 1864 eine ADAV-Gemeinde

---

209 Nicht erreichbar war die von *Herzig*, a.a.O. S. 131 Anm. 140, zit. Schrift von *Konrad Ludwig*, Der Freiheit eine Gasse. Die Sozialdemokratie in Hagen-Schwelm. Hagen 1914.

210 Vgl. *P. Wentzcke*, Ferdinand Lassalles Lehrjahre am Niederrhein (1849–1858). In: Düsseldorfer Jb. 45 (1951) S. 241–261; *H. K. Schmitz*, Anfänge u. Entwicklung der Arbeiterbewegung im Raum Düsseldorf 1859–1878, 1968, S. 13–16; *Ferdinand Lassalle*, Reden und Schriften. Hg. v. *Friedrich Jenaczek*. München 1970, S. 458 f. (*Lassalle*-Chronik).

211 Vgl. neuerdings *D. Dowe*, Organisatorische Anfänge der Arbeiterbewegung in der Rheinprovinz und in Westfalen bis zum Sozialistengesetz v. 1878, 1974, S. 51–80.

212 Zu Dortmund s. *Herzig*, Sozialdemokratie in Westfalen, S. 128 f., u. *R. Umbreit*, Beiträge zur Geschichte der Arbeiterbewegung, 1932, S. 18. Der gebürtige Arnsberger *Hasenclever* (1837–1889) trat nach einer Lehre als Lohgerber im väterlichen Betrieb, nach Wanderschaft und journalistischer Tätigkeit Ende 1864 dem ADAV bei, wurde 1866 dessen Sekretär und 1868–1870 Kassierer. Seit 1869 für Duisburg im Norddeutschen Reichstag, trat *Hasenclever* am 1. 7. 70 in Nachfolge *v. Schweitzers* die Präsidentschaft des ADAV an und führte diesen zur Vereinigung in Gotha, wo er zu einem der beiden Vorsitzenden der Gesamtpartei gewählt wurde. 1874–1878 u. 1879–1888 gehörte er dem Reichstag an und wurde während des Sozialistengesetzes zweimal ausgewiesen. Vgl. die Kurzbiographie v. *H. Stoll*, in: Geschichte der dt. Arbeiterbewegung. Biographisches Lexikon. Berlin (O) 1970, S. 188 f.

gebildet worden[213]. Der Maschinenwärter *Caspar Bergrath* und einige Gleichgesinnte hatten sich über die Lektüre von *Lassalles* Arbeiterlesebuch mit diesem in Verbindung gesetzt, worauf *Bergrath* am 21. April zum Bevollmächtigten ernannt wurde und eine rege, freilich noch von den sachlich-rhetorischen Schwächen ihrer Vertreter gezeichnete Agitation in Duisburg und Umgebung einsetzte. Der bestehende Duisburger Konsumverein erwies sich der Ausbreitung förderlich, wenn auch zwischen seinem Leiter, *Friedrich Albert Lange,* und den Gesinnungsfreunden im ADAV die Meinungen öfter auseinandergegangen sind, wie auch innerhalb des rheinischen ADAV *Bergraths* agitatorische Fähigkeiten einiger Skepsis begegneten.

F. A. Lange hatte sich seit Beginn seiner Duisburger Tätigkeit eine angesehene Stellung unter den Duisburger Mitbürgern errungen, wie insbesondere eine Solidaritätsadresse für den vom Provinzialschulkollegium im Juni 1862 wegen seiner unerschrockenen politischen Stellungnahmen — *Lange* hatte u. a. einen Wahlaufruf an die Duisburger Urwähler mitunterzeichnet — gemaßregelten Gymnasiallehrer zeigt[214]. *Lange* quittierte daraufhin den Dienst und übernahm neben journalistischer Tätigkeit als Redakteur der „Rhein- und Ruhrzeitung" und für das „Wochenblatt für die Grafschaft Mark" bis Juni 1864 den Posten eines Sekretärs der Duisburger Handelskammer. Sein Engagement für die Probleme der Arbeiterschaft durchzog fortan seine journalistischen und theoretischen Arbeiten so sehr wie sein praktisches Wirken, das sich seit Anfang 1863 auf den Duisburger Konsumverein, dessen erster Vorsitzender *Lange* wurde, in den Folgejahren dann auf eine gezielte Konsumvereinsagitation im westlichen Ruhrgebiet konzentrierte[215]. *Lange* wurde 1864 neben *Bebel, Sonnemann* und *M. Hirsch* Mitglied im Ausschuß des Verbandes Deutscher Arbeitervereine[216] und entwarf im November 1864 ein in seiner sozialpolitischen Hauptschrift über „Die Arbeiterfrage" veröffentlichtes Programm für eine „Rheinisch-Westfälische Arbeiterzeitung", von der es einige Monate später hieß:

> „Was hier ziehen würde, wäre ein Blatt im Sinne von Marx und Engels, oder zwischen diesen und der Arbeiter-Zeitung. Nur weil ein solches Blatt fehlt, verbeißen sich die Arbeiter in die rohe und zähe Kost des ‚Nordstern' oder in die neupreußisch verfälschte Sozialdemokratie von Berlin. Es verdient aber als Thatsache Beherzigung, daß diese Blätter in unsern industriellen Orten dutzendweise gehalten und bis zur Unkenntlichkeit von den Fäusten der Arbeiter durchblättert und gelesen werden . . ."[217]

Seit September 1865 erschien in Duisburg der „Bote vom Niederrhein", in dem sich *Lange* ganz besonders der Konsumvereinsagitation annahm und, neben wacher Aufmerksamkeit für Mißstände, Bedrückungen und Emanzipationsbestrebungen der Arbeiterschaft, das Zeitgeschehen, auch die seit März 1866 akute Kriegsgefahr, mit scharfer Zunge aus der Position eines großdeutsch-antipreußischen Kritikers kommentierte[218]. Großen Raum widmete *Lange* auch seiner Wahlrechtsagitation, mit der es ihm in müh-

---

213 Über Gründungsvorgänge s. Aufbruch 1864—1890, S. 74—87.
214 Vgl. über *Lange* (1828—1875) die Einleitungen des Hg.: *F. A. Lange,* Über Politik u. Philosophie. Briefe und Leitartikel 1862 bis 1875, hg. v. *Georg Eckert.* Duisburg 1968; Der Bote v. Niederrhein, Faksimile-ND hg. v. *G. Eckert,* 1968.
215 Vgl. hierzu oben S. 357 f.
216 Hierzu s. *F. A. Lange,* hg. v. *G. Eckert,* S. 25—31.
217 Aus einem Brief an den Verbandsausschuß v. März 1865, zit. n. *Martin Hundt,* Ein Versuch zur Linksorientierung des Verbands deutscher Arbeitervereine im Frühjahr 1865. In: BzG 7 (1965) S. 692—699, S. 696 f. *Brepohl,* Industrievolk im Wandel, S. 125, meint, *Lange* habe (in der „Arbeiterfrage") nicht vom Arbeiter an der Ruhr gesprochen, da er hier nicht alle postulierten Merkmale habe auffinden können.
218 Vgl. ausführlich Aufbruch 1864—1890, S. 40—43.

samer Versammlungsarbeit gelang, eine „Monstre-Petition" gegen das kommunale Dreiklassenwahlrecht anläßlich der Duisburger Stadtverordnetenwahlen Ende 1865 abzufassen und beschließen zu lassen. Diese Bewegung hat weitere Kreise gezogen und ist auch vom Verbandsausschuß Deutscher Arbeiter-Vereine gestützt worden. Nach Duisburg fanden Anfang 1866 Versammlungen über das Kommunalwahlrecht in Düsseldorf, Köln und Elberfeld statt, und die Agitation strahlte sogar bis nach Süddeutschland aus; auf zwei Versammlungen in Essen gelang es, dem liberalen Abgeordneten und Vorsitzenden des Bergbauvereins, *Dr. Hammacher,* den man für die Übergabe der Petition zu gewinnen trachtete, eine unmißverständlich zurückhaltende Stellungnahme hierzu abzunötigen[219].

Bei der zweiten Essener Versammlung von über 1000 Personen am 31. Januar 1866 im *Böminghaus'schen* Saal fand übrigens, nachdem neben *Lange* auch die Duisburger ADAV-Führer *Bergrath* und *Kreienberg* gesprochen hatten, „ein schlichter Arbeiter aus Essen, Herr Stötzel, der trotz einer leichten Heiserkeit die Versammlung durch den Schwung seines seltenen oratorischen Talentes wahrhaft hinriß", „ganz besonderen Beifall"[220]. Der zu dieser Zeit 30jährige Kruppsche Metalldreher redete über die Mängel des Kommunalhaushalts und über die drückenden Wohnverhältnisse in Essen auf dem Höhepunkt der Zuwanderung; *Stötzel* wünschte sich für die Arbeiter einen Volkstribunen „wie im alten Rom". Aufgrund dieser auf einer freilich lassalleanisch geprägten Versammlung gehaltenen Rede auf frühe sozialdemokratische Neigungen des späteren Zentrumspolitikers und ersten Arbeiterabgeordneten dieser Partei, *Gerhard Stötzel,* schließen zu wollen, wie ihm dies während seiner Reichs- und Landtagstätigkeit von gegnerischer Seite gern vorgeworfen wurde[221], besteht allerdings kein Anlaß. *Stötzel* war vielmehr, bevor er in der christlich-sozialen Bewegung groß wurde, Mitglied des Essener Piusvereins und hat nachweislich im Jahre 1867 auch öffentlich bereits nachhaltig seine kirchentreue Haltung geltend gemacht[222].

Gegenüber der Arbeiterbevölkerung im westlichen Ruhrgebiet hat der Intellektuelle *Lange* eine überraschend klare Sprache gefunden:

„Laßt Euch nicht dadurch abschrecken, daß der Erfolg noch in weiter Ferne steht. Einmal muß angefangen werden und wenn auch Generationen vergehen sollten, bevor sich der Arbei-

---

219 Vgl. ebd. S. 45—49; Text der Petition im Boten v. Niederrhein 38/27. 12. 65, s. auch 20/ 16. 2. 66; *G. Eckert,* F. A. Lange und die Social-Demokratie in Duisburg, 1965, S. 18: „Die Duisburger Aktion zündete in der ganzen Rheinprovinz". *Hammacher* wurde das Eingeständnis abgerungen, daß in Essen über 40 % der Kommunalsteuern von nicht wahlberechtigten Einwohnern aufgebracht wurden. Wenn seiner Zeit in Essen für 3000 Tlr. eine höhere Töchterschule geplant wurde, so konnte der Bote v. Niederrhein (4/10. 1. 66) vorrechnen, daß die Minderbemittelten 1200 Tlr. „in die viel vollere Tasche derjenigen stecken mußten, welche höhere Töchter zur Schule zu schicken haben".

220 Bote v. Niederrhein 13/31. 1. 66. Es handelt sich um das früheste mir bekanntgewordene Zeugnis eines öffentlichen Auftritts *Stötzels* (näheres zu ihm s. unten S. 499—501), der, nach diesen Formulierungen zu schließen, zu dieser Zeit noch ganz unbekannt gewesen sein muß. Er selbst hat 1890 bezeugt, er stehe nun „seit mehr als 23 Jahren ... im Kampfe gegen die Sozialdemokratie": Verhandlungen der am 26. u. 27. 9. 1890 in Frankfurt a. M. abgehaltenen Generalversammlung des Vereins für Socialpolitik. Leipzig 1890, S. 272.

221 Vgl. z. B. *D. Baedeker,* Krupp, 1889, S. 123 Anm. Auch *P. Möllers,* Politische Strömungen im Reichstagswahlkreis Essen, Diss. 1955, S. 288 f. Anm. 14 hält diese Behauptung für unbeweisbar.

222 Vgl. *Möllers,* a.a.O., und *H. Budde,* Handbuch der christlich-sozialen Bewegung, 1967, S. 276 f.

terstand in der ganzen civilisierten Welt eine wahrhaft menschenwürdige Stellung errungen hat, so wird doch kein wackerer Mann bei dieser Arbeit zurückstehen wollen ..."[223]

Die Bergleute erinnerte *Lange*, der im Jahr der Knappschaftsunruhen, 1858, in das Revier gekommen war, anläßlich der Einführung des Allgemeinen Berggesetzes an „ihr gutes altes Recht, welches ihnen durch die Einführung des Statuts von 1857 verkümmert wurde"; „wünschenswerth wäre es, wenn die Bergarbeiter des hiesigen Reviers sich nun auch regten", um dieses Recht „wieder zur vollen Geltung zu bringen" — dies geschehe am besten durch ausschöpfende Nutzung des Selbstverwaltungsrechts in den Knappschaften[224]. Aus solchen Worten spricht neben Sachkenntnis nicht nur ehrliches Bemühen um Verständnis für die Belange des Vierten Standes, sondern Streben nach Bewußtwerdung und eigenständiger Willensartikulation. „Das Erwachen der Arbeiter zu dem Bewußtsein ihrer Menschenwürde", so ließ Lange in einem Versammlungsbericht zwei im übrigen gegensätzliche Positionen vertretende, „schlichte Arbeiter" gemeinsam wünschen, sei der „Wendepunkt ihres Schicksals und das Ende ihrer bisherigen Rechtlosigkeit": „Denkt selbst nach!"[225]

In solchen Stellungnahmen, in seiner Versammlungstätigkeit und Konsumvereinsagitation hat *Lange* dennoch stets kritische Distanz zu den Duisburger Lassalleanern einerseits, die doch im Konsumverein eine starke Position einnahmen, aber auch gegen den Fortschritt andererseits und dessen Offerten an die Arbeiterschaft bewahrt. So fand er nur kritische Worte über eine Urwählerversammlung in Essen am 8. April 1866, auf der so gegensätzliche Fortschrittspositionen wie das ehemalige Mitglied im Bund der Kommunisten, *Heinrich Bürgers,* der prominente Wittener Gewerke *C. Berger* und das ehedem führende Mitglied im Rhedaer Kreis und Herausgeber des „Westphälischen Dampfboots", *Dr. Lüning,* neben dem Vorsitzenden des Bergbauvereins vertreten waren. *Lange* konnte nicht umhin, an das „schmachvoll abgekartete Spiel" zu erinnern, das Anfang der 1860er Jahre „ins Werk gesetzt wurde, um, der lieben materiellen Interessen wegen, die Capacität des Hrn. Dr. Hammacher in die Kammer zu bringen"[226]. In einer Duisburger Urwählerversammlung, in der sich *Hammacher* „aus theoretischen Gründen für das allgemeine gleiche und direkte Wahlrecht, aus praktischen Gründen aber g e g e n die sofortige Forderung desselben" erklärte und vor dem Cäsarismus warnte, in der man ferner neben dem Essener Sekretär des Bergbauvereins *Dr. Natorp* auch *Bergrath* „wenigstens anhörte"[227], ergriff auch *Lange* das Wort und präsentierte als Kandidaten den Arzt *Dr. Reincke* aus Hagen, den die Versammlung indessen nicht akzeptierte. Man war im westlichen Ruhrgebiet in den 1860er Jahren bei Wahlen zum Abgeordnetenhaus auf liberale Kandidaten, die gelegentlich dem Bergbauverein nahestanden, regelrecht eingeschworen[228].

Differenzen zwischen *Lange* und den örtlichen ADAV-Führern, die sicherlich etwa in *Langes* Wahlrechtsagitation aufgetreten sind[229], haben das Verhältnis nie so belastet,

---

223 Bote vom Niederrhein 9/21. 1. 66, Aufruf „An die Arbeiter" (in Essen).
224 Ebd. 1/3. 1. 66.
225 Ebd. 26/29. 11. 65.
226 Ebd. 43/11. 4. 66.
227 Ebd. 67/6. 6. 66.
228 Vgl. die Liste der Abgeordneten bei *Fr. Lauter*, Nachtrag zu Preußens Volksvertretung in der zweiten Kammer, 1882, S. 363 f.
229 *Lange* distanzierte sich (Bote v. Niederrhein 36/22. 12. 65) ausdrücklich von dem Mißverständnis, seine Wahlrechtsagitation ziele auf die sofortige Erlangung des allg. Wahlrechts. Vgl. auch die Stellungnahme *Langes* gegen *Bergraths* und anderer Sympathien für konser-

daß es zu Spannungen oder gar Intrigen gekommen wäre. Es lag zuviel Ähnlichkeit zwischen den Zielen und Inhalten beider Seiten, so daß man sich besser ergänzte, statt miteinander zu konkurrieren. *Bergraths* noch zu Lebzeiten *Lassalles* einsetzende Versammlungsagitation hat daher gewiß die Unterstützung, wenn nicht den Beifall *Langes* gefunden.

In diesen frühen Bemühungen zur Ausbreitung des Lassalleanismus auf das Ruhrrevier ist *Bergrath* allerdings nach einer ersten auf den 12. Juni 1864 nach Essen eingeladenen Arbeiterversammlung zunächst gescheitert. In Essen waren nur 10 Arbeiter erschienen; hier dauerte es noch bis Anfang 1866, bis der ADAV Fuß fassen konnte, während *Bergrath* auf einer zum selben Tag nach Mülheim einberufenen Versammlung eine neue Gemeinde mit 39 Mitgliedern (August 1864) gründen konnte[230]. Im Juli 1864 entstand nach mehreren, wiederum von *Bergrath* veranstalteten Versammlungen auch in Ruhrort eine Gemeinde, die indessen einige Jahre später neugegründet werden mußte. Im Oktober/November 1864 fanden in Bochum mehrere Arbeiterversammlungen statt, „die einen beunruhigenden Charakter anzunehmen" schienen; der Versuch zur Gründung einer ADAV-Gemeinde unter dem Namen „Arbeiter-Verein" scheiterte indessen jetzt wie noch im Juli/August „an dem gesunden Sinn unserer Arbeiterbevölkerung", die wie ihre Arbeitgeber liberal dachte und wählte[231]. *Bergrath* ist über seine rührige Agitation arbeitslos geworden, verarmte und mußte schließlich wegen einer geringfügigen Schuld einsitzen; seiner Familie wurde, weil die Unterstützung aus der Armenkasse nicht zum Notwendigsten reichte, durch eine Sammlungsaktion in Arbeiterkreisen geholfen.

In Oberhausen war die Agitation im März/April 1865 erfolgreich verlaufen, und auch in Witten fanden inzwischen Arbeiterversammlungen statt[232]. Als aber im Juli 1865 eine amtliche Erhebung über bestehende politische Vereine durchgeführt wurde[233], müssen die Oberhausener und die Mülheimer Gemeinden ein Schattendasein geführt ha-

---

vative Kandidaten im Wahlkampf im Sommer 1866: Bote v. Niederrhein 73/20. 6. 66, 75/ 24. 6. 66, 76/27. 6. 66; sowie Aufbruch 1864–1890, S. 84 f.

230 Vgl. *Möllers*, Politische Strömungen in Essen, S. 40; *ders.*, Essener Arbeiterbewegung, 1960, S. 43 f. nach der Essener Zeitung; Aufbruch 1864–1890, S. 77 f. nach der Rhein- und Ruhrzeitung; Ein Brief aus den Anfängen der lassalleanischen Agitation [1864], 1963.

231 Bericht d. Bürgermeisters Greve über die Verwaltung der Stadt Bochum, 1864, S. 30; Bericht des Magistrats zu Bochum pro 1869, S. 35; vgl. *F. Darpe*, Geschichte der Stadt Bochum, 1888–1894, S. 587. Über die politische Haltung der Bochumer s. auch *W. Däbritz*, Bochumer Verein, 1934, S. 119, anläßlich einer Durchreise des Kronprinzen *Friedrich Wilhelm* 1858, auf den sich viele liberale Hoffnungen stützten.

232 Vgl. Bote v. Niederrhein 19/14. 2. 66.

233 Vgl. die LR-Berichte aufgrund IM/RA bzw. IM/RD 21. 7. 65, für RA in: RA I 102; für RD in: RD Präs 866, s. ebd. die Zusammenstellung der ADAV-Filialen im RD (Bl. 84–93). Danach bestanden neben den genannten noch Gemeinden in Düsseldorf, Lennep, Barmen, Höhscheid, Elberfeld, Solingen, Dorp, Dabringhausen, Gerresheim und Ronsdorf. Die Gründung einer weiteren Gemeinde durch *Bergrath* in dem Dorf Huckingen bei Düsseldorf im August 1864 (Aufbruch 1864–1890, S. 81) ist in dieser Aufstellung nicht bekannt; die Entstehung der Duisburger Gemeinde wird irrtümlich bereits auf 1863 datiert. — Für weitere Quellen zur Überwachung des Vereinswesens um 1865 vgl. OPM 3906 Bl. 117–133; OPK 7046 Bl. 1–6. Eine ähnliche Untersuchung über das polit. Vereinswesen war zuletzt im Oktober 1862 mit der Zielrichtung auf die seiner Zeit entstehenden Wahlvereine ausgelöst worden; vgl. RD Präs 866 für 2 IM/RPD 24. 10. 62. Hierauf waren von den LR der Ruhr- gebietskreise nur Vakatanzeigen eingegangen. Vgl. ferner die wegen bewaffneter Turn- vereine angestellte Erhebung: OPM 2692 IM-Erlaß 7. 8. 62, Bl. 324 RA/IM 11. 10. 62 (Abschr.), Bl. 361 LR *v. Rynsch*/RA 10. 10. 63.

ben; bekanntgeworden war nur die Duisburger Gemeinde unter *C. Bergrath* mit 309 und die Ruhrorter mit 64 Mitgliedern unter *Paul Becker*. Im westfälischen Teil des Ruhrgebiets wußten die befragten Landräte nur von Vereins- und Versammlungstätigkeit der Fortschrittspartei und des Nationalvereins zu berichten. Auch nachdem die Erhebung, präzisiert, im September 1865 wiederholt wurde, blieb es bei dem einen *Tölckeschen* Arbeiterverein in Iserlohn. Aus dem Kreis Dortmund wurde ergänzt, es herrsche hier „im Allgemeinen ein sehr geringer Sinn für Vereine und ist deshalb die Thätigkeit derselben auch eine geringe, ebenso der Einfluß derselben"; immerhin sei verlautet, daß „vor einigen Tagen . . . von dem bekannten Tölke [!], Hillmann und Genossen die Bildung eines Vereines in Hoerde und Aplerbeck beabsichtigt" wurde; zu Versammlungen war es indes bis zum November 1865 noch nicht gekommen[234]. Erst auf dem Barmer Arbeitertag im August 1866 war auch eine ADAV-Gemeinde aus Hörde vertreten[235]. Die Hagener Filiale, in der der immerhin profilierte, als einer der frühesten Arbeiterkandidaten in den Norddeutschen Reichstag gewählte und von *Lange* zum Abgeordnetenhaus vorgeschlagene Arzt *Dr. Peter Adolf Reincke*[236] tätig war, ist also ebenso wie der Hagener Arbeitertag Pfingsten 1865 der behördlichen Kenntnisnahme entgangen[237]. Allerdings war, wie *Reincke* Ende 1866 mehrfach beklagte[238], nach den Anfängen 1864/65 die Agitation für den Berliner ADAV im westfälischen Ruhrgebiet deutlich ins Stocken geraten. Dies mag auch dem Engagement *Tölckes* in der ADAV-Führung zuzuschreiben sein; andererseits litt die Iserlohner Gemeinde stark unter behördlichen Verfolgungen und durfte sich zeitweise nicht versammeln.

Auch in Duisburg, wo Ende 1865 zwei Besprechungen führender rheinischer und westfälischer Arbeitervereinsfunktionäre im Anschluß an öffentliche Versammlungen stattgefunden hatten[239] und wohin auf den 21. Januar ein Arbeitertag geladen worden war, hielten die Behörden die Zeit für ein schärferes Einschreiten gekommen[240]. Ende November 1865 wurde die Duisburger Gemeinde zunächst einmal aufgelöst, da mit der Einladung zu einem Arbeitertag an auswärtige Mitglieder der Tatbestand der Verbindung mit gleichartigen auswärtigen Vereinen erfüllt sei. Ob der Arbeitertag stattfinden dürfe, darüber entstand noch Anfang 1866 ein Konflikt zwischen dem Duisburger Bürgermeister *Keller* und dem Landrat *Keßler,* der sich schließlich der Unterstützung seiner Düsseldorfer Vorgesetzten vergewisserte und am 19. Januar die Verbotsverfügung erwirkte. Da die Anreise von 300 bis 400 Teilnehmern nun nicht mehr zu verhindern war, erlaubte der Landrat schließlich, gesellig in Gruppen miteinander zu sprechen und beisammen zu sitzen; öffentliche Reden durften allerdings nicht gehalten werden[241]. Die

234 Vgl. RA I 102 Bl. 75 LRD/RA 12. 11. 65, vgl. ebd. die weiteren LR-Berichte, präzisierter Erlaß IM/RA 2. 9. 65 wegen der Genauigkeit der angeforderten Aufstellungen Bl. 38 f.; zusammenfassender Bericht RA/IM 13. 12. 65 (Entw.) Bl. 86 f.
235 Vgl. *F. Mehring,* Geschichte der deutschen Sozialdemokratie, 1960, Bd. II, S. 242.
236 In Aufbruch 1864—1890, S. 96 u. ö., irrtümlich: *Reincken. Reincke* (1818—1887) war Aug. 1867—Juni 1868 Mitglied des Norddt. Reichstages; vgl. *Max Schwarz,* MdR. Biograph. Handbuch der Reichstage. Hannover 1965, S. 434.
237 S. die Vakatanzeige LR Hagen/RA 2. 12. 65, in RA I 102 Bl. 83.
238 Vgl. *Herzig,* Sozialdemokratie in Westfalen, S. 134.
239 Vgl. Bote v. Niederrhein 18/10. 11. 65, 30/8. 12. 65, 35/20. 12. 65 mit Hinweisen auf die innerhalb des ADAV ausgetragenen Führungskonflikte.
240 Vgl. Aufbruch 1864—1890, S. 88—92; *Hans Pelger,* Das Verbot eines rhein.-westf. Arbeitertages in Duisburg im Januar 1866, 1964.
241 Nach RD 302 Bl. 197—199 LR Duisburg/RD 18. 1. 66; Bl. 202 f. dass. 22. 1. 66 m. Bericht über den Arbeitertag. Am 9. 4. 66 fand in Barmen als Ersatz ein Arbeitertag statt, der aber

Schließung der Duisburger Gemeinde mochte schon das örtliche Kreisgericht nicht auf-rechterhalten; hierbei blieb es auch in der zweiten Instanz in Hamm, Dezember 1866. Landrat *Keßler* hielt dieses Urteil für „um so unverständlicher", als andere preußische Gerichte in vergleichbaren Fällen auf Schließung erkannt hätten[242].

Daß darüberhinaus über die Entwicklung der im Ruhrgebiet bisher entstandenen Ar-beitervereine aus dem Jahre 1866 kaum Nachrichten überkommen sind, hängt nicht zuletzt mit den kriegerischen Ereignissen vom Juni/Juli dieses Jahres zusammen. Das Kriegsergebnis selbst, so sehr es von manchen Anhängern einer großdeutschen Reichs-einigung in der Arbeiterbewegung, wie *Wilhelm Liebknecht* auf der einen, *C. W. Tölcke* auf der anderen Seite, bedauert worden sein mag, hat in der Arbeiterschaft unverkenn-bar bereits preußisch-nationale Saiten anklingen lassen und schließlich wenigstens im ADAV die propreußische Haltung begünstigt. Während auch die Londoner Exulanten *Marx* und *Engels* den Weg Preußens zur führenden Großmacht in Deutschland positiv im Sinne der Herstellung nationalstaatlicher Voraussetzungen in der Entwicklung des Kapitalismus deuteten, verharrten *Bebel* und *Liebknecht* auf ihrer ablehnenden Haltung gegenüber der preußischen Hegemonie und dem *Bismarckschen* Bonapartismus[243]. Für den ADAV hatte die sich bald andeutende Konzession des allgemeinen Wahlrechts dar-über hinaus die Bedeutung, eine alte Programmforderung erfüllt zu sehen; in manchen Arbeiterkreisen wurde ernsthaft geglaubt, das allgemeine Wahlrecht müsse unzweifel-haft zu ausgesprochenen Arbeiterparlamenten führen — um so tiefgreifender wirkte die Enttäuschung, als es schließlich bei den Wahlen zum ersten Norddeutschen Reichstag am 12. Februar 1867 keinem Arbeiterkandidaten des ADAV auf Anhieb oder in den Stich-wahlen gelang, in das neugeschaffene Parlament einzuziehen. Ohne Zweifel haben die schon Anfang 1866 bis in die einzelnen Gemeinden spürbaren, fordauernden[244] und vor allem in die Wahlkämpfe 1867 hineingetragenen Intrigen zwischen *von Schweitzer, Hillmann, Tölcke* und der *Gräfin Hatzfeld* um die ADAV-Führung zur Schwächung der Position mancher Arbeiterkandidaten beigetragen. Zwar gelangen in den Gebieten traditioneller Stärke des Arbeitervereins, ganz besonders im märkisch-bergischen Indu-striegebiet, einige beachtliche Erfolge; das Gesamtergebnis mußte aber auch deshalb niederschmetternd wirken, weil es der Sächsischen Volkspartei immerhin in den Stich-wahlen gelang, mit *Bebel* und *Schraps* zwei Kandidaten in den Reichstag zu entsenden, während der ADAV mit einer insgesamt etwa dreifachen Stimmenzahl leer ausging[245]. Mit einiger Aussicht sind Arbeiterkandidaten vom ADAV im Ruhrgebiet in den Wahl-kreisen Duisburg (einschließlich der bergbaugeprägten Orte Oberhausen, Holten, Mül-heim Stadt und Land) und Essen (Stadt und Landkreis) nominiert worden. In Duis-burg[246] erhielt *Böhm*, einer der Führer der örtlichen Gemeinde, gegen den konservativen (4506) und den liberalen Kandidaten (3303) immerhin 1734 Stimmen und verzeichnete

nur „eine Resolution gegen Resolutionen beschloß" (Aufbruch 1864—1890, S. 92): Eine von *Emil Ritterhaus* eingebrachte Resolution für allgemeines Wahlrecht und für eine Stellung-nahme des ADAV zugunsten der Opposition im Verfassungskonflikt wurden verworfen. Vgl. Bote v. Niederrhein 4/13. 4. 66; Text des Beschlusses unten Anm. 262.

242 RD Präs 866 Bl. 114 LR Duisburg/RPD 18. 12. 66; vgl. ebd. Bl. 101—104.
243 Vgl. *H.-J. Steinberg*, Sozialismus, Internationalismus und Reichsgründung, 1970, S. 324—329; *William H. Maehl*, Bebel and the Revolutionary Solution of the German Problem, 1866—1871. In: IWK 10 (1974) S. 431—447; *Mehring*, Geschichte der dt. Sozialdemo-kratie, Bd. II S. 256—262.
244 Z. B. Bote v. Niederrhein 23/23. 2. 66, Versammlung in Solingen.
245 Vgl. *Mehring*, Geschichte der dt. Sozialdemokratie, Bd. II S. 256—262.
246 Nach Aufbruch 1864—1890, S. 94—98.

besonders in Oberhausen und Mülheim-Land Erfolge. Bei der schon im August 1867 angesetzten Neuwahl bemühte man sich dann um einen Kandidaten, der sowohl von den Arbeitern als auch von den bürgerlichen Liberalen gewählt werden konnte. In der Entscheidung zwischen dem auch im westlichen Ruhrgebiet bekannten Hagener Arzt *Reincke* und *Franz Duncker* fiel die Kandidatur auf letzteren; doch hielt ein Teil des ADAV an *Reincke* fest, der dann im Ergebnis auch knapp vor *Duncker* endete; der Streit beider hatte letztlich jedoch den Sieg des konservativen Kandidaten begünstigt. Dieser verzichtete auf das Mandat, und bei der Nachwahl siegte der bei den Arbeitern in hohem Ansehen stehende Bürgermeister *Keller*. Ihn hatten auch viele ADAV-Mitglieder unterstützt, während der im August in Essen erfolglose *Wilhelm Hasenclever*, der erst 4 Tage vor der Wahl für den Duisburger Wahlkreis aufgestellt wurde, 440 Stimmen erreichen konnte.

In Essen standen die Wahlagitation und der Achtungserfolg *Hasenclevers* im deutlichen Zusammenhang mit der endgültigen Konstitution einer ADAV-Gemeinde in Stadt und Landkreis. Schon zur Februarwahl hatte der bisher im Berliner ADAV tätige, also anscheinend gezielt zur Agitation nach Essen entsandte Apothekergehilfe *Heinrich Vogel* die Essener Arbeiter um einen eigenen Kandidaten zu sammeln versucht; bis zur Reichstagswahl gelang ihm die Bildung einer Gruppe von Arbeitervereinlern, deren Bevollmächtigter er wurde[247]. Die Versammlungstätigkeit ist recht bald auf das weitere Kreisgebiet ausgedehnt worden, so daß die Nominierung *Hasenclevers* zum Kandidaten freundliche Aufnahme fand. Am Wahltag erhielt der konservative Essener Landrat *Devens,* der schon vor der Wahl von seiner bevorstehenden Ernennung zum Kölner Polizeipräsidenten vertraulich Kenntnis erhalten hatte, eine relative Mehrheit über *Hasenclever*. In der Stichwahl am 7. September gelang es zwar, die Fortschrittspartei für *Hasenclever* zu gewinnen, aber *Devens* siegte doch mit deutlicher Mehrheit, während *Hasenclevers* 3419 Stimmen starke Beachtung fanden. Bei einer 7 Monate später in Essen erforderlichen Nachwahl — wie üblich, hatten sich die Essener Lassalleaner unter Abgabe einer Protesterklärung gegen das Dreiklassenwahlrecht von den Wahlen zum Abgeordnetenhaus enthalten — siegte *Hasenclever* sogar im ersten Wahlgang mit 2089 Stimmen über *Devens* (1814), während der Fortschrittskandidat *Hammacher* nur 18,3 % der Stimmen erhielt. In der später erfolglos angefochtenen Stichwahl errang *Devens* schließlich mit Hilfe liberaler Wählerstimmen einen knappen Sieg von nur 51,5 %. Mit dieser Wahl war „die Trennung des liberalen Bürgertums, das in der nationalliberalen Partei seine politische Heimstatt fand, von der Arbeiterschaft im Essener Wahlkreise nun jedenfalls endgültig vollzogen"[248].

Über das Verhalten der Bergarbeiterschaft in den Wahlen, über ihre Haltung gegenüber den ADAV-Gemeinden und ihre eventuelle Mitgliedschaft ist recht wenig zu erfahren. Zurückhaltung, gelegentlich Teilnahmslosigkeit, mindestens bei den Wahlen zum

---

247 Vgl. *Möllers,* Politische Strömungen in Essen, S. 46—53, 65, 90—111; zur Gründung der ADAV-Gemeinde ebd. S. 95 Anm. 10 mit Bemerkungen zur Quellenlage. *Möllers* bezeichnet zu Recht das Jahr 1867 als den ersten Höhepunkt der Geschichte der Arbeiterbewegung in Essen. Vgl. auch *ders.,* Essener Arbeiterbewegung S. 45, wo im wesentlichen die Ergebnisse der Diss. wiederholt werden. Über *Vogel,* der später wieder nach Berlin ging und dort 1874 wegen der Auseinandersetzungen mit den Eisenachern aus dem ADAV ausgestoßen wurde, s. *Eduard Bernstein,* Die Geschichte der Berliner Arbeiter-Bewegung. Bd. I Berlin 1907, S. 150, 163, 192.

248 *Möllers,* Politische Strömungen in Essen, S. 129; zu der damit angesprochenen Forschungshypothese nach dem Vorgang von *Gustav Mayer* vgl. jetzt *W. Schieder,* Das Scheitern des bürgerlichen Radikalismus und die sozialist. Parteibildung in Deutschland, 1974.

Abgeordnetenhaus, war die in den 1860er Jahren durchaus noch vorherrschende Haltung der Arbeiterschaft[249]. Gegenüber den Lassalleanern scheint es sogar zeitweise zu ablehnenden Meinungen gekommen zu sein; eine solche Haltung spricht jedenfalls aus der anhand der Stimmbezirke nachweisbaren, deutlichen Unterstützung der Bergleute für den konservativen Kandidaten bei der Wahl zum konstituierenden Norddeutschen Reichstag[250]. Als Landrat *Devens* im August/September gegen *Hasenclever* erfolgreich blieb, sollen festlich gekleidete Bergleute ersterem Ovationen dargebracht haben. Eine solche ablehnende Haltung gegenüber den jüngsten Organisationsbestrebungen der Arbeiterschaft wird allerdings, so zeigten die Vorgänge der Jahre 1868 und 1869, nicht allgemein gewesen sein. Wenn sich auch die ADAV-Gemeinden im Ruhrgebiet wie andernorts besonders auf handwerkliche Schichten stützten, wie insbesondere das Beispiel Duisburgs zeigt, so deutet die Entstehung von Filialen in Bergarbeiterorten wie Mülheim, Oberhausen und, im Juli 1867, auch Werden, doch auf Beteiligung auch der Bergleute hin; in Mülheim wurde mit *Gustav Windhövel* ein Bergmann Bevollmächtigter, der ein Jahr später auch eine Funktion in der aufstrebenden Bergarbeiterbewegung wahrnehmen sollte[251].

b) Die Petitions- und Streikbewegung 1867 bis 1869 und die Allgemeine Genossenschaft der Bergleute

Ausdruck einer ersten Berührung der Bergarbeiterschaft an der Ruhr mit gewerkschaftlichen Artikulations- und Kampfbestrebungen, zugleich exemplarisch für den in Lernsprüngen zusammengedrängten Zusammenhang von Petition zu Aktion und Organisation, war die große Petition von 3350 Bergleuten bzw. 24,4 % der damaligen bergmännischen Belegschaft im Kreise Essen an den König vom 29. Juni 1867. Die enge Verknüpfung dieser zu Recht gerühmten, großen Aktion von Bergleuten mit den aus ihrem Mißerfolg gezogenen Lehren, der daraufhin vollzogene Schritt zum geordneten Arbeitskampf mit anschließendem Versuch zum Aufbau einer stabilen Interessenvertretung — diese jeweils erhebliche Fortschritte der Denk- und Verhaltensformen markierenden Stufen sind in der hier darzustellenden, ohne den vorwärtstreibenden Einfluß aktiver Arbeiterführer kaum vorstellbaren Bewegung zum Ende der 1860er Jahre beispielhaft zusammengedrängt[252].

Eine anonyme Beschwerde von Bergleuten der Essener Stinnes-Schächte Victoria Mathias und Gustav vom 1. Februar 1867 bildete das Vorspiel dieser übrigens auf Essener

---

249 Z. B. wurde im Zeitungsbericht RPD 12. 4. 62 (OPK 177 vol. I S. 257—262) die Wahlentscheidung in den bevorstehenden Wahlen bei den Mittelschichten vermutet, „da die untern Volksschichten sich meist theilnahmslos verhalten".

250 Der Nachweis gelingt *Möllers*, Politische Strömungen in Essen, S. 66—68, vgl. S. 106.

251 Die bereits erwähnten Beschwerdeaktionen Mülheimer Bergleute um *Ehring* und *Bleckmann* sind vielleicht mit Unterstützung des örtlichen ADAV betrieben worden. In einer Stellungnahme des Knappschaftsvorstands v. 27. 10. 66 (OBA 229 Bl. 78 f.) heißt es hierzu, man habe anzunehmen, da die Bergleute „sich inzwischen schon wieder an den Herrn Minister gewandt haben, daß zu diesem Schritte von anderer Seite Anlaß gegeben worden ist".

252 Die Verknüpfung der Petitionsbewegung von 1867 mit den Streiks von 1868 und den lassalleanischen Organisationsansätzen im Sinne eines aufeinander bezogenen Lernvorgangs erfolgt hier, z. T. aufgrund neuer Quellenfunde, erstmalig. Allein *H.-O. Hemmer*, Bergarbeiterbewegung im Ruhrgebiet, S. 91, hat neuerdings einen Zusammenhang zwischen der lassalleanischen Agitation und der Petition von 1867 hergestellt.

Gebiet beschränkten Bewegung[253]. In bitteren und ergreifenden, aber auch drohenden Worten versuchten die Bergleute, auf die rücksichtslose Handhabung der Schichtdauer durch die Grubenverwaltungen aufmerksam zu machen. Man werde sich, so hieß es, immer wieder beschweren, wenn es sein müsse, bis zum Ministerium, und sollte das nichts fruchten, werde Gewalt angewendet.

Es sind diese Bergleute von Victoria Mathias und Gustav, die auch in der großen Petition der Bergleute nur wenige Monate später im Mittelpunkt standen, und wieder war es die Arbeitszeitfrage, an der sich Klagen über Löhne und andere Mißhelligkeiten entzündeten[254]. Die Festsetzung der Arbeitszeit, so hieß es hier, finde „von den Gewerkschaften ganz nach ihrem Belieben statt", sie sei inzwischen „zwangsweise so übermäßig verlängert worden", daß viele Bergleute bereits mit 30 bis 35 Jahren arbeitsunfähig würden. Die Gruben Gustav und Bonifazius wurden als Beispiele solchen Arbeitszeitdrucks angeführt; sachlich und rhetorisch geschickt wurde angefügt, „nicht umsonst [habe] die hiesige Untersuchungskommission zur Aushebung für den königlichen Militärdienst die Wahrnehmung gemacht, daß die Bergleute in überwiegender Zahl zum Militärdienst untauglich sind". Die Gewerken seien „so rücksichtslos", in Zeiten wirtschaftlicher Flaute fast stets nur ältere Bergleute mit geringerer Leistungskraft abzulegen — eine Befürchtung, die bereits Jahre zuvor im Mittelpunkt bergmännischen Strebens um die Erhaltung des Arbeitsplatzes gestanden hatte. Auch bei Besetzung von Aufsichtspositionen in den Belegschaften würden nicht etwa ältere, erfahrene Kräfte berücksichtigt; vielmehr werde Beförderung jenen zuteil, die sich „bei der Grubenverwaltung beliebt gemacht haben und sich dazu eignen, die anderen Bergleute so lange zur Arbeit anzutreiben, bis diese nicht mehr können". Auch in diesem Zusammenhang wurde in der Petition eine geschickte Pointe gesetzt, die sich an eine der allseits so gelobten bergmännischen Traditionen, das um 1867 schon zum Teil durch die Markenkontrolle ersetzte Morgengebet, anschloß: „Anstatt des Morgens mit dem Gebetbuch kommen viele Beamte jetzt mit rohen Flüchen in die Waschkaue..."[255] Schließlich wurden die Klagen über niedrige Löhne ganz in der Art der früheren bergamtlichen Lohnbemessung durch einen recht detaillierten Haushalt belegt.

Im letzten Abschnitt der Petition beklagten die Beschwerdeführer, die Bergleute hätten

---

253 OBA 229 Bl. 137, s. im Anhang S. 620. Diese Beschwerde war ohne Bearbeitung zu den Akten gegangen und daher zum Zeitpunkt der Petition vom Juni 1867 längst vergessen. — Im Dortmunder Gebiet zeigte die Petition von 1867 keine Resonanz, vgl. Jahresberichte der HK Dortmund f. 1867, S. 10.

254 Text der Petition v. 29. 6. 67 u. d. Bescheids des HM *v. Itzenplitz* v. 16. 11. 67 bei *Hue* II S. 169—174 u. *Imbusch*, Arbeitsverhältnis, S. 685—690. Die ausführliche Berichterstattung der OBA/HM 20. 9. 67 zu dieser Petition ist von *Adelmann* im Werksarchiv Krupp aufgefunden und erfreulicherweise nahezu vollständig gedruckt worden: Quellensammlung Bd. I Nr. 121. — Vgl. ferner *Geueke*, Bergarbeiterstreiks, S. 12—15; *Möllers*, Politische Strömungen in Essen, S. 105 f.; *Brepohl*, Industrievolk im Wandel, S. 184; (nach *Hue*:) Die Bergarbeiter im Wandel der Geschichte, 1926, S. 55 f.; *E. Schmidt*, Erster Massenstreik der Bergleute, 1972, S. 113; *Kirchhoff*, Sozialpolitik im Ruhrbergbau, S. 20 f.; *Adelmann*, Soziale Betriebsverfassung, S. 81: „... wohl der eindrucksvollste Beleg für die Unzufriedenheit der Bergarbeiter mit den Auswirkungen des freien Arbeitsvertrages". *A. Heinrichsbauer*, Harpener Bergbau-AG, 1936, hält die Petition noch für „den ersten Kollektivschritt in der Arbeiterbewegung des Ruhrreviers"; *W. Neumann*, Gewerkschaften im Ruhrgebiet, 1951, S. 25, bezeichnet sie als „psychologische[n] Schlüssel für die Natur des Bergmanns".

255 Es handelt sich hier offenbar um eine zeitgenössisch verbreitete Redewendung, mit der an einem herausragenden Charakteristikum der ständischen Bergbauverfassung deren Substanzverlust eindringlich klarzumachen war; vgl. das Zitat von *W. H. Riehl*, oben S. 127.

„gegenwärtig sozusagen gar keinen tatsächlichen Schutz", nicht zuletzt, weil ihnen „nicht die Mittel zu Gebote stehen, ihre Klagen vernehmlich und mit Nachdruck vorzubringen". Man bezog sich auf das (nicht mehr rechtskräftige) Freizügigkeitsgesetz, dessen Ermächtigung der Gewerkschaften, „nach Belieben die Schicht verlängern und den Arbeitslohn herabsetzen zu können", sich doch auf ein aus „Dreiklassenwahlen hervorgegangene[s] Abgeordnetenhaus" stütze; dagegen dürften die Gewerken „nach allgemeinen preußischen Gesetzen von diesem Recht nicht in einer Weise Gebrauch machen, bei welcher die Arbeiter körperlich und geistig zugrunde gehen müssen". Und schließlich, „obwohl der Bergmann nur in der äußersten Not dazu greifen [werde], sich bei den Behörden zu beschweren", so hätten es doch einige getan, doch gewährte ihnen das Oberbergamt „keinen Schutz". Daher bat man, die Bergbehörden anzuweisen, „ihren Verpflichtungen gegenüber den Bergleuten tatsächlich mehr nach[zu] kommen, nämlich als unparteiisches Schiedsgericht uns den vollen gesetzlichen Schutz gegen die übermäßigen Bedrückungen der Gewerkschaften zu gewähren". Nichts könnte die durchgängig konservative Rechtsbewußtheit der Bergleute besser kennzeichnen, als diese Orientierung an dem traditionalen monarchischen und auch deshalb gerechten, sozialen, jedenfalls über der Interessenhaftigkeit des Dreiklassenparlaments stehenden Rechtsgefüge, aus dem die überparteiliche Schutzfunktion des im Behördenapparat verkörperten Staats abgeleitet war.

Die Bergleute haben mit dieser zwar nicht letzten, in ihrer Eindringlichkeit, sprachlichen Klarheit und Rechtsbewußtheit — welcher Feder immer sie zu verdanken war — jedoch einzigartigen Protestaktion eine herbe Enttäuschung erlitten, die sie freilich in ihren Erfahrungen der neuen industriellen Ordnung ein gutes Stück voranbringen mußte. Die ministerielle Antwort beschied, in gewohnt schulmeisterlichem Ton und gestützt auf oberbergamtliche Erhebungen, daß im Essenschen die achtstündige Schicht die Regel sei — wenn länger gearbeitet würde, dann jedenfalls nicht ohne das Einverständnis der Betroffenen. Da das Ruhrrevier im Vergleich mit anderen Bergbaubezirken keineswegs gesundheitsgefährlichere Arbeitsbedingungen aufweise, liege „kein Grund vor, allgemein eine kürzere Arbeitszeit vorzuschreiben". Die Löhne seien überdies seit 1859 „nicht unbedeutend gestiegen"[256]; überhaupt, meinte der Minister, und dieser Standpunkt ist nicht frei von harter Rücksichtslosigkeit, daß von Amts wegen, wie die Beschwerdeführer zutreffend bemerkt hätten, eine Einflußnahme auf die Arbeitsverhältnisse nicht mehr stattfinde, „wodurch zugleich mehrere andere Beschwerdepunkte ihre Erledigung finden". Die grundsätzliche bergmännische Kritik am herrschenden Rechtszustand entzog sich ministerieller Kenntnisnahme. Auf solcher Grundlage war dann alle weitere Kritik an der Beschwerdepraxis der Behörden leicht zurückzuweisen.

Im Tenor dieselben Positionen wie das Handelsministerium, im einzelnen eine allerdings differenziertere Meinung hatte das Oberbergamt vertreten. Hier wurde immerhin festgestellt, daß ehedem die Rechtspraxis einer achtstündigen Schicht mit behördlicher Sanktion bestanden hatte und daß „die ernste Frage schon jetzt an die Bergbehörde heran[trete], ob und inwieweit durch eine zehnstündige Arbeitszeit Nachteile für die Gesundheit der Arbeiter zu befürchten sind". Was die Löhne angehe, so könne „die Behauptung ... über die Unzulänglichkeit der Löhne in ihrer Allgemeinheit als richtig nicht zugegeben werden"; vielmehr sei der Umstand mehrerer Verdiener in einer Familie der Normalfall — hier lag immerhin das Eingeständnis versteckt, daß die Dortmunder Beamten die derzeitigen Löhne für nicht ausreichend hielten. Aber die relative Wohl-

---

256 Richtig bemerkt schon *Hue* II S. 173 hierzu, daß der Minister wohlweislich ein Bezugsjahr gewählt hatte, das einen Tiefstand der Löhne gebracht hatte; vgl. oben S. 292 ff.

habenheit der Bergleute werde durch den häufigen Haus- und Grundstücksbesitz erwiesen; auch beweise „die große Anzahl der Vergnügungen ..., daß der Gesamterwerb mehr als des Lebens Notdurft gewährt". Schließlich wurde der Zusammenhang von Subsistenz und Eheschließung gründlich auf den Kopf gestellt: „Es finden zahlreiche und frühe Eheschließungen statt, welche zu der Voraussetzung berechtigen, daß im allgemeinen die Mittel zur Ernährung einer Familie vorhanden sind". Andererseits sah auch das Oberbergamt vor allem die bergmännischen Invaliden in einer „keineswegs beneidenswerten Lage". Was nun die Kritik der Bergleute an der behördlichen Bescheidpraxis anging, so konstatierten die Dortmunder Beamten richtig, daß der Bergarbeiter sich in die neuen Rechtsverhältnisse „noch nicht eingelebt" habe und „noch völlig im Unklaren [sei], ob und in welchen Beschwerdefällen und an welcher Stelle er gesetzlich auf Abhilfe rechnen darf". So war ihm „bis jetzt nicht beizubringen", daß an die Stelle des Freizügigkeits- das Allgemeine Berggesetz getreten war; dies aber kannte keine schiedsrichterliche Behördenfunktion mehr[257].

Für den in allen Punkten ablehnenden Bescheid des Handelsministers auf die Petition wird ausschlaggebend gewesen sein, daß das Oberbergamt neben den Arbeiterentlassungen infolge des Kriegs und den Auswirkungen der „Heimsuchung durch die Cholera" gerade auch die „Agitation bei den Wahlen zum norddeutschen Parlament bezeichnen zu sollen" glaubte, um die Entstehung der Petition zu erklären, und deshalb allgemein empfahl, „die Arbeiter über ihre wahren Interessen und wahren Freunde in geeigneter Weise aufzuklären".

Der damit behauptete zeitlich-sachliche Zusammenhang mit der Versammlungs- und Wahlagitation des ADAV in Essen liegt in der Tat nahe, wenn auch der klare Beweis, solange die Unterschriftenliste der Petition fehlt[258], ihre Verfasserschaft nicht zu klären ist und letztlich auch die Umrisse der Wahlagitation des ADAV vage bleiben, nicht erbracht werden kann. Immerhin scheint *Tölcke*, der sich anläßlich der Wahlkämpfe mehrfach im Essener Raum aufhielt und hierbei Gelegenheit hatte, mit Bergleuten Kontakt aufzunehmen, der Petition nahegestanden zu haben[259]; auch könnten die Hinweise auf das Dreiklassenwahlrecht, die freilich auch an die vorjährige Wahlrechtsagitation *F. A. Langes* erinnern, diese Annahme stützen. Der die Petition insgesamt tragende Geist scheint freilich ebenso sehr für eine Mitwirkung der katholisch-ständischen Essener Knappenvereine zu sprechen.

Von Unternehmerseite hat man sich offenkundig der wirksamsten Form der Stellungnahme bedient, die nach Lage der Dinge bei dieser wie bei künftigen eigenständigen Aktionen der Arbeiterschaft angeraten schien: Sie wurden, nach dem Organ des Bergbauvereins „Glückauf" zu urteilen, schweigend übergangen. Allein aus einer kurzen Mitteilung ist zu schließen, daß der Bericht des Oberbergamts zu der Immediateingabe dem Bergbauverein während der Vorstandssitzung Anfang Januar 1868 vorgelegen hat;

---

257 Das Oberbergamt bemerkte noch, „ob es nicht zweckmäßig gewesen wäre, diese Vorschrift in das Allgemeine Berggesetz zu übernehmen, mag dahingestellt bleiben ..."

258 Es sei darauf hingewiesen, daß die Unterschriftenliste von einem Bergmann *Heinrich Stenner* angeführt wurde, an den auch der Bescheid erging. Im Ausschuß der Allgemeinen Genossenschaft der Bergarbeiter vom Herbst 1868 war ein Bergmann *Moritz Stenner* Mitglied. Zur Wahlagitation im Juni–August 1867 vgl. die Versammlungsberichte Rhein- u. Ruhrzeitung 170/23. 7., 182/6. 8. 1867.

259 *Hemmer*, Bergarbeiterbewegung im Ruhrgebiet, S. 91 (Anm. 15) verweist auf eine wahrscheinlich von *Tölcke* verfaßte Korrespondenz „Aus Westfalen" im Sozialdemokrat 6/2. 2. 82, in der der Verfasser seine Nähe zu den Verfassern der Petition eingesteht. Über eine *Tölckesche* Versammlung in Essen vgl. *Möllers*, Politische Strömungen, S. 123.

die Beratung wurde vertagt[260]. Auf dem Eingabenweg wurden danach vorsichtig Erkundigungen angestellt, auf welcher Rechtsgrundlage, wenn überhaupt, eine behördliche Schichtzeitregelung denkbar sei; hierüber belehrte der Handelsminister in einem beachtenswerten Bescheid vom 20. Mai 1868, daß nach dem Allgemeinen Berggesetz (§ 196) ein entsprechendes Einschreiten möglich, bisher indes nicht erforderlich gewesen sei[261].

Der lassalleanische Einfluß auf die Petition wird am stärksten durch die Ereignisse im Spätsommer 1868 unter Beweis gestellt, als nicht nur der ablehnende Bescheid des Handelsministeriums endlich bekanntgeworden war, sondern in der Petition geäußerte Vermutungen über die Willkür und Gewinnorientierung der Gewerkschaften in der Gestaltung der Arbeitsverhältnisse neue Nahrung erhielten. Die abgelehnte Petition erwies sich nun als geschickter Schachzug, ließ doch die Ablehnung das Organisationserfordernis für die Arbeiterschaft in den Vordergrund treten[262]. Entscheidendes Hemmnis für eine kämpferische Interessenformulierung blieb nach wie vor das in den berühmten §§ 181–183 der preußischen Gewerbeordnung von 1845, die übrigens für bergbauliche Unternehmer keine Geltung hatten, und in den analogen Bestimmungen des Allgemeinen Berggesetzes niedergelegte Koalitionsverbot, das kollektive Zusammenschlüsse zur Erzielung materieller Verbesserungen mit dem Makel des Rechtsbruchs belastete[263]. Nach den in den frühen 1860er Jahren im Abgeordnetenhaus eingebrachten Anträgen der Abgeordneten *Faucher, Schulze-Delitzsch* u. a. auf Aufhebung dieser Verbote war es im Februar 1865 in der zweiten Kammer zu einer großen Debatte hierüber gekommen, nach der seitens der Staatsregierung die Initiative zu einem entsprechenden Gesetzentwurf ergriffen wurde[264]. Hier interessiert, nachdem sich im westfälischen Ruhrgebiet immerhin mit Ausnahme des Bochumer Landrats alle Landräte und Handelskammern ebenso wie die Arnsberger Regierung gegen die „Gewährung" der Koalitionsfreiheit ausgesprochen hatten, vor allem die Haltung des Oberbergamts[265].
Hier zeigte sich, daß im Ruhrgebiet bisher keine Erfahrungen mit Arbeitseinstellungen gemacht waren, denn das Oberbergamt stellte sich, entgegen starken Widerständen etwa aus den Knappschaftsvorständen, auf die Seite der Befürworter der Koalitionsfreiheit,

---

260 Vgl. Glückauf 2/12. 1. 68.
261 Kommentarlos unter „Correspondenzen" abgedruckt in Glückauf 30/26. 7. 68. § 196 ABG stellte die polizeiliche Aufsicht der Bergbehörden über Leben und Gesundheit der Arbeiter fest.
262 Vgl. auch den einstimmigen Beschluß des Barmer Arbeitertags der rhein.-westf. Lassalleaner, 9. 4. 66: „Alle Resolutionen und Adressen an das Abgeordnetenhaus oder an das Ministerium sind fruchtlos, [der Arbeitertag] erklärt hiermit, wenn die Zeit da sei, handeln zu wollen"; zit. n. Bote v. Niederrhein 44/13. 4. 66.
263 Vgl. z. Koalitionsrecht *K. E. Born,* Staat und Sozialpolitik im dt. Kaiserreich, 1972, S. 182 f.; *Helmut Anders,* Zur Geschichte des Kampfes um die Koalitionsfreiheit in Deutschland in den 60er Jahren des 19. Jhs. In: Beiträge zur Geschichte des Bergbaus und der Montanwissenschaften (16.–20. Jh.) Bd. II, Leipzig 1965, S. 75–115; aus der älteren Literatur s. *Adolf Richter,* Bismarck und die Arbeiterfrage im preuß. Verfassungskonflikt. Stuttgart o. J. [1933], bes. S. 118–125, 137–169 u. ö.; auf die Verhältnisse im Bergbau gehen Entwickelung des Niederrhein.-Westfäl. Steinkohlen-Bergbaues Bd. XII, S. 212–215, sowie *Kirchhoff,* Sozialpolitik im Ruhrbergbau, S. 18–39, ausführlich ein.
264 Das u. a. bereits bei *H. Anders,* Koalitionsfreiheit, herangezogene archival. Material findet sich für den westfäl. Raum in RA I 558 (Bl. 3 f. HM-Erlaß 4. 3. 65, Bl. 8–33 Gutachten RA 20. 6. 65 Entw., Bl. 59 ff. Berichte u. Gutachten der HK u. LR) und OPM 2787 (HM/OPM 10. 11. 65 vertraulich, Gutachten OPM 17. 11. 65 Entw.).
265 Vgl. OBA 1788 Bl. 1 HM/OBA 15. 4. 65; Bl. 5 ff. Gutachten der nachgeordneten Revierbeamten und Knappschaftsvorstände, Bl. 13–26 Gutachten des OBA 15. 5. 65 (Entw.).

die eine „unausweichliche Consequenz der seit den Jahren 1848 und 1849 eingetretenen politischen und wirtschaftlichen Veränderungen" sei, wie ja auch das Direktionsprinzip und mit ihm die Beschränkungen der bergmännischen Freizügigkeit aufgehoben worden seien. Als nachteilig empfand man nur die vermeintlich größeren Verluste der Arbeitgeber bei Streiks, die übrigens für bergbauabhängige Gewerbe gefährliche Folgen haben könnten. Schließlich böte die Massenhaftigkeit von Arbeitseinstellungen die Gefahr für Ausschreitungen, wie sie etwa in benachbarten Kreisen des rheinisch-westfälischen Industrieraums bereits vorgekommen seien. In Dortmund sah man auch voraus, daß die Bergleute die Koalitionsfreiheit „zur Gründung von dauernden ökonomischen Associationen benutzen werden" und hielt, erstaunlich genug, Bestimmungen gegen den Koalitionszwang für überflüssig, wie auch die noch im Freizügigkeitsgesetz wiederholte Bestrafung des Kontraktbruchs abgelehnt wurde. Ihr unabhängiges Urteil hat die konservativen Dortmunder Beamten veranlaßt, die nicht zufällig mit der Revolution von 1848/49 in Verbindung gebrachte Freisetzung des Bergbaus aus der behördlichen Direktion nun auch konsequent und auf allen Seiten zu betreiben. Eine vergleichbare Äußerung hat es von seiten der Behörden auf Jahrzehnte hinaus nicht mehr gegeben[266]. Obwohl *Itzenplitz* dem Staatsministerium am 23. Januar 1866 einen Entwurf über die Aufhebung der Koalitionsverbote auch im Bergbau vorlegte, ist es im Parlament nicht mehr zur Beschlußfassung über den Gegenstand gekommen. Bis 1869 in der Gewerbeordnung des Norddeutschen Bundes dann die Koalitionsfreiheit ausgesprochen wurde, besann man sich gegenüber Streikenden angesichts der schwebenden Novellierung wenigstens auf eine mildere Praxis. An späteren Versuchen zur Einschränkung der Koalitionsfreiheit hat es auch im Ruhrbergbau nicht gefehlt; der in anderen Bergbaurevieren so erfolgreiche Versuch, die Knappschaftskassen als Druckinstrument durch Ausstoßung ausständiger Arbeiter zu nutzen, ist hier allerdings über Anstöße und Meinungen nicht hinausgekommen[267].

Trotz der zeitlichen Distanz steht der Zusammenhang zwischen der Bittschrift von 1867 und der Streikbewegung im Essener Raum vom Herbst 1868 außer Zweifel: Die im Sommer 1867 aufgrund der Bekanntmachung der Grubenverwaltung auf den Stinnes-Schächten angedrohte Schichtzeitverlängerung ist zum 1. September 1868 in die Tat umgesetzt worden[268]. Die daraufhin sofort von den betroffenen Belegschaften beratene Arbeitseinstellung darf als die erste bergbauliche Streikbewegung im Revier gelten, die sich von den alten Formen behördlicher Konfliktregulierung gelöst hat und das Gesicht moderner Streiks in Umfang, in Kampfformen und in der Rollenfunktion der beteiligten Gruppen annahm[269]. Schließlich ist es hauptsächlich dieser Streikbewegung zu danken

---

266 Zum Vergleich: Nach dem Streik von 1889 erachtete es das Kollegium des Oberbergamts einstimmig „für richtig, nicht sowohl den Contractbruch wie auch die Massenausstände evtl. unter Strafe zu stellen", was strafrechtlich als „bewußte Gefährdung des Gemeinwohls" begründet werden sollte. Einen ähnlichen Vorschlag hatte das Oberbergamt bereits 1887 gemacht. Vgl. OBA 1809 Bl. 2–45 OBA/HM, Gutachten 18. 9. 89 (Entw.).

267 *Anders*, Koalitionsfreiheit, S. 104–106, verweist übertreibend auf die §§ 165–186 ABG, wonach die Knappschaften praktisch jeden Gebrauch der Koalitionsfreiheit vereitelt hätten. Vgl. hierzu oben S. 290, unten Anm. 277, S. 458 und 480.

268 *Möllers*, Politische Strömungen in Essen, übersieht diesen Zusammenhang; vgl. aber schon [*H. Imbusch*], Zur Lage der Bergarbeiter im Essener Bezirk, [1910], S. 40.

269 Im folgenden nach der ausführl. Darstellung bei *P. Möllers*, Politische Strömungen in Essen, S. 135–139; *ders.*, Essener Arbeiterbewegung. S. 55–57. *Möllers* stützt sich überwiegend auf die zeitgenöss. Presse (Essener Zeitung) und die einschlägigen Bestände STAD, die auch hier herangezogen sind; vgl. bes. LRE 74 LRE/RPD v. *Kühlwetter* 22. 9. 68 (Entw.) und OPK 177 vol. II Zeitungsbericht RPD v. 28. 10. 68, S. 103–130 (in Ergänzung

gewesen, daß der Essener ADAV für kurze Zeit festen Fuß unter den Bergleuten und Arbeitern fassen konnte[270].

Das in der Petition 1867 genannte Vorhaben der Gedingereduktion und Arbeitszeitverlängerung ist von den Grubenverwaltungen einseitig und ohne Einhaltung der Kündigungsfristen verhängt worden. Die anscheinend geschlossene Arbeitseinstellung der Belegschaften von 1500 Bergleuten stand von Anfang an unter der Führung jener schon länger im Essener ADAV rührigen Arbeitergruppe um den Buchbinder *Friedrich Wilhelm Raspe*[271], der Anfang 1868 nach Essen gekommen war und inzwischen bereits als Bevollmächtigter der örtlichen ADAV-Gemeinde amtierte. Am 6. September fand unter *Raspes* Führung eine Bergarbeiterversammlung statt, die die Entsendung einer Delegation von Arbeitern an die Grubenverwaltung beschloß. Mit *Andreas Grammich, Johann Laskowsky, Daniel Eckhardt, Emil Brenner, Johann Schirei, Wilhelm Erbach, Johann Weiland* und *Husemann* gehörten dieser Gruppe auch notorische Essener ADAV-Mitglieder an, die z. T. bis lange über den Streik von 1872 hinaus als Bergarbeiterführer in den Vordergrund treten sollten; erstmals wurde hier auch *D. Eckhardt*, der die Bergarbeiterbewegung noch im Maistreik 1889 führte, genannt.

Mit ihren Forderungen nach Beibehaltung der bisherigen Lohnverhältnisse, nach Achtstundenschicht einschließlich der Ein- und Ausfahrt sowie nach Unterlassung jeder Maßregelung wurden aus dieser Gruppe *Eckhardt* und *Grammich* in Begleitung von *Raspe* von *Gustav Stinnes* als dem Repräsentanten der Anlagen beschieden, er wolle nur verhandeln, wenn die Belegschaft einig geworden wäre. Auf einer zweiten Versammlung, die eine Woche später im städtischen Garten von 2500 bis 3000 Personen besucht wurde, konnte zwar aus rechtlichen Gründen kein Streikbeschluß gefaßt werden; man behalf sich mit entsprechenden Absichtserklärungen[272] und verstärkte das aus der Deputation gebildete Komitee durch Wahl der Bergleute *Heinrich* und *Wilhelm Knippschild, Hermann Lumka* und *Johann Mühlenbeck.* Am Morgen des 14. September sind nur noch 50 bis 60 Bergleute angefahren[273]. Das gewählte Komitee eröffnete ein Büro in der Essener Innenstadt und machte durch Plakataktionen von sich reden. Die Werbung um Unterstützung blieb in Kreisen des örtlichen Bürgertums nicht ohne Resonanz; von später abgerechneten Einnahmen von 738 Talern entfielen 183 Taler auf auswärtige Parteigenossen und immerhin 227 Taler auf Essener Bürger. Wenn auch

zur Darstellung von *Möllers*). Vgl. ferner *Schmidt*, Erster Massenstreik der Bergleute S. 113 f.; *Hue* II S. 153 f. Für *R. Jahn*, Essener Geschichte, 1952, war dieser Ausstand der „erste bekannte" von Bergleuten in Essen (S. 504).

270 Vgl. RPD im Zeitungsbericht Anfang 1868 (OPK 177 vol. II S. 3—34): „Die sozialdemokratische Parthei hat sich als nicht lebensfähig in ihrem politischen Auftreten bewährt und jedenfalls ist die Zahl ihrer Anhänger auf einzelne industrielle Districte beschränkt, daher die Parthei in jeder politischen Vertretung auf eine nicht gefährliche Minorität beschränkt". Vielmehr: „Leider ist die in ihrer maßlosen Opposition unverbesserliche Stadt Berlin von dem aller übelsten Einfluß auf die Provinzen; das Mäkeln und Nörgeln an den Maßnahmen der Regierung wird von Berlin aus zur Modesache gemacht und das Volk gewöhnt sich an die Kost, welche ihm täglich durch seine Lektüre zugeführt wird".

271 *Raspe* soll verkündet haben, wenn er Bergmann auf den fraglichen Zechen wäre, würde er nicht arbeiten; er wolle das den Anwesenden aber nicht sagen, da er wisse, daß dies strafbar sei; nach *Möllers*, Essener Arbeiterbewegung, S. 55. — Bevor der am 21. 1. 44 geborene *Raspe* nach Essen kam, hatte er gegen Ende der 50er Jahre Gefängnisstrafen wegen Unterschlagung und Bettelei verbüßt und auf seinen eigenen Wunsch in der Korrektionsanstalt Brauweiler das Buchbinderhandwerk erlernt. Vgl. *Möllers*, Polit. Strömungen, S. 134 Anm. 3.

272 Vgl. Anm. 271; zu der Versammlung s. *Möllers*, Essener Arbeiterbewegung, S. 55.

273 Nach RD 303 Bl. 148; *Möllers* erwähnt noch 40 anfahrende Bergleute.

manche Essener, wie etwa der Landrat *von der Heydt*[274], ein solches Verhalten bedauerlich fanden, gab es doch auch in den Behörden Stimmen, die die streikverursachenden Maßnahmen der Zechenleitung nicht billigten[275]. Die allgemeine Erregung unter den Bergleuten hat *Raspe* neben den örtlichen Zielen geschickt für die Werbung um den für den 26. September nach Berlin einberufenen ADAV-Kongreß, der die Gründung von Arbeiterschaften beschließen sollte, genutzt.

Die Grubenverwaltungen bemühten sich inzwischen um andere Arbeiter und sprachen am 21. September die Entlassung der Belegschaften beider Anlagen aus. Auf diesem Höhepunkt der Ausstandsbewegung bildete sich unter Essener Bürgern ein Komitee, um zwischen den Streikenden und dem Repräsentanten zu vermitteln. Am Zustandekommen dieser Initiative scheint der Essener Revierbeamte Bergmeister *Schrader* führend beteiligt gewesen zu sein: Ihm ist wenige Tage nach Streikende von höchster Stelle Anerkennung „für die fachgemäße Behandlung dieser Angelegenheit", der er sich freilich in Überschreitung seiner Kompetenzen angenommen hatte, ausgesprochen worden[276]. Im Handelsministerium erwog man übrigens schon bei dieser ersten aufsehenerregenden Arbeitseinstellung der Essener Bergleute eine Änderung der Knappschaftsstatuten solcherart, um „mit größerem Nachdrucke durch den Hinweis auf den eintretenden Verlust der Benefizien der Knappschaftsinstitute auf ein maßvolles Verhalten der Bergleute einzuwirken"[277].

Das Komitee der Essener Bürger konnte noch am 21. September durch Bekanntmachung verbreiten, daß das Haus *Stinnes* unter solchem Druck der Öffentlichkeit zur Wiederherstellung der früheren Lohnverhältnisse und zur Festsetzung einer 8 1/4stündigen Arbeitsschicht bereit war — Bedingungen, unter denen jeder wiederanfahrende Bergmann Arbeit erhalten sollte. Am 23. September wurde auf Victoria Mathias wieder gearbeitet. In den folgenden Monaten blieben die Streikführer von Maßregelungen nicht verschont; gegen 32 Bergleute und Mitglieder des Arbeiterkomitees erließ die Essener Staatsanwaltschaft wegen Streikverabredung und Behinderung Arbeitswilliger Anklage[278]. Gegen die in erster Instanz ausgesprochenen Freiheitsstrafen bis zu einer Woche in einem Fall — *D. Eckhardt* und 10 weitere Bergleute erhielten je 3 Tage — ist von beiden Seiten appelliert worden. Im Mai 1870 wurden alle Angeklagten in Hamm freigesprochen, da inzwischen das Koalitionsverbot durch die Gewerbeordnung von 1869 aufgehoben worden war. Allein *A. Grammich,* der sich unter der Verdächtigung der übrigen Komiteemitglieder, daß eingesammelte Gelder veruntreut worden

---

274 Vgl. *Möllers*, Essener Arbeiterbewegung, S. 56, und LRE 74, an RPD 22. 9. 68 (Entw.).

275 Z. B. RPD *v. Kühlwetter* in seinem Zeitungsbericht, OPK 177 vol. II S. 103—130 v. 28. 10. 68.

276 HM/OBA 29. 9. 68; Geheimes Staatsarchiv Rep. 120 I B IX 6. 110 vol. I (Die bei den Berg-, Hütten- und Salzwerken vorgekommenen Arbeitseinstellungen und Arbeiterbewegungen 1868—1869); s. ebd. OBA/Bergmeister *Schrader* 16. 9. 68 (bemerkt die fehlende Zuständigkeit für Vermittlungen zwischen den Interessengegnern); Berghauptmann *Prinz Schönaich/* HM *v. Itzenplitz* 23. 9. 68. Alle Schreiben abschriftlich im Nachlaß Schulz, Hamburger Bibliothek für Sozialgeschichte und Arbeiterbewegung.

277 HM/OBA 7. 12. 68 (Abschr.); der zitierte Schlußsatz dieses Schreibens wurde auf Betreiben von *Krug v. Nidda* und *v. Rynsch* kassiert. Quelle: wie Anm. 276. Die Bekanntmachung des Bürgerkomitees über das Vermittlungsergebnis findet sich gedruckt bei *Imbusch*, Arbeitsverhältnis, S. 235 f.

278 Zum Folgenden vgl. RD 303 Bl. 51 f. Staatsanwalt *Schlüter*, Essen/LRE 2. 5. 69 wegen Anklageerhebung (Abschr.); ebd. Bl. 103 f. Urteil gegen *Raspe* etc. 2. 7. 69, Bl. 216—231; Bl. 148 Urteil der 2. Instanz.

seien, mit seinen Kameraden entzweit und nicht die zweite Instanz angerufen hatte, mußte seine Strafe verbüßen.

Der Essener ADAV hat die Gunst der Stunde zu nützen gewußt. *Raspe* berief auf den 20. September eine Volksversammlung, durch die in einem von 4000 bis 5000 Menschen überfüllten Saal *Raspe, Laskowski* und *Gustav Müller* als Delegierte der Bergleute in Berlin gewählt wurden; zu ihnen traten noch *Anton Deppel* aus Essen als Delegierter für 6000 Maurer und 2000 Bauhandwerker; *N. Sauerborn* und *G. Windhövel* für 350 Schneider und 400 Drechsler und Schlosser; als einziger weiterer Ort des Ruhrgebiets war *H. Lichters* für 6000 Eisenarbeiter, Schiffbauer und Zigarrenarbeiter in Duisburg in den Delegiertenlisten angeführt[279]. Auf dem bis zum 10. Oktober dauernden Arbeiterkongreß sprach sich *Raspe* dagegen aus, den Beitritt der Essener Bergleute zu dem zu gründenden Arbeiterschaftsverband ohne deren Zustimmung zu vollziehen; in recht geschickter Versammlungsregie erschien dann *C. W. Tölcke* zu einer von *Raspe* zwecks Berichterstattung auf den 11. Oktober 1868 einberufenen Versammlung Essener Bergleute, um den Anschluß an den Arbeiterschaftsverband zu empfehlen. Tags darauf ist die Allgemeine Genossenschaft der Berg-, Hütten- und Salinenarbeiter gegründet und am 13. Oktober durch *Tölcke* dem Berliner Polizeipräsidium zur Kenntnis gebracht worden[280]. Obwohl *Tölcke* sich bereits in Iserlohn auf eine große Anhängerschaft stützen konnte[281], wurde in klarer Erkenntnis der Ausbreitungs- und Agitationsbedingungen dieses Vereins dessen Vorort nach Essen gelegt, wo sich auch der Ausschuß konstituierte, während der Sitz in Berlin sein sollte[282]. Neben *Tölcke* als Präsident und zwei Iserlohner Bergleuten waren *Raspe* und *Laskowski* im Präsidium genannt; *Eckhardt* wurde Bevollmächtigter, *Schirei* Ortskassierer in Essen. Das Streikkomitee vom Anfang September hatte damit die Schlüsselpositionen der neuen Genossenschaft eingenommen; einige seiner Mitglieder traten auch in den Ausschuß.

---

279 Delegiertenverzeichnis bei *August Bringmann*, Die Geschichte der deutschen Zimmerer-Bewegung. Hg. im Auftrage des Zentralvorstandes der Zimmerleute und verwandten Berufsgenossen Deutschlands. Bd. I Hamburg 2. Aufl. 1909, S. 327—335. — Entgegen *Imbusch*, Arbeitsverhältnis, S. 210, und *Hue* II S. 273, hält *Möllers*, Essener Arbeiterbewegung, S. 58 Anm. 43, die von den Delegierten auf dem Kongreß angegebenen Zahlen für „nicht von vornherein unglaubwürdig". Der Umstand, daß die Angabe von 6000 Vertretenen häufig wiederkehrt, erlaubt dagegen einige Skepsis — ganz abgesehen davon, daß im Essener Stadtgebiet und in der näheren Umgebung schwerlich an 6000 Bergleute hierfür zu gewinnen gewesen sind. — In der Literatur zum Gründungskongreß der Arbeiterschaften hat eine, wie schon das Essener Beispiel zeigt, deutlich falsche Addition der im Delegiertenverzeichnis angegebenen Vertretenenzahlen zu der mißverständlich hohen Angabe von 140 000 geführt. Hierin sind bei solcher Zählung 18 000 Essener Bergleute enthalten; die genaue Untersuchung auch anderer Zahlenangaben dürfte weitere Mehrfachzählungen derselben Wahlversammlung erweisen. Vgl. z. B. *Hermann Müller*, Geschichte der dt. Gewerkschaften b. z. Jahre 1878. Berlin 1918, S. 61; *Karl Fugger*, Geschichte der dt. Gewerkschaftsbewegung. Berlin 1949, ND 1971, S. 41; zurecht vorsichtig dagegen *Dieter Schuster*, Die dt. Gewerkschaftsbewegung. DGB. Berlin 4. Aufl. 1973, S. 15 f.

280 Text dieses Schreibens im Anhang S. 636 f. Zur Entwicklung von ADAV und Bergarbeitergenossenschaft im westlichen Revier vgl. *Hans-Otto Hemmer*, Die Anfänge der Bergarbeiterbewegung im Ruhrgebiet bis zum Bergarbeiterstreik von 1889. Bochum 1972 (Ms., Staatsexamen), S. 25—53.

281 Der Iserlohner ADAV erfaßte mit 700 Mitgliedern Ende der 60er Jahre „so ziemlich alle Arbeiter" der Stadt; vgl. *Mehring*, Geschichte der dt. Sozialdemokratie Bd. II, S. 195 f., 298.

282 Dies hat innerbehördlich zu einer durch IM-Erlaß an RA u. RD 18. 3. 69 geregelten Kompetenzverwicklung geführt; vgl. RD 303 Bl. 18.

Nach den Statuten[283] bezweckte der Verein, „die Ehre und die materiellen Interessen der Beteiligten zu wahren und zu fördern". Gegen ein Eintrittsgeld von 5 Sgr. und einen Beitrag von wöchentlich 1 Sgr. erwarb jedes männliche oder weibliche Mitglied Anrechte auf ein Beerdigungsgeld sowie auf Unterhalt, wenn es „infolge seines Auftretens für die Arbeitersache brotlos geworden ist". Neben diese Streik- und Gemaßregeltenunterstützung trat ein wohl aus den Satzungen anderer Arbeiterschaftsverbände entlehntes, für Bergleute vielleicht eine Erinnerung an die alte knappschaftliche Wanderunterstützung heraufbeschwörendes, aber völlig überflüssiges Reisegeld. In der Leitungs- und Entscheidungsstruktur schloß sich dieser erste Versuch der gewerkschaftlichen Zusammenfassung von Ruhrbergleuten den vom Berliner Kongreß entworfenen Musterstatuten, damit „als Kampfgenossenschaft für die siegreiche Durchführung von Arbeitseinstellungen" dem zentralistischen lassalleanischen Organisationsmuster an[284]; allerdings stand dem Ausschuß des Vereins gegenüber dem die laufenden Geschäfte „mit unbedingter Vollmacht" führenden Präsidenten das wichtige Genehmigungsrecht für Arbeitseinstellungen (Erklärung zur Verbandssache) zu. Der Ausschuß war durch die Mitglieder des von der Generalversammlung als dem beschließenden Organ bestimmten Vororts mit 11 Personen durch Wahl zu besetzen; er hatte über alle Angelegenheiten zu beschließen, die nicht Sache der Generalversammlung waren. Diese setzte sich aus Delegierten der Mitglieder jedes Orts, die Stimmrecht nach Maßgabe der nachgewiesenen Mitgliederzahl besaßen, zusammen und sollte jeweils unmittelbar nach der Generalversammlung des Allgemeinen Deutschen Arbeiterschaftsverbands tagen, um über Statutenfragen, Rechnungslegung, Präsidium, Vorort und Gehälter der Vereinsfunktionäre zu befinden. Das Bevollmächtigtensystem umging die vereinsrechtlichen Vorschriften, indem rechtlich jedes Ortsgruppenmitglied als Mitglied eines einzigen Vereins mit Sitz in Berlin fungierte; zugleich bot es das wirksamste Instrument zentralistischer Führung.

In Essen hat sofort nach Gründung dieser Bergarbeitergenossenschaft im Schoße des örtlichen ADAV eine lebhafte Agitation für den neuen Verband eingesetzt. Nach mehreren Versammlungen gegen Jahresende 1868 kam es hier im Anschluß an eine Kundgebung zu Straßenaufläufen und handgreiflichen Auseinandersetzungen zwischen Versammlungsteilnehmern und Polizei mit Verwundeten und zahlreichen Verhaftungen[285]. Nach diesen Vorgängen wurde *Raspe* am 15. Dezember inhaftiert. Zum Zeitpunkt seiner Entlassung Ende Januar 1869[286] hatte sich die Unruhe längst gelegt, denn die Bewegung war in diesen Wochen durch innere Zerwürfnisse in der Essener ADAV-Gemeinde gelähmt worden. Während der Untersuchungshaft *Raspes* war *Sauerborn* zum Bevollmächtigten der ADAV-Filiale gewählt und bestätigt worden; *Raspe* beanspruchte nach seiner Entlassung seine frühere Position. Da *Tölcke* während einer dreimonatigen Strafhaft *v. Schweitzers* dessen Geschäfte als ADAV-Präsident in Berlin bis in den Februar 1869 zu vertreten hatte[287], blieb die junge Bergarbeitergewerkschaft in den ersten entscheidenden Wochen ihres Bestehens ohne Führung.

In dieser Situation brach am 21. Januar, dem Tag der Entlassung *Raspes*, auf der Mülheimer, nach Essen gelegenen Zeche Alstaden ein Streik aus. Auch in Mülheim hatten Ende 1868 zahlreiche Arbeiterversammlungen stattgefunden; auf einer dieser Versamm-

---

283 Gedruckt bei *Hue* II Anhang S. 739—742, vgl. ebd. S. 273—275.

284 *Mehring*, Geschichte der dt. Sozialdemokratie Bd. II, S. 316.

285 Nach *Möllers*, Essener Arbeiterbewegung, S. 57. Eine Versammlung am 6. 12. soll von 5000 Personen besucht worden sein, s. OPK 177 vol. II S. 133—157.

286 Vgl. RD 303 Bl. 48—52, 103 f.; demnach erhielt *Raspe*, am 21. 1. 69 wegen unzureichender Anklagepunkte entlassen, mit Urteil v. 2. 7. 69 eine Gefängnisstrafe von 9 Monaten.

287 Vgl. *Mehring*, Geschichte der dt. Sozialdemokratie, Bd. II S. 323.

lungen lehnte man den ADAV ab und „setzte eine Kommission ein, die den Auftrag erhielt, eine umfassende Vereinigung der Arbeiter des hiesigen Bezirks einzuleiten"[288]. Wenn auch von dieser Kommission weiter keine Aktivitäten feststellbar sind, zeugt sie doch von den Auseinandersetzungen bereits während der ersten Wochen der neuen Gewerkschaft um die Führung der Bergarbeiterbewegung. Allerdings scheint der Alstadener Streik dann ganz unter den Einfluß von ADAV-Führern geraten zu sein, die auch eine starke Filiale der Bergarbeitergenossenschaft hier aufbauen konnten. — Der Ausstand brach wegen des Übergangs der Zeche von der Zweischicht- zur Einschichtförderung bei großen Absatzschwierigkeiten aus; dies bedeutete Lohneinbußen für die 500 Mann starke Belegschaft. In einer späteren Phase verlangten die Bergleute Gedingezulagen, allgemeine Arbeitszeitverkürzung und eine Regelung der Gezähereparatur[289]. Die Schichtlöhne hatten auf Alstaden mit rund 26 1/2 Sgr. zum Teil geringer als in der Eisenindustrie gelegen. Der Streik blieb erfolglos und wurde auf Zeche Roland, wo die Bergleute ebenfalls vorübergehend die Arbeit eingestellt hatten, bis zum 9. Februar beendet, während sich auf Alstaden die Bergleute am 12. Februar „noch immer renitent" verhielten. Zum Mißerfolg dieses Streiks trug vor allem auch die in ihrer Rechtmäßigkeit vom Oberbergamt allerdings bezweifelte Anwendung des § 21 des Mülheimer Knappschaftsstatuts über Verlust der Leistungsansprüche bei Ungehorsam bei. Die Alstadener Bergleute wählten aus ihrer Mitte eine Deputation, die ihre Beschwerden dem Verwaltungsrat der Zeche in Lüttich vortragen sollte — ein Vorhaben, das dann anscheinend nicht ausgeführt worden ist. Der Mülheimer Bürgermeister hielt dann auch diese Bewegung insgesamt „für ganz ungefährlich", und im Nachhinein konnte festgestellt werden, daß sie „ohne erhebliche Störungen"[290] beendet worden war.

Als Ursache für diese geringe Durchschlagskraft ist schon zeitgenössisch das Festhalten der Bergleute an überkommenen Formen der Konfliktregelung erkannt worden. Bisher hätten die Bergleute, so fügte das Oberbergamt seiner ausführlichen Berichterstattung an[291], sich bei Streiks stets der Vermittlung durch die Revierbeamten zu bedienen versucht; indessen sei unverkennbar, „daß der Einfluß, welchen die Bergbehörde auf die Bergleute und die Werkseigentümer noch besitzt, wesentlich in der Erinnerung an die Kompetenz beruht, welche der Bergbehörde früher gesetzlich zustand. Mit der im Schwinden begriffenen Erinnerung muß auch der Einfluß der Bergbehörde ebenmäßig abnehmen". Um dieser Entwicklung vorzubeugen, empfahl man noch einmal in Dortmund, entweder auf gesetzlichem Wege die frühere Vermittlungskompetenz der Revierbeamten wiederherzustellen oder Schiedsgerichte einzuführen, bei deren Zusammensetzung analog den Knappschaftsvorständen zu verfahren sei. Dieser für die Zeit erstaunliche Vorschlag und die ihn tragende Erkenntnis der Konfliktursachen in den Interessengegensätzen der neuen Bergbauorganisation ist in den 1870er Jahren, als man sich

---

288 *F. Mogs,* Sozialgeschichtl. Entwicklung der Stadt Oberhausen, Diss. 1956, S. 78.

289 Vgl. RD 302 Bl. 218 Bürgermeister Mülheim/LR Duisburg 28. 1. 69; Bl. 226 Bericht des Bürgermeisters v. 22. 1. 69; ebd. weitere Berichte; ferner OPK 177 vol. II S. 159—196. Wahrscheinlich ist dieser Streik mit dem von *W. Steglich,* Streiktabelle 1864—1880, 1960, Nr. 93, auf den 18./19. 1. 69 datierten Streik von Ruhrbergleuten um Löhne identisch; zum Streikverlauf s. auch *Mogs,* Oberhausen, S. 77—80. Bei *H. Forster,* Von öder Heide zur Industrie-Großstadt (Oberhausen), Diss. 1922, S. 56, wird dieser Streik auf 1868 datiert, vgl. S. 38 f.

290 OPK 177 vol. II S. 159—196, Zeitungsbericht RPD 14. 4. 69.

291 OBA/HM 16. 2. 69 (Abschr.: Nachlaß Schulz — vgl. o. Anm. 276 — aus Geheimes Staatsarchiv Rep. 120 I B IX 6.110 vol. I).

angewöhnte, die Konfliktursachen bei den Reichsfeinden zu suchen, vollständig verschüttet worden[292].

In den Wochen des Mülheimer Streiks strebte die Arbeiterbewegung des westlichen Ruhrgebiets ihrem — nach dem Essener Herbststreik — zweiten Höhepunkt zu, der trotz der Querelen im Essener ADAV zu einem der erstaunlichsten Erfolge der frühen Arbeiterbewegung überhaupt führte und zugleich die Chancen der gewerkschaftlichen und parteipolitischen Organisierung der Ruhrarbeiterschaft in dieser frühen Phase in ein besonderes Licht rückt. Die Wahl *W. Hasenclevers* als des dritten ADAV-Abgeordneten im Norddeutschen Reichstag war das Resultat einer günstigen lokalen parteipolitischen Situation[293] so sehr wie der anscheinend mustergültigen, von den Gegnern neidvoll gefürchteten Wahlkampforganisation des ADAV. Nachdem Ende 1868 der Duisburger Bürgermeister *Keller* die Rückgabe seines Mandats angekündigt hatte, leitete *Tölcke* die Wahlagitation durch ein Schreiben an den „Sozialdemokrat" ein, indem er die Kandidatur *Hasenclevers* bekanntmachte und zu Geldsammlungen und festem organisatorischen Zusammenhalt aufrief: „Alle Schattierungen der sogenannten liberalen Partei einigen sich, um im Bunde mit den Konservativen uns entgegen zu treten als eine einzige kompakte reaktionäre Masse. Wohlan, nehmen wir den Kampf auf!"[294] Der auch von *Hasenclever* selbst anscheinend sehr geschickt geführte Wahlkampf, der von einer regen Versammlungsagitation aller sozialdemokratischen Arbeitergruppen im westlichen Revier getragen wurde, endete mit einem deutlichen Sieg des Arbeiterkandidaten über den „Kompromißkandidaten" *Dr. Hammacher* und den „Regierungskandidaten" Landrat *Keßler* bereits im ersten Wahlgang am 22. Februar 1869. Der Erfolg war, so wurde in Regierungskreisen bedauert, auch auf die „Nachlässigkeit der konservativen Partei"[295] zurückzuführen, dürfte aber in erster Linie den Wahlstimmen der handwerklichen Mittelschichten zu verdanken sein.

Dieselben Regierungskreise[296] haben den Wahlsieg durchaus zutreffend vor dem Hintergrund der Auseinandersetzungen im ADAV im Ruhrgebiet eingeschätzt. Hatte man noch Ende 1868 angesichts des Essener Streiks Militär zur Verfügung gehalten und sich besorgt über Straßentumulte und erforderliche Säuberungsaktionen „mit der Klinge" geäußert, so konstatierte man bereits im Frühjahr 1869 befriedigt das Nachlassen der Versammlungstätigkeit, was „theils in der sehr mangelhaften Leitung der Bewegung, theils im Zwiespalt unter den Bergleuten und der Zersplitterung der früher kompakten Massen in verschiedene Partheien" begründet sei. Waren also nach dem Wahlkampf die Führungsauseinandersetzungen wieder in den Vordergrund getreten, so kamen nun zusätzliche Streitereien durch Fraktionierungen in der Bergarbeiterschaft hinzu, die gewiß jener bereits dargestellten Gründung einer ersten Vereinigung katholischer Knappenvereine im Essener Raum zuzuschreiben sind. Hier deutet sich bereits erstmals die später wiederkehrende Konstellation der Bergarbeiterbewegung zwischen einem katholisch- und einem sozialdemokratisch-gewerkschaftlichen Pol an; verblüffend ist neben der Tragkraft dieser Konstellation insbesondere ihr Ursprung in diesem Gewerkschaftsgründungsjahr 1868[297].

---

292 Vgl. unten S. 487 ff.
293 Vgl. detailliert Aufbruch 1864—1890, S. 98—103.
294 Nach ebd. S. 99.
295 OPK 177 vol. II Zeitungsbericht RPD 14. 4. 69, S. 159—196.
296 Im folgenden nach ebd., Zeitungsberichte RPD 1868/1869.
297 *Imbusch* berichtet über die Gründung eines Grubenarbeiterverbands neben der Allgemeinen Genossenschaft der Bergleute (vgl. 25 Jahre Gewerkverein, S. 8, 12, und andere Schriften); es handelt sich jedoch um denselben Verband. *Neumann*, Gewerkschaften im Ruhrgebiet,

Die Streitereien um die Führung im Essener ADAV mußten bei der weitgehenden personellen Verquickung auch auf die Genossenschaft der Bergleute übergreifen. Der Konflikt mit *Sauerborn,* dem neuen Essener Bevollmächtigten, war für *Raspe* jedoch anscheinend nur ein zusätzlicher Anlaß, sich den künftigen „Eisenachern" zuzuwenden, so daß der überregionale Parteienhader ebenfalls früh auf den Essener ADAV übergriff. Während sich die Duisburger Gemeinde in den folgenden Jahren nicht in Richtungskämpfen zermürbte, haben die Mülheimer Arbeitervereinler unter dem Austritt ihres Bevollmächtigten und Funktionärs der Bergarbeitergenossenschaft, *G. Windhövel,* im Sommer 1868 einen starken Rückgang erlitten. *Windhövel, Raspe* und der sich anschließende ehemalige Bevollmächtigte *Vogel,* die über einen recht großen Anhang verfügten, haben im westlichen Revier die formell allerdings anscheinend nicht konstituierte Eisenacher Gegengruppe zu den etablierten ADAV-Filialen gebildet. *Raspe* stellte sich in der Bergarbeitergenossenschaft gegen *Tölcke* und vereitelte dessen Versuch, im Frühjahr 1869 eine Mitglieder- und Ausschußsitzung zusammenzurufen; *Raspe* habe, so berichtete *Tölcke* auf der am 28. März 1869 in Barmen-Elberfeld eröffneten 8. Generalversammlung des ADAV[298], unter anderem in der Tagespresse zu Vereinsversammlungen eingeladen und dazu auch den „Sozialdemokraten" benutzen wollen. Als *v. Schweitzer* auf dem Kongreß ein Vertrauensvotum verlangte, um die von *Bebel* und *Liebknecht* gegen ihn im „Demokratischen Wochenblatt" erhobenen Vorwürfe zu entkräften, enthielten sich *Raspe* und *Vogel* der Stimme; in der Opposition gegen *Schweitzer* fanden sich bei dieser Abstimmung Namen wie *Bracke, Geib* und *Yorck. Schweitzer* berief selbst in Essen auf den 1. April 1869 eine Mitgliederversammlung ein, um die Auseinandersetzungen im Essener ADAV zu schlichten, aber die daraufhin eingetretene Beruhigung war nur von kurzer Dauer. Denn nach dem berühmten „Staatsstreich" *Schweitzers*[299] im Sommer 1869 traten *Raspe* und *Vogel,* letzterer Mitunterzeichner des Aufrufs zum Eisenacher Kongreß, in einer Reihe von Versammlungen in Essen unter teilweise tumulthaften Begleitumständen, in denen sich freilich der alte ADAV behaupten konnte, auch öffentlich auf die Seite der künftigen Eisenacher[300]. Man war unter den Essener Arbeitern indessen der Meinung, es sei nun genug „geraspelt" worden. Dem kam entgegen, daß *Raspe* nach dem Eisenacher Kongreß zur Verbüßung einer neunmonatigen Gefängnisstrafe für einige Zeit von der politischen Bühne verschwinden mußte[301].

Unter solchen Bedingungen war kaum noch auf Resonanz der jungen Bergarbeitergewerkschaft unter den vom Parteienhader zunehmend abgeschreckten Arbeitern zu hoffen. Die Werbungsversuche sind jedoch, obwohl der Essener Landrat *von der Heydt*

S. 26, folgt *Imbusch* in dieser Frage. Eine Verbindung der sog. freien Knappenvereine, die als Organisationen während der Streikbewegung 1868 jedenfalls noch nicht in Erscheinung traten, mit den ADAV-Filialen läßt sich vorläufig nicht belegen (s. aber *Neumann,* a. a. O. S. 22, 26).

298 Vgl. *Möllers,* Essener Arbeiterbewegung, S. 62, nach Berichten der Essener Zeitung; z. Generalversammlung s. *Mehring,* Geschichte der dt. Sozialdemokratie, Bd. II S. 333 f.

299 Vgl. *Mehring,* a. a. O. S. 342.

300 Vgl. *Möllers,* Essener Arbeiterbewegung, S. 63. Vor 1869 hatte es neben der Ausschußmitgliedschaft *F. A. Langes* nur sehr lockere Verbindungen zwischen dem Vereinstag dt. Arbeitervereine und der Arbeiterschaft des Ruhrgebiets gegeben: Im Juni 1863 hatte ein Mülheimer Bildungsverein zur Gründungsversammlung einen Delegierten entsandt; am Eisenacher Kongreß nahm nur *Raspe* als Essener Delegierter teil. Vgl. *D. Dowe,* Arbeiterbewegung in der Rheinprovinz, S. 72.

301 Vgl. oben Anm. 286.

der Vereinigung im April 1869 nur ein „kümmerliches Dasein" attestieren mochte[302], nicht völlig auf sandigen Boden gefallen. Die Versammlungsagitation ging von den beiden bisherigen Filialen in Essen und Iserlohn aus. In Iserlohn wirkte sich allerdings ein zweiwöchiger erfolgloser Streik der Galmeibergleute wegen Lohn- und Arbeitszeitdifferenzen mit Sicherheit nachteilig auf die Allgemeine Genossenschaft aus[303], so daß die auch näher zu Essen gelegene, auf der Generalversammlung des Arbeiterschaftsverbands in Kassel vom 23. bis zum 26. Mai 1869 durch *Rex* vertretene Hattinger Filiale mit 256 Mitgliedern vielleicht eine Essener Gründung ist. Neben Hattingen waren in Kassel aus dem Ruhrgebiet noch Vereinsgruppen aus Essen (224 Mitglieder), Wattenscheid (35), Alstaden bei Mülheim (367), Sterkrade (22) und Mülheim (395) durch *Raspe* und *Windhövel* vertreten. Außerhalb des Ruhrgebiets hatte die Genossenschaft bisher nur unter den sächsischen Braunkohlen- und Kalibergarbeitern südlich Magdeburgs (Aschersleben, Staßfurt u. a.) Mitglieder gewinnen können.

Dieser bei aller Skepsis gegenüber den angegebenen Mitgliederzahlen bemerkenswerte Erfolg im westlichen Revier wurde von einer von Essen ausgehenden Versammlungsagitation getragen. Etwa fand, einberufen von dem Rotthausener Bergmann *E. Bremer*, eine erste Versammlung von Bergleuten in Gelsenkirchen am 13. April statt, auf der *Raspe* referierte; fortan traf man sich sonntäglich[304]. Der besorgte Gelsenkirchener Amtmann *Nolte* hatte mit der Überwachung Anfang Mai alle Hände voll zu tun — zuerst mit einem Streik der Arbeiter in der Kesselfabrik Renson und Mönting, dem sich bald eine Arbeitsniederlegung der Bergleute von Consolidation anschloß. Für den Amtmann bestand kein Zweifel, daß diese anscheinend erfolglose Aktion von 1000 Bergleuten um die Einführung einer achtstündigen Schicht von der Allgemeinen Genossenschaft der Bergleute angezettelt worden war. Nach einer Versammlungsauflösung hatte es im Streikverlauf Ende Mai 1869 eine Straßenansammlung von etwa 1500 Personen in Gelsenkirchen gegeben, bei der die „Säuberung der Straße" von Steinwerfern nur noch durch Polizisten mit „flacher Waffe" zu bewerkstelligen war. Für Anfang Juni sind dann, vielleicht in Erwartung einiger Verbote, für Gelsenkirchen an einem Wochenende gleich vier Versammlungen angekündigt worden, in deren Verlauf Zweigvereine des ADAV und der Bergarbeitergewerkschaft gegründet wurden, die der eifrige Amtmann sogleich aufgrund des Vereinsgesetzes für vorläufig geschlossen erklärte. In den ersten Juniwochen kam es hier zu insgesamt 18 Festnahmen; die Versammlungstätigkeit dehnte sich zugleich bis nach Wattenscheid und sogar in den Bochumer Raum mit zwei Zusammenkünften von etwa 100 Arbeitern und Bergleuten aus. Hier scheiterte der ebenfalls von *Emil Bremer* unternommene Versuch zur Gründung einer Filiale des *Tölckeschen* Verbands allerdings in den Anfängen am Widerstand der Behörden[305].

In Dortmund hatte der ADAV bisher kaum Fuß fassen können. Nach den frühen, 1864 gescheiterten Versuchen zur Bildung einer Gemeinde gelang es erst im Oktober 1868 dem soeben aus Schlesien zugezogenen Schneidergesellen *Joseph Bönsch*, der fortan über Jahrzehnte hinweg im Mittelpunkt der Dortmunder Arbeiterbewegung wirken sollte,

---

302 RD 303 Bl. 22 LRE/RD 3. 4. 69. *Möllers*, Essener Arbeiterbewegung, S. 60, schließt sich diesem Urteil an.
303 Vgl. *Hue* II S. 273.
304 Im folgenden nach LRB VIII 30, Berichte des Amtmanns *Nolte*/RA u. RPA *v. Holtzbrink*, z.B. 19. 6. 69 (Abschr.); ergänzend s. RA I Pr 75 Bl. 256 RA/IM 16. 6. 69 (Entw.). Mit einem bei *Steglich*, Streiktabelle Nr. 128, auf den 17. 5. 69 datierten Streik wegen Arbeitszeit wird der nachfolgend beschriebene Streik gemeint sein.
305 Vgl. LRB VIII 470 Bürgermeister Bochum/LRB 14. 4. 70.

eine eigene Filiale aufzubauen[306]; bisher hatte es in Dortmund nur Einzelmitglieder gegeben. Eine Ausdehnung der Agitation für den jungen Bergarbeiterverband auf Dortmunder Gebiet läßt sich trotz einer von der Zeche Hansa am 4. Juni 1869 überlieferten Arbeitseinstellung[307] nicht nachweisen.

Der Essener Vorort der Gewerkschaft war inzwischen den landrätlichen und ortspolizeilichen Repressalien erlegen[308]. Auf Betreiben des Landrats erhob die Staatsanwaltschaft am 4. April 1869 Anklage gegen den Bevollmächtigten, *D. Eckhardt*, wegen Verstöße gegen das Vereinsgesetz. Die Sache stand jedoch nicht zum Besten, als sich die Arnsberger Regierung wegen gleichartiger Maßnahmen gegen die Iserlohner Filiale Auskunft erbat: In zwei Instanzen holte sich die Staatsanwaltschaft eine Abfuhr; die Schließung wurde verworfen, und der anfängliche Freispruch *Eckhardts*, gegen den zugleich noch ein Verfahren wegen des Streiks auf den Stinneszechen 1868 lief, wurde in eine Geldbuße von 5 Tlr. wegen Fristüberschreitung bei der Anmeldung des Essener Vororts nach dem Vereinsgesetz verwandelt.

Dennoch hat die Schließung des Vororts anscheinend den Niedergang der Bergarbeitergenossenschaft, die im Mai 1869 immerhin insgesamt 1814 Mitglieder zählte[309], eingeläutet. Zu den herausragenden Ursachen hierfür ist gewiß die Schwäche der Gesamtbewegung zu rechnen, die sich aus ihrer Zersplitterung gerade in dem für die Arbeiterbewegung so unglücklichen Jahr 1869 ergab. Von den politisch-ideologischen Klüften, die sich in ihrer Führung auftaten, ist gerade die organisierte Essener Arbeiterschaft betroffen worden. Die mangelnde Resonanz der Genossenschaft in den übrigen Orten des Bergbaugebiets kann nicht überraschen, war es doch im Bochumer und Dortmunder Raum schon bisher nicht zu stabilen Filialgründungen des ADAV, von denen Impulse hätten ausgehen können, gekommen. Wenn auch das außergewöhnliche organisatorische und agitatorische Talent und Ansehen des „Tölcke mit dem Knüppel" — er hatte sich einst in einer Berliner Arbeiterversammlung Gehör verschafft, indem er mit seinem Knüppel auf den Tisch schlug[310] — für die Bergarbeitergewerkschaft positiv zu Buche schlagen mußte, so lag in dem starken Engagement *Tölckes* in der Parteispitze doch zugleich ein Hemmnis, das sich in der seit Anfang 1869 sichtbaren Konfrontation mit *Raspe* nur abträglich auswirken konnte. Zudem hat *Tölcke* als überzeugter Altlassalleaner die Gewerkschaftssache gewiß nur halben Herzens betrieben. Er hatte sich zwar einem Zug der Zeit angeschlossen, als die aufkommende Streikbewegung im Jahre 1868 auch dem ADAV und *v. Schweitzer* eine positive Stellungnahme zur Gewerkschaftsfrage

---

306 Vgl. *R. Umbreit*, Beiträge zur Geschichte der Arbeiterbewegung im Industriegebiet, 1932, S. 18, 29 (*Umbreit* stützt sich noch auf mündliche Mitteilungen von *Bönsch*); *H. Wenke*, Arbeiterbewegung im „Land der roten Erde", 1952, S. 148. Zu *Bönsch* s. *Arbun*, Dortmunder Köpfe aus der Arbeiterbewegung, 1955, S. 209.

307 Hinweis aufgrund der zeitgenöss. Presse bei *Mämpel*, Bergbau in Dortmund Bd. II, S. 68.

308 Vgl. RD 303 Bl. 22 LRE/RD 3. 4. 69; Bl. 81 RA/RD 10. 6. 69 mit *brevi manu*-Bericht des Essener Staatsanwalts *Schlüter;* Bl. 90 LRE/RD 19. 7. 69; Bl. 199 Bürgermeister *Hache*/LRE 18. 7. 70; vgl. *Möllers*, Essener Arbeiterbewegung, S. 60. Das Urteil des Hammer Gerichts gegen *Eckhart* s. RD 303 Bl. 127—130.

309 Addition der Mitgliederangaben des Kasseler Kongresses nach *Hue* II S. 275, vgl. auch *Bringmann*, Zimmerer-Bewegung Bd. I (s. Anm. 279), S. 347—352; *W. Ettelt/W. Schröder*, Die Rolle der Gewerkschaftsbewegung bei der Herausbildung der „Eisenacher" Partei, 1971, geben (S. 585) 1800 Mitglieder in 12 Mitgliedschaften an. Die noch von *Hue* II S. 274 genannten Gründungsversuche von Bergleuten im Eschweiler Gebiet, im Bezirk Dillenburg-Wetzlar und in Zellerfeld im Harz sind wohl doch Organisationsversuche des ADAV, nicht der Arbeiterschaft.

310 Vgl. *Herzig*, Sozialdemokratie in Westfalen, S. 143 Anm. 182.

abnötigte, die den Lassalleanern vorübergehend eine Führerrolle in der frühen Gewerkschaftsbewegung eintrug — auf lange Sicht allerdings ließ das Eherne Lohngesetz keinen Raum für eigenständige gewerkschaftliche Organisationen. *Tölckes* antigewerkschaftliche Grundhaltung hat sich dann auch nach der Reichsgründung wieder deutlicher artikuliert. Während der Generalversammlung des ADAV vom Mai 1872 in Berlin brachte er zwei Anträge auf Maßnahmen gegen die Gewerkschaftsbewegung in den eigenen Reihen ein, die nur mit Mühe durch die Resolution des Essener Delegierten *Seelig* aufgefangen werden konnten, wonach die Generalversammlung — auf dem Höhepunkt einer neuen Streik- und Organisationswelle 1872 — den Wunsch nach Auflösung der in ihrem Rahmen bestehenden gewerkschaftlichen Organisationen und nach Zuführung der Mitglieder zur Partei aussprach und Streikkassen im übrigen für „nicht praktisch" hielt[311]. Der an sich gewerkschaftlichen Zielen entgegenkommende parteiorganisatorische Zentralismus, der eine enge personelle Verquickung von Partei und Arbeiterschaften mit sich brachte, hat jedenfalls im Falle Essens das Schicksal der einen mit dem der anderen Organisation mehr als tunlich verbunden, so daß mancher Arbeiter, wie nach einem Zeugnis *D. Eckhardts* überliefert ist[312], kaum zwischen beiden zu unterscheiden vermochte. Im übrigen mußte jede Verhaftung, jedes Verbot des einen oder anderen Vereins bzw. seiner Führer den jeweils anderen ebenso treffen.

Hierin ist ein zentrales weiteres Ausbreitungshemmnis angedeutet. Die behördlichen Verfolgungen, Unterdrückungen und Verbote, in deren Verhängung sich manche Behördenleiter seltenen Ruhm beilegten — um wieviel mehr mußten sich die ausführenden Gendarmen und Polizisten angespornt wissen —, diese stete Verfolgungssituation, die sich mit den betrieblichen Disziplinierungsanstößen wirksam ergänzte, hat mancherorts bereits die Keime selbständiger Artikulation von Arbeiterinteressen erstickt. Die Etablierung der bürgerlichen Klassenherrschaft in den gesellschaftlich-politischen Institutionen im Verein mit der Erhaltung obrigkeitsstaatlich-feudaler Besitzstände und Rechtspositionen brachte aus der Sicht der Arbeiterschaft eine fortdauernde, von Streik zu Streik spürbarer werdende Verfestigung der Strukturen der Unterdrückung. Gegen ihre Erscheinungen ist der ADAV im Ruhrgebiet bei allen unbestreitbaren Erfolgen in der zeitweisen Organisierung der Bergarbeiterschaft, in der Streikführung, der Wahl- und Versammlungsagitation, „nie über Augenblickserfolge hinaus" gekommen[313]: Die Dortmunder Sozialdemokratie hat erst nach der Gothaer Vereinigung einige Geltung erlangt, und im Bochumer Raum hielt die Arbeiterschaft noch lange an den liberalen protestantischen Führern fest. Nur in Duisburg gelang eine dauerhafte politische Organisierung, während die Parteibildung in Essen bald der anbrandenden christlich-sozialen Bewegung erlag. Die frühe Sozialdemokratie hat im Ruhrgebiet die Verbindung zum modernen großbetrieblichen Arbeiter vor allem wegen ihrer halbherzigen Gewerkschaftspolitik, ihres zunehmenden Antiklerikalismus und einer „Tendenz zur Radikalisierung"[314] sowie wegen der örtlichen und überregionalen Führungsquerelen nicht gefunden. Von einem

---

311 Vgl. Protokoll der Generalversammlung des ADAV 1872, S. 4—11; hierzu *H. Müller*, Geschichte der dt. Gewerkschaften (Anm. 279), S. 127 f.; ebd. S. 133; noch auf der Hannoveraner Generalversammlung des ADAV 1874 erwies sich *Tölcke* „mit einer neuen Vernichtungsresolution" gegen die Gewerkschaften als alter Lassalleaner.

312 Vgl. *Hue* II S. 273 nach einer mündlichen Mitteilung *Eckhardts*, wonach man die Allgemeine Genossenschaft der Bergleute „als eine Sektion des Allgemeinen Deutschen Arbeitervereins betrachtet" hat; vgl. auch *Möllers*, Essener Arbeiterbewegung, S. 61.

313 *Hemmer*, Bergarbeiterbewegung, S. 84; vgl. auch *Dowe*, Arbeiterbewegung in der Rheinprovinz, S. 71.

314 Aufbruch 1864—1890, S. 104.

„Hort des Lassalleanismus"[315] im Ruhrgebiet zu sprechen, rechtfertigt sich auch angesichts der Gegenwart eines so prominenten Arbeiterführers wie *Tölcke* bestenfalls im Vergleich mit der Schwäche der Eisenacher im Revier. In der Bergarbeiterschaft war vorläufig für eine radikal-emanzipatorische Programmatik, deren gewerkschaftlich-materieller Wert zudem zweifelhaft blieb, kein Platz, und nicht zufällig hat komplementär zum Aufstieg der Christlich-Sozialen im Revier die Bedeutung des ADAV nachgelassen, so daß schließlich schon im Gedächtnis des Alten Verbands die Erinnerung an die *Tölckesche* Allgemeine Genossenschaft der Bergarbeiter verloschen ist[316].

3. Der Essener Streik von 1872 und der Grubenarbeiterverband

a) Der Aufstieg der christlich-sozialen Bewegung im Revier

Die kommunale Öffentlichkeit ist im westlichen Ruhrgebiet in den 1870er Jahren auf weiten Strecken durch das Eindringen, die Behauptung und die Erfolge der Christlich-Sozialen geprägt worden, und die Bergarbeiterschaft bildete den wesentlichsten Eckpfeiler dieser Bewegung. Ihre lokale Stärke erklärt sich zuerst aus der örtlichen konfessionellen Landschaft und ihrem verfassungs- und kirchengeschichtlichen Hintergrund, weiterhin aus der politischen Konstellation des deutschen Katholizismus, nachdem sich die preußische Lösung der Einigungsfrage angebahnt hatte, vor allem aber aus der fortwährenden Kraft einer eigenen Sozialtheorie und aus der Unabhängigkeit ihrer Vertreter von den gesellschaftlichen Interessengegensätzen. Ein kurzer Blick auf den Umkreis und die Kernströmungen der christlich-sozialen Bewegung soll deren große Resonanz in der Bergarbeiterschaft erklären helfen[317].

---

315 *K. Koszyk*, Sozialdemokratische Presse im Ruhrgebiet, 1953, S. 13.
316 Vgl. etwa Correspondenzblatt 6 (1897) S. 91; auch *Hue* II S. 273—275 besitzt im Grunde nur recht ungenaue, sich vornehmlich auf das Kasseler Delegiertenverzeichnis stützende Kenntnis von *Tölckes* Genossenschaft der Bergleute. — Grund für den geringen Erfolg der Sozialdemokratie (ADAV) im Ruhrgebiet sieht *Herzig*, Sozialdemokratie in Westfalen, S. 141 (ohne Kenntnis der Allg. Genossenschaft der Bergleute), u. a. in dem allgemein im Ruhrgebiet bestehenden patriarchalischen Verhältnis, in dem sich die Bergleute als „Glieder einer Familie" gefühlt hätten. Vgl. jedoch oben S. 336 f.
317 Vgl. die Darstellungen bei *R. Meyer*, Der Emanzipationskampf des vierten Standes, Bd. I, 2. Aufl. 1882, S. 347—368; *J. Kaster*, Die christl.-sozialen Ideen, 1922, S. 29—41; *Fr. Müller*, Beurteilung des Kapitalismus in der kath. Publizistik, 1932, S. 177—187; *O. Müller*, Die christl. Gewerkschaftsbewegung, 1905, S. 29—31; *E. Ritter*, Die kath.-soziale Bewegung Deutschlands und der Volksverein, 1954, S. 68—75. Unbefriedigend bleibt in diesem Punkt *Fr. Prinz*, Kirche und Arbeiterschaft, 1974, S. 93, 186 f., 190 u. ö. Aus der umfangreichen Literatur über *Ketteler* vgl. hier nur *Julius Seiters* (Hg.), Porträts christlich-sozialer Persönlichkeiten T. 1: Die Katholiken und die dt. Sozialgesetzgebung. Osnabrück 1965, S. 41—60 (Beitrag v. *Paul Jostock*); *Joseph Höffner*, Wilhelm Emmanuel v. Ketteler u. d. kath. Sozialbewegung im 19. Jh. Wiesbaden 1962; *Adolf M. Birke*, Bischof Ketteler u. d. dt. Liberalismus. Eine Untersuchung über das Verhältnis des liberalen Katholizismus zum bürgerlichen Liberalismus in der Reichsgründungszeit. Mainz 1972; von marxist. Seite: *Rolf Weber*, Zur historischen Beurteilung Bischof Kettelers. Seine sozial- und nationalpolitische Konzeption in den 60er Jahren. In: *Horst Bartel/Ernst Engelberg* (Hg), Die großpreuß.-militarist. Reichsgründung 1871. Bd. I Berlin (O) 1971, S. 438—453. Bes. über *Ketteler* u. *Lassalle* s. *Hans Karl Thomanek*, W. E. v. Kettelers Produktivassoziationen. Diss. Berlin 1961, S. 53—60.

Nach der seit längerem zu beobachtenden, zustimmenden Aufnahme der sozialpolitischen Ansichten des Mainzer Bischofs *Ketteler* in der niederen Geistlichkeit und in weiteren Kreisen des Laienkatholizismus war es besonders die vom Bamberger Katholikentag 1868 ausgehende Anregung zur Gründung von Arbeitervereinen, die viele sozial engagierte Katholiken in den Industrieregionen die Initiative ergreifen ließ. Nicht unerheblich trug hierzu das Vorbild der Gründung freigewerkschaftlicher, später auch liberaler Fach- und Gewerkvereine im Gewerkschaftsgründungsjahr 1868 bei. *Ketteler,* dessen Buch über „Die Arbeiterfrage und das Christentum" einen starken werbenden Einfluß ausübte, bereitete für die Bischofskonferenz zu Fulda ein Gutachten über Gründung und Leitung katholischer Arbeitervereine vor, worin er selbst deutlich die schon 1866, als sich die kleindeutsche Einheitslösung andeutete, in Ansätzen sichtbare Wendung von den überwiegend naturrechtlich motivierten Prinzipien einer universalen Gesellschaftsreform zu praktischen Ansätzen einer auf Wiederherstellung der Menschenwürde des Arbeiters gerichteten Sozialpolitik vollzog. Einflußnahme auf Lohnhöhe und Arbeitszeit, auf Kinder-, Frauen- und Sonntagsarbeit, auf Arbeiterschutz und Fabrikaufsicht gehörte zu den Programmpunkten der Arbeitervereinsgründungen. Die Rolle des Staats in der Sozialpolitik wie im kapitalistischen Wirtschaftskreislauf überhaupt blieb, wie schon in Bamberg sichtbar geworden war, unter katholischen sozialreformerischen Schriftstellern, weil sie „im tiefsten Herzensgrunde" eine starke Antipathie gegen jede Verstärkung der Staatsgewalt empfanden[318], nach wie vor umstritten. — In Düsseldorf beschloß der Katholikentag bereits 1869 die Einrichtung einer ständigen Sektion für soziale Fragen mit der Aufgabe, christlich-soziale Vereine zu bilden und zur Verbreitung eines zweckentsprechenden Schrifttums beizutragen. Zum Teil durchaus unabhängig von dieser eher theoretischen Positionssuche des deutschen Katholizismus gegenüber den durch die fortschreitende Entwürdigung der Arbeiterscharen aufgeworfenen Fragen hatten sich am Niederrhein inzwischen einige Vereine gebildet, die sich erstmals im Juni 1868 auf Vorschlag des Elberfelder Lehrers *Breuer*, eines Mitarbeiters von *Kolping*, in Krefeld trafen. Kurz zuvor hatten in Aachen unter der Redaktion des Arbeitersohns und Hausgeistlichen der Aachener Karmeliterinnen, *Joseph Schings*, die „Christlich-Sozialen Blätter" zu erscheinen begonnen; sie wurden von den in Krefeld vertretenen drei Vereinen sogleich zum Vereinsorgan erwählt[319]. Von der Redaktion dieses Blattes gingen nunmehr kon-

---

318 *A. Thun,* Die Sozialpolitik des dt. Katholizismus, 1882, S. 838. Zum Bamberger u. Düsseldorfer Katholikentag 1868/1869 s. *Filthaut,* Katholikentage und soziale Frage, 1960, S. 54—59; *H. Budde,* Christentum und soziale Bewegung, 1961, S. 73.

319 Die erste Nr. erschien 19. 3. 68, seither monatlich, seit Anfang der 70er Jahre 14-täglich, später wöchentlich. In den ersten Jahren wirkte der Sekretär des Aachener Gewerberats *Reichel, Nicolaus Schüren,* in der Redaktion des Blattes mit; nach dem Tode von *Schings* (1876) übernahm der Rellinghausener Vikar *A. Bongartz* die redaktionelle Betreuung. Bei aller z. T. berechtigten Kritik am Niveau des Blattes und der sozialpolitischen Kompetenz seines ersten Hg. (m. E. übertreibend: *Budde,* Christentum und soziale Bewegung, S. 78; freundlicher dagegen *Karlheinz Brüls,* Geschichte der kath.-sozialen Bewegung in Dtld. Münster 1958, S. 31) bleiben diese „Beiträge zur Lösung der socialen Fragen nach christlicher Auffassung" (frühester Untertitel) doch die zentrale Quelle zur Einschätzung der Christlich-Sozialen in den 1870er Jahren, erst nach 1880 verdrängt durch Arbeiterwohl. Zeitgenössisch ist selbst von den Gegnern die führende Rolle der Chr.-Soz. Bl. anerkannt worden, s. z. B. Die Arbeiterbewegung im Ruhrgebiet. Eine Gabe an den Parteitag 1907, S. 20—27. Der erfolgreicheren Redaktion von *Bongartz* (vgl. *Ritter,* Kath.-soz. Bewegung, S. 75) sind dessen antisemitische Reflexionen entgegenzuhalten, vgl. z. B. Jg. 8 (1875) S. 397 f., 407 f. („Der Einfluß des Judenthums auf den Geldmarkt und die Presse"), 654 f. („Juden und Christen"); 12 (1879) S. 146—150 ü. *Heinrich Heine,* der das „Evangelium der Unzucht und

tinuierlich Anregungen zur Vereinsgründung, zur Gestaltung des Vereinslebens und zur bildenden und geselligen Anleitung der Arbeiterschaft aus; hier wurden auch die Grundzüge christlich-sozialer Gesellschaftspolitik, die sich gegen den Liberalismus und das Genossenschaftertum eines *Schulze-Delitzsch* mindestens so sehr richtete wie gegen *Lassalle* und die Sozialdemokratie[320], diskutiert und in praktische Anweisung umgesetzt[321]. In Abgrenzung gegen den schrankenlosen Materialismus der einen, die Religionsfeindlichkeit der anderen Seite nahm man sich vor, gegenüber der Bedrohung durch die soziale Frage „die menschliche Gesellschaft in ihrer Ordnung und in ihrem Bestande zu sichern durch Abwendung der Gefahren und Heilung der Schäden". Doch umfaßte das christlich-soziale Gesellschaftsbild „nicht die Gesammtheit der Menschen als solche", sondern die „Verknüpfung der einzelnen Glieder vermittelst der berufsmäßigen Theilung der Arbeit"[322]. Ganz bewußt wurde an die ständisch-korporativen Grundzüge der spätmittelalterlichen Gesellschaftsordnung, in der der einzelne in ein vielgestaltiges System sozialer Sicherung und dienender Verpflichtung eingebunden war und die erst Renaissance und Aufklärung in ihrem „principiellen Kampf gegen die Autorität als solche"[323] zerstört hätten, erinnert und darin eine berufsständische Gesellschaftsgliederung ersehnt, innerhalb derer die Arbeiterschaft entlang christlicher Wahrheit und Werthaftigkeit ihren sicheren Ort finden sollte[324]. Der Liberalismus selbst habe „die christliche Autorität untergraben" und die „Atomisierung der Gesellschaft" herbeigeführt; „was Wunder, wenn der Associationstrieb sich so mächtig rege und neue Formen der Bindung suche. *Vereine* müssen wir haben..."[325]

Hierauf richtete sich dann auch das Bemühen der im niederrheinischen Raum entstehenden „Kaplanokratie" jüngerer geistlicher Vereinspräsides, unter denen in Aachen zunächst *Cronenberg* und *Laaf*, nach der Versetzung *Laafs* nach Essen der geistig überaus wendige Kaplan *D. Litzinger* herausragten[326].

Nach Aachen, wo mit der Gründung des Paulusvereins und eines eigenen Vereinsorgans und der Entstehung einer Baugesellschaft 1868/1871 große Erfolge gegen sozialdemokratische Agitationsversuche unter den Arbeitern erzielt worden waren, wurde Essen zum zweiten Zentrum christlich-sozialen Einflusses, der von hier aus zwei Jahrzehnte über das gesamte Ruhrgebiet ausstrahlen sollte. Wohl mit Unterstützung der Mitglieder eines

---

des Sinnesgenusses" predigte und „das Fleisch, das allein seligmachende Fleisch, als anzubetende Gottheit auf den Thron" setzte.

320 Vgl. bes. „Christl. Arbeitervereine. Ein Mahnruf", Chr.-Soz. Bl. 1 (1868) S. 61—63.

321 Vgl. etwa ebd. 3 (1870) S. 119—122, 135—140, über die Religion der Sozialdemokraten mit Anweisungen über die Behandlung lassalleanischer Arbeiteragitatoren (S. 136 Anm.).

322 Ebd. 1 (1868) S. 137—140, „Zur Theorie der socialen Frage", gesperrt gedruckt.

323 Ebd. 3 (1870) S. 42 f., Dr. *Lieber* aus Camberg auf einer öffentlichen Versammlung in Elberfeld 1870.

324 Vgl. ebd. 5 (1872) S. 9 f. über die „Aufgabe der Christl.-sozialen Blätter": Man erstrebe „eine thatsächlich durchzuführende christlich-soziale Ordnung ...", abgeleitet aus Principien, für deren Wahrheit die Autorität der Kirche einsteht".

325 Ebd. 3 (1870) S. 43. Nach *Thun*, Sozialpolitik des deutschen Katholizismus, S. 835, hat gerade *Schüren* bereits 1860, also vor *Ketteler*, eine ständische Gesellschaftsgliederung gefordert; *Thun* betont übrigens (S. 842) die „Gleichförmigkeit der Anschauungen" katholischer Theoretiker und Schriftsteller zur sozialen Frage.

326 Vgl. bes. die detaillierte Untersuchung von *H. Lepper*, Kaplan Cronenberg und die christlich-soziale Bewegung in Aachen, 1968; *Lepper* bemerkt zu Recht (S. 63), daß die Unkenntnis über die geistige Entwicklung dieser geistlichen Arbeiterführer zu den „schmerzlichen Lücken der Überlieferung" gehört. Zu *Laaf* vgl. unten S. 494 Anm. 27. *Leppers* Studie ist die wichtigste jüngere Veröffentlichung zur christlich-sozialen Bewegung.

älteren Essener Piusvereins, in dem schon 1867 *Gerhard Stötzel* für eine Reichstags-kandidatur von *Dr. Krebs* aus Köln wirkte, gründete Kaplan *Klausmann* am 13. Februar 1870 im „Kleinen Wilmerothschen Saale" vor 300 Besuchern einen Christlichen Arbeiter-verein, dessen Statuten noch am selben Tag verabschiedet wurden[327]. Essen war bereits vertreten, als nur wenige Wochen später in Elberfeld eine große Konferenz der bisher bestehenden christlich-sozialen Vereine zusammentrat, um gemeinsame Aufgaben und Ziele festzustellen und die Verbindungen untereinander fester zu knüpfen. Unter den 14 durch 150 Delegierten vertretenen Vereinen dieser Tagung waren noch starke prote-stantische Gruppen, so aus Elberfeld und Bochum[328] — ein Grund mehr, um trotz deutlicher Dominanz der katholischen Seite am Grundsatz der Interkonfessionalität festzuhalten. Den Vorsitz übernahmen Prof. *A. Schulte* und *Freiherr v. Schorlemer-Alst*. Die Versammlung faßte Beschlüsse über Kredit- und Sparvereine, über Bauernvereine und über die sog. katholischen Kasinos und sprach eine Empfehlung der „Christlich-Sozialen Blätter" als Vereinsorgan aus. Vorschläge über die Bildung von Baugenos-senschaften, über die Einsetzung eines Komitees der Arbeitervereine und die Grün-dung eines Zentralfonds wurden verabschiedet. Schließlich sprach Vereinspräses Pfarrer *Schwarz* aus Wattenscheid den Wunsch aus, man möge den bestehenden Knappen-vereinen schon wegen der zahlenmäßigen Bedeutung des Bergmannsstandes besondere Aufmerksamkeit schenken[329]. Insgesamt geriet die Elberfelder Konferenz, durch zwei öffentliche Versammlungen abgeschlossen, zu einem vollen Erfolg der jungen Be-wegung und trug so zum Ausbau und zur Festigung der bestehenden Vereine und Verbindungen bei.

Konferenzen von Arbeitervereinen haben auch weiterhin stattgefunden; so Ende Juni 1870 eine Generalversammlung der katholischen Vereine Rheinlands und Westfalens in Essen, deren Eröffnungsveranstaltung von über 6000 Menschen besucht wurde[330]. Ganz im Zeichen der Konsolidation des Zentrums auf Reichsebene, diskutierte diese Zusam-menkunft neben der Schulfrage vor allem die im Kölner Programm des Zentrums ver-nachlässigte soziale Frage.

Die Leitung des Essener Vereins übernahm noch 1870 Kaplan *Dr. Nikolaus Mosler*, der seit 1872 auch das Vereinsorgan, die „Essener Blätter", regidierte[331]. Von Beginn an

---

327 Gründungsbericht s. Rhein- u. Ruhrzg. 40/17. 2. 70; vgl. zur Geschichte dieser Gründung bes. *Möllers*, Polit. Strömungen, S. 191—207; *Karl Bachem*, Vorgeschichte, Geschichte und Politik der dt. Zentrumspartei. Zugleich ein Beitrag zur Geschichte der katholischen Bewe-gung. 9 Bde. Köln 1927—1932, Bd. III S. 97—120; *E. Naujoks*. Die kath. Arbeiterbewegung in den ersten Jahren des Bismarckschen Reiches, 1939, S. 96—107, 116—129; *Thun*, Sozial-politik des dt. Katholizismus, S. 851 f.

328 Vgl. die Versammlungsberichte in Rhein- u. Ruhrzg. 59/11. 3. 70; Chr.-Soz. Bl. 3 (1870) S. 34—45; zu der Tagung ferner *H. Gottwald/G. Hildebrandt*, Christl.-Soziale Vereine, 1968, S. 264—267; *E. Ritter*, Kath.-soz. Bewegung, S. 69 f.

329 *Schwarz* spricht irrtümlich von Knappschaftsvereinen; s. Rhein- und Ruhrzg. 60/12. 3. 70; Chr.-soz. Bl. 3 (1870) S. 40.

330 Vgl. *Möllers*, Polit. Strömungen, S. 167—169; *Ritter*, Kath.-soziale Bewegung. S. 108.

331 Essener Blätter, Politisch-soziales Organ für christliche Gesittung und die Rechte des Volkes. Redaktion (z. T.): *Joh. Schwarz*; Verleger: *Wilhelm Büse* (beide mit verantwortlichen Positionen im Essener Christl. Arbeiterverein). Nach der Jahrgangszählung ist das Blatt erstmals 1871 erschienen. Es haben sich anscheinend nur wenige Nummern erhalten; vgl. *Möllers*, Polit. Strömungen, S. 195 f.; *E. Schmidt*, Die Vertreibung der Jesuitenpatres, 1972, Anm. 21, 27. In RD 306 finden sich die Nr. 232, 233, 236, 242, 244, 247, 248 des Jg. 3 (1873). Nachfolgeorgan der Essener Blätter wurde der Rheinisch-Westfälische Volksfreund. Socialpolitisches Organ für die Vertheidigung der christl. Volksrechte. Redaktion: *Gerhard*

wurde die Beitrittswerbung z. T. durch Gründung eigener Filialen in die Umgebung von Essen getragen. Schon Anfang 1871 wurden die älteren Knappenvereine in Borbeck, Essen-Stadt, Altenessen, Rellinghausen, Steele, Stoppenberg und Überruhr zu den christlich-sozialen Vereinen im Dekanat Essen gezählt; der Essener Hauptverein hatte bereits 2200 Mitglieder[332]. Später ist man anscheinend dazu übergegangen, neben den Knappenvereinen christliche Arbeitervereine zu gründen, an denen sich auch die Bergleute beteiligten; jedenfalls bildete der Mitgliederkreis der Knappenvereine zugleich die wichtigste Trägerschicht der christlich-sozialen Vereinsbestrebungen.

Die herausragenden Ursachen für diesen schnellen Erfolg waren die kämpferisch-unabhängige Parteinahme der Christlich-Sozialen und, wie Gegner meinten, ihre „kaplanokratische Disziplin"[333]. Das Interese für die Probleme der Arbeiterschaft ergänzte sich unter einigen jüngeren Geistlichen mit eigenständigem Mut, sich an die Spitze der Bewegung zu stellen und sie voranzutreiben; nicht zu unterschätzen ist auch der Rückhalt, den man um diese Zeit noch in weiteren katholischen Kreisen genoß. Auf Antrag des Lehrers *Breuer* verabschiedete der Mainzer Katholikentag 1871, von dem auch die Gründung des Mainzer Katholikenvereins ausging, ein sozialpolitisches Programm, das einen Anspruch auf gesunde Arbeiterwohnungen für allgemein erklärte, Forderungen nach einem zehnstündigen Normalarbeitstag und nach dem Verbot gewerblicher Fabrikarbeit für Frauen erhob und die Aufhebung des Schulgeldes verlangte[334]. In einem neuerlichen Beschluß empfahl der Katholikentag daneben dringlich die Bildung christlich-sozialer Vereine. Auf dem Breslauer Katholikentag 1872 wurde das sozialpolitische Programm auf Forderungen nach Staatshilfe für genossenschaftliche Einrichtungen, Pfandleihinstitute gegen den Wucher, Wohnraumhygiene und Förderung des Besitzerwerbs präzisiert; ferner wurde eine Empfehlung zur Wahl arbeiterfreundlicher Kandidaten in die Parlamente ausgesprochen und eine Petition an den Reichstag gegen die Verletzung der Sonntagsruhe unterstützt. Hier wie stets stand im Mittelpunkt katholischer Sozialreform die Erhaltung eines kräftigen selbständigen Handwerkerstandes und einer besitzenden Landbevölkerung.

Wenn auch in öffentlichen Stellungnahmen die gewerkschaftlichen Forderungen weniger betont wurden, so bleibt diese Nuance des christlich-sozialen Programms doch unverkennbar[335]. Schon *Ketteler* verurteilte nicht etwa die soeben entstehenden gewerkschaftlichen Organisationen an sich, sondern nur deren sozialistische und daher kirchenfeindliche Bestrebungen. Auch von *Christoph Moufang*, dem Mainzer Regens und Mitstreiter *Kettelers*[336], ist die Berechtigung gewerkschaftlicher Selbsthilfe der Arbeiterschaft nie bestritten worden; *Moufang* hat es dagegen als einen der Grundirrtümer in der Position des Katholizismus zur sozialen Frage bezeichnet, daß die Kirche aktiv in diesen Interessenkampf eingreifen könne[337]. So blieb es ein Kennzeichen des christlich-sozialen Ver-

---

Stötzel; Verleger: *F. J. Halbeisen*. Hinweise auf dieses Blatt s. OBA 1781 Bl. 590, RD 8841 Bl. 79—90, RD 8857, RD 30429 Bl. 163—171.

332 Die Angabe von 4000 Mitgliedern (*Möllers*, Polit. Strömungen, S. 192; *Ritter*, Kath.-soz. Bewegung, S. 75) f. 1870 ist wohl übertrieben. Vgl. Chr.-Soz. Bl. 4 (1871) S. 160.

333 Rhein- u. Ruhrzg. 181/6. 8. 74 (RD 288 Bl. 17).

334 Vgl. *Filthaut*, Katholikentage, S. 60—62; Breslau 1872: ebd. S. 63 f.

335 Eine informative Diskussion dieses Problems findet sich in dem Kapitel „Die gewerkschaftl. Ideen der christlich-sozialen Partei" bei *J. Kaster*, Die christl.-sozialen Ideen, S. 29—41.

336 Über *Moufang* s. neuerdings eine Biographie von *Josef Götzen*, Chr. Moufang. Theologe und Politiker 1817—1890. Mainz 1969.

337 *Moufang* auf dem Würzburger Katholikentag 1877, s. *Filthaut*, Katholikentage, S. 71. Dagegen war *Bongartz* der Ansicht, die Kirche habe bei der Lösung der Arbeiterfrage ihre

einswesens und zugleich ein Vorteil in Werbung und Ausbreitung auch gegenüber argwöhnischen Polizeiaugen, daß die eigentlichen Zwecke der Vereine und ihrer Leiter sich niemals eindeutig auf rein parteipolitische, gewerkschaftliche oder seelsorgerische Aufgaben allein, auf christlich-soziale Bildung, Belehrung und Geselligkeit festlegen ließen[338]. Die Essener Vereinsstatuten nannten als Vereinsziele neben der „religiös-sittliche[n]" auch die „materielle Hebung des Arbeiterstandes" durch „angenehme und nützliche Unterhaltung, durch öffentliche Vorträge über gemeinnützige und sociale Fragen ...., durch Lesen passender Schriften, Gesang und durch den Genuß christlich-froher Geselligkeit", schließlich durch „gegenseitigen freundschaftlichen und hülfreichen Verkehr im bürgerlichen Leben"[339]. Gegenüber diesen harmlos klingenden Zielen haben die christlich-sozialen Presseorgane durchaus radikalere Töne angeschlagen, wenn es auch manchmal an der Schlüssigkeit und begrifflichen Klarheit der Beiträge fehlen mochte. So stellte der „Entwurf zu einem christlichen Arbeiterkatechismus" des Kaplans *M. W. Quadt*[340] in großer Dogmentreue auf den Sündenfall ab, um den Unterschied von reich und arm zu erklären – hier war der Mittelstand der beste, „weil er die Übung der Tugend erleichtert". Das „christliche Vereinswesen" wurde zum Heilmittel des Christentums gegen das Elend durch Verfolgung auch materieller Zwecke bestimmt, unter denen im Schlußabsatz Lohn- und Arbeitszeitfrage, Wohnungs- und Arbeiterschutzprobleme, Spar- und Pensionskassen, Kredit- und Konsumvereine, endlich die Errichtung von Produktivassoziationen genannt wurden. Streiks seien, so hieß es an anderer Stelle, „nicht absolut verwerflich; es darf nicht der Verdacht aufkommen, als schwimme man im Schlepptau des Kapitals"[341]. Die Bestrebungen im andern Lager, bei den Sozialdemokraten, wurden sorgsam beobachtet: Berichte und Korrespondenzen aus der sozialdemokratischen Presse wurden von den Christlich-Sozialen abgedruckt; man richtete den Blick auf die Internationale und bedachte sozialistische Arbeiterführer mit kritischer Aufmerksamkeit; 1871 wurde sogar das Andenken *Lassalles* durch eine Serie biographischer Skizzen im Vereinsorgan belebt[342].

Daß den Christlich-Sozialen künftig das Mißtrauen der Sozialdemokraten und Gewerkschafter gewiß sein würde, war bei den frühen Organisationserfolgen und der Ausbreitung im selben Nest nicht zu bezweifeln. Die Auseinandersetzungen zwischen beiden Gruppen haben im Ruhrgebiet zwei Jahrzehnte aufkeimender Interessenpolitik der Arbeiterschaft geprägt und sich, zu Lasten des verwandten Ziels, gegenseitig ausmanövriert, paralysiert. Hauptleidtragende war die Arbeiterschaft selbst. Deshalb den „ultramontanen Sozialismus", wie *F. Mehring* dies tut, für „unter allen Sorten des reaktionären Sozialismus die schäbigste" zu erklären, verkennt die Aufrichtigkeit, tiefe Verwurzelung und Popularität christlich-sozialen Denkens und Handelns in den 1870er Jahren. Allerdings hat *Mehring* zugleich auf die auf lange Sicht entscheidende Schwäche der Bewegung hingewiesen: Zwar sei die katholische Kirche in der Lage, „noch am ehesten sich über die Klassenkämpfe der Gesellschaft erheben zu können ... Aber eben ihre Stärke

---

Autorität in die Waagschale zu werfen; vgl. Das kath.-soziale Vereinswesen in Dtld., 1879, S. 96; ferner *Müller*, Beurteilung des Katholizismus, S. 187.

338 Vgl. Chr.-Soz. Bl. 5 (1872) S. 9 f.; zeitweise wurde eine berufsständische Gliederung der Arbeitervereine erwogen, s. Geschichte u. Entwicklung der christl. Gewerkschaften, 1901, S. 4 f.

339 Statuten §§ 1 f., in: Chr.-Soz. Bl. 7 (1874) S. 171.

340 Chr.-Soz. Bl. 3 (1870) S. 2—5.

341 Ebd. S. 23 f.; vgl. *Kaster*, Christl.-soz. Ideen, S. 39.

342 Ebd. 4 (1871) S. 75—77 u. ö.; s. auch die ausführliche Berichterstattung über den Leipziger Hochverratsprozeß 1872, ebd. 5 (1872) S. 85—87, 93—107, 113—116.

ist die Schwäche ihres Sozialismus"[343], weil der Klerus gezwungen sei, nach allen Seiten der Kirchenanhängerschaft ausgleichend zu wirken, und deshalb die ökonomischen Widersprüche zwar zeitweise verdecken, nicht aber aus der Welt schaffen könne.

Das soziale Engagement und eine zutiefst staatskritische Haltung des jüngeren katholischen Klerus trafen, bestärkt durch den Kulturkampf, in der Arbeiterschaft auf eine ebenfalls wachsende Bereitschaft, den Staat und seine Organe für die täglich neu erfahrene Misere des proletarischen Daseins verantwortlich zu machen. Zu erwarten war, daß man, wie in den 1880er Jahren unter der Ägide des „Arbeiterwohl" geschehen, vollends auf eine praktisch und programmatisch harmonisierende Politik einschwenken würde, sobald man seinen Frieden mit dem Preußentum besiegelt hatte. Unter der evangelischen Geistlichkeit ist in den 1870er Jahren kaum eine Resonanz des christlichen Sozialismus zu verspüren.

b) Der erste Massenstreik der Ruhrbergleute und der Grubenarbeiterverband 1872

Der schon angedeutete Rückgang des Essener ADAV nach den Erfolgen der Jahre 1868 und 1869 rührte, neben dem Aufschwung der christlich-sozialen Organisationen, auch von dem noch 1869 ausgesprochenen Verbot der örtlichen ADAV-Filiale her. Vielleicht war den Essener Stadt- und Kreisbehörden das rege Treiben der Arbeitervereinler auch in anderen Gewerbezweigen, so bei den Metallarbeitern, Maurern und Schneidern, nun unangenehm geworden; andererseits hatte der Verein seit Anfang 1869 wegen der innerparteilichen Richtungskämpfe und der Auseinandersetzungen mit den Eisenachern erheblich an Mitgliedern verloren und zählte zum Zeitpunkt der Schließung nur noch 38 Köpfe[344]. Obwohl sich die Lassalleaner mit der Gründung eines nach dem Reichstagswahlrecht nur schwer zu unterdrückenden Wahlvereins, der nach einer Reorganisation 1876 bis zum Sozialistengesetz die einzige sozialdemokratische Organisation in Essen blieb, zu helfen versuchten, gab es im Sommer 1870 kaum noch eine Arbeiterorganisation in Essen, auf die die polizeiliche Aufmerksamkeit hätte gerichtet bleiben müssen. Was nun durch innerparteiliche Querelen, christlich-soziale Konkurrenz und behördliche Repression nicht verstummt war, das brachten die Kriegsereignisse 1870/71 zum Schweigen. Mehr als die Eisenacher, sah sich der ADAV durch die preußischen Siege politisch und von der Arbeiterschaft isoliert. Gerade unter Arbeitern, die auch stets die nationalen Traditionen der Revolution von 1848/1849 fortgetragen hatten, griffen Preußentum und antifranzösischer Patriotismus um sich: „Auf dem Gebiet der socialen Frage herrscht dementsprechend vollkommene Ruhe"[345], so konstatierte der Düsseldorfer Regierungspräsident im Oktober 1870 im Blick auf die Kriegsereignisse befriedigt, und dieses Urteil trifft auch in den übrigen Kreisen des Reviers zu[346]. Die zeitweilige Ablenkung

---

343 *Franz Mehring*, Ultramontaner Sozialismus. In: *ders.*, Politische Publizistik 1891 bis 1904. Berlin (O) 1964, S. 537 f.

344 Zu den Vorgängen um die Schließung s. RD 303, danach *Möllers*, Polit. Strömungen, S. 150. S. ferner Sozialdemokratische Partei Essen, 1952, S. 12; danach auch *W. Henning*, Geschichte der Stadtverordnetenversammlung v. Essen, Diss. 1965, S. 27; zum Ende des Wahlvereins s. RD 30433 Bl. 104 Oberbürgermeister Essen/RD 16. 6. 76.

345 Zeitungsbericht RPD 11. 10. 70; OPK 177 vol. II S. 325—342.

346 Für Dortmund s. *Umbreit*, Beiträge, S. 19; *Herzig*, Sozialdemokratie in Westfalen, berichtet aus Ereignismangel kaum über die Jahre 1870—1873. Einige Aktivität scheint noch in Hagen fortgewirkt zu haben; vgl. RA I Pr 75 Bl. 283 f. LR Hagen/RPA 20. 10. 71, Bl. 285—288

von den innen- und sozialpolitischen Spannungen ist in diesen Monaten nationaler Euphorie vollkommen geglückt; um so wertvoller erscheint manche kritische Stimme, die aus den Reihen der politischen Arbeiterbewegung zu den Kriegsereignissen laut wurde[347]. Daß *Hasenclever* bei den Reichstagswahlen Anfang 1871 sein Duisburger Mandat gegen den nationalliberalen Kandidaten *von Dove* nicht halten konnte und selbst noch dem christlich-sozialen *Grütering* unterlag, bekräftigt die Stagnation der Arbeiterbewegung auch in Duisburg[348]. Es scheint, als ob, von anderen Schwächen einmal abgesehen, im Ruhrgebiet vor allem die unbekümmert religionsfeindliche Haltung der lassalleanischen Arbeiterfunktionäre die Arbeiter scharenweise in die Arme der Christlich-Sozialen getrieben hat.

Beide Gruppen hatten sich im westlichen Revier seit 1870 erbittert bekämpft[349], wobei nach dem Verbot der ADAV-Filiale die organisatorischen und publizistischen Vorteile auf Seiten der Christlich-Sozialen lagen. Sie grenzten sich schon 1870 programmatisch eindeutig ab und erklärten die gleichzeitige Mitgliedschaft in einem christlich-sozialen und einem sozialdemokratischen Verein für unvereinbar[350]. In der Versammlungsagitation traten nun Konfessionsschule und Zivilehe in den Vordergrund, und im März 1872 gelang es den Christlich-Sozialen sogar, eine von Sozialdemokraten einberufene Versammlung zu sprengen, worauf mehrere ferner geplante gar nicht erst stattfanden[351]. Schon 1871 war die neue politische Orientierung überaus deutlich in den Wahlergebnissen zum Ausdruck gekommen. Bei der Reichstagswahl im März hatte im Essener Wahlkreis *Dr. Krebs*, der vom Christlichen Arbeiterverein zuvor auf seine Position zum christlich-sozialen Programm befragt worden war, für das Zentrum im ersten Wahlgang mit 70,1 % der Stimmen haushoch gesiegt; *v. Schweitzer* als Kandidat der im Wahlkampf allerdings behinderten Sozialdemokraten war auf 1425 Stimmen, d. i. 10,3 %, gekommen. Dies war, nach Duisburg, noch der beachtenswerteste Erfolg der Sozialdemokraten im Ruhrgebiet, die insgesamt in den Wahlkreisen Dortmund, Hagen, Duisburg und Essen auf nur 4672 Stimmen kamen — im Bochumer Wahlkreis war kein Kandidat aufgestellt worden[352]. Wie hier, haben die katholischen Bergleute im Ruhr-

---

Bürgermeister Hagen/LR 17. 10. 71 über eine Arbeiterversammlung des ADAV mit Vorstandswahlen. Für Oberhausen s. auch *Mogs*, Sozialgeschichtl. Entwicklung, S. 81.

347 Vgl. abschließend *Steinberg*, Sozialismus, Internationalismus und Reichsgründung, bes. S. 329—344.

348 Hierzu trugen Querelen um die Führerschaft, vor allem eine im Hinblick auf den Zentralismus des ADAV bemerkenswerte Abwahl des Bevollmächtigten *Bergrath* und seine Ersetzung durch *Emanuel Böhm* bei; vgl. Aufbruch 1864—1890, S. 108—110; sowie die Beschreibung bei *Hans-Otto Hemmer*, Die Anfänge der Bergarbeiterbewegung im Ruhrgebiet bis zum Bergarbeiterstreik von 1889. Bochum 1972 (Ms. Staatsexamen), S. 29.

349 Vgl. im größeren Rahmen ausführlich *Heiner Grote*, Sozialdemokratie und Religion. Eine Dokumentation für die Jahre 1863 bis 1875. Tübingen 1968, S. 30—52; zuletzt *Klaus Kreppel*, Entscheidung für den Sozialismus. Die polit. Biographie Pastor Wilhelm Hohoffs 1848—1923. Bonn-Bad Godesberg 1974, S. 40 f. u. ö.

350 Vgl. *J. Gerbracht*, Der Kampf um die Seelen der Arbeiter, [1927], S. 10.

351 Vgl. *Naujoks*, Kath. Arbeiterbewegung, S. 117 f.; *Möllers*, Polit. Strömungen, S. 196.

352 Zusammenfassung der sozialdemokratischen Reichstagswahlergebnisse im Ruhrgebiet s. bei *Koszyk*, Sozialdemokratische Presse, S. 14 (hier fehlt Hagen); *Fritsch*, Revisionismus im dt. Bergarbeiterverband, S. 115—118; *Lütgenau*, Essener Meineidsprozeß, 1895, S. 26. Für einzelne Wahlkreise mit zumeist genaueren Angaben s. *R. v. Hymmen*, Statist. Beschreibung d. Krs. Hagen, 1889, S. 282—286; *H. Graf*, Entwicklung der Wahlen in Dortmund, 1958, S. 22—27; *Möllers*, Polit. Strömungen, S. 187 Anm. 18 (1871) u. passim; zuletzt *W. Nettmann*, Witten in den Reichstagswahlen 1871—1918, 1972, S. 89 f., 159—163 u. passim.

gebiet in den Reichstagswahlen der 1870er und überwiegend noch der 1880er Jahre ihre Stimmen dem Zentrumskandidaten gegeben, während besonders im protestantischen Kreis Bochum die evangelischen Bergleute, mit einer wichtigen Ausnahme 1881, den liberalen Kandidaten zu wählen pflegten[353]. Wie sehr sich die Zentrumskandidaten gerade auf die Wähler in den Unterschichten stützen konnten, zeigen die Wahlen zum preußischen Abgeordnetenhaus vom November 1870. In den ersten beiden Wählerabteilungen standen, mit 8 % der Wahlberechtigten, 95 liberale 10 katholischen Wahlmännern in Essen gegenüber; in der dritten Abteilung wurden von 92 % der Wahlberechtigten 48 katholische und nur 6 liberale Wahlmänner gewählt – die Liberalen behaupteten freilich ihren Sitz[354]. – Im Essener Raum hatte die Sozialdemokratie zu Reichstagswahlen die größeren Erfolge gewöhnlich in der Stadt Essen, wo *Schweitzer* 1871 immerhin 16,2 %, *Dreesbach* 1874 10,1 % erreichen konnte; im übrigen Wahlkreis sank der Stimmenanteil dagegen auf 6,8 % bzw. 3,9 %. Für den katholischen Kandidaten galt das Umgekehrte: *Krebs* errang 1871 in der Stadt 58 % und auf dem Lande 77,2 %; für *Forcade* betrugen die Ziffern 1874 61,1 % und 77,9 %. An der katholischen Vorherrschaft in der Essener parteipolitischen Landschaft war auf Jahrzehnte hinaus nicht zu rütteln. Hier galt tatsächlich, daß „die Wahlerfolge der Social-Demokratie ... da auf[hören], wo die der Katholiken beginnen"[355].

Die erste umfassende Ausstandsaktion im Revier, der Streik vom Juni 1872, zeigte, wieviel Boden die Christlich-Sozialen mittlerweile unter den Bergleuten gewonnen hatten. Seit den Kämpfen der Jahre 1868/1869 war es nicht mehr zu Ausständen gekommen[356]. Um so heftiger brach diese Arbeitsniederlegung herein; seither weist das Verhalten der Ruhrbergleute eine fast ungebrochene Streikkontinuität auch über die Zeit des Sozialistengesetzes hinaus auf. Der Streikverlauf 1872[357] ist von den ersten Ver-

---

Unbrauchbar ist: *Franz Flaskamp*, Die Reichstagswahlen 1867/1918 im westfälischen Raum. In: Der Märker 18 (1969) S. 77–80.

353 Allgemein zum Wahlverhalten der Bergleute s. *H. Croon*, Vom Werden des Ruhrgebiets, 1967, S. 216 f.; danach auch *Herzig*, Sozialdemokratie in Westfalen, S. 143; jüngst wieder *Croon*, Wirtschaftliche Führungsschichten, 1972, S. 148 f.

354 Nach *Möllers*, Polit. Strömungen, S. 175.

355 Chr.-Soz. Bl. 7 (1874) S. 29.

356 Zu dem von *Steglich*, Streiktabelle Nr. 429, genannten angeblichen Dortmunder Streik vom 27. 10. 71 vgl. *Mämpel*, Bergbau in Dortmund Bd. II, S. 52: Der wegen einer Unterstützungskasse drohende Ausstand ist verhindert worden. Im Oktober 1871 waren die Behörden von einem Streikgerücht aufgeschreckt worden, wonach Londoner Emissäre der Internationalen Arbeiter-Assoziation für Ende Oktober eine große Arbeitsniederlegung der Ruhrbergleute geplant hätten; vgl. IM/OPM u. OPK 7. 10. 71, einschl. der entsprechenden Recherchen in: OPM 824, OPK 7028 S. 21, Abschr. in RM 1020.

357 Die wichtigsten Quellen zum Streikgeschehen finden sich OPM 824, RA B 59, LRE 74, StaD 15/Hö n 11/1; Hinweise noch in OPK 177 vol. II, OBA 1776, RD 204, RD Präs 835, OPK 7297; vermutlich sind Detailinformationen noch in weiteren stadtarchivalischen Beständen des westlichen Ruhrgebiets feststellbar. Wertvoll zur Unternehmerseite ist die ausführliche Information über die Generalversammlung des Bergbauvereins in Glückauf 29/21. 7. 72; vgl. noch ebd. 26 u. 27/30. 6. u. 7. 7. 72 – 1872 ist letztmals in dem Unternehmerorgan in einiger Ausführlichkeit über einen Ruhrstreik berichtet worden. – Aus der Literatur vgl. neben dem neueren Aufsatz von *E. Schmidt*, Erster Massenstreik der Bergleute in Essen 1872, 1972, noch: Entwickelung des Niederrh.-Westf. Steinkohlen-Bergbaues Bd. XII, S. 216–220; *Geueke*, Bergarbeiterstreiks, S. 20–43; *Hue* II S. 304–313; *Imbusch*, Arbeitsverhältnis, S. 236–245; *Möllers*, Polit. Strömungen, S. 197–207; *Neumann*, Gewerkschaften im Ruhrgebiet, S. 37–39; *M. J. Koch*, Bergarbeiterbewegung im Ruhrgebiet, 1954, S. 27–30; *Kirchhoff*, Staatliche Sozialpolitik, S. 21–26; *Adelmann*, Soziale Betriebs-

sammlungen an durch eine erstaunliche Disziplin der Ausständigen gekennzeichnet; seine Führung und organisatorische Bewältigung ist, wie *H. G. Kirchhoff* zu Recht bemerkt hat, in mancher Hinsicht auch für spätere Streiks vorbildlich geworden[358].

Ihren Ausgang nahm die Ausstandsbewegung von einer Bergarbeiterversammlung am 20. Mai 1872 in Essen. Nach dem Muster der seit Jahrzehnten, erstmals in der Revolution 1848/1849, nachweisbaren Meinungsbildung auf Belegschaftsebene wurde hier zunächst beschlossen, aus jeweils drei gewählten Belegschaftsvertretern der im Kreis gelegenen Zechen ein Zentralkomitee zu bilden, das auf einer großen Versammlung von mehr als 5000 Bergleuten am 2. Juni 1872 die Forderungen auf Lohnerhöhung um 25 %, achtstündige Schicht einschließlich Ein- und Ausfahrt, Abschaffung des Beiladens – einer Praxis, wonach unzureichend geladene Förderwagen auf Kosten der Bergleute aufgefüllt wurden –, schließlich auf Abgabe von Brandkohlen zu einem annehmbaren Preis vorlegte. Dieser Forderungskatalog ging sofort nach Verabschiedung, unterzeichnet von dem „Komitee der vereinigten Bergleute Essens und Umgegend", den Grubenvorständen der Essener Zechen durch die Hände der gewählten Belegschaftsvertreter zu[359]. Wohl um die Wortführer vor Maßregelungen zu schützen, war das Schreiben nicht persönlich unterzeichnet – dieser Umstand diente den Grubenverwaltungen später dazu, den Komiteemitgliedern die Legitimation abzuerkennen, für die Essener Bergleute zu sprechen. Der Verhandlungsvorschlag der Bergleute, mit einem von den Gewerken gleichermaßen zu ernennenden Komitee zusammenzutreten, war, vielleicht im Hinblick auf die vierzehntägige Kündigungsfrist, bis zum 15. Juni 1872 zeitlich begrenzt worden; danach sollte zum Streik geschritten werden.

Die Tage bis dahin wurden von Behörden, Unternehmern und Bergleuten zur Vorbereitung genutzt. An der Erfolglosigkeit des Verhandlungsvorschlags ist allgemein nicht gezweifelt worden. Während in den Amtsstuben Maßnahmen zur Verstärkung der Polizeikräfte getroffen wurden[360], lehnten es alle betroffenen Essener Grubenverwaltungen ab, mit dem Komitee zu verhandeln oder sonst auf die gestellten Forderungen einzugehen, und veröffentlichten einen entsprechenden, nach vorheriger Fühlungsnahme zustandegekommenen Beschluß vom 15. Juni 1872[361]. Auf Seiten der Bergleute wurde die bereits Ende Mai verstärkte Versammlungsagitation fortgesetzt. Schon vor Ausbruch des Streiks wurde dabei deutlich, daß die sozialdemokratischen Einflußversuche – u. a. war *Tölcke* zu einer schwach besuchten Versammlung am 11. Juni aufgeboten worden – nur ganz geringen Erfolg aufwiesen. Der ADAV-Führer Schreiner *C. Seelig* mußte dann auch öffentlich zugeben, daß die Bergleute, anders als 1868/1869, „von den Social-Demokraten nichts wissen wollten: sie befänden sich in großem Irrtum; hätten kein Verständniß von den nur allein seeligmachenden Lehren ihres großen Meisters Lassalle"[362]. Auch aus den Gemeinden und Städten des Landkreises gingen ähnliche Meldungen ein: Die Bewegung unterscheide sich sehr von sozialdemokratischen Mustern, so

---

verfassung, S. 97–100. Bei *Steglich*, Streiktabelle, erscheint der Essener Streik aufgelöst in drei Einzelaktionen: Nr. 583, 591, 596, ferner noch 597 für Dortmund.

358 Staatliche Sozialpolitik, S. 23.

359 Text des Schreibens: *Geueke*, Bergarbeiterstreiks, S. 28; Entwickelung ... Bd. XII, S. 217; *Hue* II S. 305 f.; *Schmidt*, Massenstreik, S. 116 f.

360 Im Krs. Essen waren auf dem Streikhöhepunkt 55 Gendarmen zusammengezogen; vgl. OPK 177 vol. II S. 453–470; RD 304 Bl. 73, 89, 96.

361 In der Essener Zg., Text in: Entwickelung Bd. XII, S. 217.

362 LRE 74 Bl. 6–9 Bericht des Essener Polizeiinspektors *Dähne* über 2 Versammlungen 9. u. 11. 6. 72. Vor dem Erscheinen der Sozialdemokraten *Tölcke*, *Winter* und *Richter* wurden die Behörden durch RD/LRE 13. 6. 72 (ebd. Bl. 19) gewarnt.

bemerkte der Steeler Bürgermeister, und sie trüge einen „ruhigen, besonnenen, aber auch entschieden ernsten Charakter"[363]. Verhalten verlief auch eine größere Borbecker Versammlung am 12. Juni, wo der schon von 1868/1869 her bekannte Bergmann und Sozialdemokrat *Emil Bremer*, „ein sonst tüchtiger Arbeiter"[364], zu Wort kam. Nachdem die kompromißlose Abweisung der Forderungen durch die Grubenverwaltungen bekannt geworden war, wurde am 16. Juni in zwei Versammlungen für den folgenden Tag der Streik ausgerufen und auch in großer Solidarität begonnen. Mit Ausnahme einiger Gruben, die noch einen Beschluß der Belegschaften herbeizuführen gedachten, der Zechen im Raum Heisingen und einiger Werdener Anlagen stand in den folgenden Wochen die gesamte Essener Bergarbeiterschaft im Streik[365]. Über die „blödsinnigen Leute in Heisingen", wo es anfangs nicht gelingen wollte, eine Versammlung auch nur zustande zu bringen, wurde, um den Streikerfolg durch Zersplitterung nicht zu gefährden, manche Klage geführt[366].

Das elfköpfige Zentralkomitee, in dem ausschließlich — hierauf legte man nach den Erfahrungen von 1868/1869 Wert — Bergleute in den Funktionen eines Präsidenten, eines Schriftführers und der 9 Beisitzer fungierten, bemühte sich von Anbeginn um die Ausdehnung der Aktion in die Nachbarreviere. So glaubte man, auf die Solidarität der Saarbrücker Bergleute rechnen zu dürfen[367], und in die Dortmunder Reviere wurden bald nach Streikbeginn zwei Beauftragte des Zentralkomitees entsandt[368], um die dortigen Belegschaften für einen Anschluß zu gewinnen.

Wenn diese Bemühungen auch nicht den erhofften Erfolg zeigten, so ist der Versuch, den Streikfunken in die benachbarten Reviere zu tragen, doch nicht ganz ins Leere gestoßen. Im Mülheim-Oberhausener Bereich haben die Zechenbelegschaften sich seit Beginn angeschlossen, brachen den Streik jedoch bereits nach 10 Tagen ab[369]. Im westfälischen Teil des Ruhrgebiets war die Königssteeler Grube Eintracht wegen ihrer geographischen Nähe zu dem Streikherd mit 620 Arbeitern, daneben noch die Zeche Charlotte mit 250 Bergleuten am Streik beteiligt. Mit Blick hierauf forderten die Arnsberger Beamten, stets nervöser als in Düsseldorf, schon am 21. Juni 1872 die Bereitstellung von

---

363 Ebd. Bl. 10 f., Bericht v. 12. 6. 72.

364 Ebd. Bl. 16 f. u. 22.

365 Den vollständigen Ausstand konstatierte z. B. Revierbeamter *Jung*/LRE 17. 6. 72 (LRE 74 Bl. 26), vgl. ebd. die Berichte der Bürgermeistereien und Bl. 45 RPD/LRE 17. 6. 72 mit der Empfehlung, die Zahl der Nachtwächter zu verstärken und ggfls. die Polizeistunde vorzuziehen.

366 So der Bergmann *Johann Neuhaus*, Versammlung in Werden 21. 6. 72, Bericht ebd. Bl. 101; vgl. *Hue* II S. 306 Anm., wonach die Heisinger Bergleute, weil ihre Gruben viel älter als andere waren, sich nicht von außen bevormunden lassen wollten.

367 LRE 74 Bl. 78 f., Bergmann *Trilling* auf einer Versammlung in Essen 20. 6. 72: Es sei veranlaßt, „daß, sobald die erste Kohlensendung von dort [d. i. Saarbrücken] nach hier abgehe, die Arbeit auch dort eingestellt werde . . ."

368 Bericht des Bergmanns *Lochthofen* (Versammlung in Essen 21. 6. 72, ebd. Bl. 102). Das Wirken der Deputierten in Dortmund ist seit dem 21. 6. nachweisbar; vgl. RA B 59 Bl. 60—63 LRD/RA 25. 6. 72. Redner des Zentralkomitees wurden auch in die Bochumer, Wittener und Gelsenkirchener Reviere entsandt. In 40 Jahre Bergbau u. Bergarbeiterverband, 1929, S. 46, werden *D. Eckhardt, J. Mühlenbeck* u. *J. Weiland* im Zusammenhang mit diesen Ausbreitungsbemühungen genannt. Nach dem Anm. 362 zitierten Bericht *Dähnes* wirkte *Mühlenbeck*, ehemals Lassalleaner, später Eisenacher, jetzt bei der Expedition der (kath.) Essener Volkszeitung; auch *Weiland* war früher Sozialdemokrat gewesen.

369 Vgl. *Koch*, Bergarbeiterbewegung, S. 29; *Mogs*, Sozialgesch. Entwicklung der Stadt Oberhausen, S. 81 f.

Militär, was indessen alle Landräte für unklug befanden[370]. Nur auf Neu-Iserlohn im Amt Stockum war die Arbeit am 20. Juni drei Tage lang eingestellt worden; eine anscheinend vom Essener Zentralkomitee initiierte Versammlung von über 500 Personen am 23. Juni in Gelsenkirchen, wo der Bergmann *Peter Brungs* und andere Angehörige des St. Georg-Knappenvereins „als Hauptagitatoren fungirt" hatten, wurde von der Polizei aufgelöst, weil ein Essener Redner das preußische Steuersystem für eine „Schande" gehalten hatte[371]. Am 25. Juni stellte dann die Mehrheit der Belegschaft auf Hibernia die Arbeit ein und schloß sich der Essener Lohnforderung an; am darauffolgenden Tag traten auf Zeche Altendorf etwa 340 Bergleute in den Ausstand, und seit dem 27. Juni streikte auch auf Rheinelbe und Alma nach voraufgehender Versammlung der größte Teil der Belegschaft — allerdings, wie fast stets, mit Ausnahme der Tagearbeiter, die sich auch im Essener Raum nur ausnahmsweise dem Ausstand anschlossen. Bei dieser Lage sah sich der Verwalter des Bochumer Landratsamts, *von Treyden,* da ihm die angeforderte polizeiliche Verstärkung versagt blieb, sogar zu dem Klageruf veranlaßt: „Wenn mich meine vorgesetzte Behörde nicht unterstützt,, so bin ich eben außerstande, meine gebotene Schuldigkeit zu thun!"[372] Aber schon wenige Tage später hatte sich die Situation teils durch Abbröckeln der Streiks, mehr aber wegen kleinerer, hinter vorgehaltener Hand gegebener Zugeständnisse — man wollte die publizistisch so wirksame, starre Haltung der Essener Gewerken nicht desavouieren[373] — der Grubenleitungen im Kreis Bochum entspannt, während im Kreis Recklinghausen einzig die wiederum nach Borbeck zu gelegene Bottroper Zeche Prosper seit dem 18. Juni bestreikt wurde[374]. Auf dieser Zeche hatten sich etwa 300 in der Menage lebende Arbeiter, meistens Polen, nicht am Streik beteiligt.

Gefährlicher als in den Kreisen Bochum und Recklinghausen schien aus der Sicht der Behörden die Erregung der Bergleute in der Umgebung von Dortmund geschürt, weshalb sich Unternehmer, Presse und Verwaltungsinstanzen große Mühe gaben, unter der protestantischen Bevölkerung den Essener Streik als Machwerk konfessioneller Verhetzung und klerikaler Demagogie oder doch wenigstens als die Tat „gewissenloser Agitatoren"[375] unpopulär zu machen. Seitdem die Essener Deputierten *D. Eckhardt, Mühlenbeck* und *Lochthofen* in Dortmund erschienen waren, hatte die Versammlungstätigkeit sehr zugenommen, aber noch hoffte man, daß von den 16 000 Bergleuten im Kreis Dortmund vor allem die „mit einem Hause angesessenen ... ein Gegengewicht bilden gegen die Agitationen"[376]. Die Sozialdemokraten — neben dem Zimmermann *Karl*

---

370 Vgl. RA B 59 Bl. 7—9 RA/OPM 21. 5. 72, und OPM 824 Bl. 26 f., 37—39; auch aus Münster gab es am 23. 6. eine Rüge: Die Forderung nach Militär sei viel zu unbestimmt (Bl. 22).

371 Versammlungsbericht RA B 59 Bl. 39.

372 Ebd. Bl. 75, an RA 27. 6. 72.

373 Hierauf bezog sich die Bemerkung *Hammachers* in der Generalversammlung des Bergbauvereins am 9. 7. 72 (Glückauf 29/21. 7. 72), als er den „Streik-Zechen für ihr opferwilliges Standhalten den unberechtigten Forderungen der Arbeiter gegenüber" seinen Dank abstattete: Sicher würden die Gewerken der Grafschaft Mark gern auf die Begründung dieses Danks verzichten.

374 Vgl. OPM 824 Bl. 17 f. LR Recklinghausen v. *Reitzenstein*/OPM 19. 6. 72. Der LR hielt noch ein Nachgeben der Arbeitgeber auf Prosper für wahrscheinlich.

375 Vgl. die zahlreichen Zeugnisse RA B 59 u. OPM 824; f. d. Presse („Social-Demokraten und Jesuiten haben die Hand an der Streik-Maschine") s. *Mämpel,* Bergbau in Dortmund Bd. II, S. 51—55, wo allerdings manchmal recht unkritisch die zeitgenössische Pressemeinung als sachgerechtes Urteil vorgestellt wird.

376 OPM 824 Bl. 50—53 LRD/OPM 25. 6. 72.

Bohn, dem Schneider *J. Bönsch* und *Emil Ernst Mack*, die z. T. zeitweise und offenbar präventiv in Polizeigewahrsam genommen wurden, werden wiederum *Tölcke, Richter* aus Hamburg und *Winter* aus Altona genannt[377] — konzentrierten ihre Einflußversuche auf die Hörder Arbeiterschaft, da der dortige Arbeiterbildungsverein anscheinend seit längerem viele Sozialdemokraten vereinigte und ferner gehofft werden durfte, daß sich die hier überwiegende Hüttenarbeiterschaft mehr als die Bergleute den Werbungen zugänglich erweisen würde. Indessen holte man sich hier, nach den Anfangserfolgen einer verbotenen Versammlung, die in einem Zug von 400 Arbeitern unter sozialdemokratischer Führung von Hörde über Aplerbeck nach Schüren endete[378], eine derbe Abfuhr: Als von den Sozialdemokraten für Freitag, den 28. Juni, eine große Versammlung in Hörde angekündigt worden war, machte die Lokalpresse gehörig für die erwartete „große Tölckerei" mobil: „Gut wird es sein, wenn die Neugierigen die Versammlung nur mit handfesten Knitteln besuchen . . ."[379], denn die Sozialdemokraten

> „sind die Unruhestifter in jedem Lande; mit Petroleum, Pulver und Dolchen bemühen sie sich, alles Edle, was die Zeit geschaffen, zu vernichten, das Eigenthum aufzuheben, die Gesetze zu durchbrechen, die Familienbande zu zerschneiden, sowie die Altäre und Throne zu verbrennen. Diesen Zwecken sollen die Bergleute dienen, welche die Arbeit einstellen . . ."

Weil das nun keiner der Bergleute wollte, herrschte auf der endlich zusammengetretenen Versammlung eine solche Stimmung, daß *Tölcke* und *Richter* sie „fluchtartig" verlassen mußten, auf dem Hörder Bahnhof von der knüppelbewehrten Menschenmenge aber noch gestellt wurden, wobei *Tölcke* „nicht unerhebliche Schläge" bezogen haben soll[380]. Wie dieses unrühmliche Beispiel zeigt, zog in Dortmund, anders und jedenfalls mehr als in Essen, gerade die nichtbergbauliche Öffentlichkeit einschließlich der katholischen Geistlichen[381] gegen den Streik zu Felde, und man fand in der bisher kaum über längere Zeit sozialdemokratischem Einfluß ausgesetzten Arbeiterbevölkerung genügend Rückhalt[382], um diesen Kampf offensiv zu führen. Obwohl die Versammlungsagitation überall im Kreis sehr rege blieb, hat in Dortmund selbst anscheinend keine sozialdemokratische Versammlung stattfinden können; man bediente sich der Formfehler bei Anmeldungen, um die Genehmigung zu versagen[383].

Dennoch sind die Belegschaften der Zechen Tremonia und Westfalia in Dortmund am 25. und 26. Juni 1872 in den Ausstand getreten und haben sich den sog. „Essener Forderungen", wiederum über den Weg dreier gewählter Belegschaftsvertreter, die den Forderungskatalog der Grubenverwaltung überbrachten, angeschlossen. Ebenfalls am 26. Juni versammelten sich die Amtmänner und Bürgermeister des Kreises Dortmund mit dem Landrat *v. Rynsch*, um das weitere Behördenverhalten zu beraten[384]. Hier wurden eine strenge Versammlungsüberwachung, energischer Schutz arbeitswilliger Bergleute und

---

377 Vgl. bes. StaD 15/Hö n 11/1.
378 Vgl. ebd. Bl. 9 f. Bürgermeister Hörde/LRD 1. 7. 72 (Entw.). Auch Bürgermeister *Dr. Mascher* aus Hörde gehörte zu denen, die es (am 27. 6., vgl. Bl. 8) für nötig hielten, „größere Truppenmassen hierherzuziehen".
379 Ebd. Bl. 30: Hörder Volksblatt 51/26. 6. 72.
380 Vgl. RA B 59 Bl. 124—128 LRD/RA 29. 6. 72; Bl. 148 f. dass. 6. 7. 72; OPM 824 Bl. 74 f. LRD/OPM 29. 6. 72; Bl. 106—108 LRD/RA 6. 7. 72 (Abschr.); *Hue* II S. 313 Anm.
381 Vgl. RA B 59 Bl. 124—128 u. *Geueke*, Bergarbeiterstreiks, S. 43.
382 So auch im Gelsenkirchener Gebiet; vgl. RA B 59 Bl. 78 f. LRB/RA 26. 6. 72: In der Arbeiterbevölkerung mache „bewußte Reaktion sich geltend". S. ferner OPM 824 Bl. 64, 77 f.
383 Vgl. OPM 824 Bl. 46—48 LRD/OPM 27. 6. 72.
384 Protokoll StaD 15/Hö n 11/1 Bl. 6.

Vermehrung der Polizeikräfte gegebenenfalls durch Einstellung von Hilfspolizeibeamten beschlossen[385]. Aber von den Belegschaften von zusammen 1390 Bergleuten, von denen auf den genannten Zechen etwa 1180 gestreikt hatten, wurde schon am 30. Juni die Wiederaufnahme der Arbeit verkündet[386]. Geringfügige Zugeständnisse wie die Einführung einer Markenkontrolle, die die Bergleute anstelle des langwierigen täglichen Verlesens gefordert hatten und die mindestens so sehr im Interesse der Zechenleitungen lag, haben sicher auch hier zum frühen Streikende beigetragen, ohne daß die unternehmerische Solidarität allzu offenkundig verletzt worden wäre.

Zum schnellen Ende dieser Arbeitseinstellung und zur Erstickung mancher Streiklust dürfte aber vor allem der Bruch der Fördermaschine auf Zeche König Wilhelm Ende Juni 1872 beigetragen haben, womit 594 Bergleute arbeitslos wurden. So sind zwar von den Belegschaften der Zechen Glückauf in Barop und Dorstfeld, wo die Zechenverwaltungen die „Essener Forderungen" abgelehnt hatten, Ausstände geplant, dann aber nicht in die Tat umgesetzt worden. Im Kreis Dortmund war die Gefahr eines allgemeinen Streiks mit den einfachen Mitteln des Plakatanschlags maßgeblicher Gesetzesbestimmungen, des scharfen Schutzes Arbeitswilliger und überhaupt des verstärkten Polizeieinsatzes, aber auch dank der geschickten Regie der Gegenmaßnahmen durch den Landrat, der im übrigen eine amtliche Vermittlung für „unthunlich" hielt, mit dem 1. Juli bereits, entgegen weit verbreiteten Befürchtungen, endgültig abgewehrt[387].

Im Bochumer Gebiet dauerte die Streikbereitschaft etwas länger an: Noch Ende Juni kündigten die Belegschaften von Baaker Mulde und Hasewinkel einen dann doch ausgebliebenen Streik an, aber am 4. Juli war hier, wie auch auf der zum Teil bestreikten Zeche Wilhelmine Viktoria, der Ausstand vorüber[388]. Die Bochumer Gewerken hatten sich am 24. und 27. Juni recht verschwiegen in Bochum zur gemeinsamen Beratung von Gegenmaßnahmen getroffen und in einer Eingabe die Verstärkung der Polizeikräfte gefordert, ein Komitee von 7 Mitgliedern zur Streikbeobachtung gewählt und im übrigen einstimmig „alles, was nach einer Concession gegen die Belegschaft aussehe, so lange der Streik dauert, für gefährlich" erachtet[389] — hiervon mochte, wer es für nötig hielt, geringfügig abweichen. Jedenfalls ist es den vereinten Kräften von Polizeiorganen und Gewerken Ende Juni 1872 gelungen, den Streik der Essener Bergleute auf sein Ursprungsgebiet einzudämmen, und einen nicht unerheblichen Anteil an diesem Erfolg hatte die protestantische märkische Öffentlichkeit und ihre Presse[390].

---

385 Zusätzlich zu dem Oberwachtmeister, den 2 berittenen und 10 Fußgendarmen im Krs. Dortmund erhielt der LR trotz erheblicher Schwierigkeiten (Randbemerkung RA B 59 Bl. 60—63: „woher nehmen"; vgl. o. Anm. 372) eine Verstärkung von 24 Polizisten; vgl. RA B 59 Bl. 90, OPM 824 Bl. 50—53. Die Verstärkung traf allerdings erst mit Streikende ein.

386 Vgl. OPM 824 Telegramm 30. 6. 72 (Bl. 70), Bl. 37—39 LRD/OPM 26. 6. 72; *Mämpel*, Bergbau in Dortmund Bd. II, S. 54 f.; Jahresbericht HK Dortmund f. 1872, S. 12.

387 RA B 59 Bl. 72—74, 88 f., 99 f. (Marginalie am Bericht des LR *v. Rynsch* v. 28. 6. 72: „Die Dispositionen des Landraths scheinen mir mustergültig zu sein"). In Arnsberg wurde zeitweise erwogen, dem Dortmunder Landrat die Verfügung über einen Militäreinsatz zu überlassen. Vgl. ebd. Bl. 122 LRD/RA 1. 7. 72, Bericht über Streikende und Verhaftung der „Haupt-Agitatoren" (*Bohn* und *Mack*).

388 Vgl. die Berichte LRB/RA 30. 6., 2. 7., 4. 7., 17. 7. u. 24. 7. 72 in: RA B 59 Bl. 104—172.

389 Protokoll RA B 59 Bl. 112—115. Der Umstand, daß sich dieses Protokoll in amtlichen Akten findet, spricht für einen regen Meinungsaustausch in der Streikbekämpfung.

390 Vgl. neben dem o. zitierten Hörder Volksblatt z. B. die Dortmunder Westfäl. Zg. 147/27. 6. 72 (in: OPM 824 Bl. 36), aber auch den Münsteraner Westfäl. Merkur 175/2. 7. 72 (ebd. Bl. 64), der fragte: „Ist es nicht in der That eine Art Faustrecht, welches die strikenden Arbeiter ausüben?"

Berücksichtigt man demgegenüber die nur kurze Vorbereitungszeit, das Fehlen stabiler Organisationen und die geringe Streikerfahrung der Arbeiterschaft, so überrascht der volle Solidaritätserfolg der Essener Bergleute um so mehr. Er war nicht zuletzt Ausdruck unbefangener und befreiender Impulsivität nach Jahren als bitter empfundener Benachteiligungen und Ungerechtigkeiten. Der Streik nahm folgenden Verlauf[391]:

Belegschaft von 34 Essener Gruben am

15. 6. 72	14 935
17. 6. 72	2 306
24. 6. 72	984
1. 7. 72	984
8. 7. 72	2 077
15. 7. 72	2 841
19. 7. 72	5 251
22. 7. 72	9 298

In diesen Zahlen, in die übrigens auch manche Sonderentwicklungen auf einzelnen Gruben bei im ganzen großer Gleichförmigkeit eingehen, fehlen die Oberhausen-Mülheimer Zechen, für die keine vergleichbar detaillierten Angaben auffindbar sind, mit einer Belegschaft von 4842 Mann bei Streikausbruch. Unter Zurechnung der im Bochum-Gelsenkirchener und Dortmunder Raum zeitweise ausständigen Belegschaften hat die Zahl der Streikenden in der zweiten Streikwoche ihren Höhepunkt mit etwa 21 000 erreicht[392]. Aber erst mit der fünften Streikwoche — ab 15. Juli, sieht man von dem Fiasko in Dortmund ab — begann die Streikfront abzubröckeln. Befanden sich in der vorhergehenden Woche noch 81 % der Essener Belegschaften im Streik, so waren es am 15. Juli noch 65 %, zum Ende dieser Woche (19. 7.) nur noch knapp 48 % und am Beginn der nächsten Woche weniger als 38 %. Solange die um den 20. Juni erfolgte, unbehinderte Lohnzahlung auf den Essener Zechen für den Vormonat vorhielt, machten sich keine Engpässe in der Lebenshaltung der Bergleute bemerkbar; dies wurde Anfang Juli, als eine Abschlagszahlung fällig geworden wäre, anders. Das Zentralkomitee, bei dem Spenden von wenig mehr als 900 Tlr. eingingen[393], hat nur in den drückendsten Fällen die spürbarer werdende Not lindern können. Eine regelmäßige Streikunterstützung ist selbstverständlich nicht gezahlt worden.

Zwar haben die Bergleute auf mehreren großen Versammlungen in Essen Mitte Juli noch einmal ihren ungebrochenen Streikwillen bekräftigt, aber die Rückkehr zur Arbeit

---

391 Zusammengestellt aus den Berichten LRE 74 Bl. 50—56, 119, 210—218, 232 f., 251 f., 277—288. Die Zahlen weichen nur leicht von den in Entwickelung Bd. XII, S. 220 (für den 2., 8., 10., 15. u. 17. 7. 72), gegebenen ab.

392 Die zeitgenössischen, gewöhnlich in der Literatur übernommenen Schätzungen bewegen sich zwischen 20 000 und 25 000 Streikbeteiligten; vgl. *Steglich*, Streiktabelle, Nr. 591; *Hue* II S. 311. Die sonst häufig genannte Zahl von 16 555 Bergleuten (z. B. Arbeiterbewegung im Ruhrgebiet, Parteitag Essen 1907, S. 9; Entwickelung Bd. XII, S. 220; *Geueke*, Bergarbeiter streiks, S. 30 f.; *Koch*, Bergarbeiterbewegung, S. 29 u. a.) bezieht sich nur auf das Essen-Oberhausener Streikgebiet.

393 Nach einer Notiz in der Essener Volksztg. 186/16. 8. 72 (Ausschnitt RD Präs 835 Bl. 29) gingen beim Streikkomitee 910 Tlr./18 Sgr./6 Pfg. ein, darunter 349/—/— von Essener Bürgern; an Streikunterstützungen wurden in 225 Fällen 909/18/6 ausgezahlt.

war, mit den Übertagearbeitern an der Spitze[394], nicht mehr aufzuhalten. Am 27. Juli dürften noch etwa 1500 Bergleute gefehlt haben[395]. Von diesen hatten sich jedoch um 1000 Personen auf Arbeitssuche in andere Gewerbe und Gegenden begeben oder sind in ihre Heimat zurückgekehrt[396], so daß die Belegschaften nicht wieder den Stand vom Streikbeginn erreichten und andererseits, als das Streikkomitee den Ausstand am 28. Juli für beendet erklärte, diesem Beschluß nur noch deklamatorische Bedeutung zukam[397].

Der vollständige Mißerfolg des Ausstands, wie ihn auch das Zentralkomitee eingestehen mußte, war das Resultat einer bereits in den ersten Streiktagen, nach vorbereitenden Versammlungen Anfang Juni 1872, über das gesamte Ruhrrevier hinweg aufgebauten Abwehrfront der streikbedrohten Unternehmer, deren Zusammenschluß durch die Tätigkeit des Bergbauvereins und durch Einfluß auf die wortführenden liberalen Presseorgane im Ruhrrevier[398] sehr erleichtert wurde. Im wesentlichen auf drei Ebenen wurde der Streik abgewehrt:

1. Im Betrieb war jeder sein eigener Herr[399]. Den Versuchen, die Streiksolidarität der Belegschaften durch Teilversprechungen, Erleichterungen und große Ansprachen über die Interessenharmonie von Arbeitern und Arbeitgebern zu erschüttern, waren jedoch durch den recht festen Zusammenhang im unternehmerischen Verband einerseits, durch Abwehrmaßnahmen der Arbeiter andererseits Grenzen gesetzt. So haben die Belegschaften den Fehler noch von 1868/1869, ihren Protest durch massenhafte stumme Anwesenheit auf der Zechenanlage, womöglich auf der Hängebank zu dokumentieren, nicht wiederholt; auf die Gefahren der Überredung und des Streikbruchs ist in jeder Bergarbeiterversammlung eindringlich hingewiesen worden.

2. Besonders erfolgversprechend war die enge Zusammenarbeit zwischen Unternehmern und Behörden, die vor allem dem Zweck diente, die wechselseitigen Maßnahmen

---

394 Vgl. bes. LRE 74 Bl. 127: Von den am 1. 7. angefahrenen 2077 Bergleuten waren nur 728 Grubenarbeiter.

395 Vgl. *Geueke*, Bergarbeiterstreiks, S. 35; *Koch*, Bergarbeiterbewegung, S. 29.

396 Vgl. *A. v. Waldthausen*, Sälzer u. Neuak, 1902, S. 55 f.

397 Dem Kaiser wurde telegraphisch schon am 22. 7. gemeldet, daß der Streik „als beendet" anzusehen sei, s. RD Präs 835 Bl. 3 (Entw.) u. d. entsprechenden Meldungen RD/OPK und RD/IM, Bl. 4.

398 *Baedeker* als Verleger der (liberalen gewerkenfreundlichen) Essener Zeitung soll allerdings erklärt haben, er nehme weder für noch gegen die Bergleute gerichtete Beiträge auf; s. RD Präs 835 Bl. 11—13.

399 Dies hat vor allem *Krupp* deutlich gemacht, der am 11. 6. vorsorglich seinen Arbeitern erklären ließ, Kohlenmangel würde seine Werke nicht treffen (Es wurden später große Mengen aus Saarbrücken herbeigeschafft; die angekündigten Gegenmaßnahmen des Streikkomitees waren also erfolglos geblieben). Mit einem Aufruf an seine Arbeiter am 24. 6., daneben mit der Herausgabe des *Harkortschen* „Arbeiter-Spiegels" für seine Arbeiter, zu dem *Krupp* selbst ein Vorwort schrieb, wurde der betriebliche Herrschaftsanspruch nachdrücklich untermauert; vgl. *D. Baedeker*, A. Krupp, 1889, S. 118—124, 157—160. Die „sehr energische Erklärung" *Krupps* wurde von den Behörden erfreut registriert, vgl. OPM 824 LR Recklinghausen/OPM 25. 6. 72. *K. Marx* schrieb einen Artikel „An die streikenden Bergarbeiter im Ruhrtal" (Volksstaat 60/27. 7. 72; MEW 18, S. 105—107, Zitat hervorgehoben): „Herr Krupp mag soviel Ukase erlassen, wie er will, die englischen Kohlen wird er teurer bezahlen müssen als die Ruhrkohlen, und es ist sehr die Frage, ob er sie überhaupt bekommt".

gegen die „krankhafte Arbeiterbewegung", wie es auf den Ämtern noch im alten Obrigkeitsjargon hieß[400], zu koordinieren. Anscheinend unter Führung der Familie *Waldthausen* verabredeten die Essener Gewerken sofort nach Streikbeginn die Kontaktaufnahme mit der Düsseldorfer Regierung und dem Dortmunder Oberbergamt durch Eingaben und Delegationen. Berghauptmann *Prinz Schönaich-Carolath* bemühte sich anläßlich einer Gewerkendeputation nach Düsseldorf persönlich ebenfalls dorthin, und Regierungspräsident *von Ende* avisierte wenig später sein Erscheinen im Streikgebiet[401]. Von den Gewerken wurde insbesondere der Schutz arbeitswilliger Bergleute verlangt; daneben erbat man sich die Hilfe der Polizeiorgane bei den anstehenden Löhnungsterminen. Intern wurde auch diskutiert, ob gegen besitzende streikende Bergleute zivilrechtlich auf Schadensersatz wegen Kontraktbruchs geklagt werden solle, ob ein Termin für die Rückkehr zur Arbeit gesetzt werden könne und, trotz eines zwei Jahre zuvor ergangenen gegenteiligen Ministerialerlasses[402], inwieweit das Knappschaftsstatut gegen ausständige Arbeiter angewendet werden könne. Schließlich nahm *Dr. Natorp* vom Bergbauverein Verbindung mit den Direktionen der Köln-Mindener und der Rheinischen Bahn mit dem Resultat auf, daß streikende Bergleute bei Bahnbauten nicht eingestellt wurden. Mit den getroffenen Maßnahmen erklärten sich in der bereits erwähnten Versammlung am 24. Juni auch die märkischen Gewerken, denen *Natorp* selbst den gegenwärtigen Stand referierte, „vollständig einverstanden und entschlossen, bei etwaigen Arbeitseinstellungen gerade so zu handeln"; indessen erachtete man hier eine entsprechende öffentliche Zustimmungserklärung „zur Zeit nicht für opportun"[403]. Schließlich wurde noch, um Abweichlern von dem harten Kurs in den eigenen Reihen zu begegnen, von Bochum aus eine Generalversammlung des Bergbauvereins vorgeschlagen, die dann auch am 9. Juli in Essen stattfand[404]. Hier deklarierte der Referent, der Altenessener Bergassessor *Krabler*, den Streik nicht etwa als eine „Frage der Noth"; er sei

> „vielmehr eminent ... eine Machtfrage, d. h. es muß sich für jetzt und hoffentlich für eine längere Zukunft entscheiden, ob in dem Arbeitsverhältniß lediglich wie bisher Übereinkunft, Angebot und Nachfrage die regelnden Faktoren sein sollen, oder ob einseitig das Verhältniß von Seiten der Arbeiter und der hinter ihnen stehenden und sie leitenden Mächte bestimmt werden soll".

Dem in solchen Worten naheliegenden Gedanken, der Bergbauverein könnte den Gewerkeninteressen auch als Antistreikkoalition dienlich sein, suchte der Vorsitzende *Dr. Hammacher* mit einem langen Exkurs in die Geschichte des Vereins zu begegnen, indem es nicht an Hinweisen auf Wohltaten der Gewerken und des Vereins für ihre Arbeiter,

---

400 OPK 177 vol. II Zeitungsbericht RPD 16. 7. 72, S. 453—470.
401 Vgl. den Text der Gewerkeneingabe an RD [19. 6. 72], die persönlich überbracht wurde (LRE 74 Bl. 73—75 Abschr.), und das wiederum nicht zufällig in den amtl. Akten überlieferte Protokoll der Gewerkenversammlung der Streikzechen v. 20. 6. 72 (ebd. Bl. 90 f.).
402 Vgl. oben S. 290.
403 Protokoll RA B 59 Bl. 112; vgl. auch ebd. Bl. 78 f. LRB/RA 26. 6. 72.
404 Zitate im folgenden aus dem z. T. veröff. Protokoll in Glückauf 29/21. 7. 72 (also zum Streikende veröffentlicht), z. T. gesperrt. — Mindestens der Verein technischer Grubenbeamten in Dortmund machte sich zum Erfüllungsgehilfen, indem er in Anwesenheit *Friedrich Harkorts* beschloß, die neuerliche Arbeiterbewegung sei „nicht direkt aus den Arbeitern selbst hervorgegangen", und sämtliche Grubenbeamten verpflichteten sich, „während der Dauer der Arbeiterbewegung keine Arbeiter anzunehmen", die in letzter Zeit auf einer anderen Grube im Oberbergamtsbezirk gearbeitet hätten.

so auf das südrussische Auswanderungsdebakel, fehlte. In seiner Suche nach den Streikursachen befand *Hammacher*, daß die Gründe einmal „in den irrigen Auffassungen der Arbeiter über die wirthschaftlichen Verhältnisse, welche den Lohn bestimmen", lägen, daneben aber und ganz besonders

> „in den Jahre langen Gemüth und Geist zerhetzenden Einflüssen zu erkennen [seien], welche gewisse staatsfeindliche Parteien auf unsere Arbeiter ausüben, um dieselben gegen unsere vaterländischen Zustände einzunehmen".

Hier traten die bald darauf forcierten innenpolitischen Gegensätze des neuen Deutschen Reichs in den Vordergrund und mußten herhalten, um den Interessenkonflikt zwischen Arbeitern und Arbeitgebern in seinen wahren Ursachen zu ummänteln. Der Sündenbock für das aufrührerische Verhalten der Bergleute konnte bequem mit den örtlichen Christlich-Sozialen, dieser „undeutschen Partei" mit ihren „maulwurfartigen Mittel[n]", bezeichnet werden.
Insgesamt läßt sich feststellen, daß schon im Streik von 1872 der Bergbauverein in dem Dienst der streikbekämpfenden Gewerkeninteressen gestanden hat, daß sich aber daneben im märkischen Zechengebiet und in Essen besondere Gewerkengruppen zur Streikabwehr bildeten[405].

3. Mit der Generalversammlung des Bergbauvereins war eine weitere Ebene der Streikbekämpfung, die Beeinflussung der öffentlichen Meinung mit allen verfügbaren Mitteln, erreicht, wobei auch im Essener Gebiet, obwohl in der überwiegend katholischen Bevölkerung manche Ressentiments gegen die zumeist protestantischen Ruhrgewerken fortlebten, die Situation sehr verschieden von 1868/1869 war. Immerhin handelte es sich hier erstmals um einen Angriffsstreik bei einem allgemein als dürftig, aber doch ausreichend erkannten Lohnniveau. Hierauf ist denn auch mit der Hilfe durch die Lokalpresse und „bewährte, im Dienst der Industrie ergraute Männer"[406]: *Harkort, Krupp*, besonders auch *Mulvany* mit einer in englisch und deutsch gedruckten Broschüre über den Streik[407], immer wieder hingewiesen worden. Nicht immer bediente man sich angemessener Mittel, um nur keine Streiksympathien aufkommen zu lassen: Die Essener Gewerken beschlossen am 20. Juni, als auf Neuessen IV im Fahrschacht eine Beschädigung ruchbar wurde, „diese frivole That der Öffentlichkeit zu übergeben"[408] und, um die Sache nachhaltig wirken zu lassen, eine „auf gemeinsame Kosten" zu übernehmende Prämie von 100 Tlr. auf die Denunziation des Täters auszusetzen.

---

405 Die Bildung von Antistreikkoalitionen als Vorläufern des Zechenverbands ist m. W. bisher allein von *E. Gründling* in einer auch sonst sehr ergiebigen Arbeit: Unternehmensverbände in der Industrie des Rheinlands, Diss. 1923, S. 64—68, bereits für 1872 bemerkt worden.
406 *F. A. Freundt*, Kapital und Arbeit [Gelsenkirchener Bergwerks-AG], 1927, S. 48—54. *Harkort* verfaßte auch einen „Aufruf an die Striker"; vgl. Anm. 404, 407.
407 *Mulvany*, Strike der Bergleute im Essener Revier, 1872; engl. Ausgabe: *W. T. Mulvany*, The Strike of the miners in the Essen division of the Oberbergamts-District Dortmund, Province of Rhine and Westphalia, Prussia. A few friendly words to the employers and employed. Translated from the German. Düsseldorf (Spiethoff u. Krahe) 1872, 20 S. Mulvany verstand in dieser Schrift z. B. (dt. Ausg. S. 2 f., z. T. gesperrt) unter dem Grundsatz, jeder Arbeiter sei seines Lohnes wert (Lukas X, 7), „den vollen Werth seiner vollbrachten Arbeit nach dem Marktpreise, welcher nicht von der Laune oder Willkür des Arbeitgebers, sondern nach dem Princip zu bemessen ist, daß der Arbeiter bei redlicher Pflichterfüllung ... in den Stand gesetzt werden soll ..., gut und gesundheitsgemäß zu leben".
408 Protokoll LRE 74 Bl. 90 f., 20. 6. 72.

Mit den Hirngespinsten einer irregeleiteten, krankhaften Arbeiterbewegung und eines wühlenden Einflusses der Klerikalen — die Lassalleaner gingen leer aus — waren jene Saiten angeschlagen, die in der liberalkonservativen preußischen Öffentlichkeit am wärmsten widerhallten und die auch auf den Landratsämtern und in den Regierungspräsidien offene Ohren fanden[409]. Dabei ist an dem leichtfertigen Wort vom Jesuitenstreik nur so viel wahr, daß die seit über zwei Jahren anhaltende Bildungs- und Führungsarbeit mancher Angehörigen der jüngeren katholischen Geistlichkeit geholfen hatte, die Diskussion in der Bergarbeiterschaft über die angemessenen Mittel der Interessendurchsetzung ingangzusetzen bzw. dort, wo lassalleanischer Einfluß 1868/1869 vorgearbeitet hatte, voranzutreiben. So war der Nährboden bereitet, auf dem die kämpferische Interessenartikulation wachsen und Form gewinnen konnte. Die Essener Kapläne seien zwar unzweifelhaft, so bemerkte der die Streikszene aus knapper Distanz aufmerksam beobachtende Recklinghäuser Landrat *von Reitzenstein*, „streitsüchtige oppositionelle Naturen"; „daß sie aber die directe Veranlassung zur Arbeitseinstellung gegeben haben läßt sich nicht förmlich nachweisen"[410]. Indessen nutzte die Brandmarkung der „jesuitischen Pfaffen" als Streikverursacher denen, die einer Ausbreitung des Streiks in protestantische Nachbarkreise vorzubeugen hatten und retrospektiv auch denen, die nach der sozialistischen auch die jesuitische Agitation als staatsgefährlich zu bekämpfen sich anschickten. Von katholischer Seite ist der nun auch nicht unbedingt abträgliche Vorwurf, an der Arbeitseinstellung mitgewirkt zu haben, stets zurückgewiesen worden.

Über die Führungsgruppe der Streikenden sind leider nur wenige Aussagen möglich. Immerhin wird soviel deutlich, daß ursprünglicher Impuls, die Gestalt, das Programm und die Werbung für die Streikbewegung aus der Bergarbeiterschaft selbst angeregt, getragen und begründet worden sind. Ihrer Tradition als knappschaftlicher Sozialkörper, ihrer ständischen Erinnerung verdankten die Bergleute dabei ihre problemlose Interessenfindung in einem gemeinsamen Forderungskatalog, aber auch die belegschaftsverbundene organisatorische Realisation des Streiks, vor allem aber die ganz überraschende, demokratische Disziplin, jene solidarische Einordnung in nirgends geschriebene, von selbst evidente Verhaltensmuster von Arbeitskämpfen unter den Bedingungen kapitalistischer Produktion. Erstmals trat hier hervor, daß sich bergbauliche Arbeitskämpfe gerade auf die qualifiziertesten Arbeitskräfte in den Belegschaften, auf die alterfahrenen Hauer, nicht etwa auf das Protestpotential entwurzelter Zuwanderer stützten. Das Streikkomitee etwa auf der Zeche Tremonia bestand, so wurde erstaunt konstatiert[411], „wunderbarer Weise aus den besten und fleißigsten Arbeitern". Es stellt diesen gutbezahlten Arbeitergruppen nicht etwa ein, wie O. *Hue* meint, „Ehrenzeugnis" aus, wenn sie die Führung ihrer Kameraden übernahmen[412]; umgekehrt: Erst die sachlich-fachliche Qualifikation und langjährige Erfahrung, die nur durch Bildung, Kommunikation und Arbeitserziehung zu erlernende klare Interessenfindung und die Suche nach den adäquaten Mitteln der Interessendurchsetzung haben die feste Verankerung und Verbindlichkeit der neuen Verhaltensformen ermöglicht. Dem entspricht, daß in diesem Streik

409 So bes. die Resolution der Generalversammlung, gedruckt Glückauf 29/21. 7. 72; Entwickelung Bd. XII, S. 218 f. Der Passus von den unklaren Anschauungen der Arbeiter über die wirtschaftlichen Verhältnisse und von der krankhaften Arbeiterbewegung findet sich wortgleich im Zeitungsbericht RPD 16. 7. 72, OPK 177 vol. II S. 153—170.
410 OPM 824 Bl. 112—114 LR Recklinghausen/OPM persönlich 27. 7. 72; vgl. Bl. 80 f. dass. 30. 6.: „Die eigentliche Triebfeder ist räthselhaft".
411 OBA 1776 Bericht von Tremonia, Juni 1872.
412 *Hue* II S. 308; vgl. *Adelmann*, Soziale Betriebsverfassung, S. 98 f.

die in der Bergarbeiterschaft gewohnten Mittel der Konfliktsteuerung — Beschwerde, Eingabe, Petition — nicht zum Zuge gekommen sind, wenn sich auch die dahinterstehenden älteren Haltungen in gelegentlichen Unmutsbekundungen gegen die Behörden, in „Schimpfereien auf Bismarck" äußerten, so daß „ein Fremder hätte meinen können, das Reichskanzleramt sei es, welches den Bergleuten die Lohnerhöhung versagte"[413].

Es paßt auch in dieses Bild, wenn sich die Heisinger Altbergleute des Streiks enthielten, oder wenn auf Prosper die Menagenbewohner beim Ende des Streiks den Schacht mit Kränzen und Plakaten schmückten: „Viktoria, der Streik ist kaputt!"[414]. In Essen selbst ist das fast völlige, bei der geringen Streikerfahrung nicht selbstverständliche Ausbleiben von Straßenaufläufen, Tumulten und ähnlichen „Exzessen" vor allem der besonnenen Führerschaft erfahrener Bergleute zu danken gewesen. In täglichen Versammlungen wurden die Meinungen der Streikenden aufgenommen und Informationen erteilt, Gerüchte widerlegt, und das immer durch eins seiner Mitglieder vertretene Zentralkomitee wurde nicht müde, die von der Polizei anscheinend nicht gestörten Zusammenkünfte zur Ruhe und Ordnung zu mahnen. Man beschloß, sich als Streikende durch das Bergmannsabzeichen, durch Schlägel und Eisen an der Mütze gegenseitig kenntlich zu machen und richtete freiwillige Aufsichts- und Ordnungsmannschaften ein, die ein Band im Knopfloch trugen: Die Arbeiter „controliren sich selbst, und üben sogar unter sich eine gewisse Art von Polizei aus", deren Nebenzweck natürlich die Kontrolle Arbeitswilliger war[415]. Das Zentralkomitee trug die neuen Maßstäbe proletarischer Solidarität sogar bis in die Familien der Bergleute, deren Frauen in einem Appell ersucht wurden, „ihren Männern in der Zeit des Kampfes um Existenz treu zur Seite zu stehen, damit nicht der eherne Fuß des Kapitals ihren Nacken beuge"[416]. Daß die Bergleute sich nicht betrinken, nach den Versammlungen ruhig nach Hause gehen und jedenfalls keinen Anlaß zum Anmarsch von Truppen geben sollten — solche Aufrufe und Mahnungen, solche „merkwürdige Ruhe und Ordnung"[417] mußten einer Öffentlichkeit, die im Arbeiter gern die verkörperte Aufsässigkeit erwartete, nachgerade wundersam erscheinen. Und zum nicht geringen Erstaunen der Verwaltungsorgane haben es Stoppenberger Bergleute sogar dem Essener Landrat gedankt, daß er die Veröffentlichung der im Streikfall wichtigen Bestimmungen des Strafgesetzbuches in den Essener Zeitungen veranlaßt hatte, und ihm dafür ein dreifaches Hoch ausgebracht.

Unter den Versammlungsrednern werden neben den im Zentralkomitee eine Art Geschäftsführung wahrnehmenden Streikführern *Franz Daun, Hermann Lochthofen* und *Johann Trilling* die Bergleute *Rosenkranz, Mühlenbeck, Terhoven, Weiland, Blum, Ude, Schürmann, Töpfer,* aber auch der bekannte Sozialdemokrat *D. Eckhardt* immer wieder genannt; letzterem wird es widerstrebt haben, daß der unverkennbare sozial-

---

413 Westfäl. Zg. (Dortmund) 147/27. 6. 72, in: OPM 824 Bl. 36.
414 *Hue* II S. 311 und *Adelmann,* a.a.O. S. 99 (irrtümlich: „Zeche Bottrop"); die entgegengesetzten Reaktionen dieser Arbeiter erklären sich damit nur in zweiter Linie aus der, wie *Adelmann* richtig feststellt, „unhaltbaren wirtschaftlichen Lage", in die bes. die jüngst Zugewanderten infolge der Lohnausfälle geraten waren.
415 OPM 824 Bl. 17 f., 23—25, LR Recklinghausen/OPM 19. 6. u. 21. 6. 72; vgl. auch Bergmann *Blum* am 19. 6. 72 auf einer Versammlung in Essen (LRE 74 Bl. 77): „Es sei erforderlich, daß jeder strikende Bergmann sein Bergmanns-Abzeichen an der Mütze trage, damit, wenn anderswo Ruhestörungen eintreten sollten, es nicht heißen könne, diese rühre von den Bergleuten her".
416 Zit. n. *Schmidt,* Massenstreik, S. 120.
417 Über eine Versammlung in Werden 21. 6. 72, LRE 74 Bl. 103 f.; das Folgende ebd.

demokratische Einfluß auf die Streikführung nicht deutlicher gemacht werden konnte[418]. Denn wenn auch die spärlichen Agitationsversuche von *Tölcke* und *Seelig* vielfach Unbehagen und Widerspruch unter den Bergleuten erregt haben, ist die Bewegung doch, bei äußerlich peinlicher Wahrung parteipolitischer Neutralität, zum Teil von denselben Personen bestimmt worden, die bereits in der Allgemeinen Genossenschaft der Bergleute Funktionen wahrgenommen hatten. Aber nicht nur auf sozialdemokratischer, auch auf christlich-sozialer Seite setzte der Streik eine seit 1868/1869 angebahnte Kontinuität der Bergarbeiterführer bis über den Streik 1889 hinaus fort. Vor allem *Anton Rosenkranz*[419], der aus der christlichen Arbeitervereinsbewegung kam und 1877/1878 maßgeblich an der Verbandsgründung beteiligt war, daneben *Mühlenbeck* und *Eckhardt*, aber auch *Schröder* aus Königssteele, die 1872 führende Rollen wahrnahmen, blieben der Sache der Bergleute über Jahrzehnte hinweg treu. An Maßregelungen gegen sie und weitere Belegschaftsdelegierte und Streikführer hat es 1872 nicht gefehlt.

In der Führungsgruppe des Streiks wird nicht zuletzt die schon 1868/1869 angedeutete Konstellation der Bergarbeiterbewegung fortgesetzt. Das mit ihr umschlossene Konfliktpotential, die stets drohenden Auseinandersetzungen zwischen Sozialdemokraten und Christlich-Sozialen, sind freilich 1872 nicht zum Ausbruch gekommen. Hierzu wird entscheidend beigetragen haben, daß die in der Konsequenz des völligen Mißerfolgs im Streik im Herbst eingeleitete Gründung des Rheinisch-Westfälischen Grubenarbeiterverbands[420], der unter der Führung der ehemaligen Mitglieder des Streikkomitees stand, für die am 13. 10. 1872 in einer Versammlung von 500 Essener Bergleuten verabschiedeten Statuten nicht das behördliche Plazet fand, dessen der Verein als politischer und wegen der geplanten Unterstützungskasse bedurfte[421]. Man wollte in Düsseldorf einer Streikkasse keine behördliche Sanktion erteilen. Immerhin ist für diesen Verband bis in das Jahr 1873 hinein, als der Rekurs gegen die versagte Statutengenehmigung noch beim Minister schwebte, in Essen und Umgebung eifrig agitiert worden, aber der Mißerfolg des Streiks war unter den Bergleuten angesichts der wegen Arbeitermangels scharf ansteigenden Löhne der Boomjahre allzu bald vergessen, und die Notwendigkeit einer dauernden Interessenvertretung war nur schwer zu begründen, wenn die Löhne auch ohne Streiks stiegen[422].

Dennoch verdienen die Statuten dieses zweiten gewerkschaftlichen Verbands der Ruhrbergleute einige Aufmerksamkeit. Ohne jeden Zusammenhang mit der zentralistischen

---

418 Als weiteres Bsp. ist die Haltung des Bergmanns *Daun* auf einer Essener Versammlung 19. 6. 72 (LRE 74 Bl. 77 f.) kennzeichnend: Er habe von Duisburger Sozialdemokraten Geld zur Streikunterstützung angeboten bekommen, „habe dasselbe aber, als von Social-Demokraten herrührend, abgelehnt, und wenn es eine Million gewesen wäre, würde er dasselbe abgelehnt haben. Dagegen würden Gelder von anderen Personen ... mit Dank accaptiert werden".

419 Geboren 1844; Bergmann auf verschiedenen Essener Schachtanlagen, 1874 Vorsitzender des Altendorfer Christlichen Arbeitervereins, auch sonst in führender Rolle im Essener Christlichen Arbeiterverein. Nach *Hue* II S. 326 verstarb Rosenkranz „vor einigen Jahren"; *Budde*, Handbuch der christlich-sozialen Bewegung, S. 242, nennt jedoch 1927 als Todesjahr.

420 Zur Gründung s. *Hue* II S. 312 f.; Statuten ebd. S. 745—749; *Schmidt*, Massenstreik, S. 126; [*Imbusch*], Lage der Bergarbeiter im Essener Bezirk, S. 42 f.; *Möllers*, Politische Strömungen, S. 206 f.

421 Vgl. OPK 177 vol. II S. 493—512 Zeitungsbericht RPD 19. 1. 73; s. auch RA B 59 Bl. 213—219, Gutachten des OBA über Knappenvereine 27. 3. 73.

422 *Hue*, Neutrale Gewerkschaften, S. 27, bemerkt allerdings nach einer mündlichen Überlieferung, der Verband von 1872 habe „rasch über 1400 Mitglieder um seine Fahne gesammelt".

Struktur der lassalleanischen Allgemeinen Genossenschaft, sollte diese Organisation versuchen, die vorrangigen gewerkschaftlichen Ziele — genannt wurden gesetzliche Regelung der Arbeitszeit, unentgeltliche Berufsausbildung auf den Bergschulen, Rechtsschutz und Streikfonds — mit den Aufgaben einer Kranken- und Sterbelade und den aus den Knappenvereinen bekannten Zielen wie „Pflege des Frohsinns und der geistigen und körperlichen Ausbildung nach allen Richtungen" zu vereinbaren. Die Verbindung zum dezentralisierten Knappenvereinswesen sollte anscheinend auch dadurch hergestellt werden, daß man unter Umgehung der vereinsrechtlichen Bestimmungen zwar nicht die Gründung von Filialvereinen, sondern die Bildung selbständiger lokaler Vereine vorsah, für die aber vom Verband ein Musterstatut entworfen werden sollte. Im übrigen folgte die organisatorische Verwirklichung der Meinungs- und Entscheidungsbildungsprozesse den aus anderen gewerkschaftlichen Zentralverbänden bekannten Mustern und unterschied einen geschäftsführenden Ausschuß von einer Kontrollkommission, die beide nach dem Vorortsystem von den Mitgliedern des Verbands an einem durch die Delegierten der Generalversammlung gewählten Ort zu bestimmen waren — nur der Ausschuß sollte immer durch die Mitglieder am Verbandssitz, Essen, bestimmt werden. Während der Fehler dieser Statuten vielleicht in ihrer allzu ausschweifigen Eloquenz etwa hinsichtlich der Streikkassen und gewerkschaftlichen Aufgaben bestanden hat, lagen ihre Vorzüge in dem Bekenntnis zur demokratischen Entscheidungsstruktur, zu den Aufgaben gegenseitiger Unterstützung und überhaupt in dem Vorhaben, nicht bei nur materiellen Zwecken stehenzubleiben. Bemerkenswert ist noch, daß sich das sensible bergmännische Rechtsbewußtsein in der Forderung nach einer eigenen Rechtsschutzorganisation außerhalb des Verbands niedergeschlagen hatte.

Mögen das Streikgeschehen und die Gründung des Grubenarbeiterverbands auch den bereits 1868/1869 sichtbaren, unauflöslichen Zusammenhang von proletarischer Aktion und Organisation — eine Permanenzerklärung des Streikkomitees scheint es allerdings nicht gegeben zu haben — eindrucksvoll dokumentieren, so blieb der Gründungsversuch doch nur eine, und nicht einmal die herausragende Folge des Streiks; sie scheint überdies zeitgenössisch kaum Resonanz gefunden zu haben. Wichtiger waren die Erkenntnisse, die Unternehmer und Behörden aus dem Geschehen zogen. Hier waren es die scheinbar versöhnlichen Schlußworte der Gewerkenresolution vom 9. Juli, mit denen alle „Grubenbesitzer ihr Verantwortlichkeitsbewußtsein der Bergwerksindustrie und dem Vaterlande gegenüber" betont und das wirtschaftliche und geistige Wohlbefinden der Arbeiter nach Kräften zu fördern versprochen hatten, auf die man in Düsseldorf, wo vielleicht Gewissensbisse wegen einer sehr einseitigen Unterstützung im Streik plagten, im September 1872 zurückkam. Die Anfrage zielte auf die in ihrer Not und Trostlosigkeit auch von Gewerkenseite anerkannte[423], im Streik von den Bergleuten immer wieder beklagte und in der Tat katastrophale Wohnungssituation insbesondere in Essen. Das Resultat der diesbezüglichen gewerkschaftlichen Bemühungen faßte Anfang Oktober 1872 Essens Oberbürgermeister *Hache* dahin zusammen[424], daß

> „die bekannte Resolution [des Bergbauvereins] ... mehr oder weniger bis jetzt eine Resolution geblieben zu sein [scheine. Es fehle] den meisten Gewerkschaften an dem erforderlichen ernsten Willen, oder aber an der rechten Einsicht ..., um die Wurzel der socialen Calamität der Bergarbeiter durch Beseitigung der Wohnungsnoth zu vernichten".

Der Zechenwohnungsbau als Mittel betrieblicher Sozialpolitik und betriebsinterner Herrschaftssicherung stand noch in den Anfängen, wenn auch nach dem Streik, wie

---

423 Vgl. etwa *Hammacher* in seiner Rede zur Gewerkenresolution, Glückauf 29/21. 7. 72.
424 RD Präs 835 Bl. 31 f. 14. 10. 72; s. auch LRE 74 Bl. 291—302.

Natorp zugeben mußte, die Mietverträge der bestehenden Zechenkolonien zur Streikverhinderung verschärft wurden[425]. Daß während des Streiks konkrete Gespräche zwischen Behörden und Gewerken im Sinne einer schnellen Streikbefriedung, wofür seitens der Gewerken soziale Leistungen in Aussicht gestellt wurden, stattgefunden haben, darauf deutet das dringliche Ersuchen hin, mit dem Düsseldorfs Regierungspräsident *Freiherr von Ende* den Berghauptmann *Prinz Schönaich* im Oktober 1872 vertraulich erinnerte,

> „gefälligst darauf hinzuwirken, daß die Bestrebungen und Versprechungen der Zechenbesitzer rücksichtlich der Verbesserung der sozialen Lage der Bergarbeiter nicht leere Worte bleiben, sondern mit Ernst und Nachdruck zur Ausführung gebracht werden"[426].

Während solche gleichsam positiven Lehren aus dem Streikgeschehen im Sande verliefen, traten repressive Vorbeugungs- und Gegenmaßnahmen in den Vordergrund. Nicht zuletzt der Ruhrstreik wird den Ministerialerlaß vom 11. September 1872 mitveranlaßt haben[427], in dem das Behördenverhalten bei Streiks auf den Schutz der Arbeitswilligen und die strafrechtliche Verfolgung der „Exzesse, wie sie bei Arbeitseinstellungen in der Regel vorzukommen pflegen", konzentriert wurde. Damit nicht zufrieden, richtete der Bergbauverein am 13. Juni 1873 eine motivierte Eingabe an den Reichstag[428], worin die Absicherung zivilrechtlicher Ansprüche gegen kontraktbrüchige Arbeiter, eine Strafbestimmung in der Gewerbeordnung gegen den Kontraktbruch und eine Verschärfung der Strafen gegen den Koalitionszwang verlangt wurden.

Die wichtigste Erkenntnis allerdings, die nach dem Mißerfolg des Streiks nicht auf die Verlierer beschränkt blieb, verbarg sich in der Frage nach der konjunkturellen Disposition des Streiks. Sie ist rückblickend von den „Essener Blättern"[429], wenn auch in Abwehr der Vorwürfe christlich-sozialer Urheberschaft, aufgeworfen und mit dem Hinweis beantwortet worden, daß, nachdem im Mai/Juni die Kohlennachfrage des Wintergeschäfts ausgelaufen und in den Häfen große Kohlenvorräte aufgestaut waren, manche Gewerken, um die bereits recht hohen Kohlenpreise zu halten, ein Interesse an der Arbeitseinstellung gehabt haben mochten.

> „Wenn die Arbeiter nach eigener Beurtheilung der so klar liegenden Verhältnisse zu handeln schon gewöhnt wären, dann würden sie sich in dem damaligen Moment sicherlich vor dem Streike gehütet haben"[430].

Langfristig war die hier angesprochene, neue Rationalität des Arbeitskampfes nur durch das Instrument stabiler Organisationen zu verwirklichen. Einstweilen mußte die Bergarbeiterschaft sich mit dem allerdings bedeutsamen Schritt von der defensiven zur offensiven Interessendurchsetzung, von der Beschwerde, dem Protest gegen materielle und Rechtseinbußen zum Kampf für die Verbesserung der Daseinsbedingungen begnügen.

---

425 LRE 74 Bl. 291 f., an LRE 3. 10. 72.
426 RD Präs 835 Bl. 43 (Entw.); *Prinz Schönaich* verwies in seiner Antwort auf die neuerdings eingerichtete Wohnungsstatistik (ebd. 28. 10. 72).
427 Z. B. in: RD Präs 835 Bl. 45; RA B 59 Bl. 187; StaD 15/Hö n 11/1 Bl. 33; StaDuisb 306/302.
428 Vgl. *E. Jüngst*, Festschrift des Vereins f. d. bergbaulichen Interessen, 1908, S. 138.
429 Nr. 265/1872 nach einem Artikel der Berliner Volkszeitung, in: RD Präs 835 Bl. 56.
430 Ebd. *Gustav Schmoller* hat in seinem berühmten Referat auf der Eisenacher Versammlung des Vereins für Socialpolitik 1872 über Arbeitseinstellungen und Gewerkvereine (gedruckt: JNS 19, 1872, S. 293—320) das „totale Mißlingen" des Streiks daraus erklärt, „daß er viel zu spät, nachdem die Nachfrage nach Kohlen schon wieder sank und bedeutende Vorräthe vorhanden waren, begonnen wurde" (S. 301).

Kapitel XIII
Wirtschaftliche Depression und Sozialistengesetz.
Streik- und Organisationsbewegungen
der Ruhrbergleute während der 1870er und 1880er Jahre

1. Die Streiks der 1870er Jahre und der Revierverband von 1877/78

a) Sozialdemokraten und Christlich-Soziale 1873—1877

Die Kampfaktionen der Bergleute haben 1872 erstmals den unterschiedlichen Charakter
der beiden Pole der ruhrindustriellen Bergarbeiterbewegung mit den Zentren in Essen
und Dortmund offengelegt. Die 1870er Jahre, in denen sich diese Polarität deutlich
ausprägt, lassen sich so als Inkubationszeit des späteren konfessionell-freigewerkschaft-
lichen Dualismus der Bergarbeiterbewegung verstehen und blieben insoweit auch nicht
ohne Einfluß auf die ruhrindustrielle Sozialdemokratie. Gleichwohl würde eine bloße
Verkürzung dieser Polarität der Arbeiterbewegung im Ruhrgebiet auf konfessionelle
Gegensätze dazu verführen, lokale, ethnische, auch gewerbespezifische Sondereinflüsse
auf beiden Seiten zu verkennen, wie eindrucksvoll das Beispiel des Bochumer Raums
zeigt. Zwischen den Mühlsteinen des Essener christlich-sozialen und des in den 1870er
Jahren zunehmenden Dortmunder sozialdemokratischen Einflusses in die Enge gedrängt,
ist der Keim gewerkschaftlicher Interessenvertretung gerade in der näheren Bochumer
Umgegend zuerst auf protestantischen und werksliberalen Nährboden gefallen und dort
verkümmert. Erst unter den Bedingungen des Sozialistengesetzes sind Christlich-Soziale
und Sozialdemokraten unter der Vorherrschaft ersterer hier schwache Verbindungen
eingegangen — der gleichzeitige Erfolg des evangelischen Arbeitervereinswesens im
Kreis Bochum wirft ein rechtes Licht auf die noch starke Werksverbundenheit und
protestantische Frömmigkeit der Einwohnerschaft. Neben Witten, wo sich um 1874 trotz
lassalleanischer Übermacht im Revier eine Arbeitergruppe gebildet hat, die sich zu den
Eisenachern bekannte, hat die Sozialdemokratie im Kreis Bochum vor 1875 nur in Gelsenkirchen und in Bochum selbst besondere Filialen aufbauen können[1].

---

1 1873 erneut gescheiterte Versuche der Sozialdemokratie, in Bochum Fuß zu fassen, trugen
anscheinend im Sommer 1874 nach längerer Versammlungsagitation Früchte; vgl. Chr.-Soz.
Bl. 7 (1874) S. 78 f.; ferner *A. Herzig*, Sozialdemokratie in Westfalen, 1971, S. 148. Eine
Studie über die Anfänge der Sozialdemokratie in Bochum, die die Umgegend einzubeziehen
hätte und sich, wie schon *P. Möllers* über Essen, angesichts der Materiallage überwiegend
auf zeitgenössische publizistische Quellen stützen müßte, steht noch aus. Die Stadtgeschichten
(zuletzt *K. Brinkmann*, 2. Aufl. 1968) behandeln die sozialen Bewegungen gewöhnlich
halbherzig; dies gilt nicht für die über Bochum besonders aufschlußreichen, kommunal-
geschichtlichen Studien von *H. Croon*. Die Diss. von *David F. Crew*, Industry and Community in Bochum: The Social History of a German Town, 1860—1914. Cornell Univ.
1972 (s. IWK 10, 1974, S. 94), war mir nicht zugänglich; die Aufsätze des Verf.: Definitions
of Modernity, 1973, und Regionale Mobilität und Arbeiterklasse, 1975, erörtern Aspekte
industriegesellschaftlicher Mobilität. — Über den Gelsenkirchener ADAV vgl. LRB VIII 473,
Bericht des Gelsenkirchener Amtmanns v. 24. 10. 73.

Trotz der für die Sozialdemokraten wenig erfreulichen Entwicklung des Streikgeschehens im Dortmunder Raum, trotz strenger landrätlicher Aufsicht unter einer inzwischen allerorten üblich gewordenen repressiven Interpretation aller nur irgendwie anwendbaren Gesetzesbestimmungen durch die Polizeiorgane hat die Sozialdemokratie hier bis zum Sozialistengesetz festen Fuß fassen und erhebliche Erfolge verbuchen können[2]. Seit 1868 hatte die Dortmunder ADAV-Filiale unter wechselnder Leitung der Schneider *Joseph Bönsch* und *Konrad Kalbfleisch,* unter den sonst noch als Bevollmächtigte amtierenden *E. Mack, Heinrich Winner,* der von Iserlohn zeitweise nach Dortmund übergesiedelt war, *Carl Seelig,* dem ehemaligen Essener ADAV-Führer, und anderen in der Arbeiterschaft durch fleißige Versammlungstätigkeit zunehmend Resonanz gefunden. Wenn auch unter 435 von insgesamt 448 bis 1874 Beigetretenen, über deren berufliche Zugehörigkeit Nachrichten überliefert sind, nur 24 Bergleute waren, so fand sich unter diesen doch ein Name wie jener *August Hörigs* als Bevollmächtigter 1870, der sich schon im Oktober 1860 an der Spitze einer Gruppe Dortmunder Bergleute in der Statutenangelegenheit an die Behörden, damals noch ganz im Geiste der ständischen Bergbauverfassung, gewandt hatte[3]. Als Redner traten die Elberfelder *Klein, Richter, Winter, Tölcke, Dr. Audorf, August Kapell, W. Frick* und andere auf; auch *Raspe* aus Essen kam Ende 1873 als Eisenacher nach Dortmund, wurde aber bei dem Versuch, eine Versammlung abzuhalten, handfest daran gehindert — ähnliche Auseinandersetzungen sind im Ruhrgebiet schon deshalb selten gewesen, weil das Übergewicht der Lassalleaner erhalten blieb. Sie konnten im September 1872 in Hörde eine Filiale wiedereinrichten, aber bis 1875 wirkte sich noch die Beibehaltung **Iserlohns als Hauptort der** Agitation ausbreitungshinderlich aus. Anfang 1874 trat *Tölcke* im Wahlkreis Dortmund-Hörde als Reichstagskandidat mit Forderungen nach allgemeinem Wahlrecht, Abschaffung höherer Bildungsanstalten zugunsten allgemeinen unentgeltlichen Schulunterrichts, Einführung des Volksheeres statt stehenden Heeres, Abänderung der Vereins- und Haftpflichtgesetze, Zahlung von Diäten an Volksvertreter, Maßnahmen vermehrten Arbeiterschutzes bei lebensbedrohenden Arbeiten und Ablehnung einer Kontraktbruchbestrafung an und brachte es immerhin auf 1227 Stimmen.

Dieser wenn auch geringe Erfolg mag die Schließung der Dortmunder ADAV-Filiale im Zuge der allgemeinen Verbotswelle 1874/1875 noch beschleunigt haben. Den örtlichen Arbeitervereinlern hatte schon in den voraufgehenden Jahren die wenig arbeiterfreundliche Aufmerksamkeit des ehemaligen Mitglieds im Bund der Kommunisten und Dort-

---

2 Vgl. neben *Herzig,* Sozialdemokratie in Westfalen, S. 139—144 u. ö. noch immer *R. Umbreit,* Beiträge zur Geschichte der Arbeiterbewegung, 1932, S. 25—33; z. T. unrichtige Bemerkungen auch bei *H. Wenke,* Arbeiterbewegung im „Land der roten Erde", 1952, S. 148.

3 Vgl. MBAB 4 Bl. 59 f., im Anhang S. 616 f. und *Umbreit,* Arbeiterbewegung, S. 18 f.; *Hörig* ist wahrscheinlich identisch mit jenem Bergmann *Hering,* an dessen Delegation zur Düsseldorfer Leichenfeier *Lassalles J. Bönsch* sich gegenüber *Umbreit* erinnert hat. Die Dortmunder Adreßbücher nennen *Hörig* (auch: *Hörich, Höring*) in den Jahren 1868—1885; in Dorstfeld ist eine Straße nach *August Hörig* benannt worden (nach freundlicher Mitteilung von Herrn Dr. *Luntowski,* StaD). Bei dem Zigarrenarbeiter, Funktionär im Zigarrenarbeiterverband und führenden ADAV-Mitglied *August Hörig,* der in Berlin und Hamburg agitierte und sich 1874 um das Düsseldorfer Reichstagsmandat bewarb, handelt es sich um eine andere Person (über ihn vgl. *H. Laufenberg,* Geschichte der Arbeiterbewegung in Hamburg. Bd. I Hamburg 1911, S. 444 f.; *Franz Klüss,* Die älteste dt. Gewerkschaft. Die Organisation der Tabak- und Zigarrenarbeiter. Karlsruhe 1905, S. 12—19; fehlerhaft: *H. K. Schmitz,* Arbeiterbewegung im Raum Düsseldorf, 1968, S. 126; zuletzt *J. D. Hunley,* Society and Politics in the Düsseldorf Area, Diss. 1973, S. 299, 454).

munder Oberbürgermeisters, des „roten" *Hermann Becker*[4], gegolten. Nach einer amtsgerichtlichen Schließungsverfügung vom 23. Juli 1874 sind die Dortmunder ADAV-Führer allerdings sofort zur Bildung eines sozialdemokratischen Wahlvereins geschritten und schlossen sich damit dem Essener Vorbild an. Inzwischen hatte sich in Dortmund ein fester lassalleanischer Mitgliederstamm herausgebildet, der sogar in den Monaten des Verbots einen im April 1875 versammelten Westdeutschen Arbeitertag beider Arbeiterparteien organisieren konnte. Aus dem Ruhrgebiet waren hier sozialdemokratische Vereine aus Essen, Gelsenkirchen und Witten neben Dortmund vertreten, die kritische, andernorts „verdrießlich" aufgenommene[5] Argumente gegen den Gothaer Programmentwurf einer vereinigten Arbeiterpartei vortrugen.

Unter den Mitgliedern des den Behörden am 25. März 1875 angemeldeten sozialdemokratischen Wahlvereins in Dortmund wird auch der Bergmann der Zeche Hansa, *Ludwig Schröder,* genannt, dessen Werbetätigkeit für den Verein der Beitritt von — bis 1878 — 125 Bergleuten zu danken ist. *Ludwig Schröder*[6], am 28. August 1848 in Isselhorst bei Bielefeld geboren und nach Ausübung des Schuhmacherhandwerks zum Bergbau gekommen, gehörte zu einer jungen Generation von Bergarbeiterführern, die, ganz durch die industrielle Umwelt in Betrieb und Kommune geprägt, von Jugend an deren Zwänge und Bedürfnisse mit wachen Augen mitverfolgt und an eigener Person erfahren hatten und auf Mittel der Abhilfe sannen. Mitbegründer des freien Dortmunder Knappenvereins „Glückauf", ist *Schröder* schon 19jährig zu den Organisationsversuchen der Bergleute gestoßen und ihnen neben den Mühen einer fast dreißigjährigen Berufstätigkeit und trotz mancher polizeilicher Schikanen, unter denen ein skandalöses Urteil im sog. Essener Meineidsprozeß von 1895 herausragt, immer treu geblieben[7]. Nach dem fehlgeschlagenen Versuch einer Verbandsgründung von Essen aus Ende 1872 hat *Schröder* in den Jahren 1874 bis 1876 wiederholt versucht, anscheinend auf der organisatorischen Grundlage der nichtkonfessionellen Knappenvereine im Dortmunder Gebiet einen „Zentralverband der Ruhrbergleute" zu bilden, der vielleicht nach dem Vorbild des 1872 bestehenden Baroper Verbands von Knappenvereinen wirken sollte; die Statutengenehmigung scheiterte indessen immer am Widerstand der gegenüber den Dortmunder Knappenvereinen argwöhnisch gewordenen Behörden[8]. In diesen Jahren erwarb *Schröder* aber in Vereins- und Wahlversammlungen und durch die Leitung des 1876 in Hörde neugebildeten sozialdemokratischen Wahlvereins, gefördert auch durch den persönlichen Verkehr mit dem Veteranen der Arbeiterbewegung, *C. W. Tölcke,* großes Vertrauen bei den Arbeitern und grundlegende rhetorische Fertigkeiten. Mithilfe seines „ausgeprägten Agitationstalents"[9] konnte *Schröder* schon 1877/1878 maßgeblich an einer Verbandsbildung mitwirken, 1885 auch im Rechtsschutzverein *J. Fusangels* arbeiten und 1889 zum angesehenen Streikführer und Haupt der Kaiserdelegierten aufsteigen, von denen

---

4 1820–1885; vgl. z. Lebenslauf z. B. *W. Schulte,* Volk und Staat, 1954, S. 218 f.; *W. Kühn* [Hg.], Der junge Hermann Becker, 1936, S. XVI.

5 *F. Mehring,* Geschichte der dt. Sozialdemokratie, 1960, Bd. II S. 451; vgl. *G. Eckert,* Konsolidierung der sozialdemokratischen Arbeiterbewegung, 1974, S. 48 f.; bes. *D. Dowe,* Organisatorische Anfänge der Arbeiterbewegung, 1974, S. 73.

6 Vgl. 40 Jahre Bergbau und Bergarbeiterverband, 1929, S. 122 f.

7 S. *Fr. Lütgenau,* Essener Meineidsprozeß, 1895; *Hue* II S. 473–481; *M. J. Koch,* Bergarbeiterbewegung, 1954, S. 56 f.; *D. Fricke,* Essener Meineidsprozeß von 1895, 1957.

8 Vgl. *Hue* II S. 314; *Imbusch,* Arbeitsverhältnis, S. 247; *W. Rohn,* Arbeitsvertrag der Bergarbeiter, 1913, S. 81. In den maßgeblichen Akten konnte leider kein Exemplar der anscheinend mehrfach eingereichten Statuten aufgefunden werden.

9 *K. Koszyk,* Sozialdemokratische Presse im Ruhrgebiet, 1953, S. 21.

sich *Schröder* und *Siegel* bereits seit 1877 kannten. *Schröder* errang schließlich wichtige Führungspositionen im Alten Verband vor 1895 und, nach Strafverbüßung, erneut seit 1897. Am 19. Mai 1914 verstorben, gehörte der „alte Lutz" zu den Arbeiterführern, auf deren Beharrlichkeit und moralische Integrität, Sicherheit des Urteils im Arbeiterinteresse und kämpferischen Mut sich der Ruhm der gewerkschaftlichen Arbeiterbewegung im kaiserlichen Deutschland gründete.

Unter der agitatorischen Arbeit seiner Mitglieder brachte es der Dortmunder Wahlverein von (1875) 46 Mitgliedern in reger Versammlungtätigkeit bis 1878 auf fast 300 Mitglieder, unter ihnen viele Bergleute. Noch 1875 hatte die Werbung in der bergmännischen Bevölkerung verstärkt eingesetzt und beispielsweise den berüchtigten Lohn- und Arbeitszeiterlaß des Handelsministers einer sicher populären Kritik unterworfen[10]. Zu dem Aufschwung des Wahlvereins hat neben der Vereinigung der Arbeiterparteien in Gotha vor allem die Gründung und geschickte Leitung eines eigenen Presseorgans, der Dortmunder „Westfälischen Freien Presse" seit dem 30. Juni 1875 beigetragen. Der Erfolg dieses Blattes unter der Redaktion von *Hermann Ostermann*, später *Scheil* und *Carl Kuhl*, an dem aber auch *L. Schröder* und *C. W. Tölcke* maßgeblich beteiligt waren[11], hat ähnliche Gründungen in Essen und Duisburg inspiriert. Durch die Tätigkeit des Königsberger Maschinenbauers *Julius Scheil*, der, allerdings nicht unumstritten in der Partei, als „stabiler Agitator" von Dortmund aus im Ruhrgebiet arbeitete — mit dieser Funktion war 1873 vom ADAV der Schreiner *August Dreesbach* beauftragt gewesen[12] —, gelang es, den Abonnentenstand des Blattes wirksam zu erhöhen und *Tölcke* bei der Reichstagswahl 1877 zu einer beachtlichen Stimmenzahl von 3563 zu verhelfen, von denen auch im Attentatsjahr zunächst noch 2057 Stimmen übrigblieben. 1877 gelangte Schneidermeister *J. Bönsch* als erstes sozialdemokratisches Mitglied, allerdings über eine Zentrumsliste, mit der man sich der Arbeiterstimmen hatte versichern

10 Zu dem Erlaß s. o. S. 303; *A. Mämpel*, Bergbau in Dortmund, 1965, Bd. II, S. 117; vgl. ferner *Umbreit*, Arbeiterbewegung, S. 28; *L. Stern* (Hg.), Der Kampf der dt. Sozialdemokratie 1878—1890, 1956, Bd. II, S. 701—715; zum Aufschwung der Dortmunder Arbeiterbewegung s. auch einen Artikel in Tremonia 16/19. 1. 78.

11 Während *K. Koszyk* den „starken Einfluß" der Bergleute auf das Blatt hervorhebt (Sozialdemokratische Presse S. 20—23), wird in dem Aufsatz: Entwicklungsgeschichte der Arbeiterpresse des Industriebezirks, 1912, S. 12, ironisch notiert, den Bergleuten sei für ihre Beteiligung „insofern, als sie die Maschine drehten", eine Kolumne über „Bergmännische Angelegenheiten" reserviert worden. — Von dem zuletzt dreimal wöchentlich erscheinenden, am Westenhellweg 107 in einer später vereiseigenen Druckerei hergestellten Blatt sind die ersten Jgg. nicht erhalten (s. Bestände im Institut für Zeitungsforschung, Dortmund); vgl. *Umbreit*, Arbeiterbewegung, S. 27 f., *Koszyk* a.a.O.; ferner *A. Siegel*, Mein Lebenskampf, 1931, S. 43 (Archiv Industriegewerkschaft Bergbau u. Energie, Bochum); *E. Lucas*, Periodika der Arbeiter- und Angestelltenbewegung, [1969], S. 26. Das nach der Einstellung der Westf. Freien Presse (letzte Nr. 113/24. 10. 78) erschienene Ersatzorgan, der Volksbote f. Westfalen u. Rheinland, brachte es auf 6 Nr., von denen 5 in RA 122 erhalten sind; vgl. hierzu LRD 689 Bl. 22—27, LR-Bericht v. 28. 11. 78.

12 Vgl. *D. Dowe*, Organisatorische Anfänge, S. 74; Protokolle der sozialdemokratischen Arbeiterpartei Bd. II: Gotha 1876, S. 39, 42, 59—62: In der Diskussion über einen (abgelehnten) Antrag von *Strumpen*, die stabile Agitation *Scheils* aufzuheben, haben neben lokalen Animositäten offenkundig auch frühere ideologische Gegensätze fortgewirkt. Der Eisenacher *Scheil*, der auch unter seinen Freunden schon 1873 auf Kritik gestoßen war, konnte den Duisburger Altlassalleanern kaum genehm sein. Vgl. auch *Herzig*, Sozialdemokratie in Westfalen, S. 147 Anm. 218; über Versammlungen *Dreesbachs* in Königssteele Ende 1872 s. LRB VIII 30.

wollen, in die Dortmunder Stadtverordnetenversammlung und gehörte ihr bis 1883 an[13].

Im westlichen Ruhrgebiet haben weder die Lassalleaner noch hat die vereinigte Partei den Aufstieg und Erfolg der Christlich-Sozialen aufhalten können. Gilt dies bereits für Duisburg, wo man sich in den 1870er Jahren immerhin auf eine stabile Anhängerschaft, auf qualifizierte Führungskräfte und nicht zuletzt den Ruhm früherer Erfolge stützen konnte, so in besonderem Maße für Essen und Umgebung. Selbst von Unternehmerseite hieß es 1874 auf die Frage, was für das „geistige Wohl" der Arbeiter, womöglich durch Vereinsgründungen, inzwischen getan worden sei[14]:

> „Für das geistige Wohl seiner Arbeiter etwas zu thun, hat sich der Bergwercks-Verein außer Stande gesehen. Bei den eigenthümlichen Verhältnissen der hiesigen Bevölkerung wird sich hierin auch schwerlich etwas ändern: Die ultramontane Partei dominiert vollständig und würde jede solche Bestrebung zu Nichte machen: nur die von ihr, respective den Caplänen geleiteten Knappen- und Gesellenvereine prosperieren. Unsererseits kann daher nur negativ gewirkt werden, indem den clericalen Bemühungen möglichst viele Hindernisse in den Weg gelegt werden."

Allerdings bestand gerade in Essen ein recht starkes Interesse an sozialdemokratischen Presseerzeugnissen, wie die Abonnentenzahl des Berliner „Social-Demokrat" zeigt[15]:

	Abonnenten August 1873	August 1874
Essen	169	275
Dortmund	81	151
Gelsenkirchen	33	52
Duisburg	37	46
Werden	15	65
Ruhrort	14	31
Bochum	3	18

Bis 1875 hat der örtliche Parteienhader den Essener Wahlverein dennoch nicht hochkommen lassen; vielmehr scheint erst die Vereinigung der beiden Flügel in Essen Widerstände auf beiden Seiten gemildert und wieder ein fruchtbareres Klima hergestellt zu haben, in dem in Essen selbst und im Kreisgebiet wieder erfolgreicher für die Sozialdemokratie geworben werden konnte[16]. Wie hinderlich sich darin die doppelten Widerstände durch Behörden und christlich-katholische Konkurrenzorganisationen auswirkten, zeigt der Versuch des seit 1875 wieder agitierenden Buchbinders *Raspe*, im Herbst 1876 in Werden Versammlungen abzuhalten[17]. Der ultramontane Werdener Bürgermeister,

---

13 Vgl. o. S. 461 f.

14 OBA 1776 Bl. 360, Bericht von Zeche Anna, 1874.

15 Chr.-Soz. Bl. 7 (1874) S. 116; vgl. f. eine bestätigende Einzelangabe *P. Möllers*, Politische Strömungen in Essen, Diss. 1955, S. 277 Anm. 13. Informationen über die allgemeine Entwicklung der Sozialdemokratie im RD finden sich bei *Hunley*, Society and Politics, S. 505 bis 508 u. passim.

16 Nach der Broschüre: Sozialdemokrat. Partei in Essen, 1952, wo noch die Unkenntnis über die Frühgeschichte der Sozialdemokratie Essens und des Wahlvereins bedauert wurde (S. 12), hat vor allem *Möllers*, Polit. Strömungen, hier S. 275—283, zur Aufhellung beigetragen, vgl. ebd. über Auseinandersetzungen zwischen Eisenachern und Lassalleanern in Essen; ferner: Arbeiterbewegung im Ruhrgebiet, 1907, S. 13—44.

17 Vgl. RD 30433 Bl. 51—53 Bürgermeister Werden/LRE 16. 10. 76; Bl. 57 f. Beschwerde von

Freiherr von Schirp, dem die Förderung der katholischen Versammlungstätigkeit in Werden mit dem Fabrikanten *Mathias Wiese* sehr am Herzen lag, verbot eine sozialdemokratische Versammlung mit *Hasselmann, Raspe* und *Hermann Strumpen*[18], da letzterer auf der Zentrumsversammlung am selben Tage anläßlich der Landtagswahlen Wahlenthaltung verkündet habe. Die sozialdemokratischen Proteste hiergegen nutzten geschickt — der Essener Landrat hielt es freilich für einen „ziemlich plump angelegten Köder" — die allgemeine Kulturkampfstimmung mit dem Erfolg, daß in Düsseldorf das Versammlungsverbot für nicht rechtens erklärt und die landrätliche Beschwerde hiergegen verworfen wurde.

So ist der Essener sozialdemokratische Wahlverein mit 125 Mitgliedern (1875) neben dem Duisburger Wahlverein die wichtigste Organisation der Sozialistischen Arbeiterpartei in den Stadt- und Landkreisen Essen und Duisburg geblieben[19]. Um den Einfluß in der Arbeiterschaft zu verstärken und dem Erfolg der „Westfälischen Freien Presse" nachzueifern, schritt man im Herbst 1876 zur Konstitution einer Zeitungskommission in Essen, die seit dem 1. Oktober 1876 dreimal wöchentlich die „Essener Freie Zeitung. Organ für das arbeitende Volk" herausbrachte[20]. Schon seit dem 2. Juli 1876 erschien eine „Duisburger Freie Zeitung" unter der Redaktion von *C. F. Kuhl*[21], so daß die Sozialdemokratie im Ruhrgebiet 1876/1877 über drei eigene Presseorgane verfügte, von denen die „Westfälische Freie Presse" nach Abonnentenzahl und anscheinend auch nach der Qualität der redaktionellen Betreuung nach wie vor den Vogel abschoß. Als *Kuhl* im Juni 1877 nach Dortmund ging, übernahm *Strumpen* die Duisburger Redakteursstelle und überließ das Essener Blatt *J. Schuster*. Solch häufiger Redakteurwechsel wurde gewöhnlich durch die behördlichen Verfolgungsmaßnahmen und Strafverbüßungen erzwungen; ein sozialdemokratisches Organ zu leiten, verlangte in diesen Jahren Mut und Opferbereitschaft.

Während der verbleibenden Jahre bis zum Sozialistengesetz hat der Einfluß der Sozialdemokratie mit Hilfe dieser Blätter, wenn es ihnen auch an Abonnenten mangeln mochte, rasch ausgedehnt werden können. Schon auf dem Gothaer Vereinigungsparteitag waren neben Dortmund, Duisburg, Essen und Hagen auch Gelsenkirchen, Werden, Ruhrort, Meiderich und Bockum durch die zum Teil ortsfremden Delegierten *Bardonner, Dreesbach, Harm, Kuhl, Pilster, Tölcke* und *Winner* vertreten[22]. Von diesen Orten waren 1876 zwar nur noch Essen und Dortmund, daneben aber Mühlheim, Wattenscheid

---

der Hand *Raspes*, 17. 10. 76; Bl. 61—63 Bericht d. Bürgermeisters v. 18. 10. 76; neues Gesuch v. *Fritz Rempe* 20. 11. 76 u. erneuter Protest *Raspes* v. Mitte November 1876 s. ebd. Bl. 77 f., 83, 91.

18 Vgl. *H.-O. Hemmer*, Bergarbeiterbewegung, 1974, S. 96 Anm. 26, und RD 8857 Bl. 191 f., 245; RD 30429 Bl. 142—145. *Strumpens* Vater *August*, früher Bergmann und Händler in Altendorf, war ebenfalls stadtbekannter Sozialdemokrat.

19 Vgl. RD 30433 Bl. 92, 99, 103 f., 112 Berichte der LR u. Oberbürgermeister Juni-Nov. 1876; *W. Henning*, Geschichte der Stadtverordnetenversammlung v. Essen, Diss. 1965, S. 27, nach Sozialdemokrat. Partei in Essen, S. 12. Für Oberhausen vgl. *F. Mogs*, Sozialgeschichtl. Entwicklung, Diss. 1956, S. 109 f.

20 Vgl. *Möllers*, Polit. Strömungen, S. 277—279, u. *Koszyk*, Sozialdemokrat. Presse, S. 23; Hinweis RD 8841 Bl. 79—90 und RD 8857 Bl. 21—26 Oberbürgermeister *Hachel*/RD 22. 6. 78, wonach die Essener mit der Duisburger Freien Zg. bis auf einen Lokalteil identisch war, also doch (was *Möllers* entgegen *Koszyk* für unwahrscheinlich hält) als Kopfblatt erschien.

21 Vgl. *Koszyk*, Sozialdemokrat. Presse, S. 23 f.; Hinweis RD 45060 Bl. 234 f.

22 Vgl. Protokolle der sozialdemokratischen Arbeiterpartei Bd. II: Gotha 1875, Mitgliederliste des Parteitags; gedruckt auch bei *D. Fricke*, Die dt. Arbeiterbewegung 1869—1890, 1964, S. 97—106; vgl. auch die Aufstellung b. *Herzig*, Sozialdemokratie in Westfalen, S. 138.

und Eickel durch *L. Kuhlmann*, *H. Strumpen* und *H. Winner* vertreten; in Gotha 1877 erschienen nur noch Duisburg, Essen und Dortmund[23]. Zu dieser Zeit bestanden jedoch längst mehr Filialen der Sozialistischen Arbeiterpartei im Ruhrgebiet. Als zum Sedanstag 1877 nach Duisburg ein Arbeitertag einberufen wurde, um nach dem Parteitagsbeschluß von 1877[24] die Straffung und Abgrenzung der sozialdemokratischen Presseorgane — so sollte die fortdauernde finanzielle Unterstützung vieler Blätter aus der Parteikasse eingeschränkt werden — zu diskutieren, fanden sich hier Delegierte aus bereits 30 Ortsvereinen in Rheinland und Westfalen ein. Aus dem Ruhrgebiet wurden die Orte Altendorf, Bochum, Dortmund, Duisburg, Essen, Gelsenkirchen, Haarzopf, Heißen, Kettwig, Königssteele, Kray, Meiderich, Mülheim, Oberhausen, Rotthausen, Schalke, Steele, Stockum, Ueckendorf und Witten genannt[25]. Wenn auch zweifelhaft sein mag, ob an jedem dieser Orte wirklich eine vollausgebildete Parteigliederung mit festem Mitgliederbestand, kontinuierlicher Führung und Finanzierung bestanden hat, zeigt diese Liste doch eine im ganzen erstaunliche Ausbreitung auch auf Orte, aus denen vor 1875 keinerlei Parteileben zu spüren ist.

Unter dem Vorsitz *Tölckes*, dessen Resolution zur Abgrenzung von Agitationsbezirken für die sozialdemokratischen Zeitungen in Rheinland und Westfalen gebilligt wurde, geriet die Versammlung so zu einer Demonstration sozialdemokratischen Einflusses im Ruhrgebiet, wie sie vor 1890 nicht wieder möglich werden sollte. Infolge der Konferenzbeschlüsse ist die unrentable „Duisburger Freie Zeitung" eingestellt worden, und eine ebenfalls von *Strumpen* redigierte „Rheinische Freie Zeitung" ging Anfang 1878 ebenso wie die „Essener Freie Zeitung" wegen Abonnentenschwunds ein.

Das Verhältnis zwischen den Essener Christlich-Sozialen und den örtlichen Sozialdemokraten ist, bei allen sachlich-ideologischen Gegensätzen, doch auch durch die gemeinsame Frontstellung gegen den beidseits durch Verbote und Unterdrückung erfahrenen Staat und seine Organe geprägt worden. Schon bald nach dem Streik kündigten sich für die Christlich-Sozialen die künftigen Kulturkampf-Unbilden mit dem Erlaß des Jesuitengesetzes vom 4. Juli 1872 an[26]. Für die Essener Jesuitenpatres verwandte sich zunächst die lokale katholische Prominenz; als schließlich Beigeordnete, Bürgermeister und Landrat nach dem Gesetzeswortlaut einschritten, kam es zu Straßenaufläufen, in deren Folge die Vertreibung der Jesuiten aus Essen sogar des Militärschutzes bedurfte. Im Essener

---

23 Protokolle Bd. II, Gotha 1977, S. 43. Ein von *Strumpen* vertretener, Bochumer Antrag auf Verstärkung der Agitation im Wahlkreis Bochum wurde angenommen. Ein ebenfalls aus Bochum und Gelsenkirchen vorliegender Antrag (S. 10), innerhalb der Partei Vorkehrungen gegen ungerechte Denunziationen zu treffen und Agitatoren nur in Übereinstimmung mit den Genossen im betr. Kreis anzustellen, könnte auf die älteren Differenzen um die Arbeitsweise *J. Scheils*, aber auch auf die seit Anfang der 1870er Jahre anhaltenden Auseinandersetzungen zwischen *Tölcke* und *Hasselmann*, der im westl. Ruhrgebiet über starken Rückhalt verfügte, hinweisen; vgl. hierzu bes. *Hemmer*, Bergarbeiterbewegung, S. 95—98; *G. Bers*, Hasselmann, 1973, S. 24—29.

24 Vgl. Protokolle Bd. II, Gotha 1877, S. 14 f. u. 58 ff.

25 Vgl. *Koszyk*, Sozialdemokratische Presse, S. 24 f.; *ders.*, Tölcke, 1963; OPK 177 vol. II S. 857—872 Zeitungsbericht RPD 31. 10. 77; RD Präs 866 Bl. 262—267. Auf der Konferenz wurde ein 17-strophiges „Schandgedicht" verbreitet, dessen Anfang lautete: „Wie kann ein Mensch die Lüge auf sich laden, Er sei allein Herrscher von Gottes Gnaden und unverletzlich dadurch als Person . . ."

26 Ausführlich: *E. Schmidt*, Die Vertreibung der Jesuitenpatres — erster Höhepunkt des Kulturkampfes in Essen, 1972; vgl. *Erich Schmidt-Volkmar*, Der Kulturkampf in Deutschland 1871—1890. Göttingen 1962, S. 111; die wichtigsten Quellen in RD Präs 835.

Christlichen Arbeiterverein hatte sich dessen Präses *Dr. Mosler* als einer der wenigen
Geistlichen kritisch gegenüber den Jesuiten geäußert; *Mosler* verlor daraufhin den Vorsitz, danach sogar den beherrschenden Einfluß auf das Vereinsblatt, das unter der
Redaktion seines Bruders *Leonhard* gestanden hatte. Noch im Juli 1872 wurde die
Führung des Arbeitervereins von dem ehemals Aachener Kaplan und Vizepräses *Johannes Laaf*[27] übernommen, der als der wohl gemäßigste in dem Dreigestirn mit *Litzinger*
und *Cronenberg* den Essener Verein über die 1870er Jahre hinweg zu erheblichen Erfolgen führen sollte.

Zunächst gelang Anfang 1873 die Gründung eines weiteren Christlichen Arbeitervereins
in Borbeck, von dessen erster Versammlung es heißt, die herbeigeeilten Sozialdemokraten
konnten „ihre Scandalnatur wieder nicht verleugnen, aber sie brannten ab an dem guten
Geiste, welcher christliche Arbeiter ... einmütig versammelt hatte"[28]. Ende dieses
Jahres fand in Aachen ein „Kongreß der christlichen Arbeiter von Rheinland und Westfalen" mit Vertretern von 15 Vereinen statt, auf dem infolge von Unstimmigkeiten mit
der nichtgeladenen Redaktion der „Christlich-Sozialen Blätter" die „Essener Blätter"
zum Vereinsorgan empfohlen wurden; man beschloß ferner die dann anscheinend aus-
gebliebene Bildung von Bezirksvereinen, forderte den Klerus zur aktiven Teilnahme
an der Vereinsbildung auf, ernannte eine statistische Kommission, in der *Laaf* und *Cronenberg* Lohnerhebungen anstellen und eine Vereinsstatistik fertigen sollten, und hob
vor allem unter den bisher verfolgten sozialpolitischen Forderungen jene nach dem
achtstündigen Normalarbeitstag der Bergleute unter deutlichem Hinweis auf das Koalitionsrecht hervor[29].

Unter solcher Programmatik wurde, je mehr sich seit 1872 der künftige Kirchenkampf
abzeichnete, die Popularität der Katholiken und ihrer Laienorganisationen im westlichen Revier um so größer. Vor allem dem Mainzer „Verein deutscher Katholiken" von
1872 traten scharenweise auch die Essener Einwohner bei, manchmal in ganzen Vereinen. Mit den Maigesetzen von 1873 strebten die Glaubensschnüffeleien, die Reini-
gungen der Amtsstuben von Katholiken, die nicht aus ihren kirchlichen Vereinen austreten wollten, die Verbote von Prozessionen und Piusfeiern, die Gottesdienst- und
Versammlungsüberwachungen ihrem Höhepunkt zu, der 1874 mit dem Verbot des
Mainzer Vereins und seiner Filialen, an denen sich im Essener Gebiet auch die Bergleute
unter Führung des Werdener Fabrikanten *Mathias Wiese* rege beteiligt hatten, erreicht

---

27 1840–1906; vgl. *Möllers*, Polit. Strömungen, S. 263–265; *H. Lepper*, Cronenberg und die
christl.-soz. Bewegung in Aachen, 1968, S. 63; *A. Thun*, Industrie am Niederrhein 1. Teil,
1879, S. 212; zuletzt *Hemmer*, Bergarbeiterbewegung, S. 92 Anm. 17. Ein Urteil aus wenig
wohlwollendem Mund ist *D. Baedeker*, Alfred Krupp, 1889, S. 123 f.: *Laaf* zeigte „sich
übrigens seiner Aufgabe keineswegs gewachsen [und war] in sittlicher Beziehung übel
beleumundet ..." Ein anderes Zeugnis ist der Bericht des Borbecker Bürgermeisters/LRE 18. 9.
76 (RD Präs 866 Bl. 260) auf dem Höhepunkt des Kulturkampfs: Auf einer Katholikenver-
sammlung habe *Laaf* in seiner „der äußeren Erscheinung vollkommen entsprechenden Manier"
„voll Phrasen und unmanierlichen Schimpfwörtern" seine „Stückchen von Liberalen und Grün-
dern" erzählt und gegen die Altkatholiken gewettert. Nach *Karl Bachem*, Vorgeschichte, Geschichte u. Politik der dt. Zentrumspartei. Köln 1927–1932, Bd. III, S. 109, ging *Laaf* „den
Gefahren des Trinkens nicht genügend aus dem Wege". — Aus der Tätigkeit dieses von Liberalen und Katholiken gleichermaßen kritisch bedachten Mannes ist zumindest ein tätiges, an-
dauerndes und mutiges Engagement für die Arbeitersache zu entnehmen.
28 Chr.-Soz. Bl. 6 (1873) S. 28.
29 Ebd. S. 179 f., kommentarloser Abdruck der Konferenzbeschlüsse.

wurde[30]. Als den Staatsdienern im Essener Kreisgebiet Anfang 1874 die Mitgliedschaft im Mainzer Verein, der hier 3500 Mitglieder umfaßte, untersagt wurde, weigerte sich, nachdem die Essener Lehrer und Schulvorstandsmitglieder entsprechende Erklärungen längst abgegeben hatten, einzig der Borbecker Nachtwächter *C. Winter:* Er wolle lieber sein Amt niederlegen, mußte der Landrat *von Hövel* vernehmen[31]. Der Reckling-häuser Landrat *von Reitzenstein* erkannte, als *Schorlemer-Alst* und sein Bauernverein, aber auch Mitglieder des Essener Christlichen Arbeitervereins mit *Laaf* als Redner in Dorsten, Buer, Recklinghausen und Herten Ende 1872 Versammlungen abhielten, zu deren Überwachung die anbefohlene „Verwendung eines Landrats ... weder als noth-wendig noch als angemessen ...", und insofern war für mich die Ausführung des Auf-trags allerdings etwas peinlich"[32].

Diese und viele andere Peinlichkeiten gipfelten ein weiteres Mal in den Schließungs-verfügungen gegen Essener und Duisburger Vereine im Juli/August 1874 nach dem Attentat von Bad Kissingen. Insgesamt sind von 609 den Behörden im Regierungsbezirk Düsseldorf bekanntgewordenen katholischen Vereinen 59 geschlossen worden, darin alle 27 Filialen des Mainzer Vereins. Von diesen lagen 13 im Bereich des Mülheimer Land-rats, 11 im Landkreis und in der Stadt Essen[33]. Nachdem man noch im Juli 1874 das Stiftungsfest im Essener städtischen Garten groß begangen hatte, wurden im August auch die christlichen Arbeitervereine zunächst in Essen, Altendorf, Rellinghausen, Hei-singen, Rüttenscheid, Stoppenberg und Steele, dann noch in Altenessen und Borbeck geschlossen[34]. Die Knappenvereine, deren Mitglieder zum Teil auch im Mainzer Katho-likenverein wie auch in den christlichen Arbeitervereinen organisiert waren, ließ man weiterbestehen, „wenn auch unter strammer Polizeiaufsicht"[35]. Von den Christlich-Sozialen selbst wurde zum Zeitpunkt der Schließungsverfügung eine Mitgliederzahl von 3000 mit Schwerpunkten in Essen, Altenessen und Borbeck angegeben; die „Essener Blätter" bezogen 2400 Abonnenten. Die Statuten einer geplanten Unterstützungskasse

---

30 Vgl. *K. Buchheim*, Ultramontanismus u. Demokratie. Der Weg der dt. Katholiken im 19. Jh. München 1963, S. 255—265. Vgl. die Statuten RD 288 Bl. 123 f.; Rechenschaftsbericht des Vorstands f. 1872/1873: RD 289 Bl. 172—179; ferner RD 287 Bl. 72, 131, 169 f.; RM 1039; RA B 59 Bl. 245; RA I 1 Bl. 37 f. Wichtigste Quellen zum Kulturkampf im Ruhr-gebiet, über den bisher m. W. keine die regionalen Quellen ausschöpfende Darstellung vor-liegt, finden sich: RD 120, 287—290, RD Präs 835 u. 866; in kommunalen Archiven z. B. StaDuisb 12/1093, StaD 3/Do n 36.
31 RD 290 Bl. 234 LRE/RD 4. 10. 75; ferner Bl. 237—248.
32 RM 1039 LR Recklinghausen/RM 16. 12. 72.
33 Vgl. RD 289 Bl. 108 RD/IM Entw. v. 12. 10. 74; vgl. die Vereinslisten ebd.; Bl. 120 LR Mülheim/RD 17. 10. 74; RD 290 Bl. 101 f., 108 f., 116. Im Bericht RD/IM 21. 8. 74 sollte es nach einem dann kassierten Vorentwurf heißen (RD 288 Bl. 138—140), die Vereinsver-zeichnisse gäben ein „Bild der Thätigkeit der ultramontanen Partei, das deren Staatsgefähr-lichkeit anschaulich genug darstellt". Bes. junge Kapläne verfolgten „unter religiösen Aus-hängeschildern politische Tendenzen". „Mehr und mehr Terrain im Staate zu gewinnen, um womöglich die Herrschaft im Staate zu erlangen und die Macht des Staates selbst zu den Zwecken der Geistlichkeit auszubeuten, um endlich wenn dies überall gelingt, die erträumte Universalherrschaft des Pabstes zu erreichen, das sind die letzten, sorgfältig mit geistlichem Räucherwerk verschleierten Ziele". Vgl. auch OPK 177 vol. II S. 635—657 Zeitungsbericht RPD 18. 10. 74: Durch die Vereine werde „das betörte Volk in seinem Wahne bestärkt und zum Haß ... aufgestachelt"; nur die Sedansfeier lasse es sich darum nicht gleich nehmen.
34 Vgl. RD 288 Bl. 150 (Zeitungsausschnitte), RD 289 Bl. 59 LRE/RD 24. 8. 74; Chr.-Soz. Bl. 7 (1874) S. 130, 163; *Möllers*, Polit. Strömungen, S. 79—83.
35 Z. B. gehörten von 238 Mitgliedern des Altenessener Knappenvereins 55 im Jahre 1874 dem Mainzer Verein an; s. RD 288 Bl. 179—205. Zitat: Chr.-Soz. Bl. 7 (1874) S. 171.

harrten bereits seit längerem der Genehmigung, und auch die Errichtung eines eigenen Vereinshauses war in Essen mit Hilfe einer Baugenossenschaft nach Aachener Vorbild geplant.

Während der Verbotszeit konnte das Vereinsleben notdürftig durch nahezu wöchentliche öffentliche Versammlungen fortgeführt werden — man könne, so hieß es in den „Christlich-Sozialen Blättern", „die Vereine zwar schließen, aber das Volk nicht völlig mundtot machen"[36]. So hat die Verbotssituation vorübergehend auch eine Annäherung von Sozialdemokraten und Christlich-Sozialen gebracht, die unter anderem in einer gemeinsam bestrittenen Agitation gegen die Kontraktbruchvorlage und in einer gemeinsamen Petitionsaktion zum Vereins- und Versammlungsrecht 1874 ausgedrückt wurde[37]. Auf der anderen Seite geriet die *Laafsche* Richtung in zunehmende Konflikte mit den örtlichen und regionalen Zentrumskräften, da den Mitgliedern des Arbeitervereins die sozialpolitische Passivität des Zentrums mißfiel. Auch eine Reise von *Laaf* und *Bongartz* zusammen mit *M. Wiese* nach Berlin[38] hat hier Mitte 1876 anscheinend noch keine Lösung herbeigeführt. Von den Sozialdemokraten wurde auch fernerhin eine Politik partiellen Zusammengehens bei prinzipieller Gegnerschaft verfolgt, die sich in den Worten *C. Seeligs*, des Essener Delegierten zur Generalversammlung des ADAV in Berlin 1874, so artikulierte[39]:

> „Die Pfaffen sind die gefährlichsten Feinde unserer Sache. Sie treten im entscheidenden Augenblick selbst mit unserem Programm auf und der Devise: ‚Wir wollen dasselbe, was die Sozialdemokraten wollen, wollen aber die Religion gewahrt wissen'".

Der Nachweis, daß die christlichen Arbeitervereine im Landkreis Essen Zweigvereine eines Essener Hauptvereins waren und damit nach dem Vereinsgesetz den Tatbestand verbotener Verbindungen politischer Vereine erfüllten, war den Staatsanwälten, nach einem erheblichen Zeugenaufgebot zum Prozeß gegen *Laaf*, *Rosenkranz* und 37 weitere Vereinsmitglieder am 10. Februar 1875 in Essen, auch in der zweiten Instanz nicht gelungen, so daß die christlichen Arbeitervereine ihre Tätigkeit, nur noch durch Versammlungsüberwachung behindert, Anfang 1875 wieder aufnehmen konnten, während der Mainzer Katholikenverein des *Freiherrn von Loe* am 16. Februar 1876 seine Selbstauflösung beschloß. Für ihn war im Kreis Essen bereits eine Ersatzorganisation, der katholische Volksverein unter *M. Wiese*, entstanden[40].

Laaf ging bei der Reorganisation des Christlichen Arbeitervereins, um künftigen ähnlichen Angriffen der Behörden vorzubeugen, recht geschickt vor. Nach der festlichen Wiedereröffnung am 21. November 1875 konstituierten sich in den Landgemeinden die früher als Zweigvereine gebildeten Filialen neu als selbständige christliche Arbeitervereine[41]. Dieses Vorgehen vermied einerseits vereinsrechtliche Bedenken und vermehrte andererseits den lokalen Einfluß der Gruppen, so daß Ende 1876 in der „Wattenscheider Zeitung" der eindrucksvolle Zuwachs für die Christlich-Sozialen in Steele und seinen Nachbargemeinden am Rückgang der Sozialdemokratie gemessen werden konnte. Sie habe, hieß es,

36 Jg. 7 (1874) S. 275.
37 Vgl. *E. Naujoks*, Kath. Arbeiterbewegung und der Sozialismus, 1939, S. 121 f.
38 Vgl. *Möllers*, Polit. Strömungen, S. 282 f.
39 Zit. z. B. bei *H. Budde*, Christentum und soziale Bewegung, 1961, S. 74; *Herzig*, Sozialdemokratie in Westfalen, S. 142 Anm. 181.
40 Vgl. RD 306 Bl. 22 f., 28—32, 43 f.; Prozeßberichte in Chr.-Soz. Bl. 8 (1875) S. 363 f.
41 Vgl. *Möllers*, Polit. Strömungen, S. 281.

„vollständig Fiasko gemacht. Allerdings muß, was Steele betrifft, beschränkend hinzugefügt werden, daß die Roten hier unter anderer (schwarzer) Firma Geschäfte zu machen suchen und daß man an Stelle von Tölckes Knüppel den Krummstab aufgepflanzt hat. Es sind die Christlich-Sozialen, die alle Unzufriedene[n] in sich vereinigen"[42].

Die Verfolgung des vermeintlichen Terrorismus der Kapläne ging, trotz der vor den Gerichten erlittenen Schlappe und trotz wachsenden Widerstands aus der Bevölkerung, ungebrochen weiter. Die ultramontane „Kaplans-Presse" habe es, meinte man, leider verstanden, „eine große Erbitterung gegen alle staatlichen Anordnungen hervorzurufen", und diese groteske Verkehrung von Ursache und Wirkung wurde mit der Bemerkung gekrönt, die katholische Presse zeige überhaupt „ein gewisses Hinneigen zu sozialistischen Tendenzen"[43]. Deshalb wurden die während des Kulturkampfs auch außerhalb Essens, etwa mit der Gründung der „Tremonia" in Dortmund 1875, einer „Westfälischen Volkszeitung" in Bochum, einer Essener, Duisburger, Wattenscheider und Recklinghäuser, in den 1880er Jahren noch Bottroper und Gladbecker Volkszeitung, auflebenden Ansätze katholischer Öffentlichkeitsarbeit von den Behörden angestrengt überwacht[44]; dies galt natürlich im besonderen Maß für den inzwischen aus den „Essener Blättern" hervorgegangenen „Rheinisch-Westfälischen Volksfreund", dem Organ des Christlichen Arbeitervereins unter der redaktionellen Betreuung von *Gerhard Stötzel*[45]. Insgesamt entsteht der Eindruck, als ob die Arnsberger und Düsseldorfer Regierungspräsidien in diesen 1870er Jahren miteinander um die rechten Mittel gegen die Reichsfeinde wetteiferten — die einen gegen die mutmaßlichen sozialistischen, die anderen gegen die katholischen Vaterlandsverächter. Die Kirchenfeindlichkeit wurde nicht etwa, gerade nicht in den unteren Bevölkerungsschichten gestützt: Sie wurzelte in „der liberalen Bourgeoisie und Intelligenz", weshalb sich, wie *H. Croon* beobachtet hat, im Ruhrgebiet im Kulturkampf „mit den politischen und konfessionellen Gegensätzen zugleich auch gesellschaftliche" verbanden[46].
Trotz des starken Vordringens der Christlich-Sozialen hat sich in den Wahlkreisen des Ruhrgebiets anläßlich der Reichstagswahlen 1874 und 1877 eine Festigung sozialdemo-

---

42 Zit. n. Arbeiterbewegung im Ruhrgebiet, 1907, S. 36, z. T. gesperrt. Als Beispiel der zeitgenössisch verbreiteten Schlagwörter der roten bzw. schwarzen Internationalen s. auch Westf. Zg. 14/17. 1. 74: Die Arbeiter seien meistens „katholisch und hinreichend wenig gebildet, um von der einen und anderen, der roten und der schwarzen internationalen Partei die Hölle im Jenseits oder den Himmel auf Erden sich in Aussicht stellen zu lassen ..." (zit. n. *E. Behrbalk*, Die „Westf. Zeitung", 1958, S. 61 f.).
43 OPK 177 vol. II S. 255—277, Zeitungsbericht RPD 21. 7. 76. Die kath. Presse, hieß es hier noch, fahre „übrigens fort, in gewohnter Schamlosigkeit die Mißachtung der kirchenpolitischen Gesetze ihrem Leserkreise als gute kirchliche Gesinnung darzustellen und wenn auch in verhüllter Gestalt Treulosigkeit und Auflehnung gegen die Staatsgewalt als verdienstlich darzustellen".
44 Vgl. LRB VIII 368 f. d. Wattenscheider u. d. Westfäl. Volkszeitung, RA I 114 a f. d. Tremonia; zu den Essener kath. Blättern s. *Möllers*, Polit. Strömungen, S. 153—159, 255 f. Die Essener Volkszg. erreichte 1874 eine Auflage von 8000. Allg. z. Zentrumspresse im Ruhrgebiet s. *Koszyk*, Sozialdemokratische Presse, S. 16—18.
45 Vgl. oben S. 467 Anm. 331; RD 8841 Bl. 79—90 Oberbürgermeister Essen/RD 5. 8. 78. Einzelne Nr. in OBA 1781, RD 8857.
46 *H. Croon*, Die wirtschaftlichen Führungsschichten des Ruhrgebiets, 1972, S. 148 f.; *K. Buchheim*, Verbandskatholizismus, 1961, S. 61.

kratischen Einflusses in der Wählerschaft auch in Essen abgezeichnet. Die Ergebnisse der Sozialdemokraten waren[47]:

Wahlkreis: Jahr	Dortmund-Hörde	Bochum-Gelsenk.	Duisburg-Mülheim	Essen	Hagen
1871	85	–	2392	1425	770
1874	1227	356	1212	1234	1356
1877	3663	1648	3474	3062	1686
1878	2057	840	470	381	558

In allen Wahlkreisen wird bis 1877 eine starke Zunahme der Stimmenzahl sichtbar. So konnte *Tölcke* 1877 seinen Anteil an den abgegebenen Stimmen im Stadtkreis Dortmund auf 17,2 % festigen; auch in den bergbaugeprägten Vororten Annen (16,2 %), Aplerbeck (20,6 %), Barop (12,8 %), Brackel (15,3 %) und vor allem Dorstfeld mit 38,0 % erzielte er durchschnittliche oder sehr gute Ergebnisse, die die Annahme stützen, daß den Dortmunder Sozialdemokraten bei diesen Wahlen erstmals der Einbruch in die Wählerstimmen der Bergarbeiterschaft gelungen ist.

Auch im Duisburg-Mülheimer Wahlkreis, den 1877 *Kuhl* von *Hasenclever* übernahm, konnte der Stimmenanteil bedeutend erhöht werden und damit, obwohl die katholische Arbeiterschaft auch hier zum Zentrum gestoßen war, an den großen Erfolg *Hasenclevers* 1869 erinnert werden[48]. Im Hagener Wahlkreis vergrößerte 1877 der Elberfelder *Karl Klein* seinen Stimmenanteil zwar absolut, verlor allerdings relativ von

---

47 Quellen: Vgl. S. 471 f. Anm. 352. Zur Interpretation der Wahlergebnisse vgl. *J. D. Hunley,* The Working classes, religion and social democracy in the Düsseldorf area, 1867—1878, 1974, S. 143—148. Über den Gewinn der Sozialdemokraten s. auch die Gesamtberechnung für den Regierungsbezirk Düsseldorf, die RPD im Zeitungsbericht 29. 1. 77 (OPK 177 vol. II S. 797—824) gab:

Stimmenzahl:	„Ultramontane"	„Nationale"	Sozialdemokraten
1874	109 419	70 054	20 218
1877	103 017	76 221	44 941
also mehr:	− 6 402	+ 6 167	+ 24 723

Kommentierend glaubte RPD hierzu „die allerunterthänigste Überzeugung aussprechen zu dürfen, daß es unmöglich sein wird, dem Umsichgreifen der verderblichen Ideen ... durch Mittel der Belehrung, der besseren Überzeugung, ja selbst des Unterrichts entgegen zu wirken. Die Masse folgt den Führern, auch wo die Noth nicht zwingt. Die kleinen Handwerker und Bürger in den Städten fangen gleichfalls an, sich mit den Socialisten zu vereinigen. Diejenigen, die von der herrschenden Krisis betroffen werden, wenden sich denselben ohnehin zu". Es werde daher „in besonnenen Kreisen" vielfach eine Änderung des Wahlrechts diskutiert. „In jedem Falle fühlen die besitzenden Klassen sich durch den Ausfall der Wahlen zum Reichstage in unheimlicher Weise beunruhigt. Ob sie schon jetzt die Kraft haben würden die Staatsregierung bei einem derartigen Vorgehen [d. i. Wahlrechtsänderung. K. T.] zu unterstützen, steht freilich dahin, da zur Zeit auch hier die Erkenntnis dessen noch nicht hinreichend durchgedrungen ist, daß diejenigen Elemente der Bevölkerung, welche den staatsfeindlichen Partheien gegenübertreten möchten, sich vor allem um die Regierung zu schaaren haben würden". — Die Wahlen von 1877 haben demnach im hohen Maß vorbereitend für die panikartige Existenzfurcht weiter bürgerlicher Kreise in den Attentatsmonaten 1878 gewirkt. — Nachfolgende Prozentangaben sind errechnet nach Jahresbericht der Handelskammer Dortmund f. 1877, S. 10—12.

48 Für ein örtliches Einzelergebnis s. *Mogs,* Sozialgeschichtl. Entwicklung der Stadt Oberhausen, S. 83—87.

12,7 % (1874) auf 10,8 %; im Wahlkreis Bochum dagegen konnte der sozialdemokratische Stimmenanteil von 1,5 % (1874) auf 5,1 % gesteigert werden[49].

Die wichtigste Wählerbewegung und zugleich eine Entscheidung von großer Tragweite und signalhafter Bedeutung vollzog sich allerdings mit den Reichstagswahlen 1877 im Wahlkreis Essen. Hier waren die Christlich-Sozialen bei den Landtagswahlen, wie bereits angedeutet, trotz ihres Rückhalts in der Industriearbeiterschaft 1870 und erneut im Herbst 1873 stets an der liberalen Klassenwahlmehrheit gescheitert, während die Sozialdemokraten hier wie andernorts für Wahlenthaltung plädierten. Daß der Wahlkreis eine Domäne der Liberalen blieb und z. B. 1873 die Wahl von *Dr. Hammacher*, Kultusminister *Falk* und Landrat *Delius* gegen die Zentrumskandidaten *Wiese* und *v. Schorlemer-Alst* sowie *Grütering* nicht gefährdet werden konnte, lag vor allem an der unglücklichen Zusammensetzung dieses Groß-Wahlkreises aus dem Duisburg-Mülheim-Essener Raum. Eine Petition der Zentrumswahlmänner auf Teilung des Wahlkreises, was für Essen eine sichere Zentrumsmehrheit bei Landtagswahlen gebracht hätte und zudem die aus dem Verhältnis geratene Anzahl der Wähler pro Abgeordneten zurechtgerückt hätte, scheiterte 1875, wie kaum anders zu erwarten, an der liberalkonservativen Kulturkampfmehrheit in beiden Häusern des Parlaments[50]. So konnte auch mit der Aufstellung *Gerhard Stötzels* als Landtagskandidat 1876, mit der gegenüber dem Arbeiterflügel des Zentrums eine „Geste des guten Willens"[51] beabsichtigt war, im wesentlichen kein anderes Ergebnis als 1873 erzielt werden; immerhin ist *Stötzel* damit in weiteren Kreisen bekannt geworden. Der Streit zwischen dem bürgerlichen und dem Arbeiterflügel im Zentrum, der schon anläßlich der Reichstagswahl 1874 sichtbar geworden war, hat so allerdings nicht geschlichtet werden können. *Rosenkranz*, der 1874 vom Christlichen Arbeiterverein als Reichstagskandidat aufgestellt worden war, leistete Verzicht, als der oft kompromißbereite Kaplan *Laaf* sich öffentlich für den Kandidaten der bürgerlichen Richtung, den Berliner Obertribunalsrat *v. Forcade de Biaix*, erklärte. Der lassalleanische Kandidat, Schreiner *August Dreesbach*, erreichte am Wahltag dann nur 6,2 % der Stimmen, während *Forcade* mit einer sehr bequemen Mehrheit siegte[52]. Die Sozialdemokratie war mit dieser Wahl auf dem Tiefpunkt ihres Ansehens im westlichen Revier angelangt. Dagegen haben Christlich-Soziale, aber auch Sozialdemokraten, die Essener Wahl von 1877 als einen vollen Erfolg ihrer langjährigen Versammlungsarbeit verbuchen können[53].

Schon im November 1875 hatte sich eine Aachener Versammlung christlich-sozialer Arbeitervereine ausdrücklich für die Aufstellung von Arbeiterkandidaten, wo sich Aussicht auf deren Wahl bieten könnte, ausgesprochen. Als ein Jahr später im Essener

---

49 Vgl. *W. Nettmann*, Witten in den Reichstagswahlen, 1972, S. 159, 161.
50 Vgl. Haus der Abgeordneten 12. Legislaturperiode II. Session 1875, 9. Bericht der Kommission für Petitionen B, S. 8 f.; s. OBA 363 und *Möllers*, Polit. Strömungen, S. 223 f. Zentrumswahlmänner waren in Essen u. a. *Laaf*, *Stötzel* und *Rosenkranz*.
51 *Möllers*, Polit. Strömungen, S. 288–290.
52 Vgl. ebd. S. 226–233.
53 Vgl. u. a. (neben *Möllers*, a. a. O. S. 292–312) *J. Gerbracht*, Der Kampf um die Seelen der Arbeiter, [1927], S. 19–23; Arbeiterbewegung im Ruhrgebiet, 1907, S. 43–59; *Naujoks*, Kath. Arbeiterbewegung und Sozialismus, S. 123–125; *F. Müller*, Beurteilung des Kapitalismus, 1932, S. 188–191; *Dowe*, Organisator. Anfänge. S. 74–77; *Hemmer*, Bergarbeiterbewegung, S. 101 f.; *F. J. Stegmann*, Der soziale Kath. und die Mitbestimmung, 1974, S. 88. Zur vorhergehenden Versammlungstätigkeit s. RD 8841 Bl. 77 f., 89 f.; Versammlungen in Stadt und Landkreis Essen (offenkundig Schätzwerte), 1876: 76 Versammlungen, davon 48 christl.-soziale, 1877: 99 und 48, 1878 (bis Juli): 38 und 26.

Wahlkreis die Kandidatenfrage vom Christlichen Arbeiterverein nachdrücklich, zuerst anscheinend auf einer von *Rosenkranz* auf Heiligabend 1876 einberufenen Volksversammlung, aufgeworfen wurde, gerieten die bürgerlichen und arbeiterfreundlichen Kräfte im Essener Zentrum in Bewegung. In gedrängter Versammlungstätigkeit versuchten die örtlichen Parteiführer, so vor allem *M. Wiese* und *J. Laaf*, miteinander ins reine zu kommen, wobei sich *Laaf* diesmal, mitveranlaßt durch seine eigene gleichzeitige Kandidatur gegen einen Zentrumskandidaten in Aachen[54], weniger nachgiebig zeigte als 1874. Für den vom bürgerlichen Zentrumsflügel favorisierten, durch ein gezielt am 5. Januar 1877 veröffentlichtes Schreiben an *Wiese* auch von *Windthorst* geförderten, bisherigen Reichstagsvertreter Essens, *v. Forcade de Biaix*, wirkte sich insbesondere dessen Unbeweglichkeit nachteilig aus, die den Richter meinen ließ, seine Stellung erlaube es nicht, in das „gewöhnliche Parteigetriebe"[55] hinabzusteigen. Die Führer des Christlichen Arbeitervereins verlangten von *Forcade* ein Bekenntnis zum christlich-sozialen Programm und Mitsprachechancen der Arbeiterschaft bei sozialpolitischen Gesetzentwürfen der Zentrumsfraktion; daneben sollte der bürgerliche Flügel versichern, bei der nächsten Wahl einen Arbeiterkandidaten zu unterstützen, worüber *M. Wiese* in der entscheidenden Versammlung der Zentrums-Vertrauensmänner am 2. Januar 1877 gar nicht erst abstimmen lassen wollte. Als der Arbeiterflügel nun *Stötzel* zum Kandidaten nominierte, entbrannte ein erbitterter, manchmal unschöner Kampf, in dem sich die „Essener Volkszeitung", vom überwiegenden Teil des Klerus unterstützt, einen besonderen Namen machte. Am Wahltag errang *Forcade* eine Mehrheit von 32,3 %, aber es gelang *Stötzel* knapp, mit 27,6 % den liberalen Kandidaten *Gützloe* (27,4 %) auf den dritten Platz zu verweisen, während *Hasselmann* mit beachtlichen 12,6 % abgeschlagen wurde[56]. Zur Stichwahl gaben die Essener Sozialdemokraten eine Erklärung[57] ab, worin zur Unterstützung *Stötzels* aufgerufen wurde, und nach der Wahl werde man „weiter agitieren, damit auch die letzte Schranke fällt, welche unsere Arbeiterbrüder von uns trennt. Auf zur Wahl, Stötzel muß durch!" Obwohl in der Lokalpresse dieser Aufruf genutzt wurde, *Stötzel* „Schulter an Schulter" in die Sozialdemokratie einzureihen, waren mit dieser Erklärung die Würfel um so mehr gefallen, als auch von liberaler Seite, aus welchen Gründen auch immer, *Stötzel* einige Sympathie entgegengebracht wurde. So siegte am Wahltag der Arbeiterkandidat mit 60,3 % über *Forcade*; in der Stadt Essen sogar mit einer eindrucksvollen Mehrheit von 73,3 % — auf dem Lande hörte man noch mehr auf die Worte von der Kanzel. Bei insgesamt geringer Wahlbeteiligung zur Stichwahl hatte die sozialdemokratische Erklärung den Sieg gefestigt, denn die Liberalen übten weitgehend Wahlabstinenz. Als Hochburgen der Christlich-Sozialen und auch, bei der ersten Wahl, der Sozialdemokraten erwiesen sich die Krupp'schen Arbeiterkolonien Kronenberg und Holsterhausen-Schederhof, was dem Herrn auf dem Hügel am Baldeneysee einen harten Schlag versetzt haben mag[58].

Stötzel ist sofort nach der Wahl der Zentrumsfraktion beigetreten; sein Eintritt in das Parlament wird gewöhnlich mit der ersten bedeutsamen sozialpolitischen Initiative des Zentrums, dem sog. Antrag Galen, in Verbindung gebracht — einem von *Schorlemer-Alst* verfaßten Programm über Sonntagsruhe, gesetzlichen Arbeiterschutz, Mittelstands-

---

54 Ausführlich: *Lepper,* Cronenberg und die christl.-soz. Bewegung in Aachen, S. 101—128.
55 S. *Gerbracht,* Kampf um die Seelen der Arbeiter, S. 19 f.
56 Wahlergebnisse nach *Möllers,* Polit. Strömungen, S. 302 Anm. 1, 306 Anm. 10, 307, 309.
57 Gedruckt: *Gerbracht,* Kampf um die Seelen der Arbeiter, S. 22; Arbeiterbewegung im Ruhrgebiet, 1907, S. 57.
58 Vgl. *William Manchester,* The Arms of Krupp, 1587—1968. Bantam Books, New York 1970, S. 180—182.

förderung und gewerbliche Schiedsgerichte, aber auch mit der Forderung nach Revision der Bestimmungen über Freizügigkeit und über die Haftpflicht bei bergbaulichen Unfällen[59]. Mehr als diese Initiative ist jedoch die Signalwirkung der Wahl *Stötzels*[60] in doppelter Hinsicht für die Entwicklung der Bergarbeiterbewegung und überhaupt einer eigenständigen gewerkschaftlichen Arbeiterbewegung im Ruhrgebiet bedeutsam geworden. Die Vorgänge in Essen im Januar 1877 haben wenigstens in Ansätzen die Möglichkeit eines Zusammengehens der Arbeiterorganisationen in sozialpolitischen Fragen aufgezeigt und so für die kommenden Monate den Boden bereitet, der gemeinsame Bestrebungen zur Besserung der auf dem Tiefpunkt der bergbaulichen Depression drückenden Lage der Arbeiterschaft tragen konnte. Über einen längeren Zeitraum hinweg hat die Wahl *Stötzels* freilich die Pole der ruhrindustriellen Arbeiterbewegung festgeschrieben, war hier doch einleuchtend gezeigt, daß im Schoße der Kirche emanzipatorische Bestrebungen der neuen industriellen Arbeiterschaft gedeihen und in politische Wirklichkeit umgesetzt werden konnten. Wenn die Wahl *Stötzels* auch bis zur Jahrhundertwende im Zentrum ein Einzelfall geblieben ist, wuchs mit ihr doch die sozialpolitische Autorität der Kirche in den Augen der Arbeiter. Die überkommenen kirchlichen Machtstrukturen schienen für einige Zeit den Bedürfnissen der Arbeiterschaft über Fragen der Seelsorge hinaus dienstbar geworden.

b) *Kampfaktionen der Ruhrbergleute 1873—1877/78*

Nach dem großen Ausstand von 1872 ist die Kontinuität ruhrbergbaulicher Ausstandsaktionen nur noch einmal während der Anfangsjahre der Depression abgerissen. Der rapide Verfall der Kohlenpreise seit 1874 schuf nicht gerade günstige Voraussetzungen zur Erhaltung des in den Boomjahren errungenen Besitzstandes der Bergleute, geschweige denn zu seiner Verbesserung. Entsprechend zurückhaltend war die Streikaktivität der Jahre 1874 bis 1876[61]; bis Mai 1875 hat es anscheinend nur eine kurze Arbeitseinstellung der Belegschaft auf Carolus Magnus im November 1873 gegeben[62]. Auch in den anderen Gewerben im Ruhrraum nahm die an sich schon geringe Streikaktivität in diesen Jahren merklich ab[63]. Die früher starke Streiklatenz der Mülheim-Ruhrorter Schifferknechte und Pferdetreiber ging mit der rückläufigen Bedeutung der Ruhrhäfen im Kohlentransport zurück[64]. Der allgemeine Aufschwung der Streikbewegung war 1870—1873 auch im Ruhrgebiet von handwerklichen Berufen getragen worden — daneben ragten nur noch

---

59 Vgl. *E. Ritter*, Die kath.-soz. Bewegung, 1954, S. 112—114; *Müller*, Beurteilung des Kapitalismus, S. 192—195, 198.

60 S. *Naujoks*, Kath. Arbeiterbewegung, S. 124.

61 1874 berichteten die Grubenverwaltungen anläßlich von Erhebungen über Kontraktbrüche übereinstimmend, Arbeitsvertragsbrüche hätten sich „in den letzten Jahren" mindestens nicht vermehrt; s. OBA 1776, OBA 1777 (Bl. 190: Ausnahme auf Zeche Hibernia). Für die Jahre 1875—1878 zeichnet sich die auch hier herangezogene Streikstatistik von *H.-J. Bochinski*, Die dt. Arbeiterbewegung 1875—1878, Diss. 1958, S. 129—138, im Vergleich mit der Streiktabelle von *W. Steglich*, 1960, durch hohe Sorgfalt aus. Vgl. noch die allgemeinen Bemerkungen von *W. Neumann*, Gewerkschaften im Ruhrgebiet, 1951, S. 40 f.

62 S. RD 30433 Bl. 30 LRE/RD 13. 11. 73. Ursachen und Ergebnis sind nicht bekannt.

63 Vgl. b. *Steglich*, Streiktabelle, die Nr. 4, 58, 127, 136, 191, 197, 204, 213, 528, 568, 576, 608, 660, 793, 937, 961, 994, 1012, 1069.

64 Vgl. *I. Barleben*, Mülheim, 1959, S. 258 f.

die Essener Maschinenbauer mit einem Streik 1870 und ein mißlungener Streik von 1000 Arbeitern des Walzwerks Neuschottland bei Steele im Mai 1874 heraus[65].

Der Serie von Abwehrmaßnahmen der Bergleute gegen anhaltende, durch günstigere Lebensmittelpreise nur unzureichend kompensierte Einkommensverschlechterungen in den Jahren 1875/1877 ging schon im Mai 1875 ein nur wenig bedeutender, die herrschende Stimmung aber schlaglichtartig beleuchtender Vorfall auf den Gruben Germania, Wittwe u. Barop und Louise bei Dortmund voraus[66]. Als hier wie allgemein Lohnkürzungen angekündigt wurden, zeigte sich unter den Arbeitern „eine außerordentlich große Muthlosigkeit und Unlust zum Arbeiten"; auf der Zeche Wittwe ist eine anbefohlene Überschicht, die kennzeichnenderweise bei gleichzeitigen Lohnkürzungen eingerichtet wurde, nicht verfahren worden, und auch sonst ging die Arbeitsleistung für einige Tage erheblich zurück, ohne daß „offener Widerstand" ausgebrochen wäre.

Das psychologische Klima in der Arbeiterschaft hatte sich in diesen Monaten zu einer tiefen Mutlosigkeit verwandelt. Wer dem täglichen Daseinskampf um jeden Preis unmittelbar ausgesetzt war, dem schwanden Wille und Kraft zu anderen als ohnmächtigen Protesten wie Bummelei und Arbeitsplatzwechsel. Mut- und Kraftlosigkeit kennzeichnen dann auch das Bild der Arbeitskämpfe, die im folgenden Jahr im Revier aufgeflammt sind. Fast gleichzeitig mit einem einwöchigen Streik von 485 Bergleuten der 550 Mann zählenden Belegschaft auf der bei Bochum gelegenen Zeche Heinrich Gustav wegen 10 %iger Lohnkürzungen[67] kam es im April 1876 zu einer großen, langdauernden Arbeitseinstellung der Belegschaft von Borussia bei Dortmund[68] — ein Arbeitskampf, der trotz Mißerfolgs wegen seiner Dauer und Härte lange im Bewußtsein der Bergarbeiterschaft fortlebte. Hier wurde eine Lohnkürzung auf dem Arbeitsordnungswege durch einseitige Verlängerung der Arbeitszeit verfügt, worauf die Bergleute, in Arbeitszeitfragen stets empfindlich an ihre alten Rechte erinnert[69], in „Einmüthigkeit" die Arbeit einstellten. In den ersten Tagen der spontan begonnenen Arbeitsniederlegung fanden sich die Streikenden regelmäßig zu Schichtbeginn ein und erklärten, zu den alten Bedingungen arbeiten zu wollen; dies hörte auf, als bald die ersten Versammlungen einsetzten und anscheinend von Dortmunder Sozialdemokraten, deren „Westfälische Freie Presse" eifrig für die Bergleute der Grube in die Bresche sprang, die Wahl eines Streikkomitees veranlaßt wurde. Dagegen scheiterten die Einflußversuche des Revierbeamten „an den landläufigen Phrasen dieser Clique welche sich als Volksbeglücker aufspielt". Die lange Dauer des Streiks — seit Beginn am 11. April fuhren am 1. Juni erst 60 Mann

---

65 Verstreute Quellen über einz. Streiks: RA I 558 Bl. 8—33; RD 303 Bl. 134—136; RA I 1 Bl. 8, 11, 15—20; OPM 824 Bl. 143; Rhein- u. Ruhrzeitung Nr. 48, 49, 52/1870.

66 Vgl. OBA 1778 Bl. 1 f. Bergmeister *Brüning*/OBA 10. 5. 75, und *Bochinski*, Die dt. Arbeiterbewegung, S. 129.

67 Im folgenden nach OBA 1778 Bl. 33—38 Berichte des Revierbeamten 10., 11., 12. 4. 76; vgl. OPM 824 Bl. 203, LRB 51 Bd. IV Bl. 42—44 (Zeitungsbericht des LR); *Bochinski*, a.a.O. S. 131. Nach *A. Heinrichsbauer*, Harpener Bergbau-AG, 1936, S. 70, sollen sich die besseren Hauer an diesem Streik nicht beteiligt haben; wohl hierauf stützt sich die Bemerkung bei *F. Mariaux*, Gedenkwort zum 100jährigen Bestehen der Harpener Bergbau, 1956, S. 130, daß „Streik, Nötigung und Wirrwarr" „auf Widerspruch bei der Stammbelegschaft" gestoßen seien.

68 Vgl. bes. OBA 1778 Bl. 40—88, Berichte des Revierbeamten Bergmeisters *Brüning* seit 20. 4. 76; OPM 824 Bl. 201, 215, Berichte LRD 17. 4. bis 21. 6. 76; *Bochinski*, Die dt. Arbeiterbewegung, S. 131; *Mämpel*, Bergbau in Dortmund Bd. II, S. 131 f.

69 Vgl. einen Aufruf der Bergleute (OBA 1788 Bl. 47 Abschr.): „Wir wollen keine 9 Stunden in der Grube sein, also keiner darf eher anfahren, bis wir unser altes Recht wieder haben. Einigkeit macht stark".

wieder ein; in den folgenden Tagen bröckelte der Streik offenbar auch darum ab, weil es gelang, Streikbrecher aus dem Aachener Revier heranzuziehen — ist wohl nur durch hohe freiwillige Unterstützungsaufwendungen der Dortmunder Sozialdemokraten und der Arbeiter auf umliegenden Schachtanlagen möglich geworden. Hier soll es sogar zu einer Übereinkunft der angrenzenden Belegschaften gekommen sein, sich dem Streik anzuschließen, falls die Grubenverwaltung von Borussia den Kohlenbedarf ihrer Wasserhaltung hier einzukaufen versuchen sollte. Aus diesem Grund traten dann auch die Bergleute der Zeche Bruchstraße bei Witten am 17. Mai 1876 für einen Tag in den Ausstand, doch ist es bei dieser immerhin ein hohes Maß an Solidarität spiegelnden, vereinzelten Maßnahme geblieben.

Auf Borussia bemühte sich unterdessen die Direktion bei der Knappschaft Bochum um Löschung der Mitglieder des Streikkomitees aus der Knappschaftsrolle; schließlich wurde am 18. Mai allen Belegschaftsmitgliedern gekündigt und gegen in Zechenhäusern wohnende Arbeiter „mit Exmission vorgegangen". Wenn man auch seitens der Bergleute durch eine Schadenersatzklage hiergegen vorzugehen suchte, blieben solche Mittel doch kläglich angesichts der Machtposition der Grubenverwaltung in einer äußerst streikfeindlichen konjunkturellen Situation. Amtlicherseits wurde den Bergleuten trotz ihrer allgemein sehr verdrossenen Stimmung ein planvolles und diszipliniertes Vorgehen, der Grubenverwaltung dagegen manche Ungeschicklichkeit bescheinigt. Nach dem Streikfiasko sind von anfänglich 558 ausständigen Bergleuten viele nicht wieder an ihren früheren Arbeitsplatz zurückgekehrt.

Im Verlauf dieses großen Kampfes, dem im Juni und Oktober 1876 nur noch kürzere Arbeitseinstellungen auf Shamrock und Mont-Cenis wegen Lohnkürzungen und Arbeitszeitverlängerungen folgten[70], hat sich die Position der Interessengegner spürbar verhärtet, und es scheint, als ob vor allem die Gewerken im Dortmunder Raum nach diesem Streik Wege zu einem koordinierten Vorgehen zur Nutzung der Marktschwäche und gegen Arbeitseinstellungen gefunden hätten. Denn im folgenden Jahr setzten auf dem Tiefpunkt der Krise abgesprochene Maßnahmen zur Verschlechterung der Arbeitsbedingungen ein.

An dieser Stelle sei die verheerende Entwicklung der Lagebedingungen der Bergarbeiterschaft in den 1870er Jahren ins Gedächtnis gerufen. Nicht nur, daß der betriebliche Selbstkostendruck und ein unheilvoller, das Klima vergiftender Ministerialerlaß die Grubenverwaltungen in der Ausbeutung der physischen Leistungskraft vorantrieben; die Haushaltslage hatte sich bei stagnierenden Preisen katastrophal verschlechtert, so daß Notgroschen verzehrt werden mußten und zahlreiche Arbeiterfamilien am Rande des Existenzminimums lebten. In dieser Situation brachen nun Anfang 1877 als zusätzliches Übel Massenentlassungen herein[71]. Insgesamt wurden auf den Zechen des Oberbergamtsbezirks bei allerdings großen, durch langfristige Lieferungsverträge verursachten Schwankungen zwischen einzelnen Gruben im Januar 1877 711, im Februar 581, im März 278 und im April noch 133 Schichten verfeiert; auf manchen Gruben wurde nur an drei oder vier Tagen wöchentlich gearbeitet. Von Anfang Januar bis Ende März sind über 10 000 Bergleute entlassen worden, und auch in den anderen Industrien des Ruhrraums, so auf

70 Vgl. RA I 1 Bl. 107; OPM 824 Bl. 213; OBA 1788 Bl. 85, 97; *Bochinski*, Die dt. Arbeiterbewegung, S. 132, 134. Der bei *Steglich*, Streiktabelle Nr. 1088, genannte Streik von 700 Essener Bergleuten im Okt. 1876 ließ sich sonst nicht belegen.

71 Wichtigste, im übrigen reichlich fließende Quellen in OBA 1782–1783; OPK 8319; OPM 825 mit den Quartals-, anfänglich auch Monatsberichten über die Lage der Industrie; vgl. auch *H. Lademacher*, Wirtschaft, Arbeiterschaft und Arbeiterorganisationen 1878, 1975, S. 112–116.

dem Bochumer Verein, kam es zu Massenentlassungen[72]. Nach Beratungen der Regierungspräsidien mit den Kommunalbehörden wurde Anfang Februar 1877[73] beschlossen, heimkehrwillige Bergleute, falls erforderlich, mit Reisegeld zu versehen und im übrigen kommunale gemeinnützige Arbeiten gegen geringe Entlohnung zu forcieren. Als die Zeche Nordstern die Produktion einstellte, wandten sich Teile der Belegschaft mit einem eindringlichen Ersuchen um Arbeitsbeschaffung an das Ministerium, und auch in Hagen verabschiedete eine Arbeiterversammlung eine entsprechende Petition[74]. Anfangs mit Chausseearbeiten beschäftigt, wurden viele Familienväter dann zu den seit Mitte Februar vorangetriebenen Eisenbahnbauarbeiten, die schon seit Jahren zum Ausbau des Nahverkehrsnetzes im Revier geplant waren, herangezogen[75]. Über die Schwierigkeiten der bergmännischen Lebenshaltung, über die Armut und Not in den Arbeiterhaushalten wurden von allen Seiten Klagen geführt, und wieder regten sich, wie in den noch erinnerten Hungerkrisen des Vormärz, bürgerliche Wohltätigkeitsvereine und errichteten Suppenanstalten und ähnliche Hilfseinrichtungen[76], um die um sich greifende Bettelei in Schranken zu halten. Nachteilig wird sich in diesen Jahren auch die in der Dortmunder Umgebung beobachtete Erscheinung ausgewirkt haben, daß viele Arbeiterfamilien unter den relativ günstigen Markt- und Lohnverhältnissen der frühen 1870er Jahre ihren sonst gepflegten Gemüse- und Kartoffelanbau aufgegeben hatten, der sich nun nahrungssichernd ausgewirkt hätte[77]. So hat es insgesamt keinen Zweifel an der miserablen Lage und schlechten, gedrückten Stimmung der Bergleute gegeben: „Sie finden sich jedoch in die ungünstigen Verhältnisse in der Hoffnung auf baldige Besserung"[78]. Von Seiten der Grubenverwaltungen lag es nahe, die Situation zur Besserung der betrieblichen Kostenstruktur zu nutzen; man sei, so hieß es 1878[79], seit kurzem

„mehr wie früher in der Lage, den schlechten Elementen zu kündigen, und der auf ein normales Maass herabgedrückte Lohn ist geeignet, die arbeitsscheuen und Fäulnis verbreitenden Keime von selbst zu verscheuchen".

In solchem Klima fanden sich unter der Wortführung des Grubendirektors von Westfalia, *Alexander Hilbck*, die Grubenverwaltungen von Siebenplaneten, Germania, Tremonia, Westfalia, Margaretha, Bickefeld und wahrscheinlich noch weiteren Gruben Anfang 1877 zusammen und versuchten, auf ihren Anlagen eine im Wortlaut jeweils fast identische, die Arbeitsbedingungen erheblich verschlechternde Arbeitsordnung einzufüh-

---

72 Vgl. insbes. die genaue Aufstellung über Entlassungen, Feierschichten und gezahlte Durchschnittslöhne im Oberbergamtsbezirk Jan.-April 1877, Entw., Anhang zu: OBA/HM 17. 5. 77, in: OBA 1781 Bl. 233 f.

73 Vgl. die Protokolle der Verhandlungen des Regierungspräsidenten *Steinmann* mit den Kommunal- und Kreisbehörden in Dortmund und Bochum am 5. u. 6. 2. 77, Abschr. in OBA 1783 Bl. 106—113.

74 Vgl. im Anhang S. 621 f. und eine „Petition der Arbeiter der Stadt Hagen für Staatsarbeiten", im Auftrage einer Volksversammlung am 14. 3. 77, in: RA I Pr 44.

75 HM-Erlasse seit Mitte Februar 1877 hierzu in RM 719.

76 Für Essen s. W. *Sellmann,* Wohltätige Vereinigungen in der Stadt Essen, [1967], S. 24 f.: In Essen wurde ein „Volksküchenverein" eingerichtet. Über die Zunahme der Bettelei s. etwa LRD 671 Bericht des Amtmanns von Barop 30. 1. 77.

77 So der Aplerbecker Amtmann im Bericht an den LRD 2. 10. 77, in LRD 671.

78 OBA 1782 Bl. 64, Bericht des Werdener Revierbeamten *Niederstein/*OBA 8. 2. 78.

79 H. *Klostermann,* Skizze d. Märk. Knappschaftsvereins, 1878, S. 5; auf dem Hörder Kohlenwerk wurden Ende Januar 11 Bergleute „wegen ihres agitatorischen Verhaltens bei der Reichstagswahl" entlassen; s. den Bericht des Amtmanns v. Brackel 1. 2. 77, in LRD 671.

ren[80], die sofort vor allem von der „Westfälischen Freien Presse" scharf kritisiert wurde und auch amtsintern nicht in allen Punkten gutgeheißen werden konnte. Neu an dieser Arbeitsordnung war, daß man, wenn auch ohne Rechtsfolgen, die Bedingungen fristloser Kündigung seitens der Bergleute (§ 82 ABG) nicht mehr der Aufnahme würdig hielt, vielmehr Bestimmungen über das Wagennullen und die Gezähepflege aufnahm, daß die Arbeitszeit fortan auf 8 Stunden vom Ende der Einfahrt bis zum Beginn der Ausfahrt berechnet wurde und daß der Arbeitsvertrag schriftlich abzuschließen war. Besondere Unruhe erregte ein „Streikparagraph", wonach bei „willkürlicher" Arbeitseinstellung der verdiente, noch ausstehende Lohn erst nach 3 Monaten ausgezahlt werden sollte.

Anscheinend unter Führung der Dortmunder Sozialdemokraten war es bereits vor Ausgabe dieser Arbeitsordnungen unter den Bergleuten der Dortmunder Umgebung zu Maßnahmen gegen die drohenden Krisenfolgen gekommen. So veranlaßte ein „Komitee der arbeitslosen Bergleute" eine Eingabe an den Bochumer Knappschaftsvorstand, den Verlust der Knappschaftsrechte infolge der Arbeitslosigkeit, der laut Statuten nach einer gewissen Zeit einzutreten hatte, zu verhindern — L. Schröder scheint an dieser Bewegung maßgeblich beteiligt[81]. Der Protest der Belegschaften gegen die zumeist zum 1. Mai 1877 in Kraft tretenden Arbeitsordnungen wurde durch eine Massenkündigung von 317 Bergleuten am 1. April eingeleitet; schon Ende März hatte unter Leitung von J. Scheil eine große Versammlung in Marten stattgefunden. Es gelang jedoch nicht, die Bewegung auf allen betroffenen Schachtanlagen zu koordinieren. Nachdem die Behörden schon im Februar/März anläßlich der Massenentlassungen größere Polizeikräfte zusammengezogen hatten, traten im April bis Anfang Juni die Belegschaften von Tremonia, Westfalia und, seit dem 9. Mai, von Louise Erbstollen in einer die Polizeikräfte wenig überraschenden Situation in den Ausstand. Auf Louise ging es nicht allein um die neue Arbeitsordnung, hier streikten die Bergleute auch um Verkürzung der Schichtzeit, die auch zugestanden wurde. Als dann die Belegschaft eine Woche später wegen eines Lohnzuschlags um 25 % erneut in den Streik trat, nahm die Verwaltung auch das erste Zugeständnis zurück.

Auf Glückauf Erbstollen griff man Anfang April 1877 zu einem in diesen Jahren probaten Mittel der Selbstkostenreduktion: Die Gedinge wurden um 1/3, die Schichtlöhne um 1/4 gekürzt, und um dem Bergmann trotzdem sein Einkommen zu sichern, wurde die Arbeitszeit so verlängert, daß die Mehrarbeit den Lohnausfall ausglich. Dagegen hatte die Belegschaft durch einen einwöchigen Streik Anfang Mai anscheinend einigen Erfolg. Ein Angriffsstreik war wiederum der erfolglose zweiwöchige Ausstand der Belegschaft von Louise Tiefbau Mitte Mai wegen einer Lohnerhöhung um 25 %. Ende Mai begann eine sechswöchige Arbeitseinstellung der Belegschaften von Margaretha und Schürbank & Charlottenburg, und am 1. Juni feierte die Belegschaft von Bickefeld Tiefbau; diese Bergleute verbanden den Protest gegen die Arbeitsordnungen mit der bereits genannten, deutlich von sozialdemokratischen Bergarbeiterführern aus dem Umkreis des Dortmunder Wahlvereins in die Bewegung getragenen Forderung nach Lohnerhöhung. Wie manche Teilerfolge zeigen, hatten sich die Grubenverwaltungen in Erwartung fortdauernder

---

80 Die Beschreibung dieser Streikbewegung ist jüngst A. Mämpel (Bergbau in Dortmund Bd. III, S. 23—39, 138 f.) nach zeitgenöss. publizist. Quellen zu danken; den Wertungen des Verf. wird man sich nicht vorbehaltlos anschließen können (s. etwa die Einschätzung des Arbeitsvertrags S. 36 f.). Das archival. Material der Ministerialakten findet sich bei Bochinski, Die dt. Arbeiterbewegung, S. 135 f.; vgl. ferner RA I 1 Bl. 113—178; OBA 1778 Bl. 133—194; LRD 671 Bl. 270 f., 391—417.
81 Mämpel, Bergbau in Dortmund Bd. III, S. 12, zitiert aus dieser Eingabe; vgl. ferner A. Erdmann, Die christl. Arbeiterbewegung in Dtld., 1909, S. 382.

Baisse mit ihrer Arbeitsordnungsaktion zeitlich verschätzt: Der im Mai 1877 spürbaren Absatzbelebung gegenüber sah man sich nun doch von den Mächten bedrängt, die man selbst gerufen hatte.

Allerdings ist die Streikbewegung auch zur weiteren Belegschaftsschrumpfung genutzt worden[82]. Streikende Arbeiter, und diese Praxis ist hier anscheinend zum ersten Mal im größeren Umfang eingeführt worden, erhielten präparierte Abkehrscheine, so daß auf benachbarten Gruben verabredungsgemäß keine Arbeit zu erhalten war[83]. In Aplerbeck konstituierte sich deshalb sogar ein „Verein der Arbeiterfreunde", der die nachträgliche Beschaffung „sauberer" Abkehrscheine betrieb. Wegen solcher Praktiken, zu denen auch der Zuzug von 250 Streikbrechern aus Aachen und Nassau nach Zeche Margaretha gehörte, sind die Streiks jeweils recht schnell abgebröckelt. Denn in der näheren Umgebung fanden Ausständige höchstens in der Landwirtschaft schlechtentlohnte Beschäftigung; wen keine Familie hielt, der bemühte sich um Arbeit beim inganggekommenen Eisenbahnbau oder zog als begehrter Fachmann zu Tunnelbauten nach Cochem und Kassel.

So sind die Arbeitseinstellungen, unter einem für die Arbeiterschaft jedenfalls ungünstigeren konjunkturpsychologischen Klima angetreten, insgesamt doch sporadisch geblieben. Die Streikverläufe zeigen ein ganz verwandtes Bild: Der Protest gegen Rechtsverluste mündete in Wahlen von Streikkomitees, die die Forderungen formulierten und mit den Direktoren in Verhandlungen zu treten versuchten. Wie schon 1872 im Essener Raum, wirkten auch 1877 die Streikkomitees im hohen Maß ordnend und disziplinierend auf die Belegschaften ein, so daß man selbst in Arnsberg zugeben mußte, daß die Bergleute sich „bei der Inscenirung und im Verlaufe der Arbeitseinstellungen vollständig innerhalb der gesetzlichen Bestimmungen gehalten" hätten[84]. Auf Margaretha suchten Komiteemitglieder die Wirte der umliegenden Gaststätten auf und baten, den streikenden Bergleuten keinen Branntwein auszuschenken[85]. Dagegen tat offenbar die Polizei durch Räumung der Zechenplätze zum Schutz Arbeitswilliger und durch Verhaftung von Rädelsführern alles, um die Präsenz von Obrigkeit und Zwang ohne Zweifel an der Parteinahme fühlbar zu machen. Denn bei aller Anerkenntnis disziplinierten Gebarens der Streikenden herrschte doch im Meinungsbild der Verwaltungsinstanzen bis hinauf zum Handelsministerium kein Zweifel, daß die Dortmunder Streikbewegung „in ihrem innersten Grunde" auf die zügellosen Agitationen der Sozialdemokraten, vor allem auf die „Betheiligung der herumziehenden Agitatoren an den öffentlichen Versammlungen der Bergleute (Volksversammlungen)" zurückzuführen war[86]. Einmal mehr versperrte das vorgefaßte obrigkeitliche und parteiliche Meinungsbild auf den Amtsstuben, seit den sozialdemokratischen Wahlerfolgen 1877 neu belebt, den Blick auf die wirklichen Widersprüche, die den Arbeitskonflikten zugrunde lagen.

---

82 Vgl. *Mämpel*, Bergbau in Dortmund Bd. III, S. 32.
83 Vgl. LRD 671 Bl. 396—408, Berichte des Aplerbecker Amtmanns.
84 OBA 1778 Bl. 193 f. RA/IM 14. 7. 77 (Abschrift).
85 Vgl. LRD 671 Bl. 396, Bericht des Aplerbecker Amtmanns v. 31. 5. 77.
86 OBA/HM 30. 5. 77 und HM/IM 4. 6. 77 (Geh. StA Rep. 120 I B IX 6.110 vol. 5, „Die auf den Bergwerken, Hütten und Salinen vorgekommenen Arbeitseinstellungen und Arbeiterbewegungen 1873—1879", Abschr. im Nachlaß Schulz, Hamburger Bibliothek für Sozialgeschichte und Arbeiterbewegung). Dem zitierten Urteil scheint sich *Mämpel*, Bergbau in Dortmund Bd. III, S. 37, anzuschließen: Demnach verdankten diese Arbeitseinstellungen ihre Entstehung „lediglich agitatorischen Bestrebungen", nicht aber berechtigten Forderungen der Bergleute.

Trotz ausgebliebener Erfolge ist das Solidaritätserlebnis dieser Serie von aus Abwehr, Bedrängnis und Unmut geborenen Arbeitseinstellungen nicht zu unterschätzen. Insgesamt streikten mit unterschiedlicher Dauer[87]:

Zeche	Tremonia	320	Bergleute
	Germania	317	(Massenkündigung)
	Westfalia	680	
	Louise Erbstollen	888	
	Schürbank & Charlottenburg	400	
	Margaretha	463	
	Glückauf Erbstollen	300	
	Bickefeld	90	(nur 1 Tag)

Die zeitweilige Mobilisierung von fast 3500 Bergleuten in der Umgebung blieb nicht folgenlos. Bereits im Mai tauchte der Gedanke eines festeren Zusammenschlusses der Bergleute wieder einmal auf; bevor er Gestalt annehmen konnte, mußte der Unmut, die Unzufriedenheit mit den herrschenden Arbeits- und Daseinsbedingungen aus der lokalen Begrenzung befreit und in die nahegelegenen Kohlenreviere getragen werden. In der Unkoordiniertheit der Aktionen der Dortmunder Bewegung durchaus vergleichbar, allerdings, da die Kohlenpreise im Herbst 1877 spürbar anzogen, unter deutlich günstigeren konjunkturellen Bedingungen, traten im Oktober/November 1877 zahlreiche Essener Bergleute in den Ausstand. Diese Streikbewegung setzte fast gleichzeitig auf den Zechen Hagenbeck, Neuwesel, Wolfsbank, Victoria Mathias (Schacht Gustav), Carolus Magnus und Neuköln ein; weitere Lohnerhöhungen wurden durch Kauenanschläge auf Helene und Amalie und dem Kölner Bergwerksverein (Anna) gefordert[88]. Die Programmpunkte der Arbeiter, Lohnerhöhungen und Schichtzeitverkürzung, sind anscheinend nur auf Neuwesel reibungslos bewilligt worden; auf einigen anderen Anlagen, z. B. Hagenbeck, ließen die Bergleute ihre Forderungen fallen. Der Streik auf Carolus Magnus wurde durch die Entlassung eines Kameraden ausgelöst, mit dem sich die Belegschaft solidarisierte. Auch auf die Anlage König Wilhelm griff die Streikerregung für wenige Tage ohne Erfolg über. Wie in Dortmund hatten sich im Essener Raum die Gewerken mit der Ausnahme Neuwesels vorab geeinigt, gegenüber allen Forderungen hart zu bleiben[89]. Dies fiel ihnen um so leichter, als sich die Streiks außer auf Hagenbeck und Carolus Magnus nur auf einen Teil der Belegschaften, auf die Schlepper und Bremser stützten. Die Hauer und Lehrhauer hielten sich in den bezeichneten Fällen fern, und die nur 16—20jährigen Jungbergleute blieben sich selbst überlassen. Die Zahl der in Essen im Herbst 1877 Streikenden hat daher nicht die Dortmunder Höhe erreicht — kaum mehr als 1500 Bergleute werden im Ausstand gewesen sein[90].

---

87 Zusammengestellt n. d. Quellen Anm. 80.
88 Vgl. OPK 8319 S. 49; RD Präs 835 Bl. 95 f. RPD/IM 6. 11. 77 (Entw.); OBA 1778 Bl. 197—204; OBA 1781 Bl. 519 f., 545 f.; RD 30426 Bl. 101—109, 128, 134—142; RD 30433 Bl. 122 f., 133—136. Diese mit der Verbandsgründung 1877/1878 eng verknüpfte Streikbewegung ist anscheinend bisher kaum bekannt geworden; s. z. B. *Hue* II S. 313 f.; *Imbusch*, Arbeitsverhältnis, S. 251; *Hemmer*, Bergarbeiterbewegung, S. 94—97. Ministerialakten für einen Teil dieser Streiks sind gesammelt bei *Bochinski*, Die dt. Arbeiterbewegung, S. 136 f., vgl. 139—141.
89 OBA 1778 Bl. 197, Bericht an OBA 27. 10. 77. Nach *Mogs*, Entwicklung der Stadt Oberhausen, S. 82, ist die Streikgefahr hier durch die Vermittlung des Bürgermeisters *Schwartz* beigelegt worden.
90 Nach den Quellen Anm. 88, mit Lücken f. einz. Gruben.

Aber die Streiks waren doch ein Symptom für die Stimmung der Bergleute. „In der ganzen hiesigen Gegend", so berichtete der Oberhausener Revierbeamte, „gährt es unter den Bergleuten; ich glaube, daß nächstens auf allen Zechen gestreikt wird"; und zur Vorbeugung schlug er eine stillschweigende allgemeine Lohnerhöhung vor. Aus Frohnhausen hieß es ähnlich, es scheine „eine wühlerische Aufregung unter die Arbeiter geschleudert zu sein", und der Essener Landrat wußte sogleich die Streikführer im christlich-sozialen Lager[91]. So traf man in Düsseldorf um die Jahreswende 1878 ausgedehnte Vorbereitungen für den Fall einer umfassenden Arbeitseinstellung: Am 4. Januar 1878 konferierten sogar die Mülheim-Essener Kreis- und Kommunalbeamten und billigten einen Gendarmerie-Verteilungsplan für den Streikfall. Die hierfür benannten Polizeichargen wurden im voraus ausgerüstet und waren unter dem Gebot, über diese „Maßregel unverbrüchliches Stillschweigen zu bewahren", bis ins einzelne über ihre mutmaßlichen Einsatzorte informiert[92].

Vorläufig jedenfalls blieben diese Vorkehrungen nicht mehr als Zeichen wachsender Furcht vor der Kraft großer Arbeitseinstellungen und Sozialistenangst nach den Erfahrungen von 1877. Wenn auch die rege Versammlungstätigkeit im Spätherbst 1877 im Zusammenhang mit der unten darzulegenden Gründung eines Bergarbeiterverbands dies nahelegen mochte, ist es nicht zu weiteren Streiks gekommen. Aus dem Jahre 1878 sind nur noch drei kleinere Ausstandsaktionen bekannt[93]: Auf Carolus Magnus streikten an zwei Tagen im März 250 Arbeiter mit vollem Erfolg für höhere Löhne, die zu bewilligen der Betriebsführer von seiner Gesellschaft angewiesen worden war; über das Ergebnis eines eintägigen Streiks von 70 Bergleuten auf Neuwesel wegen der Arbeitszeit am 13. Mai ist, ähnlich wie bei einem Ausstand aller 340 Bergleute auf Wolfsbank nur wenige Tage später, keine Mitteilung überliefert.

So war die Streikbewegung 1877 auch im Essener Raum nicht sonderlich nachhaltig verlaufen. Obwohl auf den meisten Gruben wieder Streikkomitees entstanden waren, hatten sich keine Ansätze einer regionalen Organisierung mehrerer Streikzechen entwickeln können; der Anstoß zur Zusammenfassung der Kräfte kam daher 1877 wiederum aus jenen Gruppen, die die politische Führerschaft der Bergarbeiterschaft konkurrierend beanspruchten. Dabei wirkten sich die neuerlichen Kampferfahrungen naturgemäß förderlich für die Bildung eines neuen Revierverbands aus; sie hatten die Notwendigkeit lang vorausschauender Planung von Inhalten und Formen der Interessendurchsetzung und solider finanzieller Absicherung erneut deutlich gemacht und im wechselhaften Konjunkturbild ein Klima starken Versammlungsinteresses, selbst Engagements an politischen Entwicklungen geschaffen. Bevor der Verbandsgründung nachgegangen wird, scheint es an der Zeit, in Zusammenfassung der bisherigen Ergebnisse einige Bemerkungen über den Zusammenhang von Belegschaft, Konjunktur und Streikverhalten, von Aktion und Organisation im Ruhrbergbau vor 1889 einzuschieben.

Es konnte gezeigt werden, daß bereits die frühesten, in die ständische Zeit zurückreichenden Versuche bergmännischer Interessenartikulation mit ihren Höhepunkten 1858/1859, 1868/1869, 1872 (und weiterhin: 1877/1878, 1883—1885, 1889) mit Ansätzen dauerhafter überregionaler Zusammenfassung verbunden waren — sei es durch Verbindung örtlicher und regionaler Streikkomitees, sei es durch Anregungen aus Knappenvereinen

---

91 Nach den Berichten: RD 30426 Bl. 103; OBA 1778 Bl. 197—201.
92 RD 30426 Bl. 134—142, bes. Konferenzprotokoll v. 4. 1. 78.
93 Vgl. RD 30433 Bl. 122 f., 133 f.; OBA 1778 Bl. 204, Berichte der Ortspolizeibehörden und Revierbeamten.

oder politischen Organisationen. Dieser sinnfällige, schon zeitgenössisch erkannte[94] und jüngst in der Forschung mehrfach hervorgehobene [95] Zusammenhang von Kampf und Organisation im früh- und hochindustriellen Arbeitskonflikt läßt sich systematisch auf zwei auch in historischer Abfolge stehenden Ebenen beschreiben, die durch das Erscheinen stabiler Organisationen unterschieden sind[96]:

1. Die Genesis vor- und frühindustrieller Kampfbewegungen der Bergleute hat gezeigt, daß die Interessenfindung und -artikulation eines Geflechts kommunikativer Beziehungen der Arbeiter untereinander bedarf[97]. Das formale Gerüst dieser Beziehungen, ihren Angel- und Ansatzpunkt, bildet gewöhnlich der Betrieb als die naheliegendste organisatorische Realität, daneben spielen außerbetriebliche Gemeinschaften wie Nachbarschaft, Wohnviertel und Verein eine große Rolle. Im Betrieb selbst tragen die Formen der Arbeitsgesellung in Kameradschaft, Revier, Schicht und Betriebspunkt auch über Tage Keime interesseverbundener Gruppenbildungen und entwickeln sie nach längerer Reifung zu gleicher Meinung und gleichem Handeln. Diese Gruppierungen überspannen die Gesamtbelegschaft auch des bergbaulichen Großbetriebs mit einem Netz teilformeller, jeweils unterschiedlich nuancierter und von vielerlei persönlich-arbeitstechnischen Besonderheiten überlagerter, kommunikativer Stränge zwischen den Arbeitern. Zugleich erfährt die Betriebsgemeinschaft in ihren Gruppierungen unmittelbar Konflikte des Arbeitsprozesses und seiner gesellschaftlichen Organisation durch betriebliche Herrschaft und ihre Zwänge, durch Auslieferung an das System kapitalistischer Produktion; aber auch die außerbetriebliche Isolation und Repression drücken der Arbeiterschaft den Stempel der Interessenidentität auf, aus der heraus das Erlernen der befreienden Durchsetzung ausgetauschter Haltungen, Meinungen, Wünsche, Ziele und Programme möglich wird. Streik ist damit nicht Folge eines bestimmten Grades von Unzufriedenheit[98], sondern von Meinungsklärung im kommunikativen Austausch, die durch die Unzufriedenheit mit der eigenen, gemessenen und verglichenen Lage entfacht, begleitet und vorangetrieben wird. Bei einem fortgeschritteneren Reifungsstand der gegenüber außerbetrieblichen Beziehungen vorrangigen betrieblichen Kommunikation kann der Streik als die rationalste Form kollektiver Interessendurchsetzung im Arbeitskon-

---

94 Vgl. statt vieler Zeugnisse die folgende, auch in anderer Hinsicht aufschlußreiche Ansicht aus Arbeiterwohl 9 (1889) S. 204 (z. T. gesperrt): „Jeder Streik schärft die Klassengegensätze, stärkt das Klassenbewußtsein, fördert auch meistens die Klassen-Organisation, die dann allzu leicht social-demokratischer Führung anheimfällt".

95 Die Klage von *Erich Gruner* (Der Klassenkampf als formendes Element der neuesten Geschichte, 1960/1961, S. 477), die Schulhistorie lasse „die sozialen Kämpfe, zum Beispiel die Streiks, meist unbeachtet", gilt mit Einschränkungen heute auch; vgl. zur Streikforschung bes. *H. Kaelble/H. Volkmann*, Konjunktur und Streik während des Übergangs zum Organisierten Kapitalismus in Dtld., 1972; *Wilfried Strenz/Heinzpeter Thümmler*, Zur Problematik der Erarbeitung von Streikkarten. in: Jb. f. Wirtschaftsgesch. 1974/II S. 179—199. Über den Zusammenhang von Arbeitskämpfen und organisator. Ansätzen s. auch *W. Ettelt/W. Schröder*, Rolle der Gewerkschaftsbewegung, 1970, S. 560—564; sehr allgemein bleibt *I. Dallmeier*, Geschichte der Arbeitskämpfe im Steinkohlenrevier, Diss. 1922, Einleitung u. S. 25.

96 Die von *M.-L. Lehmkühler*, Streik als soziale Krise, 1950, gesetzten Phasen des Ruhrstreiks spiegeln nur entfernt den hier gemeinten Unterschied.

97 Vgl. *Hans Matthöfer*, Streiks u. streikähnliche Formen des Kampfes der Arbeitnehmer im Kapitalismus. In: *D. Schneider* (Hg.), Zur Theorie und Praxis des Streiks, 1971, S. 155—209, S. 173: „Informelle Kommunikationssysteme bilden wohl stets das Gerippe solidarischer Handlungen der Arbeitnehmer".

98 So *Lehmkühler*, Streik als soziale Krise, S. 145, 149.

flikt ohne Anstoß von außen im Betrieb selbst entstehen und organisiert werden; kennzeichnend für den bergbaulichen Arbeitskonflikt in der Zeit fehlender stabiler Organisationen ist allerdings hierin der Abwehrkonflikt gegen materielle oder Rechtseinbußen, der erst im Zuge seiner Organisierung offensive Züge annimmt. Aus der Belegschaft als der Ebene der Konfliktartikulation und -organisation gewinnt der Streik auch seine programmatischen Grundzüge; hier formiert sich spontan, durch Wahlen und direktdemokratische Entscheidungsdelegation das Skelett der Interessendurchsetzung: Belegschaftsversammlung und Streikkomitee, oder auch nur Deputierte — zumeist die erfahrensten, angesehensten Arbeiter. Auf dieser Ebene entfalten sich zugleich die Keime eines Ethos des Arbeitskampfes, einer aus der Lage, Interessen- und Kampferfahrung gewonnenen Disziplin und Solidarität der Streikenden.

2. Mit der Entstehung stabiler Organisationen ordnet sich das Verhältnis von Aktion und Organisation neu. In gewissem Sinn bedeutet die Gründung eines gewerkschaftlichen Vertretungsorgans die Ersetzung des Kampfs durch permanente Präsenz; jedenfalls wird die ehemalige Spontaneität der Interessenformierung durch den rationalen Einsatz politischer Mittel bis zum organisierten Arbeitskampf, der sich auf institutionell und materiell langdauernde Vorbereitungen stützt, zunehmend gebändigt[99]. Der Trend zur Schärfung und Rationalisierung der Kampfinstrumente und Formen der Auseinandersetzung findet sich allerdings bereits in den Stufen vorverbandlicher Interessenartikulation angelegt — der Streik von 1872 ist hierfür ein beweiskräftiges Beispiel.

In der vorverbandlichen Entwicklung der Bergarbeiterbewegung nun, auf deren Betrachtung wir uns hier beschränken, erscheinen in noch höherem Maße andere Lösungsalternativen im Arbeitskonflikt wie Bremsen, Bummeln, Boykott, Massenkündigung und individueller Arbeitsplatzwechsel, ergänzt durch verdeckte Proteste wie Alkoholismus, Blaumachen und Streitlust. Solange ein institutioneller Rahmen der Konfliktregelung auch nicht in Ansätzen erkennbar ist, verengt sich die Skala potentieller Protestformen nur langsam im Prozeß der Interessenfindung. In ihm bilden Arbeitseinstellungen stimulierende Höhepunkte, in denen sich die angestauten Erfahrungen von Ausbeutung und Unterdrückung abrupt entladen[100], die wirklichen Interessen abklären und die gegensätzlichen Positionen der Interessengegner erkennbar werden.

Auch auf Seiten der Arbeitgeber beschleunigte also der Streik einen Lernprozeß in Richtung auf organisierte Konfliktlösungen. Hier läßt sich nach anfänglicher Aufgeschlossenheit gegenüber gewerkschaftlicher Vertretung der Arbeiterinteressen[101] gleichsam von Streik zu Streik und solange wirklich durchschlagende, kämpferische Interessen-

---

99 Vgl. z. B. *Josef Dünner*, Die Gewerkschaften im Arbeitskampf. Ein Beitrag zur Typologie des Streiks. Basel 1934, S. 12—24, 46—70.

100 Vgl. statt vieler Meinungen die Hervorhebung des Streiks als „schöpferische Urgewalt" (*Richard Seidel*) bei *Dieter Schneider*, Der Streik. Begriff und Geschichte, 1971, S. 37, 39; s. auch *Matthöfer*, Streiks (Anm. 97), S. 207—209: „Streik und Bewußtseinsbildung".

101 Vgl. etwa die sorgfältige Beobachtung und Berichterstattung über Streiks im nichtdeutschen Bergbau in den 1870er Jahren in Glückauf: 8/21. 2. 69, 14/2. 4. 71 (Beide Seiten sollen „von Leidenschaft und Gewaltthat absehen und mit aller Energie auf sachgemäße Ausgleiche sinnen". Hierzu bedürfe es der Schiedsgerichte nach englischem Beispiel, die indes erfolglos bleiben müßten, „wenn den Arbeitern die geistige und sittliche Bildung abgeht"); 7/16. 2. 73, 11/16. 3. 73 (Die Bildung von Gewerkvereinen unter Arbeitern „ist, in Wahrheit gesagt, unvermeidlich geworden"), 37/13. 9. 74, 24/13. 6. 75, 66/18. 8. 80. Gegenüber den ruhrindustriellen Arbeitskämpfen und bes. seit den 1870er Jahren zieht es das Unternehmerorgan vor, weitgehendes Stillschweigen zu bewahren. Vgl. auch *Croon*, Wirtschaftl. Führungsschichten, 1972, S. 147—150.

vertretung nicht möglich war, eine Verhärtung der Unternehmerposition beobachten, von der eine bis in den Ersten Weltkrieg hinein kaum überbrückbare Kluft der Unnachgiebigkeit erzeugt wurde und zusätzliche Spannungen ausgegangen sind. Mit welcher Uneinsichtigkeit und konservativen Arroganz die Bestrebungen der Arbeiter schon Mitte der 1880er Jahre verurteilt und die wahren Konfliktursachen verschleiert wurden, zeigen etwa die Bemerkungen des führend im Bergbauverein tätigen Bergassessors *Nonne*[102]:

> „Eine verbissene Unzufriedenheit mit dem Dasein, niedriger durch gänzliche Unwissenheit und Unkenntniss aller sonstigen Verhältnisse und Arbeiten des menschlichen Lebens genährter Neid gegen alle besseren Stände, Missachtung der Vorgesetzten und der von ihnen gegebenen Vorschriften, kurzum alle Eigenschaften, auf welchen die Socialdemokraten ihre düstere Herberge für die kommenden Geschlechter fundamentiren, sind leider heute bei einem Theile unserer Bergleute so tief eingewurzelt, dass man mit grosser Besorgnis in die Zukunft blicken muß".

Neben solchen, in anderen Gewerben und Regionen analog erscheinenden Grundlinien von Arbeitskonflikten in der Phase des Liberalkapitalismus ist der bergbauliche Arbeitskampf durch eine Anzahl von Sonderbedingungen gekennzeichnet, unter denen schon *Hückinghaus*[103] die Unentbehrlichkeit der Kohle als Rohstoff anderer Industrien und die Empfindlichkeit der Abbauanlagen gegen Außerbetriebsetzung, die räumliche Begrenzung der Bergbaugegenden mit ihren ganz überwiegend großbetrieblichen Produktionsstätten und die vergleichsweise günstigen Agitationsmöglichkeiten (Weg zur Arbeit, Schichtwechsel) hervorgehoben hat. Als weiteres, Entstehung, Charakter, Verlauf und Ergebnis bergbaulicher Arbeitskämpfe an der Ruhr in hohem Maße aufhellendes Moment soll hier die strukturelle Qualität der bergbaulichen Belegschaft herangezogen und thesenartig begründet werden:
In der Streikbewegung der 1870er Jahre bestätigt sich eine Beobachtung, die bereits der 1872er und die vorhergehenden Ausstände, ansatzweise auch schon die Unruhen der 1850er Jahre nahelegten: Es waren stets die erfahrenen, vergleichsweise gutverdienenden Arbeiter der mittelgroßen Anlagen um Essen, in und südlich von Bochum und um Dortmund, die zur organisierten Arbeitseinstellung gegriffen haben. Ähnlich der Ausbreitung des Vereinswesens vor 1890[104], läßt sich im Ruhrgebiet eine Zone vermehrter Streikaktivität von West nach Ost mit Schwerpunkten auf der Linie Dortmund-Essen ausmachen, unterhalb derer nur geringe Streiklatenz spürbar ist, während es auf den Großschachtanlagen der Emscherlinie erst nach langen Jahren stabiler Belegschaftsverhältnisse zu Arbeitseinstellungen gekommen ist.
Der Streikgürtel im mittleren Ruhrgebiet umschloß jene die erste Phase bergbaulicher Industrialisierung tragenden, von 1840 bis zum Ende der 1850er Jahre errichteten Schachtanlagen mittlerer Größe, die einen hohen Anteil einheimischer, ansässiger oder zumindest einem verwandten soziokulturellen Lebenskreis (Rheinland, Westfalen, Waldeck) entstammender Arbeiter beschäftigten. Den Kern dieser Belegschaften bildeten Bergleute, deren Heranziehung zum Bergmannsberuf und deren betriebliche Betreuung anfangs noch die Bergbehörden besorgt hatten und die oft alten ansässigen Bergmannsfamilien mit Kleinbesitz entstammten, denen also die früheren Ordnungen und Autoritäten, sei es nur durch ihr Fortleben im Sagen der Alten, noch geläufig waren. Diese Belegschaften haben in den 1870er Jahren ihre Anpassung an die Erfordernisse des neuen Produktionssystems vollzogen und, weil der gruppenbildende Einfluß der ständischen

---

102 Technische Mittheilungen H. 3, S. 19.
103 Verstaatlichung der Steinkohlenbergwerke, 1892, S. 77 f.
104 Vgl. oben S. 382 f.

Vergangenheit noch vorhielt, recht schnell zur Interessenformulierung mit einem organisatorischen Höhepunkt 1872 gefunden.

Das „historisch überkommene Gefühl der Solidarität"[105] als Relikt ständischer Zeit kam den Bergleuten also zwar zustatten, aber das hierarchisch strukturierte Standesbewußtsein ließ sich doch nicht ohne einen grundlegenden Lern- und Bildungsvorgang[106] umwandeln in egalitär-demokratisches Klassenbewußtsein. Stufen dieses Lernvorgangs, Lernprovokationen, zeigen jeweils die Streiks bis zum Hereinbruch des Sozialistengesetzes. Standes- ist nicht etwa bruchlos von Klassenbewußtsein überlagert worden; die Überlappung verschiedener Denkmöglichkeiten und Persistenz der alten Formen, in deren Wachhaltung Knappenvereine, aber auch Christlich-Soziale das Ihrige taten, ist vielmehr das Normale.

Nach diesen Voraussetzungen kann nicht angenommen werden, daß die Zuwanderer, die heimatlos Gewordenen, Entwurzelten, ein besonderes Streikpotential, eine Latenz zum Arbeitskampf mitgebracht hätten; wahrscheinlicher ist das Gegenteil. Das in den Anpassungskonflikten der Zuwanderer angestaute Protestpotential, sowieso meist nur in verdeckten Formen oder in stummem Verharren ausgedrückt, hat sich viel eher streikhinderlich und organisationsfeindlich ausgewirkt. Eigentlich erst nach der Jahrhundertwende zeigen auch die Belegschaften der nördlichen, gewöhnlich ein sehr farbiges Herkunftsbild insbesondere aus östlichen Provinzen aufweisenden Großbelegschaften größere Bereitschaft zu Arbeitskonflikten — unbeschadet des Umstands, daß impulsives Protestverhalten dieser heterogenen Belegschaften schon vorher eine Rolle in Streiks gespielt und etwa 1889 konfliktauslösend gewirkt hat. Auch diese Belegschaften bedurften einer längeren Inkubationszeit, in der ein Netz kommunikativer Beziehungen mit der Sicherheit und Gewohnheit in der betrieblichen, häuslichen und kommunalen Umwelt wachsen konnte. Von einer Radikalisierung durch entwurzelte Zuwanderer zu sprechen, geht daher nur an, wenn Radikalität und Impulsivität verwechselt wird und man erstere in Tumulten, Krawallen, Ausschreitungen aller Art bestätigt sieht[107]. Genauso irrig ist die um-

105 *Hückinghaus*, Verstaatlichung, S. 78; Verf. verweist bereits auf die unten diskutierte Abschwächung dieser Solidarität durch den Einfluß der Zuwanderer.

106 Vgl. schon *Hückinghaus*, a.a.O. S. 124: „Überhaupt birgt die Arbeiterkoalition so große Gefahren neben so großen Vorzügen in sich, daß sie zu wirklichem Segen für die Arbeiter erst ausschlagen kann, wenn die Arbeiter einen gewissen Grad von Selbstbeherrschung und Mäßigung oder, was dasselbe ist, eine relativ hohe Bildung erreicht haben". Vgl. auch *R. Tilly*, Popular Disorders in 19th-Century Germany, 1970, S. 33.

107 Über Entwurzelung als Grunderfahrung der industriellen Arbeitswelt vgl. schon *Werner Sombart*, Der Bourgeois. München/Leipzig 1920, S. 393 f.; ferner *Brepohl*, Industrievolk im Wandel, S. 137—147 („Modellerlebnis"); *W. Fischer* (, Soziale Unterschichten im Zeitalter der Frühindustrialisierung, 1972, S. 251; auch *Tilly*, Popular Disorders, S. 30. Dem hierauf gestützten, in die jüngere Ruhrgebietsforschung wiederum durch *Wilhelm Brepohl* (z. B. a. a. O. S. 206) eingegangenen Entwurzelungstheorem, wonach Wanderung und Fluktuation vermehrte Protestlatenz und Radikalität bewirkten (vgl. z. B. *Croon*, Wirtschaftl. Führungsschichten, S. 146; jüngst *Chr. Kleßmann*, Klassensolidarität und nationales Bewußtsein. Die polnische Berufsvereinigung, 1974, S. 165), sind die Ergebnisse der neueren Mobilitäts- und Konfliktforschung entgegenzuhalten, die einen Zusammenhang von Ansässigkeit und Protestlatenz vermuten lassen; vgl. *D. Crew*, Regionale Mobilität und Arbeiterklasse, 1975, S. 114—120, dessen Behauptung unterschiedlicher Folgen von Ansässigkeit bzw. Fluktuation auf Protestverhalten und Organisation freilich unter dem Eindruck des allseits beobachtbaren, festen Zusammenhangs von Aktion und Organisation kaum gefolgt werden kann. Stellt man dagegen das Erfordernis gereifter kommunikativer Strukturen innerhalb der Arbeiterschaft als Streikbedingung in den Vordergrund, so gewinnen die Aspekte innerbetrieblicher Arbeitsgesellung neben und im Zusammenhang mit ländlich-dörflichen auf der einen, urban-indu-

gekehrte These, wonach hochgradig ortsansässige „Stammbelegschaften" wenig Streikbereitschaft zeigen, gilt dies doch nur dort, wo traditionale, dörflich-agrarische Sozialbeziehungen überwiegen[108].

Freilich wirkte die im Ruhrgebiet der Industrialisierungsphase zum allgemeinen Erfahrungshintergrund gehörende horizontale Mobilität nicht schlechthin streikhinderlich, so etwa nicht in der Form bloßer Fluktuation, die selbst bereits Ausdruck von Protest werden konnte. Auch hat das Erlebnis des Statusverlusts des Bergbaus und der Bergarbeit, wonach der Bergmannsberuf zum Eingangsberuf, zum Nullpunkt neuen Beginnens wurde[109], unter Ansässigen wie Zuwanderern zunächst wohl eher „Verbitterung und Angst"[110] als Bereitschaft zum Arbeitskampf und Organisation erzeugt. Es waren auch weniger jene älteren Bergleute, die den Statusentzug am eigenen Leibe erfahren hatten, sondern die nachfolgende Generation der mit den Belegschaftsvermehrungen der 1850er und 1860er Jahre eingetretenen und zugezogenen Bergleute, die zumeist bereits als „geborene Proletarier"[111] einen neuen Arbeitertyp repräsentierten und große Bereitschaft und Entschlossenheit im Interessenkampf aufwiesen.

Einer besonderen Erklärung bedarf das Phänomen des Schlepperstreiks, jener anscheinend seit 1877 nachweisbaren Erscheinung, daß die Schlepper sich durch besondere Streiklust auszeichnen. Nicht selten sind, gerade auch in anderen Bergbaugebieten und im Ruhrgebiet ausgeprägt seit 1889, die Schlepper, das „erfahrungsmäßig vor allen andern zu Unruhen geneigte Element der Belegschaft"[112], zu Initiatoren größerer Arbeitseinstellungen geworden; sie scheinen jedoch nie zu einer eigenen durchgehaltenen Streikorganisation gelangt zu sein. Für ihre Streikbereitschaft dürfte ihre gegenüber den älteren Hauern zurückgesetzte, monotone Arbeitsverrichtung so sehr wie der Umstand verantwortlich sein, daß in dieser minderbezahlten Durchgangsstufe als dem bergmännischen Eingangsgrad immer zahlreiche, meist jugendliche Arbeiter unterschiedlichster Herkunft und Vergangenheit, eine Vielzahl auch gescheiterter Existenzen und Belegschaftswechsler

---

striekommunalen Kommunikationsformen auf der anderen Seite an Bedeutung für die Erklärung der Neigung zu Streiks, die hierbei von anderen Formen sozialen Protests klar abzuheben sind. Vgl. zum Zusammenhang von Belegschaftsstruktur und Organisierung der Arbeiterschaft noch *F. Engels* an *Sorge* 18. 6. 92 (zit. n. *D. Fricke*, Essener Meineidsprozeß, S. 186): „Hemmnis sind die vielen eingewanderten ... Polen ..., die alle ultramontan sind und stockdumm, aber das ist nur momentan schlimm, auf die Dauer werden auch sie hingerissen ..."

108 Vgl. etwa *Adelmann*, Soziale Betriebsverfassung, S. 104. Widerspruchsvoll argumentiert G. V. *Rimlinger*, International Differences in the Strike Propensity of Coal Miners, 1959, der S. 398 zwar betont, die zugewanderten Arbeiter an der Ruhr wären „not eager to support a protest movement" gewesen, S. 399 aber die (im Vergleich mit dem Saarbergbau) größere Streikbereitschaft der Ruhrbergleute auf deren geringere Homogenität zurückführt.

109 Vgl. bes. *H. Croon*, Einwirkung der Industrialisierung auf die gesellschaftliche Schichtung, 1955, S. 309 ff.; zum Begriff des sozialen Status vgl. oben S. 339 Anm. 9.

110 *E. E. Hagen*, A Theory of Social Change. Deutsch in: *Wolfgang Zapf* (Hg.), Theorien des sozialen Wandels. Köln/Berlin 2. Aufl. 1970, S. 351–361, 359. Über den zeitgenöss. vielbeklagten Ansehensverlust der Bergleute s. etwa *K. Bax*, Der dt. Bergmann, 1942, S. 32; *W. Köllmann*, Binnenwanderung und Bevölkerungsstrukturen, 1974, S. 228.

111 Vgl. bes. *H. Zwahr*, Zur Konstituierung des Proletariats als Klasse, 1971, S. 504 f., 535 f. u. ö. Vgl. auch die scharfe Beobachtung von *H. Croon*, Versorgung der Großstädte des Ruhrgebiets, 1966, S. 136: „Die Mentalität der Arbeiter, die in der zweiten und dritten Generation in der Stadt lebten, war eine andere ..."

112 So der Osnabrücker Revierbeamte/OBA 20. 7. 75, in: OBA 1778 Bl. 7–11.

versammelt waren. Schlepperstreiks sind meistens überraschend und scheinbar unmotiviert eingetreten und endeten häufig in Tumulten und Zerstörungen[113].

Wegen des Fehlens repräsentativer belegschaftsstruktureller Informationen, vor allem wegen der Besonderheit zahlreicher örtlicher Einflüsse, kann nicht allgemein festgestellt werden, bei welchem Grad an Heterogenität die Streiklatenz von Belegschaften abzunehmen begann bzw. wielange der Reifungsprozeß betrieblich-kommunaler kommunikativer Beziehungen bis zur Herstellung größerer Bereitschaft, Arbeitskonflikte auszutragen, gedeihen mußte. Immerhin ist von Seiten der Gewerken der streikverhindernde Einfluß hoher nichtheimischer Belegschaftsanteile schon früh erkannt und das sich damit anbietende Instrument zur Pazifizierung von Konflikten durch gezielte Belegschaftspolitik genutzt worden. Im Zusammenhang mit der Dortmunder Arbeiterbewegung vom Mai/Juni 1877 beklagten die Grubendirektoren *Best* und *Sommer* von den Zechen Margaretha in Sölde und von Schürbank & Charlottenburg in Aplerbeck,

> „daß sie auf den Wunsch der Behörden in den Monaten Januar, Februar und März die fremden Arbeiter entlassen hätten, um die hier ansässigen Bergleute im Nahrungsstande zu erhalten. Beide Herren sprachen ihre Meinung dahin aus, daß dieser Stricke [!] nicht ausgebrochen resp. diese Einigung unter den Bergleuten nicht zu erzielen gewesen wäre, wenn die fremden und besitzlosen Arbeiter, welche auch nicht 3 Tage ohne Verdienst ihre Familie zu ernähren im Stande gewesen seien, noch hier in Arbeit gehalten seien".

Der berichterstattende Aplerbecker Amtmann *Gutjahr* konnte dem nur beipflichten und war gewiß, daß die ansässigen Bergleute die behördliche und unternehmerische Fürsorge „nicht verdienen"[114].

c) Der Rosenkranzverband 1877/78

Seit dem Streik von 1872 und dem damaligen Versuch zur Gründung eines Revierverbands ist der Gedanke einer gewerkschaftlichen Vereinigung anscheinend vor allem von den Knappenvereinen getragen worden, die ja auch in dem damaligen Statutenentwurf berücksichtigt sind. Von sozialdemokratischer Seite sind Vereinigungsbestrebungen angesichts der Ohnmacht gegen die Ausbreitung der Christlich-Sozialen im westlichen Revier wohl erst nach der Vereinigung von 1875, als *Hasselmann* im Essener Gebiet stärker Fuß zu fassen versuchte, in Dortmund *Schröder* dem sozialdemokratischen Wahlverein beitrat und *Tölcke* mit manchen anderen Lassalleanern den Nutzen gewerkschaftlicher Zentralverbände neu einzuschätzen begann, in stärkerem Maße aufgelebt. Mochte im Revier auch der zunehmende Antiklerikalismus der Sozialdemokraten Unbehagen erregen, so waren die Wahlerfolge mit *Stötzel* in Essen und *Bönsch* in Dortmund unter gegenseitiger Hilfestellung von Sozialdemokraten und Christlich-Sozialen noch in frischer Erinnerung.

Von sozialdemokratischer Seite lag ein zusätzlicher Anstoß, endlich die Organisierung der Bergleute voranzutreiben, in der Person des Essener Reichstagskandidaten von 1874 und 1877, *Wilhelm Hasselmann*. Er hatte Anfang 1877 gegen eine schwache Mehrheit des nationalliberalen Gegenkandidaten sein Barmer Reichstagsmandat verloren und schon vorher innerhalb der Arbeiterpartei, deren Vereinigung er skeptisch gegenübergestanden hatte, als Redakteur und Meinungsführer an Boden verloren. Für ihn lag es nahe, sich

---

113 Z. B. bei dem Schlepperstreik auf Oberhausen 20. 10. bis 23. 10. 77.
114 LRD 671 Bl. 396—407 Amtmann *Gutjahr*/LRD 31. 5. 77.

neues Ansehen durch starken Rückhalt in der Arbeiterschaft des Ruhrgebiets, die vielen Sozialdemokraten als noch unbestellter Acker erscheinen mußte, zu verschaffen[115].

So bot die Dortmunder Streikbewegung im Sommer 1877 eine Gelegenheit, von sozialdemokratischer Seite den Vereinigungsgedanken in die Bergarbeiterbewegung hineinzutragen. Schon in den Anfängen dieser Agitation muß sich eine christlich-soziale Gegnerschaft gegen die neuen Pläne im Redakteurskreis der Dortmunder „Tremonia", vor allem aber unter den Essener christlichen Arbeiterführern geregt haben, denn es war schließlich *Gerhard Stötzel*, der in seinem „Rheinisch-Westfälischen Volksfreund" am 17. November 1877 einen Aufruf zur Gründung einer bergmännischen Vereinigung[116] abdruckte, die auf Lohn- und Knappschaftsangelegenheiten „auf friedlichem und durchaus gesetzlichen Wege" einwirken sollte. Einen „großen Bund von Vereinen der Bergleute" wollte man schließen, dachte also zunächst wieder an die bestehenden Knappenvereine, und damit verfolge man „nicht nur unserer Familien erstes Interesse, sondern auch ein sittliches Ziel, denn nur dann, wenn das Volk ein menschenwürdiges Dasein hat, kann dem Verderben und Verbrechen, welches die Noth mit sich bringt, kräftig entgegengearbeitet werden". Am 18. November 1877 redeten in Essen *Hasselmann, Rosenkranz* und *Stötzel* vor einer Versammlung von 5000 Bergleuten über Löhne und Kohlenpreise, über Knappschaften und natürlich den geplanten Bergarbeiterverband. Obwohl *Stötzel* hier nachdrücklich für einen christlich-sozialen Verband eintrat, schloß sich *Rosenkranz*, unter seinen Freunden im Christlichen Arbeiterverein als strenger Katholik bekannt, der Ansicht *Hasselmanns* an, daß nur ein überkonfessioneller Verband die Interessen der Bergleute schlagkräftig vertreten könne; in diesem Sinne verabschiedete die Versammlung eine Resolution, und die ersten Mitglieder zeichneten sich in ausgelegten Listen ein. In den nun folgenden Tagen setzte eine kräftige, anscheinend überwiegend von Sozialdemokraten getragene Agitationswelle im gesamten Revier ein, während auf Seiten der Christlich-Sozialen ein Klärungsprozeß inganggesetzt worden war, in dessen Verlauf sich die katholischen Presseorgane, aber auch prominente Führer im Arbeiterflügel des Essener Zentrums, darunter besonders *Stötzel* und *Laaf*, von dem geplanten Verband wegen seiner mutmaßlich sozialdemokratischen Tendenzen distanzierten. Dagegen hat *Anton Rosenkranz* selbst unter dem Druck seiner Gesinnungsfreunde beharrlich an dem wünschbaren überkonfessionellen Charakter des neuen Verbands festgehalten. Daß der Bergmann *Rosenkranz* diesen Weg beschritt, während der Priester und

---

115 Vgl. bes. *Hemmer*, Bergarbeiterbewegung, S. 95 f., wo dieser Zusammenhang hervorgehoben wird. Einige Ungenauigkeiten finden sich in der Darstellung von *Bers*, Hasselmann, hier S. 24—29.

116 Nr. 263/17. 11. 77 (veröffentlicht als „Eingesandt": „An die Bergleute von Rheinland und Westfalen"), Ausschnitt in RD Präs 835 Bl. 87. — Die wichtigsten Quellen zur Geschichte des Revierverbands von 1877/1878 finden sich in RD 30426, RD 30429, RD 30430 II, RD 45060; Hinweise noch OBA 1781, 1782; OPK 9047; RD Präs 866, RD 8841, 8857—8859; StaWatt 2/E/417; LRB VII 470; von der Tagespresse wurden hier die Tremonia Jg. 1878 und die Westf. Freie Presse Jg. 1878 herangezogen; s. *Natorp*, Die socialistische Agitation, 1878; ferner Chr.-Soz. Bl. 11 (1878) S. 6—15, 141—149, 210—214. Vgl. *Hue* II S. 319—330; *ders.*, Zur Geschichte der christl. Gewerkschaftsvereine, 1905, S. 392 f.; *Gerbracht*, Kampf um die Seelen der Arbeiter, S. 24—28; Die Bergarbeiter im Wandel der Geschichte, S. 67—69; Arbeiterbewegung im Ruhrgebiet, 1907, S. 41 f.; *Naujoks*, Kath. Arbeiterbewegung und der Sozialismus, S. 124—129; *W. Kulemann*, Die Berufsvereine 1. Abt., 1908, S. 324 f.; 40 Jahre Bergbau und Bergarbeiterverband, S. 47 f.; *Müller*, Die christl. Gewerkschaftsbewegung, S. 34—36; *Erdmann*, Christl. Arbeiterbewegung, S. 382—389; *A. Kalis*, Arbeiter- und Knappenbewegung, 1968, S. 10; *Dallmeier*, Geschichte der Arbeitskämpfe, S. 38 f.;

Intellektuelle *Laaf*, der Nichtfachmann *Stötzel* sich für die christliche Prägung aussprachen, hat sicher zeitweise viele Bergleute von dem Nutzen der Überkonfessionalität überzeugt. Unterdessen klärte man in christlich-sozialen Kreisen bereits die Grundzüge eines christlich-sozialen Verbands unter Ausschluß der Sozialdemokraten im kleinen Kreise ab, und die katholischen Presseorgane traten in eifrigen Wortkampf gegen die Konkurrenten. So hieß es in *Stötzels* „Rheinisch-Westf. Volksfreund"[117]:

> „Sobald ihr [Arbeiter] socialdemokratisch werdet, leidet Eure Seele unzweifelhaft Schaden, Ihr stürzt Euch in die allergrößte Gefahr, auf ewig verloren zu gehen, auf ewig Eure und villeicht Eurer Weiber und Kinder Seligkeit einzubüßen, ohne daß Ihr auch die geringste Hoffnung habet, hier auf Erden durch die Socialdemokratie glücklich zu werden. Nun wählet zwischen zweifelhafter Hoffnung auf Verbesserung Euerer irdischen Lage, und fast unzweifelhafter Gewißheit ewigen Verderbens!"

Bei solchen Tönen aus anerkannt arbeiterfreundlichem Mund konnte der nicht einmal konstituierte Verband, sollten sich Sozialdemokraten wirksamen Einfluß verschaffen können, mit Sicherheit nur zwischen den Stühlen gedeihen. Inzwischen war ein Statutenentwurf für einen „Verband deutscher Bergleute" veröffentlicht worden[118], so daß offenkundig wurde, daß die geplante Vereinigung sich nicht, entgegen christlich-sozialen Vorstellungen, auf Rheinland und Westfalen beschränken würde. Mit diesem Entwurf gelang es, während einer Vielzahl von Versammlungen mit allerdings anscheinend geringerer Resonanz außerhalb des Essener Einzugsbereichs[119] die ersten Filialvereine ins Leben zu rufen. Noch bemühten sich Sozialdemokraten und Christlich-Soziale, an deren Spitze *Rosenkranz*, gemeinsam um den Verband, traten auf denselben Versammlungen als Redner auf und sprachen ihr Vorgehen untereinander ab. *Rosenkranz* vor allem versuchte, in seinen Reden die Bergleute auf die Schwäche bloßer Belegschaftsorganisierung in Streiks aufmerksam zu machen[120]; gegenüber *Hasselmann* fand er eher die einfache und eingängige Sprache der Bergleute, in der er selbst lebte.

Noch bevor der neue Verband zu seiner konstituierenden Generalversammlung am 2. Februar in Essen zusammentrat, hatten die Christlich-Sozialen, unter ihnen *Laaf*, der Dortmunder Redakteur *Rittweger* und anscheinend wenigstens zeitweise auch *M. Wiese* und *Freiherr von Schorlemer-Alst*[121] in mehreren vertraulichen Konferenzen ihre Hal-

---

Hemmer, Bergarbeiterbewegung, S. 94—100; *Aug. Pieper*, Gewerk- und Arbeitervereine. In: Staatslexikon (Görresgesellschaft) Bd. II, Freiburg 3. Aufl. 1909 Spp. 742—767, Spp. 755 f.

117 Zit. n. Christl.-Soz. Bl. 11 (1878) S. 12, z. T. gesperrt. Vgl. zu der publizistischen Auseinandersetzung die Tremonia 21/25. 1. 78 u. d. Westf. Freie Presse 5/16. 1. 78: „. . . Wir wissen ganz genau, daß der Kern der Bergleute gebildet und selbständig genug ist, das Wahre vom Falschen zu unterscheiden und sich keine Organisation aufbürden lassen wird, welche ihrer freien geistigen Entwicklung unter der Devise ‚christlich' hinderlich sein könnte" (z. T. gesperrt).

118 In: Rhein.-Westf. Volksfreund 281/8. 12. 77; ein Ex. dieser Nr. in OBA 1781 Bl. 590. Der Entwurf wurde auch als Flugblatt verbreitet; vgl. RD 30426 Bl. 147, hiernach im Anhang S. 637—41. *Hue* (II S. 325) hat für seine Studien keinen Abdruck der Statuten auffinden können.

119 Vgl. über die Haltung der Bergleute aus dem Bericht des Mülheimer Bürgermeisters/LR Mülheim 29. 1. 78 (Abschr.: RD 30426 Bl. 145): „Anscheinend ist die große Mehrzahl der Bergarbeiter noch nicht geneigt, dem gepriesenen Bunde schon jetzt beizutreten, weil sie fürchten, aus der Arbeit entlassen zu werden, sie nehmen daher vorläufig eine abwartende Haltung ein und wollen sich zunächst erst von dem durch ihre Kameraden erzielten Erfolg überzeugen".

120 Vgl. den Versammlungsbericht v. 30. 12. 77, in RD Präs 866 Bl. 278 f.

121 Vgl. Tremonia 9/11. 1. 78 und *Möllers*, Polit. Strömungen, S. 263.

tung zu dem neuen Verband tatsächlich abgesprochen. Angeregt vielleicht durch einen in Essen schon bestehenden christlichen Gewerkverein der Maurer, Stein- und Holzarbeiter, wurde bereits ein alternativer Statutenentwurf für einen „Bund rheinisch-westfälischer Bergleute"[122] vorgelegt und diskutiert. Danach sollte der Verband einen Unterstützungsfonds „für abnormale schlechte Zeiten" bilden, zu dem auch Arbeitgeber beizutragen eingeladen waren; in Streitfällen sollte die Vermittlung zwischen den Interessengegnern durch „unparteiische wohlwollende Männer" wahrgenommen werden — Arbeitseinstellungen waren „womöglich ganz zu vermeiden" oder doch nur zu beschliessen, „wenn alle Mittel zur Versöhnung erschöpft wären". Unter den konkreteren, nach den „ewig wahren Grundsätzen des Christenthums" zu betreibenden Forderungen fand sich neben Minimallohn „zum standesmäßigen Unterhalte", Sonn- und Feiertagsruhe, achtstündiger Arbeitszeit und achtbarer Vorgesetztenbehandlung auch der Gedanke des Rechtsschutzes[123].

Zu der erwähnten Generalversammlung waren 53 Personen, je zur Hälfte gewählte Delegierte und Ortsvereinsvorsitzende, erschienen. Dies läßt auf einen ersten Agitationserfolg von 20 bis 25 Filialen schließen[124]. Die Konferenz selbst geriet zur Auseinandersetzung zwischen *Laaf* und *Hasselmann* um den konfessionslosen Charakter des Verbands. *Hasselmann* hat dabei in aller Klarheit und nicht ohne Erfolg sozialdemokratische Positionen vertreten, zugleich aber wachsende Kritik aus christlich-sozialen Kreisen hervorgerufen:

> „Geradezu abstoßend ist der Haß, der wie ein dunstiger Hauch des Herrn Hasselmann gegen die besitzende Classe weht; jeder Mensch, welcher einen ganzen Rock, reine Leibwäsche und kurz geschnittene Haare hat, der ist ihm ein Bourgeois und mit dem macht er kurzen Prozeß"[125].

Hauptstreitpunkt der Statutendebatte bildete der *Rosenkranz'sche* Antrag, den Verband — dies hätte den christlich-sozialen Einfluß mindestens sichergestellt — mit einer entsprechenden Namensgebung auf Rheinland und Westfalen zu beschränken; aber hier beging die sozialdemokratische Mehrheit der Generalversammlung den Fehler, den Antrag mit 39 zu 14 Stimmen zu verwerfen, worauf die Borbecker Christlich-Sozialen die Konferenz verließen und auch *Rosenkranz* erklärte, keine Funktionen in dem Verband wahrnehmen zu wollen. Wenn überhaupt, so war nur durch eine führende Beteiligung *Rosenkranz'* dessen Einfluß auf die große Gruppe der wohlorganisierten christlichen Arbeitervereine im Essener Gebiet nutzbar zu machen, und nach einigen Verrenkungen gelang es *Hasselmann* dann auch, den verhängnisvollen Beschluß rückgängig zu machen. Nunmehr wurde Essen zum Vorort, das allgemein als sozialdemokratisch angesehene Gelsenkirchen zum Sitz der Kontrollkommission des Verbands gewählt; in den Ausschuß wählte man zwei Christlich-Soziale, vier Sozialdemokraten und einen Farblosen, unter ihnen *Rosenkranz*, *L. Schröder* und *D. Eckhardt*[126]. Man vermied es peinlich, den Nichtbergmann *Hasselmann* mit einer Funktion zu betrauen.

---

122 Gedruckt in Chr.-Soz. Bl. 11 (1878) S. 213 f.

123 Vgl. bes. *Imbusch*, Arbeitsverhältnis, S. 254—258.

124 Nach einem Flugblatt vom März 1878 (RD 45060 Bl. 174) waren 23 Ortsvereine gebildet worden.

125 Chr.-Soz. Bl. 11 (1878) S. 143. Nachteilig wirkte sich die zugleich bekanntgewordene Berliner „Pfaffenrede" von *J. Most* aus; vgl. Tremonia 24/29. 1. 78.

126 Nach einer Mitteilung von *Josef Schröter* an die Behörden ferner noch: *Wilhelm Kirschner, Adolf Kerckhoff, Schmitz, Schröter* und *Johann* (nach anderen Quellen: *Ludwig*) *Eckhardt*; s. RD 45060 Bl. 175 f., 17. 5. 78. Schon bei den Delegiertenwahlen in den Filialen des

Auf einer Versammlung am folgenden Tag, als *Laaf* die soeben erfolgte Gründung des christlichen Gegenverbands in Borbeck bekanntgab, hat *Rosenkranz,* dem der Streit mit seinen Glaubens- und Vereinsbrüdern in dieser Phase sehr schwer gefallen sein wird, noch einmal eindringlich den Ausschluß aller Religion aus dem Verband verteidigt[127]. Ärzte, Bauern und Handwerker verführen nicht anders, so meinte er, und überhaupt hätten „die Liberalen ... unter den Katholiken mehr Unsegen gestiftet, wie die Socialdemokraten unter den Arbeitern". *Rosenkranz* appellierte an „die geistige Kraft der Bergleute, erreichbar nur durch Einigkeit, um so geschlossen die Reihen der Feinde zu durchbrechen". Hier wurde mit großer Eindringlichkeit der Zusammenhang von Bildung und Solidarität bloßgelegt; nicht zu Unrecht erhielt der Gründungsversuch später den Namen „Rosenkranzverband". Man mochte ihm immerhin Nachgiebigkeit, Fehlerkenntnis und Naivität gegenüber den vermeintlichen sozialdemokratischen Gefahren vorwerfen — die Aufgaben einer Bergarbeitergewerkschaft hat *Rosenkranz* unter dem Eindruck zahlloser eigener Erfahrungen klarer als andere erkannt.

Die von der Generalversammlung verabschiedeten Statuten stützten sich zwar in vielen Formulierungen auf den erfolglosen Entwurf von 1872, verzichteten aber auf manches überflüssige Beiwerk, das damals auch durch den Versuch in die Statuten gelangt war, die Knappenvereine für den Verband zu nutzen. Diesmal konzentrierten sich die Statuten deutlicher auf gewerkschaftliche Programmforderungen und die Festlegung ihrer Durchsetzungsinstrumente. In dieser Hinsicht bedeutete die Einführung der Urabstimmung zum Streikbeschluß einen Fortschritt gegenüber 1872, und auch die vereinsrechtlich fragwürdigen Passus über die Bildung selbständiger Filialen waren gestrichen. Das so gestraffte Statut behielt die der Zeit angepaßte Organisation nach dem Vorortsystem mit der jährlichen Generalversammlung als legislative Instanz, Ausschuß und Kontrollkommission als ausführenden Organen bei und sah bei einem Einschreibegeld von 50 Pfg. einen monatlichen Beitrag von 30 Pfg. vor. Der Verband sollte für seine Mitglieder auch einen unentgeltlichen Arbeitsnachweis führen.

Trotz *Rosenkranz'* anhaltender Mitarbeit im Verband haben sich die christlich-sozialen Arbeiter, der in diesem Fall kompromißlosen Haltung *Laafs* folgend, wenigstens im Raum Essen langsam aus ihrem ursprünglichen Enthusiasmus für eine Verbandsgründung zurückgezogen und sind dem neuen Verein ferngeblieben. Damit allerdings war dessen Niedergang vorgezeichnet, denn ohne den Einbezug der Essener christlichen Arbeitervereine war ein stärkerer Rückhalt in der Arbeiterschaft auch außerhalb Essens nicht zu erwarten; man bedurfte dieser festgefügten Organisationen, um dem Vereinigungsgedanken Kraft und Ausdauer zu verleihen[128]. Aber den Todesstoß erhielten alle neuerlichen Einigungsversuche von anderer Seite. In seiner Sitzung vom 18. Februar warf der Bergbauverein durch eine eigens entworfene Resolution jeder Bergarbeiterorganisation, sei sie nun überkonfessionellen oder christlich-sozialen Charakters, den Fehdehandschuh von vornherein hin: Alle beitretenden Bergleute, so wurde verkündet, sähen der unbedingten Entlassung aus ihren Arbeitsverträgen entgegen — ein in Willkür und Kurzsichtigkeit kaum zu überbietender Beschluß, dem nur durch eine sofortige solidarische Kampfaktion, für die indessen noch alle Voraussetzungen fehlten, hätte begegnet werden

---

Verbands hatten die sozialdemokratischen Mehrheiten offenkundig den Fehler begangen, die Delegierten zu verpflichten, gegen die Aufnahme der Bedingung eines christl. Bekenntnisses in die Statuten zu stimmen; vgl. Tremonia 25/30. 1. 78.

127 Die Rede ist paraphrasiert in Chr.-Soz. Bl. 11 (1878) S. 145; vgl. *Hue* II S. 325 f.
128 Vgl. die Einschätzung im Zeitungsbericht RPD 28. 1. 78 (in OPK 9047 S. 10 f.), wo wegen der konfessionell-sozialdemokratischen Widersprüche erwartet wird, daß die Bewegung im Sande verlaufen werde.

können. *Laaf* zog dann auch sofort die Konsequenzen und verschob in der Hoffnung auf Zeiten, „wo man mit der Drohung der Entlassung sehr, sehr vorsichtig ist", seine Verbandsbildung in weite Ferne; man dürfe schließlich nicht „Veranlassung geben, Arbeiter brodlos zu machen"[129]. Der wenn auch sozialdemokratisch inspirierte Rosenkranzverband hätte zweifellos einen erfolgreicheren Weg genommen, wenn sich ihm *Laaf* in dieser immerhin einen Übertritt unter Wahrung des Gesichts erlaubenden Situation angeschlossen oder ein versöhnungsbereites Zeichen gesetzt hätte.

Die Sterne standen daher für den eben konstituierten Verband recht ungünstig. Zusätzlich wurden in dem Bemühen, Unterstützungskassen zu gründen, Formfehler begangen, so daß man sich der Strafverfolgung aussetzte und das behördliche Plazet längere Zeit auf sich warten ließ. Dennoch ist mit überraschendem Mut und Opferbereitschaft die Agitation für den neuen Verband, der trotz der *Laafschen* Absage noch immer das Schwert einer christlich-sozialen Gegengründung im Nacken zu spüren vermeinte, auch nach dem von Dortmunder Gewerken Ende April 1878 gesondert bekräftigten Unternehmerukas vorangetrieben worden. In einem als Flugblatt verteilten Aufruf vom März 1878 hieß es, man überlasse

> „das Betteln um Gnade ... anderen Leuten, das geziemt keinem Bergmann; wir schicken keine Deputation nach dem Dr. Hammacher in Berlin wie es die thun, welche den neuen Verband gründen wollen; wir appelliren nicht an den Großmuth eines Hammacher, sondern wir appeliren an den kameradschaftlichen Geist unserer Bergleute; daraufhin haben wir den Grundstein gelegt zu unserem Verbande, und daraufhin werden wir weiter bauen"[130].

So verband sich der Appell an den bergmännischen Corpsgeist geschickt mit einer Absage an ältere, zutiefst verwurzelte, bei den Christlich-Sozialen weiterhin betriebene Wege und Maßnahmen der Meinungsartikulation und des Konfliktausgleichs von oben. Allein das Stigma überwiegenden sozialdemokratischen Einflusses war in diesen Monaten zunehmenden Ordnungsbewußtseins in der Bergarbeiterschaft nicht zu überwinden. Die Versammlungen, jene, wie es amtsintern wieder hieß, „Wühlereien zur Bildung von Bergmanns-Vereinen"[131], die der Verband im April und Mai im ganzen Ruhrgebiet organisierte, waren daher oft nur schwach besucht und hatten wenig dauerhafte Organisationserfolge[132] – hier machte sich auch, neben dem Druck durch den Unternehmer-

---

129 Chr.-Soz. Bl. 11 (1878) S. 212 f. In christlich-sozialen Freundeskreisen ist der Maßregelungsbeschluß, wie es scheint, mit wirklichem Unbehagen aufgenommen worden; so hieß es in der Tremonia 52/4. 3. 78, die Mitteilung „schien uns fast unglaublich"; s. auch ebd. 46/25. 2. 78: „Rücksichtslos verlangt man für das Capital Alles ..."; es „werden die Herren vom Capital sich schließlich dazu verstehen, ja verstehen müssen, von ihrer olympischen Höhe herabzusteigen und mit den Vertretern der Arbeiter über Lohn und Arbeitsbedingungen friedlich zu unterhandeln, denn das fordert die Solidarität der Interessen zwischen Arbeitern und Arbeitgebern, die ohne schweren Schaden für beide Theile nicht dauernd verkannt werden kann". Auf der anderen Seite wurde, auch als ein Vermittlungsversuch über *Hammacher* (s. Zitat im Text weiter unten) offenbar scheiterte, weiterhin gegen den Rosenkranzverband gewarnt, und man fragte aus Dortmund kritisch an (Tremonia 109/13. 5., 122/29. 5. 78), ob der Verbleib *Rosenkranz'* unter christlich-sozialen Gesinnungsfreunden weiterhin tragbar sei.
130 Gedruckt: Westf. Freie Presse 28/4. 4. 78 und als Flugblatt in der Dortmunder Westfäl. Genossenschafts-Druckerei, 1. Ex. in RD 45060 Bl. 174.
131 OBA 1782 Bl. 132 Revierbeamter Frohnhausen/OBA 8. 4. 78.
132 Vgl. Berichte z. B. in StaWatt 2/E/417 (über Gründung einer Filiale in Werne), 2/E/418 (Versammlung *Jos. Schröters* 5. 5., erneut 26. 5. 78; letztere wurde wegen der Anwesenheit von zwei Kindern aufgelöst, wofür der LR dem Gendarmen „Anerkennung über sein ener-

beschluß, die anhaltende wirtschaftliche Flaute hinderlich bemerkbar. Nach Versammlungen in insgesamt 48 Orten bestanden bis Mai 1878 in 19 Orten Filialen; 7 weitere waren anscheinend in der Entstehung begriffen. Nach Ausweis eines Kassenberichts[133] sind alle Angaben über die wirkliche Stärke des Verbands, z. T. aus der Erinnerung seiner Mitglieder geschöpft, allzu hoch gegriffen[134]. Bei einem Monatsbeitrag von 30 Pfg. läßt die Gesamteinnahme des Verbands von 1735 Mark in den Monaten Februar bis April 1878 unter Berücksichtigung des Eintrittsgeldes auf eine durchschnittliche Mitgliedschaft von eher weniger als 1000 Bergleuten schließen[135], von denen nach den aufgebrachten Beiträgen allein fast die Hälfte in Essen-Stadt und Gelsenkirchen organisiert waren.

In den Attentatsmonaten im Sommer 1878 haben sich dann auch die Verwaltungsbehörden und Polizeiorgane intensiver für den Verband interessiert. Während im Dortmunder Gebiet trotz rühriger Werbung *Ludwig Schröders* die Gegenpropaganda der Zechen und selbst der Pastöre von der Kanzel[136] ausreichte, um die dort gegründeten Filialvereine niederzuhalten, half gegen einige Bochumer und Essener Gründungsversuche nur ein polizeiliches Verbot, dem wegen der versagten Statutengenehmigung für die Kasseneinrichtungen nichts im Wege stand[137]. Endgültig im Juli 1878, nachdem sich der zuständige Koblenzer Oberpräsident ministerieller Weisung versichert hatte, ist diese Genehmigung verweigert und damit der Weg geebnet worden, um Anklage gegen bestehende Kasseneinrichtungen zu erheben und damit die Filialvereine zu treffen[138]. Zu allem Überfluß ging noch im Sommer der Kassierer des Verbands, Bergmann *Adolf Kerckhoff*, mit dem Barvermögen der Kasse in Höhe von 400 Mark ab nach England in die Kohlengruben von Durham[139], so daß dem Verband die Grundlage jeder weiteren Tätigkeit entzogen worden war und der Ausschuß das vorläufige Ruhen der Verbandsgeschäfte erklären mußte[140]. Als daher im Herbst 1878 die Überprüfung aller irgendwie verdächtigen Vereinigungen im Hinblick auf ihre Verbotswürdigkeit nach Inkrafttreten des Sozia-

---

gisches Verfahren" aussprach); RD 8857 Bl. 36—41, RD 8858 Bl. 59—62 (über Filialen in Styrum und Dümpten). Nach dem Zeitungsbericht Nr. I/1878 des LRB (in LRB 51 Bd. IV Bl. 252—254, im Entwurf gestrichener Passus) wurde hier die Agitation für den Verband unter den Bergleuten „mit Mißtrauen aufgenommen".

133 Vgl. den auch gedruckt verbreiteten „Rechenschafts-Bericht des Verbandes rhein.-westf. Bergleute v. 1. 2. bis 1. 5. 1878", der abschr. in RD 45060 Bl. 178—180 und LRB VIII 470 überliefert ist.

134 Nach einer Angabe von *L. Schröder:* 17 000 (*Hue* II S. 326 und *Imbusch*, Arbeitsverhältnis, S. 258; wahrscheinlich nur „laufende Mitgliedsnummer"); *Hue* selbst nimmt (so auch Chr.-Soz. Bl. 11, 1878, S. 147) 3 000 an; ihm folgt z. B. *Koch*, Bergarbeiterbewegung, S. 27. Diese Mitgliederzahl wird nur vorübergehend erreicht worden sein. *C. Legien* hat später behauptet, der Rosenkranzverband von 1877/1878 sei „bedeutend größer" als der Alte Verband in dessen Entstehungsphase gewesen; s. *K. Oldenberg*, Gewerkvereine, 1895, Sp. 384.

135 So schätzt auch *Naujoks*, Kath. Arbeiterbewegung, S. 129.

136 Vgl. *A. Siegel* in seinen Memoiren: Mein Lebenskampf, S. 23; vgl. *Naujoks*, Kath. Arbeiterbewegung, S. 125.

137 So wurden die Mitglieder der Steeler Filiale (unter *Johann Mühlenbeck*) im Sept. 1878 mit 6 Mark Strafe belegt; vgl. LRB VIII 470 u. RD 8841 Bl. 71 f. Über die Filiale in Kray (unter *Jos. Schröter*) s. RD 45060 Bl. 175 f., Protokoll v. 17. 5. 78.

138 Vgl. bes. RD 45060 Bl. 177 Rundverfg. LRE 16. 7. 78 (Abschr.).

139 Vgl. ebd. Bl. 311—316, Vermutung von Oberbürgermeister *Hachel*/RD 16. 10. 78.

140 Dies erklärte *Mühlenbeck* gegenüber der Polizeibehörde; vgl. ebd. Bl. 171—173 LRE/RD 30. 9. 78.

listengesetzes einsetzte, waren kaum noch Reste früherer Vereinstätigkeit festzustellen; als Organisationen gaben Ausschuß, Kontrollkommission und Filialvereine „kein Lebenszeichen" mehr von sich[141]. So fand sich, auch um die Aufmerksamkeit nicht erneut auf den Verband zu lenken, nach Erlaß des Gesetzes kein Grund, ihn zu verbieten, und selbst die vorsichtigeren Arnsberger Beamten schlossen sich, nachdem eigene Recherchen ebenfalls erfolglos geblieben waren, dieser Haltung mit dem Vorbehalt an, „eine fernere sorgfältige Beobachtung dieser Vereine den betr. Polizeibehörden zur Pflicht zu machen"[142]. Hauptleidtragender des ganzen Unternehmens dürfte *Anton Rosenkranz* geworden sein, der, Ernährer einer zahlreichen Familie, von seiner Zeche Herkules durch Entlassung gemaßregelt wurde und in den Kreisen seiner Freunde aus den christlichen Arbeitervereinen jetzt mancher Anfeindung begegnete. *Rosenkranz* fand als Zeitungsbote beim Essener „Volksfreund" einen notdürftigen Unterhalt.

Weil die auch in dem Jahrzehnt vor 1877/1878 virulenten, in dem Streit um die ideologisch-programmatische Führerschaft im Rosenkranzverband ausgetragenen Auseinandersetzungen die späteren Kämpfe in der Ruhrbergarbeiterbewegung vorweggenommen haben, ist die Erinnerung an diesen Revierverband stets wach geblieben und hat noch für manche Kontroverse zwischen Gewerkverein und Altem Verband seit den 1890er Jahren Stoff geliefert. Dabei stand die Frage der religiösen und parteipolitischen Neutralität der Bergarbeiter- und damit allgemein der Gewerkschaftsbewegung durchaus im Vordergrund[143], und es spricht einiges für die Ansicht, 1878 habe mit der Absage an den gewerkschaftlichen Neutralitätsgedanken, mit dem Verzicht auf geistige Auseinandersetzung mit den zuerst interesseverbundenen, nicht im vorhinein konfessionell engagierten Kräften in der Arbeiterbewegung, die organisationshinderliche, emanzipationshemmende Rolle der Christlich-Sozialen eingesetzt. *Laaf* selbst, der sich in seiner Politik immerhin durch die überwältigenden Wahlerfolge *Stötzels* im Jahre 1878 bestä-

---

141 Vgl. ebd. Bl. 146 RPA/RPD 21. 9. 78 u. Bl. 188 f., 29. 9. 78; für ein evtl. Verbot wäre, da der Verbandssitz in Essen war, die Düsseldorfer Regierung zuständig gewesen. Über die Verbotswürdigkeit entstand zwischen LRE und dem Essener Oberbürgermeister eine Kontroverse, in der letzterer meinte, daß das im Rechenschaftsbericht vorliegende „klägliche Resultat die Bedeutungslosigkeit der dem Verbande angehörigen socialistischen Agitatoren grell genug beleuchtet" (an RD 16. 10. 78, ebd. Bl. 311–316, vgl. Bl. 171–192).

142 RPA/RPD 9. 11. 78, in RD 30430 II Bl. 25 u. LRB VIII 470 (Abschr.); vgl. dass. 21. 10. 78, in RD 30429 Bl. 152 u. ebd. Bl. 163–171, RPD/IM 1. 11. 78 (Entw.), wo keine Gründe gesehen werden, auf der Rechtsgrundlage des Sozialistengesetzes gegen den Verband einzuschreiten. Der Rosenkranzverband ist also eines ausnahmerechtlichen Verbots nicht für würdig befunden worden; vgl. dagegen *Hue* II S. 327 (bezieht sich auf die „Werkspresse"), *Naujoks*, Kath. Arbeiterbewegung, S. 129; *Erdmann*, Christl. Arbeiterbewegung, S. 389; *Hemmer*, Bergarbeiterbewegung, S. 100. Die Überprüfung dieses Ergebnisses anhand der Verbotslisten von *I. Auer*, Nach zehn Jahren. Nürnberg 1913, S. 357–362 (gedruckt b. *Fricke*, Die dt. Arbeiterbewegung 1869–1890, S. 135–140) und *Otto Atzrott*, Sozialdemokratische Druckschriften und Vereine verboten auf Grund des Reichsgesetzes gegen die gemeingefährlichen Bestrebungen der Sozialdemokratie v. 21. 10. 78. Berlin 1886, ND Glashütten i. T. 1971, S. 94–105, bestätigt, daß weder der Hauptverein noch einzelne Filialvereine verboten worden sind. Gegen einzelne Zweigvereine, so in Styrum, Werne und der Dortmunder Umgebung, wurden allerdings aufgrund des Vereinsgesetzes Schließungsverfügungen erlassen und Anklagen erhoben.

143 Vgl. Arbeiterbewegung im Ruhrgebiet 1907, S. 41 f.; f. d. Auseinandersetzung zw. *Hue* und *Imbusch*, in der *Hue*, insoweit er die Position des Katholiken *Rosenkranz* für einen neutralen Verband vertrat und auf den Parteistandpunkt *Laafs* verweisen konnte, den günstigeren Ausgangspunkt einnahm, vgl. *Hue* II S. 323 Anm.; ders., Zur Geschichte d. christl. Gewerkvereine, S. 392 f.

tigt sehen konnte, hat nicht zum wenigsten zu dieser Entwicklung beigetragen, indem er sich, von *Stötzel* durch dessen Mitarbeit in der Zentrumsfraktion unterstützt, um eine Versöhnung der 1877 in Essen auseinandergebrochenen Zentrumsflügel bemühte. Die Organisationsversuche der Bergleute boten sich hier an, um das eigene Haus in Ordnung zu bringen und zugleich einen allseits sichtbaren Beitrag zur Abgrenzung von den Sozialdemokraten zu liefern, was den Auguren im Zentrumslager so sehr wie den amtlichen Ordnungshütern gefallen mußte. *Laafs* Gegenverband hatte „mit Bergämtern und Zechen selbst in Verbindung treten … und wo möglich zu gegenseitigem Besten" Einigungen herbeiführen sollen: „Kann es wohl", so hieß es dazu in den „Christlich-Sozialen Blättern", „etwas Verständigeres, etwas Humaneres, etwas Christlicheres geben?" Empfand man auch dagegen den Unternehmerbeschluß als „zu russisch, zu unliberal, zu inhuman", so mochte man die Arbeiter doch lieber nicht an das „pikante Gift"[144] des Sozialismus ausliefern, dessen heimliche Zwecke so eindeutig hinter dem ganzen Unternehmen zu stehen schienen[145]. Wenn auch die Wendung *Laafs* gegen den durch den Namen *Hasselmanns* allerdings mit einer radikalen Hypothek belasteten Bergarbeiterverband kurzfristig beigetragen haben mag, die Christlichen Arbeiter- und die Knappenvereine vor dem drohenden ausnahmerechtlichen Verbot abzusichern, so erwies sich die nun manifest gewordene konfessionspolitische Überlagerung des aufkeimenden gewerkschaftlichen Kampfes langfristig doch als eine ungleich schwerere Bürde der Bergarbeiterbewegung.

2. Ausstände und Organisationsversuche der Ruhrbergleute unter dem Sozialistengesetz 1878 bis 1889

a) Das Sozialistengesetz im Ruhrgebiet

Die „Entfesselung des Präventivkrieges von oben gegen das rote Gespenst"[146] nach den Kaiserattentaten des Jahres 1878, jene schon in den Monaten bis zum Erlaß des Sozialistengesetzes um sich greifende Sozialistenhetze ist gewiß nicht auf Behörden und Polizeiorgane einerseits, auf Unternehmerkreise andererseits beschränkt geblieben. Denn der Haß gegen die Vaterlandsverächter konnte nur auf dem Boden einer verbreiteten „Depressionspsychose"[147] gedeihen und seine merkwürdigen Schößlinge treiben. Nach fast fünfjährigem konjunkturellen Niedergang hatte die schwere Krise mit wenig Unterschied alle Gewerbe erfaßt und zu Produktionseinschränkungen, Lohnkürzungen und Arbeiterentlassungen geführt. Im Ruhrgebiet[148], wo der Bergbau zum Hauptleidtragenden der Krise wurde, fielen ihr vor allem die nun nicht länger rentablen Kleinzechen und Südrandgewerkschaften zum Opfer. Von den Fährnissen der Wirtschaftskrise bedroht und den Anforderungen schmerzhafter Strukturanpassung in bisher unbekanntem Maß ausgesetzt, schlug vor allem das zweite Attentat vom 2. Juni 1878 im gewerblichen Klein-

---

144 Jg. 11 (1878) S. 11, 211 f.; vgl. auch den Aufsatz v. *R. Meyer*, ebd. S. 357—362, mit abgewogenem Urteil über einen „christlich-conservativen Gewerkverein".

145 *Imbusch*, Arbeitsverhältnis, S. 255 f., erinnert in diesem Zusammenhang an den Berliner Arbeiterbund *Hasselmanns* von 1871—1873.

146 *H. Rosenberg*, Große Depression und Bismarckzeit, 1967, S. 206.

147 Ebd. S. 204.

148 Vgl. zur Krise im Ruhrgebiet Ende 1877 vor allem den Zeitungsbericht RPD 28. 1. 78, in OPK 9047 S. 8—15; ferner die oben Anm. 71 genannten Quellen.

bürgertum „wie ein Blitz ein und beleuchtete nur zu deutlich den Abgrund, welcher unsere staatliche und gesellschaftliche Ordnung zu verschlingen droht"[149]. Längst waren Augenmerk und Abscheu weiter Kreise auf die Sozialdemokratie als den Urheber allen wirtschaftlichen und gesellschaftlichen Übels gelenkt worden, hatte doch eine dunkle Existenzangst angesichts der stetig wachsenden Masse der Besitzlosen und Lohnabhängigen und ihrer ideologischen Führerschaft, deren großartige Wahlerfolge von 1877 sich tief eingeprägt hatten, um sich gegriffen, und allzu bereitwillig rief man nach der starken Hand, dem mächtigen monarchischen Staat. „Kurzum", so meinte der Düsseldorfer Regierungspräsident im Juni 1878, „die öffentliche Meinung ist konservativer geworden"[150].

So wurde vorläufig durch eine Serie von Ministerialerlassen zur Einleitung von Maßnahmen aller Art gegen Sozialdemokraten und ihre Organisationen dem verbreiteten Ordnungsbedürfnis Rechnung getragen. Den Oberbergämtern ging Anfang Juni eine erste Anordnung zu, etwaigen antisozialistischen Bestrebungen interessierter Kreise „bereitwillig Unterstützung zu gewähren"[151]; nur wenige Tage später wurden die Unternehmer der Bergbaubezirke in einer weiteren Ministerialverfügung angeregt, „selbst unter Hintansetzung augenblicklicher Geschäftsinteressen die socialdemokratische Agitation zu bekämpfen", um „durch eine energische vereinigte und planmäßige Selbstthätigkeit dafür zu sorgen, daß jene Agitationen von dem in ihren Unternehmungen beschäftigten Personal fern gehalten und, wo sie bereits Boden gefunden haben, wieder beseitigt werden"[152]. Parallel hierzu setzte die innenministerielle Instruierung der regionalen Verwaltungsinstanzen und Eisenbahndirektionen ein[153]. Die Kommunalbehörden im Ruhrgebiet wurden innerhalb weniger Tage aufgefordert, Schritte zu unternehmen, die zur „Eindämmung" sozialdemokratischen Einflusses erforderlich schienen[154]. Man betonte,

„daß dem Umsichgreifen der Sozialdemokratie auch aus der Mitte der Bevölkerung selbst wirksam entgegengetreten werden muß, wenn die Bemühungen der Behörden von durchschlagendem Erfolg begleitet sein sollen, und können wir daher die Organisierung patriotischer königstreuer Vereine, wie namentlich auch die möglichste Förderung der Kriegervereine, allerseits den Herrn Landräthen nur dringend empfehlen, wie denn auch nach Kräften darauf hin zu wirken sein wird, daß die Fabrikanten und größeren Industriellen

---

149 OPK 9047 S. 43—49, Zeitungsbericht RPD 24. 6. 78. Der Unterschied der Berichterstattung in den Tageszeitungen anläßlich beider Attentate kennzeichnet die nun überschäumende Volksmeinung; vgl. etwa Tremonia 126—130/4.—8. 6. 78 und die folgenden Ausgaben dieses doch gemäßigten Zentrumsblatts.
150 OPK 9047 S. 43—49 Zeitungsbericht 24. 6. 78; vgl. ebenso S. 79—84, Zeitungsbericht v. 29. 1. 79.
151 HM/alle OBÄ 3. 6. 78 (Abschr.), in OPM 2693 I Bl. 16 f.
152 OPM 2693 I Bl. 21 f. HM/alle Handelsvorstände 13. 6. 78 (Abschr.); vgl. auch den vertraulichen Erlaß IM/alle OP 7. 7. 78 betr. Sozialdemokraten im Personal der Eisenbahndirektionen, in: RM VII 61 Bd. I Bl. 20 f.
153 Vgl. IM/alle Regierungen 1. 6. 78, in: RD 30429 Bl. 6, ebd. Bl. 7 f. Zirkular RD/alle LR 11. 6. 78 (Entw.); RD 45060 Bl. 93—95 HM/alle Eisenbahndirektionen 3. u. 8. 6. 78 (vervielfältigt); ü. eine Konferenz der nordwestl. Eisenbahndirektionen in Köln am 21. 6. 78 s. das Protokoll in OPK 6825 S. 239—247 mit einem hier gebilligten Revers über die Nichtmitgliedschaft in sozialdemokratischen Vereinen, den die Eisenbahnarbeiter künftig zu unterschreiben hatten; vgl. RD 45060 Bl. 82.
154 RD 45060 Bl. 68 RD/alle LR 24. 6. 78 ü. Maßnahmen gegen Sozialdemokraten unter den Beamten bes. der Baubehörden; Bl. 74 RD/alle LR 26. 6. 78 über sozialdemokratische Lehrer.

zusammentreten und die sozialdemokratischen Elemente, wie dies seitens der Firma Krupp bereits früher geschehen und auch jetzt in der Presse wiederholt angeregt worden, aus der Zahl der von ihnen beschäftigten Arbeiter ausscheiden".

Die hierzu erforderliche Zusammenarbeit zwischen Behörden und Unternehmern ist im Ruhrgebiet auf mehreren Ebenen angebahnt worden. Vom „Verein zur Wahrung der gemeinsamen wirtschaftlichen Interessen in Rheinland und Westfalen", dem sog. Langnamverein, gingen Mitte Juni unter ständiger Abklärung mit den Behörden[155] Bestrebungen aus, die rheinisch-westfälischen Unternehmer um den Text einer gemeinsamen Resolution gegen die Sozialdemokratie zu vereinigen. Der Bergbauverein schloß sich diesem Vorgehen sofort an und empfahl seinen Vereinszechen, sich an einer auf den 24. Juni 1878 nach Düsseldorf einberufenen Versammlung der rheinisch-westfälischen Industriellen zahlreich zu beteiligen[156]. Auf dieser Zusammenkunft begründete G. *Natorp* vor über 600 Teilnehmern die Resolution und empfahl eine Einschränkung des Vereins- und Versammlungsrechts. Die Unternehmer sandten ein Grußtelegramm an den Kaiser und beschlossen einiges Vorgehen gegen Sozialdemokraten unter Unterstützung durch Kommunalbehörden, um aus den Belegschaften „alle unlauteren Elemente aus[zu]merzen"[157]. Ein Zusatzantrag der Bielefelder Handelskammer auf positive Gegenmaßnahmen wie die Regelung einer allgemeinen Haftpflicht fand keine Mehrheit. Auch die Grubenbeamten des Ruhrgebiets, soweit sie sich organisiert hatten, sorgten sich um die „Verderblichkeit sozialdemokratischer Lehren", deren Einfluß auf den Zechen durch Maßregelung sozialdemokratischer Arbeiter zu begegnen sei[158].

Die in diesen Tagen so eindringlich beschworene konservative Allianz gegen die Reichsfeinde ist nicht auf bloße Lippenbekenntnisse beschränkt geblieben. Die kommunalen Aufsichtsorgane haben vielmehr eine fieberhafte Tätigkeit entfaltet, um in Zusammenarbeit mit örtlichen bürgerlichen Honoratioren und Sicherheitskräften die Offensive gegen die Sozialdemokratie möglichst umfassend zu führen. Von besonderem Eifer sind die Bemühungen des Bochumer Landrats *von Bockum-Dolffs* gezeichnet, der, noch ohne Weisung und Wissen seiner vorgesetzten Behörde[159], eilends auf den 5. Juni eine

---

155 Vgl. OPM 2693 I Bl. 25—29 Berichte des Dortmunder Gewerberats *Osthues* über Vorgespräche (16. u. 18. 6. 78). *Osthues* meinte, nicht alle Unternehmer würden sich anschließen, da die Abwehr der Sozialdemokratie als Aufgabe des Staats empfunden und zudem großer Schaden befürchtet würde: „Gerade die tüchtigsten Arbeiter" stünden an der Spitze der Vaterlandsfeinde. Vgl. ferner RD 45060 Bl. 64—66.

156 Vgl. Glückauf 50/22. 6. 78 (Vorstandssitzung des Bergbauvereins v. 18. 6. 78).

157 Text der Resolution: *W. Beumer*, 25 Jahre Tätigkeit des Vereins, 1896, S. 74 f.; *Herzig*, Sozialdemokratie in Westfalen, S. 154 f. Anm. 227; vgl. ferner *Lademacher*, Arbeiterschaft 1878, S. 118. Weitere Quellen in OPM 2693 I (Bl. 40 Bericht von *Osthues* über die Versammlung). Vgl. auch den Zirkularerlaß des Central-Verbandes Dt. Industrieller 13. 6. 78, gedruckt z. B. in OPK 6825 Bl. 277 f.; sowie den bei *H. Pelger*, Zur sozialdemokratischen Bewegung in der Rheinprovinz, 1965, S. 392—402 gedruckten Bericht RPD/IM 27. 7. 78.

158 Bericht in Glückauf 50 / 22. 6. 78.

159 Die Einladung des LR erging am 4. 6. 78, s. StaWatt 2/E/417; der RPA-Erlaß am 5. 6. 78, s. LRB VIII 474. Hier hieß es: „Wenn es möglich gewesen ist, daß bisher selbst noch wohlmeinende Männer die Nothwendigkeit einer verschärften Aktion des Staats und der Gesellschaft zur Bekämpfung dieses gefährlichen Treibens in Abrede zu stellen versucht haben, so werden derartige, meist auf Selbsttäuschung und doktrinärer Voreingenommenheit beruhende Auffassungen sich kaum noch geltend zu machen wagen ..." In den Attentaten müsse „auch das blödeste Auge mehr als die bloß vereinzelte That eines verbrecherischen Individuums erkennen ... Das wirksamste Mittel zur Bekämpfung der socialdemokratischen Bestrebungen wird immer in der Beförderung des religiösen Sinnes und in der Unterdrückung der Frivoli-

524

Konferenz der Bürgermeister und Amtmänner des Kreises nach Bochum berief[160]. Hier wurde, um sozialdemokratischen Agitationen unter Bergleuten entgegenzuwirken, auf die eingeleiteten Untersuchungen gegen Filialen des Bergarbeiterverbands in Herne, Stockum, Langendreer und Werne hingewiesen, denen Versammlungen nicht mehr gestattet werden sollten. Der wegen sozialistischer Tendenzen seit langem beobachtete Gelsenkirchener Knappenverein „Schlägel und Eisen" konnte sich der Schließungsdrohung nur durch einen eiligen, in der Presse veröffentlichten Beschluß entziehen, sich jeder Agitation und auch der Lektüre sozialdemokratischer Schriften zu enthalten; die Minorität trat aus dem Verein aus[161]. In Bochum wurde weiter schärfste Versammlungsüberwachung beschlossen; auch sollte unter Mitarbeit der Oberpostdirektion — die dem Ansinnen indessen energisch widersprach[162] — in Erfahrung gebracht werden, wer im Kreise welche Blätter beziehe; endlich wollte man sich mit dem Bergbauverein in Verbindung setzen. In einem entsprechenden Ersuchen des Landrats an den Vorsitzenden Dr. *Hammacher* hieß es[163]:

> „Die Behörden wünschen, daß gegen diejenigen Bergarbeiter, welche einem socialistischen Vereine angehören, strenge Controllmaßregeln veranlaßt werden möchten. Insbesondere erscheint es wünschenswerth, daß von den Zechenverwaltungen dieserhalb ein einheitliches Verfahren eingeschlagen wird, daß namentlich bei der Annahme von Arbeitern mit größter Vorsicht verfahren wird und daß ferner jedem Arbeiter, welcher auf der einen Zeche aus den in Rede stehenden Gründen entlassen ist, auch von sämtlichen übrigen Zechenverwaltungen die Aufnahme versagt wird ... Ich bemerke schließlich noch erg[ebenst], daß die Polizeibehörden diesseitigen Kreises gern bereit sein werden, den Herrn Zechen-Direktoren jede gewünschte bezügliche Auskunft zu erteilen."

Einer solchen Aufforderung sind die Grubenverwaltungen gern nachgekommen[164]; im

---

tät und Genußsucht zu suchen, und deshalb vor allem von der Erziehung und Arbeit zu erwarten sein ... Nicht minder aber dürfte es von außerordentlichem Erfolge sein, wenn das von verschiedenen hervorragenden Industriellen, auch unserer Westprovinzen, gegebene Beispiel, Personen, welche sich an socialdemokratischen Vereinen oder Versammlungen betheiligen oder socialdemokratische Blätter halten, in ihren Werkstätten pp. nicht zu dulden, in weiteren Kreisen und möglichst allgemein Nachahmung fände. Es wird sich dringend empfehlen, diesem Gedanken in den Kreisen der Industriellen den weitesten Eingang zu verschaffen".

160 Protokoll in LRB VIII 474 und StaWatt 2/E/417.
161 Sie bildete Ende 1878 unter dem bereits für den Rosenkranzverband agitierenden *Joh. Christian Eggert* einen Gesangverein „Borussia" mit 12 Mitgliedern, der sofort unter den Verdacht einer Tarnorganisation geriet. Vgl. LRB VIII 474 Bürgermeister *Vattmann*/LRB 18. 6. 78; LRB/RA 22. 1. 79 (Entw.).
162 Ebd. LRB/Oberpostdirektion Arnsberg 6. 6. 78 (Entw.); Antwort ebd. 8. 6. 78, es sei „nach Lage der bestehenden Vorschriften unzulässig ..., die Postanstalten zur Ertheilung der gewünschten Auskunft zu ermächtigen". — Das Münsteraner Armee-Generalkommando stellte im Juni 1878 eigene Erhebungen über die Stärke der Arbeiterbevölkerung in den industriellen Bezirken an, um im Falle von Unruhen gewappnet zu sein; vgl. RD 45060 Bl. 60 RPD/Generalkommando 22. 6. 78 (Entw.).
163 LRB VIII 474 LRB/*Hammacher* 6. 6. 78 (Entw.); eine Antwort ist leider nicht erhalten.
164 Vgl. das Schreiben des Direktors der Zeche Holland, Bergassessors a. D. *Duisberg*/Amtmann *Cöls*, Wattenscheid, 1. 7. 78 (StaWatt 2/E/417): *Duisberg* hatte die Aufgabe übernommen, den übrigen Zechenverwaltungen der Gegend „die Namen derjenigen Arbeiter mitzutheilen, welche sich als Agitatoren im Interesse der Social-Demokratie hervorthun sowie auch derjenigen, welche wegen ihrer Beziehungen zur Social-Demokratie auf einem der betheiligten Werke zur Entlassung gelangen", und ersuchte den Amtmann, „mir diejenigen Mittheilungen

Bochum-Gelsenkirchener Raum hatten sie inzwischen beschlossen, wo überhaupt noch sozialdemokratische Versammlungen stattfänden, „durch Zuführung einer großen Zahl staatstreuer Arbeiter social-demokratische Reden pp. unmöglich zu machen"[165]. Die von dem Generaldirektor des Bochumer Vereins, *L. Baare*, beherrschte Bochumer Handelskammer schloß sich dem vereinten Bemühen bereitwillig durch einen Aufruf an die Arbeitgeber des Bezirks an, in dem die Maßnahmen der Zechenverwaltungen gebilligt und zur Nachahmung empfohlen wurden[166]. Auch die Gastwirte, deren Lokale für eine weitgehend auf Versammlungen angewiesene Agitation unentbehrlich waren, reihten sich, etwa in Gelsenkirchen und Oberhausen mit durchschlagendem Erfolg[167], in die neue Phalanx der Vaterlands- und Ordnungshüter ein. Nicht unwahrscheinlich klingt, daß sich unter den Bergleuten selbst Anstrengungen regten, gegen Sozialdemokraten in den eigenen Reihen und anderwärts vorzugehen[168].

Als schließlich Ende Juni 1878 nach langwierigen Nachforschungen ein Bild über den wirklichen Umfang sozialdemokratisch-gewerkschaftlicher Organisierung vorlag[169], war unübersehbar, daß die Gefahr so groß nun nicht sein konnte. Wohl wurden mancherorts die Dortmunder „Westfälische Freie Presse", gelegentlich auch der Leipziger „Vorwärts" oder die „Berliner Freie Presse" bezogen[170], und es war in Hattingen, Wattenscheid, Ueckendorf, Blankenstein, Herne, Schalke und Stockum zu insgesamt mehr als einem Dutzend Majestätsbeleidigungen gekommen, die man in diesen Tagen ohne viel Federlesens mit harten Strafen zu ahnden pflegte[171]. Auch die sozialdemokratische Versamm-

---

zugehen lassen zu wollen, welche geeignet sind, uns in unsern Bestrebungen zu unterstützen ..."

165 LRB VIII 474 Bürgermeister v. Gelsenkirchen/LRB 7. 6. 78.

166 Vgl. *G. Wiebe,* Die HK zu Bochum, 1906, S. 35.

167 Vgl. u. a. RfD 8857 Bl. 42–45.

168 So LRB VIII 474 LRB/RA 21. 6. 78 (Entw.) in einer allerdings unbestimmt bleibenden Bemerkung. — Eine von 83 Knappschaftsältesten im Namen von 22 000 Bergleuten mitunterzeichnete Ergebenheitsadresse der Saarbrücker Knappschaft v. 28. 6. 78 entspricht einer auch im Ruhrgebiet unter älteren Bergleuten noch verbreiteten monarchischen Gesinnung; s. Glückauf 52/29. 6. 78.

169 LRB VIII 474 „Zusammenstellung über die sozialdemokratischen Angelegenheiten im diesseitigen Kreise" (Entw.), an RA 27. 6. 78.

170 Im Landkreis Bochum wurden neben der Westf. Freien Presse (68), dem Vorwärts (23) und der Berliner Freien Presse (13) noch der Staatssozialist (5), die Zukunft (2) und die Sociale Frage (1) bezogen. Die lückenlosen Angaben waren nur durch die allseits bedenkenlose Zusammenarbeit der recherchierenden Polizeibeamten mit den Postämtern zu erlangen, weshalb sich die Oberpostdirektion Arnsberg am 21. 6. 78 veranlaßt sah, den LR um Belehrung der Polizeiorgane im Sinne des Schreibens v. 8. 6. 78 (vgl. oben Anm. 162) zu ersuchen (in LRB VIII 474).

171 Hierin schlug sich die Wut des Obrigkeitsstaats gegen seine Kritiker in aller Härte nieder. Die Akten belegen eine Fülle von Beispielen; vgl. RD 45060 Bl. 38 (Oberhausen), Bl. 20, 82 f., Oberbürgermeister Essen/RPD 4. 6. 78 (Abschr.) über drei Majestätsbeleidigungen „von geradezu bestialischer Gesinnung", „ein Symptom der sittlichen Verwilderung"; ferner das von dem profilbewußten Hammer Oberstaatsanwalt *Irgahn* unter dem 13. 6. 78 zusammengestellte „Material bezüglich der socialdemokrat. Frage" in OPM 2693 I Bl. 32–35 (gedruckt b. *K. A. Hellfaier,* Probleme u. Quellen z. Frühgeschichte der Sozialdemokratie in Westfalen, 1963, S. 171–178; vgl. auch *Herzig,* Sozialdemokratie in Westfalen, S. 153 f.; *Lademacher,* Arbeiterschaft 1878, S. 130 f.), das 90 Fälle von Majestätsbeleidigung aufzählt (aus lauter Übereifer erscheinen in der Liste einige Fälle allerdings doppelt). Z. B. erhielt die Ehefrau des Kutschers *Hotzer* zu Dortmund, weil sie den Kaiser „ein dummes Luder" genannt hatte, eine zweijährige Gefängnisstrafe. Es waren nur in ganz seltenen Fällen Sozialdemokraten

lungsagitation hatte sich durchaus in Grenzen gehalten: Nach jeweils 15 Versammlungen 1876 und 1877 hatten bisher 24 im Jahre 1878 im Kreis Bochum stattgefunden, unter denen zahlreiche christlich-soziale, die meisten jedoch Zusammenkünfte des Rosenkranzverbands gewesen waren. Kaum 20 sozialdemokratische Agitatoren wurden namhaft gemacht, wobei neben *Heinrich Winner*, der in Gelsenkirchen wohl die einzige stabile Organisation der Sozialdemokraten im Kreis Bochum aufgebaut hatte und unterhielt, noch die Bergleute *Heinrich Tenhaaf, Carl Mentel, August Niesen, L. Wagner, L. Birkenkötter, Philipp Behrendes, Johann Finkler*, als auswärtige Agitatoren *Rosenkranz* und *Kerckhoff* aus Essen und *Kuhl* aus Dortmund genannt wurden.

Die Vorgänge im Bochumer Raum illustrieren exemplarisch die spontane Bildung einer liberalkonservativen Einheitsfront gegen Sozialismus und Sozialdemokraten und zeigen zugleich, wie leicht über das Ziel hinausgeschossen werden konnte, wie in dem Klima des Argwohns und der Verfolgung die Mächtigen und die Besitzenden sich gegenseitig ergänzten. Mißt man die Anstrengungen an den Erfolgen, an den wenigen Verboten und Verfolgungen — schließlich gab es im Kreis Bochum kaum etwas zu verfolgen —, so füllen sich die Vorgänge mit bitterer Ironie. Sie sind im Ruhrgebiet nicht etwa vereinzelt geblieben. Von Düsseldorf ausgehend, wurde Ende Juni 1878 in Styrum die Filiale des Rosenkranzverbandes aufgrund des Vereinsgesetzes geschlossen; ihr Vorsitzender, Bergmann *Adolf Globig*, geriet in Haft und wurde wegen Majestätsbeleidigung zu 3 Jahren Gefängnis verurteilt[172]. In der Bürgermeisterei Meiderich im Sommer 1878 auf drei von Sozialdemokraten einberufenen Versammlungen die Initiatoren und ihre Anhänger von reichstreuen Arbeitern mit „Heil Dir im Siegerkranz" „zur Thür hinausgesungen" worden[173]. Im Kreis Recklinghausen, wo es bisher, wie der Landrat mit Genugtuung bemerkte, keine Sozialdemokraten gegeben hatte und die sonst geläufigen Maßnahmen daher nicht bemüht zu werden brauchten, drohte die Zeche Nordstern im Sommer 1878 ihren Arbeitern mit sofortiger Entlassung, falls sie sozialdemokratischen Vereinen beitreten sollten; auch von den übrigen Zechenverwaltungen wurden die Bergleute „vorsorglich in der ernstesten Weise vor der Theilnahme an den sozialdemokratischen Vereinigungen gewarnt und ihnen mit Arbeitsentlassung gedroht"[174]. Diese Gegenmaßnahmen der Unternehmer sind so einheitlich durchgeführt worden, daß *Natorp* in seinem Bericht über das abgelaufene Geschäftsjahr 1878 des Bergbauvereins konstatieren konnte, die Vereinszechen hätten im Sinne des Düsseldorfer Beschlusses gehandelt —

---

oder Ultramontane, die sich dieser Form ohnmächtigen Protests bedienten; vielmehr war der Anteil der „Faulenzer und Trinker" unter den Majestätsbeleidigern recht groß. Über die Persönlichkeit *Irgahns* vgl. den Eingang seines (bei *Hellfaier* nicht veröff.) Begleitschreibens an OPM 18. 6. 78 (OPM 2693 I): „Bei meinem Amtsantritt ... erkannte ich die Nothwendigkeit, gegen das socialdemokrat. Treiben innerhalb des Departements sofort einen energischen Feldzug zu eröffnen".

172 Vgl. RD 45060 Bl. 185 LR Mülheim/RPD 12. 10. 78; RD 8841 Bl. 120 dass. 8. 8. 78. Die Behörden vermuteten hier — mit dem Sitz in der Nachbargemeinde Dümpten — im Sommer 1878 sogar eine sozialdemokrat. „Schule zur Heranbildung von Agitatoren", die sich hinter einer unschuldigen „Schule für Stenographie" verstecke; s. RD 45060 Bl. 224. Informationen über die Lebensläufe zahlreicher Sozialdemokraten im westlichen Revier hat aufgrund des auch hier benutzten Quellenmaterials *J. D. Hunley*, Society and Politics, S. 488—491, zusammengestellt.

173 Vgl. RD 8857 Bl. 36—41 LR Mülheim/RD 24. 6. 78.

174 RM 1026 LR Recklinghausen/RM 13. 11. 78; vgl. ebd. die LR-Berichte v. 12. 7., 6. 8., 15. 8. u. 15. 10. 78.

„nicht bloß im Interesse der Industrie selbst, sondern auch in dem wohlverstandenen Interesse des tüchtigen und gewissenhaften Theiles der Belegschaften, den es den unausgesetzten Hetzereien zu entziehen galt"[175].

Angesichts solcherart vereinter Kräfte bemühten sich die ansässigen Sozialdemokraten um große Zurückhaltung, zügelten ihre Presseäußerungen, pflegten die Vereinstätigkeit im nur kleinen Rahmen oder ließen sie ganz einschlafen und stellten auch wohl hier und da Überlegungen an, ob nicht die Auswanderung der sicheren Maßregelung vorzuziehen sein würde. Dem Ende 1876 von *Hasselmann, Kuhl* und *Strumpen* gegründeten Oberhausener Arbeiterwahlverein widerfuhr das in diesen Jahren nicht seltene Mißgeschick, daß sein Kassierer, Bergmann *Theodor Reher*, mit der Vereinskasse außer Landes ging. Dem jungen Verein wurde endlich durch die Verhaftung des ehemaligen Bergmanns *Bernhard Utgenannt*, dem vor seinen Gefährten *H. Susick, W. Burgsmüller* und *Adam Imig* angesehensten Bergmann und Vorsitzenden des Vereins, das Rückgrat gebrochen. *Utgenannt* erhielt eine 3 1/2 jährige Gefängnisstrafe wegen einer im Zuge seiner Tätigkeit als Winkelkonsulent begangenen Verleitung zum Meineid. Indessen war auch der Mitgliederwerbung für den Rosenkranzverband durch die Attentate das Wasser abgegraben worden, denn die Arbeiter waren „von einer Verfolgung dieser Ideen zurückgeschreckt ... Goldene Berge waren ihnen versprochen, aber kein Kaisermord"[176]. So löste sich endlich der Oberhausener Wahlverein selbst auf, und dasselbe Schicksal erlitten die übrigen sozialdemokratischen Wahlvereine im Revier: Jener für die Kreise Duisburg und Mülheim sank von 200 auf 20—30 Mitglieder und beschloß nach dem zweiten Attentat seine Auflösung, und die verbliebenen Sozialdemokraten verhielten sich erst einmal „sehr vorsichtig"[177]. In Dortmund ging die Abonnentenzahl der „Westfälischen Freien Presse" von 3 700 auf 2 000 enorm zurück. Im gesamten Industriegebiet war, wie in Düsseldorf Ende Juli 1878 bemerkt wurde, die Partei

„zur Zeit offenbar eingeschüchtert, sie wagt nicht mehr, ihre bisherigen Agitationsmittel[,] die Presse und Volksversammlungen, in früherer Weise zu gebrauchen. Viele ihrer Führer sind verhaftet und hängen die bevorstehenden gesetzlichen Maßnahmen wie ein Damoklesschwert über ihrem Haupte"[178].

Resignation der Parteiführer so sehr wie die Erfolge der Repressionsmaßnahmen, vor allem aber die auch in der Bevölkerung der Arbeiterstädte aufwallende staatstreue Meinungswelle erklären auch das nach einem halbherzigen Wahlkampf miserable Wahlergebnis der sozialdemokratischen Kandidaten bei den hier aufschlußreichen Attentatswahlen Ende Juli 1878. In den Wahlkreisen Dortmund, Bochum, Duisburg, Essen und Hagen brachten es die Sozialdemokraten auf nur 4 306 Stimmen bzw., und dies war auch gegenüber dem Reichsdurchschnitt ein schlechtes Ergebnis, 32 % des Stimmenanteils von 1877 in denselben Wahlkreisen. Den Löwenanteil der Stimmen vereinigte noch der im März 1878 nach Dortmund übergesiedelte *Tölcke* mit 2057 auf sich[179], während

175 Glückauf 104/28. 12. 78.
176 RD 8857 Bl. 42—45 Bürgermeister Oberhausen/LR Mülheim 18. 6. 78; vgl. ebd. Bl. 36—41; zum Oberhausener Wahlverein s. ferner RD 8841 Bl. 123 f., 140 f. LR Mülheim/RD 14. 8. 78; RD 45060 Bl. 186 f. Bericht des LR 9. 10. 78.
177 RD 8857 Bl. 46 f. LR Duisburg/RD 4. 7. 78.
178 RPD/IM 27. 7. 78, veröffentlicht v. *Pelger*, Zur sozialdemokrat. Bewegung, S. 392—402, S. 402.
179 Davon allein in Dortmund-Stadt 1097; die Ergebnisse im Landkreis waren mager. Vgl. das in Stimmbezirke aufgeschlüsselte Wahlresultat in Westf. Freie Presse 77/1. 8. 78.

Hasselmann in Essen auf blamable 393 Stimmen zurückfiel, davon noch 255 im Stadtgebiet von Essen[180].

Aber auch über die Essener Christlich-Sozialen, deren Kandidat *Stötzel* über seinen ehemaligen Arbeitgeber *Krupp* bei dieser Wahl schon im ersten Urnengang einen knappen
Sieg errungen hatte, drohten im Spätsommer 1878, als das künftige Ausnahmerecht
Konturen annahm, die Gefahren der Unterdrückung hereinzubrechen. Im Juli/August
1878 betrug die Stärke allein des Essener Christlichen Arbeitervereins 1396 Mitglieder;
die weiteren Mitgliedschaften in Steele, Stoppenberg, Borbeck und Altendorf ließen die
Gesamtzahl christlich-sozialer Parteigänger im Essener Raum auf 2000 ansteigen[181].
Nach wie vor galten die Aufsichtsmaßnahmen der Polizeiorgane auch diesen Vereinen,
wie ihnen andernorts ebenfalls Maßregelungen durch Unternehmer drohten[182]. Der
„Rheinisch-Westfälische Volksfreund" hatte ebenfalls mit Verfolgungen und Verboten
zu rechnen — so gleich zweimal im Juli 1878 wegen zweier Artikel über „Liberalen
Wahnsinn" und „Wahltyrannei"[183]. So sehr wie die Sozialdemokraten, hieß es nun, riefen
die Redner der Christlich-Sozialen „nur Unzufriedenheit mit den staatlichen Einrichtungen und Haß gegen die besitzende Klasse hervor"; Unterschiede ergäben sich nur aus der
Voransetzung des Adjektivs „christlich"[184]. Aus der Sicht der Polizei verwischten sich
eben die Unterschiede; Landrat und Oberbürgermeister im Essener Gebiet waren daher
einhellig der Meinung, beide Gruppen seien „gleich gefährlich in Bezug auf die Aufrechterhaltung der staatlichen und bürgerlichen Institutionen" — die Christlich-Sozialen
sogar, so Landrat *von Hövel*, „in gewisser Beziehung ... noch gefährlicher, da dieselben
ihre destruktiven Tendenzen unter dem heuchlerischen Aushängeschild der sittlich-reli-
giösen Hebung des Arbeiterstands zu verwirklichen" suchten und insofern „lediglich
eine Vorschule der Sozialdemokratie" bildeten. Oberbürgermeister *Hache* bedachte immerhin, daß ein Verbot auch der Christlich-Sozialen diese erst recht in die Arme der
Sozialdemokraten treiben könnte[185]. Nach einhelliger Ansicht war der Einfluß der
Essener Sozialdemokraten nach den Attentaten nachgerade unbedeutend geworden.

Die Frage des Verbots der Christlich-Sozialen beschäftigte in den Augustwochen auch
die Oberbehörden, bis man sich nach weiteren Rückfragen[186] im Innenministerium ent-

---

180 Vgl. Extrablatt der Essener Zg. 175/30. 7. 78, in: RD 30429 Bl. 75. In seiner Einschätzung
    dieser Wahl war RPD allerdings skeptisch, „ob wirklich die [sozialdemokrat.] Partei
    bedeutend an Anhängern verloren hat", und betonte den Erfolg *Stötzels*; s. RPD/Polizei-
    präsident *v. Madai*, Berlin, 5. 11. 78 (Entw.), in RD 30429 Bl. 142—145.
181 Bes. RD 8841 Bl. 71 f. LRE/RD 5. 8. 78.
182 Vgl. OPK 9047 S. 43—49 Zeitungsbericht RPD 24. 7. 78, wonach einige Essener Unter-
    nehmer ihre Maßregelungen auch auf christl.-soziale Arbeiter ausgedehnt hatten.
183 Vgl. RD 8857 Bl. 57, Nr. 158, 164/1878; als weitere überwachte Zeitungen der Christl.-
    Sozialen werden (RD 8841 Bl. 73) die Wattenscheider Volkszg. u. d. Neue Steeler Zg.
    genannt, die vielleicht ein Kopfblatt der erstgenannten war.
184 RD 8841 Bl. 71 f.; Aufstellung LRE 5. 8. 78.
185 RD 8857 Bl. 16—20 LRE/RD 24. 6. 78; Bl. 21—26 Oberbürgermeister Essen/RD 22. 6. 78.
    Im Bericht des LRE v. 26. 9. 78 (RD 45060 Bl. 162) heißt es, die christl. Arbeitervereine
    seien zu verbieten, „da die Partei durch Wort und Schrift den Klassenhaß schürt, den Kampf
    gegen das Besitzbürgerthum predigt, Gesetze, Staat und dessen Einrichtungen, wie Beamte
    herabzuwürdigen und in den Schmutz zu ziehen sucht".
186 Vgl. RD 8857 Bl. 29 f. RD/IM 8. 7. 78 (Entw.); Bl. 31 f. RD/Oberbürgermeister Essen
    9. 7. 78 (Entw.); OPK 6825 S. 399—426 RPD/IM 27. 7. 78 (Abschr., veröffentl. v. *Pelger*,
    Zur sozialdemokrat. Bewegung, S. 349—402; der Entw. dieses Berichts findet sich in RD
    30429 Bl. 62—73), S. 471 f. Umschlag zum durchgehenden Bericht RD/IM 20. 8. 78 (in
    der Marginalie wird das von *Hache* schon früher vorgebrachte, taktische Argument betont);

schloß, das künftige Sozialistengesetz hier nicht anzuwenden[187]. Ausschlaggebend für diese Entscheidung dürfte das bereits von *Hache* vorgebrachte taktische Argument gewesen sein. Daß sich die christlichen Arbeitervereine das drohende Verbot durchaus vergegenwärtigt hatten, zeigt die Selbstauflösung des Altendorfer Arbeitervereins unter dem allseits als Agitator desavouierten Bergmann *Anton Rosenkranz*. Die christlichen Arbeiterführer sollen sich im übrigen der in der sozialdemokratischen Presse und von Mund zu Mund kolportierten Verhaltensmaßregel angeschlossen haben, daß ein „durch die Hungerfolter erzwungenes Ehrenwort", wie es die Unterschrift unter manche von Arbeitgebern geforderte Absichtserklärungen bedeutete, „null und nichtig" sei[188].

Was zu verbieten sein würde, war somit nach umfangreichen, mehrfach verbesserten Recherchen Ende Oktober 1878, als das Sozialistengesetz, jene „Ermannung der Staatsgewalt"[189], in Kraft trat, längst aufgelöst. In den voraufgehenden Tagen und Wochen waren umfängliche Verzeichnisse von sozialdemokratischen oder sonstwie verdächtigen Vereinen, Zeitungen und Personen angelegt worden[190]; selbst Listen von Wirten, die ihre Lokale sozialdemokratischen Versammlungen zur Verfügung zu stellen pflegten, fehlten nicht[191]. Bereits durch Ministerialerlaß vom 14. September 1878 wurde das künftige Verhalten der Verwaltungs- und Polizeiorgane nach Legalitätszwang und Ermessensspielraum abgegrenzt und der Instanzenweg festgelegt[192]. In Zirkularverfügungen, Vorbesprechungen, selbst ausführlichen Konferenzen wurde endlich das Vorgehen der Exekutivorgane gegen die Sozialdemokraten in den Ruhrkreisen abgestimmt, und auch nach Inkrafttreten des Gesetzes wurden die nun Schlag auf Schlag durchgeführten Maßnahmen koordiniert.

Zu einschneidenden Verbotsmaßregeln gegen Sozialdemokraten aufgrund des Sozialistengesetzes ist es indessen nur in Dortmund gekommen, wo sich nach einer landrätlichen Konferenz am 6. November 1878 das polizeiliche Interesse vor allem auf den Mitarbeiterkreis der bald auch in der Gestalt ihres Nachfolgeorgans eingestellten „Westfälischen Freien Presse" und auf das Arbeiterwahlkomitee konzentrierte, das im Sommer 1878 gebildet worden war, als den Behörden Mitgliederlisten des Wahlvereins in die Hände gefallen waren und sich dieser daraufhin aufgelöst hatte[193]. Dem gegen das Wahlkomitee ausgesprochenen Verbot vom 27. Oktober 1878 folgten vorsichtshalber

---

S. 503—510 RPD/IM 12. 9. 78 (Abschr. b. *Pelger* a. a. O. S. 402—405; Entw. dieses Berichts in RD 30429 Bl. 83—87) mit der Bemerkung des OPK, daß, wenn im § 1 des Sozialistengesetz-Entwurfs anstelle von „Untergrabung" nach dem Vorschlag des Abgeordneten *Lasker* „Umsturz" gesetzt werde, die christlich-sozialen Vereine nicht zu verbieten seien.

187 RD 45060 Bl. 142 f. IM/RPD 11. 10. 78; *Pelger*, a.a.O. S. 406.

188 Nach RD 8857 Bl. 54 LRE/RD 15. 7. 78; RD 45060 Bl. 162 LRE/RPD 3. 10. 78; *Pelger*, a. a. O. S. 392—402.

189 OPK 9047 S. 79—100 Zeitungsbericht RPD 29. 1. 79.

190 Vgl. neben den oben f. d. Kreis Bochum genannten Quellen das Verzeichnis in RD 45060 Bl. 201—296, das von hervorragendem Quellenwert für die Geschichte der Sozialdemokratie im Regierungsbezirk Düsseldorf ist; vgl. *Lademacher*, Arbeiterschaft 1878, S. 121 f.

191 Hierin tat sich der Essener LR *Freiherr v. Hövel* hervor; vgl. RD 45060 S. 201—296.

192 RM VII 61 Bd. I Bl. 35—38 IM/alle RP 14. 9. 78 (s. auch RD 30429 Bl. 91—94); der hierauf ergehende Erlaß RD/alle LR 22. 9. 78 in RD 45060 Bl. 150 f. Im westfäl. Ruhrgebiet erfolgte die Instruierung der Kommunalbehörden nach einer Konferenz RPA *Steinmann* mit den LR *v. Rynsch* und *v. Bockum-Dolffs* und den Bürgermeistern *Bollmann* und *Lindemann* am 28. 9. 78 in Dortmund durch RA/alle LR 29. 10. 78 (in LRB VIII 474). Die wichtigsten Ministerialerlasse in den Monaten nach Erlaß des Sozialistengesetzes finden sich z. B. in RD 30430 II Bl. 104—319 einschl. der Quartalsberichte der Regierung.

193 Vgl. Westf. Freie Presse 60/22. 6. 78; 64/2. 7. 78.

gleich Schließungsverfügungen gegen den Gesangklub „Liederfreund" und den Theaterverein „Germania", zwei Monate später noch gegen den „Verein für gesellige Freundschaft"[194], obwohl längst festgestellt worden war, daß, während die Bevölkerung das Sozialistengesetz „mit großer Befriedigung" aufgenommen habe, die alten Bindungen und Beziehungen der Sozialdemokraten nicht mehr bestanden oder zumindest nicht mehr aufspürbar waren. Von den 157 gesellig-patriotischen Vereinen allein im Kreis Dortmund wurden besonders die Knappenvereine überwacht, während die ehemaligen Filialen des Rosenkranzverbands in Oespel, Marten, Lütgendortmund und Kirchlinden, die noch aufgrund des Vereinsgesetzes unter Anklage standen, keinerlei Lebenszeichen von sich gaben[195]. Neben den genannten Dortmunder Vereinen sind nach den Bestimmungen des Sozialistengesetzes keine weiteren Vereinigungen verboten worden; doch bleibt zu bedenken, daß auch in den Jahren des Ausnahmerechts das Vereinsgesetz von 1850 die „normale" Rechtsgrundlage der Vereinspolizei bildete. Aber auch gegen Filialen von gewerkschaftlichen Zentralverbänden, die aufgrund der Schließungsverfügung gegen den Hauptverein am Filialort aufzulösen waren, ist anscheinend ein Einschreiten zumeist nicht für erforderlich gehalten worden[196]. Wohl erbrachte die Serie von Haussuchungen um die Jahreswende 1878/1879 hier und da eine verbotene sozialdemokratische Schrift oder ergab Hinweise auf eine Verteilerstelle von Druckerzeugnissen an Bergleute und andere Arbeiter[197], oder gelegentliche Proteste gegen die Unterdrückungspolitik äußerten sich in anonymen Zuschriften[198]. Überwiegend zeigt das Ruhrgebiet, vor allem in seinen noch dörflich-ländlich geprägten Bergbauorten, in diesen Monaten ein Bild der Friedhofsruhe, die etwa den Wattenscheider Amtmann *Cöls*, wenn auch vergeblich, schon am 18. November 1878 bewog, um Befreiung von der bis Anfang 1880 üblichen, monatlichen Berichterstattung über den „Stand der Sozialdemokratie" zu ersuchen[199]. Nach den vorsorglichen Verboten in Dortmund wurden, schon im November 1878, noch in Duisburg, dem Ort der Industrielandschaft mit der stärksten sozialdemokratischen Tradition, Anzeichen bemerkt, „daß die verstreuten und zersprengt-

---

194 Vgl. *L. Stern* (Hg.), Der Kampf der dt. Sozialdemokratie in der Zeit des Sozialistengesetzes 1878—1890, 1956, Bd. II S. 701—715, 735—741 mit den im Einspruchsverfahren vor der Reichskommission dargelegten Materialien; der bei *Otto Atzrott*, Sozialdemokratische Druckschriften und Vereine. Berlin 1886, ND Glashütten 1971, genannte Gesangverein „Vorwärts" ist wohl mit „Liederfreund" identisch; vgl. auch LRB VIII 474 RA/LRB 13. 1. 79: Der Gesangverein „Concordia" in Witten hatte sich durch Korrespondenz mit dem Dortmunder Verein „Vorwärts" kompromittiert.

195 LRD 689 Bl. 22—27 Bericht v. 28. 11. 78 (Entw. ohne Absender u. Adressat).

196 In Duisburg wurde im Dez. 1878 ein Klempner-Zweigverein aufgelöst; vgl. RD 8857 Bl. 100.

197 Vgl. LRD 689 Bl. 35—54; LRB VIII 474 LRB/RA 31. 1. 79 (Entw.) u. ö.; RD 8857 Bl. 108 f. Bericht v. 19. 1. 79.

198 Dem Herner Amtmann wurde im Februar 1879 folgendes „Neuestes Vater-Unser" anonym übersandt (LRB VIII 474): „Unser Vater Wilhelm,/Der Du bist in Berlin,/Dein Name werde vertilgt auf Erden,/Dein Reich werde eine Republik,/Dein Wille geschehe nimmermehr,/Unser tägliches Brot gibst Du uns doch nicht,/Bezahle Du uns unsere Schulden, wie wir sie Dir bezahlt haben;/Führe uns nicht unter Bismarcks Versuchungen,/Denn Ihr Beiden seid uns ein Übel;/Unser ist das Reich und Deine Herrlichkeit soll in die ägyptische Finsternis verwandelt werden,/Von nun an bis in alle Ewigkeit. Amen!"

199 Vgl. StaWatt 2/E/418 u. LRB VIII 474. Im ganzen Krs. Essen fand das Sozialistengesetz nur insoweit Anwendung, als das Einsammeln von Geldbeträgen zur Förderung sozialdemokratischer Werbung „ein für alle Male" verboten wurde; s. RD 8857 Bl. 94. Die weiterbestehende Essener Buchdruckerorganisation wurde zeitweise einer schärferen Überwachung unterworfen.

ten Anhänger der Social-Demokratie nach einem Kristallisationspunkte in Form von geselligen und gesanglichen Vereinigungen suchen"[200]. Auch die Christlich-Sozialen hatten mit einem starken Mitgliederschwund zu kämpfen — obwohl die „Hetzkapläne" mit ihrer „gehässigen Agitation" fortfuhren; indessen war die Bevölkerung „abgestumpft und der ewigen Hetzereien müde"[201], wie man sich auf den Amtsstuben freute. Der sozialdemokratischen Gefahr fürs erste ledig, wandte sich das Interesse der Öffentlichkeit nun den „wirtschaftlichen Fragen zu"; aber den aufmerksamen Zeitgenossen entging nicht, daß die „Übelstände . . ., welche den Arbeiter zur Unzufriedenheit mit seiner Lage und zur Beförderung der radicalsten Umsturztheorien gebracht haben", fortdauerten.

> „Der Arbeiter fühlt den Interessen-Gegensatz zwischen ihm und seinem Arbeitgeber und sieht sich jeder praktischen Organisation beraubt, um in Verbindung mit seinen Mitarbeitern seine Interessen zur Geltung zu bringen . . . Die weitere gute Wirkung des Sozialistengesetzes dürfte somit davon abhängen, ob der Staat und die besitzenden Klassen dem Arbeiter eine wirksame Hülfe und Besserung seiner Lage verschaffen werden. Was zunächst Noth thut, ist ein allgemeiner Aufschwung der wirthschaftlichen Verhältnisse . . ."[202]

b) Die Petition von 1881 und die Christlich-Sozialen

Der allseits sehnlichst erwartete konjunkturelle Aufschwung hat allerdings noch etliche Jahre auf sich warten lassen. So kann es nicht überraschen, daß die frühen 1880er Jahre nicht eben reich an Arbeitseinstellungen waren. Wenn neben den wenigen Streiks der Essener Bergleute 1879—1881 (Zechen Wolfsbank und Carolus Magnus mehrfach 1879, 1880, 1881) anscheinend nur noch die Bergleute auf Nordstern (1879) in den Ausstand getreten sind[203], ist die Kette der Streiks damit andererseits doch fortgesetzt worden. Zumeist handelte es sich allerdings um Abwehrmaßnahmen der Bergleute gegen weitere Verschlechterungen ihrer Einkommens- und Arbeitssituation, denen bei den darniederliegenden Geschäften wenig Erfolg beschieden war — an eine offensive Orientierung solcher Ausstände war gar nicht zu denken. Außerdem hat, wie etwa die wegen einer einstündigen Schichtzeitverlängerung im März 1879 einige Tage ausständige Belegschaft von Wolfsbank in Borbeck erfahren mußte, die unternehmerische Interessenkoalition, wie sie auch das Sozialistengesetz angeregt hatte, in diesen Jahren gut funktioniert. Auf die im Streikverlauf von dem Direktor auf Wolfsbank, *Rive*, einigen Bergleuten ausgestellten Abkehrscheine war anderswo keine Anstellung zu erhalten; die Maßregelungen gegen Sozialdemokraten halfen auch gegen Streikende. Nach einer Beschwerde der drei

---

200 RD 8857 Bl. 81 Oberbürgermeister Duisburg/RD 6. 11. 78. Vgl. ebd. Bl. 98: In Oberhausen hatte sich der sozialdemokratische Gesangverein nach Erlaß des Sozialistengesetzes in einen Verein mit deutlich antisozialist. Tendenzen umgebildet.

201 OPK 9047 S. 79—84 Zeitungsbericht RPD 29. 1. 79. Übrigens sind die Agitationsbemühungen der *Stöckerschen* Christlich-Sozialen Partei im Ruhrgebiet während des Frühsommers 1878 völlig fehlgeschlagen; vgl. ebd. S. 43—49 v. 24. 7. 78.

202 OPK 9047 S. 83 f., Zeitungsbericht 29. 1. 79. Die Düsseldorfer Zeitungsberichte *v. Hagemeisters*, später *v. Berlepsch'*, zeichnen sich in den Jahren der Depression und des Sozialistengesetzes durch meist weitgreifende wirtschaftlich-soziale Situationsanalysen und vorausblickende politische Urteile aus.

203 Wichtigste Quellen in OPK 8319 S. 391—406; OBA 1778; RD 30433, 24580, 24685 und *Steglich*, Streiktabelle Nr. 1119 — ein sonst allerdings nicht belegbarer Streik. Vgl. im einzelnen Anhang (Streiktabelle) S. 629—33.

betroffenen Brüder *Willemsen* entschied hier die Düsseldorfer Regierung allerdings, nachdem man sich ministerieller Kenntnisnahme versichert hatte, daß die Zeche einen Führungsvermerk in den Abkehrschein gegen den erklärten Willen des Abkehrenden nicht eintragen dürfe[204].

Die Fälle einseitiger Schichtzeitverlängerung haben sich in diesen Jahren in einem Maß gehäuft, an dem sich die Erregung selbst der nichtbergbaulichen Öffentlichkeit entzünden konnte. Trotz deutlichen Aufschwungs auf der Preisseite der Bergbauprodukte 1880/1881 waren die Löhne keineswegs gestiegen; gerade im Herbst 1881 waren die Bergleute gegenüber den einen erheblichen Einkommenszuwachs erzielenden Metallarbeitern ins Hintertreffen geraten[205]. Die Unzufriedenheit nahm so beständig zu und verdankte einen großen Teil ihrer Schärfe und Bitterkeit kaum glaublichen Praktiken wie dem Zwang zum Verfahren von Überschichten, den Lohnabzügen, den Schichtzeitverlängerungen verdeckter und offener Art, den innerbetrieblichen Disziplinierungen durch Wagennullen, Füllkohlenabzüge und überscharfe Bestrafung, aber auch manchen Unzuträglichkeiten seitens der Knappschaftsvorstände. Ein eigener positiver Beitrag zur Ergänzung der Repressionspolitik gegen die Arbeiterschaft durch Maßnahmen betrieblicher Sozialpolitik war von den Unternehmern vorläufig freiwillig nicht zu erwarten. So war man Ende 1881 selbst auf Seiten der Grubenbesitzer überzeugt, daß es zum Streik gekommen wäre, wenn nicht die Kohlenpreise bereits wieder abgerutscht wären[206].

Stattdessen begnügten sich die Bergleute mit einer am 2. Weihnachtstag 1881 von einer großen Essener Bergarbeiterversammlung inganggesetzten, spektakulären Beschwerdeaktion, an der zweierlei bemerkenswert ist: Zum einen bediente sich die Unzufriedenheit erneut des überkommenen Wegs der Konfliktkanalisierung, dessen Unzulänglichkeit trotz der älteren Erfahrungen insbesondere der Jahre 1867 bis 1872 und 1877/1878 unter den Bedingungen des Sozialistengesetzes wieder verdeckt werden konnte; zum anderen stellte sich wieder einmal die inzwischen als Vertreter von Arbeiterinteressen konkurrenzlose Gruppe christlich-sozialer Arbeiter an die Spitze der Bewegung. Anlaß der Kundgebung war eine Depesche des Vereins zur Wahrung der gemeinsamen wirtschaftlichen Interessen in Düsseldorf vom 29. November 1881 an *Bismarck,* in der dem Reichskanzler der Dank der Industrie für die Einführung der Schutzzölle ausgesprochen wurde, die auch die Lage der Arbeiter entscheidend verbessert hätten. *Laaf* und *Stötzel,* der bei den Wahlen 1881 seinen Reichstagssitz behauptet hatte, waren die Wortführer der Versammlung, die ihrerseits eine Petition an den Reichskanzler um gesetzliche Regelung der Arbeitszeit im Bergbau beschloß, von der man sich auch einen lohnerhöhenden Effekt versprach[207]. Von Essen und den dortigen christlichen Arbeitervereinen ausgehend, ist die

---

204 Vgl. die Stücke in RD 24580; Beschwerde v. 22. 4. 79. Die Zechenverwaltung berief sich in ihrer Rechtfertigung auf *Klostermanns* Kommentar zum ABG, wurde aber auch in der Rekursinstanz abgewiesen; vgl. ausführlich *Kirchhoff,* Staatliche Sozialpolitik, S. 31 f.
205 Vgl. OPK 8320 S. 53—101 Semesterbericht RPD 26. 4. 82, wo über die im folgenden dargestellten Vorgänge bemerkt wurde: „In Wirklichkeit waren die Beschwerden der Bergleute nicht ungerechtfertigt".
206 Vgl. ebd.
207 Text bei *Adelmann,* Quellensammlung Bd. I, S. 204 f.; zeitgenöss. z. B. im Sozialdemokrat 5. 1. 82, wo der „tiefe Diener" der Bergleute vor *Bismarck* beklagt wurde; man habe es leider noch nicht mit Männern zu tun, „die im vollen Bewußtsein ihres Werthes für ihr gutes Recht eintreten"; ebd. 2. 2. 82 wurden dieser Petition nicht mehr Chancen als jener von 1867 gegeben (fälschlich hier Petition von 1868). Vgl. noch Glückauf 65/31. 12. 81 und die wichtigen Quellen in OBA 1390 Bl. 144—148, 215—278, bereits ausgewertet v. *Kirchhoff,* Staatliche Sozialpolitik, S. 32 f. Nach *Thun,* Sozialpolitik d. dt. Katholizismus,

Bewegung von den Arbeitern im Bochum-Gelsenkirchener Raum aufgegriffen worden, wo sich nunmehr ein neues Zentrum christlich-sozialer Vereinsbildung, damit zugleich ein Brennpunkt konfessioneller Auseinandersetzungen herausschälte.

Der Bochumer Wahlkreis, bisher eine Domäne des Fortschritts und von dem Revolutionär von 1848/1849, *Dr. Löwe-Kalbe*, seit der Reichsgründung stets im ersten Wahlgang gefahrlos erobert, hatte erstmals bei den Reichstagswahlen 1881 mit 51,6 % der Stimmen in der Stichwahl für den prominenten Bauernführer *Freiherrn v. Schorlemer-Alst* eine Zentrumsmehrheit erbracht[208]. Mag hierzu auch eine noch beachtliche ländliche, z. T. sogar protestantische Wählerschaft beigetragen haben, so gaben die Wählerstimmen der Industriearbeiterschaft doch den Ausschlag[209], so daß *Schorlemer*, längst nach seinen Engagements in der Öffentlichkeit als Freund der Arbeitersache bekannt, hier die Probleme, Bitterkeit und Not der Einwohnerschaft in den Bergbauorten zu würdigen begann. Gegenüber der Oberschicht der Gewerken, Bergbaufachleute und Grubendirektoren vermochte der „Bauernkönig" zudem eine wohltuende Distanz zu wahren, und auch die Erfahrungen des Kulturkampfs, der im Gestalt des Bauernvereinen in der Gestalt des Vereinsgesetzes widerfahren war, hatten die kritische Haltung *Schorlemers* gegenüber politischem Liberalismus und preußischem Konservatismus nicht eben beeinträchtigt. Derart disponiert für ein beherztes Eintreten im Interesse der Arbeiterschaft vor allem der katholischen Industriebezirke, hat *Schorlemer* durch eine großes Aufsehen erregende Reichstagsrede am 10. Januar 1882 Partei gegen die Zechenverwaltungen des Ruhrbergbaus ergriffen und ohne Scheu die mancherlei beklagenswerten Zustände auf den Gruben gebrandmarkt[210]. Der Zentrumsabgeordnete betonte die beabsichtigte Ungenauigkeit der derzeitigen Lohnstatistik, die Beamtengehälter einbeziehe und Berechnung von Überschichten nicht sichtbar mache; der Zwang zu Überschichten, Lohnkürzungen durch Abzüge und Strafen trügen zur Auslieferung der Arbeiter an die Entscheidungsallmacht der Gruben bei, und auch die Bergbehörden nähmen hierin eine nicht gerade unparteiische Position ein.

Die publizistische Gegenoffensive der Unternehmerseite[211] hat sofort eingesetzt, und die

---

S. 857, wurde die Forderung nach dem Normalarbeitstag von *Stötzel* in den Petitionstext hineinredigiert. Zu der Versammlung v. 26. 12. 81 s. den Industriearbeiter 1/1. 1. 82, wonach *Stötzel* sich gegen Auswanderung ausgesprochen und die beispielgebende Rolle der Staatswerke betont haben soll. „Der Industriearbeiter. Haupt-Arbeiter-Organ des Kreises Bochum", Redaktion *M. Schaff*, Schalke, ist wohl im Zuge der christlich-sozialen Wahlagitation entstanden und erschien in einer Probenummer am 24. 12. 81 (in: OBA 1784 Bl. 231 f.) und offenbar nur einer weiteren Nr. (in: LRB VIII 475; vgl. ebd. Bericht des Schalker Amtmanns/LRB 2. 1. 82). Zur Vorgeschichte der Petition und einer Artikelserie *Stötzels* im Rhein.-Westf. Volksfreund 1881 vgl. *Imbusch*, Arbeitsverhältnis. S. 260; Neumann, Gewerkschaften im Ruhrgebiet, S. 47 f.; zu den Berliner Auswirkungen s. *G. A. Ritter/K. Tenfelde*, Der Durchbruch der Freien Gewerkschaften zur Massenbewegung, 1975, S. 77 f.

208 Vgl. *Nettmann*, Witten in den Reichstagswahlen, S. 93, 163.

209 Der Wahlkampf *Schorlemers* zielte bewußt auch auf die protestantischen Bergleute und Landwirte; vgl. die beiden Flugblatt-Faksimiles bei *Nettmann*, a. a. O. S. 154 f.: „Kameraden des Bergreviers Bochum! Protestantische Glaubensgenossen!" und „Landwirth paß auf!"

210 Stenograph. Berichte ü. d. Verhandlungen d. Reichstages. V. Legislaturperiode/I. Session 1881/1882. Berlin 1882, S. 516—520; vgl. hierzu bes. *Hue* II S. 249—252; *Imbusch*, Arbeitsverhältnis, S. 261; *L. Lensing*, Bergarbeiter-Streik, 1889, S. 35 f.; bes. *Kirchhoff*, Staatliche Sozialpolitik, S. 33—36; *Adelmann*, Quellensammlung Bd. I, S. 206—210; *Hemmer*, Bergarbeiterbewegung, S. 103.

211 Vgl. Glückauf 5/18. 1. 82, wo von der „christlich-sozialen Demagogie" und der „unter der Fahne des Christenthums kämpfende[n] Winkelpresse" in „Bundes-Genossenschaft" mit

maßgeblichen Ruhrindustriellen, mit nur wenigen Ausnahmen im Vorstand des Bergbauvereins vereint, gaben am 27. Januar 1882 eine geharnischte Vorstandserklärung einstimmig ab[212], in der der Füllkohlenabzug als „vollständig gerechtfertigt", das Wagennullen für „unumgänglich nötig ... im Interesse der Disziplin und zur Erzielung einer verkäuflichen Ware" erklärt, die üblichen Disziplinarstrafen für nicht zu hoch und das Überschichtenwesen für unentbehrlich gehalten wurden; kurzum, die Ausführungen *Schorlemers* seien „vollständig falsch und gänzlich unbegründet". Auf der parlamentarischen Ebene eröffneten überraschend anläßlich der Staatsbergbau-Haushalte im preußischen Abgeordnetenhaus am 3. März *Hammacher* und *H. Schultz* das Gegengefecht[213] in Abwesenheit *Schorlemers*. Es verstand sich von selbst, daß beide Redner die Vorwürfe gegen die Grubenbesitzer weit von sich wiesen; besonders *Schultz* widersprach der gängigen Meinung, die Lage der Bergleute sei unerträglich, und dem Trugschluß, Bergarbeit sei sehr gefährlich und darum sehr gesundheitswidrig. Den Rednern des Zentrums, *Schröder* und *Bachem*, gelang in ihrer Antwort der effektvolle Hinweis, „wie ungeheuer signifikant es ist, daß diese Herren sich gar nicht denken können, daß man sich einer Sache annimmt, wenn man nicht ‚persönliches' Interesse hat". Im gegenseitigen Wortwechsel spielte noch die mutige Lagebeschreibung des Gelsenkirchener Bürgermeisters *Wilhelm Vattmann* in dessen eben veröffentlichtem Verwaltungsbericht eine Rolle, wobei die Zitate von beiden Seiten in Anspruch genommen wurden. *Vattmann* hatte schon vorher amtliches Material für *Schorlemers* Stellungnahme zur Verfügung gestellt und deswegen bald darauf eine Disziplinarstrafe, wegen seiner fortgesetzten Vermittlungsbemühungen dann erneut 1889 ein Disziplinarverfahren auf sich gezogen[214].

Der wichtigste Erfolg dieser Wortgefechte und der energischen Antwort *Schorlemers* im Abgeordnetenhaus am 27. März 1881, in der weiteres Material über die wahren „Löwengruben" vorgelegt werden konnte und die Redner und Arbeiterführer in jenen sich wieder mehrenden Arbeiterversammlungen im Revier in Schutz genommen wurden, war die große Publizität, die der kontroverse Gegenstand errungen hatte. Immerhin sah sich

Schorlemer gesprochen wird. Absichtlich verschwiegen werde dagegen „die Thatsache, daß den beim westf. Bergbau beschäftigten Arbeitern endlich wieder infolge der eingetretenen Besserung die Möglichkeit zur vollen Verwertung ihrer Arbeitskraft gegeben ist ..."; vgl. auch die Berichterstattung in Tremonia 25/31. 1., 54/7. 3. 82.

212 Text in Glückauf 8/28. 1. 82, gezeichnet u. a. von *E. u. H. Heintzmann, H. Haniel, Krabler, W. v. Velsen, Fr. Funke, Grillo, Hilbck, E. Hilger, Jencke, Kleine, Mulvany, Nonne, Rive, H. Schultz, F. W. Waldthausen, Natorp.* Es fehlt der in Berlin stark beschäftigte *Hammacher*. Glückauf 14/18. 2. 82 verwahrte sich das Blatt noch ausdrücklich gegen Forderungen, Bergleute beim Kontrollieren der Förderwagen zu beteiligen: „Die Dinge werden hier geradezu auf den Kopf gestellt: Die Belegschaften übernehmen die Rolle der Verwaltungen und ordnen an ..." Vgl. noch die Paraphrasen aus einer Eingabe der HK Essen an den Reichskanzler 28. 1. 82 bei *Kirchhoff*, Staatliche Sozialpolitik, S. 33 f.; Text einer entspr. Erklärung der HK Bochum s. bei *Mämpel*, Bergbau in Dortmund Bd. III, S. 147 Anm. 46; zu Sitzungen der HK Bochum und Dortmund — insgesamt eine abgestimmte Aktion — über die *Schorlemer*-Rede s. noch OBA 1390 Bl. 215—222, 231—233; Glückauf 70/2. 9. 82 über die Berichterstattung im Jahresbericht des Bergbauvereins f. das Jahr 1882.

213 Abdruck der Debatte in Glückauf 20, 21/11., 15. 3. 82. Zu den Reden *Schultz'* vgl. *W. Bacmeister, H. Schultz*, 1938, S. 120 f., in unkritischem Lob.

214 *Vattmann:* 1847—1902; 1876 Bürgermeister in Tarnowitz, 1877—1900 Bürgermeister, zuletzt Oberbürgermeister in Gelsenkirchen. Die Überprüfung der Personalakten IV 5/18 und IV 7/18 im Stadtarchiv Gelsenkirchen ergab keine weiterführenden Hinweise auf *Vattmanns* Vermittlungstätigkeit; Text des *Vattmann*-Berichts s. auch in Tremonia 67/22. 3. 82; Berichterstattung ebd. 72, 73/29., 30. 3. 82.

das Oberbergamt, durch die Petition vom 26. Dezember 1881 bereits zur Stellungnahme veranlaßt, dazu gezwungen, wenn auch widerstrebend manche Mißstände auf den Gruben seines Aufsichtsbezirks amtsintern einzuräumen[215]. Durch die spektakuläre Rede *Schorlemers* wurden das soziale Gebaren des Bergbauvereins so sehr wie der von ihm vertretenen Vereinszechen in ein grelles Licht gerückt; man wird in den folgenden Monaten auch seitens der Grubenverwaltungen in der Verhängung der Überschichten und Strafen wenigstens zeitweise vorsichtiger verfahren sein.

Wohl die wichtigste Folge dieser großen Publizität war allerdings ihre Resonanz in der Bergarbeiterschaft selbst, die in den Frühjahrsmonaten 1882 nach der Essener Versammlung am Ende des vergangenen Jahres aus ihrer anhaltenden Schweigeperiode erwachte und, darin anderen Gewerben und Regionen ganz vergleichbar, zu neuen Versuchen solidarischer Interessenfindung, zunächst unter unbestritten christlich-sozialen Vorzeichen, zusammenfand[216].

Neben dem allerdings nur kurzzeitig wärmenden konjunkturellen Frühling waren es besonders Knappschaftsangelegenheiten, die nach den Statutenverschlechterungen der Krisenjahre (1878 und 1880) die Gemüter erregten und in den Versammlungen der christlichen Arbeiter- und der Knappenvereine, nach der Essener Petition auch in Volksversammlungen, lebhaft diskutiert wurden. Eine in Bochum seit Januar 1882 unter dem Motto „Glückauf! Gott segne die Arbeit!" in der Redaktion von *H. Bauer* erscheinende Sonntagszeitung „Der christliche Arbeiter. Organ für die Arbeiter aus jedem Berufe, mit bes. Rücksichtnahme auf die Bergleute und Arbeiter des westfälisch-rheinischen Industriebezirks"[217] machte sich zum Wortführer der neuerwachten Bewegung und fand auch rasch einige Verbreitung in der näheren Umgebung Bochums, in Gelsenkirchen und Wattenscheid. Auf einigen Zechen, wie den Borbecker Anlagen König Wilhelm und Christian Levin, wandten sich die Belegschaften mit Bittschriften an ihre Grubenverwaltungen, während eine von 3000 Bergleuten besuchte Versammlung am 22. Januar in Gelsenkirchen ihren Dank an *Schorlemer* übermittelte. In Bochum hat sich die neue Agitationswelle auf einen Anfang 1882 gegründeten Christlich-Sozialen Arbeiterverein gestützt, der vielleicht in enger Verbindung mit dem hier seit 1872 recht erfolgreichen

---

215 Vgl. OBA 1390 Bl. 236–250 OBA/HM 2. 3. 82 (Entw. v. d. Hs. d. Oberbergrats *Harz*); der darauffolgende Erlaß HM/OBA 14. 1. 82 ging an alle Revierbeamten, veröff. b. *Adelmann*, Quellensammlung Bd. I, S. 207–210.

216 Die im folgenden dargestellte Sammlung und Neuorientierung der Bergarbeiterbewegung mit einem neuen Zentrum im Gelsenkirchen-Bochumer Raum als wichtige Vorstufe des *Fusangelschen* Rechtsschutzvereins ist bisher nicht gewürdigt worden; vgl. *Koch*, Bergarbeiterbewegung, S. 31; *Hemmer*, Bergarbeiterbewegung, mit einem Hinweis S. 103 f; wichtige Hinweise schon bei *Imbusch*, Arbeitsverhältnis, S. 263–266. Vgl. etwa die Bemerkungen in den Semesterberichten RPD, z. B. 27. 10. 83 (OPK 8320 S. 537–585): „Unverkennbar ist sowohl bei den Fabrikanten als auch unter den Handwerkern und den Arbeitern das Bestreben nach Bildung von Berufsverbänden"; indessen sei das Vereinsleben unter den Arbeitern der Großindustrie noch weniger entwickelt. „Bei der geringen wirthschaftlichen und politischen Reife der Bergleute und Fabrikarbeiter [hier Einschub v. d. Hs. d. Gewerberats *Wolff*: „bei ihrer Zugänglichkeit für die Phrase und bei ihrer Besitzlosigkeit"] würden freie Vereinsbildungen nach Art der Gewerke-Vereine auch große Bedenken und Gefahren in sich schließen. Die Arbeitgeber sehen solche Vereinsbestrebungen nicht gerne. Dieselben sind namentlich unter den Bergleuten vorhanden, haben sich bisher aber nicht entfalten können".

217 Nr. 2/8. 1. 82, 5/29. 1. 82 des Jg. 1 in LRB VIII 475; Nr. 51/23. 12. 83 (mit der anscheinend fälschlichen Bezeichnung als Jg. 3) in OPM 825. Weitere Nachforschungen über dieses offenbar in Nachfolge des Industriearbeiters (s. Anm. 207) entstandenen Blattes blieben erfolglos.

katholischen Bergmanns-Verein stand und nach Gelsenkirchen, Wattenscheid, Königssteele, Höntrop und in andere Bergbauorte ausstrahlte. In Gelsenkirchen gelang schon am 8. Januar die Gründung eines großen christlich-sozialen Arbeitervereins mit rund 2000 Mitgliedern, der zunächst unter seinem Vorsitzenden *Wilhelm Fröhling* in zahlreichen, meist öffentlichen Vereinsversammlungen eine rege Knappschaftskritik entfaltete. Die Bewegung habe hier, so meinte Bürgermeister *Vattmann*, „erst durch die bedauernswerthe Adresse des Vereins für die bergbaulichen Interessen an den Herrn Reichskanzler Leben bekommen"; die Lohnfrage werde nach anderen Mißständen erst in zweiter Linie erörtert[218]. In der von dem Gelsenkirchener Verein vorangetragenen Versammlungsbewegung erscheint als ein bedeutsames Zeugnis bergmännischen Traditionsbewußtseins die wiederkehrende Anknüpfung an, wie *Fröhling* betonte, „die alten Rechte, wie solche vor 1857 gewesen", und die den Bergleuten zurückzugeben seien[219]. Mit dem Datum 1857 — gelegentlich auch 1858 — verband sich für die ältere ansässige Generation der Bergleute im Rückblick noch nach 25 Jahren das bittere Erlebnis der ständischen Entrechtung, der materiellen Depravation und der Erfolglosigkeit des Widerstands dagegen.

Der Gelsenkirchener Verein, dessen Vorstand den Beitritt bürgerlicher Ehrenmitglieder betrieb, Versammlungen durch ein Kaiserhoch zu beenden pflegte und früh ein Stiftungsfest vorzubereiten anfing, bemühte sich in den Monaten der ersten Vereinseuphorie durch Kontaktaufnahme mit *Natorp* vom Bergbauverein und durch Eingaben an *Schorlemer* um die Einrichtung bergmännischer Brückenkontrolleure zur Überwachung des leidigen Wagennullens, veranstaltete Kollekten für Verunglückte, wandte sich gegen die Anstellung polnischer Arbeiter unter Hinweis auf die erhöhte Unfallgefahr, empfahl die Bildung eines vermittelnden Schiedsgerichts in Knappschaftsangelegenheiten und knüpfte Verbindungen zu den Rechtsanwälten *Niemeyer* in Essen und *Schultz* in Hamm, um benachteiligten Bergleuten — der Gedanke des Rechtsschutzes wurde hier wieder aufgegriffen — sachgerechte Vertretung vor Gericht zu gewährleisten. Im Mai 1882 wurde *W. Fröhling* wegen vermuteter sozialdemokratischer Verbindungen aus dem Verein ausgeschlossen. An seiner Stelle traten jetzt die Bergleute *Doll* und *Mies* in der Vereinsführung hervor, die sonst aber die reaktionäre Tendenz der Vereinstätigkeit im Sinne der Wiederherstellung alter Knappschaftsrechte fortsetzte. So sollte eine Petition gegen die bergmännische Freizügigkeit über die als arbeiterfreundlich eingestuften Reichstagsabgeordneten von Bochum, Essen und Duisburg verbreitet werden[220]. Amtlicherseits oblag der Verein genauer Versammlungsüberwachung und mußte, zum politischen Verein erklärt, im Sommer 1882 seine jüngeren Mitglieder bis zum Alter von 25 Jahren ausschließen; diese Anordnung wurde indessen, als aus dem Vereinsnamen das Beiwort „sozial" gestrichen worden war, und wohl auch aus taktischen Erwägungen durch ministerielle Veranlassung gegen Jahresende aufgehoben[221]. Den Gewerken mißfiel auch dieser neue Bergmannsverein so sehr, daß *Fröhling* und *Doll* schon Anfang

---

218 LRB VIII 475, an LRB 9. 2. 82. *Vattmann* meinte die Erklärung des Bergbauvereins v. 18. 1. und saß wegen der Eingabe der Essener HK vom 28. 1. einer Verwechslung auf. — Die Statuten des Gelsenkirchener Vereins vgl. bei *Imbusch*, Arbeitsverhältnis, S. 670.
219 LBR VIII 475, Protokoll der Versammlung v. 26. 3. 82. Der Redner verglich ausführlich die Zustände vor und nach 1857.
220 Vgl. LRB VIII, Versammlungsprotokoll v. 29. 5. 82. *Doll* ist im August wegen Pflichtwidrigkeiten und, weil die Sache nicht mehr „nach seinem Kopfe" ging, vom Schriftführeramt zurückgetreten.
221 Ebd. Versammlungsprotokoll v. 18. 6. 82 u. StaWatt 2/E/413 LRB/Bürgermeister *Vattmann* 4. 5. 82 (Abschr.); LRB/Amtmann *Ulrich* 13. 12. 82.

April gemaßregelt wurden. Die Schuld an der ganzen Aufregung gab man dem Bochumer Reichstagsabgeordneten und dem Gelsenkirchener Bürgermeister.

Unter Einsatz ihrer Gelsenkirchener Führungskräfte ist gegen die Einwirkungsversuche des Amtmanns den Christlich-Sozialen im April 1882 in Wattenscheid die Gründung eines weiteren Vereins mit anfangs 150 Mitgliedern gelungen[222]. Auch hier war man um die Mitwirkung örtlicher Honoratioren bemüht, während der alte Knappenverein von Wattenscheid den Bestrebungen fern blieb. Von schließlich 235 Mitgliedern im Mai 1882 waren 204 Bergleute. Die in dem Verein gehaltenen Reden und Vorträge blieben selbst nach dem Urteil der Aufsichtsorgane „äußerst harmlos", und man befürchtete allenfalls, der Verein könne „mit Forderungen hervortreten, welche nicht realisirbar sind, [wodurch] sich Unzufriedenheit einnistet".

Der Gelsenkirchener Verein, in dessen Schatten die Wattenscheider Gründung recht bedeutungslos blieb[223], bemühte sich indessen um Kontaktaufnahme mit den Essener Christlich-Sozialen, deren Führer *Laaf* und *Stötzel* auch außerhalb des Essener Einflußbereichs in hohem Ansehen standen. Beide haben die Gelegenheit wahrgenommen und ihre Anliegen in einer Reihe von Versammlungen seit April 1882, vor allem aber anläßlich der Landtagswahlen Ende 1882 vertreten. Mit dem Erscheinen dieser im Rufe des Klerikalismus und Ultramontanismus stehenden Arbeiterführer — *Stötzel* sprach dann auch später in Gelsenkirchen über die materiellen Schäden des Kulturkampfs, gegen Nationalliberale und Freikonservative, jene „sog. Cultur-Kämpfer in doppelten Glacé-Handschuhen"[224] — mag die an anderer Stelle bereits beschriebene Entstehung einer evangelischen Gegenbewegung zum katholisch dominierten christlichen Arbeitervereinswesen verknüpft gewesen sein. Von den Christlich-Sozialen ist dann, sobald die Gegengründung evangelischer Arbeitervereine bekannt wurde, beklagt worden, daß „seitens anderer Personen der confessionelle Hader und Streit in den Verein hineingetragen"[225] werde.

Die Mitwirkung *Laafs*, in dessen Reden noch immer antisemitische Töne im Wetteifern gegen die Weltherrschaft der Juden anklangen[226], führte mit dem Vorschlag einer engeren Verbindung der christlich-sozialen Vereine in Essen, Gelsenkirchen, Dortmund, Bochum und Mülheim — von manchen dieser Vereine ist nur ihre Existenz überliefert — zu einem „Gewerkeverein", dessen Bildung *Laaf* in Gelsenkirchen am 30. April 1882 empfahl, einige Schritte voran. Die Versammlung wählte durch Akklamation drei Delegierte zu diesem Verband, der allerdings nicht, vielleicht wegen entgegenstehender vereinsrechtlicher Vorschriften und entsprechender Winke seitens der Verwaltungsinstanzen, ins Leben getreten ist[227].

---

222 Vgl. Tremonia 87/18. 4. 82; StaWatt 2/E/414 u. LRB VIII 475 mit den Berichten v. 30. 1., 17. 4., 28. 4., 26. 5. 82. Das OBA (OPM 825, an OPM 2. 4. 82) war allerdings schon im April der Ansicht, die Christlich-Sozialen seien „von selbst wieder zur Ruhe gelangt".

223 Im Wattenscheider Christlichen Arbeiterverein scheinen Knappenvereinstendenzen seit Anbeginn stärker hervorgetreten zu sein, bis daß im Mai 1885 ein Stiftungsfest mit Fahnenweihe und Festzug stattfand. Im Gelsenkirchener Christlichen Arbeiterverein wurden dagegen bereits 1882 Stimmen gegen die Anschaffung einer Fahne laut: Das Geld werde besser für Unterstützungszwecke verwendet.

224 LRB VIII 475, Versammlungsprotokoll 8. 10. 82. *Stötzel* hatte im Sommer 1882 eine läng. Gefängnisstr. wegen Pressevergehen verbüßt; vgl. Tremonia 60/14. 3. 82, 192/24. 8. 82.

225 Ebd. Versammlungsprotokoll 29. 5. 82; vgl. o. S. 369 f.

226 Z.B. in der Versammlung des Arbeitervereins 8.10.82 (Protokoll ebd.); vgl. o.S. 465 f. *Laaf* sah im übrigen die Aufgaben der Vereine darin, die „Leute zu schulen, damit sie lernten gut manövriren und agitiren, um am Schlachttage der Wahl den Feind aufs Haupt schlagen zu können".

227 Vgl. *Imbusch*, Arbeitsverhältnis, S. 263 f.; Tremonia 98/1. 5. 82; vgl. 105/10. 5. 82 (nach

538

Ende 1882, als auch auf den bergbaulichen Absatzmärkten wieder eine Flaute eingetreten war, ging die Aktivität in den Vereinen merklich zurück. Allein die Knappschaftsfrage lieferte fortwährenden Agitationsstoff. Hier kam den Gelsenkirchener Christlich-Sozialen zustatten, daß sich ihnen in *Fr. Thomé*, einem soeben entlassenen Angestellten der Knappschaft Bochum[228], ein sachkundiger und schriftgewandter Versammlungsredner zur Verfügung stellte, dem zum guten Teil die Meinungsbildung der Bergleute während der 1880er Jahre in Knappschaftsfragen zu danken ist. *Thomé* hat bereits am 26. November 1882 in Wattenscheid die Verstaatlichung der Knappschaften gefordert, worauf die Versammlung aufgelöst wurde[229].

In der Lohnfrage hat der Gelsenkirchener Verein Ende 1882 einen durchaus folgerichtigen, in der ruhrindustriellen Öffentlichkeit teils belächelten, teils mit Anerkennung registrierten Versuch unternommen. Da, wie schon *Schorlemer* gezeigt hatte, recht wenig Vertrauen in die amtliche Lohnstatistik herrschte, den Abgeordneten der Wahlkreise aber sicheres Material an die Hand gegeben werden sollte[230], entwarfen christlich-soziale Arbeiter, vielleicht unter Mithilfe der Redaktion des „Christlichen Arbeiters", die auch den Druck übernahm, einen „Fragebogen zur Lohnstatistik". Dieser Versuch hat zwar wohl kaum die erhofften sicheren Ergebnisse gebracht und später auch keine Rolle mehr gespielt; er weist jedoch auf Aufgaben voraus, die in späteren Jahren einen Kern gewerkschaftlicher Betätigung gebildet haben, und er bestätigt zudem, daß große Teile der Bergarbeiterschaft Vertrauen zu ihrem Reichstagsvertreter gefaßt hatten und durch ihn ihre Wünsche vorgebracht wissen wollten. *L. Baare* hat dem Unternehmen bescheinigt, daß es „nicht ohne Geschick und mit großer Überlegung" angegangen wurde, und während sich der Landrat Gedanken über die Rechtsgrundlage eines etwaigen Einschreitens machte, verlautete aus einer Vorstandssitzung des Bergbauvereins eine erneute Warnung vor der Meinungsbildung über die Verhältnisse im Ruhrbergbau anhand unzureichenden Materials[231].

Von Seiten der Bergleute war dagegen schon im März 1882 die Forderung nach einer amtlichen Untersuchung der Bergarbeiterverhältnisse erhoben worden[232]; diese Forderung, 1889 mit zweifelhaftem Erfolg endlich durchgesetzt, spiegelt neben den Resten

---

einer Korrespondenz des Westf. Merkurs): Man halte im Krs. Bochum die Gründung eines Gewerkvereins nicht für erforderlich; es gebe genug Knappenvereine, die sich um das religiöse und materielle Wohl der Arbeiter kümmerten.

228 Der Entlassungsgrund ist nicht erkennbar. *Thomé* (bei *Hue* II S. 331 *Thoma*, pensionierter Rechnungsführer der Knappschaft) erhielt wegen Äußerungen gegen den Knappschaftsvorstand Ende 1882 eine 14tägige Gefängnisstrafe. Nach Tremonia 85/15. 4. 82 hat *Thomé* sich schon im Frühjahr 1882 für ratsuchende Bergleute eingesetzt; vielleicht steht seine Entlassung hiermit im Zusammenhang. Vgl. ebd. 145/30. 6. 82.

229 LRB VIII 475, Bürgermstr. Wattenscheid/LRB 5. 12. 82; vgl. auch ebd. Versammlungsprotokoll des Gelsenkirchener Arbeitervereins 21. 1. 83 und die folgenden Ausführungen. *Lensing*, Bergarbeiter-Streik, S. 20, hat die Verstaatlichungs-Forderung für sich und seine Tremonia im Jahre 1885 in Anspruch genommen.

230 Vgl. bereits die Eingabe an *Schorlemer* vom Frühjahr 1882, im Anhang S. 622—24.

231 Vgl. OPM 825 OBA/OPM 28. 10. 82; OBA 1803 Rundschreiben *Baares* 12. 10. 82 an HK Essen u. Dortmund, *Natorp* u. *Hammacher*. *Baare* ließ wegen der großen Nachfrage seitens Behörden und Unternehmern den Fragebogen vervielfältigen; s. ebd. Emscher-Zg. Der Reichsfreund Jg. 8, Nr. 241/14. 10. 82 mit einer Persiflage auf den Fragebogen; ebd. LRB/ RA 20. 10. 82 (Abschr.); Glückauf 85/25. 10. 82 (Vorstandssitzung des Bergbauvereins 23. 10. 82); LRB VIII 475 Protokoll einer Versammlung des Gelsenkirchener Arbeitervereins v. 26. 11. 82.

232 Vgl. Versammlungsbericht aus Gelsenkirchen, in Tremonia 55/8. 3. 82.

von Vertrauen in die Überparteilichkeit von Staat und Behörde eine tiefe Gewißheit von der Richtigkeit und Rechtlichkeit bergmännischer Klagen, und auch in der Beschwerde- und Petitionspolitik der Christlich-Sozialen haben diese formal wie inhaltlich aus der Erinnerung an die ständische Vergangenheit geborenen Motive eine entscheidende Rolle gespielt, die die Chancen und Schwächen des Neuanfangs aufzeigte. Der Weg der Beschwerde an die Zechenverwaltungen, der Eingabe und der Petition an Reichstag und Abgeordnetenhaus durch die Vermittlung des Abgeordneten hat von Anfang an das politische Denken und Handeln im Gelsenkirchener Arbeiterverein bestimmt. Nachdem der schließlich ausgestoßene Bergmann W. *Fröhling* Anfang 1882 in einer Art Bericht *Schorlemer-Alst* mit weiterem Material über die Lage der Bergleute versorgt hatte, *Doll* im Frühsommer eine große Reichstagspetition plante und der Verein eine Eingabe an den Reichskanzler beschloß, gab endlich die Knappschaftsagitation *Thomés* Veranlassung zu ähnlichem Handeln[233]. Seiner Verstaatlichungsforderung in einer großen Versammlung am 21. Januar 1883 schlossen sich die Resolutionen weiterer Versammlungen an und ergänzten sie mit konkreten Statutenfragen, so in einer „Versammlung von Mitgliedern des Märkischen Knappschaftsvereins" am 18. Februar 1883 in Braubauerschaft unter der Führung von *Friedrich Musebrink,* der später im Rechtsschutzverein eine Rolle spielte[234].

Der Eingaben- und Beschwerdeweg bewies damit unverminderte Attraktivität im Denken und Verhalten der Bergarbeiterschaft. Er besaß zudem in Knappschaftsangelegenheiten auch noch rechtliche Realität, während sich die Bergleute in Angelegenheiten des Arbeitsverhältnisses seit den 1870er Jahren nur noch selten, und in den meisten Fällen erfolglos, beschwert haben[235]. Erst der Streik von 1889 brachte wieder eine stärkere Beanspruchung des Beschwerdewegs auch in betrieblichen Reibungen und Mißständen[236].

Die Knappschaftsbeschwerden der 1880er Jahre bestätigen insgesamt das schon aus den vorhergehenden Jahrzehnten bekannte Bild; allerdings hatte die konjunkturelle Entwicklung tiefe Spuren hinterlassen[237]. Die drastischen Sparmaßnahmen aufgrund von Statutenänderungen stürzten viele Familien in bittere Not, regten aber auch den Protest dagegen an und nahmen darin einen noch aus ständischer Zeit überkommenen Faden bergmännischer Meinungsartikulation auf. Ein Vorspiel solcher Gegenmaßnahmen hatte

---

233 Vgl. im Anhang S. 622—24 und die Versammlungsprotokolle LRB VIII 475 v. 26. 3., 29. 5. u. 18. 6. 82.

234 Vgl. OBA 239 *Friedrich Musebrink u. a./*OBA 18. 2. 83 sowie das Protokoll der Volksversammlung v. 21. 1. 83 in LRB VIII 475.

235 Vgl. die Fülle überlieferter Zeugnisse in knappschaftlichen Angelegenheiten in OBA 231 bis 243, 1392, 1643, 1647—1652 (z. T. Protokolle v. Sitzungen der Knappschaftsvorstände), 1783, 1787; über Lohnprobleme z. B. OBA 1392 Bl. 7 f., 58.

236 Vgl. bes. OBA 242, 1400 mit Beschwerden über Löhne, Lohnzahlung, Vorenthaltung verdienter Löhne (z. B. bei Kontraktbruch), Entlassung, Einführung der Markenkontrolle, Maßregelung, Abkehr ohne Zeugnis, Wetterführung, Dienstpflichtverletzungen der Vorgesetzten, allgemeine Verletzung von Sicherheitsbestimmungen und Fahrlässigkeiten; häufig auch Beschwerden über die Zusammensetzung der nach dem Maistreik 1889 eingesetzten Untersuchungskommission. S. ferner unten S. 580.

237 Besonders prägnant für das Fortleben älterer Verhaltenstraditionen vor allem im südlichen Revier ist eine anonyme Eingabe (OBA 1783 Bl. 87) mehrerer Bergleute aus Königssteele, die am 6. 2. 77, als die Entlassungskrise ihrem Höhepunkt zustrebte, das OBA baten, zu veranlassen, daß zunächst wieder die Arbeiter der III. Klasse abgelegt und jene der I. und II. Klasse solange wie möglich in Arbeit gehalten würden. Oft wurden auch noch die Knappschaftsvorstände mit den alten Bergämtern identifiziert, s. z. B. OBA 237 *P. Wemmers/*

die noch von den Sozialdemokraten mitgetragene Eingabe von 1877 um Erhaltung der knappschaftlichen Rechte in Zeiten der Arbeitslosigkeit gebildet; im März 1879 entstand nun in Eichlinghofen eine Petition an den Knappschaftsvorstand, in der bereits Abhilfevorschläge zur Regulierung der knappschaftlichen Finanzen formuliert sind, die während der 1880er Jahre vergleichbare Eingaben bestimmten[238]: „Man spare an den laufenden Ausgaben" — an den Honoraren für Knappschaftsälteste, Ärzte und Apotheker, an den allgemeinen Verwaltungskosten und Geldern für die Knappschaftsbeamten. Starken Widerstand erregte auch, daß sich die inzwischen routinierte Verwaltungspraxis der Vorstände den großen Ermessensspielraum, der sich durch die abhängige Stellung der Knappschaftsältesten und -ärzte ergab, zu eigen gemacht und durch möglichst ausgabenschonende Entscheidungen über Pensionen, Witwen- und Waisengelder genutzt hatte. So wurden die Fristbegrenzungen für Rekurse, mangelnde Rechtskenntnis der Betroffenen oder ältere Versäumnisse bei der Einschreibung und Höherstufung in der Knappschaft durch rigorose Ablehnungen geahndet. Die Chancen auf Erfolg in Beschwerdesachen sind nach 1873 deutlich gesunken, während der an sich mögliche Klageweg nach abschließendem Entscheid wegen der Kosten und Mühen nur selten beschritten wurde[239]. Besonders die jährlichen Kurrecherchen zur Überprüfung der fortdauernden Invalidität der Rentenempfänger sind in diesen Jahren des Sparzwangs von den Betroffenen gefürchtet worden, und es wundert nicht, wenn in solchem Klima Attestfälschungen und Denunziationen von Bergleuten gegeneinander zunahmen[240].

So sind die Knappschaftsvorstände mehr und mehr, und vielfach zu Recht, als Instrumente unternehmerischer Willkür erfahren worden, womit auch ein zunehmendes Mißtrauen gegen die Knappschaftsältesten zusammenhing. Nicht selten waren die Fragen, ob der Bergmann in seinem hochverdienten Alter von den Knappschaftsvorständen „so gemaßregelt und geknechtet werden" dürfe[241]; und es überrascht, daß die Bergleute hiergegen immer noch „Humanität und Gerechtigkeitsliebe" der Behörden zu halten pflegten[242]. Als letzter Weg erschien vielen immer noch die Bitte um eine einmalige Unterstützung, um ein „Gnadengeschenk" des Monarchen, das indessen nur erwarten

---

OBA 4. 6. 76; OBA 238 Witwe *P. Linse*/OBA 18. 2. 77; OBA 241 *G. Remmel*/OBA 30. 8. 88. Die Unkenntnis des Instanzenweges war noch verbreitet (vgl. OBA 363 HM/OBA 5. 2. 73), da die Neuordnung der Zuständigkeiten vielfach nicht wahrgenommen worden war. Häufig auch suchten einzelne Beschwerdeführer in persönlicher Anrede an angesehene Behördenleiter (Berghauptmann, HM, Reichskanzler) das Mitleid der Adressaten für ihre besonderen Umstände zu erregen (z. B. OBA 240 Witwe *Sieker*/Berghauptmann *Prinz Schönaich* 23. 7. 84; OBA 234 Berginvalide *Peter Funke*/HM *Achenbach* 22. 7. 75; Bergmann *J. Flor*/ *Fürst Bismarck*, Eingang 11. 1. 76, wegen einer Rechtsauskunft, in: OBA 235).

238 Text bei *Mämpel*, Bergbau in Dortmund Bd. III, S. 128 f., s. ebd. zum Zustandekommen nach zeitgenössischen Pressemeldungen.

239 Vgl. OBA 237; die Beschwerdesache des Invaliden *G. Ruhrbruch* war, 18. 6. 76 erstmals angestrengt, noch im Jahre 1881 anhängig. Vgl. zu Fristüberschreitungen etc. zahlreiche Beschwerdefälle in OBA 232; OBA 241 Bergmann *August Koch*/HM 11. 7. 88; OBA 234 *K. L. Kloppmann*/RA 13. 7. 75; OBA 236 *H. Schroer*/OBA 13. 6. 76; OBA 239 *P. Kostmann*/OBA 13. 6. 81.

240 Vgl. etwa OBA 236 HM/Bergmann *Clemens Schoppe* 9. 6. 76 (Abschr.); OBA 234 Bergmann *Wüstenhöfer*/OBA 22. 9. 75; OBA 240 Bergmann *H. Ebert*/OBA 14. 2. 84 u. ö.

241 OBA 231 Steiger *F. W. Agte*/OBA 8. 11. 71; vgl. ferner OBA 236 Berginvalide *R. Schmidt*/ HM 4. 8. 76 über die „Ausbeutungssucht gewisser Gewerkschaften".

242 Bes. eindringlich OBA 231 Bergmann *D. Queckel*/OBA 14. 11. u. 12. 12. 71; OBA 233 Witwe *Lensen*/OBA 11. 5. 75; OBA 235 Berginvalide *F. Henningsmeier*/OBA 10. 3. 76; OBA 242 Steiger *Hohendahl*/OBA 19. 1. 89.

durfte, wer sich im Dienst am Vaterland hervorgetan oder, was im Ruhrgebiet nicht möglich war, auf Staatswerken gearbeitet hatte. So spiegeln diese Gesuche und Bitten wie kaum eine andere Quelle den bergmännischen Denk- und Verhaltenshorizont, aber auch die materielle Not, den täglichen Daseinskampf, die Enttäuschungen, Wünsche und Hoffnungen ihrer Verfasser[243].

Der Petitions- und Beschwerdeweg, als Form kollektiver Willensäußerung beschritten, hat nicht etwa von vornherein eine Sackgasse der Protestbewegung bedeutet. Ohnmächtig wurde der schriftliche Protest nur dann, wenn hinter ihm keine Handlungsalternativen der Verfasser sichtbar wurden oder mögliche andere Kampfinstrumente aufgrund äußerer Bedingungen nicht anwendbar waren. So begründen sich das Wiederaufleben der Petitionsbewegung unter dem Sozialistengesetz und deren relative Ohnmacht aus der Unmöglichkeit zur Herstellung dauernder organisatorischer Verbindungen der Bergarbeiterschaft. Denn das Sozialistengesetz zerriß den Zusammenhang von Aktion und Organisation, unterbrach den Prozeß der organisatorischen Konstitution und schuf Raum für Fehlentwicklungen, in denen naturgemäß den überkommenen Formen der Konfliktlösung große Bedeutung zukam. Unter den Rechtsbedingungen des Sozialistengesetzes haben sich aber auch die christlich-soziale Arbeiterbewegung, die Hirsch-Dunckerschen Gewerkvereine und die konfessionelle Arbeitervereinsbewegung unter der Bergarbeiterschaft eines Aufschwungs erfreuen können. Denn die retardierende Wirkung des Sozialistengesetzes für die Konstituierung der proletarischen Interessenvertretung mußte naturgemäß um so wirksamer in einer Gewerbegruppe sein, in der noch in hohem Maße an sich nunmehr strukturfremde gruppenkonstitutive Merkmale wirksam waren. So erhielt die ständisch-traditionale Verhaltenskomponente in der Bergarbeiterschaft gleichsam eine neue Chance. Wo die systemkritischen programmatischen Alternativen entfallen waren, griffen die neuen Ansätze der Interessenartikulation auf die sich anbietenden Leitideologien zurück.

Der Lernprozeß in Richtung auf die formal wie programmatisch den Arbeiterinteressen auf lange Sicht dienlichste Alternative ist durch die Verbotssituation des Sozialistengesetzes gehemmt, jedoch nicht unterbrochen worden. Auch der Beschwerdeweg bot Gelegenheiten des Erfahrens und Erkennens; seine Schwäche lag vielmehr in der Vereinzelung und Perspektivelosigkeit und in der Systemkonformität des Instruments, das deshalb, umgekehrt, im Unternehmerinteresse oder im polizeilichen Ordnungsgebot leicht manipulierbar war. Hieran hat auch die Massenpetition nur insoweit etwas geändert, als schon ihre Entstehung gewöhnlich in ein Netz über sie bereits hinausweisender kommunikativer Beziehungen eingebettet war: Belegschaften, Vereine, Versammlungen als Artikulationsorte bargen in sich potentielle Kampfalternativen. Auch diente Lernen durch Beschweren, durch Versuch und Mißerfolg, jedenfalls der Interessenkenntnis, und die Lerninhalte mußten auch anderen Kampfformen zugute kommen. Dies läßt sich eindringlich an der hier deshalb abschließend zu erörternden Wachsamkeit der Bergleute gegenüber ihren Knappschaftsrechten, darin besonders in der empfindlichen Wahrung des Mitbestimmungsrechts zeigen.

Mit Argusaugen sind von den Bergleuten, wie schon im Verlauf der 1860er Jahre gezeigt worden ist, stets die Wahlen ihrer Knappschaftsältesten und deren Folgen über-

---

243 Vgl. etwa die Beschwerden des Berginvaliden *P. Agatz* aus Heisingen, der sich schon in den 1860er Jahren in einer Reihe von Beschwerden an die Behörden gewandt hatte, über allgemeine Knappschaftsangelegenheiten (OBA 239, 16. 6. 78); sowie die dem Kaiser eingesandten Vorschläge zur Abhilfe der großen Unzufriedenheit unter den Bergleuten von dem aus dem Freiberger Revier nach Blankenstein zugezogenen Bergmann *Heinrich Beyer* (OBA 243, 19. 12. 90).

wacht worden. Bot schon der umständliche Wahlmodus genug Anlaß zu versteckten und offenen Eingriffen und damit zu Mißbrauch und Mißtrauen, so taten die Vorstände oft noch ein übriges, um ihre Macht zu stützen. Im Jahre 1867 ergänzte die Essener Knappschaft ihre Statuten durch eine Bestimmung, wonach der Vorstand auch dann den Knappschaftsältesten nicht aus der Dreizahl der Gewählten zu bestimmen brauchte, wenn er die Qualifikation aller Gewählten — ihre Einschätzung oblag dem Ermessen des Vorstands — zu bezweifeln Veranlassung sah. Neben der Mißachtung des Wählerwillens war darin der Versuch erkennbar, nur im Vorstandssinne zuverlässige Knappschaftsälteste zu gewinnen und sich weitere Einflußmöglichkeiten dadurch zu eröffnen. Der Protest der Bergleute hiergegen erhob sich nach bekanntem Vorbild erst zum Zeitpunkt der Wahl, nicht der Statutennovellierung, und er stützte sich auf einen überholten Rechtszustand, die Statuten von 1857/1861, war daher von Anfang an zum Scheitern verurteilt[244]. Auch in der Bildung eines gemeinsamen, anscheinend nicht mit der gleichzeitigen, lassalleanisch geprägten Streikbewegung im Essener Raum in Verbindung stehenden Komitees, das Versammlungen einberief, in denen Beschwerden gegen das Vorgehen des Knappschaftsvorstands angefertigt und gebilligt wurden, zeigt diese Aktion ganz verwandte Züge mit der Widerstandsbewegung gegen die Knappschaftsstatuten 10 Jahre zuvor[245]. Unzureichende Kenntnis der Rechtslage, mangelnde Aufmerksamkeit gegenüber Veränderungen, schließlich die Ineffizienz des Protestinstruments waren die Ursachen für das Scheitern auch dieser Protestmaßnahmen.

Demgegenüber haben es die Mülheimer Bergleute, wie bereits gezeigt worden ist[246], schon seit den 1860er Jahren verstanden, durch Herstellung einer wachsamen knappschaftsinternen Öffentlichkeit die Machtvollkommenheit des Vorstands zu begrenzen. Anfang 1872 bildeten die Mülheimer Bergleute eine Kommission, die in einer umfangreichen, wenn auch durch mancherlei Rechtsfehler, Widersprüche und andere Argumentationsschwächen gekennzeichneten Eingabe an das Oberbergamt die Beschwerdepunkte der Arbeiterschaft gegen das derzeit gültige Statut zusammenfaßte[247]. Man konstruierte hier nicht vorhandene Widersprüche zum Allgemeinen Berggesetz, erinnerte sich auch wohl an die Rechtszustände vor der Bergrechtsreform, kompromittierte die eigenen Knappschaftsältesten mit dem Verlangen nach deren Ablösung und wünschte eine Menge mehr oder minder weitgreifender Verbesserungen, darunter vor allem die direkte freie Wahl der Knappschaftsältesten. Diese hätten, so hieß es, das drückende Statut gegen den Willen der Knappschaftsmitglieder gutgeheißen, hätten ihnen in „den Versammlungen immerfort widerstanden", auch „das Zustandekommen dieser Vorstellung zu vereiteln gesucht", hätten „uns nie von Etwas, noch über Etwas, in Kenntnis gesetzt ..., sondern willkürlich mit unseren Rechten und dem Gesetz gehandelt". Neben dem beschriebenen, in der Praxis der Knappschaftsvorstände wohlbegründeten Mißtrauen der Bergleute stand im Kern dieser Kritik ein widersprüchliches Verständnis von der Handlungslegitimation der Ältesten: Während die Belegschaften in ihrer gleichsam autochthonen Meinungsbildung, wie auch bei Ausstandsaktionen oft feststellbar, die gewählten und delegierten Handlungsbevollmächtigten mit einem begrenzten und darin beispielsweise für überörtliche Aktionen durchaus ungeeigneten Mandat versahen, waren die Knappschaften, und die Wahlmodi drückten dies aus, nach dem Gedanken der paritätischen Reprä-

---

244 Vgl. die Beschwerde der Bergleute *Winkel, Beier* und *Altenhenne*, 1869, im Anhang S. 620 f.
245 Vgl. OBA 1639, Wahlbeschwerde gegen die Essener Knappschaft v. 3. 1. 69 u. Berichterstattung über eine Versammlung von 300—400 Bergleuten am 6. 1. 69 in Essen.
246 Vgl. oben S. 435—37.
247 Vgl. OBA 1651 Bl. 396—405 *Johann Bosch et al./*OBA 12. 5. 72; der Bescheid des OBA 18. 5. 72 ging als unzustellbar zurück (ebd. Bl. 393 f.).

sentation der Interessenten und Kontribuenten strukturiert. Ganz zurecht hat der Knappschaftsälteste *Johann Bleckmann* den Bergleuten in einer Versammlung „entgegen[ge]donnert: Wozu sind wir denn da, wenn wir euch fragen sollen?!!!"[248] Die sich hier unversehens begegnenden Grundformen demokratischer Delegation und Legitimation, deren sachlich-formale Bewältigung nicht nur der Bergarbeiterbewegung erst noch bevorstand, bezeichnen doch die Pole, zwischen denen sich das Erlernen, das Einüben von Formen demokratischer Interaktion bewegte.

Die Mülheimer Bergleute haben weiterhin ihre Interessen an und gegenüber der Knappschaft, sowohl unabhängig von als auch zusammen mit den Knappschaftsältesten, nachdrücklich verfolgt. Unter einer Eingabe von 1875 „um hochgeneigte Ertheilung einer baldigen Resolution", ob das Mülheimer Knappschaftsstatut nicht die Schulgeldzahlung auch weiterhin zu übernehmen habe, finden sich noch die Unterschriften zweier bereits 1872 an den Kommissionsberatungen der Bergleute Beteiligter[249]. Anfang desselben Jahres war es dem schon früher hervorgetretenen Ältesten *Joh. Bleckmann* „durch seine eigene unverschämte Agitation"[250] und gegen den Willen des Vorstands und der übrigen Ältesten gelungen, aus der Ältestenwahl und, nach einem Wahleinspruch, auch aus der Neuwahl mit Abstand als Sieger hervorzugehen. Trotzdem überging der Vorstand ihn bei der Ernennung und versuchte, ihn schon zur ersten außerordentlichen Sitzung durch Nichteinladung kaltzustellen[251].

Wenige Jahre später protestierten die „Delegierten der Arbeiter des Mülheimer Reviers", unter ihnen der bereits 1872 und 1875 als Beschwerdeführer hervorgetretene Bergmann *W. Seeger,* gegen die ins Haus stehende Leistungsverschlechterung und vor allem dagegen, daß „die projectirte Abänderung so geheim wie nur möglich betrieben [wird], statt zur Berathung der einzelnen Punkte von jeder Zeche einige Arbeiter hinzuzuziehen"[252]. Es scheint also, als ob sich im kleineren Rahmen des übersichtlichen, kaum expansiven und weniger durch Belegschaftsfluktuation und andere disproportionierende Einflüsse gestörten Mülheimer Reviers in den 1870er Jahren eine halbformelle Gruppe ansässiger interessierter Knappschaftsmitglieder gebildet hatte, die wachsam jede Abänderung der Rechtslage beobachtete und gelegentlich Einfluß zu nehmen versuchte. Styrum und Dümpten (mit den älteren Zechen Alstaden, Sellerbeck und Roland) waren auch Zentren des Rosenkranzverbands und der sozialdemokratischen und gewerkschaftlichen Erfolge späterer Jahre. Proteste der Mülheimer Bergleute gegen Übergriffe des Knappschaftsvorstands haben sich auch in den 1880er Jahren wiederholt: Als sich 1881 nach der Neuwahl eines bereits seit zwei Jahren amtierenden Ältesten *Siepmann* herausstellte, daß dieser statutenwidrig nicht in dem ihn wählenden Bezirk wohnte, versicherte sich der Vorstand der weiteren Mitarbeit *Siepmanns,* indem er kurzerhand neue Bezirksgrenzen zog und den Wohnsitz des Ältesten seinem Wahlbezirk einverleibte. Bis in die ministerielle Instanz ist die Beschwerde hiergegen abgewiesen worden, da die Gebietsänderung aus Zweckmäßigkeitsgründen erfolgt sei[253]. Erfolgreich war dagegen die Beschwerde gegen eine Mülheimer Ältestenwahl 1886, an der sich, wohl infolge einer

248 Aus der Anm. 247 zit. Beschwerde.
249 OBA 1651 Bl. 476 f. Bergmann *H. Schunck u. a.*/OBA 15. 6. 1875.
250 OBA 1648 Kassenrendant *Neuhaus*/OBA [*brevi manu*] 29. 1. 1875.
251 Vgl. OBA 1648, Beschwerde *Bleckmanns* hiergegen v. 17. 1. 75; zu *Bleckmann* s. oben S. 436 u. ö.
252 OBA 1652 Bl. 66 *H. Pook u. a.*/OBA 26. 12. 78.
253 Vgl. OBA 1648 Bergmann *W. Lohmann u. a.*/OBA 10. 1. 81; Bescheid des HM 20. 4. 81.

Einflußnahme des Vorstands, Nichtberechtigte beteiligt hatten — hier ordnete das Oberbergamt eine Neuwahl an[254]. In solchem fortgesetzten interessenwahrenden Kleinkrieg, in den alltäglichen Gesprächen und Auseinandersetzungen, denen es auch von der Seite innerbetrieblicher Reibungen kaum an Stoff fehlen konnte, hat sich die Konstitution eines beschreib- und begreifbaren Gruppeninteresses gegen mancherlei regressive Bewußtseinskomponenten vollzogen. Aus dieser Perspektive bestand die Bedeutung der überkommenen Knappschaftsorganisationen für die aufkeimende Bergarbeiterbewegung neben dem bereits mehrfach angedeuteten organisatorischen Bezugspunkt auch in dem Einüben demokratischer und rechtsstaatlicher Spielregeln von der Beschwerde und Rechtsverwahrung zur Einflußnahme auf Entscheidungsprozesse durch Delegation und Partizipation, wobei der Lernerfolg häufig nur in einem jeweiligen Mehr an Situationsverständnis bestand. Sicheres Indiz hierfür ist nicht zuletzt die Versachlichung des politischen Stils, wie sie in der Entkleidung der Beschwerdesprache von den obrigkeitlichen Ehrfurchts- und Gehorsamstopoi sichtbar wird.

Mit diesem Hinweis ist der Entwicklung freilich vorgegriffen. Einstweilen wohnte den die Daseinsbedingungen der Bergarbeiterschaft bestimmenden gesellschaftlich-politischen Institutionen noch eine allzu starke Schwer- und Hemmkraft bei, als daß sich die Verhältnisse insgesamt zu mehr Selbstbestimmung hätten verschieben können. Immerhin haben die 1880er Jahre erstmals wieder einige Fortschritte der Bergarbeiterbewegung unter einer allerdings widersprüchlichen Konstellation der Bedingungen und Kräfte gebracht, die zugleich, wie die *Thomésche* Verstaatlichungsforderung zeigt, weit über sich hinausweisen konnte.

c) Knappschaftsreformen und Rechtsschutzverein

Auch nachdem die Neueinsätze bergmännischer Willensartikulation sichtbar geworden waren, ist das Streben nach Lageverbesserung und Gleichrangigkeit nicht eigentlich zu vermehrten Kampfaktionen verdichtet worden. Die konjunkturellen und ausnahmerechtlichen Bedingungen waren allzu drückend.

Die wichtigste Kampfaktion der Bergleute unter dem Sozialistengesetz vor dem Maistreik von 1889 fand im Juli 1883 auf der Zeche Germania im Dortmunder Raum statt — weniger eigentlich wegen der Härte, des Umfangs und Erfolgs dieser Arbeitseinstellung, als durch den ungemein öffentlichkeitswirksamen Germaniaprozeß Ende 1883, dessen Enthüllungen und Tatsachen sich tief in das Gedächtnis der Bergarbeiterschaft eingegraben haben.

Zur Vorgeschichte dieses Streiks[255] gehört vor allem ein Wechsel des betrieblichen Führungspersonals. Den Gewerken der Grube war es gelungen, im Jahre 1882 den von frühe-

---

254 Vgl. OBA 1649 Bergmann *H. Bindermann u. a./*OBA 15. 12. 86. — Fälle der Wahlbeeinflussung oder Ergebnisverfälschung waren auch in den anderen Knappschaftsvereinen des Ruhrgebiets nicht selten; vgl. z. B. OBA 238 Bergmann *G. Nähle u. a./*OBA 9. 1. 77.

255 Wichtigste Quellen: OPM 825; OBA 1778; LRD 667; vgl. *Hue* II S. 252—255; *Lensing,* Bergarbeiter-Streik, S. 31 f.; *Kirchhoff,* Staatliche Sozialpolitik, S. 37 f.; *Karola Hüntler,* Der Bergarbeiterstreik im Mai 1889, insbesondere im Gebiet der heutigen Stadt Dortmund. Examensarbeit Pädagog. Hochschule Dortmund (masch. in StaD) 1971, S. 11 f.; *F. Beiderbeck,* Verhältnisse im Ruhrbergbau und der Streik von 1889, 1966, S. 116; *Mämpel,* Bergbau in Dortmund Bd. III, S. 119; s. auch die Autobiographie von *A. Schmidt,* Lang war der Weg, 1958, S. 13 f.

rer Tätigkeit her mit dem Ruf besonderer Durchsetzungskraft ausgestatteten Gruben-direktor *Grau* für ihre Anlage zu gewinnen[256]. Ohne Einhaltung einer Kündigungs-frist ordnete *Grau* am 16. Juli 1883 eine bereits am folgenden Tage gültige, um eine Stunde verlängerte Schichtzeit an. Am Mittag des 17. Juli brach der Streik unter der Mittagsschicht aus; etwa 350 Bergleute fuhren nicht an, sondern besetzten den Zechenplatz und zettelten einen „fürchterlichen Scandal" an. Schon am folgenden Tage wurde die Lage von *Müllensiefen*, Gewerke der Grube, für so bedrohlich gehalten, daß er telegrafisch um militärische Unterstützung einkam[257]. Die Unzufriedenheit der Berg-leute hatte sich zunächst in Gewaltaktionen: Demolierungen des Übertage-Inventars, Drohungen und Mißhandlungen gegen vorgesetzte Beamte und Arbeitswillige, Lärm und Zusammenrottung bis in die tiefe Nacht, niedergeschlagen. Starke Polizeikräfte wurden auf das Zechengelände beordert und die umliegenden Gaststätten geschlossen. Nach Inhaftierung von über einem Dutzend „Rädelsführern" hat anscheinend das Erscheinen des Dortmunder Geheimen Bergrats *Runge* einige Ruhe in das Geschehen gebracht. Von den zunächst 1100 Streikenden sind bereits am 20. Juli wieder etwa 600 angefahren, und einen Tag später war der Ausstand beendet[258]. Zwar sind von den Bergleuten drei Vertreter gewählt worden, die auch mit der Grubenverwaltung und den Behörden in Verhandlungen traten; aber von einer disziplinierten solidarischen Kampfaktion der Belegschaft ist, wie auch das frühe Abbröckeln des Streiks zeigt, nichts zu spüren. Ver-mittlungsversuche der Behörden haben offenbar zu dem frühen Streikende beigetra-gen.

Amtlicherseits sah man die tiefere Ursache des Ausstands in dem in der Grubenleitung eingetretenen Wechsel, dem erhebliche Veränderungen auch beim technischen Personal gefolgt waren. Mit der Person *Graus* verband sich auch die ungute Erinnerung der Bergleute an den langwährenden unglücklichen Streik auf Borussia 1876. Seit *Grau* die Geschäfte führte, wehte ein neuer Wind auf der Zeche: man hatte „mit der früheren ruhigen Gleichmäßigkeit gebrochen"[259] und zum Beispiel durch verschärftes Wagen-nullen und Lohndruck die Selbstkosten zu senken und die Belegschaft zu höherer Lei-stung zu treiben versucht. 1881 und 1882 lagen die Durchschnittslöhne auf Germania noch jeweils um 9 Pfennig hinter jenen des Reviers zurück, die an sich bereits mit 2,53 und 2,68 Mark für die Schicht außerordentlich tief standen. Beunruhigend wirkte sich ferner aus, daß man seit Anfang 1883 durch vorübergehend hohe Lohnangebote die Belegschaft um 200 Arbeitskräfte verstärkt hatte. Schließlich, und dies brachte die Stimmung in der Belegschaft zum Siedepunkt, war den Bergleuten nicht verborgen geblieben, daß die Zechenleitung seit geraumer Zeit förmlich, aber größere Förder-wagen ohne Veränderung der Gedingesätze — die üblicherweise nach der Wagenzahl bemessen wurden — unterschob. Nach diesem Arbeitsvertragsbruch hat jener der ein-seitig verhängten Arbeitszeitverlängerung nur noch auslösende Bedeutung gehabt.

Die Zeche nahm diese letztere Anordnung auf dringendes Anraten zurück, aber nur unter dem Hinweis, daß die Schichtzeitverlängerung, um den Arbeitern Gelegenheit zur Kündigung zu geben, später eintreten werde. Die offensichtlich den anfangs auch gewalt-tätigen Streikenden seitens des Landrats halbversprochene Indemnität konnte natürlich nicht durchgesetzt werden: Von 32 wegen Koalitionszwangs und Landfriedensbruchs

256 Vgl. OBA 1778 *Runge*/HM 17. 7. 83 (Entw.); Bergrat *Brüning*/OBA 19., 20. u. 21. 7. 83.
257 LRD 667 Bl. 255 Telegramme *Müllensiefens* und des Gendarmen *Husemann* v. 17./18. 7. 83.
258 Vgl. OBA 1778 OBA/HM 20. 7. 83 (Entw.) u. Bericht der Dortmunder Zg. ebd. Animosi-täten selbst gegenüber der ebenfalls vom Borussia-Streik erinnerlichen Direktorsgattin spiel-ten im Germania-Streik eine Rolle; vgl. Sozialdemokrat 32/2. 8. 83.
259 OBA 1778 Bergrat *Brüning*/OBA 21. 12. 83.

Angeklagten sind in dem berühmt gewordenen „Martener Aufruhrprozeß" vom Oktober 1883[260] 2 „Rädelsführer" zu 9, 15 weitere Bergleute zu bis zu 4 Monaten Gefängnis bestraft worden. Nachdem vor diesem Forum *Ed. Müllensiefen* zunächst bezeugt hatte, er wisse nichts von Maßregelungen gegen streikende Bergleute, sah sich derselbe Zeuge anderntags gezwungen, den Text eines von ihm mitunterzeichneten Zirkulars an die Gruben in der Dortmunder Umgebung bekannt zu geben, worin gebeten wurde, „uns zur Aufrechterhaltung der Ordnung und der im allgemeinen Interesse liegenden Durchführung der Arbeitszeit von 8 Stunden insofern unterstützen zu wollen, als Sie die Abkehr nehmenden oder gar streikenden Arbeiter auf Ihrer Grube nicht annehmen"[261]. Eine Anklage wegen wissentlicher eidlicher Falschaussage hat dieses Verhalten dem Zechendirektor und Gewerken allerdings nicht eingetragen.

Wie schon 1877/1878, war die Koalition der Dortmunder Gruben gegen die sich regenden Arbeiterinteressen auf der ganzen Linie erfolgreich. Gegen die Arbeiter war man sich einig und stellte das Gruppeninteresse über etwa vorhandene Relikte manchesterlichen Konkurrenzglaubens, die im übrigen durch engeres Zusammenrücken in Fragen der Produktionsbeschränkung und Absatz- bzw. Verkaufsförderung durchlöchert waren. Gerade auch in Dortmund waren starke Tendenzen zur regionalen Marktkontrolle beheimatet. Gegen die auf dieser Ebene längst angebahnte Verständigung weniger durch formelle Akte, als durch mündliche geheimgehaltene Übereinkünfte, waren punktuelle Ausstandsaktionen oder gar tumultuarische Massenproteste sinnlos. Eine regionale gewerkschaftliche Interessenorganisation hätte diese Erkenntnis sofort vollzogen und in verhaltensleitende Maßnahmen umgesetzt. Aber noch war es nicht soweit. Im „Sozialdemokrat" hieß es anläßlich des Germania-Aufruhrs:

> „Wacht auf, ihr Sklaven der Grube, rafft Euch auf! Nicht gelegentliche Ausbrüche Eurer gerechten Wuth helfen Euch, sondern bewußte Thätigkeit für die endgiltige Befreiung der Arbeiterklasse insgesammt. Nur durch planmäßigen Kampf könnt Ihr Freiheit und Brod erringen. Oder wollt Ihr ewig Sklaven bleiben?"[262]

Ein ganz anderes, aber noch nicht das Bild strenger Zielorientierung zeigt ein Arbeitskampf der Untertage-Belegschaft von 430 Bergleuten der Gladbecker Anlage Graf Moltke im März des folgenden Jahres[263]. Schon vorher war hier Unzufriedenheit über die Lohnhöhe laut geworden, aber den eigentlichen Streikanlaß bildete wieder einmal eine Arbeitszeitverlängerung. Die Zeche, die erst 1879 in Förderung getreten ist und als

---

260 Vgl. Der Martener Aufruhrprozeß, 1883. Die Schrift ist ein beredtes Zeugnis für den Höhepunkt betrieblicher Herrschaftsausübung in den 1880er Jahren. Vgl. z. B. S. 7 das Gutachten des Bergrats *Runge* (*Wilhelm R.*, 1825—1897, seit 1872 Mitglied im OBA; 1875 Geheimrat): Die Arbeitszeitverlängerung könne durchaus ohne Einhaltung der Kündigungsfrist angeordnet werden; ferner habe der Minister die Anordnung (!) getroffen — hier wurde offensichtlich an den denkwürdigen Ministerialerlaß von 1875 erinnert —, daß Bergleute sich der Verpflichtung, Überschichten zu verfahren, nicht entziehen könnten. Die Einschiebung größerer Förderwagen beruhte für *Runge* auf einem „Mißverständnis". Im Ministerium wurde nach den Erfahrungen dieses Prozesses vorgeschlagen, solchen Mißverständnissen künftig durch die Wiedereinführung von Eichungsbestimmungen vorzubeugen; vgl. die entspr. Stücke OBA 1390 Bl. 355 f., 372 u. OBA 1392 Bl. 3 ff., 36—43, 51—54. Im Abgeordnetenhaus mußte Anfang 1884 der Abg. *Berger* das Verhalten der Grubenleitung indirekt rügen, s. Tremonia 22/26. 1. 84.

261 Text nach *Hue* II S. 254.

262 Sozialdemokrat 32/2. 8. 83.

263 Vgl. OPM 826 und RM 717 Bl. 23—36, LR Recklinghausen/RM 20. 3. 84; RM/OPM 20. 3., 25. 3. u. 7. 4. 84.

einzige Anlage vor 1889 einen Ausstand außerhalb des beschriebenen ruhrindustriellen „Streikgürtels" aufweist, verlängerte die Schichtzeit unter Einrechnung der An- und Abfahrzeiten von der Hängebank zum Arbeitsort auf 9 Stunden, die nunmehr in der Grube auszuharren waren. Die etwa zwei Wochen anhaltende Arbeitseinstellung verlief, nachdem sich die Bergleute durch ein gewähltes Komitee vertreten ließen, in völlig ruhigen Bahnen. Dieses Komitee erreichte nach einer Eingabe immerhin eine oberbergamtliche Untersuchung der Betriebspunkte dieser Anlage. Um nun die Begehung durchzuführen, hielt es das Oberbergamt für erforderlich, daß der Grubenbetrieb ohne Stockungen auf vollen Touren laufe — die Belegschaft ist daraufhin geschlossen am 18. März 1884 zur Arbeit zurückgekehrt. Die Überprüfung ergab Temperaturen von 29 — 32 ° C an zahlreichen Betriebspunkten, worauf das Oberbergamt sich zur bergpolizeilichen Anordnung von Einrichtungen besserer Wetterführung veranlaßt sah. Von diesem Erfolg abgesehen, hat der Streik sein eigentliches Ziel, die Rücknahme der längeren Arbeitszeit, verfehlt. Der behördliche Eingriff, von einem nach wie vor großen Vertrauen der Belegschaft in die Unabhängigkeit des zu erwartenden Urteils herbeigesehnt und getragen, hat in Wirklichkeit nur pazifizierend gewirkt, weil die Beamtenautorität noch einmal in den Dienst einer unparteiischen Konfliktregelung gestellt schien, aber doch auf bergpolizeiliche Einwirkung beschränkt blieb. So mag es zwar zutreffen, daß die im Allgemeinen Berggesetz gezogenen Linien behördlicher Kompetenz vermittelnde Einflußnahme bei Reibungen zwischen Arbeitern und Arbeitgebern nicht gestatteten, aber angesichts der Ereignisse auf Graf Moltke liegt die Annahme nahe, daß manche Klimaverbesserungen, manche ausgleichenden, selbst lagegestaltenden Maßnahmen durch die Behörden nicht nur wünschbar, sondern auch möglich waren[264]. Auch auf der Grundlage der geltenden Gesetzgebung wären eine effektvollere Handhabung des Bergpolizeirechts und eine schärfere Betonung der Unabhängigkeit behördlicher Grubenaufsicht vor allem in der Gestalt der Revierbeamten angemessen gewesen.

Die weiteren Ausstandsaktionen der Ruhrbergleute sind in der Zeit des Ausnahmerechts bis 1889 bedeutungslos geblieben, wenn sie auch stets aufs neue die repressiven Züge der geltenden Arbeitsverfassung offenbarten — etwa, wenn der Revierbeamte *Brüning* anläßlich eines zweitägigen Streiks auf Tremonia im August 1884 wegen Wagennullens zwar die „außerordentlich ruhige und taktvolle Haltung der Arbeiter" rühmte, gerade hierin aber „eine nicht unbedenkliche Organisation der Arbeiterbewegung erkennen"[265] wollte. Eine wirksame Streikorganisation hat in diesen Jahren zur Ausnahme gehört. Nach wie vor waren es Lohnkürzungen und Arbeitszeitverlängerungen, die durch Streiks oder andere Kampfmaßnahmen wie, auf Zeche Siebenplaneten 1886, Bummelei verhindert werden sollten, und auch der Widerstand gegen mißliebige Vorgesetzte, gegen willkürliche Disziplinarmaßnahmen und versteckte Lohnkürzungen in Öl-, Pulver- und Gezähekosten war in dieser oder jener Form an der Tagesordnung. Konflikte dieser Art, über die nur selten Nachrichten überliefert sind, haben sich zahllos im Vorfeld von Streiks, ohne daß diese ausbrechen mußten, abgespielt.

So gab es unter den schon an sich auch in den ruhrindustriellen Nachbargewerben nicht sonderlich häufigen Ausstandsbewegungen[266] während des Ausnahmerechts nicht eine

---

264 Zur Diskussion s. insbes. *H. G. Kirchhoff*, Staatliche Sozialpolitik im Ruhrbergbau, S. 38.
265 OBA 1778 Bergrat *Brüning*/OBA 11. 8. 84.
266 Vgl. im Anhang (Streikstatistik) S. 629—33; und OPM 1205 V Bergbauverein/OPM 1. 9. 88: Erwähnenswerte Arbeitseinstellungen hätten in letzter Zeit nicht stattgefunden. Auch amtlicherseits ist, nachdem Ende 1886 eine Diskussion darüber angeregt worden war, ob bei Streiks Arbeiter durch aktives Militär ersetzt werden könnten und sollten, nach Rücksprache der betroffenen Fachministerien die Planung einer solchen Maßnahme nicht für erforderlich

einzige Angriffsbewegung. Alle Streiks waren Proteste gegen Situationsverschlechterungen; alle Streiks galten der Erhaltung des materiellen *status quo*, und sie trugen hierin der konjunkturellen Situation der 1880er Jahre, mehr noch dem herrschenden konjunkturpsychologischen Klima durchaus Rechnung. Die wenigen teils saisonalen, teils nur kurz anhaltenden Aufschwünge der 1880er Jahre im Ruhrbergbau sind, bei nur geringen Verbesserungen der Nominallöhne, stets über die Arbeitszeit kompensiert worden. Erst Anfang 1888 trat ein fundamentaler Klimawechsel ein. So waren, um einen wirklichen Einkommenszuwachs oder eine Verbesserung der Arbeitsbedingungen durch Arbeitskämpfe zu erzielen, einerseits die Boommonate zu kurz und zu wenig nachhaltig; andererseits fehlte die Erfahrung und Rationalität kontinuierlicher Marktbeobachtung, wie sie nur durch eine dauerhafte Interessenvertretung möglich war. Vor allem aber fehlte in diesen Jahren eine kontinuierliche, kämpferische, programmatische Führerschaft der Bergarbeiterbewegung, mit der es gelungen wäre, die Erfahrungen der betrieblich-gesellschaftlichen Gegensätze zusammenzufassen, zu formulieren und in eine gezielte Arbeitskampfstrategie umzumünzen.

Einstweilen blieb der Bergarbeiterschaft die Wiederherstellung des Zusammenhangs von Aktion und Organisation, von Interessenerkenntnis und -durchsetzung verwehrt. Die Rechtslage erlaubte, und sie ergänzte sich darin mit der konjunkturellen Baisse, Konflikte problemlos einzudämmen und zu unterdrücken. Nicht also durch Arbeitskämpfe, durch Formung und Formulierung der proletarischen Interessen in der Auseinandersetzung mit dem Gegner war unter den Bedingungen der 1880er Jahre die Bergarbeiterschaft für gemeinsame Aufgaben zu vereinen. Vielmehr gewannen die Vereinigungsbestrebungen unter Konzentration auf das schon immer dem Bergmann besonders hautnahe Knappschaftswesen neue Impulse und Akzente. Die christlich-soziale Bewegung von 1881/1882 hatte noch weitgehend einer unspezifischen Unzufriedenheitsäußerung mit gewissen Schwerpunkten gegolten, aber schon um die Jahreswende 1882/1883 zeichnete sich die künftige Bedeutung der Knappschaftsagitation im Brennpunkt bergmännischen Interesses ab; sie hat schließlich auch die Sozialdemokraten in der Bergarbeiterbewegung zeitweise bewogen, gemeinsam an diesem Strang zu ziehen.

Das Mitbestimmungsinteresse der Bergleute an der Knappschaft ist auch von Unternehmerseite nie bestritten, wenn auch bekämpft worden. Die Legitimität des Kräfteeinsatzes der Bergleute auch in organisierten Formen hierfür, selbst unter den Rechtsbedingungen des Sozialistengesetzes, konnte schlechterdings nicht angezweifelt werden, ohne den Boden zu erschüttern, auf dem die eigene liberale Wirtschaftsauffassung stand. Aber darüber hinaus bildete die Knappschaft für zahlreiche Bergleute, wie sich ebenfalls noch 1881/1882 gezeigt hatte, gleichsam die gestaltgebliebene Erinnerung an die ständisch-obrigkeitliche Zeit.

Im Gelsenkirchener Christlichen Arbeiterverein war Anfang 1883 der Bergmann *Friedrich Musebrink* in den Vorstand gewählt worden. Unter seiner Leitung begann der Verein, von der allgemeinen Klageführung über betriebliche Reibungen, für die man ohnehin nur inkompetente Adressaten und allenfalls das Ohr der Öffentlichkeit fand, zu einer hauptsächlich von *Thomé* vorangetriebenen, gezielten Programmatik in Knappschaftsfragen überzugehen. Im Februar 1883 zirkulierte eine Petition, mit der die direkte und geheime Wahl der Knappschaftsältesten erreicht werden sollte, und schon einen Monat später wurde eine neue Eingabe an *Schorlemer* wegen Änderung der Knapp-

---

gehalten worden. Vgl. OPK 8322 S. 677 IM/HM 3. 7. 87 (Abschr.). Für Streiks in anderen ruhrindustriellen Gewerben s. OPM 2762 I, RA B 59, RA I 1.

schaftsstatuten geplant[267]. Auch in dieser Phase haben sich *Laaf* und *Stötzel* weiterhin um die benachbarten Vereine bemüht und zugleich deren Bestrebungen mit denen der Essener verknüpft. Während des Jahres 1883 ist, wenn sich auch in den Vereinen ein leichter Rückgang der Versammlungstätigkeit und des Mitgliederinteresses bemerkbar machte, die Bewegung durch die Werbung dieser angesehenen Essener Führer in die Breite getragen worden[268]. Von seinem kämpferisch-antiliberalen Charakter hatte der christlich-soziale Geist im Vergleich mit den 1870er Jahren noch kaum verloren. „Kriecherisch und ausschweifend nach oben", hieß es einmal über die Nationalliberalen[269], „stets bereit, dem Fürsten Bismarck die Stiefel abzulecken, brutal und hochfahrend nach unten, auf die Arbeiter nach Belieben herumtreten und sie zu rechtlosen Sklaven herunterdrücken" — das sei das Wesen dieser Leute.

Im Herbst 1883 trafen sich in Essen auf Anregung eines mit der Bewegung seit längerem verbundenen Schriftsetzers *Friedrich Becker* und mit der Hilfestellung christlich-sozialer Führer die Vorstände einer Reihe von Knappen- und christlich-sozialen Vereinen auch aus dem Dortmunder Gebiet, wo der Tremonia-Redakteur *Lambert Lensing* von der Seite des Zentrums, daneben die hier dominierenden freien Knappenvereine das Interesse an Knappschaftsfragen wachhielten[270]. In Essen wurde die schon ein Jahr zuvor geäußerte Forderung nach einer neuerlichen Organisierung der Bergarbeiterschaft aufgegriffen und, ebenfalls unter Aufnahme eines Grundzuges bergmännischen Rechtsbewußtseins, der die Gestaltwerdung der Bergarbeiterbewegung seit ihren Anfängen begleitet hatte, in der Form eines Rechtsschutzkomitees realisiert. Den konkreten Hintergrund dieses Schritts bildete die Verschlechterung der knappschaftlichen Vermögenslage, insbesondere die Verringerung aufgrund früherer Statutenbestimmungen gewährter Leistungen an Invalidenpensionen, von der zahlreiche Bergleute betroffen waren. Die sich entgegenstehenden Meinungen hierüber betonten entweder die unbedingte Orientierung der knappschaftlichen Leistungen an der jeweiligen Leistungsfähigkeit der Kasse — so die Vorstände; oder sie stützten sich, so die widersprechenden Bergleute, auf die älteren statuarischen, „wohlerworbenen" Rechte auf höhere „Benefizien", die nicht durch Statutennovellierung rückgängig zu machen seien. Die Position der Unternehmerschaft, die angesichts der Machtverhältnisse auf die Knappschaftsvorstände abfärben mußte, war, obwohl unausgesprochen, in dieser Frage recht klar: Der Politik der Selbstkostensenkung um jeden Preis entsprach es, die sozialen Leistungen so gering wie möglich zu halten; das aber bedeutete, Sparmaßnahmen jedenfalls auf der Leistungsseite der Knappschaften durchzusetzen. Denn Beitragserhöhungen, zu denen die Arbeiterschaft eher bereit war, bedeuteten, solange Unternehmer- und Arbeiterbeiträge verknüpft waren, eine Verschärfung des Kostendrucks.

In einer Serie von Beschwerdefällen gegen die seit 1879 gültigen, reduzierten Leistungen traten die Behörden in allen Instanzen der Meinung der Knappschaftsvorstände bei,

---

267 Vgl. LRB VIII 475, Berichte der Vereinsversammlungen 4. 2. u. 25. 2. 83 u. d. Volksversammlung am 26. 3. 83.

268 Vgl. die Versammlungsberichte RD 8859 Bl. 259—264 (Nov. 1883).

269 Der Christliche Arbeiter (Anm. 217) 13. 7. 84, zit. n. Arbeiterbewegung im Ruhrgebiet, 1907, S. 23.

270 Vgl. über diese Phase der Bewegung *Hue* II S. 331 f.; Bergarbeiter im Wandel der Geschichte, S. 29 f.; Geschichte und Entwicklung der christl. Gewerkschaften, S. 4; *W. Hahn*, Streik 1889, 1924, S. 16; besonders jetzt *Hemmer*, Bergarbeiterbewegung, S. 106—109. Ungenau ist die Darstellung in der sonst unüberholten Studie von *K. Oldenberg*, Studien z. rhein.-westf. Bergarbeiterbewegung, 1890, S. 78 f.; s. ferner *Neumann*, Gewerkschaften im Ruhrgebiet, S. 52—55; *Köllmann*, Geschichte der Bergarbeiterschaft, S. 64 f.

während die nunmehr angerufenen Gerichte bis hin zum Reichsgericht in mehrfachen Entscheidungen die Position der invalidisierten Bergleute stützten. Anscheinend hat bereits in dieser Prozeßphase das in Essen gebildete Rechtsschutzkomitee erfolgreich eingegriffen; jedenfalls aber waren Klagegrund und -erfolg geeignet, manchem Zaudernden die Notwendigkeit, die neue Einrichtung zu unterstützen, vor Augen zu führen. Zum Ausbau einer Organisation war offenbar erneut an eine Nutzung des Netzes der bestehenden Knappen- und sonstigen bergmännischen Vereine für die Zwecke eines dann nicht mit dem Vereinsgesetz kollidierenden Rechtsschutz-Dachverbands gedacht. Sofort nach der Bildung des Komitees setzte, getragen von der evangelisch-werksliberalen Ruhrpresse, eine heftige Kampagne gegen den geplanten Verband ein. Es war daher ein glücklicher Umstand, daß es Anfang 1884 mit dem Engagement des früher in Bayern wirkenden, katholischen Journalisten *Johannes Fusangel* gelang, einen gewandten und mutigen Redakteur für die Bochumer „Westfälische Volkszeitung", das wichtigste Zentrumsblatt im mittleren Ruhrgebiet, zu gewinnen. *Fusangel* erkannte sofort die Möglichkeiten und Aufgaben der aufgekeimten Bewegung und setzte sich tatkräftig an ihre Spitze. Der „rote Johannes", wie man ihn bald in Westfalen nannte[271], geriet durch seine spitze Feder schnell in eine anhaltende Fehde mit der nationalliberalen Presse und vor allem mit dem Staatsanwalt, was ihm bis 1891 29 Anklagen wegen Pressevergehen einbrachte.

Mit *Fusangel* trieb frischer Wind die christlich-soziale Bergarbeiterbewegung voran. Vor allem das Scheitern der bisherigen zersplitterten Eingabenpolitik veranlaßte ihn, im Anschluß an die vorjährige Vorständekonferenz in Essen für den Herbst 1884 eine erste Delegiertenkonferenz, auf der 37 bergmännische Vereine vertreten waren, durch die „Westfälische Volkszeitung" nach Bochum einzuladen[272]. Wenn diese erste Zusammenkunft delegierter Vertreter der Bergarbeiterschaft auch anscheinend ohne programmatische Festlegung blieb, so bestand doch seither ein ständiges Rechtsschutzkomitee der Knappenvereine mit vier Mitgliedern, betrieben vor allem von *Fr. Becker* als festbesoldetem Sekretär. Die bergmännischen Vereinigungsbestrebungen hatten damit auf der Grundlage des bestehenden Vereinswesens einen bemerkenswerten organisatorischen

---

271 Vgl. J. *Gerbracht*, Kampf um die Seelen der Arbeiter, S. 15; *Hue*, Neutrale oder parteiische Gewerkschaften, S. 44. *J. Fusangel* (1852—1910), der vor seinem Zuzug in das Revier Redakteur einer *Huttler'schen* katholischen „Bayrischen Korrespondenz" gewesen war und sich darin so für die Interessen der Arbeiter und des Mittelstands engagiert hatte, daß man seinen Weggang bedauerte (Tremonia 60/12. 3. 84), ist wohl zur umstrittensten Führerpersönlichkeit der frühen Bergarbeiterbewegung geworden. Über ihn s. die jeweils nur kurzen Hinweise, z. B. b. *Hemmer,* Bergarbeiterbewegung, S. 206 Anm. 53; s. auch die freundliche Charakteristik in Der Bochumer Steuerprozeß, 1891, S. 6 f., sowie *Fusangels* eigene Worte ebd. S. 80—82. S. 6: „Von mittlerer Größe, schlank, glänzenden und in der Erregung sprühenden Auges, das Haar leicht ergrauend, wie die meisten Journalisten ziemlich nervös, — so ist Fusangel"; „persönlich nichts weniger als Grobian, im Umgange durchaus Gentleman", aber doch von einigem „Unvermögen, seine Fehler mit Rücksicht auf die eigene Sicherheit zu mäßigen". Nach dem Mißerfolg 1887 (vgl. u. S. 557 f.) errang *Fusangel* 1893 im Wahlkreis Hagen das Reichstagsmandat gegen den Zentrumskandidaten und wurde deshalb nicht in die Fraktion aufgenommen. Nach *Max Schwarz*, MdR. Biograph. Handbuch der Reichstage. Hannover 1965, S. 318, starb F. am 7. 8. 1910 in Hagen (andere Angaben: 1920).

272 Vgl. zum folgenden *Fusangels* eigene Schilderung in: Knappschaftsreform und Rechtsschutzverein, 1886, S. 7 f. u. ö.; zu den Delegiertentagen s. *A. Bredenbeck*, 1889, S. 13 f.; *Erdmann,* Christl. Arbeiterbewegung, S. 390; Die Kämpfe um Knappschafts-Reformen im Allg. Knappschaftsverein Bochum, 1910, S. 42.

Stand erreicht. Der größte Fortschritt gelang indessen dadurch, daß die knappschaftliche Meinungsäußerung nunmehr bereits in einer Phase anhängiger Statutenrevision — die Vorstände der Knappschaften standen vor der Aufgabe, die Statuten den durch die Krankenversicherungsgesetzgebung geschaffenen Bedingungen anzupassen — einsetzte, statt, wie bisher, Protest gegen vollendete Tatsachen zu erheben.

Binnen kurzem war *Fusangel* wegen seines unerschrockenen Eintretens für bergmännische Belange in einzelnen üblen Fällen mißbräuchlicher Nutzung der knappschaftlichen Machtposition zu hohem Ansehen in der Bergarbeiterschaft gekommen. Einige sehr zweifelhafte Fälle knappschaftsärztlicher Pflichtausübung und Sachkunst, durch die „Volkszeitung" in einer „allerdings sehr kräftige[n] Sprache"[273] verbreitet, brachten ihm eine Beleidigungsklage aller märkischen Knappschaftsärzte ein. In darauf stattfindenden Prozeßverhandlungen trieben die Wogen der Erregung sehr hoch, aber *Fusangel* wurde zu einer Geldstrafe von nur 3 Mark verurteilt. Übergriffe der Ärzte und manche Grobheiten und Unzuträglichkeiten in den Beziehungen der Bergleute zur Knappschaftsverwaltung dürften durch dieses Verfahren erheblich gezügelt worden sein. Die Bochumer und benachbarten bergmännischen Vereine konnten nur durch behördliches Einschreiten daran gehindert werden, dem im Prozeß Unterlegenen einen Fackelzug darzubieten[274].

Wenige Wochen vor diesem Prozeß hatte in Bochum eine weitere Delegiertenkonferenz stattgefunden, die diesmal von 84 Vereinen mit angeblich mehr als 20 000 Mitgliedern beschickt worden war. Von dieser Versammlung wurde ein vom ständigen Rechtsschutzkomitee auf der Grundlage der Statuten von 1873 erarbeitetes Programm[275] verabschiedet, das die folgenden, zum Teil auf eine lange Vergangenheit bis zur Revolution 1848/1849 zurückblickenden Forderungen der Bergleute enthielt[276]:

1. Freie Kur und Arznei auch für die Familie.
2. Freie Arztwahl und Vermehrung der Knappschaftsärzte.
3. Fortfall der Halbinvalidität; Pensionsberechtigung nach 25 Dienstjahren.
4. Ärztliches Schiedsgericht unter Hinzuziehung der Ältesten zur Entscheidung über die Invalidität.
5. Witwengeld auch für verstorbene reaktivierte Invaliden.
6. Erhaltung der Ansprüche Arbeitsloser durch Zahlung des einfachen Beitrags (ohne Hinzurechnung des Werksbeitrags).
7. Erhöhung der Werks- auf 75 % der Arbeiterbeiträge zur Knappschaft.
8. Geheime, freie, direkte Knappschaftsältestenwahl.
9. Nur Arbeiter können Arbeiter im Kassenvorstand vertreten.
10. Erleichterung der Einschreibung in die jeweils höhere Klasse der Knappschaftsmitgliedschaft.

---

273 *Fusangel* a.a.O., S. 10. Die Anklageschrift bezog sich auf die Artikelserie „Zur Knappschaftsreform" in der Westf. Volkszg. 12., 13., 17., 20. u. 24. 9. 85.
274 Vgl. LRB VIII 370; ein Plakat „An alle Bergleute" 16. 11. 85 nötigte den Oberbürgermeister *Bollmann* und den Landrat *Schmieding* zu einer öffentlichen Bekanntmachung am 17. 11. 85, in der der angekündigte Fackelzug verboten wurde. *Fusangel* ist übrigens in die Revision gegangen und hat mehrfach aufgefordert, ihm weiteres Material aus Bergarbeiterkreisen zu übermitteln.
275 Vgl. *Hue*, Neutrale oder parteiische Gewerkschaften, S. 45; *Fusangel*, a. a. O. S. 7 f.; *Gerbracht*, Kampf um die Seelen der Arbeiter, S. 30.
276 Vgl. oben S. 149 f.; Forderungen wie jene nach der freien Arztwahl sind nach der Revolution immer wieder erhoben worden; s. etwa den Bericht des Revierbeamten *Schrader*/OBA 29. 7. 76 (OBA 1644) über mehrere Frohnhausener Versammlungen von Bergleuten.

Da der Bochumer Delegiertentag nur für den märkischen Knappschaftsbezirk zu entscheiden hatte, fand eine gleichartige Veranstaltung Essen-Mülheimer bergmännischer Vereine am 29. August 1886 in Essen unter Beteiligung alter Bergarbeiterführer wie *Mühlenbeck* und *Eckhardt*, mit letzterem als Vorsitzenden, statt und beschloß ein ganz gleichartiges Programm, diskutierte aber auch bereits über Lohnfragen[277]. Diese knappschaftlichen Forderungen haben auch nach dem Streik von 1889 die Grundlagen der Knappschaftspolitik der Verbände gebildet; ihre Formulierung ist eine bedeutende Leistung des unter überwiegend christlich-sozialem Einfluß stehenden Rechtsschutzkomitees. *Fusangel* selbst hat sich ausführlich kritisch mit ihnen auseinandergesetzt[278] und sie zu einem „Maximum der Forderungen", zur Verhandlungsgrundlage der Knappschaftsvorstände anläßlich der anstehenden Neufassung der Statuten erklärt, sich im übrigen aber von einigen Punkten, so von der Invalidisierung auf eigenen Wunsch, der Forderung also nach einem Ruhestandsrecht nach 25 Dienstjahren, distanziert. Seitens des Märkischen Knappschaftsvereins, dem die Reformvorschläge vor allem gegolten hatten, erging eine rigorose, taktisch recht ungeschickte Ablehnung.

Inzwischen hatte der Rechtsschutzgedanke festen Fuß gefaßt, so daß die Pläne zur Gründung einer dauerhaften förmlichen Organisation in die Tat umgesetzt werden konnten. Eine erneute Delegiertenkonferenz billigte am 14. März 1886 in Bochum[279] den vom bisherigen Rechtsschutzkomitee erarbeiteten Statutenentwurf und wählte die Bergleute *Caspar Säcker, Meinecke* und *Wöllner* zum provisorischen Vorstand mit Kooptationsrecht; zugleich wurde ein schriftlicher Protest an die Ministerialbehörde gegen die Nichtbehandlung der bergmännischen Reformvorschläge durch den Knappschaftsvorstand beschlossen. Für einen Jahresbeitrag von 50 Pfennig konnten die Mitglieder dieses Verbands — im ersten Jahr traten ihm 12 000 Bergleute bei; danach sank die Mitgliederzahl auf 9 803 (1887), 8 152 (1888)[280] — im Rahmen eines statuarisch festgelegten Entscheidungsprozesses über die mutmaßlichen Prozeßaussichten Rechtsschutz in Knappschafts- und betrieblichen Angelegenheiten erlangen; eine weitergehende Interessenvertretung war nicht vorgesehen. Die Organisation stützte sich, offenbar entgegen den ursprünglichen Absichten, auf das Zahlstellensystem nach freigewerkschaftlichem Vorbild; wo mehrere Filialen in enger Nachbarschaft bestanden, haben sich auch Bezirke gebildet[281]. In den anfangs etwa 150 Zahlstellen, die sich nur als Kassierstellen für den Verbandsbeitrag verstanden, besorgten die Vertrauensleute die Geschäfte des in Bochum tätigen Gesamtvorstands und die erste Hilfeleistung für rat- und schutzsuchende Mitglieder; allerdings hat der Verband immer unter dem Mangel an geeigneten Vertrauensleuten gelitten[282].

277 Vgl. *Hue*, Neutrale oder parteiische Gewerkschaften, S. 46. Die „Anträge des Daniel Eckhardt als Vorsitzender des Bergmannskongresses und im Auftrage der Mitglieder des Vereins auf Abänderung des Knappschaftsinstituts" gingen auch dem OBA zu, s. ein undatiertes Ex. in OBA 1640.
278 In: Knappschaftsreform und Rechtsschutzverein, passim.
279 Vgl. bes. *Hue* II S. 333.
280 Vgl. *Hahn*, Streik 1889, S. 16 (nach der Verbandszeitschrift „Kohle und Eisen"); *Siegel*, Mein Lebenskampf, S. 56 f.; *Köllmann*, Geschichte der Bergarbeiterschaft, S. 65; *Oldenberg*, Gewerkvereine, S. 385, schätzt erheblich niedriger: 4000 (1888); 1889: „Niedergang"; 1890 nur 370 zahlende Mitglieder. Die Gesamteinnahme 1886—1888 betrug 14 451,66 Mark; dies ergibt bei allerdings vollständiger Umrechnung in Mitgliedsbeiträge jährlich durchschnittlich etwa 9600 Mitglieder; vgl. *Hue*, Neutrale oder parteiische Gewerkschaften, S. 46; sowie *Imbusch*, Arbeitsverhältnis, S. 270.
281 So ein Bezirk Eppendorf und Umgegend; vgl. StaWatt 2/E/414.
282 Vgl. *Oldenberg*, Bergarbeiterbewegung, S. 79.

Durch die rege und in den Anfängen recht erfolgreiche Werbung für den Verband[283] haben die Bochum-Gelsenkirchener christlich-sozialen Vereine, denen er nicht zum geringsten Teil seine Entstehung verdankte, an Attraktivität eingebüßt und gingen zurück. Durchaus richtig bemerkte der Wattenscheider Bürgermeister schon 1885, es seien meist „unzufriedene Leute" gewesen, „welche durch die Vereinszugehörigkeit irgend Welches zu erzielen glaubten"[284]. Schließlich waren die Christlich-Sozialen, soweit in ihren Vereinen von protestantischer Seite nur ein neuvermummter Ultramontanismus vermutet wurde, mit dem von ihnen nach wie vor hochgehaltenen Prinzip der Interkonfessionalität nur so lange erfolgreich, wie die neuentfalteten konfessionellen Gegensätze nicht über den Köpfen der Vereinsführer zusammenschlugen.

Gerade dies aber widerfuhr dem Rechtsschutzverein. Einerseits hatten sich die tendenziell sozialdemokratischen Dortmunder Vereine in Erinnerung an das Fiasko von 1877/1878 nur mäßig mit den neuen ultramontanen Vorstößen anfreunden können[285]; hinzu kam, daß es auch zwischen *Fusangel* und dem Dortmunder *Lensing* zu Spannungen gekommen war — schließlich betrieb man, wenn auch von verwandter Gesinnung, konkurrierende Presseorgane[286] —, so daß der Ausbreitung des Rechtsschutzvereins in das östliche Revier starke Hindernisse entgegenstanden. Sie wurden noch vermehrt durch den Fehler, den der Vorstand mit der Wahl des zwar wohlgelittenen, als Katholik aber allzu exponierten Nichtbergmanns *Fusangel* zum Vorsitzenden beging[287]. Exemplarisch für das seit den evangelischen Vereinsgründungen überall spürbare Aufleben konfessioneller Gegensätze war ein Vorgang 1885, als der Bochumer Christliche Arbeiterverein, in dem auch *Fusangel* mitarbeitete, eine Eingabe an den Reichskanzler für ein Gesetz gegen die Sonntagsarbeit im „Christlichen Arbeiter" veröffentlichte. Im Gegenzug vereinten sich die Mitglieder des Evangelischen Arbeiter- und Bürgervereins in Bochum um eine ganz ähnliche, vom Redakteur des liberalen „Märkischen Sprechers", *Wilhelm Hoppstädter*, formulierte Eingabe[288], in der ein solches Gesetz für überflüssig erklärt wurde. Man war hier vielmehr der Ansicht, „daß die übereilte, dilettantenhafte Erledigung einer so hochwichtigen Frage werthvolle Arbeiter-Interessen auf das Schwerste schädigen würde und auf dem Boden der heutigen Produktionsverhältnisse die Verminderung unseres ohnehin geringen Arbeitsverdienstes zur Folge hätte". Auch gegen eine gesetzliche Regelung der Arbeitszeit, gegen einen Zentrumsantrag auf den Normalarbeitstag, für den in Versammlungen im Ruhrgebiet geworben wurde[289], sprach sich die Eingabe des evangelischen Arbeitervereins aus; einzig eine Beschränkung der Kinder- und Frauenarbeit wollte man gutheißen. Schlagartig erhellt dieser Vorgang, wie sehr konfessionelle Aus-

283 Z. B. LRB VIII 477 u. StaWatt 2/E/414.
284 LRB VIII 477, an LRB 24. 4. 85.
285 *Hue* II S. 235 spricht von einer lauen Freundschaft.
286 Vgl. *Bredenbeck*, Aus der Geschichte der dt. Bergarbeiterbewegung, S. 9 f. über die „feindlichen Brüder Lensing und Fusangel". Die katholischen Presseorgane des Ruhrreviers waren naturgemäß um die Leserschaft der Arbeitervereine bemüht und warben darum, *Fusangel* sogar durch eigens erstellte Rundschreiben. S. auch *Hue* II S. 337 f.
287 Vgl. bes. *Imbusch*, Arbeitsverhältnis, S. 269 f.
288 Text dieser Eingabe im Märk. Sprecher 154/6. 7. 85, ein Ex. in LRB VIII 477, vgl. ebd. Der konfessionelle Kampf war zugleich eine Pressefehde zwischen den Redakteuren *Quandel* und *Fusangel*, den „ersten Kampfhähne[n]" im Raum Bochum-Gelsenkirchen (Arbeiterbewegung im Ruhrgebiet, 1907, S. 27).
289 Vgl. StaWatt 2/E/418 über eine Versammlung v. 8. 2. 85 in Freisenbruch, die von den Behörden f. sozialdemokratisch gehalten und wegen Abweichung von der Tagesordnung aufgelöst wurde. Als Redner wird aber *Baltes* genannt, der, von Beruf Lumpensammler, dem benachbarten Stoppenberger Christlichen Arbeiterverein vorstand.

einandersetzungen die Formulierung und Durchsetzung der Ziele und Programme der Arbeiterschaft überlagern, verdecken, verhindern konnten. Wenigstens in Bochum und seiner näheren Umgebung waren die evangelischen Arbeitervereine ganz in das Fahrwasser der liberalen Unternehmerschaft abgeglitten; sie machten sich als Werksvereine nur noch um die Geselligkeitspflege und Vaterlandstreue verdient. Demgegenüber nahm die katholische Arbeiterschaft mit den wenigen, die in der Interkonfessionalität das Heil erblickten, den progressiven Flügel der Arbeiterbewegung so lange ein, wie eine prinzipiell überkonfessionelle, überparteiliche Interessenfindung noch dem Ausnahmerecht verfiel. Von Seiten der Gewerken ist dieser situationsbedingt progressive Charakter der christlich-sozialen Organisationsbestrebungen erkannt und, nicht zimperlich in der Wahl der Mittel, zu bekämpfen versucht worden. Hier half alles, was auch gegen Sozialdemokraten erfolgreich war. So ist ernsthaft und mit Erfolg von einigen Betriebsleitungen den Belegschaften das Halten christlich-sozialer Zeitungen – die „Tremonia" verfiel 1884 und noch einmal 1887 einer solchen Indizierung[290] – verboten worden.

Der Rechtsschutzverein bezog indessen seine Existenzberechtigung aus der knappschaftlichen Situation der Arbeiterschaft. Mit den ersten Erfolgen für Bergleute, die um die Höhe der Pension prozessiert hatten, war es nicht getan[291]. Nach dieser ersten Prozeßwelle bis zur Mitte der 1880er Jahre brach 1886/1887 ein ähnlich gelagertes Problem herein: Das Statut von 1873 hatte auch solchen Personen nach einiger Dienstzeit einen Pensionsanspruch eingeräumt, die die Bergarbeit erst in einem mittleren Alter, das nicht mehr die Einschreibung in einer der beiden pensionsberechtigten Klassen ermöglichte, aufgenommen hatten. Als dieser Pensionsanspruch gestrichen wurde, erhob sich ein neuer Kampf um „wohlerworbene" Rechte. Der Essener Knappschaftsvorstand und das Oberbergamt beriefen sich hierin ernsthaft auf ein Verschulden der Antragsteller, daß sie sich nicht in die höhere Klasse hätten einschreiben lassen; das Verschulden bestand in dem zu hohen Alter. „Diese Art alter Arbeiter" habe dem gesamten Bergbau „wenig oder gar keinen Segen gebracht ... Von Rücksichten der Humanität können wir uns, angesichts der besorgniserregenden Kassenabschlüsse durch den verheerenden Einfluß der neueren Rechtssprechung, die Ungunst der Zeit und die neue Gesetzgebung für das Gebiet der Krankenversicherung, bei Beurtheilung derartiger Forderungen mehr als jemals nicht einlassen"[292]. Seit dem 1. Juli 1885 waren bei der Essener Knappschaft insgesamt 324 ähnlich gelagerte Pensionsanträge eingegangen; die Entscheidung besaß also erhebliche Präzedenzwirkung und hielt unter den Betroffenen, aber auch deren Kameraden und in den Belegschaften das Bedürfnis nach Rechtsschutz wach. Die ordentlichen Gerichte brauchten allerdings nicht bemüht zu werden, da das Ministerium als letzte Beschwerdeinstanz dafür hielt, daß ein Verschulden in der Aufnahme der Bergarbeit im vorgerückten Alter nicht erblickt werden könne – eine Entscheidung, zu der der Rechtsschutz-

---

290 Vgl. *Lensing,* Bergarbeiter-Streik, S. 74.
291 Vgl. bes. die Eingaben, Schriftwechsel und Knappschaftsvorstands-Protokolle in OBA 1636, 1640–1641, 1645. Über die Stimmung der Gewerken anläßlich dieser Erfolge s. die Rede des Bergassessors *Hoffmann* in der Generalversammlung des Bergbauvereins v. 22. 12. 86 (Glückauf 2/8. 1. 87): „Das Gefühl der Gemeinsamkeit der Interessen, der kameradschaftlichen Zusammengehörigkeit war der großen Mehrzahl dieser Pensionäre total verloren gegangen. Aufgehetzt durch Winkelconsulenten schrieen sie über Vergewaltigung, über Attentate auf wohlerworbene Rechte und eröffneten durch eine Reihe von Prozessen einen regelrechten Angriff auf die Knappschaftskassen. Und dies leider mit Erfolg!" S. auch unten S. 557.
292 OBA 1640 Knappschaftsvorstand Essen/OBA 30. 3. 87; vgl. ebd. Bescheid des OBA/Bergmann *A. Langeberg,* Borbeck, 7. 2. 87 (Abschr.) u. d. Bericht des Knappschaftsvorstands 3. 6. 87.

verein durch seine Präsenz, durch das Betreiben bergmännischer Rechte, sicherlich beigetragen hat[293].

Großen Erfolg durch weite Publizität erlangte der Rechtsschutzverein jedoch durch eine Eingabe vom September 1886, in der die Nichtberücksichtigung der neuerlichen Forderungen des Bochumer Delegiertentages von 1885 bei der Statutenrevision verurteilt wurde[294]. In diesem geschickt formulierten Schriftstück sind, bei mancher höheren Orts sicher gefälligen Formulierung, die Kernprobleme, die sich in der Forderung nach geheimer direkter Wahl der Ältesten konzentrierten, nicht vernachlässigt worden. Vor allem wurde die Entwicklung des Knappschaftswesens in die gesamtwirtschaftliche Situation und die konjunkturelle Entwicklung des Ruhrbergbaus eingeordnet und die Meinung vertreten, die sozialen Leistungen der Unternehmerschaft seien in den Bilanzen der Betriebe nicht länger als beeinflußbare Faktoren anzusehen. Aufmerksamkeit verdient auch das ausdrückliche Desinteresse der Beschwerdeführer an einer weiteren Sonderstellung der Knappschaftsvereine, wie sie noch das Krankenversicherungsgesetz formuliert hatte — hierin lag eine bedeutsame Überwindung ständischer Bewußtseinsrelikte. Einzig die von den Bergleuten immer wieder vorgebrachte Kritik an dem durch Statut zum 1. Januar 1886 inkraftgetretenen Achtlohnklassensystem, mit dem der Forderung des Krankenversicherungsgesetzes nach einem an der Lohnhöhe bemessenen Krankengeld stattgegeben wurde, verfehlte bei allem Wohlwollen für die älteren, weniger leistungsfähigen Bergleute doch die sozialpolitische Intention des Knappschaftsinstruments[295].

Die Unterschriften der Bergleute unter diese Eingabe sollen zwei dicke Bände gefüllt haben; ihre Zahl wird mit 30 000 angegeben, und so hat es auch nicht an Zweifeln über die Echtheit dieser Unterschriften gefehlt[296]. Einigen Erfolg konnten sich die Bergleute davon erwarten, daß die Oberbehörde in einem Erlaß *Maybachs* am 11. November 1883 die direkte Wahl der Knappschaftsältesten, wie sie in anderen Bezirken preußischen Bergbaus längst üblich war, empfohlen hatte[297], freilich die Autonomie des Knappschaftsvorstands in Statutenfragen nicht zu umgehen vermochte. Auch diesmal sprach sich das Ministerium in einer recht eiligen Stellungnahme für seine damalige Ansicht aus und ließ durch das Oberbergamt die Knappschaftsvorstände bestimmt auffordern, die Statuten sofort einer entsprechenden Revision zu unterziehen[298]. Durch diese nachdrückliche Sprache auf den Plan gerufen, drückte der Vorstand des Bergbauvereins am 21. Dezem-

---

293 Vgl. OBA 1641 OBA/Knappschaftsvorstand Essen 11. u. 14. 11. 87 (nach dem Protokoll des Knappschaftsvorstands 30. 12. 87). Die Mitwirkung des Rechtsschutzvereins an dieser Beschwerdeaktion ist durchaus wahrscheinlich, läßt sich jedoch aus den lückenhaft überlieferten Quellen nicht ersehen. In der im folgenden diskutierten Eingabe wird auf die neuerdings laufenden Beschwerden hingewiesen. Über einen ähnlich erfolgreichen Versuch, auf dem Beschwerdeweg eine Änderung der Mülheim-Essener Statuten zu veranlassen, s. OBA 1645 (Antrag v. *C. Säcker*) und OBA 1639 (Antrag *Jan Ekardt*), 1887.

294 Text s. im Anhang S. 624—27; vgl. *Hue* II S. 333 f.

295 Diese Kritik ist durch die von *D. Eckhardt* in Essen (vgl. o. S. 553) formulierten Vorschläge dahin modifiziert worden, daß den Bergleuten I. Klasse Krankengeld mindestens nach der 7. (Statuten: 5.) Lohnstufe zu gewähren sei. Nicht unproblematisch war ferner die in der Eingabe gezeigte Gleichgültigkeit gegenüber Bestrebungen zur Teilung und Verkleinerung der Knappschaftsvereine; vgl. unten S. 557.

296 Vgl. Glückauf 3/12. 1. 87; *Müller*, Christl. Gewerkschaftsbewegung, S. 35.

297 Auszugsweise gedruckt bei *Lensing*, Bergarbeiter-Streik, S. 15.

298 Der nicht auffindbare Erlaß dürfte Anfang Dezember 1886 ergangen sein; vgl. das wörtliche Zitat daraus in Glückauf 3/12. 1. 87.

ber 1886 „sein Befremden" über diesen Eingriff in Selbstverwaltungsrechte aus[299] und setzte die Behandlung der Eingabe des Rechtsschutzvereins auf die Tagesordnung seiner Generalversammlung am folgenden Tag[300]. Nach ausführlichen Klagen über die „maßlosen Agitationen" und Hetzkampagnen gegen die Knappschaft griff der Referent, Bergassessor *Hoffmann*, den alten Vorschlag einer Trennung der Kranken- von den Pensionskassen wieder auf, da man auf dem „durch die Tradition gewissermaßen geheiligten Wege nicht mehr weiterschreiten" könne. Kaum verhüllt verlautete die hinter der Bildung von Werkskrankenkassen verborgene Absicht, daß

> „mit der Opferwilligkeit des Werksbesitzers, welcher weiß, daß er das, was er thut, für seine eigenen Arbeiter thut, ... das Bewußtsein der Arbeiter davon wachsen [werde], daß sie in allem naturgemäß an die wohlwollende Fürsorge des Arbeitgebers gewiesen sind, und in der gemeinsamen Pflege und Arbeit an dem dem Wohle der Belegschaft gewidmeten Institute wird sich die Gemeinsamkeit der Interessen beider Theile zum Wohle des Ganzen mehr und mehr geltend machen".

Gegenüber solcher Radikalkur und einigen ähnlichen Stimmen der Falken im Bergbauverein — Bergassessor *Krabler* bedauerte unter lebhaftem Beifall die Zumutung, „solch unerhörte Anschuldigungen ins Gesicht zu schleudern und so vollständig unmotivierte Forderungen zu stellen" — erscheinen die auf energisches Einschreiten *Hammachers* schließlich verabschiedeten Beschlüsse des Vereins doch als Resultat eines differenzierten Meinungsbildes. Vielleicht auch unter taktischen Rücksichten, stellte *Hammacher* die Frage, was man sich eigentlich damit vergäbe, wenn man den billigen Wünschen der Arbeiter entgegenkäme, und ob es nicht „vom vernünftigen Standpunkte aus schon des sozialen Friedens wegen richtig [sei], daß wir uns einmütig dahin aussprechen, dem Verlangen der Arbeiter nachzugeben". Zwar ist noch gegen die freie direkte Wahl der Knappschaftsältesten nicht zu Unrecht deren „Zwitterstellung", ihre aus ständischer Zeit überlieferte Position als gewählte Interessenvertreter und zugleich Kontrolleure der Wähler ins Feld geführt worden[301], aber die Mehrheit der Anwesenden verschloß sich nicht der vernünftigeren Vorstandsansicht und billigte daher sowohl die direkte Ältestenwahl als auch Schritte zur Einführung der freien Arztwahl.

Der bemerkenswerte vorläufige Erfolg der Eingabe des Rechtsschutzvereins vom Herbst 1886 hätte den Boden für eine Ausweitung seiner Tätigkeit auf in der Eingabe im übrigen durchaus berührte Lohn- und Arbeitszeitprobleme bereiten können. Die Beschränkung auf bloße Rechtsschutzaufgaben konnte langfristig nicht ausreichen, die Arbeiterschaft an die Organisation zu binden; die Bergarbeiterschaft würde, dies war vorauszusehen, über kurz oder lang weitere Kampfinstrumente benötigen. Wieder einmal war es der konfessionelle Hader, der Ausbreitungsmöglichkeiten auch in dieser Richtung behinderte. *Fusangel*, der schon 1884 als Wahlkämpfer *Schorlemers* aufgetreten war[302], ließ sich wohl auch aus ehrgeizigen Motiven dazu verleiten, sich zu den Septennatswahlen am 21. Februar 1887 als Zentrumskandidat zur Wahl zu stellen. Es blieb nicht aus, daß der Rechtsschutzverein, dessen Vorstand besser auch aus protestantischen Mitgliedern bestanden hätte, nun vollends in das angebliche Zwielicht „ultramontaner

---

299 Glückauf 5/19. 1. 87 ü. d. Vorstandssitzung.
300 Protokoll ebd. 2–4/8., 12. u. 15. 1. 87.
301 Vgl. oben S. 284 f.
302 In einem „Schorlemer-Lied" 1884 hieß es nach der Melodie „Ich hatt' einen Kameraden": „Ich weiß einen Candidaten, einen schlechtern gibt es nit;/Er wird nach langem.Streite am Wahltag gehen pleite. Fusangeln nimmt er mit/...Ein Bergmann". Nach *Nettmann*, Witten in den Reichstagswahlen, S. 125.

Interessen" geriet und von der gegnerischen Presse zum „ultramontanen Wahlverein" gestempelt wurde[303]. Als die nationalliberalen Kräfte — ihr Kandidat war der populäre Wittener *Dr. Haarmann* — mit anderen gegen *Fusangel* mobilisierten[304] und damit auch Kulturkampfreminiszenzen wachriefen, konnte sich dieser nicht, wie noch *Schorlemer*, auf die Unterstützung auch der bäuerlichen Schichten im Wahlkreis stützen. Bei einer erheblichen Steigerung der Wahlbeteiligung um 8,9 Punkte auf 84,5 % ist insgesamt der Stimmenanteil des Zentrums von 45,8 % (1884) auf 38,5 %, aber auch absolut zurückgegangen; der Stadt/Land-Vergleich zeigt keine wesentlichen Unterschiede im Stimmenrückgang. Allerdings scheint es, als ob die Stimmenverluste auf dem Lande eher bei den Nationalliberalen zu Buche schlugen, die sich in den Städten weniger deutlich verbesserten; hier errang ein unter dem Sozialistengesetz erstmals wieder aufgestellter sozialdemokratischer Kandidat Achtungserfolge (Witten: 7,2 %; Bochum: 3,7 %).

So ging *Fusangel* arg gerupft aus den Wahlen hervor, und dem gerade im Kreis Bochum verbreiteten Rechtsschutzverein war die allzu offensichtliche Verquickung mit Parteiinteressen nicht dienlich. Daher verhielten sich auch die Essener Christlich-Sozialen künftig zurückhaltender, um ihren eigenen Reichstagssitz nicht zu gefährden. Zugleich bemühten sich in Essen und Dortmund die alten Bergarbeiterführer *Schröder, Eckhardt, Mühlenbeck* und andere um die Organisierung der Bergleute. *Eckhardt* hat in Essen sogar einen dann allerdings gescheiterten Versuch zur Gründung eines eigenen Rechtsschutzverbands unternommen[305]; die Attraktivität dieses Gedankens wird auch in einer vergleichbaren Gründung der Fabrikarbeiter in der Dortmunder Gegend deutlich, wo *Tölcke* seit längerem ein Büro zur Beratung gerade auch der Bergleute in Rechtsangelegenheiten gegen ein geringes Entgelt betrieb[306].

Langfristig erfolgversprechender war allerdings der von den freien Dortmunder Vereinen unternommene Versuch der Zusammenfassung der in den Knappenvereinen organisierten Kräfte, an dem *Schröder, Bunte* und *Siegel* „unter den Augen des alten Tölcke"[307] und in Fühlungnahme mit dem sächsischen Bergarbeiterverband arbeiteten und der auch auf die Gelsenkirchener Sozialdemokraten um *Dieckmann* und *Brodam* ausstrahlte. Auf einem ersten Delegiertentag von 54 auch konfessionellen Knappenvereinen mit 13 556 Mitgliedern unter Führung von *Schröders* Verein „Glückauf" in Dortmund im Herbst 1888 wurden die früheren Zentralisationsversuche wieder aufgegriffen[308].

Der Rechtsschutzverein hatte seit 1887 beständig an Bedeutung verloren, und auch die Gründung eines eigenen Verbandsorgans, „Kohle und Eisen"[309], nach dem Maistreik hat den Verfall nicht aufhalten können. Die bergmännischen Forderungen reichten in-

---

303 Rhein.-Westf. Zg. 5. 3. 87; Ausschnitt in LRB VIII 477.
304 Vgl. das Gedicht eines „Altgedienten" bei *Nettmann*, Witten in den Reichstagswahlen, S. 126: „... Denkt an Düppel, wo uns legten Dänen viel Fussangeln [!] hin .../Auf Markaner! Deutsche Sprossen! Stimmt für Haarmann nur allein./Mag auch Zentrum und Genossen nach Fussangel [!] heiß sich schrein,/Wählt mit echter deutscher Treue ..."
305 Vgl. [*H. Imbusch*], Lage der Bergarbeiter im Essener Bezirk, S. 45; *ders.*, Arbeitsverhältnis, S. 273 f.
306 Vgl. *Franz Osterroth*, Biograph. Lexikon des Sozialismus Bd. I. Hannover 1960, S. 311; Volksbote. Volksblatt für Westf. u. Rheinland 2/7. 1. 88.
307 *Oldenberg*, Bergarbeiterbewegung, S. 79.
308 Vgl. unten S. 582 f.
309 Das Blatt erschien 1. 7. 89 bis 29. 8. 91 und hatte anfangs 6000—7000 Abonnenten. Nachforschungen nach einem überkommenen Exemplar sind erfolglos geblieben. Vgl. *W. Kulemann*, Die Berufsvereine 1. Abt., 1908, S. 326.

zwischen über bloßen Rechtsschutz hinaus, wie auch in anderen Bergbaurevieren deutlich geworden war[310].

Dabei konnten sich die bisherigen Erfolge des Verbands durchaus sehen lassen[311]. Nach einem Geschäftsbericht vom zweiten Halbjahr 1887 hatten 1418 Personen die Hilfe des Verbands in Anspruch genommen, und 112 Beschwerden gegen die Knappschaftsvereine waren durch ihn befördert worden. 12 Haftpflichtprozesse und 32 weitere Klagen gegen Zechenverwaltungen waren angestrengt worden, und zum Zeitpunkt der Aufstellung waren 63 Berufungsfälle anhängig. Dennoch konnte in der Aufgabenbeschränkung des Verbands wenig Zukunft liegen; in dieser Erkenntnis lagen die Wurzeln für die spätere Gegengründung zum Alten Verband, den Verband „Glückauf" von 1890.

Die eigenartige Überlagerung der bergmännischen Interessenformierung mit religiösen Grundhaltungen und Auseinandersetzungen findet sich auch in anderen Bergbaurevieren, gelegentlich sogar, wie in Oberschlesien, wo zu den konfessionellen Gegensätzen nationale traten, in schwerer Form. In solcher Situation blieben die traditionellen Wege und Formen der Konfliktregelung virulent[312], wurden die religiösen und nationalen Gegensätze fortwährend belebt und konnten gewerkschaftliche Interessenorganisationen, auf Jahrzehnte hinaus, keinen Boden gewinnen.

Dagegen hat im Saarbrücker Bergbau die fortdauernde behördliche Betriebsführung und mit ihr der Geist preußisch-obrigkeitlicher Bergbauverwaltung das Verhalten der Bergarbeiterschaft zutiefst und bis in die jüngste Zeit geprägt[313]. Die ständisch inspirierte Sozialordnung erhielt über die Jahrhundertwende hinaus den Berufsstolz der Bergleute und ihre Geringschätzung anderer Gewerbe, die Herrschaftsverhältnisse eines obrigkeitlichen Patriarchalismus in der Wechselbeziehung von Pflicht, Gehorsam und sozialer Sicherheit in voller Funktion, gestützt durch weitgehende Wahrung der ethnischen und religiösen Identität und durch struktursichernde Maßnahmen wie Förderung der Ansässigkeit, Aufstiegschancen u. ä.[314]. Daß dennoch Konflikte des Arbeitsprozesses und der innerbetrieblichen Herrschaft nicht reguliert, nur überdeckt werden konnten, verraten ein reichlicher Alkoholismus und verbreiteter Hang zur Gewalttätigkeit der Saarbergleute[315]. Insgesamt überwogen hier den Ruhrbergleuten ganz ähnliche Verhaltensmuster, und der Beschwerdeweg mündete 1889 ebenso wie an der Ruhr in den Versuch einer — gescheiterten — Kaiserdeputation. Erst nach dem auch an der Saar aus-

---

310 Vgl. z. B. die allgemeine Bemerkung hierzu in Der Bergbau 8/21. 11. 88: Die Kritik sei "eine herbere" geworden.

311 Vgl. Volksbote 4/14. 1. 88.

312 Vgl. z. B. über eine Bittschrift aus Oberschlesien in Knappschaftsangelegenheiten Correspondenzblatt der Generalkommission der Gewerkschaften Deutschlands 39/26. 9. 98; C. *Legien* hielt den Arbeitern vor, „daß weniger mit Bittschriften als durch Einwirkung auf die Generalversammlungen, durch Wahl geeigneter Knappschaftsältesten, eine Änderung des Statuts zu erreichen und daß hierzu Organisierung ... erforderlich" sei.

313 Vgl. E. *Müller*, Der Steinkohlenbergbau des Preuß. Staates in der Umgebung v. Saarbrücken. T. VI: Die Entwicklung der Arbeiterverhältnisse. Berlin 1904, S. 40—71; Peter *Kiefer*, Die Organisationsbestrebungen der Saarbergleute. Diss. Straßburg, Sulzbach o. J. [1912], S. 118—127.

314 Weitere Maßnahmen sind etwa Heiratskonsens, Familienpflege, Knappschaftsklassen, Uniformen, Nachwuchsförderung; vgl. *Müller*, Steinkohlenbergbau in Saarbrücken, S. 31—39.

315 *Kiefer*, Organisationsbestrebungen, S. 124, hält den Saarbergmann deshalb für ein „psychologisches Rätsel".

gebreiteten Streik organisierte sich der aufgewachte „unbotmäßige Geist"[316] nach ausdrücklichem Ruhrvorbild in einem Rechtsschutzverein der Saarbergleute. Das Fehlen nennenswerter konfessioneller Auseinandersetzungen, im übrigen eine der „Befreiung" des Bergbaus aus den Fesseln des Direktionsprinzips ganz ähnliche strukturelle Disposition hat die Entstehung bergmännischer Interessenorganisationen in anderen Bergbaugebieten begünstigt. Zwar sind die Arbeiter im Mansfelder Kupferschieferbergbau vor 1889 nicht über die auch hier gepflegte Konfliktregelung im Beschwerdeverfahren[317] hinausgekommen. Dagegen hat das Fehlen einer bemerkenswerten ständischen Arbeitserziehung die Arbeiter in dem jüngeren Lugau-Oelsnitzer Revier schon gegen Ende der 1860er Jahre zur gewerkschaftlichen Interessenformulierung und -organisation finden lassen. Im benachbarten Zwickau, dem Hauptort des sächsischen Steinkohlenbergbaus, schritten die Bergleute im Zusammenhang mit einer weitgreifenden Knappschaftsagitation, die die Überführung der Kassen in die alleinige Verwaltung der Arbeiter bezweckte[318], nach Vorbesprechungen unter Mitwirkung von W. *Liebknecht* im Mai 1876 zur Gründung eines Verbands sächsischer Berg- und Hüttenarbeiter[319], der die Bergleute aus Zwickau und dem Plauenschen Grund (Lugau, Oberwürschnitz, Niederwürschnitz) vereinigte. Diesem Verband gelang die Eintragung in das Genossenschaftsregister; allerdings waren die Rechte einer juristischen Person nur durch Verzicht auf Streikkassen zu erlangen. Seine Rechtspersönlichkeit, mehr noch seine ebenfalls gewohnten Beschwerdebahnen folgende, wenig kämpferische Politik unter dem Vorsitz von *Karl Ebert* aus Wilkau bewahrte den Verband vor dem vereins- oder ausnahmerechtlichen Verbot nach 1878, so daß die sächsischen Bergleute während des Sozialistengesetzes über eine fortbestehende Organisation verfügten. Wenige Tage nach Erlaß des Sozialistengesetzes beschloß der Vorstand eine Landtagspetition, in der gelinde Maßnahmen zur Sicherung der Löhne und Schichtzeit, insbesondere auch knappschaftliche Reformen gefordert wurden. Die Erweiterung der gutorganisierten Unterstützungseinrichtungen und die Gründung des Verbandsorgans „Glückauf", das bald auch im Ruhrgebiet gelesen wurde, ließen die Mitgliederzahlen seit etwa 1884 auf (1890) 6240 oder rund 37 % der Revierbelegschaften anwachsen[320]. *Ebert* setzte die Petitionspolitik fort und reiste zur Beratung einer knappschaftlichen Eingabe 1888 sogar nach Dortmund, um mit *Schröder, Bunte, Siegel* und anderen zu beraten — hier wurde die überregionale Bergarbeiterorganisation nach 1889 vorbereitet.

Noch ein weiterer Bergarbeiterverband hat, zusammen mit seiner Dachorganisation, die Fährnisse des Sozialistengesetzes überstanden. Der Hirsch-Dunckersche Gewerkverein der Deutschen Bergarbeiter, 1869 mit 5 153 Mitgliedern die stärkste der im Vorjahr entstandenen liberalen Gewerkschaften[321], war nach der schweren Niederlage im Walden-

---

316 *Müller*, Steinkohlenbergbau in Saarbrücken, S. 51.

317 Vgl. zahlreiche Zeugnisse b. *Karl Lärmer*, Vom Arbeitszwang zur Zwangsarbeit. Die Arbeitsordnungen im Mansfelder Kupferschieferbergbau von 1763 bis 1945. Berlin (O) 1961, S. 133—137, 151—154 u. ö. Mit dem Ziel der Streikverhinderung wurde hier 1893 ein betriebliches Beschwerderecht eingeführt.

318 Vgl. *H.-D. Krause*, Gewerkschaften und polit. Kampf in Deutschland in den Jahren 1873/ 1874. in: BzG 14 (1972) S. 83—98, hier S. 97.

319 Vgl. *Friedrich Langhorst*, Aus der Geschichte des sächs. Bergbaues und seiner Arbeiter. Zwickau o. J. [1924], S. 84—96; *Hue* II S. 339—354; Bergarbeiter im Wandel der Geschichte, S. 70—72; 40 Jahre Bergbau und Bergarbeiterverband, S. 48—50.

320 Nach *Langhorst*, Geschichte des sächs. Bergbaues, S. 96, 150—152; vgl. *Hue* II S. 345; *Fritsch*, Ausbreitung des Revisionismus im dt. Bergarbeiterverband, 1967, S. 112.

321 Vgl. Christl.-Soz. Bl. 4 (1871) S. 82; vgl. *Gleichauf*, Geschichte des Verbandes der dt. Gewerkvereine, 1907, *W. Schröder/P. Haferstroh*, Verband der dt. Gewerkvereine, 1970.

burger Bergarbeiterstreik 1869/1870 eingeschlafen und trat erst 1879 wieder mit 239 Mitgliedern hervor — bei Erlaß des Sozialistengesetzes fand sich im Ruhrgebiet, wo es Anfang 1870 unter Führung des Gewerkvereinsfunktionärs *Hugo Polke* zu vereinzelten Agitationsversuchen für diesen Verband gekommen war, allerdings keine einzige Hirsch-Dunckersche Organisation[322]. Vielleicht im Zusammenhang mit Werbungsversuchen für den Gewerkverein der Deutschen Maschinenbau- und Metallarbeiter 1881—1883[323], finden sich seit 1883 wieder Filialen eines Gewerkvereins der Bergarbeiter im Ruhrgebiet, und der Vorort ist schließlich 1887 von Laurahütte nach Gelsenkirchen verlegt worden. Die Entwicklung blieb indessen dürftig[324], und nur die allgemein für ihre guten Leistungen bekannten Unterstützungseinrichtungen der Hirsch-Dunckerschen dürften ihrem Bergarbeiterverband Mitglieder zugeführt haben. Er blieb gleichwohl bedeutungslos[325]:

1879	239	Mitglieder	1889	936	Mitglieder
1886	789		1890	963	
1887	464		1891	956	
1888	765		1892	727	

Im Verlauf der 1880er Jahre haben sich im Ruhrgebiet, fortan dem Schwerpunkt des Gewerkvereins, Filialen unter anderen in Katernberg, Styrum, Oberhausen, Alstaden, Dümpten, Meiderich, Braubauerschaft, Wattenscheid, aber auch im Dortmunder Raum[326] gebildet, die aus wenig mehr als einigen Dutzend Mitgliedern bestanden. Ihre Tätigkeit beschränkte sich zumeist auf Kassenangelegenheiten[327]. Auch die erneute Agitation des Redakteurs *H. Polke* im Juni 1884 in Mülheim und Oberhausen[328] ließ den Gewerkverein nicht in den Vordergrund treten. Das Jahr 1888 brachte, nachdem sich schon 1886 *M. Hirsch* persönlich auf einer Reise durch das Ruhrgebiet mit freilich gerin-

---

322 Den Mißerfolg 1870 unterstreicht Zeitungsbericht RPD 14. 4. 70 (in OPK 177 vol. II S. 269—299); für 1878 vgl. OPM 2693 I Bl. 136—143 (und OPK 6830 S. 47—61), Verzeichnis aller in Dtld. Ende 1878 bestehenden Vereine, von *M. Hirsch* dem IM ausgehändigt, um die Behörde vor einer Anwendung des Sozialistengesetzes auf die Gewerkvereine zu bewahren. *Gleichauf*, Geschichte des Verbandes der dt. Gewerkvereine, nennt S. 56 f. in einer Aufstellung für 1872 keinen Bergarbeiterverband. Vgl. noch *Kulemann*, Die Berufsvereine, 1. Abt. S. 334 f.
323 Vgl. ü. Versammlungstätigkeit StaWatt 2/E/414; OPK 9047 S. 535—560, Zeitungsbericht RPD 2. 5. 84.
324 Vgl. OPK 8320 S. 589—617 Semesterbericht OPK 18. 11. 83 (Entwurf: Gewerberat *Dr. Wolff*): Die Gewerkvereine gewännen keinen Boden. „Nach vorliegenden Erfahrungen ist dies nicht zu bedauern". S. ferner *Imbusch*, Arbeitsverhältnis, S. 219 f.
325 Nach *Paul Umbreit*, Die gegnerischen Gewerkschaften in Dtld. Acht Vorträge. Berlin 1907, S. 168 f. *Köllmann*, Die geschichte der Bergarbeiterschaft, S. 65, spricht (wohl nach *Hue* II S. 299. *Hue* betont immerhin, daß es sich um eine Angabe des Verbandes handele. S. auch *Hahn*, Bergarbeiterstreik, S. 16; *Neumann*, Gewerkschaften im Ruhrgebiet, S. 52) für 1887 von 5500 Mitgliedern in 56 Vereinen. Dies ist um so unwahrscheinlicher, als der Gewerkverein gerade 1887 vom Generalrat für aufgelöst erklärt wurde und dadurch einen Mitgliederverlust erlitten hat; vgl. *Gleichauf*, Gewerkvereine, S. 216.
326 Vgl. RD 8859 Bl. 308—310, 361 f.; RD 8860 Bl. 137 f.; RD 30433 Bl. 143: Berichte der Bürgermeistereien 1883/1884; OPM 2693 II Bl. 156—191 Vereinsliste 1890; StaWatt 2/E/414; StaD 17 Eving E n 9.
327 Vgl. RD 8860 Bürgermeister Oberhausen/LR Mülheim 10. 3. 85. Mitgliederzahlen einzelner Filialen: RD 30433 Bl. 143.
328 Vgl. RD 8859 Bl. 338, 357 f.; Versammlungsberichte 9. 6., 16. 6. 84. Der Styrumer Bürgermeister hielt die Gewerkvereine für „Herde der Sozialdemokratie".

gem Erfolg um die Bergleute bemüht hatte, wieder eine leichte Mitgliederzunahme[329]. In der Streikbewegung 1889 hat der Gewerkverein nirgends eine Rolle gespielt.

d) Die Sozialdemokratie im Ruhrgebiet während des Sozialistengesetzes

Die Nachrichten über die Entwicklung der Sozialdemokratie während des Sozialistengesetzes im Ruhrgebiet sind spärlich und weit zerstreut. Daß „nicht eben viele Beispiele sozialdemokratischer Betätigung in der Industriebevölkerung"[330] überliefert sind, war nicht zuletzt Folge der insgesamt noch wenig stabilen organisatorischen Grundlagen zum Zeitpunkt des Erlasses des Ausnahmerechts. Nach wie vor schienen die Erfolge in dem über ältere sozialdemokratische Traditionen verfügenden bergischen Industriegebiet mit seinen Ausstrahlungen bis Hagen und Iserlohn greifbarer, die hierfür aufgewendete Agitationsarbeit lohnender als im Ruhrgebiet, wo man sich noch 1889 eingestehen mußte, daß die Verluste an die Christlich-Sozialen seit *Hasenclevers* legendärem Wahlerfolg längst nicht aufgeholt waren[331].

Für ein Netz geheimer Kommunikations- und Führungsstränge, das im Wahlkampf zu einer wirkungsvollen Agitationszentrale hätte aktiviert werden können, waren die Ausgangsbedingungen im Ruhrgebiet also nicht vorhanden; wichtige Parteiführer wie *Tölcke, Kuhl, Globig, Utgenannt,* saßen zudem während der ersten Unterdrückungsjahre ein; andere zogen es vor, sich für einige Zeit von der Versammlungsarbeit zurückzuhalten. Von der polizeilichen Überwachung einmal abgesehen, war auch die Konjunkturlage der Jahre 1879/1880 nicht dazu angetan, oppositionellen Strömungen in der Arbeiterschaft Resonanz zu verschaffen. So ist in diesen Jahren wohl hier und da eine Haussuchung mit einem Exemplar der *Most'schen* „Freiheit" fündig geworden, oder man konfiszierte andere verbotene Druckschriften[332]; in Witten soll Zeitungsberichten zufolge schon im September 1879 die Aufdeckung einer „heimlichen sozialdemokratischen Gesellschaft" gelungen sein, und in der näheren Umgebung kam es gelegentlich zu Festnahmen von Kolporteuren verbotenen Schrifttums[333]. Die in solchen Fällen gelegentlich aufgefundenen Abonnentenlisten und sonstigen Empfängerverzeichnisse wurden behördenintern weitergeleitet und zur Rechtsgrundlage von Haussuchungen erhoben[334]. Im Gegensatz zum Bochumer Landrat gelang es dem Essener Oberbürgermeister sogar, die örtliche Postdirektion zur Mitarbeit zu bewegen und so der Anschriften von Beziehern verbotener Zeitschriften habhaft zu werden[335]. *Hermann Strumpen* als prominenter Duisburg-Essener Arbeiterführer, nunmehr ohne Einkommen und aus gelegentlich ein-

---

329 Vgl. LRD 691 Bl. 73 f.; RD 8843 Bl. 40, 186, 272 Berichte der LR Essen u. Ruhrort 1888/89.

330 *Brepohl,* Industrievolk im Wandel, S. 128.

331 Bericht über den Elberfelder Parteitag 10. 11. 89 in: Düsseldorfer Arbeiterzeitung 22/13. 11. 89 (OPK 6831 S. 677—692).

332 Z. B. LRD 689 Bl. 41 f. LRD/RPA 22. 2. 79 (Entw.).

333 Nach *Koszyk,* Sozialdemokratische Presse, S. 33; vgl. *Herzig,* Sozialdemokratie in Westfalen. S. 157—161; vgl. OPK 6830 S. 269 f.

334 Z. B. durch den Essener Oberbürgermeister ohne Wissen des Staatsanwalts *Schlüter,* der vielleicht Bedenken trug, im Juli 1879; vgl. RD 8857 Bl. 195—198 Oberbürgermeister *Hache*/RD 2. 8. 79; ein anderer Fall ebd. Bl. 188.

335 Vgl. ebd. Bl. 219 Postdirektor/Oberbürgermeister 14. 8. 79; s. Bl. 227 f., 237; gegen den so denunzierten Werdener Sozialdemokraten *Kramer* lehnten die Essener und Hammer Staatsanwälte ab, Anklage zu erheben. Auf Hinweise seitens der Post wurden noch 1885 Haussuchungen durchgeführt, vgl. RD 8860 Bl. 154, 175.

gehenden Geldbeträgen unterstützt, wurde an seinem Altendorfer Wohnsitz besonderer Überwachung würdig befunden, entzog sich dann aber, wie manche seiner Gesinnungsfreunde, den Spitzeleien im Herbst 1879 durch Auswanderung in die Vereinigten Staaten[336].

Ein unvermuteter Erfolg ist sozialdemokratischen Arbeitern noch einmal 1879/1880 in Dümpten anläßlich der Gemeinderatswahlen gelungen. Im ersten Wahlgang am 15. September 1879 wurden zwei bekanntermaßen sozialdemokratische Bergleute, unter ihnen auch der in der Mülheimer Knappschaftsagitation hervorgetretene Bergmann *Spliethoff*, zu Gemeinderatsmitgliedern gewählt; sie konnten sich auch in der wegen der versagten Bestätigung erforderlich gewordenen Neuwahl am 12. Januar 1880 behaupten. Nunmehr wurden die sozialdemokratischen Stimmen kurzerhand für ungültig erklärt, so daß der Platz frei war für die nächsten Kandidaten auf der Liste. Einige Unterstützung sollen die Arbeiter von den deshalb gesondert vernommenen, örtlichen katholischen Volksschullehrern erhalten haben[337].

Sonst hat es in den ersten Jahren des Sozialistengesetzes im Ruhrgebiet keine oder doch wenigstens keine spektakuläre sozialdemokratische Aktion gegeben. Vielmehr lösten die landrätlichen Vakatanzeigen in der regelmäßigen Berichterstattung über den Gegenstand einander ab[338], und in den Registraturen wurden die ausnahmerechtlichen Berichte, Erlasse und Kommunikationen, die Signalements und Denunziationen gestapelt[339]. Was wohlmeinende Stimmen als „Ausgleichung und Annäherung der Parteigegensätze" seit Geltung des Ausnahmerechts begrüßen mochten — eine vorsichtigere Einschätzung stellte sich erst mit den Reichstagswahlen von 1881 ein, allerdings noch nicht im Ruhrgebiet[340] — war doch nicht mehr als ein Stillhalten und Überwintern: Unter den gegebenen rechtlichen und parteiorganisatorischen Bedingungen mußten sich die Lebenszeichen fortwährender Gesinnungstreue auf anonyme Proteste durch gelegent-

---

336 Nach RD 8857 Bl. 191 f., Auszug aus dem Zeitungsbericht LRE 28. 6. 79; Bl. 245 LRE/RD 24. 9. 79.

337 Vgl. RD 8858 Bl. 14, 45—51, 59—62, 66—71, Berichte des Bürgermeisters Styrum. Die beiden Kandidaten, *Spliethoff* und *Wiggershaus*, waren führend in der Dümptener Filiale des Rosenkranzverbands tätig gewesen; *Spliethoff* gehörte 1875 zu den Unterzeichnern knappschaftlicher Eingaben.

338 Vgl. etwa f. d. Raum Essen RD 8859 Bl. 114 LRE/RD 11. 9. 81: Die Sozialdemokraten, „deren es in hiesiger Gegend im Verhältnis zu der großen Zahl der Arbeiter nur wenige gibt, [verhalten sich] sehr ruhig". 1881 hat es im Krs. Essen keine Wahlagitation der Sozialdemokratie gegeben. Vgl. ähnlich ebd. Bl. 282 LRE/RD 12. 3. 84. Erst Ende 1883 wieder hielt *Grillenberger* ohne großen Widerhall in Essen eine Rede über das Krankenversicherungsgesetz, nach der er in der Versammlung zugeben mußte, über die Knappschaftsverhältnisse der Bergleute nicht orientiert zu sein (vgl. ebd. Bl. 313). Auch *Hasenclever* hielt sich im Mai 1884 im Ruhrgebiet auf und redete u. a. in Eppinghofen.

339 Vgl. etwa die Bestände StaDuisb 12/1091 und StaD 17 Brackel A n 4 vol. I.

340 Vgl. OPK 9047 S. 129—141 Zeitungsbericht RPD 5. 11. 79; vgl. S. 209—232, dass. 26. 1. 81; S. 257—278, dass. 1. 8. 81: „So wirksam das öffentliche Hervortreten der sozialdemokratischen Agitation durch das [Sozialistengesetz] verhindert wird, so schwierig läßt sich Stärke und Umfang der im geheimen betriebenen Agitation beurtheilen". In Arnsberg vermutete man zur selben Zeit, ein „agitationsfähiger und fortdauernd agitirender Organismus der Umsturz-Partei" sei im Kreis Bochum „latent vorhanden"; LRB VIII 476 RA/LRB 15. 9. 81. Die Befürchtung entbehrte zweifellos jeder Grundlage. Der Versuch der übereifrigen Arnsberger Beamten, für den Reg.-Bez. 1881 schwarze Listen über verdächtige Personen zu führen, ist durch IM/RA 27. 4. 81 (Abschr. in OPM 2693 I Bl. 211) untersagt worden.

liches nächtliches Aufhängen roter Fahnen[341], auf verborgene Flugblatt- und Druckschriftenverteilung, aber auch auf demonstrative Solidarität beschränken, wie sie anläßlich der Beerdigung von *Gustav Otto Tölcke*, dem Sohn des Dortmunder Arbeiterführers, am 29. August 1884 bekundet wurde[342]. Mindestens bis Mitte der 1880er Jahre spürten sozialdemokratische Arbeiter stets die Faust der Maßregelung im Nacken; noch 1883 wird aus Schalke berichtet, daß sich die Werksverwaltungen weiterhin an ihre 1878 getroffenen Vereinbarungen hielten[343]. So ist es schon als „Revolte" empfunden worden, daß 12 Arbeiter des Schalker Gruben- und Hüttenvereins am 14. März 1885, vielleicht als Ersatz für eine Märzfeier im Gedächtnis an die Revolution 1848/1849 und an die Pariser Kommune, eine rote Fahne vor sich hertrugen und hierzu verdächtige Lieder sangen[344].

Die Versammlungstätigkeit zu Reichstagswahlen hat die im Ruhrgebiet versprengten sozialdemokratischen Gruppen und Parteigänger anscheinend erstmals wieder 1884 zusammengeführt. Spätestens seit 1885 hat es formlose überörtliche Beratungen über organisatorisch-agitatorische Fragen im Ruhrgebiet zwischen einzelnen sonst als Versammlungsredner bekannten Sozialdemokraten gegeben, die indessen offenbar keine Regelmäßigkeit, keine Führungsgruppe, keine formellen Beziehungen erreicht haben. Zu Pfingsten 1885 fand in der Burg Blankenstein und in einem Lokal des Orts eine Versammlung von 25 Sozialdemokraten, darunter 5 Frauen, aus dem bergischen Industriegebiet und dem Ruhrrevier statt. Die Überwachung der Versammlung, von der der Bochumer Landrat vorher privat Kenntnis erhalten hatte[345], ergab eine Art geheimen Parteitags, auf dem über parteiorganisatorische und programmatische Fragen verhandelt worden ist. Aus der Herkunft der Teilnehmer wird deutlich, daß der Schwerpunkt sozialdemokratischer Gruppenbildung nach wie vor im Elberfeld-Barmener Gebiet lag, wo eine Geheimorganisation bestand[346] und von wo auch die Einladung zu der Blan-

341 Gewöhnlich anläßlich *Lassalles* Geburtstag oder zu ähnlich denkwürdigen Anlässen der Parteigeschichte; z. B. in Steele mit der Aufschrift „Nieder mit der Tyrannei. Hoch lebe F. Lassalle" (RD 8860 LRE/RD 9. 9. 85); zu einem Fall 1888 s. RD 30432 S. 58; vgl. auch *Herzig*, Sozialdemokratie in Westfalen, S. 158 Anm. 238.
342 Vgl. StAHatt C II 10,3; StaD 17 Brackel A n 4 vol. I. Die Beerdigung veranlaßte die Wiederbelebung zweier IM-Erlasse v. 9. 9. 78 (Abschr. in LRD 689 Bl. 73) und 20. 10. 79 (Abschr. StaD a. a. O.) in einer Verfügung RA/alle LR etc. 23. 5. 85 (in LRB VIII 476): „Der demonstrative Charakter eines Leichenbegräbnisses liegt dann vor, wenn als dessen Zweck die öffentliche Bekundung der sozialdemokratischen Gesinnung angesehen werden muß. Es empfiehlt sich, derartige Demonstrationen vorgängig zu verbieten ..." Der Brauch, Begräbnisse von Parteiführern und -mitgliedern als einen Akt demonstrativer Solidarität zu nutzen, ist von der Arbeiterschaft mit großen Höhepunkten wie dem Begräbnis *August Geibs* in Hamburg 1879 gepflegt worden.
343 Vgl. LRB VIII 476 Amtmann v. Schalke/LRB 28. 2. 83; s. auch *Mogs*, Sozialgeschichtl. Entwicklung der Stadt Oberhausen, S. 110 f., 114 f., 130 f.
344 Vgl. LRB VIII 476 Amtmann v. Schalke/LRB 29. 5. 85. — Seit 1883 konnten die LR und Bürgermeister des Ruhrgebiets entsprechend dem Ministerialerlaß v. 5. 9. 78 in Fragen des Sozialistengesetzes direkt mit dem Berliner Polizeipräsidium in Verbindung treten; vgl. OPM 2693 I Bl. 228 f., 233.
345 Vgl. LRB VIII 476 mit Aktennotiz des LR 3. 7. 85; ebd. Bericht des Elberfelder 1. Staatsanwalts 29. 6. 85; vgl. OPM 2693 II Bl. 263—267 RPA/IM 3. 7. 85 (Abschr., veröff. b. *Hellfaier*, Sozialdemokratie in Westfalen, S. 181—183).
346 Vgl. bes. *G. Bergmann*, Das Sozialistengesetz im rechtsrheinischen Industriegebiet, 1970, S. 46—49 u. ö.; ferner für den angrenzenden Raum *K. Müller*, Politische Strömungen in den rechtsrheinischen Kreisen des Regierungsbezirks Köln, Diss. 1963, S. 86—101.

kensteiner Versammlung ergangen war. Aus dem Ruhrgebiet waren C. *Lambertz, Mosbacher, Geldner* aus Essen, *Lamberti* und *Dahl* aus Steele[347], *Otto Grote* aus Bredenscheid bei Hattingen[348], *Balling* aus Annen bei Dortmund, *Wilhelm Goldbeck* aus Gelsenkirchen, *Jüllenbach* und *Robert Framme* aus Witten anwesend — ausnahmslos Personen, die vor dem Sozialistengesetz als Parteigänger noch nicht hervorgetreten waren.

Die Blankensteiner Versammlung ist, obwohl man beschloß, künftig weitere Treffen durchzuführen, jedenfalls insoweit ohne Nachfolger geblieben, als die Behörden Kenntnis von solchen Zusammenkünften erlangt hätten. Eine bemerkenswerte Belebung der Parteitätigkeit ist von ihr kaum ausgegangen[349]. Im Schatten christlich-sozialer Agitationserfolge unter den Bergleuten, wo soeben mit dem Rechtsschutzverein breiter Widerhall erzielt worden war, blieb nicht viel Raum für sozialdemokratische Einflußversuche, die sich zudem anhaltender häßlicher Spitzeleien der Polizeiorgane bis in die persönlichprivate Sphäre einzelner Personen ausgesetzt sahen. Als es im April 1886 zu Ohren des Essener Landrats gekommen war, daß irgendwer das Standbild Seiner Majestät auf der Werdener Ruhrbrücke durch eine rote Fahne zu schmücken beabsichtigte, wurden alle notorischen Sozialdemokraten genauer Überwachung ausgesetzt. Als nun am Tage des Kaisergeburtstags gar nichts geschehen war, blieb noch der Verdacht gegen einige wenig zuverlässige Fabrikarbeiter, die das Gerücht in die Welt gesetzt hatten[350].

In die Bergarbeiteragitation haben sich Sozialdemokraten erst seit 1885/1886 wieder vermehrt eingeschaltet oder doch ihren Sympathien bei Versammlungen und informellen Treffen wieder freieren Lauf gelassen. Hier galt es weiterhin, sich gegen den christlich-sozialen Einfluß zu stemmen. Hierin voran ging *P. Lamberti*, der sich im Mai 1886 gegen den Bochumer Reichstagsabgeordneten aussprach, darüber die Zentrumsabgeordnete *Hitze* und *Windthorst* mitbedachte und meinte, *Schorlemer*, der 1884 unterlegen war, habe zwar viel über das Wagennullen geredet, aber schließlich nichts dagegen getan[351]. Auch *Daniel Eckhardt* machte wieder durch Versammlungsvorträge von sich reden. Ihm muß es besonders schwer gefallen sein, die Felle wieder einmal im christlich-sozialen Fahrwasser wegschwimmen zu sehen. Er hat sich dennoch den Vereinigungsbestrebungen im Zuge der in diesen Jahren fast allein diskutierten Knappschaftsfragen angeschlossen[352] und durch seine Mitarbeit den Forderungskatalog des Rechtsschutzvereins mit einigen detaillierten, weitergehenden Vorschlägen bereichert.

Allerdings sind etwa anläßlich von Reichstagswahlen neben den sozialdemokratischen und christlich-sozialen Werbungen unter der Arbeiterschaft jene der liberalen Kandidaten

---

347 Gegen *P. Lamberti* wurde mit geringem Erfolg wegen seiner Teilnahme an der Blankensteiner Versammlung eine Haussuchung angeordnet; vgl. RD 8860 Bl. 111 Bürgermeister v. Steele/LRE 1. 7. 85.

348 Bei *Hellfaier* irrtümlich: Bredenstein.

349 Allerdings bemerkte LRE/RD 9. 9. 85 eine Zunahme sozialdemokratischer Versammlungstätigkeit, so in Altenessen, Königssteele, Gelsenkirchen und Essen; vgl. RD 8860 Bl. 121 f. Von Interesse ist, daß der in diesen Monaten im Ruhrgebiet durch *Dr. Förster* u. a. betriebenen Versammlungsbewegung der Antisemiten aus der Arbeiterschaft energisch entgegengetreten wurde, so in Altendorf am 24. 9. 85 mit dem Hinweis, „man müsse hier nicht auf dem Rücken der Juden reiten" (ebd. Bl. 144—147).

350 Vgl. RD 8860 Bl. 247 LRE/RD 21. 4. 86.

351 Vgl. ebd. Bl. 253—255 Bericht Bürgermeister v. Stoppenberg/LRE 17. 5. 86.

352 Vgl. seine Versammlung in Altenessen 16. 5. 86, Bericht in RD 8860 Bl. 252. Bei dieser Gelegenheit erinnerte man sich sogleich der fast 17 Jahre zurückliegenden Bestrafung *Eckhardts* wegen verspäteter Anmeldung einer Vereinsgründung.

noch nicht zu unterschätzen. In einem Wahlkampfgedicht 1884, als *Schorlemer-Alst* seinen Bochumer Wahlkreis gegen den populären Wittener Bürgermeister *Dr. Gustav Haarmann* verteidigen mußte, hieß es[353]:

> „Halt, Kamerad, wen wählen wir
> Wir Knappen in der Ruhr Revier? ...
> Wo finden wir denn solchen Mann,
> Wie ihn der Bergmann brauchen kann? ...
> Der Junker aus dem Münsterland
> Der rührt für uns doch keine Hand ...
> Drum Kameraden denkt daran
> Der Haarmann das ist unser Mann ...
> Hoch, Haarmann, Hoch, das schwören wir,
> Wir Knappen halten treu zu Dir".

Die sozialdemokratische Wahlagitation, um die sich die Bewegungen und Fortschritte der Partei unter dem Ausnahmerecht notwendig gruppieren mußten, war im Ruhrgebiet 1881 noch kaum spürbar und auch 1884 und 1887 noch wenig erfolgreich; erst 1890 wurden die ungemein günstigen Ergebnisse von 1877, wenn auch auf einem erheblich höheren absoluten Niveau, ausgeglichen und übertroffen. Die Ergebnisse waren[354]:

	Dortmund-Hörde	Bochum-Gelsenkirchen	Duisburg-Mülheim	Essen	Hagen
1877	3663 15,6%	1648 5,1%	3474 14,2%	3062 12,7%	1686 10,8%
1878	1956 7,3%	840 2,2%	470 1,9%	381 1,3%	564 2,9%
1881	890 3,6%	— —	— —	— —	342 1,9%
1884	1812 6,0%	— —	946 3,5%	909 3,2%	1126 5,7%
1887	2142 5,7%	1160 2,2%	1090 3,2%	486 1,3%	2686 11,6%
1890	10422 26,7%	8388 14,9%	2953 8,4%	3342 9,5%	5221 23,9%

Nicht zu unterschätzen sind die gerade in der Zeit des Sozialistengesetzes wiederkehrenden Versuche zur Wahlbeeinflussung seitens der großen Werke und örtlichen Machtträger, durch die die Ergebnisse gewiß nicht unerheblich beeinflußt worden sind. Dieser Wahlterror gehört zu den dunkelsten Kapiteln unternehmerischer Machtwillkür, zu der das Ausnahmerecht das passende Klima bot. Schon anläßlich der Attentatswahlen ist in Gewerkenkreisen die Absicht nicht verheimlicht worden, „durch die Steiger und Fahr-

---

353 Vgl. das ganze 7-strophige Gedicht (Melodie: „Es braust ein Ruf wie Donnerhall") bei *Nettmann*, Witten in den Reichstagswahlen, S. 125 f. Ü. lib. Wahlagitation (bes. durch fortschrittliche Kandidaten) vgl. etwa den Versammlungsbericht vom 17. Febr. 1884 aus Bochum, wo der Reichstagsabgeordnete *Lenzmann* (Fortschritt) vor Bergleuten positiv zur derzeitigen Knappschaftsagitation Stellung bezog. „Er gehöre der Fortschrittpartei an, sei aber entschieden dagegen, wenn innerhalb dieser Partei das manchesterliche Prinzip des Gehen- und Geschehenlassens festgehalten werde" (Bericht Tremonia 42/20. 2. 84).
354 Vgl. neben den o. S. 471 f. Anm. 352 genannten Quellen bes. *Koszyk*, Sozialdemokrat. Presse, S. 14, 47 f. ü. d. Wahlerfolge vor 1890; *Nettmann*, Witten in den Reichstagswahlen, S. 159 u. ö. (Prozentangaben *Nettmanns* sind z. T. korrigiert); *Hemmer*, Bergarbeiterbewegung, S. 84—87. Im Wahlkreis Recklinghausen ist vor 1890 kein sozialdemokratischer Kandidat aufgestellt worden. Für Oberhausen s. *Mogs*, Sozialgeschichtl. Entwicklung, S. 139—142; f. Essen Statistik d. Ldkrs. Essen 1883, S. 540—542 mit detaillierter Aufstellung.

hauer ... auf die Arbeiter einwirken zu lassen"[355]. 1881 erschienen im Wahlkreis Bochum in der Nacht zum Wahltag plötzlich Miniaturstimmzettel, die der Zentrumskandidat *Schorlemer-Alst* in wenigen Stunden nachzudrucken hatte, um seine Wähler nicht Maßregelungen auszusetzen. Beliebt war die Verwendung besonderer Wahlzettel bei stundenweisem Wechsel am Wahltag allemal; der Wahlakt selbst wurde in den Bergbaugegenden von Grubenbeamten und sonstigen zechenabhängigen Personen beaufsichtigt. Manchmal hatten die Wähler in erhobenen Händen ihre Stimmzettel durch ein Spalier von Werksbeamten zur Urne zu bringen oder sahen sich plötzlichen massiven Drohungen ausgesetzt, die gelegentlich mit Entlassungen wahrgemacht worden sind[356]. „Wie die Verbrecher zur Richtbank", so hieß es 1884 im „Sozialdemokrat", „wurden die Arbeiter zur Wahlurne geführt"[357]. In Gelsenkirchen sollen nach dieser Wahl sogar einige Bürger zugunsten wahlgemaßregelter Bergleute einen Aufruf verfaßt haben; das Zentrum hatte es vorher für erforderlich gehalten, durch ein Flugblatt, in dem jeder Wahlbeeinflussung mit dem Staatsanwalt gedroht wurde, die Arbeiter zur Urne zu bewegen[358]. Selbst bei Kommunalwahlen, deren systemloyale Ergebnisse angesichts des Wahlrechts eigentlich so wenig wie bei den Wahlen zum Abgeordnetenhaus gefährdet waren, ist es zu massiven Wahlbeeinflussungen gekommen, die von den Behörden sogar ohne Not gedeckt wurden. In einem Bescheid aus Arnsberg auf Beschwerden gegen eine Dortmunder Stadtverordnetenwahl in der III. Klasse Ende 1879 hieß es[359]:

> „Daß von dem Wahlvorstand schriftliche Stimmzettel entgegengenommen, vorgelesen und die verlesenen Namen eingetragen worden, ist zwar ungehörig, in deß kein Ungültigkeitsgrund, da eine Beeinflussung der Wahl nicht behauptet und überdies festgestellt ist, daß jenes Verfahren nur in einzelnen Fällen und ohne Rücksicht auf die Partei der Wähler stattgefunden hat ...
> Daß in dem Wahllocal Notizen gemacht und nach außen abgegeben sind, ist als unerlaubte Wahlagitation nicht anzusehen und bietet um so weniger Grund zur Beschwerde, als der Gegenpartei ein Gleiches gestattet war".

Bei Reichstagswahlen haben sich die Maßnahmen der Wahlbeeinflussung auf das mittlere und östliche Revier beschränkt — vielleicht weil im Essener Wahlkreis die stets sicheren Mehrheiten *Stötzels* von Versuchen solcher Art abgehalten haben. Neben solchen Beeinträchtigungen ist natürlich der sozialdemokratische Wahlkampf scharfen polizeilichen Restriktionen unterworfen gewesen. Die Flugblatt- und Versammlungsagitation unterlag der genauen Überwachung und, wo eben möglich, Behinderung. 1884 versuchte man in Essen, dem Wahlflugblatt der Partei, das, schon andernorts sozialistengesetzlich verboten, für den als Zählkandidaten aufgestellten *von Vollmar* verteilt worden war, durch Recherchen gegen die Flugblattverteiler die Wirkung zu nehmen[360]. Erst im Wahlkampf 1887, als die Wogen der Erregung sehr hoch gingen und in Essen fast 1400

---

355 OBA 1782 Bl. 266 Revierbeamter Frohnhausen/OBA 8. 7. 78.
356 Vgl. *Hue* II S. 247—249; *Lensing*, Bergarbeiter-Streik, S. 67—76; s. o. S. 504 Anm. 79.
357 Sozialdemokrat 51/18. 12. 84.
358 Faksimile bei *Nettmann*, Witten in den Reichstagswahlen, S. 153. Am Kopf des Blattes war gedruckt: „Geheimrath Baare". Beispiele s. auch im Volksboten. Volksblatt f. Westfalen und Rheinland 16/25. 2. 88.
359 Bericht über den Stand u. d. Verwaltung v. Dortmund 1879/80 S. 12 f., d. i. Bescheid RA über die Stadtverordnetenwahl v. 3.—5. 11. 79.
360 Vgl. RD 30430 Bl. 208 f. Bürgermeister v. Stoppenberg/LRE 8. 10. 84; s. ebd. Bl. 213 f.; RD 8860 Bl. 10—13, 18—21; vgl. auch Bl. 93—96 über die Duisburger Kandidatur *Hasenclevers.*

Exemplare eines Flugblatts *Vollmars* ohne Rechtsgrund beschlagnahmt wurden[361], ist mit Verboten etwas zurückhaltender verfahren worden. In Düsseldorf lehnte man auch die polizeiliche Einvernahme des Wahlflugblatts von *Carl Wesch* in Duisburg und die Auflösung des dort gebildeten „Comités zur Herbeiführung volksthümlicher Wahlen" ab[362]. Gelegentlich sind nächtlich in den Hauseingängen abgelegte sozialdemokratische Flugblätter von den Polizeikräften auf den Spuren der Verteiler wieder eingesammelt worden. Das Wahlflugblatt der sozialdemokratischen Reichstagsfraktion vom 14. Januar 1887 mußte nach anfänglicher Beschlagnahme und sorgfältiger Prüfung wieder zugelassen werden — allerdings erst zwei Tage vor dem Wahltermin[363]. Auch der ausführliche Pfingstaufruf des sozialdemokratischen Zentralwahlkomitees nach den Septennatswahlen vom Februar 1887, „An die Wähler Deutschlands", ist im Ruhrgebiet im Juni 1887 unter der Arbeiterbevölkerung verteilt worden[364]. Erst anläßlich dieser Wahlen hat die sozialdemokratische Versammlungsagitation auch wieder die eher dörflichen Bergbaugebiete, die im westlichen Ruhrgebiet in festen Zentrumshänden lagen, bestrichen und die Wahlwerbung zwischen den Wahlkämpfen, zum Beispiel durch ein Duisburg-Mülheimer Flugblatt „Arbeiter! Handwerker! Bauern!" am 1. September 1888, wiederaufgenommen[365].

Aber auch die schon vor dem Sozialistengesetz unvermittelt abgebrochene Tradition der Wahlkreisorganisation in Wahlvereinen, mit denen den vereinsrechtlichen Bestimmungen eher entgangen werden konnte, ist seit etwa 1887 wieder aufgelebt. Anfang 1887 bildete sich in Bochum ein „Arbeiter-Wahl-Comité", das auch im übrigen Kreisgebiet Versammlungen für den sozialdemokratischen Kandidaten abhielt[366]. Eine dauerhafte Organisierung war zwar noch nicht möglich, aber seit 1888 wurden langsam die Voraussetzungen dafür geschaffen. Seit dem 1. September 1888 erschien im Ruhrgebiet wieder zweimal wöchentlich eine sozialdemokratische Zeitung, die Dortmunder „Westfälische Arbeiter-Zeitung", zunächst als Kopfblatt der „Elberfelder Freien Presse" unter der Redaktion *Hermann Grimpes.* Anfang Mai 1889 ist das Blatt, um das sich die Dortmunder Sozialdemokraten bald wieder geschart haben, unter *August Bölger* ganz nach Dortmund ver-

---

361 S. hierzu OPM 1205 V Halbjahresbericht des Bergbauvereins/OPM 16. 4. 87: „Bei den Reichstagswahlen trat leider vielfach ein scharfer Gegensatz zwischen den Grubenverwaltungen und ihren Belegschaften zu Tage, den die Hetzblätter der klerikalen und der socialistischen Presse nach Möglichkeit zu schärfen bedacht waren. Es wird geraume Zeit und der Energie und Umsicht der Grubenverwaltungen bedürfen, bis die ungünstigen Rückwirkungen des erbitterten Wahlkampfes auf die Beziehungen zwischen Arbeitgebern und Arbeitnehmern verwischt sein werden. Bezeichnend ist, daß bei den Wahlagitationen die Lohnfrage keine oder doch nur [eine] sehr untergeordnete Rolle gespielt hat, und darf man daraus wohl den Schluß ziehen, daß auch in den Augen des Arbeiterstandes die gegenwärtigen Lohnverhältnisse als nicht unbefriedigende angesehen werden".
362 Vgl. RD 8860 Bl. 333, 335, 340, 369 m. Berichten der LR über die Wahlagitation; Bl. 361 ein Ex. d. Flugblatts.
363 Vgl. RD 30431 Bl. 282 Oberbürgermeister Essen/RD 7. 9. 87; ebd. Bl. 383 LRE/RD 1. 2. 87, Bl. 395 Telegramm (Entw.) RD/Oberbürgermeister Essen 19. 2. 87. Der Aufruf der Reichstagsfraktion ist gedruckt in: Die Sozialdemokratie im Deutschen Reichstag. Tätigkeitsbericht und Wahlaufrufe aus den Jahren 1871 bis 1893. Berlin 1909, ND Berlin (O) 1966, S. 249 bis 259.
364 Gedruckt Nürnberg 1887, 16 S., und in: Die Sozialdemokratie im Dt. Reichstag, a.a.O. S. 260—283; s. auch RD 8860 Bl. 400—406, 410—416, 419—426 u. RD 30431 Bl. 282.
365 Ein Ex. d. Flugblatts in RD 8843, vgl. RD 30431 Bl. 71—73.
366 Vgl. LRB VIII 476 Magistrat Witten/LRB 16. 2. 87.

legt worden[367]. Nach dem sozialistengesetzlichen Verbot dieser Zeitung Ende August 1889, gegen das Widerspruch erfolglos blieb[368], hat eine Zeitlang die Gelsenkirchener „Volksstimme" mit *Josef Jeup*, der führenden journalistischen Persönlichkeit dieser Jahre in der ruhrindustriellen Sozialdemokratie, in der Redaktion eine Rolle als Arbeiterblatt gespielt[369]. Die Ebene halbformeller Organisierung um zeitlich begrenzte Wahlkomitees und Zeitungsredaktionen ist endlich 1890, nachdem die Nichtverlängerung des Sozialistengesetzes wahrscheinlich geworden war, schrittweise in die erwähnte Wahlvereinsform als Dauerorganisation überführt worden[370]. Tastend zwar zunächst, aber doch nachhaltig traten auch die sozialdemokratischen Bergarbeiterführer mehr und mehr aus der Tarnung lokaler Knappen- und Bergmannsunterstützungsvereine, wie in Dortmund im Verein „Glückauf" und vielleicht in den Vereinen in Lütgendortmund, Kley und Kirchlinden[371], heraus und begannen, ihre Organisationen, ihre Meinungen und Ziele beim richtigen Namen zu nennen. Gewiß auch durch die soeben erfolgreichen, christlich-sozialen und evangelischen Vereinsgründungen angeregt, war in Gelsenkirchen schon Ende 1882 unter Wiederaufnahme eines älteren, bis 1878 bestehenden Vorbilds ein Bergmanns-Unterstützungsverein „Schlägel und Eisen" neu entstanden, der bei unverdächtigen Statuten zu einem Treffpunkt sozialdemokratischer Bergleute wurde[372]. Die Dortmunder Sozialdemokraten mit *Wilhelm Siebel*, dem ehemaligen Kolporteur der „Freien Presse", der als Kartoffelhändler in den Jahren des Verbots einigen Wohlstand erlangt hatte, ferner mit den Bergleuten *L. Schröder*, *A. Siegel* und *Peter Heep* und natürlich *Tölcke* meldeten zum 3. März 1889 einen Wahlverein an, der es 1890 auf 131 Mitglieder brachte[373]. Im Blick auf die Wahlen sind im Winter 1889/1890 weitere

---

367 Vgl. *Koszyk*, Sozialdemokrat. Presse, S. 38—40; Mikrofilm der Zg. im Archiv der sozialen Demokratie, Bonn. In Hagen erschien seit dem 15. 1. 89 ein „Hagener Wochenblatt" anscheinend als Kopfblatt des in Elberfeld und Barmen vertriebenen *Jeup'schen* „Zeitgeist", vgl. RD 8843 Bl. 119—135. — Offenkundig als Vorläufer der Westf. Arbeiterzeitung erschien in Dortmund seit 1886 bereits (nach der Jg.-Zählung rückgerechnet) Der Volksbote. Volksblatt f. Westfalen u. Rheinland. Redakteur: *Johannes Maaß*; ab Nr. 36/5. 5. 88 als Dortmunder Volksbote. Organ für das werkthätige Volk von Westfalen u. Rheinland. Redakteur: *C. Goßmann;* mit einer letzten Nr. 78/29. 9. 88 (Nr. 77 Hinweis: ab 1. 10. 88 erscheine die Westf. Freie Presse, womit wahrscheinl. in Erinnerung an 1877/1878 die dann als Westf. Arb.-Zg. erscheinende Publikation gemeint war). Das Blatt beobachtete sorgfältig Lohnbewegungen und enthielt sich deutlich vorsichtig jeder kritischen Äußerung.
368 Vgl. *Stern* (Hg.), Der Kampf der dt. Sozialdemokratie, Bd. I S. 342—351.
369 Vgl. Entwicklungsgeschichte der Arbeiterpresse, S. 13. *Jeup* „anarchistelte, verteidigte den Meineid in seinem Blatte usw. Es kam deshalb zum Bruch ..."
370 Über die Wahlvereine heißt es im Bericht des Polizeikommissars *Wilsing*, Barmen 15. 3. 90 (RD 8843 Bl. 284—298): „Keine Vereine sind so geeignet, Organisation zu ersetzen ... Können in den Fachvereinen nur Agitatoren und Genossen gleichen Standes oder Gewerbes Aufnahme finden, so ist in den Wahlvereinen allen Agitatoren und Vertrauensleuten Gelegenheit gegeben, sich ungehindert zu versammeln. Der Vorstand ist aber auch zugleich das Arbeiter-Wahl-Comitée bei der Reichstagswahl und hat gleichzeitig das Recht, sich bis zu einer beliebigen Zahl aus Mitgliedern des Vereins zu verstärken, ohne daß eine Wahl vorherzugehen braucht ... Bei der Reichstagswahl von 1890 haben sich dieselben besonders rührig gezeigt und durchaus bewährt".
371 Vgl. OPM 2642 II Bl. 391—393 LRD/OPM 10. 12. 90; OPM 2693 II Bl. 160 ff.; RA I 102 Bl. 219—222 m. Verzeichnis verdächtiger Vereine.
372 Vgl, die Statuten bei *Imbusch*, Arbeitsverhältnis, S. 672—675, sowie LRB VIII 470 RA/LRB 18. 7. 89.
373 Vgl. OPM 2693 II Bl. 156—191 RPA/OPM 4. 7. 90; OPM 2831 Bl. 161 RPA/OPM 28. 10. 89 über *Siebel;* RA I 102 Bl. 218 f. Oberbürgermeister v. Dortmund/RA 17. 5. 90; WAZ

Wahlvereine im Ruhrgebiet gebildet worden, so in Bochum, in Duisburg um die Kandidatur von *F. Kahl*[374], in Essen mit 125 Mitgliedern, bei Linden im Kreis Hattingen[375] und in Gelsenkirchen mit den Bergarbeiterführern des Streiks 1889 *Ferdinand Dieckmann, Jacob Brodam, Heinrich Panther* und anderen[376]. Diese vorsichtigen organisatorischen Neuansätze wurden durch einen rheinisch-westfälischen Parteitag von Delegierten aus 58 Orten, darunter auch Vertretern der Wahlkreise Essen (*Mosbacher*), Bochum (*Dieckmann*), Dortmund (*Siebel*) und Hagen (*Breil*) zusammengefaßt und zur planvollen Nutzung der Kräfte im kommenden Wahlkampf vereinigt[377].

Welcher Mut zu dieser Elberfelder Versammlung von 2—3000 Personen, dieser „glänzende[n] Heerschau" der Sozialdemokratie[378] ein Jahr vor dem Ende des Sozialistengesetzes im Spätherbst 1889 gehört hat, wurde überaus konkret in dem gleichzeitig in seiner Schlußphase anhängigen, letzten und größten aller Geheimbundprozesse gegen die Sozialdemokraten, dem Elberfelder Sozialistenprozeß, offenbar. Über die Frauenfrage, über Sozialpolitik, über Erziehungswesen und die Haltung der Sozialdemokratie zum Parlamentarismus wurde diskutiert, aber das Hauptaugenmerk galt doch den künftigen Wahlen. *Georg Schumacher* wollte verhindern, daß die junge Bergarbeiterbewegung „unter die Fittiche des Ultramontanismus" genommen würde; in Duisburg und Essen wurde großer Druck durch die Ruhrbourgeoisie beklagt: Im „Lande der Kanonen und Bedrückungen" sei, so *Mosbacher* und *Kahl*, oft nicht einmal ein Tagungslokal zu bekommen, und auch aus Dortmund und Bochum, wo man mit *G. Lehmann* und *Tölcke* sogar in die Stichwahl zu kommen hoffte, verlauteten große Schwierigkeiten durch Wahlterror. Es halte eben schwer, „den Westfalen den Sozialismus zu predigen", aber es müsse, so meinte *Schumacher* dagegen, auch „in diesen Wüsten das Evangelium des Sozialismus" vernommen werden. Der Parteitag, zu dessen Ende man nicht den Behörden maßvolles Verhalten zu attestieren vergaß, klang mit einem großen Abschiedsbahnhof unter dem Gesang der Arbeitermarseillaise aus.

Auch den Sozialdemokraten aus dem Ruhrrevier hat diese Veranstaltung deutlichen Auftrieb in den nach wie vor streng kontrollierten Wahlversammlungen verliehen und eine optimistischere Stimmung herbeigeführt. Zwar hielten die Wahlerfolge dann 1890 nicht, was die überaus rege Versammlungstätigkeit zu versprechen schien[379], aber vor

---

19/6. 3. 89 mit einem Bericht über die erste Versammlung am 4. 3. 89; *Koszyk*, Sozialdemokratische Presse, S. 47 f.; *Ralf Lützenkirchen*, Der sozialdemokratische Verein für den Reichstagswahlkreis Dortmund-Hörde. Ein Beitrag zur Parteiengeschichte. Dortmund 1970, S. 10.

374 Vgl. RD 8843 Bl. 323 f. Oberbürgermeister v. Duisburg/RD 15. 3. 90; Sozialdemokrat. Partei Essen, S. 12.

375 Vgl. OPM 2693 II Bl. 156—191 RPA/OPM 4. 7. 90. Ein demokratischer Wahlverein in Herne scheint trotz entgegengesetzter Annahme der Behörden und hoher Beteiligung von Bergleuten nicht für die Sozialdemokratie gewirkt zu haben; vgl. ebd. u. LRB VIII 476.

376 Vgl. RD 8843 Bl. 332 f. LRE/RD 15. 3. 90, Bl. 336 Oberbürgermeister v. Essen/RD 13. 3. 90.

377 Vgl. RD 8843 Bl. 326—331 Bericht des Elberfelder Oberbürgermeisters/RD 14. 3. 90; Bl. 284—298 Bericht des Polizeikommissars *Wilsing* 15. 3. 90 (mit deutlicher Verlegenheit, zu erklären, warum der Parteitag hatte stattfinden dürfen); Sozialdemokratische Parteitage f. d. Rheinprovinz 1889—1909, S. 7 f. (gibt 63 vertretene Orte an); *Bergmann*, Das Sozialistengesetz im rechtsrhein. Industriegebiet, S. 89.

378 Bericht in der Düsseldorfer Arbeiter-Zg. 22/13. 11. 89, ein Ex. in OPK 9047 S. 677—692; hieraus auch die folgenden Zitate.

379 Vgl. hierzu vor allem die Berichte des f. d. gesamte Ruhrgebiet mitverantwortlichen Barmer Polizeikommissars *Wilsing* 1889/1890, in: RD 8843. Die die Streikwelle 1889/1890 einleitende Versammlungsbewegung ist auch für die Bergarbeiterschaft hier besonders gut doku-

dem Hintergrund der vorhergehenden Wahlen konnte sich das neuerliche Ergebnis sehen lassen. Nach dem Fall des Sozialistengesetzes, so hatte es früher in dem im Ruhrgebiet vergleichsweise wenig gelesenen „Sozialdemokrat" geheißen, werde man die christlich-soziale Vorherrschaft in weiten Teilen des Reviers brechen[380]; aber auch nach 1890 erfreuten sich die Zentrumskandidaten großen Zulaufs. *Stötzel* und die Christlich-Sozialen nahmen den Sozialdemokraten in Essen, wo auch die unrühmliche Karriere *Hasselmanns* in der Partei nachwirken mochte, den Wind bei Wahlen aus den Segeln. So hat *Stötzel* 1890 gegenüber 1887 in der ganz überwiegend bergmännischen Bevölkerung von Altendorf, Altenessen, Borbeck, Steele, Stoppenberg und Werden seinen Anteil an den abgegebenen Stimmen noch von 58,42 auf 67,14 % erhöhen können, während der Bergarbeiterführer *Ludwig Schröder* 1890 hier immerhin 8,18 % (gegen *Vollmars* blamable 0,84 % von 1887), in der Stadt Essen dagegen über 12 % errang. Im zum Duisburger Wahlkreis gehörigen Gebiet um Mülheim sind die sozialdemokratischen Stimmenanteile dagegen weit stärker gestiegen. Die für den Maurer *Fritz Kahl* in den Bergarbeiterorten 1890 abgegebenen Stimmen stiegen ganz erheblich an oder machten sich überhaupt erstmalig bemerkbar, so in Oberhausen von 10 sozialdemokratischen Stimmen auf 216, in Styrum von 12 auf 50, in Alstaden von 2 auf 120, insgesamt im Kreisgebiet Mülheim von 210 auf 982 Stimmen. Dieses Wachstum hat freilich in der weniger bergbaugeprägten Stadt Duisburg, wo sich die sozialdemokratische Stimmenzahl gegen 1887 immerhin verdoppelte, nicht eingehalten werden können[381]. So ist der Sozialdemokratie in diesem Wahlkreis, was sich schon 1877 angedeutet hatte, 1890 endlich gelungen: der Einbruch in das Wählerreservoir der Bergarbeiterschaft[382]. Er vollzog sich 1890 auch im Dortmunder Raum, wo sich eine nicht durch konkurrierende Wahlwerbung attraktiver Kandidaten der Christlich-Sozialen behinderte Kontinuität des Kreises um *Tölcke* endlich zugunsten der Sozialdemokratie auswirkte. Die Wirkung dieses erdrutschartigen, auch im Reichsdurchschnitt der Wahlergebnisse von 1890 überdurchschnittlichen[383] Stimmengewinns in den Ruhrgebietswahlkreisen auf die bürger-

mentiert, vgl. etwa Bl. 119—135 Bericht v. 15. 3. 89, Bl. 197—210 v. 15. 9. 89. Diese Versammlungen nahmen oft geradezu Vereinscharakter an und bildeten insofern einen Vereinsersatz. Vgl. etwa den Bericht eines Amtssekretärs *Hahn* über eine wegen der Anwesenheit einer Frau aufgelöste Versammlung (die Frau war die Wirtin, die zur Besorgung von Getränken den Saal betreten hatte) am 24. 3. 89 in Weitmar: Die Teilnehmer bildeten „in der großen Mehrheit mehr einen Verein, als eine Versammlung ... Dies zeigte sich durch die intime Bekanntschaft der Leute an der Kasse mit den neu hinzukommenden, welche sich die Hände zur Begrüßung schüttelten und als Abzeichen eine rote Feder am Hut hatten, ferner bei der Comité-Bildung". Vgl. ferner die Quellen bei *Hellfaier*, Sozialdemokratie in Westfalen, S. 207—210.

380 Vgl. Sozialdemokrat 51/18. 12. 84; zur Verbreitung im Ruhrgebiet s. d. bei *Ernst Engelberg*, Revolutionäre Politik und Rote Feldpost 1878—1890. Berlin (O) 1959, S. 284—291, gedruckte Expeditionsliste; ferner *Hellfaier*, Sozialdemokratie in Westfalen, S. 166 f., wonach der Sozialdemokrat 1887—1890 besonders in Dortmund, Bochum und Essen bezogen wurde, von wo sicher eine Weiterverteilung organisiert war.

381 Vgl., z. T. mit Wahlergebnis-Tabellen, RD 8843 Bl. 332 f. LRE/RD 15. 3. 90, Bl. 359 f. LR Mülheim/RD 24. 3. 90, Bl. 323 f. Oberbürgermeister v. Duisburg/RD 15. 3. 90.

382 Mit der Ausnahme des Essener Wahlkreises ließe sich diese These durch detaillierte Ergebnisanalysen, meist aufgrund zeitgenössisch in der Presse veröffentlichten Materials unter Ergänzung durch archivalische Quellen, erhärten; von Wahlkreisergebnissen insgesamt auszugehen, reicht dabei nicht aus. S. *Koch*, Bergarbeiterbewegung, S. 45, auch *Hellfaier*, Sozialdemokratie in Westfalen, S. 165.

383 Vgl. *G. A. Ritter*, Die Arbeiterbewegung im Wilhelminischen Reich, 1963, S. 70; vgl. zusam-

lichen Führungsschichten des Industrieraums kann kaum überschätzt werden. Das Bemühen um die Probleme der Bergarbeiterschaft als einer der wichtigsten Gewerbegruppen[384] bis in die Ränge der Reichstagsfraktion der Sozialdemokraten, ihre erneute kontinuierliche Agitation und organisatorische Präsenz im Revier seit Mitte der 1880er Jahre hatten im Verein mit der Befangenheit oder Halbherzigkeit anderer Vertreter von Arbeiterinteressen endlich Früchte getragen.

---

menfassend zu den Wahlen 1890 noch den Semesterbericht RPD/IM 13. 4. 90, Entw. in RD 8843 Bl. 374—378; zum Stand der Sozialdemokratie zum Ende des Sozialistengesetzes s. bes. die Verzeichnisse und Korrespondenzen in OPM 2693 II (z. T. b. *Hellfaier,* Sozialdemokratie in Westfalen, S. 184—210); OPM 2694 I, RD 8843 u. a.

384 Hierauf verwies *Bebel* in St. Gallen; vgl. Protokolle der sozialdemokrat. Arbeiterpartei Bd. II, St. Gallen 1887, S. 14.

Kapitel XIV
Die Traditionen der älteren Bergarbeiterbewegung und der große Streik von 1889

In dem großen Streik der Ruhrbergleute im Mai 1889 haben überkommene, der vor-liberalen Bergbauverfassung entstammende Verhaltens- und Artikulationsformen ein letztes Mal eine bedeutende Rolle gespielt; Verlauf und Ergebnis dieses Ausstands wer-den nur aus der gegenseitig überformenden Verbindung verständlich, die die älteren Ver-haltensmuster mit den nun bereits überwiegenden Grundzügen kollektiven industrie-gesellschaftlichen Verhaltens eingingen. Die Entstehung eines bei allen Gefahren der frühen Jahre dauerhaften Bergarbeiterverbands im Anschluß an das Streikgeschehen hob schließlich die Formen und Inhalte der Interessenartikulation auf die neue Stufe verbandsinterner, zwischen den Richtungen und Verbänden der organisierten Bergarbei-terbewegung aufgebrochener, durch die Haltung der Interessengegner und staatlichen Ordnungskräfte bestimmter Auseinandersetzungen und Entscheidungsprozesse. Als Fluchtpunkt der Untersuchung der vorverbandlichen Verhaltens- und Aktionsformen verlangt der Streik daher eine wenigstens die Hauptereignisse in Kürze analysierende Darstellung. Diese soll sowohl einige Ergebnisse der voraufgehenden Untersuchung zu-sammenfassen und im Hinblick auf das Streikgeschehen interpretieren als auch den Aus-gangspunkt der ferneren Entwicklung der organisierten Bergarbeiterbewegung umreißen und darin die erneute Beschäftigung mit diesem Forschungsgegenstand[1] anregen.
Die Entwicklung der kollektiven Haltungen, Handlungen und Verhaltensweisen im Zuge von Bergrechtsliberalisierung und bergbaulicher Produktionsexpansion hat, so kann zusammenfassend festgestellt werden, einen frappierenden Zusammenhang von jeweili-ger Struktur, Lage und Verhalten der Bergarbeiterschaft aufgedeckt. In der ständischen Bergbauverfassung hatten der kleinbetrieblichen Produktionsstruktur und ihren hand-werklich-mechanisch weitentwickelten Arbeitsvorgängen übersichtliche, nach Herkunft und Qualifikation klargegliederte Belegschaftskörper entsprochen. Außerbetrieblich be-herrschte die relativ isolierte ländlich-dörfliche Siedlungsweise mit ihrer Betonung des Kleinbesitzes, der agrarischen Existenzsicherung und der Verwurzelung im bäuerlichen Wert- und Verhaltenshorizont das Bergmannsleben. Unter der staatlichen Bergbaulei-tung, vor allem durch das Instrument der planvoll gestalteten knappschaftlichen Ge-

---

1 Die nun schon ältere, seiner Zeit verdienstvolle Studie von *Max Jürgen Koch,* Die Berg-arbeiterbewegung im Ruhrgebiet zur Zeit Wilhelms II. (1889—1914), 1954, muß angesichts eines umfangreichen, noch unverarbeiteten Quellenmaterials, aber auch in methodischer Hin-sicht als veraltet gelten. Die sozialgeschichtliche Problemorientierung dieser im übrigen weit-gehend an der Geschichte der großen Streiks, der Verbandsorganisationen und zwischenver-bandlichen Konfliktlagen orientierten und entsprechende Quellen bevorzugenden Unter-suchung erschöpft sich wiederkehrend in der den Zusammenhang von Lage und Verhalten unzulässig einengenden Frage, ob ein Streik berechtigt gewesen sei, und in der Prüfung dieser eine bestimmte Sichtweise implizierenden Frage an der zeitgenössischen Lohnstatistik mit dem dann wiederholten Ergebnis, daß die Lohnhöhe vor Streikausbruch eine durchaus gesicherte Lebenshaltung erlaubt hätte (z. B. S. 77, 85, 106 u. ö.).

meinschaft, wurden die betrieblichen und häuslichen Daseinsmerkmale in die bergmännischen Berufstraditionen eingebunden, mit einem besonderen Rechtscharakter erfüllt und hierin von anderer Erwerbstätigkeit unterschieden, vor der Rechtlosigkeit bloßer Lohnarbeit ausgezeichnet. Die Pflichten des Bergmanns: seine Loyalität als Arbeiter und Untertan gegenüber der ständischen Bergbauverfassung, der monarchischen Autorität und dem hiermit verknüpften Werthorizont, wurden durch einklagbare Existenzrechte: durch die Sicherheit einer wenn auch bescheidenen Lebensführung und den Anspruch auf Fürsorge in Notfällen aufgewogen; Rechte und Pflichten, Disziplinierung und Privilegierung bezogen sich sinnvoll aufeinander und erhielten das System, dessen Leistungsanreize aus der begründeten Aussicht auf Besitzerwerb und auf Statusverbesserung durch geregelten Aufstieg in der bergmännischen Hierarchie erwuchsen, in einem Zustand stabilen, dauerhaften Gleichgewichts. Den im Charakter des Arbeitsprozesses und seiner Organiation, in den Formen des Zusammenlebens überhaupt begründeten, angesichts der andernorts bedrohlichen Verelendungserscheinungen besondere Sprengkraft gewinnenden Konfliktpotentialen entsprach das Alte System durch die in seinem Rechtscharakter verankerten Formen der Konfliktregelung, vor allem den Beschwerdeweg, über den bergmännische Interessen, ob individuell oder kollektiv, geregelt artikuliert und, nach den Maßstäben der monarchischen Ordnung, einer gerechten Entscheidung zugeführt werden konnten.

Die Grundlagen einer angemessenen, ausreichenden Funktion dieser Konfliktregelung, über die in den Jahrzehnten stetiger Aufwärtsentwicklung des Bergbaus und anhaltender Blüte seiner Wirtschaftsverfassung zahllose Reibungspunkte für alle Seiten befriedigend beseitigt werden konnten, wurden im Kern durch die mit der Bergrechtsreform vollzogene Einsetzung der Unternehmerschaft in ihre Besitzrechte, durch die Herstellung der unternehmerischen Dispositionsbefugnis über die investierten Kapitalien, zerstört. Erst hiernach und nach der rechtlichen und materiellen Auslieferung der Arbeiterschaft an die Gesetzlichkeit und Dynamik der industriellen Märkte setzte sich der die bestehenden betrieblich-gesellschaftlichen Fronten überformende und gestaltende Gegensatz von Kapital und Arbeit auch im Ruhrbergbau durch und wurde zum Wesensmerkmal der neuen Wirtschaftsverfassung. Hiermit eng verknüpft, schuf die bergbauliche Produktionsexpansion seit den 1850er Jahren sowohl innerhalb der Betriebe neue Formen der Arbeitsorganisation und Belegschaftsführung als auch, vor den Toren der Zechen, jene Grundzüge moderner Industrielandschaften: die urbanen Bevölkerungsagglomerationen als wuchernde Industriegroßstädte mit ihren reorganisierten und in ihren Funktionen wesentlich erweiterten Kommunalverwaltungen, mit den großstädtischen Wohn- und Lebensgewohnheiten und neuartigen kommunikativen Beziehungen. Neben die, auch an die Stelle der zum Teil aufgehobenen, zum Teil in Sinn und Funktion radikal veränderten Herrschaftsverhältnisse und Konfliktursachen des Alten Systems traten die einstweilen disproportionierenden, desorientierenden Erscheinungen der großindustriellen Produktion. Der gewohnte gruppenhafte Belegschaftszusammenhang zerriß zugunsten weit größerer Dimensionen, neuer Leistungsanforderungen, anderer Entscheidungsstränge und -legitimationen; der überkommene kommunikative Rahmen wurde durch ungewohnte Loyalitätserwartungen, durch die Wirkung neuer arbeitsprozessualer Beziehungen und Gruppenbildungen, durch die fortwährende Vergrößerung und Erneuerung der Belegschaftskörper und vieles andere anhaltend gestört, wenn nicht in wesentlichen Teilen vernichtet. Mit der völligen Auslieferung des Arbeiterdaseins an Struktur und Rhythmik des industriellen Marktgeschehens gewann der Betrieb, gewannen die Bedingungen des Arbeitsverhältnisses wie Arbeitsvertrag, Arbeitszeit und Arbeiterschutz, Lohn- und Entlohnungsformen einen neuen, existenzentscheidenden Stellenwert im Bergmannsleben.

Auch die bergmännischen Gemeinschaften: die Knappschaften als Sicherungs- und Lebensverbände der Bergarbeiterbevölkerung, die Bergreviere mit ihrer Pflege ständischen Brauchtums in Aufzügen und Festen, die nachbarlichen Beziehungen in den bergmännischen Streusiedlungen und Bergmannsdörfern, verloren ihre rechtlichen und materiellen Grundlagen und wichen den neuen Autoritäten der betrieblichen und gesellschaftlichen Wirklichkeit. In ihr fehlten einstweilen alle rechtlichen und sachlichen Voraussetzungen, alle Einrichtungen für eine ausgleichende Vermittlung und Regelung der vermehrten und verschärften, zum Teil auch neuartigen Konfliktursachen und Interessengegensätze. Einmal abgesehen von dem Umstand, daß die Konfliktregulierung im Beschwerdeverfahren schon aus organisationstechnischen Erwägungen — man denke an das personell dichtgespannte und schon deshalb zur frühen Erkenntnis von Spannungsursachen geeignete Netz der Behördenaufsicht unter dem Direktionsprinzip — weder dem Charakter noch dem Umfang der neuanbrandenden betrieblich-gesellschaftlichen Konflikte gewachsen gewesen wäre, waren dem Beschwerdeweg durch den Kompetenzverlust der Bergbehörden auch weitgehend die Rechtskraft und, wichtiger noch, die Autorität einer unparteiisch vermittelnden, gemeinwohlorientierten Entscheidungsinstanz als wesentlichste Funktionsbedingungen entzogen worden. Gegen die strukturelle Übermacht der Seite der Kapitaleigner waren, wollte man den eigenen Wünschen und Interessen Unabhängigkeit und Nachdruck verleihen und sie zum Erfolg führen, ganz andere, Gewinnorientierung und Dispositionsallmacht ihrerseits in Frage stellende Machtmittel einzusetzen, unter denen sich in einem langen Prozeß gescheiterter Versuche und leidvoller Erfahrungen von Widersprüchen und Irrtümern die kollektive Demonstration, Aktion und Organisation als die wirkungsvollsten Handlungsalternativen herausstellen sollten. Widersprüchlich wirkten sich in diesem umfassenden Eingewöhnungs- und Lernprozeß vor allem solche Handlungsanweisungen aus, die noch unmittelbar dem ständischen Verhaltenshorizont entstammten. Wesentliche Voraussetzungen kollektiver Interessenartikulation: ein überdurchschnittlicher Bildungsstand und fachliche Qualifikation, Gruppenerfahrungen und kollektive Aktionsformen, waren bereits in der ständischen Bergbauverfassung angelegt und gereift, freilich einem völlig verschiedenen Wert- und Autoritätsgefüge zugeordnet und daher inhaltlich, aber auch formal den Anforderungen der industriellen Gesellschaftsorganisation nicht gewachsen.

Aber nicht nur die im neuen Daseinszusammenhang nunmehr widersprüchlichen Handlungsanweisungen des Alten Systems und dessen über Jahrzehnte nachwirkende, seiner Geschlossenheit zu verdankende Prägekraft standen einer raschen Adaptation angemessener Konfliktstrategien in der Arbeiterschaft im Wege, wie sich ja überhaupt die Abkehr von traditionalen Verhaltenshorizonten selbst für die in kritischem Abstand beobachtenden Zeitgenossen keineswegs eindeutig, bruchlos und irreversibel darbot — um wieviel undurchsichtiger und gewalthafter mußten sich die Lern- und Anpassungszwänge in der von den Erscheinungen sozialen Wandels in ihrer Existenz berührten Bergarbeiterschaft auswirken. Schon die mit der Nordwärts-Expansion des Ruhrbergbaus geschaffenen Räume unterschiedlichen sozialen Verhaltens, die die bergmännische Bevölkerung des Ruhrufergebiets und die Belegschaften der in den 1880er Jahren aufblühenden Großschachtanlagen nördlich der Emscher deutlich von der bis 1890 im Zentrum sozialen Wandels stehenden Bergarbeiterschaft auf dem Zechengürtel der mittleren Generation entlang der Hellweglinie abzugrenzen erlauben, bezeichnen in der Geographie der Industrialisierung je verschiedene Lern- und Anpassungsvoraussetzungen. Aber auch quer zu diesen grundlegenden Verhaltensräumen, freilich mit fließenderen Übergängen, verlaufen Grenzlinien sozialen und politischen Verhaltens in West-Ost-Richtung im Ruhrgebiet, deren Merkmale insbesondere der territorialen Entwicklung dieser Landschaften und, hiermit verknüpft, dem anfänglichen Industrialisierungsvorsprung der rheinischen Seite sowie den konfessionellen Verhältnissen zuzuordnen sind. Während das Streikverhalten der Ruhrbergarbeiterschaft mit jener Zone verstärkter Streiklatenz auf den Anlagen der mittleren Generation besonders in den 1870er Jahren eher den bergbaulichen Wachstumsregionen entsprochen hat, scheinen die Ansätze zur organisierten Interessenvertretung unter Einschluß der frühesten Vereinsgründungen überwiegend von den Merkmalen der Ost-West-Gliederung geprägt. Der frühe Erfolg christlich-katholisch orientierter Organisation mit Anklängen gewerkschaftlicher Vertretung im Essener Raum auf der einen, der weniger durch konfessionelle Engagements, eher durch die Voreingenommenheit des protestantischen Bürgertums, der industriellen Führungsgruppen und regionalen Ordnungsorgane in Arbeiterangelegenheiten behinderte, um einige Jahre spätere Aufstieg der Sozialdemokratie im östlichen Revier auf der anderen Seite unterstreichen diese Raumabgrenzung. In der zwischengelagerten, in ihren konfessionellen Verhältnissen gemischten, jedoch im Zuge der Wanderungsvorgänge starken Schwankungen unterworfenen Bochumer Industrieregion haben sich dann in den 1880er Jahren die konfessionellen Auseinandersetzungen der frühen Bergarbeiterbewegung konzentriert; die jeweils überwiegenden Einflüsse der westlich und östlich anschließenden Landschaften prallten hier aufeinander und schlugen sich unter anderem noch auf Jahre hinaus in den Reichstagswahlergebnissen zugunsten des bürgerlich-liberalen Einflusses nieder.

Die sozialgeographischen Verhaltensmerkmale haben sich, neben dem Arbeitsprozeß und dessen Organisationsformen in Betrieb und Belegschaft, neben den Formen und Folgen des nunmehr beherrschenden Gegensatzes von Kapital und Arbeit, neben den Erfahrungen der Daseinsbehauptung unter den anhaltenden, im konjunkturellen Rhythmus verschärften Existenzbedrohungen der Arbeiterfamilie und neben den Lebensformen der Industriekommune, in der Bewußtseinsgeschichte der Ruhrbergarbeiterschaft als einem kollektiven, aus zahllosen ähnlichen und identischen Einzelschicksalen zusammengesetzten Vorgang vielfältig differenzierend, sowohl gegenseitig hemmend als auch kumulierend ausgewirkt. Der Lern- und Anpassungsprozeß, an dessen Ende eine wie immer unzulängliche Klarheit über die Lage der Industriearbeiterschaft, über den Charakter des herrschenden Systems und dessen gesellschaftsformende Klassendichotomie, schließlich über effiziente Strategien der Interessendurchsetzung und Selbstbehauptung stehen mußte, wurde daher stets in mehreren Bereichen zugleich, mit widersprüchlichen Teilergebnissen und in jeweils unterschiedlicher, insgesamt deutlich mit dem Auf und Ab der Krisen und Konjunkturen verknüpfter Intensität vorangetrieben.

Die zeitliche Verschiedenheit dieser Abläufe gehörte zu den Grunderfahrungen sozialen Wandels während der bergbaulichen Industrialisierung. Sie resultierte insbesondere aus dem zunächst banalen Umstand, daß Lern- und Anpassungsprozesse in der Regel erheblicher Zeit bedürfen — einer Zeitspanne, die sich als verzögertes Lernen, als jeweiliger, von den Lernvoraussetzungen entscheidend bestimmter Bewußtseinsrückstand hinter dem Stand der ökonomisch-gesellschaftlichen Veränderungen für die Arbeiterschaft höchst nachteilig auswirkte. Nicht nur vermochte die Seite der Kapitaleigner ihren strukturellen und Bildungsvorsprung zusätzlich zu ihrer unter liberalkapitalistischen Vorzeichen offenkundigen strukturellen Übermacht im Sinne eines frühzeitig funktionsgerechten, systemadäquaten Handelns zu nutzen; auch innerhalb der Arbeiterschaft konnten gruppenhafte Lernrückstände, wie sie vor allem aus sozialräumlichen, auch konfessionellen Verhaltensmerkmalen resultierten, zusätzliche Konfliktpotentiale durch abseitsstehende oder rivalisierende Gruppen und Strömungen schaffen. Ungestörtes kollektives Lernen bedurfte insbesondere eines ausgebauten, gereiften Netzes kommunikativer Beziehungen zur Empfindung und Realisation der betrieblichen und gesellschaftlichen Gegensätze und zum Austausch von Erfahrungen unter gleichermaßen Betroffenen — eine Voraussetzung, die freilich gerade in den Jahrzehnten raschester Industrialisierung und gedrängten sozialen Wandels zwischen Ruhr und Emscher, wie die betrieblichen Entwicklungen und die Herkunftsgeschichte der Bergarbeiterschaft zeigen, nur in Ausnahmefällen gegeben war. Eine solche Ausnahme war die Bergarbeiterschaft im Mülheimer Raum, wo die bergbauliche Entwicklung nach der Jahrhundertmitte zeitweilig sogar stagnierte, wo die Belegschaftsentwicklung in weit geringerem Umfang durch Zuwanderung beeinflußt worden war und bei größerer Ansässigkeit und verbreitetem Kleinbesitz recht hohe Maßstäbe fachlicher Qualifikation angelegt wurden, wo schließlich die Gewöhnung in industrielle Lebensverhältnisse schon im Vormärz eingesetzt hatte und konfessionelle Gegensätze eine vergleichsweise geringe Rolle spielten. Die Mülheimer Bergleute haben daher in den frühen Streikbewegungen wie auch in der Vertretung ihrer knappschaftlichen Interessen eine herausragende Rolle gespielt und zeigten sich früh sozialdemokratischem Einfluß zugänglich. Weit weniger ausgeprägt, wiesen auch die Belegschaften der Zechen der mittleren Generation entlang der Hellweglinie vor allem in den Jahren geringerer Wachstumsraten nach dem Gründerboom zu Beginn der 1870er Jahre eine im Vergleich zu späteren Jahrzehnten noch deutlichere Homogenität der kollektiven Verhaltensweisen auf, die auch durch die Geographie der Vereinsgründungen in dieser Phase gestützt wird.

Vieles spricht dafür, daß der Lernrückstand sowohl in Beziehung auf die faktischen sozialökonomischen Entwicklungen als auch im Vergleich mit der Virtuosität des Klassengegners im Gebrauch seiner neuen Machtfülle gerade von der die existenzerschütternden Statuseinbußen besonders unmittelbar erfahrenden Generation von Bergleuten, jenen noch unter der Ägide des Alten Systems in den Bergarbeiterberuf hineingewachsenen, in den 1850er und 1860er Jahren auf dem Höhepunkt ihrer Leistungskraft stehenden Arbeitern, am wenigsten aufgeholt werden konnte. Erst die nachgeborene, durch Umwelt und Erziehung früh mit den Bedingungen industriellen Daseins vertraute, in den 1870er und 1880er Jahren den Kern der Belegschaften bildende Arbeitergeneration fand bereitwilliger zu angemessenen Formen der Interessenartikulation. Dies traf in ähnlicher Weise auch für die Tausende der Zuwanderer zu, die sich ja ebenfalls, wenn auch gewöhnlich über Zwischenstationen, ihren gewohnten familiären und heimatlichen Bindungen entzogen und, berücksichtigt man den zumeist dörflich-ländlichen Erfahrungshorizont und die oft voraufgehende Erwerbstätigkeit als Landarbeiter oder im dörflichen Handwerk, ganz vergleichbaren Anpassungszwängen ausgesetzt sahen. Erst die Nachkommen der Zuwanderergeneration, vor allem der seit den 1870er Jahren das Gros der Wanderung bildenden Fernwanderer, dürften in größerem Umfang zur organisierten Arbeiterbewegung gefunden haben[2].

Diese Unterschiede im Lernverhalten zwischen den Generationen haben sich offenkundig, allerdings kaum scharf abgrenzbar, in der Konflikt- und Organisationsgeschichte niedergeschlagen. Hier sei zuvor bemerkt, daß nach den Ergebnissen der detaillierten Untersuchung der vorliberalen Bergbauverfassung und ihrer wertbewahrenden Kraft auch über die Jahrhundertmitte hinaus, schließlich im Blick auf die Ausgangslagen anderer, zu einem früheren Zeitpunkt dauerhaft organisierter gewerblicher Arbeiterschaften, von der These abzurücken ist, die Bergarbeiterschaft an der Ruhr habe erst sehr

---

2 Eine genauere Untersuchung der hier nur anzudeutenden Zusammenhänge hätte das verfügbare demographische Material nach Ansässigen und Zuwanderern zu differenzieren, die Wellenbewegungen des Bevölkerungswachstums im Konjunkturverlauf (etwa während der 1850er Jahre) mit den Geborenenziffern im Abstand einer Generation in Beziehung zu setzen und zu versuchen, spezifische Verhaltensmerkmale im Gegenüber von Eltern- und Kindergeneration zu erarbeiten.

spät den Nutzen gewerkschaftlicher Interessenvertretung erkannt[3]. Wenn trotz voraufgehender Auflösungserscheinungen die alte Bergbauverfassung für die Bergarbeiterschaft in wesentlichsten Teilen noch bis 1860 Rechtskraft behielt, wenn die bergbauliche Industrialisierung im Ruhrgebiet erst in den 1850er Jahren zu modernen Wachstumsdimensionen durchgebrochen war und wenn sich zugleich dieser Industrialisierungsvorgang für die Arbeiterschaft mit nur kurzfristigen materiellen Einbußen im ganzen während mehr als zweier Jahrzehnte als lageverbessernd und gewinnträchtig erwies, so daß etwa der Protest gegen die Rechtseinbußen durch das Reformwerk vor dem Hintergrund der Prosperität wenig Durchschlagskraft besaß, dann scheint die Zeit bis zu den ersten nachhaltigen Versuchen der Interessendurchsetzung im Essener Raum nicht zu lang bemessen. Innerhalb nur eines Jahrfünfts wurde hier der Übergang von traditionalen Formen des Konfliktaustrags wie der Petition von 1867 zur modernen kollektiven Interessenartikulation vollzogen, und der Verlauf des Streiks von 1872 zeigt nachdrücklich, wie rasch die ständischen Gruppenbeziehungen in interessenverbundenes, solidarisches Handeln gekehrt werden konnten. Eine dauerhafte Verbandsbildung der Ruhrbergleute war bereits zu diesem Zeitpunkt möglich und wurde von einem großen Teil der Bergleute gewollt. Die Geburtshelferdienste emanzipatorischer Programme und Ideologien christlich-sozialer oder sozialdemokratischer Provenienz nahmen hierin eine nur auslösende Funktion wahr; unter strukturell und konjunkturell günstigen Rahmenbedingungen gewann die Essener Bergarbeiterschaft die Impulse zur kämpferischen Aktion und permanenten Interessenvertretung vielmehr aus den gemeinsamen gleichen Erfahrungen täglicher Konflikte der Produktionsorganisation und des Proletarierdaseins. Auflehnung und kämpferische Entschlossenheit wurden nicht, wie es eine voreingenommene Öffentlichkeit gern wollte, von außen in die Bergarbeiterschaft hineingetragen, wenn solche Führerschaft die Streikverläufe auch maßgeblich beeinflussen und die Programm- und Zielformulierung vorantreiben konnte; die wirklichen verbindenden Konfliktursachen lagen jedoch im Charakter der gesellschaftlichen Güterproduktion überhaupt und in der liberalkapitalistischen Produktions- und Gesellschaftsorganisation im besonderen begründet: in den täglichen Entfremdungserlebnissen, in Unterdrückungserfahrungen aus fehlgeleiteter Herrschaftsausübung, in Verteilungskonflikten, in der gesellschaftlichen Isolation der Arbeiterschaft, ihrer Abschnürung von den bürgerlichen Bildungs- und Kulturwerten[4].

Die wesentlichste Ursache für das Ausbleiben stabiler Formen der Interessenvertretung trotz des 1872 erreichten Bewußtseinsstands ist außerökonomischen Einflüssen zuzuordnen. Die mit der Reichsgründung bestätigte Regierungs- und Verfassungsform des

---

3 Im Verein mit Spekulationen über den organisationshemmenden Einfluß des bergmännischen Konservatismus unterliegt diese Annahme allen bisherigen Deutungen der Entstehungsbedingungen gewerkschaftlicher Bergarbeiterorganisationen. Diese Interpretation läßt sich in ihren Anfängen auf Versuche, die frühen Mißerfolge des Alten Verbands und die Widerstände gegen das Eindringen von Sozialdemokratie und Gewerkschaften im Ruhrgebiet zu erklären, zurückführen; vgl. etwa *August Winter*, Die Organisierung der deutschen Bergleute. In: Sozialistische Monatshefte 3 (1899) S. 232—235, sowie die Diskussionsbeiträge des Verf. auf dem Stuttgarter Parteitag: Protokoll über die Verhandlungen des Parteitages der SPD, Stuttgart 1898, S. 169; ferner *Hue*, im Correspondenzblatt 8 (1898) S. 21 f.; Arbeiterbewegung im Ruhrgebiet, 1907, S. 8—12; *W. Neumann*, Gewerkschaften im Ruhrgebiet, 1951, S. 36; *Koch*, Bergarbeiterbewegung, S. 32 u. ö. Kritisch zur These vom bergmännischen Konservatismus s. *J. D. Hunley*, Society and Politics in the Düsseldorf Area, 1867—1878, Diss. 1973, S. 241 f. Anm. 5.

4 Vgl. d. Kap. „Emanzipation und Abwehr", in: *G. A. Ritter/J. Kocka* (Hg.), Deutsche Sozialgeschichte, 1974, S. 382—430.

preußisch-deutschen Konstitutionalismus sah die überkommenen, um die Erhaltung ihrer Machtpositionen besorgten, junkerlich-feudalen Eliten in stillschweigender Interessengemeinschaft mit den aufsteigenden industriewirtschaftlichen Führungsgruppen, die seit dem Verfassungskonflikt den Wünschen nach politischer Partizipation zunehmend entsagt hatten, das Streben nach nationaler Einigung mit der Reichsgründung erfüllt sahen und sich mehr und mehr mit wirtschaftlichen Machtpositionen und äußerem Wohlstand zufrieden gaben. So trat neben den Zwangs- und Unterdrückungscharakter der kaum eingeschränkten betrieblichen Unternehmerherrschaft fast gleichrangig in seinen repressiven Wirkungen das obrigkeitliche Staatswesen in Gestalt von Verwaltungsbehörden, Polizeiorganen und Militär, in denen sich altpreußisches, auf Pflicht und Gehorsam gegründetes Verwaltungsdenken mit dem Legitimationsbedürfnis der überlebten Herrschaftsträger verband. Auf Seiten der Arbeiterschaft konnte so der Staat nicht anders als in seinem Klassencharakter, als zudem vor physischer Gewalt nicht zurückschreckendes Zwangsinstrument der Kapitalistenklasse empfunden werden. Einmal abgesehen von den Auswirkungen dieser Kräftekonstellation bis in privateste Daseinsbereiche, waren die Folgen für das Organisationsstreben der Arbeiterschaft katastrophal. Alle Versuche zur Gründung gewerkschaftlicher Zentralverbände im Ruhrbergbau, letztlich auch der Rosenkranzverband 1877/78, sind seit 1872 bis zur Entstehung des Alten Verbands 1889/90 infolge der Intransigenz der Aufsichtsbehörden fehlgeschlagen.

Ein zweites Ursachenbündel läßt sich mit der geradezu permanenten Bergbaukrise von 1874 bis zur Jahreswende 1887/88, unterbrochen nur von saisonalen Nachfragespitzen und einigen wenigen Aufschwungsjahren, bezeichnen. Die sozialpsychologische Wirkung des Konjunkturphänomens auf das Verhalten der Arbeiterschaft war allerdings ambivalent, sind doch sowohl Zurückhaltung in der Meinungsäußerung in der Befürchtung der Folgen als auch zahlreiche defensive Kampfaktionen zur Abwehr von materiellen und Statuseinbußen zu beobachten, aus denen wiederum Impulse zur dauerhaften Verbandsbildung fließen konnten. Wie die tiefe Depression der 1870er, dürften sich auch die immensen Strukturveränderungen der 1880er Jahre im ganzen desorientierend ausgewirkt haben. Die nunmehr zur Regel gewordenen Belegschaftsdimensionen von mehreren tausend Bergleuten mit ihren scharfen Bruchlinien zwischen Ansässigen und sprachfremden Zuwanderern, mit ihrer stringenten Personalorganisation, einer ausgegliederten Zechenbürokratie und frühen Formen des Managements unter Abkehr der Gewerken als Kapitaleigner von ihrer persönlichen Führungsfunktion stellten die Gruppenqualität, den kommunikativen Zusammenhang der Belegschaften gründlich in Frage; ein übriges taten die technischen Neuerungen der Krisenjahre, insbesondere der Ausbau leistungsfähiger zechenverbundener Aufbereitungsanlagen, sowie die zum Teil höchst erfolgreichen Versuche zur Kartellierung von Produktion und Absatz. Die Belegschaften der neugegründeten Schachtanlagen entlang der Emscher haben sich, mit Ausnahme des Mai/Juni 1889, erst nach der Jahrhundertwende vermehrt an Streikbewegungen beteiligt; für die frühen Artikulationsansätze dieser Belegschaften sind Pferdejungen- und Schlepperstreiks ebenso wie gewalthafte Auflehnungsversuche nach dem berüchtigten Beispiel der Herner Polenrevolte von 1899 kennzeichnend.

Die Wirkungen von obrigkeitsstaatlicher Repression und Wirtschaftskrise ergänzten sich im Hinblick auf die Entwicklung des bergmännischen Konfliktverhaltens. Einerseits trug die Voreingenommenheit der staatlichen Exekutivorgane bis hinunter in die Ränge der Polizisten, die sich im Behördenjargon in Worten wie jenen von der „krankhaften" Arbeiterbewegung und der „vaterlandslosen" Sozialdemokratie[5] äußerte, erheblich zur

---

5 Vgl. o. S. 480, 482; sowie: Wohin steuern wir? Sozialpolitik und Humanitätsdusel? Zugleich ein Versuch eines Beitrags z. Geschichte des Bergarbeiterstreiks, 1890, S. 42.

Verschleierung der wirklichen Machtverhältnisse und gesellschaftlichen Trennungslinien bei; zugleich schien die Machterhaltung der alten Eliten, die Fortdauer überkommener obrigkeitlicher Hierarchien etwa in der preußischen Bergbaubürokratie, auch die Beibehaltung gewohnter Verhaltensweisen, nicht zuletzt das Vertrauen in die alten Formen der Konfliktregelung, zu rechtfertigen. Der Beschwerdeweg, in knappschaftlichen Angelegenheiten zudem von anhaltender Rechtskraft, hat deshalb nicht zufällig vor allem unter christlich-sozialer Vorherrschaft das Sozialistengesetz, den Mißerfolg der Kaiserdelegation von 1889 und selbst die mißlichen Streikbewegungen der 1890er Jahre überlebt und erfreute sich noch unter den planwirtschaftlichen Bedingungen des Ersten Weltkriegs großer Attraktivität in der organisierten Bergarbeiterbewegung. In den 1880er Jahren trug hierzu die widersprüchliche Konjunkturentwicklung erheblich bei, begünstigte sie doch ebenso wie das Ausnahmerecht das Aufkommen rivalisierender Strömungen in den Belegschaften und bergmännischen Vereinen. Im wirtschaftlichen Überlebenskampf war kaum Platz für offensive Ideologien — um so weniger, als die Parteilichkeit des Staats und seiner Organe in wirtschaftlichen Auseinandersetzungen die wirklichen Fronten verschleierte und der Bergarbeiterschaft, in der das Vertrauen in die Obrigkeit einst auf reale Grundlagen gestützt war, überlebte Denk- und Verhaltensleitbilder vorhielt.

Wenn diese und andere organisationsfeindliche Bedingungen die wirkungsvollste, gewerkschaftlich organisierte Form bergmännischer Interessenvertretung auch einstweilen verhinderten, hingegen ständische Bewußtseinsregressionen begünstigten und die anhaltende Wirkung oder sogar das Wiederaufleben älterer Bruchlinien und Überwerfungen im bergmännischen Denken und Verhalten erlaubten, so ist die Kontinuität der Interessenartikulation in der Bergarbeiterschaft dennoch auch in den 1870er und 1880er Jahren nicht abgerissen[6]. Mit den neugeschaffenen Grundlagen der Produktionsorganisation und den sich ihnen gerade im proletarischen Lebensbereich anschmiegenden gesellschaftlichen Verhältnissen wirkten die Konflikterfahrungen dieser Umwelt fort; ja, sie mußten um so drängender spürbar werden, je unnachgiebiger sich die mächtigeren Antipoden verhielten. Das Bedürfnis nach Ausdruck und Befriedigung der kollektiven wirtschaftlichen und sozialen Wünsche, nach Annäherung der materiellen Lebensbedingungen und Statusdefizite an den vorgelebten Wohlstand und die Behäbigkeit der bürgerlichen Mittel- und Oberschichten, nach Gerechtigkeit und Gleichbehandlung in wirtschaftlichen Auseinandersetzungen sah sich unter dem Druck von Repression und Wirtschaftskrise auf andere Formen und. Wege verwiesen — es war jedoch, und diese Erkenntnis fand gegen Ende des Sozialistengesetzes zahlreiche Anhänger, kaum vorübergehend und gewiß nicht auf lange Sicht zu unterdrücken. In dem großen Streik der Ruhrbergleute im Mai und Juni 1889, der den Höhepunkt einer bereits 1888 im Zu-

---

6 Dieser Aspekt sei gegenüber der damit nicht zurückgewiesenen Interpretation *Wolfgang Köllmanns* (Geschichte der Bergarbeiterschaft, 1968) hervorgehoben, der in Übereinstimmung mit anderen Stellungnahmen die „Wurzeln" der modernen Bergarbeiterbewegung organisationsgeschichtlich auf Knappschaft und Knappenvereine einengt; s. auch *K. Küther*, Soziale Ungerechtigkeit und Not zwang sie zum Kampf. Vor 80 Jahren streikten 90 000 Bergleute, 1969, S. 202. Die Bemerkung *Karl Oldenbergs* in seiner im übrigen noch heute maßgeblichen Streikuntersuchung (Studien zur Rheinisch-Westfälischen Bergarbeiterbewegung, 1890, S. 73), es habe den Bergleuten zum Streikzeitpunkt 1889 an einer „Geschichte zusammenhängender Lohnkämpfe" gefehlt, ist im Hinblick auf die lange Vergangenheit kollektiver Protestaktionen insbesondere im Beschwerdeweg, auf die Streikkämpfe der 1870er Jahre und die Beschwerden und Ausstände im Jahrzehnt des Sozialistengesetzes zu relativieren.

sammenhang einer allgemeinen konjunkturellen Belebung in zahlreichen Gewerben angebrochenen, bis in die frühen 1890er Jahre anhaltenden Streik- und Organisationsbewegung im nationalen, zum Teil sogar europäischen Rahmen bildete[7], entluden sich die aufgestauten Erfahrungen betrieblicher Herrschaft, sozialer Ungleichheit und obrigkeitlicher Unterdrückung nahezu schlagartig. Am Ende eines Jahrzehnts ausnahmerechtlicher Verfolgung der Arbeiterbewegung war der voraussehbare Mißerfolg einer Politik der Befriedung fundamentaler gesellschaftlicher Interessendivergenzen durch sozialpolitische Zugeständnisse unter der Drohgebärde des Obrigkeitsstaats offenkundig und der Ausdrucks- und Selbstbestimmungswille der neuentstandenen Gruppen und Schichten unabweisbar geworden; die Aufbruchsstimmung innerhalb der Arbeiterbewegung tat sich seit Ende 1888 beinahe täglich durch Meldungen neuer, meistenteils erfolgreicher Kampfaktionen von Arbeitern kund. Auf dem Weg zu einer wenigstens vorübergehenden Lockerung der innenpolitischen Fronten markierte der Ruhrbergarbeiterstreik schließlich vor dem Scheitern eines sogar verschärften Sozialistengesetz-Entwurfs im Reichstag am 25. 1. 1890, den Februarerlassen des Kaisers und dem großen Wahlerfolg der noch verbotenen Sozialdemokratie am 20. 2. 1890, der Entlassung *Bismarcks* im März 1890 und der nun eingeläuteten, durch den ehemaligen Düsseldorfer Regierungspräsidenten *Freiherrn von Berlepsch* maßgeblich mitgeformten Politik des Neuen Kurses eine erste bedeutsame Station. Der Streikverlauf sei im folgenden in den Grundzügen dargelegt[8]:

---

7 Der Wellencharakter der Streikbewegung seit 1888 wird in den Studien zum Ruhrstreik (s. Anm. 8) zumeist übersehen; vgl. *Wolfgang Schröder,* Klassenkämpfe und Gewerkschaftseinheit. Die Herausbildung und Konstituierung der gesamtnationalen deutschen Gewerkschaftsbewegung und der Generalkommission der Gewerkschaften Deutschlands. Berlin (0) 1965, S. 33—42; sowie *G. A. Ritter/K. Tenfelde,* Der Durchbruch der Freien Gewerkschaften Deutschlands zur Massenbewegung im letzten Viertel des 19. Jahrhunderts, 1975, S. 84—88. Zu dem gesamteuropäischen Charakter der Streik- und Organisationswelle 1889/90, der für eine vergleichende Untersuchung besonders fruchtbare Perspektiven bietet, vgl. am englischen Beispiel *H. A. Clegg/Alan Fox/A. F. Thompson,* A History of British Trade Unionism since 1889. Oxford 1964 (zum „New Unionism" S. 55—96 u. ö.).

8 Die Geschehnisse sind im ganzen wohlbekannt; die noch ausstehende Auswertung archivalischer Quellen über die Vorgänge auf ministerieller Ebene und in der Regierungsspitze sowie über lokale Ereignisse und manche Entscheidungen im Bereich der Regionalbehörden könnte allerdings manche Nuancen des Gesamtbilds noch verändern. Vgl. bes. die Quellenveröffentlichung von *W. Köllmann* u. *A. Gladen* (Hg.), Der Bergarbeiterstreik von 1889, 1969; sowie aus der Fülle der Literatur nach der Studie von *K. Oldenberg* (Anm. 6) und den „klassischen" Untersuchungen zur Bergarbeiterbewegung von *H. Imbusch* und *O. Hue,* die alle bereits die zeitgenössische umfangreiche Broschürenliteratur heranziehen: *I. Dallmeier,* Die Geschichte der Arbeitskämpfe im rhein.-westf. Steinkohlenrevier, Diss. 1922, S. 42—55; *W. Hahn,* Der Bergarbeiterstreik vom Mai 1889, Diss. 1924; *M.-L. Lehmkühler,* Streik als soziale Krise des Großbetriebes. Eine historisch-soziologische Studie über den Ruhrbergbau, 1951/52; *M. Droste,* Die Stellung des Ruhrbergbaus in Staat und Gesellschaft bis zum Jahre 1918, Diss. 1953, S. 30—91; *Koch,* Bergarbeiterbewegung, S. 33—51; *H. G. Kirchhoff,* Die staatliche Sozialpolitik im Ruhrbergbau 1871—1914, 1958, S. 48—95; *K. Obermann,* Der Ruhrbergarbeiterstreik 1889. Bemerkungen zu einem unbekannten Aufsatz v. Fr. Engels, 1956; jüngst *A. Gladen,* Die Streiks der Bergarbeiter im Ruhrgebiet, 1974, S. 112—131. Lokalen Geschehnissen widmen sich *F. Beiderbeck,* Die Verhältnisse im Ruhrbergbau und der Streik von 1889 im Bochumer Raum, 1966; *H. Henkelmann,* Die Anfänge der Bergarbeiterbewegung im Unnaer Raum, 1962; *W. Timm,* Der Bergarbeiterstreik 1889 und die Anfänge der Arbeiterbewegung in Unna, 1969; *Karola Hüntler,* Der Bergarbeiterstreik im Mai 1889, insbesondere im Gebiet der heutigen Stadt Dortmund. Examensarbeit Pädagog. Hochschule

Der Ruhrbergbau erfreute sich gegen Ende des Jahrzehnts der 1880er Jahre, als die Gewinne mit Ausnahme kurzfristiger Absatz- und Preissteigerungen durchweg hinter den Erwartungen der Investoren zurückgeblieben waren, erstmals wieder seit dem Gründerboom eines nachhaltigen, unter den Kohlenverbrauchern insbesondere die Hüttenindustrie einschließenden Aufschwungs. Die Strukturverbesserungen der 1880er Jahre durch Betriebsvergrößerungen und Neuanlagen, durch den Ausbau der Übertageeinrichtungen und leistungsfähiger Kohleaufbereitungsanlagen, durch technologische Fortschritte in Schachtabteufung und Wasserhaltung und die Einführung neuer Abbaumethoden, schließlich durch Strukturveränderungen und Konzentrationen in den bergbaulichen Kapitalgesellschaften und Tendenzen zur Absatz- und Preiskontrolle schienen nunmehr endlich Früchte zu tragen. Während die Kohlenpreise im Jahresverlauf 1888 stark gestiegen waren und allgemein um die Jahreswende 1888/89 gute Abschlüsse im laufenden Geschäftsjahr erwartet wurden[9], blieben Anzeichen für eine allmähliche Verbesserung des während der 1880er Jahre besonders niedrigen, nur durch die erhebliche Verbilligung der Lebenshaltungskosten erträglichen Lohnniveaus allerdings noch aus. Es kam hinzu, daß der konjunkturellen Belebung wieder einmal zuerst durch Schichtzeitverlängerungen und Überschichten, durch vermehrten Leistungsdruck und Disziplinierungsmaßnahmen Rechnung zu tragen versucht wurde, so daß sich das Arbeitsklima in den Betrieben, in Jahren anhaltender Antreiberei und relativer Schutzlosigkeit gegenüber den Anordnungen des Führungspersonals längst angespannt, noch mehr verschlechterte[10].

Den eigentlichen Ansatzpunkt der seit dem Sommer 1888 wieder spürbaren Bewegung unter den Bergleuten bildeten jedoch nicht die Lohnverhältnisse und allgemeinen Arbeitsbedingungen. Vielmehr ruhte die Lohnbewegung des Frühsommers 1889 in ihren Anfängen auf der Knappschaftsagitation des Rechtsschutzvereins und der Dortmunder Bergleute um den Knappenverein „Glückauf". Die nun schon alten knappschaftlichen Forderungen wurden nach einer vergeblichen Eingabe an die Knappschaftsvorstände während einer im September 1888 vom „Glückauf" ausgerichteten Delegiertenkonferenz der Knappenvereine, in denen die knappschaftlichen Interessen der Mitglieder weiterhin aufmerksam verfolgt wurden und die mit ihren Delegiertenversammlungen während des Sozialistengesetzes eine Art unpolitischen Organisationsersatzes ermöglicht hatten, noch einmal aufgegriffen. Die hier in einer Petition von fast 5000 Bergleuten an das Ministerium[11] erhobenen Forderungen nach Einbezug der Familienangehörigen in die knapp-

Dortmund 1971 (masch., StaD), S. 39—99 u. 105—119 mit einem zeitgenöss. Pressespiegel. Zu den Ergebnissen einer detaillierten, das überlieferte Material ausschöpfenden Untersuchung über den Streik müßte auch die Neueinschätzung der Stellung und des Verhaltens von *Bismarck* gehören, dessen Maßnahmen m. E. durch *P. Grebe*, Bismarcks Sturz und der Bergarbeiterstreik vom Mai 1889, 1938, vor dem Hintergrund einer allzu freundlichen Position *Bismarcks* in sozialen Angelegenheiten gewürdigt werden.

9 Einen „Anlauf zur Besserung" hatte das Kohlengeschäft gegen Ende des 1. Halbjahrs 1888 genommen; seither war „eine fortschreitende Aufbesserung der Preise zu verzeichnen"; s. OPM 1205 V, Bericht des Vereins zur Wahrung der gemeinsamen wirtschaftlichen Interessen/OPM 24. 8. 1889.

10 Selbst das OBA sprach in seinem zusammenfassenden Streikbericht v. 18. 9. 1889 (OBA 1809 Bl. 2—45, Entw., Referent *Weidtmann)* von „schroffen Gegensätze[n], welche das heutige Wirtschaftsleben beherrschen".

11 Vgl. oben S. 558; Text für den am 5. 12. 1888 eingereichten Petition und der erst nach dem Streik im Sept. 1889 eingetroffenen, ablehnenden Antwort s. b. *L. Lensing*, Der große Bergarbeiter-Streik des Jahres 1889 im Rhein.-westf. Kohlenrevier, [1889], S. 11—13. Über diese Vorgänge s. *A. Siegel*, Mein Lebenskampf, (masch.) 1931, S. 62—66, sowie die

schaftliche Krankenfürsorge und nach freier Arztwahl über die Gruppe der Knappschaftsärzte hinaus hatten, neben dem wiederholten Ersuchen um freie, direkte und geheime Wahl der Knappschaftsältesten, über Jahrzehnte hinweg im Mittelpunkt bergmännischer Reformbemühungen um die Knappschaft gestanden. Allerdings verhielten sich die dem sozialdemokratischen Kreis um *Tölcke* mindestens nahestehenden oder ihm angehörenden Dortmunder Führer der neuerlichen Knappschaftsbewegung gegenüber den Bestrebungen des Rechtsschutzvereins deutlich skeptisch[12], und ihre Versuche, eine möglichst große Zahl ruhrindustrieller Knappenvereine um den Mittelpunkt der Knappschaftsagitation zu vereinigen, müssen daher als alternativer Organisationsversuch eines neuen Bergarbeiterverbands gewertet werden, der ja bereits nach älteren Plänen auf bestehenden Knappenvereinen aufbauen sollte.

Eine erneute Delegiertenversammlung der Knappenvereine am 13. Januar 1889 behandelte dann auch bereits Lohn- und Arbeitszeitfragen, beriet unter Kritik am Rechtsschutzverein Knappschaftsangelegenheiten, hörte einen Bericht des sächsischen Bergarbeiterführers *Ebert* über den sächsischen Bergbau und übernahm das sächsische Verbandsorgan „Glückauf" auch für die Knappenvereine im Ruhrgebiet; schließlich wurde die Einberufung eines allgemeinen deutschen Bergmannstages nach Dortmund beschlossen[13]. Mit *Ludwig Schröder* in Dortmund, *Daniel Eckhardt* und *Johann Mühlenbeck* in Essen standen dieselben Personen im Vordergrund der Bewegung, die sich bereits vor dem Sozialistengesetz, z. T. schon gegen Ende der 1860er Jahre um die Organisierung der Bergleute bemüht hatten.

Der Prüfstein der neuerlichen Organisationsversuche mußte in Essen liegen, wo das katholische Knappenvereinswesen fest verankert war und unter christlich-sozialem Einfluß seine Blüte erlebt hatte. Offenbar gelang es während zweier Essener Versammlungen am 10. März und 8. April 1889, unter angestrengtem Bemühen um parteipolitische Neutralität[14] die Strömungen in der Essener Bergarbeiterbewegung zu einer gemeinsamen Resolution zu vereinigen, die mit Forderungen um 15 % Lohnerhöhung, Einschränkung der Überschichten, Achtstundenschicht und verschiedene Verbesserungen der Arbeitsbedingungen als Zirkular an die Werksverwaltungen ging[15]. Während nun

---

Berichte der WAZ im Dez. 1888/Jan. 1889. *H. Halbach*, Einwirkung der Arbeiterversicherungsgesetze, 1906, S. 101, betont, ein Teil dieser Forderungen sei im Gesetzgebungsprozeß „ausdrücklich berücksichtigt worden".

12 Vgl. den Aufruf der späteren Kaiserdelegierten *Siegel*, *Schröder* und *Bunte*, die also schon im Spätherbst 1888 und wahrscheinlich bereits früher zusammen agierten, WAZ 28/5. 12. 1888: „Kameraden! Seit ungefähr 3 Jahren besteht der Rechtsschutzverein. Was hat nun derselbe während dieser Zeit geleistet? Wir wissen es nicht, wohl aber sind uns Klagen zu Ohren gekommen ..."

13 Versammlungsbericht WAZ 6/19. 1. 1889. Die „Lohnfrage" wurde also nicht erst während der Essener Versammlung am 10. 3. 1889 diskutiert (*Kirchhoff*, Staatliche Sozialpolitik, S. 49 f.; *Koch*, Bergarbeiterbewegung, S. 34); eine ausführliche Diskussion findet sich in der WAZ bereits seit Sept. 1888; s. die Nr. 7, 8, 13; 14/16. 10. 1888: „Stockt der Absatz und sinkt der Kohlenpreis, dann sind die Herren sehr schnell mit Lohnreduktionen bei der Hand, steigt aber der Kohlenpreis, dann steigen die Löhne noch lange nicht". Vgl. auch oben S. 568, Anm. 361.

14 Vgl. *D. Eckhardt* während einer späteren Versammlung (5. 5. 1889): „Sie seien hier nur Bergleute, weiter nichts, sie seien hier nicht Sozialdemokraten, nicht Ultramontane, nicht Christlich-Soziale, sondern lediglich Bergleute, welche als solche ihre Sachen verfolgten" (OPM 2831 Bl. 100—115 Staatsanwalt *Schlüter*, Essen/Oberstaatsanwalt *Irgahn*, Hamm, Juni 1889, Abschr.).

15 Vgl. *Hue* II S. 355 f. sowie *Köllmann/Gladen*, Bergarbeiterstreik, S. 33 f. (Wortlaut des Beschlusses). Über den Charakter des verabschiedeten Textes, an dessen Zustandekommen der

im Verlauf der nachfolgenden Versammlungswelle die Bergarbeiterführer noch umfassenden Kampfaktionen widerrieten, nahm die Entwicklung durch die spontane, vorübergehende Arbeitseinstellung junger Schlepper und Pferdejungen auf einem Schacht der Zeche Präsident bei Bochum am 25. April und auf Friedrich Ernestine bei Essen am 1. Mai, auf weiteren Essener Zechen am 3. Mai und auf den Großschachtanlagen im Raum Gelsenkirchen und Herne am folgenden Tag eine andere Richtung.
Die Nachricht von den Arbeitseinstellungen im Essen-Gelsenkirchener Raum verbreitete sich wie ein Lauffeuer im ganzen Revier und führte zu reihenweisen Arbeitsniederlegungen. Wirkliche Ereignisse und Gerüchte gingen von Mund zu Mund, und binnen kurzem sah sich das Ruhrgebiet in einen Zustand erregter Aufmerksamkeit versetzt, die von den örtlichen Presseorganen in alle Schichten der Bevölkerung getragen wurde. Unter den herausragenden Nachrichten gleich der ersten Streiktage fanden sich jene über blutige Zusammenstöße zwischen Streikenden und Zechenbeamten bzw. örtlichen Polizeiorganen auf den Hiberniaschächten bei Gelsenkirchen. Diese Ereignisse veranlaßten zu vereinten Rufen von Polizei und Zechenverwaltungen nach Militäreinsatz, und kurz darauf trafen nach eiligem Anmarsch starke Militärkontingente im Kohlenrevier ein. Diese ihrerseits sorgten durch gewohnt schneidiges Auftreten für eine weitere Zuspitzung der Situation. So wurde durch Schießereien auf der Zeche Graf Moltke bereits am 7. Mai, wenige Tage später in der Bochumer Bahnhofsstraße und auf Zeche Schleswig mit der Folge mehrerer Toter und zahlreicher Verwundeter auch unter der nichtbetroffenen Bevölkerung die Stimmung in einem Maße angeheizt, das zeitweise die wirklichen Fronten in dem Massenausstand zu überlagern drohte[16].
Der Streik entbehrte anfänglich jeder Organisation. Weder hatte es von irgend einer Seite eine Planung der Aktionen gegeben, noch bestand neben den für die Durchführung einer derart umfassenden Arbeitseinstellung denkbar ungeeigneten, lokalen Vereinsorganisationen und neben dem letztlich inaktiven, auf solche Aufgaben nicht vorbereiteten und in den Augen der meisten Bergleute hierfür auch ungeeigneten Rechtsschutzverein eine geeignete organisatorische Grundlage, auf der der Ausstand einen planvollen Verlauf hätte nehmen können[17]. Von irgendwelchen finanziellen Vorbereitungen konnte erst recht nicht die Rede sein. Das in Jahrzehnten unermüdlicher Knappenvereinsarbeit gewachsene Ansehen örtlicher bergmännischer Führerpersönlichkeiten, das in manchen

---

spätere Vorsitzende des Verbandes „Glückauf", *Anton Fischer,* maßgeblich mitwirkte, war man offenkundig im Zweifel: Mal war die Rede von einem „Zirkular", dann von einer „Petition" an die Zechenverwaltungen; vgl. unten S. 590.

16 Über diese Vorfälle und den Militäreinsatz s. die Quellen bei *Köllmann/Gladen,* Bergarbeiterstreik, S. 43, 46, 51, 54, 57 f., 67—69; ferner die „Gesichtspunkte für die Verwendung der in die Kohlenbergwerks-Gebiete entsendeten Truppen" des Generalkommandos des VIII. Armeekorps in Münster, 10. 5. 1889; in: OPK 7028.

17 Die Legende vom streikinitiierenden Einfluß der internationalen Sozialdemokratie hat aus durchsichtigen Gründen die meisten einseitigen Darstellungen zum Streik beherrscht. Sie fand ihren Höhepunkt in der Stellungnahme der Dortmunder HK an den Reichskanzler 21. 6. 89, wo es vom Streik hieß, daß er „einen Monat früher ausbrach, als er von der internationalen Gesammtleitung geplant war" (*Köllmann/Gladen,* Bergarbeiterstreik, S. 187), und ist bis in die jüngste Zeit wiederholt worden (*K. Brinkmann,* Bochum, 1968, S. 219: „Am 1. Mai 1889 wurde von Berlin aus der Generalstreik ausgerufen".). Auch das OBA vertrat sie: „Vorkommnisse verschiedener Art lassen leider keinen Zweifel mehr darüber, daß internationale Einflüsse (belgische Anarchisten?) im Spiele sind" (OBA/HM 13. 5. 1889; s. IM, Arbeitseinstellungen Prov. Westfalen und Rheinprov. Nr. I Bd. 1: Nachlaß Schulz, Hamburger Bibliothek für Sozialgeschichte. Vgl. ebd. Nr. I Bd. 2: Die belgischen Anarchisten waren 5 junge, ungewohnt bekleidete und sog. „Mutzpfeifen" rauchende Burschen, die weil

Fällen bereits über die kommunalen und Vereinsgrenzen hinausgedrungen war, bildete so einen ersten Orientierungspunkt für die Streikorganisation, der freilich bald durch eine demokratische Entscheidungsfindung und Führung auf der Grundlage der Belegschaftskörper ergänzt und ersetzt wurde, während die Vereinsorganisationen vor allem in Fällen langjährig politisch engagierter Vereinstätigkeit – wie in manchen Dortmunder Knappenvereinen, aber auch in Gelsenkirchen und Essen – wirksam zur bergmännischen Meinungsbildung beitrugen. Wie selbstverständlich schloß der Prozeß der Streikorganisation auf Belegschaftsebene an das überlieferte Muster an: Überall wurden stets drei Delegierte gewählt, zu Verhandlungen mit den jeweiligen Zechenverwaltungen und zum regionalen Zusammenschluß, ferner zur Regulierung auch der Kosten durch Sammlungen und Entgegennahme von Spenden ermächtigt, jedoch zumeist mit strikter Weisung in dem Sinne versehen, daß für weitergehende, die jeweiligen Belegschaftsbeschlüsse überschreitende Maßnahmen die erneute Zustimmung der Belegschaftsversammlung einzuholen war[18]. Belegschaftsdelegierte und Knappenvereine bildeten in kaum scharf voneinander abzugrenzender Legitimation und Kompetenz das organisatorische Gerüst des Ausstands. Die schwierigste Aufgabe war hierbei die Verbindung der einzelnen Zechenkomitees zu gemeinsamem politischen Handeln, wie sie auf lokaler Ebene zunächst im Dortmunder Raum, bereits am 10. Mai – nach einer Initiative *Fusangels* während einer Delegiertenversammlung in Bochum – auch auf regionaler Ebene durch Einsetzung eines Zentralstreikkomitees gelang. In diesem Führungskreis ging jene andere Gruppe von Bergarbeiterführern auf, die sich in den Monaten vor Streikausbruch aus den örtlichen Knappenvereinsvorständen rekrutiert hatte und dort ihre Anhänger besaß. Von den sorgfältig aus den Regionen des Ruhrgebiets in das Zentralstreikkomitee gewählten Bergleuten standen der Dortmunder *Bunte* und *Dieckmann* aus Gelsenkirchen der Sozialdemokratie mindestens nahe, während *Johann Weber* ein Anhänger *Fusangels* war und *Johann Mühlenbeck* von den Behörden für „ultramontan" gehalten wurde[19]. Unabhängig vom Bochumer Streikkomitee und von den weiteren Bemühungen *Fusangels* und des Dortmunder „Tremonia"-Redakteurs *Lambert Lensing,* Einfluß auf die Streikbewegung zu gewinnen, kam während einer Dortmunder Versammlung am 9. Mai der Gedanke einer bergmännischen Deputation an den Monarchen auf und lief wie ein zündender Funke durch Belegschaften und Knappenvereine. Noch während derselben Versammlung wurden *Bunte, Schröder* und *Siegel* zu Mitgliedern einer solchen Deputation gewählt. Der innerbehördliche Entscheidungsprozeß führte, begünstigt durch die Haltung des Monarchen, durch die Fürsprache des Münsteraner Oberpräsidenten *von Hagemeister* und des persönlich im Streikgebiet anwesenden kaiserlichen Vertrauten *Hinzpeter,* überraschend schnell zu dem Erfolg jener zeitgenössisch als Sensation aufgenommenen, im Höhepunkt des Streikgeschehens stehenden – am Tag der Audienz streikten über 87 000 von derzeit 104 000 Ruhrbergleuten[20] – kaiserlichen Audienz für die ab-

---

sie während der Fahrt durch das Ruhrgebiet den Zug verließen, vom eifrigen Hammer Oberstaatsanwalt *Irgahn* gleich zu belgischen Anarchisten erklärt wurden. S. ferner *Oldenberg,* Bergarbeiter-Bewegung, S. 71; differenziert urteilt *Eschenbach,* Die Lehren des Bergwerksstreiks, 1889, S. 34—39). Zu Recht hebt dagegen *K. Koszyk,* Anfänge und frühe Entwicklung der sozialdemokratischen Presse, 1953, S. 41 f., den versteckten, taktisch geschickt plazierten Anteil der WAZ an der Streikvorbereitung hervor, ohne daß solche Vorbereitung jedoch zu konkreten Aktionsplänen gediehen wäre. Vgl. unten Anm. 46.

18 Berichte über Delegiertenwahlen s. bei *Köllmann/Gladen,* Bergarbeiterstreik, S. 64, 69, 74 f., 80.

19 Vgl. OPM 2831 Bl. 100—115; s. o. S. 474 Anm. 368.

20 Vgl. *Köllmann/Gladen,* Bergarbeiterstreik, S. 110.

gesandten Bergleute am 14. Mai in Berlin[21]. Mochten sich auch aus der Begegnung selbst keine unmittelbaren Vorteile für die Interessen der Bergleute ziehen lassen, so war der Widerhall in einer den Streikenden mit Ausnahme unternehmerfreundlicher Blätter längst in großer, durch Spendenbereitschaft dokumentierter Sympathie gegenüberstehenden Öffentlichkeit gewaltig.

Noch in Berlin kamen unter Assistenz einiger Reichstagsabgeordneten Verhandlungen zwischen *Hammacher* als dem Repräsentanten des Bergbauvereins und den Bergarbeiterdelegierten zustande. Die Unternehmerseite war dem Streik mit einer Erklärung des Bergbauvereins vom 11. Mai[22] in gewohnter Weise schroff entgegengetreten und hatte Verhandlungsbereitschaft und Lohnerhöhungen auf der Ebene der einzelnen Zechen nur für den Fall signalisiert, daß die Arbeit wieder aufgenommen würde. *Hammacher*, der sich in seinen Berliner Verhandlungen in deutlichen Widerspruch zu diesem Beschluß setzte und später hieraus in der Form seines Rücktritts vom Amt des Vereinsvorsitzenden auch die Konsequenzen ziehen mußte, fand zwar in Regierungskreisen Zuspruch und Förderung, stieß jedoch auf die eisige Ablehnung der noch am 14. Mai in Berlin als Vertreter des Bergbauvereins eintreffenden Scharfmacher im Unternehmerlager: des Bergassessors *Krabler*, Bergrats *von Velsen* und Geheimrats *Haniel*. Mußten sich diese auch, ihrerseits am folgenden Tag zur kaiserlichen Audienz geladen, vom Monarchen im Sinne einer kompromißbereiten Haltung ins Gewissen reden lassen, so sollten die darauf folgenden Tage zeigen, wie wenig die Mehrheit der Ruhrgewerken gesonnen war, den Forderungen der Bergleute nachzugeben. Der von *Hammacher* und den Arbeiterführern im sog. „Berliner Protokoll" ausgehandelte Kompromiß, in dem eine „angemessene" Lohnerhöhung, eine achtstündige Normalschicht ohne Einrechnung von Ein- und Ausfahrt und Regelung der Überschichtenfrage jeweils im Benehmen mit Vertrauensmännerausschüssen der Belegschaften zugesagt wurden, stieß bei zahlreichen Gewerken auf scharfen Widerstand. Das im Verlauf der Versammlung des Bergbauvereins verabschiedete „Essener Protokoll"[23] sagte Lohnerhöhungen nach Wiederaufnahme der Arbeit zu, lehnte die Bildung von Vertrauensmännerausschüssen jedoch ab und variierte die Berliner Erklärung über die Schichtzeit, so daß die Frage, wie lange Ein- und Ausfahrt dauerten und ob hierzu nicht nur die Seilfahrt im Schacht, sondern auch die oft langwierigen Untertage-Wege zu rechnen seien, künftig zum wichtigsten Streitpunkt der Kontrahenten anschwoll.

Der Streik ist bereits nach der Kaiseraudienz und dem Berliner Verhandlungsergebnis, zunehmend nach der Zustimmung der Belegschaftsdelegierten zum Essener Protokoll auf einer Versammlung in Bochum am 19. Mai abgebröckelt. Wenn sich der Ausstand dennoch, während seit Mitte Mai auch entferntere Kohlenreviere, so der Saarbergbau, Oberschlesien und der Zwickauer Bergbau von dem Streik der Ruhrbergleute ergriffen wurden[24], mit örtlichen Unterschieden bis Ende des Monats hinauszögerte, war hierfür

21 S. die Quellen ebd. S. 91—137; über die Hintergründe bes. *Kirchhoff*, Staatliche Sozialpolitik, S. 56—60. Für die Eile bei der Vorbereitung der Audienz spielte auch die Befürchtung eine Rolle, „je länger der Streik dauert, desto mehr werden die Sozialdemokraten die Führung erlangen" (RD Präs 835 Bl. 127—129, RPD/IM 11. 5. 1889, hs. Entw. *v. Berlepsch*').
22 Text: *Köllmann/Gladen*, Bergarbeiterstreik, S. 78 f.
23 Texte der Berliner und Essener Erklärungen ebd. S. 104 f., 118 f. Zur Haltung *Hammachers* s. bes. *A. Bein/H. Goldschmidt*, Hammacher, 1932, S. 108—124; sowie *H. Croon*, Die wirtschaftlichen Führungsschichten des Ruhrgebietes 1890—1933, 1972, S. 146.
24 Vgl. *V. Böhmert*, Der Streik der dt. Kohlenbergleute, 1889, S. 151—157; *Hue* II S. 376—381; *E. Müller*, Die Entwickelung der Arbeiterverhältnisse auf den staatlichen Steinkohlenbergwerken vom Jahre 1816 bis zum Jahre 1903. Berlin 1903, S. 47—67.

insbesondere die mangelnde Solidarität im Unternehmerlager, wo die Essener Erklärung keineswegs einhelliger Zustimmung begegnet war, verantwortlich. Auf zahlreichen Gruben wurde den arbeitsbereiten Bergleuten erklärt, sie sollten nur anfahren, das Weitere würde sich schon finden. Das Zentralstreikkomitee erhob hierauf die Zusagen des Berliner Protokolls zum Streikziel und proklamierte nach vergeblichen Verhandlungen mit Arbeitgebervertretern am 24. Mai den erneuten Streik. Die zunehmend verhärtete Unternehmerhaltung trotz Entgegenkommens auf manchen Gruben, vor allem aber die inzwischen katastrophale finanzielle Lage der Ausständigen, deren nun spürbar ausbleibende Einkommen durch die von lokalen Streikkomitees, Knappenvereinen und anderen Unterstützungsgruppen gesammelten Geldspenden und sonstigen Hilfeleistungen nicht entfernt ersetzt werden konnten, machten diesen neuerlichen Streikbeschluß illusorisch. Nachdem der Streik faktisch Anfang Juni beendet worden und auch das Militär abgezogen war, mehrten sich auch die Maßregelungen der Zechen gegen Streikführer, und die Haltung der Behörden schlug mit der Verhaftung des Zentralstreikkomitees am 27. Mai in offene Feindseligkeit um. Eine geheime Sperrvereinbarung der Gewerken, die ebenfalls am 27. Mai bereits eine Frist für die Wiederaufnahme der Arbeit setzen konnten, schloß alle Abgekehrten von der Grubenarbeit aus; die Staatsanwaltschaften ordneten Haussuchungen an, erhoben Anklage wegen zahlreicher Vorfälle, und die ersten Urteile gegen Streikende und Streikführer ergingen[25].

Augenblickliche Erfolge im Sinne materieller Gewinne brachte der Massenausstand daher für die Ruhrbergarbeiterschaft nicht, wenn die Löhne auch mittelfristig, allerdings eher im Zusammenhang der anhaltend starken Kohlennachfrage und des großen Arbeitskräftebedarfs, erheblich stiegen. Mochten auch manche rigiden Bräuche im Verhältnis zu den Gewerken und betrieblichen Vorgesetzten, deren arbeitgeberfreundliche Haltung während des Streiks nicht in Zweifel stand[26], künftig weniger deutlich hervortreten und in den eingefahrenen Riten betrieblicher Herrschaft: im Wagennullen und bei der Gedingefestsetzung, im Strafwesen und in der Anordnung von Mehrarbeit und Überschichten, künftig Vorsicht und mehr Zurückhaltung walten, so hat sich doch auf lange Sicht die Haltung der Ruhrgewerken auf dem Herrenstandpunkt der 1870er und 1880er Jahre

---

25 Vgl. Oberstaatsanwalt *Irgahn*/JM 29. 5. 1889 (in: IM, Arbeitseinstellungen Nr. I, Bd. 4 — Hamburger Bibliothek für Sozialgeschichte, Nachlaß Schulz) über „die strenge Anwendung der einschlägigen Bestimmungen": „Die hiernach durchgeführte Aktion hat fast mit einem Schlage eine Wendung zum Besseren herbeigeführt. Die bessern Elemente erheben ihr Haupt . . . ". Über die „Sperre" der Gewerken s. *Kirchhoff*, Staatliche Sozialpolitik, S. 91 f.; zu Maßregelungen *Köllmann*/*Gladen*, Bergarbeiterstreik, S. 135, 158 f., 176—178, 216 f.; *Oldenberg*, Bergarbeiter-Bewegung, S. 106; *Hue* II S. 375; vgl. auch die Beschwerde *Ludwig Schröders*/OBA 2. 7. 1889 (OBA 242) über seine Entlassung mit der Bitte, „ob das Königliche Oberbergamt selbst vermittelnd einzugreifen gesonnen ist". Berghauptmann *Eilert* zitierte Schröder hierauf zu einer Unterredung in das Oberbergamt, während derer *Schröder* zugab, „daß alle etwaige Bemühung, ihn bei Westfalia wieder in Arbeit zu bringen, ohne Erfolg sein würde" (hs. Vermerk *Eilerts* ebd.). — Zur Tätigkeit der Gerichte s. Entscheidungen des Reichsgerichts in Strafsachen Bd. 20, Leipzig 1890, S. 150—156, wonach die öffentliche Aufforderung zum Streik einer Aufforderung zum Ungehorsam gegen Gesetze gleichkomme; vgl. hierzu die anschließende innenministerielle Instruierung, z. B. in StaDuisb 306/202 IM/ OPK 11. 12. 1889 (Abschr.).

26 Vgl. die Kommentare im Organ des Verbands techn. Grubenbeamten, Bergbau 33/15. 5., 37/11. 6., 40/3. 7. u. 46/14. 8. 1889 („Zur Abwehr": Man wisse, „daß bei aller Humanität die Glacéhandschuhe in den ausgedehnten Betrieben nicht immer am Platze sein können".); s. auch *Köllmann*/*Gladen*, Bergarbeiterstreik, S. 184 f., 196, 207—215; *H. Spethmann*, Der Verband technischer Grubenbeamten, 1936, S. 76—82.

verhärtet und dadurch die Kluft zu den Arbeitern weiter vertieft, so daß die Vorstellung von der klassenhaft gespaltenen Gesellschaft auf beiden Seiten handlungsleitende Bedeutung gewinnen konnte[27]. Künftig sollte das Verharren auf vermeintlichen Rechtspositionen, insbesondere die Ablehnung von Verhandlungen wie überhaupt die Aberkennung jeglicher Verhandlungsmandate von Bergarbeiterdelegierten, die Stellung der Arbeitgeber in Konflikten bestimmen, und man schritt unter maßgeblicher Mitwirkung *Emil Kirdorfs* schon Anfang 1890 zu Vorbeugungsmaßnahmen gegen weitere Streiks durch die Gründung eines Ausstandssicherungsverbandes, der „nichts weiter als ein Kampforgan ... zum totalen Ausschluß Streikender"[28] war.

Während der Streik in der Stellung der Unternehmerseite gegenüber Arbeiterfragen auch auf lange Sicht keine sachliche Veränderung brachte, deuteten sich in der Haltung des Staates, der Regional- und der bergbaulichen Fachbehörden Entwicklungen an, die zu den wichtigsten Ergebnissen des Ausstands gerechnet werden müssen. Allerdings fanden die örtlichen Polizeikräfte und kommunalen Ordnungsorgane nach anfänglicher Zurückhaltung wegen der Anwesenheit des Militärs und angesichts der übergeordneten Entwicklungen noch im Streikverlauf zu den gewohnten repressiven Maßnahmen und Denkweisen zurück[29]. In den oberen behördlichen Instanzen hatten dagegen die Überraschung und der machtvolle Eindruck des Streikausbruchs[30] im Verein mit den gegen Ende des Sozialistengesetzes deutlichen innenpolitischen Veränderungen einen Denkprozeß in Gang gesetzt. Einmal hatte der infolge geschickteren Verhaltens der Düsseldorfer Regionalbehörde — der Regierungspräsident schloß sich nicht den vereinten Rufen gewisser Kreise nach Militäreinsatz an — im rheinischen Ruhrgebiet bei weitem ruhigere Streikverlauf die ganze Unruhe und Nervosität, die ordnungspolitische Unfähigkeit der

---

27 So wurde aus Arbeiterkreisen nach dem Streik 1889 über die „Schwäger- und Vetternwirtschaft und sonstigen familiären Verbindungen, wie sie jetzt so vielfach zwischen den Zechendirektoren und den Mitgliedern des Oberbergamts bestehen — und gewiß nicht zum Vorteile der Bergarbeiter —", geklagt *(Köllmann/Gladen,* Bergarbeiterstreik, S. 278; vgl. ebd. S. 181 f.).

28 *H. Böhme,* E. Kirdorf, 1968/69, S. 34; vgl. *Kirchhoff,* Staatliche Sozialpolitik, S. 116 f.; *Paul Osthold,* Die Geschichte des Zechenverbandes 1908—1933. Ein Beitrag zur deutschen Sozialgeschichte. Berlin 1934, S. 23—55. — Zeugnisse für die Verschleierung des Blickwinkels durch Konzentration auf die eigene Interessenlage sind zahlreich. Vgl. neben dem so eiligen wie dummen Bericht der HK Dortmund vom 21. 6. 1889 *(Köllmann/Gladen,* Bergarbeiterstreik, S. 187—193) z. B. die Bemerkungen von *H. A. Bueck* über den Streik während der Verhandlungen der am 26. u. 27. 9. 1890 in Frankfurt a. M. abgehaltenen Generalversammlung des Vereins für Socialpolitik (Leipzig 1890, S. 249); ferner *W. Beumer,* 25 Jahre Thätigkeit des Vereins zur Wahrung der gemeinsamen wirthschaftl. Interessen, 1896, S. 189 bis 192, ü. d. Rede „gegen büreakratischen Unverstand und sociale Liebäugelei mit vertragsbrüchigen Arbeitern", die *Louis Berger* im Abgeordnetenhaus insbes. über die Rolle der Öffentlichkeit während des Streiks gehalten hatte (hierzu Glückauf 26, 1890, S. 201—204).

29 Als Zeugnis der undurchdringlichen Voreingenommenheit und des obrigkeitlichen Denkens gerade der unteren und mittleren behördl. Instanzen vgl. z. B. die Charakterisierung des (zu Recht) sozialdemokratischer Verbindungen verdächtigen Bergmanns *Alois Francke* durch den Geh. Oberbergrat *Freund* 31. 5. 1889 (Geheimes Staatsarchiv Rep. 120 I B IX 6 Nr. 123 Bd. 2, Hamburger Bibliothek für Sozialgeschichte, Nachlaß Schulz): „Francke gehört zu jenen etwas mehr als gewöhnlich begabten, maulfertigen, nicht gerade bösartigen, jedoch zur Unbotmäßigkeit neigenden, darum unsteten, und immer mehr oder weniger frechen Gesellen, die nicht gern angestrengt arbeiten ..."

30 Vgl. *Schäffle,* Trennung von Staat und Volkswirtschaft aus Anlaß des jüngsten Arbeitsmassenausstandes, 1889, S. 592: „Einen bisher schlafenden Riesen fand man plötzlich wach, man hatte nicht zugesehen, wie er zu Bewußtsein kam ..."

behördlichen Aufsichtsgremien in Arnsberg und Münster offengelegt, die dann schließlich mit der Entlassung der Behördenleiter in Münster und Arnsberg, *von Hagemeister* und *von Rosen*, quittiert wurde, während *von Berlepsch* in rascher Folge von Düsseldorf als Oberpräsident nach Koblenz ging und endlich den Stuhl des preußischen Handelsministers erklomm[31]. Zum anderen, von nachhaltiger Wirkung und wesentlich mitbeeinflußt durch den Aufstieg *von Berlepsch'*, beschleunigte der Streik die Rückbesinnung des Staats auf seine sozialpolitische Ordnungsfunktion, die sich gerade in bergbaulichen Angelegenheiten leicht mit preußisch-konservativen Denktraditionen paaren mochte und insoweit den Sondercharakter des preußisch-deutschen Staatswesens offenlegte[32].

Zunächst hatte diese Entwicklung trotz der im Streik wenig herausragenden Rolle des Oberbergamts eine Stärkung seiner Kontrollfunktion in Angelegenheiten des Arbeitsverhältnisses zur Folge. Schon wenige Tage nach dem Ende des Streiks erging die beachtliche Weisung an die Revierbeamten, daß, wenn die Streikunruhe auch weiterhin zu „formlosem Verhalten der Arbeiter" und „voreiligen Maßnahmen der Grubenverwaltungen" führen könne, „demgegenüber die Aufgabe des Revierbeamten nicht darin bestehen kann, den Rechtsstandpunkt festzuhalten und danach zu verfahren"; er habe vielmehr „nach billigen Rücksichten zu urtheilen und nach Kräften zu vermitteln"[33]. In seiner abschließenden, auf Geheiß eine ausführliche Darstellung der Rechtslage in der vorliberalen Bergbauverfassung einschließenden Berichterstattung erwog das Oberbergamt sogar die Ermächtigung der Revierbeamten mit allgemeiner polizeilicher Strafgewalt und die Einrichtung neuer erster Instanzen, sogenannter „Bergpolizeiämter", in den Revieren[34].

Bei allen Zweifeln an ihrem wirklichen Nutzen symbolisiert auch die amtliche Untersuchung der Zustände auf den rheinisch-westfälischen Gruben, mit deren Anordnung[35] die Ministerialbehörde einer alten, im Streikverlauf stark aufgekommenen Forderung der Bergleute nachkam, das neuerwachte Engagement der übergeordneten Behörden. Im Juni/Juli 1889 fanden in allen Revieren nach vorentworfenem Schema umfängliche, später veröffentlichte Befragungen von Bergleuten[36] über die Lohnhöhe, Schichtdauer, Strafwesen, allgemeinen Sicherheitsverhältnisse und weiterer betrieblichen Angelegenheiten vor Streikausbruch statt, die allerdings, durch die Zusammensetzung der Kom-

---

31 Vgl. ausführlich zur Haltung der Behörden *Koch*, Bergarbeiterbewegung, S. 41 f.; *Kirchhoff*, Staatliche Sozialpolitik, S. 74 u. passim; auch der Sessel des Dortmunder Berghauptmanns *Eilert* wankte zeitweise.

32 Vgl. die Bemerkung von *Hans-Ulrich Wehler*, Der Aufstieg des Organisierten Kapitalismus und Interventionsstaates in Deutschland. In: *Heinrich August Winkler* (Hg.), Organisierter Kapitalismus. Voraussetzungen und Anfänge. Göttingen 1974 (= Kritische Studien zur Geschichtswissenschaft Bd. 9), S. 45: „In dieser vom ‚aufgeklärten Absolutismus' noch einmal befestigten, von keiner bürgerlichen Revolution veränderten [mitteleuropäischen, absolutistischen] Staatstradition mit ihrer ‚Wohlfahrts-' und ‚Polizeipolitik' wurden auch Dispositionen gespeichert, die eine moderne Intervention begünstigten".

33 OBA 242 OBA/alle Revierbeamte 10. 6. 1889, z. T. unterstrichen; s. *Kirchhoff*, Staatliche Sozialpolitik, S. 77 Anm. 151.

34 Vgl. OBA 1809 Bl. 2—45 OBA/HM 18. 9. 1889 (Entw.), sowie OBA 1812 Bl. 1 f. HM/OBA 3. 9. 1889, ebd. Bl. 3—49; *Adelmann*, Quellensammlung Bd. I, S. 98—108, 137—143.

35 Vgl. OBA 1809 Bl. 47 f. HM/OBA 25. 5. 1889.

36 Die Vernehmungsprotokolle s. in OPK 7042; vgl. die gekürzte Veröffentlichung: Denkschrift über die Untersuchung der Arbeiter- und Betriebsverhältnisse in den Steinkohlenbezirken, 1890. Die auf Vorschlag *v. Berlepsch'* vom 14. 5. erwogene, in der kaiserlichen Audienz am selben Tag nahegelegte Untersuchung fand gegen den erklärten Willen *Bismarcks* statt; vgl. *Rottenburg/Herrfurth* 16. 5. 1889 (in: Geheimes Staatsarchiv Rep. 120 I B IX 6 Nr. 123 Bd. 2 — Hamburger Bibliothek für Sozialgeschichte, Nachlaß Schulz).

missionen, die Auswahl der Befragten und die Befragungstechniken bedingt, kaum ein wahrheitsgetreues Bild zu zeichnen vermochten und in ihrem Ergebnis, einer „für unseren Kohlenbergbau so ehrenden amtlichen Denkschrift", von Unternehmerseite ausdrücklich begrüßt und als Argumentationshilfe zur Abwehr bergmännischer Forderungen genutzt wurden[37].

Zugleich mit einer im hohen Maße öffentlich geführten Diskussion über eine Neuordnung des gesamten preußischen Bergwesens[38] setzten auch in der Regierungsspitze, bestärkt durch die berühmten kaiserlichen Äußerungen in der Staatsministerialsitzung am 12. Mai 1889[39], Überlegungen zur Rückgewinnung größeren Einflusses auf den Bergbau, sei es durch Ankauf von Bergwerkseigentum durch den Staat, sei es durch Verstaatlichung und andere legislative Maßnahmen, ein. Kennzeichnend für diese neuen Überlegungen waren etwa Anordnungen zum Ausbau der bestehenden Staatsbergbaubetriebe zu sozialen Musteranstalten sowie Versuche, ergänzend zum Unternehmermonopol über die Ausbildung des mittleren betrieblichen Nachwuchses Einfluß auf die Fortbildung der Bergleute zu gewinnen[40]. Hinsichtlich der bergbaulichen Arbeitsverhältnisse gipfelten diese Maßnahmen im Erlaß des Gewerbegerichtsgesetzes 1890, das den Bergbau zur Einrichtung von Berggewerbegerichten verpflichtete und hierin einer alten Forderung der Bergarbeiterbewegung nachkam, und in der Novelle zum allgemeinen Berggesetz 1892, die die Position der Bergbehörden in Arbeiterangelegenheiten stärkte, genehmigungspflichtige Arbeitsordnungen vorschrieb und die Bildung von Arbeiterausschüssen wenigstens ermöglichte[41]. Mit diesen staatlichen Interventionen, die indirekt auch das Scheitern jener Politik der Abstinenz von sozialpolitischen Ordnungsaufgaben konzedierten, wurde ein Anlauf zur Überwachung und Beeinflussung der Kräfteverhältnisse im bergbaulichen Großbetrieb unternommen; sie bezeichneten zugleich die Grundlinien künftiger Regelung bergbaulicher Arbeitskonflikte durch halbherzige staatliche Eingriffe bis zum Ausbruch des Ersten Weltkrieges.

Für Veränderungen im bergmännischen Denken und Konfliktverhalten waren freilich weniger diese Verschiebungen im Kräftefeld von Bergbauinteressen und staatlichen Ordnungsaufgaben, als vielmehr die unmittelbareren Erfahrungen der betrieblichen Wirklichkeit, der materiellen und geistigen Daseinsbedingungen bedeutsam. Zu diesen Erfahrungen hatte in der Vergangenheit — und der Streik hatte die Bergleute darin noch einmal nachdrücklich bestätigt — gehört, daß eine wirkliche Besserung der Lebenshaltung, daß die Aufwertung und Gleichbewertung der bergmännischen Existenz nur

---

37 Glückauf 26 (1890) S. 161—164, 169—171; Zitat S. 171; s. ebd.: Mit der Denkschrift sei „auch das Material zur Beurtheilung der neuesten [1890] Forderungen der Bergleute gegeben". Zur Kritik an der Denkschrift s. zeitgenöss. *M. Quarck*, Die preuß. Bergarbeiterenquête, 1890; sowie *Koch*, Bergarbeiterbewegung, S. 43 f.; *Kirchhoff*, Staatliche Sozialpolitik, S. 75 f.

38 Vgl. o. S. 335; sowie die zahlreichen Vorschläge in der Diskussion über den Streik, um die Gegensätze von Arbeitgebern und Bergleuten zu mildern, z. B. über betriebliche Interessenvertretungen und Einigungsämter *Schäffle*, Trennung, S. 711, 719—722; über Gewinnbeteiligung der Bergleute Deutsches Wochenblatt 2 (1889) S. 303: „Wir würden damit einen Schritt thun der den Boden unserer bestehenden Wirthschaftsordnung verläßt".

39 Vgl. die Protokollveröff. v. *Grebe*, Bismarcks Sturz, S. 90—95, sowie *Bein/Goldschmidt*, Hammacher, S. 119.

40 Vgl. o. S. 335 sowie OBA 1804 Bl. 136—141 HM/OBA 19. 10. 1890.

41 Vgl. *Peter Rassow/Karl Erich Born* (Hg.), Akten zur staatlichen Sozialpolitik in Deutschland 1890—1914. Wiesbaden 1959, S. 1—15, 44—47; *Adelmann*, Quellensammlung Bd. I, S. 306 bis 319; *Kirchhoff*, Staatliche Sozialpolitik, S. 106—111; *H. J. Teuteberg*, Geschichte der industriellen Mitbestimmung in Deutschland, 1961, S. 376 ff.

durch den Aufbau dauerhafter Vertretungsorganisationen zu bewerkstelligen war. So verband sich die latent seit Jahrzehnten verbreitete Organisationsbereitschaft mit den organisationsstimulierenden Wirkungen des Ausstands zu der kaum widersprochenen Überzeugung, mit der Organisierung der deutschen Bergleute in einem umfassenden, möglichst überkonfessionellen und parteipolitisch ungebundenen Verband müsse nun vorangeschritten werden. Eine Zeitlang schien unklar, ob sich eine solche Organisation auf die bestehenden Knappenvereine zu stützen hätte, wie dies in älteren Organisationsentwürfen vorgesehen war und vor allem von überwiegend katholischen Knappenvereinsmitgliedern begrüßt worden wäre, ob und in welcher Form die Belegschaftsdelegierten der Ausstandszeit und das Zentralstreikkomitee daran teilzunehmen hätten[42] oder ob sich eine Zentralorganisation mit eigenen Filialgründungen empfehlen würde. Auch die alten konfessionell-sozialdemokratischen Gegensätze brachen, nach dem großartigen gemeinsamen Erlebnis des Streiks, hier und da bereits wieder auf, und selbst der im Ruhrgebiet seit einigen Jahren wieder schwach vertretene Hirsch-Duncker'sche Gewerkverein schwamm auf der Welle des bergmännischen Organisationsbedürfnisses und rief zur Gründung eines „Vereins zur Wahrung der Interessen der deutschen Bergarbeiter" auf, der keine Sozialdemokraten aufnehmen sollte[43]. Während einer ersten großen, regionalen Delegiertenkonferenz von Belegschaftsdelegierten und Knappenvereinsvertretern, dem Dorstfelder Delegiertentag am 18. August 1889, lagen Statutenentwürfe der Dortmunder Bergarbeiterführer *Schröder, Bunte* und *Siegel*[44], denen der alte *Tölcke* hierbei zur Seite gestanden hatte, und der Bochum-Gelsenkirchener Richtung um das Mitglied des Zentralstreikkomitees *Johann Meyer* vor; im Gegensatz zu dem dem Rosenkranzverband nachgebildeten Entwurf *Schröders* und seiner Kameraden zeigte das schließlich angenommene, schon am 5. August der Bochumer Stadtverwaltung zur Kenntnisnahme eingereichte „Statut des Verbandes zur Wahrung und Förderung bergmännischer Interessen in Rheinland und Westfalen" noch lassalleanische Züge[45]. Der Vorsitzende des Verbands erhielt umfassende Vollmachten in der Führung der Verbandsgeschäfte auch gegenüber dem Zentralvorstand, dem ein Kontrollausschuß beigegeben wurde. Der Vorstand ernannte je Zahlstelle drei „Bevollmächtigte" als Vorsitzende, Kassierer und Schriftführer.
Die früheren Gegensätze innerhalb der bergmännischen Organisationsansätze waren

---

42 Die Belegschaftsdelegierten betrachteten ihr Mandat mit Beendigung des Streiks keineswegs als erloschen; vgl. die mehrfachen Beschwerden OBA 242, Juni/Juli 1889. Delegierte haben noch im Frühjahr 1890 ihr Amt ausgeübt und u. a. das Recht zur Kündigung im Namen der gesamten Belegschaft beansprucht; vgl die Bekanntmachung der Revierbeamten vom 19. 4. 1890, wo diese Form der Kündigung als unzulässig bezeichnet wird: Bergbau 30/23. 4. 1890. — Der Dortmunder LR beobachtete auf dem Delegiertentag in Dorstfeld Gruppenbildungen der Belegschaftsdelegierten einerseits, der Knappenvereinsvertreter andererseits, wobei die sozialdemokratischen Bergarbeiterführer offenbar stärker unter den Vertretern der Knappenvereine Unterstützung suchten; vgl. LRD/RPA 16. 8. 1889 (OPM 2830 I Abschr.).
43 Vgl. den Bericht über eine Versammlung von 400 bis 500 Bergleuten in Stoppenberg auf Hirsch-Duncker'sche Initiative, 20. 6. 1889, in: OPM 2830 I (Abschr.). Während der durch Kaiserhoch und „Heil Dir im Siegerkranz" — auf diese Floskeln verzichteten auch sozialdemokratisch geleitete Versammlungen von Bergleuten meist nicht — eröffneten Versammlung agitierten die Sozialdemokraten *Dieckmann* und *Brodam* eifrig für den künftigen Alten Verband und konnten die beabsichtigte Hirsch-Duncker'sche Gründung verhindern.
44 Gedruckt: Dortmunder Zg. 206/30. 7. 1889 (Ausschnitt: OPM 2830 I). Zum Delegiertentag s. die Quellen bei *Köllmann/Gladen*, Bergarbeiterstreik, S. 240—278.
45 Statutenexemplar in: OBA 242. *Koch*, Bergarbeiterbewegung, S. 48 f., übersieht die lassalleanischen Einflüsse.

mit dieser bald den Gefahren der konjunkturellen Entwicklung, gescheiterter Streiks und einer ungeschickten Verbandspolitik ausgesetzten Gründung natürlich nicht ausgeräumt. Wenn die Bergleute auch anfangs dem Verband in Scharen beitraten und dieser sogar einen Konsumverein von allerdings kurzer Lebensdauer zu gründen vermochte, machte sich doch bald, als die parteipolitische Neigung der Verbandsführer[46] anläßlich der Reichstagswahlen Anfang 1890 offenkundig wurde und der Verband während der Generalversammlung am 8. März 1890 eine unkluge Resolution zur Enteignung der Bergwerke und Überführung in genossenschaftliches Eigentum verabschiedete[47], die oppositionelle Haltung vieler christlicher Bergleute geltend, die dann auch .unter maßgeblicher Beteiligung von Funktionären des Rechtsschutzvereins nach mehreren, von Mitgliedern des Alten Verbands vergeblich gestörten Gründungsversammlungen im Essener Raum — in Dortmund stand *Lensing* weiterhin im Zentrum dieser Bestrebungen — den bis 1892 existierenden Gegenverband „Glückauf" ins Leben riefen[48]. Damit wiederholte sich die in den ersten organisatorischen Regungen der Ruhrbergarbeiterbewegung bereits angelegte ideologisch-programmatische Spaltung, deren wesentlichste Ursache mit der tendenziellen Betonung solcher Ziele durch die christlich-soziale, katholische Arbeitnehmerbewegung zu bezeichnen ist, die gewisse formale und inhaltliche Analogien zu den ständischen Traditionen der Bergarbeiterschaft aufwiesen. Bei der wichtigsten, überregionales Interesse erregenden Aktion des Verbands „Glückauf", einer von Führern des Rechtsschutzvereins mitgetragenen Denkschrift an den Handelsminister *von Ber-*

---

46 Während des Streiks gelang es, parteipolitische Neigungen, die angesichts der Gunst der Öffentlichkeit nur geschadet hätten, fernzuhalten. Vgl. den Immediatbericht des Münsteraner Kommandierenden Generals *v. Albedyll* v. 17. 5. 1889 (Geheimes Staatsarchiv, Militär-Kabinett II, XXI 21 gen. Bd. 2 — Hamburger Bibliothek für Sozialgeschichte, Nachlaß Schulz), nach dem im Ruhrgebiet „Arbeiterbewegungen trotz der großen Massen doch nicht von erheblicher Bedeutung sind, solange die große Menge noch so frei von den Einflüssen der Sozialdemokratie bleibt, wie es zur Zeit hier noch, in mich sehr überraschender Weise, trotz der Nähe der sozialdemokratischen Herde in Barmen, Elberfeld, Herford und Bielefeld der Fall ist". S. auch *Droste*, Ruhrbergbau, S. 65—68. Auch die Parteiführung verhielt sich zurückhaltend, versuchte aber zugleich, wirkungsvolle finanzielle Unterstützung zu leisten; vgl. *Bebels* Schreiben an *Motteler* 27. 8. 1890, in: *Ernst Engelberg*, Revolutionäre Politik und Rote Feldpost 1878—1890. Berlin (0) 1959, S. 222 f. Anm. 30. Die Vorsicht in der Offenlegung solcher Kontakte war begründet, wie die Reaktion zahlreicher Bergleute auf die Teilnahme der Sozialdemokraten und Streikführer *Eckhardt* und *Dieckmann* am Pariser Bergarbeiterkonrgeß im Juni 1889 zeigte; s. hierzu OPM 2831 Bl. 122—128, Bericht d. Polizeikommissars *Schöne* 10. 7. 1889, und RD Präs 835 Bl. 152—154 RPD *v. Berlepsch*/IM 27. 9. 1889 (Entw.). Die propagandistische Unterstützung durch die Partei war auf den „Sozialdemokrat" beschränkt; s. den Bericht v. 18. 5. 1889, gedruckt: Dokumente und Materialien zur Geschichte der deutschen Arbeiterbewegung, Bd. 3: 1871—1898. Berlin (0) 1974, S. 311—314.

47 S. Verband zur Wahrung und Förderung der bergmännischen Interessen, Protokoll der außerordentlichen Generalversammlung am 8. 3. 1890, o. J.; sowie die Schrift des während der Versammlung gegen den Enteignungsbeschluß sprechenden Bergmanns *P. Molitor*, Die Bergarbeiter im rhein.-westf. Kohlen-Revier, 1890.

48 Vgl. den ausführl. Bericht der Kölnischen Volkszg. 123/5. 5. 1890, sowie ebd. 262/22. 9. 1890, 267/27. 9. 1890 (Ausschnitte: OPK 8294); ferner über einzelne Versammlungen OPK 8293; OPM 2830 I (mit einem Exemplar der „Glückauf"-Statuten). Nach einer Bemerkung von *H. Imbusch*, 25 Jahre Gewerkverein christl. Bergarbeiter, 1919, S. 137, standen die katholischen Knappenvereine wegen der abwehrenden Haltung vieler geistlicher Präsides nicht jedenfalls hinter der neuen Gründung.

lepsch vom 22. Oktober 1890[49], bediente man sich wieder einmal der Form der Eingabe und wandte sich mit den bekannten Argumenten der katholischen Liberalismuskritik gegen die Anonymität des Aktienwesens und die Spekulation und gegen die „schrankenlose Freizügigkeit" und forderte statt dessen, „daß den eigentlichen Bergarbeitern wieder diejenigen Vorrechte eingeräumt werden, deren sie sich früher erfreuten". Daneben verwandte man sich, und in diesen Forderungen waren die vorwärtsweisenden Ziele der 1894/95 im Gewerkverein fortgesetzten, christlichen Bergarbeiterbewegung umschlossen, gegen das Übermaß der betrieblichen Herrschaft und die Bestrafungsexzesse, für geregelten Akkord, Arbeitsbücher, kontrollierte Arbeitsordnungen, Arbeiterschutz und „gerechte" Löhne.

Die *Doppelpoligkeit schon der älteren Bergarbeiterbewegung* sollte sich also noch auf Jahrzehnte fortsetzen, und in der Geschichte der Bergarbeitergewerkschaften schien das Übergewicht des Alten Verbands, der während des 1. Bergarbeitertags in Halle im September 1890[50] aufgrund neuer Statuten zu einem überregionalen „Verband deutscher Bergleute" nach dem organisatorischen Vorbild anderer gewerkschaftlicher Zentralverbände erweitert wurde und aus seiner Nähe zur Sozialdemokratie kaum noch ein Hehl machte, in der Rivalität um die Gunst der Bergleute keineswegs immer gesichert.

Die junge organisierte Bergarbeiterbewegung war damit auf lange Zeit mit einer Hypothek belastet, die sich zum guten Teil aus der ständischen Vergangenheit der Bergarbeiterschaft herleitete und erklärte. Aber auch andere Hypotheken dieser Art im bergmännischen Denken und Verhalten waren, bis die Verbandspolitik ihren Aufgaben gerecht werden konnte, zu überwinden. So hatten die Entwicklung der Bergarbeiterbewegung während der 1880er Jahre und der Streikverlauf 1889 nachdrücklich gezeigt, welche große Rolle die aus ständischer Zeit überkommenen *Formen des Konfliktaustrags* im bergmännischen Konfliktverhalten noch spielten. Die Tradition der Beschwerden und Petitionen, im Rechtsschutzverein zeitweise erfolgreich gepflegt, stand, wie schon 1867, auch 1889 wieder am Anfang einer Streikbewegung, und der zugrundeliegende Denkhorizont wurde schlaglichtartig durch die scheinbar sensationelle Kaiseraudienz erhellt. Der Weg vor die Stufen des Throns wurzelte, so ist in der vorliegenden Untersuchung gezeigt worden, auf dem aus der ständischen Bergbauverfassung hergeleiteten Vertrauen in die Richtigkeit und Gerechtigkeit des monarchischen Urteils. Dieser Weg zum „obersten Bergherrn" wurde als Alternative der Konfliktregelung in zunehmend ausweglosen Situationen um so attraktiver, je offenkundiger die vorgelagerten Kanalisierungsmöglichkeiten und gerechten Entscheidungsinstanzen versagten; der Monarch, das monarchische Amt gewann so in einer gewandelten Wirtschafts- und Gesellschaftsordnung, im Wandel der überkommenen Werte und Verhaltensdirektiven, die psychologische Qualität und Funktion eines letzten Rettungsankers[51]. Zum Verständnis dieses freilich mehr

---

49 Vgl. den ersten Entwurf: Kölnische Volkszg. 267/27. 9. 1890 (Ausschnitt: OPK 8294 S. 549), den verabschiedeten Text und die Antwort des HM: *Rassow/Born* (Hg.), Akten zur staatlichen Sozialpolitik, S. 38—44. — Von dem Unterzeichner der Denkschrift und Vorsitzenden des „Glückauf", *Anton Fischer*, hieß es 1891, als der Abstieg dieses Verbands offenkundig wurde: „Er ist eine völlige Null in der Hand der ultramontanen Hetzer" (Kölnische Zg. 426/23. 5. 1891, Ausschnitt OPK 8294).

50 Vgl. Verhandlungen des Ersten Deutschen Bergarbeiter-Tages in Halle a/S. 1890, o. J.; Statuten bei *Hue* II S. 754—756.

51 Vgl. den Eingangssatz einer anonymen Eingabe von Mont-Cenis, Herne, 23. 8. 1887 (OBA 241): „Wir müßen uns doch mahl an ihnen wenden und ihnen mahl Mittheilen wie wir auf die Steinkohlenzeche Mont-Cenis behandelt werden und wir hoffen wenn sie dies mahl lesen das sie doch auch noch einen Herz führ die Bergleute haben den[n] unser Kaisser

und mehr verschwommenen Leitbilds im bergmännischen Denken, das in anderen früh-industriellen Gewerben, vor allem auch in der Landarbeiterschaft bemerkenswerte Parallelen findet[52], gehört auf der anderen Seite, wie mehrfach hervorgehoben wurde, die obrigkeitliche Disposition des preußisch-deutschen Staatswesens, das, vor die neue Erfahrung eines Konflikts von riesigen, ordnungsbedrohenden Ausmaßen gestellt, zeitweise ebenfalls, indem es das monarchische Amt für einen Augenblick über den Interessen installierte und den Weg der Konfliktlösung durch Intervention beschritt, überkommene Handlungsstrategien aufnahm.

Die Konfliktregelung durch Beschwerden und Petitionen ist auch nach dem Streik von 1889 nicht aus dem bergmännischen Denken verschwunden; im Gegenteil: Der Streik brachte, da er durch die Kaiserdelegation und die weiteren Eingriffe von oben an die ehemalige Kompetenz der Behörden als Beschwerdeinstanzen erinnern ließ, eine neue Flut von Beschwerden über Löhne, Lohnzahlung und Arbeitszeit, Arbeitsordnungen, Kündigungen und Abkehrscheine sowie insbesondere über Angelegenheiten der Betriebssicherheit, in denen die polizeiliche Kompetenz der Bergbehörde in der Tat auf der Hand lag[53]. Das Oberbergamt zeigte nach 1889, durch oberbehördliche Weisung hierzu angehalten[54], größere Aufgeschlossenheit gegenüber solchen Beschwerden und erhielt hierzu durch die Berggesetznovelle 1892 auch rechtliche Unterstützung.

Die organisierte Arbeiterbewegung hatte sich mit dem Eingaben- und Beschwerdewesen als alternativer Konfliktregelung schon früh und deutlich ablehnend auseinandergesetzt[55]; den wichtigsten Schritt zur Überwindung auch der zugrundeliegenden Denkweisen stellte die Gründung stabiler gewerkschaftlicher Organisationen dar, ohne daß damit schlagartig ein Ende aller Petitionen gewesen wäre. Gerade in der organisierten Bergarbeiterbewegung blieb der Eingabenweg virulent, wie ja überhaupt dem gewerkschaftlichen Rechtsschutz in Arbeitersekretariaten und Gewerkschaftskartellen durch die sozialpolitische Gesetzgebung fortan neue Aufgaben zuwuchsen, die überwiegend auf dem Weg von Einspruch, Eingabe und Beschwerde wahrzunehmen waren. In seiner Entstehungsphase hatte sich der Alte Verband allerdings noch mit Tendenzen zum Nur-Beschweren, zur bloßen Petioniererei auseinanderzusetzen; mehr noch, er selbst konzentrierte sich in seinen frühen politischen Aktionen auf solche Maßnahmen. So rich-

---

der vertritt uns doch noch und will kein unrecht haben und wir denken das würden sie doch auch wohl Nicht leiden". *W. Brepohls* Interpretation, der Bergmann habe den Monarchen in einem „religiös motivierten Licht gesehen", greift zu kurz und verkennt die historischen Hintergründe, wie auch der folgende Satz zeigt: „Es ist das seltsame Phänomen, daß man dem Herrscher ... unbewußterweise die Eigenschaften der Gerechtigkeit und des Tröstlichen zuerkennt" (Industrievolk im Wandel, 1957, S. 171—173).

52 Eine systematisch vergleichende Untersuchung vor- und frühindustrieller Artikulationsformen könnte aus der Gegenüberstellung von Landarbeitern und Bergleuten, aber auch Arbeitern anderer Gewerbe anhand ihrer Beschwerden und Petitionen wertvolle Erkenntnisse ziehen; vgl. etwa *Hermann Bollnow*, Politische und soziale Bewegungen in Oldenburg 1848. In: Niedersächsisches Jb. 36 (1964) S. 158—171.

53 Vgl. zahlreiche Zeugnisse in OBA 242, OBA 1400.

54 Während des Streiks hatte der HM „die Bemerkung machen müssen, daß die gegenwärtig bestehenden Vorschriften den Bergbehörden keine genügende Handhabe bieten, zur Abstellung begründeter Beschwerden der Bergleute in Beziehung auf ihr Arbeitsverhältnis rechtzeitig geeignete Anordnungen zu treffen" (OBA 1809 Bl. 1 HM/OBA 18. 5. 1889). In einer Zirkularvfg. OBA/alle Revierbeamten 8. 2. 1890 hieß es: „Es ist nunmehr von den Umständen des Falles abhängig zu machen, ob aus derartigen Eingaben, Anzeigen etc. eine Anregung zum bergpolizeilichen Einschreiten oder zu einer vermittelnden Thätigkeit entnommen werden kann" (OBA 242).

55 Vgl. o. S. 452 Anm. 262, 519.

tete *Schröder* noch während des Streiks, vielleicht nach dem Vorbild *Tölckes*, in Dortmund ein Beschwerdebüro ein[56], und der Alte Verband verstand sich anfänglich durchaus auch als Sammelstelle für den Empfang und die Weiterleitung bergmännischer Beschwerden, über deren jeweilige Anlässe man mit dem Oberbergamt zu Verhandlungen zu gelangen versuchte[57]. Aber die Stimmen gegen diese Politik mehrten sich. Vor allem im Verlauf des ersten Bergmannstages in Halle im Spetember 1890 sprachen sich mehrere Delegierte gegen das ständige Petitionieren aus; er sei, so bemerkte *August Siegel*, „nicht für eine Massenpetition, sondern nur für eine Resolution, in der wir unsre Wünsche ausdrücken", und er sei ganz sicher, daß eine neuerliche Petition in Berlin „einfach in den Papierkorb wandern" würde[58]. Die Abkehr von den alten obrigkeitlichen Formen der Konfliktregelung, zusammen mit der nun zunehmenden Kritik an den Resten des Alten Systems: der Lust am Uniformtragen, der Wertbeimessung der Berufsbezeichnung als „Bergmann" statt als „Bergarbeiter", aber auch an den Knappenvereinen, jenen „Luxusvereinen" für Unterhaltung und Feste[59], gewann nun mehr und mehr an Boden. Die bergmännische Willensäußerung in den gewerkschaftlichen Organisationen durch Agitation, Diskussion und Wahl, durch Verbandspolitik, in Resolutionen und über die Verbandspresse, schließlich durch die Interessendurchsetzung über den Stimmzettel bei allgemeinen Wahlen und durch parteipolitisches Engagement bezeichnete die Dimensionen künftigen kollektiven Verhaltens. Die wirtschaftlichen Interessen der Bergarbeiterbevölkerung waren nicht mehr durch Beschwerden, nicht mehr durch spontane, defensive Auflehnungen und Streiks, sondern durch planvolle Arbeitsmarktbeobachtung, durch eine Skala verbandspolitischer Kampfmaßnahmen vor der Schwelle des Ausstands, letzten Endes durch offensive Arbeitsniederlegungen zu wahren.

Die Orientierung an den Denkweisen und Werten der vorliberalen Rechtsordnung[60] hat neben den Formen des Konfliktaustrags auch die *Konfliktinhalte, die Streikforderungen und Programme* der Belegschaftsversammlungen und Streikkomitees, der Knappenvereine und der Kaiserdelegierten mehr oder weniger stark bestimmt. Längst vor Streikausbruch waren es wieder einmal Knappschaftsangelegenheiten, die, seit ständischer Zeit im Mittelpunkt bergmännischen Konfliktbewußtseins, zum Kristallisationskern der wachsenden Unruhe wurden[61]. Auch die große Rolle der Arbeitszeitregelung im Vergleich mit der Lohnfrage spiegelt den noch immer stark nach den Gesichtspunkten eines vermeintlich überkommen Rechts gestaffelten Interessenhorizont der Bergarbeiter, die ihre Forderungen im übrigen stets traditional, d. h. im Rekurs auf ältere Zustände und

---

56 Vgl. *Oldenberg*, Bergarbeiterbewegung, S. 108; *Neumann*, Gewerkschaften im Ruhrgebiet, S. 74.

57 Nach einem Beschluß des Dorstfelder Delegiertentags beabsichtigte der Alte Verband, in jedem Revier eine Beschwerdekommission einzurichten; vgl. *Köllmann/Gladen*, Bergarbeiterstreik, S. 284, 290. Vgl. ferner die Schreiben *Johann Meyers* in seiner Funktion als Vorstandsmitglied des Alten Verbands an das OBA 24. 1., 18. 2., 12. 3. 1890, sowie den Bericht des Essener Revierbeamten/OBA 7. 11. 1889 über eine Eingabe des Vorsitzenden des Essener Knappenvereins Schlägel und Eisen, *Johann Margraf*; in: OBA 242.

58 Verhandlungen des Ersten Bergarbeiter-Tages, S. 66; vgl. ebd. S. 9—13, 21, 23, 33; S. 22: Die Bergleute hätten nun „das Vertrauen auf die Staatsbehörden verloren". Vgl. *Ritter/Tenfelde*, Durchbruch zur Massenbewegung, S. 86 f.

59 Vgl. *Köllmann/Gladen*, Bergarbeiterstreik, S. 261; *Siegel*, Lebenskampf, S. 70; Verhandlungen des Ersten Bergarbeiter-Tages, S. 51.

60 Diese Orientierung ließ die Unternehmerseite von einem „verwirrten" Rechtsbewußtsein der Bergleute sprechen; s. den Bericht der HK Dortmund 21. 6. 1889: *Köllmann/Gladen*, Bergarbeiterstreik, S. 190.

61 Vgl. *O. Müller*, Die christl. Gewerkschaftsbewegung Deutschlands, 1905, S. 30.

Rechte zu legitimieren suchten. Der schon ältere, 1889 erfolgreiche Ruf nach einer amtlichen Untersuchung der Arbeiterverhältnisse im Vertrauen auf die Überparteilichkeit der Obrigkeit gründete ebenso auf vorliberalem Rechtsdenken wie die Forderung nach der Achtstundenschicht, dem „Erbteil unserer Väter"[62]. Materielle und soziale Ungleichheit als Konfliktursachen spielten demgegenüber eine erst im Streikverlauf vordringende Rolle; sie gewannen in späteren Ausständen vor dem Hintergrund einer wie immer planmäßigen Marktpolitik der Verbände an Bedeutung.

Der Blick der Bergleute war damit allerdings nicht nur rückwärts gerichtet. Die über die Phase des Liberalkapitalismus „hinweggeretteten" Verhaltenslegitimationen und Handlungsanweisungen trugen in einer Phase zögernder Neuordnung des Wirtschaftslebens durch die Rückgewinnung staatlicher Verantwortung auch progressive Züge, wie etwa der seit dem Verlust unabhängiger Instanzen und der Aufhebung der bergbaulichen Sondergerichtsbarkeit gehegte bergmännische Wunsch nach Schiedsgremien, nach einer unabhängigen Schiedsgerichtsbarkeit in Arbeiterangelegenheiten zeigt.

Vorwärts wies auch die im übrigen ganz aus überkommenen Formen der bergmännischen *Konfliktorganisation und Entscheidungsbildung* erwachsene, während des Streiks enttäuschte und 1892, wirksam erst 1905, realisierte Forderung nach Vertrauensmänner- oder Arbeiterausschüssen, die nicht zufällig sogar kaiserlichem Wohlwollen während der Audienz der Bergarbeiterführer begegnet war. Schon in ständischer Zeit hatten die Belegschaften Arbeiterausschüsse in Form von frei gewählten Belegschaftsdelegierten als die naheliegendste, auch angemessene Vertretung bergmännischer Interessen durch die behördlichen Maßnahmen zur Konfliktregulierung 1848/49 und 1858 kennengelernt. Das Modell direktdemokratischer Entscheidungsfindung ergänzte sich sinnvoll durch die Einrichtung anerkannter, dauerhafter Arbeiterausschüsse, die im übrigen den betriebs- und belegschaftsorganisatorischen Bedürfnissen gerade auch der bergbaulichen Riesenbetriebe durchaus entsprachen. So erhält die Beobachtung des mit den Lebensverhältnissen der Ruhrbergleute durch seine Arbeit im evangelischen Vereinswesen wohlvertrauten Pfarrers *Weber* hohe Wahrscheinlichkeit, daß die Belegschaften gegen Ende des Streiks auch deshalb „aufs tiefste verbittert" waren, weil die im Berliner Protokoll in greifbare Nähe gerückten Arbeiterausschüsse nun doch nicht entstehen konnten[63].

Dem Gedanken und der Praxis gleichsam ursprünglicher, unmittelbarer Meinungsbildung mußte das demokratisch nur in repräsentativen und zentralistischen Formen zu verwirklichende Organisationsbild regionaler und gesamtbergbaulicher Interessenvertretung wesensfremd erscheinen; hierin lag ein bedeutsames zusätzliches Hemmnis für die Ausbreitung gewerkschaftlicher Organisationsformen im Bergbau, das auch in anderen Gewerben in den 1890er Jahren noch virulent war und durch die lokalistische Gewerkschaftsopposition zeitweise Gestalt annahm. Die Bergarbeitergewerkschaften haben in den Folgejahren gegenüber dem Moment der betrieblichen Meinungsbildung stets vorsichtig operieren müssen und seit der gesetzlichen Einrichtung von Arbeiterausschüssen auf deren Zusammensetzung konsequent Einfluß zu nehmen versucht.

Auch die während des Maistreiks 1889 wie schon im Essener Streik 1872 in der Öffentlichkeit überrascht beobachtete, trotz der opfervollen Zusammenstöße mit den Ordnungsorganen erfolgreiche *Disziplin der ausständigen Bergleute* wurzelte in den gemeinschaftsbildenden Traditionen der ständischen Zeit. Die bergbauliche Arbeitsdisziplin war stets auch ein Erfordernis der Grubensicherheit gewesen; Disziplin und Korpsgeist

---

62 *Köllmann/Gladen*, Bergarbeiterstreik, S. 29; vgl. ähnliche Zeugnisse ebd. S. 107 (*Schröder* fordert, was dem Bergmann „von Gott und Rechtswegen zukomme"); S. 129.

63 Geheimes Staatsarchiv Rep. 120 I B IX 6 Nr. 123 Bd. 2, *Weber* an *Herrfurth* 25. 5. 1889 (Hamburger Bibliothek für Sozialgeschichte, Nachlaß Schulz).

bildeten die Grundwerte der knappschaftlichen Gemeinschaft. Das überlieferte Gruppenbewußtsein befestigte wie von selbst den Zusammenhalt, das solidarische Verhalten im Arbeitskampf[64] — eine Grundbedingung erfolgreicher Kampfaktionen, die von den Arbeitern anderer Gewerbe in einem langen opfervollen Prozeß erst hatte errungen werden müssen. Im Streik 1889 und in den nachfolgenden Monaten haben sich die Bergarbeiterführer, vor allem in der Bekämpfung jener von den Zechenverwaltungen verabredeten „Sperre" gegen während des Streiks abgekehrte Arbeiter, immer wieder des Appells an die Solidarität der Bergleute bedient, und auch für den Alten Verband wurde unter Berufung auf das alte bergmännische Standesbewußtsein geworben[65].

Auf lange Sicht waren bergmännische Interessen allerdings kaum durch den Appell an das Standesbewußtsein, mit dem im übrigen mehr und mehr der Klassencharakter der Bergarbeiterlage angesprochen wurde, wirksam zu vereinigen. Der Grundcharakter der kapitalistischen Bergbauproduktion sprach dagegen ebenso wie die wirtschaftliche Entwicklung des Ruhrbergbaus bis zum Ersten Weltkrieg, als der immense Arbeitskräftebedarf der Betriebe, der immer wieder zu Veränderungen, Neugruppierungen und Rissen in den Belegschaftskörpern geführt hatte, zum Stillstand kam. Noch der Streik von 1889 hatte in den Grundzügen das regionale Verteilungsmuster der Arbeitskämpfe in den 1870er Jahren gezeigt: Das Zentrum des Ausstands lag im Raum Dortmund-Bochum-Gelsenkirchen. Deutlich geringere Streikbereitschaft bestand in der südlichen Randzone des Reviers, während im Norden, etwa im Raum Recklinghausen, die anfänglich große Solidarität der Streikenden rasch abbröckelte[66]. Aber der Streik hatte auch bereits Erscheinungen der Auflösung dieses die bergmännische Solidarität mitbegründenden Zusammenhangs von Qualifikation und Ansässigkeit, von betrieblicher und nachbarlich-kommunaler Gemeinschaft und Kommunikation gebracht; die spontanen Aktionen der Pferdejungen und jugendlichen Schlepper, die geringere Solidarität der Streikenden auf den nordwärts gelegenen Gruben und manche gewalthaften Zusammenstöße waren Symptome der künftigen Entwicklung, die den Bergarbeiterverbänden neue Aufgaben zuweisen sollte.

---

64 Vgl. die Bemerkungen OPM 1205 V OBA/OPM 9. 9. 1889 u. OPM 2831 Bl. 100—115, Bericht des Essener Staatsanwalts *Schlüter* v. Juni 1889: „Die Wirthshäuser waren weniger besucht als sonst". S. ferner *Köllmann/Gladen*, Bergarbeiterstreik, S. 74 f., 86, 125 f., 143, 170 (aus der „Tremonia"): „Treu dem Gesetz, treu uns selbst, treu den Kameraden".

65 Vgl. das Gedicht aus Glück-Auf Jg. 1/17. 8. 1889 zum Dorstfelder Delegiertentag: „O, schafft doch, vereint mit voller Kraft,/An dem großen Bergmanns-Verband/... Zur rechten Ehre, des Bergmannsstandes,/Drum fest Mann an Mann, ihr Knappen all,/Du Bergmannsstand, dein Tag bricht an!!" (*Köllmann/Gladen*, Bergarbeiterstreik, S. 267; vgl. ebd. S. 301).

66 Vgl. u. a. *Oldenberg*, Bergarbeiterbewegung, S. 83; *Hahn*, Bergarbeiterstreik, S. 3; *Beiderbeck*, Streik von 1889 im Bochumer Raum, S. 116.

Anhang

Quellen

Die Quellen im Anhang der Untersuchung können nicht deren Gegenstände im einzelnen noch einmal belegen. Vielmehr soll der zentrale Erkenntnisgegenstand der Studien, die Formen und Ziele bergmännischer Willensartikulation im strukturellen Umbruch zur industriellen Welt, auch deshalb aus einer Reihe von Quellen unmittelbar dargelegt werden, weil manche Stücke Aufmerksamkeit aus außerhalb des Untersuchungszwecks liegenden Gründen verdienen. Dabei ist auf die Forschungslage insoweit Rücksicht genommen, als im allgemeinen gut belegte Phasen und Ereignisse, etwa der Streik 1872, nicht noch einmal berücksichtigt wurden. Die Wiedergabe der Stücke folgt, soweit es sich nicht um tabellarische Zusammenstellungen handelt, aus den im Vorwort angesprochenen Erwägungen in Orthographie und selbst Interpunktion genau der zugrundeliegenden Quelle; verständniswichtige Zusätze sind in eckigen Klammern oder Anmerkungen hinzugefügt. Die Anmerkungen beschränken sich im übrigen auf Klarstellungen des Wortlauts oder kurze Erklärungen. Das Kopfregest wird in jedem Fall durch möglichst genaue Datierungen und Angabe der Fundorte ergänzt.

Das Zahlenmaterial im ersten Teil des Anhangs kann nicht entfernt die Fülle verfügbarer wirtschaftsgeschichtlicher Daten berücksichtigen; es sei hierzu auf die wesentlich quantitativ orientierten Darstellungen von *Paul Wiel* (Wirtschaftsgeschichte des Ruhrgebietes, 1970) und insbesondere von *Carl-Ludwig Holtfrerich* (Quantitative Wirtschaftsgeschichte des Ruhrkohlenbergbaus im 19. Jahrhundert, 1973) hingewiesen. Unentbehrlich ist jedoch eine zusammenfassende Wiedergabe der wichtigsten wirtschaftsgeschichtlichen Entwicklungszahlen des Ruhrbergbaus, die hier durch in dieser Form bisher für das Ruhrgebiet nicht zusammengestelltes Material zur gewerbestrukturellen Entwicklung 1875—1895 ergänzt werden. Zur Kritik dieser Zahlen sei auf die Ausführungen im Text verwiesen.

I. Tabellen: Bergbau und Gewerbestruktur im Ruhrgebiet

1. Förderung, Belegschaft, Löhne im Ruhrbergbau 1792—1900

Jahr	Förderung in t	Belegschaft	Anzahl der Werke	Preis je t am Ort der Förderung	Jahreslohn Mark	Schichtlohn Mark
1792	176 676	1 357	154			
1793	180 723	1 495	159			
1794	160 319	1 345	157			
1795	161 868	1 368	146			
1796	196 354	1 487	154			
1797	200 471	1 473	150			
1798	209 831	1 667	154			
1799	227 928	1 699	149			
1800	230 558	1 546	158			
1801	200 961	1 304	158			
1802	208 986	1 385	160			
1803	200 980	1 551	140			
1804	380 024	3 057	229			
1805	391 871	3 053	195			
1806	352 723	2 840	206			
1807	338 295	3 086	229			
1808	338 608	2 902	195			
1809	350 885	2 892	183			
1810	368 679	3 117	177			
1811	348 702	3 110	186			
1812	343 568	3 207	189			
1813	336 083	2 892	178			
1814	332 741	3 215	174			
1815	387 592	3 062	173			
1816	427 709	3 444	175	4,10		
1817	433 458	3 436	168	4,13		
1818	423 900	3 251	167	4,27		
1819	403 924	3 272	166	4,74		
1820	425 364	3 556	161	4,47		
1821	408 417	3 446	148	4,47		
1822	394 695	3 584	143	4,65		
1823	393 325	3 614	144	4,51		
1824	407 721	3 728	156	4,53		
1825	436 548	3 834	166	4,81		
1826	455 347	3 974	161	4,71		
1827	467 467	4 123	168	4,88		
1828	498 971	4 263	172	4,86		
1829	521 960	4 162	165	4,99		
1830	571 434	4 457	172	4,91		
1831	626 014	4 743	180	4,88		
1832	675 157	5 164	194	4,95		
1833	760 954	5 383	211	4,94		
1834	766 777	5 412	216	4,98		
1835	784 293	5 933	190	5,02		
1836	745 124	6 770	199	4,77		
1837	867 923	7 523	208	4,69		
1838	996 170	8 135	209	4,99		
1839	1 006 992	8 275	213	5,34		
1840	990 352	8 945	221	5,38		
1841	1 091 749	9 215	213	5,39		
1842	1 130 121	9 434	226	5,39		
1843	1 079 585	9 442	211	5,23		
1844	1 195 965	10 058	214	5,14		
1845	1 265 239	10 472	215	5,17		
1846	1 345 012	10 852	219	5,19		

hr	Förderung in t	Belegschaft	Anzahl der Werke	Preis je t am Ort der Förderung	Jahreslohn Mark	Schichtlohn Mark
47	1 439 559	11 888	226	5,34		
48	1 337 322	11 473	221	5,26		
49	1 383 718	12 084	207	5,17		
50	1 665 662	12 741	198	5,20	334	
51	1 804 427	14 299	189	4,95	406	
52	1 995 937	15 212	178	4,44	376	
53	2 186 648	17 162	194	4,64	366	1,72
54	2 718 674	19 977	205	6,17	436	1,78
55	3 316 523	23 843	240	8,32	490	1,99
56	3 575 299	28 512	282	9,00	568	2,27
57	3 724 521	30 356	299	8,91	559	2,27
58	4 006 270	32 656	292	8,84	552	2,50
59	3 888 482	30 077	286	7,88	479	1,82
60	4 365 834	29 320	281	6,43	423	1,77
61	5 555 067	31 477	275	5,63	457	2,03
62	6 242 346	32 917	266	5,17	520	1,93
63	6 875 120	33 350	241	4,69	550	2,05
64	8 146 433	38 666	232	4,89	611	2,18
65	9 276 685	43 052	234	5,40	702	2,33
66	9 329 503	43 936	232	5,55	647	2,32
67	10 686 401	49 593	234	5,57	682	2,37
68	11 443 943	50 817	232	5,48	748	2,46
69	12 034 169	52 299	221	5,52	829	2,54
70	11 812 528	51 391	220	5,72	793	2,67
71	12 715 249	63 043	228	7,04	843	2,87
72	14 430 965	69 491	247	8,56	884	3,23
73	16 416 570	84 085	271	10,99	1111	3,75
74	15 539 563	84 150	277	11,00	1029	3,45
75	16 983 140	83 832	267	7,27	955	3,19
76	17 902 412	83 453	237	6,14	877	2,93
77	17 723 091	73 983	223	4,96	779	2,50
78	19 208 943	74 988	211	4,50	756	2,41
79	20 380 421	77 096	206	4,14	701	2,33
80	22 495 204	80 152	202	4,58	760	2,42
81	23 644 755	83 221	200	4,58	769	2,47
82	25 873 332	89 718	196	4,59	807	2,63
83	27 853 025	97 922	201	4,75	824	2,72
84	28 400 536	101 013	193	4,75	818	2,68
85	28 970 323	101 829	193	4,70	828	2,67
86	28 497 317	99 787	184	4,69	772	2,58
87	30 150 238	99 534	176	4,64	796	2,57
88	33 223 614	105 428	172	4,80	863	2,69
89	33 855 110	115 489	167	5,46	941	3,05
90	35 469 290	127 794	177	7,96	1067	3,49
91	37 402 494	138 739	175	8,36	1086	3,54
92	36 853 502	142 247	176	7,37	976	3,28
93	33 613 146	146 440	166	6,41	946	3,14
94	40 613 073	152 650	161	6,37	961	3,16
95	41 145 744	154 702	159	6,66	968	3,18
96	44 893 304	161 870	162	6,77	1035	3,29
97	48 423 987	176 102	168	7,03	1128	3,57
98	51 001 551	191 847	170	7,31	1175	3,74
99	54 641 120	205 106	166	7,66	1255	3,96
00	59 620 000	226 902	167	8,53	1332	4,18

ellen: M. Reuß, Mittheilungen aus der Geschichte des kgl. Oberbergamts, 1892, S. 83 f.; *E. Jüngst,* Festschrift Feier des 50jährigen Bestehens des Vereins für die bergbaulichen Interessen, 1908, S. 5; für den Wert der -derung und die Lohnreihen: *C.-L. Holtfrerich,* Quantitative Wirtschaftsgeschichte des Ruhrkohlenberg-s im 19. Jahrhundert, 1973, S. 22-24, 54 f., 172 f.

2. Zur gewerbestrukturellen Entwicklung im Ruhrgebiet. Erwerbstätige 1875–1895 (absolut und in Prozent der Bevölkerung)

Gewerbe		Kreis Dortmund	Kreis Hörde	Stadt Dortmund	Kreis Bochum	Kreis Hattingen	Kreis Gelsenkirchen	Stadt Bochum	Kreis Essen	Stadt Essen	Kreis Mülheim	Kreis Ruhrort	Stadt Duisburg	Summe Kern-Kreise	Kreis Recklinghausen	Kreis Hagen	Kreis Schwelm	Summe aller Kreise
1. Landwirtschaft, Tierzucht, Gärtnerei, Jagd und Forstwirtschaft (A 1–6; A 1–6)	1875	35	–	37	49	–	–	4	29	20	45	–	22	241	11	90	–	342
	1882	6 069	–	389	5 743	–	–	94	3 183	109	5 860	–	463	21 910	8 947	5 446	–	36 303
	1895	4 161	2 540	357	2 153	1 854	1 272	111	3 289	179	1 885	4 806	473	23 080	9 237	3 114	2 542	37 973
2. Bergbau, auch Hüttenwesen (B 1–5; B 1–5)	1875	19 755	–	4 171	40 073	–	–	3 193	18 061	14 528	13 326	–	1 570	114 677	1 405	5 134	–	121 216
	1882	19 008	–	6 282	38 453	–	–	6 256	20 324	7 895	11 640	–	1 469	111 327	6 102	5 326	–	122 755
	1895	17 081	13 173	7 301	24 284	10 091	29 234	5 680	28 912	9 741	10 338	10 127	2 704	168 666	17 403	4 107	918	191 094
3. Steine und Erden (B 6–14; B 6–19)	1875	537	–	150	1 588	–	–	23	248	242	437	–	583	3 808	92	803	–	4 703
	1882	748	–	221	1 736	–	–	59	446	104	716	–	355	4 385	113	1 011	–	5 509
	1895	635	781	660	1 325	1 081	818	134	1 563	388	933	826	1 076	10 220	359	1 075	487	12 141
4. Metallverarbeitung (B 15–25; B 20–44)	1875	975	–	696	1 245	–	–	378	567	459	1 014	–	642	5 976	693	8 493	–	15 162
	1882	1 225	–	1 721	2 186	–	–	578	810	961	2 129	–	1 086	10 696	478	9 238	–	20 412
	1895	1 439	2 453	4 012	3 313	1 099	2 744	1 526	3 548	3 782	3 151	2 435	1 859	31 361	995	8 505	6 196	47 057
5. Maschinen, Apparate (B 26–33; B 45–57)	1875	529	–	2 304	2 020	–	–	271	601	256	1 322	–	460	7 763	190	1 172	–	9 125
	1882	333	–	1 216	1 808	–	–	153	276	261	837	–	669	5 553	193	1 679	–	7 425
	1895	216	395	1 431	872	234	453	311	547	671	627	470	1 273	7 500	229	1 300	323	9 352
6. Chemische Industrie (B 34–39; B 58–63)	1875	22	–	44	44	–	–	11	14	15	80	–	433	648	40	208	–	896
	1882	29	–	41	133	–	–	37	29	23	93	–	308	693	30	189	–	912
	1895	81	34	163	109	19	277	41	71	153	96	116	470	1 630	95	75	125	1 925
7. Leuchtstoffe, Öle (B 40–44; B 64–68)	1875	12	–	268	128	–	–	103	30	66	88	–	79	774	29	84	–	887
	1882	25	–	140	95	–	–	48	23	38	81	–	48	498	12	68	–	578
	1895	12	29	194	60	22	61	46	41	113	89	73	143	883	19	65	37	1 004
8. Textilindustrie (B 45–57; B 68–80)	1875	74	–	26	687	–	–	8	1 608	77	770	–	399	3 649	508	3 996	–	8 153
	1882	57	–	40	349	–	–	18	1 445	66	636	–	437	3 048	304	3 809	–	7 161
	1895	28	17	71	26	490	25	34	2 986	104	478	58	967	5 284	224	858	3 756	10 122
9. Papier, Leder (B 58–63; B 81–92)	1875	148	–	129	228	–	–	109	163	101	793	–	85	1 756	143	524	–	2 423
	1882	179	–	224	245	–	–	116	158	167	934	–	120	2 143	118	573	–	2 834
	1895	110	134	408	219	138	177	178	256	394	1 094	182	241	3 531	197	481	227	4 436
10. Holzverarbeitung (B 64–72; B 93–105)	1875	657	–	828	1 043	–	–	319	496	339	1 065	–	673	5 420	1 101	1 121	–	7 642
	1882	740	–	782	987	–	–	289	540	500	1 363	–	716	5 917	1 086	1 136	–	8 139
	1895	677	643	1 475	843	456	1 024	587	1 478	1 083	1 325	1 217	1 642	12 450	1 425	1 054	726	15 655
11. Nahrungs- und Genußmittel (B 73–84; B 106–119)	1875	860	–	1 315	1 370	–	–	531	645	596	1 207	–	1 121	7 645	602	1 523	–	9 770
	1882	937	–	1 375	1 699	–	–	494	842	777	1 522	–	942	8 588	655	1 583	–	10 826
	1895	700	811	2 173	1 313	607	1 236	753	1 499	1 185	1 425	906	1 763	14 371	975	1 219	735	17 300
12. Bekleidung und Reinigung (B 85–95; B 120–137)	1875	1 606	–	1 326	2 108	–	–	702	1 085	1 221	1 728	–	627	10 403	1 169	2 295	–	13 867
	1882	1 975	–	2 039	2 857	–	–	1 034	1 514	1 658	2 428	–	988	14 493	1 400	2 572	–	18 465

	Jahr												Summe alte Kreise				Gesamt
B 138–150	1895	2 366	1 936	—	4 125	1 207	—	2 081	4 642	3 005	2 823	3 198	15 055	1 150	2 607	—	18 812
14. Graph. Gewerbe (B 106–109; B 151–160)	1875	36	—	84	—	—	73	22	232	123	98	—	812	15	119	—	946
	1882	68	—	144	99	—	70	34	233	110	113	—	921	31	154	—	1 106
	1895	38	77	194	385	88	48	124	155	175	441	227	2 034	52	271	55	2 412
15. Handel, Versicherungen (C 1–9; C 1–10)	1875	974	—	1 636	—	1 650	807	845	1 328	2 036	882	101	10 158	502	1 844	—	12 504
	1882	1 088	—	2 281	—	2 080	958	1 014	1 764	2 367	1 305	—	12 857	650	3 550	—	17 057
	1895	921	1 214	4 184	749	1 808	1 759	2 220	3 435	2 563	2 844	2 181	26 301	1 494	2 581	1 286	31 662
16. Verkehr (C 10–19; C 11–21)	1875	161	—	219	—	275	92	108	176	1 258	139	—	2 428	84	427	—	2 939
	1882	926	—	1 564	—	2 125	436	981	771	3 261	838	—	10 902	382	1 396	—	12 680
	1895	535	937	2 337	724	1 429	877	2 339	1 438	2 504	2 101	1 811	19 085	876	2 120	461	22 542
17. Beherbergung und Erquickung (C 20; C 22)	1875	605	—	430	—	940	246	448	267	443	150	—	3 529	24	473	—	4 026
	1882	487	—	598	—	967	287	404	400	651	216	—	4 010	299	654	—	4 963
	1895	694	701	1 409	385	985	558	1 236	1 135	855	774	742	10 576	923	962	421	12 882
18. Häusliche Dienste (D 1–2)	1875	—	—	—	—	—	—	—	—	—	—	—	—	—	—	—	—
	1882	274	—	664	—	809	293	913	546	1 727	971	—	6 197	371	689	—	7 257
	1895	450	359	1 629	418	763	979	1 288	681	1 042	659	312	9 068	238	786	323	10 415
19. Staat, Gemeinde, Kirche (E 1–7)	1875	—	—	—	—	—	—	—	—	—	—	—	—	—	—	—	9 626
	1882	847	—	1 059	—	1 376	560	1 079	944	1 514	570	—	7 949	556	1 121	—	19 496
	1895	751	866	1 951	604	1 289	1 130	1 719	1 860	1 216	1 191	2 469	16 386	1 194	1 418	498	30 278
20. Ohne Beruf; ohne Angaben (B 161; F 1–8)	1875	(28 188)	—	(15 174)	—	(55 318)	—	—	—	—	—	—	—	—	—	—	46 699
	1882	3 259	—	2 017	—	5 688	915	4 982	2 330	5 413	1 681	1 758	26 285	944	3 049	1 265	(225 257)
	1895	2 066	3 664	3 295	2 616	4 115	1 252	6 959	2 569	5 838	1 609	—	39 184	2 428	3 822	—	343 098
Summe Erwerbstätige	1875	(28 188)	(15 174)	(55 318)	—	—	(7 587)	(25 663)	(20 777)	(27 026)	—	(8 569)	(188 302)	(7 301)	(29 654)	—	(225 257)
	1882	40 194	25 287	73 032	—	—	13 506	40 568	20 737	45 798	—	14 305	273 427	23 821	45 850	—	343 098
	1895	34 246	41 251	50 990	54 585	—	19 518	67 380	36 301	40 368	34 963	26 893	462 373	43 763	38 687	22 665	567 488
Bevölkerung	1875	109 482	57 742	175 754	—	—	36 747	108 717	54 790	124 425	—	37 380	696 658	57 577	121 676	—	875 911
	1882	120 634	71 079	212 559	—	—	36 747	121 849	60 087	135 114	—	42 238	800 307	66 106	127 374	—	993 787
	1895	95 652	92 831	106 670	140 871	68 283	157 880	52 476	194 123	113 448	97 182	69 380	1 282 729	119 776	106 672	59 153	1 568 330

Quellen: Für 1875: Preußische Statistik Bd. 40 (1878) S. 461,463,471f.; für 1882: Statistik des Deutschen Reichs NF Bd. 2 (1884) S. 286–93, prozentual ebd. S. 506–13; für 1895: Statistik des Deutschen Reichs NF Bd. 109 (1897) S. 280 f., 294–302,349–53. Besonders zwischen den absoluten Zahlen besteht wegen unterschiedlicher Berufszuordnungen bei den Zählungen nicht immer zuverlässige Vergleichbarkeit; dies gilt vor allem für 1875/1882. Die Vergleichbarkeit der Relativzahlen der zweiten Tabelle wurde angesichts einer Reihe von 1875 nicht gezählter Berufen (bes. Landwirtschaft; s. hierzu Preußische Statistik a. a. O., S. 73) durch Bezug auf die Gesamtbevölkerung der jeweiligen Gebietseinheiten hergestellt; wegen ihrer Unvollständigkeit sind die Summen der Erwerbstätigen 1875 in Klammern gesetzt. – Innerhalb der 1887 aufgeteilten alten Kreise (z. B. Gelsenkirchen und Hattingen zu Bochum) läßt sich Vergleichbarkeit auf der Ebene der alten Kreisgebiete 1882/95 mühelos durch Addition der absoluten Zahlen (z. B. Gelsenkirchen und Hattingen zu Bochum) unter Vernachlässigung der geringfügiger Gebietsabweichungen wiederherstellen. – Differenzen in den Relativzahlen zwischen der Summe der Erwerbstätigen und der Addition der Einzelangaben sind Rundungsfehler. – Die unter den einzelnen Gewerbegruppen hinzugefügten Zuordnungen der Reichsstatistik 1882/1895 sollen die Überprüfbarkeit der Statistik gewährleisten.

Gewerbe		Kreis Dortmund	Kreis Hörde	Stadt Dortmund	Kreis Bochum	Kreis Hattingen	Kreis Gelsenkirchen	Stadt Bochum	Kreis Essen	Stadt Essen	Kreis Mülheim	Kreis Ruhrort	Stadt Duisburg	Kernkreise	Kreis Recklinghausen	Kreis Hagen	Kreis Schwelm	Alle Kreise
1. Landwirtschaft, Tierzucht, Gärtnerei, Jagd und Forstwirtschaft (A 1–6; A 1–6)	1875	–	–	–	–	–	–	–	–	–	–	–	–	–	–	–	–	–
	1882	5,0	–	0,6	–	–	–	0,3	2,6	0,2	4,3	–	1,1	2,7	13,5	4,3	–	3,7
	1895	4,35	2,7	0,3	2,7	2,7	0,8	0,2	1,7	0,2	1,7	5,0	0,7	1,8	7,7	2,9	4,3	2,4
2. Bergbau, auch Hüttenwesen (B 1–5; B 1–5)	1875	18,0	–	7,2	22,8	–	–	11,3	16,6	26,5	10,7	–	4,2	16,5	2,4	4,2	–	13,8
	1882	15,7	–	8,8	18,1	–	–	17,0	16,7	13,1	8,6	–	3,5	13,9	9,2	4,2	–	12,4
	1895	17,86	14,2	6,8	17,2	14,8	18,5	10,8	14,9	10,4	9,1	10,4	3,9	13,2	14,5	3,9	1,6	12,2
3. Steine und Erden (B 6–14; B 6–19)	1875	0,5	–	0,3	0,9	–	–	0,1	0,2	0,4	0,4	–	1,6	0,6	0,2	0,7	–	0,5
	1882	0,6	–	0,3	0,8	–	–	0,2	0,4	0,2	0,5	–	0,8	0,6	0,2	0,8	–	0,6
	1895	0,7	0,8	0,6	1,0	1,6	0,5	0,3	0,8	0,4	0,8	0,9	1,6	0,8	0,3	1,0	0,8	0,8
4. Metallverarbeitung (B 15–25; B 20–44)	1875	0,9	–	1,2	0,7	–	–	1,3	0,5	0,8	0,8	–	1,7	0,9	1,2	7,0	–	1,7
	1882	1,0	–	2,4	1,0	–	–	1,6	0,7	1,6	1,6	–	2,8	1,3	0,7	7,3	–	2,1
	1895	1,5	2,6	3,8	2,3	1,6	1,7	2,9	1,8	4,0	2,8	2,5	2,7	2,4	0,8	8,0	10,4	3,0
5. Maschinen, Apparate (B 26–33; B 45–57)	1875	0,5	–	4,0	1,2	–	–	1,0	0,6	0,5	1,1	–	1,2	1,1	0,3	1,0	–	1,0
	1882	0,3	–	1,7	0,9	–	–	0,4	0,2	0,4	0,6	–	1,6	0,7	0,3	1,3	–	0,8
	1895	0,2	0,4	1,3	0,6	0,3	0,3	0,6	0,3	0,7	0,6	0,5	1,8	0,6	0,2	1,2	0,6	0,6
6. Chemische Industrie (B 34–39; B 58–63)	1875	0	–	0,1	0	–	–	0	0	0	0,1	–	1,2	0,1	0,1	0,2	–	0,1
	1882	0	–	0,1	0,1	–	–	0,1	0	0	0,1	–	0,7	0,1	0,1	0,2	–	0,1
	1895	0,1	0	0,2	0,1	0	0,2	0,4	0	0,2	0,1	0,1	0,7	0,1	0,1	0,1	0,2	0,1
7. Leuchtstoffe, Öle (B 40–44; B 64–68)	1875	0	–	0,5	0,1	–	–	0,4	0	0,1	0,1	–	0,2	0,1	0,1	0,1	–	0,1
	1882	0	–	0,2	0	–	–	0,1	0	0,1	0,1	–	0,1	0,1	0	0,1	–	0,1
	1895	0	0	0,2	0	0	0	0,1	0	0,1	0,1	0,1	0,2	0,1	0	0,1	0,1	0,1
8. Textilindustrie (B 45–57; B 68–80)	1875	0,1	–	0,1	0,4	–	–	0	1,5	0,1	0,6	–	1,1	0,5	0,9	3,3	–	0,9
	1882	0,1	–	0,1	0,2	–	–	0,1	1,2	0,1	0,5	–	1,0	0,4	0,5	3,0	•	0,7
	1895	0	0	0,1	0	0,7	0	0,1	1,5	0,1	0,4	0,1	1,4	0,4	0,2	0,8	6,4	0,7
9. Papier, Leder (B 58–63; B 81–92)	1875	0,1	–	0,2	0,1	–	–	0,4	0,2	0,2	0,6	–	0,2	0,3	0,3	0,4	–	0,3
	1882	0,2	–	0,3	0,1	–	–	0,3	0,1	0,3	0,7	–	0,3	0,3	0,2	0,5	–	0,3
	1895	0,1	0,1	0,4	0,2	0,2	0,1	0,3	0,1	0,4	1,0	0,2	0,4	0,3	0,2	0,5	0,4	0,3
10. Holzverarbeitung (B 64–72; B 93–105)	1875	0,6	–	1,4	0,6	–	–	1,1	0,5	0,6	0,9	–	1,8	0,8	1,9	0,9	–	0,9
	1882	0,6	–	1,1	0,5	–	–	0,8	0,4	0,8	1,0	–	1,7	0,7	1,6	0,9	–	0,8
	1895	0,7	0,7	1,4	0,6	0,7	0,7	1,1	0,8	1,2	1,2	1,3	2,4	1,0	1,2	1,0	1,2	1,0
11. Nahrungs- und Genußmittel (B 73–84; B 106–119)	1875	0,8	–	2,3	0,8	–	–	1,9	0,6	1,1	1,0	–	3,0	1,1	1,1	1,3	–	1,1
	1882	0,8	–	1,9	0,8	–	–	1,3	0,7	1,3	1,1	–	2,2	1,1	1,0	1,2	–	1,1
	1895	0,7	0,9	2,0	0,9	0,9	0,8	1,4	0,8	1,3	1,3	0,9	2,5	1,1	0,8	1,1	1,2	1,1
12. Bekleidung und Reinigung (B 85–95; B 120–137)	1875	1,5	–	2,3	1,2	–	–	2,5	1,0	2,2	1,4	–	1,7	1,5	2,0	1,9	–	1,6
	1882	1,6	–	2,9	1,3	–	–	2,8	1,2	2,8	1,8	–	2,3	1,8	2,1	2,0	–	1,9
	1895														1,6	1,8		1,7

Die folgende Tabelle ist in der Vorlage um 90° gedreht abgedruckt; die Spaltenüberschriften sind am oberen Rand abgeschnitten und nicht lesbar. Die Daten werden mit durchnummerierten Spalten (1–17) wiedergegeben.

Kategorie	Jahr	1	2	3	4	5	6	7	8	9	10	11	12	13	14	15	16	17
(B 96–105; B 138–150)	1882	1,6	–	3,4	1,7	–	–	2,2	1,3	2,0	1,9	–	2,4	1,9	1,7	2,1	–	1,2
	1895	2,5	2,1	4,8	2,9	1,8	2,6	4,0	2,4	4,7	2,7	2,9	4,6	3,0	2,9	2,8	2,1	1,9
14. Graph. Gewerbe (B 106–109; B 151–160)	1875	0	–	0,3	0,1	–	–	0,3	0	0,4	0,1	–	0,3	0,1	0	0,1	–	0,1
	1882	0,1	–	0,3	0,1	–	–	0,2	0	0,4	0,1	–	0,3	0,1	0,1	0,1	–	0,1
	1895	0	0,1	0,4	0,1	0,1	0,1	0,3	0,1	0,5	0,2	0,1	0,3	0,2	0	0,3	–	0,1
15. Handel, Versicherungen (C 1–9; C 1–10)	1875	0,9	–	2,8	0,9	–	–	2,8	0,8	2,4	1,6	–	2,4	1,5	0,9	1,5	–	1,4
	1882	0,9	–	3,2	1,0	–	–	2,6	0,8	2,9	1,8	–	3,1	1,6	1,0	2,8	–	1,7
	1895	1,0	1,3	3,9	1,3	1,1	1,5	3,4	1,1	3,7	2,3	2,2	4,1	2,1	1,3	2,4	2,2	2,0
16. Verkehr (C 10–19; C 11–21)	1875	0,2	–	0,4	0,2	–	–	0,3	0,1	0,3	1,0	–	0,4	0,4	0,2	0,4	–	0,3
	1882	0,8	–	2,2	1,0	–	–	1,2	0,8	1,3	2,4	–	2,0	1,4	0,6	1,1	–	1,3
	1895	0,6	1,0	2,2	1,0	1,1	1,3	1,7	1,2	1,5	2,2	1,9	3,0	1,5	0,7	2,0	0,8	1,4
17. Beherbergung und Erquickung (C 20; C 22)	1875	0,6	–	0,7	0,5	–	–	0,9	0,4	0,5	0,4	–	0,4	0,5	0	0,4	–	0,4
	1882	0,4	–	0,8	0,5	–	–	0,8	0,3	0,7	0,5	–	0,5	0,5	0,5	0,5	–	0,5
	1895	0,6	0,8	1,3	0,7	0,6	0,7	1,1	0,6	1,2	0,8	0,8	1,1	0,8	0,8	0,9	0,7	0,8
18. Häusliche Dienste (D 1–2)	1875	–	–	–	–	–	–	–	–	–	–	–	–	–	–	–	–	–
	1882	0,2	–	0,9	0,4	–	–	0,8	0,8	0,9	1,3	–	2,3	0,8	0,6	0,5	–	0,7
	1895	0,5	0,4	1,5	0,5	0,6	0,3	1,9	0,7	0,7	0,9	0,3	1,0	0,7	0,2	0,7	0,6	0,7
19. Staat, Gemeinde, Kirche (E 1–7)	1875	–	–	–	–	–	–	–	–	–	–	–	–	–	–	–	–	–
	1882	0,7	–	1,5	0,7	–	–	1,5	0,9	1,6	1,1	–	1,4	1,0	0,8	0,9	–	1,0
	1895	0,8	0,9	1,8	0,9	0,9	0,9	2,2	0,9	2,0	1,1	2,5	1,7	1,3	1,0	1,3	0,8	1,2
20. Ohne Beruf; ohne Angaben (B 110; B 161; F 1–8)	1875	–	–	–	–	–	–	–	–	–	–	–	–	–	–	–	–	–
	1882	2,7	–	2,8	2,7	–	–	2,5	4,1	3,9	4,0	–	4,0	3,3	1,4	2,4	–	3,1
	1895	2,2	4,0	3,1	2,9	3,8	2,2	2,4	3,6	2,7	5,2	1,8	2,3	3,1	2,0	3,6	2,1	3,0
Summe Erwerbstätige	1875	(25,75)	–	(26,3)	(31,5)	–	–	(26,7)	(23,6)	(37,9)	(21,7)	–	(22,9)	(27,0)	(12,7)	(24,4)	–	(25,7)
	1882	33,3	–	35,6	34,4	–	–	36,8	33,3	34,5	33,9	–	33,9	34,2	36,0	36,0	–	34,5
	1895	35,8	34,6	38,7	36,2	34,6	34,7	37,2	34,7	38,7	35,6	36,0	38,8	36,1	36,5	36,3	38,3	36,2

II. Bittschriften, Eingaben, Beschwerden und Petitionen der Bergarbeiterschaft

1. Eingabe von Bergleuten der Zeche Pörtingsiepen um Lohnerhöhung 1830

Zeche Pörtingsiepen, undatiert (aus Begleitschreiben erschlossen)
OBA 1385 Bl. 16 (Abschr.)

An ein Königlich Wohllöbliches Bergamt zu Essen.

Einem Königlich Wohllöblichen Bergamte wird bekannt sein, daß vor einigen Jahren, als Korn, Oel [usw.]in billigem Preise standen, das Schichtlohn für den Bergmann im Allgemeinen um 6 Pf. per Schicht für jeden Grad des Bergmann Standes herab gesätzt wurde, mit der ausdrücklichen Versicherung, falls eine ansehnliche Preis Erhöhung eintrete, auch in dem Maaße das Schichtlohn erhöht werden sollte. —

Statt daß nun damals das Malter Roggen nur 4 Thlr. kostete, hat es jetzt den Preis von 7—8 Thalern; das Maaß Oel, früher nur 7 Sgr. kostend, gegenwärtig dagegen 12 Sgr. Statt daß endlich der in die Kost gehende Bergmann sonst nur 4 Thlr. monatliches Kostgeld entrichtete, muß er jetzt 5 Thlr. geben.

Unter diesen Umständen sahen wir unterschriebene Bergleute uns genöthigt, wohl eingedenk der bei Herabsetzung des Schichtlohns uns gegebenen oben gedachten Versicherung, unsere gegründete Beschwerde dem verehrten Herrn Geschwornen vorzulegen; derselbe bedeutete uns aber, daß er beim Wohllöblichen Berg-Amte zur geeigneten Zeit bei Regulirung der Kohlenpreise auf Erhöhung angetragen, mit Nachweisung der gestiegenen Preise der Nahrungsmittel. Die Gewerkschaften hätten indeß eine Erhöhung noch nicht für nöthig gefunden: und möchten wir uns selbst einmal an unser Bergamt wenden.

Ueberzeugt von der väterlichen Fürsorge und den weisen Einsichten Eines Wohllöblichen Bergamtes erlauben wir uns daher die ganz gehorsamste Bitte,

Hochgeneigt eine Erhöhung des Schichtlohnes, etwa um 6 Pfennige bewirken zu wollen, auf daß wir das wieder erhalten, was uns in wohlfeiler Zeit genommen ist.

In Hoffnung der Erfüllung unserer gerechten Bitte, nennen wir uns mit aller Hochachtung

Ein Wohllöbliches Bergamt

ganz gehorsame Bergleute der Zeche Pörtingsiepen

für uns und alle arbeitsame Bergleute.

[gez.] Wilhelm Küpper [und 26 weitere Bergleute[1]]

---

1 Darunter *Franz Lesmeister*, der bei der Arbeitseinstellung auf Zeche Gewalt 1838 eine führende Rolle spielte; s. oben S. 140 f.

2. Beschwerde wegen verweigerter Lohnzahlung auf Zeche Sälzer & Neuack 1834

[Essen-] Holsterhausen, den 21. Dezember 1834
OBA 1386 Bl. 165

In bezug auf die Beschwerde des Friedrich Deckert so wohl auch August Deckert hinsichtlich unsers Lohnsforderung auf 17/8 L[ach]t[e]r vor dem Querschlage auf der Zeche Saelzer et Neuack[2] ist uns von dem Königl. Berg Amt zu Essen ganz Entsacht ich Ersuche das Hochlöbliche Ober Bergamt zu Tordmunt uns über die ganze Sache zu benachrichtigen und wir glauben unser Lohn zu vordern wenn es nach den Gesetz verfahren wirt nicht zurückgehalten Werden kan wir ersuchen das Hochlöblige Ober Berg Amt zu Tordmunt wenn diese Sache nicht nicht aus gemacht werden kan weider an das Ministerum unsers Recht weider zu Suchen wir hätten gerne Bescheit über die ganze Sache wie wier uns zu Verhalten haben
zu Arbeit auf der Zeche Kübers Wiese[3]
[Unterschrift:] Friedrich Deckert

3. Eingabe um Lohnerhöhung aus dem Hardensteiner Revier 1855

Herbede und Vormholz, den 3. November 1855
OBA 1385 Bl. 422 f.

Bitte der Knappschafts-Mitglieder des Hardensteiner Reviers um angemessene Erhöhung des Schichtlohns.
Hohes Oberbergamt!
Bekanntlich sind seit eingen Jahren die Preise aller Lebensbedürfnisse so gestiegen, daß dieselben fast dreimal so hoch stehen wie früher; der Schichtlohn des Bergmannes ist indeß nicht in denselben Maß erhöht und steht mit den Preisen der Lebensmittel im Mißverhältniß.
Wir erlauben uns, dies in Folgender Aufstellung ganz gehorsamst darzuthun und nehmen dabei eine Familie zu fünf Personen an obgleich viele uns eine zahlreichere Familie haben.

Brod täglich	macht täglich
Butter 1/2 Pfd.	8 Sgr./—Pfg.
Schweinefleisch 1/2, oder	2/—
Rindfleisch 1 Pfd.	4/—
Salz 1/4 Pfd.	—/3
Kaffee 1 Loth	—/3
Kartoffeln 1/2 Viertel	5/—4
Gemüse Erbsen Bohnen	3/—4
Grütze oder Graupen	1/6—4
Unschlitt oder Schmalz	26 Sgr.

---

2 Die Lohnforderung beruht auf einer im Metergedinge vergebenen Vortriebsarbeit in einem Querschlag.
3 Vielleicht die Angabe des Wohnsitzes. — Das OBA antwortete (Entw. ebd. 27. 12. 34), die Sache sei dringlich an das BAE zurückgegeben worden; vgl. oben S. 140.
4 Ohne Maßangabe. Fragezeichen am Rande.

wobei nur die unentbehrlichsten Lebensmittel und die niedrigsten Preise berechnet sind. Wohnungsmiethe 20—25 Thlr. jährlich Kleidung und andere Bedürfnisse sowie Steuern und Abgaben haben wir hier nicht in Anschlag gebracht weil wir fürchteten durch zu große Zahlen den Schein der Unbescheidenheit auf uns zu laden obgleich es auf der Hand liegt, daß auch diese Dinge zu den unentbehrlichsten Lebensbedürfnissen gehören. Wir hoffen, durch eine enge Beschränkung unserer Ansprüche Einem Hohen Oberbergamt und unsere verehrten Vorgesetzten die Gewährung unserer ganz gehorsamsten Bitte.

Hochgeneigt unsern Schichtlohn mit den Preisen der Lebensbedürfnisse in ein richtiges Verhältnis zu setzen und denselben auf mindestens 26 Sgr. zu erhöhen, damit wir nicht bei unserer schweren und gefahrvollen Arbeit mit unsern Kindern fernerhin dem Hunger preis gegeben seien,
zu erleichtern, und wir zweifeln nicht, Ein hohes Oberbergamt werde bei genauer und strenger Prüfung obiger Aufstellung unsere Bitte Gerechtigkeit widerfahren lassen. Die Ausbeute der Gruben hat mit den Preisen der Lebensmittel gleichen Schritt gehalten; nicht allein die Preise der Kohlen sind in dem Maße gestiegen, sondern auch der Absatz hat sich in gleichem Maße vermehrt, so daß die Mittel unsere gewiß nicht übertriebenen Ansprüche zu befriedigen in reicher Fülle fließen. Daß wir dabei darben sollen, ist gewiß nicht der Wille Eines Hohen Oberbergamtes und doch müssen wir es wenn wir uns mit der unzulänglichen Erhöhung unseres bisherigen Schichtlohns von 15 resp. 16 $\frac{1}{2}$ Sgr. auf 18—19 $\frac{1}{2}$ Sgr. wie sie uns auf unsere Beschwerde beim Königlichen Bergamte bewilligt worden ist, begnügen müßten.
Wir sehen daher der hochgeneigten Gewährung unserer ganz ganz gehorsamsten Bitte vertrauensvoll entgegen.
Eines hohen Oberbergamts ganz gehorsamste Knappschafts-Mitglieder des Hardensteiner Reviers
[folgen Unterschriften] Max König [und 14 weitere Bergleute]

4. Anonyme Beschwerde über verlängerte Schichtzeiten am alten Schacht Regina (Bergamt Essen) 1857

Mettmann, den 11. Oktober 1857
OBA 1385 Bl. 453

An das Königl. Preuß. Ober-Berg-Amt
Wohlgeboren in Dortmund.
Vor etwa sechs Monat Erhielten wir Bergleute in alten Schachte eine Schicht von acht Stunden, es dauerte in etwa einen Monat so wurde die Achtstündige Schicht wurde auf gehoben und eine Zwölf Stündige an geordnet. Wir frachten Insgesamt Unsern Herrn Vorgesetzten wer die Schicht wieder abgeändert hätte sie gaben uns zur Antwort das dieses der Herr Director angeordnet hätte.
Wir Bitten deshalb das Königl. Berg-Amt ganz ganz gehorsamst, uns doch, wen die zwölf Stundige Schichten Vom Wohllöbligen Berg Amt nicht genehmigt worden ist, uns doch wieder mit der Acht Stündige Schichten geben wollen in dem besonders hier in dieser Schachten der Ganzer Sommer hin eine sehr schlechte Luft wahr, so das wir aus der Erde heraus Mußten und dan wurde sich auf die Erde hingelegt im Schwitz wen wir

aus die Erden kamen, was aber in einer Acht Stündige Schicht Noth gewesen war. Deshalb bitten wir das Königl. Ober-Berg-Amt uns doch diese Bitte zu gewehren.
In dieser dringende Bitte Verharrend
ihre Wohlgebornes Königl. Ober Berg-Amts Aller Unterthänigste Arbeiter in alten Schachte des Aufschluß und des Regiena[5]

5. Beschwerde von 48 Bergleuten der Zeche Franziska Tfb. wegen neuer Knappschaftsstatuten 1858

Witten, den 11. Mai 1858
MBAB 26 Bl. 30 f.

Die Einführung und die Annahme des neuen Statuts für den Knappschafts-Verein im Märkischen Berg-Amts-Bezirk betreffend. Zeche *Franziska-Tiefbau*.
An Ein Königliches Wohllöbliches Berg-Amt *Bochum*
Das ohne die geringste Mitwissenschaft der zeitigen Knappschafts-Mitglieder entworfene, und nach mehrmaligem Protest, am 12ten d. Mts. uns durch den Königlichen Berggeschworenen Erdmann eingehändigte neue Statut für den Knappschafts-Verein im Königlichen Berg-Amts-Bezirke Bochum, weicht all zu sehr von den durch die Clevisch-Märkischen Berg- und Knappschafts-Ordnung verliehenen Allerhöchsten Privilegien ab; ferner weicht dasselbe auch noch von dem seitherigen Knappschafts-Reglement, dem wir bei der Fahne feierlich die Treue, und solches festzuhalten zugeschworen haben, ab. Wir haben erst nach der Einhändigung des fraglichen Status, dessen Inhalt lesen und prüfen können, wobereits mehrere Petitionen und Proteste an Seiner Majestät des Königs und an die hochverehrlichen Behörden von der ganzen Knappschaft eingesant worden sind. Durch die Annahme eines solchen Status fühlen wir unser Gewissen, und unsere Rechte für unsere Erben und Nachkommen zu sehr verletzt, da dasselbe nicht nur von den landesherrlich verliehenen Rechten, Privilegien und unserem Eidschwur abweicht; sondern uns auch sehr unter die Knechtschaft der Gewerken, welche die Bergwerke nur als ein Lehngut besitzen, zu setzen bedroht und uns das Knappschafts-Vermögen und dessen Verwaltung genommen werden soll.
Wir können mithin den ohne unsere persönliche Zustimmung gebildeten neuen Knappschafts-Vorstand nicht anerkennen. Wenn daher ein neues Statut für zweckmäßig erachtet werden sollte, so bitten wir bei einer desfalsigen Entwerfung nach dem Wahlmodus zu verfahren, und den Allerhöchsten Machtspruch Seiner Majestät des Königs abzuwarten, oder uns zum Weg Rechtens zu verweisen, wo wir übrigens auch geneigt sind uns im gütlichen Wege zu einigen.
Wir beharren daher noch auf einmal eidlich beschworene Knappschafts-Reglement, bitten um gerechten Beistand bis zur näheren Berathung und Abänderung, mehrerer die Knappschaft zu hart drückenden Fesseln, und bemerken, daß durch die beikommende Zurückgabe der Statuten unsere Knappschafts-Nummern und unsere Nahmen deutlich hervorgehen, statt der Unterschriften.
48. Stück Statutsformulare
[Es folgen von anderer Hand die Namen und Knappschaftsnummern von 48 Bergleuten.]

---

5 Es handelt sich offenbar um eine Gruppe von Schacht- oder Vorrichtungshauern.

6. Anonymer Aushang für die Bergleute der Zeche Carl Friedrich Erbstollen[6] wegen Ablehnung der neuen Knappschaftsstatuten 1858

Witten, den 16. Mai 1858
MBAB 26 Bl. 96

Für die Belegschaft!
Da wir gehört haben, daß Ihr Am 19ten den Termin auch habt, über die Annahme der neuen Statuten des Berggesetzes, so benachrichtigen wir Ihnen, daß Sie auf unsere nebenliegenden[7] Zechen selten oder gar keine Angenommen sind, und wir denken, daß Ihr auch doch Wenigstens solche Statuten wohl nicht annehmen werdet, denn laße sich keiner lassen bange machen mit dem Streichen[8], den Sie sind nicht befugt einen Bergmann zu streichen denn ein Gesetz daß nicht vom König Genehmigt ist braucht auch keiner anzunehmen, und unser König genehmigt auch solche Statuten nicht ohne unsere Bewilligung, denn nach diesen Statuten kann kein Bergmann bestehen, und so würden Sie uns in drei Jahren noch andere geben, die noch schlechter wären, darum laßet auch von den Revierbeamten nichts vorschwärzen sondern weiset Ihn mit die Annahme zurück, und so konnet Ihr nach der wohl bewußten Stelle hinkommen wo wir auch den auf nähere Gründe von den Neuen Statuten mittheilen werden.
In Bruderschaft die Bergleute

7. Beschwerde des Bergmanns Conrad Bendroth und mehrerer Knappschaftsmitglieder an das Bergamt Bochum wegen neuer Knappschaftsstatuten

Undatiert [ca. 28./29. Mai 1858 lt. Randvermerk]
MBAB 26 Bl. 89

Wir wagen es untergebens Das Hochlöbliche Königliche Märkische Bergambt zu Bochum anzufragen.
Es ist uns in diesen Tagen auf die Zäche Glückauf ein Buch eingehendicht geworden nach die Verfügung des Bergamptes im auftrag des Herrn refierbeanpten unter den Titelo Statuth und Reglement.
Zur annahme unser Pflichten. Dieses aber können wir uns gar nicht unterwerfen weil es Gesetzlos ist. zu diese annahme sind wir auf Drohungen und Bestrafungen für Ein und zwei Schichtlöhne und teils ganz abgelegt. Hier bei ist das Gesetz überschritten sowohl das Alte als das Neue. —
Aber Nathürlich wo Gewald herschet da geht das Gesetz zu grunde un den größten Haufen behält den sieh.
Hirauf fühlen wir uns Geschwungen uns sofort an das Hochlöbliche Bergambt zu verwenden.

---

6 Die Zeche Carl Friedrich Erbstollen gehörte mit 133 Verweigerungen der Annahme des Statuts zu den Schwerpunkten der Protestbewegung; vgl. den Bericht des Revierbeamten Westl. Witten/BAB 19. 5. 1858, MBAB 26 Bl. 98—110.
7 Wortlaut erschlossen.
8 D. i. Löschung aus der Knappschaftsrolle.

Die Auseinandersetzung und Erklährung dringend mitzuteilen, Nämlich den Kontract den wir mit dem Bergambt abgeschlossen haben mit dem Gesetz von 1824[9], verbunden und den Eid der Treue und die Beiträge der Kasse. ob das genslich abweichend ist vom Gesetz.

Wir bitten ergebens das Hochlöbliche märkische Bergambt in Bochum um die baldige Erklärung mitzuteilen.

Mehrere Knappschaftsmitglieder
Bittermarkt bei Kirchhörde
[Unterschrift:] Conrad Bendroth

8. Immediateingabe der Bergleute der Grafschaft Mark[10] wegen neuer Knappschaftsstatuten

Laer bei Bochum, den 12. Juni 1858
MBAB 26 Bl. 368—372 Abschr. v. Abschr. (zur Berichterstattung an den Handelsminister: Berlin, 30. 6. 1858)

Ew. Königl. Hoheit!

nahen in tiefster Unterthänigkeit und Ehrfurcht die unterzeichneten Bergleute der Grafschaft Mark mit einer Bitte, deren Erfüllung die Gewissen vieler Tausend beruhigen und sie zugleich in alten und theuren Pflichten und Rechten schützen soll.

Schon vor dem Jahre 1854, in welchem Sr. Majestät, unseres allergnädigsten Königs und Herren, Gesetz die Errichtung von Knappschaften befahl. bestand eine solche unter uns und wurden uns die Statuten derselben bei unserer Aufnahme in die Knappschaft Punkt vor Punkt vorgelesen und die Haltung derselben mit einem feierlichen Eide von uns gelobt.

in dem Gesetze vom 10. April 1854 haben Sr. Majestät allergnädigst zu befehlen geruht, daß die alten Knappschaften bestehen bleiben können und nur ihre Statuten in den §. 3. 4. 5. 6. u. 7 des Gesetzes in Einklang zu bringen sind.

Dessen ungeachtet sind unsre alten beschwornen Statuten aufgehoben und es soll uns ein neues Statut aufgedrungen werden, welches mit der Clevisch-Märkischen Bergordnung und unsern alten Statuten in Widerspruch steht, indem es unsre Rechte und Pflichten ändert, ja uns sogar den alten ehrbaren Namen „Bergleute" entzieht und überall nur von „Bergarbeitern" redet.

Dieses Statut ist ohne entsprechende Mitwirkung von Seiten der Bergleute erlassen worden[11].

Wir fühlen uns aus einem doppelten Grunde in unserm Gewissen gebunden, dieses Statut nicht anzunehmen:

---

9 „Knappschafts-Ordnung für die Bergleute in den Bezirken des Märkischen und Essen-Werdenschen Bergamts vom 14. Dezember 1824". Essen (Baedecker) 1824. Text bei *Adelmann*, Quellensammlung Bd. I, S. 30—40.

10 Die Eingabe ist das Resultat der Beratungen von Delegierten der Bergleute in der südlichen Umgebung von Bochum, die am 30. 5. 1858 zu einer großen Versammlung zusammengetreten waren. Vgl. o. S. 402.

11 Am Rande: Fragezeichen.

Zuerst haben wir das alte Statut beschworen. Wer kann uns von diesem Eide entbinden, so lange wir Bergleute sind? Bleibt aber unser Eid, so muß auch das beschworne Statut bleiben, sonst sind wir meineidig.

Sodann räumt uns das alte Statut Rechte ein, die wir, ohne Unrecht zu thun, dem immer zahlreicher werdenden Stande der Bergleute nicht vergeben dürfen[12], zumal, da diese Rechte unserm Stande wol gebüren.

Der Bergmann zieht jeden Morgen, wenn er in die Grube fährt, seit Todtenhemd an; er arbeitet im tiefen Schooße der Erde, da, wohin kein Strahl der Sonne dringt beim schwachen Scheine seiner Grubenlampe, über ihm das hängende Gestein. Oft durchziehen es unerkennbare Risse und seine wuchtigen Massen stürzen urplötzlich herab und zerschmettern den Arbeiter vor Ort. So findet mancher seinen Tod, während seine Mitknappen, getreu ihrer Pflicht, unter der Gefahr, verschüttet zu werden, viele Stunden arbeiten, um nur seine Leiche wieder ans Licht zu ziehen. Schlagende Wetter drohen, den Bergmann niederzuwerfen, plötzlich und gewaltig, wie der Blitz des Himmels, oder verletzen ihn wenigstens mit gefährlicher und schmerzhafter Verbrennung. Oft brechen über ihm in Ritzen und Klüften gesammelte Wassermassen herein und bringen ihm den Tod, wenn es ihm nicht gelingt, durch frühzeitige und schnelle Flucht den kalten Fluthen zu entgehen.

Diese und noch andere Gefahren werden um so größer, je tiefer die Bauten in das Innere der Erde dringen.

Verdient der Bergmann, der, von solchen Gefahren umgeben, die Schätze der Tiefe an's Licht fördert, nicht für sich, sondern für die Gewerken, verdient er nicht die alten, durch Königl. Gesetze verbrieften Rechte? Verdient er nicht den ehrlichen Namen Bergmann? Ist es ihm zu verdenken, wenn er auf gesetzlichem Wege seine alten Rechte zu wahren sucht? Gewiß nicht.

Darum nahen wir auch mit zuversichtlicher Hoffnung Ew. Königl. Hoheit und bitten allerunterthänigst

Höchstdieselben wollen geruhen, uns in unsern alten, durch die Clevisch-Märkische Bergordnung verbrieften und in unsrem alten Knappschafts-Statut von uns beschworenen Rechten und Pflichten zu erhalten und zu diesem Zwecke die neue Knappschafts-Ordnung von 1856 wieder aufheben.

indem wir in aller Demuth und in tiefster Ehrfurcht versichern, daß wir unserm angestammten Königl. Hause in guten und bösen Tagen freudig den treusten Gehorsam weihen, die Landes-Gesetze gern erfüllen und allen Pflichten, welche uns unser Stand und unsere besondern Gesetze und Ordnungen auflegen, mit Pünktlichkeit und Treue nachzukommen stets uns bestreben werden.

Die Dringlichkeit dieser unsere Bitte zu begründen, wagen wir es, Ew. Königl. Hoheit noch mitzutheilen, daß zahlreiche Knappschafts-Genossen bloß aus dem Grunde, „daß sie das neue Knappschafts-Statut nicht annehmen wollen", ihrer Arbeit verlustig erklärt sind, welche Strafe noch dadurch verschärft ist, daß der Revier-Geschworne ihr Gestrichenwerden aus der Knappschafts-Rolle beantragt und diese Strafe mit Anschlagung der Nahmen auf allen Zechen bekannt gemacht hat, damit sie nirgends wieder Arbeit bekommen; — obgleich dieser Grund der Ausschließung weder in den alten, noch in den neuen Statuten vorgesehen, also völlig ungesetzlich ist[13].

Diese Strafe hat unter andern 18 Bergleute von Franziska Tiefbau im Reviere östlich Witten betroffen.

---

12 Am Rande: Frage- und Ausrufungszeichen.
13 Nachsatz am Rande angestrichen.

Noch viele andere unserer Brüder sind mit ihren Familien auf diese Weise brodlos, und der Verzweiflung nahe, heben aber mit uns als getreue Unterthanen, die nicht eidbrüchig werden wollen, ihre Hände zu Ew. Königl. Hoheit empor und bitten allerunterthänigst um Abwendung der uns allen drohenden Noth durch Erfüllung unserer Bitte.
In tiefster Ehrfurcht, in Liebe, Gehorsam und Treue verharren Ew. Königl. Hoheit allerunterthänigste Bergleute und unterzeichnen im Auftrag
[Unterschriften gez.] Herm. Rohsiepe, Wilh. Bringhoff, Börncke, Madel, W. Oberhagemann, August Otto, Maschinenwärter der Zeche Wallfisch bei Witten a. d. Ruhr.

9. Aushang zur Organisation der Bewegung auf Zeche Neuschölerpad bei Essen im Juli 1858

Undatiert [aus Nebenstücken erschlossen]
BAEW 109 Bl. 83 Abschr.

Laut Nachrichten der Bochumer Deputirten, es ist uns mitgetheilt worden, daß wir auch die III. Klasse mit auf sollten führen. Indem daß später diesen Jungen Bergleute dieses neue Statut nicht aufgedrungen werden kann, hiermit fordern wir die ganze Belegschaft auf, sich binnen *drei* Tagen zu unterschreiben, und als dann *per* Mann 5 Sgr. erlegen. So dieses nicht Stattfinden wird, so kann bis am nächsten Sonnabend ein Jeder seine 5 Sgr. retur bekommen, und wir entziehen unsere Hand, und alsdan laß die Sache Laufen wie als Gott haben will.
Zeche Neuscholerpad die Deputirten.
Abreißen wird Gewahrnd.

10. Aushang von vier Bergleuten auf Zeche Sälzer & Neuack bei Essen, Anfang August 1858

Undatiert [aus Nebenstücken erschlossen]
BAEW 109 Bl. 114 Abschr.

Es wird der Belegschaft bekannt gemacht, daß dijenigen Bergleute I und II Klasse, welche gesonnen sind, das neue Statut nicht anzunehmen, und daß alte zu behalten, ihre Nahmen, und Knappschafts Nummer, eigenhändig zu unterschreiben. Diejenigen Bergleute III Klasse, welche Bergmann werden wollen, und auch daß wollen, waß die I und II Klasse will, werden ersucht, ihre Nahmen und Nummern, auch zu unterschreiben. Am Donnerstag den 15. d. Monats[14] werden vier Deputirten, mit der Sammlung der Nahmen und Nummer anfangen, und zwar, von 12 Uhr Mittags ab.
[Unterschriften gez.] H. Vosbeck, W. Kesten. A. Roschenthal. F. Göckel

---

14 August 1858.

11. Anonyme Beschwerde der Begleute von Julius Philipp (Bergamt Bochum) um höhere Löhne 1858

Undatiert [Eingangsvermerk 31. August 1858]
OBA 1385 Bl. 419

An Ein Wohllöbliches Oberbergamt
Es wirt ein Wohllöbliches Oberbergamt ersucht und ein Vortrag gemacht, das die breise so hochgestigen sind an jedem Theil an des bergman Nöthig hat das Öhl kostet Vierzehn bis Fünfzehn Silbergroschen: auch Korn Kost vier Thaler: so sind wier bergleute genöthinget uns an das Wohllöbliche Oberbergamt zu wenden und bitten Mitt der Hertzliche bitte und einer Hülfe das wier doch da die Löhne nach den jetzigen breise allzu niedrich stehn. Wer eine starke familie hatt kan mit seinem lohn nicht auskomen oder Hunger darbey leiden, es heist wir arbeiten im gedingen aber mit dem geding das gemacht ist können wier gar nicht zu lohn Arbeiten den Nach dem jetzigen breise stehen die gedinge allzunidrig Wier sämtliche bergleute auf der Zeche Julius Philip. sind Nothgedrungen uns an unsern höhern Obern gewenden um ein Verstärkerung des lohns oder Monatliche Zulage, den wenn ein Kind sein Mutter bittet so schlißt er auch sein hertz nicht vor ihm zu sondern er gibt ihm was er von ihn bitt
Wier erwarten eine baldigste antwort und bitten mit der Hertzlichsten bitte
Die Bergleuthe auf Julius Philipp
Glückauf

12. Eingabe einer Gruppe von Dortmunder Bergarbeiter-Deputierten (*August Hörig* und Genossen) zur Revision der Knappschaftsstatuten 1860[15]

Dortmund, den 2. Oktober 1860
MBAB 4 Bl. 59 f.

Ein Königliches Wohllöbliches Berg-Amt
wolle es uns nicht verargen, wenn wir unberufen zur Berathung des neuen Statuts für den Knappschafts-Verein Eine Stimme abgeben.
Nach unseren früheren Verhältnissen durften wir auf eine mehr gesicherte Existenz und auf eine bessere Versorgung im Alter rechnen, als jetzt aus dem Gesetz vom 21. Mai 1860 und dessen Consequenzen[16] leider! zu folgern ist. Welch' enorme Beiträge hat die Knappschafts-Kasse während der vielen Dienstjahre bezogen! man darf sich des Ausdrucks: „aus der Nothdurft", bedienen. —
Wie sehr wir in der jüngsten Zeit an der Hauptsache, den Löhnen, eingebüßt, ist an hoher Stelle bekannt; doch dürfte auch dieser neue Fingerzeig dazu beitragen: unserem

---

15 Vgl. den Text einer Eingabe derselben Deputierten der Zechen im Raum Dortmund, Brünninghausen und Unna vom 11. 9. 60 (MBAB 4 Bl. 56 f.; wegen Aufhebung des Freizügigkeitsgesetzes) bei *Adelmann*, Quellensammlung Bd. I, S. 129—131; zu *Hörig* vgl. o. S. 488 Anm. 3.

16 Hier und im folgenden ist nicht das Freizügigkeitsgesetz von 1860 gemeint; doch ist die Verwirrung kennzeichnend als Ausdruck der Oppositionshaltung gegen das gesamte Reformwerk.

616

Vorschlage respective unserer bescheidenen Bitte ein um so bereitwilligeres Ohr zu leihen.

Auch wir verkennen wahrlich nicht, daß es zeitgemäß ist: das freie Übereinkommen als das höchste Recht überall da zu sanctionieren, wo nicht ältere Recht u. Ansprüche auf der einen oder andern Seite verletzt werden. Uns, den Bergleuten, gegenüber, die einen so großen Theil ihres kärglichen Erwerbes von Beginn ihrer Function an einem Institut geopfert, das uns im Alter wenigstens in etwa vor Verhungern schützen sollte, uns gegenüber, mit denen keine andere Gewerbschaft die Gefahren für Gesundheit u. Leben theilt: uns gegenüber enthält das fragliche Gesetz, das nur von solchen Staatsmännern verfaßt und nur von solchen Volksvertretern gutgeheißen sein kann, welche unsere Lage nicht gekannt, eine Härte und hat uns und unseren Familien tiefe Wunden geschlagen.

Wie im Allgemeinen der Arbeit-Geber im unverhältnißmäßigen Übergewicht über dem Arbeiter steht, so insbesondere jetzt die Gewerkschaften für Bergbau; nur Rechte will man kennen, keine Pflichten. — Es wird niemals oder nur selten berücksichtigt, daß eigentlich nur die Schweißtropfen des Arbeiters dem Arbeitgeber den Reichthum gebracht, und es müssen daher den ersteren möglichst günstige Verordnungen oder Verträge stützen, wenn er sich nicht ganz u. gar umsonst gequält haben soll.

Die vorgeschlagene Fassung der §§ 5 u. 12 des Statuts ist entschieden ungünstig für uns[17] u. uns gegenüber mit Rücksicht auf unsere bereits gebrachten Opfer unbillig.

Wir erlauben uns ehrfurchtsvoll vorzuschlagen: daß wir während eines unfreiwilligen Feierns oder einer Krankheit keine Beiträge, sondern die Gewerken solche zu zahlen haben u. wir in dem letztern Stadium auf Kosten der Gewerken freie Kur u. Arznei haben.

Mit dieser unserer Bitte werden wir um so weniger belästigen, als die gerechtesten Wünsche von Tausenden nicht persönlich, sondern auf einem Blatt Papier vorgetragen werden u. wir und die durch uns Vertretenen als einen mindestens eben so respectablen Theil zur Sache erscheinen werden, wie die Mit-Contrahenten.

Eines Königlichen Wohllöblichen Berg-Amts
ergebene Deputirte der Belegschaften eines großen Theiles der Zechen des Bezirks:
[Unterschriften:] August Hörig [und 7 weitere Bergleute]

13. Beschwerde des Bergmanns *Joh. Quecke* wegen des Streiks auf Zeche Heinrich Westl. Feld 1861

Oberruhr, 15. Januar 1861
OBA 1775 Bl. 251

Königl. Wohll. Bergamt!
In Sachen des Steinkohlenbergwerks Heinrich westliches Feld vertreten durch den Vorsitzer des Grubenvorstandes Herrn Chr. Flaßhoff zu Essen ist mir unterm 10. Januar d. Jahs. als Resolution ertheilt, da mir die Brandkohlen verweigert resp. mir zu entziehen nicht berechtigt waren, ich also befugt war nach §. 5. 3. des Gesetzes vom 21. May 1860[18] die Bergarbeit genannter Zeche ohne vorherige Aufkündigung zu verlassen.

---

17 Die Stellungnahme bezieht sich hier auf den Ende 1859 eingeleiteten Prozeß der Statutenrevision, vgl. o. S. 425 f.

18 Der (ungenau) zitierte Absatz lautet: „Vor Ablauf der vertragsmäßigen Zeit und ohne vorhergegangene Aufkündigung können Bergleute die Arbeit verlassen: [...] 3) wenn er [der

Dieses habe ich nun gethan und habe bis dato zehn Schichte gefeiert, weil ich die Entscheidung abwarten mußte. weshalb ich jetzt gezwungen bin zu beantragen resp. bitte mir mitzutheilen ob qu[ästionierte] Zeche mir die gefeierten Schichte auslohnen und wie lange zahlen müssen auch anbefehlen die mir zukommenden Kohlen nach Lage der Sache nachträglich hergeben müssen; wobei sich von selbst versteht ich mich bemühen werde je eher je lieber Arbeit zu erlangen.
[Unterschrift:] Joh. Quecke

14. Beschwerde des Bergmanns *J. Bruckmann* über die Knappschaftsältestenwahl 1863

Holthausen b. Mülheim a. d. Ruhr, den 11. September 1863
OBA 1648

An das Königliches Ober-Bergamt zu Dortmund
Untersuchungs Sachen und Beschwärde des Bergmanns Johan Bruckmann
Erstens wegen nich rechte Behandlungen und wegen Beschlüssen die gegen das Knappschaftsstatut sind. Den es heißt ausdrücklich im Pargraf 26 das die Knappschaftsältesten nach Stimmenmehrheit gewählt werden sollte. Dieses ist im Revier Mülheim nich geschehen. –
Den der Oberheiden der sich als Oberknappschaftsältester ausgiebt aber nich gewählt ist von die Bergleute und auch keine Stimmen hatte und doch befind sich Oberheiden mit im Vorstand des Knappschafts Verein.
Ich glaube fest das die Behörde über die wahlangelegenheiten nicht recht und Richtig in Kentniß Gesetzt sind die würde Ganz gewis das Statutsrechte beibehalten haben.
Der Oberheiden muß aber doch eine stütze im Vorstand haben weil er so Bruthalisch gegen mich auftrit er könte sagen was er wolte ich bin so beauftragt dazu.
[Randbemerkung von Hand des Beschwerdeführers zum letzten Absatz:] ich bitte diesen nicht zu übersehen ob er sagen kan was er will er währe so beauftragt
Den das voriegemahl ist mier das kranken Geld Abgesogen von eine Ganze Monat Durch aussagen ich hätte Gearbeitet[19]. ich forderte den Oberheiden auf mit hin zu Gehen wo er mier Gesehen hätte um sich doch genau davon zu überzeugen ob ich es gewesen währ das Brauchte er[20] nich den ich werde in Vorstand so Geglaubt. Darin hat er nich Gelogen den Vorstand auf Untersuchung angetragen ob sie den Oberheiden so [. . .][21] hätte das er sagen kan was er will sogar mier aus Schimpfen. Den ich währ durg das Abzihen des kranken Gelde in noth gerathen mit meiner Familie Frau und 3 kleine Kinder und hätte Öfters kein Brodt.
Ich habe der Vorstand dringent gebeten auf Genau untersuchung und um Antwort zurük aber keine erhalten
und weil Oberheiden jetzt wieder gekommen ist ich solte kein kranken Geld mehr haben

---

Bergwerks-Eigentümer] ihnen den versprochenen Lohn oder die sonstigen Gegenleistungen ohne genügende Veranlassung vorenthält".
19 Nach den Knappschaftsstatuten zog die Aufnahme einer Arbeit während der Rekonvaleszenz den Verlust des Krankengeldes nach sich.
20 Ursprünglich: „ich" (gestrichen). Es ist indirekte Rede gemeint: [Er sagte], das brauche er nicht, denn ihm werde im Vorstand so geglaubt.
21 Ein Wort unleserlich.

So werde ich durg noth Gezwungen auf neue untersuchung anzutragen weil ich sonst nich Geholfen werde.
So bitte ich alt untergebenen Ganz gehorsam das Königliches Ober Bergamt auf genau untersuchung und nach dessen befinden mier doch Rath und Hülfe zu Gewähren.
Mit größter Hochachtung ein Freundliches Glück auf
Bergmann Johann Bruckmann in Holthausen bei Mülheim a/d Ruhr den 11ten 9ten 1863 ich bitte doch nich übel zu nehmen da ich ihnen ein un Frankierte Brief Schike ich kan ihn nicht bezahlen

15. Beschwerde von 16 Bergleuten der Zeche Neu-Iserlohn bei Langendreer wegen verzögerter Lohnzahlung 1866

Langendreer, den 15. Juli 1866
OBA 229 Bl. 33 f.

Hochlöbliches Oberbergamt!
Wir gehorsamst unterzeichneten Bergleute wenden uns in unserer bedrängten Lage an das Hochlöbliche Oberbergamt mit der Bitte, um Abhülfe.
Wir stehen auf der Zeche Neu-Iserlohn in Arbeit. Für den *Monat Mai* haben wir unsern Lohn noch nicht erhalten und können denselben auch nicht erlangen da wir von einem bis zum andern Tage hingehalten werden.
Wir haben uns dieserhalb an den Königl. Berggeschworenen Herrn von Renesse gewandt, um uns zu unserm Lohn zu verhelfen, allein dieser hat uns erklärt, daß er dazu nicht mehr competent sei, indem wir nach dem neuen Berggesetze unsern Anspruch im Wege des Processes verfolgen müßten.
Wir stehen somit auf dem Punkte der Verzweifelung, haben für unsere Familien kein Geld, der verdiente Lohn für den *Monat Mai* wird uns vorenthalten und wissen nicht, wie wir unsere Lebensbedürfnisse beschaffen sollen, werden vielmehr dem Hunger und Elende ausgesetzt. Denn müssen wir den Weg der Klage betreten, so haben wir voraussichtlich nach dem gerichtlichen Geschäftsgange in diesem Jahre auf keine Zahlung zu hoffen.
Auch wird es uns nicht möglich die Kosten zu bestreiten und die Versäumnisse dabei zu erdulden, da es einem fleißigen Bergmann nicht wohl gestattet ist, täglich nach dem Gerichtshause zu schreiten. Auch würden wir verpflichtet sein diese Operation für den Lohn pro Juni und so ferner jedesmal zu wiederholen.
Hochlöbliches Oberbergamt wird hoffentlich unsere große Bedrängniß einsehen und wenden uns dieserhalb vertrauensvoll mit der Bitte an dasselbe:
Hochgefälligst sobald als möglich uns beizustehen und doch Veranlassung zu nehmen, die Grubenverwaltung der Zeche Neu-Iserlohn zu veranlassen und bei der selben hinzuwirken, daß wir unsern Lohn pro Mai in der Güte erhalten.
Wir sind der Ansicht, daß Hochlöbliches Oberbergamt, welches immer für das Wohl der Bergleute bestrebt gewesen ist, auch jetzt für uns hinwirken wird, daß wir bald in den Besitz unserer Löhnung gelangen. Auf diese Weise glauben wir den Proceßweg zu vermeiden und hoffen, daß die Grubenverwaltung durch ein directes Vorgehen des Oberbergamts sich gewiß bereit zeigen wird[22].

22 In seinem Antwortschreiben an den Bergmann *Trottmann* (Randentwurf an der Beschwerdeschrift) v. 16. 7. 66 hob das OBA hervor, die Bergleute hätten ihre „Forderung im Wege des

In der sicheren Erfüllung unserer Bitte zeichnen wir mit einem herzlichen Glück-Auf! Die Bergleute. [Unterschrift:] Heinrich Trottmann [und 15 weitere Bergleute]

16. Anonyme Beschwerde der Bergleute von Schacht Gustav in Essen wegen überlanger Arbeitszeit 1867

Essen, den 1. Februar 1867
OBA 229 Bl. 137

Hochwohlgebohrne Herren!
Hochgeehrteste Herren unserer Obrigkeit!
Wenn wir arme Bergleute Euch Geehrteste Herren bitten dürften uns beizustehen in unserer großen Bedrängniß so würden wir es Ihnen mit großen Dank erweisen den Geehrteste Herren es ist nicht mehr zum aushalten es steht zwar in unseren Statut und in unserer Arbeits Ordnung 8 Stündige Schichten aber es wird Tag zu Tag schlimmer wir müssen jetzt schon arbeiten von des Mittags $1/4$ vor 1 Uhr bis des Abends 10 Uhr ehe die Zeilfahr[23] beginnt es ist nicht möchlich eine solche Zeit in der Grube auszuhalten wir müssen alle Erkranken. am schlimmsten ist es auf den Zechen Schacht Mathias und Gustav. Wir ersuchen Sie darum uns zu Hülfe zu kommen oder wir müssen uns an das Ministerium wenden und wenn es den noch nicht hilft so müssen wir Gewalt an den Tag bringen den so geht es nicht länger mehr.
gezeichnet sämtliche Bergleute der beiden Schächten
Vitoria Mathias und Gustav. Glück auf[24].

17. Beschwerde gegen eine Knappschaftsältestenwahl 1869

Essen, den 3. Januar 1869
OBA 1639

Ew. Wohlgeboren den Revierbeamten Bergmeister Herrn Schrader Essen!
Es hat wie Ew. Wohlgeboren bekannt eine Wahl um Knappschafts-Älteste zu wählen stattgefunden, und sollen demnach die nach gewisser Form, nicht Statut gemäß gewählten Ältesten seit dem 1ten Januar 1869 in Fungtion stehen resp. Dienste eingetreten sein.
Es hat überhaupt bei dieser Wahl eine besondere Willkühr im wählen stattgefunden es darf diese also in keiner Hinsicht statt gegeben werden und ist auf Grund dessen eine Neuwahl nach gehöriger Instruktion anzuberaumen und nach unseren bestehenden Statut pro 1857 da uns ein neueres noch unbekannt, in Ausführung bringen zu wollen.

Prozesses gegen den Repräsentanten geltend zu machen", „da eine Mitwirkung der Bergbehörden bei Auslohnung der Bergleute u. s. w. aufgehört hat"; bei genügender Veranlassung könne im übrigen die Arbeit fristlos verlassen werden.
23 „Seilfahrt".
24 Die Beschwerde ging ad acta, weil sie „anonym und das Oberbergamt überhaupt auch nach den bestehenden Gesetzen nicht in der Lage ist, hier Abhülfe zu schaffen"; Randverfügung des OBA ebd. 4. 2. 67. — Zum Zusammenhang mit der Petitions- und Streikbewegung 1867/68, s. o. S. 449.

Da wir die Unterzeichneten im Auftrage einer Anzahl Knappschaftsmitglieder die als vollzogen verschiedenerseits betrachtete Wahl nicht anerkennen wollen noch können, zu einer Neuwahl von Knappschafts-Ältesten zu wählen unseren Antrag an eine Königliche Bergwerks-Behörde den Antrag zu stellen, und zwar zunächst an Ew. Wohlgeboren, mit dem ersuchen:

daß Sie entweter in kurzer Frist diese Wahl vorzunehmen verfügen oder uns Umgehenden Aufschluß zu erteilen, ob Sie verfügen oder diese ablehnen.

In erwartung der Berücksichtigung unseres Gesuch's und Umgehenden Verfügung der Neuwahl von Knappschafts-Ältesten zeichnet mit Submission als Ew. Wohlgeborner [gez.] C. Winkel [und zwei weitere Unterschriften][25].

18. Bitte von 220 Bergleuten um Arbeit an das Handelsministerium 1877

Buer und Horst, im Februar 1877
RM 719 Abschr.

Wir unterzeichneten Bergleute und Tagelöhner wagen es, Ew. Excellenz die Bitte um Arbeit und mäßigen Verdienst, wodurch wir und unsere Familie vor Hunger geschützt werden, ganz gehors. vorzutragen.

Wir haben sei vielen Jahren auf der in der Gemeinde Horst, Amts Buer gelegenen Zeche Nordstern als Bergleute und Tagelöhner gearbeitet und dort einen auskömmlichen Verdienst gefunden.

Im Jahre 1876 wurden die Löhne auf der Zeche allmählig herabgesetzt; seit dem 1. Januar [1877] wurde außerdem an vielen Tagen des Monats nicht gearbeitet. Hierdurch wurde unser Verdienst sehr gering, aber wir murrten nicht, weil wir wußten, daß die Kohlenindustrie sich in sehr gedrückter Lage befand.

Am 1. Februar wurde vom Grubenvorstande der ganzen Belegschaft pro 15. Februar die Arbeit gekündigt. Um den uns drohenden harten Schlag der Entlassung abzuwehren, verpflichteten wir uns der Gewerkschaft gegenüber, noch 30 Prozent billiger zu Arbeiten, als bisher.

Unser Anerbieten war vergebens; am 15. Februar wurde der Betrieb der Zeche eingestellt und die ganze Belegschaft entlassen. Mehr als 550 Arbeiter kamen dadurch außer Beschäftigung. Unser Lohn, den wir in den letzten 2 Monaten verdient hatten, wurde uns bei der Entlassung nicht ausgezahlt und wir warten auch bis heute vergebens auf Zahlung. Wahrscheinlich wird in den nächsten Tagen der Konkurs über die Zeche Nordstern eröffnet und es läßt sich dann gar nicht absehen, bis wann wir in den Besitz unsers so schwer verdienten Geldes gelangen werden. — Wir haben uns in der ganzen Umgegend vergebens nach Arbeit umgesehen. Auf allen umliegenden Kohlenzechen werden nicht allein keine Arbeiter angenommen, sondern noch täglich Arbeiter entlassen; auf allen Fabriken wird die Produktion und die Arbeitskraft eingeschränkt, große Güter und Forste, wo wir bei ländlichen und Forst-Arbeiten uns beschäftigen könnten, sind in der hiesigen Gegend nicht; die Gemeindebehörden können uns auch keine Beschäftigung geben, weil weder Wege noch sonstige öffentliche Bauten auszuführen sind. —

---

25 Randvermerk: *C. Winkel* wohnt Essen. Hoffwegstraße. — Da nach der Statutennovellierung von 1867 der Knappschaftsvorstand nichtgewählte Älteste dann ernennen konnte, wenn er die gewählten Personen für unqualifiziert hielt, blieb die Eingabe erfolglos.

Wir stehen also vollständig rathlos da, und müssen mit unseren Familien Hunger leiden, wenn der Staat uns keine Arbeit giebt.

Das Projekt der Westfälischen Emscherthal-Eisenbahn von Dortmund nach Sterkrade auf der ganzen Strecke von Sutum — Station 65 — bis Sterkrade ist festgestellt; der Planfeststellungsbescheid der Königl. Regierung zu Münster für die Gemeinden Horst und Gladbeck unterm 19. Dezember 1876 schon erlassen. Über den Grunderwerb ist zwar unsers Wissens noch nicht verhandelt. Da aber nach dem Gesetz über die Enteignung des Grundeigenthums die Staatsbehörden berechtigt sind, in dringenden Fällen die sofortige Abtretung des Grundes zu fordern, so können die Grunderwerbsverhandlungen mit Hülfe dieses Gesetzes sehr bald durchgeführt werden. — Die Westf. Emscherthalbahn durchschneidet auf der ganzen Strecke von Sutum bis Sterkrade gerade die Gegend, wo der größte Arbeitsmangel herrscht.

Durch den beschleunigten Ausbau derselben würde uns allen aus der Noth geholfen werden. —

Ew. Excellenz bitten wir daher ganz gehors., die sofortige Inangriffnahme des Baues auf der von uns bezeichneten Strecke hochgefälligst verfügen zu wollen.

Jeder Tag, um welchen der Anfang des Baues sich verzögert, vergrößert unsere Noth und schlägt dem Nationalwohlstand neue Wunden.

Ew. Excellenz bitten wir daher nochmals ehrfurchtsvoll, die Angelegenheit nach Möglichkeit zu beschleunigen.

[220 Unterschriften][26]

19. Eingabe des Gelsenkirchener Christlichen Arbeitervereins an den Bochumer Reichstagsabgeordneten *Freiherrn von Schorlemer-Alst* 1882

Gelsenkirchen, den 17. März 1882
LRB VIII 475 Abschr.

An den Herrn Abgeordneten Freiherr von Schorlemer-Alst
Hochwohlgeboren in Berlin

Ew. Hochwohlgeboren erlaube ich mir folgendes aus dem Kohlenrevier ganz ergebenst zu unterbreiten[27]:

Auf die Reden der H[erren] Abgeordneten Dr. Hammacher und Dr. S[ch]ultz ist zu erwidern und zwar von einem Bergarbeiter selbst:

1. Daß die Bergleute sich größtentheils freiwillig selbst erboten haben zu Überschichtarbeiten; dieses ist eine nicht zu Behauptende Aussage, vielmehr ist es Zwang, der von Seiten der Gruben-Beamten ausgeübt wird auf die Arbeiter, welches von Seiten der Bergleute hier in Gelsenkirchen und Umgegend zur Genüge bewiesen wird, sobald sich der eine oder andere *unparteiische* Mann hier an Ort u[nd] Stelle bei den Bergleuten Erkundigungen einzieht. — Denn es ist hier schon oft vorgekommen, daß, wenn ein Bergmann nicht länger als seine gewöhnliche Schicht verfahren will, u[nd] dann aus der Grube ausgefahren ist, ohne die Erlaubniß des Grubenbeamten eingeholt zu haben, daß sodann der betreffende Bergmann mit Geldstrafen belegt, und sehr oft so

---

26 Vermerk in der Abschrift. Die Akte enthält keine weiteren Zeugnisse über den Vorgang.

27 Als Eingabe, um den Abgeordneten mit Material zur Lage der Bergleute zu versehen, beschlossen von einer Versammlung des Arbeitervereins.

hoch, welches seinen in der gewöhnlichen Schicht verdienten Lohn überstieg. Davon sind hier ebenfalls Zeugen vorhanden.

2. Das die Überschichten durch Zwang gemacht werden, geht aus den Äußerungen des H[errn] Dr. Hammacher selbst hervor, daß sich die Bergverwaltungen strickte an der Bergpolizeilichen Vorschriften halten müßten, wegen der Seilfahrt, wonach nicht zu gleicher Zeit an demselben Seile Mineralien [und] Menschen gefördert werden dürften. Nun giebt es aber verschiedene Zechen hier, die wie z. B. Zeche Hibernia hier 2 Schächte zur Förderung besitzt, aber in keinem von den beiden Förderschachten irgendwelche Vorrichtung hat, daß, wenn einmal, was auch nicht zu den Unmöglichkeiten gehört, die Seilförderung in beiden Schächten carrampulierte, daß dann die Leute noch die Fahrten zum Auffahren benutzen könnten, da eben meines Wissens von der 4ten Sohle bis zu Tage gar keine Fahrten sind, wo nun herauskommen? Dieser Fall ist auch auf der Zeche Consolidation Schacht I vorhanden, und sind jedenfalls auch noch andere Zechen, wo dieser Übelstand herrscht, ohne daß bis jetzt Abhülfe geschaffen ist.

3. Wird den Westfälischen Bergleuten der Vorwurf gemacht, daß dieselben eine gewisse Gewandtheit erlängt hätten im Packen von Wagen[28], daß dieselben voll aussehen und doch nicht voll seien bei der zu Tage Förderung. Es ist dieses eine directe Beschuldigung des Betruges, den die Bergleute an den Arbeitgeber verüben sollen, welches aber entschieden von allen Bergleuten zurück gewiesen wird, denn bei nicht vollen Wagen erhält der Bergmann den halben Wagen ja nach Angabe der H[erren] Dr. Hammacher und Schultz nur bezahlt, bei nicht rein gelieferten Wagen Kohlen bekommt derselbe gar nichts für den Wagen und wird, sobald dasselbe sich in der Woche einigemale wiederholt noch mit Geldstrafen belegt. Auf diese Weise haben doch die Arbeitgeber keinen Schaden, denn dieselben erhalten das also für unrein geförderte Material gratis, u[nd] die Strafgelder noch dazu. Was sodann das Nullen oder Streichen für unrein erklärte Kohlen anbetrifft, so geschieht dasselbe sehr oft mit Willkür, denn es sind zum Streichen keine Arbeiter im richtigen Sinne des Wortes bestimmt, sondern es sind im vollsten Sinne Beamten, welche abhängig von den Zechen sind und in sehr vielen Fällen gar nicht einmal als Kohlenhauer gearbeitet haben, also auch von dem Kohlenhauen persönlich nichts verstehen, und doch müssen dieselben das Kohlenstreichen beaufsichtigen und vollführen. Was übrigens die Äußerung des Herrn Dr. Schultz betrifft, daß zu dem Streichen oder Nullen der Wagen von den Kameradschaften der Zeche so und so viel Kameraden von einer Belegschaft angestellt werden müßten, wird hier seitens der Bergleute als ein schöner Blödsinn betrachtet. Denn es wäre sehr wohl auszuführen und würde auch von den Bergleuten acceptirt, daß auf jeder Zeche neben den Controleuren der Gewerkschaft auch ein Controleur der Arbeiter existirte und zwar ein solcher, der das Vertrauen seiner Kameraden voll und ganz genießt.

4. Auf die Äußerung des Herrn Dr. Hammacher, die westfälischen und rheinischen Bergleute seien so furchtsam nicht wie es geschildert würde erwiedern die Bergleute, daß dieses nur ein *Hohn* u[nd] *Spott* gegenüber dem Arbeiter gewesen sein kann, denn es sind ja auf allen Zechen ohne Ausnahme Fälle genug vorgekommen, daß, wenn ein Bergmann nicht in allen Theilen gehorcht, derselbe bestraft und entlassen wird. Wenn nur die Herrn sich persönlich um die Sache bekümmern wollten, so würden dieselben Dinge erfahren, die Sie selbst für unmöglich halten. Jedoch liegt es nicht im Interesse der Herrn, sich darüber Klarheit zu verschaffen, sonst müßte ja in den meisten Fällen Ab-

---

28 Auf diese Bemerkung *Hammachers* hin hatte der Zentrumsabgeordnete *Schröder* im Preuß. Abgeordnetenhaus erklärt, die Bergleute müßten „Baumeister werden, namentlich für Gewölbebau". Glückauf 20/11. 3. 82.

hülfe geschehen. Daß ein Druck auf die Bergleute aus geübt wird, ist an folgendem Beispiel zu konstatiren. Es betheiligten sich die Bergleute *Heinrich Golle, Anton Doll*[29] und Schreiber dieses an der Bildung eines christlichen Arbeiter-Vereins. Golle und Doll wurde von Seiten der Gruben-Verwaltung der Zeche Hibernia die Alternative gestellt, aus dem Verein auszutreten oder die Arbeit zu verlassen. Golle z. B. hat bereits 20 Jahre auf der Zeche Hibernia gearbeitet. Wenn das nun kein Druck auf die Arbeiter sein soll, so möchte ich wünschen, daß ich und alle Arbeiter hier eines besseren belehrt würden, desartige Fälle sind noch mehrere anzuführen.

5. Daß die Grubenwagen nach Äußerung des H[errn] Dr. Schultz blos 10 Scheffel enthalten sollen, ist bei den Gruben von Gelsenkirchen und Umgegend nicht der Fall. Auf den Zechen Hibernia, Wilhelmine-Victoria bei Heßler, Consolidation III Schächte in Schalke, Graf Bismarck bei Schalke und Ewald bei Herden sind verschiedene Sorten Wagen eingeführt, aber ohne das bestimmte Maaß anzugeben, denn von einer Eichung der Wagen wie in früheren Jahren, ist keine Rede mehr. Sollten diese Wagen einmal der Controle unterzogen werden, so würde es sich herausstellen, daß die Mehrzahl der Wagen über 12 Scheffel faßten, der Bergmann erhält jedoch an Lohn nicht mehr als für 10 Scheffel-Wagen, es ist alles ein Preis.

Der Füllkohlen-Procentsatz versteigt sich auf 10 Procent per 10 Scheffel, aber auf keiner Zeche unter 3 Procent. Wenn Herr Dr. Hammacher dann so gern die Grube erfahren will, wo die 10 Procent abgezogen werden, es ist Zeche Graf Bismarck. Zuletzt muß ich Ihnen hochverehrter Herr von Schorlemer noch einige Punkte mittheilen wie weit sich die Grubenbeamten versteigen. Es trafen im Laufe dieses Winters Verhältnisse ein, daß Kameradschaften auf Zeche Hibernia (im Revier des Steigers Dreickhaus) am Lohntage am verdienten Lohn zwischen 16 und 32 Mark zu wenig erhielten. Auf Nachfrage der Bergleute wo der nicht ausgezahlte verdiente Lohn sei, erhielten sie von obigem Reviersteiger die Antwort, das Geld hat Schorlemer-Alst. Zeugen dieses sind die Bergleute Heinrich Dakum und Anton Zöllner, beide hier, welche dieses auch eidlich erhärten werden.

Die Äußerungen, daß, wenn der Arbeiter mehr Gedinge haben will, wendet Euch an Schorlemer-Alst ist hier Tagesordnung bei den Grubenarbeiter

Es zeichnet mit der größten Hochachtung Ew. Hochwohlgeboren gehorsamst ergebener gez. Wilhelm Fröhli[n]g
Kampstraße Nr. 7

20. Eingabe von *Caspar Säcker* im Auftrage von Bergleuten des Märkischen Knappschaftsvereins in Knappschaftsangelegenheiten 1886

Bochum, im September 1886
OBA 1640 Abschr.; vgl. Glückauf 3/12. 1. 1887

Eure Excellenz!
Hochgebietender Herr Staatsminister!
Die gehorsamst unterzeichneten Mitglieder des „Märkischen Knappschaftsvereins" erlauben sich Ew. Excellenz folgende Bitten, Beschwerden und Vorstellungen unterthänigst zu unterbreiten.

---

29 *Doll* war nach Ausstoßung *Fröhlings* die führende Kraft im Gelsenkirchener Christlichen Arbeiterverein; vgl. o. S. 537.

Schon seit Ende der siebenziger Jahre, wo die unheilvollen Folgen einer wüsten Über-speculation auch beim Bergbau immer mehr hervortraten, verfolgt der Vorstand des „Märkischen Knappschaftsvereins" mit eiserner Konsequenz das Ziel, die Mitglieder in ihren wohlerworbenen Rechten zu verkürzen, sei es nun, um eine directe Entlastung der Arbeitgeber herbeizuführen, oder doch eine höhere Belastung derselben nach Möglichkeit hintanzuhalten. Wir geben zu, daß die prekäre Lage des Bergbaues es rechtfertigt, wenn die Arbeitgeber nach Möglichkeit das Gleichgewicht zwischen Einnahmen und Ausgaben herzustellen suchen.

Dies kann aber mit Erfolg nur durch weise Selbstbeschränkung in der Production, durch gemeinsame Bekämpfung der Schmutz und Schleuderconcurrenz und durch maßvolle Inanspruchnahme der Beihülfe geschehen, welche die Königliche Staatsregierung und vor allem Ew. Excellenz der rheinisch-westfälischen Industrie zu gewähren bisher bestrebt gewesen sind.

Das vielfach in Übung stehende System, durch Verminderung unseres kargen Lohnes und durch Beschränkung der Leistungen an unsere Invaliden, an unsere Wittwen und Waisen die Ruhrkohle auf dem Weltmarkte concurrenzfähig zu erhalten, scheint uns denn doch auf durchaus falschen wirthschaftlichen und socialen Principien zu beruhen.

Eine Concurrenzfähigkeit, welche die Verschleuderung des Nationalvermögens und die allmälige Verelendung einer zahlreichen und ehrenhaften Arbeiterklasse zur Vorausset-zung hat, kann unserem Vaterlande wahrlich nicht zur Ehre, unserer Industrie nicht zum Segen gereichen.

Ew. Excellenz wissen, daß das erste und umfangreichste Attentat gegen unsere wohl-erworbenen Rechte durch das mit dem 1. Januar 1880 in Kraft getretene Nachtragsstatut verübt worden ist. Es ist Ihnen bekannt, daß zahlreiche Prozesse, welche in letzter In-stanz fast alle zu unseren Gunsten entschieden worden sind, die Folge dieser willkür-lichen Rechtsverletzung waren und daß der Knappschaftsverein sehr große Summen — unser eigenes Geld — für Prozesse verausgabt hat, welche darauf abzielten, uns in unseren Rechten zu verkürzen. Noch jetzt sind zahlreiche Prozesse in der Schwebe und neue werden fortwährend noch anhängig gemacht, welche wahrscheinlich gleichfalls ver-loren gehen und dem Knappschaftsvermögen neue Verluste zufügen werden.

Wir hatten bisher gehofft, daß die durch die neue sociale Gesetzgebung dringend gebo-tene Reform des Knappschaftskassenwesens die Arbeitgeber veranlassen werde, den Bergleuten im Rahmen des Knappschaftsvereins diejenigen Verbesserungen ihrer Lage zu gewähren, welche nach den humanen Intentionen der verbündeten Regierungen, sämmtlichen Arbeitern zu Gute kommen sollten, denn nur unter dieser Voraussetzung konnten wir Bergleute ein Interesse an der Aufrechterhaltung der Sonderstellung des Knappschaftsvereins nehmen. Diese Erwartung hat sich nicht erfüllt. Das mit dem 1. Januar in Kraft getretene Nachtragsstatut gewährt uns keinerlei Vortheile, sondern schädigt sogar durch das Achtlohnklassensystem die älteren Bergleute in ihren wohler-worbenen Rechten und bringt uns allen durch die sehr bedeutende Erhöhung der Gefälle statt der gehofften Entlastung eine durch keinen sichtbaren Umstand gerechtfertigte Mehr-belastung. Die arbeiterfreundliche Gesinnung der verbündeten Regierungen, von welcher die neue sociale Gesetzgebung getragen wird, hat sich bei uns in das Gegentheil verkehrt. Unsere Lage hat sich verschlechtert, statt verbessert.

Ew. Excellenz werden uns darauf hinweisen, daß die Maßregeln, über welche wir uns beklagen, unter Zustimmung der von uns „gewählten" Vertreter, der Knappschaftsälte-sten zu Stande gekommen seien, und daß wir daher kein Recht hätten, uns zu beklagen. Das ist ja leider formell richtig; allein es ist Ew. Excellenz auch bekannt, wie wenig der bisherige Wahlmodus geeignet gewesen ist, selbständige furchtlose und einsichtige Vertreter der Arbeiter aus der Urne hervorgehen lassen.

Wir glauben nicht zu viel zu sagen, wenn wir behaupten, daß unsere derzeitige Vertretung lediglich ein Scheinvertretung ist, welche uns mehr schadet als nützt und nichts weniger als im Stande ist, unsere Interessen mit Eifer und Umsicht wahrzunehmen. Wir hatten erwartet, daß der Knappschaftsvorstand der dringenden Mahnung Ew. Excellenz folgen und durch die Zubilligung der freien, directen und geheimen Wahl der Knappschaftsältesten uns Bergleute in den Stand setzen würde, wirklich einmal eine Vertretung nach unserem Sinne zu wählen. Wir hatten dies um so mehr erwartet, als es doch auch im Interesse der Arbeitgeber liegt, die nothwendigen Reformen so zu gestalten, daß die Mehrzahl der Vereinsmitglieder mit denselben einverstanden ist, und das stark erschütterte Vertrauen zu der Vereinsleitung allmälig wiederkehrt. Der Knappschaftsvorstand hat nichts von alle dem gethan, sondern unter Ignorirung unserer sämmtlichen schon seit Jahren vorgetragenen Wünsche, die ihm blindlings ergebene, weil von ihm abhängige Majorität der Knappschaftsältesten dazu benutzt, um Statutenänderungen durchzusetzen, von denen er im Voraus wußte, daß sie das größte Mißfallen bei sämmtlichen Mitgliedern erregen würden.

Gegen das Vorgehen unserer gesammten Vertretung erheben wir bei Ew. Excellenz lauten Protest und bekunden durch unsere Unterschriften, daß wir mit dem Vorgehen des Knappschaftsvorstandes keineswegs einverstanden, nichts dringender wünschen, als daß Ew. Excellenz die Initiative dazu ergreifen, daß die durchaus unhaltbaren Zustände im Märkischen Knappschaftsvereine auf gesetzlichem Wege neu geregelt werden. Von der jetzigen Leitung des Knappschaftsvorstandes, die durch ihre Proceßkrämerei unser Vertrauen verscherzt hat, erwarten wir gar nichts, von dem Wohlwollen der Königlichen Staatsregierung und der hohen Einsicht Ew. Excellenz alles.

Wir glauben noch hinzufügen zu sollen, daß wir auf die Aufrechterhaltung der Ausnahmestellung des Knappschaftsvereins nicht das geringste Gewicht legen und gar nichts dagegen hätten, wenn schon jetzt unter Aufhebung des Zwangsbeitritts zur Krankenkasse des Märkischen Knappschaftsvereins, für die einzelnen Reviere Krankenkassen mit obligatorischem Beitritt, nach Maßgabe des Arbeiterkrankenkassengesetzes errichtet würden. Die Knappschaftskasse könnte dann einstweilen als Altersversorgungs- und Wittwen- und Waisenkasse weiter bestehen, bis auch auf diesem Gebiete die Reichsgesetzgebung reine Bahn geschaffen und für die gleiche Vertheilung von Sonne und Wind gesorgt hat.

In der Anlage erlauben wir uns, jenen Theil unserer Wünsche und Forderungen, deren Befriedigung uns besonders am Herzen liegt, specialisirt zu überreichen und verbleiben, in Erwartung eines wohlwollenden Bescheides

Ew. Excellenz treu gehorsame Knappen
I. A. gez. Caspar Säcker, Bochum
Castroperstr.

[Anlage]
Ew. Excellenz!

beehren wir uns nachstehende Wünsche zu unterbreiten:

Wenn hiermit dieselben noch nicht erschöpft sind, so geben wir doch der Hoffnung Raum, durch eine umsichtigere Vertretung eine allmälige Verbesserung der ganzen Zustände herbeizuführen.

1. freie geheime und direkte Wahl der Knappschaftsältesten auf die Amtsdauer von drei Jahren durch die Mitglieder der I, II und III Klasse. Den Mitgliedern der letzteren

Klasse ist jedoch nur dann ein Wahlrecht einzuräumen, wenn sie mindestens zwei Jahre Bergarbeit verrichtet haben. Vermehrte Aufstellung der Knappschafts-Ältesten sodaß auf mindestens 5—600 Mitglieder ein Ältester entfällt. Der Termin der Wahl ist 4 Wochen vorher öffentlich bekannt zu machen.

2. Abänderung des § 180 des allgemeinen Berggesetzes, so zwar, daß die Werksbesitzer zukünftig nur im Verhältniß zu den von ihnen gezahlten Beiträgen im Knappschafts-vorstande vertreten und stimmberechtigt sind.

3. Bei Statuten-Abänderungen den Herren Ältesten mindestens 4 Wochen vor der General-Versammlung die motivirte Tages-Ordnung zuzustellen.

4. Bei Krankheitsfällen den Mitgliedern die freie Wahl der Ärzte zu verstatten.

5. Festsetzung des Krankengeldes nach dem bisherigen Dreiklassen-System oder aber Zahlung der Krankenkassengefälle nach dem Achtlohnklassensystem, oder schließlich Trennung der Kranken- von der Pensionskasse und Etablirung von Revierkrankenkassen auf Grund des Kranken-Versicherungsgesetzes.

6. Aufhören des freien und diskretionären Ermessens des Knappschaftsvorstandes bei der Invalidität.

7. Berücksichtigung qualificierter Berginvaliden bei Besetzung von Knappschaftskassen-Verwaltungsstellen.

III. Streikbewegungen und gewerkschaftliche Organisationsansätze

1. Streiks im Ruhrbergbau vor 1889

Der nachfolgende Versuch einer Zusammenstellung der bekanntgewordenen bergmännischen Ausstände im Ruhrgebiet kann nur bedingt den Anspruch auf Vollständigkeit erheben; immerhin umfaßt er etliche Streikaktionen, über die bisher keine Informationen vorlagen. Jeder Blick in das überlieferte archivalische, publizistische oder sonst gedruckte Quellenmaterial bestätigt indessen die Erfahrung, daß die Quellen sich nur bedingt ergänzen, Lücken lassen und Fehler enthalten, so weit es um die Berichterstattung über Streiks geht — auch wenn ihnen die behördliche Aufmerksamkeit in besonderem Maß gegolten hat (vgl. etwa die überlappend durch OPM 824—826 und OBA 1778 belegten Jahre; ferner das Gutachten der Regierung Arnsberg zum Koalitionsrecht in RA 558 Bl. 8—33, 20. 6. 1865).

Gegenüber der Streiktabelle von W. *Steglich* für die Jahre 1864 bis 1880 (Jahrbuch für Wirtschaftsgeschichte 1960/II, S. 235 ff.), aber auch gegenüber der sehr viel detaillierteren Streikstatistik von H.-J. *Bochinski* (Die dt. Arbeiterbewegung 1875—1878, Diss. 1958, S. 128—142) verzeichnet die folgende Tabelle zahlreiche Ergänzungen. *Steglichs* oft schlecht datierte, mit unbefriedigenden Informationen angefüllte Angaben sind im übrigen, wenn sie nicht verifiziert werden konnten, fortgelassen. Streikwellen wurden, wo sie als solche erkennbar sind, zusammengefaßt. Die Rubriken bedeuten:

(1) Lfd. Nummer
(2) Streikdauer (erster und letzter Streiktag) und Datum
(3) Schachtanlage und Ort
(4) Teilnehmerzahl
(5) Ursachen; Streikziele und Erfolg in Stichworten
(6) Quellen

(1)	(2)	(3)	(4)	(5)	(6)
1	(wenige Tage)	Mai 1838 Zeche Gewalt b. Essen	7	Lohnerhöhung. Erfolglos.	OBA 1784
2	(wenige Tage)	Sept. 1850 Zeche Franziska Tfb. b. Witten	7	Schichtzeitverlängerung. Erfolglos.	OBA 1385 Geneke, S. 8 f.
3	1 Tag	22.11.1853 Freie Vogel & Unverhofft bei Dortmund	Teil der Belegschaft	Gezählieferung durch die Zeche. Teilerfolg.	Protokollbuch der Zeche, Sitzung v. 6.12.53/9.1.54; Wirtschaftsarchiv Dortmund
4	(wenige Tage)	1857 Ver. Hamburg, Dortmund		Arbeitsniederlegung wegen des Gerüchts einer bergamtlichen Lohnerhöhung. Erfolglos.	RA I 558 Bl. 8–33
5	1 Tag	Mai 1858 Urbanus b. Bochum		Solidarität für Bergleute, die wegen der Statutenverweigerung entlassen wurden. Erfolglos.	RA I 557
6	1 Tag (jeweils)	9.2.1859 Sälzer & Neuack 14.2.1859 Carolus Magnus 14.2.1859 Helene Amalie 15.2.1859 Graf Beust 15.2.1859 Königin Elisabeth alle bei Essen	jeweils gesamte Belegschaft	Gedingeherabsetzung. Geringe Teilerfolge nach Interventionen der Revierbeamten. Zusammenhang mit Verweigerungskampagne gegen die Knappschaftsstatuten. Schichtzeitverlängerung.	BAEW 107
7	?	Aug./Sept. 1860 Margaretha b. Dortmund	Teil d. Blgsch.		Adelmann I Nr. 89
8	mehrere Tage	Jan. 1861 Zollverein b. Essen	49	Streichung der Brandkohlen. Erfolglos. Bestrafungen durch ordentliche Gerichte.	OBA 1775
9	mehrere Wochen	Jan./Febr. 1861 Heinrich Westl. Feld, südl. Essen	Teil der Belegschaft	Streichung der Brandkohlen. Erfolglos.	OBA 1775
10	?	Mai 1861 Shamrock, Herne	Teil der Belegschaft	Ursache und Erfolg nicht ersichtlich.	Sieburg, Herne, S. 112 f.
11	?	1864 Alstaden b. Mülheim	Teil der Belegschaft	Solidarität mit einem beliebten Grubenbeamten, der entlassen war. Entlassungen, Bestrafungen durch ord. Gerichte.	Geneke, S. 12; Imbusch, Arbeitsverhältnis, S. 233

629

(1)	(2)	(3)	(4)	(5)	(6)
12	7 Tage	18.–24. 9. 1868 Victoria Mathias, Gustav Essen	1500	Gedingherabsetzung, Arbeitszeitverlängerungen. Erfolg nach Vermittlung durch ein Bürgerkomitee. Strafverfahren gegen Streikführer.	OPK 177 Bd. 2 S. 103 ff.; LRE 74; RD 303; *Steglich* Nr. 86; *Möllers,* Diss. S. 135 ff.
13	ca. 3 Wochen 2 Wochen	28. 1. bis Mitte Febr. 1869 Alstaden, 21. 1. bis 8. 2. 1869 Roland bei Mülheim	ganze Belegschaften	Lohnkürzungen und Arbeitszeitverlängerungen. Anscheinend erfolglos.	RD 302; *Mogs,* Oberhausen, S. 79 bis 81; *Forster,* Oberhausen, S. 38 f.; *Steglich* Nr. 93
14	1 Tag	25. 5. 1869 Consolidation b. Gelsenkirchen	ganze Belegschaft	Arbeitszeit und Gedinge; anscheinend erfolglos. Strafverfahren gegen Beteiligte; Ausschreitungen.	LRB VIII 30; RA I Pr 75; *Steglich* Nr. 128
15	?	4. 6. 1869 Hansa b. Dortmund			*Mämpel* II S. 68
16	über 4 Wochen	Juni/Juli 1872 Zechen im Raum Essen–Mülheim–Oberhausen, außer Heisingen außerhalb Essens: 17. 6.–28. 7. Eintracht (Königssteele) 17. 6.–28. 7. Neu-Iserlohn (Stockum) 20. 6.–23. 6. Hibernia 25. 6.–? Altendorf 26. 6.–? Rheinelbe u. Alma 27. 6.–? Prosper (Bottrop) 18. 6.–28. 7. Tremonia (Dortmund) 25. 6.–30. 6. Westfalia (Dortmund) 26. 6.–30. 6. Wilhelmine Viktoria Ende Juni	(in 2. Woche) ca. 21 000	Insges. 25 % Lohnerhöhung, achtstündige Schicht einschl. Ein- u. Ausfahrt, Abschaffung des Beiladens, Abgabe von Brandkohlen. Regionales Streikkomitee mit anschließendem Versuch zur Verbandsgründung. Ausbreitungsversuch nach Dortmund und Bochum bleibt auf wenige Anlagen beschränkt. Auf den Gruben außerhalb Essens werden größtenteils die „Essener Forderungen" vorgebracht. Vollständige Niederlage. Geringfügige Zugeständnisse nur auf Gruben außerhalb Essens.	Bes. OPM 824; RA B 59; LRE 74; StaD 15/Hö n 11/1; *Hue* II S. 304 bis 313; *Imbusch,* Arbeitsverhältnis, S. 236 ff.; *Koch,* Bergarbeiterbewegung, S. 27–30; *E. Schmidt,* Erster Massenstreik, 1972
17	4 Tage	10.–13. 11. 1873 Carolus Magnus	225		RD 30433

(1)	(2)	(3)	(4)	(5)	(6)
18	Anfang Mai	1875 Germania, Wittwe, Louise Erbstollen Dortmund	?	Abwehr gegen Lohnreduktionen; Bummelstreik. Erfolglos.	OBA 1758
19	Anfang April	bis 13. 4. 1876 Heinrich Gustav, Bochum	485	Abwehr gegen Lohnkürzungen. Erfolglos.	OBA 1778; OPM 824; LRB 51 Bd. 4
20	ca. 11 Wochen	11. 4.–21. 6. 1876 Borussia b. Dortmund	588	Arbeitsordnung mit Schichtzeitverlängerung um 1 Stunde. Führung durch Dortmunder Sozialdemokraten. Erfolglos.	OBA 1778; OPM 824; *Mämpel* II S. 131 f.
	1 Tag	17. 5. 1876 Bruchstraße b. Witten		Sympathiestreik für Borussia; gegen Kohlenlieferungen an die bestreikte Zeche.	OBA 1778
21	4 Tage	10.–13. 6. 1876 Shamrock b. Herne	341	Einseitige Verlängerung der Schichtzeit.	OPM 824; RA I 1; OBA 1778
22	ca. 2 Wochen	2.–14. 10. 1876 Mont-Cenis b. Recklinghausen		Gedingekürzung; 147 Kohlenhauer verlangen darauf die Abkehr.	OBA 1778
23	bis zu 6 Wochen	Ende März 1877 Germania b. Dortmund; ebd.: Ende April bis Anfang Juni Tremonia Ende April b. 4. 6. Westfalia 1.–8. 5. Glückauf Erbst. 8.-9. 5, 19. 5.–5. 6. Louise Erbst. 28. 5.–11. 7. Margaretha 28. 5.– 4. 6. Schürbank u. Charlottenburg 1. 6. Bickefeld	insgesamt ca. 3500	Einführung einer neuen Arbeitsordnung: Massenkündigung auf Germania; auf den weiteren Gruben Abwehrstreik gegen die Arbeitsordnung; auf Glückauf Erbstollen u. Louise Erbstollen Angriffsstreik um Lohnerhöhung und Arbeitszeitverkürzung. Niederlage auf allen Gruben.	OBA 1778; LRD 671; *Mämpel* III S. 23 ff.
24	1–4 Tage	Ende Okt. 1877 Wolfsbank, Essen 20. 10. Neuwesel 20.–23. 10. Oberhausen 24.–26. 10. König Wilhelm 24.–25. 10. Neuköln	insgesamt ca. 1500	Lohnerhöhung und Arbeitszeitverkürzung. Auf Carolus Magnus Sympathiestreik für einen entlassenen Kameraden; daneben außer auf Hagenbeck Schlepper-	RD 30426; RD Präs 835, OPK 8319; OBA 1778; OBA 1781

631

(1)	(2)	(3)	(4)	(5)	(6)
		27.10.—1.11. Hagenbeck 30.10. Schacht Gustav Ende Nov. Carolus Magnus		streiks. Meistens geringe Zugeständnisse.	
25	2 Tage	18.–19.3.1878 Carolus Magnus b. Essen	250	Anscheinend wegen Lohnerhöhung. Erfolgreich.	RD 30433; OBA 1778
26	1 Tag	13.5.1878 Neuwesel b. Essen	70	Schichtzeit. Wahrscheinlich erfolgreich.	RD 30433
27	4 Tage	16.–19.5.1878 Wolfsbank b. Essen	340	Schichtzeit. Erfolg nicht bekannt.	RD 30433
28	5 Tage	1.– 5.2.1879 Nordstern	ganze Belegschaft	Lohnkürzung um 10%. Erfolglos.	OBA 1778
29	4 Tage	10.–13.3.1879 Wolfsbank b. Essen	400	Verlängerung der Schichtzeit. Erfolglos.	RD 24580; RD 30433; *Kirchhoff*, S. 31 f.
30	3 Tage	12.–14.9.1879 Carolus Magnus b. Essen	50	Verlängerung der Schichtzeit. Erfolglos.	RD 24685; RD 30433; OPK 8319
31	1 Tag	15.3.1880 Carolus Magnus		Verlängerung der Schichtzeit. Erfolgreich.	RD 30433; OPK 8319
32	?	März 1880 Wolfsbank		Verlängerung der Schichtzeit. Erfolgreich.	RD 30433; OPK 8319
33	1 Tag	24.9.1881 Carolus Magnus	100	Löhne und Verzögerung der Lohnzahlung.	OBA 1778; OPK 8319
34	4 Tage	17.–20.7.1883 Germania, Marten	1100	Einseitige Schichtzeitverlängerung ohne Einhaltung der Kündigungsfrist. Einführung neuer Fördergefäße. Strafwesen. Tumulte und Prozeß. Geringe Erfolge.	OPM 825; OBA 1778; RD 667; *Hue* II S. 252—55; *Kirchhoff*, S. 37 f.; Martener Aufruhrprozeß, 1883

(1)	(2)	(3)	(4)	(5)	(6)
35	2 Wochen	März 1884 Graf Moltke b. Gladbeck	430	Schichtzeit. Teilerfolg nach Intervention des OBA.	OPM 826; RM 717
36	2 Tage	5.– 6. 8. 1884 Tremonia, Dortmund	Teile der Belegschaft	Überhandnehmen des Wagennullens. Die Belegschaft fährt an, fördert aber keine Kohle. Prozentsatz der genullten Förderung wird von bis zu 11 % auf 6 % ermäßigt.	OBA 1778
37	1 Tag	2. 1. 1885 Fürst Hardenberg, Amt Lünen	275	Verlängerung der Schichtzeit und Rigorosität der Betriebsführung. Arbeitsaufnahme nach Ausräumung eines „Mißverständnisses".	LRD 667
38	5 Tage	27.–31. 3. 1886 Siebenplaneten b. Langendreer	Teile der Belegschaft	Lohnkürzung. Zeitweise Bummelstreik (Rückgang der Förderung auf 1/3).	OPM 1205 IV; OPM 2842; OBA 1778
39	1 Tag	11. 5. 1886 Prinz von Preußen	5 Schlepper	Streikende versuchen erfolglos, den Rest der Belegschaft zu einer Arbeitseinstellung wegen Lohnkürzungen zu gewinnen. Sachbeschädigungen.	OPM 1205 IV
40	?	1887 Osterfeld b. Oberhausen	?	?	*Mogs*, Oberhausen, S. 151 Anm. 1

2. Anonymer Drohbrief mit Lohnforderungen 1830

Oberruhr[1], den 28. 10. 1830
OBA 1385 Bl. 36 f.

Herrn Bergmeister Klo[t]z[2]
Die Bergleute haben sich auf der Zege Gewalt Vereinigt. Wen sie von Monath October noch keinen bessern lohn beko so wollen sie Andern Mittel gebraugen Erstens sollen beide Steiger in der Grube ihr leben lassen das Geforte[3] soll Ihre Ruhstatt sein, hilft das noch nicht so Sol Es dem Herrn Geschworn sein leben kosten bis zum högsten Grade wollen Sie es jetzt treiben: Zegen und Maschinsgebeude Solen vom feuer verzehrt werden wen aber Zusatz vorhanden ist und was Sie von lohn geben, so wollen sie Allen möligen fleis Anwenden und der Gewerkschaft ihren Vorteil sügen[4] ich schreibe blos aus Gütte die nachricht ich habe mit meinen ohren dieses gehörlt. Schrecklig wahr die Vereinigung und der schwuhr Welgen sie taten wie sie beisamen wahren das der eine vor dem andern sich nicht Verrathen wollen. und das Geschichth so wahr ich geschrieben habe., Hauer — 14 bis 15 — Groschen Schlepper 13. bis 14 grosche im Malen[5]. 10 bis 11 gros Transport. 11 bis 12 gr
Auf die jetzige arbeit den mehr Arbeiten könten sie nicht ich wolte meinen Namen wohl schreiben aber so habe ich zuviel laufen von Oberuhr nach Essen dieses Wirt Viel schlimer Werden wie ich geschrieben habe wen der lohn nicht Erfolgt 37 Man wahren da wo die Vereinigung wahr.
An Hoglöbligen Bergmeister Klotz in Essen

3. Erster Aufruf zur Arbeitseinstellung auf der Zeche Helene & Amalie bei Essen im Februar 1859

Anschlag in der Waschkaue am 11. Februar 1859
BAEW 107 Bl. 14 Abschr.

Da ein jeder Bergmann wohl bewußt ist, das die Gedinge so herunter gerissen sind, und das dein Geschworner sein fahren noch nicht viel nutzen geschaft hat[6] so wird ein jedes Bergmanns mitglied hierdurch in Kennniß gesetzt keiner am Montage nach dem Gebet ehr anzufahren bis Er die Erlaubniß hat wieder auf sein altes Gedinge anzufahrn es hat ein jeder darauf zu achten wer vor dem Gebet anfährt.
Aber du Bein[7] oder dein rechter nahme Du Bluthjgel der du nicht allein den Menschen

---

1 D. i. Überruhr. Vgl. zu dieser Quelle die Stücke bei *Adelmann*, Quellensammlung Bd. I, S. 82—84.
2 Über die Schreibung des Namens waren selbst die Behörden im Unklaren. Vgl. OBA 1385 Bl. 231.
3 Wohl: „Geförderte", vielleicht auch der sog. „Alte Mann".
4 Wohl: „fügen".
5 D. h. wohl: „pro Schicht".
6 Wenige Tage zuvor waren die Gedinge vom Reviergeschworenen einer Revision unterzogen worden; vgl. o. S. 419.
7 Name des Fahrsteigers der Anlagen. Auf welcher der beiden Anlagen Helene und Amalie, die im Norden Essens durch getrennte Schächte und Tagesanlagen ein konsolidiertes Gruben- feld abbauten, dieser und der folgende Aushang erfolgt sind, ist nicht feststellbar.

das schlechte bluth aufsaugst sondern das gute auch mit fort saugst du würdest wohl gern wissen wer hier der Uhrheber ist so gieb nur am Montag acht wer der erste ist welcher am Montag früh der erste ist oder nach dem Gebet der erste ist der ist es.
Es grüßt Euch Kameraten alle mit einem Glück Auf

4. Zweiter Aufruf zur Arbeitseinstellung auf Helene & Amalie im Februar 1859

Anschlag am 12. Februar 1859
BAEW 107 Bl. 15 Abschr.

Im beauftrag der Belegschaft finden hier einig Zeilen stat daß wir mit dem Jetzegen Gedinge nicht soh viel verdienen können, daß wier leben können. Wirt unser Depotirte Joseph Bohle[8] beauftragt daß er zum Hern Geschwornen geth unt ihm inerkeniß[9] bringt wen er uns daß Alte Gedinge höchsten am Samstag nicht an den Posht schlägt, daßo wer, daß nich der voll werrn würde[10] Am Mohntag die Grube zugenagelt daß keiner anvaren kan.
Aber einich
hier hergesehen. Sonst gets kophach

5. Aufruf zur Arbeitseinstellung auf Graf Beust im Februar 1859

Anschlag in der Waschkaue am 14. Februar 1859
BAEW 107 Bl. 21 Abschr.

Geehrtester Mittbrüder der Bergleute!
Dheuester Mittbrüder der Gewehrtester Bergleude auf der Zäche Graf Beutz, da wir heute zu Tage mit der größte Noth unterdrückt werden, ehrstens mit die lange Schichte, und zu dem können wir noch kein Lohn haben, So sind wir also dazu genöthiget, und kein als das wir am künftigen Tiestag[11] nicht wieder anfahren bis daß wir unser alle Gedinge wieder haben und daß die Schicht wieder auf acht Stunden hergesteld sind denn es ist jetzt zu grenzenloß jetzt mit die gemeinde Bergleute, denn die Herrn Steigern denken sie konnten jetzt machen was sie wolten, an dem ist es jetzt aber noch nicht unser mehrzahl der belechaft ist damit einverstanden wol in verleß[12] zu sein aber nicht anzufahren.
Es grüßt euch vielmals euern Bekannten Mittbruder.

---

8 Vgl. o. S. 418.
9 D. i. „zur Kenntnis".
10 Wortsinn nicht erkennbar.
11 Dienstag, 15. 2. 1859.
12 Beim Verlesen, d. h. zu Schichtbeginn.

6. Aufruf zum Streik auf Zeche Altstaden bei Mülheim im Januar 1869

Nicht datiert (Streikbeginn 21. 1. 1869)
RD 302 Bl. 227 Abschr.

Einigkeit macht stark!
Kameraden! In der Periode, worin wir jetzt stehen, die, wie die Aussicht steht, noch längere Zeit so fort dauern wird, ist es unmöglich unsere Familien zu ernähren ohne tief in Schulden zu geraten. Sollen wir es so weit kommen lassen, daß unser Kinder nach Brot schreien? Und das um den verdammten Ehrgeiz eines [...][13] zu befriedigen? Nimmermehr! Drum seid einig, und laßt sehen, daß wir keine Sklaven, sondern freie Männer sind.
–
Unser Antrag lautet auf 2 Schichten Förderung pro Tag und Zusatz am Gedinge
–
Heute Morgen kein Mann anfahren!

Einig! Einig! Einig!

7. Die Gründung der Allgemeinen Genossenschaft der Berg-, Hütten- und Salinenarbeiter Deutschlands, 12. 10. 1868

Carl Wilhelm Tölcke an das Berliner Polizeipräsidium
Iserlohn, den 13. Oktober 1868
RD 303 Bl. 18 f. Abschr.

An ein Königliches Hochlöbliches Polizei-Präsidium zu *Berlin*.
Einem Hohen Königl. Polizei-Präsidio mache ich hierdurch in Befolgung des § 2 der Verordnung vom 11. März 1850 gehorsamst die Anzeige, daß am 12ten d. Mts. unter dem Namen
„Allgemeine Genossenschaft der Berg- Hütten- und Salinen-Arbeiter Deutschlands"
ein Verein definitiv gegründet ist, welcher eine Einwirkung auf öffentliche Angelegenheiten bezweckt und seinen Sitz in Berlin hat.
In den Anlagen überreiche ich eine Abschrift des Statuts der Genossenschaft[14] und ein Verzeichniß der Mitglieder derselben[15] mit folgenden Bemerkungen:
1. Das Präsidium der Genossenschaft besteht aus
   a, dem Unterzeichneten als Präsidenten,
   b, dem Bergmann Georg Jerichort zu Iserlohn (Stahlschmiede) als Vice-Präsidenten,
   c, dem Buchbinder Friedrich Wilhelm Raspe in Essen (Limbecker Thor Sect. I 10 ¹/₃) als Vice-Präsidenten,
   d, dem Bergmann Wilhelm Schaefer in Iserlohn (am dicken Thurm) als Ersatzmann,
   e, dem Bergmann Johann Laskowsky in Essen (Grabenstraße 38) als Ersatzmann.

---

13 Name unleserlich.
14 Nicht in der Akte. Abdruck des Statuts durch *Hue* II S. 739–742.
15 Nicht in der Akte.

2. Hauptkassirer der Genossenschaft ist der Bergmann Heinrich Winner in Iserlohn (Unnaer Graben).

3. Zum Vorort der Genossenschaft ist Essen bestimmt.
Der von demselben gewählte Ausschuß besteht aus folgenden in Essen wohnenden Mitgliedern:

 a, Bergmann Heinrich Grimm,
 b, Bergmann Carl Rosenberg,
 c, Bergmann Franz Blum,
 d, Bergmann Johann Rennford,
 e, Bergmann Johann Trilling,
 f, Bergmann Emil Bremer,
 g, Bergmann Johann Mühlenbeck,
 h, Bergmann Wilhelm Unterbarnscheid,
 i, Bergmann Hermann Völker,
 k, Bergmann Johann Weiland,
 l, Bergmann Moritz Stenner.

4. Zu Kassen-Revisoren sind vom Vorort Essen gewählt die Bergleute Carl Schäfer in Iserlohn (an der Hardt), Friedrich Voß in Sundwig (Amtes Hemer) und Wilhelm Knippschild in Essen.

5. Bis jetzt sind als Bevollmächtigte gewählt und vom Präsidium bestätigt:
 a, für Iserlohn der Maschinist Carl Malter auf der Alexanderhöhe bei Iserlohn,
 b, für Essen der Bergmann Daniel Eckhardt in Essen (Mathiasstraße 704 1/2).

6. Als Ortskassirer fungiren
 a, für Iserlohn der Bergmann Friedrich Wilhelm Pühl in Iserlohn
 b, für Essen der Bergmann Johann Schierei in Essen.

Eines hohen Königl. Polizei-Präsidii gehorsamster
gez.: Carl Wilh. Toelcke.

8. Verband Rheinisch-Westfälischer Bergleute 1877/78

 Entwurf der Statuten; Dezember 1877
 RD 30426 Bl. 147

Der Verband deutscher Bergleute[15]
Gedrängt von der äußersten Noth in Verbindung mit einer schamlosen Ausbeutung ist auch unter den Bergarbeitern Rheinlands und Westfalens der Gedanke nach „Vereinigung" wach gerufen worden.
Auch sie haben endlich die Tragweite und hohe Bedeutung des schönen Spruches erkannt: „Vereinzelt sind wir schwach, vereinigt aber stark", und in dieser Erkenntniß haben sie eine Agitation zur Anbahnung einer Vereinigung entfaltet, die wahrhaft imposant ist und die zu den schönsten Hoffnungen für die Zukunft berechtigt.
An vielen Orten, wie z. B. Essen, Gelsenkirchen, Bochum u. s. w. haben bereits Versammlungen stattgefunden, die nach Tausenden zählten, und in denen fast einstimmig eine Resolution angenommen wurde, welche die Nothwendigkeit einer Vereinigung und Organisation der Bergarbeiter besagt. Ebenfalls ist zur Erledigung der geschäftlichen An-

---

16 Zur endgültigen Namensgebung nach der Generalversammlung v. 2. 2. 1878 vgl. o. S. 517.

gelegenheiten ein provisorisches Comitee gewählt worden, welches seinen Sitz in Essen hat. Dieses Comitee ist denn auch mit der Ausarbeitung eines Statuts beauftragt worden, welches wir nunmehr nach Fertigstellung zur Prüfung und Critisirung der Oeffentlichkeit übergeben:

§ 1.

Zweck des Verbands ist, unter Ausschließung aller politischen, religiösen und öffentlichen Angelegenheiten die Ehre und die materiellen Interessen seiner Mitglieder lediglich durch gemeinschaftliches Handeln bei der Verwerthung ihrer Arbeitskraft zu wahren und zu fördern.

§ 2.

Mitglied des vorgenannten Verbandes kann jeder Bergmann, überhaupt jeder Grubenarbeiter, welcher Branche er auch angehören mag, werden.

Die Aufnahme eines Grubenarbeiters kann nur dann verweigert werden, wenn derselbe sich eines entehrenden Verbrechens schuldig gemacht und sich nicht mindestens ein halbes Jahr nach Datum des richterlichen Erkenntnisses untadelhaft geführt hat.

§ 3.

Bei der Verwerthung der Arbeitskraft der Verbands-Mitglieder laut § 1 sind folgende Punkte für die Mitglieder zu erstreben:
1. ehrenhafte und anständige Behandlung derselben seitens des Vorgesetzten;
2. Eine Arbeitszeit, das heißt eine Dauer der Schicht einschließlich des Ein- und Ausfahrens, von 8 Sunden;
3. Arbeitsruhe an den Sonntagen und kirchlichen Feiertagen;
4. möglichst günstige Löhne;
Zur Erreichung dieser Ziele gewährt der Verband seinen Mitgliedern:
1. einen unentgeltlichen Arbeitsnachweis;
2. im Falle dieselben im Interesse des Verbandes und mit Bewilligung der Verbands-Behörde ihre Arbeit verlieren, ein den Verhältnissen entsprechendes Darlehen zur Bestreitung ihres Unterhaltes.

§ 4.

Das Einschreibegeld für jedes aufzunehmende Mitglied beträgt 50 Pfg., der monatliche Beitrag 30 Pfg., 10 Pfg. für Statuten-Buch. Einschreibegeld und Beitrag kann Beides in dringend nothwendigen Fällen auf Antrag des Ausschusses durch eine Urabstimmung der Verbands-Mitglieder erhöht werden.

§ 5.

Der Mitgliedschaft geht von selbst verlustig, wer, außer in Fällen von Krankheit und Arbeitslosigkeit, mit mehr als dreimonatigen Beiträgen im Rückstande bleibt und wer die Kasse in betrügerischer Weise benutzt oder überhaupt wissentlich gegen die Zwecke des Verbandes handelt und agitirt. Eine solche Ausschließung kann nur durch Majoritätsbeschluß des Ausschusses ausgesprochen werden. Der Ausgeschlossene hat indessen das Recht, hiergegen an die nächste General-Versammlung zu appelliren.

Antheil an den Rechten des Verbandes hat ein Mitglied erst dann, wenn dasselbe 3 Monate dem Verbande angehört und beigesteuert hat. Das Datum des Eintritts ist genau zu vermerken.

§ 6.

Während der activen Dienstzeit Millitärpflichtiger ruhen sowohl die Rechte als auch die Pflichten. Das betreffende Mitglied hat sich nach Rückkehr aber sofort wieder mit Zahlung der laufenden Monatsbeiträgen zu betheiligen, wenn es freien Zutritt behalten will.

§ 7.

Mitglieder, welche in Folge ihres mit Bewilligung der Verbandsbehörde geschehenen Eintretens für die Zwecke des Verbandes von der Arbeit für längere Zeit als eine Woche ausgeschlossen sind, haben die Berechtigung vom Tage der Arbeitslosigkeit zu ihrem wöchentlichen Unterhalte ein Darlehn aus der Verbandskasse zu beziehen, vorausgesetzt, daß ihnen nicht annehmbare Arbeit nachgewiesen wird.

Die Höhe des wöchentlichen Darlehns, welche von der General-Versammlung, und, falls veränderte Verhältnisse es dringlich erscheinen lassen, vom Ausschuß in Uebereinstimmung mit der Control-Commisson, je nach dem Stande der Kasse festgestellt wird, richtet sich bei einem Kassenbestand von über 10 000 Mark nach dem durchschnittlichen Lohnsatz.

§ 8.

Gemeinschaftliche Arbeitseinstellungen dürfen von Verbands-Mitgliedern nicht willkürlich unternommen werden, widrigenfalls keine Unterstützung durch Darlehn stattfindet, sondern müssen vorher und rechtzeitig der Prüfung des Ausschusses unterbreitet werden. Vollständige Verschwiegenheit in solchen Fällen ist im Interesse des Verbandes Pflicht eines jeden Mitgliedes. Ebenso muß dem Ausschuß im Falle 10 oder mehr Mitglieder eines Ortes von der Arbeit ausgeschlossen werden, hiervon sofort Anzeige gemacht werden.

Der Ausschuß hat in allen genannten Fällen die Pflicht, innerhalb 3 Tagen Beschluß zu fassen resp. das Weitere zu regeln. Hierzu gehört, wenn dringend nothwendig, das Absenden einer Commission an Ort und Stelle zur Untersuchung der Sachlage.

Die durch einen unvermeidlichen Arbeitsausschluß oder durch eine von der Verbandsbehörde genehmigte Arbeitseinstellung erwerblos gewordenen Mitglieder beziehen zu ihrem Unterhalt Darlehen nach Maßgabe des § 7 aus der Verbandskasse.

Ob und in wie weit ein Unterschied bei den Mitgliedern, soweit sie verheirathet oder nicht verheirathet sind, hinsichtlich der Unterstützung zu machen ist, darüber entscheidet nach dem Stand der Kasse die jedesmalige General-Versammlung, und in dringlichen Fällen der Ausschuß in Uebereinstimmung mit der Control-Commission.

Mit der Weigerung, annehmbare Arbeit anzunehmen, erlischt das Anrecht auf Darlehen.

§ 9.

Mindestens einmal im Jahre findet eine General-Versammlung statt, auf welcher alle den Verband berührenden Fragen, die Einziehung, Stundung oder der Erlös von Darlehen berathen und beschlossen, die Geschäftsführer, die Mitglieder des Ausschusses, der Sitz der Control-Commission und der Ort der nächsten General-Versammlung bestimmt werden. Auch die Entschädigungen für außerordentliche Versäumnisse einzelner Verbandsbeamten setzt die General-Versammlung fest.

§ 10.

Außerordentliche General-Versammlungen finden statt, wenn der Ausschuß oder die Control-Commission mit absoluter Stimmenmehrheit dies beschließt, oder wenn ein Sechstel sämmtlicher Mitglieder darauf anträgt.

§ 11.

Die vorläufige Tagesordnung einer General-Versammlung ist mindestens 6 Wochen vorher in den dazu bestimmten Blättern bekannt zu machen. Anträge zu den General-Versammlungen seitens der Mitglieder müssen bis spätestens 14 Tage vor Abhaltung derselben eingereicht werden, damit in dieser Zeit die endgültige Tagesordnung veröffentlicht werden kann. Auf der General-Versammlung gestellte Anträge dürfen, wenn sie selbstständig sind, nur dann zur Verhandlung kommen, wenn sich mindestens ein Drittel der Delegirten dafür erklärt.

§ 12.

Jeder Delegirte hat eine Stimme. Die Mitglieder, welche sich an einem Ort an den

Wahlen der Delegirten betheiligen, dürfen, wenn ihre Anzahl hundert und darunter beträgt, einen Delegirten, für das weitere hundert einen zweiten Delegirten ernennen. Mitglieder, welche nicht Delegirte sind, haben nur berathende Stimme.

§ 13.

Alle Beschlüsse der General-Versammlung, welche eine Abänderung des Statuts betreffen, müssen innerhalb sechs Wochen nach der General-Versammlung der Urabstimmung aller Mitglieder unterbreitet werden. Die einfache Majorität der Abstimmungen entscheidet.

§ 14.

Den Verband vertritt nach Außen und gegenüber den Behörden der Geschäftsführer, dem im Falle des Bedarfs zur Unterstützung durch Beschluß der General-Versammlung ein zweiter und dritter Geschäftsführer beigegeben werden kann. Aufgabe des Geschäftsführers ist es, für Ausbreitung des Verbandes und Erreichung der Zwecke desselben thätig zu sein, doch sind die Kassenangelegenheiten von seinem Amte getrennt, soweit ihm nicht die General-Versammlung oder der Ausschuß für Verbandszwecke ein Bestimmtes zuweist.

§ 15.

Die Verwaltung der Verbandskasse und die Geldbewilligung laut §§ 7 und 8 ist einem Ausschuß von 5 Personen, als: einem Vorsitzenden und dessen Stellvertreter, einem Schriftführer, einem Verbandskassirer und dessen Stellvertreter zu übertragen. Sämmtliche Ausschuß-Mitglieder müssen an einem von der General-Versammlung zu bestimmenden Orte oder in dessen Nähe wohnhaft sein und werden von der General-Versammlung gewählt. Die Wahl geschieht für jedes Ausschuß-Mitglied in besonderem Wahlgange durch Stimmzettel mit absoluter Majorität. Ergänzungswahlen sind von den Mitgliedern des Ortes, wo der Ausschuß seinen Sitz hat, nach demselben Wahlmodus vorzunehmen.

§ 16.

Der Ausschuß faßt alle Beschlüsse gemeinsam, und sind solche nur dann bindend, wenn mindestens 3 Mitglieder dafür stimmen.

Der Ausschuß gibt sich selbst eine Geschäfts-Ordnung und ist der General-Versammlung für seine Handlungen verantwortlich.

§ 17.

An dem Sitze des Ausschusses ernennt die Control-Commission vierteljährlich 3 Revisoren, welche monatlich unverhofft die Verbandskasse zu revidiren haben.

§ 18.

Zur Controle des Ausschusses und der Geschäftsführer dient die Control-Commission 7 Personen, an die alle Beschwerden über die Geschäftsführung des Ausschusses zu richten sind und die zugleich die Geschäftsführung des Ausschusses zu controliren hat.

§ 19.

Die Control-Commission wird von den Mitgliedern desjenigen Ortes gewählt, welcher von der General-Versammlung als Sitz der Control-Commission bestimmt worden ist. Die Wahl erfolgt durch Stimmzettel in gesonderten Wahlgängen und hat spätestens 14 Tage nach der General-Versammlung stattzufinden.

§ 20.

Die Control-Commission kann zu jeder Zeit die Geschäftsführung, Acten, Bücher u. s. w. des Ausschusses prüfen und untersuchen. Auch ist dieselbe verpflichtet, falls ein schuldbarer Mißbrauch der Kasse oder Kassendefect vorgekommen ist, alle schuldigen Mitglieder des Ausschusses resp. den Geschäftsführer zu suspendiren, sowie die nöthigen Schritte zur provisorischen Weiterführung der Geschäfte zu thun. Es müssen solche Beschlüsse mit $2/3$ Majorität der Control-Commission gefaßt werden und ist, wenn mehr als die Hälfte der Ausschußmitglieder suspendirt wird, innerhalb 4 Wochen eine außerordentliche General-Versammlung einzubrufen, die endgültig in der Sache entscheidet. Ueber Streitfälle zwischen Geschäftsführer, Ausschuß und Control-Commission entscheidet die General-Versammlung.

§ 21.

Das Vermögen des Verbandes ist in einer sicheren Bank zinsbar anzulegen, für die Tageskasse aber ein laufendes Conto zu eröffnen. So oft die Tageskasse 300 Mark erreicht hat, sind aus derselben sofort wieder 150 Mark an der Bank zinsbar anzulegen.

§ 22.

Der Verbands-Cassirer hat eine der Tageskasse gleichkommende Caution in Baar oder durch sichere Bürgschaft zu erlegen, die aber 150 Mark nicht übersteigen darf. Der Cassirer hat ferner über Ausgabe und Einnahme Buch zu führen, alle Actenstücken und Belege sorgfältig aufzubewahren und vierteljährlich einen Rechenschaftsbericht für die Verbands-Mitglieder sowie einen jährlichen Rechenschaftsbericht für die General-Versammlung auszufertigen. Zur Rückentnahme von Geldern aus der Bank bedarf es eines Beschlusses des Ausschusses, welchem mindestens 2 Mitglieder zustimmen müssen sowie nicht minder der Unterschrift derselben, worauf der Vorsitzende und Kassirer dasselbe in Empfang nehmen.

§ 23.

Die Mitglieder jedes Ortes haben einen Vorsteher einen Orts-Cassirer sowie zwei Revisoren zu wählen. Der Vorsteher hat in den Versammlungen der Mitglieder den Vorsitz zu führen und bei einer ausgeschriebenen Urabstimmung binnen 14 Tagen dieselben in einer zu diesem Zweck gehörig bekannt gemachten Mitglieder-Versammlung vornehmen zu lassen, worauf er das wahrheitsgetreue Resultat dem Ausschusse einzusenden hat. Der Orts-Cassirer hat die Mitgliederliste und über die eingehenden Beträge Buch zu führen und allmonatlich das eingelaufene Geld nebst Bericht an die Verbandskasse zu senden. Die Revisoren haben allmonatlich die Ortskasse zu revidiren.

§ 24.

In den Mitglieder-Versammlungen sind unter Ausschluß aller politischen, religiösen und öffentlichen Angelegenheiten, die Maßnahmen des Verbandes zu erörtern, falls die lokalen Unkosten nicht freiwillig gedeckt werden, kann bis zu einem Drittel der Beiträge auf dieselben verwandt werden; doch ist allmonatlich der gesammte Kassenbestand an die Verbandskasse abzuführen. Größere Ausgaben setzen die vorhergehende Bewilligung seitens des Ausschusses voraus. Kommt eine Ortskasse 8 Monate ihren Pflichten nicht nach, so verlieren sämmtliche Mitglieder des Ortes auf Grund des § 7 ihre Mitgliedsrechte.

§ 25.

Das Vermögen des Verbandes ist während seines Bestehens untheilbar. Ausscheidende Mitglieder haben keine Ansprüche an dasselbe. Die Auflösung des Verbandes kann nur dann erfolgen, wenn drei Viertel der Mitglieder in der Urabstimmung dafür stimmen in welchen Fällen die Verbands-Behörden die Angelegenheiten zum Austrage bringen.

§ 26.

Die Veröffentlichung aller den Verband betreffenden Actenstücke, Abrechnungen, Mittheilungen, welche der großen Oeffentlichkeit im Interesse des Verbandes mit Ausnahme von Annoncen vorenthalten bleiben müssen, sind entweder in Form von Circularen zur Kenntniß der Mitglieder zu bringen oder in den zum Verbandsorgan erklärten Arbeiterblättern.

Quellen- und Literaturverzeichnis

I. Bibliographien, Forschungsberichte und andere Hilfsmittel

Aufsatzliteratur zur Bergbaugeschichte. In: Der Anschnitt 21 (1969) H. 3, S. 34—36; 22 (1970) H. 3, S. 30—36; 23 (1971) H. 3, S. 34—48; 24 (1972) H. 3, S. 26—36; 25 (1973) H. 3, S. 29—36; 26 (1974) H. 3, S. 28—36.

Becker, Kurt: Die Quellenlage zur Geschichte der deutschen Arbeiterbewegung im Staatsarchiv Koblenz. In: IWK 6 (Juni 1968) S. 7—30.

Brepohl, Wilhelm: Zum Thema „Westfälische Sozialgeschichte". In: Westf. Forschungen 8 (1955) S. 134—138.

Buck, Herbert (Bearb.): Zur Geschichte der Produktivkräfte und Produktionsverhältnisse in Preußen 1810—1933. Spezialinventar des Bestandes Preußisches Ministerium für Handel und Gewerbe. Bd. I, 1. Teil Weimar 1966; Bd. I, 2. Teil Weimar 1968; Bd. II Berlin (O) 1960; Bd. III Weimar 1970.

Bücher-Verzeichnis des Vereins für die bergbaulichen Interessen im Oberbergamtsbezirk Dortmund zu Essen. 3. Ausg. abgeschlossen 31. 12. 1904. Berlin 1905.

Bücher-Verzeichnis der Westfälischen Berggewerkschaftskasse in Bochum. Bochum (Selbstverl.) 1921.

Büsch, Otto: Industrialisierung und Geschichtswissenschaft. Ein Beitrag zur Thematik und Methodologie der historischen Industrialisierungsforschung. Berlin 1969.

Corsten, Hermann (Hg.): Bibliographie des Ruhrgebiets. Das Schrifttum über Wirtschaft und Verwaltung.
Bd. 1, 1—2 Essen 1943 (= Schriften der Volkswirtschaftlichen Vereinigung im rheinisch-westfälischen Industriegebiet NF/Hauptreihe H. 6/7).
Bd. 2: Bibliographie des Ruhrgebiets. Das Schrifttum über Wirtschaft und Verwaltung der Jahre 1940—1952. Düsseldorf 1955 (= Schriften der Volks- und Betriebswirtschaftlichen Vereinigung im rheinisch-westfälischen Industriegebiet NF/Hauptreihe H. 15).
Bd. 3: . . . der Jahre 1953—1959. Düsseldorf 1962 (. . . H. 22).
Bd. 4: . . . der Jahre 1960—1963. Düsseldorf 1966 (unter Mitarbeit v. Reinhold und Margarete Sietz) (. . . H. 25).

Cramer, Valmar: Bücherkunde zur Geschichte der katholischen Bewegung in Deutschland im 19. Jahrhundert. In sachlicher Anordnung, mit Rezensionen, orientierenden und kritischen Bemerkungen. Mönchen-Gladbach 1914 (= Apologetische Tagesfragen H. 16).

Croon, Helmuth: Forschungsprobleme der neueren Städtegeschichte. In: Bl. f. dt. Landesgeschichte 105 (1969) S. 14—26.

— Methoden zur Erforschung der gemeindlichen Sozialgeschichte des 19. und 20. Jahrhunderts. Erfahrungen aus sozialgeschichtlichen Forschungen. In: Westf. Forschungen 8 (1955) S. 139—149.

Däbritz, Walther: Das Ruhrgebiet in der Literatur. In: Geograph. Rundschau 4 (1952) S. 437—442.

Dascher, Ottfried/Vollmerhaus, Hans (Hg.): Inventar zum Bestand KZ IHK Bochum (1856—1944). 2 Bde. Dortmund 1971/1972 (= Veröff. der Stiftung Westfälisches Wirtschaftsarchiv Bde. 1, 2).

Dege, Wilhelm: Der märkische Raum in der heimatkundlichen Arbeit der Pädagogischen Hochschule in Dortmund (Berichtsjahr 1961). In: Der Märker 11 (1962) S. 156—158.

— Heimatkundliche Examensarbeiten der Pädagogischen Hochschule Ruhr, Abteilung Dortmund (1947—1967). In: Westf. Forschungen 22 (1969/1970) S. 123—138.

Dietz, C.: Bibliographie der abgeschlossenen Forschungsvorhaben und der Veröffentlichungen des Lehrstuhls für Wirtschaftsgeschichte und Geschichte der Produktivkräfte an der Bergakademie Freiberg und des Arbeitskreises Geschichte des Bergbaus und Hüttenwesens, Stand: Dezember 1967. In: Freiberger Forschungshefte D 63, 1969, S. 111–128.

Die geschichtliche Erforschung des rheinisch-westfälischen Industriegebiets. Bericht über die Tagung nordrhein-westfälischer Institute am 25. und 26. 3. 1954 in Dortmund. Hektographiert, o. O. o. J. [1954].

Grote, Hans et al. (Hg.): Lexikon des Bergbaues. Stuttgart 1962.

Keyser, Erich (Hg.): Bibliographie zur Städtegeschichte Deutschlands. Köln/Wien 1969 (= Acta Collegii Historiae Urbanae Societatis Historicorum Internationalis).

Knapp, Thomas: The Catholic Labor Movement in Germany 1850–1933: A Survey and Commentary. In: Newsletter. European Labor and Working Class History 6 (Nov. 1974) S. 14–19.

Koch, Manfred: Geschichte und Entwicklung des bergmännischen Schrifttums. Diss. Clausthal 1960.

Körber, Jürgen: Die Städte in Nordrhein. Bibliographie zur Städtekunde 1920–1961. Bad Godesberg 1962 (= Berichte zur Dt. Landeskunde Sonderheft 6).

Lauter, Franz: Nachtrag zu Preußens Volksvertretung in der zweiten Kammer bezw. im Hause der Abgeordneten. Alphabetisches Namenregister der Mitglieder vom Mai 1877 ab, sowie Verzeichnis der Landtags-Wahlbezirke nach Provinzen und Regierungsbezirken mit den Resultaten der darin vorgenommenen Wahlen in chronologischer Reihenfolge vom Februar 1849 an. Berlin 1882.

Lepper, Herbert: Quellen zur Geschichte der Arbeiterbewegung im Hauptstaatsarchiv Düsseldorf. In: IWK 14 (Dez. 1971) S. 46–59; 17 (Dez. 1972) S. 61–69.

Lucas, Erhard: Periodika der Arbeiter- und Angestelltenbewegung im Ruhrgebiet 1848–1933. Erhaltene Bestände und deren Zustand. Bibliothekarischer Bericht, erstellt im Auftrag des Hauptvorstands der Industriegewerkschaft Metall. Hektographiert, o. O. o. J. [1969].

Perlick, Alfons: Der märkische Raum in der heimatkundlichen Arbeit der Pädagogischen Hochschule in Dortmund. Institut für wissenschaftliche Heimatkunde (Berichtsjahr 1962). In: Der Märker 12 (1963) S. 197–199.

Peter, Alfred (Bearb.): Essener Bibliographie. Jgg. 1969–1974, Essen 1970–1975.

Reekers, Stephanie: Bevölkerung und Bevölkerungsentwicklung in Westfalen im Schrifttum der Jahre 1943–1954. In: Westf. Forschungen 8 (1955) S. 219–227.

Richtering, Helmut: Firmen- und wirtschaftsgeschichtliche Quellen in Staatsarchiven. Dargestellt am Beispiel Westfalens vornehmlich für das 19. Jahrhundert. In: Westf. Forschungen 10 (1957) S. 174–189.

– Quellen zur Geschichte der Arbeiterbewegung im Staatsarchiv Münster. In: IWK 7 (Dez. 1968) S. 1–32.

Ruhrknappschaft Bochum: Hinweise auf neuere Fachliteratur 1–30 (Bochum 1948–1962). Hektographiert, o. O. o. J.

Sassenbach, Johann: Verzeichnis der in deutscher Sprache vorhandenen gewerkschaftlichen Literatur. Im Auftrage der Generalkommission der Gewerkschaften Deutschlands zusammengestellt von J. S. 4. Ausg. Berlin 1910.

Schneider, Jakob (Hg.): Das räumlich-historische Vest Recklinghausen und seine Randgebiete in der wissenschaftlichen Arbeit deutscher und ausländischer Hochschulen. In: Vestisches Jb. 62 (1960) S. 61–121.

– (Bearb.): Vestische Bibliographie 1960/61. Jahres-Übersicht des Schrifttums zur Geschichte, Natur- und Volkskunde des Vestes und Kreises Recklinghausen.
In: Vestisches Jb. 64 (1962) S. 139–164.
In: ebd. 64 (1962) S. 139–164.
In: Vestische Zs. 65 (1963) S. 137–176.

Schöller, Peter: Ungedruckte Dissertationen über Westfalen aus den Jahren 1942–1947. In: Westf. Forschungen 9 (1953) S. 199–208.

– Die Wirtschaftsräume Westfalens vor Beginn des Industriezeitalters. Plan und Fragestellungen einer Dokumentation zur statistischen und kartographischen Darstellung der westfälischen Wirtschaftsräume um 1800. In: Westf. Forschungen 16 (1963) S. 84–101.

— Wertung archivalischer Quellen zum Wandel der Bevölkerungsstruktur im Zeitalter der Industrialisierung am Bsp. d. rhein.-westf. Industriegebietes. In: Der Archivar 25 (1972) Spp. 119—141.

Seidl, Helmut: Bibliographie der nach 1945 in der Deutschen Demokratischen Republik erschienenen Veröffentlichungen zur Geschichte des Bergbaus (Stand vom 31. 3. 1962). In: Beiträge zur Geschichte des Bergbaus und der Montanwissenschaften (16. bis 20. Jahrhundert) Bd. I, Leipzig 1963, S. 101—127 (= Freiberger Forschungshefte D 46).

Sieber, Friedrich: Die bergmännische Lebenswelt als Forschungsgegenstand der Volkskunde. In: Deutsches Jb. f. Volkskunde 5 (1959) S. 237—242.

Swientek, Horst-Oskar/Timm, Willy: Gesamtinventar des Stadtarchivs Dortmund. In: Dortmunder Beiträge 61 (1966) S. 1—54.

Veith, Heinrich: Deutsches Bergwörterbuch. Mit Belegen. 1871, ND Wiesbaden 1968.

Verzeichnis der im Staatsarchiv Münster aufbewahrten Akten des Oberbergamts Dortmund von geschichtlichem Interesse. Hektographiert, Münster 1950.

Vollmerhaus, Hans: Das Westfälische Wirtschaftsarchiv in Dortmund. Das Archivwesen der Wirtschaft und die Funktionen regionaler Wirtschaftsarchive. In: Der Märker 18 (1969) S. 1—9.

Wächtler, Eberhard/Bartl, Willy: Über Formen der Zusammenarbeit mit Veteranen der Bergarbeiterbewegung. In: Jb. f. Wirtschaftsgeschichte 1960/I S. 207—213.

Wegmann, Dietrich: Die leitenden staatlichen Verwaltungsbeamten der Provinz Westfalen 1815 bis 1918. Münster 1969 (= Veröff. der Historischen Kommission Westfalens Bd. XXII a; Geschichtl. Arbeiten zur westfäl. Landesforschung. Wirtschafts- und sozialgeschichtliche Gruppe Bd. I).

Westfälische Bibliographie: Stadt- u. Landesbibliothek Dortmund. Bd. 1 (1945—1953) — 17 (1972) o. O.

Wilsdorf, Helmut: Bergleute und Hüttenmänner in deutschsprachigen Untersuchungen von 1945 bis 1964. Eine montanethnographische Bibliographie von H. W. in Zusammenarbeit mit Herta Kalrich. Berlin (O) 1966.

II. Quellen

1. Ungedruckte Quellen

Die Anordnung erfolgt alphabetisch nach Standorten. Die im Text benutzten Abkürzungen sind in Klammern hinzugefügt und im übrigen im Abkürzungsverzeichnis aufgeschlüsselt.

Geheimes Staatsarchiv Berlin Dahlem (JM)
Repositur 84a Preußisches Justizministerium: Nr. 11077—11086, 11095—11097, 11108, 11121.

Stadtarchiv Bochum (StaB; LRB VIII)
Landratsamt Bochum VIII (LRB VIII) Nr. 30, 39, 339, 361, 364, 368, 370, 425, 446, 469—471, 473—477.

Industriegewerkschaft Bergbau und Energie, Bochum
Siegel, August; Mein Lebenskampf. Das Schicksal eines deutschen Bergarbeiters. Bochum (masch.) 1931. 176 Bl.
Protokolle der Generalversammlungen des Alten Verbands 1889—1893 (masch.).

Landesoberbergamt Nordrhein-Westfalen, Dortmund
Personalakten b 175 (Brassert), h 1 (Harz), h 47 (Hilgenstock), k 87 (Küper), n 53 (Nonne), o 15 (v. Oeynhausen), s 293 (v. Schönaich-Carolath), w 148 (Wiesner).

Stadtarchiv Dortmund (StaD)
3/Dortmund n 36, n 177, n 179.
15/Hörde n 11/1.
17/Lünen n 35.

17/Brackel A n 4.
17/Eving E n 9.
17/Dorstfeld 18 n 1.
17/Huckarde 19 n 8.
Verschiedene lokalgeschichtliche maschinenschriftliche Untersuchungen (Hinweise in den Anmerkungen).

Pfarrarchive Dortmund-Hörde, -Hombruch, -Huckarde
Einzelne Stücke und Bestände zum kirchlichen Vereinswesen.

Westfälisches Wirtschaftsarchiv Dortmund
Protokollbuch Zeche Freie Vogel & Unverhofft 1852—1903.

Hauptstaatsarchiv Düsseldorf (HStD; RD, RD Präs, LRDB, LRE, BAEW)
Regierung Düsseldorf (RD) Nr. 120, 287—290, 302—304, 306, 2136, 2157, 8806, 8807, 8837 bis 8841, 8843, 8857—8860, 24580, 24685, 24686, 30421, 30426, 30428—30430 I + II, 30431 bis 30433, 45060.
Regierung Düsseldorf Präsidialbureau (RD Präs) Nr. 821, 835, 866, 867.
Landratsamt Duisburg-Mülheim (LRDB) Nr. 471.
Landratsamt Essen (LRE) Nr. 64—66, 74, 75.
Bergamt Essen-Werden (BAEW) Nr. 107—109, 118, 119, 122—124, 154, 169.

Stadtarchiv Duisburg (StaDuisb)
Stadt Duisburg Nr. 306/202, 307/17, 307/18, 307/22.
Ruhrort Nr. 12/1077, 12/1091, 12/1093, 12/1103, 12/1105, 12/1115, 12/1244, 12/1388.

Stadtarchiv Essen (StaE)
Protokollbuch Bergmannsverein Überruhr, 2 Bde. 1861—1907.

Pfarrarchiv St. Nikolaus Essen-Stoppenberg
Protokollbuch des Knappenvereins Stoppenberg, 2 Bde. 1865—1908 (Nr. 255, 256).
Nr. 257, 258.

Hamburger Bibliothek für Sozialgeschichte und Arbeiterbewegung, Hamburg
Nachlaß Alfred Schulz.

Stadtarchiv Hattingen (StaHatt)
Hattingen Nr. B II 35, 18; B II 36, 19; B II 36, 23; B II 36, 25; C II 10, 1—3.

Bundesarchiv Koblenz Außenstelle Frankfurt
Verschiedene Petitionen an die Frankfurter Nationalversammlung 1848/1849.

Staatsarchiv Koblenz (StAK; OPK)
Abt. 403 Oberpräsidium Koblenz (OPK) Nr. 177, 2257, 3254, 6825, 6826, 6830, 6831, 6863, 7028, 7042, 7045, 7046, 7296—7298, 8293—8295, 8306—8308, 8319—8323, 8367, 8368, 8371, 8376, 9047, 9048, 10447, 11598.

Stadtarchiv Mülheim (StaMH)
Sog. Stoecker-Akten (unverzeichnet).

Staatsarchiv Münster (StAM, OPM, RA, RM, LRB, LRD, OBA, WOBA, MBAB, TLBA)
Oberpräsidium Münster (OPM) Nr. 39, 680, 682, 684, 685, 690, 704, 824—826, 1122, 1178 I—II, 1205 IV—V, 2642 I—IV, 2690—2693 I—II, 2694 I, 2748 I, 2750, 2762 I, 2787, 2814, 2815, 2817, 2820—2822, 2830 I—II, 2831, 2835 I—II, 2836, 2842, 3662, 3838, 3906.
Regierung Arnsberg (RA) Nr. B 49, B 59, I 1, I 19, I 101—103, I 122, I 244, I 246, I 247,

I 553, I 554, I 557, I 558, I 620, I 623, I 684, I 1270, I Pr 18, I Pr 40, I Pr 44, I Pr 75, I Pr 85, I Pr 102, I Pr 121, I Pr 125.
Regierung Münster (RM) Nr. 77, 121, 259, 717, 719—722, 1020, 1021, 1026—1028, 1039, 1040, 1042, 3171, VII 43 Bd. 1, VII 61 Bd. 1, VII 62 d.
Landratsamt Bochum (LRB) Nr. 51 Bd. 4—5, 58, 112, 114.
Landratsamt Dortmund (LRD) Nr. 249, 667—672, 689, 1233.
Oberbergamt Dortmund (OBA) Nr. 14—18, 227—244, 262—264, 267, 268, 283, 287, 288, 299, 301, 339, 344, 345, 352, 353, 359—361, 363, 384—386, 388, 411, 418, 445, 446, 468, 472, 479, 801, 828, 916, 926, 943, 966, 1114, 1120, 1385, 1386, 1389—1393, 1400, 1597—1601, 1636, 1639—1641, 1643—1652, 1668, 1733, 1774—1784, 1787—1790, 1796—1800, 1803, 1804, 1809—1813, 1816, 1873, 1882, 1897, 1899, 1903, 1924—1926, 1932.
Westfälisches Oberbergamt (WOBA) Nr. 19, 46.
Märkisches Bergamt Bochum (MBAB) Nr. 2, 4, 8, 10—13, 16, 17, 19—21, 23, 24, 26—28, 30—32, 36, 45, 299, 301, 304—307, 322, 330, 332.
Tecklenburg-Lingensches Bergamt (TLBA) Nr. 213, 214, 222.

Bistumsarchiv Münster
Pfarre St. Peter Recklinghausen Nr. 43, 44.

Archiv des Erzbistums Paderborn
Erzbischöfliches Generalvikariat Nr. XVIII, 9.

Stadtarchiv Wattenscheid (StaWatt)
Rep. 2 Stadt Wattenscheid Nr. A 714.
Rep. 2 Amt Wattenscheid Nr. E 413, E 414, E 417, E 418, E 431.

2. Zeitungen und Zeitschriften

Nicht aufgenommen sind vereinzelt zitierte Fundstücke der zeitgenössischen Presse aus Archiven.

Arbeiterwohl. Organ des Verbandes katholischer Industrieller und Arbeiterfreunde. Hg. v. F. Hitze, Jg. 1 (1881) — 11 (1890).
Der Bergbau. Bergmännische Wochenschrift, zugleich Organ des Verbandes der Vereine technischer Grubenbeamten im Oberbergamtsbezirk Dortmund. Gelsenkirchen. Jg. 1 (ab Nr. 1/1. 10. 1887) — 4 (1890/1891).
Berggeist. Zeitung für Berg-, Hüttenwesen und Industrie. Köln 1 (1856) — 5 (1860).
Der Bote vom Niederrhein. Zugleich Anzeiger für den Kreis Duisburg. Ab 1. 10. 1865 dreimal wöchentlich, hg. v. Fr. A. Lange. Jgg. 1865/1866.
Faksimile-Nachdruck: Der Bote vom Niederrhein. Mit einer Einleitung von Georg Eckert. Duisburg 1968.
Christlich-Soziale Blätter. Beiträge zur Lösung der sozialen Frage nach christlicher Auffassung. Aachen. Redigiert und hg. v. J. P. Schings u. Nic. Schüren, später von A. Bongartz. Jgg. 1 (1868) — 11 (1878).
Dortmunder Arbeiterführer für das Industriegebiet. Dortmund. Jgg. 1 (1912) — 2 (1913).
Glückauf. Berg- und Hüttenmännische Zeitschrift. Hg. vom Verein für die bergbaulichen Interessen im Oberbergamtsbezirk Dortmund. Jg. 1 (1865) — 26 (1890).
Landwirtschaftliche Zeitung für Westfalen und Lippe. Jgg. 1854—1860.
Rhein- und Ruhrzeitung. Duisburg. Jgg. 1867, 1870 u. einz. Nr. (StaDuisb).
Der Sozialdemokrat 1879—1890. ND in 3 Bdn., Berlin (O) 1970.
Tremonia. Zeitung und Anzeiger für Westfalen und Rheinland. Dortmund. Jgg. 3 (1878), 7 (1882), 9 (1884) u. einz. Nr. (Institut für Zeitungsforschung, Dortmund).
Der Volksbote für Westfalen und Rheinland. Dortmund, zweimal wöchentlich (Nachfolgeorgan der Westfälischen Freien Presse). Nr. 1/26. 10. 1878 — 6/13. 11. 1878 (in: RA 122).
Der Volksbote. Volksblatt für Westfalen und Rheinland. Dortmund, zweimal wöchentlich. Redaktion: Johannes Maaß. Jg. 1888 (erscheint nach der Jahrgangszählung ab 1886. Letzte Nummer: 78/29. 9. 1888). (Institut für Zeitungsforschung, Dortmund).

Westfälische Arbeiter-Zeitung. Jgg. 1888/1889. (ab 1. 9. 1888 in Dortmund, zunächst als Kopfblatt der Elberfelder Freien Presse). Redaktion: Hermann Grimpe, später August Bölger. Nr. 66/1889 und ferneres Erscheinen verboten. (Archiv der sozialen Demokratie, Bonn).

Westfälische Freie Presse. Organ des arbeitenden Volkes. Dortmund, wöchentlich zweimal. Redaktion: Hermann Ostermann, später Julius Scheil und Carl Julius Kuhl. Jg. 4 (1878). (Institut für Zeitungsforschung, Dortmund).

3. Statistische Quellen und Materialien

Achepohl, Ludwig: Das Niederrheinisch-Westfälische Bergwerks-Industrie-Gebiet. Eine Beschreibung aller Bergwerke — Gewerkschaften wie Aktiengesellschaften — und Bohrgesellschaften, sowie der bedeutenderen Eisen- und Stahlwerke des niederrheinisch-westfälischen Bergwerks-Industrie-Gebiets. In geologischer, technischer und finanzieller Hinsicht bearb. Berlin [2]1894.

Adelmann, Gerhard (Hg.): Der gewerblich-industrielle Zustand der Rheinprovinz im Jahre 1836. Amtliche Übersichten. Bonn 1967.

Allgemeiner Knappschafts-Verein zu Bochum.
Verwaltungsbericht für das Jahr 1892. Bochum o. J.
Verwaltungsbericht für das Jahr 1893. Bochum o. J.

Althans, E.: Zusammenstellung der statistischen Ergebnisse des Bergwerks-, Hütten- und Salinen-Betriebes in dem Preußischen Staate während der zehn Jahre von 1852 bis 1861. Bearbeitet im Auftrage des Königlichen Ministeriums für Handel, Gewerbe und öffentliche Arbeiten. Berlin 1863 (Supplement zu Band X der ZBHSW).

Amtliche Mittheilungen aus den Jahres-Berichten der mit Beaufsichtigung der Fabriken betrauten Beamten. Behufs Vorlage an den Bundesrath und den Reichstag zusammengestellt im Reichsamt des Innern. Jgg. 4 (1879) — 14 (1889).

Amts-Blatt der Königlichen Regierung zu Arnsberg. Arnsberg 1816—1890.

Die arbeitenden Classen und die Arbeits- und Lohnverhältnisse. I. Größe der Arbeiterbewegung. II. Die Lage der arbeitenden Classen im Allgemeinen. Berichte aus den Jahren 1858—1861, 1862—1864, 1865—1866. In: Jahrbuch für die amtliche Statistik des preußischen Staates 2 (1867) S. 231—348.

Behrmann, W.: Rhein-Main-Atlas für Wirtschaft, Verwaltung und Unterricht. Frankfurt a. M. 1929.

Die Belastung des [privaten] preußischen Kohlenbergbaus [in den Jahren 1885 bis 1891]. In: Glückauf 29 (1893) S. 241—262.

Bericht des Bürgermeisters Greve über die Verwaltung und den Stand der Gemeinde-Angelegenheiten pro 1866 [etc. bis 1891]. Bochum 1867—1892.

Bericht des Kreis-Ausschusses über die Verwaltung und den Stand der Communal-Angelegenheiten des Kreises Hattingen im Jahre 1890, 1891. Hattingen 1890—1891.

Bericht über die Kreis-Kommunal-Angelegenheiten des Landkreises Hagen für das Jahr 1888 [ff.] Hagen 1888—1892.

Bericht des Magistrats zu Bochum über die Verwaltung und den Stand der Gemeinde-Angelegenheiten pro 1866 [etc. bis 1891]. Bochum 1867—1892.

Bericht über den Stand und die Verwaltung der Gemeinde-Angelegenheiten der Stadt Dortmund pro 1877/1878. Dortmund 1878.
Dass. pro 1878/1879 — 1889/1890. Dortmund 1879—1891.

Bericht über den Stand und die Verwaltung der Gemeinde-Angelegenheiten der Stadt Gelsenkirchen pro 1882—1891. Gelsenkirchen 1883—1891.

Bericht über den Stand und die Verwaltung der Gemeinde-Angelegenheiten der Stadt Hagen i. W. pro 1879—1891. Hagen 1882—1892.

Bericht über den Stand und die Verwaltung der Gemeinde-Angelegenheiten der Stadt Witten bei Überreichung des Haushalts-Etats 1880 [bis 1890]. Witten 1890.

Bericht über den Stand und die zweckmäßige Erweiterung der von der Westfälischen Berggewerkschaftskasse unterhaltenen Anstalten und Sammlungen [erstattet von Hugo Schultz]. Bochum 1871.

Bericht der Verwaltung des Armenwesens der Stadt Dortmund für das Verwaltungsjahr 1881/
1882 – 1890/1891. Dortmund 1882–1891.

Bericht über die Verwaltung des Landkreises Dortmund für das Jahr 1887/1888 und statistische
Nachrichten. Dortmund 1889.

Bericht über die Verwaltung und den Stand der Gemeinde-Angelegenheiten der Stadt Bochum
für das Jahr 1860–1861 mit besonderer Rücksicht auf die Städtischen Zustände der Vorzeit.
Erstattet von dem Bürgermeister Greve. Bochum 1861.

Bericht über die Verwaltung und den Stand der Gemeinde-Angelegenheiten der Stadtbürger-
meisterei Duisburg im Jahre 1863–1891. (z. T. o. O., o. J.) Duisburg, bis 1891.

Bericht über die Verwaltung und den Stand der Gemeinde-Angelegenheiten der Stadt Hörde für
die Zeit vom 1. 4. 1888 bis 31. 3. 1889. Hörde o. J.

Bericht über die Verwaltung der Stadt Dortmund im Jahre 1871. Dortmund o. J.

Bericht über die Verwaltung und den Stand der Kreis-Communal-Angelegenheiten des Kreises
Recklinghausen 1889/1890. Recklinghausen o. J.

Bericht über die Verwaltung (1867–1885: des Vermögens und der Institute) der westfälischen
Berggewerkschaftskasse [erstattet v. Hugo Schultz]. 1867–1891. Bochum 1873–1891.

Brückner, N.: Rheinisch-Westfälische Bergmanns-Statistik. In: Soziale Praxis. Centralblatt für
Sozialpolitik 4 (1895) Spp. 778–782.

Effertz, R.: Was sind „normale" Kohlenpreise? Ein Beitrag zur Erörterung der finanziellen
Resultate der niederrhein.-westf. Kohlenindustrie. Essen 1891.

Die Einrichtungen zum Besten der Arbeiter auf den Bergwerken Preußens. Im Auftrage Seiner
Excellenz des Ministers für Handel, Gewerbe und öffentliche Arbeiten nach amtlichen
Quellen bearbeitet. 2 Bde. in 1 Bd. Berlin 1875–1876.

Emmerich, N.: Neues statistisches Handbuch des Regierungs-Bezirkes Arnsberg. Nebst einer
Darstellung der topographischen und geographischen Verhältnisse dieses Bezirks. Arnsberg
1856.

Engel: Die Cholera-Epidemie des Jahres 1866 mit einem Rückblick auf die früheren Epidemien.
In: Zs. des Kgl. Preußischen Statistischen Bureaus 9 (1869) S. 70–98.

– Die deutsche Industrie 1875 und 1861. Statistische Darstellung der Verbreitung ihrer Zweige
über die einzelnen Staaten des Dt. Reichs mit Hervorhebung Preußens. Berlin 1880.

Die Entwickelung des Allgemeinen Knappschafts-Vereins zu Bochum und seine Fürsorgetätigkeit
für die Mitglieder und deren Angehörigen in dem Zeitraum von 1860 bis 1902.
A. Krankenkasse und Pensions- und Unterstützungskasse.
B. Invaliditäts- und Alterskasse. Bochum o. J. [1904].

Die Entwicklung der kreisfreien Städte, Landkreise und Gemeinden des Landes Nordrhein-
Westfalen von 1871–1950. Düsseldorf 1956 (= Beiträge zur Statistik des Landes Nordrhein-
Westfalen, hg. v. Statistischen Landesamt Nordrhein-Westfalen H. 57).

Ergänzung zur Statistik des Landkreises Bochum, umfassend die Jahre 1876 bis einschließlich
1880. Bochum 1881.

Flegel, Kurt/Tornow, M.: Die Entwicklung der deutschen Montanindustrie von 1860–1912.
Berlin 1915 (= Montanstatistik des Deutschen Reiches).

Gould, E. R.: Die Lage der arbeitenden Klassen in den Hauptkulturländern. In: JNS 60 (1893)
S. 161–192.

Hahn, Helmut/Zorn, Wolfgang (Hg.): Historische Wirtschaftskarte der Rheinlande um 1820.
Bonn 1973 (= Rheinisches Archiv Bd. 87).

Hiltrop, J.: Beiträge zur Statistik des Oberbergamts-Bezirks Dortmund, mit besonderer Berücksichtigung der Ansiedelungsbestrebungen der Grubenbesitzer für die Belegschaft ihrer Werke.
In: Zs. des Kgl. Preußischen Statistischen Bureaus 15 (1875). Auch als SD Berlin 1875.

Hirschfeld, G. v.: Geschichte und Statistik der Fruchtbarkeit, Sterblichkeit und allgemeinen
volkswirtschaftlichen Entwickelung in Rheinland und Westfalen. In: Correspondenz-Blatt
des Niederrhein. Vereins für öffentliche Gesundheitspflege 3 (1874) S. 33–75, 113–171.

Hocker, Nicolaus: Die Großindustrie Rheinlands u. Westfalens, ihre Geographie, Geschichte,
Produktion und Statistik. Leipzig 1867 (= Die Großindustrie Deutschlands, ihre Geographie,
Geschichte, Production und Statistik Bd. 1).

Hymmen, R. v.: Geschichtlich-statistische Beschreibung des früheren Kreises Hagen, jetzt Stadt- und Landkreis Hagen, sowie Kreis Schwelm. Hagen 1889.

Jacobi, L.: Statistische Nachrichten über die gewerblichen Unterstützungskassen des Regierungs-Bezirks Arnsberg im Allgemeinen und die Kranken- u. Unterstützungskasse für Meister und Arbeiter des Hoerder Bergwerks- und Hütten-Vereins insbesondere. In: Zs. des Central-Vereins in Preußen für das Wohl der arbeitenden Klassen 3 (1861) S. 84—114.

Jacobi, Ludw. Herm. Wilh.: Das Berg-, Hütten- und Gewerbewesen des Reg.-Bez. Arnsberg in statistischer Darstellung. Iserlohn 1867 (= Gewerbestatistik von Preußen T. 1).

Jahresbericht der Handelskammer für Essen, Werden und Kettwig pro 1857—1860. Essen 1858—1861.

Jahresbericht der Handelskammer für den Kreis Bochum 1858—1860. Bochum und Witten o. J.

Jahresbericht der Handelskammer des Kreises Dortmund für 1865—1892. Dortmund 1866—1892.

Jahresbericht des Vereins für die bergbaulichen Interessen im Oberbergamtsbezirk Dortmund für 1886—1891. Essen 1887—1892 (in: RA I 620).

Jahres-Berichte der Fabriken-Inspektoren für das Jahr 1876—1878. Berlin 1877—1879.

Jahres-Berichte der Königlich-Preußischen Gewerberäthe nebst den Berichten der Bergbehörden über die Beschäftigung jugendlicher Arbeiter auf den Bergwerken, Salinen und Aufbereitungs-Anstalten Preußens, während des Jahres 1889. Amtliche Ausgabe. Berlin 1890.

Jüngst, [Ernst]: Arbeitslohn und Unternehmergewinn im rhein.-westf. Steinkohlenbergbau. Essen o. J. [1906]; d. i. SD aus Glückauf 42 (1906).

Klostermann, H[einrich]: Topographische und statistische Skizze des Märkischen Knappschafts-Vereins zu Bochum. Entworfen unter Mitwirkung sämtlicher Knappschafts-Ärzte. Mit einer Übersichtskarte des ganzen Knappschafts-Gebietes. Köln 1878.

Die Knappschaftsreform im Preußischen Staate. Nebst einer Übersicht über die Lage der Knappschaftskassen im Jahre 1882. In: ZBHSW 2 (1884) S. 1—59.

König: Statistische Nachrichten über den Regierungsbezirk Münster. Nach amtlichen Quellen bearbeitet. Münster 1860.

— Statistik des Regierungs-Bezirks Münster. Nach amtlichen Quellen zusammengestellt. Münster 1865.

Kollmann, Paul: Die deutsche Gewerbe-Aufnahme von 1875 in ihren Hauptergebnissen. In: Jb. für Gesetzgebung, Verwaltung u. Volkswirtschaft 6 (1882) S. 443—562.

Küttner, W.: Neuere Untersuchungen über die Invalidität der Steinkohlenbergleute Preußens. Aufgrund der Preußischen Knappschaftsstatistik bearb. In: ZBHSW 36 (1888) S. 30—90.

Lemberg, Heinrich: Die Steinkohlenzechen des niederrhein.-westf. Industriebezirks. Dortmund 1894.

Liebrecht: Topographisch-statistische Beschreibung nebst Ortschafts-Verzeichniß des Regierungs-Bezirkes Arnsberg. Im Auftrage der Kgl. Regierung nach amtl. Quellen bearb. Arnsberg o. J. [1868].

Marchand, Hans: Säkularstatistik der deutschen Eisenindustrie. Diss. Köln 1938, Essen 1939 (= Schriften der Volkswirtschaftlichen Vereinigung im rheinisch-westfälischen Industriegebiet NF Hauptreihe, H. 3).

Materialien zur Säkularentwicklung des rheinisch-westfälischen Industriebezirks. Ein Produktionsindex 1860—1936. In: Konjunkturberichte der Abteilung „Westen" (des Instituts für Konjunkturforschung Berlin) 9 (1937/1938) S. 48—52.

Morgenbesser, A.: Versuch zur Aufstellung von Sterblichkeits- und Invaliditätstafeln für preußische Bergleute. Berlin 1882.

Mülmann, Otto von (Hg.): Statistik des Regierungs-Bezirkes Düsseldorf. 3 Teile in 2 Bdn. Iserlohn 1864—1867 (= Gewerbe-Statistik von Preußen 3. Teil: Der Reg.-Bez. Düsseldorf).

Nonne, [Julius] (Hg.): Technische Mittheilungen des Vereins für die bergbaulichen Interessen im Oberbergamtsbezirk Dortmund.

    Heft I   [Wasserhaltung, Förderung, übrige Zweige des Bergwerksbetriebs] (= [Festschrift] dem III. allgemeinen Dt. Bergmannstage gewidmet) Berlin 1886 [Auszüge gedruckt in: Glückauf Jg. 1886].

    Heft II   (sämtliche Schachtscheiben OBA Dortmund; ungedruckt).

Heft III Die Vereinigung der niederrheinisch-westfälischen Steinkohlengruben zu größeren Gruppen mit einheitlicher Verwaltung. Berlin 1886.

Heft IV [Vorschläge der Technischen Kommission. D. i. Vorschläge über Maßnahmen z. Konzentration] o. O., o. J. [bis 1888] (alle in: Bergbaubücherei Essen).

Preußische Statistik (Amtliches Quellenwerk), hg. vom Königlichen Statistischen Bureau in Berlin.

Bd. V: Die Ergebnisse der Volkszählung und Volksbeschreibung nach den Aufnahmen vom 3. December 1861, resp. Anfang 1862. Berlin 1864.

Bd. 40: Die definitiven Ergebnisse der Gewerbezählung vom 1. December 1875 im preußischen Staate. 1. Theil: Die Gewerbebetriebe in den einzelnen Verwaltungsbezirken, Kreisen und größeren Städten des preußischen Staates. Berlin 1878.

Bd. 41: Die definitiven Ergebnisse der Gewerbezählung vom 1. December 1875. 2. Theil: Die Sitze der Industrie oder die Verbreitung der einzelnen Klassen und Ordnungen der Gewerbebetriebe über die Bezirke und Kreise des preußischen Staates. Berlin 1880.

Reekers, Stephanie: Beiträge zur statistischen Darstellung der gewerblichen Wirtschaft Westfalens um 1800. Teil 5: Grafschaft Mark. In: Westf. Forschungen 21 (1968) S. 98—161.

— Beiträge zur statistischen Darstellung der gewerblichen Wirtschaft in der Reichsstadt Dortmund um 1800. In: Dortmunder Beiträge 67 (1971) S. 141—164.

— Beiträge zur statistischen Darstellung der gewerblichen Wirtschaft Westfalens um 1800. Teil. 6: Grafschaft Limburg und Reichsstadt Dortmund. In: Westf. Forschungen 23 (1971) S. 75—106.

— Westfalens Bevölkerung 1818—1955. Die Bevölkerungsentwicklung der Gemeinden und Kreise im Zahlenbild. Münster 1956 (= Veröffentlichungen des Provinzialinstituts für westfälische Landes- und Volkskunde, Reihe I: Wirtschafts- und verkehrswissenschaftliche Arbeiten, H. 9).

Reekers, Stephanie/Schulz, Johanna: Die Bevölkerung in den Gemeinden Westfalens 1818—1950. Dortmund 1952.

Reismann [— Grone, Theodor]: Schicht und Lohn der Ruhrkohlenbergleute. In: JNS NF 21 (1890) S. 52—58 (und in: Glückauf 26 [1890] S. 505—568; auch als Sonderdruck).

Reuß, M.: Mittheilungen aus der Geschichte des Kgl. Oberbergamts zu Dortmund und des Niederrhein.-Westf. Bergbaues bis zum Jahre 1892. Berlin 1892 (auch in: ZBHSW 40 [1892] B, S. 309—422).

Restorff, F.: Topographisch-statistische Beschreibung der königlich Preußischen Rheinprovinzen. Berlin/Stettin 1830.

Runge, Wilhelm: Das Ruhr-Steinkohlenbecken. Mit Genehmigung des Herrn Minister für Handel und Gewerbe sowie unter Benutzung des amtlichen Karten- und Acten-Materials. Berlin 1892.

Statistik des Deutschen Reiches. Hg. v. Kaiserlichen Statistischen Amt, Berlin. Neue Folge Bde. 2—4, 6—7. 104—106, 112—118.

Statistik des Kreises Bochum für die Jahre 1865 bis 1875, zusammengestellt im Bureau des Landrathsamtes des Landkreises Bochum. Bochum 1878.

Statistik des Kreises (Erg.: Landkreises) Bochum. Zusammengestellt im Bureau des Landrathsamtes des Landkreises Bochum [nebst] Ergänzung. Bochum 1878.

Statistik des Kreises Duisburg pro 1859, 1860, und 1861. Duisburg o. J. [1864].

Statistik des Kreises Essen für die Jahre 1859—1861. Essen 1863.

Statistik des Landkreises Essen für die Jahre 1875—1880, nebst einigen Notizen aus den Jahren 1881—1883. Zusammengestellt im Bureau des Kgl. Landraths-Amts des Landkreises Essen. Essen 1883.

Statistische Nachrichten für den Regierungsbezirk Arnsberg für das Jahr 1858—1859. Arnsberg 1859.

Statistische Verwaltungs-Übersicht des Kreises Duisburg, im Anschluß an die im December 1858 erfolgten amtlichen statistischen Aufnahmen. Duisburg o. J.

Stockfleth, Friedrich: Der südlichste Teil des Oberbergamts-Bezirks Dortmund. Eine geologisch-bergmännische Beschreibung. Bonn 1896.

Swientek, Horst-Oskar: Quellen zur historischen Statistik des ehemaligen Landkreises Dortmund (1871—1883—1889). In: Dortmunder Beiträge 57 (1960) S. 213—231.

Tabellen und amtliche Nachrichten über den Preußischen Staat für das Jahr 1849.
Bd. I: Die statistische Tabelle, d. i. Nachrichten über die Gebäude, die Einwohner und den Viehstand, sowie die Übersicht der verschiedenen Wohnplätze enthaltend. Berlin 1851.
Bd. II: Die Bevölkerungsliste, enthaltend die Nachrichten über die im Laufe des Jahres 1849 Geborenen, Getrauten und Gestorbenen; — die Kirchen- und Schultabelle, sowie die Tabelle von den Sanitäts-Anstalten. Berlin 1853.
Bd. V: Die Gewerbetabelle, enthaltend: Die mechanischen Künstler und Handwerker, bei denen der Meister mit Gehülfen arbeitet, die Anstalten und Unternehmungen zum literarischen Verkehr gehörig, die Handelsgewerbe, die Schiffahrt, das Fracht- und Lohnfuhrwesen, die Gast- und Schankwirtschaft, die Civilbeamten in Staatsdiensten, die Kommunalbeamten, die ländlichen Erwerbs-Verhältnisse, so wie die Handarbeiter und das Gesinde, für 1849 und 1852. Berlin 1854.
Bd. VI A: Die Tabelle der Fabrikationsanstalten und Fabrik-Unternehmungen aller Art für das Jahr 1849, speziell für die einzelnen Städte und Kreise jedes Regierungsbezirks. Berlin 1855.
Bd. VI B: Erläuterungen zur Tabelle der Fabrikations-Anstalten und Fabrik-Unternehmungen aller Art, nach den Aufnahmen für 1849 und 1852. Berlin 1855.
Tabellen und amtliche Nachrichten über den Preußischen Staat für das Jahr 1855. Hg. von dem statistischen Bureau zu Berlin. Berlin 1858.
Tabellen und amtliche Nachrichten über den Preußischen Staat für das Jahr 1858. Hg. von dem statistischen Bureau zu Berlin. Berlin 1860.
Taeglichsbeck, O. (Hg.): Die Belegschaft der Bergwerke und Salinen im Oberbergamtsbezirk Dortmund nach der Zählung vom 16. Dezember 1893, zusammengestellt vom Königlichen Oberbergamte in Dortmund mit Erläuterungen. 2 Teile Dortmund 1895/1896.
Verwaltungs-Bericht des Kreis-Ausschusses des Kreises Hörde für das Jahr 1888/1889–1890. Hörde 1889–1890.
Verwaltungs-Bericht des Kreisausschusses des Landkreises Bochum für das Jahr 1890. Bochum o. J.
Verwaltungsbericht des Kreisausschusses des Landkreises Dortmund für das Jahr 1890. Dortmund o. J.
Verwaltungsbericht der Stadtgemeinde Wattenscheid. [d. i. 1880/81 ff.: Bericht über die Verwaltung und den Stand der Gemeindeangelegenheiten der Stadt Wattenscheid] für 1879/80 bis 1894. Wattenscheid o. J.
Viebahn, Johann Georg von (Hg.): Statistik und Topographie des Regierungs-Bezirks Düsseldorf. Unter Genehmigung des Kgl. statistischen Bureaus T. 1: Die Natur-, Landes- und Volkskunde.
T. 2: Die statistische Ortschafts- und Entfernungs-Tabelle und das alphabetische Ortsnamensverzeichnis. 2 Bde. Düsseldorf 1836.
Wahl, Moritz: Statistik der Geburts- und Sterblichkeitsverhältnisse der Stadt Essen während des 12jährigen Zeitraumes von 1868–1879 incl., nach amtlichen Aufzeichnungen zusammengestellt. In: Centralblatt für allgemeine Gesundheitspflege 1 (1882) S. 303–322, 339–362.
Die Wirthschaftliche Bewegung von Handel und Industrie in Deutschland im Zeitraum von 1884 bis 1888 (Fortsetzung des Deutschen Wirthschaftsjahres Jgg. 1880–1883). Nach den Jahresberichten der Handelskammern dargestellt von dem Generalsekretariat des Deutschen Handelstages. Bd. II: Industrie der Steine und Erden etc., Montan-Industrie, chemische Industrie. Berlin 1890.
Wörle, Karl: Eine Statistik von Dortmund. Handbuch zur Beurtheilung städtischer Verhältnisse. Nach amtl. Quellen bearb. Dortmund/Leipzig 1869.
Zweigert, [Erich]: Die Verwaltung der Stadt Essen im 19. Jh. mit besonderer Berücksichtigung der letzten fünfzehn Jahre. Erster Verwaltungsbericht der Stadt Essen. Essen 1902.

4. Quellenschriften und Quellensammlungen

Adelmann, Gerhard (Hg.): Quellensammlung zur Geschichte der sozialen Betriebsverfassung. Ruhrindustrie unter besonderer Berücksichtigung des Industrie- und Handelskammerbezirks Essen. 2 Bde. und Registerbd. Bonn 1960/1965/1968 (= Publikationen der Gesellschaft für rheinische Geschichtskunde LIV).

Allgemeines Landrecht für die Preußischen Staaten von 1794. Textausg. m. e. Einführung v. Hans Hattenhauer und Bibliographie von Günther Bernert. Frankfurt/Berlin 1970, Registerbd.: Frankfurt a. M. 1974.

[Arbeitsordnungen der Steinkohlenbergwerke des Oberbergamtsbezirks Dortmund aus der Zeit vor 1905]. (7 Sammelbände. Bergbau-Bücherei Essen).

Der Ausstand der niederrheinisch-westfälischen Bergleute Mai 1889. O. O. o. J. [Leipzig 1889].

Banfield, Thomas C.: Industry of the Rhine. Series I: Agriculture; Series II: Manufactures. 2 Bde. London 1846/1848; ND in 1 Bd. New York 1969.

Bebel, August: Schutz den Bergarbeitern. Referat auf dem Vereinstag des Verbandes Deutscher Arbeitervereine in Gera, 6. 10. 67. In: ders., Ausgewählte Reden und Schriften. Hg. von Horst Bartel/Rolf Dublek/Heinrich Gemkow. Berlin (O) 1970, S. 18—21, Anm. S. 630 f.

Becker, Gerhard: Der Kongreß der Arbeitervereine der Rheinprovinz und Westfalens am 6. Mai 1849 (mit Dokumentation). In: BzG 10 (1968) 373—383.

Behrens, Hedwig (Hg.): Mechanikus Franz Dinnendahl (1775—1826), Erbauer der ersten Dampfmaschinen an der Ruhr. Leben und Wirken aus zeitgenössischen Quellen. Köln 1970 (= Schriften zur Rheinisch-Westfälischen Wirtschaftsgeschichte Bd. 22).

Beltz, K. Th.: Elberfeld im Mai 1849. Die demokratische Bewegung im Bergischen und der Grafschaft Mark. Elberfeld/Iserlohn 1849.

Bergarbeiterleiden in Deutschland. Hg.: Der Vorstand des Dt. Bergarbeiterverbandes. Berlin o. J. [1909].

Bergarbeiterschutz — Massengräber — Radbod. Bericht vom Bergarbeiterkongreß in Berlin (Neue Philharmonie) vom 1. bis 3. Februar 1909. Nach der stenographischen Niederschrift. Hg. v. Vorstand des Dt. Bergarbeiter-Verbandes (Sitz Bochum i. W.). Berlin o. J.

Über die Beschäftigung der Frauen beim Bergbau. In: JNS 12 (1869) S. 359—372.

van Beughem: Bemerkungen zu dem neuen Entwurfe eines Bergwerks-Gesetzes. In: Juristische Wochenschrift für die Preuß. Staaten 14 (1848) Spp. 451—462, 465—471.

— Bemerkungen zu dem Entwurfe eines allgemeinen Bergwerksgesetzes nebst einem Abdrucke desselben. Neuwied 1863.

— Das allgemeine Berggesetz für die Preußischen Staaten vom 24. Juni 1865 mit dem wesentlichen Inhalte der Materialien. Neuwied 1865.

Beumer: Deutsche und englische Bergarbeiterverhältnisse [Referat auf dem 5. Verbandstag des Vereins technischer Grubenbeamten, Dortmund 22. 9. 1890]. In: Bergbau 52/24. 9. 1890.

Beyer, Ed[uard]: Die Fabrik-Industrie des Regierungsbezirkes Düsseldorf vom Standpunkt der Gesundheitspflege. Oberhausen a. d. R. 1876.

Der Bochumer Steuerprozeß. Verhandlungen der Strafkammer des Königlichen Landgerichts zu Essen, am 1. bis 6., 8., 9., 11., 12. und 19. Juni [1891] gegen die Redakteure der „Westfälischen Volkszeitung" in Bochum, Chefredakteur Fusangel und verantwortlicher Redakteur Lunemann. Vollständige, revidirte und vermehrte Ausgabe. Nach stenographischen Aufzeichnungen. Hagen o. J.

Bongartz, Arnold: Das katholisch-soziale Vereinswesen in Deutschland. Geschichte, Bedeutung und Statistik desselben. Würzburg 1879.

Brassert, Hermann (Hg.): Berg-Ordnungen der Preußischen Lande. Sammlung der in Preußen gültigen Berg-Ordnungen, nebst Ergänzungen, Erläuterungen und Ober-Tribunals-Entscheidungen. Köln 1858.

— Das Bergrecht des Allgemeinen Preußischen Landrechts in seinen Materialien nach amtlichen Quellen. Bonn 1861.

— Die Bergrechtsform in Preußen. In: ZBR 3 (1862) S. 234—253, 331—351.

— Die Ziele der deutschen Berggesetzgebung. In: ZBR 22 (1881) S. 82—97.

– Allgemeines Berggesetz für die Preußischen Staaten vom 24. Juni 1865. Mit Einführungsgesetzen und Kommentar. Bonn 1888.

Brepohl, Wilhelm [Hg.]: Onkel Johann Rußland. Briefe aus einer Bergmanns-Tragödie 1860/1862. In: Der Märker 16 (1967) S. 163–166.

Ein Brief aus den Anfängen der lassalleanischen Agitation in Duisburg-Ruhrort [Caspar Bergrath an Gustav Lewy 26. 7. 1864]. In: ASG 3 (1963) S. 561 f.

Brockmeyer: Über den Mangel an landwirtschaftlichen Arbeitskräften im Lippischen. In Landwirtschaftliche Zg. für Westf. und Lippe Jg. 16 (NF Jg. 9) (Münster 1859) S. 98–103.

Carnall, R[udolf] von: Die Bergwerke in Preußen und deren Besteuerung. Berlin 1850.

– Die Bergwerksverhältnisse in dem Preußischen Staate. Berlin 1856.

Caron, Albert: Die Reform des Knappschaftswesens und die allgemeine Arbeiterversicherung. Berlin 1882.

Denkschrift des Vereins für die bergbaulichen Interessen im Oberbergamtsbezirk Dortmund über den Entwurf eines Gesetzes betr. die Abänderung einzelner Bestimmungen des Allg. Berggesetzes vom 24. Juni 1865. In: Glückauf 28 (1892) S. 319–323.

Denkschrift über die Untersuchung der Arbeiter- und Betriebsverhältnisse in den Steinkohlenbezirken. Bearb. im Auftrage des Ministers der öffentlichen Arbeiten und des Inneren. Berlin 1890.

Deutelmoser: Die evangelischen Arbeitervereine in Rheinland und Westfalen. Magdeburg ²1890.

Eschenbach, A.: Die Lehren des Bergwerksstrikes vom Mai 1889. Berlin 1889.

Festenberg-Packisch, Hermann von: Der Deutsche Bergbau. Ein Gesamtbild seiner Entstehung, Entwicklung, volkswirtschaftlichen Bedeutung und Zukunft, mit Benutzung bester Quellenwerke. Berlin 1886.

– Entwickelung und Lage des deutschen Bergbaues mit besonderer Berücksichtigung der Arbeiterverhältnisse in Preußen. Breslau 1890.

Fischer, Ferdinand: Preußen am Abschlusse der ersten Hälfte des neunzehnten Jahrhunderts. Geschichtliche, culturhistorische, politische und statistische Rückblicke auf das Jahr 1849. Berlin 1876.

Florschütz, Albert: Die politischen und socialen Zustände der Provinz Westfalen während der Jahre 1848–1858. Elberfeld 1861.

Fritz, Rolf (Hg.): Das Ruhrgebiet vor hundert Jahren. Gesicht einer Landschaft. Dortmund ²1959 (zuerst 1956), 3. Aufl. Dortmund o. J.

Fritzen, Johannes: Zwischen Stadt und Land. Aus dem Leben der rheinischen Gemeinde Altendorf um 1865–1875. In Essener Beiträge 53 (1935) S. 99–178.

Fusangel, Joh[annes]: Knappschaftsreform und Rechtsschutzverein. Ein Wort an die Bergleute im rheinisch-westfälischen Industriebezirk. Bochum 1886.

Geißler: Die wirtschaftlichen Verhältnisse des Westfälischen Steinkohlenbergbaues hinsichtlich seiner maschinen-technischen Einrichtungen [in 25 Teilen]. In: Glückauf 14 (1878) Nr. 4–7, 12–17, 22, 24, 26, 27, 58, 61, 64, 68, 70, 80, 82.

Gewerkverein christlicher Bergarbeiter: I. Delegiertentag, 1. und 2. Verhandlungstag am 1. und 2. Februar 1897 (Stenogramm). O. O. o. J. (masch. vervielf.) (Bergbau-Bücherei Essen).

Goebel, Klaus/Wichelhaus, Manfred (Hg.): Aufstand der Bürger. Revolution 1849 im westdeutschen Industriezentrum. Vorwort G. Heinemann. Wuppertal 1974.

Gothein, G.: Sollen wir den Bergbau verstaatlichen? Mit einem Anhang: Wie verbessern wir unsere Arbeiterverhältnisse? Breslau 1890.

Gottschalk, C. G.: Die Grundlagen des Rechnungswesens und ihre Anwendung auf industrielle Anstalten, insbesondere auf Bergbau, Hütten- und Fabrik-Betrieb. Mit besonderer Rücksicht auf die verschiedenen Methoden und Systeme der Buchführung für Unternehmer, angehende Betriebs- und Rechnungsbeamte, sowie insbesondere für Studirende der Bergwissenschaften. Leipzig 1865.

Gutachtliche Bemerkungen des Vereins für die bergbaulichen Interessen im Oberbergamtsbezirk Dortmund über den Entwurf eines Allgemeinen Berggesetzes. Essen 1863.

Hansen, Joseph (Hg.): Rheinische Briefe und Akten zur Geschichte der politischen Bewegung 1830–1850. 2 Bde. Essen 1919, ND Osnabrück 1967.

Harkort, Friedrich: Bemerkungen über die Hindernisse der Civilisation und Emancipation der untern Klassen. Fortsetzung der „Bemerkungen über die Preußische Volksschule". Elberfeld 1844.

Heuchler, Eduard: Die Bergknappen in ihrem Berufs- und Familienleben. Bildlich dargestellt und mit erläuternden Worten begleitet; zuerst 1857–1859, neu hg. Essen 1953–1955. 4 Hefte mit Einzelblättern.

Heyden-Rynsch, Hermann Frhr. von der: Über die Grundprinzipien des Knappschaftskassenwesens. In: Jb. für Gesetzgebung, Verwaltung u. Volkswirtschaft 5 (1881) S. 259–271.

Hiltrop: Über die Reorganisation der Knappschaftsvereine, mit Hinblick auf die Bildung von Versicherungsgenossenschaften für Arbeiter anderer Gewerbe. [Mit einer Nachschrift der Redaktion: Statistik der Knappschaften von 1867]. In: Zs. des Kgl. Preußischen Statistischen Bureaus 9 (1869) S. 216–241.

Höhn, Reinhard (Hg.): Die vaterlandslosen Gesellen. Der Sozialismus im Licht der Geheimberichte der preußischen Polizei. Bd. I 1878–1890. Köln/Opladen 1964.

Hüser, Karl [Hg.]: Der westfälische Kongreß für die Sache und Rechte der preußischen Nationalversammlung und des preußischen Volkes vom 18./19. November 1848 in Münster. In: Westf. Zs. 119 (1969) S. 121–155.

Huyssen, August: Beiträge zur Kenntniß der Lage der Berg- und Hüttenleute, bes. in Bezug auf die Knappschaftsvereine. II. Lage der Arbeiter auf den Eisenhütten des Hörder Bergwerks- u. Hüttenvereins. In: Zs. des Central-Vereins in Preußen für das Wohl der arbeitenden Klassen 3 (1861) S. 371–407; auch in: ZBHSW 8 (1860) S. 205–225.

– Die allgemeinen Verhältnisse des Preußischen Bergwesens mit Rücksicht auf ihre Entwickelung. Essen 1864.

– Über die Bergverwaltung Preußens, nebst Bemerkungen über die Entwicklung des preußischen Bergbaus in den letzten 25 Jahren. Wien 1888.

– Über die Mittel, den Arbeitern der staatlichen Bergwerke, Hütten und Salinen eine gute Lebenslage zu sichern. Eine Denkschrift von August Huyssen vom 18. April 1890. Hg. v. Franz Krins. In: Der Märker 17 (1968) S. 21–26.

Ilse, Karl: Der Bergbau- und Hüttenbetrieb in kaufmännischer und technischer Hinsicht. Die Organisation eines Hüttenwerkes mit Nebenbetrieben unter besonderer Darstellung der Buchführung und Handelskorrespondenz derartiger Betriebe. Für die Praxis und zum Gebrauch für junge Kaufleute, höhere Handelslehranstalten, Techniken, Bergakademien usw. Leipzig o. J. [1903]. (= Ludwig Huberti's Moderne kaufmännische Bibliothek).

Jahres-Bericht und Statistik der evang[elischen] Arbeiter-Vereine des Verbandes Rheinland und Westfalen für 1897. Hattingen o. J.

Jantke, Carl/Hilger, Dietrich (Hg.): Die Eigentumslosen. Der deutsche Pauperismus und die Emanzipationskrise in Darstellungen und Deutungen der zeitgenössischen Literatur. Freiburg/München 1965 (= Orbis Academicus).

[Kirdorf, Emil]: Freier Vortrag, gehalten bei der hohen Anwesenheit des Herrn Regierungspräsidenten von Rosen am 5. Februar 1887 auf den Rhein Elbe Schächten der Zeche von Rhein Elbe und Alma der Gelsenkirchener Bergwerks Actien Gesellschaft zu Ueckendorf bei Gelsenkirchen von dem Direktor der Gesellschaft E. Kirdorf. [1887] (Ms. in: RA I 620).

Kleine: Die Aufbesserung der Lage des niederrheinisch-westfälischen Steinkohlenbergbaues. Dortmund 1885 (in: OPM 825).

Kletke, G. M.: Handbuch des Bergwerks-, Hütten- und Salinen-Wesens im preußischen Staate, den Fürstenthümern Waldeck-Pyrmont und dem Herzogthum Lauenburg in administrativer und rechtlicher Beziehung. Berlin 1873.

Klostermann, R[udolf]: Bemerkungen über den Entwurf eines allgemeinen Berggesetzes für die preußischen Staaten. Berlin 1863.

Köllmann, Wolfgang/Gladen, Albin (Hg.): Der Bergarbeiterstreik von 1889 und die Gründung des „Alten Verbandes" in ausgewählten Dokumenten der Zeit. Bochum 1969.

König, G. F.: Die Besitzlosen in Niedersachsen und Westphalen. In: Konstitutionelle Jbb., hg. von Karl Weil, Jg. 1844/I, S. 177–204.

Körner, Hermann Joseph Aloys: Lebenskämpfe in der alten und neuen Welt. Eine Selbstbiographie. 2 Bde. New York 1865–1866.

Kortum, Johann Karl Arnold: Gesundheits-Büchlein für Bergleute. Dortmund 1798 (UB Münster).

Krupp, Alfred: Ein Wort an die Angehörigen meiner gewerblichen Anlagen. (Als Manuskript gedruckt) Essen 1877.

Kühn, Walter [Hg.]: Der junge Hermann Becker. Ein Quellenbeitrag zur Geschichte der Arbeiterbewegung in Rhein-Preußen. Bd. I Dortmund 1936 (= Veröffentlichungen des Westfälisch-Niederrheinischen Instituts für Zeitungsforschung zu Dortmund Bd. 2).

Lahmeyer, C[arl]: Die Reform des Knappschaftswesens im Anschluß an die sociale Gesetzgebung. Essen 1884.

Lange, Friedrich Albert: Über Politik und Philosophie. Briefe und Leitartikel 1862 bis 1875. Hg. und bearb. von Georg Eckert. Duisburg 1968 (= Duisburger Forschungen. Schriftenreihe für Geschichte und Heimatkunde Duisburgs, 10. Beiheft).

Lensing, L[ambert]: Der große Bergarbeiter-Streik des Jahres 1889 im Rheinisch-Westfälischen Kohlenrevier. Ein Wort zur Abwehr. Dortmund o. J. [1889].

[Leuschner, Ernst]: Der absolute Beitrittszwang zu den Knappschafts-Kassen gegen Arbeitgeber wie gegen Arbeitnehmer ist ein Segen für beide Teile. Eisleben 1883.

Lütgenau, Franz: Der Essener Meineids-Prozeß vom 14. bis 17. August 1895. Geschichte und Glossen. Berlin 1895.

Der Martener Aufruhrprozeß, verhandelt vor dem Schwurgericht zu Dortmund vom 25. bis 31. Oktober 1883 gegen Bergleute der Zeche „Germania". Separatabdruck aus dem „Dortmunder Tagebl[att]". Nach theilweise stenographischen Aufzeichnungen. Dortmund o. J. [1883].

Marx-Engels-Werke: Bd. 1 ff. Berlin (O) 1956 ff.

Matthiaß, E.: Der allgemeine Streik der deutschen Bergarbeiter und seine rationale Bekämpfung. Ratibor 1890.

Mittheilungen des Vereins zur Wahrung der gemeinsamen wirtschaftlichen Interessen im Rheinland und Westfalen Jg. 7 (1878).

Molitor, Peter: Die Bergarbeiter im rhein.-westfäl. Kohlen-Revier und deren Organisation. Ein freies Wort an alle meine Kameraden. Essen 1890.

Müller, Ludwig: Über die gesetzliche Nothwendigkeit und die Vortheile des gemeinsamen Kohlenverkaufs zu amtlich festzustellenden Preisen auf den Ruhrdebit-Zechen im Essen-Werdenschen, im Gegensatz zu der bisherigen Naturaltheilung und der Veräußerung zu willkürlichen Preisen. Bonn 1838.

— Nachtrag und Aktenstücke zu der gedruckten Mittheilung des Gewerken Ludwig Müller in Bonn an seine Mitgewerken in Betreff gemeinsamen Kohlenverkaufs zu amtlich festzustellenden Preisen auf den Ruhrdebits-Zechen im Essen-Werdenschen. Bonn 1840.

— Mulvany, W[illia]m T[homas]: Der Strike der Bergleute im Essener Revier des Oberbergamts-Bezirks Dortmund. Einige freundliche Worte an Arbeitgeber und Arbeiter. Düsseldorf 1872.

Natorp, [Gustav]: Die socialistische Agitation in dem niederrheinisch-westfälischen Bergbau-Districte. In: Gewerbliche Zs. für Rheinland und Westfalen 1 (1878) Nr. 1.

— Der Ausstand der Bergarbeiter im Niederrheinisch-Westfälischen Industriebezirk. [z. T. SD aus Glückauf] Essen 1889.

Neue Stein-Ausgabe: Karl Freiherr vom Stein, Briefe und amtliche Schriften. 8 Bde., hg. von Walther Hubatsch. Stuttgart 1957—1970.

Obermann, Karl (Hg.): Flugblätter der Revolution. Eine Flugblattsammlung zur Geschichte der Revolution von 1848/1849 in Deutschland. Berlin (O) 1970.

Ommelmann, Heinrich: Der rheinisch-westfälische Bergarbeiterstreik, welcher als Opfer 11 Tote und 26 Verwundete gefordert hat, nebst Anmerkungen zur Verhütung ähnlicher Bewegungen. Dortmund 1889.

Pelger, Hans [Hg.]: Zur sozialdemokratischen Bewegung in der Rheinprovinz vor dem Sozialistengesetz. In: ASG 5 (1965) S. 377—406.

Peters, Fr.: Über die Aufbereitung der Steinkohlen im Ruhrbassin. Dortmund 1883 (= Festschrift z. XXIV. Hauptversammlung des Vereins dt. Ingenieure zu Dortmund).

Pieler, F. J.: Das Ruhrtal. Reise auf der Ruhrtal-Eisenbahn mit Ausflügen in die Umgegend. Werl ²1881.

Preußisch-Deutsche Gesetz-Sammlung 1806—1895. Die Gesetz-Sammlung für den preußischen

Staat, das Bundes-Gesetzblatt für den Norddeutschen Bund und das Reichs-Gesetzblatt, zusammengestellt nach der zeitlichen Reihenfolge der Gesetze mit genauer Angabe des gegenwärtig gültigen Inhalts derselben hg. v. G. A. Grotefend. 3. neubearb. Aufl. Düsseldorf 1896.

Protokoll der Generalversammlung des Allgemeinen deutschen Arbeiter-Vereins (ADAV) zu Berlin vom 22. bis 25. Mai 1872. Berlin 1872, ND Köln 1974.

Protokolle der sozialdemokratischen Arbeiterpartei. Bd. I: (Eisenach 1869 – Coburg 1874); Bd. II: (Gotha 1875 – St. Gallen 1887). ND Glashütten i. T./Bonn-Bad Godesberg 1971.

Quint, Fritz: 50 Jahre Bergbau, vom Kumpel gesehen. In: Essener Beiträge 61 (1941) S. 55–77.

Rassow, Peter/Born, Karl Erich (Hg.): Akten zur staatlichen Sozialpolitik in Deutschland 1890 bis 1914. Wiesbaden 1959 (= Histor. Forschungen Bd. III).

[Reismann-Grone, Theodor]: (Mittheilungen des Vereins für die bergbaulichen Interessen im Oberbergamtsbezirk Dortmund:) Bericht der Geschäftsführung über die Bergarbeiterbewegung der niederrheinisch-westfälischen Zechen im Jahre 1890/1891. Essen 1891.

Richter, Eugen: Die Konsumvereine am Niederrhein und in Westfalen. In: Der Arbeiterfreund 2 (1864) S. 385–419.

Riehl, W[ilhelm] H[einrich]: Der vierte Stand. In: Deutsche Vierteljahrs Schrift 1850, Heft 4, S. 182–268.

Ritter, Gerhard A./Kocka, Jürgen (Hg.): Deutsche Sozialgeschichte. Dokumente und Skizzen. Bd. II: 1870–1914. München 1974.

Schäffle, [Albert]: Trennung von Staat und Volkswirtschaft aus Anlaß des jüngsten Arbeitermassenausstandes im Kohlenbergbau. In: Zs. für die gesamte Staatswissenschaft 45 (1889) S. 591–732.

Schings, Jos. (Hg.): Die christlich-sociale Partei in ihren Bestrebungen, dargestellt in dem Entwurfe zu einem christlichen Arbeiter-Katechismus, und dem Berichte über die erste General-Versammlung der christlich-socialen Vereine Rheinlands und Westfalens zu Elberfeld am 6., 7. und 8. März 1870. Aachen 1870.

Schmidt, August: Lang war der Weg. Bochum 1958.

Schorn, Karl: Lebenserinnerungen. Ein Beitrag zur Geschichte des Rheinlandes im 19. Jahrhundert. 2 Bde. Bonn 1898.

Schultz, [Hugo]: Die Westfälische Kohlen-Industrie. Dortmund 1883 (= Festschrift zur XXIV. Hauptversammlung des Vereins dt. Ingenieure zu Dortmund).

– Die westfälische Bergwerkschaftskasse. Ein Beitrag zur Geschichte ihrer Entstehung und Selbstverwaltung. In: ZBR 28 (1887) S. 470–501.

Schulze, Adolph: Die Lage der Bergarbeiter in den Haupt-Kohlenbezirken Deutschlands. Eine socialpolitische Studie. Berlin 1893.

Serlo, Albert: Die Beschwerden gegen die neue Organisation der Knappschaftsvereine im Distrikte des Königlichen Oberbergamtes zu Dortmund. Essen 1859.

Siegel, August: Mein Lebenskampf. Das Schicksal eines deutschen Bergarbeiters. Bochum 1931. (Ms. IG Bergbau und Energie, Bochum).

Simmersbach, F[ranz]: Die Koksfabrikation im Oberbergamtsbezirke Dortmund mit Berücksichtigung des fremden Wettbewerbs. Berlin 1887.

Sozialdemokratische Parteitage für die Rheinprovinz und den Niederrhein von 1889–1909. Mit einem Anhang: Statistisches von der Landtagswahl 1908, Bezirk Niederrhein. Hg. vom Niederrheinischen Agitationskomitee. Elberfeld 1910.

Spring: Wohlfahrtseinrichtungen im Kreise Hörde. Seit dem Bestehen des Kreises in der Zeit von 1887–1897. Hörde o. J.

Stenographischer Bericht über die Verhandlungen der deutschen constituirenden Nationalversammlung. Hg. v. Franz Wigard, 9 Bde. Frankfurt a. M. 1848/1849.

Stern, Leo (Hg.): Der Kampf der deutschen Sozialdemokratie in der Zeit des Sozialistengesetzes 1878–1890. Die Tätigkeit der Reichskommission. 2 Teile Berlin (O) 1956 (= Archivalische Forschungen zur Geschichte der dt. Arbeiterbewegung Bde. 3/I, II).

Stötzel, Gerhard: [Arbeitseinstellungen und Fortbildung des Arbeitsvertrages: Korreferat]. In: Verhandlungen der 1890 in Frankfurt abgehaltenen Generalversammlung des Vereins für Socialpolitik. Leipzig 1890, S. 156–165 (= Schriften des Vereins für Socialpolitik Bd. 46).

Strippelmann, Leo: Deutschlands industrielle Krisis in der Gegenwart und die Mittel zu deren Abhilfe, dargestellt im Interesse und unter specieller Berücksichtigung der deutschen Kohlen- und Eisenindustrie. Leipzig 1877.

Tecklenburg, Th.: Über Knappschaftswesen. Friedberg i. d. W. 1876.

Verband der deutschen Bergleute (bzw.: Verband zur Wahrung und Förderung der bergmännischen Interessen in Rheinland und Westfalen" Verband deutscher Bergleute. Protokoll [z. T. nach Berichten in „Kohle und Eisen"]:
— der 1. Generalversammlung am 20. 10. 89 im Schützenhof zu Bochum;
— der Generalversammlung am 27. 10. 89;
— der außerordentlichen Generalversammlung am 8. 3. 90 im „Schützenhofe" zu Bochum;
— der außerordentlichen Generalversammlung am 11. 5. 90 im „Schützenhofe" zu Bochum;
— der 2. ordentlichen Generalversammlung am 1. 11. 1890 im „Schützenhofe" zu Bochum;
— der 1. Generalversammlung am 19. 7. 1891 in Bochum im Lokale des Herrn Philipps;
— der 2. Generalversammlung am 31. 7. 92 in der Germaniahalle in Bochum.
Alle o. O. o. J. (Ms. IG Bergbau und Energie, Bochum).

Verhandlungen des 1. Deutschen Bergarbeitertages in Halle a/S. abgehalten vom 15. bis 19. September 1890 in Sanow's Restaurant, Steinweg Nr. 13 — Stenographischer Bericht — o. O. o. J.

Verhandlungen des Ersten Kohlentages abgehalten zu Frankfurt a. M. am 5. November 1865. Stenograph. Bericht. Mannheim 1865 (In: OBA 1114).

Werner, Georg: Meine Rechnung geht in Ordnung. Berlin-Steglitz 1958.

Wohin steuern wir? Sozialpolitik und Humanitätsdusel? Zugleich ein Versuch eines Beitrags zur Geschichte des Bergarbeiterstreiks und des Ausfalles der diesjährigen Reichstagswahlen nebst einer Schlußbetrachtung über die Folgen des Rücktritts des Fürsten Bismarck. Von einem alten Gewerken. Hagen i. W. 1890.

Die Wohnungsnoth der ärmeren Klassen in deutschen Großstädten und Vorschläge zu deren Abhilfe. Gutachten und Berichte. 2 Bde. Leipzig 1886 (= Schriften des Vereins für Socialpolitik Bde. 30, 31).

III. Schrifttum

1. Zur allgemeinen und ruhrindustriellen Wirtschafts- und Sozialgeschichte im 19. Jahrhundert

Abel, Wilhelm: Agrarkrisen und Agrarkonjunktur. Eine Geschichte der Land- und Ernährungswissenschaft Mitteleuropas seit dem hohen Mittelalter. Hamburg/Berlin [2]1966.
— Der Pauperismus in Deutschland am Vorabend der industriellen Revolution. Dortmund 1966 (= Vortragsreihe der Gesellschaft für Westfälische Wirtschaftsgeschichte e. V. Heft 14).
— Massenarmut und Hungerkrisen im vorindustriellen Deutschland. Göttingen 1972.
— Massenarmut und Hungerkrisen im vorindustriellen Europa. Versuch einer Synopsis. Hamburg/Berlin 1974.

Adelmann, Gerhard: Strukturelle Krisen im ländlichen Textilgewerbe Nordwestdeutschlands zu Beginn der Industrialisierung. In: Hermann Kellenbenz (Hg.), Wirtschaftspolitik und Arbeitsmarkt. München 1974, S. 110–128.

Adolphs, Lotte: Industrielle Kinderarbeit im 19. Jahrhundert unter Berücksichtigung des Duisburger Raumes. Ein Beitrag zur Geschichte der Wirtschafts- und Sozialpädagogik. Duisburg 1972 (= Duisburger Forschungen 15. Beiheft).

Altkemper, Joh.: Die Landwirtschaft der Kreise Recklinghausen und Gelsenkirchen unter dem Einflusse der Industrialisierung. Diss. Bonn 1905.

Anton, Günther K.: Geschichte der preußischen Fabrikgesetzgebung bis zu ihrer Aufnahme durch die Reichsgewerbeordnung. Neu hg. und eingeleitet von Horst Bülter. Berlin (O) 1953.

Auhagen, Otto: Die ländlichen Arbeiterverhältnisse in der Rheinprovinz und im Oldenburgischen Fürstentum Birkenfeld. In: Die Verhältnisse der Landarbeiter in Deutschland, Bd. 2. Leipzig 1892 (= Schriften des Vereins f. Socialpolitik Bd. 54/II) S. 651–765.

Avereck, W.: Die Landwirtschaft unter dem Einflusse von Bergbau und Industrie im rheinischen

Ruhrkohlengebiete. Leipzig 1913 (= Volkswirtschaftliche und wirtschaftsgeschichtliche Abhandlungen hg. v. Wilhelm Stieda, III. Folge H. 1).

Bär, Max: Die Behördenverfassung der Rheinprovinz seit 1815. Bonn 1919 (= Publikation der Gesellschaft f. Rheinische Geschichtskunde XXV); ND Meisenheim 1965.

Barkhausen, Max: Staatliche Wirtschaftslenkung und freies Unternehmertum im westdeutschen und im nord- und südniederländischen Raum bei der Entstehung der neuzeitlichen Industrie im 18. Jahrhundert. In: VSWG 45 (1958) S. 168—241.

Bausinger, Hermann: Volkskultur in der technischen Welt. Stuttgart 1961.

— Verbürgerlichung — Folgen eines Interpretaments. In: Günter Wiegelmann (Hg.), Kultureller Wandel im 19. Jahrhundert. Göttingen 1973, S. 24—49.

Behrbalk, Erhard: Die „Westfälische Zeitung". Ein Beitrag zur Geschichte der westfälischen Tagespresse im 19. Jahrhundert (1848—1883). In: Dortmunder Beiträge zur Zeitungsforschung 1 (1958) S. 1—161.

Beykirch, Theodor: Arbeitsmarktfragen im Westfälischen Provinziallandtag (1826—1930). Diss. Münster 1932.

Blessing, Werner K.: Zur Analyse politischer Mentalität und Ideologie der Unterschichten im 19. Jahrhundert. Aspekte, Methoden und Quellen am bayerischen Beispiel. In: Zs. f. bayer. Landesgesch. 34 (1971) S. 769—816.

Bochum und das mittlere Ruhrgebiet. Festschrift zum 35. Geographentag Bochum 1965, hg. von der Gesellschaft für Geographie und Geologie, Bochum e. V. Paderborn 1965 (= Bochumer geogr. Arbeiten, hg. von Peter Schöller, H. 1).

Böhme, Helmut: Politik und Ökonomie in der Reichsgründungs- und späten Bismarckzeit. In: Michael Stürmer (Hg.). Das kaiserliche Deutschland. Politik und Gesellschaft 1870—1918. Düsseldorf 1970, S. 26—50.

Born, Karl Erich (Hg.): Moderne deutsche Wirtschaftsgeschichte. Köln/Berlin 1966.

— Staat und Sozialpolitik im Deutschen Kaiserreich. In: Heinen, Ernst/Schoeps, Hans Julius (Hg.), Geschichte in der Gegenwart. FS für Kurt Kluxen zu seinem 60. Geburtstag. Paderborn 1972, S. 179—197.

Brand, Jürgen: Geschichte der ehemaligen Stifter Essen und Werden während der Übergangszeit von 1806—1813 unter besonderer Berücksichtigung der großherzoglich-bergischen Justiz und Verwaltung. In: Essener Beiträge 86 (1971) S. 5—155.

Brandt, Otto/Most, Otto (Hg.): Heimat- und Wirtschaftskunde für Rheinland und Westfalen. 2 Bde. Essen 1914.

Braun, Rudolf: Industrialisierung und Volksleben. Die Veränderungen der Lebensformen in einem ländlichen Industriegebiet vor 1800 (Zürcher Oberland). Erlenbach-Zürich/Stuttgart 1960.

— Sozialer und kultureller Wandel in einem ländlichen Industriegebiet (Zürcher Oberland) unter Einwirkung des Maschinen- und Fabrikwesens im 19. und 20. Jahrhundert. Erlenbach-Zürich/Stuttgart 1965.

— Probleme des sozio-kulturellen Wandels im 19. Jahrhundert. In: Günter Wiegelmann (Hg.), Kultureller Wandel im 19. Jahrhundert. Göttingen 1973, S. 11—23.

Breilmann, Annemarie: Die sozialen Wirkungen der Industrialisierung auf die landwirtschaftliche Bevölkerung im Emschergebiet. In: Vestisches Jb. 51 (1949) S. 5—44.

Brentano, Lujo: Über das Verhältniß von Arbeitslohn und Arbeitszeit zur Arbeitsleistung. Leipzig ²1893.

Brepohl, Wilhelm: Das Ruhrvolk und die Volkstumsforschung. In: Rheinische Vierteljahrsbl. 7 (1937) S. 341—372.

— Die Volkskunde der Industriellen Gesellschaft. In: Westf. Forschungen 6 (1943—1952) S. 203—211.

— Der Aufbau des Ruhrvolkes im Zuge der Ost-West-Wanderung. Beiträge zur deutschen Sozialgeschichte des 19. und 20. Jahrhunderts. Recklinghausen 1948 (= Soziale Forschung und Praxis Bd. 7).

— Industrielle Volkskunde. In: Soziale Welt 2 (1951) S. 115—124.

— Das Ruhrvolk. In: Geographische Rundschau 4 (1952) S. 447—451.

— Vom Werden der industriellen Daseinsform. In: Walther G. Hoffmann (Hg.), Beiträge zur

Soziologie der industriellen Gesellschaft. Dortmund 1952, S. 15—25 (= Soziale Forschung und Praxis Bd. 9).
- Industrievolk im Wandel von der agraren zur industriellen Daseinsform, dargestellt am Ruhrgebiet. Tübingen 1957 (= Soziale Forschung und Praxis Bd. 18).
- Vom Industrievolk an der Ruhr. Essen 1957 (= Schriftenreihe Ruhr und Rhein H. 4).
- Land und Menschen im Emscher-Lippe-Raum. Einige Kapitel der Landes- und Volkskunde. Gelsenkirchen 1963 (= Hauspublikation der Stadtsparkasse Gelsenkirchen).
- Perioden in der Geschichte des Industrievolks an der Ruhr. In: Westf. Forschungen 16 (1963) S. 112—124.
- Verwandlung westfälischer Lebensformen im Ruhrgebiet. Gedanken und Beobachtungen zur industriellen Volkskunde. In: Der Raum Westfalen Bd. IV, 2: Beiträge zur Volkskunde und Baugeschichte. Münster 1965, S. 71—121.
- Volkstum und Sozialstruktur als Realität und Objekt. In: Jb. für Sozialwissenschaft 18 (1967) S. 62—72.
Brunner, Otto: Das „Ganze Haus" und die alteuropäische „Ökonomik". In: ders., Neue Wege der Verfassungs- und Sozialgeschichte. Göttingen ²1968, S. 103—127.
Christoffels, Hildegard: Die geographischen Grenzen des Ruhrgebietes. Diss. masch. Köln 1949.
Conze, Werner: Vom „Pöbel" zum „Proletariat". Sozialgeschichtliche Voraussetzungen für den Sozialismus in Deutschland. In: VSWG 41 (1954) S. 333 ff.; ND in: H.-U. Wehler (Hg.), Moderne deutsche Sozialgeschichte. Köln/Berlin 1966, ³1970 S. 111—136.
- Die Bildung der Klassen der industriellen Arbeiterschaft in Deutschland. In: Internationaler Kongreß für Wirtschaftsgeschichte, Actes Troisième Conference Internationale d'Histoire Economique. Le Hague/Paris 1968, S. 149—155.
- Das Spannungsfeld von Staat und Gesellschaft im Vormärz. In: ders. (Hg.), Staat und Gesellschaft im deutschen Vormärz 1815—1848. Stuttgart ²1970, S. 207—269, 276—281.
Crew, David: Definitions of Modernity: Social Mobility in a German Town, 1880—1901 [Bochum]. In: JSH 7 (1973) S. 51—74.
- Regionale Mobilität und Arbeiterklasse. Das Beispiel Bochum. In: Geschichte und Gesellschaft 1 (1975) S. 99—120.
Croon, Helmuth: Die Einwirkungen der Industrialisierung auf die Gemeindevertretungen. In: Walther G. Hoffmann (Hg.), Beiträge zur Soziologie der industriellen Gesellschaft. Dortmund 1952, S. 57—68 (= Soziale Forschung und Praxis Bd. 9).
- Die Einwirkung der Industrialisierung auf die gesellschaftliche Schichtung der Bevölkerung im rheinisch-westfälischen Industriegebiet. In: Rheinische Vierteljahreshefte 20 (1955) S. 301 bis 316.
- Die Städtevertretung von Krefeld und Bochum im 19. Jahrhundert. In: Richard Dietrich/ Gerhard Oestreich (Hg.), Forschungen zu Staat und Verfassung. FS für Fritz Hartung. Berlin 1958, S. 289—306.
- Städtewandlung und Städtebildung im Ruhrgebiet im 19. Jahrhundert. In: Aus Geschichte und Landeskunde. Forschungen und Darstellungen. FS für Franz Steinbach zum 65. Geburtstag. Bonn 1960, S. 484—501.
- Die gesellschaftlichen Auswirkungen des Gemeindewahlrechtes in den Gemeinden und Kreisen des Rheinlandes und Westfalens im 19. Jahrhundert. Köln/Opladen 1960 (= Forschungsberichte des Landes Nordrhein-Westfalen Nr. 564; Beiträge zur Soziologie der Gemeinden im Ruhrgebiet Bd. 3).
- Bürgertum und Verwaltung in den Städten des Ruhrgebiets im 19. Jahrhundert. In: Tradition 9 (1964) S. 23—41.
- Die verwaltungsmäßige Gliederung des mittleren Ruhrgebiets im 19. und 20. Jahrhundert. In: Bochum und das mittlere Ruhrgebiet. Paderborn 1965, S. 59—64.
- Veränderungen in der Zusammensetzung der Gemeindevertretungen unter dem Einfluß der Industrialisierung in Castrop. In: Castrop-Rauxel. Entwicklung einer Stadt im westfälischen Industriegebiet, S. 163—173.
- Vom Werden des Ruhrgebiets. In: Walter Först (Hg.), Rheinisch-Westfälische Rückblende. Köln/Berlin 1967, S. 173—226.
- Die Versorgung der Großstädte des Ruhrgebietes im 19. und 20. Jahrhundert. In: Troisième

660

Conférence Internationale d'Histoire Economique. München 1965, S. 131–146; auch in: JNS 179 (1966) S. 356–368.

Croon, Helmuth/Hofmann, Wolfgang/von Unruh, Georg Christoph: Kommunale Selbstverwaltung im Zeitalter der Industrialisierung. Stuttgart 1971 (= Schriften des Vereins für Kommunalwissenschaften e. V. Berlin, Bd. 33).

Däbritz, Walther: Entstehung und Aufbau des rheinisch-westfälischen Industriebezirks. In: Beiträge z. Geschichte der Technik und Industrie. Jb. des VDI 15 (Berlin 1925) S. 13–107.

Dege, Wilhelm: Das Ruhrgebiet. (Erweiterte und revidierte Ausgabe, zuerst dänisch 1969) Braunschweig 1972.

Desai, Ashok V.: Real Wages in Germany 1871–1913. Oxford 1968.

Ditt, Hildegard: Struktur und Wandel westfälischer Agrarlandschaften. Münster 1965 (= Veröff. d. Provinzialinstituts f. westfäl. Landes- und Volkskunde Reihe 1 Bd. 13).

Ditt, Hildegard/Schöller, Peter: Die Entwicklung des Eisenbahnnetzes in Nordwestdeutschland. In: Westf. Forschungen 8 (1955) S. 150–180.

Dörner, Heinrich: Industrialisierung und Familienrecht – Die Auswirkungen des sozialen Wandels, dargestellt an den Familienmodellen des ALR, BGB und des französischen Code civil. Diss. Münster 1973.

Dösseler, E[mil]: Die Entwicklung des sozialen Wohnungsbaus mit besonderer Berücksichtigung der Arbeiterwohnungen in Westfalen und im angrenzenden niederrheinisch-bergischen Raum. In: Tradition 13 (1968) S. 133–141.

Draeger, Friedrich: Die ersten Eisenbahnen der Stadt Essen. In: Essener Beiträge 36 (1917) S. 183–194.

Dresbach, Ewald: Geschichte der Grafschaft Mark im Abriß. 1920 (= Wittener Jb. 33, 1920).

Düsterloh, Diethelm: Beiträge zur Kulturgeographie des Niederbergisch-Märkischen Hügellandes. Bergbau und Verhüttung vor 1850 als Elemente der Kulturlandschaft. Hattingen 1967 (= Hattinger heimatkundliche Schriften H. 15).

Ehrenberg, Richard: Krupp-Studien [II]. Durchschnittsverdienste und Verdienstklassen der Arbeiterschaft von Friedrich Krupp in Essen 1845–1906. Verdienstmöglichkeiten von Arbeiter-Haushalten. In: Archiv für exakte Wirtschaftsforschung (Thünen-Archiv) 2 (1908) S. 203–227.

– Krupp-Studien [III]. Die Frühzeit der Kruppschen Arbeiterschaft. In: Archiv für exakte Wirtschaftsforschung (Thünen-Archiv) 3 (1909) S. 1–164.

Ehrenberg, Richard/Racine, Hugo: Krupp'sche Arbeiterfamilien. Entwicklung und Entwicklungs-Faktoren von drei Generationen deutscher Arbeiter. Jena 1912 (= Archiv für exakte Wirtschaftsforschung – Thünen-Archiv – Ergänzungs- H. 6).

Engel, Gustav: Politische Geschichte Westfalens. Köln/Berlin 1968.

Engelhardt, Dora: Studien über den Verlauf des sozialen Schichtungsprozesses auf Grund einer statistischen Erhebung in einer westdeutschen Industriegroßstadt [d. i. Essen]. Diss. masch. Freiburg o. J. [1923].

Engelsing, Rolf: Zur Sozialgeschichte deutscher Mittel- und Unterschichten. Göttingen 1973 (= Kritische Studien z. Geschichtswissenschaft Bd. 4).
Darin:
– Probleme der Lebenshaltung in Deutschland im 18. und 19. Jahrhundert, S. 11–25, 263–265 (zuerst 1970).
– Analphabetentum und Lektüre. Zur Sozialgeschichte des Lesens in Deutschland zwischen feudaler und industrieller Gesellschaft. Stuttgart 1973.
– Das Einkommen der Dienstboten in Deutschland zwischen dem 16. und 20. Jahrhundert. In: Jb. des Instituts für Dt. Geschichte 2 (1973) S. 11–65.
– Das Vermögen der Dienstboten in Deutschland zwischen dem 17. und 20. Jahrhundert. In: Jb. des Instituts für Dt. Geschichte 3 (1974) S. 227–256.

Fischer, Wolfram: Wirtschaft und Gesellschaft im Zeitalter der Industrialisierung. Aufsätze, Studien, Vorträge. Göttingen 1972 (= Kritische Studien zur Geschichtswissenschaft Bd. 1).
Darin:
– Konjunkturen und Krisen im Ruhrgebiet seit 1840 und die wirtschaftspolitische Willensbildung der Unternehmer, S. 179–193 (zuerst 1968);

- Soziale Unterschichten im Zeitalter der Frühindustrialisierung in Deutschland, S. 242–257, 510–512 (zuerst 1963);
- Innerbetrieblicher und sozialer Status der frühen Fabrikarbeiterschaft, S. 258–284, 512 bis 516 (zuerst 1954);
- Das Verhältnis von Staat und Wirtschaft in Deutschland am Beginn der Industrialisierung, S. 60–74 (zuerst 1961);
- „Stadien und Typen" der Industrialisierung in Deutschland. Zum Problem ihrer regionalen Differenzierung, S. 464–473, 534;
- Soziale Spannungen in den Frühstadien der Industrialisierung, S. 224–241, 506–510 (zuerst 1966).
- Government Activity and Industrialization in Germany, 1815—1870. In: Sima Liebermann (Hg.), Europe and the Industrial Revolution. Cambridge/Mass. 1972, S. 447—458.

Fischer, Wolfram (Hg.): Wirtschafts- und sozialgeschichtliche Probleme der frühen Industrialisierung. Berlin 1968 (= Einzelveröff. d. Histor. Kommission zu Berlin Bd. 1).

Fischer, Wolfram/Bajor, Georg (Hg.): Die soziale Frage. Neuere Studien zur Lage der Fabrikarbeiter in den Frühphasen der Industrialisierung. Stuttgart 1967.

Fischer-Eckert, Li: Die wirtschaftliche und soziale Lage der Frauen in dem modernen Industrieort Hamborn im Rheinland. Hagen 1913.

Först, Walter (Hg.): Rheinisch-westfälische Rückblende. Köln/Berlin 1967 (= Beiträge zur neueren Landesgeschichte des Rheinlandes und Westfalens Bd. 1).
- Ruhrgebiet und Neues Land. Köln/Berlin 1968 (= Beiträge zur neueren Landesgeschichte des Rheinlandes und Westfalens Bd. 2).
- Politik und Landschaft. Köln/Berlin 1969 (= Beiträge zur neueren Landesgeschichte des Rheinlandes und Westfalens Bd. 3).
- Provinz und Staat. Köln/Berlin 1971 (= Beiträge zur neueren Landesgeschichte des Rheinlandes und Westfalens Bd. 4).

Freisewinkel, Paul: Geschichtliche Betrachtungen über das Schulwesen im Hattinger Raum bis zum Beginn der Schwerindustrie. In: Der Märker 11 (1962) S. 14–19, 53–59.
- Veränderungen in der Sozialstruktur der Siedlungsgemeinschaften des Hattinger Hügellandes durch Bergbau und Industrie im 19. Jahrhundert. In: Der Märker 15 (1966) S. 109–114.

Geck, L[udwig] H[einrich] Ad[olf]: Die sozialen Arbeitsverhältnisse im Wandel der Zeit. Eine geschichtliche Einführung in die Betriebssoziologie. Berlin 1931 (= Schriftenreihe des Instituts für Betriebssoziologie und soziale Betriebslehre an der Technischen Hochschule Berlin H. 1).

Glander, Herwig: Untersuchung über die wirtschaftliche Entwicklung und steuerliche Bewertung der Landwirtschaft des Kreises Recklinghausen. Ein Beitrag zum Problem „Landwirtschaft und Industrienähe". Diss. Hohenheim 1956.

Goerke, Heinz: Wohnhygiene im 19. Jahrhundert. In: Walter Artelt u. a. (Hg.), Städte-, Wohnungs- und Kleidungshygiene des 19. Jahrhunderts in Deutschland. Stuttgart 1969, S. 52–69.

Die Grafschaft Mark. Festschrift zum Gedächtnis der 300jährigen Vereinigung mit Brandenburg-Preußen. Hg. von A[loys] Meister. 2 Bde. Dortmund 1909.

Gruner, Erich: Der Klassenkampf als formendes Element der neuesten Geschichte. In: Schweizer Beiträge zur Allgemeinen Geschichte 18/19 (1960/1961) S. 475–506.

Hardach, Gerd H.: Der soziale Status des Arbeiters in der Frühindustrialisierung. Eine Untersuchung über die Arbeitnehmer in der französischen eisenschaffenden Industrie zwischen 1800 und 1870. Berlin 1969 (= Schriften zur Wirtschafts- und Sozialgeschichte Bd. 14).

Hartl, Kaspar: Die wirtschaftliche und soziale Entwicklung des Kreises Recklinghausen im 19. Jahrhundert. Diss. Münster 1909.

Hauser, Oswald: Die Eingliederung der Rheinlande in Preußen. In: Zs. des Bergischen Geschichtsvereins 84 (1968/1969) S. 16–28.
- Einige Grundzüge aus der Geschichte des Ruhrgebiets. In: GWU 18 (1967) S. 449–456.

Heese, Maria: Der Landschaftswandel im mittleren Ruhrindustriegebiet seit 1820. Diss. Münster 1939, Münster 1941 (= Arbeiten der Geographischen Kommission im Provinzialinstitut für westfälische Landes- und Volkskunde Bd. 6).

Heinrichs, Werner: Die Entwicklung der landwirtschaftlichen Betriebsverhältnisse in dem westlichen Teil des Hellweggebietes unter dem Einfluß der Großindustrie. Diss. Bonn 1938, Würzburg 1938.

Helmrich, Wilhelm: Das Ruhrgebiet. Wirtschaft und Verflechtung. Münster ²1949 (= Veröff. des Provinzialinstituts für Westfälische Landes- und Volkskunde Reihe 1, H. 3; zugleich Schriften der Volks- und Betriebswirtschaftlichen Vereinigung im rhein.-westf. Industriegebiet, Hauptreihe H. 14).

Henderson, William Otto: Britain and Industrial Europe 1750—1870. Studies in British Influence on the Industrial Revolution in Western Europe. Liverpool o. J. (zuerst 1954).

— The State and the Industrial Revolution in Prussia 1740—1870. Liverpool UP 1958.

Herbermann, Clemens (Hg.): Links der Lippe, rechts der Ruhr. Geschichte und Gegenwart im Emscherland. Zum 100jährigen Bestehen hg. v. d. Stadt-Sparkasse Gelsenkirchen. Gelsenkirchen 1969.

Hinz, Wolfgang: Die Veränderung der Sozialstruktur beim Übergang von der agraren zur industriellen Daseinsform (dargestellt am Beispiel der vestischen Gemeinde Gladbeck). Diss. Köln 1961.

Hinze, Kurt: Die Arbeiterfrage zu Beginn des modernen Kapitalismus in Brandenburg-Preußen 1685—1806. Berlin ²1963 (= Veröff. d. Histor. Kommission zu Berlin Bd. 9, ND Bd. 1).

Hömberg, Albert K.: Wirtschaftsgeschichte Westfalens. Münster 1968.

Hoffmann, Walther G.: Zur Dynamik der „industriellen Gesellschaft". Wirtschaftssoziologische Bemerkungen. In: ders. (Hg.), Beiträge zur Soziologie der industriellen Gesellschaft. Dortmund 1952, S. 7—15.

— The Take-Off in Germany. In: W. W. Rostow (Hg.), The Economics of Take-off into Sustained Growth. Proceedings of a Conference held by the International Economic Association. London 1963, S. 95—118.

— (Mitarbeit: Franz Grumbach/Helmut Hesse), Das Wachstum der deutschen Wirtschaft seit der Mitte des 19. Jahrhunderts. Berlin/Heidelberg/New York 1965.

— Wachstumsschwankungen in der deutschen Wirtschaft 1850—1967. In: ders. (Hg.), Untersuchungen zum Wachstum der deutschen Wirtschaft. Tübingen 1971, S. 77—92.

Hudde, Wilhelm: Die Grundstückspolitik der Städte Gelsenkirchen, Buer und Horst, unter besonderer Berücksichtigung der Veränderung der Bodenbesitzverhältnisse. Diss. Bonn 1929.

Hüttenhain, Wilhelm: Die Entstehung und Entwicklung des rheinisch-westfälischen Industriebezirks. Diss. masch. Frankfurt 1923.

Husmann, Heinrich: Lebensformen und ihr Wandel beim Arbeiter in Hamborn. In: Rhein.-Westf. Zs. f. Volkskunde 4 (1957) S. 1—39, 133—214.

Imme, Theodor: Alte Sitten und Bräuche im Essenschen. III. Nachbarschaftswesen und Totenbräuche. 1. Teil: Das Nachbarschaftswesen. In: Essener Beiträge 37 (1918) S. 195—256.

— Die Nachbarschaften im Bereich des ehemaligen Stifts Essen mit einer Einleitung über die alten Gilden und Nachbarschaften überhaupt. In: Zs. des Vereins für rhein. und westf. Volkskunde 15 (1918) S. 33—74.

Jeismann, Karl Ernst: Tendenzen zur Verbesserung des Schulwesens in der Grafschaft Mark 1798—1848. In: Westf. Forschungen 22 (1969—1970) S. 78—97.

Kaelble, Hartmut: Sozialer Aufstieg in Deutschland 1850—1914. In: VSWG 60 (1973) S. 41—71.

Kaufhold, Karl Heinrich: Entstehung, Entwicklung und Gliederung der gewerblichen Arbeiterschaft in Nordwestdeutschland 1800—1875. Unter besonderer Berücksichtigung des Einflusses staatlicher Maßnahmen. In: Hermann Kellenbenz (Hg.), Wirtschaftspolitik und Arbeitsmarkt, S. 69—85.

Keinemann, Friedrich: Bemerkungen zur wirtschaftlichen Lage der Grafschaft Mark um 1800 nach einigen Zeugnissen der zeitgenössischen Publizistik. In: Dortmunder Beiträge 65 (1969) S. 59—77.

— Zeitgenössische Ansichten über die Entwicklung von Wirtschaft, Gesellschaft und Kultur in den westfälischen Territorien in der zweiten Hälfte des 18. Jhs. In: Westf. Zs. 120 (1970) S. 399—454.

Kind, Friedrich Wilhelm Robert: Entwicklung und Ausdehnung der Eisenbahngesellschaften im niederrheinisch-westfälischen Kohlengebiet. Diss. Münster. Leipzig 1908.

Klag, Kurt: Die Standortsverschiebungen der Eisen schaffenden Industrie im Ruhrgebiet. In: Beiträge zur Industriewirtschaft des Ruhrgebietes. Essen-Kettwig 1947, S. 53—87.

— Standortsbedingungen der Eisen schaffenden Industrie des Ruhrbezirks. Essen-Kettwig 1948 (= Rhein.-Westf. Institut für praktische Wirtschaftsforschung, Essen. Volkswirtschaftliche Abteilung H. 35).

Klausa, Udo: Die Verwaltung der Provinz. In: Walter Först (Hg.), Das Rheinland in preußischer Zeit. Köln/Berlin 1965, S. 71—86.

Klauser, Eugen: Die Entwicklung des bäuerlichen Wirtschaftswesens von 1815 bis heute. II. Abschnitt: Die Steuergesetzgebung gegenüber dem Grundbesitz im 19. und 20. Jahrhundert. In: Engelbert Frhr. v. Kerckerinck zur Borg (Hg.), Beiträge zur Geschichte des westfälischen Bauernstandes. Berlin 1912, S. 224—257.

Kluitmann, Leo: Der gewerbliche Geld- und Kapitalverkehr im Ruhrgebiet im 19. Jh. Bonn 1931 (= Veröff. des Archivs für Rhein.-Westf. Wirtschaftsgeschichte Bd. XII).

Knaut, Martin: Geschichte der Verwaltungsorganisation unter besonderer Berücksichtigung Preußens und der rhein.-westf.-lippischen Lande. Stuttgart 1961 (= Verwaltung und Wirtschaft H. 26).

Knübel, Hans: Die räumliche Gliederung des Ruhrgebiets. In: Geograph. Rundschau 17 (1965) S. 180—190.

Köllmann, Wolfgang: Die Anfänge der staatlichen Sozialpolitik in Preußen bis 1869. In: Ernst-Wolfgang Böckenförde (Hg.), Moderne deutsche Verfassungsgeschichte (1815—1918). Köln 1972, S. 410—429.

— Rheinland und Westfalen an der Schwelle des Industriezeitalters. In: ders., Bevölkerung in der industriellen Revolution. Göttingen 1974, S. 208—228, 279—282.

— Von Rheinisch-westfälischer Wirtschaft. In: Walter Först (Hg.), Rheinisch-Westfälische Rückblende. Köln/Berlin 1967, S. 125—171.

— Wirtschaft und Gesellschaft Rheinland-Westfalens zu Beginn des Industriezeitalters. In: Jürgen Reulecke (Hg.), Arbeiterbewegung an Rhein und Ruhr. Wuppertal 1974, S. 11—23.

Koselleck, Reinhart: Preußen zwischen Reform und Revolution. Allgemeines Landrecht, Verwaltung und soziale Bewegung von 1791 bis 1848. Stuttgart 1967 (= Industrielle Welt Bd. 7).

— Staat und Gesellschaft in Preußen, 1815—1848. In: Hans-Ulrich Wehler (Hg.), Moderne deutsche Sozialgeschichte. Köln/Berlin ³1970, S. 55—84, 474—481.

Krämer, Karl Emerich: Die Entwicklung des Industrie-Volkstums an Rhein und Ruhr, besonders im Spiegel der zeitgenössischen Literatur. Diss. masch. Bonn 1949.

Kranz, G.: Die Werdener Nachbarschaften. In: Beiträge zur Geschichte des Stiftes Werden H. 4 (1895) S. 46—138.

Kruse, Hans: Das Siegerland unter preußischer Herrschaft 1815—1915. FS aus Anlaß der hundertjährigen Vereinigung des oranischen Fürstentums Nassau-Siegen und Preußen. Siegen 1915.

Kuczynski, Jürgen: Darstellung der Lage der Arbeiter in Deutschland von 1789 bis 1849;
    dass. von 1849 bis 1870;
    dass. von 1870 bis 1900. Berlin (O) 1961, 1962 (= Geschichte der Lage der Arbeiter unter dem Kapitalismus Bde. I, 1—3).

— Die Theorie der Lage der Arbeiter. Berlin (O) 1968 (= Geschichte der Lage der Arbeiter unter dem Kapitalismus Bd. 36).

Kürten, Wilhelm: Die Entwicklung des Bergisch-Märkischen Industriegebiets bis zur Mitte des 19. Jahrhunderts. In: Beiträge zur Heimatkunde der Stadt Schwelm NF H. 17 (1967) S. 56—76.

Kuske, Bruno: Die wirtschaftliche und soziale Verflechtung zwischen Deutschland und den Niederlanden bis zum 18. Jahrhundert. In: Deutsches Archiv für Landes- und Volksforschung 1 (1937) S. 669—714.

— Die deutsche Westgrenze in ihren wirtschaftsgeschichtlichen Zusammenhängen. In: Deutsches Archiv für Landes- und Volksforschung 4 (1940) S. 384—424.

— Wirtschaftsgeschichte Westfalens in Leistung und Verflechtung mit den Nachbarländern bis zum 18. Jahrhundert. Münster ²1949 (= Veröff. des Provinzialinstituts für westf. Landes- und Volkskunde Reihe I, H. 4).

— Grundzüge der Entwicklung des deutschen und besonders des rheinisch-westfälischen Industrieraumes. In: Hellmuth Herker (Hg.), Beiträge zur Wirtschaft und Verwaltung im rheinisch-westfälischen Industriegebiet. Essen 1941, S. 25–40 (= Schriften der volkswirtschaftlichen Vereinigung im rhein.-westf. Industriegebiet H. 9).

— Grundgedanken rheinisch-westfälischer Wirtschaftsentwicklung. In: Monographien rheinisch-westfälischer Unternehmungen. Köln o. J. [1951] S. 11–21.

— Grundlinien westfälischer Wirtschaftsgeschichte. Dortmund 1955 (= Vortragsreihe d. Gesellschaft für westf. Wirtschaftsgeschichte H. 4).

Laer, Wilhelm von: Die Entwicklung des bäuerlichen Wirtschaftswesens von 1815 bis heute: I. Abschnitt: Die wirtschaftlichen Verhältnisse. In: Engelbert Frhr. von Kerckerinck zur Borg (Hg.), Beiträge zur Geschichte des westfälischen Bauernstandes. Berlin 1912, S. 164–223.

Lange, Irmgard: Die Einführung der Dampfmaschine im ehemaligen Kreis Duisburg. In: Duisburger Forschungen 14 (1970) S. 72–90.

Lange-Kothe, Irmgard: Die Odyssee der ältesten Dampfmaschine des Ruhrgebiets. In: Der Anschnitt 7 (1955) Nr. 5, S. 24–26.

Linden, Hellmut: Naturräumliche Kleingliederung und Agrarstruktur an der Grenze des westfälischen Hellweges gegen das Sandmünsterland. Remagen 1958.

Lingnau, Josef: Industrievolk: Begriff und Wirklichkeit der unterbürgerlichen Schicht. Zu Wilhelm Brepohls Arbeiten anläßlich seines 75. Geburtstags. In: Soziale Welt 20 (1969) S. 109 bis 123.

Linneweber, Gisbert: Die Landwirtschaft in den Kreisen Dortmund und Hörde unter dem Einflusse der Industrie. Diss. Tübingen 1909, Stuttgart 1909.

Ludz, Peter-Christian (Hg.): Soziologie und Sozialgeschichte. Aspekte und Probleme. Opladen 1972 (= Sonderheft der Kölner Zeitschrift f. Soziologie Nr. 16).

Marquardt, Frederick D.: Pauperismus in Germany during the Vormärz. In: Journal of Central European History 2 (1969) S. 77–88.

Matschoß, Conrad: Aus der Geschichte des Rhein.-Westf. Industriegebietes. In: VDI. Zs. des Vereins deutscher Ingenieure 66 (1972) S. 581–589.

Meier, Friedhelm: Die Änderung der Bodennutzung und des Grundeigentums im Ruhrgebiet von 1820 bis 1955. Bad Godesberg 1961 (= Forschungen zur dt. Landeskunde Bd. 131).

Meisenburg, Friedrich: Die Cholera in Essen im Jahre 1866. In: Essener Beiträge 70 (1955) S. 71–91.

Menzenbach, Josef: Vom Industriebauernhof zur Kleinsiedlung. Entwicklungstendenzen im Kreise Mülheim-Ruhr. Diss. Bonn, Düsseldorf 1940.

Mertins, Günter: Die Kulturlandschaft des westlichen Ruhrgebiets (Mülheim — Oberhausen — Dinslaken). Gießen/Neustadt a. d. A. 1964.

Meinert, Ruth: Die Entwicklung der Arbeitszeit in der deutschen Industrie 1820–1956. Diss. Münster 1964.

Mendels, Franklin: Proto-Industrialization: The First Phase of the Industrialization Process. In: JEH 32 (1972) S. 241–261.

Michel, Ernst: Sozialgeschichte der industriellen Arbeitswelt, ihre Krisenformen und Gestaltungsversuche. Frankfurt a. M. 1953.

Mottek, Hans: Die Gründerkrise. Produktionsbewegung, Wirkungen, theoretische Problematik. In: Jb. für Wirtschaftsgeschichte 1966/I S. 51–128.

— Wirtschaftsgeschichte Deutschlands. Ein Grundriß [bis 1870]. 2 Bde. Berlin (O) 1968, 1971.

Mottek, Hans/Becker, Walter/Schröder, Alfred: Wirtschaftsgeschichte Deutschlands. Bd. III: Von der Zeit der Bismarckschen Reichsgründung 1871 bis zur Niederlage des faschistischen deutschen Imperialismus 1945. Berlin (O) 1974.

Müller-Wille, Wilhelm: Westfalen. Landschaftliche Ordnung und Bindung eines Landes. Münster 1952.

Nahrstedt, Wolfgang: Die Entstehung der Freizeit. Dargestellt am Beispiel Hamburgs. Ein Beitrag zur Strukturgeschichte und zur strukturgeschichtlichen Grundlegung der Freizeitpädagogik. Göttingen 1972.

Neuloh, Otto: Sozialer Wandel und Industrialisierung im 19. Jahrhundert. In: Walter Rüegg/Otto Neuloh (Hg.), Zur soziologischen Theorie und Analyse des 19. Jahrhunderts. Göttingen 1971, S. 65–80.

Neuloh, Otto/Kurucz, J.: Vom Kirchdorf zur Industriegemeinde. Wertordnung und Industrialisierung. Untersuchungen über den Einfluß der Industrialisierung auf die Wertordnung der Arbeitnehmer. Köln 1967.

Niemeier, Georg: Das Landschaftsbild des heutigen Ruhrreviers vor Beginn der großindustriellen Entwicklung — Erläuterungen zu einer Karte der Zeit um 1840. In: Westf. Forschungen 5 (1942) S. 79—114, mit Anhangkarten.

Noll, Adolf: Sozio-ökonomischer Strukturwandel des Handwerks in der zweiten Phase der Industrialisierung unter besonderer Berücksichtigung der Regierungsbezirke Arnsberg und Münster. Diss. Münster 1969.

— Wirtschaftliche und soziale Entwicklung des Handwerks in der zweiten Phase der Industrialisierung. In: Walter Rüegg/Otto Neuloh (Hg.), Zur soziologischen Theorie und Analyse des 19. Jahrhunderts. Göttingen 1971, S. 193—212.

Obermann, Karl: Zur Klassenstruktur und zur sozialen Lage der Bevölkerung in Preußen 1846 bis 1849. In: Jb. für Wirtschaftsgeschichte 1973/II S. 79—120; Jb. für Wirtschaftsgeschichte 1973/III S. 143—174.

— Wirtschafts- und sozialpolitische Aspekte der Krise von 1845—1847 in Deutschland, insbesondere in Preußen. In: Jb. für Geschichte 7 (1972) S. 141—174.

Otremba, Erich: Die Stellung des Ruhrgebiets im Weltwirtschaftsraum. In: Verhandlungen des dt. Geographentages 35 (1966) S. 183—191.

Overbeck, Karl: Die Wanderung der Großeisenindustrie des Ruhrgebiets zum Rhein. Diss. masch. Bonn 1923.

Paulus, Oswald: Die Kartellbildung in der rheinisch-westfälischen Industrie während der 1880er Jahre. Diss. masch. Köln 1925.

Pollard, Sidney: Factory Discipline in the Industrial Revolution. In: EHR 16 (1963/1964) S. 254—271.

Quelle, Otto: Industriegeographie der Rheinlande. Bonn 1926 (= Rheinische Neujahrsblätter Heft V).

Ramjoué, Fritz: Die Bedeutung der Schwerindustrie für die Entwicklung des Ruhrgebiets als Wirtschaftskörper. Diss. Köln 1931, Gummersbach 1933.

Rath, Gernot: Die Hygiene der Stadt im 19. Jahrhundert. In: Walter Artelt u. a., Städte-, Wohnungs- und Kleidungshygiene des 19. Jahrhunderts in Deutschland. Stuttgart 1969, S. 70—83.

Der Raum Westfalen. Hg. v. Hermann Aubin, Ottmar Bühler, Bruno Kuske und Aloys Schulte. 5 Bde. + 1 Sonderbd. Berlin 1931—1934, Münster 1958.

Rosenbaum, Heidi (Hg.): Familie und Gesellschaftsstruktur. Materialien zu den sozioökonomischen Bedingungen von Familienformen. Frankfurt a. M. 1974.

Rosenberg, Hans: Große Depression und Bismarckzeit. Wirtschaftsablauf, Gesellschaft und Politik in Mitteleuropa. Berlin 1967 (= Veröff. der Historischen Kommission zu Berlin beim Fr.-Meinecke-Institut der Freien Univ. Berlin Bd. 24).

— Die Weltwirtschaftskrise von 1857—1859. Göttingen ²1974.

Rostow, W. W.: Stadien wirtschaftlichen Wachstums. Göttingen ²1967.

Rüegg, Walter/Neuloh, Otto (Hg.): Zur soziologischen Theorie und Analyse des 19. Jahrhunderts. Göttingen 1971 (= Studien zum Wandel von Gesellschaft und Bildung im 19. Jh. Bd. 1).

Saalfeld, Diedrich: Handwerkereinkommen in Deutschland vom ausgehenden 18. bis zur Mitte des 19. Jahrhunderts. Ein Beitrag zur Bewertung von Handwerkerlöhnen in der Übergangsperiode zum industriellen Zeitalter. In: Wilhelm Abel (Hg.), Handwerksgeschichte in neuer Sicht. Göttingen 1970 (=Göttinger Handwerkswirtschaftliche Studien Bd. 16) S. 65—115.

Schelsky, Helmut: Wandlungen der deutschen Familie in der Gegenwart. Darstellung und Deutung einer empirisch-soziologischen Bestandsaufnahme. Stuttgart 1954, ³1955.

Schlotter, Peter: Die ländliche Arbeiterfrage in der Provinz Westfalen. Leipzig 1907 (= Abhandlungen aus dem staatswissenschaftlichen Seminar zu Münster i. W. H. 6).

Schmidt, Klaus Werner: Die „Rheinisch-Westfälische Zeitung" und ihr Verleger Reismann-Grone. In: Dortmunder Beiträge 69 (1974) S. 251—382.

Schmidt-Breilmann, Annemarie: Der Einfluß der Industrialisierung auf das Handwerk. Untersuchungen über die Auswirkungen des Kohlenbergbaues im Raum Recklinghausen. In: Vestisches Jb. 55 (1953) S. 19—81.

Schmitz, Albert: Der Einfluß der Nordwanderung des Ruhrkohlenbergbaus auf die industrielle Standortstruktur und den Wasserstraßenverkehr. Diss. Münster 1966.

Schneider, Christian/Wiedenhöfer, Joseph (Hg.): Der Kreis Recklinghausen 1850—1910. Zur Erinnerung an den Landrat Freiherrn von Reitzenstein 1848—1893. Münster 1911.

Schneider, Lothar: Der Arbeiterhaushalt im 18. und 19. Jahrhundert. Dargestellt am Beispiel des Heim- und Fabrikarbeiters. Berlin 1967 (= Beiträge zur Ökonomie von Haushalt und Verbrauch H. 4).

Schuchardt, Jürgen: Die Weltwirtschaftskrise vom Jahre 1866 in Deutschland. In: Jb. für Wirtschaftsgeschichte 1962/II S. 91—141.

Schulte, Fritz: Die Entwicklung der gewerblichen Wirtschaft in Rheinland-Westfalen im 18. Jahrhundert. Köln 1959 (= Schriften zur Rhein.-Westf. Wirtschaftsgeschichte Bd. 1).

Sheehan, James J.: Liberalism and Society in Germany, 1815—1848. In: JMH 45 (1973) S. 583—604.

Sombart, Werner: Die Arbeiterverhältnisse im Zeitalter des Frühkapitalismus. In: ASSP 44 (1917/1918) S. 19—51.

Spelberg, H.: Der Einfluß der industriellen Entwicklung auf die Landwirtschaft des Rhein.-Westf. Industriegebietes unter bes. Berücksichtigung der Kreise Bochum und Gelsenkirchen. Diss. phil. (Auszug) Gießen 1923.

Spethmann, Hans: Ruhrrevier und Raum Westfalen. Wirtschaftskritische Ergänzung zu dem Werk „Der Raum Westfalen". Oldenburg 1933.

— Das Ruhrgebiet im Wechselspiel von Land und Leuten, Wirtschaft, Technik u. Politik. 3 Bde. Berlin 1933—1938.

Spiethoff, Arthur: Die wirtschaftlichen Wechsellagen. 2 Bde. Tübingen 1955.

Spree, Reinhard/Bergmann, Jürgen: Die konjunkturelle Entwicklung der deutschen Wirtschaft 1840—1864. In: Hans-Ulrich Wehler (Hg.), Sozialgeschichte heute. Göttingen 1974, S. 289—325.

Steinberg, H[einz] G[ünter]: Die Entwicklung des Ruhrgebietes von 1840—1914 aus der Sicht der Raumforschung. In: Forschungs- und Sitzungsberichte der Akademie f. Raumforschung und Landesplanung Bd. 30. Hannover 1965.

— Grundzüge der Entwicklung des Ruhrgebiets. In: Verhandlungen des dt. Geographentages 35 (1966) S. 150—155.

— Zur Verwaltungsgeschichte des Reviers. In: Walter Först (Hg.), Politik und Landschaft. Köln/Berlin 1969, S. 177—215.

— Zur Sozialgeschichte des Reviers. In: Walter Först (Hg.), Rheinisch-Westfälische Rückblende. Köln/Berlin 1967, S. 229—274.

— Sozialräumliche Entwicklung und Gliederung des Ruhrgebietes. Bad Godesberg 1967 (= Forschungen zur deutschen Landeskunde. Veröffentlichungen des Zentralausschusses für deutsche Landeskunde und des Instituts für Landeskunde Bd. 166).

— Die Entwicklung des Ruhrgebietes. — Eine wirtschafts- und sozialgeographische Studie. Hg. vom DGB-Landesbezirk Westfalen. O. O. 1967.

Teuteberg, Hans Jürgen: Geschichte der industriellen Mitbestimmung in Deutschland. Ursprung und Entwicklung ihrer Vorläufer im Denken und in der Wirklichkeit des 19. Jahrhunderts. Tübingen 1961 (= Soziale Forschung und Praxis Bd. 15).

Teuteberg, Hans Jürgen/Wiegelmann, Günter: Der Wandel der Nahrungsgewohnheiten unter dem Einfluß der Industrialisierung. Göttingen 1972 (= Studien zum Wandel von Gesellschaft und Bildung im 19. Jh. Bd. 3).

Thompson, E. P.: Zeit, Arbeitsdisziplin und Industriekapitalismus. In: Rudolf Braun et al. (Hg.), Gesellschaft in der industriellen Revolution. Köln 1973, S. 81—112.

Thun, Alphons: Beiträge zur Geschichte der Gesetzgebung und Verwaltung zu Gunsten der Fabrikarbeiter in Preußen. In: Zs. des Kgl. Preußischen Statistischen Bureaus 17 (1877) S. 59—94.

— Die Industrie am Niederrhein und ihre Arbeiter. Erster Theil: Die linksrheinische Textilindustrie. Leipzig 1879 (= Staats- und Sozialwissenschaftliche Forschungen Bd. II, 2).

– Die Industrie am Niederrhein und ihre Arbeiter. Zweiter Theil: Die Industrie des bergischen Landes (Solingen, Remscheid und Elberfeld-Barmen). Leipzig 1879 (= Staats- und Sozialwiss. Forschungen Bd. II, 3).

Tilly, Richard H.: Financial Institutions and Industrialization in the Rhineland 1815–1870. Madison, Milwaukee/London 1966.

– Die Industrialisierung des Ruhrgebietes und das Problem der Kapitalmobilisierung. Dortmund 1969 (= Vortragsreihe der Gesellschaft für Westf. Wirtschaftsgeschichte H. 15).

Timm, Willy: Die deutschkatholische Bewegung. Ihre Gemeindebildungen in Dortmund und der Grafschaft Mark; ihre Ausbreitungsversuche im übrigen Westfalen. In: Dortmunder Beiträge 57 (1960) S. 169–203.

Treue, Wilhelm: Wirtschaftszustände und Wirtschaftspolitik in Preußen 1815–1825. Stuttgart/Berlin 1937 (= VSWG 1937 Beiheft 31).

– Grundzüge einer Geschichte der wirtschaftlichen Entwicklung des Ruhrgebiets im Industriezeitalter. In: Tradition 13 (1968) S. 273–281.

– Haus und Wohnung im 19. Jahrhundert. In: Walter Artelt u. a., Städte-, Wohnungs- und Kleidungshygiene des 19. Jahrhunderts in Deutschland. Stuttgart 1969. S. 34–51.

Tyszka, Carl v.: Löhne und Lebenskosten in Westeuropa im 19. Jahrhundert. Nebst einem Anhang: Lebenskosten deutscher und westeuropäischer Arbeiter früher und jetzt. München/Leipzig 1914 (= Schriften des Vereins für Socialpolitik 145, III).

Volkmann, Heinrich: Die Arbeiterfrage im preußischen Abgeordnetenhaus 1848–1869. Berlin 1968 (= Schriften zur Wirtschafts- und Sozialgeschichte Bd. 13).

Wallmichrath, Erich: Ein Personenkreis beim Bau der ersten deutschen Eisenbahn. In: Genealogie 8 (1966/1967) S. 372–380, 401–412.

Weber-Kellermann, Ingeborg: Die deutsche Familie. Versuch einer Sozialgeschichte. Frankfurt a. M. 1974.

Wehler, Hans-Ulrich: Theorieprobleme der modernen deutschen Wirtschaftsgeschichte (1800 bis 1945). In: Gerhard A. Ritter (Hg.), Entstehung und Wandel der modernen Gesellschaft. FS für Hans Rosenberg. Berlin 1970, S. 66–107.

– Bismarck und der Imperialismus. Köln/Berlin ³1972.

– (Hg.), Sozialgeschichte heute. Festschrift für Hans Rosenberg zum 70. Geburtstag. Göttingen 1974 (= Kritische Studien zur Geschichtswissenschaft Bd. 11).

– (Hg.), Moderne deutsche Sozialgeschichte. Köln/Berlin ³1970.

Wiegelmann, Günter (Hg.): Kultureller Wandel im 19. Jahrhundert. Verhandlungen des 18. Deutschen Volkskunde-Kongresses in Trier vom 13. bis 18. September 1971. Göttingen 1973 (= Studien zum Wandel von Gesellschaft und Bildung im Neunzehnten Jahrhundert Bd. 5).

Wiel, P[aul]: Die Landwirtschaft des Ruhrgebietes. In: Mitteilungen d. rhein.-westf. Instituts für Wirtschaftsforschung 6 (1955) S. 51–74.

– Wirtschaftsgeschichte des Ruhrgebietes. Tatsachen und Zahlen. Essen 1970.

Winterfeld, Luise von: Eine Beschreibung der alten Grafschaft Mark um 1826/1828. In: Dortmunder Beiträge 60 (1965) S. 181–291.

Wöckener, Hans: Die Entwicklung der wirtschaftlichen Berichterstattung im Ruhrgebiet im 19. Jahrh. mit bes. Berücksichtigung des Märkischen Sprechers. Diss. München, Quakenbrück 1936.

Wurm, Emanuel: Die Lebenshaltung der deutschen Arbeiter, ihre Ernährung und Wohnung, Einkommen, indirekte Besteuerung, Erkrankung und Sterblichkeit. Nebst einem Anhang: Die Zusammensetzung der Nahrungsmittel. Dresden 1892.

Zorn, Wolfgang: Die Struktur der rheinischen Wirtschaft in der Neuzeit. In: Rheinische Vierteljahresbl. 28 (1963) S. 37–61.

– Die wirtschaftliche Struktur der Rheinprovinz um 1820. In: VSWG 54 (1967) S. 289–324, Ergänzung S. 477–480.

– Wirtschaft und Gesellschaft in Deutschland in der Zeit der Reichsgründung. In: Theodor Schieder/Ernst Deuerlein (Hg.), Reichsgründung 1870/1871. Tatsachen, Kontroversen, Interpretationen. Stuttgart 1970, S. 197–225.

– Preußischer Staat und rheinische Wirtschaft (1818–1830). In: Georg Droege et al. (Hg.), FS für Franz Petri. Bonn 1970, S. 252–360.

— Die wirtschaftliche Integration Kleindeutschlands in den 1860er Jahren und die Reichsgründung. In: HZ 216 (1973) S. 304—334.

2. Bergbau und Bergrecht

Achenbach, H[einrich]: Geschichte der Cleve-Märkischen Berggesetzgebung und Bergverwaltung bis zum Jahre 1815. In: ZBHSW 17 (1869) S. 178—228; auch in: ZBR 27 (1886) S. 154 bis 253.
— Das französische Bergrecht und die Fortbildung desselben durch das preußische Allgemeine Berggesetz. Bonn 1869.
— Das gemeine deutsche Bergrecht in Verbindung mit dem preußischen Bergrechte unter Berücksichtigung der Berggesetze Bayerns, Sachsens, Österreichs und anderer deutscher Länder. Bonn 1871.
— Die deutschen Bergleute der Vergangenheit. In: ZBR 12 (1871) S. 80—118.
Adams, Erich: Produktions-, Absatz- und Verkehrsinteressen des Ruhrbergbaus, ihre Entwicklung und Wahrnehmung. Diss. Köln 1933.
Adelmann, Gerhard: Studien zur sozialen Betriebsverfassung des Ruhrbergbaus von der Mitte des 19. Jahrhunderts bis zum Bergarbeiterstreik von 1889. In: Rheinische Vierteljahrsbl. 25 (1960) S. 1—41.
— Die soziale Betriebsverfassung des Ruhrbergbaus vom Anfang des 19. Jahrhunderts bis zum Ersten Weltkrieg unter besonderer Berücksichtigung des Industrie- und Handelskammerbezirks Essen. Bonn 1962 (= Rheinisches Archiv Bd. 56).
— Die Beziehungen zwischen Arbeitgeber und Arbeitnehmer in der Ruhrindustrie vor 1914. In: JNS 175 (1963) S. 412—427.
Adolph, E[rnst]: Ruhrkohlenbergbau, Transportwesen und Eisenbahntarifpolitik. Eine geschichtliche Betrachtung. Berlin 1927.
Arndt, Adolf: Bergbau und Bergbaupolitik. Leipzig 1894 (= Hand- u. Lehrbuch der Staatswissenschaften, 1. Abt. 9. Bd. hg. Kuno Frankenstein).
— Zur Geschichte und Theorie des Bergregals und der Bergbaufreiheit. Ein Beitrag zur Wirtschaftsgeschichte. Freiburg i. Br. ²1916.
Bacmeister, Walter: Vom stolzen alten Knappenstand. In: Heimatkalender für den Kreis Mörs 3 (1940) S. 98—103.
Bax, Karl: Der deutsche Bergmann im Wandel der Geschichte, seine Stellung in der Gegenwart und die Frage seines Berufsnachwuchses. Berlin ³1942.
Behrens, Hedwig: Der erste Koksofen des rheinisch-westfälischen Industriegebietes auf der Friedrich-Wilhelms Hütte in Mülheim a. d. Ruhr. In: Rheinische Vierteljahrsbl. 25 (1960) S. 121—125.
Beiträge zur Geschichte des Bergbaus, Hüttenwesens und der Montanwissenschaften (16. bis 20. Jahrhundert). 2 Bde. Leipzig 1963, 1965 (= Freiberger Forschungshefte D 46, 48).
Bergengrün, Alexander: Staatsminister Freiherr August von der Heydt. Leipzig 1908.
Bergmann, Kurt: Die wirtschaftsgeschichtliche Entwicklung des Ruhrkohlenbergbaues seit Anfang des 19. Jahrhunderts. Diss. Köln, Kettwig 1937.
Die Bergschule zu Essen 1868—1928: Festschrift zum 60jährigen Bestehen der Anstalt. Essen 1929.
Bernhard, Ludwig: Die Entstehung und Entwicklung der Gedingeordnungen im Deutschen Bergrecht. Leipzig 1902 (= Staats- und socialwissenschaftliche Forschungen, hg. v. G. Schmoller, Bd. 20, 7).
Bierhaus, Fritz: Die Ausbreitungs- und Wanderungsbewegungen des Steinkohlenbergbaus im niederrheinisch-westfälischen Industriegebiet. Diss. masch. Bonn 1952.
Boldt, Gerhard: Das Recht des Bergmanns unter besonderer Berücksichtigung des Ruhrbergbaus. Tübingen ³1960.
— Bergrecht und Arbeitsrecht. Zum hundertjährigen Bestehen des Preußischen Allgemeinen Berggesetzes vom 24. Juni 1865. In: Bergfreiheit 30 (1965) S. 281—288.

Borchard, Hans-Heinrich: Fünfzig Jahre Preußisches Ministerium für Handel und Gewerbe 1879—1929. Berlin 1929.

Born, J. H.: Zur Geschichte unseres Bergbaues. In: Wittener Jb. 9 (1894/1895) S. 248—283.

Bornhardt, Wilhelm/Boehm, Albert: Bergschulen. In: Handbuch für das Berufs- und Fachschulwesen, hg. von Alfred Kühne. Leipzig ²1929, S. 381—391.

Bosenick, Alfred: Über die Arbeitsleistung beim Steinkohlenbergbau in Preußen. Stuttgart/Berlin 1906 (= Münchener Volkswirtschaftliche Studien Bd. 75).

— Der Steinkohlenbergbau in Preußen und das Gesetz des abnehmenden Ertrages. Tübingen 1906 (= Zs. für die gesamte Staatswiss. Ergänzungsheft 19).

Bracht, Wilfried: Der südliche Teil der Stockumer Mark. Siedlung, Bergbau und Menschen in zwei Jahrhunderten nach der Markenteilung. In: Wittener Jb. 67 (1969) S. 63—202.

— Bergbau und Hüttensiedlungen im südwestlichen Ardey. In: Naturkunde in Westfalen 5 (1969) S. 8—16.

Brinkmann, Heinrich: Die Geschichte der Knappschaft im Ruhrgebiet. In: Kompass 77 (1967) S. 175—180.

Buchholz, Ernst Wolfgang: Die bergmännische Eigenwirtschaft. In: Zs. f. d. ges. Staatswiss. 110 (1954) S. 140—161.

Bülow, Wilhelm: Das Knappschaftswesen im Ruhrkohlenbezirk bis zum allgemeinen preußischen Berggesetz vom 24. 6. 1865. Diss. Tübingen, Borna-Leipzig 1905.

Classen, Hans: Die Entwicklung der Zuständigkeit der Bergbehörde von Brassert bis zur Gegenwart. In: ZBR 100 (1959) S. 252—291.

Dege, Wilfried: Zechenkolonien und Bergarbeitersiedlungen im Ruhrgebiet, ihre Entwicklung und Typisierung. In: Naturkunde in Westfalen 4 (1968) S. 119—128.

Didier, Friedrich: Auswirkungen der Bergbau-Wanderungen im Ruhrgebiet unter spezieller Behandlung des Steinkohlenbezirks „Mitte". Diss. Köln 1933, Essen 1934.

Denkschrift zur Einweihung des Knappschafts-Verwaltungsgebäudes 18. 6. 1910. Hg. v. d. Verwaltung [des Allg. Knappschafts-Vereins, Bochum]. Dortmund o. J. [1910].

Dohmen, Franz: Das Gedingewesen im Bergbau. Berlin/Göttingen/Heidelberg 1953.

Droste, Manfred: Die Stellung des Ruhrbergbaus in Staat und Gesellschaft bis zum Jahre 1918. Eine Studie über Unternehmer, Staat und Öffentlichkeit im Hinblick auf die soziale und die Kartellfrage. Diss. Göttingen 1953.

Duncker, Max: Die neueren Zechenstillegungen an der Ruhr. Leipzig 1907 (= Abhandlungen aus dem staatswissenschaftlichen Seminar zu Münster i. W. H. 4).

Die Entwickelung des Niederrheinisch-Westfälischen Steinkohlen-Bergbaues in der zweiten Hälfte des 19. Jahrhunderts. Hg. v. Verein für die bergbaulichen Interessen im Oberbergamtsbezirk Dortmund. 12 Teile Berlin 1902—1905.

Eulenstein, Friedrich: Die niederrheinisch-westfälische Zechenlandschaft. Eine geographisch-historische Studie. In: Geographischer Anzeiger 37 (1936) S. 241—254, 289—297.

Fischer, Wilhelm Heinrich: Die Entwicklung des Ruhrtalbergbaus und seine Existenzbedingungen. Ein Beitrag zur Wirtschafts- und Rechtsgeschichte Rheinlands und Westfalens. Diss. masch. Heidelberg 1925.

Fischer, Wolfram: Das wirtschafts- und sozialpolitische Ordnungsbild der preußischen Bergrechtsform 1851—1865. In: ders., Wirtschaft und Gesellschaft im Zeitalter der Industrialisierung. Göttingen 1972, S. 139—147, 496 f. (zuerst 1961).

— Die Bedeutung der preußischen Bergrechtsreform (1851—1865) für den industriellen Ausbau des Ruhrgebiets. In: ders., Wirtschaft und Gesellschaft im Zeitalter der Industrialisierung. Göttingen 1972, S. 161—178, 498—500 (zuerst 1961).

— Die Stellung der preußischen Bergrechtsreform von 1851—1875 in der Wirtschafts- und Sozialverfassung des 19. Jhs. In: ders., Wirtschaft und Gesellschaft im Zeitalter der Industrialisierung. Göttingen 1972, S. 148—160, 497 f. (zuerst 1961).

Freisewinkel, Paul: Erst der Schlägel — dann der Spaten. Der Bergmannskötter im alten Revier. In: Westf. Heimatkalender 22 (1968) S. 94—96.

Frenz, Hans-Oskar: Die Tätigkeit des Freiherrn vom Stein in Wetter (1784—1793): Ursprung und Wesen seiner Reformideen. In: Wittener Jb. 57 (1954) S. 11—56.

Gaul, Walter: Die wirtschaftliche Bedeutung der Arbeitszeit im Ruhrbergbau. Diss. masch. Würzburg 1921.

Gephart, Rolf: Die Zechen des Ruhrgebietes in ihrer landschaftlichen Erscheinung und Auswirkung. Diss. Münster 1937.

Goetzke, Wilhelm: Das Rheinisch-Westfälische Kohlen-Syndikat und seine wirtschaftliche Bedeutung. Essen 1905.

Gothein, Eberhard: Bergbau. In: Grundriß der Sozialökonomik VI. Abteilung: Industrie. Bergwesen. Bauwesen. Tübingen 1914, S. 282—349.

Grunow, Rudolf: Tradition des preußischen Staatsbergbaus. In: Tradition 9 (1964) S. 80—89.

Haas, Karl: Die Wandlung der Marktformen in der Ruhrkohlenwirtschaft und ihre Bedeutung innerhalb der letzten 100 Jahre. Diss. masch. Bonn 1950.

Halbach, Hermann: Die Einwirkung der Arbeiterversicherungsgesetze auf die Knappschaftsvereine und ihre Einrichtungen. Mit besonderer Berücksichtigung der Knappschaftsvereine im Ruhrkohlenbezirk. Leipzig 1906 (= Abhandlungen aus dem staatswissenschaftlichen Seminar zu Münster i. W. H. 3).

Havenstein, Ernst: Das Bergregal der Standesherren im Ruhrkohlenbezirk. In: Schmollers Jb. 41 (1917) S. 1181—1231.

Heilfurth, Gerhard: Das Bergmannslied. Wesen, Leben, Funktion. Ein Beitrag zur Erhellung von Bestand und Wandel der sozialkulturellen Elemente im Aufbau der industriellen Gesellschaft. Kassel/Basel 1954.

— Glückauf! Geschichte, Bedeutung und Sozialkraft des Bergmannsgrußes. Essen 1958.

— Das Montanwesen als Wegbereiter im sozialen und kulturellen Aufbau der Industriegesellschaft Mitteleuropas. Wien 1972 (= Leobener Grüne Hefte 140).

Heinrichsbauer, August: Der Ruhrbergbau in Vergangenheit, Gegenwart und Zukunft. Essen-Kettwig 1948.

Heithoff, Ursula: Zur Geschichte des Steinkohlenbergbaus im Raum Silschede. In: Wittener Jb. 64 (1964) S. 3—78.

Hempel, Gustav: Die deutsche Montanindustrie. Ihre Entwicklung und Gestaltung. Essen ²1969.

Hertel, Lothar: Die Preisentwicklung der unedlen Metalle und der Steinkohlen seit 1850. Diss. Halle 1911.

Hilbert, Hermann: Die Zusammensetzung der Grubenbelegschaft des Ruhrkohlengebietes um die Jahrhundertwende und ihre Probleme. Diss. masch. Köln 1955.

Hobrecker, Hermann: Der Bergbau im mittleren Ruhrgebiet. In: Bochum und das mittlere Ruhrgebiet. Paderborn 1965, S. 23—48.

Höcker, Lorenz: Das Wesen des Gedinges, seine rechtliche Gestaltung in Vergangenheit und Gegenwart. In: Glückauf 96 (1960) S. 657—665.

Höffner, Joseph: Sozialpolitik im deutschen Bergbau. Münster 1956 (= Schriften des Instituts für christliche Sozialwissenschaften a. d. Univ. Münster Bd. 3).

Holtfrerich, Carl-Ludwig: Quantitative Wirtschaftsgeschichte des Ruhrkohlenbergbaus im 19. Jahrhundert. Eine Führungssektoranalyse. Dortmund 1973 (= Untersuchungen zur Wirtschafts-, Sozial- und Technikgeschichte Bd. 1).

Hückinghaus, Karl August: Die Verstaatlichung der Steinkohlenbergwerke. Jena 1892. (= Staatswissenschaftliche Studien Bd. IV, 5).

Imbusch, H[einrich]: Das deutsche Knappschaftswesen. Eine Darstellung seiner Entwicklung und seines heutigen Standes, unter besonderer Berücksichtigung des Knappschaftsrechtes und des Wirkens der Knappschaftsvereine in der Praxis. Cöln 1910.

Jaeger, Karl: Die Rechtsnatur des Gedinges im rheinisch-westfälischen Steinkohlenrevier. Unter besonderer Berücksichtigung der Gedingearten und Gedingeformen. Diss. Münster 1954.

Jankowski, Manfred Dieter: Prussian Policy and the Development of the Ruhr Mining Region, 1766—1865. Diss. Ann Arbor 1969.

— Law, Economic Policy, and Private Enterprise: The Case of the Early Ruhr Mining Region, 1766—1865. In: Journal of European Economic History 2 (1973) S. 688—727.

Karwehl, H.: Entwicklung und Reform des deutschen Knappschaftswesens. Mit besonderer Berücksichtigung der preußischen Knappschaftsnovelle 1906. Jena 1907 (= Abhandlungen des wirtschaftswissenschaftlichen Seminars zu Jena Bd. 4, 2).

Keller, Paul: Bergrecht und Berggerichtsbarkeit in Mülheim an der Ruhr. Mülheim 1968 (= Zeitschrift des Geschichtsvereins Mülheim a. d. Ruhr H. 47).

Kirchhoff, Hans Georg: Die staatliche Sozialpolitik im Ruhrbergbau 1871–1914. Köln/Opladen 1958 (= Wissenschaftliche Abhandlungen der Arbeitsgemeinschaft für Forschung des Landes NRW Bd. 4).

Koch, Manfred: Geschichte und Entwicklung des bergmännischen Schrifttums. Diss. Clausthal 1960.

Koepper, Gustav (Hg.): In Schacht und Hütte. Die Industrie des Ruhrkohlenbezirks und benachbarter Gebiete. Reutlingen o. J. [1912].

Köpping, Walter: Vom Standesbewußtsein zum Klassenbewußtsein. Das Beispiel der Bergmannsdichtung. In: Arbeiterdichtung. Analysen – Bekenntnisse – Dokumentationen, hg. v. d. Österreichischen Gesellschaft für Kulturpolitik. Wuppertal 1973, S. 92–106, 308–310.

Krampe, Hans Dieter: Der Staatseinfluß auf den Ruhrkohlenbergbau in der Zeit von 1800 bis 1865. Köln 1961 (= Schriften zur rhein.-westf. Wirtschaftsgeschichte NF Bd. 5).

Krautschneider, Erich: Direktionsprinzip und Inspektionsprinzip im Bergrecht. In: ZBR 103 (1962) S. 26–31.

Krins, Franz: Die neuere Barbaraverehrung in Nordrhein-Westfalen. Ein Beitrag des Ostens zur Volkskunde Westdeutschlands. In: Jb. für Volkskunde der Heimatvertriebenen 2 (1956) S. 154–166.

Lang, Josef: Die geschichtliche und räumliche Entwicklung des Bergarbeiterwohnungsbaus im Ruhrgebiet. Diss. masch. Köln 1952.

Lange, Irmgard: Formen und Entwicklung des Bergmannshauses von den Anfängen bis zur Gegenwart. In: Arbeit und Volksleben. Dt. Volkskundekongreß 1965 in Marburg. Göttingen 1967 (= Veröffentlichungen des Instituts für Mitteleuropäische Volksforschung an der Philipps-Universität Marburg-Lahn Bd. A, 4).

– Entwicklung des Bergmannshauses in Westfalen. In: Westf. Heimatkalender 21 (1967) S. 106 bis 115.

Lange-Kothe, Irmgard: Hundert Jahre Bergarbeiterwohnungsbau. In: Der Anschnitt 2 (1950) Nr. 3, S. 7–19.

– Bergleute an der Ruhr. In: Der Anschnitt 4 (1952) Nr. 2, S. 16–19.

– Die soziale Schichtung der Ruhrbergleute. In: Der Anschnitt 4 (1952) Nr. 3, S. 12–16.

Lingnau, Josef: Das System sozialer Hilfeleistungen für die Bergarbeiter in der Knappschaftsversicherung des Ruhrbergbaus 1767–1961. Diss. Münster, Köln/Opladen 1965.

Matschoß, Conrad: Preußens Bergwirtschaft unter Friedrich dem Großen. In: Bergwirtschaftliche Mitteilungen (Beiblatt zur Zs. für praktische Geologie) 3 (1912) S. 219–237.

Meckenstock, Fritz: Die Geschichte der Planung im Steinkohlenbergbau des Ruhrgebietes. Diss. masch. Köln 1951.

Meister, A[loys]: Zum westfälischen Berg- und Hüttenwesen in der französischen Zeit. In: Westf. Zs. 66/I (1908) S. 163–167.

Mertins, Günter: Die Entwicklung von Bergbau und Eisenindustrie im westlichen Ruhrgebiet (Duisburg – Mülheim – Oberhausen – Dinslaken). In: Geograph. Rundschau 17 (1965) S. 171–179.

Metzelder, Hans-Alwin: Der Wittener Steinkohlenbergbau im Umbruch zur Großindustrie 1830 bis 1860. Diss. Münster 1964.

Metzner, Max: Die soziale Fürsorge im Bergbau unter besonderer Berücksichtigung Preußens, Sachsens, Bayerns und Österreichs. Jena 1911 (= Abhandlungen des staatswissenschaftlichen Seminars zu Jena Bd. X, 3).

Meuss, Paul: Die Entstehung und Entwicklung der Gedingeordnungen im alten deutschen Bergrecht. In: Bergbau-Rundschau 2 (1950) S. 491–496.

– Die geschichtliche Entwicklung des Steinkohlenbergbaus in der heutigen Provinz Westfalen bis zum Jahre 1865. Berlin o. J. [1930] (= SD aus Kohle und Erz Jgg. 1929, 1930).

Mews, Karl: Heinrich Heintzmann 1778–1858. Ein Bergmanns- und Beamtenleben. In: Essener Beiträge 48 (1930) S. 421–447.

Mittheilungen über den Niederrheinisch-Westfälischen Steinkohlen-Bergbau. Den Theilnehmern am VIII. Allgemeinen Deutschen Bergmannstag zu Dortmund, September 1901. Berlin o. J. [1901].

Münz, Heinrich: Die Lage der Bergarbeiter im Ruhrrevier. Essen 1909.

Müssig, Emil: Eisen- und Kohlen-Konjunkturen seit 1870. Preisentwicklung in der Montanindustrie unter Einwirkung von Technik, Wirtschaft und Politik. Augsburg ²1919.

Nebel, Hans: Die Entwicklung der Bergverwaltung und der Bergbehörden (im wesentlichen seit 1865). In: ZBR 106 (1965) S. 234—247.

Neuhaus, Fritz: Die Zechenstillegungen im Südrandbezirk des Ruhrgebietes. Diss. Köln, Bochum-Langendreer 1938.

Neuloh, Otto: Arbeitsmarktpolitische Vergangenheit im Ruhrkohlenbergbau. In: Der westfälische Arbeitsmarkt 3, H. 4 und 5 (Dez. 1929/Jan. 1930) S. 4—17.

— Zur sozialen Ordnung der Mittelschicht des Ruhrbergbaus. In: Soziale Welt 2 (1950/1951) S. 124—141.

Nöggerath, Jacob: Beiträge zur Geschichte der Bergknappen. In: ZBR 14 (1873) S. 204—232.

Oldenberg, Karl: Zur sozialen Lage der westphälischen Bergarbeiter. In: Jb. für Gesetzgebung, Verwaltung und Volkswirtschaft 15 (1891) S. 1277—1280.

Oversohl, Heinz: Die Rechtsstellung der Aufsichtspersonen in den Bergwerksbetrieben unter besonderer Berücksichtigung der geschichtlichen Entwicklung insbesondere in Preußen und der gegenwärtigen Regelung im Lande Nordrhein-Westfalen. Diss. Münster 1968.

Pieper, Lorenz: Die Lage der Bergarbeiter im Ruhrrevier. Stuttgart/Berlin 1903 (= Münchener Volkswirtschaftliche Studien Bd. 58).

Pöller, Richard: Die Gefahren des Bergbaues und die Grubenkontrolle im Ruhrrevier. Diss. Tübingen 1913, München/Leipzig 1914.

Poth, Ludwig: Die Stellung des Steinkohlenbergbaus im Industrialisierungsprozeß unter besonderer Berücksichtigung des Ruhrgebiets. Berlin 1971 (= Schriftenreihe zur Industrie- und Entwicklungspolitik Bd. 7).

Pothmann, Wilhelm: Der im Ruhrbergbau auf den Kopf der Belegschaft entfallende Förderanteil und das Problem seiner wirtschaftlichen Steigerung. Diss. Aachen, Jena 1916 (= Beiträge zur Lehre von den industriellen, Handels- und Verkehrsunternehmungen H. 2).

Pounds, Norman J. G.: The Ruhr. A Study in Historical and Economic Geography. London 1952, ND New York 1968.

Proempler, O. (Hg.): Das Oberbergamt Dortmund und der Bergbau in seinem Bezirk. Brilon/Basel 1958 (= Internationale Industrie-Bibliothek Bd. 120/125).

Prym, Agnes Marianne: Staatswirtschaft und Privatunternehmung in der Geschichte des Ruhrkohlenbergbaus. Diss. Bonn 1947.

Quarck, Max: Die preußische Bergarbeiterenquête von 1889. In: Archiv für soziale Gesetzgebung und Statistik 3 (1890) S. 162—179.

Raub, Julius: Vom Beruf des Steigers. Die Aufsichtspersonen im Ruhrgebiet vor Erlaß des Allg. Berggesetzes von 1805. In: Gerhard Adelmann (Hg.), Quellensammlung zur Geschichte der sozialen Betriebsverfassung. Bd. I Bonn 1960, S. 57—65 (zuerst 1955).

Reitzenstein, Ursula: Das Ruhrgebiet im Vest Recklinghausen zwischen Emscher und Lippe. Diss. Köln 1951, Köln 1953 (= Kölner Geograph. Arbeiten H. 2).

Ress, Franz Michael: Geschichte der Kokereitechnik. Essen 1957.

Retzlaff, Werner: Das Lohngefüge im deutschen Steinkohlenbergbau von 1886—1956. Diss. Freiburg i. Br. 1958.

Rohn, Wilhelm: Der Arbeitsvertrag der Bergarbeiter. Marburg 1913 (= Arbeiten zum Handels-, Gewerbe- und Landwirtschaftsrecht Nr. XXVI).

Rollmann, Julius: Die Entwicklung des deutschen Kohlenexports bis zum Ausbruch des Weltkrieges 1914. Diss. masch. Kiel 1922.

Rosenberger, Wilfried: Reichsfreiherr vom und zum Stein in der preußischen Bergverwaltung von 1780 bis 1798. Seine Verdienste um die Reorganisation des Direktionsprinzips. In: ZBR 102 (1961) S. 189—200.

Rumscheid, Ewald: Der Schlebuscher Erbstollen. In: Wittener Jb. 43 (1930) S. 85—103.

Saitzew, Manuel: Steinkohlenpreise und Dampfkraftkosten. München/Leipzig 1914 (= Schriften des Vereins f. Socialpolitik Bd. 143, Abt. B, T. 2).

Sasse, Elisabeth: Die Lage der Ruhrbergleute in der Aera der liberalen Berggesetzgebung (1851 bis 1878). Diss. masch. Köln 1922.

Schacht, Hjalmar: Zur Finanzgeschichte des Ruhrkohlenbergbaus. In: Jb. für Gesetzgebung, Verwaltung und Volkswirtschaft 37 (1913) S. 1231–1269.

Schlüter, Fritz: Das Verhältnis von Gewerkschaft zur Aktiengesellschaft im Ruhrbergbau, die Verschiebungen und inneren Ursachen. Diss. Köln, Kettwig-Ruhr 1940.

Schlüter, Wilhelm: Das Recht der Arbeitervertretungen beim Bergbau in Preußen. Diss. Marburg, Essen 1918.

Schmelzeisen, Gustav Clemens: Grundgedanken des jüngeren Bergrechts. In: VSWG 42 (1955) S. 214–245.

– Die Arbeitsordnung in den jüngeren Berggesetzen. In: Zs. für Rechtsgeschichte, Germanist. Abt. 72 (1955) S. 111–153.

– Der Eid im deutschen Bergrecht. In: Der Anschnitt 8 (1956) Nr. 2, S. 22–25.

Schmitz, Ernst: Die deutschen Bergschulen in bildungs- und wirtschaftsgeschichtlicher Beleuchtung nebst einer Untersuchung über ihre zweckmäßige Gestaltung in der Zukunft. Diss. Clausthal, Karlsruhe 1932.

Schmitz, Rudolf: Das Gedinge, seine Bedeutung und seine Wirkung auf die zwischenmenschlichen Beziehungen im Ruhrkohlenbergbau. Diss. masch. Münster 1952.

Schmoller, Gustav: Die geschichtliche Entwicklung der Unternehmung. Teil VIII und IX. Das mittelalterliche Genossenschaftswesen und die deutsche Bergwerksverfassung von 1150–1400. In: Jb. für Gesetzgebung, Verwaltung und Volkswirtschaft 15 (1891) S. 635–710. Teil X: Die deutsche Bergwerksverfassung von 1400–1600. Ebd. S. 963–1029.

Schneider, Robert: Entwickelung des niederrhein.-westfäl. Bergbaus und der Eisen-Industrie im 19. Jahrhundert mit besonderer Berücksichtigung der Arbeiterverhältnisse. O. O. [Bochum] 1899.

Schreiber, Georg: Der Bergbau in Geschichte, Ethos und Sakralkultur. Köln/Opladen 1962 (= Wissenschaftliche Abhandlungen der Arbeitsgemeinschaft für Forschung des Landes Nordrhein-Westfalen Bd. 21).

Schroeder, S.: Die geschichtliche Entwicklung der Arbeitszeit im deutschen Bergbau. In: Bergbau und Wirtschaft 4 (1951) S. 282–284.

Schulz, Siegfried: Die Aufsichtspersonen im ehemaligen preußischen Bergrechtsgebiet. Die Entwicklung ihrer innerbetrieblichen Stellung von der Gründung Preußens bis in die Gegenwart. Diss. Clausthal 1966.

Schulz, Theodor: Die Entwickelung des deutschen Steinkohlenhandels, unter besonderer Berücksichtigung von Ober- und Niederschlesien. Diss. Tübingen, Waldenburg 1911.

Schulz-Briesen, Max: Der preußische Staatsbergbau im Wandel der Zeiten. Bd. I: Der preußische Staatsbergbau von seinen Anfängen bis zum Ende des 19. Jahrhunderts. Berlin 1933.

Schunder, Friedrich: Lehre und Forschung im Dienste des Ruhrbergbaus. Westfälische Berggewerkschaftskasse 1864–1964. Herne 1964.

Schwenger, Rudolf: Die betriebliche Sozialpolitik im Ruhrkohlenbergbau. München/Leipzig 1932 (= Schriften des Vereins f. Sozialpolitik 186/I).

Schwerter, Karl: Kohlenwege in der Grafschaft Mark und in der Herrschaft Werden im Jahre 1805. In: Wittener Jb. 55 (1952) S. 56–70.

Serlo, Walter: Die preußischen Bergassessoren. Essen [4]1933.

– Bergmannsfamilien in Rheinland und Westfalen. Münster 1936 (= Rhein.-Westf. Wirtschaftsbiographien Bd. 3).

– Männer des Bergbaus. Berlin 1937.

– Westdeutsche Berg- und Hüttenleute und ihre Familien. Neue Folge der Bergmannsfamilien in Rheinland und Westfalen. Essen 1938.

Sichelschmidt, Hans: Das bergmännische Bildungswesen in der ehemaligen Grafschaft Mark. In: Der Märker 7 (1958) S. 354–358.

Spethmann, Hans: Die geschichtliche Entwicklung des Ruhrbergbaus um Witten und Lagendreer. Eine Festschrift zur Feier des fünfzigjährigen Bestehens des Vereins technischer Grubenbeamten zu Witten. Gelsenkirchen 1937.

– Die Anfänge der ruhrländischen Koksindustrie. In: Essener Beiträge 62 (1947) S. 31–84.

— Die ersten Mergelzechen im Ruhrgebiet. Vorläufige Ausgabe. Essen 1947 (hektograph.).
— Der Kampf der Zeche Schölerpad um einen Tiefbau unter dem Direktionsprinzip. In: Essener Beiträge 70 (1955) S. 23—54.
— Der Essen-Werden'sche Bergbau beim Übergang auf Preußen im Jahre 1802. In: Essener Beiträge 71 (1956) S. 59—115.
Steltmann, Friedrich: Der Kohleneisensteinbergbau im Raume Aplerbeck. In: Bergbau-Rundschau 5 (1953) S. 443—450.
Stoßberg, Rudolf: Die Gewerkschaft als Unternehmungsform im Ruhrbergbau. Diss. masch. Göttingen 1925.
Thielmann, Hans: Die Geschichte der Knappschaftsversicherung. Bad Godesberg 1960.
Tiggemann, Werner: Das Muttental bei Witten. Eine bergbaugeschichtliche Studie mit geologischen und heimatkundlichen Hinweisen. In: Der Anschnitt 17 (1965) H. 1, S. 3—29.
Uhde, Kurt: Die Produktionsbedingungen des deutschen und englischen Steinkohlen-Bergbaus. Diss. Göttingen 1906, Jena 1907 (= Thünen-Archiv Ergänzungsheft 2).
Velsen, Wilhelm von: Beiträge zur Geschichte des niederrhein.-westfäl. Bergbaues. Hg. v. Walter Serlo. Essen 1940 (= Schriften zur Kulturgeschichte des deutschen Bergbaus Bd. 3).
Verkauf, Leo: Die Gesetzgebung zu Gunsten der Bergarbeiter in Deutschland und Österreich. In: Archiv für soziale Gesetzgebung und Statistik 4 (1891) S. 618—664.
Vowinckel, Gottlieb: Das Oberbergamt zu Dortmund und der westf.-niederrhein. Bergbau 1792 bis 1942. Festschrift zur Feier des 150-jährigen Bestehens des OBA zu Dortmund am 25. 6. 1942. O. O. o. J. [Dortmund 1942], masch. (Bergbau-Bücherei Essen).
Wächtler, Eberhard: Besonderheiten der Entwicklung der Produktivkräfte im Bergbau während und im Gefolge der industriellen Revolution in Deutschland. In: Beiträge zur Geschichte des Bergbaus, Hüttenwesens und der Montanwissenschaften (16. bis 20. Jh.). Bd. I Leipzig 1963, S. 55—70.
— Fortschritt und Tradition im deutschen Bergbau von 1807 bis 1848. Studien zur Rolle der Tradition in der Geschichte. Leipzig 1970 (= Freiberger Forschungshefte D 68).
Walter, Friedrich: Wandlungen im Steinkohlenbergbau des Ruhrgebietes. In: Verhandlungen des Deutschen Geographentages 35 (1966) S. 156—166.
Wickeren, Kurt van: Der Erzbergbau im Ruhrrevier. In: Der Anschnitt 9 (1957) H. 5, S. 25—30.
Wiedenfeld, Kurt: Ein Jahrhundert rheinischer Montanindustrie (Bergbau — Eisenindustrie — Metallindustrie — Maschinenbau) 1815—1915. Bonn 1916 (= Moderne Wirtschaftsgestaltungen H. 4).
Wiegmann, Hildegard/Specht, Rainer: Bergarbeiter. In: Staatslexikon. Recht, Wirtschaft, Gesellschaft. Bd. 1 Freiburg ⁶1957, Spp. 1051—1056.
Winkelmann, [Heinrich]: Die Bergmannswohnung, ihre Voraussetzungen und ihre Anfänge. In: Der Anschnitt 2 (1950) Nr. 3, S. 1—7.
— Vom Kohlengräber zum Bergmann. Über das Generalprivilegium der Bergleute vom 16. Mai 1767. In: Der Anschnitt 7 (1955) Nr. 5, S. 3—6.
Winkelmeyer, Gregor: Standortsfragen der Kohlenindustrie des Ruhrgebiets. In: Beiträge zur Industriewirtschaft des Ruhrgebietes. Essen-Kettwig 1947, S. 31—51 (= Rhein.-Westf. Institut f. praktische Wirtschaftsforschung, Essen, H. 32).
Wirtz, August: Entwicklung und Organisation des Knappschaftswesens im Ruhrkohlenbezirk. Diss. Heidelberg, Weimar 1911.
Zix: Die Ausbildung der höheren Staatsbergbeamten in Preußen (1778 bis 1897). In: ZBHSW 59 (1911) S. 1—61; auch als SD Berlin 1911.

3. Bevölkerung und Wanderung

Becker, Walter: Die Bedeutung der nichtagrarischen Wanderungen für die Herausbildung des industriellen Proletariats in Deutschland, unter besonderer Berücksichtigung Preußens von 1850 bis 1870. In: Hans Mottek/Horst Blumberg/Heinz Wutzmer/Walter Becker, Studien zur Geschichte der industriellen Revolution in Deutschland. Berlin (O) 1960, S. 209—240 (=

675

Veröffentlichungen des Instituts für Wirtschaftsgeschichte an der Hochschule für Ökonomie Berlin-Karlshorst, Bd. 1).

Bevölkerung und Wirtschaft 1872—1972. Hg. v. Statistischen Bundesamt Wiesbaden. Stuttgart/ Mainz 1972.

Bredt, Joh. Viktor: Die Polenfrage im Ruhrkohlengebiet. Eine wirtschaftspolitische Studie. Leipzig 1909.

Brepohl, Wilhelm: L'Assimilation des immigrants dans la région de la Ruhr. In: Etudes Européennes de Population. Main-d'oeuvre — Emploi — Migrations. Situation et perspectives. Paris 1954, S. 351—355; Aperçu de la discussion S. 355 f. (= Editions de l'institut national d'études démographiques).

Broesike, Max: Die Polen im westlichen Preußen 1905. Mit zwei Tafeln graphischer Darstellungen. In: Zs. des Kgl. Preußischen Statistischen Landesamts 48 (1906) S. 251—274.

Chmielecky, Stanislaus: Die Bevölkerungsentwicklung im Stadt- und Landkreis Recklinghausen in den Jahren 1875 bis 1910. Diss. Freiburg o. J. [1911].

Croon, Helmuth: Zur Geschichte des Ruhrgebiets und seiner Bevölkerung. In: Genealogie 8 (1966/1967) S. 338—349.

Dankert, Anne Elisabeth: Untersuchungen über die Bevölkerung Dortmunds im 18. Jahrhundert. In: Dortmunder Beiträge 39 (1931) S. 1—74.

Degen, Kurt: Die Herkunft der Arbeiter in den Industrien Rheinland-Westfalens bis zur Gründerzeit. Diss. Bonn, Essen 1916.

Donay, Eduard: Die Beziehungen zwischen Herkunft und Beruf auf Grund einer statistischen Erhebung in der Dortmunder Bevölkerung. Essen 1941 (= Volkstum im Ruhrgebiet Bd. 3).

Ernst, Rudolf: Die Dortmunder Bevölkerung um die Mitte des 19. Jhs. (1883 bis 1859). Diss. masch. Münster [1941].

Fink: Verschiebungen der Volksdichte im rheinischen Industriegebiet von 1815 bis 1905. Diss. Kiel 1922, in: Wirtschaftliche Nachrichten aus dem Ruhrbezirk Jg. 3 (1922) S. 104—126.

Fischer, Wolfram: Rural Industrialization and Population Change. In: Comparative Studies in Society and History 15 (1973) S. 158—170.

Fleege-Althoff, Fritz: Die lippischen Wanderarbeiter. Detmold 1928.

Franke, Eberhard: Das Ruhrgebiet und Ostpreußen. Geschichte, Umfang und Bedeutung der Ostpreußeneinwanderung. Essen 1936 (= Volkstum im Ruhrgebiet Bd. 1).

— Die polnische Volksgruppe im Ruhrgebiet (1870—1940). In: Arbeitswissenschaftliches Institut der Deutschen Arbeitsfront Berlin, Jahrbuch Bd. 2 (1940/1941), S. 319—404.

Horst, Willy: Studien über die Zusammenhänge zwischen Bevölkerungsbewegung und Industrieentwicklung im niederrheinisch-westfälischen Industriegebiet. Diss. Münster 1936, Essen 1937 (= Schriften der Volkswirtschaftlichen Vereinigung im rhein.-westf. Industriegebiet H. 2).

Hücker, W.: Zur Bevölkerungsentwicklung des Ruhrkohlengebietes im 18. Jahrhundert. In: Westf. Forschungen 4 (1941) S. 148—179.

Hüls, Hans: Das Lipperland als Ausgangspunkt saisonaler Arbeiterbewegungen in den ersten Jahrzehnten des 20. Jahrhunderts. In: Lippische Mitteilungen 40 (1971) S. 5—76.

Kaczmarek, Johannes: Die polnischen Arbeiter im rheinisch-westfälischen Industriegebiet. Eine Studie zum Problem der sozialen Anpassung. Diss. Köln 1922.

Kirrinnis, Herbert: Zur Bevölkerungsstruktur der Emscherzone. In: Geograph. Rundschau 17 (1965) S. 206—209.

Klaus, Ilse: Konfessionsverteilung und wirtschaftsgeographische Struktur in der nördlichen Rheinprovinz. In: Zs. des Bergischen Geschichtsvereins 75 (1958) S. 1—128.

Kleff, Bernhard: Zur Herkunft der Bochumer Bevölkerung im Jahre 1871. In: Bochum. Ein Heimatbuch 4 (1938) S. 70—73.

Knirim, Ewald: Die Verschiebungen der Volksdichte im engeren westfälischen Ruhrgebiet von 1818 bis 1925 und ihre geographischen Grundlagen. Diss. Münster o. J. [1930].

Köllmann, Wolfgang: Bevölkerung in der industriellen Revolution. Studien zur Bevölkerungsgeschichte Deutschlands. Göttingen 1974 (= Kritische Studien zur Geschichtswissenschaft Bd. 12).

Darin:

- Industrialisierung, Binnenwanderung und „Soziale Frage", S. 106–124, 272–276 (zuerst 1959);
- Der Prozeß der Verstädterung in Deutschland in der Hochindustrialisierungsperiode, S. 125–139, 276 f. (zuerst engl. 1969);
- Die Bevölkerung Rheinland-Westfalens in der Hochindustrialisierungsperiode, S. 229–249, 282–285 (zuerst 1971);
- Bevölkerung und Arbeitskräftepotential in Deutschland 1815–1865. Ein Beitrag zur Analyse der Problematik des Pauperismus, S. 61–98, 267–271 (zuerst 1968);
- Binnenwanderung und Bevölkerungsstrukturen der Ruhrgebiets-Großstädte im Jahre 1907, S. 171–185, 278 (zuerst 1959);
- Demographische „Konsequenzen" der Industrialisierung in Preußen, S. 47–60, 265–267 (zuerst 1972).
- Zur Bevölkerungsentwicklung ausgewählter deutscher Großstädte in der Hochindustrialisierungsperiode. In: Jb. für Sozialwissenschaft 18 (1967) S. 129–144.

Köllmann, Wolfgang/Marschalck, Peter (Hg.): Bevölkerungsgeschichte. Köln 1972.

Krins, Franz: Die ostdeutsche Einwanderung in das Ruhrgebiet vor 1945. Anpassung und Bewahrung in einer neuen Arbeitswelt. In: Arbeit und Volksleben. Deutscher Volkskundekongreß 1965 in Marburg. Göttingen 1967, S. 389–398 (= Veröff. des Instituts für mitteleuropäische Volkstumsforschung an der Philipps-Univ. Marburg-Lahn, A. Allg. Reihe Bd. 4).

Lange-Kothe, Irmgard: Fremde Bergleute an der Ruhr. In: Gerhard Adelmann (Hg.), Quellensammlung zur Geschichte der sozialen Betriebsverfassung. Bd. I Bonn 1960, S. 48–52 (zuerst 1955).

Linde, Hans: Die soziale Problematik der masurischen Agrargesellschaft und die masurische Einwanderung in das Emscherrevier. In: Soziale Welt 9 (1958) S. 233–246.

Maaß, Ludolf: Deutsche Binnenwanderung mit besonderer Berücksichtigung des deutschen Westens. In: Staat und Volkstum. Bücher des Deutschtums Bd. II, Berlin 1926, S. 353–362.

Markow, Alexis: Das Wachstum der Bevölkerung und die Entwicklung der Aus- und Einwanderungen, Ab- und Zuzüge in Preußen und Preußens einzelnen Provinzen, Bezirken und Kreisgruppen von 1824 bis 1885. Tübingen 1889 (= Beiträge zur Geschichte der Bevölkerung in Deutschland seit dem Anfang dieses Jahrhunderts Bd. 3).

Meisenburg, Friedrich: Die Auswanderung Essener Bergleute nach Rußland im Jahre 1860. In: Heimatkalender für Groß-Essen 4 (1942) S. 166–177.

Mückeley, O[skar]: Die Ost- und Westpreußen-Bewegung im rheinisch-westfälischen Industriebezirk. Eine Festschrift zur Abstimmungs-Gedenkfeier 1926. Gelsenkirchen 1926.
- Masurische Seelsorge im rheinisch-westfälischen Industriegebiet. In: Jb. des Vereins für westf. Kirchengeschichte 44 (1951) S. 190–210.

Obermann, Karl: Die Arbeitermigrationen in Deutschland im Prozeß der Industrialisierung und der Entstehung der Arbeiterklasse in der Zeit von der Gründung bis zur Auflösung des Deutschen Bundes (1815 bis 1867). In: Jb. für Wirtschaftsgeschichte 1972/I S. 135–181.

Oberschuir, Ewald: Die Heranziehung und Seßhaftmachung von Bergarbeitern im Ruhrkohlenbecken. Kritik der bisher getroffenen Maßnahmen und Vorschläge zur Gewinnung eines seßhaften Arbeiterstammes. Diss. Aachen, Düsseldorf 1910.

Olbricht, Konrad: Die Städte des rheinisch-westfälischen Industriegebiets. In: Petermanns Mitteilungen 57 (1911) S. 4–8.

Pyszka, Hannes: Bergarbeiterbevölkerung und Fruchtbarkeit. Eine Studie der Bevölkerungsbewegung der deutschen Bergarbeiterbevölkerung. München 1911.

Sauerbrei, Max: Die Sachsen und Thüringer im Ruhrgebiet. Beitrag zur deutschen Sozialgeschichte des 19. und 20. Jahrhunderts und zur Frage des Aufbaues des Ruhrvolkes im Zuge der Ost-West-Wanderung. Dortmund 1950 (=Soziale Welt).

Schmidt, H. Th.: Belegschaftsbildung im Ruhrgebiet im Zeichen der Industrialisierung. Erläutert am Beispiel der Zechen Prosper I-III der Arenberg Bergbau GmbH in Bottrop (Westf.). In: Gerhard Adelmann (Hg.), Quellensammlung zur Geschichte der sozialen Betriebsverfassung. Bd. II Bonn 1965, S. 86–91 (zuerst 1957).

Schott, Sigmund: Die großstädtischen Agglomerationen des Deutschen Reichs 1871–1910. Breslau 1912 (= Schriften des Verbandes deutscher Städtestatistiker H. 1).

Schulze, Franz: Die polnische Zuwanderung im Ruhrrevier und ihre Wirkungen. Diss. München o. J. [1909].

Steinberg, Heinz Günter: Phasen der Bevölkerungsentwicklung. In: Walter Först (Hg.), Das Rheinland in preußischer Zeit. Köln/Berlin 1965, S. 109—124.

Uekötter, Hans: Die Bevölkerungsbewegung in Westfalen und Lippe 1818—1933. Diss. Münster 1941.

Walter, Friedr.: Die Bevölkerungsentwicklung im westfälischen Industriegebiet in den Jahren 1880—1910. In: Bochum. Ein Heimatbuch 3 (1930) S. 65—78.

Waterkamp, Hermann: Die Bevölkerung von Duisburg. Ihr Werdegang und ihre Zusammensetzung. Essen 1941 (= Volkstum im Ruhrgebiet Bd. 2).

Wehler, Hans-Ulrich: Die Polen im Ruhrgebiet bis 1918. In: ders. (Hg.), Moderne deutsche Sozialgeschichte. Köln/Berlin ³1970, S. 437—455, 550—562 (zuerst 1961).

Werner, Erich: Die Slowenen im Ruhrgebiet. In: Soziale Welt 9 (1958) S. 247—261.

Wrigley, E. A.: Industrial Growth and Population Change. A Regional Study of the Coalfield Areas of North-West Europe in the later Nineteenth Century. Cambridge UP 1962.

4. Städte im Ruhrgebiet

Averdunk, [Heinrich]/Ring, Walter: Geschichte der Stadt Duisburg. Ratingen ²1949.

Barleben, Ilse: Mülheim a. d. Ruhr. Beiträge zu seiner Geschichte von der Erhebung zur Stadt bis zu den Gründerjahren. Mülheim 1959.

Bechhof, Ludwig: Die Entwicklung der Ausgaben der Stadt Essen für Kulturzwecke in den Jahren 1865—1920 unter besonderer Berücksichtigung der Kulturprobleme des rheinisch-westfälischen Industriegebietes und des Ruhrkohlenbeckens. Diss. masch. Würzburg 1922.

Berger, Otto: Mülheim a. d. Ruhr als Industriestadt. Diss. Mülheim-Ruhr 1932.

Blum, Robert: Hamborn am Rhein. Die Entwicklung eines jungen Gemeinwesens zur Industriestadt unter besonderer Berücksichtigung der Entwicklung von Handwerk und Einzelhandel. Diss. Köln 1932, Emsdetten 1933.

Bork, Kunibert K.: Die sozialen Wandlungen in der Stadt Duisburg in den ersten Jahrzehnten der Industrialisierung (1850—1880). In: Duisburger Forschungen 8 (1968) S. 54—129.

Brepohl, Wilhelm (Bearb.): Gelsenkirchen. Berlin/Halensee 1922 (= Deutschlands Städtebau [Bd. 8]).

Brinkmann, Karl: Bochum. Aus der Geschichte einer Großstadt des Reviers. Bochum ²1968 (= Neue Bochumer Reihe Bd. 2).

Brüse, Paul: Mülheim an der Ruhr. Versuch einer Stadtgeographie. O. O. o. J. [Mülheim 1926].

Castrop-Rauxel: Entwicklung einer Stadt im Westfälischen Industriegebiet. Schriftleitung Karl Hartung. Castrop-Rauxel 1967.

Croon, Helmuth: Studien zur Sozial- und Siedlungsgeschichte der Stadt Bochum. In: Bochum und das mittlere Ruhrgebiet. Paderborn 1965, S. 85—114.

Darpe, Franz: Geschichte der Stadt Bochum. 3 Bde. Bochum 1888—1894.

Denzel, Ernst: Wirtschafts- und sozialgeschichtliche Entwicklung der Stadt Wetter. Dortmund 1952 (= Dortmunder Beiträge Bd. 49).

Dorider, Adolf: Geschichte der Stadt Recklinghausen in den neueren Jahrhunderten (1577—1933). Recklinghausen 1955.

Eggert, Oskar: Oberhausen im Spiegel der Ratsprotokolle. 3 Bde. Oberhausen 1968—1969 (= Beiträge zur Geschichte der Stadt Oberhausen Hefte 1—3).

Enke, Erich: Private, genossenschaftliche und städtische Wohnungspolitik in Essen a./R. vom Anfang des 19. Jahrhunderts bis zur Gegenwart. Stuttgart 1912 (= Tübinger Staatswiss. Abhandlungen H. 25).

Eversberg, Heinz: Wirtschaftsgeographie und Wirtschaftsgeschichte der Stadt Hattingen und des Hattinger Hügellandes zwischen dem Ruhrtal und Sprockhövel. In: ders. (Hg.), Stadt und Land Hattingen. Ein geographisch-historischer Rückblick. Hattingen 1955, S. 19—36 (= Hattinger heimatkundliche Schriften Bd. 4).

— Die Entstehung der Schwerindustrie um Hattingen 1847 bis 1857. Ein Beitrag zur Grundlegung der schwerindustriellen Landschaft an der Ruhr. Münster 1955 (= Westfälische geographische Studien Bd. 8).

Forster, Heinrich: Von öder Heide zur Industrie-Großstadt. Eine wirtschaftliche Studie und Schilderung vom Werden und Gedeihen der Stadt Oberhausen-Rheinland. Diss. masch. Frankfurt 1922.

Fox, Wilhelm: Die reformierte Gemeinde in Dortmund 1786—1892. In: Dortmunder Beiträge 58 (1962) S. 209—245.

Grevel, Wilhelm: Die Anfänge der Eisenindustrie in Essen. In: Essener Beiträge 2, I (1881) S. 3—18.

Grewe, Heinrich: Die soziale Entwicklung der Stadt Essen im 19. Jh. Diss. masch. Köln o. J. [1949].

Haren, Gerrit: Geschichte der Stadt Witten von der Urzeit bis zur Gegenwart. Nebst Anhang: Bommern, Steinhausen, Hardenstein. Witten 1924.

Heinze, Julius: Beiträge zur Geschichte von Hörde. Nach Urkunden und Quellen. Dortmund 1909.

Hellgrewe, Henny: Dortmund als Industrie- und Arbeitsstadt. Eine Untersuchung der wirtschaftlichen und sozialen Entwicklung der Stadt. Dortmund 1951 (= Wirtschafts- und Sozialmonographien deutscher Länder und Städte Bd. 2).

Hellmich, Bernhard: Wattenscheid — Eine Freiheit. Aufsätze aus dem Jahre 1925 zur 500jährigen Erhebung zur Freiheit. Wattenscheid 1934 (= Beiträge zur Wattenscheider Geschichte H. 8).

Henning, Wilhelm: Geschichte der Stadtverordnetenversammlung von Essen 1890—1914. Essen 1965.

Hinkers, Hans-Willi: Die geschichtliche Entwicklung der Dortmunder Schwerindustrie seit der Mitte des 19. Jahrhunderts. Diss. Köln, Dortmund 1925.

Hudde, Hans: Die Wirtschafts- und Bevölkerungsentwicklung der Stadt Essen in den Jahren 1800—1914. Ein Beitrag zur Geschichte der Entwicklung [!] einer ausgesprochenen Industriestadt. Diss. masch. Freiburg i. Br. 1922.

Jahn, Robert: Essener Geschichte. Die geschichtliche Entwicklung im Raum der Großstadt Essen. Essen 1952.

Kempken, Franz: Die wirtschaftliche Entwicklung der Stadt Oberhausen (Rheinland). Diss. Tübingen 1917, Berlin/Stuttgart/Leipzig 1917 (= Tübinger Staatswissenschaftliche Abhandlungen NF H. 15).

Kortmann, August: Die Wirtschaftsgeschichte der Stadt Hamm (Westf.). Diss. masch. Köln 1944.

Koszyk, Kurt: Dortmunder Kommunalpolitik während der Gründerjahre. In: Dortmunder Beiträge 67 (1971) S. 73—103.

Küpper, Edgar: Hamborn. Vom Werden einer Großstadt. Duisburg 1937 (= Verwaltung und Wirtschaft am Niederrhein H. 26).

Lackmann, Wilhelm: 100 Jahre St. Clemenspfarrei Dortmund-Hombruch-Barop. 1864—1964. Im Rahmen der Industrialisierung dieses Raumes. Dortmund 1965.

Mämpel, Arthur: Bergbau in Dortmund. Bd. I: Von Pingen und Stollen bis zu den Anfängen des Tiefbaus. Bd. II: Die 60er und 70er Jahre bis zum Ende ihrer Hochkonjunktur um 1876. Bd. III: Zwischen Krisen und Konjunkturen. Die „Sieben mageren Jahre" und ihre Überwindung. 1874 bis 1882. Dortmund 1963—1969.

— Das Kulturleben Dortmunds im Jahrzehnt der Gründerzeit unter besonderer Berücksichtigung der Stadt-Theater-Aktiengesellschaft. In: Dortmunder Beiträge 67 (1971) S. 105—133.

Mauersberg, Hans: Wandlungen in der Wirtschafts- und Sozialverfassung Dortmunds von der Zeit Napoleons bis zum Beginn des 20. Jahrhunderts. In: Dortmunder Beiträge 59 (1962) S. 215—239.

McCreary, Eugene Charles: Essen 1860—1914. A Case Study of the Impact of Industrialization on German Community Life. Diss. masch. Yale Univ. 1963.

Mertes, P[aul] H[ermann]: Das Werden der Dortmunder Wirtschaft. Dortmund ²1942.

Meyer, Carl: Geschichte der Bürgermeistereien Stoppenberg, Rotthausen und Kray-Leithe, ihrer Gemeinden, Höfe und Industrien sowie des ehemaligen freiweltlichen adligen Damenstiftes Stoppenberg. Essen o. J. ³[1914].

679

Mogs, Fritz: Die sozialgeschichtliche Entwicklung der Stadt Oberhausen (Rhld.) zwischen 1850 und 1933. Diss. Köln 1956.

Muhle, Josef: Studien zur sozialen und wirtschaftlichen Lage der Bevölkerung Bottrops um 1800. In: Vestisches Jb. 56 (1954) S. 53—80.

Nettmann, Wilhelm [Hg.]: Witten. Werden und Weg einer Stadt. Witten 1961 (= Wittener Jb. 62).

— Grundzüge der Siedlungs- und Wirtschaftsentwicklung im Amte Volmarstein seit dem ausgehenden Mittelalter. In: Bochum und das mittlere Ruhrgebiet. Paderborn 1965, S. 65—75.

— Witten in den Reichstagswahlen des Deutschen Reiches 1871—1918. In: Wittener Jb. 70 (1972) S. 77—165.

Nonne, Rudolf: Die größere evangelische Kirchengemeinde zu Hattingen. Hattingen 1890.

Palseur, René: Bochum. Geographische Betrachtung einer Großstadt im Ruhrgebiet. Diss. Würzburg 1935, Würzburg 1938.

Poensgen, E.: Aus der Geschichte der evangelischen Gemeinde Bochum. FS zum 50jährigen Gemeindejubiläum am 14. Dez. 1924. O. O. o. J. [1924].

Pott, Friedrich Wilhelm August: Beiträge zur Geschichte der Gemeinde Bommern an der Ruhr und der Landwirtschaft, der Industrie und Gewerbe, des Handels und Verkehrs in Berg und Mark. Witten 1922.

Quandt, Siegfried: Sozialgeschichte der Stadt Langenberg und der Landgemeinde Hardenberg-Neviges unter besonderer Berücksichtigung der Periode 1850 bis 1914. Neustadt a. d. Aisch 1971 (= Bergische Forschungen Bd. IX).

Reichardt, Walter: Boden- und Wohnungsverhältnisse in Duisburg von der Mitte des 19. Jahrhunderts bis zum Weltkriege. Diss. Bonn, Würzburg-Aumühle 1939.

Rexroth, Erika: Die Großstadt Duisburg, geographisch und wirtschaftlich betrachtet. Duisburg 1922 (= Verwaltung und Wirtschaft am Niederrhein H. 1).

Roden, Günter von: Geschichte der Stadt Duisburg. Bd. 1: Das alte Duisburg von den Anfängen bis 1905. Duisburg 1970.

Schäfer, H[ermann]: Die Geschichte von Herne. Herne o. J. [1912].

Scholten, Wilfried: Rheinhausen. Industrie- und Bergbaustadt am linken Niederrhein. Eine siedlungs- und wirtschaftsgeographische Untersuchung. Marburg 1969 (= Marburger geograph. Schriften H. 38).

Schröder, C.: Beiträge zur Geschichte der Stadt Castrop. Dortmund 1913.

Schumacher, Wilma: Das Stadtbild von Bochum. Diss. Münster 1936, o. O. o. J. [Bochum-Langendreer].

Sellmann, Wilhelm: Wohltätige Vereinigungen. Die gemeinnützigen Wohlfahrtsverbände, Gesellschaften und Stiftungen in der Stadt Essen in Vergangenheit und Gegenwart. O. O. o. J. [Essen ca. 1967] (= Dokumentarreihe der Stadt Essen H. 8).

Sieburg, H. O.: Der Aufstieg Hernes vom Dorf zur Stadt 1847—1914. In: Der Märker 3 (1954) S. 109—114, 149—154.

Stark, Hans: Die Entwicklung des Steinkohlenbergbaus in der Stadt Buer i. W. Diss. Köln 1929, Teildruck: Buer 1933 [Titel der Diss.: Die neuere Wirtschaftsgeschichte der Stadt Buer].

Stock, Adolf: Handel und Verkehr im Dortmunder Raum seit Beginn des 19. Jahrhunderts. Diss. masch. Köln 1949.

Swientek, Horst-Oskar: Dortmunder Bergbau im Jahre 1803. In: Dortmunder Beiträge 60 (1963) S. 91—113.

Thron, Karl: Die Stadt Recklinghausen. Die bergbauliche Entwicklung und der Einfluß des Bergbaus auf die wirtschaftlichen Verhältnisse (1870—1912). Diss. Frankfurt 1934, Bückeburg 1935.

Vogel, Ilse: Bottrop. Eine Bergbaustadt in der Emscherzone des Ruhrgebiets. Ein Beitrag zur wirtschafts- und sozialgeographischen Forschung in Steinkohlenrevieren. Remagen 1959 (= Forschungen zur dt. Landeskunde Bd. 114).

Walter, Allmut: Die Bergmannsköttersiedlung Wengern-Trienendorf. In: Wittener Jb. 64 (1964) S. 79—124.

Weddige, A./Franzen, Jochen: Der Bergbau im Gemeindebezirk Herbede. In: 1100 Jahre Herbede. Hg. von der Gemeindeverwaltung. Herbede-Ruhr 1951, S. 97—119.

Wilhelm, M.: Die Geschichte des Steinkohlenbergbaues im alten Stadtbezirk Witten. In: Wittener Jb. 53 (1939). S. 1–53.

Winterfeld, Luise von: Geschichte der freien Reichs- und Hansestadt Dortmund. Dortmund ⁵1968.

Woldke, Irmtraud-Dietlinde: Die Entwicklung der Bochumer Innenstadt. Kiel 1968 (= Schriften des Geograph. Instituts der Universität Kiel Bd. XXVIII H. 1).

5. Unternehmen, Unternehmer und ihre Vereinigungen

Adelmann, Gerhard: Führende Unternehmer in Rheinland und Westfalen 1850–1914. In: Rheinische Vierteljahrsbl. 35 (1971) S. 335–352.

Aus der Geschichte der Industrie- und Handelskammer zu Bochum. Zu ihrem 75-jährigen Bestehen. Hg. v. d. Geschäftsführung der Industrie- und Handelskammer. O. O. o. J. [Bochum 1932]

Bacmeister, W[alter]: Louis Baare. Ein westfälischer Wirtschaftsführer aus der Bismarckzeit. Essen 1937.

— Hugo Schultz. Das Lebensbild eines großen Ruhrbergmanns. Essen 1938.

Baedeker, Diedrich: Alfred Krupp und die Entwicklung der Gußstahlfabrik zu Essen. Essen 1889.

Beau, Horst: Das Leistungswissen des frühindustriellen Unternehmertums in Rheinland und Westfalen. Diss. Köln, Köln 1959 (= Schriften des Archivs für Rhein.-Westf. Wirtschaftsgeschichte Bd. 3).

Bein, Alex/Goldschmidt, Hans: Friedrich Hammacher. Berlin 1932.

Berger, Louis: Der alte Harkort. Ein westfälisches Lebens- und Zeitbild. Leipzig ⁵1926.

Beumer, Wilhelm: Fünfundzwanzig Jahre Thätigkeit des Vereins zur Wahrung der gemeinsamen wirthschaftlichen Interessen in Rheinland und Westfalen. Ein geschichtlicher Überblick. Düsseldorf 1896.

Beutin, Ludwig: Geschichte der südwestfälischen Industrie- und Handelskammer zu Hagen und ihrer Wirtschaftslandschaft. Hagen 1956.

— Die märkische Unternehmerschaft in der frühindustriellen Zeit. In: Westf. Forschungen 10 (1957) S. 64–74.

— Das Bürgertum als Gesellschaftsstand im 19. Jahrhundert. (Ein Entwurf). In: ders., Gesammelte Schriften zur Wirtschafts- und Sozialgeschichte, hg. von Hermann Kellenbenz. Köln/Graz 1963, S. 284–319.

Bloemers, Kurt: William Thomas Mulvany 1806–1885. Ein Beitrag zur Geschichte der rheinisch-westfälischen Großindustrie und der deutsch-englischen Wirtschaftsbeziehungen im 19. Jahrhundert. Essen 1922 (= Veröff. des Archivs für Rhein.-Westf. Wirtschaftsgeschichte Bd. VIII).

Böhme, Helmut: Emil Kirdorf, Überlegungen zu einer Unternehmerbiographie. T. 1: Tradition 13 (1968) S. 282–300; T. 2: ebd. 14 (1969) S. 21–48.

Croon, Helmuth: Die wirtschaftlichen Führungsschichten im Rheinland und in Westfalen 1790 bis 1850. In: Herbert Helbig (Hg.), Führungskräfte der Wirtschaft in Mittelalter und Neuzeit 1350–1850. Teil I. Büdinger Vorträge 1968–1969. Limburg/Lahn 1973, S. 311–336.

— Die wirtschaftlichen Führungsschichten des Ruhrgebietes in der Zeit von 1890 bis 1933. In: Bl. für deutsche Landesgeschichte 108 (1972) S. 144–159.

Däbritz, W[alther]: Denkschrift zum fünfzigjährigen Bestehen der Essener Credit-Anstalt in Essen. O. O. 1922.

— Unternehmergestalten aus dem rheinisch-westfälischen Industriebezirk. Friedrich Krupp und Franz Dinnendahl, Friedrich Harkort, Friedrich Grillo. Jena 1929 (= Schriften der volkswirtschaftlichen Vereinigung im rhein.-westf. Industriegebiet H. 6).

— Bochumer Verein für Bergbau und Gußstahlfabrikation in Bochum. Neun Jahrzehnte seiner Geschichte im Rahmen der Wirtschaft des Ruhrbezirks. Düsseldorf 1934.

— Die Entstehung der rheinisch-westfälischen Handelskammern. In: Hellmuth Herker (Hg.), Beiträge zur Wirtschaft und Verwaltung im rheinisch-westfälischen Industriegebiet. Essen 1941, S. 131–151 (= Schriften der volkswirtschaftlichen Vereinigung im rhein.-westf. Industriegebiet H. 9).

Eyll, Klara van: Die Geschichte einer Handelskammer, dargestellt am Beispiel der Handelskammer Essen 1840 bis 1910. Köln 1964 (= Schr. z. rhein.-westf. Wirtschaftsgesch. NF Bd. 10).

Fischer, Wolfram: Unternehmerschaft, Selbstverwaltung und Staat. Die Handelskammern in der deutschen Wirtschafts- und Staatsverfassung des 19. Jahrhunderts. Berlin 1964.

— Herz des Reviers. 125 Jahre Wirtschaftsgeschichte des Industrie- und Handelskammerbezirks Essen-Mülheim-Oberhausen. Essen 1965.

Freundt, F. A.: Kapital und Arbeit. [Gelsenkirchener Bergwerks-Aktien-Gesellschaft 1873 bis 1927 (zum 80. Geburtstag von Emil Kirdorf)]. Berlin o. J. (d. i. ND).

Gebhardt, Gerhard: Ruhrbergbau. Geschichte, Aufbau und Verflechtung seiner Gesellschaften und Organisationen. Essen 1957.

Gründling, Erich: Die Unternehmensverbände in der Industrie des Rheinlandes (und Westfalens) bis zum Jahre 1880. Diss. masch. Köln 1923.

Hammacher, Hans: Tradition und Persönlichkeiten in den ersten Unternehmergenerationen der Eisen- und Kohlenindustrie des Ruhrgebietes. Diss. masch. Köln 1954.

Heinrichsbauer, A[ugust]: Harpener Bergbau-Aktien-Gesellschaft 1856—1936. Achtzig Jahre Ruhrkohlen-Bergbau. Essen 1936.

Henning, Hansjoachim: Das westdeutsche Bürgertum in der Epoche der Hochindustrialisierung 1860—1914. Soziales Verhalten und soziale Strukturen. T. 1: Das Bildungsbürgertum in den preußischen Westprovinzen. Wiesbaden 1972.

Herrmann, Walther: Entwicklungslinien montanindustrieller Unternehmungen im rheinisch-westfälischen Industriegebiet. Dortmund 1954 (= Vortragsreihe der Gesellschaft für Westfälische Wirtschaftsgeschichte H. 1).

— Unternehmungs- und Unternehmergeschichte in Westdeutschland. Duisburg 1962 (= Schriften der Volks- und Betriebswirtschaftlichen Vereinigung im Rhein.-Westf. Industriegebiet H. 5).

Jüngst, Ernst: Festschrift zur Feier des fünfzigjährigen Bestehens des Vereins für die bergbaulichen Interessen im Oberbergamtsbezirk Dortmund in Essen 1858—1908. Essen 1908.

Kesten, Wilhelm: Geschichte der Bergwerksgesellschaft Dahlbusch. Essen 1952.

Kocka, Jürgen: Unternehmer in der deutschen Industrialisierung. Göttingen 1975.

Köllmann, Wolfgang: Friedrich Harkort. Bd. I: 1793—1838. Düsseldorf 1964 (= Beiträge zur Geschichte des Parlamentarismus und der politischen Parteien Bd. 27).

Kratzsch, Gerhard: Friedrich Harkort, ein märkischer Liberaler: Bemerkungen zur regionalen Bedingtheit und sozialen Funktion seiner politisch-sozialen Gedankenwelt. In: Westf. Forschungen 22 (1969—1970) S. 63—77.

Lange-Kothe, Irmgard: Johann Dinnendahl. In: Tradition 7 (1962) S. 32—47, 175—196.

Mariaux, Franz: Gedenkwort zum hundertjährigen Bestehen der Industrie- und Handelskammer zu Bochum. Bochum 1956.

— Gedenkwort zum hundertjährigen Bestehen der Harpener Bergbau-Aktiengesellschaft. Dortmund 1956.

[Mertes, Paul Hermann]: 100 Jahre Industrie- und Handelskammer Dortmund. Umrisse der Geschichte einer Ruhrhandelskammer 1863—1963. O. O. o. J. [Dortmund 1963].

Mertes, Paul Hermann: Zum Sozialprofil der Oberschicht im Ruhrgebiet, dargestellt an den Dortmunder Kommerzienräten. In: Dortmunder Beiträge 67 (1971) S. 165—226.

Mews, Karl: Ernst Waldthausen (1811—1883). Ein Beitrag zur rheinisch-westfälischen Wirtschaftsgeschichte. In: Essener Beiträge 41 (1923) S. 40—52.

— Heinrich Arnold Huyssen (4. 7. 1779 bis 6. 10. 1870). In: Essener Beiträge 85 (1970) S. 221 bis 236.

Puppke, Ludwig: Sozialpolitik und soziale Anschauungen frühindustrieller Unternehmer in Rheinland-Westfalen. Diss. Köln 1965, Köln 1966 (= Schriften zur Rhein.-Westf. Wirtschaftsgeschichte NF Bd. 13).

Schunder, Friedrich: Tradition und Fortschritt. 100 Jahre Gemeinschaftsarbeit im Ruhrbergbau. Stuttgart 1959.

Siebrecht, Fritz: Der Köln-Neuessener Bergwerksverein. Ein Rückblick über 75 Jahre. O. O. o. J. [Essen 1924].

Spethmann, Hans: Franz Haniel. Sein Leben und seine Werke. Duisburg-Ruhrort 1956.

682

Stillich, Oskar: Eisen- und Stahlindustrie. Leipzig 1904 (= Nationalökonomische Forschungen auf dem Gebiete der großindustriellen Unternehmung Bd. I).
— Steinkohlenindustrie. Leipzig 1906 (= Nationalökonomische Forschungen auf dem Gebiete der großindustriellen Unternehmung Bd. II).
Triem, J[akob]: Unternehmerverbände im deutschen Bergbau. Hg. v. Vorstand des Verbandes der Bergbauindustriearbeiter Deutschlands. Bochum 1930.
Waldthausen, Albert von: Geschichte des Steinkohlenbergwerks Vereinigte Sälzer & Neuak, nebst historisch-statistischen Abhandlungen mit besonderer Berücksichtigung von Stadt und Stift Essen. Essen 1902.
Wiebe, Georg: Die Handelskammer zu Bochum von 1856 bis 1906. FS aus Anlaß der Feier des 50jährigen Bestehens der Handelskammer. Bochum 1906.
Winschuh, Josef: Der Verein mit dem langen Namen [Verein zur Wahrung der gemeinsamen wirtschaftlichen Interessen in Rheinland und Westfalen]. Geschichte eines Wirtschaftsverbandes. Berlin 1932.
Zeche Langenbrahm in ihrer Entstehung und Entwicklung 1772—1922. Eine Jubiläumsschrift, hg. von der Gewerkschaft d. Steinkohlen-Bergwerks Langenbrahm in Essen-Rüttenscheid. Essen 1922.
Zeise, Roland: Gemeinsamkeiten und Unterschiede in der politischen Konzeption der deutschen Handels-, Industrie- und Bankbourgeoisie in der politischen Krise von 1859 bis 1866. In: Jb. für Geschichte 10 (1974) S. 175—221.
Zorn, Wolfgang: Typen und Entwicklungskräfte deutschen Unternehmertums im 19. Jahrhundert. In: VSWG 44 (1957) S. 55—77.
Zunkel, Friedrich: Beamtenschaft und Unternehmertum beim Aufbau der Ruhrindustrie 1849 bis 1880. In: Tradition 9 (1964) S. 261—277.
— Der rheinisch-westfälische Unternehmer 1834—1879. Ein Beitrag zur Geschichte des deutschen Bürgertums im 19. Jahrhundert. Köln/Opladen 1962 (= Dortmunder Schriften zur Sozialforschung Bd. 19).
— Die Rolle der Bergbaubürokratie beim industriellen Ausbau des Ruhrgebietes, 1815—1848. In: Hans-Ulrich Wehler (Hg.), Sozialgeschichte heute. Göttingen 1974, S. 130—147.

6. Vereinswesen und Arbeiterbewegung

Die Arbeiterbewegung im Ruhrgebiet: Eine Gabe an den Parteitag 1907 vom Sozialdemokr[atischen] Verein Kreis Essen mit einem Anhang: Essen im Wandel der Zeit. Buchdruck der Arbeiter-Zeitung, Dortmund, Filiale Essen, Kirchstr. 20. 1907.
[Arnold, Karl]: Die Bergarbeiterstreiks 1889, 1905 und 1912. Ein Wort zur Aufklärung an die Arbeiter. Essen o. J. [1912].
Arbun: Dortmunder Köpfe aus der Arbeiterbewegung. In: Junge Gemeinschaft. Zs. für die sozialistische Jugend 7 (1955) S. 209—211.
Aufbruch 1864—1890: Die Geschichte der Sozialdemokratischen Partei Duisburgs. Bd. I o. O. o. J. [Duisburg 1964].
Aufsätze über den Streik der Bergarbeiter im Ruhrgebiet. In: Schriften der Gesellschaft für Soziale Reform Bd. II, Heft 5 (Jena 1905) S. 363—490.
Balser, Frolinde: Sozial-Demokratie 1848/1849—1863. Die erste deutsche Arbeiterorganisation „Allgemeine deutsche Arbeiterverbrüderung" nach der Revolution. 2 Bde. (Textband + Quellen) Stuttgart 1962 (= Industrielle Welt Bd. 2).
Bausinger, H[ermann]: Vereine als Gegenstand volkskundlicher Forschung. In: Zs. für Volkskunde 55 (1959) S. 98—104.
Beiderbeck, Friedhelm: Die Verhältnisse im Ruhrbergbau und der Streik von 1889 im Bochumer Raum. In: Der Märker 15 (1966) S. 114—118.
Bergarbeiter. Ausstellung zur Geschichte der organisierten Bergarbeiterbewegung in Deutschland, veranstaltet von der IG Bergbau und Energie und dem Bergbau-Museum Bochum. Wissenschaftliche Gestaltung: Hans Mommsen u. a. Bochum 16. 11. 1969—15. 2. 1970. 1969.
Bergarbeiter im Klassenkampf. Beiträge zur Geschichte der deutschen Bergarbeitergewerkschaftsbewegung. Berlin (O) 1970.

Die Bergarbeiter im Wandel der Geschichte. Historische Betrachtungen nach Otto Hues Darstellung nebst Ergänzung. Hg. v. Verband der Bergarbeiter Deutschlands. Bochum 1926.

Bergmann, Günther: Das Sozialistengesetz im rechtsrheinischen Industriegebiet. Ein Beitrag zur Auseinandersetzung zwischen Staat und Sozialdemokratie in Wuppertal und im Bergischen Land 1878—1890. Hannover 1970 (= Schriftenreihe des Forschungsinstituts der Fr.-Ebert-Stiftung Bd. 77).

Bers, Günter: Wilhelm Hasselmann 1844—1916. Sozialrevolutionärer Agitator und Abgeordneter des Deutschen Reichstages. Köln 1973.

Bette, Ludwig: Die Sturmjahre 1848/1849 im Kreise Recklinghausen. In: Gladbecker Blätter 11 (1922) S. 33—37, 41—43, 49—56, 57—63, 65—68, 73—76; ferner: Jg. 12 (1925) S. 4—6, 7—13.

Birker, Karl: Die deutschen Arbeiterbildungsvereine 1840—1870. Berlin 1973 (=Einzelveröff. der Historischen Kommission Bd. 10).

Bochinski, Hans-Jürgen: Die deutsche Arbeiterbewegung 1875—1878. Diss. masch. Leipzig 1958.

Böhmert, Victor: Der Streik der deutschen Kohlenbergleute vom Mai 1889. In: Der Arbeiterfreund 27 (1889) S. 133—168.

Braun, Gottfried H.: Der Anthrazitkohlen-Strike in Pennsylvanien 1887/1888 im Vergleich mit den Bergarbeiter-Bewegungen in Großbritannien und Deutschland. Diss. Freiburg i. Br. 1893.

Bredenbeck, A[nton]: 1889. Die erste Erhebung der Bergarbeiter. Zur Erinnerung an den großen Bergarbeiterstreik vor 20 Jahren. Dortmund 1909.

— Aus der Geschichte der deutschen Bergarbeiterbewegung. In: Dortmunder Arbeiterführer 2 (1913) S. 11—63.

Buchheim, Karl: Der deutsche Verbandskatholizismus. Eine Skizze seiner Geschichte. In: Bernhard Haussler (Hg.), Die Kirche in der Gesellschaft. Der deutsche Katholizismus und seine Organisationen im 19. und 20. Jahrhundert. Paderborn 1961, S. 30—83 (= Schriftenreihe der Arbeitsgemeinschaft katholisch-sozialer Bildungswerke in der Bundesrepublik Deutschland).

Budde, Heinz: Christentum und soziale Bewegung. Aschaffenburg 1961 (= Der Christ in der Welt Bd. XIII, 5).

— Handbuch der christlich-sozialen Bewegung. Recklinghausen 1967.

Dallmeier, Ilse: Die Geschichte der Arbeitskämpfe im rheinisch-westfälischen Steinkohlenrevier. Diss. masch. Köln 1922.

Dorth, Oskar: Geschichte der Konsumvereinsentwicklung in Rheinland und Westfalen. (Diss. Münster, Bonn 1913.

Dowe, Dieter August: Aktion und Organisation. Arbeiterbewegung, sozialistische und kommunistische Bewegung in der preußischen Rheinprovinz 1820—1852. Diss. Bonn, Hannover 1970 (= Schriftenreihe des Forschungsinstituts der Fr.-Ebert-Stiftung Bd. 78).

— Organisatorische Anfänge der Arbeiterbewegung in der Rheinprovinz und in Westfalen bis zum Sozialistengesetz von 1878. In: Jürgen Reulecke (Hg.), Arbeiterbewegung an Rhein und Ruhr. Wuppertal 1974, S. 51—80.

Eckert, Georg: Friedrich Albert Lange (1828—1875) und die Social-Demokratie in Duisburg. In: Duisburger Forschungen 8 (1965) S. 1—28.

— Die Konsolidierung der sozialdemokratischen Arbeiterbewegung zwischen Reichsgründung und Sozialistengesetz. In: Hans Mommsen (Hg.), Sozialdemokratie zwischen Klassenbewegung und Volkspartei. Frankfurt 1974, S. 35—51.

Einicke, Fritz: Die Stellung der evangelischen Arbeitervereine zur sozialen Frage. Diss. masch. Köln 1950.

Eisfeld, Gerhard: Die Anfänge der liberalen Parteien in Dortmund 1858—1870. In: Dortmunder Beiträge 65 (1969) S. 79—86.

Ettelt, Werner/Schröder, Wolfgang: Die Rolle der Gewerkschaftsbewegung bei der Herausbildung der „Eisenacher" Partei. In: Horst Bartel/Ernst Engelberg (Hg.), Die großpreußisch-militaristische Reichsgründung 1871. Voraussetzungen und Folgen. Bd. 1 Berlin (O) 1971, S. 552 bis 597.

Entwicklungsgeschichte der Arbeiterpresse des Industriebezirks. In: Dortmunder Arbeiterführer 1 (1912) S. 11—18.

Erdmann, August: Die christliche Arbeiterbewegung in Deutschland. Stuttgart ²1909.
Faber, Ernst: Die evangelischen Arbeitervereine und ihre Stellungnahme zu sozialpolitischen Problemen. Diss. Würzburg 1927, Leipzig/Erlangen 1928 (= Kirchlich-soziale Hefte 69).
Faber, Karl: Bochum während der Märzrevolution 1848. In: Wittener Jb. 32 (1919) S. 77—87.
Festbuch für die Jubelfeier des Evangelischen Arbeitervereins Styrum-Alstaden am 7. Dez. 1913 im evangelischen Gemeindehaus zu Mülheim (Ruhr)-Styrum [1888—1913]. Mülheim-Styrum o. J.
Festschrift aus Anlaß des 25jährigen Bestehens des Bezirksverbandes Essen der Katholischen Arbeiter- und Knappenvereine 1904—1929. Essen o. J. [1929].
Festschrift aus Anlaß des 100jährigen Jubiläums der katholischen Arbeiter-Bewegung St. Ludgerus Essen-Rüttenscheid. O. O. o. J. [Essen 1966].
Festschrift zur Feier des 25. Stiftungsfestes des Katholischen Arbeiter-Vereins der St. Josefs-Pfarre zu Oberhausen-Styrum am 23. und 24. Juli 1911. O. O. o. J. [Oberhausen 1911].
Festschrift zum Goldenen Jubelfest des Katholischen Knappenvereins „Bergmannsglück" Altenessen-Nord. Hg. vom Präses des Jubelvereins Kaplan Koenen. O. O. o. J. [1913].
Festschrift zum goldenen Jubiläum des katholischen Knappenvereins Essen/Ruhr. Hg. unter hervorragender Mitarbeit des Herrn Redakteurs H. Imbusch vom Präses des Jubelvereins. O. O. o. J. [1910].
Festschrift anläßlich des 60jährigen Bestehens des Katholischen Arbeitervereins „St. Barbara" Dortmund-Hombruch am Sonntag, dem 18. Oktober 1953 in der Turnhalle Barop. [1893 bis 1953]. Dortmund-Hombruch o. J. [1953].
Festschrift des katholischen Knappenvereins St. Barbara Essen-Altstadt 1860—1960. O. O. o. J. [Essen 1960].
Festschrift für die Silber-Jubelfeier des Ev. Arbeiter- und Bürgervereins von Oberhausen II vom 22. bis 24. Juli 1911. 1886—1911. Oberhausen o. J. [1911].
Feyerabend, Bruno: Die evangelischen Arbeitervereine. Eine Untersuchung über ihre religiösen, geistigen, gesellschaftlichen und politischen Grundlagen und über ihre Entwicklung bis zum ersten Weltkrieg. Diss. Frankfurt 1955.
Filthaut, E[phrem]: Deutsche Katholikentage 1884—1958 und Soziale Frage. Essen 1960.
Fleischer, Max: Zwei Krisenjahre im rheinischen Bergbau 1889/1905. Frankfurt a. M. 1905 (= Jungliberale Schriften Nr. 2).
Francke, [Rudolf] (Hg.): Geschichte der dem Gesamtverband Evangelischer Arbeitervereine angeschlossenen Provinzial- und Landes-Verbände. Geleitwort: Pfarrer D. Weber. O. O. o. J. [1915].
Fricke, Dieter: Der Essener Meineidsprozeß von 1895 — ein Beispiel preußischer Klassenjustiz. In: Geschichte in der Schule 10 (1957) S. 183—194.
— Bismarcks Prätorianer. Die Berliner politische Polizei im Kampf gegen die deutschen Arbeiter (1871—1898). Berlin (O) 1962.
— Die deutsche Arbeiterbewegung 1869—1890. Ihre Organisation und Tätigkeit. Leipzig 1964.
— Gesamtverband evangelischer Arbeitervereine Deutschlands 1890—1933. In: ders. et. al. (Hg.), Die bürgerlichen Parteien in Deutschland. Handbuch. Bd. II Leipzig 1970, S. 150—161.
Fricke, Dieter/Gottwald, Herbert: Katholische Arbeitervereine 1881—1945. In: Dieter Fricke et al. (Hg.), Die bürgerlichen Parteien in Deutschland. Handbuch. Bd. II Leipzig 1970, S. 255—277.
Fritsch, Johann: Die Gründung und Entwicklung des Verbandes der Bergarbeiter Deutschlands. Der Kampf der Bergarbeiter gegen Imperialismus und Krieg bis 1917. In: Bergarbeiter im Klassenkampf. Berlin (O) 1970, S. 17—37.
— Eindringen und Ausbreitung des Revisionismus im deutschen Bergarbeiterverband. Diss. Halle 1964, Leipzig 1967.
Gerbracht, Josef: Der Kampf um die Seelen der Arbeiter. Eine geschichtliche Darstellung der Organisationskämpfe in Rheinland-Westfalen. Berlin o. J. [1927] (= Schriften zur Aufklärung und Weiterbildung Nr. 26/27).
Geschichte und Entwicklung der christlichen Gewerkschaften Deutschlands nebst Protokoll des III. Kongresses zu Krefeld. O. O. 1901.
Aus der Geschichte des Katholischen Knappen-Vereins Bergmannsglück Altenessen. In: Fest-

schrift zum Goldenen Jubelfest des katholischen Knappen-Vereins „Bergmannsglück" Alten-essen-Nord. O. O. o. J. [1913], S. 5—13.

Geschichte einer polnischen Kolonie in der Fremde. Jubiläumsschrift des St. Barbara-Vereins in Bottrop 1911. Übers. aus dem Polnischen v. Dr. Hans Theodor Schmidt. O. O. 1954 masch.

Geueke, Franz: Die Bergarbeiterstreiks im Ruhrkohlenrevier. Diss. Breslau 1912.

Giesberts, Johann: Die christlichen Gewerkschaften in Deutschland. In: Historisch-Politische Bl. 132 (1903) S. 793—811.

Gladen, Albin: Die Streiks der Bergarbeiter im Ruhrgebiet in den Jahren 1889, 1905 und 1912. In: Jürgen Reulecke (Hg.), Arbeiterbewegung an Rhein und Ruhr. Wuppertal 1974, S. 111—148.

Gleichauf, W.: Geschichte des Verbandes der Deutschen Gewerkvereine (Hirsch-Duncker). Berlin-Schöneberg 1907.

Göhre, Paul: Die evangelisch-soziale Bewegung, ihre Geschichte und ihre Ziele. Leipzig 1896.

Gottwald, Herbert/Hildebrandt, Günter: Christlich-Soziale Vereine. In: Dieter Fricke et al. (Hg.), Die bürgerlichen Parteien in Deutschland. Handbuch. Bd. I, Leipzig 1968, S. 264—267.

Graf, Hans: Die Entwicklung der Wahlen und politischen Parteien in Groß-Dortmund. Hannover/ Frankfurt 1958 (= Schriftenreihe des Instituts für Wissenschaftliche Politik in Marburg/Lahn Nr. 5).

Grebe, Paul: Bismarcks Sturz und der Bergarbeiterstreik vom Mai 1889. In: HZ 157 (1938) S. 84—97.

Gröting, Rolf: 80 Jahre Gewerkschaft der Bergleute. In: Der Anschnitt 21 (1969) Nr. 6, S. 10—16.

Hahn, Wilhelm: Der Bergarbeiterstreik vom Mai 1889 im rheinisch-westfälischen Industriegebiet unter besonderer Berücksichtigung der Stellung Kaiser Wilhelms II. und Fürst Bismarcks. Diss. Göttingen 1924, Hameln 1924.

Hartung, Karl: Das Revolutionsjahr 1848 in Castrop. Die Anfänge eines demokratischen Ge-meindelebens in unserer engeren Heimat. Nach zeitgenössischen Berichten des Amtmanns Gutjahr. In: Kultur und Heimat. Heimatblätter für Castrop-Rauxel und Umgebung 4 (1952) S. 85 f.

Hasselmann, Erwin: Geschichte der deutschen Konsumgenossenschaften. Frankfurt a. M. 1971.

Heinicke, R.: Essener Gewerbeverein. Bericht über dessen Tätigkeit während der ersten 25 Jahre seines Bestehens 1865—1890. Essen 1890.

Hellfaier, Karl Alexander: Probleme und Quellen zur Frühgeschichte der Sozialdemokratie in Westfalen. In: ASG 3 (1963) S. 157—222.

Hemmer, Hans-Otto: Die Bergarbeiterbewegung im Ruhrgebiet unter dem Sozialistengesetz. In: Jürgen Reulecke (Hg.), Arbeiterbewegung an Rhein und Ruhr. Wuppertal 1974, S. 81—109.

Henkelmann, H.: Die Anfänge der Bergarbeiterbewegung im Unnaer Raum. In: Der Märker 11 (1962) S. 70—71.

Henning, Hansjoachim: Kriegervereine in den preußischen Westprovinzen. Ein Beitrag zur deutschen Innenpolitik zwischen 1860 und 1914. In: Rhein. Vierteljahrsbl. 32 (1968) S. 430 bis 475.

Herzig, Arno: Die Entwicklung der Sozialdemokratie in Westfalen bis 1894. In: Westf. Zs. 121 (1971) S. 97—172.

Höffner, Joseph: Die deutschen Katholiken und die soziale Frage im 19. Jahrhundert. Paderborn o. J. [1954] (= Schriftenreihe der Arbeitsgemeinschaft katholisch-sozialer Bildungswerke in der Bundesrepublik Deutschland. XIII Sozialgeschichte H. 1).

Hue, Otto: Neutrale oder politische Gewerkschaften? Ein Beitrag zur Gewerkschaftsfrage, zu-gleich eine Geschichte der deutschen Bergarbeiterbewegung. O. O. 1900.

— Klerikalismus und Gewerkschaftsbewegung. In: Sozialistische Monatshefte 6/II (1902) S. 925—937.

— Zur Geschichte der christlichen Gewerkvereine. In: Sozialistische Monatshefte 9/I (1905) S. 388—396.

— Die Bergarbeiter. Historische Darstellung der Bergarbeiter-Verhältnisse von der ältesten bis in die neueste Zeit. 2 Bde. Stuttgart 1910—1913.

Hüttermann, Wilhelm: Parteipolitisches Leben in Westfalen vom Beginn der Märzbewegung im Jahre 1848 bis zum Einsetzen der Reaktion im Jahre 1849. Diss. Münster 1910.

Hunley, John Dillard: Society and Politics in the Düsseldorf Area, 1867—1878. Diss. Univ. of Virginia 1973.

— The Working Classes, Religion and Social Democracy in the Düsseldorf Area, 1867—1878. In: Societas 4 (1974) S. 131—149.

Huperz, Gottfried: Die Anfänge katholisch-politischer Vereinsbildung in Westfalen. Ein Beitrag zur Geschichte der katholisch-politischen Bewegung in Deutschland in den Jahren 1848 und 1849. Diss. Münster 1927.

Imbusch, Heinrich: Arbeitsverhältnis und Arbeiterorganisation im deutschen Bergbau. Eine geschichtliche Darstellung. Essen o. J. [1908].

— Zur Lage der Bergarbeiter im Essener Bezirk. In: Festschrift zum goldenen Jubiläum des katholischen Knappenvereins Essen/Ruhr. O. O. o. J. [1910], S. 31—56.

— Die Tätigkeit und Erfolge des Gewerkvereins christlicher Bergarbeiter Deutschlands. Essen 1915.

— Die Gewerkschaftsbewegung unter besonderer Berücksichtigung der Bergarbeiter-Bewegung. In: St. Georg-Knappenverein Gelsenkirchen (Propsteipfarre). Festschrift zur Goldenen Jubelfeier. Gelsenkirchen o. J. [1919], S. 39—55.

— 25 Jahre Gewerkverein christlicher Bergarbeiter. Essen 1919.

— August Brust. Ein Lebensbild des Gründers der ersten christlichen Gewerkschaft. Berlin-Wilmersdorf 1924.

— Gewerkverein christlicher Bergarbeiter Deutschlands. In: Ludwig Heyde (Hg.): Internationales Handwörterbuch des Gewerkschaftswesens. Bd. I Berlin 1931, S. 701—708.

1889—1929. 40 Jahre Bergbau und Bergarbeiterverband. Zur Erinnerung an die Gründung des Deutschen Bergarbeiterverbandes (Bochum). Bochum 1929.

75 Jahre Katholische Arbeiterbewegung zu Essen-Frohnhausen. 1881—1956. O. O. o. J. [Essen 1956].

70 Jahre Katholischer Arbeiterverein Hombruch. O. O .o. J. [1963].

100 Jahre katholischer Knappen- und Arbeiterverein St. Lambertus Essen-Rellinghausen. 1857—1957. O. O. o. J. [Essen 1957].

75 Jahre Knappen- und Arbeiterverein St. Barbara, Ketteler-Bund, Männerverein der St.-Lambertus-Pfarrgemeinde Castrop-Rauxel I, 1883—1958. Castrop-Rauxel o. J. [1958].

100 Jahre Knappenverein Bredenscheid. Festschrift 1872—1972. O. O. o. J. [1972].

80 Jahre Knappenverein „Glück auf" Blankenstein-Welper. Zum Volksfest 1964 in Welper-Ruhr. 25 Jahre Südwestfälischer Knappenring. O. O. o. J. [1964].

25jährige Jubiläums-Feier des katholischen Arbeiter-Vereins Altenessen-Nord am 16. und 17. Juni 1912 [Vereinschronik, Festprogramm]. O. O. o. J.

Jantke, Carl: Der Vierte Stand. die gestaltenden Kräfte der deutschen Arbeiterbewegung im XIX. Jahrhundert. Freiburg 1955.

Just, A[lfred]: Die evangelischen Arbeitervereine. Leipzig 1906 (= Sozialer Fortschritt Nr. 81).

Die Kämpfe um Knappschafts-Reformen im Allgemeinen Knappschaftsverein Bochum. Hg. v. Vorstande des Verbandes der Bergarbeiter Deutschlands. Bochum 1910.

Kaelble, Hartmut/Volkmann, Heinrich: Konjunktur und Streik während des Übergangs zum Organisierten Kapitalismus in Deutschland. In: Zs. für Wirtschafts- und Sozialwissenschaft 92, II (1972) S. 513—544.

Kalis, Alfred: Die christlich-soziale Arbeiterbewegung in Essen. In: Die Heimatstadt Essen Jb. 17 (1965/1966) S. 55—69.

— Die Geschichte der Arbeiter- und Knappenbewegung im Ruhrgebiet. O. O. [Essen] 1968. (= Kirche und Religion im Revier. Beiträge und Quellen zur Geschichte religiöser und kirchlicher Verhältnisse im Werden und Wandel des Ruhrgebiets Bd. III).

Kampmann, Hubert: 1883—1908. Festschrift zum silbernen Jubelfest des St. Franziskus-Knappenvereins zu Duisburg-Meiderich. Glückauf! Hg. i. A. des Vereins. O. O. o. J. [Duisburg-Meiderich 1908].

— (Hg.): Goldene Jubelfeier des St. Michael-Arbeitervereins zu Duisburg-Meiderich am 27., 28.

und 29. Juli 1907. 1857–1907. Festschrift, hg. i. A. des Vereins. O. O. o. J. [Duisburg-Meiderich 1907].

Keinemann, Friedrich: Zu den Auswirkungen der Julirevolution in Westfalen. In: Westf. Zs. 121 (1971) S. 351–364.

Kleßmann, Christoph: Klassensolidarität und nationales Bewußtsein. Das Verhältnis zwischen der Polnischen Berufsvereinigung (ZZP) und den deutschen Bergarbeiter-Gewerkschaften im Ruhrgebiet 1902–1923. In: IWK 10 (1974) S. 149–178.

Knappenverein „Glück auf" Bochum-Werne. Festschrift zur 75jährigen Jubelfeier am 4.–6. 7. 1959 in Bochum-Werne. Bochum-Langendreer o. J. [1959].

Knappenverein „Glückauf Gerthe 1891". Protektor: Bergwerksdirektor Wilhelm Schroeteler. 65. Stiftungsfest 1891–1956, 26.–28. 5. 1956. Veranstaltungsfolge und Chronik des Vereins. O. O. o. J. [1956].

Knappenverein Glückauf 1881 Weitmar-Mark und Neuling. 80jähriges Gründungsfest mit Jubilarfeier, 29. 7. 1961. O. O. o. J.

Koch, Max Jürgen: Die Bergarbeiterbewegung im Ruhrgebiet zur Zeit Wilhelms II. (1889–1914). Düsseldorf 1954 (= Beiträge zur Geschichte des Parlamentarismus und der politischen Parteien H. 5).

Köllmann, Wolfgang: Die Geschichte der Bergarbeiterschaft. In: Walter Först (Hg.), Ruhrgebiet und Neues Land. Köln/Berlin 1968, S. 47–112.

– Soziale Frage und soziale Bewegung. In: Walter Först (Hg.), Das Rheinland in preußischer Zeit. Köln 1963, S. 145–164.

Köpping, Walter: Vom Standesbewußtsein zum Klassenbewußtsein. Vor 80 Jahren wurde der Alte Bergarbeiterverband gegründet. In: Gewerkschaftliche Monatshefte 20 (1969) S. 473–480.

Köster, Julius: Die Iserlohner Revolution und die Unruhen in der Grafschaft Mark im Mai 1849. Berlin 1899.

Koszyk, Kurt: Anfänge und frühe Entwicklung der sozialdemokratischen Presse im Ruhrgebiet. In: Dortmunder Beiträge 50 (1953) S. 1–151.

– Der märkische Arbeiterführer Karl Wilhelm Tölcke. In: Der Märker 12 (1963) S. 94–97.

– Die sozialdemokratische Arbeiterbewegung 1890 bis 1914 [in Rheinland-Westfalen]. In: Jürgen Reulecke (Hg.), Arbeiterbewegung an Rhein und Ruhr. Wuppertal 1974, S. 149–172.

Kracht, Hans Joachim: Adolf Kolping und die Gründung der ersten Gesellenvereine in Westfalen. In: Studia Westfalica. Beiträge zur Kirchengeschichte und religiösen Volkskunde Westfalens. Festschrift für Alois Schröer. Hg. v. Max Bierbaum. Münster 1973, S. 195–213 (= Westfalia Sacra. Quellen und Forschungen zur Kirchengeschichte Westfalens Bd. 4).

– Organisation und Bildungsarbeit der katholischen Gesellenvereine (1846–1864). Wentorf 1975 (= Die Arbeiterbewegung in den Rheinlanden H. 3).

Krins, Franz: Zur Geschichte der bergmännischen Unterstützungsvereine in Castrop-Rauxel. In: Kultur und Heimat 9 (1957) S. 37–40.

– Zur Geschichte der Schlesier-Vereine in Nordrhein-Westfalen. Erster Beitrag zu einer volkskundlich-soziologischen Untersuchung der ostdeutschen Zuwanderung im Ruhrgebiet. In: Jb. für Volkskunde der Heimatvertriebenen 4 (1958) S. 163–189.

– Die masurische Zeitung „Familienfreund". Ein Beitrag zur Geschichte der Masuren im Ruhrgebiet. In: Jb. für Volkskunde der Heimatvertriebenen 6 (1961) S. 119–133.

– Zur Geschichte der Ostpreußen-Vereine in Nordrhein-Westfalen. T. 1 in: Jb. für Volkskunde der Heimatvertriebenen 6 (1961) S. 134–146.

Küther, Kurt: Soziale Ungerechtigkeit und Not zwang sie zum Kampf. Vor 80 Jahren streikten 90 000 Bergarbeiter. In: Gewerkschaftliche Rundschau 22 (1969) S. 201–206.

Kulemann, W.: Die Berufsvereine. 1. Abt.: Geschichtliche Entwicklung der Berufsorganisationen der Arbeitgeber und Arbeitnehmer aller Länder. Bd. II Jena 1908.

Lademacher, Horst: Vom Arbeiterverein zur Massenpartei. In: Walter Först (Hg.), Politik und Landschaft. Köln/Berlin 1969, S. 51–102.

– Wirtschaft, Arbeiterschaft und Arbeiterorganisationen in der Rheinprovinz am Vorabend des Sozialistengesetzes 1878. In: ASG 15 (1975) S. 111–143.

Lehmkühler, Marie-Luise: Streik als soziale Krise des Großbetriebes. Eine historisch-soziologische Studie über den Ruhrbergbau. In: Soziale Welt 3 (1951/1952) S. 143–155.

Lepper, Herbert: Kaplan Franz Eduard Cronenberg und die christlich-soziale Bewegung in Aachen 1868—1878. In: Zs. des Aachener Geschichtsvereins 79 (1968) S. 57—148.

Lidtke, Vernon L.: Die kulturelle Bedeutung der Arbeitervereine. In: Günter Wiegelmann (Hg.), Kultureller Wandel im 19. Jahrhundert. Göttingen 1973, S. 146—159.

Mähler, Ursula: Die Rhein- und Ruhrzeitung und ihre Vorläufer zur deutschen Frage 1849—1871. Aus den Anfängen der politischen Meinungsbildung im Ruhrgebiet. In: Duisburger Forschungen 8 (1965) S. 148—214.

Mehring, Franz: Geschichte der deutschen Sozialdemokratie. ND 2 Bde. Berlin (O) 1960.

Meisenburg, Friedrich: Die Stadt Essen in den Revolutionsjahren 1848—1849. In: Essener Beiträge 59 (1940) S. 121—274.

— Die „Essener Volks-Halle", eine demokratische Zeitschrift aus den Jahren 1849 bis 1850. In: Essener Beiträge 69 (1953) S. 3—96.

Mertes, P[aul] H[ermann]: Dortmund im deutschen Einigungskampf von 1848—1849. Ein Beitrag zur Geschichte des Ruhrgebiets. Diss. 1937, Bochum-Langendreer 1937.

Meyer, Rudolf: Der Emanzipationskampf des vierten Standes. Bd. I, 2. Auflage Berlin 1882. ND Aalen 1966.

Möllers, Paul: Die politischen Strömungen im Reichstagswahlkreis Essen zur Zeit der Reichsgründung und des Kulturkampfes 1867—1887. Diss. masch. Bonn 1955.

— Die Essener Arbeiterbewegung in ihren Anfängen. In: Rhein. Vierteljahrsbl. 25 (1960) S. 42—65.

Morsey, Rudolf: Die Zentrumspartei in Rheinland und Westfalen. In: Walter Först (Hg.), Politik und Landschaft. Köln/Berlin 1969, S. 9—50.

Mücke, Hermann: Bergarbeiterpsychologie. In: Sozialistische Monatshefte 14/III (1910) S. 1376—1382.

— Einwirkungen der Arbeiterbewegung auf das Gemütsleben der Bergarbeiter. In: Sozialistische Monatshefte 16/I (1912) S. 498—502.

Müller, Franz: Zur Beurteilung des Kapitalismus in der katholischen Publizistik des 19. Jahrhunderts. In: Wilhelm Schwer/ders., Der deutsche Katholizismus im Zeitalter des Kapitalismus. Augsburg 1932, S. 75—224 (= Kirche und Gesellschaft Bd. 6).

Müller, Klaus: Politische Strömungen in den rechtsrheinischen Kreisen des Regierungsbezirks Köln (Sieg, Mülheim, Wipperfürth, Gummersbach und Waldbröl) von 1879 bis 1900. Diss. Bonn 1963.

Müller, O.: Die christliche Gewerkschaftsbewegung Deutschlands mit besonderer Berücksichtigung der Bergarbeiter- und Textilarbeiter-Organisationen. Karlsruhe 1905 (= Volkswirtschaftliche Abhandlungen der Badischen Hochschulen Bd. VIII, 1. Ergänzungsbd.).

Mugrauer, Johann: Otto Hue (1868—1922). In: Rheinisch-Westfälische Wirtschaftsbiographien. Bd. I Münster 1932; ND Münster 1974, S. 160—175.

Naujoks, Eberhard: Die katholische Arbeiterbewegung und der Sozialismus in den ersten Jahren des Bismarckschen Reiches. Berlin 1939 (= Neue Deutsche Forschungen Bd. 6).

Neumann, Walter: Die Gewerkschaften im Ruhrgebiet. Voraussetzungen, Entwicklung und Wirksamkeit. Köln 1951.

Nießner, Alois: Rheinland und Westfalen während der Sturmjahre 1848/1849. Stimmungsbilder aus der deutschen Revolution. Aachen 1906.

Nipperdey, Thomas: Verein als soziale Struktur in Deutschland im späten 18. und frühen 19. Jahrhundert. In: Hartmut Boockmann et al., Geschichtswissenschaft und Vereinswesen im 19. Jahrhundert. Beiträge zur Geschichte historischer Forschungen in Deutschland. Göttingen 1972, S. 1—44 (= Veröffentlichungen des Max-Planck-Instituts f. Geschichte Bd. 1).

Noyes, P. H.: Organization and Revolution. Working-Class Associations in the German Revolutions of 1848—1849. Princeton UP 1966.

Obermann, Karl: Der Ruhrbergarbeiterstreik 1889. Bemerkungen zu einem unbekannten Aufsatz Friedrich Engels'. In: ZfG 4 (1956) S. 335—342.

Oldenberg, Karl: Studien zur Rheinisch-Westfälischen Bergarbeiterbewegung. Leipzig 1890.

— Gewerkvereine. In: Handwörterbuch der Staatswissenschaften. Supplement Bd. I, 1895, S. 381—404.

Osterroth, Nikolaus: Otto Hue. Sein Leben und Wirken. Bochum 1922.

Pack, Wolfgang: Das parlamentarische Ringen um das Sozialistengesetz Bismarcks 1871–1890. Düsseldorf 1961.

Pelger, Hans: Das Verbot eines rheinisch-westfälischen Arbeitertages in Duisburg im Januar 1866. In: ASG 4 (1964) S. 617–631.

Pennings, Heinr.: Die Sturmjahre 1848–1850 in Recklinghausen und ihre Vorgeschichte. In: Vestische Zs. 30 (1921) S. 54–95.

Pieper, Aug.: Gewerk- und Arbeitervereine. In: Staatslexikon [der Görres-Gesellschaft zur Pflege der Wissenschaft im katholischen Deutschland], hg. v. Julius Bachem. Bd. 2 Freiburg ³1909, Sp. 742–767.

Prinz, Franz: Kirche und Arbeiterschaft – gestern – heute – morgen. München/Wien 1974 (= Geschichte und Staat Bd. 175/176).

Prümer, Karl: Zur Geschichte des Gewerbevereins 1840–1890 [in Dortmund]. Dortmund 1890.

Pülke, Engelbert: Geschichte der politischen Parteien im Kreise Recklinghausen von ihrer Entstehung bis zum Ende des Kulturkampfes (1848 bis 1889). In: Vestische Zs. 41 (1934) S. 1–163.

Puchta, Gerhard/Wolfgramm, Eberhard: Spontaneität und Keimformen der Bewußtheit in der Frühzeit der deutschen Arbeiterbewegung. In: Wissenschaftliche Zs. der Universität Leipzig, gesellschafts- u. sprachwiss. Reihe Jg. 1956/1957, S. 673–681.

Reindl, Jakob: Die deutsche Gewerkschaftsbewegung. Koalitionsrecht und Koalitionen der Arbeiter in Deutschland seit der Reichsgewerbeordnung (1869). Altenburg 1922.

Reulecke, Jürgen (Hg.): Arbeiterbewegung an Rhein und Ruhr. Beiträge zur Geschichte der Arbeiterbewegung in Rheinland-Westfalen. Wuppertal 1974.

Riehn, Reinhold: Das Konsumvereinswesen in Deutschland. Seine volkswirtschaftliche und soziale Bedeutung. Stuttgart/Berlin 1902 (= Münchener Volkswirtschaftliche Studien Bd. 51).

Rimlinger, Gaston V.: Die Legitimierung des Protestes. Eine vergleichende Untersuchung der Bergarbeiterbewegung in England und Deutschland. In: Wolfram Fischer/Georg Bajor (Hg.): Die soziale Frage. Neuere Studien zur Lage der Fabrikarbeiter in den Frühphasen der Industrialisierung. Stuttgart 1967, S. 284–304.

– International Differences in the Strike Propensity of Coal Miners: Experience in Four Countries. In: Industrial and Labor Relations Review 12 (1959) S. 389–405.

Ritter, Gerhard A.: Die Arbeiterbewegung im wilhelminischen Reich. Die SPD und die freien Gewerkschaften 1890–1900. Berlin-Dahlem ²1963.

Ritter, Gerhard A./Tenfelde, Klaus: Der Durchbruch der Freien Gewerkschaften Deutschlands zur Massenbewegung im letzten Viertel des 19. Jahrhunderts. In: Heinz Oskar Vetter (Hg.): Vom Sozialistengesetz zur Mitbestimmung. Zum 100. Geburtstag von Hans Böckler. Köln 1975, S. 61–120.

Ritter, Emil: Die katholisch-soziale Bewegung Deutschlands im neunzehnten Jahrhundert und der Volksverein. Köln 1954.

Rosenthal, Heinz: Die Anfänge der Arbeiterbewegung in Solingen 1849–1868. Langenfeld/Rheinland 1953.

Schack, Hans: Festschrift zur Feier des 25jährigen Bestehens der ersten evangel. Arbeitervereine in Gelsenkirchen und Schalke und zu dem damit verbundenen Bundesfest des Evangelischen Arbeiterbundes Bochum [1882–1907]. Gelsenkirchen 1907.

Schieder, Wolfgang: Das Scheitern des bürgerlichen Radikalismus und die sozialistische Parteibildung in Deutschland. In: Hans Mommsen (Hg.), Sozialdemokratie zwischen Klassenbewegung und Volkspartei. Frankfurt 1974, S. 17–34.

Schindlmayr-Reyle, Jutta: Die Arbeiterbewegung in der Rheinprovinz 1850–1862. Diss. Köln 1969.

Schmidt, Ernst: Erster Massenstreik der Bergleute, Essen im Jahre 1872. In: Das Münster am Hellweg 25 (1972) S. 107–128.

– Die Vertreibung der Jesuitenpatres – erster Höhepunkt des Kulturkampfes in Essen. In: Das Münster am Hellweg 25 (1972) S. 129–146.

– Franz Schwenniger 1822–1867. Leben und Wirken eines Revolutionärs der frühen deutschen Arbeiterbewegung. In: Das Münster am Hellweg 27 (1974) S. 83–124.

Schmitz, Heinrich Karl: Anfänge und Entwicklung der Arbeiterbewegung im Raum Düsseldorf 1859—1878 und ihre Auswirkungen im linken Niederrheingebiet. Hannover 1968 (= Schriftenreihe des Forschungsinstituts der Fr.-Ebert-Stiftung [Bd. 60]).

Schmöle, Josef: Die sozialdemokratischen Gewerkschaften in Deutschland seit dem Erlasse des Sozialistengesetzes. Erster, vorbereitender Teil. Jena 1896.

Schneider, Dieter: Der Streik. Begriff und Geschichte. In: ders. (Hg.), Zur Theorie und Praxis des Streiks. Frankfurt 1971, S. 7—96.

Schraepler, Ernst: Handwerkerbünde und Arbeitervereine 1830—1853. Die politische Tätigkeit deutscher Sozialisten von Wilhelm Weitling bis Karl Marx. Berlin/New York 1972 (= Veröffentlichungen der Historischen Kommission zu Berlin Bd. 34; Bd. 4 der Publikationen zur Geschichte der Arbeiterbewegung).

Schröder, Wolfgang/Haferstroh, Peter: Verband der Deutschen Gewerkvereine (Hirsch-Duncker) 1869—1933. In: Dieter Fricke (Hg.), Die bürgerlichen Parteien in Deutschland. Handbuch. Bd. II Leipzig 1970, S. 684—710.

Schrumpf, Emil: Gewerkschaftsbildung und -politik im Bergbau (Unter besonderer Berücksichtigung des Ruhrbergbaus). Diss. Münster, Bochum 1958.

Schürmann, Karl Heinz: Zur Vorgeschichte der christlichen Gewerkschaften. Freiburg 1958.

Schulte, Wilhelm: Volk und Staat. Westfalen im Vormärz und in der Revolution 1848—1849. Münster 1954.

— Fritz Anneke — ein Leben für die Freiheit in Deutschland und in den USA. In: Dortmunder Beiträge 57 (1960) S. 5—100.

Schulz, Gerhard: Über Entstehung und Formen von Interessengruppen in Deutschland. In: ders., Das Zeitalter der Gesellschaft. Aufsätze zur politischen Sozialgeschichte der Neuzeit. München 1969, S. 222—251, 421—425 (zuerst 1961).

Sieglar: Der Bergmann im Wandel der Zeiten. In: Wilhelm Brepohl (Bearb.), Gelsenkirchen. Berlin/Halensee 1922, S. 65—72.

Seiters, Julius (Hg.): Porträts christlich-sozialer Persönlichkeiten. T. 1: Die Katholiken und die deutsche Sozialgesetzgebung. Osnabrück 1965.

Sozialdemokratische Partei Essen. Von der Jahrhundertwende bis heute. Hg. v. d. SPD, Unterbezirk Essen, im Jahre 1952 anläßlich des 50jährigen Bestehens des eigenen Sekretariats. Essen 1952.

Spethmann, Hans: Fünfzig Jahre Verein technischer Grubenbeamten Oberhausen 1885—1935. Eine Festgabe. Gelsenkirchen 1935.

— Der Verband technischer Grubenbeamten 1886—1936. Eine Festschrift zu seinem 50jährigen Bestehen, verfaßt im Auftrage des Vorstandes. Gelsenkirchen 1936.

Stadelmann, Rudolf: Soziale und politische Geschichte der Revolution von 1848. München ²1970.

St. Antonius-Knappen-Verein an St. Laurentius, Essen-Steele. 100jähriges Jubelfest 1856—1956. O. O. o. J. [Essen 1956].

St. Georg-Knappenverein Gelsenkirchen (Propsteipfarre). Festschrift zur goldenen Jubelfeier am Sonntag, den 3. und Montag, den 4. August 1919. Hg. unter freundlicher Mitwirkung der Herren Abgeordneten Imbusch und Sprenger, sowie der Herren Chefredakteur Pfaffendorf und Gewerkschaftsbeamter Wolter vom Präses des Vereins [d. i. Rektor Clemens]. Gelsenkirchen o. J. [1919].

St. Ludgeri-Knappenverein Werden. Programm zur Feier des 25jährigen Stiftungsfestes am Sonntag, den 16. und Montag, den 17. Juli 1905. O. O. o. J.

St. Ludgeri-Knappen- und Arbeiterverein Werden-Land. 50jähriges Jubel-Fest 1880—1930. Sonntag, 22., Montag, 23., Dienstag, 24. 6. 1930. O. O. o. J.

St. Ludgeri-Knappen- und Arbeiterverein Werden-Stadt und -Land. Siebzigjähriges Stiftungsfest. 1880—1950. O. O. o. J. [Essen 1950].

Steglich, Walter: Eine Streiktabelle für Deutschland 1864 bis 1880. In: Jb. für Wirtschaftsgeschichte 1960/II S. 235—283.

Stegmann, Franz Josef: Der soziale Katholizismus und die Mitbestimmung in Deutschland. Vom Beginn der Industrialisierung bis zum Jahre 1933. München/Paderborn/Wien 1974 (= Beiträge zur Katholizismusforschung. Reihe B: Abhandlungen).

Steinberg, Hans-Josef: Sozialismus, Internationalismus und Reichsgründung. In: Theodor Schieder/Ernst Deuerlein (Hg.), Reichsgründung 1870/1871. Stuttgart 1970, S. 319—344.

45. Stiftungsfest des katholischen Knappenvereins „Glück auf" zu Stoppenberg. Sonntag, 24. Juli 1910 [Festprogramm]. Essen-[Caternberg] o. J. [1910].

Strenz, Wilfried/Thümmler, Heinzpeter: Zur Problematik der Erarbeitung von Streikkarten. In: Jb. f. Wirtschaftsgeschichte 1974/II S. 179—199.

Tilly, Richard: Popular Disorders in Nineteenth-Century Germany. A Preliminary Survey. In: JSH 4 (1970/1971) S. 1—40.

Timm, Willy: Der Bergarbeiterstreik 1889 und die Anfänge der Arbeiterbewegung in Unna. Unna ²1969 (= Mitteilungen aus dem Hellwegmuseum der Stadt Unna H. 8).

Thun, Alfons: Die Sozialpolitik des deutschen Katholizismus. In: Jb. für Gesetzgebung, Verwaltung und Volkswirtschaft 6 (1882) S. 821—857.

Tigges, Wilhelm: Konsumvereine in Westfalen 1844—1867. Ein Beitrag zur Frühgeschichte der Genossenschaftsbewegung. Diss. Köln 1928, in: Wittener Jb. 43 (1930) S. 1—82.

Umbreit, Robert: Beiträge zur Geschichte der Arbeiterbewegung im rheinisch-westfälischen Industriegebiet. Dortmund 1932.

Verband der technischen Grubenbeamtenvereine. Die Entstehung und Entwicklung der Vereine technischer Grubenbeamten und des Verbandes derselben im Oberbergamtsbezirk Dortmund. Anhang: Entstehung und Entwicklung des Vereins Glückauf Halle und des Technischen Beamtenvereins Harz. In: Der Bergbau. Bergtechnische Wochenschrift 46 (1933) S. 282—295, 365—368.

Viebig, Werner (Hg.): Festschrift zur Feier des 25-jährigen Bestehens des Verbandes der Vereine technischer Grubenbeamten im Oberbergamtsbezirk Dortmund. Gelsenkirchen 1911.

Vogelsang, Hermann: Geschichte, Verfassung und Verwaltung des Gewerkvereins christlicher Bergarbeiter Deutschlands. Essen 1915.

Wächtler, Eberhard: Die Anfänge der organisierten Bergarbeiterbewegung in Deutschland und ihre Unterstützung durch Marx und Engels. In: Bergarbeiter im Klassenkampf. Berlin (O) 1970, S. 5—16.

Wenke, Heinrich; Die Arbeiterbewegung im „Land der roten Erde". In: Arno Scholz/Walther G. Oschilewski (Hg.), Weg und Ziel. Ein Buch der deutschen Sozialdemokratie. Berlin-Grunewald 1952.

Wortmann, Wilhelm: Eisenbahnbauarbeiter im Vormärz. Sozialgeschichtliche Untersuchung der Bauarbeiter der Köln-Mindener Eisenbahn in Minden-Ravensberg 1844-1847. Köln/Wien 1972 (= Neue Wirtschaftsgeschichte Bd. 6).

Zwahr, Hartmut: Zur Konstituierung des Proletariats als Klasse. Strukturuntersuchung über das Leipziger Proletariat während der industriellen Revolution. In: Horst Bartel/Ernst Engelberg (Hg.), Die großpreußisch-militaristische Reichsgründung 1871. Voraussetzungen und Folgen. Bd. I Berlin (O) 1971, S. 501—551.

692

Personenregister

Verfassernamen der Sekundärliteratur sind aufgenommen und erscheinen in Kursivschrift, wenn Thesen und Ergebnisse ausdrücklich diskutiert werden.
Kursive Seitenangaben verweisen auf die Anmerkungen.

Hitze, Franz 340, 367 f., *382*, 565
Höfken von Hattingsheim, Gustav 86, 134
Hörig, August 428, 488, 616 f.
Hövel, von 85
Hövel, Frhr. v. *361*, 390, 495, 529 f.
Hoffmann *555*, 557
Hoffmann, Walther G. 295
Hohendahl *255*, *541*
Hohenlohe-Oehringen, Fürst zu 184
Holtfrerich, Carl-Ludwig 266, 292, 295
Holtkamp *140*
Holtzbrink, Heinrich Wilhelm von *461*
Honigmann (Beamten- und Gewerkenfamilie) 109, 174, 216
Hoppstädter, Wilhelm 554
Horstmann *153*
Hotzer *526*
Huber, Viktor Aimé 346, 357
Hue, Otto 27, 78, 366, 482
Hueck 154
Hückinghaus, Karl August 511
Hünnebeck *256*
Humperdinck 85
Hundt, Carl Wilhelm 372
Husemann, Sozialdemokrat 454
Husemann, Gendarm *546*
Huyssen, August 77, 85, *129*, 216, 335

Imbusch *405*
Imbusch, Heinrich 27
Imig, Adam 528
Ipsen, Gunther 43
Irgahn *526* f., *583*, *585*, *587*
Itzenplitz, Heinrich Graf von *432* f., 449, 453, *455*

Jacob, Theodor *168*, 170, *174*, 176
Jerichort, Georg 636
Jencke, Hans *535*
Jeup, Josef 569
Jüllenbach 565
Jung 277, *474*
Junkermann 268

Kaeseler 85
Kahl, Fritz 570 f.
Kahleis, Ferdinand 403, 405 f., *408 f.*, *413*, 417, 424, 426, *434*, 436
Kalbfleisch, Konrad 488
Kamptz, Karl Albert Christoph Heinrich von *168*, 169
Kantecki, Johann 384
Kappell, August 488
Kapp, Friedrich 151, *152*

Karaś, Josef 385 f.
Karsten, Karl Johann Bernhard 166, 168 f., 171 f., 184 f.
Kehl 85, 134, 154
Keienburg 255
Keller, Otto 445, 447, 459
Keßler 445 f., 459
Kerckhoff, Adolf *517*, 520, 527
Kesten, W. 615
Ketteler, Wilhelm Emanuel Frhr. von 357, *464*, 465, 468
Kircheisen, von 65
Kirchhoff, Hans Georg 27, *473*
Kirdorf, Emil 202, 209, 216, 242, *303*, 304, 588
Kirschner, Wilhelm *517*
Klein, Karl 488, 498
Kleine, Eduard *535*
Klöckner 217
Klausmann 467
Klings, Karl 439
Kloppmann, K. L. *541*
Klotz 139, *143*, 634
Klucken, Gerhard 403, 405
Knaupp, J. 418
Knibbe 269
Knippschild, Heinrich 454
Knippschild, Wilhelm 454, 637
Koch 415
Koch, August *541*
Koch, Max Jürgen 28, *573*
Köhne, Fr. *364*
Köllmann, Wolfgang 43, 580
König, Max 610
Körner, Hermann Joseph Aloys 152
Kolping, Adolf 465
Kortum, Johann Karl Arnold 91 f.
Kostmann, P. *541*
Krabler, Emil 269, 480, *535*, 557, 586
Kracht 401
Kramer *562*
Krampe, Hans Dieter 27
Krebs, Joseph 467, 471 f.
Krementz, Philippus 368
Kreienberg 442
Krug von Nidda, Otto *455*
Krummel *416*
Krupp, Alfred 54, 78, *115*, 135, *153*, 212, 229, 479, 481
Krupp, Friedrich Alfred 529
Krupp, Ida 135
Kuczynski, Jürgen 24, 295
Kühlwetter, Friedrich von *350*, 377 f., *453*, *455*
Küpper, Wilhelm 608

Ortsregister

Kursive Seitenzahlen verweisen auf die Anmerkungen.

705

Zechen- und Firmenregister

Kursive Seitenangaben verweisen auf die Anmerkungen.

Sachregister

Kursive Seitenangaben verweisen auf die Anmerkungen.

715

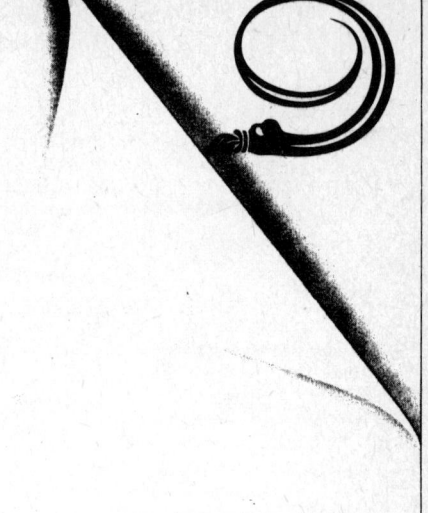

Imbusch, Heinrich,

**Arbeitsverhältnis und
Arbeiterorganisationen im
deutschen Bergbau**
Eine geschichtliche Darstellung,
1979 (Reprints zur Sozialgeschichte), XVI,
720 S., Ln. 185,— DM

ISBN 3 8012 2096 6

Nach einer Skizzierung der Voraussetzungen für den gewaltigen Aufschwung des
deutschen, speziell preußischen Bergbaus im
19. Jahrhundert sowie des Bergrechts vor
und nach 1851 widmet sich der Autor,
gestützt auf eigene Berufserfahrungen als
Bergmann, den Arbeitsverhältnissen vor und nach der Einführung der neueren Berggesetzgebung (Arbeitsvertrag, Arbeitszeit, Lohnfestsetzung, -auszahlung, -abzüge,
Arbeitsleistung, Schlichtungswesen, Unfälle, Krankheiten, Knappschaftswesen, reichs-
gesetzliches Versicherungswesen, Frauenarbeit, Koalitionsrecht etc.). Sodann behandelt er kurz die Entwicklung der sozialdemokratischen, liberalen und konfessionellen
Gewerkschaftsbewegung im allgemeinen, um sich schließlich ausführlich mit den
Kämpfen und Organisationsbestrebungen der preußischen Bergarbeiter bis 1907
auseinanderzusetzen, und zwar unter besonderer Berücksichtigung des Gewerkvereins
christlicher Bergarbeiter Deutschlands, dem der Autor selbst angehörte und in dessen
Verlag diese Untersuchung erschienen ist. Im Anhang ist eine Reihe von Protokollen,
Statuten, Aufrufen etc. abgedruckt.

Verlag J. H. W. Dietz Nachf. GmbH
Postfach 200 189 · 5300 Bonn 2